法學叢書

行政法基本研究 II

金重權 著

法文社

Basic Studies of Administrative Law Ⅱ

Kim, Jung-Kwon
Professor of Law
School of Law, Chung-Ang University

2009
Bobmun Sa
Paju Bookcity, Korea

머 리 말

Ⅰ.

이 책은 그동안 행정절차법, 행정구제법과 개별행정법의 분야에서 발표한 拙稿(연구논문, 판례평석, 번역논문)를 나름의 체계로 集成한 것이다. 「행정법기본연구Ⅱ」는 이미 출간된 「행정법기본연구Ⅰ」(2008)의 후속이자, 마라톤에서의 반환점마냥 1980년 이래의 법학과의 만남을 중간 결산한 것이다. 또한 앞으로의 연구를 새롭게 가다듬는 출발점이기도 하다. 행정법발전의 병목을 초래하는 많은 스테레오타입을 지난 번 작업을 통해 확인하였는데, 이번에도 지난 생각을 나름대로 반추 · 정리 · 교정하면서 그런 소중한 경험을 하였다. 따라서 여기서도 기본적으로 행정법의 주요쟁점에 관해 공론화를 시도하였다. 물론 다른 한편으로는 이런 정향적 모색이 부질없는 客談에 그칠까 무척 저어되기도 한다.

글이란 그것이 발표된 다음엔, 저작권적 차원을 배제하고선 이미 公物로 되어 버린다. 또한 거센 비판의 바람이 자유로이 불지 않으면 학문의 나무는 콩나물마냥 허약하기 짝이 없다. 1980년 초엽을 전후하여 행정규칙의 성질(법규성)의 문제를 둘러싸고 행해진, 先學들의 치열한 논쟁은 행정법학으로선 百家爭鳴의 소중한 역사일 뿐더러, 우리 행정법학의 자양분이 되었다. 비록 한정된 문헌, 법적 이슈의 미성숙과 법제상의 차이로 나름 한계가 있겠지만, 학문적 긴장감을 증폭시키는 논쟁이 우리 시대에 그다지 많지 않다는 점은 매우 아쉽다.

「행정법기본연구Ⅰ」을 출간한 후, 많은 분들로부터 분에 넘치는 격려를 받았다. 계속 진화된 모습을 보여드려야 한다고 생각하니 마음이 무척 무겁다. 인간의 삶은 물론 학문의 길 역시 시지프스의 운명과 같다. 돌이켜 보면, 이제까지 알았던 것이 과연 얼마나 제대로 알고 있는지 확신이 들지 않는다. 생떽쥐베르의 “어린왕자”에서 어떤 별에 사는 술꾼이 술을 마시고 있다는 게 부끄러워 그 부끄러움을 잊기 위해 술을 마신다고 한다. 「행정법기본연구Ⅰ」의 머리말에서도 토로하였듯이, 늘 의문의 화두를 잡고서 그저 부지런히 읽고 쓰는 것만이 유일한 탈출구이자 자기위안으로 삼고자 한다.

Ⅱ.

행정절차법, 행정구제법과 개별행정법의 분야에서 그동안 발표한 총 23편의 졸고를 아래와 같이 체계화하였다.

유럽화는 독일 행정법학과 행정법실무의 애창곡이다. 그것을 독일 공법학의 두 번째 국면을 위한 출발점으로 여길 정도이다. 행정법적 차원의 유럽화 문제에 관한 국내 논의는 태부족하다. 유럽화 문제는 유럽 諸國의 차원에 국한되지 않는다. 유럽화로 독일 공법학이 새로운 도전에 처해 있듯이, 유럽화 문제는 우리 행정법학의 지반도 拔本的으로 변화시킬 수 있는 결정적인 外生因子가 된다. 그리하여 "獨逸 行政節次法의 유럽화에 관한 小考"에선 학문적 관심을 제고하기 위한 모멘트로, 현행 독일 행정절차법의 집행에 초점을 맞추어 유럽화의 문제를 검토하고자 하였다.

2008.2.29자 법률개정에 따라 독립된 합의제행정기관이자 재결기관인 행정심판위원회가 출범하였다. 이런 변화는 행정심판이 자신의 고유함을 견지하면서 활성화를 기할 수 있는 기회인 동시에, 반대로 그것이 낮은 호응도 속에서 자기만족의 대상으로 전락할 수도 있는 위기이기도 하다. 이번 법률개정을 자신의 고유한 얼굴을 한 행정심판제도를 자리매김하기 위한 전기로 삼아야 한다. "최근의 법률개정에 따른 행정심판제도의 문제점에 관한 소고"는 행정심판에 관한 그간의 慣性的 理解-행정소송의 전심절차-에서 拔本的으로 벗어나기 위함이다.

법치국가원리를 구체화하는 행정법은 입법, 행정(실무), 판례, 학계란 네 바퀴에 의해서 역동적으로 나아가야 한다. 행정소송법의 개정은 행정소송법 자체나 행정법영역을 넘어서 이제까지의 공법질서를 근본적으로 바꿀 수 있으며, 행정법의 존립에 심대한 영향을 미친다. 우리 행정법을 마련하는 초석이 될 행정소송제도의 개편에는 그에 수반된 일종의 비용편익적 분석이 선행되어야 한다. "行政實體法과 行政訴訟法의 交叉點에 관한 小考"는 그런 모색의 일환이다.

일찍이 필자는 대법원 2005.2.17. 선고 2003두14765판결의 의의에 관해, "대법원 1995.10.17, 94누14148전원합의체판결의 도식(부령인 제재처분기준 ⇒ 행정규칙 ⇒ 사실상 불이익의 인정)으로부터 도그마틱적 왜곡(가령 '행정규칙의 내부적 구속력') 없이도 벗어날 단초가 마련되었다. 대상판결의 획기적인 논증방식은 불원간 기왕의 토대(가령 법규명령형식의 행정규칙의 문제)에 균열을 가져올 前兆로 여겨진다"고 지적하였다. 그 예상이 들어맞은 대법원 2006.6.22. 선고 2003두1684전원합의체판결의 의의를 "失效한 行政處分에 대한 權利救濟에 관한 小考"에서 되새겨보고자 하였다.

일찍이 대법원 1993.6.25. 선고 93도277판결과 대법원 1999.2.5. 선고 98도4239판결은 행정행위의 공정력에 취소판결의 소급효를 곧바로 대입하여 행정행위의 공정력을 空洞化하였다. 행정행위의 공정력이 전적으로 절차적 의미만을 지닌다고 확인한 셈인. 판례의 이런 기조가 이미 행정법도그마틱상으로 확고히 굳어졌다고 할 것 같으면, 행정행위의 공정력에 관한 일반적 논의는 지극히 공허할 수밖에 없으며, 아울러 획기적인 방향전환이나 자기부정을 하지 않으면 아니 된다. "行政行爲의 公定力과 取消判決의 遡及效간의 衝突에 관한 小考"에선 핵심적인 행정법도그마틱을 顚倒시킨 판례의 이런 기조를 비판하고, 공정력 및 취소판결의 소급효에 관한 이해를 새롭게 하고자 하였다.

규범통제의 메카니즘에서 법원에 의한 일원적 통제를 채택할 때 제기되는 물음이, 현행 공법질서 속에서 과연 규범에 관한 법원의 본원적(직접적) 통제가 허용되는지 여부이다. 법원에 의한 규범통제의 문제는 여하튼 헌법 제107조 제2항의 흠결을 적극적 논증하는 직접적 방도는 물론 -가령 처분성의 확대와 항고소송중심적 행정소송의 탈피 등- 부수적 규범통제나마 활성화되도록 전제적 노력을 경주하는 간접적 방도에서 공히 그 해결책을 모색하여야 한다. "獨逸의 規範統制制度에 관한 槪觀과 그 示唆點에 관한 小考"를 통해 독일의 입법상황을 견줘 보고자 하였다.

행정자동결정이 행정행위로서의 성질을 갖는 한, 하자있는 그것 역시 통상의 행정행위와 다를 바 없이, 행정자동결정은 우선 전통적인 권리구제체계를 통해서 다루지 않으면 아니 된다. 하지만 행정자동결정의 특수성으로 현행의 권리구제체계가 그다지 유용하지 않을 수 있다. "行政自動決定에 대한 司法審査"에선 기본적으로 국민의 재판청구권 및 법치국가원리의 본질이 훼손되는지 여부를 고려하면서, 행정자동결정에 대한 현행 권리구제의 문제점을 지적함과 아울러 효과적인 권리구제를 달성하기 위한 사법심사상의 개선방안을 중심으로 논의하였다.

판례는 행정소송상의 위법성판단과 국가배상청구상의 (직무행위의) 위법성판단은 별개라는 입장을 견지하고 있다. 하지만 과연 이런 판례의 태도가, 효과적인 권리구제를 담보로 한 법치국가원리, 제1차적 권리보호의 우위, 헌법상의 국가배상책임구조에 비추어 과연 바람직한지 성찰이 요구된다. 따라서 "國家賠償法上의 過失責任主義의 理解轉換을 위한 小考"에선 우선 法治國家原理에 의거하여 國家賠償責任制度의 意義와 權利保護(救濟)體系上의 位相을 살펴본 다음, 헌법 및 국가배상법상의 국가배상책임의 성질을 논하고, 이를 바탕으로 판례의 문제점에 천착하여 과연 현행 법제상의 주관적 책임요소를 어떻게 이해하여야 할 것인지, 그리고 그것을 어떻게 적용하여야 할 것인지, 나아가 현행 국가배상법의 흠결을 어떻게 메울지에 관하여 살펴보았다.

分離理論의 등장과 더불어 공용개입유사적, 공용개입적 개입의 법제도가 일견 終焉을 고할 것으로 예상되기도 하였지만, 이들 제도의 근거지인 독일에선 그것이 변화된 상황(존속보호, 제1차적 권리보호의 우위, 입법자의 강화된 임무와 책임 등)에서도 여전히 존속하거니와 오히려 과거보다 더 높은 체계정합성을 지니게 되었다. 이처럼 독일에서의 논의상황이 그동안 동요가 줄어들고 다소간 안정기에 들어갔다는 점에서, "公用介入類似的(收用類似的), 公用介入的(收用的) 介入의 適用領域에 관한 小考"에선 이들 법리를 우리의 학문적 자산으로 만들기 위한 착안점을 강구하고자 하였다.

조선조의 수교(受敎)나 법전의 규정은 대부분이 국가행정기구와 그 운용에 관한 행정법적 성격을 지닌다. 또한 조선조의 법제도와 지금의 그것간에는 -비록 시공간적 다름에 따른 다소간의 수정가능성과 수정필요성은 유보되지만- 분명 민주적 법치국가 원리와 근대적 관료제의 본질이 공유될 수 있다. "朝鮮朝 公務員(官吏)任用制에 관한 行政法的(公務員法的) 考察"에서 양자간의 교차점과 공통점을 찾고자 하였다.

지방공무원법 제29조의3 자체의 위헌성 여부가 부인됨으로써 그것의 헌법적 물음이 가신 뒤에는, 행정법적 물음이 남는다. 여기서는 동 조항 및 전출·전입제도를 전체 공무원법제 속에서 어떻게 조화롭게 구축하는지가 관건이다. 특별임용으로서의 '전입결정'은 두 가지 측면, 즉 공무원신분관계에 따른 해당 공무원 본인의 동의의 차원에서, 해당 지방자치단체의 인사고권의 차원에서 법적 물음을 던진다. 따라서 "公務員의 轉出轉入과 관련한 法的 問題點에 관한 小考"에선 '전출결정'의 본질을 규명하고자 하였다.

대법원 2002.7.26. 선고 2001두3532판결은 행정규칙(?)인 징계양정규칙에 의한 '불문경고조치'가 행정처분에 해당한다고 판시하였다. 그러나 이런 태도는, 판례가 형식과 실질의 괴리에서 지나치게 실질위주적으로 판단하여 온 종전의 墨守的 태도를 배경으로 하면서, 법령의 수권의 의의를 간과한 데서 비롯된 당연한 결과이다. "不問警告措置의 法的 性質과 관련한 問題點에 관한 小考"에선 根據規定의 性質과 處分性 여부의 相關關係에 관한 논의를 중심으로 대상판결의 문제점과 함께 예상되는 후속결과를 검토하고자 하였다.

地方分權은 국가(중앙)와 지방간에 기왕에 설정되어 온 관계를 근본적으로 변화시킨다. 지방분권특별법의 제정에 따라 논의의 방향은 지방분권의 목적을 공법질서와의 조화 속에서 법적 문제점 없이 어떻게 실현할 수 있는지 이다. 정치학적·행정학적 차원의 지방분권을, 제도적 차원에서 구현되게 만드는 것이 공법학의 과제이다. 현재의 공법질서가 관련 물음에 대응하여 과연 제대로 기능을 다하는지 성찰이 필요하다. "地方分權政策의 公法的 課題"을 통해 기왕의 법상황의 문제점에 관한 섬세한 법리적 논구를 하고자 하였다.

자문적·구속적 주민질의를 본질로 하는 주민투표법제가 법제도로서 시행되고 있다. 대의제적 요소와 직접민주제적 요소의 균형은 정당이 국민의 바램과 견해를 어떻게 반영하느냐에 달려 있다는 점에서, 주민투표법의 시행으로 과연 국민이나 주민의 참여의 활성화와 이를 통한 민주적 정당성의 확충이란 소기의 성과가 있을지 의문스럽다. "住民投票法案의 問題點에 관한 小考"를 통해서 법제정에서 반영되었던 문제점과 제정 이후에도 여전한 그것을 확인할 수 있다.

危險槪念은 상이한 안전임무 가운데서 일종의 도그마틱상 닻의 역할을 한다. 위험개념은 개입권능을 가진 국가와 개인적 권리영역에서 보호받는 시민, 이들 양자간에 경계를 그었다. 즉, 위험개념은 법률상의 개입성립요건이자, 공법적 의무귀속과 책임귀속을 위한 정당한 근거이다. 현존 의약품시장에 관한 통제는 국가의 위험방지의 일부이다. "危險槪念과 市販後統制"를 통해 (우리의 약사법에 해당하는) 독일 醫藥品法上 國家的 醫藥品統制가 위험개념에 어떤 영향을 미치는지를 확인하고자 하였다.

하천구역 특히 유수를 전제로 한 하천부지(舊 하천법 제2조 제1항 제1호 가목)의 공물로서의 성립과 관련하여 판례는 다소간의 그러나 매우 중요한 편차를 노정한다. 그리하여 행정법문헌상으로 자연공물에서의 공용지정인정을 둘러싸고 의견이 분분하다. 법률에 의해 인정되고 있다는 주장과 자연공물에 대해선 공용지정이 불필요하다는 주장이 다투어진다. "公物의 成立 · 廢止의 問題點에 관한 小考"에선 대상판례의 문제점을 통해 공물성립 · 폐지에 관해 나름의 체계를 도모하고자 하였다.

자치단체를 비롯한 공행정주체는 자신에게 과해진 행정임무를 처리하기 위해 사법적 조직형식을 사용할 수 있다. 사법인을 설립하거나 지분이나 사원권을 취득하여 사권주체(사법인)에 출자하는 식이다. 우리의 경우 공기업에 관한 논의는 공법적 조직형식의 경우를 기조로 하고, 그 밖의 조직형식의 경우엔 공법적 논의가 활발치 않다. "私法的으로 형성된 地方公企業과 관련한 行政會社法論에 관한 논의"를 통해서 (지방자치법이나 지방공기업법 등의) 공법체제(시스템)와 사적 회사법의 牽聯의 문제를 검토하고자 하였다.

지방공기업에는, 조화되기 어려운 두 가지 명제, 즉 주민의 복리증진이라는 본연의 사무에서 비롯된 공공성과 기업이라는 존재형식에서 지향하는 수익성이 동시에 내포되고 있다. 지자체경영활동의 보충성을 담은 지방공기업법 제3조 제2항이 2002.3.25.에 신설되었기에, 地自體經營活動과 관련한 私的 競爭者의 保護 문제는 이제 公法的 물음이 되어 버렸다. "地方公企業의 육성과 경쟁력강화를 위한 法制支援方案"에선 지자체의 공경영활동의 한계를 비롯한 여러 문제점을 다시금 곱씹어 보고자 하였다.

公任務의 民間化(私的化, 私事化, 民營化, Privatisierung)는 공법의 지배적 주제이다. 민간화논의의 轉機的 기본개념의 하나가 "公任務"이고, 國家任務 개념에 대한 그것의 불분명한 관계이다. 국가가 공임무를 민간의 힘 또는 자가규제(자기규율)의 조종수단으로써 수행할 때, 무엇을 국가가 민간화할 수 있으며, 무엇이 국가에게 유보되어 있으며, 어떠한 법체제의 지배를 받으며, 어떠한 법형식에 구속이 되는가? "民間化와 國家留保"에선 민간화의 양태를 중심으로 이들 물음을 검토하고자 하였다.

위법한 건축물에 대한 인인의 공법적 대응에서 -인인의 (허가)방지청구권가 아닌-

인인의 보호청구권이 문제되는 경우는, 인인법위반의 상태를 제거하기 위해서 인인이 행정청에 대해 질서법상의 개입형태를 띈 적극적 행위를 요구하는 상황이다. 그러나 판례는 건축법상의 개입수단이 인인보호를 위하여 원용될 수 없다는 확고한 입장을 견지하고 있다. 행정개입청구권을 부인하여 행정법발전을 결정적으로 가로막는 이 점을, "違法建築物에 대한 隣人保護의 問題點에 관한 小考"를 통해 비판하고자 하였다.

핵심적인 여러 원칙(권력분립원리에서 기인한 행정의 법률구속의 원칙, 법률유보의 원칙, 사법심사의 원칙, 행위형식론의 원칙)을 담고 있는 고전적 행정법은 법치국가원리의 구체화로서 생겨났다. 안전이란 국가목적이 변천함에 따라, 즉 전통적인 위험방지로부터 과학 · 기술의 발전에 대해 엄격히 규정하면서 개입하는 리스크배려 · 리스크형성으로 바뀐 것과 더불어, 법치국가원리지향적 행정법의 고수와 관련한 의문점은 증폭 · 확대되었다. "리스크결정과 法治國家的 行政法"을 통해 行政法의 여러 法制度上의 變化를 살펴보고자 하였다.

국가의 의약품감시는 오늘날에 와서 국가의 리스크조종이란 유형을 제공함에도 불구하고,현행 藥事法은 安全法으로서의 제 구실을 다하지 못하고 있다. 리스크결정을 바탕으로 리스크행정법으로서 藥事法의 위상을 제고시키지 않는 한, 藥事法의 안전법적 의의는 그다지 부각되지 않으며, 입법적 정비 또한 효과적이지 못하다. 과거 "Contergan Katastrophe"을 계기로 유럽에서 의약품법의 정비가 촉발되었듯이, "藥事法上의 新藥의 許可와 再審査에 관한 硏究"를 통해 리스크행정법의 구축을 위한 초석을 마련하고자 하였다.

'글로벌 시대', '韓流의 시대'를 맞이하여 공연법이 터 잡은 종래의 존재지평은 拔本的으로 바뀌었다. 이에 가히 공연법의 '수정'보다는 '혁신'(개혁)이 요구된다. 여기에는 공법이론의 변화를 공연예술활동에 투영하려는 섬세한 노력이 선행되어야 한다. 다만 예술에 대한 국가의 관계는, 不可近이어야 할 뿐더러 不可遠이어야 한다. "현행 公演法의 問題點에 관한 小考"는 문화친화적 입법과 제도를 구축하기 위한 시도의 출발점이다.

「행정법기본연구 I」과 마찬가지로 원래의 발표논문을 중심으로 하되, 시차를 감안하여 그것에 약간의 가감을 하였고, 나아가 追論을 통해 그동안의 進化를 적극 반영하였다. 다만 자칫 쟁점이 모호해질 수 있기에, 개별논제의 참고문헌은 발표당시의 것을 그대로 유지하되, 발표 이후에 나온 관련 문헌을 追記하였다. 혹시나 오해를 빚는다면 깊은 혜량을 빕니다.

Ⅲ.

로스쿨체제가 출범함에 따라, 법학교육, 법률가양성 나아가 법학 그 자체는 지금까지와 다른 환경에 놓여 있다. 새로운 제도가 안착하는 데 당연히 일정 시간이 필요하겠지만, 시간의 경과가 소기의 성과를 담보하진 않는다. 개인적으로도 법학·공법학·행정법학을 접한 지 인생의 절반이 지났음에도 불구하고 종종 앞길이 보이지 않아 헤매곤 한다. 새로운 체제의 출범에 따라 당연히 요구되는, 관계자들의 자세변화와 대내외여건의 충족 등에 대해서 확신할 수 없다. 교육을 통한 법률가의 양성이라는 본래의 취지가 퇴색되어, 자칫 얻은 것은 법학교육·법조인양성상의 난맥이고, 잃은 것은 법학의 학문성이 될 우려가 杞憂만은 아니다. 종종 실무교육의 강조가 법도그마틱과 이론의 불필요를 의미하는 것인 양 받아들여지곤 한다. 매우 우려되는 현상이다. 자칫 判例追隨的 분위기에 학문으로서의 法'學'은 실종되고 法'術'만이 남을지도 모르겠다. 사정이 이럴수록 법도그마틱과 이론의 기본에 더욱 초점을 맞추고자 한다.

일찍이 Otto Mayer가 1924년에 천명한, "헌법은 사라져도, 행정법은 남는다"(Vefassungsrecht vergeht, Verwaltungsrecht besteht)는 명제는 유럽화에 즈음하여 역설적 상황을 낳고 있다. 독일의 경우 유럽화로 인해 헌법은 별반 영향을 받지 않지만, 행정법의 경우 그 바탕에서부터 심대한 영향을 받고 있다. 반대명제가 상징적으로 운위될 정도이다. 그리하여 그들의 경우 1970년대의 전초논의를 거쳐 이미 1980년대 말부터 행정법이 포괄적인 변혁의 국면에 진입하여, -비판이 있긴 하나- 방법론상의 새로운 지향이 초래되었으며, 그런 변혁양상은 일련의 문헌(Hoffmann-Riem/Schmidt-Aßmann/Voßkuhle(Hrsg.), Grundlagen des Verwaltungsrecht Bd. Ⅰ(2006), Bd. Ⅱ(2008), Bd. Ⅲ(2009))을 통해 집대성되었다. 이에 반해 유럽화와 같은 외생변수가 없는 우리의 경우, 행정법의 개혁과 변혁에 관한 논의가 심도있게 전개되지 않은 채, 학설이나 해석주장의 날선 공방만이 있을 뿐이다.

사실 학문의 시작은 선진학문(학문적 중심부)에 대한 考證이고 訓詁이되, 일정 단계를 지나선 그것의 現地化가 이루어져야 한다. 끊임없이 제기되는 학문적 화두에 관한 호기심과 우리네 현하의 요청 사이에 필연적으로 존재하는 부조화에 심각한 갈등을 겪곤 한다. 개인적으론 전자에 더 눈길이 가지만, 우리네 현실에선 그것이 생소하게 여겨지는 경우가 많다. 학문적 주변부에 위치한 이상, 피할 수 없는 일이다. 또한 개인적으로 당대에 공법학에 대한 고증이나 훈고나마 과연 제대로 할 수 있을지 솔직히 자신할 수 없다. 다른 한편 새로운 문명은 변방에서 왔다는 역사의 교훈이 시사하듯이, 주변부에서의 학문활동은 중심부적 틀로부터 어느 정도 자유롭다. 이에 더해 後發의

利點 또한 새로운 패러다임을 모색하는 데 도움이 되기도 한다. 물론 외국의 법제를 대함에 있어선 늘 ○○를 배우는 자세가 아닌 ○○에서 배우는 자세를 견지하고자 한다. 허나 ○○에서의 배움 단계로 나아가기 위해선, 먼저 ○○에 관한 충분한 배움이 선행되어야 한다. 요컨대 법치국가원리의 구체화가 행정법인 이상, 행정법학으로선 미래의 향상된 인식에 따른 변화의 가능성을 열어두되, 그것의 근본규준의 불변성은 견지하여야 한다.

이 자리에 오기까지 어느 곳에서나 정말 많은 분들의 도움을 받았다. 그 분들이 없었다면 지금의 나는 존재하지 않는다. 먼저 金南辰 선생님께서는 행정법학에 입문한 신출내기 대학원생 때부터 지금까지 늘 학문적 자극과 격려로 이끌어 주신다. 기왕의 접근에서 벗어나 항상 日新又日新의 자세로 행정법학을 대하도록 가르쳐 주신 점에 깊이 감사를 드린다. 대학원에서 영미행정법을 통해 또 다른 문제인식에 눈을 뜨게 하여 주신 李尙圭 선생님께도 그 가르침에 깊이 감사를 드린다. 그리고 지금의 나의 원형을 결정적으로 만들어 주신 고려대학교 법과대학의 여러 선생님들께도 깊이 감사를 드린다. 또한 학교생활에서 동료교수로서 많은 도움을 주셨던, 그리고 주시는 충북대학교 법과대학과 중앙대학교 법과대학의 여러 선생님들께도 깊이 감사를 드린다. 특히 好學의 자세를 잃지 않도록, 이 책의 題字를 써 주신 權寧卨 선생님께 깊이 감사를 드린다. 그리고 새삼 여기서 존함을 올리지 않더라도, 소중한 많은 인연에 다시 머리 숙여 깊이 감사를 드린다. 淺學菲才로 학자의 본연을 다하기란 처음부터 일정한 한계가 있다고 自認한 이상, 펜으로나마 눌린 자를 쳐들고 굽은 것을 펴기 위하여 교수로서의 직업적 임무나마 최대한 성실하게 수행하여 그 은혜에 보답할 것을 가슴에 새긴다.

끝으로 이 책은 분단의 역사수레바퀴로 인해 굴절된 인생의 道程 끝에 낯선 남단에 흔적을 남기신 선친께 바치는 작은 보답이다.

2009년 12월

뜨거움과 자성으로 가득 찬 2009년을 언제까지나 마음속 깊이 간직하면서

金 重 權

차 례

제 1 편 行政救濟法-行政節次 · 行政審判 · 行政訴訟 · 國家責任法論

제2편 個別行政法－行政組織 · 地方自治 · 警察行政法論

제1편 行政救濟法-行政節次 · 行政審判 · 行政訴訟 · 國家責任法論

제 1 장

獨逸 行政節次法의 유럽화에 관한 小考

Ⅰ. 처 음 에

유럽화는 독일 행정법학과 행정법실무의 애창곡이다.[1] 그것을 독일 공법학의 두 번째 국면을 위한 출발점으로 여길 정도이다. 독일 행정절차법에 대한 EU법의 영향은 1980년대에 들어와서 특히 공동체법(이하 "EU법"이라 한다) 위반의 자금조성의 반환을 판례가 다루기 시작하면서 광범한 논의가 시작되었다. 여기에 환경법에 대한 영향이 가세하였다. 그 후 공동체입법자가 역내시장의 구축을 위해 포괄적인 지침정립을 행하면서, 관련 논제가 이론적으로도 흥미를 자아내었다. 그리하여 마침내 독일 국법학자대회는 1993년의 마인쯔 대회에서 "독일행정법과 유럽행정법"을 주제로 다루었다.[2] 법원의 경우 사법의 특징에 부합하게 개별사건과 관련해서만 유럽화의 문제에

1) (EU법의 영향에 초점을 맞춘) "유럽화" 주제를 체계적으로 포착하기 위하여, 일찍이 D. H. Scheuing은 회원국 행정법에 대한 두 종류의 공세, 즉 도구화(Instrumentalisierung)와 새로운 방향설정(Umorientierung)을 구분하여 논하였다. 여기서 전자는 EU법의 행정적 집행을 위하여 독일행정법에 대해 법기술적으로 책무를 지운다는 형식적 측면을 의미하고, 반면 후자는 EU법을 통한 새로운 내용(가령 사람과 물자의 자유통행 등)의 의도된 전달이라는 실체적 측면을 의미한다. 각기 형식적 유럽화와 실체적 유럽화에 비견되는 이들은 상호 배척하지 않고, 교호적 보완을 행하며, 아울러 부분적 겹침도 지닌다. 공히 회원국의 법의 조화가 관건이 된다. Ders., Europarechtliche Impluse für innovative Ansätze im deutschen Verwaltungsrecht, in: Hoffmann-Riem/Schmidt-Aßman(Hrsg.), Innovation und Flexibilität des Verwaltungshandelns, 1994, S.289(298ff.). Schmidt-Aßmann는 이런 개념형성을 따르면서, 아울러 유럽화의 세 번째 형식으로서 행정적 공동작업의 형식의 형성을 다루었다. Ders., Die Europäisierung des Verwaltungsverfahrensrecht, in: Festgabe 25 Jahre BVerwG, 2006, S.487ff.

2) VVDStRL 53(1994), S. 154ff., 202ff.

접근하는데, 다수가 절차법적 물음이다. 그럼에도 불구하고 절차법적 사고에 대한 EU법의 의의는, 독일 법관들의 의식에 매우 천천히 자리를 잡아 오다가 근자에 그 변화가 두드러진다. 그 결과 특히 절차법적 사고가 실체중시의 독일법에 급속히 들어오고 있다. 그러나 독일의 행정절차법과 행정법원법의 법상황은 이런 변화와는 대조적으로 전개되었다. 1996년의 행정절차법개정에서 절차간소화와 신속화를 기치로 절차의 중요성을 후퇴시켰고, 이와 맞물린 같은 해의 행정법원법개정으로 말미암아,[3] 절차하자는 거의 무제한적으로 치유가능하거나 또는 고려될 수 없는(논외) 지경이 되어 버렸다. 독일 행정법학으로선 이런 상반된 상황이 곤혹스럽기 짝이 없으며, 양자의 조응이 현하의 과제이다.

EU의 다차원시스템에서 행정절차는 새롭게 의의를 갖는다. 즉, 다차원시스템이라는 EU의 행정적 특수성과 관련해서,[4] 행정법의 절차관련성과 절차법의 중요성이 새롭게 부각된다. 따라서 EU법은 고유한 절차규율을 제공할 뿐만 아니라, 회원국의 행정절차법에 대해서도 관심을 가져야 한다. 동법은 −적어도 국내 행정을 통한− 그것의 효과적인 집행을 위한 기본요청을 확립하여야 한다. 하지만 이를 위한 EU절차법이 마련되지 않는 한, 국내행정은 (실체적) EU법을 국내행정의 고유한 절차법에 의거하여 집행한다. 국내행정으로선 조직적 측면에서 그리고 절차적 합의 측면에서 自律(Autonomie)을 누리지만, 이것(자율)은 EU법에 의해 유럽법원의 “조정공식”의 의미에서의 등가성 · 효과성의 원칙에 따라 제한되고 整流된다.[5]

다른 법영역에 비하면 행정법은 −당위의 물음은 차치하고서라도− 유럽 특히 독일 행정법의 영향을 매우 강하게 받고 있다. 특히 유럽통합이 궁극적으로 법제도의 통합으로 나아간다는 점에서, −내 · 외국법의 경계가 허물어지는 FTA가 도래하기 전이라

3) 행정법원법 제87조 제1항 제7호, 제94조 제2문과 제114조 제2문이 관련된다.

4) 유럽통합의 진전에 따라 집행위원회, 유럽행정청과 회원국행정청간의 행정결합이 등장하였다. 행정결합(Verwaltungsverbund)은 통일적으로 이용가능한 정보를 총합적으로 가진 확고한 조직체를 의미하지 않는다. 여기서 행정은 국내적 주체와 유럽적 주체간의 (부분적으론 완화되고 부분적으론 강화된) 공동협력형식으로 행해진다. 사실 유럽적 행정결합은 후술할 공동체법의 타자집행(indirekter Vollzug)이 행해지는 유럽적 행정구조의 현재상태를 은유적으로 표현한 것이지, 규범적 개념은 아니다. 즉, 그것은 통상 생기는 일정한 구조요소(집행분배와 집행착종)를 서술하고, 이런 구조의 일정 기능에 관한 분석적인 사고를 전달한다. 이 같은 용어로 얻어지는 利點은 유럽적 집행실무의 특징적인 요소에 관한 분명한 모습을 간취할 수 있다는 데 있다. 유럽연합에서 행해지는 초국가적 행정청과 국내적 행정청간의 결합으로 인해, 지금의 현황을 기왕의 분리체계(자기집행과 타자집행)론 더 이상 적절하게 포착할 수가 없다. 행정결합의 사고는 이제까지 제도화된 행정협력(공동작용)을 넘어선다. 행정협력은 행정결합의 두 번째 요소인 집행착종의 중요한 구성요소이긴 하나, 본래 그것은 대등한 관계를 상정한 것이다. 반면 행정결합은 대등한 관계는 물론, 위계관계적 요소까지도 포섭할 수 있다. 이에 관해선 vgl. Britz, Vom Europäischen Verwaltungsverbund zum Regulierungsverbund? -Europäische Verwaltungsentwicklung am Beispiel der Netzzugangsregulierung bei Telekommunikation, Energie und Bahn-, EuR 2006, S.46ff.; Schmidt-Aßmann, §5 Verfassungsprinzipien für den Europäischen Verwaltungsverbund, in: Hoffmann-Riem/Schmidt-Aßmann/Voßkuhle(Hrsg.), Grundlagen des Verwaltungsrechts Bd. Ⅰ, 2006, Rn.16f.

5) EuGH 1999, 579(611). Vgl. Schoch, Die Europäisierung des Verwaltungsprozessrechts, in: Festgabe 25 Jahre BVerwG, 2006, S.507ff.

도- (독일)행정법의 유럽화의 문제는 우리에게 직 · 간접적으로 효과를 미칠 수밖에 없다. 아울러 관련 논의에서 우리 행정법의 개혁의 단초를 발견할 수도 있다. 예컨대 실질(내용)중시적 기조에 절차간소화가 더욱 가미된 독일 행정절차법의 입법태도가 유럽법차원의 절차에 의한 권리보호와 심각하게 충돌하는 상황에서, 절차하자에 관한 논의를 시급히 새롭게 전개할 필요가 있다. 그러나 관련 문헌의 정리가 쉽지 않을 정도인 독일과 대조적인 현황이 보여주듯이,[6] 행정법적 차원의 유럽화 문제에 관한 국내 논의는 태부족하다. 유럽화 문제는 유럽 諸國의 차원에 국한되지 않는다. 유럽화로 독일 공법학이 새로운 도전에 처해 있듯이, 유럽화 문제는 우리 행정법학의 지반도 拔本的으로 변화시킬 수 있는 결정적인 외생인자가 된다. 그리하여 이하에선 독일행정법의 유럽화 및 나아가 유럽행정법을 모색하기 위한 출발점으로, 더불어 이들에 관한 학문적 관심을 제고하기 위한 모멘트로, 우선 유럽화의 도구화적 측면에서 현행 독일 행정절차법의 집행에 초점을 맞추어 유럽화의 문제를 검토하고자 한다. 한편 행정절차법이 단지 절차적 차원에 머물지 않듯이, 여기서의 논의는 –수익적 행정행위의 취소에서의 신뢰보호 문제 등과 같이– 절차법의 유럽화의 문제를 통해 실체법적 변화에 대해서도 효과적으로 접근할 수 있다.[7]

Ⅱ. 獨逸 行政節次法의 位相에 관한 槪觀[8]

행정절차는 행정과 시민간의, 행정단위간의, 행정단위안에서의 활동의 구조물(접합부, 구조)이자 상호작용의 전범이다. 그것은 법적으로 조종된 實事(Realgeschehen)로, 질서모델로 여겨질 수 있다. 법률이 관할 · 참여 · 통지의 규정 등을 통해 절차상 규칙을 다양하게 담고 있는 것처럼, 實事를 위해선 그런 절차상 규칙의 올바른 행사가 중요하다. 그리하여 이들 규정들은 일상적인 실제적인 행정업무를 조종하며, 또한 항상 사법적 논의의 대상이 되곤 한다. 요컨대 행정절차를 질서모델로서 여기는 것이 체계

6) 행정법적 차원에서 유럽화를 주제로 삼은 주요 참고문헌: 홍준형, 유럽통합과 독일행정법의 변화, 행정법연구 제12호, 2004. 10., 215면 이하; 정남철, EU계획법의 현황 및 법적 쟁점, 토지공법연구 제37집 제1호, 2007. 8., 439면 이하.

7) "○○를" 배우는 자세를 넘어서, "○○에서" 배우는 자세가 요구된다. 외국 법제에 관한 연구가 단순 소개차원을 넘어 그 의미를 갖기 위해선, 그것을 우리 법제에 견줘 전개하여야 한다. 하지만 지면관계상 여기선 관련 논의를 우리 행정절차제도에 직접 투영하지 못하고 부분적으로 그 문제점을 지적하는 데 그쳤다. 차후 다른 지면에서 여기서의 논의를 반영하여 행정절차법의 문제점을 강구하고자 한다. 다만 "○○에서" 배우기 위해선, 먼저 "○○를" 배우기가 충분히 이루어지지 않으면 아니 된다.

8) 이하 내용은 vgl. Schmidt-Aßmann, Verwaltungsverfahren und Verwaltungskultur, NVwZ 2007, S.40ff. 追論: 행정절차의 유럽적 차원의 현황에 관해선 졸저, 유럽화된 독일 행정절차법에 관한 연구, 한국법제연구원, 2008, 79면 이하 참조.

에 부합하고 또한 중요하다.

1. 독일 행정법의 법원지향성의 陰地에 위치한 행정절차

절차형성의 내용은 실체법의 적용에 영향을 미친다. 이미 19세기에 독일에서도 -고양된 개인적 권리보호의 의미에서- 절차를 통해 실체법의 적용이 조종될 수 있는 점을 들어 절차에 독립된 의의를 부여하기도 하였다.[9] 하지만 독일 행정법은 다른 유럽법질서와는 달리 극히 망설이면서 절차적 의의를 도출하였다. 이와 관련해서 일찍이 E. Forsthoff는 Wien에서 개최된 1958년의 국법학자대회에서의 토의에서 다음과 같이 말하였다: "영국법과 독일법을 비교하면, 영국의 판례법은 절차에서의 권리의 보장을 제공한다. 그로 인해 영국법에선 due-process of law가 결정적인 역할을 한다. 반면 대체적으로 보아 추상적-일반적 규범으로써 작동하는 독일법은 먼저 실체법에 연계된 법실현의 사고에 토대를 두고 있다".[10] 이런 인식을 바탕으로 한 법질서에선, 당연히 절차가 영미에서와 동일한 의의를 갖지 않는다. 독일 기본법 역시 동법 제19조 제4항의 사법적 권리보호에 강하게 집중하는 것을 그 내용으로 하기에, 행정절차에 대한 독일 행정법의 태도 그 자체는 지극히 자연스럽기도 하다.

절차사고는 절차 그 자체에 독립된 가치를 부여한다. 그것의 핵심구상은 바로 올바른 결론(결과)이 아니라, 공정한 절차이다. 정연한, 공정한 절차의 준수와 모든 참여자를 위한 설명 · 논증의 기회 제공을 통해서 기대하는 것은, 올바른 결론을 위한 가장 중요한 보장이다. 다른 한편 절차사고의 裏面에는, 올바른 또는 정당한 결론의 도달가능성에 대한 현저한 懷疑가 자리를 잡고 있다. 그리하여 절차사고에 의하면, 타당성과 공평성이란 절차와 무관하게 달성될 수 없으며, 아울러 그 실현여부를 절차적 관련성을 배제하면서 고립적으로 판단할 수도 없다. 그러나 항상 독일에선 -입법은 물론 판례에서도- 절차법의 봉사적 기능의 공식이 지배하고 있으며,[11] 그에 따른 절차법의 後位的 위상은 변함이 없다. 결론과 관련한 사고를 특징으로 하는 이런 입장을 극명하게 나타내는 것이, 바로 독일 행정절차법 제46조이다.[12] 그것은 기계론적인 법률집행의

9) Frenzel, Staat 18(1979), 592ff.

10) Ders., VVDStRL 17(1959), 222.

11) Vgl. BVerwGE 105, 348(354)=NVwZ 1998, 395; BVerwGE 92, 258(261)=NVwZ 1993, 890.

12) 특히 절차간소화의 경향에 맞춰 동조가 절차 및 그것의 하자의 의의가 더욱 약해지는 식으로 1996년에 개정되었다. 즉, 제소불가요건으로 과거의 "본안에 있어 다른 결정이 행해질 수 없는 경우"가 "위법사실이 결정에 실체적으로 영향을 미치지 아니하였음이 명백한 경우"로 바뀌었다. 여기서 지적할 점은, 독일에서 절차완화와 불고려 · 치유 · 배제규정의 확대를 통해서 행정절차를 신속화하고 절차하자의 법효과를 축소하려는 입법자의 노력이, 그들이 견지하는 행정절차의 봉사적 기능에 부합한다는 점이다. 절차하자에 대해서 과도한 비중을 부여하는 것과 탈규제화는 서로 相馳되는 현상이다. 우리의 경우 이 문제가 그다지 조명을 받지 못한 채 과도한 절차중시적 경향

사고를 그 출발점으로 삼는 독일식의 "절차철학"을 극명하게 나타낸다. 행정결정에 관한 사법통제가 실체에 주된 초점을 두고서 행해진다는 점에서, 사법통제의 陰地에 행정절차가 위치한다는 것이 확인된다. 하지만 그동안 EU법의 일치화 효과로 인해, 다른 나라 행정절차와 대비되는 독일 행정절차의 차이점이 다소간 해소되었다(후술).

2. 1976년 독일 행정절차법의 구상상의 한계

이런 전통에서 성립한 1976년 연방행정절차법 및 그에 맞춰 성립한 각주의 행정절차법은 다음과 같은 구상상의 특징을 지니며, 동시에 그에 따른 취약점을 드러낸다.[13)]

i) 행정의 바탕이 되는 원칙적 유형은 고권행정이다. 이들 행정활동을 위한 전형적인 공법적 활동만이 행정절차법의 대상이다(동법 제1조 제1항). 사법형식의 행정의 중요한 영역, 가령 협의와 광의의 행정사법작용과 관련해선, 절차적 보장, 가령 기피제척과 중립성의 규정을 통한 그것의 정렬의 문제에 대해서 동법은 아무런 언급을 하지 않는다. ii) 행정절차법은 좁은 의미에서 결정지향성을 가지며, 권리형성적 결정이 문제된다. 행정절차법상 규율의 주된 대상이 행정행위와 (공법계약의 의미로서의) 행정계약이듯이, 행정절차는 행정의 외적 권리형성적 발현에 이바지한다. 따라서 새로운 조종모델에서 바탕이 되는 "내적 절차적" 사고가 들어있지 않다. iii) 행정결정 중에서도 행정절차법이 중심에 두는 것은 개별결정이다(동법 제9조). 즉, 포착된 행정활동은 주로 집행활동이어야 한다. 행정적 규범정립(법규명령과 행정규칙)은 구체화와 자가프로그래밍의 형식으로 의회법률과 개별집행행위 사이에 출현하는데, 이들은 동법률의 체계에 결코 자리를 잡지 못하고 있다. 전통적 구상을 따르는 기존의 행정법의 교과서 역시 대개 조례, 법규명령과 행정규칙을 "法源論"에서 다룬다.[14)] iv) 행정의 집행결정에선 일방적 규율이 지배하는데, 그 중심 법제도가 행정행위이다. 행정계약 역시 마찬가지로 인정을 받는다. 그러나 행정절차법은 특히 행정행위를 대체하는 (종속적인) 계약에 대해선 고조된 관심을 갖지만(동법 제54조 제2문), 대등적 계약과 그로 인한 상황에 대해선 그렇지 않다. 나아가 협력적 행정의 요청은 기껏해야 착안점의 차원에선 포착되지만, 그런 민관협력관계를 법률에 도입하려는 노력은 아직까지 실효를 얻지 못한다. 이유는 그것이 기왕의 법률체계를 넘기 때문이다.[15)] v) 법률은 실체법에 대한

이 지배하고 있다. 이에 관한 상세는 vgl. Dolde, Verwaltungsvefahren und Deregulierung, NVwZ 2006, S.857ff.

13) Schmidt-Aßmann, §27 Der Verfahrensgedanke im deutschen und europäischen Verwaltungsrecht, in: Hoffmann-Riem/Schmidt-Aßmann/Voßkuhle(Hrsg.), Grundlagendes Verwaltungsrechts Bd. Ⅱ, 2008, Rn.13f.; ders., NVwZ 2007, S.40(41ff).

14) 반면 그것들을 행정의 작용형식으로 포착하고 그에 알맞은 절차규칙을 정렬하는 문헌으로 vgl. Erichsen/Ehlers(Hrsg.), Allg. VerwR, 13. Aufl., 2006, §§18, 19.

절차법적 규율의 봉사적 기능을 출발점으로 한다(동법 제46조). (실체법과 절차법의) 충돌경우에 결정적인 것은 "결과적 타당성"이어야 한다. 중요한 절차작용은 추가로 사법절차에서도 追完될 수 있다(동법 제45조). 이런 배경에는 행정결정에 관한 특별한 타당성의 이해가 자리를 잡고 있다. 그것은 작용지향성보다 통제지향성을 더 강하게 가지며, 사법통제에 대해 중심적 위상을 부여한다. vi) 시민과 행정간의 커뮤니케이션관계가 밀착된(확고한) 역할을 지닌 법(권리)관계로 정의된다. 시민은 어떤 식으로 가능한 경우에만 자신의 개인적 권리를 추구한다. 행정은 법구속적이지만, 공공복리를 위하여 궁극적으로 전적인 책임을 진다. 이 점은 가령 행정절차법 제24조에서 직권탐지주의를 채택한 데서 분명히 드러난다. vii) 행정절차법의 표상에 의하면, 시민의 관심사는 특히 일단 받은 수익의 존속유지를 목표로 한다. 그와 관련해서 법적 안정성, 존속력, 그리고 신뢰보호가 중심역할을 한다(동법 제43조, 제48조, 제59조). 사실 신뢰보호가 행정절차법제정에서 중심화두가 되었다. 행정은 자신의 행위의 적법성에 전적으로 책임을 지고, 수익자는 소위 맹목적으로 그것을 믿는다고 추정된다는 사고에 의해, 신뢰보호원칙의 토대가 만들어 졌다. 이런 논증은 단순한 관계에선 통할지 모르지만, 소위 세계적 활동영역을 갖는 기업이 관련된 경우엔, 그것은 잘못된 규준이다. 그리하여 유럽최고법원(EuGH)은[16] 적절하게 공동체법위반의 보조금의 반환요구에 관한 자신의 판례로써, 독일 행정절차법 제48조 제2항과 제4항의 강조된(과장된) 신뢰보호에서 약간 벗어났다(후술). viii) 활동하는 행정은 폐쇄된 단위체 자체로 상정되고 있다. 문서비밀유지의 원칙이 지배하며, 그것은 절차참여자의 문서열람권에 의해서만 상대화된다(동법 제29조). 행정내부적인 자료흐름은 독립된 법문제로 포착되지 않는다. 오늘날 행정문화를 특징 지우는 주제인 데이터보호, 정보자유 그리고 정보전송은 행정절차법에서 고려되지 않고, 고유한 개별법에 맡겨져 있다. 종종 그것들의 규율이 일반 행정절차법과 일치하지 않곤 한다. ix) 내국지향성이다. 동법 제4조~제8조의 빈곤한 행정응원(직무보조)규율이 증명하듯이, 행정절차법은 국제적 행정교류의 일을 자신의 관심사로 보지 않는다. 행정관계의 증가하는 국제화가 전적으로 행정절차법 밖에 놓여있는 셈이다.

---

15) 독일 연방정부는 "현대국가-현대행정"이란 정부프로그램안에 행정과 사인간의 파트너적 공동작업의 주제를 포섭하였다. 그 프로그램의 하나로서, 2005. 6. 30.에 "공사협력관계의 전환촉진과 법률적 대강조건(한정조건)의 향상을 위한 법률"(PPP-Beschleunigungsgesetz, PPP촉진법)이 제정되었다. 그러나 이것으로써 법적 충돌의 문제를 해소하지 못하였다. 대체적으로 동법은 완성된 PPP-成文化에 해당하는 것이 아니라, 관련 법률을 개정·보충하는 조항을 담고 있을 뿐이다. 아울러 "행정법적 제휴관계"에 관한 규율을 행정계약을 바탕으로 행정절차법상으로 채용하는 것도 논의되고 있다. Vgl. M. Reicherzer, Die gesetzliche Verankerung von Public-Private-Partnership, DÖV 2005, S.603ff.; Häfner, Aspekte einer Normierung von Public Private Partnerships, LKV 2005, S.340ff.

16) 따라서 EuG는 유럽1심법원으로 표기한다.

이상에서 본 대로, 독일 행정절차에서 전체적으로 바탕이 되는 구상은, 바로 고전적인 법률집행적 행정이다. 이 구상은 오늘날에도 다툼의 여지가 없다. 즉, 경찰, 건축 등의 다수의 행정결정이 매일 이 모델에 따라 발해진다. 그렇지만 공공발주제도, 행정적 계획, 정보행정과 리스크행정과 같은 중요한 행정분야가 여전히 행정절차제도에서 배제되고 있듯이, 행정절차의 기능적 다양성이 제공하는 조종가능성이 전혀 활용되고 있지 않다. 그리하여 Schmidt-Aßmann은, 비록 독립된 절차적 법사고까지 들어가진 않더라도, 행정과 행정법이 오늘날 논의하여야 할 도전에 응하기 위해선, 구상적인 차원에서 절차법적 사고가 요구된다고 강조한다. 그는 오늘날 독일 행정절차법이 직면한 현재의 도전이자 요청으로, i) 국가와 사회간의 책임분배(보장행정의 절차법), ii) 학계와 기술적 현실화의 새로운 요청(행정과 관리에서의 탄력성과 혁신을 가능케 하는 절차), iii) 새로운 정보 · 커뮤니케이션의 형식(정보사회의 절차법), iv) 국제적, 초국적, 월국적 행정청협력의 새로운 형식(국가초월적 연계망의 절차법)을 든다.[17] 이들의 動因과 契機는 국내적, 유럽적, 국제적 영역의 차원에 존재한다. 이로부터 비롯된 자극이 그 효과마냥 쉽게 분리될 수 없기에, 독일행정법, 유럽행정법, 국제행정법은 合生(유착)한다고 하겠다. 요컨대 행정절차법은 이런 움직임의 선두에 있다.

III. 獨逸 行政節次法의 유럽화의 작동방식

1. 기본구상: 他者執行

유럽연합영역의 행정은 분화된 행정의 체계(system of divided administration)가 그 특징이다. 즉, 유럽법은 부분적으론 유럽집행위원회(Kommission)나 다른 유럽행정청(Agentur)에 의해서 집행되지만(自己執行, direkter Vollzug),[18] 통상적으론 그것의 집행이 개개의 모든 회원국에게 과해진다(他者執行, indirekter Vollzug).[19] 일종의 분산집행적 구상(dezentraler Vollzugskonzept)이기도 한, 이런 간접집행의 구상은 집행상의 연방주의(Vollzugsföderalismus)를 특징으로 한다. 이는 독일 헌법에서 유래하여

---

17) Schmidt-Aßmann, NVwZ 2007, S.40(42).

18) 'direkter Vollzug'를 문언 그대로 '직접집행'이라 옮길 수도 있지만, 후술할 직접집행(unmittelbarer Vollzug)과 구별하기 위하여 '자기집행'이라 옮기고, 동시에 'indirekter Vollzug'을 '타자집행'이라 옮긴다. 요컨대 집행주체의 직 · 간접성과 집행근거규범의 직 · 간접성을 구분하기 위함이다.

19) 한편 W. Schroeder는 직접적용이 가능한 공동체법 역시 회원국에 의해 직접적으로 시행되기에, 자기집행과 타자집행의 용어사용은 문제가 있다고 지적하면서, 이에 상응하여 '집중적 시행'과 '분산적 시행'으로 나눈다. Ders., Nationale Maßnahmen zur Durchführung von EG-Recht und das Gebot der einheitlichen Wirkung, AöR 129(2004), S.3(10f.). 다만 여기서 시행(Durchführung)의 용어사용과 관련해선, 용어상으론 개별사건과 관련한 '적용'(Anwendung)과 법률상의 '시행'은 구분하는 것이 바람직하다.

그동안에 집행의 연방주의(fédéralisme d'execution)로서 유럽법의 문헌에 도입되었다.

내국 행정청은 EU법을 부분적으로 직접 적용하기도 한다: 명령(Verordnung: Regulation)[20] 및 (장차의 헌법조약상의 용어론) 유럽법률에 관한 직접집행(unmittelbarer Vollzug).[21] 그러나 EU법은 주로 내국 행정청에 의해서 간접적으로, 즉 지침(Richtlinie: Directive, 헌법조약상의 용어론 유럽대강법률: Rahmengesetze)의 내국법에로의 전환에 따라 적용된다(간접집행, mittelbarer Vollzug). 이런 두 가지 형식의 타자집행의 범주에서, 諸 회원국은 원칙적으로 EU법의 행정적 집행과 개인적 권리보호의 보장을 위한 불가분적 책임을 진다. 국가의 행정활동으로 야기된 법효과는 나름의 회원국의 고권영역에 국한하여 발생한다: 국가적 고권영역, 국가적 재판영역, 국가적 책임영역. 이런 집행구상에 바탕을 두고서, 회원국에게 節次高權(절차자주권, Verfahrenshoheit)이 인정된다. 즉, 유럽법이 우월적으로 적용될 아무런 규정은 물론, 국내법적용을 위한 아무런 규준도 담고 있지 않는 한에 있어서,[22] 원칙적으로 각 회원국은 적용될 절차법도 정한다(회원국의 節次自律(Verfahrensautonomie)의 원칙). 그렇지만 전술한 바대로 여기선 두 가지의 한계가 설정되어 있다. 즉, 자율의 소산인 절차형성이 해당 내국의 것보다 불리하게 형성하여선 아니 되고(등가원칙, 차별금지), 그리고 공동체법질서가 부여한 권리의 행사를 실질적으로 불가능하거나 매우 곤란하게 하여선 아니된다(효과성원칙, 훼손금지). -국내 절차법이 공동체법집행을 위하여 어느 정도로 유용한지 혹은 그때그때의 적용사건에서 수정되어야 할지를 판결하는- 유럽최고법원은 여기서 점차 회원국의 相違를 인정하는 데서 인정의 한계설정으로 무게중심을 이동시켜, 효과성원칙을 강화하는 경향으로 나아갔다.[23]

이처럼 EU가 타자집행의 구상으로 회원국의 행정조직과 행정절차법에 손을 댄다

---

20) 이를 '규칙'으로 옮기는 것은 자칫 통상 규칙이 법규적 성질의 부재를 전제로 하기에, 중대한 오해를 야기할 수 있다.

21) 유럽헌법조약(Verfassungsvertrag) 제1조 내지 제32조. 유럽이사회(Rat)는 2004.6.18.-19.에 이런 헌법조약에 관한 합의를 달성하였다. 동조약은 전체 회원국의 비준이 있은 다음에 발효하며, 종전의 조약을 교체하게 되어 있다.

22) 가령 관세법에서처럼 공동체절차법과 같은 것이 존재하면, 국내 행정청은 공동체절차법을 적용한다. 이 경우 독일의 견지에서 그런 독립된 규율의 허용성이 문제된다.

23) Scheuing, in: Hoffmann-Riem/Schmidt-Aßman(Hrsg.), Innovation und Flexibilität des Verwaltungshandelns, S.289(308). 그러나 공동체의 다차원적 체계에서 국내법과 초국가법의 공동작업에서 출현할 수 있는 곤란함으로 말미암아, 자율의 한계(조정)공식은 종종 비판되고 있다. 결정적인 문제제기는, 바로 등가원칙과 효과성원칙으로써 나타낸 핵심개념이 다루기 곤란할 정도로 불확정성을 갖는다는 점이다. 따라서 유럽법원이 조정공식을 다루는 데 항상 동요하며, 그로 인해 회원국 법질서상으로 현저한 법적 불안정성이 유발되기도 한다는 점이, 놀랄 일은 아니다. 그리하여 Schmidt-Aßmann는 조정공식의 양 원칙(등가원칙. 효과성원칙)은 오로지 전체결산의 방법으로만 평가척도로써 활용될 수 있다고 주장한다. Ders., Die Europäisierung des Verwaltungsverfahrensrecht, S.487(490).

는 것은, 바로 유럽적 집행임무를 위하여 내국 행정을 이용(동원)하는 것이다. 그리하여 중요한 결과가 야기된다. 즉, 내국 행정이 "상호의존적 조직"[24]이 되어버려, 조직상으론 내국 집행부(행정부)의 일부이지만, 유럽적 임무를 이행하고 그리하여 기능적으론 유럽공동체행정의 일부가 되어 버린다. 이에 Wahl은, 이런 독특한 이중적 지위가 바로 유럽법적 영향의 상이한 형식을 위한 출발점이자, "독일에서의 공법의 두 번째 국면"을 위한 출발점이 된다고 강조한다.[25]

2. 유럽화의 발현메카니즘

내국 행정절차법의 유럽화의 기초는 유럽법의 여러 원칙 즉, 유럽법의 회원국에서의 직접적 적용과 효력의 원칙, 적용우위의 원칙과 유럽법합치적 해석, 유효성 명령, 통일적용의 원칙 등이다.[26] 다만 이들 원칙들은 부분적으로 유사하며, 또한 항상 일관되게 구분되진 않는다.

(1) 회원국에서의 EU법의 직접적용과 효력

EU법은 독립된 초국가적 법질서로서 회원국에서 직접적 효력을 발휘한다.[27] 그것은 회원국의 행정절차와 사법절차에 직접적으로 적용가능하고, 유럽연합시민을 위한 동일한 권리와 의무를 제공한다. 고전적인 국제법의 경우 국제법주체로서의 국가를 전적으로 구속하지, 통상 국내법질서상으론 결코 직접적인 효력을 펼치지 않는다. 이 점에서 EU법은 국제법과 구분된다. 그렇지만 유의해야 할 점은, EU법의 직접적용의 원칙 그 자체로부터는 (규범)충돌상의 해결규칙(Kollisionsregel)을 결코 도출할 수 없다는 것이다. 특히 유럽 실체규범과 회원국의 절차규범간의 충돌(즉, 간접적 혹은 부진정한 충돌)의 경우에 그러하다.

(2) EU법의 적용우위의 원칙과 EU법합치적 해석

유럽최고법원은 Costa/E.N.E.L. 판결에서, 추후 성립한 국내법은 공동체법을 앞설 수 없다고 판시하였고, Simmenthal Ⅱ 판결에선, 공동체법에 배치되는 모든 국내규범은 적용될 수 없다고 더 분명히 판시하였다.[28] 유럽최고법원의 판례상으로 적용우위의 개념이 사용되진 않았지만, EU법이 대립된 국내법과 충돌하면, 그것에 대해 우위

---

24) 인적인 부분과 관련해서도 가능적 의미에서 내국 공무원을 '유럽 공무원'으로도 바라볼 수 있다.

25) ders., Die zweite Phase des öffentlichen Rechts in Deutschland: Die Europäisierung des öffentlichen Rechts, Der Staat, 38(1999), S.495ff.

26) Vgl. Sydow, Europäisierte Verwaltungsverfahren, JuS 2005, S.97ff; Schoch, VBlBW 1999, 241(243f.); W. Schroeder, a.a.O., S.3(14ff., 17ff.).

27) 리딩판례로 EUGH, Slg.1963, 25("van Gend/Loos").

28) 리딩판례로 EUGH, Slg.1964, 1251("Costa/E.N.E.L."); Slg. 1978, 629("Simmenthal Ⅱ").

가 부여된다. 그리하여 우선 국내법은 가능한 한 광범하게 유럽법에 합치되게 해석하여야 한다(EU법합치적 해석의 원칙, Gebot europarechtskonformer Auslegung).[29] 동 원칙이 가장 빈번하게 적용된 예가, -동 원칙을 유럽지침에 대한 국내법의 관계에 국한되지 않을 것 같으면- 바로 (전환된) 지침에 맞춰 국내 전환법을 해석하는 경우이다(이른바 지침합치적 해석). 다만 국내법이 그런 식으로 EU법합치적으로 해석될 수 없을 때는, 그것은 일반적으로 효력을 상실하는 것이 아니라, 구체적 경우에 적용이 배제된다(EU법의 적용우위).[30]

그런데 유럽최고법원의 최근의 판례에 의하면, 지침합치적 해석의 의무는 지침전환용 규정에 국한하지 않고, -어느 지침에도 배치되지 않을 결과를 가져다 줄 수 있게끔 그것이 어느 정도로 적용될 수 있을지를 판단하기 위하여- 국내 법원으로 하여금 전체 국내법도 그렇게 고려할 것을 요구한다.[31] 그 결과 지침합치적 해석은 지침의 제1차법적 근거로 다른 국내의 해석보다 우위에 설 뿐만 아니라, 결정적인 원칙으로서 목적론적, 역사적 해석으로 들어간다. 유럽최고법원의 판례에 의하면,[32] 회원국의 법원은 입법자가 지침전환시에 그 지침목적이 가능한 광범하게 실현되도록 의도하였다는 점을 출발점으로 삼아야 한다. 하지만 지침합치적 해석은 제한적으로 통용된다. 이제까지 유럽최고법원이, 국내법원에 대해서 지침전환권이 있는 국내 입법자를 법형성의 방법으로 대신하는 식으로 지침의 목표규준을 통용시켜야 할 적극적인 의무가 있다고 판시한 적은 없다. 또한 지침합치적 해석은 관련 국내규정의 문언상의 한계를 넘을 수 없다.[33] 나아가 실체적 측면에서 EU법의 일반적 법원칙, 가령 법적 안정성 · 신뢰보호 · 소급금지의 원칙에 의해서도 그 한계를 갖는다.[34]

유럽법과 회원국의 개별법간의 관계에서 이런 적용우위는 다툼의 여지가 없다.[35] 그러나 독일 연방헌법재판소는 기본법의 기본권 및 다른 핵심요소의 규준에 의거하여 EU법을 보충적으로 심사할 권한을 남겨두었다.[36] 독일 연방헌법재판소의 판례는 이

---

29) 상세는 Walzel/Becker, Grundzüge der Richtlinienrechtsprechung des EuGH, JURA 2007, S.653ff.

30) 적용우위를 충돌해결규칙의 차원에서 접근하느냐 위계규칙의 차원에서 접근하느냐를 두고서 다툼이 있다. 일반적으로 전자의 입장에서 적용우위는 국내법 자체 적법성을 위해선 그 의의를 갖지 않는다고 본다. 이에 의하면, 적용우위로 배격된 대상 법규범 그 자체가 위법하게 되는 것이 아니라, 적용우위를 무시한 해당 개별결정이 위법하게 된다. 반면 규범적용의 우위와 규범 그 자체를 분리하는 것을 비판하는 Niedobitek는 후자의 입장을 취한다. Ders., Kollisione zwischen EG-Recht und nationalem Recht, VerwArch 92(2001), S.58(63ff.).

31) EuGH, Rs. 397/01, Slg. 2004, I-8835, Rn.115, 119.

32) EuGH, Rs. C-334/92, Slg. 1993, I-6911, Rn.20; EuGH, Rs. 397/01, Slg. 2004, I-8835, Rn.112.

33) EuGH, Rs. C-456/98, Slg. 2000, I-6007, Rn.16f.

34) EuGH, Rs. 80/86, Slg. 1987, 3969, Rn.13.

35) 그러나 최근 Funke가 개별경우에서 그것을 다루는 데 있어서, 행정에 대해서 적용배제권이 인정될 것인지, 또한 그런 적용배제권이 의무가 되는지, 공동체법위반인 조례에 대해서 행정법원법 제47조의 규범통제가 동원될 수 있는지 등의 물음에서 매우 곤란함이 야기된다고 지적하고서, 그에 대한 문제해결을 모색하였다. Ders., Der Anwendungsvorrang des Gemeinschaftsrechts, DÖV 2007, S.733ff.

런 점에서 유럽최고법원(EuGH)의 판결과 적어도 잠재적인 충돌을 한다. 이는 EU와 회원국의 관계를 위하여 근본적으로 매우 중요하다.[37] 한편 유럽법의 적용상의 우위가 인정되더라도, 이것을 집행상의 하자가 발생하면 국내 도그마틱상의 하자효과체제는 근본적으로 멈추어야 한다는 것으로 받아들여선 곤란하다. 특별한 하자상의 제재를 요구하는 특수한 집행상의 문제점이 출현하는 경우에만, 달리 받아들일 수 있다. 이런 견지에서 2000.5.11. 독일 연방행정법원은, "(공동체법의 통용우위에도 불구하고) 모든 규범충돌이 행정절차법 제44조 제1항상의 무효이유로 다루어져야 하도록 결코 초래되진 않는다"고 적절하게 지적하였다.[38]

(3) 유효(효과)성 명령과 통일적용의 원칙[39]

유효(효과)성 명령(Effektivitätsgebot, der effet utile, das Gebot praktischer Wirksamkeit)은 EU법이 차별 없이 관철되기 위한 핵심적인 요건이다. 왜냐하면 모든 회원국에서 유효한 관철이 행해지지 않으면, 추구하는 유럽의 법통일은 그 실현이 불가능하기 때문이다. 유효성 명령은 회원국에 대해 실체적인 지침규준을 국내법으로 완전히 전환하는 것을 요구할 뿐만 아니라, 효과적인 행정적 집행을 보장하는 집행여건을 마련하는 것까지도 요구한다.[40] 이에 따라 EU-실체규범과 회원국의 절차규범간의 간접적인 충돌의 경우를 위한 충돌상의 해결규칙이, 유효성 명령으로부터 도출된다. 즉, 내국 절차법은 실체적인 EU법의 효과적인 집행을 가능케 하여야 한다. 다만 유효성 명령 역시 후술할 통일적용의 원칙마냥 절대적으로 실현될 수 있는 것은 아니며,[41] EU법의 실제적 효과상의 일정한 제한을 받아들여야 한다. 여기서는 회원국에서의 국내행정청, 법원과 사주체의 동기는 물론, 그들의 공동체법상의 권리 · 의무에 관한 정보의 수준, 회원국에서의 법전통 등이 주요 변수로 고려된다. 특히 적법성논거가 반대논거로 주효하다.[42]

여기서 동 원칙이 후술하는 통일적용의 원칙과의 관계가 중요하다. 후자는 EU법의

---

36) BVerfGE 37, 271=NJW 1974, 1697; 102, 147=EuZW 2000, 702.

37) 이에 관한 광범한 논의는 vgl. Broß, Bundesverfassungsgericht- Europäischer Gerichtshof, VerwArch 92(2001), S.425ff.

38) NVwZ 2000, 1039f.

39) 특히 W. Schroeder, a.a.O., S.3(14ff.).

40) 여기서 문제되는 것이 독일 행정절차법 제45조, 제46조상의 치유 · 불고려의 규정이다.

41) 나아가 여기선 국내법의 집행적합에 관한 불확실성과 의문이 증대한다는 점을 유의하여야 한다. 그리하여 Schmidt-Aßmann는 특히 효과성의 원칙과 관련하여 유럽최고법원의 용어사용상 약간 감칠 맛나게 표현됨으로 인해, 도그마틱적 엄밀성을 견지할 의무에서 독일로선 유럽법관철의 효과성을 최대로 구조화할 의무를 지는 양 오해를 빚을 수 있다는 점을 지적한다. 그것에 결부된 불확정성을 넘어서, 통합공식의 적용은 언어스타일상의 차이점에 의해서도 곤란하게 된다고 한다. 그리하여 과장된 결론도출과 성급한 일반화를 경계하여야 한다고 강조한다. Ders., Die Europäisierung des Verwaltungsverfahrensrecht, S.487(490).

42) Vgl. EuGH, Rs. C-192/94, El Corte Inglés, Slg. 1996, S.1281ff., Rn.17.

현존 규범상태만을 관련시키기에, 국내법상으로 해당 규율이나 원칙이 결여된 채 EU법이 적용되어야 할 경우엔, 후자의 강조란 공허할 수밖에 없다. 이 경우 통일된 효과를 보장하기 위한 보완적 공동체법이 필요한 즉, 그것의 출발점이 바로 유효성 명령이다. 따라서 유효성 명령은 통일적용의 원칙을 보완한다.[43] 유효성 명령과는 구분될 수 있는, EU법의 통일적용의 원칙(Prinzip der einheitlichen Anwendung, 균일성의 원칙: Uniformitätsprinzip)은 적어도 다른 관점을 나타낸다. 즉, 모든 회원국에서의 EU법의 통일적용의 원칙은 평등사고, 즉 모든 회원국에서의 동일한 법에 대한 요청에 부합하는 반면, 유효성 명령은 기능적 고려 즉, 공동체이익의 효과적인 관철에 바탕을 둔다.[44] 동 원칙에 대해선 윤곽이 없다고 비판도 있지만,[45] 이런 판단은 논증의 장이자 원칙(Prinzip)으로서의 동 원칙의 실제적 의의를 간과한 것이다. 조약 자체가 통일되지 않는 법을 받아들이는 데서, 실은 동 원칙은 전형적인 상대적인 규범적 성격을 드러낸다. 즉, EU법이 EU의 연합시민과 회원국의 완전한 법적 동등대우를 보장하진 않는다는 점은, 이미 -회원국에게 국내의 단독행위를 위한 다양한 수단을 열어 놓은- 다수의 조약규정에서도 나타난다. 그것은 실제로 여러 회원국에서, 회원국의 다양한 법전통, 법적용 · 해석기관의 동기, 정보수준과 연합시민의 관심에 의거해서도, 다르게 효과를 발생한다. 유럽최고법원 역시 공동체명령의 규정은 공동체 전역에서 가능한 동일한 효과를 발휘하여야 한다(sollen)고 판시함으로써,[46] 공동체법의 균일성이란 결코 완전히 실현될 순 없다고 인식하고 있다.

3. 유럽화의 발현양상

국내 행정절차의 유럽화는 여러 가지의 방도(유럽최고법원의 판례, 유럽입법, 유럽집행위원회의 집행규율)를 통해서 실현된다.

(1) 유럽최고법원의 판례

유럽법원의 판례의 특징은, 그것이 초국가적 법질서의 기능적 요청에 의해 만들어진 점이다. 동법원은 유효(효과)성의 원칙에 의거하여, 회원국에 대해서 유럽법의 간접적 집행을 보장하기 위해 적합한 조치를 발할 의무를 항상 지운다. 이에 예외적 경우

---

43) W. Schroeder, a.a.O., S.3(18).

44) 양자는 궁극적으로 통합의 비용 · 효용의 통일분배를 보장한다는 점에서 공히 평등과 관련을 지울 수 있지만, 효과성 명령의 경우 동일한 규범사안은 동일한 결과에 이르도록 보장한다는 점에서 통일적용의 원칙보다는 실체적 측면을 강조한다.

45) Nettesheim, Der Grundsatz der einheitlichen Wirksamkeit des Gemeinschaftsrechts, in: GS Grabitz, 1995, S.447f., 454ff.

46) EuGH, Rs. 819/79, Deutschland/Kommission, Slg. 1981, S.21ff., Rn.10.

에만 조직법적 조치를 행하도록 강제한다.[47] 유럽법원은 이런 당초관점에서 행정절차법을 위한 다수의 규준을 정립하였다. 그리하여 개개의 판례는 먼저 개별조항상으로 국내법에 대해 영향을 미치고, 이런 영향은 누적되어 부분적으로 시스템 자체를 변경하는 결과를 낳는다(양의 질로의 변환). 유럽법이 국내 행정법에 대해 영향을 미치는, 이런 첫 번째 양상은 1990년 이래로 심각하게 논쟁되었다.[48]

(2) 유럽입법

최근 광범한 유럽화의 국면에서 유럽의 입법자는, 회원국의 집행을 위한 절차규정을 담은 다수의 입법을 마련하였다.[49] 조약 특히 공동체조약의 개별수권이 이런 입법의 제1차법적(primärrechtlich) 근거가 된다. 그런 개별수권은 권한상으로 실체법의 제정만이 아니라, 그것의 집행을 위한 절차법적 규율의 제정 역시 가능케 한다. 이런 입법의 결과는 유럽법원의 판례의 효력을 능가한다. 왜냐하면 이를 통해서 고립적 · 개별국가적 집행구상이 부분적으로 붕괴되고, 국내적 결정의 법적 영향(효력)은 다른 회원국의 고권영역까지 확장되기 때문이다. 다수 회원국의 절차가 절차법적으로 서로 정렬된다. 즉, EU의 자기(자체)행정과 다수의 (일부는 모든) 국내 행정의 행정청이 다단계적 절차에 참여한다. 그리하여 고립적 · 개별국가적 집행을 대신하여, 수평적으론 회원국 상호간의 관계에서, 수직적으론 EU-자기(자체)행정과의 관계에서 행정상의 공동협력(Verwaltungskooperation)이 행해진다.[50] 이런 현재의 상황을 적확하게 나타내는 것이, 바로 '行政法의 脫屬地化' (Ent-Territorialisierung)란 표어이다.[51]

(3) 유럽집행의원회의 시행입법

유럽집행위원회 역시 시행입법(Durchführungsgesetzgebung)의 방법으로[52] 회원

---

47) 이에 대해선 vgl. Kahl, Europäischesund Nationales Verwaltungsorganisationsrecht, DV 29(1996), S.341ff. 그렇지만 가령 지침법상으로 조직법적 규준의 숫자가 증가하였다. 최근의 예로 Pflicht zur Errichtung von Regulierungsbehörden für Elektrizität und Gas nach Art.23 RL 2003/54, Art.25 RL 2003/55.

48) 특히 Schoch, Die Europäisierung des Allgemeinen Verwaltungsrechts, JZ 1995, S.109ff.; Danwitz, Verwaltungsrechtliches System und europäische Integration, 1996, S.192ff., 334ff.; Kadelbach, Allg. VerwR unter europäischem. Einfluss, 1999, S.15ff., 296ff.; Scheuning, Die Europäisierung des Verwaltungsrechts, DV 34(2001), S.107ff.; Ruffert, Die Europäisierung der Verwaltungsrechtslehre, DV 36(2003), S.293ff.

49) 해당하는 규정은 개별적으론 예전부터도 제1차법에 존재한다. 즉, EG 제88조 제3항에 의해 요구되는 보조금통보절차가 그렇다.

50) Vgl. Sydow, Die Vereinheitlichung des mitgliedstaatlichen Vollzugs des Europarechts in mehrstufigen Verwaltungsverfahren, DV 34(2001), S.517ff.; ders., Strukturen europäischer Planungsverfahren, DÖV 2003, S.605ff.; Pitschas, in: Hill/ders.(Hrsg.), Europäisches Verwaltungsverfahren, 2004, S.301ff.

51) Schmidt-Aßmann, Deutsches und Europäisches Verwaltungsrecht, DVBl. 1993, S.924(936); Vesting, Die Staatsrechtslehre und die Veränderung ihres Gegenstandes: Konzsequenzen von Europäisierung und Internationalisierung, VVDStRL 63(2004), S.41(52).

52) 시행입법에 관해선 vgl. Möllers, Durchführung des Gemeinschaftsrechts - Vertragliche Dogmatik und theoretische Implikationen -, EuR 2002, S.483ff.

국의 행정절차를 위한 규범적 규준을 발할 수 있다. EU법의 이런 종류의 시행은 EU법의 행정적 적용을 의미하지 않는다. 대신 그것은 바탕이 되는 법적 행위(Basisrechtsakt)를 대개 시행령의 형식으로 구체화하는 중간단계를 나타낸다. 이에 의거해서 그 다음 구체화단계로서 자기집행이나 타자집행의 방법으로 법이 적용된다. 가령 –회원국 승인청에 의한 의약품승인의 변경절차를 규율한– 시행령(EG) Nr. 1084/2003[53] 제4조이하는 다음 사항에 관한 상세를 담고 있다: 당해 국내 의약청(독일 의약품법 제77조 제1항에 의해 통상적으론 의약품과 의료기기를 위한 연방기관이 이에 해당한다)이 변경신청을 어떤 절차로 처리해야 하는지, 동 행정청이 다른 회원국의 의약청과 어느 정도로 동조하여야 하는지 그리고 어느 정도의 기한내 결정이 내려져야 하는지 등.

시행입법은 그 바탕을 조약상의 직접적인 법근거가 아니라, 도출(파생)된 법근거에 둔다. 그래서 유럽의 입법자는 바탕이 되는 법적 행위에서, 시행규정을 발할 권한을 유럽집행위원회에게 이전하여야 한다.[54] EGV 제202조 제3호(수평선, Spiegelstrich), 제211조 제4호가 입법적 시행권능의 이 같은 이전을 위한 제1차법적 근거가 된다. 유럽집행위원회는 자문단절차(Komitiologieverfahren)에서 시행입법을 발한다. 자문단절차의 세세한 내용은 1999년의 소위원회결정[55]에서 생겨난즉, 그것은 통상 그때그때의 자문단분과위원회에서 회원국 행정부의 대표자의 동의에 구속된다.

(4) 유럽집행위원회의 집행규율(Vollzugsregelungen)

EGV 제211조 제2호에 의한 통지, 권고, 견해표명을 발할 권한으로써, 유럽집행위원회는 단계적인 규범적 구속력을 지닌 일련의 광범한 수단을 행사할 수 있다. 이들을 통해서 회원국의 행정활동이 예견가능하도록 영향을 미칠 수 있으며, 아울러 이런 종류의 집행규율은[56] 회원국의 통일된 행정실무를 성립시킬 수 있다. 가령 신약시판을 위한 신청 및 (동 신청에 대한) 행정청에 의한 제1차심사서작성에 관한 권고,[57] 밀폐시스템안에서의 유전자변형조직체를 승인하기 이전의 리스크평가를 위한 지침에 관한 결정이[58] 일종의 집행규율이다. 이들은 모든 회원국에서 신청심사 및 리스크평가가 통일된 원칙과 절차에 따라 행해지게끔 하기 위한 기초가 된다.

이런 집행규율은 독일 행정법의 행정규칙에 비견될 수 있는 기능을 갖지만, 국내행

53) EU의 법적 행위 전체는 eur-lex-Portal(http://europreu.int/eur-lex)에서 불러낼 수 있다. 따라서 실제업무를 위해 공보는 불필요하다.

54) 이는 독일 기본법 제80조 제1항에 의한 법규명령의 수권에 비견될 수 있다.

55) Beschl. 1999/468/EG.

56) 이런 개념형성에 관해선 Groß, Exekutive Vollzugsprogrammierung durch tertiäres Gemeinschaftsrecht?, DÖV 2004, S.20ff.

57) Empfehlung 97/618/EG der Kommission.

58) Entscheidung 2000/608/EG der Kommission.

정체계에 터 잡은 행정규칙과는 여러 가지 점에서 구별된다. 특히 초국가적 존재인 EU를 국가에 견줄 때, 다음과 같은 다른 기능도 발휘할 수 있다. 가령 제2차법이나 (그에 바탕을 둔) 위원회의 실무를 밝히고 구체화하는 것, 유럽법원 판례상의 법원칙을 위원회의 관점에서 요약하는 것, 회원국의 행정청이나 사적 절차참여자의 절차적 의무를 언급하는 것 혹은 -독일 입법실무상으로 전개된 모범초안의 수단처럼- 회원국에서의 동조된 법정립을 가능케 하는 것이 그것이다.

4. 유럽화의 범위: 복선화와 실무상의 상응압력

EU법의 직접적 효력, 그것의 적용우위, 효과성 명령으로부터 비롯된 유럽법적 규준은, 법적으로 실체적 유럽법이 집행되는 절차에 국한하여 주효하다. 법집행이 유럽법을 조건으로 하지 않고, 순전히 국내법만을 조건으로 하는 경우엔, 절차법적으로도 EU법의 법규범적 규준의 지배를 결코 받지 않는다(법집행의 複線化). 국내 입법자로선, 이런 사실을 전적으로 유럽법의 타자집행을 위한 특별절차법을 통해 -아무런 방해를 받지 않고- 배려할 수 있을 것이다. 그러나 행정절차법에 대응한 그런 특별절차법의 성문화는 독일은 물론, 그 어느 다른 회원국에서도 행해지지 않았으며, 당연히 진지하게 고려되지도 않았다.[59] 원칙적으로 EU법의 집행을 위한 절차에서도 행정절차법이 -통상은 해당 연방주의 행정절차법이- 통용된다. EU법을 집행하기 위해 상응한 특별절차법의 성문화를 이처럼 포기하는 것은 절차법의 지속적인 분화를 저해하며, 그 결과 자칫 동종의 사안이 절차법적으로 상이하게 처리될 수밖에 없을 것이다. 물론 EU법과 국내 행정법질서가 서로서로 많이 배어들면 들수록, 전자는 (자신의 집행상 이익을 위하여 국내법의 모든 고유함을 수정하는 식인) 자신의 특별지위를 더욱더 적게 요구할 수 있다. 따라서 오히려 양자간의 협력이 정상태가 되어버린 점도 간과해선 아니 된다. 한편 국내법으로선 직접적으로 유럽법적으로 변형되지 않은 분야라 하더라도 실무상의 상응압력을 강하게 받는다.[60] 이에 따라 유럽화는 EU법의 타자집행의 차원을 넘어, 실제론 독일 행정법의 일반이론 전반을 사정거리에 두고 있다 하겠다.

---

59) 조정공식의 불분명으로 말미암아, EU법의 효과적인 집행에서 회원국의 절차법과 그것의 급부능력을 평가함에 있어선 광범한 여지가 존재한다.

60) 실제적인 상응압력에 관해선 Schoch, a.a.O., S.109(117).

Ⅳ. 獨逸 行政節次法에 대한 유럽법적 영향

독일 내국 행정절차에 대한 유럽법적 영향은 여러 가지 갈등상황으로부터 생겨날 수 있다. 한편으론 유럽법과 내국법의 절차법적 규율간의 직접적인 충돌상황이 존재하고, 다른 한편으론 유럽 실체규범의 효과적인 관철의 원칙이 회원국의 절차규범의 수정을 초래하는 간접적인 충돌상황이 존재한다. 양 충돌상황에서 유럽법적 규준은 종종 相馳되곤 한다. 가령 효과성 명령이 항상 절차법이나 내국법의 신뢰보호규정의 후퇴를 강제하지만, 반면 EU법의 절차기본권에 의한 회원국 절차법의 중첩은 부분적으로 절차권의 확대를 초래하기도 한다.

1. 직접적 충돌: 유럽 절차기본권에 의한 절차법의 겹침

(1) EU법의 절차기본권에 대한 회원국의 구속

유럽최고법원의 판례에 의하면, 회원국은 일정한 상황에선 EU법의 절차기본권에 구속된다, 즉, 이들 절차기본권은 EU법의 일반적 법원칙으로서 판례법적으로 전개되었다. 이런 구속은 특히, 회원국이 EU법을 집행할 때, 즉 "행정청적 상황"(agency situation)에서[61] 성립한다. 절차참여자에게 (국내법의 절차수준을 능가하는) 권리를 부여할 의무가, 이런 구속으로부터 생겨날 수 있다. 가령 행정절차상의 법적 청문에 관한 청구권은 유럽최고법원에 의해 일반적 법원칙으로 여겨지며, 유럽기본권헌장(제41조 제2항)과 유럽헌법(EUVerf 제Ⅱ-101조 제2항 a))에 받아들여졌다. 그런데 독일 행정절차법 제28조 제1항과 관련해서,[62] 독일 행정법원의 판례는 제한적 해석을 설정한다. 즉, 수익적 행정행위의 거부에 대해서, "권리에 개입하여 그것을 방해(훼손)할 것"을 요구하는 문언에 입각하여 청문의무의 대상에서 배제한다.[63] 이와는 달리, 유럽법적 보장의 경우에는, 비록 수익적 행정행위의 발급에 관한 신청이 거부된다 하더라도, 청문의무가 성립한다. 그리하여 독일 행정절차법 제28조 제1항의 경우, EU법을 집행할

61) EuGH Slg. 1989, 2609("Wachauf", Rn.19); Slg. 1991, Ⅰ-2925("ERT", Rn.42ff.); Slg. 1995, Ⅰ-3115 ("Fishermen's Organisation", Rn. 32, 55ff.).

62) 제28조(참가인의 청문, Anhörungen Beteiligter): ①참가인의 권리를 개입(제약)하는 (in Rechte eines Beteiligten eingreift) 행정행위가 발동되기에 앞서서, 결정에 중요한 영향을 미치는 사실에 관하여 의견을 표시할 수 있는 기회가 참가인에게 부여되어야 한다.

63) BVerwGE 66, 184, 186; 68, 267, 270; VGH Mannheim NVwZ 1994, 919. 동지: Stelkens/Bonk/Sachs, VwVfG Komm. 6.Aufl., 2001, §28 Rn.27. 그러나 독일의 통설은 규율의 목적에 비추어, 특히 그것의 법치국가원리적 본지에 비추어 반대의 입장이다. 관련 문헌상황은 vgl. Kopp/Ramsauer, VwVfG Komm. 8.Aufl., 2003, §28 Rn.26a Fn.33.

때에는 EU법합치적으로 확대 해석될 수밖에 없다.

타자집행에서 이렇게 유럽적 절차기본권에 구속되는 것이 결과적으로 광범한 동의를 얻긴 했지만, 그 같은 구속을 설득력 있게 도그마틱적으로 도출하기란 간단치 않다. EU법의 적용상 우위를 단순히 원용하는 것만으론 충분하지 않다. EU법의 적용우위를 내세운 논증은 연합법의 명백한 제2차법적 절차보장이 회원국의 행정절차에 적용가능하다는 것을 조건으로 한다. 하지만 (회원국을 위해 그것의 통용이 비로소 도출되어야 할) 불문의 절차기본권을 위해선, 적용상의 우위를 드는 것은 순환결론의 위험을 낳는다. 사실 EU법의 적용상 우위로 해결되어야 할 규범충돌은, 우선 회원국의 활동에 대해서도 (EU법의) 적용우위 원칙이 통용된다는 것을 전제로 한다. 즉, 회원국의 구속으로 인해 규범충돌이 발생할 수 있어야, 비로소 충돌해결규칙으로서 (EU법의 적용) 優位原則(Vorrangprinzip)이 동원될 수 있다. 따라서 회원국의 EU기본권에의 구속은 전적으로 직접적용의 원칙(Prinzip der unmittelbaren Anwendbarkeit)으로부터 도출되어야 한다. 즉, 동 원칙은 법관법적으로 전개된 절차기본권에 대해서도 통용된다. 이런 식의 논증에 대해선, EU법의 직접적용의 구상은 그것의 효과적인 관철을 위하여 전개되었기에 이런 목표와 관련해서만 설득력을 가지지, EU법적으로 확정된 기본권보호를 회원국에 설정하는 데는 이바지하지 못한다는 반대논증이 분명히 있다.[64] 하지만 이미 그 같은 반대논증은 직접적용의 구상에 의해 극복되었다.

(2) 불고려(논외)와 치유 규정의 문제

유럽적 절차기본권에의 구속으로 인해 문제되는 것이, 독일 행정절차법 제45조와 제46조상의 절차규율을 위한 불고려(논외)와 치유 규정(Unbeachtlichkeits- und Heilungsvorschriften)이다.[65] 실체중시라는 독일법의 특징을 대변하는 이들 규정은, 절차권의 의의를 상대화시킨다. 이들 규정을 타자집행절차에 적용하는 것을 두고서, 그것이 실체적 유럽법의 효과적인 관철과 배치되지 않거나 그 관철을 촉진할 것이기

---

64) Ruffert, EuGRZ 1995, 518(523).

65) 제45조(하자의 치유, Heilung von Verfahrens- und Formfehlern): ① 절차 또는 형식법규의 위반은, 그 위반사항이 제44조의 규정에 따라 행정행위를 무효로 만드는 경우를 제외하고는 다음 각호에 해당될 때 이를 문제로 삼지 아니한다. 1. 행정행위의 발동에 필요한 신청을 사후에 제출한 경우, 2. 요구되는 근거제시가 사후에 이루어진 경우, 3. 요구되는 참가인의 의견청취가 사후에 보완된 경우, 4. 행정행위의 발동을 위하여 참여하여야 할 위원회의 의결을 사후에 행한 경우, 5. 필요로 하는 다른 행정청의 협력이 사후에 보완된 경우 ② 제1항에 따른 행위는 행정소송절차의 종결시점까지 추후에 보완될 수 있다. ③ 행정행위에 요구되는 이유의 제시가 이루어지지 아니하였거나 행정행위의 발령 전에 요구되는 참가인의 의견청취가 이루어지지 아니하였고 이로 인하여 행정행위의 취소청구를 제시간 내에 할 수 없었던 경우에는 법적구조기간 지체의 책임이 없다. 제32조 제2항에 따른 절차의 재개기간에 표준이 되는 사항은 흠결된 절차적 행위가 보완된 시점에 발생한다. 제46조(절차 및 형식상의 하자의 효과 Folgen von Verfahrens- und Formfehlern): 제44조의 규정에 의하여 무효로 되지 아니하는 행정행위는 위법사실이 결정에 실체적으로 형향을 미치지 아니하였음이 명백한 경우 절차나 형식 또는 토지관할권에 관한 규정을 위반하여 성립되었다는 이유만으로 그 폐지를 요구할 수 없다.

때문에 별 문제 없다고 간단히 말할 순 없다. 이유는 치유와 불고려의 규정은 오히려 유럽법적으로 보장된 절차기본권을 위협하기 때문이다. 독일 행정절차법 제45조 제1항 제3호에 의해, 참여자의 필요적 청문은 追完될 수 있다. 더군다나 재판절차에서도 추완될 수 있다(독일 행정절차법 제45조 제2항). 이 규정을 유럽법적 청문의무의 경우에도 적용할 것 같으면, 청문의무의 효과성(유효성)은 당연히 위태로울 것이다. 즉, 행정절차 그 자체에서 청문을 하여야 한다는 것이 유럽법적 명령(원칙)인데, 행정청으로선 (설득력 있는 결과를 지니지 않는) 치유가능성을 이유로, 그 유럽법적 명령을 무시할 수 있다.

그러나 유럽최고법원은 대체적으로 –독일의 관점에선 엄격하게 여겨지는– 절차규정의 준수에 관한 심사를 행한다. 그리고 EGV 제230조에 따른 공동체법적 행위의 무효선언을 위한 요건이 바로 "중요한 형식규정"의 위반이다. 또한 공동체법에 의하면, 행정절차상의 하자는 사법절차에서 치유될 수 없으며, 또한 주장된 공격 · 방어의 수단의 범주에서만 행해지는 사법통제는 행정절차의 범주에서 행해지는 사건의 완전한 석명을 대체할 수가 없다. 유럽의 경향과 정반대인 독일의 입법상황은 곤경 그 자체이다.[66] 그래서 일부에선 독일 행정절차법 제45조와 제46조의 적용으로 유럽적 절차권의 유효성이 무색하게 되어 버릴 경우엔, 이들 규정 전체를 적용하지 말 것을 주장한다.[67] 나아가 다른 학자는, 독일법 역시 치유가능성과 불고려의 규정에 대해 한계를 설정하되, 경우에 따라 EU법의 적용영역에서의 개별사건에선 한층 엄격한 한계가 그어져야 한다고 지적한다.[68] 이런 입장을 취하면, 절차위반의 법효과는 전적으로 유럽법원에 의해 전개된 원칙에 따라 가늠될 것이다. 유럽법원의 견지에서도 절차법은 (실체법에) 봉사하는 법이다. 그래서 포괄적인 합법성원칙을 강하게 목표로 하는 프랑스법에 비하면, 유럽최고법원은 절차하자에 대해서 분명히 낮은 중요성을 부여한다. 그렇지만 동법원은 독일방식 역시 따르지 않고, 현실에 적합한 고찰을 바탕으로 하여 나름의 절충적 입장을 취한다.[69]

---

66) 이에 관한 상론은 vgl. Kment, Die Stellung nationaler Unbeachtlichkeits-, Heilungs-, Präklusionsvorschriften im europäischen Recht, EuR 2006, S.201ff.

67) Kokott, Europäisierung des Verwaltungsprozessrechts, DV 31(1998), 335(367f.). 그는 독일의 입법자가 유럽공동체법의 기준을 목표로 삼지 않은 점이 유감스럽다고 하면서, 독일의 기본권은 물론 절차기본권에 의해서 행정절차법 제45와 제46조에 관한 제한적 내지 기본권 · 공동체법합치적 해석과 적용이 요구된다고 강변한다.

68) Classen, Das nationale Verwaltungsrverfahren, im Kraftfeld des Europäischen Gemeinschaftsrecht, DV 31(1998), S.307(326f.). 원고가 주장한 소인에 국한하여 적법성통제를 하는 유럽법원의 경우와는 달리, 독일의 경우 법관의 포괄적인 석명의무로 행정행위가 완전한 통제를 받는다. 그리하여 Classen은 유럽법원에서의 절차하자의 추후제거에 대한 비판이 독일에 곧바로 옮겨질 순 없다고 한다. 이 점에서 후술할 Wahl의 견해와 상통한다.

69) 유럽법적 하자효과체제에 관해선 Schoch,in: Schmidt-Aßmann/Hoffmann-Riem(Hrsg.), Strukturen des europäischen Verwaltungsrechts, 1999, S.279(299f.). 특히 청문권과 관련해선 Fengler, Die Anhörung im europäischen Gemeinschaftsrecht und deutschen Verwaltungsverfahrensrecht, 2003, S.92ff.

그런데 국내법의 절차법적, 실체적 규정 전체를 목표로 하면, 색다른 착안점이 얻어질 수 있다. 가령 불고려와 치유의 규정으로 국내법을 연합법의 절차규준 뒤에 두더라도, 이런 것이 행정결정의 집중적인 실체적 확정과 통제(심사)에 의해 보전된다고 하면, 독일 특유의 제도 자체는 그다지 크게 문제되지 않는다는 결론에 다다를 수 있다. 즉, Wahl은 우선 EU법의 유효성 명령의 충족여부를 절차법의 좁은 범주에서 판단할 것인지, 아니면 절차법과 실체법의 총체에서 그러할 것인지가, 여태 논의되지 않았음을 지적하였다. 그는 절차법상의 통제밀도와 실체법상의 그것을 동시에 극대화시킬 순 없으며, 또한 사법적 권리보호의 경험칙상으로도 엄격한 절대적인 절차하자체계와 행정결정의 심도 있는 통제를 결합시킬 순 없다고 본다. 그리하여 절차법과 실체법을 보완 · 보충관계로 설정하여 문제에 접근하여야 하며, 독일식의 법질서를 다른 나라에 견줘 부정적으로 평가하는 것은 성급하다고 주장한다.[70)]

2. 간접적인 충돌: 유럽실체규범의 효과적 집행을 위한 절차법의 수정

유럽실체규범과 회원국의 절차규범간의 간접적인 충돌의 경우에 공동체이익을 관철하기 위하여, 유럽법원은 다수 판례에서 유효(효과)성 명령을 사용하였다.

(1) 유럽법위반한 자금조성의 반환의 예

유럽법위반적 자금조성의 반환 건은, EU법과 국내 절차법의 이런 중첩을 위한 교육적이고 대립되게 논의되는 좋은 예가 된다.[71)] 이 문제에 관한 유럽최고법원의 판시내용을 자세히 고찰한 즉, 우선 중요한 것은 보조금반환에 관한 유럽최고법원의 판결이 내려진 그때그때의 상황을 잘 아는 것이다.[72)] 크게 i) 회원국이 나름의 주도권을 가지면서 EU의 보조금체제에 위반하면서 교부한 보조금의 상환이 문제되는 상황("Alcan" 사건), ii) (가령 농업부문에서) EU법 그 자체에서 규정되어 있으며, 타자집행적 방법으로 국내 행정청이 교부한 공동체보조금의 상환이 문제되는 상황("Deutsche Milchkontor" 사건)[73)], iii) 집행위원회가 교부한 공동체보조금의 상환이 문제되는 상

---

70) Wahl, Das Verhältnis von Verwaltungsverfahren und Verwaltungsprozessrecht in europäischer Sicht, DVBl 2003, S.1285(1287f.).

71) 관련논의에서 비판적인 입장으로 Scholz, Zur Verhältnis von europäischem Gemeinschaftsrecht und nationalem Verwaltungsverfahrensrecht, DÖV 1998, 261. 반면 긍정적인 입장으로 Fastenrath, a.a.O., S.277(292); Winkler, Das "Alcan"-Urteil des EuGH- eine Katastrophe für dem Rechtsstaat, DÖV 1999, S.148ff. 이에 관한 포괄적인 논의로 Scheuing, Die Europäisierung des Verwaltungsrechts. Zum migliedstaatlichen Vollzug des EG-Rechts am Beispiel der gemeinschaftsrechtswidrigen Beihilfen, DV 34(2001), S.107ff.; Suerbaum, Die Europäisierung des nationalen Verwaltungsverfahrensrechts am Beispiel der Rückabwicklung gemeinschaftsrechtswidriger staatlicher Beihilfen, VerwArch 91(2000), S. 169ff.

72) 상황에 관한 개관으로 vgl. Fastenrath, Die veränderte Stellung der Verwaltung und ihr Verhältnis zum Bürger, DV 31(1998), 277(279ff.).

황으로 나뉜다. 여기서 EU법의 적용가능한 법원칙들이 원칙적으로 상이하진 않지만, 실은 부분적으론 다른 결과를 초래한다. 왜냐하면 차별금지, 공동체이익, 효과성 명령이 각기 다른 상황에서 다르게 영향을 미칠 수 있기 때문이다.

EGV 제87조에 의하면, 사기업에 대한 국가적 보조금 또는 국가의 재원으로부터의 보조금이 경쟁의 질을 떨어뜨리거나 떨어뜨릴 수 있으며, 회원국간의 거래를 훼손하는 경우, -EGV 제87조 제2항, 제3항상의 상세히 규정된 예외경우가 존재하지 않는 한에 있어서- 그것은 공동시장과 일치하지 않으며 그리하여 금지된다. 이에 연계하여 EGV 제88조 제3항은, 국내행정청에 의한 의도적인 보조금은 유럽집행위원회에 통보되어야 하고, 그것의 허용성이 유럽집행위원회에 의해 확인된 다음에 비로소 보조금이 교부될 수 있다고 규정한다(소위 통보절차). 이에 따라 EGV 제87조에 위배된 보조금결정은 실체적으로 위법하고, EGV 제88조 제3항에 위배된 보조금결정은 형식적으로 위법하다. 유럽집행위원회가 보조금결정이 제87조에 일치하지 않아서 공동체법위반이라고 확인하면, 관할 국내행정청은 (그럼에도) 발해진 기왕의 보조금결정을 폐지 · 변경하여야 한다. 이를 위한 법적 근거를 독일 행정절차법 제48조가 제공한다. 여기선 먼저 행정절차법 제48조 제2항 제1문에서 제3문까지의 신뢰보호의 요건이 대저 존재하는지 여부를 검토한 다음, 사적 신뢰이익과 공적 취소이익간에 형량을 하면서 취소재량권을 행사하여야 한다.

가령 "Alcan" 사건[74]에서. 라인란트-팔쯔 주는 알루미늄제조자에 대해 EGV 제88조 제3항의 통보의무를 유의하지 않고, 자금조성을 행하였다.[75] 그 자금조성은 유럽법

---

73) EuGH, Slg. 1983, 2633.

74) EuGH, Slg. 1997, Ⅰ-1591. 이런 척도를 반영하여 BVerwGE 106, 328=NJW 1998, 3728.

75) Alcan 사건은 모든 심급에서 일련의 판결이 내려졌기에 좋은 예가 된다. 즉, Rheinland-Pfalz에서 알루미늄공장을 운영하는 Alcan 회사가 1982년에 재무곤란에 처하여 공장을 폐쇄하고 약 330명의 노동자를 해고하고자 의도하였다. 이에 주정부가 8백만 DM의 회생용 신용을 제공한다고 입장을 밝혔고, 1983.6.9.과 동년 11. 30.의 결정에 의해 각각 4백만 DM이 승인되었다. EGV 제88조 제3항에 규정된 집행위원회에 대한 통보가 행해지지 않았다. 그렇지만 나중에 알게 된 유럽집행위원회가 1985.12.14의 결정을 통해, 보조금은 EGV 제87조 제1항, 제88조 제3항에 위반이어서 반환되어야 한다고 확인하였다. 이런 하명을 따르지 않기에, 유럽집행위원회는 EGV 제226조에 따른 조약위반절차에서 유럽법원에 제소하였다. 유럽최고법원은 1989.2.2.판결을 통해서, 독일연방이 EG-조약으로부터의 의무를 위반하였다고 판시하였다. 그 후 주정부가 1989.9.26.의 결정을 통해서 1983년의 승인결정을 취소하고 8백만 DM의 반환을 요구하였다. Alcan 회사는 Mainz 행정법원에 제소하였는데, 동법원은 취소결정을 취소하였다(EuWZ 1990, 389). 주의 Koblenz 고등행정법원에 대한 항소는 효과가 없었다. 주의 연방행정법원에 대한 상고심에서 먼저 EGV 제234조에 따른 유럽최고법원에의 제청이 있었다. 왜냐하면 연방행정법원은 이미 다른 사건에서, 행정청이 이런 경우에 공동체법적 근거에서 원칙적으로 취소할 의무를 진다고(BVerwGE 92, 81) 판시하였지만, 이 사건에선 세 가지 관점(행정절차법 제48조 제4항의 취소기한의 적용가능성, 민법 제818조 제3항과 결합하여 독일 행정절차법 제48조 제2항에 따른 부당이득의 멸실, 신의성실의 위반)이 밝혀질 필요가 있다고 보았기 때문이다(BVerwG, Beschluß v.28.9. 1994, NVwZ 1995, 703). 유럽최고법원은 1997.3.20.의 판결을 통해서, 이 사건에서 이들 세 가지 관점이 취소에 배치되지 않는다고 판시하였다(EuGH NJW 1998, 47=NVwZ 1998, 45). 이에 의거하여 연방행정법원은 주의 상고를 허용하고 Alcan의 소를 이유 없다고 기각하였다(Urteil v.23.4.1998, BVerwGE 106, 328). 이에 대해 제기된 헌법소원심판을 연방헌법재판소는 각하하였다. 이유인 즉, 당해 헌법소원

위반으로 (소급적으로) 취소되어야 한다. 그 자금조성이 독일 행정법에 따라 수익적 행정행위에 의거하여 행해졌기에, 그 자금조성결정은 먼저 독일 행정절차법 제48조 제1항에 의해 취소되어야 하고, 이미 지급된 자금조성급부는 수령자가 독일 행정절차법 제49조a 제1항에 의해 (부당이득으로) 반환하여야 한다. 그런데 수익적 행정행위의 폐지에서의 신뢰보호, 존속력, 취소재량 그리고 부당이득반환에 대한 항변에 관한 독일 행정절차법 제48조, 제49조a의 규율은,[76] 이상의 반환을 실제적으로 저지할 수 있다. 그렇게 되면 유럽법적 보조금체제의 유효성이 추락될 수 있을 법하지만, 실제로는 독일의 법상황을 지속적으로, 거의 저지될 수 없을 정도로 배격하는 양상을 띤다. 이런 현재상황을 두고서, Blanke는 행정절차법 제48조와 제49조a의 裁判的 蠶食이라고 정곡을 찔러 표현하였다.[77]

(2) 신뢰보호의 문제[78]

신뢰보호의 보장은 EU의 법질서에 모순되지 않고, EU법의 법원칙으로서 받아들여진다. EU법은 물론, 공동체법의 회원국의 집행에서도 신뢰보호의 원칙이 중요성을 갖는다는 점은, 일반적으로 유럽법원에 의해서도 받아들여지고 있다.[79] 유럽집행위원회로서도, 특히 다음의 경우에 이 같은 불문의 법원칙에 구속된다. 즉, 유럽집행위원회가 자기집행에서 교부된 공동체자금조성의 반환을 요구하는 경우 또는 (국가지향적 결정을 통해) 회원국에 대해 그 회원국 자신이 교부한 자금조성을 반환요구할 의무를 지

심판이 유럽최고법원의 사전결정과 관련이 있으며, -이를 넘어서- 연방행정법원의 판결이 헌법상의 원칙인 법적 안정성의 원칙, 신뢰보호의 원칙에 위배되지 않고, 그래서 헌법적으로 異論이 제기될 수 없다고 판시하였다(BVerfG, 17. 2. 2000, NJW 2000, 2015). 결국 유럽최고법원의 행동양식이 유발하였던 헌법적 의문의 위험성을, 연방헌법재판소가 제거하였다: (연방행정법원이 공동체법우위의 원칙에 따라 구속되었던) 사전결정은 개별경우에 영향을 미치지, 결코 "일반적인 공동체직접적인 행정절차법"을 제공하진 않는다.

76) 한편 유럽최고법원은 법적 안정성을 EU법상으로 인정된 일반적 법원칙으로 보아, 행정결정의 존속력을 긍정한다. 즉, EU법상 원칙적으로 행정청은 존속력이 발생한 행정결정을 취소할 의무를 지지 않는다, 다만 예외적으로 절차재심사(재개)를 인정한다. EGV 제10조상의 협력원칙으로 행정청은 부담적 행정행위를 EU법위반으로 추후 판시한 유럽법원의 판례를 고려하기 위하여, -일정한 요건이 충족하면- 신청에 기하여 존속력이 발생한 행정결정을 심사할 의무가 있다고 판시하였다. Vgl. EuGH, NVwZ 2004, 459=JuS 2004, 516. 우리의 경우 行政行爲의 再審의 法理를 원천 부정하는 셈인 대법원 1997.9.12. 선고 96누6219판결과 1999.12.7. 선고 97누17568판결의 기조에 전혀 변화가 없으며, 문제제기 역시 드물다. 이에 대한 문제인식으로 졸고, 行政介入請求權의 認定과 관련한 法的 問題點에 관한 小考, 저스티스 제86호, 2005.8., 216면 이하(追論: 행정법기본연구 I, 87면 이하); 새만금간척사업判決의 問題點에 관한 小考, 법률신문(제3338호), 2005.2.14.; '새만금판결'의 행정법적 의의에 관한 소고, 법률신문 제(3456호), 2006.5.18. 참조.

77) ders., Vertrauensschutz im deutschen europäischen Verwaltungsrecht, 2000, S.53ff., 550f.

78) 여기선 논의에 들어가기 전에 먼저 유의할 점이 있다. 위법한 행정행위의 폐지에 대한 신뢰보호가 독일행정절차법의 마련에서 핵심주제였다는 점이다. 위법한 행정결정의 가능한 명시적인 수정을 촉구한 과거 입장(대표적으로 Forsthoff 등)에 대한 투쟁을 통해, 신뢰보호를 중시하는, 그래서 그것의 헌법적 근거를 항상 재차 강조하는 견해가 문헌상으로 관철되었다. 독일 연방행정법원 역시 일련의 판례에서 신뢰보호에 대해서 높은 위상을 부여하였다. 그래서 그들의 경우 신뢰보호의 문제가 '유럽화'와 관련하여 치열한 논쟁의 주제가 되었다.

79) 이는 유럽최고법원의 추후의 두 가지 판결에 의해서 입증되는데, 이들은 취소경우에 신뢰보호 및 부당이득의 소멸을 인정한다(EuGH EuZW 1998, 499, 603).

우는 경우가 그것이다. 여기선 회원국 행정청으로선, 국내법상으로 가령 독일 행정절차법 제48조 제2항에 규정된 신뢰보호규정을 독자적으로 적용할 수 있는 아무런 여지(공간)가 실제로 존재하지 않는다. 왜냐하면 EU법상으로 규정된 보조금의 반환이, –유럽법적 신뢰보호를 넘어선– 국내법적 신뢰보호요건에 의해 실제로 불가능하게 되어 버려선 아니 되기 때문이다. 그리하여 "Alcan"의 사건에선 독일 행정절차법 제48조 제2항에 의한 신뢰보호가 배제되었다. 이유인 즉, 유럽법원은 보조금수령자의 정당한 신뢰를 인정하지 않았기 때문이다. 동 법원은, "EGV 제88조 제3항에 의한 보조금통보절차가 실제로 집행되었다는 점이 확인되지 않았을 땐, "Alcan"로선 그 점을 신뢰하였다고 할 수가 없다. 면밀한 영업자가 스스로 절차규정의 엄수를 추후 세심히 관찰하여야 한다"고 판시하였다.

행정절차법 제48조의 취소권재량행사와 관련해서, 유럽최고법원은 물론 독일 연방행정법원의 판례 및 그에 따른 문헌은 무게중심을 이동시켰다. 가령 "Deutsche Milchkontor" 사건에서, 독일 연방행정법원은 1986.8.14. 판례에서, 행정절차법 제48조 제2항 제2호의 해석에서 수익자의 책임영역을, 전심이 제시된 것으로 간주하였던 것보다 더 넓게 획정하였다. 즉, 비록 (위법성이 비롯된) 신청상의 부당함이나 불완전함에 그 자신의 아무런 귀책근거가 없더라도, 수익적 행정행위의 위법성의 결정적인 원인을 수익자의 책임영역에 두었다. 그리하여 설령 행정청이 이런 위법성을 조사하지 않아서 공동책임을 지더라도, 수익자는 자신의 신뢰보호를 주장할 수 없다고 판시하였다.[80] 한편 1993.2.17.의 연방행정법원의 판례는 EU법의 규준에 분명히 더 강력하게 구속되었다. 여기서 문제된 것은 국가적 보조금인데, 그것이 EGV 제92조와 제93조 제3항(EG 제87조와 제88조 제3항)에 위반하여 일어났고, 그것의 반환을 유럽집행위원회가 요구하였다.[81]

취소에 찬성하는 논거에는, 규정에 맞는 예산관리와 행정의 법률적합성상의 공익만이 아니라, –이를 넘어서– 공동체법적 경쟁질서와 (연방에 의한) EG조약이행의무의 관철상의 공익도 포함된다. 그것은 통상 수익자의 신뢰보호를 압도하고 그래서 취소를 정당화시킨다. 그리하여 신뢰보호의 사고가 전적으로 배제되진 않지만, 강하게 후

80) BVerwGE 74, 357ff. 이 사건에선 사료용 탈지분유의 가공을 위하여 EG농업법에 따라 국내 행정청이 지급한 공동체보조금이 문제되었다. 자금조성을 받은 기업자는 가루를 조작한 제3자의 기업으로부터 가루를 구입하였고, 그 뒤에 이런 사실이 드러나서 독일 집행행정청은 반환을 요구하였다. 이에 대해 제기된 취소소송절차에선, 유럽최고법원판례(EuGH, Slg. 1983, 2633)를 거쳐 문제가 행정절차법 제48조 제2항의 해석으로 모아졌다. 논쟁의 핵심은 동규정의 제3문 제2호(중요한 관계에 관하여 부정 또는 부실한 기재를 함으로써 행정행위를 하도록 한 때)에 따른 신뢰보호의 원용이 어느 정도로 배제되어 있는지의 물음이었다. 프랑크푸르크 법원은 이 조항을 적용하지 않으려 하였다. 이유인 즉, 자금조성을 받은 기업은 아무런 책임이 없다는 것이다.

81) BVerwGE 92, 81ff("Deufil").

되한다. 즉, 독일법규정의 위반시엔 형량이 통상 수익자에게 유리하게 진행되지만, EU법규범의 위반시엔 그것은 통상 수익자에게 불리하게 진행된다. 한편 통상 수령자 측의 신뢰성립을 배제시킬 법한 EGV 제88조의 분명한 형식적인 요청과 관련해서, 보조금결정에 관한 이상의 유럽최고법원판례가 전적으로 동의를 얻는다 하더라도, 이것을 일반화시켜선 아니 된다고 Maurer는 강조한다.[82]

(3) 취소권의 失權法理의 문제

실권법리를 표방한 기한규정과 존속력의 규정은,[83] 행정절차를 구조화하고 법적 안정성의 사고를 고려하는 중요한 요소이다.[84] 위법한 수익적 행위의 취소는, -유럽집행위원회가 자기집행의 방법으로 처리한 경우엔- EU법의 일반원칙에 따라 적당한(상당한) 기간 안에 행해져야 한다.[85] 그렇지만 이처럼 EU법에서 취소가능성의 시간적 구속이 인정됨에도 불구하고, 유럽최고법원은 독일 행정절차법 제48조 제4항의 취소권행사기한(취소사유의 존재를 안 날로부터 1년 안에)이 표방하는 失權의 法理가 EU법위반인 국내적 자금조성의 취소의 경우에 통용된다고 도출하진 않았다. 즉, "Alcan" 사건에서 유럽법원은, -공동체이익을 관철하기 위해선- 오히려 이 기한이 경과된 이후에도 직권취소가 필요하다고 판시하였다. 이처럼 실권법리의 적용에 소극적인 입장은,[86] 다름 아니라 재차 EU법의 엄격성을 견지하기 위함이다. 또한 국내 행정청이 꼭 필요하다고 나름대로 판단한 자금조성을 自國內에서 보장하기 위해 의식적으로 그 기한을 도과하는 즉, 의도적인 실권의 위험을 사전에 방지하는 것도 이유가 된다.

(4) 취소재량의 문제

EU법위반에 따른 취소권행사에서 형량이 공익중시로 흐르는 결과, 독일 행정절차법 제48조 제1항 제1호에 의해 인정되는 취소재량(Rücknahmeermessen)은, 공동체법위반인 국내적 자금조성의 반환이 문제가 되는 경우엔 통상 영으로 축소한다.[87] 왜냐

82) Maurer, Allg. VerwR, 16.Aufl., 2006, §11 Rn.38c.

83) 행정절차법 제48조(위법한 행정행위의 취소 Rücknahme eines rechtswidrigen Verwaltungsaktes): ④행정청이 위법한 행정행위의 취소를 정당화하는 사실의 존재를 알게 된 경우에는, 이를 알게 된 날로부터 1년 내에만 취소가 허용된다. 제2항 제3문 제1호에 해당하는 경우에는 적용되지 아니한다.

84) BVerfGE 60, 253(267ff.).

85) EuGH, Slg. 1982, 749(Rn. 10ff., "Alpha Steel"); Slg. 1987, 1000(Rn. 12ff., "Consorzio Cooperative d' Abruzzo").

86) 이미 유럽최고법원은 EU법의 집행에서 회원국 법질서상의 제소기간의 허용성에 대해서도 거듭 의문스럽게 보았다. 즉, 유럽최고법원은 1991.7.25.자 판결에서, "개인이 (나중에 발해진) 지침의 규정으로 자신에게 부여된 권리를 보호하기 위하여 제기하였던 소에 대해서 그것의 늦음을 회원국은 원용할 수 없다"고 판시하였다(EuGHE 1991, 4629(4299 Tz 23 "Emmott"). 일률적인 "Emmott적 기한저지"는, 회원국에게 현저한 불안을 야기하였다. 왜냐하면 EU법이 불충분하게 국내법으로 전환되거나 전적으로 잘못 적용되고 있는 경우엔, 절차기한의 안정화효과가 새삼 문제될 수 있기 때문이다.

87) 행정재량의 축소에 관해선 김중권, 행정법기본연구 Ⅰ, 2008, 212면 이하 참조.

하면 유럽의 보조금체제의 준수에 따른 유럽연합적 이익은 오로지 취소의무를 통해서만 고려될 수 있기 때문이다. 이런 점에서 독일의 판례와 통설을 따르면, 여기서 행정청의 취소재량을 위한 여지를 두지 않는 것이 전적으로 모순은 아니다. 그 결과 독일 행정절차법 제48조는 EU법적 반환요구를 실현하기 위한 국내법적 "관철도구(지렛대)"의 기능만을 가질 뿐이다.[88]

(5) 부당이득반환에 대한 抗辯(Entreicherungseinwand)의 문제

"Ölmühle" 사건에서의 유럽최고법원의 판결을 예로서 보자면,[89] 독일 국내행정청은 농업시장명령(Agrarmarktverordnug)에 의거해서 타자집행의 방법으로 "Ölmühle" 회사에 대해서 공동체보조금을 교부하였다. 당해 회사가 가공한 유채씨가 보조금대상이라고 오인하였는데, 이는 사실을 오도시킨 신청이 그 출발점인 즉, 이런 오판의 원인은 바로 당해 회사는 물론, 자금조성행정청도 믿었던 공급자의 그릇된 기재에 있었다. 객관적으로 농업시장명령(Agramarktverordnug)에 부합하지 않는 자금조성임에도 불구하고, 그것의 반환요구에서 유럽최고법원은 당해 회사가 부당이득반환에 대한 항변을 내세우는 것을 허용하였다. 그러나 유럽최고법원은 국내적 보조금결정의 반환을 위한 "Alcan" 사건에서 다음과 같이 판시하였다: 「보조금수령자는 민법 제818조 제3항[90]과 결합하여 행정절차법 제49조a 제2항[91]이 부여한 부당이득반환에 대한 항변을 주장할 수 없다. 왜냐하면 이것은 반환요구를 실제로 불가능하게 만들 것이기 때문이다. 반면 공동체가 행한 자금조성(공동체보조금)의 반환요구에 있어서는 그렇지 아니하다.」 요컨대 유럽최고법원은 국내적 자금조성의 반환요구에 대해선 엄격한 규준을 설정하였다. 동 법원은 "Ölmühle" 사건과 "Alcan" 사건에서의 사안이 비견될 수 없다는 점, "Ölmühle" 사건과 같은 공동체자금조성의 경우엔 국내의 기업에 대해 - 국내적 보조금의 경우와 같은- 경쟁상의 利點이 부여되지 않는다는 점, 국가적 보조금이란 원칙적으로 의문스러운 반면, 공동체보조금은 중요한 조종수단에 해당한다는 점을 지적하였다. 공동체보조금의 경우엔 반환요구상의 공동체이익이 한층 약한 것이 특징이어서, 그 결과 수령자에 대해서 부당이득반환에 대한 항변이 허용될 수 있다고

---

88) 여기서 Schmidt-Aßmann은 EG법의 규준을 전적으로 외생적인 변화강제로 여겨선 아니 되고, 오히려 (내국법에 의해서도 오래 전에 했어야 할) 해석스펙트럼의 확대를 자극하는 것으로 보아야 한다고 주장한다. Ders., Die Europäisierung des Verwaltungsverfahrensrecht, S.496. 심지어 독일 문헌상으로 이런 상황을 "광범하게 존속보호로 變成하는 신뢰보호를 적당한 정도로 축소하는" 계기로 보기도 한다. Vgl. Schwarz, DV 2001, S.397(431).

89) EuGH, Slg. 1998, Ⅰ-4767.

90) ③ 반환 또는 가액상환의 의무는 수령자가 더 이상 이득하지 아니한 한도에서 배제된다.

91) ② 이자의 부과를 제외한 변상의 범위에 대하여는 부당이득의 반환에 관한 민법전의 규정이 상응하게 적용된다. 수익을 받은 자는, 그가 취소, 철회 또는 행정행위의 실효를 야기하는 상황을 알았거나 중대한 과실로 알 수 없었던 경우에는, 부당이득의 부존재를 주장할 수 없다.

하겠다.92)

V. 맺으면서

각 회원국의 법제를 단지 하나의 방향으로 변모시키는 것이 유럽화라고 생각해선 아니 된다. 회원국 법질서로부터 유럽차원의 법제도를 향해서도 변화발전이 진행된다. 이 같은 역류현상을 특히 공동체입법자에게서 발견할 수 있다. 하지만 제한된 범위에선 유럽법원의 경우에도 그러하다. 요컨대 회원국의 국내법질서와 유럽법질서는 일종의 交互關係에 있다. 그런데 여기에 덧붙일 점은, 유럽법적 자극과 계기가 실은 잠재적으로 국내법에서도 존재하는 발전흐름과 항상 조우한다는 것이다.93) 행정전통과 행정조직의 차이점에도 불구하고, 많은 행정임무가 회원국에서 그리고 유럽 차원에서 흡사해지고, 그 결과 비슷한 규준에 의해 전적으로 처리될 수 있다. 이 점에서 유럽화는 內因的 통일화의 잠재성을 지닌다. 이에 Schmidt-Aßmann은 유럽화를 (비록 의당 그렇다 하더라도) 오로지 회원국법의 변경과 국내적 해결책의 배격만으로 여겨선 아니 되고, 대신 공동발전의 기회로 삼아야 한다고 강변한다.94) 이런 지적은 독일 공법학에서 치열하게 논의되는 유럽화의 문제가 비단 유럽에 국한된 것이 아님을 분명히 인식하게 한다.

장차 FTA의 시대가 현실화되면, 내 · 외국법의 경계가 허물어진다. 그리하여 장차 동아시아가 단일한 역내시장이 될 때, 기본적인 법제에서 공통된 틀이 선행적으로 마련되어야 한다.95) 동아시아의 경우 대륙법계 특히 독일 공법학이 강한 영향을 발휘한다는 점을 상기할 때, 유럽화를 둘러싼 논의는 우리는 물론, 동아시아의 행정법을 다른 차원에서 전개하게끔 하는 '나비의 날개짓' 이 될 것이다.

* 법조 통권 제626호, 2008.11., 154면 이하 소수.

* 참고문헌: 문병효, 최근 독일행정법의 변화와 시사점: 유럽화, 민영화, 규제완화를 중심으로, 고려법학 제52호, 2008.4., 213면 이하; 졸저, 유럽화된 독일 행정절차법에 관한 연구, 한국법제연구원, 2008.

---

92) 다툼의 여지가 있는 이런 차별적 접근을 옹호하는 입장으로 Scheuing, a.a.O., S.107(126).

93) 좋은 예로, 전술한 바와 같이 수익적 행정행위의 거부에 대해서, 독일 통설은 그들 판례와는 달리 청문의무를 주장한다.

94) ders., Die Europäisierung des Verwaltungsverfahrensrecht, S.488.

95) 2008년 5월 24일부터 5월 25일까지 대만 타이페이(대북)에서 개최된 東아시아行政法學會 제8회 국제학술대회에서, 일본 학자가 행정심판제도와 관련한 한국법의 진취적인 부분이 그들 개혁논의에서 참고가 되었다고 지적하였다. 우리 행정법학의 현주소를 보여주는 것이거니와, 동시에 우리의 법제와 학문적 논의가 단지 우리네 차원에서 머물지 않는다는 사실을 유념하게 한다.

제 2 장

최근의 법률개정에 따른 行政審判制度의 問題點에 관한 小考

Ⅰ. 처 음 에

새로운 정부출범에 따른 정부조직법의 개정에 맞물려, 2008.2.29.의 행정심판법개정에서 裁決廳制度가 폐지되고, 기왕의 국무총리행정심판위원회가 국민권익위원회에 속하게 되었다. 그 결과 이제는 독립된 합의제 행정기관이자 재결기관에 해당하여, 行政審判所(administrative tribunal)의 성격을 지닐 수 있는 행정심판위원회가 등장하였다. 공식적인 개정이유로, 행정심판위원회가 행정심판사건에 대하여 직접 재결을 하도록 하는 등 절차간소화를 통하여 사건 처리기간을 대폭 단축함으로써 창구 일원화의 효과를 극대화하고 행정심판제도의 본래 취지인 신속한 권리구제에 기여하고자 한다는 것을 든다. 그런데 종래 裁決廳制度가 감독관계를 바탕으로 한다는 점에서, 조직법적인 행정결정구조와 행정심판제도는 나름대로 조화를 이루었지만, 이제는 전혀 다른 법률상황이 펼쳐진 셈이다. 그리하여 법률개정으로 인한 기대와 문제점이 교차하고 있다.[1)]

현행 행정심판제도는 1984년에 행해진 행정쟁송제도의 전면 개편의 맥락에서 그 골간이 마련되었다. 1951년에 제정되어 (실제론 1965년부터) 시행되어 온 과거의 소원제도는, 소원전치주의를 바탕으로 하면서 소원심의회가 단순한 자문기관적 성격을 가지며, 위원 전원이 공무원으로 구성되는 점이 그 특징이었다. 그리하여 소원전치주의에 따른 재판청구권의 形骸化로 그것의 위헌성이 부단히 제기되었기에, 위헌성시비를 불식하기 위한 한 방편으로 보기 드물게 1981년 헌법에서 행정심판의 근거가 마련되었다.[2] 헌법적 존재근거가 마련된 다음에, 소원법이 폐지되고 행정심판전치주의를 배경으로 하여 행정심판법이 제정 · 시행되었다. 그리하여 심판기관의 객관성을 보장하기 위해, 재결청에 속하지만 독립성을 견지하는 의결기관으로서의 행정심판위원회를 두었으며, 청구인과 피청구인간의 對審構造를 골간으로 하여 司法節次的 要素를 대폭 반영하였다. 행정심판법은 제정이후 현재까지 총 6차례의 크고 작은 개정이 행해졌다.[3] 개정의 주된 지향점은 행정심판의 권리구제기능을 신장하기 위한 제도개선을 강구하는 것이다. 특히 1994년의 행정소송법개정에서 (필요적) 행정심판전치주의가 폐지된 제도적 환경에 따라, 1995년 개정에서 종전 중앙행정기관소속의 각 행정심판위원회를 모두 (국무총리소속기관인 법제처장이 위원장이 되는) 國務總理行政審判委員會로 통합하는 등 제도적 변화를 가하였으며, 이후 행정심판의 準司法化를 강화하기 위하여 國務總理行政審判委員會의 권한과 기능을 확대하는 데 개선의 주안점을 두었다.

행정심판의 권리구제기능의 확대 · 강화를 앞세우면, 이제까지의 변화는 물론, 관련 논의가 능히 환영할 만하지만,[4] 행정심판에 관한 기본인식을 바꾸면 오히려 그에 따른 문제점이 도드라진다. 이하에선 행정심판절차의 위상에 관한 논의를 바탕으로, 법률개정과 직접 관련된 사항은 물론, 기왕의 논쟁대상인 주요 물음을 살펴보고자 한다.[5] 그 논의의 기조는 행정소송과 차별된 행정심판의 독립된 존재이유를 새롭게 하

---

1) 필자는 2008.5.24-25.에 대만에서 개최된 제8회 동아시아행정법대회에서 '大韓民國 行政審判制度 概觀'을 논제로 발표하였는데, 여기서의 논의의 일부를 연계시켜 우리 제도의 주요 내용을 소개하였다.

2) 제108조 제3항(현행 제107조 제3항):「재판의 전심절차로서 행정심판을 할 수 있다. 행정심판의 절차는 법률로 정하되, 사법절차가 준용되어야 한다」. 그런데 행정심판절차는 고유한 행정활동인 점에 변함이 없기에 권력분립원칙에 위배하지 않을 뿐 더러, 최종적인 사법통제가 보장되는 한에 있어선 그것 자체가 헌법적 문제를 야기하진 않는다. 행정심판전치주의가 집행부정지원칙과 결합하면서 사실상 재판청구권이 과도하게 제약되는 상황이 빚어진 것이다. 이 점에서 집행부정지원칙의 再考가 요구된다(후술). 독일에선 행정심판전치주의에 따른 전심절차가 헌법상으로 보호되지도 않을 뿐더러 요구되지도 않는다고 한다(BVerfGE 35, 65(72f.); 60, 1(48); BVerwG BayVBl. 1993, 501(502)).

3) 1988.8.5(법4017호), 1991.11.30(법4408호), 1995.12.6(법5000호), 1997.8.22(법5370호), 1998.12.28(법5600호), 2005.12.29(법7796호), 2008.2.29(법8871호).

4) 그동안 행정심판법개정추진은 항시적인 주제이다. 최근의 것으로 법제 제589호(2007.1)에서의 '행정심판법개정 특집'이 있다: 정의방, 행정심판법개정 추진경과; 홍준형, 행정심판의 대상 확대 및 심판기관의 구성; 박균성, 청구인적격 확대와 청구 및 심리절차의 개선; 김정선, 재결의 집행력 확보 및 온라인 행정심판절차.

5) 한편 국무총리행정심판위원회, 국민고충처리위원회, 국가청렴위원회를 통합하여 행정심판사건과 고충민원등의 청구를 일원화하기 위한 국민권익위원회를 설치하였다. 종래 각기 독립하여 운영되던 세 가지 제도가 서로 내외하는 한 지붕 세 가족으로 전락하지 않고, 상정한 대로 통합의 효과가 실현되기 위해선, 정교한 제도운영의 기

기 위함이다.

II. 行政審判節次의 位相과 그 機能에 관한 再考

1. 行政審判節次의 位相[6)]

행정상의 법률관계에 관한 분쟁을 해결하는 체제를 행정쟁송이라 일컫고, 여기에 행정심판과 행정소송을 포함시킨다.[7)] 그리하여 행정심판을 행정소송에 대한 前審節次(Vorverfahren)로 통칭하여 자리매김하며, 그것을 가능한 행정소송절차에 흡사하게 구성하고자 한다. 그 결과 양자간에 존재하는 차이점보다는 동질성이 전면에 부각되어 행정심판의 독립된 존재이유가 심각하게 가려지는 지경이다. 그런데 이런 곤혹스런 상황을 타개하기 위해서, 도리어 행정심판제도를 더욱더 행정소송제도와 비슷하게 만들고자 시도되고 있다. 그 결과 행정심판의 준사법화로 귀결되고, 그것의 權利救濟的 機能이 行政의 自己統制機能을 절대적으로 압도하고 있다.

행정심판절차의 위상은 행정재판제도에 관한 역사적 맥락과 더불어 현행의 법제에서 살펴야 한다. 우선 행정심판절차 그 자체는 더 이상 좁은 쟁송적 관점에서 행정소송에 대한 단순한 '前審節次'로 파악될 순 없다. 특히 1994년 행정소송법개정으로 행정심판전치주의가 원칙적으로 폐지되고 예외적으로 개별법상 인정될 뿐인 현재의 상황에선, 행정심판절차를 더 이상 소송요건의 차원에서 전심절차로 설정할 순 없다.[8)] 물론 행정심판전치주의가 통용되는 경우엔 종전과 마찬가지이다.

비록 많은 부분(대심구조, 재결의 기속력 등)에서 행정소송절차와 흡사하지만, 독립된 행정청으로서의 행정심판위원회(과거엔 재결청)가 절차를 주관하고, 최종판단결정이 행정행위로 귀결된다는 점에서, 행정심판절차는 형식적으로나 실질적으로나 분명히

본자세가 요구된다. 나아가 통합제도출범의 태생적 문제점을 해소하는 데 지혜를 모아야 한다.

6) 행정심판절차의 기능이나 존재이유를 Sein적 차원에서만이 아니라, Sollen적 차원에서도 규명하기 위해선 무엇보다도 행정절차와 행정소송사이에서 그것을 어떻게 자리매김할 것인지가 먼저 논의되어야 한다.

7) 그런데 行政爭訟(行政審判+行政訴訟)의 설정이 지금의 행정재판제도하에서 그대로 통용될 수 있는지 검토가 필요하다. 과거 행정부에 속한 기관이 행정재판을 담당하는 시절(독일의 프로이센)의 설정을 지금에도 그대로 이식한 결과, 행정심판의 독자적 존재이유를 모색하는 데 소홀하지 않았을까 짐작하여 본다. 行政救濟概念 역시 과거 (행정부에서 행정재판이 행해진다는 의미에서의) 行政國家的 殘痕을 나타낸다. 따라서 행정쟁송은 권리보호(Rechtsschutz)를 나타내는 행정소송에 국한하여 사용하고, 행정심판은 권리구제(Rechtsbehelf)에 대응시키는 것도 고려할 만하다. 만약 행정심판에 대해서 권리보호기능을 논한다면, 통상의 사법통제를 의미하는 권리보호보다 넓은 의미의 권리보호로 이해하여야 한다.

8) 한편 (특히 부당한 처분의 심판가능성과 관련해서) 행정심판의 전심절차적 이해에 의문을 표하는 崔靈圭 교수는, 사법기능보완을 넘어 대안적 분쟁해결제도로서의 기능을 기대하면서도, 현행법상 부당한 처분과 관련해서만 행정심판이 대안적 구제절차일 뿐이라고 지적한다. 동인, 공법 · 처분 · 법률상 이익, 현대공법학의 과제(崔松和 교수 화갑기념논문집), 2002, 454면 이하 참조.

行政節次이다. 행정심판절차와 행정심판위원회(과거의 재결청)는 시민에 대해서 특히 권력분립과 독립적인 외부통제를 구현하는 것이 아니라, 원칙적으로 행정의 통일성과 내부통제를 구현한다. 따라서 사법절차를 위한 헌법상의 보장(법률상의 법관, 독립성, 배타적인 적법성통제 등)이 통용되지 않는다.[9)] 그런데 이런 접근이 -행정절차와 행정소송처럼- 행정심판절차와 행정소송, 양자가 밀접한 기능적 상관관계에 있음을 부정하는 것은 아니다. 이들은 중요한 허용요건과 법적 규준을 공유할 뿐만 아니라, 행정의 적법성통제와 공적 분쟁의 해소란 공통의 목표에도 이바지한다. 게다가 이들은 행정절차에서 행정심판절차와 행정소송을 거쳐 집행에 이르기까지 행해질 수 있는(행해지는) 하나의 (또는 동일한) 결정진행에서 두 단계에 해당한다. 행정심판과 행정소송의 상관관계는 전자가 후자를 위한 소송요건이 되는 행정심판전치주의의 적용례(조세심판, 특허심판, 공무원징계에 대한 심판 등)에서 극명하게 표출되거니와, 또한 행정심판절차가 행정에 관한 '民衆的 統制'(Popularkontrolle)는 아니기에, (請求人適格과 적어도 부분적으로 동일한) 법적 통제의 심사규준과 같은 행정소송적 요소를 담고 있다. 따라서 양자의 상관관계를 부인한다거나, 행정심판절차를 완전히 행정소송과 절연시키는 것은 타당하지 않다.[10)]

오늘날 독일의 경우 행정재판 및 행정심판의 역사적 유래에도 불구하고, 나아가 실정법상으로 행정심판전치주의에 따른 전심절차로서의 성격이 제도화되어 있음에도 불구하고, 행정심판절차가 문헌에서 거의 전적으로 사법절차가 아닌 행정절차로서 다루어지고 있다.[11)] 그리하여 행정절차이자 소송요건으로서의 전심절차의 이중적 성질에 맞춰,[12)] 그들 행정법원법 제71조부터 제73조까지는 행정절차를, 제68조부터 제70조까지는 소송요건을 규정하고 있다고 한다. 한편 우리의 경우 행정절차를 순전히 사전적 의미로만 접근하기에, 행정심판절차를 드물게 행정절차의 관점에서 접근한다.[13)] 이제 행정심판전치주의가 원칙적으로 폐지된 이상, 독일의 통설(행정심판절차의 이중성)과는 달리 전적으로 행정절차로 접근하여야 한다. 그리고 행정심판전치주의가 통용되어 행정심판의 전심절차(소송요건)적 성격이 부여되더라도, 그것의 행정절차적 기본성격에는 변함이 없다. 그런데 여기서 문제되는 것이 헌법 제107조 제3항이다. 과거와

9) Hufen, Verwaltungsprozessrecht, 5.Aufl., 2003, §5 Rn.7.

10) 여기에 행정심판법이 주관적 권리구제의 구조(입법목적, 심판청구인적격 등)를 견지해야 할 所以가 있다.

11) 대표적 문헌으로 vgl. Schoch/Schmidt-Aßmann/Pietzner, VwGO Kommentar, 2007, Vorb. §68 Rn.2.

12) 그러나 통설처럼 행정심판절차의 성질을 이중적으로 보는 그 자체는 물론, 그런 표현까지도 비판하는 문헌이 상당하다. Vgl. Sodan/Ziekow, VwGO Kommentar, 1998, §68 Rn.21; Hufen, a.a.O., §8 Rn.8.

13) 朴正勳, 행정심판의 구조와 기능, 행정법연구 제12호, 2004.10., 245면 이하. 여기서 朴正勳 교수는 행정심판의 과도한 준사법화에 대해서 비판을 가하면서, 행정심판은 어디까지나 행정소송의 전심절차이자 행정내부적 절차임을 강조한다. 그리고 행정심판과 행정절차의 관계에 관해선 金鐵容, 행정법 I, 2008, 548면 이하 참조.

는 달리 지금에선, 특히 行政審判前置主義가 폐지된 이후에는, 행정심판의 특유한 존재이유를 모색함에 있어서, 동 조항은 장애물처럼 여겨지기도 한다. 행정심판전치주의가 원칙적으로 폐지된 이상,[14] 행정심판제도상의 기본구조(재결기관, 재결절차 등)가 司法類似性을 띨 순 있지만, 반드시 그러해야 하는 것은 아니다. 그리고 준용의 의미는 類推的 適用이어서, 준용의 대상규범(준용의 객체)상의 요소가 고스란히 준용의 근거규범에 편입되는 것은 아니다. 사법유사성은 행정심판전치주의가 적용되는 경우에 특히 문제가 되며, 여기서도 준용의 의미가 반영되어야 한다.[15]

요컨대 행정심판절차에는 항상 行政訴訟에 견주는 (경우에 따라선 소송상의 '전심절차' 로서의) 權利救濟的 要素와 (通常의 事前的인 것에 對比된) 事後的 行政節次의 要素가 함께 어우러져 있다. 그것의 고유함을 견지하기 위해선, 상대적으로 후자의 측면의 중요성이 더욱더 부각되어야 한다. 이런 점에서 行政審判의 準司法化의 傾向은, -그것이 대국민적 호응을 얻고자 행정소송과의 선의의 경쟁에서 비롯되었다고 하면 일면 긍정적인 측면도 있다고 하겠지만- 요식성이 강조된 나머지 자칫 결정(재결)상의 탄력성이 저해되고 새로운 관료화가 조성되는 등 전체적으로 우려할 만하다. 특히 우리의 경우엔 현행 행정절차제도가 사전적 권리구제를 위해 충분하다고 할 순 없다. 이것의 부족함을 특유의 후속절차차원에서 메운다는 견지에서 행정심판절차를 접근하여야 한다. 이를테면 통상의 행정절차가 제1차적(사전적) 행정절차라면, 행정심판절차는 제2차적(사후적) 행정절차라고 할 수 있다.

---

14) 한편 행정심판전치주의에 따른 전심절차의 허용성과 필요성에 관한 독일에서의 논의가 참조할 만하다. Schoch/Schmidt-Aßmann/Pietzner, VwGO, Vorb. §68 Rn.12, 13.에 의하면, 전심절차 그 자체가 법원에로의 접근을 과도하게 방해하는 것은 아니어서 기본법 제19조 제4항에 저촉되지 않는다. 또한 -가령 시험법에서처럼- 사법통제에 의한 기본권보호가 극히 제한적으로만 보장될 경우엔, 관련인이 행정절차에서 자신의 입장을 효과적으로 주장할 수 있으며, 결정시에 그것의 고려가 보장되고 있는 점이 기본권적 절차보장에 해당한다고 한다. 전자와 관련해선 행정심판전치주의에 대한 일반적인 헌법적 猜疑를 곱씹어 보아야 하고, 후자와 관련해선 행정심판전치주의의 선택이 단지 입법정책적 고려의 산물에 불과하다는 인식이 바뀌어야 한다. 그런데 중요한 것은, 이런 논의의 전제와 바탕이 바로 행정심판제기에 따른 집행정지원칙의 채용이라는 점이다.

15) 동 조항에 대해 憲法裁判所 역시 비슷한 맥락에서 접근한다(헌법재판소 2000.6.1. 98헌바8전원재판부결정: 헌법 제107조 제3항은 "재판의 전심절차로서 행정심판을 할 수 있다. 행정심판의 절차는 법률로 정하되, 사법절차가 준용되어야 한다"고 규정하고 있으므로, 입법자가 행정심판을 전심절차가 아니라 종심절차로 규정함으로써 정식재판의 기회를 배제하거나, 어떤 행정심판을 필요적 전심절차로 규정하면서도 그 절차에 사법절차가 준용되지 않는다면 이는 헌법 제107조 제3항, 나아가 재판청구권을 보장하고 있는 헌법 제27조에도 위반된다. 여기서 말하는 "사법절차"를 특징지우는 요소로는 판단기관의 독립성 · 공정성, 대심적(대심적) 심리구조, 당사자의 절차적 권리보장 등을 들 수 있으나, 위 헌법조항은 행정심판에 사법절차가 "준용"될 것만을 요구하고 있으므로 위와 같은 사법절차적 요소를 엄격히 갖춰야 할 필요는 없다고 할지라도, 적어도 사법절차의 본질적 요소를 전혀 구비하지 아니하고 있다면 "준용"의 요구에마저 위반된다). 그리하여 도로교통법상의 행정심판전치주의에 대해선 합헌을(헌법재판소 2002.10.31. 2001헌바40전원재판부결정), 지방세법상의 이의신청 · 심사청구에 대해선 위헌을(헌법재판소 2001.6.28. 2000헌바30전원재판부결정) 판시하였다.

2. 行政審判節次의 機能

행정심판의 존재이유로 일반적으로 권력분립 · 자율적 행정통제(행정청의 전문지식의 활용, 행정의 자율적 통제), 사법기능의 보충(간이 · 신속한 구제), 법원의 부담경감, 행정능률의 보장 등을 든다.[16] 이를 기능차원으로 전환하면, 권리구제기능, 행정의 자기통제기능, 법원의 부담경감기능으로 정리된다. 그런데 종래 행정심판의 기능(존재이유)에 관한 논의는, 행정심판절차가 행정심판전치주의에 따른 전심절차의 성격을 원칙적으로 가질 때를 바탕으로 한 것이다. 따라서 그런 성격을 예외적으로 가질 때는 당연히 다른 접근이 강구되어야 한다. 그동안 이런 기조의 변화가 충분히 반영되지 않은 채, 권리구제기능의 신장에만 초점을 맞춘 나머지 행정심판절차를 준사법절차로 무리하게 탈바꿈을 시도하지 않았는지 성찰이 필요하다. 법률상황의 변화에 즈음하여 행정의 자기통제기능을 새롭게 인식하였다면, 그간의 개정 움직임은 다른 양상을 보였을 것이다.

공법상 법률관계상의 분쟁해결절차로서 행정심판은 당연히 權利救濟機能을 갖는다. 그런데 행정심판절차의 권리구제기능을 오해하여선 아니 된다. 여기선 適法性과 合目的性에 의거하여 행정처분에 관하여 재차 추가적으로 –비록 불이익변경금지의 원칙을 전제로 하지만– 완전하게 심사를 행한다. 즉, 법관에 의한 심사를 대체하는 것이 아니라, 위법한 특히 합목적적이지 않은 행정활동에 대한 구제의 추가적 가능성을 제공할 따름이다. 이런 점에서 행정소송상의 권리보호와는 –비록 결과에선 동일할지언정– 질적인 차이가 분명히 있다. 행정심판절차의 두 번째 기능은 행정의 자기통제이다. 이를 통해서 (설령 스스로든, 행정심판위원회의 재결에 구속되어서든) 처분청을 비롯한 행정심판위원회는 다시금 행정결정의 사실적, 법적 근거를 심사할 기회를 갖고, 위법하거나 비합목적인 행정결정을 수정할 기회를 갖는다. 行政審判請求人은 행정심판을 제기함으로써 행정통제절차를 개시하는 셈이다. 동시에 행정의 자기통제기능은 탄력적으로 이해된 권력분립의 의미에서 견제와 균형의 시스템의 요소이기도 한데, 그리하여 특히 재량행정의 영역에서 민주국가에서의 권력의 제한에도 이바지한다. 그렇지만 이런 기능은 실제로 낮게 발휘되고 있다. 그 원인으로 낮은 "인용율"만이 아니라,[17] 行政의 자기통제목표 그 자체와 그것의 달성에 대한 곱지 않은 인식과 낮은 기대

16) 헌법재판소 2002.10.31. 2001헌바40전원재판부결정.

17) 2007년의 경우 접수건수 23,326 건의 심리 · 의결건수 23,178 건 가운데 3,719 건이 인용되었다(인용율: 16.0%). 한편 2005년 및 2006년 2년간 국무총리행정심판위원회에서 심리 · 의결한 심판청구사건 39,876건 중 기각 또는 각하된 33,806건을 대상으로 행정소송결과를 추적한 연구조사에 의하면, 이 중 4,600건에 대하여 소가 제기되었는데(소제기율 13.6%), 그 가운데 1,440건이 취하가 되었고(실질적 소제기율은 9.4%), 계쟁사건 3,160건 중 처분청이 패소(일부패소를 포함함)한 사건은 108건(패소율 3.4%)이고, 이 중 법령해석에 관한 견해가 다른 사건이

도 들 수 있다. 한편 재결청제도의 폐지와 결부시켜 행정심판의 자기통제기능을 곱씹어 보아야 한다. 감독청인 재결청에 의한 처분청에 대한 심사는 통일된 행정실무를 담보하는 피드백효과를 가져다주는데,[18] 행정조직에서 벗어난 행정심판기관의 경우에 과연 그것을 기대할 수 있을지 의문스럽다. 법원의 부담경감기능 역시 실제론 낮게 평가된다. 행정심판의 임의전치화가 그 주된 이유가 되기도 하거니와, 무엇보다도 최근 정치적 · 정책적 이슈까지도 法律問題化되어 사법통제가 동원됨으로써, 행정과 관련한 소송의 건수가 과거와 비할 바 없이 폭발적으로 증가하였다.[19]

이들 기능(특히 권리구제기능과 행정의 자기통제기능)간의 우열의 문제는, 행정통제의 전체 시스템에서 행정심판절차가 차지하는 일반적인 위상에 좌우된다. 즉, 행정심판절차의 기능과 의의는 그에 맞춰 바라보아야 한다. 그런데 현행 행정심판제도는 권리구제기능을 과도하게 우선시하고 있으며,[20] 동법의 개정의 목표점 또한 권리구제기능의 강화에 있다. 행정심판의 독립성을 부각시키는 그것의 자기통제의 의의는 상대적으로 비중이 낮아서 단순한 口頭禪에 불과할 지경이다. 그렇지만 2008.2.29.자 개정으로 이제 독립된 재결기관으로서 행정심판위원회가 출범하는 이상, 행정심판절차에서 사법적 기능을 지나치게 강조하고 지향하는 것은 스스로 자신의 존재이유를 반감시킬 수 있다. 행정소송에 대한 나름의 스탠스(不可近 不可遠)를 유지하면서, 행정심판의 독립된 존재이유를 극대화하여야 한다.

Ⅲ. 行政審判의 對象

1. 審判對象인 處分概念

행정심판법은 행정소송법과 마찬가지로 심판대상의 概括主義를 채택하며, 여기서 행정청의 "처분"이라 함은 행정청이 행하는 구체적 사실에 관한 법집행으로서의 공권력의 행사 또는 그 거부와 그 밖에 이에 준하는 행정작용을 말한다(동법 제2조 제1호).

행정행위의 존재는 취소심판 및 취소소송의 대상으로서 권리구제 · 보호의 출발점

22건, 재량권행사의 범위에 관한 견해가 다른 사건이 36건, 사실인정에 관한 견해가 다른 사건이 50건이라고 한다. 鄭泰容, 행정심판사건의 행정소송 결과 분석, 법제 제603호, 2008.3., 68면 이하 참조.

18) Sodan/Ziekow, VwGO, §68 Rn.16.

19) 2006년 기준으로 전체 제1심법원에서 총 14,343件의 行政訴訟事件(민사소송으로 다루는 국가배상사건 등은 제외함)이 接受되었다. 그런데 행정심판이 그다지 법원부담을 경감시키지 못하는 점은 행정심판전치주의를 채택하고 있는 독일의 경우에도 지적된다. 즉, 독일에선 행정재판의 통제가 순전히 행정내부적 통제로부터 선회함으로써 획득되었고, 시민으로선 전통적으로 행정소송을 분쟁해결적인 것으로 받아들일 각오가 되어 있다는 데서 비롯된다고 한다. Hufen, a.a.O., §5 Rn.19.

20) 朴松圭, 행정심판법, 1998, 33면. 행정심판의 권리구제기능의 지나친 강조의 문제점에 관해선 특히 朴正勳, 앞의 글, 245면 이하 참조.

으로 여겨졌다(行政行爲의 爭訟法的 機能). 항고소송 특히 처분에 대한 取消訴訟中心主義가 지배하고, 여기에 취소소송대상의 개괄주의가 통용될 때, 일부 문헌은 언필칭 권리구제확대를 기치로 내세워 二元說을 취함으로써, 쟁송상의 처분개념을 새롭게 정립·이해하고자 시도하곤 한다.[21] 즉, 행정처분개념이 권리구제·보호의 출발점이어서 자칫 권리구제·보호의 장애가 될 수 있기에, 당연히 최근 행정소송법과 행정심판법의 개정논의에서 행정처분개념이 논란의 대상이 된다.[22]

그러나 여기에는 몇 가지 곱씹어 볼 점이 있다. 먼저 독일의 행정행위 개념은 물론, 우리의 처분개념은 그동안 진화되어 온 최협의의 행정행위개념을 입법화한 것이다. 그리고 행정행위(처분)의 개념적 징표는 그 자체가 해석을 통해 –한계를 넘지 않되– '수범자(수명자)에게 有利하게' 확장될 수 있다는 점이다.[23] 더군다나 우리 처분개념의 "그 밖에 이에 준하는 행정작용" 부분은 처분성확대의 가능성을 제도화하였다.[24] 또한 가령 행정계획의 경우에도 그 자체에서 처분적 징표를 추출하면 처분성을 인정하는 데 아무런 어려움이 없다. 그리고 현재 행정소송법을 개정함에 있어선, 종래 휴면상태나 다를 바 없었던 當事者訴訟을 활성화하는 데 의견의 일치를 보고 있다. 이젠 항고소송만이 유효한 권리보호수단은 아니며, 그에 따라 이원설이 제시하는 권리보호 가능성의 확대의 근거는 결정적으로 약화되었다. 사실 지금까지 당사자소송의 존재를 무시하였을 따름이다. 따라서 이젠 더 이상 행정행위를 권리구제·보호의 이유에서 필요 이상으로 과도하게 넓게 해석할 이유가 없다. 설득력이 약한 결과선취적 논증에 의거하여 개별공시지가의 처분성을 인정한 예가 보여주듯이, 행정행위의 不可爭力으로 인해, 행정행위의 존재인정이 도리어 권리구제·보호를 난처하게 만들 수도 있다.

판례는 과거와는 달리, –가끔 체계파괴적이라고 우려될 정도로– 적극적으로 처분성을 확대하려고 한다. 이를 두고서 강학상의 행정행위개념(실체법상 처분개념설)에서 벗어난 경향이라고 평하는 것은 바람직하지 않다. 이제까지의 학문적 논의를 수용하여 진화한 결과일 뿐이다.[25] 판례의 기조가 一元說이고, 행정심판법·행정소송법상의

---

21) 한편 강학상의 행정행위개념을 갖고서 쟁송법상의 처분개념을 바라보는 대부분의 입장과는 달리 金裕煥 교수는 후자에서 전자를 바라보려는 시도를 한다. 동인, 강학상 행정행위와 쟁송법상 처분, 행정작용법(김동희 교수 정년기념논문집), 2005, 80면 이하.

22) 대법원 행정소송법개정의견 제2조 제1호: '처분'이라 함은 행정청이 행하는 구체적 사실에 관한 공권력의 행사 또는 그 거부와 그 밖에 이에 준하는 행정작용을 말한다. 그러나 국회에 제출된 행정소송법개정안은 현행과 마찬가지이다.

23) 이 점에서 원고적격의 심사와 마찬가지로 대상적격의 심사에서 엄격한 태도를 견지하는 것은 문제가 있다. 독일에서처럼 요건심사단계에선 '가능성 정도'로 접근하는 것이 바람직하다.

24) 그러나 자칫 이것이 쟁송법상의 처분개념이 실체법상의 그것과 다르다는 구실이 되어 행정행위의 개념적 징표를 무력화할 수 있는 점을 유의하여야 한다. '이에 준하는' 것의 의미는 결코 전형적인 처분개념의 외연을 넘어선 아니 된다는 것이다. 그런데 일부에선 이것이 '형식적 행정행위'를 의미한다고 한다. 金裕煥, 주석 행정소송법(김철용/최광률 편집대표), 2004, 538면.

처분개념이 판례에 그대로 투영될 수 있음에도 불구하고, 문헌상의 제 논의가 일치여부에 관한 필요이상의 불필요한 논쟁을 유발한 측면이 있다.[26] 요컨대 처분의 개념적 징표에 관한 설득력 있는 해석을 통하여 처분성확대를 기하기보다는, 범주적 접근(가령 행정입법이나 행정계획 등)으로 처분자체의 틀을 확대하려는 것이, 종래 이원설이 갖는 치명적 결함이자 한계이며, 그로 인해 도리어 행정처분의 이해에 난맥이 빚어졌다 하겠다.[27]

행정심판의 대상조항을 정비하는 것과 관련해선 확대의 움직임이 대세이다. 여기선 행정소송법개정과 연동해서 (행정소송법) 同調論과 非同調論으로 크게 나뉜다.[28] 그런데 처분개념조항의 개정은 단순히 행정쟁송법차원에서만 그치는 것이 아니라, 행정실체법에도 중대한 영향을 미친다. 나아가 행정심판의 종류까지도 연동되어야 한다. 특히 후자의 문제는 권리구제(보호)체제 전반을 놓고서 과연 행정소송과 대비하여 행정심판을 어떻게 디자인할 것인지의 물음에 이어진다. 행정심판의 권리구제적 기능은 애당초 행정소송에 비견할 수 없거니와, 특히 최근엔 권리보호에 충실하기 위하여 행정소송개정의 움직임이 대세이다. 따라서 행정심판의 권리구제기능 강화를 내세워, 처분개념(정의)을 전적으로 행정심판의 차원에서 확대하는 것은 곤란하다. 행정심판제도는 권리구제의, 자기통제의 하나일 뿐이다. 요컨대 그동안의 판례의 진화를 감안한다면, -행정작용법론의 기능부전을 초래할- 강학상의 행정행위로부터 벗어난 처분개념을 구태여 설정할 필요가 있는지 의문스럽다. 이 또한 행정심판을 행정소송에 지나치게 연동시킨 그간의 논의의 일단으로 여겨진다.

25) 대표적으로 지목변경신청의 거부에 대한 대법원 2004.4.22. 선고 2003누9015전원합의체판결.

26) 여기서 문제되는 것이 리딩판결에 해당하는 대법원 1967.6.27. 선고 67누44판결이다: 「원래 행정소송은 구체적인 권리의무에 관한 분쟁을 전제로 하여 제기되는 것이므로, 항고소송의 대상이 되는 행정처분은 행정청의 공법상의 행위로서 특정사항에 대하여 법규에 의한 권리의 설정 또는 의무의 부담을 명하며, 기타 법률상의 효과를 발생케 하는 등의 국민의 권리의무에 직접 관계가 있는 행위를 말한다고 해석하여야 할 것이므로 특별한 사정이 없는 한, 행정권내부에 있어서의 행위라든가 알선, 권유, 사실상의 통지등과 같이 상대방 또는 기타 관계자들의 법률상 지위에 직접적으로 법률적 변동을 일으키지 않는 행위 등은 항고소송의 대상이 될 수 없다고 해석하여야 할 것이다」. 처분개념정의를 둔 1984년 이후엔 새롭게 처분을 이해하여야 한다고 하면서, -특히 '그 밖에 이에 준하는 행정작용' 부분을 강조하면서- 대법원 1967.6.27. 선고 67누44판결과 같이 논증하는 것에 대해 매우 비판적인 지적도 나름의 설득력이 있지만, 판례의 이해와 입장이 행정소송법상의 처분개념정의에 그대로 반영되었다고 봄직하다.

27) 한편 '두밀분교통폐합조례사건' 에 관한 대법원 1996.9.20. 선고 95누7994 · 95누8003판결과 서울행정법원 제1부 2005.9.1. 선고 2004구합5911判決을 통해서, 인정된 셈인 '조치적' (이른바 처분적) 명령(조례)의 존재가 바른 이해를 저해한다. 독일에서의 일반론처럼, 법규범의 실질(내용)이 개별사건규율이더라도, 법규범의 형식을 갖는 한, 그것의 법적 취급은 시종 법규범으로서의 위상에 맞추어야 한다. 이에 관해선, 졸고, 措置的 命令 내지 個別事件規律的 命令에 대한 權利保護에 관한 小考, 법조 제554호, 2002.11. 90면 이하(追論: 행정법기본연구 Ⅰ, 434면 이하); 金南辰 교수님 역시 법규명령이나 조례가 "처분"의 성질을 갖는다 하더라도, "규범통제"라는 正道를 통해 문제를 해결해야 함을 역설한다. 동인, 행정상 확인소송의 가능성과 활용범위, 고시연구, 2005.5, 22면 주15.

28) 그 중간결과물인 셈인 2006.12.15.의 행정심판법개정시안 제2조 제1호는 " "처분"이라 함은 행정청이 행하는 구체적 사실에 관한 공권력의 행사 또는 그 거부와 그 밖에 이에 준하는 행정작용을 말한다"고 정의를 내린다.

2. 行政廳의 不作爲와 拒否處分

행정심판법상 "不作爲"라 함은 행정청이 당사자의 신청에 대하여 상당한 기간내에 일정한 처분을 하여야 할 법률상 의무가 있음에도 불구하고 이를 하지 아니하는 것을 말한다(동법 제2조 제2호). 부작위의 성립은 '일정한 처분을 하여야 할 법률상 의무'를 전제로 하는데, 그 기조가 거부처분의 경우에 그대로 투영된다. 그리하여 일찍이 대법원 1984.10.23. 선고 84누227판결은 거부처분의 성립요건으로서 '국민이 행정청에 대하여 그 신청에 따른 행정행위를 해줄 것을 요구할 수 있는 법규상 또는 조리상의 권리' 즉, '신청권'의 존재를 요구하였고,[29] 이로부터 비롯된 거부처분 인정 공식은 지금껏 후속 판결은 물론 행정심판에서도 그대로 전승되고 있다.[30] 다만 거부행위의 규율성을 인정하기 위해 요구되는, '신청권에 바탕을 둔 신청인의 법률관계상의 변동'과 관련해선, 완화된 입장을 취하고 있다.[31] 처분성인정(대상적격)의 물음에 원고적격의 물음을 혼입시키는 것이 문제의 시발이고, 비판이 비등함에도 불구하고, 판례는 기조를 변함없이 유지하면서 신청권의 인정범위를 확대하고 있다. 비판의 주요 근거는 실정법상의 처분 개념정의에서 거부처분의 인정과 관련해서 신청권에 관한 요구가 없다는 것이다.[32] 이런 맥락에서 대법원의 행정소송법개정의견과 2006.12.15.의 행정심판법개정시안은 '부작위'의 개념정의에서 '일정한 처분을 하여야 할 법률상 의무'란 표현을 삭제하였다. 하지만 행정소송법개정안은 물론, 2007.11.21.에 제출된 행정심판법개정안은 현행과 동일하다.

요컨대 거부처분여부를 판단함에 있어서 원고적격차원의 물음인 신청권의 존부를 연계시킨 것은, 분명 현행 행정소송법체제에선 명문에 반하며, 원고적격의 물음과 대상적격의 물음을 독립적으로 접근하는 것이 체계적이다. 하지만 소송요건의 차원에서 合一的으로 접근하는 것이, 다른 문제점(소송요건에 대한 가능성 견지에서의 접근의 결여)

29) 이에 대한 비판적 입장으로 李鴻薰, 도시계획과 행정거부처분, 행정판례연구 제1집, 1992, 115면 이하 참조.

30) 가령 공원묘원 설치를 위한 재단법인의 설립허가를 받은 다음에 사설묘지허가신청의 일환으로 국토이용계획(용도지역)변경을 구한 행정심판사건(국행심 01-0903)에서, 행정심판위원회 역시 판례의 원칙적 입장을 그대로 채용하여 각하재결을 의결하였다. 이 사안과 관련해선 진광엽, 행정심판법 제4조 의무이행심판에 있어서의 거부처분이나 부작위의 개념, 법률신문 제2976호(2001.5.7.), 14면 참조.

31) 대법원 1992.3.31. 선고 91누4911판결; 1992.12.8. 선고 92누7542판결; 1993.3.23. 선고 91누8968판결; 2000.12.22. 선고 98두18824판결 등의 기조를 바탕으로 대표적으로 대법원 2002.11.22. 선고 2000두9229판결은 "여기에서 '신청인의 법률관계에 어떤 변동을 일으키는 것'이라는 의미는 신청인의 실체상의 권리관계에 직접적인 변동을 일으키는 것은 물론 그렇지 않다 하더라도 신청인이 실체상의 권리자로서 권리를 행사함에 중대한 지장을 초래하는 것도 포함한다고 해석함이 상당하다"고 판시하였다. 그리하여 대법원 2007.10.11. 선고 2007두1316판결은 건축계획심의신청에 대한 반려와 관련해서, 중간행위적 접근을 하지 않고 독립된 거부처분으로 바라보았다.

32) 대표적인 지적으로 "법원은 行政訴訟法의 處分의 定義(동법 제2조 1항, 제1호)와는 무관하게 독자적인 처분개념을 내세워 處分性의 문제를 해결하려는 것으로 보이는 바, 成文法國家인 우리나라에서 그와 같은 태도(實定法輕視의 태도)는 지양되어야 할 것이다"(金南辰, 대법원의 처분개념에 대한 의문, 법률신문 제2844호, 1999.12.13.).

보다 권리구제가능성의 측면에서 치명적이라고 할 순 없다. 왜냐하면 원고적격의 물음을 따로 논하지 않기 때문이다. 기왕의 논의를 한 차원 높여 새롭게 가다듬을 필요가 있다.

Ⅳ. 行政審判의 種類

행정심판법은 행정심판을 取消審判, 無效등確認審判 및 義務履行審判의 세 가지로 규정하고 있다(동법 제4조). 이와 관련해선 행정소송상의 그것에 견줘 논의가 진행된다. 특히 의무이행심판의 경우에, 현행 행정소송법이 의무이행소송을 정면으로 인정하지 않고 거부처분취소소송이나 부작위위법확인소송을 인정한 상황이 영향을 미친다. 그리하여 실제로 거부처분의 경우에 제도적 취지에 역행하여 의무이행심판이 아닌, 거부처분취소심판이 제기되곤 한다. 여기선 의무이행재결에서의 再處分義務가 발생하는지 여부가 논란이 되는데, 입법자의 입법의도가 거부처분에 대해선 의무이행심판을 제기하도록 한 점에서 소극적으로 보아야 한다.[33] 청구변경(동법 제20조)을 적극적으로 활용하여 소모적 논의를 미연에 방지하는 것이 요망된다.

행정심판제도를 완결적인 권리구제체제로 만들기 위한 노력의 일환으로 當事者審判이나 豫防的 禁止審判의 도입이 주장되기도 하지만, 여기엔 일종의 비용편익적 분석이 뒤따라야 한다. 그리고 비법률가도 행정심판위원회의 위원이 될 수 있는 한, 기본적으로 법률관계를 대상으로 하는 당사자심판의 경우엔 자칫 곤혹스런 상황에 봉착할 수도 있다. 그리고 예방적 금지심판의 경우 독립된 행정심판위원회의 출현으로 실현되기가 더욱 어렵다. 권리구제적 기능이나마 충분히 발휘되도록 지혜를 모은다는 점에서 행정심판은 행정처분만을 심판대상으로 두는 것이 바람직하다.

Ⅴ. 行政審判機關

종래 행정심판법은 심판의 공정성과 권리구제의 실효성을 확보하기 위하여 심리·의결기능과 재결기능을 분리하였다. 즉, 재결청과 (재결청소속하의) 행정심판위원회의 이원적 구조이었다. 그러나 신 행정심판법은 심리·의결기능과 재결기능을 통합하여 독립된 합의제 행정기관이자 재결청인 행정심판위원회를 설치하였다. 1984년의 행정심판법제정이후 견지해온 이원적 구조를 버렸다.

33) 동지: 金鐵容, 앞의 책, 2008, 594면; 朴均省, 행정법론(상), 2007, 850면; 朴正勳, 앞의 글, 264면.

종래 이원적 구조를 일원적 구조로 바꾼 금번 법률개정은, 행정심판제도의 본질과 기능은 물론, 실제 운용과 관련해서도 중요한 논란거리가 될 수 있다. 복잡한 행정감독체제에서 무엇이 재결청인지가 불분명하여 비롯된 곤란함을 제거하였다는 긍정적인 측면이 있다고 한다. 행정심판의 권리구제기능을 강화하여 그것의 준사법화를 도모하기 위해 행정심판위원회의 제3의 기관적 성격을 제고하려는 입장에선, 변화에 긍정적으로 접근할 수 있다. 그리하여 비록 여전히 비상설이지만, 전문위원회도 둘 수 있다는 점에서, 행정심판위원회를 행정법원에 견줄 수 있는 행정심판소로 나아가는 전기가 마련되었다고도 주장될 법하다. 하지만 행정심판의 행정통제적 기능이 심각하게 저하되는 것은 물론, -형성적인 인용재결의 경우가 보여주듯이- 행정책임과 행정감독의 체제상의 균열 등의 문제점 또한 심각하게 부각될 수 있다(후술).

Ⅵ. 行政審判의 請求人適格

행정소송법은 취소소송은 처분 등의 취소를 구할 法律上 利益이 있는 자가 제기할 수 있다고 규정한다(동법 제12조). 주관적 소송의 원칙에 의거하여 保護規範說을 표방하는 이 같은 기조는 행정심판에도 그대로 반영되고 있다. 즉, 취소심판청구는 처분의 취소 또는 변경을 구할 법률상 이익이 있는 자가 제기할 수 있으며, 무효등확인심판청구는 처분의 효력 유무 또는 존재 여부에 대한 확인을 구할 법률상 이익이 있는 者가 제기할 수 있고, 의무이행심판청구는 행정청의 거부처분 또는 부작위에 대하여 일정한 처분을 구할 법률상 이익이 있는 者가 제기할 수 있다(동법 제9조).

행정심판의 請求人適格을 항고소송의 원고적격과 동일하게 설정한 것을 두고서, 이른바 立法過誤說과 立法非過誤說이 첨예하게 맞선다.[34] 행정법학계의 대표적인 핫이슈(hot issue)이다. 立法過誤說에선 행정심판의 대상이 행정소송과는 달리 처분의 적법성은 물론 合目的性(不當性)까지 미치는 점을 들어, 이를 전혀 반영하지 않은 것은 사실상 처분의 합목적성에 관한 심판을 배제하는 결과를 초래한다고 논증한다. 반면 반대의 입장에선 請求人適格은 '入口'의 문제(심판제기단계)이고 '위법'의 문제는 '出口'(본안심리)의 문제이므로 양자를 필연적 관계에서 일치시킬 필요가 없기에 立法過誤라고는 할 수 없다고 본다.[35] 일부에선 취소소송에서와 마찬가지로 청구인적격과

34) 이 문제를 최초로 제기한 문헌으로 金南辰, 법률상 이익의 개념적 혼란과 대책 고시연구 1990.10. 학설의 상세는 金南辰, 행정심판의 청구인적격: 행정심판법 제9조의 개정을 촉구하며, 법제 1999.4.; 동인, 행정심판청구인적격과 법률상 이익, 시사법률신문, 2003.2.4. 참조. 한편 洪井善 교수는 兩非論的 입장인 입법미비설을 주장한다. 동인, 행정법원론(상), 2008, 770면.

35) 徐元宇, 행정심판의 청구인적격 재론, 고시연구 1997.6. 88면 이하; 金鐵容, 행정심판청구인적격의 입법상

'부당'(본안요건)의 견련성이 인정될 수 없다는 점을 들어 본안요건이 부당까지 확대된다고 해서 청구인적격도 당연히 확대되어야 한다는 논리는 성립할 수 없다고 한다.[36] 양 입장에서의 다름은, 결국 '부당성통제'에 대한 인식상의 차이를 빚는다. 立法過誤說에선 당연히 행정심판의 고유한 의미를 내세워서 논증을 한다.

그런데 여기서 우선 확인해야 할 점은, 심판대상(부당한 처분) 즉, 심사규준(합목적성)의 확대가 권리구제의 기조인 청구인적격상의 被侵的 構造에 변화를 가져다주진 않는다는 것이다. 왜냐하면 법적 분쟁은 자신의 주관적 권리가 침해(또는 방해, 지장)를 받았다는 주장에서 비롯되기 때문이다. 과거 독일의 역사(소위 프로이센적 시스템과 南獨逸的 시스템)가 보여주듯이, 행정재판이 조직상으로나 기능상으로나 사법에 속한다고 하면, 당연히 행정재판의 주된 기능은 객관적 법의 유지를 목표로 삼은 행정통제가 아니라, 개개 시민의 주관적 공권의 보호에 있다. 행정심판의 경우엔 -입법자의 특별한 입법의도가 없는 한- 그것이 행정재판(소송)과 어떤 관계에 놓여 있는가가 관건이다. 비록 (필요적) 행정심판전치주의가 수정되긴 했지만, 특별행정심판절차의 예가 상당할 뿐더러, 행정소송과의 기본적 연계성이 전제되고 있다. 따라서 행정심판법의 목적 및 심판청구인적격의 기본골격에서, 행정심판의 권리구제 역시 주관적 시스템일 따름이다.

또한 유의해야 할 점은, 청구인적격과 부당성의 牽聯性여부의 물음은, 청구인적격의 확대의 當否의 문제가 아니라, 취소소송의 주관소송/객관소송여부의 물음처럼 행정심판의 성질의 문제라는 것이다. 행정심판법 제9조와 행정소송법 제12조-엄밀히 보자면 제1문-상의 청구인적격과 원고적격에 관한 규정이 독일처럼 주관적 권리침해를 담고 있지 않으며, 원고적격과 위법성의 견연성을 명문으로 요구하고 있지 않기에, 이들의 주관소송적 성격에 의문을 가질 법하다. 그렇지만 행정심판법 제1조와 행정소송법 제1조에서 이들 법률의 목적이 주관적 권리 · 이익침해의 구제(배제)에 있음을 분명히 한 이상, 현재의 법률상황 그 자체로서도 주관적 권리침해의 요소와, 청구인적격/원고적격과 위법성의 牽聯性을 충분히 도출해 낼 수 있다. 권리침해(방해, 지장)와 위법성(부당성)과 관련하여, 전자는 원고적격(청구인적격)의 문제로, 후자는 본안의 문제로 전혀 별개로 인식할 것 같으면, 자칫 항고소송과 행정심판을 객관소송으로 자리매김할 우려도 있다. 따라서 우리의 항고소송(행정소송)과 행정심판을 객관적 권리보호(구제)로 보지 않는 한, 행정소송법 제12조과 행정심판법 제1조의 해석은 마땅히 이들

과오론-金南辰 교수의 논문을 중심으로, 고시연구 1999.7., 61면 이하; 同人, 행정심판법초안 작성당시의 기록, 행정심판20년사, 2005, 177면 이하; 金東熙, 행정심판에 있어서의 청구인적격, 고시계 1993.6., 128면 이하.

36) 朴正勳, 앞의 글, 254면. 朴正勳 교수는 立法非過誤說에 찬동하면서도, 행정심판에서 행정의 자기통제적 기능이 제대로 수행되기 위해서는 청구인적격을 넓게 인정할 필요가 있다고 지적한다.

법률 제1조와 연계하여 행해져야 한다.[37)]

행정심판의 청구인적격이나 항고소송의 원고적격은 그것의 여과기능에 비추어, 동일한 성질의 물질을 여과시키는 점(被侵的 構造)에선 공통되고, 다만 눈의 크기(mesh)가 다를 뿐이다. 독일 행정법원법 제68조와 제69조는 행정소송의 원고적격(동법 제42조 제2항)과는 달리 심판청구인적격을 구체적으로 규정하지 않고, 필요적 전치주의를 채용함을 전제로 "전심절차는 행정심판의 제기로써 시작된다"(동법 제69조)고 간단히 규정할 뿐이다. 그리하여 심판청구인적격의 문제는 전적으로 도그마틱에 맡겨진다. 즉, 위법한 행정행위(또는 부작위)로 자신의 권리를 침해받았다(적어도 받을 수 있다)고 주장하는 자와 자신의 권리를 방해하는 행정행위가 합목적적이지 않다고 주장하는 자가 심판청구인적격을 갖는다. 이처럼 심판청구인적격을 구태여 규정하기보다는 전심절차차원에서 간단히 언급하면 족한데, 우리의 경우 행정심판의 독립성을 전제로 하면서도 행정소송의 것을 그대로 답습하므로 인해 문제가 불거졌으며, 행정심판전치주의의 폐지에 따른 전심절차로부터의 탈피로 말미암아 상황이 더 복잡해졌다.[38)] 대부분이 위법성을 다투는 현실만을 염두에 둔다면, 이상의 논의는 이론적 흥미에 불과할 뿐 그다지 실제적 의미를 갖지 못한다고 치부할 수 있다. 그러나 실증적으로 판명되듯이, 立法非過誤說의 입장에선 행정심판의 핵심적인 존재이유인 부당성의 통제가 다소간 중요하지 않게 받아들여지는 즉, 행정심판절차의 과도한 사법절차화가 문제로 여겨지기는커녕 당연하게 받아들여지곤 한다. 그러나 이제 독립된 심판기관으로서 행정심판위원회의 출범에 즈음하여 행정심판의 활성화가 예상된다는 점에서, 기왕의 청구인적격규정은 체계정합성에서도 문제가 있다. 사실 立法非過誤說을 취하는 입장에서도 입법적 개선에 대해선 공감을 표하기도 하는데, 이는 현행의 법률상황이 문제점을 내포하고 있다는 사실을 반증한다.

현행법에서(de lege lata) 해결책을 찾자면, 양자에 대한 차별적 접근이 모색되어야 한다. 즉, 행정소송법 제12조상의 '법률상 이익'과 행정심판법 제9조상의 '법률상 이익'을 동일하게 보되,[39)] 주관적 권리구제시스템에 따른 피침적 구조를 바탕에 두고서,

---

37) 그런데 항고소송의 원고적격과 행정심판의 청구인적격에서의 논의에서 위법성과 권리침해(권리방해)간의 牽聯性 부인은 결국 소송물(심판물)의 이해에서 문제를 초래한다. 특히 대법원 1989.4.11. 선고 87누647판결이 「과세처분취소소송의 소송물은 그 취소원인이 되는 위법성 일반이다」라고 판시한 이래, 취소소송의 소송물을 '위법성 일반'으로 보는 것이 판례의 입장이라는 기술은 항고소송의 주관소송적 성격을 부인하는 셈이어서 바람직하지 않다. 관련 판례 전반에 관한 성찰이 요구된다. 그리고 이제는 항고소송의 원고적격과 행정심판의 청구인적격에서의 논의에서 가능성이론과 수범자(수명자)이론이 제대로 소개되지 않은 채, 종전의 틀을 투영하는 태도에서 벗어나야 한다. 追論: 본서 82면 이하 참조.

38) 한편 과거 2006.12.15.의 행정심판법개정시안은 당시 대법원의 행정소송법개정의견에 견줘 "취소심판은 처분의 취소 또는 변경을 구할 法的으로 正當한 利益이 있는 자가 제기할 수 있다"고 규정하였는데(동시안 제12조 제1항), 2007.11.21.에 제출된 개정안(제14조)은 지금과 동일하게 규정하고 있다.

행정소송법 제12조상의 '법률상 이익'에 대해선 위법한 처분에 의한 '권리침해'(Rechtsverletzung)를, 행정심판법 제9조상의 '법률상 이익'에 대해선 (위법한 처분에 의한 '권리침해'는 물론) 부당한 처분에 의한 '권리방해(지장)' (Rechtsbeeinträchtigung)를 전제하고서 바라보아야 한다. 그러나 철저한 被侵的 構造를 받아들이지 않고선, 해석을 통한 노력은 한계가 있기 마련이다. 요컨대 행정절차로서의 행정심판의 본질을 감안하면서 다른 눈의 크기를 반영할 수 있는 제도의 마련에 지혜를 모아야 한다. 여기서 '행정청의 처분에 불복이 있는 자'는 행정심판(심사청구 또는 이의신청)을 제기할 수 있는 것으로 단순히 규정하고 있는 일본 행정불복심사법 제4조가 좋은 참고가 된다. 입법정책적으로(de lege ferenda) 현행의 행정심판청구인적격규정을 "취소심판은 위법하거나 부당한 행정행위로 인해 권리를 침해받거나 방해(간섭)받은 자가 제기할 수 있다"고 바꾸는 것을 조심스럽게 제안한다. 지금도 행정심판법개정움직임은 여전하다. 무엇보다도 이젠 청구인적격의 문제가 매듭이 지어져야 한다.

Ⅶ. 行政審判의 請求의 效果-집행부정지, 집행정지-

행정심판법은 행정소송법과 마찬가지로, 執行不停止原則을 기조로 예외적으로 執行停止를 허용하고 있다(동법 제21조). 현행 집행부정지원칙의 문제는 행정심판법차원을 넘는다. 지금 행정소송법개정논의에서도 그것의 허용요건을 완화하려 한다.[40] 그러나 집행정지원칙의 채택여부를 입법정책적 차원의 문제로 보는 것은 재고되어야 한다. 헌법상의 재판청구권(제27조)의 기능이란 포괄적인 사법적 권리보호의 보장에 있은 즉, 그것을 통해 (독일 기본법 제19조 제4항과 같은) 효과적인 권리보호의 보장이 강구되어야 한다. 假救濟(暫定的 權利救濟)에 관한 헌법상의 요청에서 결정인자는 효과적인 권리보호와 실질적(실체적) 주관적 권리의 보전이다. 이는 다름 아닌 가구제의 기능이기도 하다(保全機能과 臨時的인 滿足機能). 행정행위의 집행으로 인해 발생할 우려

39) 한편 행정소송법 제12조의 제2문과 관련해서, 그것의 기본성격, 그것상의 "법률상 이익"의 이해, 그것상의 소송의 성격의 해석을 두고서, 입법론과 해석론의 관점이 중첩되어 논의가 분분하다. 제1문과 마찬가지로 원고적격의 차원에서 접근하는 입장에 대해서, 다수문헌은 權利保護의 必要(狹義의 訴利益)의 문제로 접근한다. 제2문상의 "법률상 이익"과 제1문상의 그것을 동일하게 볼 것인지, 달리 보아 전자를 후자에 비해 확대해석할 것인지 논란이 된다. 그리고 이 소송을 취소소송에서 바라볼 것인지, 독일에서의 계속확인소송에서 바라볼 것인지도 논란이 된다. 생각건대 제2문상의 "법률상 이익" 역시 제1문상의 그것과 동일하여야 한다. 여기서의 취소소송이 자칫 후행처분에 대한 예방적 소송으로 변환되지 않도록, 또한 '취소로 인하여 회복되는' 표현에 비추어, 제2문상의 "법률상 이익"은 당연히 처분으로 인해 침해받은 권리를 뜻한다. 계속확인소송상의 확인이익(정당한 이익)을 그것에 대입하는 것은 再考되어야 한다. 이에 관한 상세는 졸고, 失效한 行政處分에 대한 權利救濟에 관한 小考, 법률신문 제3507호 2006.11.20(追論: 본서 92면 이하) 참조.

40) '회복하기 어려운 손해'를 '중대한 손해'로 바꾸는 것(법무부 행정소송법개정안), 적극적 요건의 하나("위법하다는 현저한 의심이 있거나")를 추가하는 것(대법원 행정소송법개정의견)이 그 예이다.

가 있는 회복불능의 결과는 가능한 배제되어야 한다. 왜냐하면 법원의 적법성심사 이전에 행정청이 돌이킬 수 없는 조치를 집행했다고 하면, 재판청구권의 실현을 통한 "포괄적이고 효과적인 권리보호"란 口頭禪일 수밖에 없기 때문이다. 독일의 통설은 그들 행정법원법 제80조 제1항상의 집행정지원칙을 그들 기본법 제19조 제4항 제1문상의 권리보호목표의 기능적 等價로 여긴다. 그리하여 독일 연방헌법재판소는 동규정을 효과적인 권리보호의 기본법적 보장의 개별법적 표현으로, 또한 停止效原則(Grundsatz der aufschiebenden Wirkung)을 公法爭訟의 根本原則으로 본다.[41] 사정이 이렇다면, 만약 행정심판에서 행정소송에서와는 달리 집행정지원칙이 받아들여진다면, 행정심판의 권리구제기능은 물론, 자기통제기능까지도 새롭게 정립될 수 있다. 이를 통해 행정심판은 행정소송법과 차별해서 자신의 독립된 존재이유를 국민에게 각인시킬 수 있으며, 나아가 행정소송에서의 변화까지도 추동할 수 있다. 그리고 집행정지원칙을 바탕으로 할 때, 의무이행심판에 있어서 가처분제도도 무리 없이 수용될 수 있다.[42]

Ⅷ. 行政審判의 審理範圍

행정심판에서 심리의 범위와 관련해선 不利益變更(reformatio in peius)의 허용여부가 항상 다투어진다. 행정심판은 순수한 권리구제절차가 아니라, 행정절차이기 때문에, 不告不理原則이 적용되더라도 그것을 불이익변경금지로 바로 연결시킬 순 없다. 그리하여 독일의 경우 불이익변경허용여부에 관한 명문규정이 없기에[43] -비록 그것에 의문이 비등하더라도- 판례와 다수입장은 행정의 법률적합성원칙 등을 근거로 그것이 허용된다고 본다. 반면 우리의 경우 명문으로 不告不理 및 不利益變更禁止의 原則을 채택하였다(동법 제36조). 이런 입법태도는 현행 법제에서 행정심판의 행정의 자기통제기능보다 권리구제적 기능이 강조되고 있음을 증명한다.

행정심판의 대상이 위법 · 부당한 처분이기에, 심리범위에 연계된 심사규준은 적법성과 합목적성이다. 특히 후자가 문제된다. 합목적성(부당성여부)심사는 내용적으로 완전한 재량심사를 의미하기에, 부당성의 문제는 재량차원에서 제기된다.[44] 그런데 합

---

41) BVerfGE 35, 382(402)=NJW 1974, 227; E 80, 244(252)=NJW 1990, 37f.

42) 2007.11.21.에 제출된 개정안은 가처분제도에 해당하는 '임시처분제도'를 규정하고 있다(제31조).

43) 반면 독일 조세기본법(AO)은 이의신청의 경우엔 명문으로 불이익변경을 허용하는(동법 제367조 제2항 제2문) 반면 심판청구의 경우에는 그에 관해서 특별히 규정하고 있지 않다. 그리하여 반대해석으로 심판청구의 경우엔 불이익변경이 허용되지 않는다고 한다. Tipke/Lang, Steuerrecht, 12. Aufl., 1989, S.708f. 우리 국세기본법은 이런 취지를 반대방향의 규정방식으로 즉, 심판청구에 대해서만 명문의 금지를 규정하는 식으로 반영하고 있다(동법 제79조).

목적적이지 않는 개입(간섭)은 대개 비례적이지도 않다. 그리고 재량수권목적에 대한 위반은 재량남용으로서 위법한 재량하자에 해당한다. 이 경우 심판청구인적격은 권리침해에 의거하지, 목적위배적 활동에 의거하지 않는다. 이런 점에서 합목적성통제의 적용범주가 매우 좁은 것이 사실이나, 그럼에도 불구하고 독일의 경우 통설은 -비록 합목적성의 의미 등을 둘러싸고 분분하지만- 행정심판에서 적법성심사와 합목적성심사를 엄격히 구분하고 있다.[45] 우리의 경우 행정심판절차가 전심절차가 아니며, 독립된 심판기관이 출범한 점에서 독일보다 행정의 자기통제기능이 더 우세하다고 볼 수 있다. 따라서 도리어 합목적성통제를 강조할 필요가 있다. 행정활동의 정당성은 적법성이나 법적 상태의 규준만이 아니라, 그 밖의 다수의 맥락의존적인 실체적 타당성(Sachrichtigkeiten)에 의해서도 담보된다는 점에서, 비록 다소의 수고를 무릅쓰고라도, 적극적인 합목적성심사의 자세를 견지할 필요가 있다. 구별의 곤란성을 구별의 무의미로 등치시켜선 아니 된다.

그런데 적법성과 합목적성을 대립된 관계로 보아선 곤란하다. 양자는 대립되거나 모순되면 서로 공존할 수 없는 실체적으로 분리된 범주가 결코 아니다. 법의 맥락에서 적법성 vs. 합목적성의 개념짝은 오히려 적법성으로부터 일방적으로 정해져야 한다. 따라서 대상행위가 적어도 적법하여야 비로소 합목적성이 문제된다.[46] 따라서 만약 대상처분이 재량하자로 위법할 것 같으면, 그것으로 심판청구의 인용에 충분하고 굳이 부당성까지 검토할 필요가 없다. 문제는 합목적성(부당성)을 어떻게 파악할 것인지이다. 경제성, 대민접근, 수용성, 효과성, 능률성, 신빙성, 실용성, 친환경성과 같은 비법적인 타당성목표 · 규준이 고려될 수 있다.[47] 그러나 심사규준의 확대를 주관적 권리구제의 기조를 버리는 것으로 연결시켜선 아니 된다. 즉, 합목적성심사가 萬人審判請求(Popularwiderspruch)를 허용한 것은 아니다.

한편 다른 공행정주체(특별시장 등 지방자치단체장)나 다른 공행정주체에 속한 행정기관이 자치사무(및 국가사무)와 관련하여 행한 처분 등의 경우에도 해당 행정심판위원회가 합목적성심사를 할 수 있는지가 문제된다. 여기선 지방자치단체의 사무구분에 따른 감독형태에 관한 논의가 행정심판에도 그대로 주효할지가 관건이다. 행정심판의

---

44) 기속행위의 경우에 부당이 있을 수 없다고 단정할 일은 아니라는 지적이 있다. 金鐵容, 앞의 책, 570면.

45) 최근의 반대문헌으로 vgl. Klüsener, Die Bedeutung der Zweckmäßigkeit neben der Rechtsmäßigkeit in §68 Ⅰ 1 VwGO, NVwZ 2002, 816ff.

46) Jestaedt, in: Erichsen/Ehlers, Allgemeines Verwaltungsrecht, 13. Aufl., 2006, §10 Rn.2.

47) Jestaedt는, 합목적성을 실체(사실)적 상당성(Sachangemessenheit)으로 정의를 내리면서, 그것은 법적용자(행정)의 관점에서 구속적 법에 의해 타율적으로 주어지는 것이 아니라, 법적용자가 현행의 법의 테두리안에서 스스로(자율적으로) 따르는 것으로 파악한다. 이를 행정에 빗대어, 행정자율적으로 정립한 (헌법 · 법률에 의해 향도된) 목적상의 규준을 목표로 한 행정활동이 합목적적이라고 한다. Ders., a.a.O., §10 Rn.2.

권리구제기능만을 앞세운다면 긍정적인 접근이 가능하겠지만, 행정책임과 행정조직의 체계에서 자치사무에 대해선 합법성감독을 분명히 한 지방자치법 제169조 제1항과의 조화를 기하기 위해서, 자치사무와 관련해선 적법성심사에 그쳐야 한다.[48)]

Ⅸ. 行政審判의 違法 · 不當判斷基準時

행정처분의 위법성의 판단기준시점에 대해서 취소소송과 관련해서, 판례는 일률적으로 處分時說을 취하고 있으며, 행정심판에 대해서도 동일한 취지를 언명하고 있다.[49)] 특히 우리의 경우 독일과 같은 의무이행소송이 명문으로 도입되지 않아서인지 몰라도, 독일의 의무이행소송의 경우에서와는 달리, 거부처분취소소송은 물론 부작위위법확인소송의 경우에도 處分時(및 처분이 내려져야 할 시점)를 고수하고 있다. 판례의 이 같은 태도에 대해선, 행정심판을 오로지 행정소송의 전심절차로만 이해하면 수긍할 구석도 있지만, 재결은 또 다른 행정행위이거니와, 행정절차로서의 그것의 본연을 강조하면 문제점을 발견할 수 있다. 가령 취소심판의 인용재결로 취소 · 변경재결과 함께 취소 · 변경명령재결이 가능한데, 당초처분시와 재결시간에 법적, 사실적 상황이 바뀌었음에도 불구하고 만약 위법 · 부당판단시점으로 당초처분시점을 고수한다면, 자칫 후자의 경우에는 처분청에 대해서 위법 · 부당한 취소처분을 발급하도록 명령하는 셈이 되어 버린다. 한편 행정심판을 전심절차로서 구제기능을 강조하더라도, 행정소송과 마찬가지로 당초처분시를 기준점으로 삼는 것이 필연적이진 않다. 가령 필요적 전치주의를 취하는 독일에서도 통설과 판례는 원칙적으로 재결시점을 기준으로 삼는다.[50)] 그런데 이처럼 위법 · 부당판단시점을 재결시점으로 취하면, 제3자효 행정행위의 경우에 당초처분시점과 재결시점사이에 발생한 법률변경이 문제된다. 독일의 판례경향은 기왕의 수범자의 법적 지위를 고려하여 예외를 인정하지만,[51)] 隣人行政審判의 경우에도 원칙(재결시점)이 통용되어야 한다는 反論도 있다.[52)]

2008.2.29.자 개정으로 행정심판위원회가 행정책임에서 물러나 있게 된 점에서, 그리고 행정심판이 행정소송과 달리 합목적성까지 심리할 수 있는 점에서, 위법 · 부당판단시점을 당초처분시점을 삼는 것은 타당하지 않다. 독일의 예가 보여주듯이, 차별

48) Hufen, a.a.O., §7 Rn.29.

49) 대법원 2001. 7. 27. 선고 99두5092 판결. 최근의 문헌으로 정하중, 취소소송에서 처분의 위법성판단기준시점, 특별법연구 제8권, 2006.9., 262면 이하 참조.

50) Kopp/Schenke, VwGO Kommentar, 14.Aufl., 2005, §68 Rn.15; BVerwGE 2, 55, 62; 49, 197, 198.

51) BVerwG NJW 1970, 263f.; NJW 1979, 995f.

52) Hufen, a.a.O., §7 Rn.12.

적 접근에 따른 혼란은 당연히 생겨나지 않는다. 행정심판과 행정소송이 분명히 다름에도 불구하고, 후자에서의 논의를 그대로 전자에 대입한 기왕의 입장은 하루바삐 바뀌어야 한다.[53] 그리고 위법 · 부당판단시점을 재결시점으로 삼으면, 행정소송에서 논란이 되는 처분사유의 추가 · 변경의 문제도 큰 어려움 없이 대처할 수 있다.

X. 行政審判의 認容裁決

인용재결은 심판청구의 내용에 맞춰 取消 · 變更裁決/取消 · 變更命令裁決, 無效등確認裁決, 義務履行裁決(處分裁決)/義務履行命令裁決(處分命令裁決)로 나뉜다(동법 제32조 제3항, 제4항, 제5항). 현행 제도의 특징은 형성적 재결(取消 · 變更裁決, 處分裁決)과 명령적 재결(取消 · 變更命令裁決, 處分命令裁決)이 선택적으로 가능한 점이다. 양자의 관계를 문언 그대로 선택의 문제로 보는 입장[54]과 후자를 원칙으로 전자를 예외로 보는 입장[55]으로 나뉜다. 재결청제도하에서도 처분청의 관할존중이 문제가 되었거니와, 재결청제도의 폐지에 따라 행정심판위원회가 종래의 재결청의 역할을 대신하더라도 그 문제점은 매우 심각하다. 왜냐하면 행정심판위원회가 일반 행정조직에서 벗어났기에, 그것이 행한 대집행의 정당성이 약하기 때문이다. 더군다나 다른 공행정주체(또는 그것에 속한 기관)의 처분 · 부작위까지도 심판대상이 된다. 따라서 형성적 재결은 극히 예외적 상황에만 내려져야 하며, 다른 공행정주체(또는 그것에 속한 기관)의 자치사무(또는 국가사무)와 관련한 처분 · 부작위가 심판대상인 경우엔 명령적 재결만이 허용되어야 한다. 이 경우엔 형성적 재결이 가령 지방자치단체의 자치권은 물론, 사물관할과도 마찰을 빚을 수 있다.[56] 또한 의무이행재결의 명령적 재결과 관련해선 적극적 처분의무 및 (행정소송법상의 간접강제와는 달리) 직접처분제도가 규정되어 있는데(동법 제37조 제2항, 제4항), 재결청제도의 폐지로 말미암아 직접처분제도의 운용과 관련해서도 동일한 문제상황이 빚어진다.[57]

---

53) 朴正勳 교수는 사실상태의 변경은 처분시점으로, 법령의 변경은 재결시점으로 기준을 삼는 방안을 제시한다. 동인, 앞의 글, 260면.

54) 朴均省, 의무이행심판의 발전방안, 법제 제574호, 2005.10, 42면.

55) 金炳圻, 보완요구의 '부작위' 성과 재결의 기속력, 행정법연구 제8호, 2002.9., 385면.

56) 실제론 처분재결이 거의 행해지지 않는다고 한다. 李源, 의무이행심판에 대한 소고, 법제 제529호, 2002.1. 참조.

57) 金南澈, 행정심판법 제37조 제2항에 의한 자치권침해의 가능성, 행정판례연구 제5집, 2000, 405면 이하.

XI. 맺으면서

'행정법'은 '행정'의 법인 동시에, 행정의 '법'이기도 하다. 따라서 행정법을 규범의 차원에서 접근하는 것이 자명하지만, 그렇게 始終하면 행정법의 주된 무대(공행정)를 간과할 우려가 있다. 모든 행정사건의 法律問題化(Juridifizierung)가 사법통제의 확대의 차원에서 보자면 바람직할 수 있으나, 자칫 법치국가를 사법국가나 법관국가로 환치시킬 수도 있다. 권력분립적 문제인식을 늘 견지하여야 한다. 특히 대통령제국가에선 행정소송의 과도화 경향에 대해선 다소간 변화가 필요한 즉, 미진할지언정 이런 경향을 저지하기 위해서라도 행정심판이 활성화되어야 한다. 그리고 비록 (그것에) 權利救濟的 要素와 事後的 行政節次의 要素가 함께 어우러져 있긴 해도, 행정심판전치주의가 폐지된 이상, 행정심판절차는 원칙적으로 전심절차로서의 의의를 갖지 않는다. 그것은 엄연히 행정절차에 속한다. 행정심판의 準司法化傾向이 전적으로 환영할 만한 일은 아니다. 행정심판을 사법통제의 亞種으로 상정하여 그것을 준사법화하려는 모색은, 자칫 행정심판의 司法類似性이라는 긍정적 측면을 넘어서 그것의 고유한 존재이유를 스스로 부인할 우려가 있다. 요컨대 행정소송적 프레임을 가능한 투영시키려는 그간의 태도는 재고되어야 한다.

사법통제와 비교하여 행정심판으로선 그 자체로서 인정될 수밖에 없는 내·외의 한계를 다른 차원에서 해소하려는 모색이 필요하다. 행정심판재결이 정책적 고려가 반영된 또 하나의 행정처분인 점에서, 행정심판으로선 행정소송과 비교해서 合目的性統制가 그것의 Blue Ocean이다. 비법조인도 행정심판위원회위원이 될 수 있다. 이 점이 합목적성통제의 실효성을 제고하는 데 이바지할 수 있다. 이제 독립된 합의제행정기관이자 재결기관인 행정심판위원회가 출범한다. 이런 변화는 행정심판이 자신의 고유함을 견지하면서 활성화를 기할 수 있는 기회인 동시에, 반대로 그것이 낮은 호응도 속에서 자기만족의 대상으로 전락할 수 있는 위기이기도 하다. 결론적으로 2008.2.29자 법률개정을 자신의 고유한 얼굴을 한 행정심판제도를 자리매김하기 위한 전기로 삼아야 하고, 그 전제로 행정심판에 관한 그간의 慣性的 理解-행정소송의 전심절차-에서 拔本的으로 벗어나야 한다.

* 공법연구 제36집 제4호, 2008.6., 490면 이하 소수.

* 참고문헌: 김연태, 국무총리행정심판위원회와 시·도행정심판위원회의 통합 논의에 관한 고찰, 고려법학 제52호(2008.04), 131면 이하; 채우석, 행정심판제도의

개정에 관한 동향, 법학논총(숭실대 법학연구소) 제21집(2009.02) 249면 이하; 김광수, 동아시아 행정심판제도 비교연구, 행정법연구 제21호(2008.08) 97면 이하; 신봉기, 중앙과 시·도 행정심판의 기능 통합에 관한 연구, 토지공법연구 제41집(2008.8) 337면 이하; 졸고, 행정심판을 활성화하기 위한 선결과제에 관한 소고, 법제 제608호, 2008.8., 56면 이하.

제 3 장

行政實體法과 行政訴訟法의 交叉點에 관한 小考

Ⅰ. 처 음 에

행정법학의 現下의 주제는 행정소송제도의 개혁이다. 지난 5월 30일에 서울대학교 BK21 법학연구단 법제도비교연구센터가 『행정소송의 현안과 과제』를 주제로 삼아 2003년 제1회 학술회의를 개최하였다. 여기서 박균성 교수, 박정훈 교수 그리고 필자가 각각 "프랑스 행정소송제도", "행정입법에 대한 사법심사–독일법제의 개관과 우리법의 해석론 및 입법론을 중심으로–" 그리고 "행정실체법과 행정소송법의 교차점에 관한 소고"를 발표하였다. 그리고 지난 4월 18일에도 한국법제연구원 · 한국행정판례연구회가 『한 · 일의 행정소송법 개정과 향후방향』를 주제로 삼아 국제학술발표회를 공동으로 주최하였다. 여기서 최송화 교수님과 鹽野宏 교수님이 대한민국과 일본의 행정소송법 개정과 향후방향에 관해서 주제발표를 하였고, 이에 대해서 小林久起 참사관, 박정훈 교수, 류지태 교수 그리고 김명용 박사가 질의를 하였다. 이를 통해서 우리와 일본의 논의현황이 소개되었는데, 일본에 비하면 우리의 경우 대법원의 행정소송법개정위원회의 논의안이 구체적으로 소개되었다. 그리고 한국공법학회도 지난 2002년 12월 21일에 『행정소송제도의 개편방향』을 주제로 삼아 제105회 학술발표회를 개최하였다. 여기서 '현행 행정소송법의 입법경위'에 관한 최송화 교수님의 기조

발표를 시발로 하여, 정하중 교수와 박정훈 교수가 차례대로 '행정소송법의 개정방향'과 '행정소송법 개정의 주요쟁점'을 발표하였다.[1)]

행정소송의 종류, 취소소송의 대상으로서의 "처분"과 취소소송의 "원고적격"은 행정실체법과 행정소송법이 조우하는 교차점이다. 필자는 박정훈 교수의 이 발표원고를 주된 글감으로 삼아,[2)] "새로운 처분 개념"과 "정당한 이익"의 도입에 대한 반대논거를 제시함으로써, 爭點의 公論化를 도모하였다.[3)] 그리하여 지난 4월의 국제학술발표회를 통해서 소개된 대법원의 행정소송법개정위원회의 논의안(이하 '논의안'이라 한다)과 기왕의 관련 글들을 글감으로 삼아 이들에 관하여 재차 살펴보고자 한다.

Ⅱ. 訴訟法의 位相에 관한 基礎的 理解

통용되는 법체계는 여러 상이한 관점에서 나뉠 수 있다. 통상 실체법(materrielles Recht)과 절차법(formelles bzw. Verfahresrecht)간의 구분이 기본적으로 중요한데, 소송법(Prozessrecht)은 후자를 대표한다.[4)] 실체법과 소송법은 각기 구별되는 목표설정으로 말미암아 체계상으로 규율방식상으로 명확히 구분되고 나름의 특유한 구조원칙을 그 특징으로 한다. 소송법의 형성과 관련해선, 우선 소송법이 일차적으로 실체법의 관철에 기여한다는 점과 그래서 실체법의 구조와 所與(여건)를 기준으로 삼지 않으면 안 된다는 점을 주의하여야 한다. 즉, 소송법은 결코 목적 그 자체를 의미하는 것이 아니라, 실체법의 실현을 목표로 삼는다(소송법의 봉사적 기능). 그리고 실체법은 그것의 보호를 위하여 제공된 해당 소송법질서에 대해 결정적인 영향을 미친다. 물론 일방적으로 영향을 미치진 않는다. 왜냐하면 실체법은 다양하게 소송법에 의하여 비로소 성립하거나 형상을 갖추기 때문이다. 요컨대 실체법과 소송법은 상호 밀접한 관련을 갖으며, 이들간에는 交互作用(Wechselwirkung)이 존재한다.[5)] 그리고 다른 한편으론

---

1) 이 글들은 공법연구 제31집 제3호(2003.3), 1면 이하에 수록되어 있는데, 이를 기준으로 인용하겠다. 출전에 관한 특별한 인용이 없는 한, 여기에 게재된 글임을 밝혀둔다.

2) 이 발표원고(공법연구 제31집 제3호(2003.3), 41면 이하)는 박정훈 교수가 그간에 축적되어 온 연구성과를 종합·요약·수정·보완한 것이라고 한다. 이 글의 43면 주2)에 적시된 문헌은 박정훈 교수의 관련 연구가 일정 방향성을 놓지 않으면서도 매우 심도가 있으며 무척 방대하다는 사실을 잘 보여주고 있다. 관련 문헌을 통해 많은 시사를 받았음을 밝혀둔다.

3) 졸고, 행정소송법개정 소고, 법률신문, 제3142호(2003.1.27); 행정소송상의 항고소송과 취소소송의 법적 성격에 관한 소고, JURIST 제390호, 2003. 3, 61면 이하 ; 행정소송제도의 개편방향에 관한 소고, 공법연구제31집 제3호(2003.3), 643면 이하 참조.

4) 좀더 구분을 하자면, 실체법(이는 시민 상호간에, 국가와 시민간에 실체적 권리와 의무를 획정한다), 집행법(또는 실행법, Vollzugsrecht, 이는 이상의 권리와 의무의 전환과 실현에 대해서 규율한다), 통제법(심사법, Kontrollrecht, 이는 실체법과 집행법의 규정을 준수를 보장하여야 한다)으로 구분할 수 있다. 집행법은 소송법처럼 절차법이기 하지만, 동시에 실체법처럼 사법심사의 대상이기도 하다.

소송법은 그때그때 추구하는 소송목적인 주관적 권리보호, 객관적 법질서의 보전, 확정력있는 재판에 의한 법적 평화의 회복, 개별사건에서 법에 관한 구속적 확인에 의한 법적 안정성의 보장, 법적 통일성의 확보, 최고법원에 의한 법의 지속적 형성 등에 의하여 그 특징이 지워진다. 이들 여러 소송목적은 대립하여 서로 배타적이지 않고 相補的이다. 가령 개인적 권리보호는 객관적 법의 보전에도 이바지하고, 역으로 객관적 법통제가 주관적 권리의 보호에 유용할 수 있다. 그럼에도 불구하고 소송법의 모습과 형태를 가다듬는 데 있어선, 어떤 소송목적이 토대가 될지 그리고 어떤 소송목적에 따라 소송법의 골간을 정할지가 결정적으로 중요하다. 그 물음에 대한 답은 바로 法治國家原理에서 찾아야 한다. 다시 말해, 소송법이 자신의 기능에 적합하려면 법치국가원리적 요청을 충족하여야 한다. 법치국가원리는 법적 다툼에 관한 결정을 내리기 위한 재판(권)이 존재할 것만을 요구하는 것이 아니라, 그 재판이 법치국가원리적 관점에서 규율되는 것까지 요구한다. 법치국가에서 국가는 사인의 자력집행의 부인에 대한 보전수단으로써, 효과적인 권리보호체계를 마련하고 적합한 결정을 위한 합절차적 요건을 만들어야 한다.[6)]

이상의 점을 입법자는 소송법을 제정 · 개정함에 있어 인식하여야 하고, 법관 역시 그 규정을 해석 · 적용함에 있어 그래야 한다. 다시 말해, 행정소송법은 그것에 선행하고 (그것의) 기초가 되는 행정(실체)법과 내적으로 본질적으로 연계되어 있다. 우리는 행정소송법의 개정이 단지 행정소송제도의 개편을 넘어서, 이제까지 구축되어 온 '행정법(학)' 전반에 "big Bang"을 가져다 줄 수 있음을 분명히 인식하여야 한다.

Ⅲ. 行政裁判의 機能

행정재판의 기능에 관련해서 두 가지 상이한 근본입장이 성립하였다. 이는 지금까지도 영향을 미치고 있다.[7)] 소위 프로이센적 시스템이 객관적 법의 유지를 목표로 삼은 행정통제를 행정재판의 기능으로 보았는 데 대해서, 南獨逸의 주들은 개개 시민의 주관적 공권의 보호를 전면에 두었다.[8)] 물론 양 기능은 서로 절대적으로 맞서는 것은

5) D. Lorenz, VwProzR,, 2000, S.2; H. Maurer, Rechtsstaatliches Prozessrecht, Festschrift 50 Jahre Bundesverfassungsgericht Bd. Ⅱ., 2001, S.467.

6) Maurer, a.a.O., S.468. 追論: 법치국가원리에 관해선 행정법기본연구Ⅰ, 3면 이하 참조.

7) 이에 관해선 특히 김연태, 행정소송의 기능: 취소소송을 중심으로, 고려법학 제38호, 2002, 211면 이하 참조.

8) 과거 Rudolf v. Gneist(1816-1895)와 Otto Bähr(1817-1895)가 두 방향성을 대변 · 정립하였다. Otto Bähr가 자신의 글(Rechtsstaat, 1864)에서 국가를 사회의 조합체적 조직 가운데 최상의 것으로 보고, 이런 출발점에서 정식(보통)의 법원에 의한 개인적 권리영역의 보호를 주창한 반면에, Rudolf v. Gneist는 국가와 사회의 엄격한 분리를 바탕으로 하였다. 그로선 민사적 법원으로서의 정식의 법원이 행정을 통제하기 위하여, 공공복리를 실현하기 위하

아니다. 즉, 행정의 객관적 법률적합성에 관한 통제는 개인의 보호에도 이바지하고, 법원에 의한 개인적 권리보호는 동시에 일반적인 법통제의 기능을 수행한다. 하지만 상이한 근본입장은 행정재판소의 조직, 행정법관의 지위, 가령 재량영역에서 권한의 범위, 행정소송에 관해 상이한 결과를 초래할 수 있다. 해서 객관적 행정통제의 지도이념이 지배하는 프로이센적 시스템에선 행정법원이 행정에 접목되더라도 아무런 의문이 제기되지 않는다. 그리고 소제기하는 시민은 공익의 대변인이상으로 여겨졌으며, 그래서 제소권을 개인적 권리의 침해와 결부시킬 필요가 없었다. 반면 남독일적 구상에 의하면, 행정재판은 개인적 권리보호를 목적으로 하기에, 제소권은 나름의 주관적 권리의 침해를 제시하느냐에 엄격히 좌우되었다. 독일의 경우 1919년의 바이마르 헌법하에선 행정재판이 조직상으로나 기능상으로나 보건대 사법에 속하지 않고, 행정에 속한다고 보는 견해가 지배하였으며, 1933년 이후엔 객관적 적법성통제가 행정재판의 유일한 기능으로 강조되었다. 그러나 전제정권의 경험으로 1945년 이후엔 개인적 권리보호에 분명히 찬동을 보냈으며, 아울러 열기주의의 폐기를 통해 집행부의 모든 (주장된) 위법한 개입에 대한 흠결없는 사법적 권리보호(개괄조항)를 보장하였다. 독일 기본법 제19조 제4항 제1문이 “공권력에 의하여 자신의 권리가 침해된 자에게는 소송의 길이 열려 있다”고 규정함으로써, 행정재판의 주관적 권리구제 기능이 초석으로 자리매김하였다. 이런 헌법적 바탕에 부응하여 독일 행정법원법 제42조 제2항은 “법률에 달리 정함이 없는 한, 원고가 행정행위 또는 그 거부나 부작위에 의해 자신의 권리가 침해되었음을 주장하는 때에만 소가 허용된다”고 규정하고 있다.

우리의 경우 행정재판이 주관적 권리구제를 바탕으로 하는지 아니면 객관적인 적법성통제를 바탕으로 하는가? 이 물음에 대한 답은 현행의 행정소송제도에 관한 기본적 이해-주관소송인지 객관소송인지-의 출발점인 동시에, 그것의 개편과 관련한 논의에 있어서도 가늠자이자 한계로서 주효하고 있다. 그래서 박정훈 교수는 反證的 論理를 전개하여 실정법 · 판례 · 실무상으론 우리 행정소송의 구조가 독일 제도와 상당한 거리가 있고, 오히려 프랑스제도에 근사하다는 주장의 출발점으로써, 항고소송은 주관소송으로, 취소소송은 형성소송으로 파악해 온 통설을 정면으로 반박하면서, 항고소송이 객관소송적 성격을, 취소소송이 확인소송적 성격을 갖는다고 지적한다.[9] 그

여, 그리고 공법을 적용하기 위하여 부적합하다고 여겼다. 그리고 그에겐 사회영역의 전형적인 징표인 주관적 권리나 이익의 보호가 중요하지 않고, 공법의 규준상의 객관적 법통제가 관건이었다. 자신의 글(Der Rechtsstaat und die Verwaltungsgerichte in Deutschland, 1872)에서 전개된 Gneist의 생각은 아무튼 독립된 행정법원의 설치를 통해서 관철되었다. 독일의 현재의 행정재판의 모습은 이들 두 가지 입장을 함께 수용하되 기본적으로 전자의 입장에 주안점이 주어졌다고 하겠다-주관적 소송의 원칙-.

9) 동인, 앞의 글, 44면 이하. 특히 박정훈 교수는 다음과 같은 논거를 바탕으로 항고소송의 객관소송적 성격을 주장한다. 즉, i) 우리 헌법상 독일처럼 ‘권리침해’를 행정소송의 전제로 명시한 규정은 없으며, 오히려 헌법 제

리고 이 같은 주장을 일종의 착안점으로 하여, "새로운 처분 개념"의 도입에 따른 항고소송의 대상의 확대뿐만 아니라, 항고소송의 원고적격과 소이익의 확대, 의무이행소송의 도입 등에서도 그대로 貫流시킨다.

우리 헌법 제27조 제1항은 단지 "모든 국민은 헌법과 법률이 정한 법관에 의하여 법률에 의한 재판을 받을 권리를 가진다"고 규정하였기에, 독일 기본법 제19조 제4항에 비견될 수 없다고 볼 법하다. 그런데 헌법 제27조 제1항과 관련하여 재판을 청구하기 위해선, i) 구체적이고 현실적인 권리침해가 있거나 권리에 관한 분쟁이 있어야 하며(사건성 내지 쟁송성), ii) 자기의 권리나 이익이 현재 직접적으로 침해되거나 관련되어야 하며(당사자적격 또는 자기관련성), iii) 그 재판을 통하여 당사자의 권리가 보호되는 이익이 있어야 한다(권리보호의 이익).[10] 법원은 국가행위- 특히 입법행위와 법집행행위-와 사적 행위에 관한 판단 즉, 재판을 통해서만 행정영역 등과 사적 영역에 개입을 한다. 따라서 헌법상의 재판청구권은 일단 소송의 성격을 객관적인 것으로 앞세움을 차단한다.[11] 왜냐하면 재판의 시발은 그 재판이 필요한 상황 즉, 자신의 권리에 침해를 입거나 의무를 지거나 자신의 권리와 의무를 둘러싸고 다툼이 존재하여야 한다. 문제는 그 시발점이 법률상 보호받는 이익으로서의 권리가 되는지 아니면 그에 미치지 못하는 이익이 되는지에 있을 뿐이다. 또한 현행 행정소송법 제1조는 동법의 목적이 "행정소송절차를 통하여 행정청의 위법한 처분 그밖에 공권력의 행사 · 불행사 등으로 인한 국민의 권리 또는 이익의 침해를 구제하는 데 있음"을 분명히 함으로써, 주관적 권리구제의 바탕을 확인한 동시에 공고히 하였다.[12] 따라서 비록 우리의 경우 주관적 권리구제의 체계를 견지함을 바탕으로 전개된 독일에서의 실정법제도와 논의

107조 제2항에 의하여 항고소송의 핵심이 위헌 · 위법성을 판단하는 데 있음을 명시하고 있다. ii) 원고적격과 관련하여, 판례는 개개의 위법사유마다 그 근거규정의 사익보호성을 따지지 않고, 위법사유를 전제로 하지 않은 채 근거법률 전체의 내용에 비추어 계쟁처분과 관련한 (원고의) 사익보호성을 탐구하기에, 독일에서처럼 원고적격과 위법성과의 견련성이 요구되지 않는다. iii) 우리의 취소소송의 본안요건에 위법성만을 요건으로 하지 그밖에 권리침해를 요건으로 삼지 않으며, 취소소송의 소송물에 '위법성 일반' 이외 권리침해를 포함시키지 않는다. iv) 취소판결의 형성적 효과를 인정하면 행정소송법 제29조 제1항과 같은 규정이 불필요한데, 이를 명문화한 것은 프랑스에서처럼 위법성을 확인하는 기판력이 대세적 효력이라는 점을 명백히 하기 위함이다. 그밖에도 항고소송의 객관소송적 이해가 법원조직법 제2조 제1항상의 '법률상의 쟁송'에 저촉되지 않는다든지, 항고소송의 피고가 행정주체인 독일과는 달리 프랑스처럼 처분청이라든지, 우리 판례는 프랑스처럼 위법판단기준시를 처분시로 고수하고, 처분사유의 추가 · 변경을 엄격하게 제한한다든지, 우리의 사정판결제도는 행정입법까지 취소소송의 대상이 됨을 전제한 것이라든지 등을 지적한다. 이에 대한 반론은 지면관계상 생략하기로 하되, 정하중, 앞의 글, 28면 주35) 참조 바람.

10) 계희열. 헌법학(중), 2002, 581면.

11) 동지: 김연태, 앞의 글, 226면.

12) 그러나 박정훈 교수는 동조를 취소소송의 실질적 목적을 제시한 것에 불과하기에, 이 규정만으로 우리 취소소송의 구조를 독일의 그것과 동일하게 볼 수는 없을 것이라고 주장한다. 동인, 환경위해시설이 설치 · 가동 허가처분을 다투는 취소소송에서 인근주민의 원고적격 -독일법의 비판적 검토와 행정소송법 제12조의 해석을 중심으로-, 판례실무연구 Ⅳ, 비교법실무연구회 편, 2000, 494면 주 51).

가 그대로 투영되지 못하는 점이 사실이나, 기본적으로 행정소송에 관한 객관소송적 이해는 허용될 수 없다(후술 참조).[13]

그런데 통상적으로 사용되는 주관소송과 객관소송의 개념에는 유의할 점이 있다. 객관소송의 대표격인 프랑스의 월권소송의 경우에도 만인소송을 피하기 위하여 원고의 주관적 관련성을 요구하기에, 그것을 객관소송의 범주에 바로 넣는 것은 오해를 낳는다. 다찬가지로 과거 객관적 행정통제를 주된 목표로 삼은 프로이센적 시스템에서도 주관적 공권에 바탕을 두진 않았지만, 일반적인 행정통제인 만인소송을 피하기 위하여 주관적 관련성을 요구하였다. 그래서 「객관소송을 원고적격에 아무런 제한이 없는 만인소송으로 이해됨을 피하기 위하여, -어떤 방식으로 원고적격이 제한되든지간에- 소송의 본질적 목적이 행정의 적법성 통제에 있다는 의미」로 객관소송을 바라보아야 한다는 지적[14]은 의미롭다. 하지만 통상 '소송'이 전제하는 주관적 관련성이 탈색될 우려가 있기에 '객관소송'이란 용어 자체의 사용에는 세심함이 따라야 한다. 오히려 주관적 관련성이 권리를 근간으로 하여 주관적 권리보호를 지향점으로 삼는지 아니면 비권리적 요소를 근간으로 하여 객관적 행정통제를 지향점으로 삼는지가 관건이다.

한편 '논의안'에 의하면, 현행법보다는 행정의 적법성보장에 한층 큰 비중을 두는 입법이 이루어질 가능성이 크다고 하는데,[15] 이는 자칫 주관적 권리구제란 근본바탕을 멸실시킬 우려가 있음을 이 자리에서 지적하고자 한다. 또한 오늘날 독일의 경우 기본법 제19조 제4항이 지향하는 포괄적 권리보호의 요청으로 말미암아 소송으로부터 자유로운 영역은 거의 없다시피 하여 결과적으로 흡사 객관적 행정통제를 목표로 하는 프로이센의 모델에 근접하듯 비춰지긴 하나,[16] 이를 주관적 권리보호 체계의 수정이나 폐기로 볼 수 없음은 당연하다.

Ⅳ. 行政訴訟制度改編의 出發點의 問題點

1984년의 전면개정이후에도 현행의 행정소송법이 그 본연마저 제대로 가동되지 못하여 왔고, —헌법소원심판에 의한— 사법적 통제의 이원화가 초래된 지금의 상황과

13) 그러나 동조를 통한 항고소송의 주관소송 원칙은 동법 제3조상의 개념정의에 의거한 민중소송과 기관소송에는 당연히 통용되지 않는다.

14) 박정훈, 앞의 글, 54면.

15) 최송화, 한국의 행정소송법 개정과 향후방향, 『한·일행정소송법제의 개정과 향후방향』, 한국법제연구원·한국행정판례연구회 공동주최 국제학술발표회, 2003.4, 90면.

16) Vgl. Brohm, Die staatliche Verwaltung als eigenständige Gewalt und die Grenzen der Verwaltungsgerichtsbarkeit, DVBl. 1986, S.321(322).

관련해서, 그간 학설이 생산적이지 못한 점에 주된 원인이 있기에, 그 대처방안을 입법측면에서 찾아 현행 행정소송법을 근본적으로 바꾸어야 한다고 주장될 법하다. 이 점에서 박정훈 교수가 여러 논거를 들어서 적시한 사항 —(우리 학계가) 의무이행소송의 도입의 필요성만을 역설하였지 정작 거부처분 취소소송에 관한 실제적 연구가 부족하였다든지, 독일의 보호규범이론은 우리에게 기본적으로 통용될 수 없다든지, 독일과는 달리 우리의 경우 공정력이 실체적 의미를 지니지 않는다든지 등— 은 분명 설득력이 있으며, 그간 학계의 不察에 대한 따끔한 질책이 된다.[17] 그리하여 박정훈 교수는 특유의 "三輪論"을 전개하면서,[18] 1984년 행정소송법의 전면개정이후의 상황을 진단내렸다. 즉, 동법의 개정을 통해 한쪽 後輪이 강한 추진력을 갖게 되었음에도 불구하고, 前輪인 판례·실무가 극단적인 사법소극주의를 취하는 일본 판례를 추종함으로써 그 後輪의 힘이 제대로 실리지 않는 결과를 초래하였다고 진단하면서, 이에 대한 책임의 소재가 다른 한쪽 後輪인 학설에 있다고 지적하였다. 그 이유로 박정훈 교수는, 1980년대 이후 학설의 주된 경향이 대부분 독일법에 입각하여 해석론과 입법론을 펼쳤을 뿐, 우리 제도의 독자적 성격에 착안한 이론개발에 소홀하여 後輪 두 개의 추진력에 부조화가 발생함으로써, 後輪에 의한 시동과 가속이 제대로 이루어지지 않았음을 든다. 그리하여 이런 원인과 상황변화로 인해 추진력을 제대로 발휘하지 못했던 입법의 後輪을 대수선함으로써, 시동과 가속의 힘을 강화하여 前輪으로 하여금 한 차원 높은 곳으로 전진할 수 있게 하여야 한다고 주장한다.

그런데 여기선 선결물음으로서 다음의 사항이 세심하게 검토되어야 한다. 즉, —대개 독일에서 연유하여 지금까지 내려온— 기왕의 행정법도그마틱이 과연 현존의 법상황과 판례에 相符한지 여부, 만약 여기에 간극이 있다면 그 간극이 체계정합성을 부인할 정도로 심대한지 여부, 발생한 간극의 원인은 과연 무엇인지 등이다. 요컨대 첫 번째와 두 번째의 물음에 대한 확실한 답이 내려져야 비로소 행정소송제도의 지반을 바꿀 수 있다. 왜냐하면 일정한 방향성을 지향점으로 삼아 행정소송법을 발본적(근본적)으로 개정함으로써, 기왕에 구축되어 온 행정법도그마틱을 無力化시키고 다른 곳에서 나름의 後輪을 정립하는 것은, '패러다임'의 교체를 전제로 한 일종의 '과학혁명의 상황'에 해당하기 때문이다.

그런데 이상의 논의를 전개함에 있어선, 현재의 법상황 즉, 현행의 행정소송제도에

---

17) 이와 더불어 재고되어야 할 것이 바로 행정개입청구권의 문제이다. 대법원의 1999.12.7, 97누17568판결은 행정개입청구권의 지반을 완전히 허문 것과 다를 바 없다. 이에 관해선 졸고, 건축법상의 진압적 개입수단을 통한 인인보호에 관한 소고, 공법연구 제29집 제3호(2001.5), 347면 이하(追論: 행정법기본연구 Ⅰ, 69면 이하); Quo vadis-행정개입청구권(행정개입에 관한 인인의 보호청구권)?, 고시연구 2001.7, 42면 이하 참조.

18) 동인, 앞의 글, 41면 이하.

관한 평가가 먼저 내려져야 한다. 1984년의 행정소송법 제정이 비록 그 이전과 비교할 수 없는 매우 발전된 법상항을 가져다 준 점은 지당하나, 그것의 그늘진 구석 즉, 그것이 관련 문제에 관한 —지금시점에서 보건대 좀더 깊은 사려가 있어야 했는데 하는 아쉬움이 드는— 후속적 논의를 저지한 셈이 된 점 또한 부인할 수 없다. 또한 1984년 개정 당시에 1962년의 일본 행정사건소송법을 주로 참조하였음은 주지의 사실이다. 그리하여 당초부터 상당한 비판이 가해졌다. 대표적으로 김남진 교수님은 i) 비록 시안보다는 좁혀졌지만 처분의 개념정의가 여전히 미흡하다. ii) 처분에 대한 취소소송만이 —그것도 열기주의에 따라 제한적으로— 원칙시되었던 시대의 행정소송분류를 취하는 일본의 행정사건소송법상의 행정소송분류를 답습하는 것은 시대낙후적인 현상이다. iii) 원고적격과 관련하여, 일본의 행정사건소송법상의 그것을 답습한 듯 한 "법률상 이익"이라는 용어는 권리와 법률상 이익이 별개의 것이어서 공권과 반사적 이익의 구별이 무의미해질 것이라는 오해를 가져와 자칫 행정법체계를 혼란에 빠뜨릴 염려가 있다. 등을 지적하였다.[19] 이 같은 여러 문제점에 대응하기 위하여, —비록 법원으로부터 호응을 받지 못하였지만— 문헌에서 수범자이론, 가능성이론, 소송물에 관한 새로운 이해, 행정소송으로서의 당사자소송의 활성화 등이 지속적으로 주장되어 왔다. 따라서 현행법의 원초적 문제성을 간과하고 현재의 모습에만 지나치게 몰두하면, 자칫 현재까지 일구어온 행정법학의 발전을 무색하게 만들 우려가 있다. 따라서 이런 전후의 사정을 염두에 두고서, 1984년에 제정된 현행 행정소송법을 바라보아야 한다.

V. 行政訴訟의 種類의 問題點

1. 개편의 방안

지금의 행정소송의 체계는 항고소송과 당사자소송의 이원적 체계를 근간으로 하여 기관소송과 민중소송을 더하였다. 그리고 항고소송을 취소소송, 무효등확인소송 그리고 부작위위법확인소송으로 나누었다. 이 같은 기존의 체계가 행정소송법은 물론 행정법의 발전에 부응하지 못함은 물론 의무이행소송의 경우를 보듯이 심지어 결정적으로 저해함은 주지하는 바다. 그리하여 기존의 체계를 개혁하는 데 자연히 초점이 모아지는데, 관건은 어떤 방식으로 개편하느냐 하는 것이다. 현재 다음과 같이 두 가지의 방안이 모색되고 있다. 즉, 정하중 교수는, 지금의 행정소송의 체계 —항고소송과 당사자

19) 동인, 행정법 Ⅰ, 제4판, 1992, 660면 이하; 행정소송법개정법률상의 문제점, 고시계 1985.4, 86면 이하 참조.

소송의 이원적 소송체계— 를 버리고, 다양한 행정작용의 유형에 맞춰서 민사소송과 같이 형성의 소, 이행의 소, 확인의 소로 구성하는 것을 골간으로 하여 개정방향을 제시한다. 반면 박정훈 교수는, 현행법의 구조를 견지하되 당사자소송과 —"새로운 처분개념"을 통해서— 항고소송의 대상을 확대하고, 아울러 "정당한 이익"을 도입하여 대상의 확대방식에 따른 항고소송의 원고적격과 소이익의 확대를 제시한다. 외견상 보기에 박정훈 교수의 의견에 비하면, 정하중 교수의 의견이 행정소송법의 골간을 근본적으로 바꾸는 듯이 보이나, 전혀 그렇지 않다. 정하중 교수의 의견이 이제까지 견지해온 본질은 유지하면서 행정소송법을 "전면적으로" 바꾸는 것이라면, 박정훈 교수의 의견은 행정소송법은 물론 행정법의 토대를 "拔本的(근본적)으로" 바꾸는 것이다.

'논의안' 은 후자의 방식을 취하여 현행의 분류법-항고소송, 당사자소송, 민중소송, 기관소송-을 유지하면서, 구체적으로 부작위위법확인소송에 갈음한 의무이행소송 및 예방적 금지소송을 항고소송의 일종으로 신설하면서, 국가 등이 제기하는 항고소송의 존재도 인정한다. 아울러 당사자소송의 활성화를 도모하기 위하여 이를 "행정상 손실보상, 처분등의 위법으로 인한 행정상 손해배상 · 부당이득반환 등 공법상의 법률관계에 관한 소송으로서 그 법률관계의 한쪽 당사자를 피고로 하는 소송"이라고 정의를 내린다.

2. 효과적인 권리구제에 부응하는 행정소송의 종류의 정립

(1) 행정소송의 종류와 관련한 개괄조항의 도입 문제

행정소송의 종류와 관련해선 우선 종전의 스테레오타입적 분류로부터 한 걸음 떨어져서 법현상을 바라보아야 한다. 먼저 용어사용의 문제로서 "항고소송"이란 용어는 과거 행정재판을 行政的 司法((Administrativjustiz)으로 구성한 것의 殘痕으로 봄직하다. 왜냐하면 통상 소송절차에 관한 신청을 기각한 결정이나 명령에 대한 불복이 항고(Beschwerde)이기 때문이다. 행정심판이 행정재판의 한 내용이 되지 않고, 이미 행정심판에 대해 선택적 전치주의가 통용되는 점을 감안한다면, 행정소송을 완전한 사법절차로 자리매김하기 위해선 하루바삐 '항고소송' 이란 용어는 사용하지 않는 것이 바람직하다. 그리고 비록 적용대상의 확대를 기한다 하더라도 기존의 항고소송과 당사자소송의 이원화란 근간을 유지하고서는, 이것이 과연 오늘날의 공법적 다툼에 효과적 권리보호를 매개로 하여 법적 평화를 가져다 줄 만큼 충분한지 곰곰이 되새겨보아야 한다. 여기선 우선 이 같은 행정소송의 종류의 법정화가 일종의 소송종류의 "定員制"(numerus clausus)를 취한 것인지 검토하여야 한다. 이 물음은 행정소송법 제4조상의 세 가지 종류의 항고소송이외에 이른바 무명(법정외)항고소송이 허용될 수 있는가 이다. 비록 다수의 문헌들이 동조를 예시적인 것으로 보아 의무이행소송이나 부작위청구소송을 대표적 예로 들고 있지만,[20] 그 주장이 재판실무상으로 주효하지 못함은 주지의 사실이다.[21]

한편 헌법상의 재판청구권에 비추어 행정소송의 종류의 법정화를 일종의 소송종류의 "定員制"(numerus clausus)로 이해함이 문제가 없는가? 비록 우리 헌법이 독일 기본법 제19조 제4항과 같은 효과적인 권리보호의 보장을 규정하고 있지 않지만,[22] 법치국가원리를 구현하기 위해선 헌법상의 재판청구권의 기능을 포괄적인 사법적 권리보호의 보장에서 바라보아야 한다.[23] 왜냐하면 "적격인"(statthaft) 소가 항상 소의 허용성하에서 심사되기 때문이다. 따라서 행정소송법 제4조에 대해 열거적 성격을 부여하는 것은 이에 위배된다. 헌법상의 재판청구권이 소송의 길을 보장하는 것을 담고 있다고 보면, 법조항의 열거적 또는 예시적 성격에만 초점을 맞춰 논의하는 것은 바람직하지 않다. 오히려 소송의 길을 보장하는 含意를 제대로 구현하지 못하는 현재의 입법상황에 눈을 돌려야 한다. 취소소송의 대상에서 받아들여진 열기주의의 극복이 왜 소송의 종류에선 통용되지 않는가? 독일 행정법원법 제40조는 법률상으로 다른 재판권이 정해져 있지 않는 한에 있어서 비헌법적 종류의 모든 공법적 다툼에서 행정소송의 길이 주어진다는 점을 명백히 한다. 그것의 헌법적 배경은 기본법 제19조 제4항, 법률에 의한 법관의 원칙, 법치국가원리에 있다. 재판청구권이 표방하듯이, 공권력에 대한 흠결없는 개인적 권리보호의 원칙을 실현하기 위해선 행정소송의 종류상의 개괄조항이 반드시 마련이 되어야 하고, 그리하여 이 규정이 행정소송법의 중심규범(Schlüsselnorm)으로서 행정소송법의 발전을 견인하여야 한다. 하지만 이 같은 주장이 소송유형의 무의미를 초래하는 전면적인 개괄주의로 나감을 의미하진 않는다. 아울러 개괄조항을 도입한다 하더라도, 그릇되게 선택된 소송종류가 불허용의 이유로 각하되는 길이 봉쇄되진 않는다.

---

20) 한편 여기에서 의무이행소송과 관련해선 약간의 유의가 있어야 한다. 즉, 동조항의 성격이 예시적이든 열거적이든 상관없이, 이와 더불어 여기에 유추를 통한 보충을 가능케 하는 "예상치 못한 흠결"이 존재하는지가 밝혀져야 한다. 부작위청구소송과는 달리, 의무이행소송의 경우엔 -부분적인 성과는 있지만- 이것과 동일한 목적을 지향하는 거부처분취소소송과 부작위위법확인소송이 인정되고 있다. 따라서 의무이행소송을 인정하기란 더욱 어렵다. 정하중 교수는 동조를 열거적 성격으로 보아, 의무이행소송에 대해선 부정적 입장을 취하고, 부작위청구소송의 경우엔 이행소송을 포함하는 당사자소송의 형태로 인정하고자 한다. 동인, 행정법총론, 2002, 673면 이하.

21) 「행정청에 대하여 행정상의 처분의 이행을 구하는 청구는 특별한 규정이 없는 한 행정소송의 대상이 될 수 없고, …」(대법원 1990.10.23. 선고 90누5467판결), 「건축건물의 준공처분을 하여서는 아니 된다는 내용의 부작위를 구하는 청구는 행정소송에서 허용되지 아니하는 것이므로 부적법하다?(대법원 1987.3.24. 선고 86누182판결).

22) 그리하여 독일 기본법 제19조 4항은 "법치국가의 절정"(Krönung des Rechtsstaat) 또는 "법치국가란 궁륭의 宗石"(Schlußstein im Gewölbe des Rechtsstaates)이라 일컫는다.

23) 동지: 홍성방, 헌법학, 2003, 625면; 홍준형, 행정구제법, 2001, 450면.

(2) 행정소송의 종류의 구성

그러나 소송종류상의 개괄조항만으로 효과적인 권리보호의 길이 보장되지 않는다. 가령 부작위청구소송을 법정외항고소송의 일종으로 인정한다 하더라도, 그것을 어떻게 구체적으로 실현할 것인가가 현실적인 문제이다. 개괄조항의 존재나 법정외항고소송의 인정만으로 당사자에게 실제적인 권리보호가 제공되지 않는다. 이제까지 논의는 그 자체의 인정에 그치고 그것의 구체적인 형성에는 주의를 기울이지 않았다. 법정화되지 않은 소송의 형식으로 권리구제를 도모할 때 권리보호의 시사점이 될 수 있는 것은 바로 기존의 법정화된 소송의 종류이다. 이 물음에 대한 답은 기존의 소송종류가 과연 복잡한 행정현상에 얼마나 효과적으로 상응하는지, 법원이 기존의 소송종류로서 얼마나 효과적으로 대응해 나갈 수 있는지에서 구해야 한다. 기존의 항고소송과 당사자소송의 이원적 구조는 전자에서의 상하복종관계와 후자에서의 대등관계를 골간으로 구축되었기에, 국가와 국민과의 관계가 협력적 성격으로 바뀐 오늘날에는 여러 법문제에 대한 효과적인 대처가 미흡하다. 비록 '논의안'에 따라 당사자소송의 적용범위를 확대한다고 하여 항고소송의 사각지대가 충분히 해소되지 않을 가능성이 크다. 왜냐하면 그것의 적용영역으로 적시된 것이 기왕에 법원에게 문헌들이 줄기차게 요망한 바를 수용하는 데 그치기 때문이다. 오히려 이런 시도를 통해서 일반이행소송을 통한 적절한 문제해결의 단초가 원천적으로 봉쇄된다. 따라서 이젠 對症的인 처방이 아니라, 미래지향적이고 발전개방적인 제도를 마련하기 위하여, 행정소송법 역시 일반소송법의 논의를 적극 수용하여, 형성의 소,[24] 이행의 소, 확인의 소의 형식을 골간으로 하는 것이 바람직하다.

(3) "예방적 금지소송"의 도입의 문제점

'논의안'에 의하면 "예방적 금지소송"을 항고소송의 일종으로 새로이 신설하고자 한다. 즉, 「예방적 금지소송은 행정청이 장래에 일정한 처분을 할 것이 임박한 경우에 그 처분의 금지를 구할 정당한 이익이 있는 자로서 사후에 그 처분의 효력을 다투는 방법으로는 회복하기 어려운 손해를 입을 우려가 제기할 수 있다」고 규정하고 있다.[25] 문헌에서 도입을 강하게 요구하는 대표적 소송종류인 "예방적 금지(부작위)소송"이 법

24) 민사소송에서와는 달리 행정소송에선 형성의 소에 대해선 원칙적으로 "정원주의"가 지배하지 않는다.

25) 追論: 법무부개정안: 제48조 (원고적격) 예방적 금지소송은 행정청이 장래에 일정한 처분을 할 것이 임박한 경우에 그 처분의 금지를 구할 법률상 이익이 있는 자가 사후에 그 처분의 효력을 다투는 방법으로는 회복하기 어려운 손해가 발생할 것이 명백한 경우에 한하여 제기할 수 있다. 대법원개정의견: 제55조 (원고적격) 예방적 금지소송은 행정청이 장래에 일정한 처분을 할 것이 임박한 경우에 그 처분이나 명령 등의 금지를 구할 법적으로 정당한 이익이 있는 자가 사후에 그 처분이나 명령 등의 효력을 다투는 방법으로는 회복하기 어려운 손해를 입을 우려가 있는 때에 한하여 제기할 수 있다.

정화되는 점은 일단 긍정적이라 하겠지만, 몇 가지 선결물음이 충분히 해명되어야 한다. 비록 사법통제의 지향점이 사후적인 것이 원칙이라 하더라도, 사후적 권리보호만으로는 효과적인 권리보호의 목적이 달성되기 곤란한 극히 예외적인 상황에선 예방적 권리보호가 인정된다. 그런데 "예방적 금지(부작위)소송"은 기왕 발해진 행정결정에 관한 진압적 사법통제를 넘어서 그 행정결정의 제지를 목표로 삼기에, 집행부의 기능영역에 대한 광범한 사법적 개입을 초래한다.[26] 이 같은 권력분립적 문제제기가 권리보호의 보장과의 형량에서 관철되지 않는다고 봄이 일반적이나, 그것의 含意를 무시하여선 아니 된다. 이 점에서 그것의 성립요건이 현행 행정소송법 제23조의 집행정지의 요건에 흡사하여선 곤란하고, 정당한 이익의 존재만으로 그것을 현실화시킬 수 있게 한 것은 재고되어야 한다. 독일의 경우 집행정지의 원칙을 취하기에, 그것의 제한적인 예방적 효과가 효과적인 권리보호를 매개하는 한에 있어서, 그 잠정적 권리구제(가구제)가 −예방적 금지소송을 통한− 예방적인 완전권리보호의 필연성(요청)을 소멸시킨다 하겠다.[27] 또한 계속적 확인소송의 가능성 역시 예방적 권리보호에 대한 우선적 대안으로서 고려된다.[28] 이처럼 예방적 금지소송은 그것의 최후보충성으로 극히 이례적으로 인정됨을 염두에 두어야 한다.

우리의 경우 집행부정지가 원칙이고 예외적으로 집행정지가 허용된다. −굳이 독일의 경우에 그것이 판례법적으로 충분한 고려를 거친 다음에 공인된 사정은 차치하더라도− 그것을 법정화된 소송종류의 하나로 격상시키는 것은, 예방적 권리구제의 수단으로 기능하는 이들간의 상호관계나 제도도입에 따른 비용편익분석의 측면에서 보자면 의문스럽게 여겨진다. 먼저 사후적 권리보호에 대한 예방적 보완책으로서 집행정지의 원칙을 택하는 것이 권력분립적 마찰을 덜 야기하고, 국민의 권리보호의 보장을 위하여 꼭 필요하며, 예방적 금지소송의 최후보충성을 담보한다는 점을 고려하여야 한다. 이런 문제점은 '논의안'에서 가처분제도의 도입이 강구되고 있는 점에도 그대로 통용될 수 있다. 그리고 '논의안'에 의하면 예방적 금지소송의 대상행위를 행정행위에 국한하는데, 이는 그것의 존재이유를 반감시킨다. 독일의 경우 그것이 행정행위뿐만 아니라, 경고와 같은 정보제공작용[29]이나 오염물배출 등과 같은 행정사실행위는 물론 법규범에 대해서도 통용된다. 아울러 독일에선 그것이 통상적으로 일반이행소송을 통해 실현되고 있다. "발급된 또는 발급되어야 할 행정행위" 자체를 문제삼는 것과

---

26) 이런 문제점에 관해선 vgl. Schmidt Glaeser, VwProzR, 14.Aufl., 1999, Rn.313.

27) Vgl. Eyermann/Renner, VwGO Komm., 10.Aufl., 1998, Vorbem. §40 Rn.25.

28) Vgl. Schmidt Glaeser, a.a.O., Rn.313.

29) 이에 관해선 졸고, 공법의 작용형식으로서의 국가정보행위(역), Juris Forum 제2호, 2002.6, 175면 이하 참조. 追論: 행정법기본연구 Ⅰ, 469면 이하 참조.

"그 행정행위의 발급"을 문제삼는 것은 분명히 다르다. 이 점에서 '논의안' 이 예방적 금지소송을 취소소송 등과 더불어 항고소송에 귀속시키는 것은 의문스럽다.

3. 명령(법률하위적 법규범)에 대한 사법적 통제의 문제

(1) 논의의 현황

'논의안' 에 의하면 명령(법률하위적 법규범)[30]의 폐지를 구하는 소송과 관련해선 두 가지 안이 제시된다고 한다. 즉, 별도의 소송유형을 따로 만들지 않고 명령에 대한 취소소송이나 무효확인소송을 인정하고자 하는 견해와 별도의 명령등폐지소송을 명시하고자 하는 견해가 있다. 전자의 입장인 박정훈 교수는 먼저 현행의 처분개념정의 – "행정청이 행하는 구체적 사실에 관한 법집행으로서의 공권력의 행사 또는 그 거부와 그밖에 이에 준하는 행정작용"– 를 버리고 1984년 개정시에 논의되었던 "행정청이 행하는 공권력의 행사 및 그 거부"를 취하면, 현재 항고소송의 대상에서 배제된 사실행위와 행정입법까지도 항고소송으로 공격하는 것이 가능케 된다고 주장한다. 그리고 개별구체적인 법적 처분과 행정입법간에는 하자효과에서 본질적인 차이가 없기에, 규범통제절차와 같은 특수한 소송유형을 마련할 필요없이 취소소송으로 포괄할 수 있으며, 현행 헌법 제107조 제2항의 해석상 대법원이 행정입법에 대해서 —취소소송의 방식으로— 직접적으로 통제하는 것이 금지되지 않는다고 주장한다. 다시 말해, 박정훈 교수는 행정입법도 본질적으로 행정작용이고 오늘날 주된 행정수단으로 활용된다는 점, 프랑스 · 영국 · 미국에서는 대상적격의 단계에서 개별처분과 행정입법이 전혀 무차별적으로 다루어진다는 점, 개별처분과 행정입법은 구별이 어렵고 상호 대체가능성이 있으며 행정이 임의적으로 양자의 형식을 선택할 수 있기에 '행정입법으로의 도피' 가 가능해진다는 점 등에서, 행정입법을 처분에서 제외하여 이에 대한 별개의 소송유형을 마련하는 것은 타당하지 않음을 강조한다.[31]

한편 정하중 교수는 헌법 제107조 제2항은 단지 부수적 규범통제에 있어서 최종적 관할권이 대법원에 있음을 명시하고 있을 뿐, 본안적(본래적) 규범통제의 도입을 금지

30) 追論 : 종전에 필자는 통칭하는 '명령' 이란 법률하위적 법규범만을 의미하고, 재판규범성이 없는 행정규칙은 해당하지 않아야 한다고 보아. 의회입법에 대응한 행정입법에는 법규명령만이 해당한다고 강조하였고(동지: 홍준형, 행정법총론, 2001, 351면). 차제에 '행정입법' 이란 명칭을 새로이 가다듬는 것이 요망된다고 지적하였다. 이런 입장에선 행정입법을 당연히 의회입법에 대한 예외로 보며, 법령보충적 규칙의 문제에 대해서도 매우 엄격한 입장을 취한다. 그러나 행정입법에서의 '입법' 을 '법률정립' (Gesetzgebung)이 아닌 '법정립' (Rechtssetzung)에서 바라보면, 전혀 다른 논의를 진행시킬 수가 있다(참조: 헌법재판소 전원재판부 2004.10.28., 99헌바91). 필자는 이런 기본인식의 변화를 바탕으로 행정규칙에 대해 전향적 입장을 취한다. 상세는 행정법기본연구 I , 410면 주4) 참조.

31) 특히 동인, 앞의 글, 76면 이하.

하는 것은 아니라고 지적한다. 그리고 현재 헌법재판소가 법규명령 등에 대한 헌법소원을 인정함으로써 주관적 규범통제를 수행하고 있음[32]을 이유로, 법원에 의한 본안적 규범통제를 통해 주관적 규범통제를 추가적으로 도입하는 것에 대해 기본적으로 소극적 입장을 취하고 있다.[33]

(2) 규범통제의 종류

법규범(행정입법) 역시 처분개념에 포섭될 것같으면, 법규범에 대한 법원의 본래적 통제는 새삼 문제삼을 필요가 없다. "새로운 처분 개념"의 도입의 문제점과 관련해선 뒤에서 살펴보되, 여기선 법규범에 속하는 명령과 규칙을 처분과 병렬적으로 규정하고 있는 헌법 제107조 제2항을 상기하여야 한다는 점만을 지적하고자 한다. 따라서 법규범에 대한 –법원이든 헌법재판소이든– 본안적(본래적, 본원적, 직접적) 통제의 문제는 규범통제(Normkontrolle)의 차원에서 전개되어야 한다. 일반적으로 규범에 대한 통제의 방식을 추상적 규범통제와 구체적 규범통제로 나눈다. 통상 위헌법률심사와 관련해서 보자면, 구체적 규범통제란 구체적 소송사건을 심리 · 판단함에 있어 법률의 위헌 여부가 문제되는 경우에, 선결문제로서 적용법률의 헌법적합성을 심사하고 위헌이라고 판단될 경우 그 법률을 적용하지 아니하는 제도를 말하고, 반면 추상적 규범통제란 구체적 소송사건과는 관계없이 법률 그 자체의 위헌 여부를 추상적으로 심사하고, 위헌으로 판단되면 법률의 효력을 상실하게 하는 제도를 말한다. 그리하여 우리 헌법재판소의 위헌법률심판과 대법원의 명령 · 규칙심사권을 구체적 규범통제의 예로 들고, 독일 기본법 제93조 제1항 제2호에 따라 연방정부 등이 제기한 연방법 등의 기본법적합성 여부에 관한 헌법재판소의 결정과 독일 행정법원법 제47조에 따른 건설법전의 규정에 의하여 제정된 조례 등에 관한 고등행정법원의 재판을 추상적 규범통제의 예로 들고 있다. 그런데 우리 헌법재판소는 국민이 법률 또는 법률조항에 의하여 직접 자신의 기본권을 현재 침해받고 있는 경우에는 바로 헌법소원심판을 통해 권리구제를 도모할 수 있다고 보고 있다.[34] 나아가 법원에게 심사권이 있는 명령 · 규칙의 경우에도 이 같은 입장을 견지하고 있다.[35] 이 같은 법률 · 법규범에 대한 헌법소원심판을 통한 통제를 추상적 규범통제처럼 기능하는 예로 볼 수 있다.[36]

---

32) 법규범의 통제가 헌법소원심판을 통해서 실현되는 것의 문제점은 후술하겠다.

33) 동인, 앞의 글, 32면 이하.

34) 헌재 1999.5.27, 98헌마372결정 등.

35) 헌재 1995.2.23, 90헌마214결정 등.

36) 본래 규범통제와 헌법소원은 구별되어야 한다. 일반적으로 전자가 법질서의 통일성 유지를 위한 것이라면, 후자는 개인의 주관적 권리구제를 위한 것으로 이해된다. 따라서 비록 헌법소원 역시 보충적으로 규범통제적 기능을 수행하긴 하나, 양자를 바로 同値시키는 것은 타당하지 않다. 이 점에서 헌법재판소법 제68조 제2항상의 헌법소

그런데 일반적으로 통용되는 구체적, 추상적 규범통제의 나눔은 규범통제의 실질을 제대로 반영하지 못하는 구석이 있다.[37] 규범통제에서 핵심은 심사 · 심판이후의 대상규범의 효력 문제이다. 이에 바르게 접근하기 위해선, 선결물음의 소재 여부보다는 심사 · 심판권과 관련하여 대상규범에 대한 직접적 판단을 내릴 수 있는가가 관건이다. 현행의 위헌법률심판제를 보자면 재판의 전제성과 법원의 제청이 있어야 하기에 분명 구체적인 통제이나, 그에 관한 심판을 헌법재판소가 전속적으로 행한다는 점이 결정적이다. 즉, 심판주체의 측면에서 본안인 대상규범의 심판이 중요하지, 그것에 이르는 과정이 선결물음을 거쳐야 하는지 여부가 중요하진 않다. 따라서 규범의 심판 · 심사주체의 지위를 분명히 할 수 있는 본안적 규범통제(eine prinzipale Normkontrolle)와 부수적 규범통제(eine inzidente Normkontrolle)로 나눔이 바람직하다.[38] 전자가 규범심사가 독립화되고 절차의 고유한 대상이 될 경우라면, 후자는 법논리적으로 법원이 그의 심사권을 동원하여 규범을 구체적으로 적용하기 위한 전제요건에 해당한다. 따라서 전자에서 재판을 위하여 일반구속력 즉, 대세적 효력(inter-omnes)이 본질적인 반면에, 후자에선 심사주체가 규범의 유효 · 무효를 객관적으로 정하는 것은 기판력의 객관적 한계를 넘어서기에 허용되지 않고 단지 해당규범의 당해사건에 대한 (법관의)적용배제(권) –사실적 효과–만이 문제된다. 한편 규범의 구체적 적용을 위한 요건이 아닌 채 오로지 규범의 효력을 밝히는 데 있어서의 객관적 이익에만 이바지하는 경우가 추상적 규범통제에 해당하고(예: 독일 기본법 제93조 제1항 제2호에 의한 절차), 반면 구체적 규범통제는 일정한 결정이 내려져야될 경우를 계기로 즉, 선결문제의 방식으로 시행된 심사이다. 요컨대 본안적 규범통제에는 선결물음의 소재여부에 따라 구체적 규범통제의 모습을 띤 것과 추상적 규범통제의 모습을 띤 것으로 나눌 수 있지만, 부수적 규범통제는 시종 구체적 규범통제의 모습만을 띨 것이다. 따라서 현재 시행되는 규범통제 가운데 헌법재판소의 위헌법률심판은 본안적 · 구체적 규범통제이고, 일정한 법령에 대한 헌법소원심판은 본안적 · 추상적 규범통제적 기능을 하며, 법원의 명령 · 규칙심사는 부수적 · 구체적 규범통제이다.

(3) 명령(법규범)에 대한 본안적 통제의 도입의 문제

(가) 법규범에 대한 사법적 통제의 이원화 양상

원을 규범통제적 관점에서만 조명하는 것은 바람직하지 않다.

37) Vgl. Lorenz, VwProzR, 2000, S.422f.

38) 양자의 구분에 관해선 vgl. M, Gerhardt, in: Schoch/Schmidt-Aßmann/Pietzner, VwGO, Komm. Bd. I , 1999, §47 Rn.7; H.-J. Papier, Normkontrolle(§47 VwGO), in: FS C.-F. Menger, 1985, S.517(518f.). 다만 Gerhardt는 본안적 규범통제 개념을 추상적 규범통제 개념과 동의어로 사용하기도 한다.

국가기관의 공권력에 대한 통제의 체계는 1988년 헌법재판소가 발족한 이후에 양립화되어 지금에 이르고 있다. 즉, 법원은 항고소송 특히 취소소송이 행정소송의 전부인 양 처분성의 유무에 주된 초점을 맞추고 있다. 그러나 1980년대부터 고양된 국민의 권리의식과 신생 국가기관의 의욕이 어우러져, 종래 행정재판의 소외영역인 사실행위와 행정입법에 대해 헌법소원심판을 통한 통제가 조명되기 시작하였다. 그 시발이 1990년 우리 공법학계 전체를 달군 법무사법시행규칙에 대한 헌법소원심판의 인정이고,[39] 그리하여 급기야는 헌법소원심판이 이들에 대한 통상적인 권리구제수단인 양 정착되어 사실상 법규범에 대한 통제가 헌법재판소로 일원화되기에 이르렀다.[40] 이 점은「명령·규칙 그 자체에 의하여 직접 기본권이 침해된 때에는 헌법 제111조 제1항 제5호, 헌법재판소법 제68조 제1항에 근거하여 헌법소원심판청구를 할 수 있는 것이고, … 당해 명령 등에 근거한 구체적인 집행행위를 통하여 비로소 기본권 침해의 결과가 발생하는 경우에는 헌법소원이 허용되지 않는다. … 다만, 법령에 따른 집행행위가 존재하는 경우에도 그 집행행위를 대상으로 하는 구제절차가 없거나 구제절차가 있다고 하더라도 권리구제의 기대가능성이 없고 단지 기본권 침해를 당한 청구인에게 불필요한 우회절차를 강요하는 것밖에 되지 않는 경우에는 예외적으로 헌법소원이 허용되어야 할 것이다」고 판시한 '헌재 2001.4.26 2000헌마372결정'에서 잘 나타났다. 즉, 법원에 의한 "효과적인" 권리보호를 유보시키는 식으로 하여 사실상 헌법소원의 보충성의 요건을 배제하였다.

그런데 '보충성원칙의 비적용'을 둘러싼 법원과 헌법재판소간의 은연한 관할다툼의 소산이 바로 "措置的(이른바 處分的) 條例"—가칭 두밀분교폐지조례— 의 존재이다.[41] 여기서 법원은「조례가 집행행위의 개입 없이도 그 자체로서 직접 국민의 구체적인 권리의무나 법적 이익에 영향을 미치는 등의 법률상 효과를 발생하는 경우 그 조

39) 헌재 1990.10.15, 89헌바178결정.

40) 박정훈 교수가 새로운 처분 개념의 도입을 통해 항고소송의 대상을 확대하는 것과 결부된 실체법적으로 가장 심각한 문제가 헌법재판소의 헌법소원심판과의 관계라고 지적한 데서(앞의 글, 74면), 이 점은 여실하다.

41) 입법자가 명시적으로 취한 규범형식(법적 성질)을 실질을 갖고서 變換시킨 당해 판례(대법원 1996.9.20. 선고 95누7994·95누8003판결)의 문제점에 관해선, 졸고, 조치적 명령 내지 개별사건규율적 명령에 대한 권리보호에 관한 소고, 법조 2002.11, 90면 이하(追論: 행정법기본연구 Ⅰ, 2008, 434면 이하) 참조. 한편 대부분의 문헌이 독일 문헌상의 'Maßnahmegesetze'를 이제까지 의례적으로 처분(적) 법률로 옮겼고, 그 연장에서 독일의 'Maßnahmesatzungen'에 해당하는 여기서의 대상이 된 조례를 '처분적 조례'라고 부른다. 법학에서 개념과 용어가 지닌 무시할 수 없는 定義力를 고려 할 때, 이들에 관한 현재의 명칭은 적절하지 않다. 독일 행정절차법 제35조상의 '행정행위'의 정의에서 나타나듯이, 처분, 조치 그리고 결정은 상위개념인 '행정행위'의 하위개념이어서, 처분이든 조치이든 별반 다르지 않다고도 볼 수 있겠지만, 우리의 경우 강학상의 행정행위를 실무상으론 행정처분으로 통칭하여 부르기에 처분이란 개념은 조치에 비해 곧바로 행정행위성을 연상케 한다. 그리하여 심지어 조치적 법률을 행정처분으로서 취소소송의 대상이 되는 양 보기도 한다. 日人學者(山田 晟)의 "ドイツ法律用語辭典"(1984)에서도 'Maßnahmegesetz'을 措置法으로 바르게 옮겨 놓고 있다(p.251). 하루바삐 '처분적 조례·명령' 대신 '조치적 조례·명령'이란 개념이 사용되어야 한다.

례는 항고소송의 대상이 되는 행정처분에 해당한다」고 판시하였다.[42] 이로써 문제의 시발점인 '헌재 1990.10.15, 89헌마178결정'에서 헌법재판소가 제시한 「… 법령자체에 의한 직접적인 기본권침해여부가 문제되었을 경우 그 법령의 효력을 직접 다투는 것을 소송물로 하여 일반 법원에 구제를 구할 수 있는 절차는 존재하지 아니하므로(일반법원에 명령 · 규칙을 직접 대상으로 하여 행정소송을 제기한 경우에 이것이 허용되어 구제된 예를 발견할 수 없다) 이 경우에는 다른 구제절차를 거칠 것 없이 바로 헌법소원심판을 청구할 수 있는 것이다…」는 논거와 주장이 그 근거를 상실하게 되었다. 요컨대 법원이 헌법재판소에게 날린 크로스카운터 펀치인 셈이어서, 이젠 헌법소원에 의한 법규범통제가 원천봉쇄되었다 하여도 과언이 아니다. 하지만 그럼에도 불구하고, 취소소송을 통한 규범통제를 가능케 한 이 판례의 의미가 아직 헌법재판소에선 적극적으로 수용되고 있지 않는 것 같은데, 다만 성낙인 교수는 '조례'에 대해선 헌법소원이 부적법하게 될 것이라고 지적한다.[43] 반면 박균성 교수는 이런 대법원의 판례는 예외적이므로 이로 말미암아 조례에 대한 헌법소원을 배제할 이유가 될 수 없다고 지적한다.[44]

(나) 법규범에 대한 사법적 통제의 정립의 필요

과거 법무사법시행규칙과 관련한 '헌재 1990.10.15, 89헌마178결정'을 둘러싼 치열한 논쟁 즉, 헌법과 행정법의 만남이 두밀분교폐지조례사건에서 재현될 법한데, 지금까지 행정법문헌에서 '처분성이 인정된 법규명령의 예' 정도로 다룰 뿐, 헌법문헌을 포함해서 그다지 논의가 거의 없다. 생각건대 법규범에 대한 사법적 –법원에 의해서든 헌법재판소에 의해서든– 통제에 관한 진일보한 논의가 전개될 계기임에도, 이 점은 간과된 채 법규범에 대한 법원에 의한 본안적 통제에 관심이 모아지는 것은 자칫 그것 자체의 문제점을 그대로 溫存시킬 우려가 있다. 즉, 헌법소원심판이 사실행위나 행정입법에 대한 통제수단으로 활용됨에 따른 二元的 構造의 출현에 못지 않게, 바로 공법질서의 난맥을 가져다 줄 수도 있다는 점이다. 행정규칙이 —매개규범에 의하든 의하지 않든— 대외적 구속력을 가지는 경우에는 헌법소원의 대상이 될 수 있다고 판시한 예(헌재 2001.5.31, 99헌마413결정)가 대표적이다. 이 점에서 시발점에 再歸하여 관련 문제점을 세심히 논구하여야 한다. 법규범이 직접적 법효과를 발생할 경우 이것이 당연히 헌법소원의 대상으로 된다고 보는 것이나 그처럼 판시하는 것은, –헌법소원심판의 보충성 요건에 관한 묵시적인 전제를 하고 있다손 치더라도– 헌법소원심판의 최

42) 대법원 1996.9.20. 선고 95누8003판결(원심: 서울고법 1995.5.16, 94구26631판결). 동지: 대법원 1996.9.20. 선고 95누7994판결(원심: 서울고법 1995.5.16, 94구11554판결).

43) 동인, 헌법학, 2003, 1006면.

44) 동인, 행정법론(상), 2003, 902면.

후보충적 성격을 간과하도록 오도할 우려가 있다. 이 점은 법규범에 대한 헌법소원심판사건에서 보충성의 요건의 충족에 그다지 주의하지 않고, 스트레오타입적으로 판시하고 있는 데서도 확인할 수 있다. 물론 법원이 직접적으로 법효과를 발생시키는 위법한 법규범에 대해서 효과적인 권리구제를 위해 필요한 대처를 하지 않은 점은 비판되어야 하지만, 헌법 제107조 제2항에 따라 법규범에 대한 법원의 심사권의 원칙을 상기하여야 한다. 그러나 두밀분교폐지조례사건을 통해 보충성의 문제를 원천적으로 해소시킨 그 자체 또한 얻음에 못지않은 상실이 있음을 유의하여야 한다(후술).

우리와 비슷한 법제를 가진 독일에서도 그들 행정법원법 제47조의 본안적 · 추상적 규범통제가 허용되는 법규범은 미완성인 "Torso"처럼[45] 건설법전의 규정에 의하여 제정된 조례등 일부에 한정된다.[46] 따라서 이에 포섭되지 않는 연방과 주의 법규범 가운데 직접적으로 법효과를 발생시켜 부수적 규범통제를 통원할 수 없는 것들이 문제된다. 이런 법규범에 대해서 과거에는 헌법재판소에 의한 헌법소원(일종의 법규헌법소원, Rechtssatzverfassungsbeschwerde)의 준용이 운위되었고,[47] 비록 연방행정법원이 법령하위적 규범에 관한 다툼은 행정법원법 제40조상의 헌법적 분쟁에 해당하지 않는다고 하였음에도 불구하고,[48] 몇몇 고등행정법원은 법규명령에 대해선 오로지 헌법소원만이 주어진다는 입장을 취하였다.[49] 그러나 근자에 독일 연방헌법재판소는 이 같은 입장을 배격하고, 헌법소원의 보충성의 원칙은 심판청구인과 직접적으로 관련이 있는 규범의 경우에도 유의하여야 함을 강조하였다.[50] 동 결정은, 헌법소원은 항상 행정법원에의 소가 모든 관점에서도 불가능하여 기대가능성이 없는 경우에만 고려된다는 점, 행정법원에의 소가 가망이 없음은 명백하지 않다는 점, 결정을 위하여 법규범의 -합헌성을 포함한-효력(통용)에 좌우된다 하더라도 행정소송의 길이 폐쇄되지 않는다는 점, -연방행정법원의 입장[51]이기도 하지만- 경우에 따라선 행정법원이 해당 규범의 위헌성을 자신의 재판의 이유에서 스스로 확인할 수도 있다는 점을 판시하였다. 결과적으로 행정법원이 집행부쪽에서의 "규범상의 불법"에 대한 권리보호를 제공할 수 없는 가능한 경우란 완전히 없다고 지적된다.[52] 결국 이제는 법규범에 대해선 행정법

---

45) L. Renck, Gesetzgebungsbefugnis und verwaltungsgerichtliche Normkontrolle, DÖV 1996, S.409(412).

46) 독일법제상의 행정입법에 대한 사법심사에 관한 상세는 박정훈, "행정입법에 대한 사법심사", 서울대학교 BK21 법학연구단 법제도비교연구센터 2003년 제1회 학술회의 발표문 71면 이하 참조. 追論: 본서 105면 이하 참조.

47) Vgl. BVerfGE 4, 178(188f.).

48) BVerwGE 80, 355(361).

49) 특히 BayVGH, NVwZ-RP 1995, 114(115f.).

50) BVerfG NVwZ 1998, 169f. 동지: BVerfG NJW 1999, 2031.

51) BVerwGE 80, 355(358f.).

52) J.-C. Pielow, Neuere Entwicklungen beim prinzipalen Rechtsschutz gegen untergesetzliche Normen, DV 32(1999), S.445(467).

원에 의한 통제가 원칙으로 받아들여지게 되어, 그에 따른 문제 즉, 집행행위가 없거나 아직 행해지지 않은 경우에 어떠한 소의 형식으로 법규범에 대한 권리보호를 도모하여야 하는가에 초점이 모아진다. 과거 일반적으로 일반이행소송이나 확인소송의 형식으로 도모할 수 있다고 보았지만, 최근에 독일 연방행정법원은 여기서 이행소송은 배제되고 확인소송이 적법하다고 여긴다.[53] 무효인 규범 즉, 그리하여 폐지가능한 것이 아니라 법적으로 존재하지 않는 셈인 규범의 폐지를 목표로 한 신청은 공허하다는 점과 행정법원법 제47조의 규범통제소송은 형성소송으로 형성되어 있다는 점을 이유로 제시한다.

일찍이 W.-R. Schenke가 본안적 규범통제란 실질적인 헌법재판이라고 주장하였지만,[54] 이젠 이 같은 주장은 관철될 수가 없다. 하지만 이런 경향에 대해선, 연방헌법재판소가 법원에게 부담을 지운 셈이나 이를 통해 동 재판소가 실감할 만큼 업무가 경감하지 않다는 점, 본래 규범통제는 객관적인 법통제를 지향하는데 확인소송를 통한 해결책은 원고적격 등과 관련하여 이에 적합하지 않다는 점 등이 비판되었다.[55] 그리하여 이 같은 일종의 대체적 방식의 본안적 규범통제절차에 따른 의문점 -가령 전통적인 소송의 종류에서 행정의 개별행위를 지향하는 점, 권리보호가 비대세적(inter-partes)인 점, 일반구속적인 규범통제재판이 이질적인 점 등- 을 해소하기 위하여 입법정책적으로(de lege ferenda) 행정법원법 제47조의 적용영역을 연방과 주의 모든 자기집행적 규범(self-executing-Normen)에로 확대할 것이 주장된다.[56]

(다) 법규범에 대한 법원에 의한 一元的 통제

먼저 헌법재판소가 헌법소원의 방식으로 규범통제를 수행하는 것이 현재의 공법질서속에서 평가되어야 한다. 과연 그것이 규범통제의 본질에 부합하는가는 위헌법률심판의 경우와 비교하여 논의되어야 하는데, 여기서 위헌결정의 효력과 관련하여 "위헌으로 결정된 법률 또는 법률조항은 그 효력을 상실한다"는 헌법재판소법 제74조 제2항이 착안점을 제공한다. 반면 헌법소원심판의 경우에는 인용결정과 관련해서 헌법재판소는 기본권침해의 원인이 된 공권력의 행사를 취소하거나 그 불행사가 위헌임을 확인할 수 있을 뿐이다(동법 제75조 제3조). 이처럼 헌법소원심판에서의 결정은 당사자

---

53) BVerwG DÖV 2000, 1005.

54) ders., Rechtsschutz gegen Normen, JuS 1981, S.81(86); Rechtsschutz gegen das Unterlassen von Rechtsnormen, VerwArch. 82(1991), S.307(336ff.); Kopp/Schenke, VwGO Komm., 11.Aufl., 1998, §40 Rn.32a, §43 Rn.8, §47 Rn.10.

55) 대표적으로 Rupp, Fluglärm: Rechtsschutz gegen die Festlegung von An- und Abflugwegen von und zu Flughäfen durch das Luftfahrt-Bundesamt, NVwZ 2002, S.286(289f.).

56) Vgl. Pielow, a.a.O., S.445(473); Maurer, Allg. VerwR, 14.Aufl., 2002, §13 Rn.19.

간(inter-partes)에만 효력을 발생시키기에, 본안적 규범통제에서 그 재판은 일반적 구속력 즉, 대세적 효력(inter-omnes)을 가져야 한다는 점에 부합하지 않다. 또한 헌법 제107조와 헌법재판소법의 관련조항에 비추어 현행법상으론 헌법재판소가 자신의 적용배척독점권(Verwerfungsmonopol)을 오로지 형식적 의미의 법률에 관해서만 행사할 수 있고, -법집행행위는 물론, 실질적 의미에서 입법에 속하는 법규범제정행위까지 포함하여- 집행부에 관한 통제는 우선 법원의 사물관할에 속한다. 따라서 법규범에 대한 사법적 통제는 법원에 의하여 수행되는 것이 원칙이다. 그리하여 법원이 법규범에 대한 개인의 정당한 권리보호요구를 실수든 의도적이든 받아들이지 않고, 이런 이유로 행정소송에 호소하는 것이 기대될 수 없는 경우에만, 법규헌법소원이 인정될 여지가 있다.[57] 요컨대 헌법소원의 보충성의 원칙을 고려에 넣어서 -비록 예외적 상황을 유보하기 해도- 법원에 의한 일원적 통제를 지향하여야 한다. 그런데 재판에 대한 헌법소원심판까지 허용하는 독일의 경우엔 헌법재판소가 우리와는 달리 도리어 행정법원에게 규범통제를 적극적으로 맡기는 태도를 취한다. 물론 과중한 업무부담으로 인한 소치이기도 하겠지만, 여기에는 행정법원에 의한 효과적인 권리구제의 가능성에 관한 신뢰가 전제되어 있지 않을까 추단하여 본다. 즉, 규범통제의 일원화의 전제는, 보충성의 의미가 최대한 발휘되도록 법원이 효과적인 권리보호를 제공한다는 것이다.

법원에 의한 일원적 통제를 기본전제로 할 때 제기되는 물음이 현행 공법질서 속에서 과연 이에 대한 본안적 통제가 허용되는가 이다. 여기선 헌법 제107조 제2항의 "재판의 전제"의 의미가 결정적이다. 정하중 교수는 헌법 제107조 제2항은 단지 부수적 규범통제에 있어서 최종적 관할권이 대법원에 있음을 명시하고 있을 뿐 본안적 규범통제의 도입을 금지하는 것은 아니라고 본다.[58] 한편 박정훈 교수는 "재판의 전제"를 선결문제로 한정할 경우 행정입법의 직접적인 통제가 헌법상 대법원의 권한에서 제외될 수 있다는 견해가 있을 수 있지만, 그렇지 않다고 주장한다. 즉, "재판의 전제"를 선결문제로 한정한다 하더라도, 이 헌법조항은 구체적 규범통제에 관한 대법원의 최종적 심사권한을 규정한 것일 뿐, 대법원의 행정입법에 대한 직접적 통제를 금지하거나 이를 헌법재판소의 권한으로 인정한 것은 아니며, 궁극적으로 행정입법에 대한 직접적 통제는 입법자의 입법재량에 속한다고 강조한다. 나아가 박정훈 교수는 "재판의 전제"를 구체적 사건성을 의미하는 것으로 해석하면, 동조항은 행정입법에 대한 항고소송까지 포함하는 것으로 볼 수 있을 것이라고 한다.[59]

---

57) Gerhardt, a.a.O., §47 Rn.10.
58) 동인, 앞의 글, 32면.

헌법 제107조 제2항이 법규범과 다른 처분을 병렬적으로 서술함으로써, 원행정처분에 대한 헌법소원의 허용여부와 관련지어 동조항이 항고소송의 근거인지 여부가 다투어지나, 이 부분은 행정작용형식의 체계에 맞지 않는다는 점을 먼저 고려에 넣어야 한다. 이 점은「대법원은 법률의 정하는 바에 의하여 명령, 규칙과 처분이 헌법과 법률에 위반되는 여부를 최종적으로 심사할 권한이 있다. 법률이 헌법에 위반되는 여부가 재판의 전제가 되는 때에는 법원은 헌법위원회에 제청하여 그 결정에 의하여 재판한다」(건국헌법 제81조)와 「① 법률이 헌법에 위반되는 여부가 재판의 전제가 된 때에는 대법원은 이를 최종적으로 심사할 권한을 가진다. ② 명령 · 규칙 · 처분이 헌법이나 법률에 위반되는 여부가 재판의 전제가 된 때에는 대법원은 이를 최종적으로 심사할 권한을 가진다」(제3공화국헌법 제102조)를 비교하면 분명해진다. 다만 동항이 법규범과 처분을 병렬적으로 서술한 것이 이들의 독자성을 분명히 하여 混入되는 것을 저지하는 적극적인 의미가 있는데,[60] 이는 "새로운 처분 개념"의 도입과 관련해서도 중요하다.

한편 헌법 제107조 제2항의 "재판의 전제"는 동조 제1항처럼 구체적 규범통제의 모습을 예정하고 있다. 그런데 헌법제정자가 동항에서 부수적 규범통제를 상정한 것인지는 세심히 논구되어야 한다. 부수적 규범통제는 항상 구체적 심사의 모습을 띄지만, 구체적 규범통제가 언제나 부수적인 것은 아니다. 통상 재판의 전제는 선결물음에 관한 것이어서 당연히 부수적 통제의 모습을 띤다. 이 부수적 규범통제는 협의의 규범통제개념엔 포함시킬 수 없을 정도로 법관의 법적용상의 당연한 심사권에 속한다.[61] 따라서 이를 규정한 바가 선언적 의미인지 아니면 창설적 의미인지가 관건이다. 여기선 이상에서 본 동항의 연혁과 함께 동항상의 "심사"의 의미를 살펴보아야 한다. 그리고 동조 제1항상의 "재판의 전제"와의 일치성이 견지되어야 한다.[62] 요컨대 본안적 규범통제란 규범통제가 독립화되고 절차의 고유한 대상이 될 경우를 말하기에, 헌법흠결에 해당하는지 여부는 별론으로 하고, 여기서의 "재판의 전제 '는 선결물음의 방식으로만 규범심사에 들어갈 수 있게 만들었다고 보아야 한다. 따라서 행정소송법 등에서 독일 행정법원법 제47조와 같은 본안적 · 추상적 규범통제제도를 도입하는 것은 현행 헌법의 의미내용에 위배될 뿐더러,[63] 권력분립원칙에 대한 중대한 수정이기에 반드시 헌법에 그 근거규정이 존재하거나 최소한 (이를 부정하는 식의) 반대규정이 없을

---

59) 동인, 앞의 글, 75면 이하.

60) 김남진, 참여정부와 공법제도의 개혁, 고시연구, 2003.6, 177면.

61) Lorenz, a.a.O., S.422.

62) 위헌법률심판에서 재판의 전제성 여부를 판단함에 있어서 대법원이 헌법재판소보다 이를 좁게 해석하는 경향이 있다고 지적된다. 권영성, 헌법학원론, 2002, 1086면.

63) 동지: 권영성, 앞의 책, 1033면.

때에만 가능하다. 그러므로 헌법소원의 보충성 요구를 바르게 수용하고, 법규헌법소원에로의 이행을 막기 위해선, 부수적 규범통제에서 선결물음이 충분히 제기될 수 있는 제도적 장치를 마련하여야 한다. 이 점에서도 행정소송의 종류를 항고소송과 당사자소송의 이원적으로 구성하는 것은 재고되어야 한다.

Ⅵ. "새로운 처분 개념"의 도입의 問題點

1. "새로운 처분 개념"의 도입 논의의 현황

'논의안'에 의하면, 항고소송의 대상을 확대하기 위한 방안으로 처분등의 개념의 대폭적인 확대 여부, 새로운 소송유형의 창출, 처분등의 개념의 확대방안이 활발히 논의되고 있는데, 처분등의 개념을 확대하고자 하는 입장에서도 현행법상의 처분등의 개념정의 가운데 "구체적 사실에 대한 법집행으로서의"라는 문구를 삭제하는 방안(제1안), 이 문구와 함께 "그 밖에 이에 준하는 행정작용"까지 삭제하는 방안(제2안), 거부처분에 대한 개념규정을 추가하고자 하는 방안(제3안), 현행법의 정의규정에서 "법집행으로서의"의 문언만을 삭제하는 방안(제4안) 등이 제시되고 있다고 한다. 한편 박정훈 교수는 항고소송과 당사자소송의 이원적 구조를 견지하면서 양자의 대상의 확대를 주장한다. 즉, 전자와 관련해선, 현행의 처분개념정의 —"행정청이 행하는 구체적 사실에 관한 법집행으로서의 공권력의 행사 또는 그 거부와 그밖에 이에 준하는 행정작용"— 를 버리고, 위의 제1안에 근사하게 1984년 개정시에 논의되었던 "행정청이 행하는 공권력의 행사 및 그 거부"란 개념으로 돌아갈 것을 주장하고, 후자와 관련해선, 행정상의 손실보상, 국가배상, 부당이득반환, 공법상 계약 등을 대상으로서 명시할 것을 주장한다.[64]

64) 동인, 앞의 글, 68면 이하. 이처럼 공행정작용 전체를 처분 개념으로 置換시키는 변화에 결부된 물음과 관련해서, 박정훈 교수는 다음과 같이 지적한다. 즉, ⅰ) 濫訴 문제는 원고적격 내지 소의 이익의 단계에서 원고의 이익상황이 구체성·직접성·현저성을 갖는가, 법원의 사법적 판단의 대상이 되기에 적합한 것인가 라는 점을 검토하여 충분히 방지될 수 있다. 그리고 항고소송에서의 입증책임을 학설·판례와는 달리, 일차적으로 원고에게 부과하여 원고로 하여금 —위법성을 의심할 만한 단서를 제공한다는 정도에서— 최소한 어떠한 근거에서 위법성을 주장하는지 밝히도록 강제하고, 이런 원고의 입증이 완료된 이후에는 입증책임이 피고 행정청에게 넘어가되, 만약 원고가 최소한의 논거를 밝히지 못할 시에는 프랑스의 남소벌금제도의 도입이 강구될 만하다. ⅱ) 민사법상의 취소개념과 행정상의 직권취소 개념이 취소소송의 '취소'에 통용될 수 없고, 취소소송의 '취소'는 계쟁처분의 법적 성질을 막론하고 그 위법성을 확인하는 데 공통된 본질이 있기에, 계쟁처분이 단순한 사실행위라면 이를 금지하는 것이고 법적 행위라면 처음부터 효력이 없었던 것으로 무효화시키는 것이다. 그리고 개별구체적인 법적 처분과 행정입법간에는 하자효과에서 본질적인 차이가 없기에, 규범통제절차와 같은 특수한 소송유형을 마련할 필요없이 취소소송으로 포괄할 수 있다. 취소소송의 본질이 확인소송인 이상, 현행의 무효등확인소송의 기능은 취소소송과, 당사자소송이나 민사소송법상의 확인소송에 의거하여 충분히 발휘될 수 있기에, 무효등확인소송은 항고소송에서 제외하거나 궁극적으론 전부 폐지하는 것이 타당하다. ⅲ) 처분개념에 공행정작용 전반을 대입시키면 헌법소원의 보충성으로 말미암아 헌법소원심판의 대상이 사실상 소멸되어 버리는데, 이는 행정재판권의 통합을 가져와 행정소

특기할 점으로 최송화 교수님은 항고소송의 대상의 확대를 기하면서도 기왕의 처분개념을 유지하는 방안의 하나로, '항고소송의 대상이 되는 행정작용'을 "행정행위"라 칭하고 그것의 하위개념으로 현행법상의 처분개념을 정립하는 것을 제시하였다.[65) 이에 대해 박정훈 교수는 처분개념이 갖는 연혁적 뉘앙스를 감안하여 항고소송의 대상이 되는 공행정작용 전반을 아울러는 행정행위 개념을 사용하는 것이 가장 타당하다고 찬동하였다.[66)]

2. "새로운 처분 개념"의 도입에 대한 異議

그런데 위의 여러 안 가운데 특히 제1안에 초점이 맞추어진다. 이에 의하면, 처분등에는 명령 등의 행정입법 뿐만 아니라, 공권력적 사실행위가 포함될 것이고, 경우에 따라선 행정규칙이나 기타 종래 처분개념으로 포섭이 불가능하였던 여러 가지 행정의 행위형식이 '그밖에 이에 준하는 행정작용'에 포섭될 수 있다고 한다. 그리고 제2안은 제1안에 비하면 포섭의 외연이 좁을 뿐 본질은 차이가 없다. 이처럼 "구체적 사실에 대한 법집행으로서의"라는 문구를 삭제하여 항고소송으로부터 자유로운 행정작용이 없게 됨으로써, 현재 항고소송의 대상에서 배제된 사실행위와 행정입법까지도 항고소송으로 공격하는 것이 가능케 되어, 궁극적으론 비처분적 공권력행사에 대해서 더 이상 헌법재판소가 처음부터 관여하지 못하고 대법원이 주도적으로 통제할 수 있게 된다.

행정에 대한 사법적 통제의 一元化 자체는 바람직하다. 하지만 현재와 같이 처분은 항고소송을 통한 법원에서, 비처분적 행정작용 —사실행위와 행정입법— 은 헌법소원심판을 통한 헌법재판소에서 관장하는 식의 이원화가 초래된 원인이 무엇인지 곱씹어 보아야 한다. 그리고 무엇보다도 행정작용 전반을 처분으로 代置시켜 이를 항고소송의 대상으로 삼는 것이 행정법학 전반에 어떠한 영향을 미치는지를 심도있게 논구하여야 한다.

(1) 行政裁判二元化의 原因과 관련한 異議

첫 번째 물음의 답은 바로 법원의 墨守的 태도에서 찾아야 한다. 법원은 당사자소

송을 통한 국가권력의 견제와 균형이라는 실제적 관점에 부합하고, 현행 헌법 제107조 제2항의 해석상 대법원이 행정입법에 대해서 —취소소송의 방식으로— 직접적으로 통제하는 것이 금지되지 않는다. iv) 행정입법도 본질적으로 행정작용이고 오늘날 주된 행정수단으로 활용된다는 점, 프랑스 · 영국 · 미국에서는 대상적격의 단계에서 개별처분과 행정입법이 전혀 차별없이 다루어진다는 점, 개별처분과 행정입법은 구별이 어렵고 상호 대체가능성이 있으며 행정이 임의적으로 양자의 형식을 선택할 수 있기에 '행정입법으로의 도피'가 가능해진다는 점 등에서, 행정입법을 처분에서 제외하여 이에 대한 별개의 소송유형을 마련하는 것은 타당하지 않다.

65) 동인, 한국의 행정소송법 개정과 향후방향, 95면.

66) 동인, 앞의 글, 69면.

송을 마치 불필요한 장식물에 불과한 듯이 전적으로 민사소송의 亞種인양 취급하였으며, 실제로 당사자소송을 계약직공무원의 신분관계를 둘러싼 다툼[67]과 광주민주화운동관련 보상청구[68]의 경우이외에는 동원하지 않았다.[69] 그리하여 당사자로선 무리수인줄 알면서도 비처분적 행정작용에 대해서 항고소송을 취하거나 애초부터 헌법소원심판을 제기한 것이다. 그런데 헌법소원심판이 공권력행사에 대한 최후적 수단임이 지나치게 의식되어, 법원에 의한 사법통제가 외부로부터 위축됨과 아울러 공법 특히 행정법의 체계에 대해서도 바람직하지 못한 결과가 나타나곤 한다. 즉, 대외적 구속력이 인정되는 행정규칙은 헌법소원의 대상이 될 수도 있다고 본 결정,[70] 비구속적 계획 및 공고가 일정한 경우에 국한하여 예외적이라 하더라도 헌법소원의 대상이 될 수도 있다고 본 결정[71]이 이를 잘 보여준다.

진작부터 행정법의 많은 문헌들은 법원이 당사자소송에 대해서 전향적인 자세를 취하여 비처분적 행정작용에 대한 권리구제체계를 구축할 것을 주장하였다.[72] 물론 당사자소송을 명실상부한 소송유형으로 주효하게 하는 심도있는 논의가 전개되지 않

---

67) 대법원 2001.12.11. 선고 2001두7794판결 등.

68) 대법원 1992.12.24. 선고 92누3335판결 등.

69) 일본의 경우엔 (당사자소송)사망설이 지배적이라고 한다. 일찍이 안영규 검사는 일본에선 취소소송과는 다른 항고소송이라는 개념을 정립하여 행정행위 이외의 행정의 행위형식에도 권력성을 승인한 다음에, 널리 공권력의 행사에 관한 소송을 항고소송으로 함으로써, 당사자소송의 존립근거를 극히 좁혀 놓았는데, 그로 인해 제2차 세계대전후의 사법국가주의와 결합하여 '항고소송+민사소송=권리보호의 Schema' 라는 것으로 발전하여 당사자소송의 사망선언에까지 이르렀다고 지적하였다. 동인은 우리의 당사자소송의 존재의의에 관해서, 지금까지 한번도 소생을 위한 시도가 없었는데 사망선고는 너무 성급하다고 지적하여, —항고소송을 엄격히 행정행위에 관한 소송으로 한정하면서— 당사자소송을 행정소송의 중심으로 자리매김할 것을 주장하였다. 동인, 공법상의 당사자소송에 관한 일고, 서울대대학원 석사학위논문, 1988.

70) 헌재 2001.5.31, 99헌마413결정. 한편 독일에서도 행정법원법 제47조의 규범통제의 대상에 행정규칙이 포함되는지 여부와 관련해서 논의가 활발한데, 일반적으로 법규형식의 존부를 결정적인 판단기준으로 삼아 소극적인 입장을 취하여 심지어 규범구체화 행정규칙까지 제외시킨다. 하지만 이에 대해서 Lorenz 등은 형식적 기준보다는 행정소송상의 통제수단의 목표와 목적에 결정적으로 좌우되어야 한다는 즉, 행정규칙의 직접적인 법효과발생의 가능성을 긍정하는 기본입장에서, 행정규칙에 대한 규범통제가 열려질 수 있다고 주장한다. Vgl. Lorenz, a.a.O., S.429f.; M. Beckmann, Die gerichtliche Überprüfung von Verwaltungsvorschriften im Wege der verwaltungsgerichtlichen Normkontrolle, DVBl. 1987, S.611ff. 追論: 본서 113면 이하 참조.

71) 「1999.7.22. 발표한 개발제한구역제도개선방안은 건설교통부장관이 개발제한구역의 해제 내지 조정을 위한 일반적인 기준을 제시하고, 개발제한구역의 운용에 대한 국가의 기본방침을 천명하는 정책계획안으로서 비구속적 행정계획안에 불과하므로 공권력행위가 될 수 없으며, 이 사건 개선방안을 발표한 행위도 대내외적 효력이 없는 단순한 사실행위에 불과하므로 공권력의 행사라고 할 수 없다. 비구속적 행정계획안이나 행정지침이라도 국민의 기본권에 직접적으로 영향을 끼치고, 앞으로 법령의 뒷받침에 의하여 그대로 실시될 것이 틀림없을 것으로 예상될 수 있을 때에는, 공권력행위로서 예외적으로 헌법소원의 대상이 될 수 있다」(헌재 2001.9.27, 2000헌마159결정): 「행정자치부장관이 제42회 사법시험 제1차 시험의 시행일자를 일요일로 정하여 공고한 2000년도 공무원임용시험시행계획 공고는 사법시험 등의 시험실시계획을 일반에게 알리는 것을 내용으로 하는 통지행위로서 일반적으로는 행정심판이나 행정쟁송의 대상이 될 수 있는 행정처분이나 공권력의 행사는 될 수 없지만 사전안내의 성격을 갖는 통지행위라도 그 내용이 국민의 기본권에 직접 영향을 끼치는 내용이고 앞으로 법령의 뒷받침에 의하여 그대로 실시될 것이 틀림없을 것으로 예상될 수 있는 것일 때에는 그로 인하여 직접적으로 기본권침해를 받게 되는 사람에게는 사실상의 규범작용으로 인한 위험성이 이미 발생하였다고 보아야 할 것이므로 이러한 것도 헌법소원의 대상이 될 수 있다」(헌재 2000.6.1, 99헌마538결정 등).

72) 대표적으로 김남진, 앞의 책, 2003, 739면; 류지태, 행정법신론, 2003, 474면.

은 점도 있지만, 법원이 진작부터 이에 귀를 기울였다면 관련 논의가 풍부하게 됨과 더불어 (對法院的) 사법적 회의감도 가셨을 것이고, '보충성원칙의 비적용'을 둘러싼 법원과 헌법재판소간의 은연한 관할다툼 및 그로 인한 공법질서의 난맥상도 생기지 않았을 것이다. 우리의 경우 행정행위를 대상으로 한 부작위청구소송이 판례상 허용되지 않는 것으로 보는데,[73] 이는 행정소송법 제4조의 항고소송유형 규정을 제한적으로 이해하려는 기본태도에서 비롯한다. 그런데 당사자소송의 경우에는 항고소송과는 달리 소송유형에 관한 언급이 전혀 없기에, 당사자소송의 민사소송지향성을 벗어버리고 법관의 법형성기능이 충분히 발휘된다면 부작위청구소송이 항고소송에서와는 달리 인정될 가능성이 있다. 독일의 경우에도 이 같은 소송은 일반이행소송을 통해 수행된다. 한편 '논의안'은 당사자소송의 적용영역을 확대하는 식으로 그것의 활용을 도모하고자 하는데 이는 자칫 장래의 발전가능성을 차단할 우려가 있다는 점에서 바람직하지 않다. 이는 제시되는 적용영역이 독일에선 일반법원에 속하는 사항인 점에서 그러하다. 행정재판의 확대란 측면에서 비처분적 행정작용과 관련해선, 포괄소송의 일종으로서 (일반)이행소송을 도입하는 것이 正道이다.

그리고 행정입법에 대한 구체적 규범심사절차가 효과적인 권리구제제도로서 충분히 기능하지 못한 데는, 헌법 제107조 제2항이 이에 관한 근거규범이자 집행규범인 셈이 되어 버린 현재의 立法不備에 원인을 둘 수 있다. 여기서 위법한 법규범의 효력에 관한 숙고를 바탕으로 한 입법적 정비가 필요하다. 하지만 행정입법에 대한 헌법소원심판이 활성화된 데에는, 무엇보다도 그간 법원이 규범통제절차를 활성화하기 위하여 행정소송법개정을 통해 관련규정을 마련하는 데 소홀히 하고, 실제로도 —당사자소송과 항고소송에서의 처분성을 적극적으로 모색함을 전제로 한— 부수적 · 구체적 규범통제절차의 운용에 큰 의미를 두지 않음으로 말미암아 결과적으로 자신의 권한에 속한 규범심사절차를 형해화시킨 사실에서 찾아야 한다.

그런데 법원의 묵수적 태도는 항고소송과 관련해서도 드러난다. 대표적인 예가 바로 지적공부의 등재와 관련하여, 지적공부상의 등재 및 지적공부의 복구신청을 거부하거나 그 등재사항에 대한 변경신청을 거부한 것의 처분성이 부인되었다.[74] 그 결과 헌법재판소는 처분성을 부인한 법원의 태도를 보충성 요건의 충족사유로 삼아 법원의 입장과 배치되는 결정을 내렸다.[75] 법원은 행정소송법상의 거부처분의 성립에 두 가

73) 대법원 1987.3.24. 선고 86누182판결.

74) 대법원 1991.12.14. 선고 91누8357판결; 1995.12.12. 선고 95누9747판결; 2002.4.26. 선고 200두7612판결 등. 追論: 그러나 대법원 전원합의체판결(2004.4.22.선고 2003두9015)을 통해서, 지목변경신청의 거부를 거부처분으로 봄으로써, 종래의 법원의 입장이 180° 바뀌었다.

75) 「지적법 제38조 제2항에 의하면 토지소유자에게는 지적공부의 등록사항에 대한 정정신청의 권리가 부여되

지 요소를 요구한다. 즉, 거부(신청)대상행위가 행정행위에 해당하여야 하고, 국민에게 그 대상행위의 발동을 요구할 수 있는 법규상 또는 조리상의 신청권이 있어야 한다.[76] 법원이 관장하는 지적제도의 전속성을 유지하기 위함인지 모르지만, 이 또한 법원의 묵수적 태도가 부메랑처럼 법원의 본연의 임무조차 축소케 한 전형적인 예이다.[77] 여기서 우리는 과연 직무활동의 실행과 그 거부가 동일한 법적 성질을 갖는지를 검토해 보아야 한다.[78] 생각건대 -지적공부상의 등재의 법적 성질은 별론으로 하더라도- 적어도 그것의 신청에 대한 거부는 현행의 처분개념정의 가운데 본래적 처분에 해당하는 "행정청이 행하는 구체적 사실에 관한 법집행으로서의 공권력의 행사 또는 그 거부"에는 해당하지는 않지만, 준처분에 해당하는 "그밖에 이에 준하는 행정작용"에는 큰 어려움 없이 포섭될 수 있다. 과거에 대법원은 법률의 수권도 없이 대통령령으로 발해진 구정부공문서규정 제36조와 관련한 공문서복사신청거부(조치)를 위법한 거부처분으로 판시하였다.[79] 신청권에 해당하는 공문서열람청구권의 문제는 차치하더라도, 신청대상행위인 공문서복사가 과연 행정행위인지 반문하고 싶다.[80]

확언 · 확약이 특별한 공법적 작용형식인지 여부는 상이하게 논의되어 왔다. 우리의 경우 확약의 법적 성질과 관련하여, 종국적 규율의 부재를 이유로 그것의 독자적

어 있고, 이에 대응하여 소관청은 소유자의 정정신청이 있으면 등록사항에 오류가 있는지를 조사한 다음 오류가 있을 경우에는 등록사항을 정정하여야 할 의무가 있는바, 피청구인의 반려행위는 지적관리업무를 담당하고 있는 행정청의 지위에서 청구인의 등록사항 정정신청을 확정적으로 거부하는 의사를 밝힌 것으로서 공권력의 행사인 거부처분이라 할 것이므로 헌법재판소법 제68조 제1항 소정의 "공권력의 행사"에 해당한다」(헌재1999.6.24, 97헌마315결정). 이의 평석에 관해선 김남진, 행정청의 지목변경신청거부와 권리보호, 판례월보, 1999.11, 18면 이하; 홍준형, 지적등록사항 정정신청반려행위의 처분성, 법제 1999.12, 3면 이하 참조.

76) 대법원 1998.2.24. 선고 96누5612판결; 1999.12.27. 선고 97누17568판결 등.「행정청이 국민의 신청에 대하여 한 거부행위가 항고소송의 대상이 되는 행정처분이 된다고 하기 위하여는 국민이 행정청에 대하여 그 신청에 따른 행정행위를 하여 줄 것을 요구할 수 있는 법규상 또는 조리상의 권리가 있어야 하며, 또한 항고소송의 대상이 되는 처분이라 함은 행정청의 공법상의 행위로서 특정사항에 대하여 법규에 의한 권리의 설정 또는 의무의 부담을 명하거나 기타 법률상 효과를 발생하게 하는 등 국민의 권리의무에 직접 관계가 있는 행위를 가리키는 것이고, 상대방 또는 기타 관계자들의 법률상 지위에 직접적인 법률적 변동을 일으키지 아니하는 행위 등은 항고소송의 대상이 되는 처분이 될 수 없으므로, 국민의 법규상 또는 조리상의 신청권에 의한 신청에 대하여 행정청이 이를 거부하는 조치를 취하였다고 할지라도 이로써 신청인의 권리의무나 법률관계에 영향을 미치는 것이 아니라면 행정청이 한 거부의 의사표시는 항고소송의 대상이 되는 거부처분이 될 수 없다」(대법원 1997.5.9. 선고 96누5933판결).

77) 이 문제에 관해 최근 선정원 교수가 심도있는 글을 발표하였다. 동인, 공부변경 및 그 거부행위의 처분성, 인권과 정의, 2002.11, 126면 이하 참조.

78) 양자의 법적 성질을 동일시 취급하는 입장(Eyermann-Fröhler, VwGO, §45 Rn.44; König, BayVBl.1987, S.261(262).)이 있지만, 신청한 직무활동의 실행이 행정행위나 사실행위에 해당하는지 여부와 무관하게 신청한 직무활동의 모든 거부는 행정행위라고 보는 입장(Meyer, in: Meyer-Borgs, VwVfG, 2.Aufl. 1982, §35 Rn.38; Stelkens, in: Stelkens/Bonk/Sachs, VwVfG, 5.Aufl. 1998, §35 Rn.80; Krause, Rechtsformen des Verwaltungshandelns, 1974, S.201f.; Lässig, DVBl.1979, S.561(562))도 있다.

79) 대법원 1989.10.24. 선고 88누9312판결. 이 판례의 문제점에 관해선 김남진, 행정법의 기본문제, 1994, 1107면 이하 참조.

80) 그리고 신청대상행위와 거부행위간의 일체성에 입각한 법원의 태도가 이른바 "수리를 요하는 신고"란 신고제와 전혀 相符하지 않는 법제도를 만들었다. 이것의 문제점에 관해선, 졸고, 행정법상의 신고와 관련한 판례의 문제점에 관한 소고, 인권과 정의, 2002.3, 101면 이하(追論: 행정법기본연구 Ⅰ, 130면 이하) 참조.

작용형식성을 인정하려는 입장과 행정청에 대한 구속적 효과의 존재를 이유로 그것의 행정행위성을 인정하려는 입장으로 나뉜다. 반면 대법원은 '어업면허우선순위결정'을 확약으로 보되, 그것의 처분성을 부인한 바 있다.[81] 이처럼 대법원은 확약을 일종의 口頭禪으로 여기는 듯한데, 이 또한 항고소송의 기능저하를 보여주는 예이다.

반면 '두밀분교폐지조례사건'이 보여주듯이, 법원이 형식과 실질이 괴리된 법현상의 가늠잣대를 깊이 숙고하지 않은 채, 더군다나 통상의 규범심사절차는 물론 입법자의 의사까지 무시하고 곧바로 '조치적 조례'의 존재를 공인한 것은, 기왕의 묵수적 태도에 대한 반발적 적극주의의 發露로도 볼 수 있다. 왜냐하면 대상조례를 행정처분으로 보았음에도 불구하고, 법률유보의 원칙이나 절차법적 요청 등 행정처분에게 요구되는 사항에 관한 검토가 전혀 없었기 때문이다.

(2) 行政作用形式의 體系와 관련한 異議

두 번째 물음은 행정법의 존립에 상통한 심대성을 지닌다. 행정의 법적 작용형식은 일종의 여러 門(Tore)이다. 행정상의 다양성으로 인해 개관할 수 없고 無定形한 행정활동은 이 문들을 지나서 법의 질서세계로 들어선다. 따라서 법적으로 정연하고 법적 판단을 가능케 하는 행정작용형식을 전개하고 鑄造하는 것은, 법치국가에서 행정법학과 행정실무가 띤 두드러진 특징이자, 지속적인 임무이다. 따라서 형식화사고(Formungsidee)와 체계사고(Systemidee)를 결합시킨 데 바탕을 두고 있는 행정작용형식론은 대륙법적 사고의 전형적인 특징이자, 일반행정법의 핵심이다. 이런 작용형식(론)의 과제이자 임무는, 행정활동을 합리화하는 것, 법에 알맞은 결정을 장려하는 것, 기본적인 사실 · 평가의 문제를 신뢰할 수 있는 도그마적 구조로 조정하는 것, 행정활동에 관한 법적 통제를 유도하여 개관가능하게 만드는 것이다.[82] 요컨대 작용형식(론)의 이 같은 정서작용은 행정법적으론 다음의 두 가지 측면에서 영향을 끼친다. 첫째로, 작용형식의 선택은 어떤 활동에 대해 특히 절차적 면에서 법이 요구하는 사항을 정하는 셈이다. 절차 · 형식 · 효력규정은 선택되거나 사후에 해석되어진 작용유형에 좌우된다. 즉, 작용형식은 그것의 체계화를 위한 결정적인 연결점으로서 간주된다. 둘째로, 작용형식은 권리구제와 법적 안정성을 위해서 규준이 되는 하자효과(Fehlerfolgen)에 대한 주의를 환기시킨다.

---

81) 대법원 1995.1.20, 94누6529판결.

82) 행정작용형식론의 일반적 기능에 관해선 vgl. E. Schmidt-Aßmann, Die Lehre von den Rechtsformen des Verwaltungshandelns, DVBl.1989, S.533f.; P. Krause, Rechtsformen des Verwaltungshandelns, 1974, S.14ff.; F. Ossenbühl, Die Handlungsformen der Verwaltung, JuS 1979, S.681. 追論: 행정법기본연구 Ⅰ, 187면 이하 참조.

행정작용형식의 체계는 이론적으로 다양한 착안점에서 전개할 수 있다. 공통된 적법성요건, 공통된 법효과와 공통된 하자효과가 독립된 작용형식을 성립케 하는 유형화징표이다. 본시 연계된 효과(Wirkungen)와 법효과(Rechtsfolgen)에 의해서 鑄造된 작용형식이 문제되었기에, 작용형식은 본래 하자유형체계에서 비롯되었다.[83] 요컨대 현행의 권리보호체제하에서 하자효과에는 무효, 消效可能性(취소가능성, 폐지가능성), 무결과(Folgenlosigkeit, 대단치 않음, 유효) 뿐만 아니라, 원상회복청구권(부작위청구권도 포함하여)과 (원상회복불가능시엔) 손실보상청구권도 포함된다.[84] 그리하여 하자효과의 관점하에서 작용형식체계는 행정행위, 법률하위적 규범, 공법계약, 그리고 사실행위의 네 가지 유형으로 완성된다.[85]

만약 —1984년 당시 개정시안이 시도하였던 것처럼— 박정훈 교수가 주장하듯이, 행정작용일반을 포용하는 처분개념을 받아들인다면, 이는 행정작용법론, 실정법상의 행정법의 체계 나아가 행정법 '학' 까지도 흡입하여 溶解시키는 "블랙홀"에 다름 아닐 것이다.[86] 박정훈 교수는 이 같은 예상 비판에 대해서, "독일의 행정작용유형론이 원래 행정소송의 제기가능성을 제한하는 역할을 하였기에 이 이론은 마땅히 폐기되어야 하되, 대상적격의 제한을 철폐하고 나면 원고적격의 문제와 본안에서의 사법심사의 강도의 문제가 본격적으로 부각되게 되며, 이를 위하여 행정작용 유형론은 여전히 존재의의가 있는 것이다"라고 반박한다. 우선 개괄주의적 토대에서 행정소송의 위상을 바라보아야 하고, 아울러 항고소송만이 법적 평화를 가져다 줄 유일한 방책은 아님을 염두에 두어야 한다. 행정작용형식의 체계가 권리보호의 방법 즉, 어떤 절차로 사법심사에 도달할 수 있는가와는 아무런 관계가 없고, 도달한 사법심사가 어떤 식으로 진행되어야 할지에 대해서만 영향을 미친다는 주장은 행정작용형식론의 본래의 임무에도 부합하지 않다. 그리고 異種의 다양한 행정작용을 하나의 (새로운 처분개념을 통한) 단위로 삼아 단일된 소송형태를 취한다는 구상이 설득력을 가지려면, 무엇보다도 이들

83) 작용형식과 하자효과체계와의 상관관계에 관해선 vgl. H. Hill, Das fehlerhafte Verfahren und seine Folgen im Verwaltungsrecht, 1986, S.341. 한편 E. Schmidt-Aßmann은 행정작용형식론의 하자효과중심을 견지하되, 추가적인 착안점으로 절차사고나 활동의 목적성이 더해질 것을 강조한다. Ders., a.a.O., S.533(537f.).

84) M. Morlok, Die Folge von Verfahrensfehler am Beispiel von kommunalen Satzungen, 1988, S.140ff. 국가배상청구권은 국가의 모든 공행정작용에 대해서 성립할 수 있기에 작용형식을 가늠하는 데 큰 의미가 없다.

85) 독립된 작용형식에로의 격상에는 세심한 숙고가 앞서야 한다. 즉, 새로운 작용형식을 위한 제안의 논거가, 새로운 하자효과규율(규정)이 실정법적으로 성립하거나 도그마적으로 요구된다는 점과, 일정한 活動群을 위한 새로운 적법성요건이 일반화될 수 있다는 점에 의해서 논증적으로 뒷받침되어야 한다. 따라서 행정규칙, 확약·확언, 행정계획, 자동적 행정행위 그리고 행정의 사법적 활동을 과연 독립된 작용형식으로 격상할 수 있을지 의문스럽다. 이에 관한 상세는 졸고, 행정의 작용형식의 체계에 관한 소고, 공법연구 제30집 제4호, 2002.6, 314면 이하(追論: 행정법기본연구 Ⅰ, 187면 이하) 참조.

86) 이 점에서 1984년 제정당시 시안상의 처분개념에 관한 김남진 교수님의 글(행정소송법시안상의 문제점, 고시연구, 1984.1, 49면 이하)을 다시금 논의의 출발점으로 삼아야 한다.

행정작용에 관한 사법심사의 강도와 내용이 단일하여야 한다. 행정행위와 행정입법을 보건대, ―설혹 오해스러운 입법재량이란 용어를 쓴다하더라도― 애써 행정재량과 구별되게 명령형성자유(여지)를 사용하는 것이 보여주듯이, 그곳에 통용되는 내용은 다를 수밖에 없다. 왜냐하면 행정재량수권은 개별적 정의의 실현을 추구하는 반면에 명령수권은 입법적 형성자유의 측면을 담고 있기 때문이다.[87] 이처럼 지향점이 다르기에, 규율의 대상을 염두에 둔 입법자가 그런 점에 상응한 형식수단을 선택한 것이다. 서로 어울릴 수 없는 성향의 무리(群)로 하여금 하나의 문을 통과하도록 만든 뒤에 이들을 재차 각각의 기준에 의거하여 재단케 한다는 것은, 법원에게 소관의 확대와 더불어 일차적 판단의 용이함을 가져다 줄 것 같지만, 본안에 들어가서 임기응변적 접근(카주이스틱)으로 전락할 수도 있는 구체적 판단상의 곤란함도 동반한다. 그 결과 하나의 문을 거쳐 들어온 무리(群)들에 대해서, ―설령 이질성을 인식한다 하더라도― 사안의 전문성과 복잡성을 이유로 마침내는 단일한 무차별적 취급으로 귀결될 가능성이 크다. 생각건대, "새로운 처분 개념"이 도입되면, 취소소송의 異常肥大와 過負荷로 인해 행정수단의 다양성이 무시되고, 결국에는 복잡한 오늘날의 행정현상에 대한 법의 집행부전 내지 대처부족을 낳을 수 있다.

박정훈 교수는 취소소송의 '취소'의 본질은 계쟁대상의 위법성을 확인하는 데 있고,[88] 그 계쟁대상이 단순 사실행위이든 전통적인 처분이든 그 취소판결의 공통된 효과는 행정청의 결과제거의무라고 주장한다. 여기에선 행정청은 결과제거를 위하여 가능한 모든 수단을 동원할 수 있고 또한 동원하여야 하고, ―취소판결의 제3자효가 부연되면― 제3자는 이에 당연히 응해야 한다는 결론이 자연히 내려진다. 그런데 이와 같은 이론 구성은, 본래 확인의 소에는 이행의 소와는 달리 집행력이 부인된다는 점에

87) 이제까지 법규명령 그 자체, 분명히 말하자면 명령제정권의 행사에 관한 사법심사의 내용과 범위는 그다지 주목을 받지 않았다. 일찍이 Ossenbühl은 이 물음과 관련해서, 상이한 명령유형과 상이한 명령제정과정(재량여부)을 고려하여 해결책을 찾고자 시도하였다. 그리하여 일반적인 법규명령과, 조치적 명령(Maßnahmeverordnungen)과 개별적 명령(Individualverordnungen)을 구분하여, 조치적 명령과 개별적 명령에 대해서, 법규명령이 행정행위의 기능과 규율내용을 떠맡을 때에는, 당연히 그것은 행정행위와 동일한 심사밀도에 처해져야 한다고 주장한다. 아울러 그는 여기서의 명령은 형식상으로만 법제정(Rechtsetzung)이지 내용상으론 법적용(Rechtsanwendung)이라고 강조한다. 한편 그는 자기가 제기한 심사밀도와 범위(Wieweit)의 문제는 권리보호의 방법 즉, 그러한 법규명령이 어떠한 절차로 사법심사에 도달할 수 있는지의 물음과는 무관하다고 지적하였다. Ders. Richterliches Prüfungsrecht und Rechtsverordnungen, in: FS für H. Huber, Berlin 1981, S.283ff.

88) 박정훈 교수는 이 점을 사실행위와 행정입법에 대한 별도의 소송유형이 필요없다는 착안점으로 삼는다. 박정훈 교수는 '취소'가 법효과의 소멸이라는 형성적 의미에 국한하여 보는 것은 독일의 개념 틀에 갇혀 있기 때문이라 지적하면서, 법에 있어 모든 개념은 심지어 '법' 개념 자체도 목적의 산물임을 강변한다. 법제도는 물론 법개념이 목적적 창조물인 점은 주지하는 바나, 여기엔 다른 법규정상의 동일하거나 다른 법개념과의 사실적 합치가 승인되어야 함을 간과해선 안 된다. 즉, 체계정합성을 일탈한 목적론적 접근은 곤란하다. 새삼 판단여지와 관련지어, Otto Bachof가 "서로 성질과 현상을 달리 하는 것을 하나의 이름으로 부른다는 것은 결코 허용된 용어사용이 아니라 용어의 남용이다"라고 말하였음이 연상된다.

배치된다-물론 행정청이 스스로 자신의 위법한 소산을 제거할 경우는 별개이다-. 요컨대 취소판결의 구속력(기속력)의 내용으로 적시되는 결과제거의무는 그 자체를 취소판결을 통해 관철할 순 없고, 이행판결에 의해서만 이미 실행된 —위법한 행정행위의 산물로서— 결과를 제거할 수 있다.[89] 이런 사정을 충분히 반영하여 전적으로 소송경제적 이유에서 결과제거청구권을 소송상으로 용이하게 주장하도록, 법원에 대해서 행정행위의 폐지(쟁송취소)와 더불어 그것의 집행으로부터 비롯한 사실상의 결과가 환원되어야 함을 명할 가능성을 열어주는 독일 행정법원법 제113조 제1항의 제2문과 제3문의 내용이 하루바삐 적극적으로 수용되어야 한다.[90]

(3) 소결

요컨대 행정법적인 작용형식론과 행정학적인 범주설정이 嚴別되어야 한다. 만약 그렇지 않고 후자의 관점에서 전자를 구축하고자 할 경우에는, 도그마의 집적이 행정법의 본질인 점에서 형식을 통한 최소한의 근대화징표마저 소실될 우려가 있다. 또한 법률의 수권의 부재로 인해 원칙적으로 행정내부적 효력을 지니는 행정규칙이 “새로운 처분 개념”의 도입으로 취소소송의 대상이 된다면, 이는 행정규칙의 대외적 구속력을 공인하는 것이어서 법치국가원리에도 배치된다.[91] 요컨대 행정규칙은 행정과 司法이 구속되어야 할 법규범도, 행정법의 法源도 아니다. 기존의 처분개념정의 가운데 “구체적 사실에 관한 법집행”이란 징표를 폐기하고 법규범과 행정행위를 동렬에 놓아 이들을 취소소송의 대상으로 인정한다면, 법규범의 일반추상적 성격과 행정행위의 개별구체적 성격에 터 잡아 전개된 공법체계가 붕괴되어버릴 우려가 있다. 행정활동 전

89) 한편 행정소송법 제29조 제1항에 대해서 일반적으로 취소판결의 대세효를 인정한 것으로 보나, 「행정처분을 취소하는 확정판결이 제3자에 대하여도 효력이 있다고 하더라도 일반적으로 판결의 효력은 주문에 포함한 것에 한하여 미치는 것이니 그 취소판결 자체의 효력으로써 그 행정처분을 기초로 하여 새로 형성된 제3자의 권리까지 당연히 그 행정처분 전의 상태로 환원되는 것이라고는 할 수 없고, 단지 취소판결의 존재와 취소판결에 의하여 형성되는 법률관계를 소송당사자가 아니었던 제3자라 할지라도 이를 용인하지 않으면 아니 된다는 것을 의미하는 것에 불과하다」(대법원 1986.8.19. 선고 83다카2022판결)는 판례에 비추어, ‘취소판결의 대세효’란 용어는 취소판결의 형성력이 당연히 제3자에게도 미친다는 의미에는 부합하지 않다. 따라서 동조 동항에 관한 세심한 고찰이 이루어져야 한다.

90) 한편 ‘논의안’에 따르면 종전에 논란이 되었던 행정소송법 제12조의 제2문과 관련하여, 독일 행정법원법 제113조 제1항 제4문상의 계속적 확인소송과 흡사한 위법확인소송의 도입이 강구되고 있다고 하는데, 처분이 직권취소 등으로 실효된 경우와는 달리 처분이 집행된 경우는 소송경제적 이유에서 독일처럼 분리하여 취소소송에 부대시키는 것을 허용하는 것이 바람직하다.

91) 한편 행정규칙의 하자효과와 관련해서 법규명령에서와 동일한 차원에서 법규명령과 동일하게 무효가 된다는 입장과, 행정행위처럼 하자가 중대하고 명백하여야 무효가 되고 그렇지 않으면 취소가능성에 그친다는 입장으로 나뉜다. 하자발생으로 인해 야기되는 것이 무효나 취소가능성을 논하기 위해선 전제될 것이 해당 작용으로 인해 어떠한 법효과가 직접적으로 발생을 하여야 한다. 해당규범이 그로부터 발생한 직접적인 법효과의 적법여부를 판단하는 기준이 되어야만 그것의 재판규범성이 인정된다. 행정규칙의 하자를 법규명령과 행정행위의 경우에 비견해서 논하는 것은 적절치 못하다. 동지: 김성수, 일반행정법, 2001, 361면. 追論: 한편 필자는 행정규칙의 법규성 문제에 대해 종전과는 달리 전향적인 입장을 취한다. 행정법기본연구 I, 409면 이하 참조.

반에 대한 법원의 통제력의 제고가 "새로운 처분 개념"의 도입으로 인해 얻어지는 것이라면, 공법질서의 난맥상이 그 대가로 우리 앞에 놓일 것이다.[92] 아울러 앞에서 보았듯이, 법규범과 처분의 구분을 명시한 헌법 제107조 제2항의 語義에 반할 수 있다.

오늘날 양극적인 행정법관계이외에 다극적 규율목표와 법효과를 지닌 행정법관계가 눈에 띄게 출현함으로써, 행정행위의 능력이 한계에 도달하였다고 종종 지적되고 있다. 주로 경직성, 윤곽상실, 절차적 성격의 결여가 비판되지만, 이 비판은 개개의 문제에 관한 것이지 행정행위의 일반적 존재의 정당성과는 직접 관련이 없다. 가령 최근 비공식적 국가 내지 협력적 국가에 관해 널리 논의되었지만 행정행위의 의의가 현격히 저하되진 않았다. 오히려 행정행위 자체는 잠정적 행정행위, 사전배려적 행정행위 등을 수용함으로써, 주목할 만한 개혁(에로의)개방성과 탄력성에 의거하여 작용형식하의 진정한 생존의 명수로 발전하였다.[93] 행정소송법상의 처분개념정의가 행정절차법상의 그것과 동일하기에 소위 "쟁송법상의 처분개념"을 통한 처분성확대시도는 전혀 법적 뒷받침을 갖지 못한다. 행정행위(처분)의 개념정의가 일반행정법과 행정소송법간의 가장 중요한 교차점이다. 따라서 법외적 시도를 하루바삐 버리고, 현재의 (본래적) 처분의 개념 징표에 관한 깊은 논의를 전제하면서 이에 관한 진지한 논의를 통해서 항고소송의 대상의 확대를 도모하는 正道의 길로 나가야 한다.[94] 이런 점에서, 현행의 처분개념정의 가운데 '준처분적 부분'(그밖에 이에 준하는 행정작용)은, 체계정합성을 깨뜨리지 않으면서도 항고소송의 대상의 확대를 도모할 수 있게 하는 지렛대이다. 그리고 행정행위의 存否의 판단에 있어서 '의심스러우면 관련인에게 유리하게'라는 法諺을 유의해야 한다. 차제에 —가령 내부행위와 구별되도록 "법효과가 대외적으로 직

---

92) 이 점에서 이른바 '권력적 사실행위'에 대해 처분성을 인정하는 일반적 경향도 재고되어야 한다. 권리구제를 가능케 하기 위한 목적론적 접근의 발로라 여겨지나, 그것이 체계에 상응한 정당한 권리구제수단(당사자소송으로서의 이행소송)에 관한 관심과 필요를 저하시키진 않았는지 곱씹어 보아야 한다. 참고로 독일에서의 다수 문헌은 합성적 처분과 같은 구성에 비판적이고, 이를 사실행위 차원 즉, 일반이행소송으로 강구하고자 한다.

93) Vgl. Schoch, in: Hoffmann-Riem/Schmidt-Aßmann(Hrsg.), Innovation und Flexibilität des Verwaltungshandelens, 1994, S.199(231ff). 생각건대 절차적 권리를 보장하고 행정결정의 투명성을 구축하여 효과적인 권리구제의 체계가 보완됨으로써, 행정행위는 21세기의 시민사회와 리스크사회에서도 여전히 행정의 현대적 수단으로서 기능할 것이다. Vgl. Ladeuer, Die Zukunft des Verwaltungsakts, VerwArch. 86(1995), S.511ff.; Schmidt-Aßmann, Das allgemeine Verwaltungsrecht als Ordnungsidee, 1998, 6.Kap. Rn.46.

94) 이 점에서 "일반처분"의 존재를 상기하여야 한다. 행정행위와 법규범간에 명확한 구분이 어려운 경우에, 권리구제의 용이함과 더불어 법질서의 유지를 달성하기 위한 해결책이 바로 일반처분이다. 본시 독일에서 일반처분은 수범자의 범위의 불특정성(즉, 수범자관련한 일반처분)과 결부되었는데, 입법을 통해서 사물관련한 것과, 一般公衆에 의한 사물의 이용을 위한 것까지 확대되었다(독일 행정절차법 제35조 제2문). 법원이 일반처분의 존재를 인정하여 활용하면, 이는 처분성의 확대에 엄청나게 기여할 것이다. 이제까지 일반처분의 존재가 현재의 처분개념정의에서 세심히 논구되지 않은 채 단지 소개된 데 그쳤기에 법원이 그에 관한 깊은 관심을 갖지 않았는지 모르나, 현재의 처분개념정의상의 징표인 '구체적 사실에 관한'을 통해서나 '준처분적 부분'을 통해서 그것을 정당하게 자리매김할 수 있다. 이에 관해선 졸고, 조치적 명령 내지 개별사건규율적 명령에 대한 권리보호에 관한 소고, 124면 이하(追論 : 행정법기본연구 Ⅰ, 434면 이하) 참조. 일반처분에 대한 상세는 정하중, 법규명령과 행정행위의 한계설정, 저스티스, 1977.6, 35면 이하 참조.

접적으로 발생할 것"이 담겨지는 식으로— 처분의 개념적 징표를 좀더 정연하게 다듬을 필요가 있다. 끝으로 행정행위의 존부의 물음은 권리보호의 제공 여부를 결정짓는 것이 아니라, 권리보호의 형식을 결정짓는 것임을 유의하여야 한다. 즉, 행정행위의 부인은 취소소송만을 배제하지 결코 司法的 권리보호 자체를 배제하지는 않는다. 이 점에서 현재 당사자소송이 제대로 활용되지 못함은 법치국가원리의 구현에 배치된다고 하겠으며, 그러므로 앞에서 본 바대로 행정의 작용형식체계에 부합되는 행정소송의 종류를 마련하여야 한다.

Ⅶ. (항고소송의) 원고적격판단기준으로서 "정당한 이익"의 도입의 問題點

1. "새로운 원고적격판단기준"의 도입 논의의 현황

'논의안' 에 의하면 처분등의 개념을 크게 완화한 것과 상통하게 원고적격을 확대하고자 하는 것이 대체적인 의견이다. 그리하여 행정의 적법성보장이라는 행정소송의 목적을 주안점에 두고서 원고적격의 인정범위를 '정당한 이익' 으로 규정하고자 하는 제1안과, '정당한 이익' 으로 인해 광범한 원고적격의 인정에 반대하여 그에 갈음하여 '직접적이고 구체적인 이익' 이나 현재의 '법률상 이익' 으로 규정하고자 하는 입장이 있다.

박정훈 교수는 항고소송의 원고적격을 확대하기 위하여 현행법 제12조 제1문의 '법률상 이익' 을 '정당한 이익' 으로 대체하여 이를 "취소소송은 처분의 취소를 구할 정당한 이익이 있는 자가 이를 제기할 수 있다"고 수정하고, 그에 맞춰서 동조 제2문 역시 "처분 등의 효과가 기간의 경과, 처분 등의 집행 그 밖의 사유로 인하여 소멸된 뒤에도 또한 같다"고 수정할 것을 주장한다. "법률상의 이익" 개념을 버리고 "정당한 이익" 개념을 도입해야 한다는 이 같은 주장의 출발점으로 박정훈 교수는, 현행법이 "법률상 이익"을 원고적격의 징표로 삼음으로 말미암아 그것이 독일법상의 "권리"와 동일하게 이해되어, 우리네와 본질적으로 다른 독일 취소소송의 원고적격의 관점이 혼입될 우려가 있다고 지적한다. 그리하여 "독일 취소소송에서의 원고적격은 「당해 행정행위로 인해 권리를 침해받았음을 (가능성있게) 주장하는 자」이고 실제로 권리를 침해받았는가 여부는 본안단계의 문제인 반면, 우리 판례에서는 아예 원고적격 단계에선 「권리침해」 유무를 판단하고 본안요건 단계에서는 오직 객관적 위법성만을 문제삼는다"는 점을 들어, 우리 항고소송의 원고적격을 독일법적 바탕에서 논하는 것은 잘못이라고 강변한다. 아울러 우리의 판례가 독일에서 주창된 보호규범이론과는 본질적

으로 다른 방식으로 당해 규정의 사익보호성을 검토하고 있다고 강조한다.[95)]

반면 정하중 교수는 우리 현행 항고소송이 위법한 행정작용에 의하여 침해되는 개인의 권리구제를 위한 주관적 소송의 성격을 전제하고서, 이 같은 성격은 개정법에서도 계속 유지되어야 할 것과, 원고적격과 관련하여 해석상 논란이 되는 "법률상 이익" 개념을 포기하고 대신 독일 행정법원법 제42조와 같이 행정청의 작위나 부작위를 통하여 "자신의 권리가 침해가 되었음을 주장"할 것을 주장한다.[96)] 아울러 원고적격확대의 방안으로 제시되는 "보호가치가 있는 이익"이나 "구체적 이익"의 개념에 대해서, 이들은 처음부터 일반화가 가능한 기준을 포기하고 모든 것을 개별사안에 맡기기에 법적 불안정성을 조장한다는 점과, 원고적격에서 법률과의 고리를 단절하고 순수한 사실성에 근거지우려는 시도는 만인소송의 위험을 발생시킨다는 점을 강하게 지적한다.

2. "정당한 이익"의 도입에 대한 異議

원고적격을 확대하기 위해 제시되는 여러 방안 가운데 "정당한 이익"의 도입은 확대범위의 측면에서 다른 방안에 비할 수 없다. 그 동안의 학설의 논의 폭을 크게 뛰어넘는 변혁이 이루어지는 셈이라는 지적[97)]과 같이, "정당한 이익"의 도입은 행정소송법 나아가 행정법학의 개편과 관련한 논의에서 태풍의 눈이다. 따라서 여기선 이것의 문제점에 초점을 맞추고자 한다. 생각건대 원고적격의 확대 그 자체는 아무런 반론이 제기될 순 없지만, 그것은 가능성이론, 수범자이론,[98)] 보호규범이론에 관한 전향적이고 세심한 고찰을 통해서 이루어져야 한다. 여기에는 현행의 행정구제체계의 구조상의 미비점에 못지 않게 학계에서의 주장이 재판실무에서 충분히 반영되지 않은 현실의 문제점을 선행적 · 동시적으로 고려하여야 한다.

---

95) 동인, 앞의 글, 82면 이하. 그리고 박정훈 교수는 "정당한 이익" 개념을 통해 원고적격을 확대할 당위성으로서 다음과 같은 지적을 한다. 즉, ⅰ) 민주주의와 법치주의의 정착과 사법부의 책임의 제고를 위하여, 원고적격에 있어 법률과의 연결고리를 끊고 구체적 이익상황으로 나갈 것이 필요하다. ⅱ) 항고소송은 주관소송이 아니라 객관소송이기에 행정의 적법성 통제의 기회를 넓게 포착하여야 한다. 그럼으로써 오늘날 자칫 시위 등 비공식적인 문제해결에만 의존하게 되는 건축 · 환경 등의 문제를 행정소송이라는 법적 절차로 담아낼 수 있다. 아울러 박정훈 교수는 이 같은 방식으로 원고적격을 확대함에 따라서 얻어지는 주요한 결과를 다음과 같이 주장한다. 즉, ⅰ) 이로써 독일식의 권리개념은 물론 종래 판례가 고수하고 있던 근거법률과의 연결고리를 끊음과 동시에 항고소송의 주관소송적 뉘앙스를 제거할 수 있게 된다. ⅱ) "새로운 처분" 개념의 도입을 통해 항고소송의 대상을 공행정작용 전체로 확대하는 경우에는 이러한 원고적격의 개념은 매우 중요한 역할을 수행하게 된다. ⅲ) 이런 '취소를 구할 정당한 이익'이 시민단체의 원고적격을 인정할 수 있는 발판이 된다. 그리하여 독일에서와 같이 특별법으로 단체소송의 원고적격을 별도로 규정할 필요가 없다.

96) 동인, 앞의 글, 26면 이하.

97) 최송화, 한국의 행정소송법 개정과 향후방향, 96면.

98) 대법원 1995.8.22. 선고 94누8129판결을 계기로 우리의 경우에도 불이익처분의 당사자와 관련해선 受範者(相對方)理論이 통용된다고 봄직하다. 동지: 정하중, 앞의 글, 30면.

(1) 항고소송의 객관소송적 이해와 관련한 논의

(가) 원고적격과 위법성의 牽聯性의 문제

"정당한 이익"이 도입되어야 한다는 논거로 제시되는 "우리의 항고소송 구조에는 독일 취소소송의 원고적격상의 논의가 전혀 부합하지 않다", "항고소송은 주관소송이 아니라 객관소송이다"는 지적과 관련해선 세심한 숙고가 요구된다. 여기서 전자의 착안점이자 출발점이 바로 후자이다. 이들에 대한 문제점은 이미 앞에서 행정재판의 기능에서 살펴보았다. 물론 행정소송법 제12조-엄밀히 보자면 제1문-상의 원고적격에 관한 규정이 주관적 권리침해를 담고 있지 않으며, 원고적격과 위법성의 牽聯性을 명문으로 요구하고 있지 않기에, 항고소송의 주관소송적 위상에 의문을 가질 법하다. 여기서 상기해야 할 것이 바로 행정소송법 제1조가 동법의 목적이 "행정청의 위법한 처분 그밖에 공권력의 행사·불행사 등으로 인한 국민의 권리 또는 이익의 침해를 구제하는 데" 있음을 명시한 점이다. 따라서 현재의 법상황 그 자체로서도 주관적 권리침해의 요소와, 원고적격과 위법성의 牽聯性을 충분히 도출해 낼 수 있다. 즉, 행정소송법 제12조의 원고적격 규정의 해석의 출발점은 바로 동법 제1조의 목적이기에, 취소가 구해질 처분 등은 "당연히" 위법한 것이고, 원고적격에는 "당연히" 권리침해를 전제로 한다. 따라서 동조상의 "법률상 이익"은 물론, "처분" 개념에 관한 대법원의 판례[99]는 이상과 같은 전제적 이해를 갖고서 바라보아야 한다. 다시 한번 강조하지만, 원고적격에 관한 논의 즉, 행정소송법 제12조의 해석은 마땅히 행정소송법 제1조와 연계하여 행해져야 한다.

(나) 취소소송의 소송물의 문제

소송물이라 함은 소송의 객체 즉, 분쟁의 대상이자 법원의 심판의 대상이다. 아울러 소송물은 원고의 소송상의 청구를 가리킨다. 취소소송에서의 소송물이 무엇인지 행정법 문헌상 다투어지고 있는데, 크게 세 흐름으로 대별된다.[100] 우선 '행정처분으로 인하여 생긴 위법상태의 배제'를 취소소송의 소송물로 보는 입장[101]과 '처분 등의 위법성' 내지 '처분의 위법성 일반'을 취소소송의 소송물로 보는 입장[102]이 있다. 특히, 박정훈 교수는 후자의 입장에서 "계쟁처분 및 계쟁처분과 그 근거사유(규율내용)에

---

99) 대법원 1995.12.12. 선고 95누11856판결 등; 1999.8.24. 선고 97누7004판결 등.

100) 참고문헌: 김남진, 취소소송의 기판력과 국가배상소송과의 관계, 고시연구, 2000.12, 190면 이하; 박정훈, 취소소송의 소송물에 관한 연구-취소소송의 貫通槪念으로서의 소송물개념의 모색-, 법조 526호, 2000.7, 93면 이하; 문병효, 행정소송에서의 소송물논의-취소소송을 중심으로-, 고려대대학원 석사학위논문, 1997.12.

101) 김도창, 일반행정법론(상), 1993, 745면.

102) 이상규, 신행정법론(상), 1997, 797면: 김철용, 행정법 I, 2001, 456면; 김동희, 행정법 I, 2002, 745면: 박윤흔, 최신행정법강의(상), 2002, 909면 등.

있어 기본적 사실관계가 동일한 처분의 위법성 일반"으로 취소소송의 소송물을 정의한다.[103] 이에 대해서 김남진 교수님은 취소소송의 소송물을「위법한 처분 등에 의하여 자기의 법률상 이익이 침해되었거나 필연적으로 침해될 것이라는 원고의 주장」으로 새기는데,[104] 상당수의 문헌이 약간의 차이는 있지만 비슷한 궤를 취한다.[105]

한편 많은 문헌들이 판례의 태도가 전자의 입장에 선 것으로 판단을 내리며, 그 논거로 특히 대법원이 1989.4.11.에 선고한 87누647판결을 들고 있다. 동 판결은「과세처분취소 소송의 소송물은 그 취소원인이 되는 위법성 일반이다」라고 설시하였는데, 이를 계기로「조세소송의 목적물은 과세관청이 결정한 소득금액의 존부이다」[106),「과세처분취소소송의 소송물은 그 취소원인이 되는 위법성 일반이고 그 심판의 대상은 과세처분에 의하여 확인된 조세채무인 과세표준 및 세액의 객관적 존부이다」[107],「과세처분취소소송의 소송물은 과세관청이 결정한 세액의 객관적 존부이다」[108]라고 설시되었다. 이 같은 판례에서 나타난 "위법성 일반"이나 "객관적 존부"란 표현들은, 취소소송의 소송물이 '위법성일반'이고 항고소송이 객관소송적 성격이라는 주장의 착안점을 제공한다고 여겨질 만하다. 그러나 관련 판례에 대한 세심한 분석이 따라야 하는데, 여기선 특히 87누647판결이전에 나온 판례를 함께 고찰하여야 한다.[109] 이런 판례들을 살펴본 즉, 여기서 "위법성 일반"이란 표현은「과세처분의 취소소송에서 과세처

103) 동인, 취소소송의 소송물에 관한 연구, 107면.

104) 동인, 행정법 Ⅰ, 2002, 646면.

105) 류지태, 앞의 책, 469면: 홍정선, 행정법원론(상), 2002, 850면; 홍준형, 행정구제법, 527면 이하; 김성수, 앞의 책, 780면.

106) 대법원 1989.12.22. 선고 88누7255판결; 1992.9.22. 선고 91누13205판결.

107) 대법원 1990.3.23. 선고 89누5386판결.

108) 대법원 1997.5.16. 선고 96누8796판결; 1997.10.24. 선고 97누2429판결.

109)「과세처분 취소소송의 심리대상은 과세관청이 결정한 소득금액의 존부이므로 과세관청은 그 변론 종결시까지 당해 과세처분에서 인정한 과세표준액 등이 객관적으로 존재함을 인정할 수 있는 모든 자료를 제출하여 그에 의하여 소득금액의 존부를 판단할 것을 주장할 수 있는 것이므로 부과처분 당시의 처분이유 뿐만 아니라 그 처분사유로 되지 아니한 사실도 주장할 수 있다」(대법원 1980.10.14. 선고 78누345):「과세처분에서 인정된 세액의 다과에 다툼이 있는 경우에 있어서 과세처분이 위법한 것인지의 여부는 그 세액이 정당한 세액을 초과하는 가의 여부에 의하여 이를 판단한다. 과세처분의 취소소송은 과세처분의 실체적. 절차적 위법을 그 취소원인으로 하는 것이므로 그 심리의 대상은 과세관청이 결정한 과세가액의 존부라고 풀이하여야 할 것이니 소송당사자는 과세처분 취소소송의 변론종결시까지 과세표준액 등의 존부 내지 범위에 관한 모든 자료를 제출하고 그때까지 제출한 자료에 의하여 과세처분의 적법여부를 판단할 것을 주장할 수 있다」(대법원 1984.9.25. 선고 84누2판결);「과세처분의 세액의 다과에 관하여 다툼이 있는 경우 그 과세처분의 적법여부는 그 세액이 정당한 세액을 초과하느냐의 여부에 따라 판단하여야 한다.나. 과세처분의 취소를 구하는 소송은 그 과세처분의 실체적 및 절차상의 위법을 그 취소원인으로 하는 것이므로 소송당사자는 그 소송의 사실심변론종결시까지 과세원인과 과세표준액등에 관한 모든 자료를 제출할 수 있고 그 자료에 의하여 과세처분의 적법여부를 주장할 수 있다」(대법원 1985.12.10, 85누418) ;「과세처분이란 당해 과세요건의 충족으로 객관적, 추상적으로 이미 성립하고 있는 조세채권을 구체적으로 현실화하여 확정하는 절차이고, 과세처분의 취소소송은 위와 같은 과세처분의 실체적, 절차적 위법을 그 취소원인으로 하는 것으로 서 그 심리의 대상은 과세관청의 과세처분에 의하여 인정된 조세채무인 관세표준 및 세액의 객관적 존부 즉 당해 과세처분의 적부가 심리의 대상이 되는 것이고 납세자의 실제의 과세표준이나 세액자체는 심리의 대상이 되는 것은 아니다」(대법원 1987.11.10. 선고 86누491판결).

분의 실체적, 절차적 위법이 그 취소원인으로 되는 것」을 나타낸 것이고, 아울러 여기서의 "객관적 존부"란 표현은 과세처분의 적법여부를 가늠하는 정당한 세액의 초과여부와 결부된 "객관적"(sachlich)인 것과 관련이 있지, 주관적(subjektiv) 권리보호에 대한 반대적 의미에서의 "'객관적"(objektiv)인 것과는 무관하다. 이 점에서 87누647판결은 오해의 근원이라는 비판을 가할 수 있으며, 하루바삐 이것이 정비되어야 할 것이다.

독일에서의 소송물논의를 보더라도, 과거 Niese가 1950년대에 행정법원의 주된 기능이 적법성통제라는 것을 근거로 우리의 판례와 같은 주장을 전개한 바 있었다.[110] 이에 대해 Eyermann/Fröhler가 불허되는 만인소송과의 구별이 불가능할 우려가 있음을 들어 취소소송이란 "객관적 위법성"의 물음을 위하여 수행될 수 없음을 통렬히 비판하였다.[111] Detterbeck 역시 동 견해가 이론상 허용되지 않는 방법으로 단순한 선결물음을 소송물의 서열로 끌어 올려 행정소송법에 내제된 권리구제기능을 간과하였다고 비판하였다.[112] 요컨대 일본의 통설–권리침해 유무가 취소소송의 소송요건이기에 독일과는 달리 권리침해는 전혀 고려치 않고 행정행위의 위법성만을 소송물로 본다–[113] 을 그대로 전수한 듯한 우리 판례의 태도는, 우선 소송법학에서의 소송물에 관한 논의수준에 부합하지 않을 뿐더러, 자신이 전제하는 취소소송의 형성소송적 이해[114]와도 背馳될 우려가 있다. 그래서 항고소송을 주관소송으로 보면서, 권리침해를 배제한 채 '위법성 일반'을 소송물로 본다는 것은 相馳된 주장이기에 수정되어야 한다. 원고적격의 물음과 본안상의 이유구비성의 물음은 비록 나누어지나, 양자가 결코 고립분산적 관계에 놓이지 않는다.[115] 요컨대 비록 우리 판례가 원고적격 단계에선 '권리침해' 유무를 판단하고, 본안심리 단계에선 처분의 위법성만을 문제로 삼는다 하더라도, 여기서의 '위법성'은 권리침해를 전제로 한 "주관적 위법성"이지, 결코 객관소송의 빌미를 제공하는 "객관적 위법성"은 아님을 지적하고자 한다. 그리고 만인소송(민중소송)을 배제하기 위함이 원고적격의 본질적 의의인 점을 고려하면, 소송구조를 주관적 권리의 관철이 아닌 객관적인 법(행정)통제를 지향점으로 삼는 것은 소송제도의 基底를 顚覆할 우려가 있다. 행정소송제도의 기본구조의 붕괴를 가져다 줄 첨병으로 기능할 수 있는 이 같은 문제점에 관한 인식이 요구되며, 그 단초를 부지불식간에 제공하지 않기

110) Niese, JZ 1952, 353ff.

111) Eyermann/Fröhler, VwGO, §121 Rn.10a.

112) Detterbeck, Streitgegenstand und Entscheidungswirkung im Öffentlichen Recht, 1995, S.155f.

113) 일본에서도 통설에 대한 비판으로, 취소소송이 확인소송이 되는 것이 아니나, 구제제도로서 중요한 역할을 해야 할 취소소송의 목적이 달성될 수 없다고 지적된다고 한다. 이에 관해선 김남진, 취소소송의 기판력과 국가배상소송과의 관계, 192면 이하 참조.

114) 대법원 1996.2.9. 선고 95누14978판결 등.

115) 가령 비록 원고적격의 필터기능이 미미하다 하더라도 여기서 주관적 권리침해여부와 관련하여 얻어진 인식이 본안에서 이유구비성여부를 심사함에 있어서 직접적으로 중요성을 갖는다. Vgl. Lorenz, a.a.O., S.297.

위한 판례상의 세심한 배려가 요구된다.

(다) 보호규범이론의 문제

한편 개개의 위법사유에 대응하여 '근거규정'의 사익보호성을 탐구하는 독일과는 약간 다르게, 우리의 경우에는 '근거규정' 하나 하나에서 사익보호성을 탐구하는 반면,[116] '근거법령' 일반에서도 사익보호성을 탐구하고 있다.[117] 이러한 간극에 대해선, 사법규정과 공법규정의 차이점은 물론 세심한 고찰의 결여로 인한 부작용(국가의 개입의 확대에 따른 법집행의 부전과 사적 자치의 저해 등)을 충분히 인식하지 못한 채, '국민의 권익구제의 확대'란 기치에서 판단을 내린 善意의 결과의 소산으로 받아들여야 한다. 이 점은 인인소송과 공권확대화의 시발인 '연탄공장설치허가사건'[118]에서도 여실히 확인될 수 있다. 권리와 의무가 사법의 영역에선 원칙적으로 대응관계에 서나(자연채무에는 제외), 공법의 영역에선 기본적으로 그렇지 않다. 그래서 법규위반의 결과가 다르다. 즉, 사법에선 강행규정위반(위법성)은 당연히 권리침해를 동반하나, 공법에선 그렇지 않고, 관련규정(!) -법률 그자체를 준거점으로 삼으면 자칫 공법의 특유성이 상실되고, 법률의 집행부전이 초래될 우려가 있다- 이 개인적 이익을 보호하여야만, 비로소 권리침해가 인정된다.[119] 여기에는 국민이 국가와의 관계에서 더이상 국가적 배려의 단순한 객체가 아니라, 적어도 자신의 매우 중요한 이익이 문제되는 한, 국가에 대한 주관적 권리의 주체가 되었다는 것을 전제로 한다. 行政法의 主觀的 權利化(Subjektivierung des Verwaltungsrechts)와 行政法의 個人化(Individualisierung)라는 개념은 이러한 사정의 변화를 상징적으로 표현한 것이다. 일찍이 Ossenbühl은 이러한 변화를 행정법체계상의 코페르니쿠스적 전환이라 명명하였다. 따라서 현재의 판례의 태도는, 그 기본방향성에서 독일에서 주창된 보호규범이론과 궤를 같이 한다고 평가를 내릴 수 있다.[120] 한편 독일과는 달리 제소권의 성부가 개인적 이익상의 관련성에 좌우되는 식으로 하여 다소 객관적 통제를 특징으로 하는 프랑스법의 영향을 많이 받은 유럽공동체법상 권리보호체계로 인해서 독일의 보호규범이론 및 그에 의거한 원고

116) 특히 대법원 1998.9.4. 선고 97누19588판결 참조.

117) 대법원 1998.4.24. 선고 97누3286판결.

118) 대법원 1975.5.13. 선고 73누96 · 97판결.

119) 위법의 개념에 관해선, 김연태, 행정소송의 기능: 취소소송을 중심으로, 216면 주10) 참조.

120) 동지: 정하중, 앞의 글, 27면. 한편 우리도 그렇지만, 독일의 경우에도 건축법상의 인인보호의 범주에 관한 명시적 언급은 극히 드물다. 통상적으로, 개개의 규정의 문언과 의미목적을 해석하는 방법으로서, 주관적 인인보호가 그것에서 도출되는지 여부와 그 정도를 결정한다. 독일의 대부분 문헌은 Finkelnburg/Ortloff의 서술을 좇아서, 일반적 인인보호규범과 부분적 인인보호규범으로 나눈다. 전자는 일반적으로 택간공한규정(Abstandsflächenregelungen)이 이에 해당하는데, 이것의 위반은 곧바로 허가방지청구권과 보호청구권을 성립시킨다. 반면 후자는 특히 오염(근린폐해)과 관련한 보호목적을 지닌 건축법상의 요청이 이에 해당하는데, 여기선 위법으로 인한 인인법익의 침해 정도가 수인할 수 없거나 현저할 것이 요구된다. Vgl. Finkelnburg/Ortloff, Öffentliches Baurecht, 4.Aufl., 1998, S.220ff.

적격 논의가 영향을 받고 있다. 그렇지만 이런 변화로 인해 독일의 권리보호체계가 권리피침자소송(Verletztenklage)에서 이익관련자소송(Interessentenklage)로 바뀔지 여부는 여전히 불투명하다. 오히려 1996.11.1.의 제6차 행정법원법개정을 통해 동법 제47조의 규범통제상의 신청권의 요건으로, 불이익(Nachteil)이 아니라 주관적 공권상의 관련성을 명시하였다. 그리고 최근 EuGH가 공동체법상의 규정이 시민을 "보호"하여야 한다는 점을 명시적으로 강조한 점[121]을 들어 동법원이 독일적 특징인 보호규범이론에 동조하는 것 같다고 주장된다.[122]

(2) 민주적 · 법치국가원리와 관련한 논의

민주주의와 법치주의의 정착과 사법부의 책임의 제고를 위하여, 원고적격에 있어 법률과의 연결고리를 끊고 구체적 이익상황으로 나갈 것이 필요하다는 주장과 관련해선, 이는 권력분립주의, 특히 오늘날에 주창되는 기능적 권력분립론에 의한다 하더라도 의문스럽다. 법관의 법률과 법에의 구속이 법관은 단순히 추상적 형식적 법률에만 구속되는 것만으로는 충분치 않고 동시에 실질적으로 정당한 법발견을 지향해야 한다는 적극적 의미를 가진다 하더라도,[123] 일차적 출발점은 법률구속의 원칙이라는 사실을 沒却해서는 안 된다. 다시 말해, 사법부의 책임을 제고한다는 이상이 법치국가원리의 무색을 초래한다면 그것은 본말의 전도이다. 현재에도 법원은 거듭하여 중대한 공익상의 필요가 인정되면 법규에 명문의 근거가 없더라도 거부처분을 할 수 있다거나,[124] 수익적 행정행위에 있어서는 법령에 특별한 근거가 없더라도 그 부관으로서 부담을 붙일 수 있다거나,[125] 행정행위의 철회에 법적 근거가 요구되지 않는다[126]는 태도를 취하고 있다. 이런 상황에서 "정당한 이익" 개념을 도입하여 '처분의 취소를 구할 가장 적합하고 정당한 지위에 있는 자' 가 원고적격을 갖는다고 함으로써, 법률과의 연결고리를 절연한다는 것은, 자칫 法治國家(Rechtsstaat)를 -법원을 최고국가기관으로 설정한다는 의미에서의- 法官國家나 法曹國家(Richter- oder Justizstaat)나 訴訟國家(Prozeßstaat)로 誤導할 우려가 있다.[127] 물론 법치국가가 입법의 절대성을 신봉하는

121) EuGH, EuZW 1995, 636.

122) Stern, Die Einwirkung des europäischen Gemeinschafts auf die Verwaltungsgerichtsbarkeit, JuS 1998, S.769(771).

123) 윤재왕, 법관의 법과 법률에의 구속, 고려대대학원 석사학위논문, 1989, 113면.

124) 대법원 2002.10.25. 선고 2002두6651판결; 2000.7.7. 선고 99두66판결 등.

125) 대법원 1997.3.11. 선고 96다49650판결.

126) 대법원 1992.1.17. 선고 91누3130판결.

127) '두밀분교폐지조례사건' 에서 대법원 1996.9.20, 95누7994판결의 원심(서울고법 1995.5.16. 선고 94구11554판결)이 「… 지방자치단체가 제정하는 조례는 일반, 추상적 규범으로서 통상 행정청의 구체적 행위가 개입되지 않으면 개인의 권리의무 내지 법적 지위에 직접적, 구체적으로 영향을 미치지 않으므로 원칙적으로는 항고소송의 대상인 행정처분에 해당하지 않으나, 이와 같이 "입법행위의 형식을 취하였더라도"(!) 조례에 기초한 행정청의

法律國家(Gesetzesstaat)로 되어서도 안 된다. 즉, 보호규범이론의 사실상 폐기가 가져다 줄 중대한 문제점 즉, 자칫 대통령을 매개로 한 행정 및 의회의 민주적 정당성이 형해화되고, 반면 법원의 판단이 專斷的으로 행해질 가능성을 염두에 두어야 한다. 요컨대 국민주권시대에 있어서 민주적 정당성의 상대적 우위는 행정이나 의회에 있지, 결코 법원에 있지 않다. 국민의 권리구제의 확대가 특정 부처의 사물관할의 확대로 이어짐을 경계하여야 한다. 이와 함께 이계수 교수가 행정법학계가 이익형량의 관점에서 문제를 해결하려는 행정판례의 대세를 추종하다가는 자칫 행정법학이 판례의 태도를 사후적으로 정리하는 '카주이스틱'으로 충분하게 될 수 있음을 비판적으로 지적하였음[128]은 시사하는 바가 크다.

또한 "정당한 이익" 개념의 도입으로 시민단체의 원고적격을 인정할 수 있는 발판이 된다는 지적과 관련해선, 민주적 정당성의 존재의 측면에서 문제가 있다. 그것이 도입되면 원고적격여부의 가늠척도는 당연히 당해 처분으로 시민단체에게 어떠한 피해가 생겼는가가 아니라, 설립취지, 활동상황, 구성원 등에 비추어 취소소송을 제기할 수 있는 정당한 지위에 있는가에 모아진다. 그러나 시민단체의 원고적격 인정에 단순히 그 시민단체가 추구하는 목적의 정당성 등에 사로잡혀선 곤란하다. —NGO가 New Government Organisation처럼 느껴지듯이— 오늘날 우리 현실에서 시민단체는 민주적 정당성을 지닌 국가기관을 대신하다시피 하는데, 법원이 "정당한 이익"을 매개로 하여 이것의 소송당사자지위를 판단하는 것은 자칫 국민이 부여하는 민주적 정당성의 의미를 沒却시킬 우려가 있다. 시민단체를 매개로 한 일부 국민의 소리가 법원을 통해 주도적으로 실현되는 것은, 법관국가 · 소송국가의 우려와 함께 자칫 법원 스스로를 이익단체의 대결상황에 빠뜨릴 수 있다. 법원이 아닌 의회를 통한 방법이 민주적 정당성을 우월적으로 담보한다. 따라서 국민으로부터 민주적 정당성을 부여받은 의회가 특별법으로 단체소송의 원고적격을 규율하여 인정하는 것이 바람직하다.

(3) "정당한 이익"의 도입에 따른 문제점

만약 "법률상 이익"을 버리고 "정당한 이익"으로 원고적격성을 가늠하여 '처분의 취소를 구할 가장 적합하고 정당한 지위에 있는 자'가 원고적격을 갖는다고 함으로써, 법률과의 연결고리를 절연한다면, 이는 법원이 "법률상의 쟁송"을 심판할 권한을 갖는다고 규정한 법원조직법 제2조를 정면으로 위반하는 것이다.[129] 그리고 행정심판과

구체적 처분을 기다리지 않고 조례 그 자체에 의하여 직접 개인의 권리의무에 직접 구체적인 효과를 발생하게 된다면 순수한 입법에 그치지 않는 행정소송법상의 행정처분으로서…」라고 판시하였는데, 이 또한 法治國家를 法官國家나 司法國家로 換置시킬 우려가 있다.

128) 동인, 규범과 행위, 공법연구 제29집 제1호, 2000. 11., 43면 이하 참조.

129) 동지: 김남진, 참여정부와 공법제도의 개혁, 177면.

행정소송의 차이점이 몰각되어 재량행위에 있어 "부당한(비합목적적인) 처분으로 인한 권리훼손(권리제한 · 권리개입)(Rechtbeeinträchtigung)"까지 행정소송의 범주에서 다툴 수 있게 됨으로써, 결과적으로 행정재량의 고유함 내지 그것의 존재이유가 부정될 우려가 있다. 더군다나 "정당한 이익" 개념을 통해서 항고소송의 주관소송적 뉘앙스를 제거할 수 있다는 박정훈 교수의 지적이 시사하듯이, 그것의 도입이 항고소송의 객관소송적 이해를 제도화하는 착안점이 될 수 있다. 따라서 만약 원고적격의 판단기준으로 "정당한 이익"이 도입되면, 이는 헌법을 비롯한 관련 법률이 취하고 터를 잡은 주관적 권리보호의 근본체계를 일거에 허물어버릴 것이다.

그리고 "정당한 이익"이란 본래 '권리보호의 필요'의 요청이 법률상으로 표현된 것인데,[130] 침해되었다고 하는 주관적 권리의 성립의 물음인 원고적격에 끌어들일 수가 없다. 가령 독일 행정법원법 제43조 제1항의 확인소송에서의 "즉시확정의 정당한 이익(ein berechtigtes Interesse)"은 그네들 행정법원법 제42조 제2항상의 "권리"와 민사소송법 제256조 제1항상의 "법적 이익(ein rechtliches Interesse)"보다 넓기에, 그것들뿐만 아니라, 기타 법질서에 의거한 합리적 고려에 비추어 보호할만하다고 인정되는 경제적, 사상적, 순전한 인격적 종류의 모든 이익까지도 포함한다.[131] 그리하여 여러 문헌들이 "제소권을 통해서 최종적으로 권리침해의 구체적 가능성을 확인소송에 몰래 移入시키는 것은 확인소송의 보충성을 규정한 행정법원법 제43조 제2항에 배치된다", "법(률)관계의 필요성으로 인해 이미 萬人的 訴求는 배제되기에 권리침해의 공허하다"고 지적하고 있다.[132]

3. 행정소송법 제12조의 정비

그런데 주관적 소송의 본질에 배치되는 현상이 발생하게 된 원인이 무엇인지 탐문할 필요가 있는데, 이 물음은 입법적 정비와 연계된다. 항고소송의 객관소송적 이해와 취소소송의 확인소송적 이해가 수용될 수 없다 하더라도, 그것들과 관련하여 제시되는 논거들은 새삼 곱씹어 보아야 한다. 왜냐하면 실정법과 판례의 치밀한 분석을 통한 설득력있는 논거를 바탕으로 하고 있는 이 같은 주장은 그간 당연하게 여겨온 기본바탕에 대한 심각한 의문을 제기하기 때문이다. 오히려 현행 행정소송법 제12조는 이런 문제점을 처음부터 배태하고 있었다고 평할 수 있다. 즉, 이런 상황의 우선적 원인은

130) Lorenz, a.a.O., S.119, S.374f. 독일 행정법원법 제43조 제1항, 제113조 제1항 제4문 참조:「원고가 즉시확정에 정당한 이익을 가지는 경우에 소를 통해서 법률관계의 존부 또는 행정행위의 무효의 확인을 구할 수 있다」(독일 행정법원법 제43조 제1항).

131) Hufen, a.a.O., §18 Rn.22; Kopp/Schenke, VwGO §42 Rn.23; BVerwGE 74, 1(4).

132) Hufen, a.a.O., §18 Rn.26; Lorenz, a.a.O., S.298.

바로 동조 그 자체에서 찾아야 한다. 우선 처음부터 誤解誘發源인 "법률상 이익"보다는 "권리"란 용어를 규정하였다면, 이를 둘러싼 소모적 논의가 없었을 것이다. 그런데 이런 용어상의 사용에 못지않게 중요한 것이 바로 그 서술표현이다. 동조는 "원고적격"이란 표제하에 "취소소송은 처분등의 취소를 구할 법률상의 이익이 있는 자가 제기할 수 있다"고 규정하기에, 여기서의 법률상 이익(권리)이 일체의 "대응권"(Reaktionsrechte)을 의미하는지 아니면 권리침해행위의 대상이자 전제인 "1차적 법적 지위"(Primärrechtsstellung)를 의미하는지 불분명하다. 물론 판례의 일반적인 서술에 비추어 후자를 의미함이 분명하다.[133] 여기에는 협의의 소이익인 "권리보호필요성'까지 포함되어 있다고 볼 수 있다. 이 점에서 독일 행정법원법 제42조 제2항이 취소소송과 의무이행소송이 원고가 행정행위 또는 행정행위의 거부나 부작위로 인하여 자신의 권리가 침해되었음을 주장하는 경우에만 허용된다고 규정한 것은 좋은 참조가 된다.[134]

한편 행정소송법 제12조의 제2문과 관련해선, 그것의 성격과 위상이 문헌상으로 계속적으로 다투어지고 있으며, 그에 수반하여 제2문상의 "법률상 이익"의 해석과 다양한 주장이 전개되고 있다. 특히 김남진 교수는 행정소송의 근간인 취소소송의 체계와 원고적격 문제에 오해를 초래하지 않도록, 동문을 독일에서의 계속적 확인소송과 같이 하루바삐 바르게 정비하여야 한다고 강력히 주장하고 있다.[135] 따라서 동문과 관련하여선, 誤解誘發源인 "법률상 이익"을 버리고 "정당한 이익" 개념을 받아들이는 것이 타당하다. 다만 이럴 경우에는 당연히 동문을 원고적격의 표제로부터 독립시켜 규정하여야 한다.[136] '논의안'이 그간의 문헌상의 지적을 수용하여 사실상 독일에서의

---

133) 「행정처분에 있어서 불이익처분의 상대방은 직접 개인적 이익의 침해를 받은 자로서 원고적격이 인정되지만 수익처분의 상대방은 그의 권리나 법률상 보호되는 이익이 침해되었다고 볼 수 없으므로 달리 특별한 사정이 없는 한 취소를 구할 이익이 없다」(대법원 1995.8.22. 선고 94누8129판결).

134) 우리 행정소송법 제12조(원고적격)와 독일 행정법원법 제42조 제2항을 바로 대비시키는 것은 문제가 있다. 우리의 경우 동조를 일반적으로 당사자적격, 소송수행권, 정당한 당사자의 물음으로 다루나, 독일의 많은 문헌들은 제소권(Klagebefugnis) 차원에서 이를 다룬다. Lorenz, a.a.O., S.296f.:「자신의 권리가 침해되었다는 법률상 요구되는 주장(권리침해주장)을 통해서, 불복한 고권적 행위를 사법심사에 처하게 할 원고의 소송상의 권능이 성립하게 된다(제소권, Klagebefugnis). 이것은 행정소송의 독자적인 법제도로서 민사소송의 소송수행권(Prozeßführungsbefugnis)과 기능상으론 비견되나 본질적으론 비견될 수 없다. 양자는 상이한 차원에 놓인다. 소송수행권은 권리를 자신의 이름으로 소송상으로 주장할 권능으로서 원칙적으로 소제기로써 주장된 실체적 권리주체성(원고의 본안적격, Aktivlegitimation)으로부터 별 어려움없이 도출되기에, 극히 이례적으로 그것의 부재시에만 의의를 갖는다. 이에 반해서 행정법원법 제42조 제2항에 의한 제소권은 행정법원에의 소송으로써 주장된 권리와 관련있는 것이 아니라, 이 권리에 선행하는 법적 지위와 관련이 있다. 즉, 이것의 침해가 소송을 통해서 추구되는 권리를 비로소 성립하게 한다」.

135) 동인, 앞의 책, 658면 이하 참조. 追論: 행정소송법 제12조 제2문의 문제점에 관해선 본서 92면 이하 참조.

136) 이런 시비의 존재와 더불어, 본질에 걸맞지 않게 '원고적격'에 둔 현재의 법상황을 취소소송의 확인소송적 이해의 근거로 삼는 것은 적절치 않다. 만약 취소소송이 확인소송이라면, 행정소송법 제12조 제1문만으로 충분하지 그밖에 동조 제2문의 존재 자체가 필요하지 않다. 왜냐하면 처분 당시에 갖고 있었던 위법성을 확인한다는 것은, 처분의 효과가 소멸된 이후에도 아무런 문제없이 가능하기 때문이다.

계속적 확인소송을 인정한 것이나 다를 바 없지만, 그것을 독립된 소송의 종류로 바로 자리매김할 것인지 아니면 독일 행정법원법 제113조 제1항 제4문과 같이 판결주문(Urteilstenor)에서 규율할 것인지에 관해 세심한 검토가 이루어져야 한다.

Ⅷ. 맺으면서

오늘날 행정재판의 기능의 변화는 우선 법원권한의 확대에서 찾을 수 있다. 과거부터 행정법원의 포괄적인 권한에 대해선 의문이 제기되었지만, 오늘날에는 재량과 불확정법개념에 관한 엄격한 사법심사와 제3자의 보호의 확대가 시사하듯이 이런 의문은 이미 가셨다. 그리고 행정이 법원에 의한 포괄적인 통제를 받아들이고, 판결을 원칙적으로 고려하여 자신의 활동을 판결에 견주어 가늠함으로써, 궁극적으로 판례가 좋은 의미에서건 그렇지 않은 의미에서건 행정활동의 주된 지침이 되고 있다. 그리하여 이런 가운데 분명한 사실은 독일도 그렇지만 우리 역시 행정재판이 정치적으로도 독립된 힘으로 발전되어 나갔다는 점이다. 이 힘은 개별사건에서 개인적 권리보호를 확고히 하고 소송당사자의 이익충돌을 중립된 제3자로서 중재할 뿐만 아니라, 다른 (행정과 입법의) 국가권력과 보완 · 협력하여 국가총체적으로 중요한 법발전기능을 수행한다.[137] 독일에서 종종 운위되는 "정책(정치)의 法化"(Verrechtlichung der Politik)나 "법관국가"의 개념은 사법권이 3권간의 균형을 위태롭게 하는 우위성을 갖지 않을까 하는 정당한 의문을 상징적으로 표현한다. 그런데 행정재판권의 확대가 법원으로선 늘 바람직하다곤 할 수 없다. 오히려 전통적인 행정재판의 관점에서 보자면 행정재판은 오늘날 딜레마에 봉착하고 있다. 즉, 한편으론 개괄조항, 주관적 공권과 관련이 있는 제3자의 제소권의 확대로 인하여 행정재판이 광범한 재판권한을 가지게 된 반면에, 다른 한편으론 법률이 불완정성, 모순성, 불확정성, 제한성을 띠어 고전적 법이론상의 정확한 통제규준을 행정재판에 제공하지 못하고 있다. 법원으로선 입법적 방향추가 없는 상황속에서 이익세력간의 다툼에 바로 노출되는 후자의 상황을 유의하여야 한다. 따라서 법치국가원리를 구체화하는 행정법은 입법, 행정(실무), 판례, 학계란 네 바퀴에 의해서 역동적으로 나아가야 한다. 행정소송법의 개정은 행정소송법 자체나 행정법영역을 넘어서 이제까지의 공법질서를 근본적으로 바꿀 수 있으며, 행정법의 존립에 심대한 영향을 미친다. 우리의 행정법을 마련하는 초석이 될 행정소송제도의 개편에는 그에 수반된 비용편익적 분석이 따라야 한다. 기왕에 구축되어 온 많은 것을

137) Brohm, Stellung und Funktion des Verwaltungsrichters, DV 24, 1991, S.137(144).

無로 돌리고 새 도화지에 새 그림을 그리기 위해서는 더욱 신중해야 한다.

요컨대 "새로운 처분 개념"과 원고적격판단기준으로서 "정당한 이익"의 도입은 함께 어우러져서 抗告訴訟의 客觀訴訟的 理解와 取消訴訟의 確認訴訟的 理解에 바탕을 둔 Konzept을 제도화시키는 교두보가 될 것이다. 국민의 권리구제의 확대는 그 자체로선 至善이지만, 여기에는 그것의 효과성과 더불어 전체 공법질서의 견지가 담보되어야 한다. 그렇지 않으면 자칫 법질서의 아노미로 귀결될 것이다. 행정의 작용형식의 태양에 따른 소송유형의 다양화는 소송법 차원에서만이 아니라, 오히려 다양한 작용형식을 통해 행정법 전반에 관한 심도있는 논의를 유발함으로써, 행정법학의 미래를 향도한다. 이 점에서 아직 행정법의 기본이론이 실정법적으로 정립되지 않았음을 감안하여 행정소송법을 "拔本的으로" 개정하는 것은 재고되어야 한다. 자칫 행정소송법의 개정이 행정법학의 진보를 제어할 수 있다. 따라서 행정소송법이 법치국가원리구현에서 畵龍點睛의 의미를 지닌다는 점에서, 현행의 행정절차법에 행정법의 기본원리를 포함한 실체적 내용까지 담아 그것을 행정법의 기본법으로 격상시킨 다음에 행정소송법의 개정을 도모하는 것이 바람직하다.

* 이 글은 서울대학교 BK21 법학연구단 법제도비교연구센터가 "행정소송의 현안과 과제"를 주제로 2003.5.30.에 주최한 2003년 제1회 학술회의에서 발표한 것을 바탕으로 수정을 가한 것이다.

* 참고문헌: 졸고, 行政訴訟의 種類의 體系에 관한 小考, 석종현 교수 화갑기념논문집 2003.10., 659면 이하; 명령(법률하위적 법규범)에 대한 사법통제에 관한 소고, 고시연구 2004.6., 159면 이하; 행정소송법개정안의 문제점에 관한 관견, 법률신문 3315호, 2004.11.; 行政規則과 憲法訴願審判, 헌법실무연구 제3권, 2007.12., 482면 이하.

제 4 장

失效한 行政處分에 대한 權利救濟에 관한 小考

-對象判決: 대법원 2006.6.22. 선고 2003두1684전원합의체판결-

Ⅰ. 對象判決의 要旨

[다수의견] 제재적 행정처분이 그 처분에서 정한 제재기간의 경과로 인하여 그 효과가 소멸되었으나, 부령인 시행규칙 또는 지방자치단체의 규칙의 형식으로 정한 처분기준에서 제재적 행정처분을 받은 것을 가중사유나 전제요건으로 삼아 장래의 제재적 행정처분을 하도록 정하고 있는 경우, 제재적 행정처분의 가중사유나 전제요건에 관한 규정이 법령이 아니라 규칙의 형식으로 되어 있다고 하더라도, 그러한 규칙이 법령에 근거를 두고 있는 이상 그 법적 성질이 대외적 · 일반적 구속력을 갖는 법규명령인지 여부와는 상관없이, 관할 행정청이나 담당공무원은 이를 준수할 의무가 있으므로 이들이 그 규칙에 정해진 바에 따라 행정작용을 할 것이 당연히 예견되고, 그 결과 행정작용의 상대방인 국민으로서는 그 규칙의 영향을 받을 수밖에 없다. 따라서 그러한 규칙이 정한 바에 따라 선행처분을 받은 상대방이 그 처분의 존재로 인하여 장래에 받을 불이익, 즉 후행처분의 위험은 구체적이고 현실적인 것이므로, 상대방에게는 선행처분의 취소소송을 통하여 그 불이익을 제거할 필요가 있다. 또한, 나중에 후행처분에 대한 취소소송에서 선행처분의 사실관계나 위법 등을 다툴 수 있는 여지가 남아 있다고 하더라도, 이러한 사정은 후행처분이 이루어지기 전에 이를 방지하기 위하여 직접 선행처분의 위법을 다투는 취소소송을 제기할 필요성을 부정할 이유가 되지 못한다.

그러한 쟁송방법을 막는 것은 여러 가지 불합리한 결과를 초래하여 권리구제의 실효성을 저해할 수 있기 때문이다. 오히려 앞서 본 바와 같이 행정청으로서는 선행처분이 적법함을 전제로 후행처분을 할 것이 당연히 예견되므로, 이러한 선행처분으로 인한 불이익을 선행처분 자체에 대한 소송에서 사전에 제거할 수 있도록 해 주는 것이 상대방의 법률상 지위에 대한 불안을 해소하는 데 가장 유효적절한 수단이 된다고 할 것이고, 또한 그 소송을 통하여 선행처분의 사실관계 및 위법 여부가 조속히 확정됨으로써 이와 관련된 장래의 행정작용의 적법성을 보장함과 동시에 국민생활의 안정을 도모할 수 있다. 이상의 여러 사정과 아울러, 국민의 재판청구권을 보장한 헌법 제27조 제1항의 취지와 행정처분으로 인한 권익침해를 효과적으로 구제하려는 행정소송법의 목적 등에 비추어 행정처분의 존재로 인하여 국민의 권익이 실제로 침해되고 있는 경우는 물론이고 권익침해의 구체적 · 현실적 위험이 있는 경우에도 이를 구제하는 소송이 허용되어야 한다는 요청을 고려하면, 규칙이 정한 바에 따라 선행처분을 가중사유 또는 전제요건으로 하는 후행처분을 받을 우려가 현실적으로 존재하는 경우에는, 선행처분을 받은 상대방은 비록 그 처분에서 정한 제재기간이 경과하였다 하더라도 그 처분의 취소소송을 통하여 그러한 불이익을 제거할 권리보호의 필요성이 충분히 인정된다고 할 것이므로, 선행처분의 취소를 구할 법률상 이익이 있다고 보아야 한다.

[별개의견] 다수의견이 선행처분의 취소를 구할 법률상 이익을 긍정하는 결론에는 찬성하지만, 그 이유에 있어서는 부령인 제재적 처분기준의 법규성을 인정하는 이론적 기초 위에서 그 법률상 이익을 긍정하는 것이 법리적으로는 더욱 합당하다고 생각한다. 상위법령의 위임에 따라 제재적 처분기준을 정한 부령인 시행규칙은 헌법 제95조에서 규정하고 있는 위임명령에 해당하고, 그 내용도 실질적으로 국민의 권리의무에 직접 영향을 미치는 사항에 관한 것이므로, 단순히 행정기관 내부의 사무처리준칙에 지나지 않는 것이 아니라 대외적으로 국민이나 법원을 구속하는 법규명령에 해당한다고 보아야 한다.

Ⅱ. 問題의 提起

대법원 2005.2.17. 선고 2003두14765판결을 대상으로 한 글에서, 필자는 "… 그런데 기존의 논증상의 난맥을 일소한 2003두14765판결의 意義는 여기에 그치지 않는다. 제재적 행정처분과 관련한 리딩판결인, 대법원 1995.10.17, 94누14148전원합의체판결의 도식(부령인 제재처분기준⇒행정규칙⇒사실상 불이익의 인정)으로부터 도그마틱적 왜곡(가령 '행정규칙의 내부적 구속력') 없이도 벗어날 단초가 마련되었다. 대상판결의 획기적인 논증방식은 불원간 기왕의 토대(가령 법규명령형식의 행정규칙의 문제)에 균열을 가져올 前兆로 여겨진다."고 지적하였다.[1] 그 예상이 대상판결을 통해서 실현되었다. 찬동과 아쉬움이 교차하는 대상판결에 관해선, 이미 지난 (2006) 10월 20일에 한국행정판례연구회에서 논의되었지만(발표자: 김해룡 교수, 석호철 부장판사), 이하에선 쟁점의 공론화를 도모하기 위하여 기왕에 논의되지 않은 것을 간략히 검토하고자 한다.

Ⅲ. '制裁處分의 基準'의 法的 性質의 問題

대상판결은 근거규정의 법적 성질과 유리시켜 법률상 (불)이익의 존부를 논증한다. 과거 대법원 1995.10.17. 선고 94누14148전원합의체판결이 근거규정의 성질(비법규성)에 연계하여 후자의 물음(법률상의 이익의 부정)에 접근하였다. 그러나 대상판결의 다수의견은 비록 '제재처분의 기준'에 대해선 종전과 동일한 입장을 취하면서도, 종전의 틀에서 벗어났다. 이는 대법원 1995.10.17. 선고 94누14148전원합의체판결에서 대법관 13인 가운데 6인이 취한 반대의견으로 회귀한 것이다. 나아가 근거규정의 법적 성질과 유리시켜 처분성을 처음 논증한 대법원 2005.2.17. 선고 2003두14765판결의 기조가, 대상판결로 굳어졌다.

그런데 대법원 2005.2.17. 선고 2003두14765판결이 보여주듯이, (동 기준에 의거하여 정해진 당초처분의 내용이 후행처분에 대해 법률상 불이익을 발생시킨다는) 이런 식의 논증에는 법률유보원칙과 결부된 후속적 물음이 뒤따른다. 모법(구 환경영향평가법)상의 불이익처분규정이 존재하고, 동기준의 내용이 그 범주에 들어간다 하더라도, 당초처분의 직접적 근거규정인 셈인 동기준의 법적 성질은 법률유보원칙에서 검토되지 않으면 아니 된다. 동기준의 법규성을 부인하면, 그에 의거한 처분은 설령 모법상의 규정내용에 들어간다 하더라도 그 자체로 위법이다. 왜냐하면 법률상 요구되는 재량행사를 전혀 하지 않은 셈(裁量懈怠)이 되기 때문이다. 이런 하자는 법원이 동 기준을 행정규칙으로 삼아 위법판단의 참고잣대로 활용한다 하더라도 치유되지 않는다. 결국 법원으로선, 의거하여 가늠된 처분 전체를 위법으로 돌리느냐 아니면, 동 기준을 법규명령으로 보아 규범통제의 여지를 둘 것인지 선택에 놓인다. 따라서 근거규정의 성질과 유리시켜 처분성을 논증한 결과가, 다름 아닌 처분근거규정의 법규성인정에로의 귀착이 될 수밖에 없다. 이상의 논증을 버리지 않는 한, 이는 非可逆的 結果이다.

한편 이상의 논증과 별도로 부령형식(시행규칙)인 '제재처분의 기준'의 법적 성질을

---

1) 졸고, 根據規定의 性質과 處分性여부의 相關關係에 관한 小考, 법률신문 제3375호, 2005.7.4.

법규명령과 행정규칙의 구분의 문제로 검토하고자 한다. 법규명령에 요구되는 형식적 기준(법규명령을 위한 전형적인 요건: 수권근거, 형식요청, 공표)은 (법규명령의) 적법성요건에 해당하지, 법적 성질을 가늠하는 징표가 될 수 없다. 물론 이런 형식적 요건이 존재하면, 사실상 법규명령으로 인정할 수 있으되, 다만 여전히 그 인정은 조건적일 따름이고 증빙적 가치만을 지닐 뿐이다. 물론 그렇다고 그것이 경시되어선 아니 된다. 궁극적으로 독일의 통설과 마찬가지로 실질적 기준에 의거할 수밖에 없다. 이에 해당 규정의 수범자, 내용, 법효과가 가늠자가 되긴 하나, 내용 가령 실질적 규율내용은 법규명령으로도 행정규칙으로도 나타날 수 있기 때문에, 수범자 및 의도된 법효과가 더 손쉬운 가늠자가 될 수 있다. 따라서 이상의 관점을 차별적, 형량적으로 동원하여 법적 성질을 규명하여야 한다.[2)]

생각건대 여기서의 '제재처분의 기준'의 수범자가 전적으로 행정청(공무원)인지 의문이다. 왜냐하면 동기준제정의 근거점이 법률상의 규정인 이상, 동기준의 수범자의 범주에는 당연히 국민도 포함되기 때문이다. 또한 사안에 따른 가중처분을 예정하고 있는 점에서, 동기준이 과연 행정내부사(사무처리준칙)에 불과한지도 의문이다. 요컨대 별개의견과 같이, 동기준은 내용적으로도 전적으로 법규이다. 한편 동기준의 법규성을 인정할 때 제기되는 문제가, 동기준이 재량규정으로서의 수권규정의 본질을 훼손할 때에도 법원이 전적으로 그것에 구속되어야 하는지 여부이다. 그것의 법규성(재판규범성) 인정과는 별도로 그것에 대한 규범통제의 가능성은 열려 있다. 개별적 정의를 실현하기 위해, 개별적 재량행사가 원칙이다. 법규성에 의거한 엄격한 他者拘束인 동기준은, 비구속의 가능성을 지닌 自己拘束으로서의 재량준칙(행정규칙)보다 더 강하게 재량행사를 제한한다. 따라서 그것의 내용이 획일적 기준과 실체에 부합하지 않는 기준으로 재량수권규정의 참뜻(재량의 본질)을 저해한다면, 하위법이 상위법을 수정한 셈이 되어 위법하게 된다.[3)] 돌이켜 보면, 형식상 훈령인 처분요령에 대한 대법원 1983.9.13. 선고 82누301판결을, 존재형식의 변경을 무시하고 그대로 따른 대법원 1984.2.28. 선고 83누551판결이 그간의 난맥의 근원이다. 하루바삐 여기서 벗어나야 한다.

---

2) Vgl. Maurer, Allg. VerwR, 15. Aufl., 2004, §24 Rn.37ff.

3) 이 점은 석호철 부장판사 역시 지적하였다.

Ⅳ. 取消訴訟의 權利保護의 必要의 問題

행정소송법 제12조의 제2문과 관련해서, 그것의 기본성격, 그것상의 "법률상 이익"의 이해, 그것상의 소송의 성격의 해석을 두고서, 입법론과 해석론의 관점이 중첩되어 논의가 분분하다. 제1문과 마찬가지로 원고적격의 차원에서 접근하는 입장에 대해서, 다수문헌은 權利保護의 必要(狹義의 訴利益)의 문제로 접근한다. 제2문상의 "법률상 이익"과 제1문상의 그것을 동일하게 볼 것인지, 달리 보아 전자를 후자에 비해 확대해석할 것인지 논란이 된다. 그리고 이 소송을 취소소송에서 바라볼 것인지, 독일에서의 계속확인소송에서 바라볼 것인지도 논란이 된다. 그런데 사안을 비롯한, 문제가 되는 대부분의 상황이 제소전에 처분이 소멸한 경우이다.

한편 독일 행정법원법 제113조 제1항 제4문상의 (진정한) 계속확인소송은, 취소소송을 제기한 후 행정행위가 소멸한 경우에 신청에 기하여 소멸한 행정행위의 위법성을 확인하는 것이다. 당초의 취소소송을 계속한다는 의미에서 계속적이다. 그것의 본질을 두고서, 취소소송의 하위경우로 "절단된 취소소송", "단축된 취소소송" 등으로 파악하는 것이 지배적이지만, 특별한 확인소송이나 일반확인소송으로 보기도 한다.[4] 한편 소제기전에 행정행위가 소멸한 경우, 그것의 위법성을 확인을 구하는 소송은, 명문규정이 없음에도 불구하고 기본법 제19조 제4항상의 권리구제방도의 보장에 의거하여 당연히 인정되었으되, 그 방법 즉, 그것의 성질이 문제되었다. 종래 독일에선 의견이 분분하였는데, 1967년의 "Schwabinger Krawallen"에 관한 판결을[5] 계기로, 이른바 "부진정 계속확인소송"으로 독일 행정법원법 제113조 제1항 제4문이 유추적용된다고 보는 것이 통설로 간주되었다. 그리하여 그들 취소소송에 요구되는 행정심판의 전치와 제소기간의 구속과 관련하여, 통설과 판례상 행정심판의 전치가 요구되지 않으면서, 제소기간의 구속은 요구되었다.[6] 그러나 1999년의 연방행정법원의 판결은[7] 해당 소송을 계속확인소송으로 유추적용하는 것을 의문스럽게 여겼을 뿐만 아니라, 제소기간의 구속을 부인하였다. 이에 따라 이런 변화를 저평가하는 입장도 있지만,[8] 해당소송은 (특별한) 확인소송에 해당하게 되었다.[9]

---

4) 논의현황은 vgl. Kopp/Schenke, VwGO Komm. 2000, §113 Rn.97.

5) BVerwGE 26, 161(165ff.).

6) 이런 현황은 vgl. Rozek, Neues zur Fortsetzungs feststellung sklage: Fortsetzung folgt?-BVerwGE 109, 203, JuS 2000, S.1162. Fn. 3.4.

7) BVerwGE 109, 203.

8) Schenke, Neue Wege im Rechtsschutz gegen vorprozessual erledigte Verwaltungakte?, NVwZ 2000, 1256ff.

이상의 논의는 기본적으로 실효된 행정행위를 소송대상으로 삼는 행정소송법 제12조 제2문과 관련하여, 시사점을 제공한다. 제2문은 제1문상의 원고적격의 被侵的 構造를 더욱 공고히 하면서도, 독일과는 달리 권리보호필요에 관한 특별한 고려를 명문화하였다. 실효한(不在인) 행정행위를 대상으로 한 것이 어울리진 않지만, -체계적 정당성의 물음과는 별도로- 법문상 실효한 행정처분에 대한 소송은 취소소송에 해당한다. 그 본질 내지 특이함은, 현재의 시점에서 미래를 위해 과거의 것을 문제삼는 것이다. 여기서의 취소를 위법성의 확인으로 볼 수도 있지만, 이는 '취소로 인하여 회복되는' 표현과 부합하지 않는다. 그것이 위법성확인에 그치면, 국가배상절차의 준비로선 문제가 없지만, 후행가중처분의 가능성을 막을 순 없다. 따라서 독일과는 달리 집행정지원칙이 도입되지 않은 이상, 후행처분의 근거를 없애기 위해선, 당초행위를 취소하여야 한다. 보통의 語義와는 달리, 여기서의 취소는 실효하기 전의 법상황을 대상으로 한다(소급적 취소, 취소의 시간적 이동). 제2문상의 "법률상 이익" 역시 제1문상의 그것과 동일하여야 한다. 여기서의 취소소송이 자칫 후행처분에 대한 예방적 소송으로 변환되지 않도록, 또한 '취소로 인하여 회복되는' 표현에 비추어, 제2문상의 "법률상 이익"은 당연히 처분으로 인해 침해받은 권리를 뜻한다. 계속확인소송상의 확인이익(정당한 이익)을 그것에 대입하는 것은 再考되어야 한다.[10] 소급적 취소에서의 관건은, 이미 실효한 것을 다툴 수 있게 하는, 권리보호필요적 모멘트이다. "소멸된 뒤에도"란 표현이 이 점을 함축한다. 권리보호필요를 가늠하는 데 있어서, 독일 계속확인소송상의 확인이익의 판단기준(반복위험, 명예회복이익, 국가배상절차 등의 준비, 지속적인 사실상의 기본권제한 등)이 주효하게 된다. 대상사안과 같이 후행가중처분이 문제되는 경우엔, 지속적인 사실상의 기본권제한이라는 측면에서 권리보호필요가 당연히 인정된다. 다만 권리보호필요성에 관한 법원의 전향적 입장으로, 자칫 그것과 대립된 가치-법적 안정성, 남소의 우려 등-가 과도하게 압도될 우려가 있기에, 균형추기능을 하는 집행정지원칙을 받아들이는 것이 바람직하다.

* 법률신문 제3507호 2006.11.20. 소수.

* 참고문헌: 김해룡, 행정소송법 제12조 후문의 협의의 소익과 부령의 법적 성질, 고시계 50권 12호(598호)(2006.12) 5면 이하; 정하중, 행정소송법 제12조 후단의 법률상 이익의 의미, 법률신문 제3688호, 2008.10.9.; 동인, 행정소송법 12조 후

9) 상세는 vgl. Fechner, Die Rechtswidrigkeitsfeststellungsklage-Sachentscheidungsvoraussetzungen verwaltungsgerichtlichen Rechtsschutzes gegen Verwaltungsakte, die sich vor Klageerhebung erledigt haben. NVwZ 2000, S.121ff.

10) Vgl. Hufen, VwProzR, 2003, §18 Rn.82.

단의 의미와 독일 행정소송법상의 계속확인소송, 저스티스 제107호, 2008.10., 269면 이하; 정남철, 행정소송법 제12조 후문의 해석과 보호범위, 행정판례연구 제14집, 2009, 307면 이하.

제 5 장

行政行爲의 公定力과 取消判決의 遡及效간의 衝突에 관한 小考

-對象判決: 大法院 2008.1.31. 선고 2007도9220判決-

Ⅰ. 對象判決의 要旨

피고인은 1997.8.23. 전라남도지방경찰청장으로부터 피고인이 특정범죄 가중처벌 등에 관한 법률 위반(도주차량)의 범행을 저질렀다는 이유로 자동차운전면허취소처분(이하 '이 사건 운전면허취소처분'이라 한다)을 받은 사실, 그 후 창원지방검찰청 진주지청은 1997.11.28. 피고인의 위 특정범죄 가중처벌 등에 관한 법률 위반(도주차량)의 범행에 대하여 무혐의처분을 한 사실, 전라남도지방경찰청장은 2007.6.8. 피고인이 위와 같이 무혐의처분을 받았음을 이유로 이 사건 운전면허취소처분을 철회한 사실 등을 알 수 있는 바, 이와 같이 피고인이 특정범죄 가중처벌 등에 관한 법률 위반(도주차량)의 범행을 저지른 사실이 없음을 이유로 전라남도지방경찰청장이 이 사건 운전면허취소처분을 철회하였다면, 이 사건 운전면허취소처분은 행정쟁송절차에 의하여 취소된 경우와 마찬가지로 그 처분시에 소급하여 효력을 잃게 되고, 피고인은 그 처분에 복종할 의무가 당초부터 없었음이 후에 확정되었다고 봄이 타당하다(대법원 2002.11.8. 2002도4597 판결 참조). 따라서 피고인이 2007.4.9.에 한 자동차운전행위는 무면허운전에 해당하지 않는데도, 원심은 판시와 같은 이유로 무면허운전에 해당한다고 오인하여 이 사건 공소사실을 유죄로 인정한 제1심판결을 그대로 유지하였으니, 원심판결에는 운전면허취소처분의 철회의 효력 및 무면허운전에 관한 법리를 오해하여 판결에 영향을 미친 위법이 있고, 이를 지적하는 상고이유의 주장은 이유 있다.

II. 問題의 提起

행정행위의 공정력이 문제되는 상황은 사안처럼 중간에 일정한 법사실이 생긴 경우이다. 일찍이 대법원 1993.6.25. 선고 93도277판결과 대법원 1999.2.5. 선고 98도4239판결은 행정행위의 공정력에 취소판결의 소급효를 곧바로 대입하여 행정행위의 공정력을 空洞化하였다. 대상판결 및 직접적인 참조판례인 대법원 2002.11.8. 2002도4597판결은 이런 기조를 그대로 수용하여 취소판결의 소급효적 관점을 부담적 처분의 철회에 연계시켜 철회의 소급효를 논증하였다. 양자 공히 취소판결의 소급효를 행정행위의 공정력에 관한 논의에 그대로 대입한 결과이다. 그리하여 일반적으로 인정되는 법도그마틱인 행정행위의 공정력이 전적으로 절차적 의미만을 지닌다고 확인된다. 판례의 이런 기조가 이미 행정법도그마틱상으로 확고히 굳어졌다고 할 것 같으면, 행정법문헌상의 행정행위의 공정력에 관한 일반적 논의는 지극히 공허할 수밖에 없고, 획기적인 방향전환이나 자기부정을 하지 않으면 아니 된다.

그러나 판례의 이런 기조는 핵심적인 행정법도그마틱을 顚倒시킨다. 즉, 행정행위론의 근간인 공정력의 본질 및 행정행위의 존재이유를 훼손하는 것이거니와, 자칫 취소소송의 성질까지도 통설에서 벗어나 확인소송으로 봄직한 前兆가 된다.[1] 무엇보다도 공권력행사에 대한 개인의 대응양상에 따른 법질서의 왜곡이 빚어질 수 있다. 가령 부담적 처분을 무시하고 범법행위를 저지르며 그것의 위법성을 다툰 자가, 부담적 처분을 따르면서 그것의 위법성을 다툰 자에 비하면 결과적으로 이익을 누리는 셈이 된다. 이 같은 결과를 전자가 후자에 비해 확고한 권리의식을 지녔다는 식으로 치부할 순 없다. 준법으로 인한 불이익의 초래는 자칫 법적 아노미와 법적 안정성의 붕괴로 이어질 수 있다.

III. 對象判決의 問題點

1. 撤回論證上의 問題點

원심은 행정행위의 철회가 있더라도, 철회이전에 범한 법위반에 대한 평가를 달리

---

1) 追論: 그리하여 박정훈 교수는 대상판결을 비롯한 판례의 흐름과 더불어 독일 행정절차법 제43조 제2항과 같은 조항의 不在를 들어, 취소소송의 성격을 종전의 일반적 이해인 형성소송적 성격과 배치되게 확인소송적 성격이라고 주장한다. 동인, 행정법의 체계와 방법론, 2005, 105면 이하; 행정소송의 구조와 기능, 2006, 382면 이하 참조.

할 순 없다고 본다.[2)] 행정행위의 철회의 효과가 통상 미래(장래)효(ex nunc)인 점에서, 원심은 행정행위철회론에 충실하며, 그 자체로선 수긍이 가는 논증이다. 반면 대상판결은 분명 행정행위의 철회의 차원에서 논증을 하면서도, 여기에 취소판결의 소급효를 대입시킨다. 그리하여 철회의 미래(장래)효가 수정되었다. 물론 철회의 효과를 일률적으로 미래효로 단정할 순 없고, 철회의 의미가 무의미할 수 있는 경우엔 그것의 소급효를 인정하지 않으면 아니 된다 가령 기왕에 보조금과 같은 급부가 행해졌는데 그에 요구되는 부담을 불이행한 경우엔, 철회효과를 소급적으로 설정하여야 한다.[3)] 따라서 철회의 미래효적 도그마틱의 수정이 설득력이 있게 논증되어야 한다. 오늘날 직권취소가 쟁송취소와는 엄연히 구별되고, 도리어 철회와의 공통점을 많이 드러내는 점에서, 철회에 쟁송취소의 법리를 대입시키는 것은 행정행위철회론에 혼란을 야기할 수 있다. 그런데 이미 대법원 2002.11.8. 선고 2002도4597판결이 이런 하이브리드적 논증을 하였고, 그것이 참조판례의 형식으로 그대로 대상판결에 이식되었다. 쟁송취소의 소급효를 그대로 대입한 것이 문제의 근원인 점과는 별도로, 여기선 관련 판례들이 왜 (부담적) 행정행위의 취소의 견지에서 바라보지 않았을까 궁금하다. 철회사유가 되는 새로운 사정의 발생은 원처분당시엔 고려되지 않은 것을 대상으로 한다. 하지만 사안에서 문제되는 것은 원처분당시에 이루어진 사실관계의 포섭이다. 사실관계를 제대로 확인하였더라면, 운전면허취소처분이 내려지지 않았을 것이다. 존재하지 않는 사실관계를 출발점으로 삼았기에, 성립당시에 이미 그것은 위법하였다.[4)]

요컨대 사안은 행정행위취소의 철회의 차원이 아닌 행정행위취소의 취소의 차원에서 접근하여야 한다. 그런데 행정행위취소의 취소에서 문제는, 후행 취소만으로 즉, 동종의 행정행위가 새로이 발해지지 않더라도, 원처분의 효과가 원처분당시에 소급하여 소생할 수 있는지 여부이다. 독일의 경우 일반적으로 취소나 철회의 취소는 문제되지 않고 철회의 철회가 다투어지는 반면, 우리의 경우 판례는 취소의 취소에 대해서 소극적이다.[5)] 만약 여기서 법원이 다른 입장을 가졌다면, -설령 공정력의 약화라는 결과에선 동일하다 하더라도- 구태여 쟁송취소의 소급효를 동원하기보다는 부담적 행정행위의 직권취소에서의 소급효인정을 통해 접근하지 않았을까 짐작하여 본다.

---

2) 광주지방법원 2007.10.18. 선고 2007노1453판결.

3) 김남진/김연태, 행정법 I, 2007, 309면; 김동희, 행정법 I, 2007, 358면.

4) Vgl. Kopp/Ramsauer, VwVfG Kommentar, 8.Aufl., 2003, §48 Rn.29. 追論: 동종의 사안에서 취소로 표현되어 있음에도 불구하고 철회적 접근을 강구한 하급심이 존재한다(부산지법 동부지원 2008.10.14. 선고 2008고정1174판결).

5) 대법원 1979.5.8. 선고 77누61판결; 1995.3.10. 선고 94누7027판결. 이에 대한 심도있는 비판으로 특히 류지태, 행정법의 이해, 2006, 94면 이하 참조. 그리고 대법원 1979.5.8. 선고 77누61판결에 대한 평석으로 김동희, 행정청에 의한 행정행위의 취소의 취소, 판례회고 제8호, 1980.12., 7면 이하, 대법원 2002.5.28. 선고 2001두9653판결에 대한 평석으로 박해식, 대법원판례해설 제41호, 2002.12., 130면 이하 참조.

2. 公定力과 관련한 問題點

철회적 접근에 취소판결의 소급효를 연계시킨 논증을 가능케 한 것이 바로 대법원 1993.6.25. 선고 93도277판결과 대법원 1999.2.5. 선고 98도4239판결이다. 이들은 부담적 처분(허가취소처분과 운전면허취소처분)에 위배하여 범한 법위반행위의 가벌성이 문제된 사안이다. 여기서 판례는 행정심판(93도277판결)과 행정소송(98도4239판결)에서 그 부담적 처분이 취소된 이상, 그 행정처분은 처분시에 소급하여 효력을 잃게 되고 따라서 "처분에 복종할 의무가 원래부터 없었음이 확정되었다"고 하여 그 법위반행위를 무죄로 선고하였다.

우리는 실체적 공정력을 규정한 셈인 독일 행정절차법 제43조 제2항[6]과 같은 조항이 없다. 그럼에도 불구하고, 우리 판례와 문헌은 강행규정에서 법률행위의 적법성과 유효성을 연계시키는 민법(제103조, 제104조)과는 달리, 행정행위의 공정력의 존재를 통해서 행정행위의 적법성과 유효성(법효과발생)의 불합치를 인정하고 있다.[7] 여기선 공정력의 인정근거 및 그에 따른 내용이 문제된다. 왜냐하면 적법성과 무관한 법효과발생은 그 자체가 법치국가적 원리에 대한 도발이기 때문이다.[8] 중대한 위법의 경우 무효가 인정되며, 불가쟁력이 발생하지 않는 한 위법한 행정행위를 다툴 수 있으며, 행정 역시 폐지할 수 있는 수단을 행사한다는 점에서, 그것의 용인에서 가장 걸림돌은 실정법적 근거의 부재이다. 참고로 독일의 경우 행정절차법에 (실체적) 공정력의 근거규정이 마련되기 전에는 그들 행정법원법상으로 행정행위에 대한 구분된 구제가능성(즉, 취소소송과 무효확인소송)에 의거한 쟁송법적 논거가 주효하였다. 특히 J. Ipsen은 행정절차법이전에 공정력을 아무런 의문 없이 긍정한 판례와 문헌의 일반적 태도를 두고서, 과거 O. Mayer가 주장한 자기확인설(자기증명설)을 基底에 두고 있다는 점과 그런 상황이 심지어 불문법적으로 인정되어 왔다는 점을 지적하고 있다.[9] 우리의 경

6) 「행정행위는 직권취소 · 철회 또는 다른 방법으로 폐지되지 않거나, 시간의 경과나 다른 방법으로 실효되지 않는 한, 유효함에 변함이 없다」

7) 追論: 공정력의 문제는 궁극적으로 –(상대방으로선) 위법하다고 여길 법 한 부담적 행정행위에 대한– 복종의무의 문제이다. 公的 安定力을 의미하는 公定力의 개념은, 다시 말해 "하자(또는 적법성)와 무관한 효력(유효성)"의 개념이다. 이런 취지를 더욱 극명하게 나타내는 것이 바로 프랑스에서의 공정력에 대응한 개념 즉, 豫選的 特權의 개념이다. 이에 의하면, 집행력이 있는 행정결정은 私法行爲와는 달리 법원에 의한 확인이 있기 전에 적법성의 추정을 받으며, 상대방에 대해서 구속력을 갖는다고 한다.

8) Ruffert, Erichsen/Ehlers(Hrsg.), Allg. VerwR, 2005, §21 Rn.1. 追論: Ruffert는, 법률이 효과적인 행정에 유리하게끔 독일 행정절차법 제43조 제2항 그 자체에 이런 규정을 두었고, 중대한 위법성의 경우엔 무효의 가능성을 열어 두었으며(동법 제44조), 위법한 행정행위를 폐지할 수단을 행정이 행사할 수 있으며, 일정한 기간이내에 위법한 행정행위에 대한 권리보호(권리구제)가 시민에게 인정되기 때문에, 그나마 그런 도발이 용인될 수 있다고 지적하였다.

9) Ders., Allgemeines Verwaltungsrecht, 2005, Rn.666ff. 追論: 여기선 일반행정절차법에 (실체적) 공정력의 근거규정이 마련되기 전 독일에서의 논의상황을 참고할 만하다. 과거 그들의 초기입헌주의시대에 國法學은 사소한 형식상 하자까지도 고권적 행위를 무효로 만든다고 보았다(무효원칙). 하지만 v. Mohl가 회고적 관점에서 미래적 관

우 독일과 비견한 실체법적 규정이 없기에,[10] -과거 Wolff/Bachof가 주창하였듯이-[11] 법치국가원리의 발현인 법적 안정성에 공정력의 법적 근거를 둘 수밖에 없다. 이는 단순한 이론적 근거를 의미하진 않는다. 따라서 당연히 공정력은 그 자체가 실체적 성격을 지닐 수밖에 없다. 만약 행정쟁송취소의 반사적 효과라는 점이 강조되어 그것이 순전히 절차적인 데에 그친다면, 행정행위폐지이전 그 중간에 발생한 법사실은 자칫 법외적 사건으로 치부될 우려가 있다. 나아가 취소소송과 무효확인소송간의 제도적 구별이유가 거의 없어진다.

Ⅳ. 맺으면서 -拔本的인 해결책-

여기서 쟁송취소의 소급효에 관해서도 생각할 점이 있다. 비록 공정력에 관한 명문의 규정이 없더라도, 취소판결의 효력을 독일처럼 원칙/예외의 관계에서 접근하였으면,[12] 사안처럼 중간에 법사실이 생겼더라도 이상에서 지적한 법적 평가의 불합리한

점에로의 관점상의 변화를 개진한 다음, Zöpfl와 Zacharia는 법효과도그마틱과 권리보호(권리구제)사고간의 상관관계를 설정하였다. 즉, 적법성이 의문스러운 고권적 행위에 대한 제소권은, 잠정적인 복종의무의 인정과 불복종의 명백히 위법한-무효인- 행정행위에로의 국한에 합치한다고 하였다. 법규범과 행정행위의 하자효과에서의 이런 차별적 접근은 18세기 중반 이후에 이미 독일 공법학의 지배적 도그마틱이 되었다. 이런 맥락에서 O. Mayer는 "개개 시민의 법률행위(권리창설행위)는 적법성을 입증하지 못하면 효력이 없는 반면, 행정청이 자신의 일반적인 권한안에서 결정을 내리면 행정청과 아울러 그의 행위의 유효성(유효함, Gültigkeit)을 위한 특별한 요건이 주어져 있다는 점을 확인한다. 이러한 자기확인(Selbstbezeugung)과 그로 인한 행위의 효력발생(Wirksamkeit)은 상위의 권한에 의해서만 극복될 수 있다"고 하였다(自己確認說)(ders., Deutsches Verwaltungsrecht Ⅰ, 1895, S.94ff., S.100 Anm.7.). 행정행위의 이러한 존속력은 후대에 와서 심지어 독일 基本法하에서도 의문시되지 않았거니와, 도그마틱적으로 논리정연하게 근거가 지워지지도 않았다. 行政行爲論의 상당 부분이 행정절차법을 통해 실정법화되기 전에, -행정법의 일반원칙의 하나로- 행정행위의 효력과 그것의 적법성의 무관함이 판례에서 전개되었다(우리와 정반대의 상황). 대표적으로 Forsthoff는, "행정행위는 그것의 적법성이나 하자있음에도 불구하고 언제나 국가권위의 표명이고, 그 자체로서 준수에 관한 청구권을 갖는다. … 행정행위는 그것이 규범의 放射이어서 통용되는 것이 아니라, 국가적 권위가 그것에 통용을 부여하였기 때문이다. 따라서 법률과 합치하지 않는 행정행위 역시 하자있긴 해도 반드시 무효는 아니다"고 기술하였다(國家權威說)(ders., Verwaltungsrecht Ⅰ, 10Aufl., 1973, S.224).

10) 追論: 그리하여 대부분의 문헌들은 취소쟁송제도를 뒷받침하는 실정법상의 규정(행정심판법 제4조, 행정소송법 제4조)을 -간접적인- 근거로 들며, 나아가 행정행위의 직권취소를 인정하는 규정은 물론, 현행법상의 집행부정지의 원칙(행정심판법 제18조 · 제21조, 행정소송법 제20조 · 제23조)을 들기도 한다. 그러나 김성수 교수는 원래 공정력이론은 실정법적 근거와는 무관하게 전개되어 온 것이어서 행정쟁송제도의 반사적 효과로 공정력을 인정하는 것은 결과적으론 이해되지만 그것의 근거를 실정법에서 찾고자 하는 기교적 해석론이라고 지적한다. 동인, 일반행정법, 2008, 291면.

11) Wolff/Bachof, VerwR Ⅰ, 9. Auf., 1974, S.414. 追論: "행정행위는 객관적인 법의 해석과 적용에 관한 권위있는 결정을 포함한다. 이런 결정이 형식상으로 현존하는 한, 누구든 법적 안정성을 위하여 그것의 신빙성을 신뢰하여야 한다. 위법한 행정행위의 (잠정적인) 유효성의 원칙은 법치국가에선 이런 점에 근거를 둔다". 한편 Forsthoff가 주장한 국가권위설과 Wolff/Bachof가 주장한 법적 안정(성)설은 전체적으로 비슷한 맥락에 있다고 한다. Vgl. J. Ipsen, Rechtsfolgen der Verfassungswidrigkeit von Norm und Einzelakt, 1980, S.93; 홍정선, 행정법원론(상), 2009, 366면.

12) Hufen, VwProzR, 2003, §38 Rn.31; Schoch/Schmidt-Aßmann/Pietzner, VwGO, 1999, §113 Rn.34. 追論: 박균성 교수 역시 취소판결의 소급효가 법치주의의 내용을 이루는 법적 안정성을 침해하는 경우에는 명문의 규정(예: 대법원행정소송개정의견상의 법규명령의 취소의 경우) 또는 판결에 의해 예외적으로 제한될 수 있다고 본다. 동인, 행정법론(상), 2009, 1131면.

불평등을 피할 수 있었을 것이다. 나아가 근원적으로 공정력의 인정에 대한 대응기저로 집행정지의 원칙이 채용되었으면, 사안의 전개가 전혀 달랐을 것이다. 독일 연방헌법재판소는 집행정지효의 원칙을 공법쟁송의 근본원칙으로 보아, 집행정지와 집행부정지가 원칙과 예외의 관계에 놓이며, 만약 이런 관계를 역전시키는 행정실무는 위헌이라고 판시하였다.[13] 법치국가원리적 의문점과는 별개로 집행부정지의 원칙은, 사안에서처럼 법치국가원리에 입각한 행정법도그마틱의 전개를 방해하기도 한다. 금번 행정소송법개정움직임에서 집행정지요건의 완화가 강구된 점은 호평할 만하나, 법치국가원리에 기하여 拔本的 해결책을 도모하는 것이 바람직하다.[14] 사안에선 공정력, 취소판결의 효력 그리고 집행정지와 관련한 문제점이 종합적으로 표출된 셈이다. 요컨대 입법정책적 고려가 법치국가원리를 좌절시킬 순 없으며, 우리의 특유한 법제도라고 하여, 橘化爲枳가 되어선 아니 된다.

* 법률신문 제3634호, 2008.3.17. 소수.

13) BVerfG NJW1974, 227; NJW 1980, 35(36).

14) 追論: 이런 문제인식에서의 접근은 행정법기본연구 I, 26면 이하 참조.

제 6 장

獨逸의 規範統制制度에 관한 槪觀과 그 示唆點에 관한 小考

Ⅰ. 처 음 에[1)]

규범통제란 상위법의 규준에 맞춰서 법규범의 효력(통용)을 심사하는 것이다.[2)] 우리의 경우 (법규)명령에 대한 직접적 통제가 현행 헌법상으로 허용되는지 여부는 치열하게 다투어지는 주제이다.[3)] 이런 치열한 논의상황은 입법시도에서도 그대로 반영되고 있다. 즉, 2007.11.19.에 국회에 제출된 법무부 행정소송법개정안은 현재와 마찬가지로 규범통제에 대해서 아무런 언급을 하지 않았지만, 반면 대법원 행정소송법개정

---

1) 이 글은 중앙법학회 정기총회학술대회(2009.2.21.)에서 同名으로 발표한 것을 추가·보완하고 대폭적으로 생략한 것이다. 아울러 여기서의 논의는 한국행정판례연구회가 2008년에 대법원으로부터 수탁받은 연구과제(과제명: 행정입법에 대한 사법적 통제-영국·미국·독일·프랑스·일본을 중심으로-)를 공동연구자로 수행한 것이 그 기초가 되었음을 밝혀둔다.

2) 독일의 경우 법집행행위인 행정행위를 규범과 엄격히 구분하는 반면, 프랑스에서의 행정행위(acte administratif)는 법규적인 것과 비법규적인 것을 함께 아우른다. 미국의 경우에도 행정입법이 원칙적으로 administrative action의 한 유형으로서 사법심사의 대상이 된다.

3) 논의현황은 박균성, 法規命令에 대한 抗告訴訟의 諸問題, 조해현(편집대표), 행정소송(Ⅰ)(2008), 240면 이하; 졸고, 행정소송의 종류의 체계에 관한 소고, 현대공법이론의 제 문제(석종현교수 화갑기념논문집), 2003.10., 659면 이하 참조. 이밖에 독일의 규범통제에 관해선 박정훈, 행정입법에 대한 사법심사-독일법제의 개관과 우리법의 해석론 및 입법론을 중심으로-, 행정법연구 제11호, 2004.5., 125면 이하; 강현호, 독일의 규범통제절차에 대한 소고, 토지공법연구 제43집 제2호, 2009.2., 379면 이하 참조.

의견(2006.9.)은 (행정)처분과 명령을 함께 취소소송의 대상으로 삼고 있으며, 그에 따른 나름의 제도적 장치를 두고 있다. 즉, 대법원 개정의견은 취소소송의 대상인 명령으로 국가기관의 명령 · 규칙 및 지방자치단체의 조례 · 규칙을 규정하며(제2조 제1항 제2호). 이 명령 등에 대해선 취소소송 · 무효등확인소송 · 의무이행소송 · 예방적 금지소송에 관한 조항들이 –특례의 적용이 유보된 채– 원칙적으로 그대로 적용된다.

규범통제에 관한 각국의 입법례는 매우 다양하다. 각국 나름의 전통과 전체 사법시스템에서 형성되었다. 특히 독일의 경우엔 司法의 진압적 통제(심사)의 전통에 따라 다른 국가에 비해 직접적 규범통제가 상대적으로 낮은 비중을 가지며, 다소간 어색하게 여겨지기도 한다. 이런 태도는 그들 행정법원법 제47조에 따른 행정법원에 의한 규범통제의 대상이 한정인 점에서 그대로 나타나 있다. 물론 여기에는 규범통제가 가진 속성, 즉 예방적 통제가 갖는 광범한 파급효과(대상규범의 무효에 따른 후속효과)에 관한 나름의 고민이 전제되어 있다.

외국제도의 도입에는 비용편익의 관점이 필요하다. 기왕의 법제도가 결정적인 흠결을 드러내지 않는 한, 기왕의 우리 법제의 근간에 가장 근접하면서도 마찰을 최소화하여야 하며, 아울러 –체계정합성이 견지되는 한–여러 나라의 장단점을 충분히 반영하여야 한다. 물론 외국의 법제를 우리네에 그대로 대입할 수 없다. 여기에는 "00를" 배우는 자세를 넘어서, "00에서" 배우는 자세가 항상 요구되는데, 다만 "00에서" 배우기 위해선, 먼저 "00를" 배우기가 충분히 이루어져야 한다. 이하에선 이런 기본인식을 갖고서 독일의 규범통제제도의 주요내용을 살펴보고자 한다.[4)]

Ⅱ. 독일 행정법원법 제47조상의 규범통제의 성질과 목표[5)]

1. 규범통제의 성질

잠재적인 실체법적 규범충돌의 형식적인 결과로서, 규범통제는 원칙적으로 모든

---

4) 지면관계상 권리보호의 필요성, 假(잠정적)命令제도, 규범적 부작위와 관련한 규범발령(제정)소송의 문제는 생략하기로 한다. 중앙법학발표문, 21면 이하 참조.

5) 독일행정법원 제47조 [규범통제에 있어서 고등행정법원의 관할]

① 고등행정법원은 재판권의 범위 내에서 신청이 있는 경우 다음 각호의 1에 해당하는 법규범의 유효성(통용력)에 관하여 재판한다.

1. (연방)건설법전의 규정에 의하여 제정된 조례 및 건설법전 제246조 제2항을 근거로 한 법규명령
2. 州의 법률보다 하위에 속하는 다른 법규정. 다만, 이는 州법이 규정하는 경우에 한한다.

② 법규정 또는 그의 적용에 의하여 자기의 권리가 침해되었거나 가까운 장래에 침해될 것이라고 주장하는 모든 자연인 또는 법인 및 모든 행정관청이 법규정의 공포 후 1년 이내에 규범통제를 신청할 수 있다. 규범통제는 법규정을 제정한 단체, 영조물 또는 재단을 상대방으로 하여 신청한다. 고등행정법원은 법규정으로 관할에 영향을 받는 州와 다른 공법상 법인에게 일정기간 내에 견해표명의 기회를 부여할 수 있다. 제65조 제1항과 제4항과 제66조가 준용되어야 한다.

규범적용의 수반(부수)현상이다. 그런 충돌의 발생과 그것의 대처의 양상에 따라, 규범통제를 나눌 수 있다. 이런 구분은 구별되면서도 그러나 부분적으로 중첩된다. 그런데 일반적으로 통용되는 구체적, 추상적 규범통제의 나눔은 규범통제의 실질을 제대로 반영하지 못하는 구석이 있다. 규범통제에서 핵심은 심사 · 심판이후의 대상규범의 효력 문제이다. 이에 바르게 접근하기 위해선, 선결물음의 소재 여부보다는 심사 · 심판권과 관련하여 대상규범에 대한 직접적 판단을 내릴 수 있는가가 관건이다. 현행의 독일 위헌법률심판제를 보자면, 재판의 전제성과 법원의 제청이 있어야 하기에 분명 구체적인 통제이나, 그에 관한 심판을 헌법재판소가 전속적으로 행한다는 점이 결정적이다. 즉, 심판주체의 측면에서 본안인 대상규범의 심판이 중요하지, 그것에 이르는 과정이 선결물음을 거쳐야 하는지 여부가 중요하진 않다. 따라서 규범의 심판 · 심사주체의 지위를 분명히 할 수 있는 본안적 규범통제(eine prinzipale Normkontrolle)와 부수적 규범통제(eine inzidente Normkontrolle)로 나눔이 바람직하다.[6] 요컨대 독일 행정법원의 규범통제는 본안적이고 추상적인 것을 의미한다. 왜냐하면 그것은 선결문제의 방식으로 행해지지 않고, 절차의 주된 대상이고, 규범의 구체적 적용에서 벗어나 그것의 추상적 유효성(통용력)을 목표로 하기 때문이다.

2. 규범통제의 목표

독일 행정법원법 제47조에 따른 행정법원에 의한 규범통제는, 개개인과 관련이 있는 권리침해에 있어서만 그 개개인에게 보호를 제공하는 것을 목표로 하는 것이 아니

---

②a 건설법전 제34조 제4항 제1문 제2호와 제3호 또는 제35조 제6항에 따른 건축상세계획 또는 조례를 대상으로 한 자연인 또는 법인의 신청은, 공람(건설법전 제3조 제2항)또는 관련 公衆의 참여(건설법전 제13조 제2항 제2호와 제13조a 제2항 제1호)의 범주에서 주장할 수 있었음에도 불구하고 주장하지 아니하였거나 기간도과하여 주장한 異議만을 신청자가 주장할 때 그리고 참가의 범주에서 이런 법적 결과가 지적된 때에는 허용되지 아니 한다.

③ 법규정이 전적으로 주의 헌법재판소에 의하여 심사된다고 법률에서 규정하고 있는 경우에는, 고등행정법원은 당해 법규정의 州법과의 일치성을 심사할 수가 없다.

④ 법규정의 유효성에 대한 심사절차가 헌법재판소에 계속 중인 경우에는, 고등행정법원은 헌법재판소의 절차가 종료될 때까지 심리의 중지를 명할 수 있다.

⑤ 고등행정법원은 판결로 재판하거나, 또는 변론이 필요하지 않다고 판단하는 경우에는 결정으로 재판한다. 고등행정법원은 해당 법규정이 유효하지 않다(통용력이 없다)고 확신한다면 그 법규정을 무효라고 선언한다; 이 경우 재판은 일반적인 구속력이 있으며, 또한 재판의 주문은 피신청인에 의하여 해당 법규정이 공포되었던 것과 동일한 방법으로 공고되어야 한다. 재판의 효력에 대하여는 제183조가 준용되어야 한다.

⑥ 법원은 중대한 손해를 피하기 위하여 또는 다른 중대한 사유에 의거하여 긴급히 필요한 경우에는 신청에 의하여 假명령(einstweilige Anordnung)을 발할 수 있다.

* 이하 '법'으로 통칭하며, 아울러 본문상의 법률이나 법원은 독일의 것이어서 특별한 附加語를 덧붙이지 않았음을 밝혀 둔다.

6) 양자의 구분에 관해선 vgl. Gerhardt/Bier, in: Schoch/Schmidt-Aßmann/Pietzner, VwGO Komm. Bd. I, 16. Erganzungslieferung 2008, §47 Rn.7. 다만 Gerhardt는 본래적 규범통제 개념을 추상적 규범통제 개념과 동의어로 사용하기도 한다.

라, 현행법질서의 부분으로서의 규범의 존속을 밝히는 것을 목표로 한다. 즉, 행정법원에 의한 규범통제는 다음과 같은 이중적 목표설정을 제시한다.[7]

그것은 우선적으로 객관적인 법통제에 이바지함에 따라, 抗辯節次(Beanstandungsverfahren)로서 형성되어 있다.[8] 그 대상은 신청자의 구체적 주관적 권리침해가 아니라, 관련 규범의 추상적인 효력이다. 엄격한 용어사용에 따라 규범통제가 申請(Antrag)에 의해 개시되고 訴訟(Klage)이라 표현되지 않는 것이 시사하듯이, 신청자와 규범제정자가 직접적으로 당사자로 맞서지 않을 뿐 더러, 판결은 당사자간에서가 아니라 전체 법공동체에서 대세적으로 효력을 발휘한다. 그럼으로써 규범통제는 법적 명료성은 물론, -규범의 무효에 의거한 후속의 소송을 회피함으로써- 소송경제에도 이바지 한다.[9] 이런 점은, 비록 종전과 같은 불이익의 성립의 주장에 대신하여 (주관적) 권리침해의 주장을 현행의 신청요건으로 삼아서 개인적 관련성을 강화시켰다 하더라도 변함이 없다. 왜냐하면 신청의 인용에 대해 행정법원법 제113조 제1항 제1문에 상응하는 규율이 없기에, 항상 문제의 규정이 신청자의 권리를 침해하였는지에 좌우되진 않고, 그 규정이 위법(무효)인지에 좌우되기 때문이다.

주관적 요소가 반영된 셈인 주관적 법적 신청권이 증명하듯이, 행정법원에 의한 규범통제는 아울러 하위법규범에 대한 개인적 권리보호를 위한 중요한 기능을 수행한다.[10] 이 점은 -압도적 견해에 의하면- 기본법 제19조 제4항에 의해 보장되고 있으며, 행정법원법 제47조에 의한 본안적 규범통제를 통해서도 최적으로 실현된다. 왜냐하면 권리침해적 규범 그 자체가 이런 방식으로 제거될 수 있으며, 구체적인 개별경우에서의 규범의 유효화를 단지 부수적으로 배제한다는 식으론 제지될 수 없기 때문이다. 한편 여기서 주관적 요소의 가미는 규범통제의 객관법적 형성과는 아무런 상관이 없다.

그런데 독일에선 법률하위적 규범에 대한 법원의 규범통제의 도입이 헌법적으로 문제되었지만, 민주주의와 권력분립주의에 따른 의문은 가시었고, 도입반대주장은 주효하지 않는다.[11] 오히려 규범통제에 관한 현행의 제한이 헌법적 관점에서 의문의 여지가 있다고 지적을 받는다. 그리하여 건축상세계획 등과 같은 법률하위적 법규범이

7) BVerwGE 68, 12(14); BVerwG NVwZ 1988, 1119; Maurer, Rechtsschutz gegen Rechtsnorm, FS für Kern, 1968, S.287ff. 다른 견해로 Ziekow, in: Sodan/Ziekow, VwGO Komm. Stand 1998, §47 Rn.36f. Renck, Gesetzgebungsbefugnis und verwaltungsgerichtliche Normenkontrolle, DÖV 1996, 411, 는, 규범통제에 대해서 전적으로 객관적인 항변(이의제기)기능을 부여한다.

8) Vgl. Schmitt Glaeser, VwProzR, 14.Aufl., 1997, Rn.405.

9) Vgl. Kopp/Schenke, VwGO Komm., 14.Aufl., 2005, § 47 Rn.3.

10) Vgl. BVerwGE 69, 30(33); BVerwG NVwZ 1988, 1119; Kopp/Schenke,a.a.O., § 47 Rn.3.

11) Hufen, VwProzR, 5.Aufl., 2003, § 19 Rn.4.

직접적으로 시민의 권리에 개입하는 경우, 이는 기본법 제19조 제4항상의 '공권력'에 해당하는 점을 들어, -기본법 제19조 제4항이 본안적 규범통제의 도입을 반드시 요구하진 않는다는- 과거의 헌법재판소의 입장은[12] 더 이상 견지될 수 없다고 한다.[13]

Ⅲ. 규범통제신청의 기간

종전엔 무기한적 규범통제신청이 허용되었다.[14] 제6차 행정법원법개정법(1996.11.1)에 따라 1997.1.1.부터 법규정의 공포이후 2년의 제척기간이 도입되었다가,[15] 2007.1.1.부터 발효한 "도심개발계획완화법"(소위 "도심개발법": Gesetz zur Erleichterung von Plannungsvorhaben für die Innenentwicklung des Städte, "BauGB 2007") 제3조에 따라 건설법전 제215조상의 책문기간과 더불어 그 기간이 1년으로 단축되었다. 이런 제척기간의 도과에 대해선 원상복귀(Wiedereinsetzung)가 불가능하며,[16] 그 기간경과이후엔 규범통제신청이 허용되지 않는다. 그리하여 이런 제척기간제도에 대해선 우선 추상적 규범통제의 고유한 절차를 방해한다는 점, 신청기간이 지나더라도 부수적 규범통제에서 언제든지 규범의 효력불발생이 주장될 수 있기에, (무기한의 신청기간을 통해) 도리어 법적 안정성의 현저히 훼손을 피할 수 있다는 점이 비판으로 지적된다.[17] 요컨대 본안적 통제가능성의 시간적 제한은 전적으로 소송적 실권(Verwirkung)의 의의를 갖는다. 그것은 규범의 하자성에서 실체법적으로 비롯된 불통용(무효, Ungültigkeit)은 물론, 계류중인 사건에서[18] 부수적인 고려까지도 제거한다. 한편 규범에 터 잡은 개별결정을 공박하는 경우에, 부수적 규범통제는 여전히 가능하다.

---

12) BVerfGE 31, 364(370) ; Kopp/Schenke, § 47 Rn.8. 가령 Berlin, Hamburg 등의 주는 상응한 주규율을 포기하였다.

13) Hufen, a.a.O., § 19 Rn.5. 그는 규범통제의 도입을 정하지 않은 諸 州의 경우에도 그것의 도입가능성은 여전하다고 강조한다.

14) 종전까지 건축상세계획의 하자는 건설법전 제215조의 책문기간(Rügefrist) 내에 주장되어야 하였다.

15) 본래 제6차 개정에서 연방행정부의 초안은 신청기간을 1년으로 규정하였는데, 연방참사원(Bundesrat)은 5년으로 하길 선호하였다. 법규범의 경우 그 하자가 발효된 이후 오랜 시간이 지나서 드러난다는 점이 비판으로 지적되었는데, 10년이 지나 "도심개발계획완화법"에서 본래 행정부가 의도한 바가 실현된 셈이다.

16) Lorenz, VwProzR, 2000, §26, Rn.49. 그러나 Hufen은 법 제60조에 따른 원상복귀가 주효하여야 한다고 강조한다. Ders., a.a.O., § 19 Rn.54.

17) Vgl. Kopp/Schenke, § 47 Rn.84. 한편 "도심개발계획완화법"에 따른 기간축소(2년→1년)와 관련해선, 효과적인 권리보호가 여전히 가능한 점에서, 그 기간축소가 효과적인 권리보호를 보장하는 그들 기본법 제19조 제4항에 합치한다고 한다(Battis/Krautzberger/Löhr, Gesetz zur Erleichterung von Planungsvorhaben für die Innenentwicklung der Stadte ("BauGB 2007") NVwZ 2007, S.121(127).

18) VGH BW VBlBW 1999, 343.

Ⅳ. 규범통제의 대상[19)]

1. 선행논의-독일에서의 行政作用形式의 가늠잣대[20)]

독일의 경우, 규범과 법집행이 錯綜하는 법현상(가령 個別事件規律的 命令)에 즈음한 권리구제방법과 관련해서, 그 가늠잣대가 (우리나 일본에서와는 다른 의미의) 형식적 행정행위 개념이냐 아니면 실질적 행정행위 개념이냐를 둘러 싼 논의가 전개되었다.[21)] 독일의 과거 지배적 입장은 실질에 초점을 맞춰, 독일 행정절차법 제35조에 따라서 실체법에서든 쟁송법에서든 행정행위의 존부를 위해선 행정조치의 형식이 아니라 그 내용이 규준이 된다는 점과, 따라서 행정행위개념은 실체적으로 파악해야 한다는 점을 주장한다. 그러나 오늘날의 지배적 입장은 형식을 일차적 규준으로 삼는다. 그리하여 행정행위와 같은 '個別事件的 規律'이 법률, 법규명령, 조례의 형식으로 발해진 경우에 내용적으론 행정행위에 해당할 순 있겠지만, 결코 형식상으론 행정행위가 아니며, 따라서 행정행위처럼 쟁송취소의 대상은 될 수 없고, 규범통제의 방법을 취해야 한다고 한다. 반면 만약 법규명령으로 발해야 할 것을 잘못하여 법규명령 대신에 행정행위로 발하였다면, (위법한 행정행위로서) 그것의 쟁송취소가 허용되고, (본안에서) 이유 있다고 한다. 즉, 행정행위와 명령의 구분을 위해선, 우선적으로 문제의 규율의 외부적 형식에 좌우되어야 하되, 다만 그 형식이 다의적이거나 -형식선택의 자유를 전제로 하여- 권리보호를 제한하기 위한 명백한 형식남용이 있는 경우에만 규율의 실질을 목표로 삼아야 한다.

그러나 이른바 '법규명령형식의 행정규칙'을 통해서 알 수 있듯이, 우리의 판례는 기본적으로 실질에 절대적 비중을 둔다. 그리하여 '두밀분교통폐합조례사건'에 관한 대법원 1996.9.20. 선고 95누7994 · 95누8003 판결은 이제까지 의례적 논의에 머물렀던 이른바 '처분적' 명령(조례)의 존재를 처음으로 시인하였다.[22)] 종래 광범하게 행하여졌던 법규헌법소원심판이 적어도 조례의 경우에는 보충성의 원칙으로 인해 더 이상 허용되지 않게 되었다. 그 후 서울행정법원 제1부 2005.9.1. 선고 2004구합5911判決

---

19) 독일은 주법차원의 규범에 국한하여 통제대상으로 삼는 반면, 프랑스에서는 법규명령도 월권소송의 대상이 되는 결정에 포함된다.

20) 이하의 내용은 김중권, 행정법기본연구 Ⅰ, 2008, 434면 이하 참조.

21) 독일에서의 형식적 행정행위(der formelle Verwaltungsakt)에 관한 논의는 일부 문헌에서 부분적으로 소개되긴 하였지만, 일본에서의 그것과 대비한 전개는 행해지지 않았다. 이에 관한 지적으로 특히 박정훈, 행정소송의 구조와 기능, 2006, 75면, 149(주9); 선정원, 독일 행정법상 행정행위 확장이론들의 등장과 발전, 공법연구 제27집 제2호, 1999.6., 519면 이하 참조.

22) 그러나 곧바로 처분성을 연상시키는 '처분적' 명령(조례)이란 용어는 하루바삐 시정되어야 한다.

은, '관세법 제51조의 규정에 의한 인도네시아 · 중국산 정보용지 및 백상지에 대한 덤핑방지관세부과에 관한 규칙'의 일부 내용에 대해서 처분성을 인정하였다. 그리하여 이제는 법규명령의 전형인 시행규칙까지도 처분성의 인정가능성이 열리게 되었다.[23] '조치적(처분적)' 명령이 행정작용형식의 하나(법규범형식의 행정처분)로 자리를 잡은 셈이다. 그리하여 행정작용법론 전체가 자칫 요령부득의 상황에 처하게 되었다.

2. 법률하위적 규범

통상 규범통제는 헌법재판에 속한다. 형식적 법률과 관련해서 법원의 적용배척권한은 권력분립과 기본법 제20조 제3항에 일치하지 않다고 한다. 같은 이유에서 독일 행정법원법 제47조도 법률하위적 규범에 규범통제를 국한하였다. 이에 따라 규범통제가 가능한 대상은 州法의 법률하위적(untergesetzlich) 법규정이다. 먼저 해당 규정은 그 자체로서 성립하여야 한다.[24] 아직 공표되지 않아서 절차상으로 불완전하여선 아니 되며,[25] 초안단계에 있는 경우도 마찬가지이다.[26] 그렇지만 -효력이 있는 규범의 성립을 방해하면서- 무효를 초래하는 하자(가령 조례의 서명의 또는 규범공포의 하자)는 이런 측면에선 상관이 없다. 실은 그런 규범의 심사가 바로 규범통제절차의 목표이다. 규범통제상의 무효선언은 원칙적으로 발급시점에 소급된다. 따라서 시간의 경과나 규범제정자의 폐지 · 변경결정에 의해 이미 실효한 법규정과 관련해서, 독일의 통설은 -이들이 결코 불이익한 효과를 더 이상 발휘하지 않는 한에 있어서, 비록 권리보호의 필요성의 결여로 (규범통제가) 허용되지 않더라도- 규범통제가 구조적으론 가능하다고 본다.[27]

3. 건설법의 규범

법 제47조 제1항 제1호상의 조례는 협의의 그것이다. 여기에 들어가는 것이 사업/개발계획(건설법전 제11조)을 포함한 건축상세계획(Bebauungsplan, 건설법전 제10조

23) 이에 대한 공감문헌으로 권순일, 재정경제부령에 의한 덤핑방지관세부과조치의 처분성 재론-기능적 관점에서-, 행정판례연구 제12집 191면 이하, 반면 비판으론 졸고, 이른바 처분적 시행규칙의 문제점에 관한 소고, 법률신문 제3478호, 2006.7.27.

24) 다만 규범의 발효를 꼭 필요로 하진 않는다. 따라서 공포이후 아직 발효하지 않은 규범의 경우, 장래의 권리침해가 시인될 수 있는 한, 규범통제의 대상이 될 수 있다. VGH Mannheim NJW 1976, 1706.

25) BVerwG NVwZ-RR 2002, 256. E68

26) 이 경우 임박한 규범에 대한 예방적 부작위청구소송이 인정될 수 있는 특별한 경우엔 예방적 부작위청구소송이나 확인소송이 고려된다고 한다. Hufen, a.a.O., § 19 Rn.25.

27) Vgl. BVerwGE 56, 172; 68,12(14); BVerwG DVBl. 1990, 366; VGH BW NVwZ 1984, 44.

28) 그런데 연방헌법재판소는 주법률의 형식으로 행해진 건축상세계획에 대해서도 규범통제의 해당성(적격성)을 시인하였다(BVerfGE 70, 35ff.).

제1항에 따른 조례)[28] 이외에, 가령 변경금지조례(건설법전 제16조 제1항), 장거리교통조례(건설법전 제22조 제1항), 경지정리조례(건설법전 제34조 제4항), 개발부담금조례(건설법전 제132조), 재개발조례(건설법전 제142조 제3항; 제165조 제6항), 유지조례(건설법전 제172조)이다. 한편 토지이용계획(Flächennutzungsplan)과 관련해선, 종전의 통설과 판례는 원칙적으로 법규범적 성격이 결여되기에 법 제47조 제1항 제1호상의 조례나 법규명령에 해당하지 않는 것으로 보았으며, 아울러 동항 제2호에 의해서도 포착할 수 없다고 보았다.[29] 그러나 2007.4.26.에 연방행정법원은 건설법전 제35조의 법효과가 부여된 계획의 경우에는 이 원칙을 깨뜨려서 규범통제대상성을 인정하였다.[30]

한편 기타의 건설법적 규정(가령 주건축법에 의거한 건축법적 명령이나 건설형성적 조례, 건설법전 제46조 제2항에 따른 공용환지(Umlegung)절차에 관한 주정부의 명령)은 행정법원법 제47조 제1항에 의해 포착되지 않고,[31] 법 제47조 제1항 제2호에 따라 심사되어야 한다. 그러나 후자의 내용이 건설법전 제9조 제4항상의 확정으로 건축상세계획에 채용되었다고 하면, 상황이 다르다.[32]

한편 규범통제의 다른 모든 대상의 경우처럼 조례의 경우에도 외적 형식에 좌우되지, "그 자체로" 요구된 형식에 좌우되지 않는다. 즉, 게마인데의회의 간단한 결의의 경우, 비록 그것에서 건축상세계획의 무효가 확인되었다 하더라도 그 결의에 대한 규범통제신청은 부적격하다.[33] 정반대로 명령이 법률에 의해서 변경된 경우에도 마찬가지이다.[34]

4. 기타의 법규정

기타 州의 법률하위적 법규정의 경우에는, 그것에 관한 규범통제가 주법률에 의해 도입되었어야만 가능하다(법 제47조 제1항 제2호). 여기서의 법규정은 외부효를 지닌 일반 추상적 규율인데, 법규명령이나 조례의 표현에 좌우되진 않는다. 따라서 -일반처

---

29) BVerwGE 68, 324; BVerwG NVwZ 1991, 262.

30) BVerwGE 128, 382=NVwZ 2007, 1081. 원심(OVG Koblenz, NVwZ 2006, 1442)이 법 제47조 제1항 제2호에 직접 의거하여 대상적격을 인정한 반면, 연방행정법원은 동항 제1호를 유추하여 대상적격을 인정하였다. 동항 제2호에 의한 근거는 각 주의 입법여하에 따라 적용상의 편차를 초래하지만, 동항 제1호의 유추는 이런 편차를 불식시킴으로써, 건설계획상의 확정에 대해 가능한 효과적인, 적시적인 그리고 (연방)통일되게 형성된 권리보호를 보장한다. Vgl. Wollenteit, Antragsberechtigung bei der Normenkontrolle von Flächennutzungsplänen, NVwZ 2008, 1281ff; Schröppel/Schübel-Pfister, Aktuelles Verwaltungsprozessrecht, JuS 2007, 1001ff.; Schenke, Rechtsschutz gegen Flächennutzungspläne, NVwZ 2007, 134ff.

31) Vgl. OVG NW DÖV 1991, 118.

32) Vgl. OVG NW NVwZ 1984, 595; BayVGH BayVBl 1989, 210.

33) VGH Kassel NJW 1987, 1661.

34) VGH München NJW 2001, 2905.

분의 형식으로 발해진- 이용규정이나 계약은 법규정이 아니다. 소위 "관례"(지역적 관습법)를 포함한 관습법 역시 법규정이 아니기에 규범통제의 대상이 될 수 없다.[35] 주법률하위의 법규정을 포착하기 위해선, 제정자가 누구인지가 중요하고, 법적 근거에 좌우되지 아니 한다.[36] 주정부, 주장관이나 하위행정청의 법규명령 및 -건설법전외의-게마인데나 기타의 공공단체의 조례가 여기서의 법규정에 해당된다. 다만 법규명령이나 조례의 개념에 규범통제의 적격성이 구속되지 않는다. 즉, 이들이 규범통제의 빈번한 대상이긴 하나 유일한 것은 아니다. 그리하여 -정확한 법적 성질이 규명되지 않더라도- 법효과를 발생시키는 특별한 종류의 규범에 대해서도 법 제47조가 통용된다.

그리하여 이런 의미의 법규정에, 특히 지역단체의 조례(가령 공과금,[37] 폐기물처리,[38] 영조물이용에[39] 관한 조례)와 기타의 자치행정주체의 규약(정관, 가령 약사회의 직업규약(Berufsordnung))[40] 및 법규명령, 특히 경찰명령은[41] 물론, 정부부처와[42] 다른 행정부처의[43] 기타의 명령(시행명령)도 들어간다. 나아가 법대체적 협약(가령 주차원에서 행해진 임금협약의 일반구속선언)도 이에 들어간다.[44] 비록 시민과의 관계에서 외부효가 없더라도, 지역적(혹은 기타의) 자치행정주체의 대표단체의 직무규정 역시 이런 의미의 규약이 된다. 왜냐하면 이 점에선 규범적 규율이 발해지고, 법 제47조 제1항에 의해 추구된, 개인적인 (기관의) 권리보호와 객관적인 법해명을 위하여 중요할 수 있기 때문이다.[45]

5. 행정규칙[46]

행정규칙의 비법규성의 전통에 터 잡아서 이에 대한 규범통제의 가능성은 오랫동안 억제적으로 판단되었다. 하지만 법규란 법형식의 결여는 결정적인 가늠추가 아니다. 행정소송적 통제수단의 목표와 목적에 결정적으로 좌우된다.[47] 이에 따라 여하튼

---

35) 이 경우엔 기껏해야 확인소송이 동원된다. Stern, Verwaltungsprozessuale Problem in der öffentlichrechtlichen Arbeit, 8.Aufl., 2000, Rn.281.

36) 가령 연방법적 수권에 의거한 주기관의 명령은 -그것이 연방통일적인 규율을 재현한 데 그치지 않는다면- 주법이다.

37) Vgl. BVerwGE 96, 272; VGH BW VBIBW 1993, 180.

38) Vgl. BVerwGE 90, 359; VGH BW ESVGH 43, 124.

39) Vgl. VGH BW NJW 1979, 1900.

40) Vgl. BVerwG NVwZ 1997, 178.

41) Vgl. z. B. VGH BW VBIBW 1992, 307(Kampfhunde).

42) Vgl. z. B. BayVGH, DVBI 1987, 958.

43) Vgl. z. B. BVerwG DÖV 1999, 513(Ladenschluß); VGH BW, NuR 1993, 139(Naturschutzverordnung).

44) BVerwGE 80, 355(358).

45) BVerwG, NVwZ 1988, 1119.

46) 한편 현하의 논의가 행정규칙의 비법규성을 과도하게 전제하고 있지는 않는지 성찰이 요구된다. 이에 관한 상세는 김중권, 행정법기본연구 I, 409면 이하 참조.

해석지침과 재량조종적 규율은 여기서의 법규정에 해당하지 않지만, 행정규칙이 -그것이 집행부적 규율권한에 바탕을 두고서 동시에 권리주체의 법적 지위와도 관련이 있음으로 말미암아- 외부관계에서 직접적 법효과를 발휘하는 한, 이것은 본질적으로 법규에 해당하기에, 이에 대해선 법 제47조 제1항 제2호에 따라 규범통제가 허용된다고 주장된다.[48] 그리하여 관련인을 위한 법적 의의와 관련해서, 가령 -이들이 법치국가원리상 법규의 형식을 필요로 하는지 여부에 관계없이- 연구계획서(Studienpläne)와[49] 시험령 및 나아가 (학교)조직상의 규율에[50] 대해서도 마찬가지로 규범통제가 통용된다고 한다.

한편 법률상으론 최종적으로만 기술된 요청을 법치국가원리상으로 필수적인 기준화하기 위하여 제정된 것이 소위 규범구체화 행정규칙이다. 그것은 명시적인 법률의 수권으로써 발해지며, 행정, 시민, 법원에 대해서 원칙적으로 구속력을 갖는다.[51] 규범구체화 행정규칙에 대해서, Lorenz 등은 행정법원의 규범통제가 열려 있다고 주장한다.[52] 그러나 독일 공업규격화단체(DIN)의 규정은, -비록 그것이 "기술의 법칙"이나 비슷한 방법으로 법률적으로(가령 물관리법 제18조 제1항) 준용된다 하더라도- 의심의 여지없이 법규가 아니어서,[53] 규범통제가 허용되지 않는다.

V. 신청자-신청자적격

객관적 성격에도 불구하고, 행정법원에 의한 규범통제는 對審的으로 형성되어 있다. 그렇지만 소송에서의 원고, 피고에 갈음하여, 규범통제는 신청자로부터 -규정을 발하였던- 권리주체를 상대방(신청상대방, 피신청자)으로 하여 -경우에 따라선 제3자를 참가시켜서- 행해진다(법 제47조 제2항). 신청자적격과 관련해서 법률은 (자연인이나 법인의) 인(사람)과 행정청을 구분한다.

---

47) Vgl. Beckamann, DVBI 1987,611; BVerwGE 100, 262(269).

48) Vgl. VGH BW ESVGH 25, 203(206); NVwZ 1986. 855; OVG Bremen DÖV 1991, 893.

49) Vgl. VGH BW NVwZ 1986, 855.

50) Vgl. VGH BW ESVGH 18, 23(29 f.); ESVGH 23, 90(93).

51) Vgl. BVerwGE 72, 300(320) für Strahlenschutz; BVerwG, NVwZ 1988, 824; NVwZ 1995, 994; VGH BW, VBIBW 1996,56 zur TA Luft.

52) Ders., a.a.O., §26, Rn.26; Kopp/Schenke, a.a.O., § 47 Rn.29는, 규범구체화규칙의 직접적 외부효를 인정하는 이상, 그것을 법 제47조상의 법규정으로 평가하는 것이 일관된다고 지적한다. 동지: BVerwG DVBl. 1994, 430. 그러나 Gerhardt/Bier, in: Schoch/Schmidt-Assmann/Pietzner, a.a.O., §47 Rn.26ff.는, 매우 엄격한 입장을 취하여 규범보충적, 규범대체적인 성격을 지닌 규범구체화규칙에 국한하여 규범통제를 인정하고자 한다. 그러나 규범구체화규칙의 대부분이 연방법이라는 점을 유의하여야 한다.

53) Vgl. BVerwGE 77, 285(290ff.); BVerwG DÖV 1997, 303.

1. 신청자

(1) 신청자적격의 의의

규범통제는 본질적으로 객관적인 항변(이의)절차이어서, 법 제113조에서와는 달리 법원으로선 신청자가 규범으로 자신의 권리를 침해당했는지 여부를 본안의 범주에서 심사하지 않는다. 그리하여 1997년까지 법 제47조 제2항 제1문 역시 '원고적격' 대신 특별한 '신청자적격'(Antragsbefugnis)을 상정하여 불이익의 훼손을 중심에 두었다. 그러나 제6차 행정법원법개정법을 통해서 1997.1.1.부터 사람의 신청자적격은 이들이 규정이나 그것의 적용으로 인해 자신의 권리에 침해를 받거나 장차 침해받을 것이라는 점을 주장할 것을 그 요건으로 한다. 이로써 종전의 규준인 불이익(Nachteil)의 훼손이 권리침해로 대체되었다. 종래 불이익개념과 관련해선 현저한 해석상의 곤란함이 나타났다. 판례[54]와 학계[55]의 집중적인 노력에도 불구하고 이런 어려움과 법적 불안정성이 가시지 않았다. 단순한 학문적, 이념적 기타의 순전히 사실적 이익에서의 부정적인 관련성 모두를 불이익으로 여기는 것이 아니라, 법적으로 보호되는 이익의 훼손만을 불이익으로 여기는 데, 전적으로 의견의 일치를 보았다; 그러나 이것이 실제론 주관적 공권의 다른 표기에 불과하지 않아 궁극적으로 신청자적격과 원고적격이 동치적인지 여부나 전자에 대해 후자에서보다 더 낮은 요청을 설정할 수 없을 것인지 여부가 여전히 다투어졌다. 이런 이유에서 성립한, 개관하기 어려운 카주이스틱에 직면하여, 완결적인 명료성이 연방행정법원의 원칙적 판결(BVerwGE 59,87.)에 의해선 얻어질 수가 없었다.[56]

주장된 권리침해를 통해 신청자적격을 성립시킴으로써, 이런 어려움이 제거된다. 아울러 항상 객관적 불복절차로서 형성된 규범통제가 취소소송에 의거한 권리보호절차에 비견될 수 있게 된다. Lorenz는 입법자가 전혀 체계위반적이지 않게 주관적 권리보호의 제공을 객관적 법통제의 광범한 목표와 결합시켰다고 평한다.[57] 어차피 취소소송에서도 법 제113조 제1항 제1문에 상관없이 원칙적으로 소송요구의 실체적 성공에 관해 객관적 위법성이 결정을 내린다. 이밖에 권리침해가 불이익처럼 종전의 법에 의해서 실제로 존재하여야 할 것이 아니라, 단지 가능하게 여겨져야 한다는 점(가능성설)을 통해서 신청이 쉽게 되었다.

---

54) Vgl. 특히 BVerwGE 59, 87; 81, 128; 88, 268; 91, 318; BVerwG NJW 1994, 2909.

55) Vgl. Groß, Die Antragsbefugnis bei der Normenkontrolle von Bebauungsplänen, DVBl 1989, 1076.

56) 여기선 규범통제에서 가장 중요한 영역 즉, 건설계획법을 위해선 -법규정의 발급과 내용을 결정함에 있어서 고려했어야 했던- 사익에서의 신청인의 부정적인(즉, 침해하는) 관련성이 불이익으로 여겨졌다.

57) Ders., a.a.O., §26, Rn.49.

한편 규범통제신청을 위한 신청자적격을 강화한 행정법원법 제47조 제2항a가, "도심개발계획완화법" 제3조에 의해 신설되었다. 이에 의하면, 건설법전 제34조 제4항 제1문 제2호와 제3호 또는 제35조 제6항에 따른 건축상세계획 또는 조례를 대상으로 한 자연인 또는 법인의 신청은, 공람(건설법전 제3조 제2항)또는 관련 公衆의 참여(건설법전 제13조 제2항 제2호와 제13조a 제2항 제1호)의 범주에서 주장할 수 있었음에도 불구하고 주장하지 아니하였거나 기간 도과하여 주장한 異議만을 신청자가 주장할 때, 그리고 참가의 범주에서 이런 법적 결과가 지적된 때에는 허용되지 아니 한다. 동항의 배제규율은 공중참여를 평가절상하고 신속한 계획상의 안정성을 제공한다.[58] 즉, 동규율은 일반적인 권리보호필요성의 구체화로 여겨지는데, 이미 -그때그때의 이익을 적시에 형량대상에 덧붙이는 데 이바지하는- 참여권이 계획수립절차에서 존재하였다는 사정을 고려하였다고 한다. "도심개발계획완화법"에 따라 신설된 건설법전 제3조 제2항 등에 의한 지적의무로 인해, 관련인으로 하여금 적시에 이의제기할 책무를 충분히 숙지하도록 하는 것이 보장된다. 만약 해당 지적이 행해지 않았을 땐, 동항에 따른 배척(배제, Präklusion)이 생겨나지 않는다.[59]

(2) 신청자적격의 개개의 징표

(가) 權利侵害(Rechtsverletzung)의 주장

신청자적격의 핵심인 權利侵害의 주장과 관련해선, 법 제42조 제2항에 의거한 원고적격과 동일한 요구의 지배를 받는다.[60] 여기서의 침해(Verletzung)는 현저한 훼손 내지 신청자에 대한 상태의 부정적인 변화를 의미한다. 소소한 데 그치는 훼손이나 침해의 단순한 주장은 불충분하다. 신청자로선 (침해대상인) 주관적 권리를 원용하여야 하며, 또한 이 권리가 성립하고 그에게 귀속될 수 있음[61]을 납득하게 설명하여야 한다. 이런 의미의 권리의 존재가 전제되면, -관련 규율이 직접적으로 신청자에게 향하는 한에 있어서-[62] 그것의 침해의 가능성은 -취소소송에서처럼- 문제되지 않는다(수범자이론). 이에 반해 특히 건축계획법과 같은 제3자관련성이 문제되는 경우에는 취소소송에 비견될 수 있는 곤란함이 생겨난다. 이런 경우들은 행정법원법 제47조 제2항

58) Battis/Krautzberger/Lohr, a.a.O., S.121(128).

59) 여기서의 배제(배척)은 일정한 절차에서의 배제된 이의제기의 주장만을 배제한다는 의미에서 단순히 형식적인 배제에 해당한다. Vgl. Schmitt/Ehlers, Zur allgemeinen Zulässigkeit einer materiellen Verwirkungspräklusion in Rechtsetzungsverfahren, LKV 2008, S.497(500).

60) Vgl. Schmitt Glaeser, a.a.O., Rn.421; BVerwG NVwZ 1998, 732; NJW 1999, 592.

61) 이는 민중소송의 배제를 의미한다. 따라서 신청자는 제3자의 관심사, 일반 공중의 관심사나 (자기가 속한) 단체의 권리를 주장할 수 없다.

62) BVerwG DÖV 1998, 76; vgl. Groß, DVBl 1989, 1076.

제1문의 테두리안에서 원칙적으로 취소소송에서와 똑같이 다루어져야 한다. 특히 이는 위배된 규범에서 제3자보호성이 결여된 경우엔 –훼손에 상관없이– 신청은 불허되는 것으로 판명된다는 것을 의미한다. 하지만 건설법전 제1조 제6항에 의한 형량명령에 대해선, 형량에서 고려되어야 할 사익과 관련하여 제3자보호적 성격이 부여된다.[63] 한편 단순한 책무로(obligatorisch) 이용할 권리자(가령 세입자)의 가능한 –직접적인– 기본권침해의 경우, 이들에게 신청자적격이 인정될 수 있다. 물론 여기엔 토지의 통일적인 대변의 원칙이 규범통제의 경우에도 통용되어야 하는 바, 가령 임차한 화훼도매상의 보유자는 인근토지상의 학교계획에 대해 이의제기할 수 없다.[64] 한편 바뀐 입법상황에 비추어 보건대, 항상 법 제42조상의 권리와 관련이 있는 구법상의 불이익과 관련해선 아무런 변화가 없었으며,[65] 아울러 단순한 안락함, 경제적 기회, 반사적 이익과 관련해서도 다른 양상이 전혀 전개되지 않는다.[66]

(나) 규범의 적용

권리침해가 반드시 공취된 법규정 자체에 의해 생겨날 필요는 없고, 그것의 적용에서[67] 비로소 기인할 수도 있다. 이는 규범의 효과란 직접적으로(자기집행적으로)가 아니라, 집행행위에 의해 비로소 매개적으로 발휘된다는 특수성이 고려된 것이다. 또한 집행행위가 발하기 전에는 현실적인 권리침해가 존재하지 않아서, 규범에 대한 권리보호가 더 이상 필요치 않음에도 불구하고, 법률은 객관적인 법적 규명을 위하여 이 경우에도 분명히 규범통제를 허용하였다. 가능한 권리침해에 대한 인과관계의 차원에서 간접적, 단순한 사실적 영향은 고려되지 않는다. 그렇지만 권리침해는 법적, 사실적으로 독립된 추가적인 결정에서 나타나더라도 인정된다.[68] 다만 따라서 규범통제의 신청자적격 역시 규범의 문제되는 부분에 성립한다. 그래서 신청자는 자신에게 권리침해(불이익)를 주지 않는 규범의 부분을 전적으로 주장하여선 아니 된다.

그런데 신청자가 절차하자있는 건축상세계획의 무효의 경우 건설법전 제34조에 의

---

63) Vgl. BVerwG NJW 1999, 592; Schenke, Die Antragsbefugnis naturlicher und juristischer Personen im Normenkontrollverfahren gem. § 47 Abs. 2 Satz 1, 1. Alt. n. F. VwGO, VerwArch 90(1999), S. 301(317); 異論으로 OVG NW DVBl 1997, 675.

64) OVG Berlin NVwZ 1989, 267.

65) 예: BVerwGE 64, 77(80)(대학생수용령에 대한 진학지원자의 신청권); BVerwG, NVwZ 2000, 1296(경관보호구역에서의 승마); VGH Mannheim NVwZ 2001, 1299(매춘부금지구역명령에 대한 손님의 신청권).

66) 보호받지 못하는 순전히 관념적인, 경제적인 이익의 예로 주차가능성의 상실(VGH Mannheim NVwZ 1995, 610), 폐점시간법을 위한 예외규율에 대한 경쟁자보호(OVG Bautzen NJW 1999, 2539); 새로운 배기가스명령(Abgas-VO)에 배치되는 선박엔진제조자의 이익(VGH München BayVBl. 1996, 180).

67) 나름의 침해가 규범의 집행에 의해 비로소 일어날 것 같더라도, 규범에 의한 권리침해의 가능성이 존재한다는 점이 "적용"이란 語義를 통해서 분명해진다. 그리하여 신청자적격은 법률에 대한 헌법소원심판의 경우보다 더 넓다.

68) BVerwG NVwZ 1997, 682(건축상세계획의 발효이후에 통행금지의 폐지).

해 계속적인 경과계획이나 상황의 규준성에 의해서 동일한 방법으로 권리제한을 받게 될 것이기 때문에, 법규정의 소멸이 신청자에게 유리하게 법효과를 결코 낳을 수 없을 때는 -실효를 제외하고선- 권리보호필요성이 결여된다.[69] 반면 집행행위의 그 사이의 존속력은 권리보호필요성을 곧바로 소멸시키진 않는다.[70]

(다) 장래의 권리침해

법규정이나 그것의 적용에 의한 권리침해(의 가능성)는 현재 존재할 필요가 없고, 예상가능한 시점에 -큰 개연성을 띠고서- 비로소 기대될 수도 있다. 법규정은 이미 존재하고 있어야 한다. 따라서 이를 통한 장래의 침해는, 신청자가 그것의 (직접적인) 효과에 의해서 가령 토지의 구매관심자로서[71] 도달될 경우에 예외적으로만 고려된다. 법적용(가령 공과금결정의 발급)에 의해서 비로소 기대되는 권리침해로 인한 규범통제는 신청자의 관점에선 예방적 권리보호에 해당한다. 이 경우 -원칙적으로 불허용성으로 귀착될- (개인적) 권리보호필요성의 부전(불충분)이 객관적 석명이익을 통해서 법률상으로 극복된다. 제한(훼손)은 충분히 개연성이 있어야 한다. 그러나 이런 것이 직접적으로 현존한다거나, 장기간의 기다림이 수인할 수 없다는 것이 법률로부터 요구되진 않는다.

(3) 공공단체의 신청자적격

게마인데와 공공단체는 고유한 권리의 주체로서, 또한 법 제47조 제2항 제2문상의 신청능력이 있는 행정청으로서 고려된다. 이들이 고유한 권리의 주체로 출현할 땐, 특히 게마인데에 귀속될 지위만이 고려되어야 한다. 즉, 주관적 권리가 공법의 법인에게 인정되는 한, 특히 게마인데에 대해 자치행정권이나 법률적 법적 지위로서의 재산이 인정되는 한, 이들 역시 규범통제를 신청할 수 있다.[72] 이 경우엔 원칙적으로 계획고권, 즉, 자치사무의 유지와 확보 또는 게마인데의 시설이 문제된다. 반면 게마인데는 이런 상관관계에서도 기본법 제14조를 주장할 수 없다.[73] 게마인데주민의 권리, 위임사무 또는 -게마인데에 속하지 않는- 일반적인 공적 관심사가 문제되는 경우엔, 게마인데, 공법인에 대해 아무런 권리침해가 생길 우려가 없다. 정반대로 게마인데의 기관이나 개개의 시민 역시 게마인데의 불이익을 전체적으로 주장할 수 없다. 인접게마인데의 계획에 대한 게마인데의 규범통제신청의 경우, 기본법 제28조 제2항은 건설법전

---

69) Vgl. BVerwG DVBl 1989, 660; DVBl 1996, 107.
70) 동지: BVerwGE 68, 12(14); BVerwG NVwZ 1989, 653.
71) 마찬가지로 BVerwG NVwZ 1995, 264
72) Vgl. BVerwG BayVBl 1994, 698.
73) BVerfGE 61, 62.

제2조 제2항의 동조명령(Abstimungsgebot)에 의해 구체화된다. 이것이 “인접게마인데소송”(Gemeindenachbarklage)의 근거이다. 게마인데가 계획고권을 주장하면, 법 제42조 제2항에서처럼 나름의 기획이 이미 충분하게 구체화되어 있어야 한다는 필요성이 통용된다. 공간정서와 국토계획의 조치 역시 게마인데를 위한 법 제47조상의 권리침해를 유발할 수 있다.

2. 행정청의 신청자적격

법 제47조 제2항 제1문은 행정청에게 신청능력은 물론 신청권을 부여하긴 하나, 그것의 요건에 관해선 아무런 언급을 하지 않는다. 단지 분명한 점은 –자연인부분의 반대결론에서– 주관적 권리를 주장할 필요가 없다는 것이다. 즉, 권리주체로서의 사람에서와는 달리, 행정청에 의한 규범통제신청은 권리침해의 혹은 기타의 개인적 이익의 주장이 없더라도 허용된다. 이런 점에서도, 규범통제가 권리보호절차가 아니라, –행정청을 위하여 결정적인 기준이 되는 규범내용을 밝히기 위한– 항변절차에 해당한다.

행정청 개념은 넓게 이해되어야 하고, 법 제1조 제4항에 연계하여 –공행정의 임무를 수행하는– 모든 부처를 포함한다. 가령 특히 게마인데와 같이 법적으로 독립된 행정주체 역시 행정청으로 출현할 수 있다. 그래서 이들은 자신의 재산권이나 자치권의 침해를 주장할 필요가 없이 원칙적으로 신청적격을 갖는다.[74] 법원행정은 행정청으로 여겨져야 하지만, 법관에 의한 재판부는 그렇지 않다. 왜냐하면 이들은 법적용에서 관련된 규범의 유효성(통용력)에 관해서 스스로 –부수적인– 결정을 내릴 수 있기 때문이다.[75]

객관적인 절차가 고유한 의미상의 권리보호필요성을 인식하지 않는다 하더라도, 여기서도 국가기관(여기선 법원)을 불필요하게 사용하는 것은 피해야 한다. 그래서 행정청의 규범통제신청은, 모든 임의로운 행정청에게 열려 있지 않고, –적용이 되든, 수범자이든, 아니면 단지 행정청이 그 규범을 유의하여야 하든– 그 행정청이 어떤 방식으로든 규범을 다룰 것을 요건으로 한다.[76] 그래서 게마인데는 자신의 계획과의 관련성이 없더라도 자기의 구역에서 통용되는 (법규형식의) 지역계획((연방)건설법전 제1조 제4항)이나 자연경관보호령에[77] 대해 규범통제를 신청할 수 있다. 반면 인근게마인데의 건축상세계획의 경우에는[78] 규범통제를 신청할 수 없다. 행정청으로선 자신이 스스로

74) Vgl. BVerwGE 81, 307(309).
75) Vgl. Kopp/Schenke, a.a.O., § 47 Rn.38; Redeker/v. Oertzen, a.a.O., § 47 Rn.33.
76) Vgl. BVerwGE 81, 307(309f.); Hufen, a.a.O., § 19 Rn.44; Redeker/v. Oertzen, a.a.O., § 47 Rn.34.
77) BVerwGE 81, 307; VGH BW DÖV 1985, 161; VBlBW 1999, 68.

발한 규정에 대해선, 자신이 이를 행사할 수 있는 한, 규범통제를 신청할 수 없다. 상급 행정청은, 감독수단의 사용에 국한되고 그래서 심지어 그 자신이 스스로 승인한 건축상세계획과 관련해서도 그것의 규범통제를 신청할 수 있다.79)

VI. 법원의 심사권한-심사규준 및 헌법적 절차경합

1. 심사규준80)

(1) 국내법의 차원

행정법원의 규범통제는 -기본법 제93조 제1항 제2호와는 달리- 심사가 제기된 규정의 유효성(통용력)을 목표로 한다. 그래서 판결시점에 현존한 상위의 전체 법의 규준에 의거하여 규범통제가 관철되어야 한다.81) 그리하여 연방법의 전체 규범, 나아가 州憲法과 州法律 및 州命令과 경우에 따라선 -해당 문제가 된 규정보다 우위에 있는- 조례(가령 건축상세계획에 대해서 구속력을 갖는 지역/개발계획의 경우, 건설법전 제1조 제3항)가 결정적인 규준이 된다. 요컨대 법규범이 무권한 부처에 의해 발해진 경우, -사소하지 않는 한- 절차하자를 나타내는 경우, 필수적인 수권근거가 없거나 적용될 수 없는 경우, 기타의 상위법에 위배된 경우에, 그 법규범은 위법이고 무효가 된다.82)

(가) 권한적 측면

해당 행정청이나 공공단체가 규범제정에 관한 권한을 가져야 한다. 게마인데와 다른 공공단체의 경우에 그 권한(관할)은 조례자율이나 법률적으로 위임된 국가임무로부터 비롯된다. 지역공동단체는 -다수 공공단체의 공동 법규범을 위한 가능성이 예외적으로 존재하지 않는 한- 그 지역을 위한 규율에 대해선 자명하게 권한을 갖는다.

(나) 절차적 측면

사소하지 않는 한, 절차하자는 규범을 위법하게 그리하여 무효로 만든다. 이제까지 규범제정절차를 위한 일반적인 법률적 규정은 없다. 그리하여 특별규범이외에 특히

78) VGH BW NVwZ 1987, 1088.

79) Vgl. BVerwG NVwZ 1990, 57; 다른 견해로 HessVGH DVBl 1994, 711 Nr.21(LS).

80) 한편 규범통제에선 사건성숙성에 관한 분리된 심사는 행해지지 않는다. 법적 의미에서 중요한 하자가 확인이 되면 규범통제신청은 이유가 있게 된다. 법원은 사안석명이나 형량의 부분을 스스로 추완할 수 없으며(BVerwG, NVwZ-RR 1990, 122), 재결정판결(지령판결)을 내릴 수도 없다.

81) 유의할 점은 법규명령이나 조례의 개별규정이 문제되는 한, 규범통제는 일반적으로 이들 개별규정과 관련해서만 행해지고 그것의 위법성이 확인된다. 다만 위법한 부분이 없을 시엔 전체 규범이 유의미한 규율내용을 나타내지 않을 때는, 개별규정의 위법성이 전체 규범에 전이될 수 있다.

82) 이하에선 지면관계로 규범통제의 핵심대상인 건축상세계획이 위법한 경우에 대한 상론은 생략한다.

지방자치법(게마인데법)이 적용되어야 한다. 게마인데의회의 내부적 직무령에 대한 위반은 절차하자가 아니다.[83] 규범제정절차는 행정절차법 제9조에 들어가지 않기에, 행정절차법은 적용될 수가 없다. 따라서 다원성, 기회동등, 편견배제, 상당한 사안설명 등과 같은 일반적인 절차상의 諸 원칙은 법치국가원리에서 비롯된다고 하겠다. 규범이 시민의 권리에 직접적으로 개입하면, 여하튼 직접적인 관련자로부터 먼저 청문을 행하여야 한다고 주장되지만,[84] 판례는 부정적이다.[85] 행정절차법 제45조상의 절차하자의 치유는 고려되지 않는다. 왜냐하면 동규정은 예외규정으로서 행정절차에 대해서만 관련이 있기 때문이다. 행정청은 규범을 하자없는 절차로 새로이 발할 수 있다. 그러나 유의해야 할 점은 건설법전 제214조~제215조의a와 같은 특별규정 또는 지방자치법의 규범 역시 전형적인 절차하자를 논외의 것(unbeachtlich)으로 본다는 것이다.

(다) 수권적 측면

여기엔 포괄위임금지, 본질성이론에 바탕을 둔 독일의 위임법리가 그대로 통용된다. 따라서 조례제정권을 위한 지방자치법의 일반적 규정은 주민의 권리에 개입하기 위해선 불충분하며, 직능단체의 규약은 직업접근적 규율(Berufszugangsregelungen)을 담아선 아니 된다.[86] 법률적 수권근거는 그쪽에서 헌법에 합치하여야 한다. 소위 – 다른 법률하위적 규범에 의한 규범제정의 수권의– 재위임의 경우, 기본법 제80조 제1항에 따라 수권은 법률 그 자체에 규정되어 있어야 하며, 법규명령에 의해 행해져야 한다. 한편 위헌으로 여겨진 법률적 수권에 대해서, 고등행정법원 역시 바로 적용배척하여선 아니 되고, 경우에 따라선 구체적 규범통제의 방도(기본법 제100조 제1항)를 취하여야 한다.

(라) 기타의 상위법적, 동위법적 측면

개입근거와 상관없이, 법규범은 기타의 상위법에 위반하여 무효가 될 수 있다. 규범통제에서의 이유있음(인용판단)은 일반적인 법치국가적 "규범위계"와 행정의 법률구속에서 비롯된다. 그런데 법률하위적 법규범이 다른 법률하위적 규범과도 모순될 수 있다. 이 경우엔 일반적인 충돌규칙에 의거하여 다루어져야 한다. 즉, 명령이나 조례가 상위주체가 발한 명령에 위반하면(예: 건축상세계획이 국가의 경관보호령에 위반한 경우). 상위 주체의 규범이 우선한다.[87] 그리고 동위의 규범이라면, 신법우선의 원칙이

83) OVG Münster DÖV 1997, 344.
84) Hufen, a.a.O., §30 Rn.8.
85) BVerwGE 59, 48(55).
86) BVerfGE 76, 171(196).
87) 그러나 이런 충돌에서 상위의 규범이 자치권의 개입에 바탕을 둔다고 하는 점이 분명해지면, 그 규범은 적용

통용된다.

(2) 유럽공동체법의 차원

원칙적으로 유럽공동체법 역시 –이들이 국내 영역에서 직접적으로 구속력을 갖는 한– 주목할 규준규범을 제공한다.[88] 유럽공동체법과 독일 국내법이 충돌할 경우에 유럽공동체법의 우위가 인정되지만, 여기서의 우위는 배치된 국내법이 효력을 상실한다는 의미에서의 효력(통용)상의 우위가 아니라, 당해 사건에서 단지 적용이 배제된다는 의미에서의 적용상의 우위에 불과하다.[89] 따라서 형식적인 위계적 상관관계의 결여로 인해, 규범통제절차는 규정의 무효의 확인을 초래할 수 없지만,[90] –이런 점에서도 행정법원법 제47조의 목표에 맞기 때문에– 이런 경우 문제된 법규정이 적용불가하다고 판시하는 판결은 허용된다.[91] 공동체법과 포괄적인 불일치가 존재하는 것이 아니라, 규정의 일정한 적용영역에 국한된 불일치가 존재하는 경우에, 판결논고는 이런 점에서 제한되어야 한다. 유럽공동체조약 제234조에 따른 제청요건이 주어지면, 고등행정법원으로선 계쟁물을 유럽최고법원(EuGH)에 제청할 권능은 있지만 의무는 없다.

2. 헌법적 절차경합

특별규정을 제외하고선 헌법재판소의 규범통제와 행정법원의 규범통제는 원칙적으로 상호 독립적이다. 그러나 –실체법적인– 심사가능성의 한계가 행정법원법 제47조 제3항과 제4항에 따른 헌법재판소의 심사의 유보로부터 생겨난다. 부수적 규범통제의 시행과 이를 위한 법관의 의무는 자명하게 이와는 무관하다.

(1) 州 헌법재판소의 심사의 유보

행정법원법 제47조 제3항에 따라, –규정이 전속적으로 주헌법재판소에 의해 심사가능하다고 (주)법률상으로 규정되어 있는 한– 주법에 규준에 의거한 고등행정법원에 의한 법규정의 심사는 배제되어 있다.

(가) 원칙적인 의의

이런 유보조항으로써 주의 헌법(재판소)의 자주권의 보호가 고려되고 있다. 이것(주

되어선 아니 된다.

88) BVerwG, NVwZ-RR 1995, 358; 다른 견해로 Rinze, Europarecht als Prufüngsmaßstab im Rahmen der Normenkontrolle nach § 47 VwGO, NVwZ 1996, 458.

89) Vgl. EuGH, Slg. 1964, 1251(1269ff.). EU법의 적용우위의 원칙 및 독일행정절차법의 유럽화에 관해선 졸고, 독일행정절차법의 유럽화에 관한 소고, 법조 통권 제626호(2008.11.), 154면 이하 참조.

90) 그러나 이것이 유럽법적 규범에 의한 국내규정의 실체법적 배척에 아무런 변화를 가져다주지 않는다.

91) 의문을 표하는 것으로 Hufen, a.a.O., §30 Rn.16.

의 헌법(재판소)의 자주권)이 –특히 강력하게 개인보호적인 특징에서– 행정법원의 규범통제의 연방법률상의 도입에 배치되진 않는다. 그러나 절차의 헌법소송적 유사성과 관련해서 고려가 요구된다. 그 결과 헌법재판소적 유보를 성문화하는 주의 권한은 법 제47조 제1항 제1호에 따른 건설법 규정과도 관련이 있다.[92] 체계상으로 이유구비의 징표에 해당하지, 허용성의 징표가 해당하진 않는다. 왜냐하면 그것의 분명한, 그리고 행정법원법 제47조 제1항에 비해 구별된 본문에 의해서, 법 제47조 제3항은 판결가능성을 제한하는 것이 아니라, 법원의 심사권능을 제한한다.[93] 이에 따라 문제의 규정은 여하튼 실체적으로 즉, 행사될 규준규범과의 일치성에서 심사되어야 한다. 대저 그 심사가 헌법재판소에게 유보되어 있는 불일치성만이 고려되는 경우에, 이것은 스스로 –부정적인– (신청의 이유없음) 실체적 결론으로 귀착된다.[94] 요컨대 주법이 일정한 규범(가령 정부부처의 명령)의 심사를 州 헌법재판소에 유보시키면, 고등행정법원의 규범통제권은 극히 제한되어 개시될 뿐이다.

(나) 실체적 내용

법 제47조 제1항은 원래의 판에선, 규범통제를 법규정이 헌법재판소에 의해 심사가능하다고 법률상으로 규정되어 있지 않는 경우에 한하여 허용하였다. 이 때 헌법재판소에 의한 심사의 모든 가능성이 행정법원의 규범통제를 배제하여야 할 것인지(소위 추상적 고찰방법)[95] 아니면 어떤 방도가 개개의 신청자에게 열려져 있을 때만 그에 해당하는지 여부(소위 구체적 고찰방법: 통설)에 관한 다툼이 있었다. 관련 규범의 헌법재판소적 심사의 유보를 주법률상으로 규정하는 것을 목표로 한, 1976.8.24.자의 법률에 의한 제47조의 개정이후엔, 비록 구체적인 행사를 목표로 한 입법자의 의도의 의미에서가 아니라 하더라도, 이런 다툼은 아무튼 실제적으로 해소되었다.

이젠 헌법재판소가 단순히 경합적으로 관련 규범을 통제할 수 있는 것이 아니라, 주법률에 의해 분명히 성립한 판결독점을 보유한다는 점에 좌우된다. 이 판결독점은 일정한 규준규범 가령 일반적으론 헌법에, 특별하겐 기본권에 제한될 수 있으며,[96] 이밖에 고등행정법원의 판결권한과는 무관하게 만든다. 이에 반해 연방헌법재판소의 심사와의 관계에선 아무런 제한이 없다. 정반대로 이것과 관련한 절차경합의 즉, 헌법소

92) 동지: Schmitt Glaeser, a.a.O., Rn.438. 다른 견해로 Eyermann/J. Schmidt, a.a.O., §47 Rn.36.

93) 동지: Schmitt Glaeser, a.a.O., Rn.438; 다른 입장으로 Ziekow, in: Sodan/Ziekow, a.a.O., § 47 Rn.290.

94) 법 제47조 제3항의 경우 허용성요건에 해당하는지 아니면 심사규준의 물음(이유구비성의 문제)에 해당하는지가 다투어진다, 이는 Hessen州헌법 제132조와 Bayern州헌법 제98조 제4문에 따른 민중소송과 관련해서 중요하다. 양 주에선 신청은 아무런 성과를 얻을 수 없어서 권리보호의 필요성이 존재하지 않는 셈이 된다. 다른 州에선 이유구비에서 접근하여야 한다.

95) OVG Bremen NJW 1970, 877.

96) 이를 분명히 한 것으로 헤센 주헌법 제132조.

원(연방헌법재판소법 제90조)과의 절차경합의 실제적으로 관련이 있는 경우를 위해선, 행정법원의 규범통제절차가 연방헌법재판소법 제90조 제2항 제1문과 제93조 제3항상의 권리구제방도로서 우위에 선다.[97]

(2) 절차의 정지

헌법재판소의 규범통제와 행정법원의 규범통제가 서로 병립하는 한, –동일한 법규정에 대해서 병렬적 규범통제신청이 동시에 제기된 경우엔– 절차경합에 관한 이외의 다른 문제점이 제기된다. 소송경제의 이유에서, 그리고 모순된 판결을 피하기 위해서, 고등행정법원은 법 제47조 제4항에 따라 법 제94조를 넘어서, 헌법재판소에서의 절차가 종료될 때까지 심리를 정지할 수 있다. Baden–Württemberg에선 보충적 경합규율이 존재하는데, 이를 통해 주헌법재판소와의 관계에서 균형이 맞춰진다.

(3) 州규율

諸 州는 (법 제47조 제3항의 시행에서) 법률하위적 규범의 행정법원의 본원적 통제와 헌법재판소의 본원적 통제의 관계 및 (법 제47조 제4항에 연계시켜) 구체적으로 발생한 절차경합의 처리를 개별적으로만 규율하였다. 모든 주에서 헌법재판소는 법률하위적 법규정을 심사할 수 있다. Rheinland–Pfalz에선 헌법기관의 활동에 국한하면서 동시에 행정규칙에로 확장하였다(동 헌법 제130조 제1항). 심사규준은 주헌법인데, 함부르크에선(동 헌법 제65조 제2항 제2호) 기타의 주법 역시 심사규준이 된다. 이때 분명히 법 제47조 제3항의 배타적인 심사독점의 의미상으로 행정법원의 규범통제는 헤센주에서만 성립한다(동 헌법 제132조).[98] 바이에른 주에선 헌법재판소의 州기본권에 국한된 배타적인 심사권한(관할)이, 민중소송에 기하여 –기본권을 위헌적으로 제한하는– (법률과) 명령이 무효라고 판시할 그것의 (단순한) 권한으로부터 도출된다(동 헌법 제98조 제4문).[99]

Ⅶ. 재판(판결과 결정)의 대상, 내용과 효과

1. 관할, 형식, 권리구제수단

재판을 위해선 심사제기된 규정이 속한 주의 고등행정법원이 관할법원이 된다.[100]

---

97) BVerfGE 70, 35(53); 76, 107(114).

98) Vgl. Hess VGH ESVGH 31, 1.

99) BayVerfGH BayVBl 1977, 462. 비판적인 입장으로 Schmitt Glaeser, a.a.O., Rn.439.

100) 대법원 행정소송법개정의견에 의하면, 명령의 취소소송은 피고의 소재지를 관할하는 고등법원으로 한다(동 개정의견 제36조).

여기선 토지관할의 구분의 문제가 생기지도 않기에, 법 제52조(토지관할)는 적용되지 않는다. 1심의 관할과 상관관계에서 연방헌법재판소에 유리하도록 예외가 존재하지도 않는다. 법원의 구성은 州法상으로 구별되게 규율되어 있다. 재판은 판결이나 -구술심리가 진행되지 않은 경우엔- 결정에 의해 행해진다(법 제47조 제5항 제1문). 이처럼 구술심리와 판결을 포기할 가능성 그 자체가 바로 규범통제절차를 "객관적인 항변절차"로 분류하는 것을 나타내는 셈이다. 한편 독일 연방행정법원은 구술심리의 실행이 후엔 결정절차로의 移送은 더 이상 고려되지 않되,[101] 결정절차로의 移送은 사전 지적이 없더라도 가능하다고 본다.[102] 여기서 결정에 의한 재판은 엄격한 예외로 여겨져야 하고, 재산권이나 다른 기본권에 대한 직접적 개입이 규범을 출발점을 삼을 땐 결정에 의한 재판이 배제된다.[103]

위법의 판단시점은 항상 판결의 경우엔 1심의 구술변론종결시점이고, 결정의 경우엔 결정시점이다. 1997.1.1.부터 재심의 권리구제수단이 허용된다(법 제132조 제1항).[104] 그리하여 계쟁물의 원칙적인 의의나 임박한 판례편차(상위)의 경우에 번복된 법의 해석을 위하여 사안을 연방헌법재판소에 제청하는 것과, 비제청에 관한 헌법소원의 가능성은 소멸하였다.

2. 재판의 대상

재판의 대상은 절차의 성질과 목표설정에 의하여 확정되고 제한된다. 이 절차는 유효성(통용력)에 관한 -흡사 결과미확정의- 재판을 목표로 하지 않고, -개인적 신청을 위해선 법 제47조 제2항 제1문으로부터, 기타의 경우엔 법 제47조 제5항 제2문으로부터 비롯되는 것처럼- 해당 법규정의 상위법과의 불일치성의 결과로서 무효선언을 목표로 한다. 이에 따라 규범의 유효성(통용력)의 확인에 관한 신청은, 법 제47조의 규율영역 이외에 존재하고, 따라서 허용되지 아니 한다(통설). 규범통제신청이 허용되면, 순수한 권리보호절차[105]와는 구별되게, 인용판결을 위해선, 권리침해의 존재가 아니라, 규범의 (심사규준으로 소용될) 상위법과의 객관적인 일치성에 좌우된다. 그리하여 계획확정[106]에 대한 취소소송과는 달리, 어쩌면 재산권에서 신청자를 침해하는 건축

---

101) BVerwG DÖV 1989, 588.

102) BVerwG NVwZ 1989, 245. 그러나 통상의 소송절차와의 유사성과 규범통제절차의 중요성에 비추어 부정되어야 한다고 반론이 제기된다(Hufen, a.a.O., §38 Rn.47).

103) BVerwG NVwZ 2000, 810.

104) 대법원 행정소송법개정의견에 의하면, (명령의 취소소송에서) 확정판결에 의하여 명령 등이 취소된 때에는 그 명령 등에 근거한 유죄의 확정판결에 대하여 형사소송법의 규정에 따라 재심을 청구할 수 있다(동 개정의견 제40조 제2항).

105) 법 제113조 제1항 제1문 참조.

상세계획이 그의 보호에 이바지하지 않는 절차규정만으로 사실상 무효가 된다고 하면, 규범통제신청이 주효하게 되는 셈이다.

3. 재판의 내용

(1) 무효의 의의

법규정이 법원의 확신에 비추어 상위법과 일치하지 않아서 무효이면, 그것은 무효로 판시되어야 한다(법 제47조 제5항 제2문).[107] 판결과 결정은 법률상의 본문에 관계없이 의미에서만 창설적이다. 그 결과 재판이후에 규범의 존재가 사실상으로(de facto)도 제거되고, 그것의 효력불발생은 더 이상 문제되지 않는다. 그럼에도 불구하고 규범적으로 보면, 선언적 결정에 해당한 즉, 그로써 (규범모순의, 특히 규범의 위법성의 결과로써 곧바로 발생한) 무효가 단지 확인된다.

이런 확인은 원칙적으로 규범의 발급시점에로 소급된다(ex tunc).[108] 그러나 규범이 예외적으로 기능상실에 처할 수 있게 하는 관계의 변화의 결과로, 혹은 규준적인 규범의 추후적 발급의 결과로 무효가 나중 시점에 비로소 생긴 경우엔, 확인(즉, 무효의 효과)은 나중 시점에서도 행해질 수 있다. 물론 법적 명료성을 위하여 이 점은 주문에 판시되어야 한다. 또한 이미 규정이 이전부터 실효한 경우엔, 법원은 이들이 무효였음을 확인한다. 그런데 특별한 경우 규범충돌의 결과로서 무효가 수인될 수 없는 결과를 초래하는 점을 생각할 수 있다. 그런 경우를 위하여 법 제47조 제5항 제2문의 본문이, 헌법재판소법 제78조 제1문에 관한 헌법재판소의 판결에[109] 연계되어 재판을 -경우에 따라선 추후의 시점부터 무효를 선언하는 것과 결합하여- 위법성의 단순한 확인에 국한시킬 수 있을 정도로, 충분히 탄력적이라고 한다.[110] 한편 무효선언의 원칙적인 소급효는 법 제183조와 결합하여 법 제47조 제5항 제3문에 따라 이미 기판력이 발생한 법원의 재판을 위해선 통용되지 않는다. 비록 이들 재판이 무효인 규범에 바탕을 둔다 하더라도, 그것은 무방한 채 그대로이다. 그렇지만 그런 재판으로부터 더 이상 집행되어선 아니 된다(법 제183조 제2문).

---

106) Vgl. BVerwG NVwZ 1982, 115.

107) 여기선 다음의 두 가지 점이 다투어 진다: 법원이 해당 규범이 일정한 해석상으로만 위법 내지 적법하다고 판시할 수 있는지 여부와 법원이 위법성확인에 국한할 수 있는지 즉, 무효의 선언을 포기할 수 있는지 여부.

108) 대법원 행정소송법개정의견은 명령의 취소소송을 인정하기에 당연히 취소판결을 규정한다(동 개정의견 제40조 참조). 그리고 여기선 취소판결의 소급효를 전제로 한다.

109) Vgl. BVerfGE 21, 292(305); 37, 217(261).

110) Lorenz, a.a.O., §26 Rn.74. 그렇지만 규범의 위법에도 불구하고, 규범의 통용을 그렇게 잠정적으로 유지시키는 것은 부수적 통제에선 금지된다고 한다(BVerwG DÖV 1995, 469).

(2) 무효인 규정의 범위

판결이 내려져야 할 "법규정"으로선, 전체 규범집(조례)이 아니라, 그때그때의 다툼이 되는 규정, 가령 건축상세계획상의 확정이다. 그런데 해당 규범이 부분적으로 무효인데, 그것의 규율내용이 독립된 적법한 부분과 무효인 부분으로 나뉘면, 법원은 일부무효를 판시하여야 한다.[111] 또한 법원이 건축상세계획의 일부만을 무효로 판시할 땐, 잔존부분의 표시가 계획법상의 명확성요청이 요구하는 정도로 명확하여야 하고, 그러면 그 부분은 변함없이 유효할 수 있다. 하지만 비록 후속 개정조례가 무효인 본래의 계획을 단지 보완하였을 땐, 그럼에도 불구하고 건축상세계획의 무효성은 후속 개정조례로 확대된다.[112] 그런데 해당 규정이 무효로 입증되고, 그것이 규범의 다른 부분과 불가분적 상관관계에 있는 경우에는, 비록 그 다른 부분에 대해선 다툼이 없었더라도 신청을 넘어서 전체를 심사하여야 하고 그리하여 무효로 판시할 수 있다.[113] 법 제88조는 이런 점에서 규범통제절차의 객관적 성격과 관련하여 적용될 수가 없다.

(3) 규정의 유효성(통용력)

문제의 규정이 유효(적법)하다는 결론에 다다를 경우, 법원으로선 –연방헌법재판소에 의한 비견가능한 절차[114]에서와는 달리– 상위법과의 일치성을 확인할 순 없고, 대신 규범통제신청을 기각한다. 이는 비록 일정한 심사규준(가령 연방법)에 국한된 심사가 법위반을 낳지 않고, 나머지에선 미확정인 채 그대로이다 하더라도, 마찬가지이다. 끝으로 규준규범에 따라서 유일하게 허용된 (헌법합치적, 법률합치적, 유럽법합치적) 해석에 해당한다 하더라도, 규범심사의 전단계에서 행해진 규범이해(해석)에 관해선 구속력있게 적극적으로 재판이 내려질 수도 없다. 왜냐하면 이런 경우에도 법원은 단순한 규범배척에 국한된 자신의 권한을 초과할 것이기 때문이다.

4. 재판의 효과

(1) 일반적 구속성

무효선언은 원칙적으로 對世效(inter omnes)를 갖는다. 당해 규범이 무효로 판시되면, 판결과 결정은 일반적으로 구속력을 갖는다. 즉, 신청자와 규범제정자인 행정청 간에서만이 아니라 만인에 대해서 효력을 미친다.[115] 따라서 법원의 재판은 규범 그 자

111) BVerwGE 40, 268(274); BVerwG, NVwZ 1990, 159.
112) VGH Mannheim NVwZ-RR 1998, 545.
113) Vgl. BVerwG DVBI 1992, 37.
114) Vgl. 연방헌법재판소법 제78조 제1문, 제82조 제1항, 제89조.

체와 동일한 방식으로 공표되어야 한다(법 제47조 제5항 제2문). 그로써 만인에게 유불리한 효과를 지닌 규범은 더 이상 존재하지 않는다. 모든 행정청과 법원은 구속을 받아서, 당해 규범을 더 이상 적용하지 않아야 하거니와, 이밖에도 규범불준수에 대해 부정적 결과를 연계하지도 않아야 한다. 그리고 -사실/법상황이 변하지 않은 경우에 동일한 법주체에 의해- 내용상으로 동일하게 발해져서도 아니 된다(규범반복금지).[116] 이 점에서 규범을 제정하는 집행부로선, 입법자보다 더 좁은 한계의 지배를 받는다. 그러나 위법성이 절차하자에 기인하면, 규범제정절차가 -하자없이- 반복되더라도 문제가 없다.[117]

(2) 집행행위의 효력의 문제

규범의 무효확인이 존속력이 발생한 행정행위(가령 무효인 공과금조례에 바탕을 둔 불가쟁적 수수료결정)에 대해 미치는 영향은 판단하기가 어렵고, 논란이 되고 있다. 그런 행정행위는 법적 근거의 무효를 이유로 그 자체 결코 무효가 되지 않고, 기껏해야 위법하게 될 뿐이다. 그런 행정행위가 법규범으로써 그것의 개입근거를 상실하였다고 하더라도 마찬가지이다.[118] 또한 당해 규범에 바탕을 둔 개별행위의 현존상태는 변함이 없다. 즉, 수익적 행정행위는 -규범이 평등원칙에 구속된 분배결정의 법치국가적 근거가 되었던 경우를 제외하고선- 무효선언과 무관하게 변함없이 존속한다. 한편 부담적 행정행위의 경우에도 존속력이 발생한 이후엔 기판력이 발생한 판결 · 결정에서와 동일한 것이 통용되어야 한다고 주장된다.[119] 이에 대해 Hufen은 무효선언이후엔 관련인이 권리구제를 통해서 존속력의 발생을 저지하였던 경우만을 새로이 전개하는 것이 합사실적일 수도 있다고 하면서, 법 제183조와 연방헌법재판소법 제79조는 예외규정으로서 좁게 해석하여야 한다고 주장한다.[120] 물론 부담적 행정행위는 집행될 수 없다.

115) 대법원 행정소송법개정의견에 의하면, 취소판결의 제3자에 대한 효력은 명령의 취소소송의 경우에도 그대로 인정된다(제33조). 그러나 여기서 제3자는 재심을 청구할 수 없다(제41조 제1항).

116) Vgl. BVerwGE 92, 266.

117) 여기서 소급적으로 발효시키기 위해선, 법치국가원리에 따른 신뢰보호를 고려해야 하는 법률적 근거를 필요로 한다.

118) 대법원 행정소송법개정의견에 의하면, (명령의 취소소송에서) 확정판결에 의하여 명령 등이 취소된 때에도 그 명령 등에 근거한 재판 또는 처분이 이미 확정된 경우에는 그 효력에 영향을 미치지 아니한다. 다만 그 재판 또는 처분을 집행할 순 없다(제40조 제1항).

119) 논거에서 일부는 법 제183조를 유추적용하고(BVerwGE 56, 172(176), 일부는 연방헌법재판소법 제79조를 동원한다(Ziekow, in: Sodan/Ziekow, a.a.O., § 47 Rn.379).

120) Ders., a.a.O., § 39 Rn.52.

(3) 기각판결의 효력

규범통제신청이 기각되면, 일반적인 기판력적 효과가 참가자들간에 인정된다(법 제121조 제1호). 이 점은 동일한 참가자간의 광의의 절차에서, 가령 규범에 의거한 집행행위(건축허가, 공과금결정, 경찰처분 등)를 통해서 준수되어야 한다. 기각판결이 대세효를 갖지 않기에, 법원이 해당 법규범을 유효하다고 일반구속적으로 선언할 가능성은 부인된다. 따라서 다른 사람(공공단체를 포함하여)이 동일한 법규범에 관해 규범통제신청을 하는 것은 물론, 다른 신청자의 계기에 의거하여 그 규정을 새로이 심사하는 것 역시 기판력에 배치되지는 않는다.[121]

Ⅷ. 맺으면서-示唆點

규범통제의 메카니즘에서 법원에 의한 일원적 통제를 채택할 때 제기되는 물음이, 현행 공법질서 속에서 과연 규범에 관한 법원의 본안적(직접적) 통제가 허용되는지 여부이다. 여기선 헌법 제107조 제2항의 "재판의 전제"의 의미가 결정적이다. 요컨대 헌법흠결에 해당하는지 여부는 별론으로 하고, 헌법 제107조 제2항상의 "재판의 전제"는 선결물음의 방식으로만 규범심사에 들어갈 수 있게 만들었다고 보아야 한다. 따라서 엄격한 입장을 견지하면, 행정소송법 등에서 독일 행정법원법 제47조와 같은 본안적 · 추상적 규범통제제도를 도입하는 것은 현행헌법의 의미내용에 위배될 수 있을 뿐더러,[122] 권력분립원칙에 대한 중대한 수정이기에 반드시 헌법에 그 근거규정이 존재하거나 최소한 (이를 부정하는 식의) 반대규정이 없을 때에만 가능하다.[123] 사정이 이렇다면, 법원에 의한 규범통제의 문제는 여하튼 헌법 제107조 제2항의 흠결을 적극적 논증하는 직접적 방도는 물론 -가령 처분성의 확대와 항고소송중심적 행정소송의 탈피 등- 부수적 규범통제나마 활성화되도록 전제적 노력을 경주하는 간접적 방도에서 공히 그 해결책을 모색하여야 한다.[124]

---

121) Vgl. BVerwGE 65, 131 (136f.); BVerwG DVBl 1994, 344.

122) 분명한 입장으로 권영성, 헌법학원론, 2008, 1091면.

123) 한편 선정원 교수는 헌법 제107조 제2항은 법원에 대해서 명령 · 규칙에 대한 직접적 통제임무를 과하였다고 지적하면서, 법원으로 하여금 부수적 통제만을 수행케 하는 것을 제도화한 현행 행정소송법은 위헌적인 입법이라 주장한다. 동인, 권위들의 충돌과 합법성심사의 발전방향, 헌법재판과 행정소송(한국공법학회 2003년 정기총회 및 학술대회 발표문), 2003.6, 80면 이하 참조.

124) 선결물음은 재판에서의 전제이기에, 부수적 규범통제는 별반 특별한 성문의 근거를 요하지 않는다. 여기에 헌법상의 의미를 새롭게 접근할 수 있는 착안점이 있다. 아울러 특히 독일의 규범통제제도가 지방자치차원에서 행정처분에 비견할 수 있는 것을 그 대상으로 한다는 점도 유의하여야 한다.

* 중앙법학 제11권 제1호, 2009.4, 345면 이하 소수.
* 참고문헌: 졸고, 명령(법률하위적 법규범)에 대한 사법통제에 관한 소고, 고시연구 2004.6., 159면 이하; 行政規則과 憲法訴願審判, 헌법실무연구 제3권, 2007.12., 482면 이하.

제 7 장

行政自動決定에 대한 司法審査

Ⅰ. 처 음 에

지나가는 천년의 자락에서 우리의 일상은 어제와 오늘 나아가 잠시전과 잠시후가 전혀 다르게 바뀌고 있다. 이러한 맥락에서 행정과 국민과의 관계가 이미 종전의 틀로선 가늠할 수 없게 되었고, 그에 따라 행정법 체계 역시 부단히 변화를 겪고 있다.[1] 행정자동절차에 관한 통제에서 행정행위를 자동적으로 발함으로써 그 결정의 적법성이 담보될 수 있는 것은 아니다. 오히려 여기엔 새로운 심지어 더 위험스러운 瑕疵源이 존재할 수 있다. 우선 컴퓨터로 처리하였기에 오류가 없다는 식의 인간의 주체성에 반하는 인식은 버려야 한다.

행정자동결정이 행정행위로서의 성질을 갖는 한,[2] 하자있는 그것 역시 통상의 행정행위와 다를 바 없는 통제를 받는다. 행정소송법은 행정심판법과 마찬가지로 취소소송 등과 관련해서 행정자동결정에 관한 특별규정을 두고 있지 않다. 국가배상법 역시 사정이 동일하다. 따라서 행정자동결정은 우선 전통적인 권리구제체계를 통해서 다루지 않으면 아니 된다. 하지만 행정자동결정의 특수성으로 현행의 권리구제체계가

---

1) 홍준형, 21세기 정보시대에 있어 행정법의 변화와 과제, 한국공법학회 제72회 학술발표회, 1997.11.15., 53면 이하 참조.

2) 일반적으로 행정자동결정의 법적 성질을 행정행위로 보고 있다. 다만 장차 양방향의 의사소통이 여러 법적·기술적 애로 없이 가능할 정도로 성숙한 전자정보사회가 도래할 경우엔 행정자동결정을 일의적으로 행정행위로 보기는 어렵다. 행정자동결정의 법적 성질과 관련해선 졸고, 행정자동기계결정의 법적 성질 및 그의 능부, 공법연구(한국공법학회) 제22집 제3호, 1994.6, 371면 이하 참조.

그다지 유용하지 않을 수 있다. 우리가 가끔 접하는 교차로상의 교통신호기고장에서 담당 공무원의 잘못이 확인되지 않을 경우가 좋은 예이다. 이러한 사정은 먼저 행정자동결정에 대한 권리구제상의 높은 저지문턱인 셈이다. 그 결과 사법심사가 법적으론 제한을 받지 않지만 사실상으론 제한을 받는다.

아래에선 기본적으로 국민의 재판청구권 및 법치국가원리의 본질이 훼손되는지 여부를 고려하면서, 행정자동결정에 대한 현행 권리구제의 문제점을 지적함과 아울러 효과적인 권리구제를 달성하기 위한 사법심사상의 개선방안을 중심으로 논의하고자 한다.[3)]

Ⅱ. 行政自動決定上의 하자의 모습

자동화에 따른 여러 문제를 사법심사에서 다룸에 있어 맨 먼저 확인해야 할 것은, 행정처분을 자동으로 발한다는 것이 발생하는 하자의 수와 양태에 대해서 어떠한 영향을 미치는지이다. 실제적으로 행정자동결정의 전체 하자율은 전통적인 행정행위의 경우보다 크지 않다고 한다.[4)] 자동화의 초기와는 달리 오늘날 정보공학은 하루가 다르게 괄목하게 발전하여서, 엄청난 데이터를 처리하여도 하자율이 과거에 비할 수 없을 정도로 미미하게 낮다. 하지만 과학기술의 발전에도 불구하고 하자있는 행정자동결정이 여전히 있을 수 있음은 물론이다.

행정자동결정의 경우 법집행의 핵심단계에서 담당공무원의 직접적인 참여가 근원적으로 배제된다. 따라서 하자발생의 주된 원인으로 당초의 데이터를 잘못 조사한 경우와 관련 데이터를 잘못 입력한 경우를 꼽을 수 있다. 한편 컴퓨터에 의해 행정행위를 발함으로 새로운 종류의 하자유형이 생겨났다. 종전엔 과오가 개개의 행정처분에 국한하여 존재하였는 데 반해서, 오늘날엔 하나의 프로그램상의 하자로 인해 하자있는 동종의 행정처분이 대량적으로 양산되었다. 이러한 컴퓨터프로그램상의 하자는 국민들로서는 물론 법관으로서도 알기가 극히 어렵다. 왜냐하면 체계상으로 보아 그 프로그램이 비교가능한 다른 결정 전체의 바탕이 되기 때문이다.[5)] 컴퓨터프로그램상의

---

3) 행정자등결정의 절차법적 문제점에 관한 논의는 사실 그에 관한 절차법적 통제에 해당한다 하겠다. 이에 관해선 졸고, 행정자동절차에 관한 법적 고찰(고려대 박사학위논문), 1993.6. 참조. 아울러 이에 대한 행정내부적 통제에 관해선 졸고, 행정자동결정의 통제에 관한 고찰, 법학연구(충북대 법학연구소) 제9권, 1998.11, 110면 이하 참조. 追論: 그밖에 실체법적 측면에 관해선 행정법기본연구 Ⅰ, 354면 이하 참조.

4) Birk, Rechtsprobleme der EDV im Besteuerungsverfahren, 1989, S.134(136); Fritsche, Lösung juristischer Aufgaben mit Rechnerunterstützung?, Staat und Recht 1986, S.890(895).

5) Garstka, Automation rechtlicher Verfahren als Entrechtlichungsprozeß, Jhrb. der Rechtssoziologie und Rechtstheorie. Bd.7, 1980, S.233(239).

하자란 인식하기 어렵다는 점에 더해서, 행정자동결정 그 자체가 일반인으로 하여금 그것이 매우 정확하고 적법하다는 인상을 가지게 한다. 따라서 위법한 행정자동결정과 관련해서 심사주체가 심사를 전혀 할 수 없는 숨겨진 실제의 데이터까지도 존재할지 모른다.

생각건대 행정자동결정을 심사함에 있어 전통적인 행정처분보다 더 높은 하자율을 고려할 필요는 없다. 하지만 행정자동결정에서 컴퓨터프로그램상으로 생긴 하자란 매우 많은 결정과 관련되고 또한 인식하기 어렵다는 점이 우려된다. 이러한 사정에서 컴퓨터프로그램에 관한 사법심사가 아래와 같이 문제된다.

Ⅲ. 行政自動決定에 대한 司法審査의 개선

1. 결정인자에 관한 심사

행정내부에서 이루어지는 통제는 완성된 행정처분 자체 보다는 행정처분을 발함에 있어서의 결정인자, 예컨대 당초처분절차상의 데이터와 프로그램에 초점을 맞추고 있다. 행정현실에 가장 근접하여 정통한 행정이 이러한 방식으로 심사를 행할 것 같으면, 행정자동결정의 경우 법원은 사법심사에서 이러한 결정인자의 심사가 가능하고 충분한지 여부, 아니면 전통적인 행정행위와 동일하게 개개사건의 적법성이 심사되어야 하는지 여부를 심사숙고하여야 할 것이다.

(1) 당초처분절차상의 데이타에 관한 사법심사

법관이 조사한 범주에서 개개사건상의 정보나 당초처분절차상의 데이터를 획득하는 것은 특별한 주의를 끈다.[6] 유일한 착안점은 행정자동절차인 당초처분절차이므로, 법관은 당해 절차상의 확정에 바탕이 된 데이터가 정확하였는지 여부 그리고 경우에 따라선 비전형적 결정을 정당화시킬 다른 정보도 존재하였는지 여부를 심사하지 않으면 아니 된다. 이러한 심사는 법관이 결정인자나 결과를 심사하는지 여부와 무관하게 꼭 필요하다. 그 까닭은 이러한 정보가 적법성 여부를 심사하기 위해서도 조사되어야 하기 때문이다.

(2) 컴퓨터프로그램에 관한 사법심사

당초처분절차상의 데이터와는 달리, 컴퓨터프로그램에 관한 사법심사는 행정자동결정에서 결정인자의 적법성을 목표로 삼을 경우에만 반드시 필요하다. 먼저 컴퓨터

6) Lenk, Automation und Verwaltungsentscheidung, DVBl. 1974, S.832(836).

프로그램에 관한 사법심사 자체가 가능한지 그리고 그것이 어떠한 소송을 통해서 가능한지 여부가 다투어 진다. 이러한 물음에 답하기 위해선 결정적으로 그것의 법적 성질에 좌우된다.

(가) 行政規則으로서의 컴퓨터프로그램

행정자동결정이 특정한 개별사안을 구속적으로 확정한다는 점에서 개별적 · 구체적인 것과는 달리, 컴퓨터프로그램의 경우에는 동일하게 통용될 수 있는 하나의 규율이 不特定多數의 사람과 사건에 대하여 발하여졌다는 점에서 일반적 · 추상적이라 할 수 있다. 이처럼 일반적 · 추상적인 컴퓨터프로그램은 개별사건과 관련하지 않고 프로그래밍한 결정의 典型(Muster)에 합치하는 바,[7] 이는 명령이 구체화하는 행정행위를 매개로 하여 비로소 특정인에 대하여 현실적인 행정목적을 달성할 수 있는 점과 상통한다. 결론적으로 행정절차에서 컴퓨터프로그램을 작성한다는 것은 법이론적 의미에서 규범적용에 해당한다기보다는 규범정립에 해당한다고 할 수 있으며, 그 컴퓨터프로그램은 行政規則으로서의 법적 성질을 갖는다.[8] 따라서 컴퓨터프로그램을 '조건부 행정행위' 나 '발생기상태에 있는 행정행위' 라 표현하는 것[9]은 적절치 못하다.

(나) 行政規則으로서의 컴퓨터프로그램의 효력

행정규칙의 법규성을 인정하는 견지에서는, 행정규칙의 외부적 효력을 직접적인 것이며 법규적 효력을 갖는 것으로 본다.[10] 이러한 관점에서는 자동화된 규범적용의 요건과 기초로서의 컴퓨터프로그램 역시 행정조직내부에서만 효력을 발생하지 않고 외부에 대해서도 직접적인 법규적 효력을 발생한다고 볼 것이다. 따라서 행정규칙에 관하여 법규설을 취하면 여기서 컴퓨터프로그램의 법적 성질에 관하여 특별히 상론할 필요가 없다고 여겨진다. 물론 넓은 법규개념을 취할 경우엔 그것이 내부법규인지 아니면 외부법규인지 나아가 전자에서 직접적 효과를 발생하는지 아니면 간접적 효과를 발생하는지가 논의될 수 있다.

---

7) Schmidt, Die Programmierung von Verwaltungsentscheidungen, AöR 96(1971), S.352; Scholz, Technisierung der Verwaltung. Steuerungs- und Kontrollproblem für den demokratischen Rechtsstaat, BayVBl. 1981, S.196.

8) 김남진, 행정법 I, 1998, 427면; 류지태, 행정법신론, 1998, 277면; 홍준형, 행정법총론, 1994, 443면. 追論: 행정행위나 법규명령으로 보는 견해에 관해선 행정법기본연구 Ⅰ, 380면 참조.

9) Kerkau, Rechtliche Probleme maschinell erstellter Bescheid, ÖVD 1971, S.108.

10) Ossenbühl, in: Erichsen, Allg. VerwR, 10.Aufl., 1995, §6 Rn.42ff.; Lorenz, Der Rechtsschutz des Bürgers und die Rechtsweggarantie, 1973, S.37ff.; Krebs, Zur Rechtsetzung der Exekutive durch Verwaltungsvorschriften, VerwArch 70(1979), S.269ff.; Beckmann, Die gerichtliche Überprüfung von Verwaltungsvorschriften im Weg der verwaltungsgerichtlichen Normenkontrolle, DVBl. 1987, S. 616ff. 追論: 필자는 행정규칙의 법규성 논의에서 소극적인 입장에서 그것의 위상을 적극적으로 모색하는 입장으로 수정하였다. 상세는 행정법기본연구 Ⅰ, 409면 이하 참조.

非法規說을 취하는 대다수의 학자들은 코드화된 컴퓨터프로그램이 행정규칙으로서의 성질을 갖기 때문에, 행정내부활동을 형성하기 위하여 행정이 발하는 직무명령, 훈령 및 규칙과 결코 다르지 않다고 하였다.[11] 입력된 프로그램과 그에 따른 운영지침 등의 수범자는 기계만이 아니라,[12] 우선적으로는 공무원이 된다. 따라서 이들은 이러한 운영지침을 통하여 행정자동절차상의 제 요청을 준수할 것이다. 이러한 점에서 자동데이타처리와 관련한 행정규칙들은 규정에 적합하게 업무를 집행하기 위한 필요조건에 해당한다고 여겨진다.

주지하듯이 행정규칙에는 여러 가지 유형이 있는데, 각 유형의 내용은 실제적으로 공행정의 기능영역과 일치한다. 예컨대 組織規則은 행정권의 구성 · 내부질서 · 권한 및 권한행사절차 등에 관하여 조직권한의 범위에서 규율하고, 規範解釋規則이나 裁量準則 등과 같은 行爲操縱(統制)的 行政規則은 하급기관 및 그의 구성원을 그 행위면에서 조종 · 지도한다. 컴퓨터프로그램의 경우 이러한 유형 가운데 어느 하나에 속한다기보다는 이들 유형의 여러 요소를 겸비하고 있다고 보는 것이 타당할 듯싶다. 즉, 적합하다고 예상되는 사안처리를 제시함으로써 행정결정을 흡사 선결하는 것과 다름없기 때문에, 코드화된 컴퓨터프로그램은 첫째로, 모든 법률의 경우에 나타나곤 하는 법적 문제점을 명확히 하는 데 기여하고, 둘째로 행정재량을 행사하기 위한 구체적 규준을 제시하고, 셋째로 해석결론을 확정함으로써 판단여지를 제한하며, 넷째로 알고리즘에 담겨진 일률화와 평가준칙을 통하여 법집행의 과정을 간소화한다고 볼 수 있다.[13] 한편 이와 달리 자동데이타처리운영지침(ADV-Dienstanweisung)의 경우에는 원칙적으로 내부적인 직무수행에 대해서만 관련이 있다고 할 것이다.[14]

(다) 컴퓨터프로그램에 관한 사법심사

1) 컴퓨터프로그램에 관한 통상적인 사법심사

행정규칙 그 자체는 처분성이 결여되어 있기 때문에 행정소송의 대상이 되지 못한다. 따라서 행정규칙에 대해서는 공정력이 인정되지 않으며, 그 결과 "흠이 있어 취소할 수 있는 행정규칙"이란 관념은 성립하지 않는다.[15] 그러므로 행정규칙인 컴퓨터프

---

11) Stelkens/Bonk/Leonhardt, VwVfG Kommentar, 4. Aufl., 1994 §37 Rn.35; Schmidt, Die Programmierung von Verwaltungsentscheidungen, AöR 96(1971), S.352; v. Mutius, Zu den Formerfordernissen automatisierter Verwaltungsentscheidungen, VerwArch 67(1976), S.116; Degrandi, Die automatisierte Verwaltungsverfügung, 1977, S.77; Scholz, a.a.O., S.196.

12) 한편 Bull은 이러한 논거로써 컴퓨터프로그램이 행정규칙으로서의 성질을 가짐을 부인하였다. Ders., Verwaltung durch Maschinen, 1964, S.77.

13) Scholz, a.a.O., S.197f.; vgl. Ossenbühl, in: Erichsen, Allg. VerwR, §6 Rn.32ff.

14) Vgl. Scholz, a.a.O., S.196.

로그램에 성립.효력요건상의 흠이 있으면 그 프로그램은 무효가 될 뿐이다. 그리고 우리 헌법은 「명령, 규칙…이 헌법이나 법률에 위반되는 여부가 재판의 전제가 된 경우에는 대법원이 이를 최종적으로 심사할 권한을 가진다」(제107조 제2항)고 함으로써, 具體的 規範統制制度를 취하고 있다. 그리하여 구체적인 사건에서 컴퓨터프로그램의 위헌 · 위법성이 재판의 전제가 되는 경우에 한하여 그 사건의 심판을 위한 선결문제로서 다루어질 수 있을 뿐, 독립하여 컴퓨터프로그램의 효력을 소송에 의하여 다투는 것은 허용되지 않는다고 보아야 한다.[16] 물론 구체적인 행정자동결정에 대한 취소소송이나 부작위위법확인소송의 범주에서 프로그램을 부수적으로 심사함은 허용된다. 프로그램상의 하자로 이들 행정자동결정이 법적 근거와 일치하지 않을 경우, 그 행정자동결정은 위법하고 취소되어야 한다.

2) 컴퓨터프로그램에 관한 예방적 사법심사의 도입

한편 행정자동절차의 경우 실제적 결정이 프로그래밍단계에서 먼저 행해진다고 할 것 같으면, 主觀的 權利의 侵害를 바탕으로 한 기존의 권리구제절차를 행정자동화의 측면에서 수정할 필요성이 있는지 여부가 문제된다. 그리하여 일각에서는 抽象的 規範統制訴訟에 매우 근접하는 "豫防的 프로그램統制訴訟"(präventive Programmkontrollklage)을 인정함으로써, 컴퓨터에 관한 예방적 통제권한을 법원에 대하여 부여할 것을 입법정책적으로 주장하고 있다. 이와 같은 소송은 한편으론 규범심사의 양태상으로 구체적인 행정행위와의 관련없이도 가능하고, 다른 한편으론 그것의 결과가 비참가자에게도 구속력을 미친다. 아래에선 그와 같은 소송의 도입의 당부 특히 입법정책적 견지에서의 당부를 검토하고자 한다.

(ⅰ) 찬성의 논거

새로운 소송양태를 통한 프로그램심사를 지지하는 측에선, 컴퓨터프로그램이 행정자동결정에서 매우 중요하고, 프로그램하자에 특별한 영향이 있음을 강조한다.[17] 즉, 먼저 이러한 소송을 통해 일종의 추상적인 심사가 이뤄지면, 그 행정자동결정의 장래의 다수의 수범자가 위법한 결정이 내려질 상황을 맞이하지 않을 것이고, 사회적인 약자집단이 법에 호소함을 종종 그만둠을 감안하면 당해 소송을 통한 이러한 장점은 매

15) 한편 朴鈗炘 교수님은 「당해 행정규칙에 의하여 직접 국민의 권익이 침해되었다고 인정되고, 국민이 행정규칙 그 자체를 직접 다투지 아니하고는 도저히 구제를 받을 수 없는 특별한 사정이 있는 경우에는 행정규칙의 처분성을 인정하여 그것을 직접 다투는 행정쟁송을 제기할 수 있다」고 주장하고 있다. 朴鈗炘, 행정법강의(상), 1997, 252면.

16) Redeker, Der elektronisch übermittelte Verwaltungsakt, NVwZ, 1986, S.545(546); Schmidt, a.a.O., S.353; Grimmer, Die Automation und das Verhältnis der Verwaltung zum Bürger, DÖV 1982, S.257(260).

17) Redeker,a.a.O., S.545(546); Grimmer, Die Funktion des Rechts in der automatisierten Verwaltung, DVR 1980, S.323(335); Brickmann, Gerichtliche Kontrolle von strikt geregeltem Verwaltungshandeln, 2. Aufl., 1977, S.28f.

우 중요하게 여겨진다고 한다. 행정이 통상 프로그램변경에 대해 주저 내지 거부하는 사정 역시 그러한 종류의 소송을 인정하는데 매우 중요한 의의를 지닌다고 한다. 따라서 이러한 소송은 행정으로 하여금 소송결과에 따라 프로그램을 변경하게끔 만든다. 하지만 이에 대해선 요구되는 프로그램변경엔 막대한 비용이 소요되어 행정으로 하여금 그러한 요청을 거부하게끔 만들었다는 지적이 있다. 이에 대한 반론으로 오늘날 여러 행정주체의 수많은 프로그램의 연결(접속)로 인해 프로그램변경이란 예측불가능한 접속효과와 교체효과를 다루는 것 정도에 불과하다고 한다.

(ii) 반대의 논거

행정소송법에 규정된 모든 소송유형은 행정활동에 관한 사후심사를 지향하고 있으며, 법원에 의해 보장된 권리구제란 원칙적으로 억제적 성질을 지닌다.[18] 소송절차에서 법원은 이처럼 원칙적으로 소극적 역할을 수행하는데(구체적 사건성), 예방적 프로그램소송은 이와 같은 역할로부터 일탈할지 모른다는 것이 반대론의 핵심이다.[19] 컴퓨터프로그램에 관한 사법심사가 가능한 빨리 가장 좋게 행해지기 위해선, 문제의 프로그램에 의거해서 행정행위가 발해지기 전에 행해져야 한다. 사실상 모든 프로그램이 그러한 구속을 받을 수밖에 없을 것이기에 행정절차의 기능이 광범한 범위에서 사법심사단계에로 옮겨갈 것이다. 이처럼 기존의 권리구제체계로부터 벗어나기 위해선, 무명항고소송를 비롯한 法定外訴訟의 能否가 문제될 뿐만 아니라, 현행의 통제유형이 효과적인 권리구제의 요청에[20] 더 이상 부합하지 않을 경우에만 고려될 수 있다 할 것이다. 행정법상의 흠결의 보충과 마찬가지로 헌법상 요구되는 권리구제상으로 흠결이 있을 경우, 이 흠결은 실체적으로 가장 가까운 구제방법에로의 유추를 통해서 메워져야 한다.[21] 따라서 그러한 종류의 흠결이 행정자동결정과 관련해서 존재하는지 여부가 먼저 고려되어야 한다.

개인적 권리구제를 위한다는 측면에서 보면 새로운 소송을 통한 개선의 불가피성이 인정되지 않을 수 있지만, 반면 장래의 수범자의 보호가 문제되는 한, 흠결이 있을

---

18) 이러한 원칙으로부터의 예외가 다름 아닌 예방적 부작위소송이다. 일찍이 판례는 현행 행정소송상으로 이를 허용되지 않는다고 판시하였다(대법원 1987.3.24. 선고 86누182판결). 다만 독일의 경우 우리와 마찬가지로 명문상 인정되고 있지 않음에도 판례는 기본법 제19조 제4항의 효과적인 권리구제의 요청에 의거해서 인정하고 있다. 우리의 경우엔 그것의 존부가 문제되나, 그들의 경우엔 그것의 허용요건의 충족이 문제될 뿐이다. 追論: 그러나 대법원행정소송개정의견과 법무부개정안 공히 '예방적 금지(부작위)소송' 을 새로이 신설하고자 한다. 그러나 그것의 도입보다 시급한 것이 집행정지원칙의 도입이다. 이에 관해선 행정법기본연구 Ⅰ, 25면 이하 참조.

19) 대표적으로 Degrandi, a.a.O., S.160, 166ff.

20) 독일의 경우 이 요청을 기본법 제19조 제4항으로부터 도출할 수 있다. 우리의 경우에도 헌법 제27조의 재판청구권 및 법치국가원리에서 근거를 찾을 수 있다.

21) 김남진, 앞의 책, 76면 이하; Redeker/v. Oertzen, VwGO, §40 Rn.2; Kopp, VwGO Komm. 10.Aufl., 1994, vor §40 Rn.3,5; Eyermann/Fröhler /Kormann, VwGO Komm. 9.Aufl., 1988, §40 Rn.1.

수 있다. 전통적인 행정행위에서와는 달리, 위법인 행정행위가 광범하게 발하는 것을 프로그램의 통제를 통해 사전에 제지할 가능성은 있다. 그러나 반대론자들은 장래의 수범자를 보호해야 한다는 것은 헌법상 요구되는 사법심사의 임무에 해당하지 않음을 강조한다. 행정소송의 직접적 목적과 기능은 개인의 권리구제에 있다는 것이다(주관적 소송의 원칙).[22] 여기엔 국민이 그 스스로 자신의 고유한 이익을 주장하여야 한다는 인식이 깔려 있다. 현실적으로 점점 가속적으로 행해지는 정보기술의 발전 역시 프로그램에 관한 그러한 통제의 도입에 부정적 영향을 미친다고 한다. 정보기술의 필연적인 변화로 인해 행정이 그러한 통제를 위한 구제방법을 깡그리 소진시킬 것이라 한다. 그리하여 새로운 프로그램의 도입이 매우 지체될 것이고, 결국 프로그램이 행정실무에 사용되기 전에 벌써 노후한 것으로 평가받을 지도 모른다고 지적한다.

(iii) 소결

컴퓨터프로그램을 변환하여 표준형을 재현하는 데는 막대한 경비가 소요되기 때문에, 광범한 자동화현상에 직면함에 있어 법원이나 행정청은 좀처럼 행정의 자동화된 업무방식에 변경을 가져오는 결정을 내리려 하지 않을 것이다. 행정자동절차상의 흠은 흠있는 행정자동기계결정 및 그로 인한 손해를 大量的으로 발생시키는데, 부인할 수 없는 사실은 그 흠의 원인이 1차적으로는 아주 사소한 프로그래밍상의 실수에 기인한다는 점이다. 이러한 점에서 예방적 통제가 필요하다는 주장은 일응 수긍할 만하다. 하지만 우리의 경우에는 (본안적)抽象的 規範統制조차도 부인되기 때문에, 그러한 주장은 받아들이기 힘들다. 또한 설령 추상적 규범통제의 길이 열려져 있다 하더라도, 주관적 권리의 침해를 바탕으로 한 기존의 權利救濟의 體系를 수정하기 전에는 곤란한 것으로 여겨진다.[23] 원칙적으로 行政規則의 裁判規範性이 부인되며, 행정규칙의 외부적 효력은 단지 간접적 · 사실적인 데 지나지 않는다는 점에서 더욱 그러하다.

결론적으로 행정자동결정의 장래의 수범자를 보호할 필요는 있지만, 컴퓨터프로그램에 관한 예방적 사법심사란 현행 실정법상으로 인정될 수 없다. 그리고 법원에 대하여 컴퓨터프로그램에 관한 豫防的 統制權限을 부여하면 법원의 부담가중을 초래할 것이며, 더군다나 權力分立의 原理上으로도 문제가 없지 않다. 왜냐하면 법원이 그것을 통하여 행정청의 고유한 결정을 위한 제 규준과 기준에 대하여 결정내리는 것과 다름 아니기 때문이다.[24] 따라서 입법정책적으로도 컴퓨터프로그램에 관한 예방적 사법심

---

22) 독일 기본법 제19조 제4항 역시 문언상으로 보아, 그것의 체계상의 위치처럼 우선 효과적인 개인권리구제를 확고히 하고자 한다.

23) 한편 Degrandi는 자동데이타처리절차를 통제하기 위한 가능하고도 효과적인 수단으로 옴부즈만을 들었다. Ders., a.a.O., S. 166ff. 追論: 독일 행정법원법 제47조상의 本案的 · 抽象的 規範統制과 같은 제도의 도입은 전체 공법질서에서 가늠되어야 한다. 본서 105면 이하 참조.

사란 인정되어선 아니 된다.

2. 소송진행에서 국민의 지위 강화

문헌상으로 취소소송 등의 진행에서 국민의 지위를 강화하려는 여러 제안이 제시되고 있는데, 가령 관련인이 사용된 데이터의 옳음을 심사할 수 있도록 그 관련인에게 행정데이터에 대한 접근권을 인정할 것[25]과 제소기간을 컴퓨터프로그램의 공표와 무관하게끔 할 것[26]이 주장된다. 생각건대 '공공기관의 개인정보보호에 관한 법률' 에 의한 정보보호상의 사유와 무관하게 국민의 행정데이터에 관한 접근권까진 필요하지 않지만, 현행의 '공공기관의 정보공개에 관한 법률' 은 이해당사자에 한정하지 않고, 모든 국민이 정보의 공개를 청구할 권리를 가진다고 규정하고 있다(동법 제6조). 따라서 행정데이터에 대한 접근은 그것이 비공개대상정보가 아닌 한 원칙적으로 아무런 장애 없이 이루어 질 수 있다. 그러나 제소기간의 경과를 프로그램의 공표에 의존케 함은, 이들 프로그램에 관한 인식이 매우 각별한 중요성을 지니게 될 경우에는 정당화될 수 있지만, 대개 이러한 점은 부인된다. 그 까닭은 소송에서 프로그램의 적법성은 직접적인 관계가 없기 때문이다. 한편 컴퓨터프로그램이 법적 근거에 합치하는지를 비전문가로서는 거의 심사할 수 없기 때문에, 컴퓨터프로그램의 공표란 일반국민에게 그다지 도움을 주지 않을 가능성도 있다. 아울러 그러한 공표가 경우에 따라선 저작권법상의 문제를 야기할 수도 있다.

3. 입증책임분배의 수정

행정자동결정에 대한 사법심사에서 지적된 여러 문제점을 메우기 위해 국민에게 유리하게끔 입증책임전환이 독일 문헌상으로 제안되고 있다. 이에 의하면 행정으로 하여금 그 자신이 컴퓨터가 규정에 맞게 기능하였음을 입증할 의무를 지우고, 국민은 그렇게 성립한 행정자동결정의 위법성을 주장하면 족하다고 한다.[27] 입증책임전환의 논거로 행정자동결정은 이유제시가 결여되기에 국민에게 입증책임을 지운다는 것은

---

24) Vgl. Kopp, Handlungsspielräume der Verwaltung und Kontrolldichte gerichtlichen Rechtsschutzes, in: Götz/Klein/Starck(Hrsg.), Die öffentliche Verwaltung zwischen Gesetzgebung und richterlicher Kontrolle, 1985, S.160.

25) Poetzsch-Heffter, Anforderungen der öffentlichen Verwaltung an die Erschließung moderner Informationstechniken, in: Organisation informationstechnik-gestützer öff. Verwaltungen, hrsg. von Heinrich Reinermann, 1981, S.16(27).

26) Brinkmann, a.a.O., S.28.

27) Zeidler, Über die Technisierung der Verwaltung, 1959, S.24; Clemens, Die elektronische Willenserklärung-Chance und Gefahren, NJW 1985, S.1998(2005).

수인할 수 없을 정도로 책임을 과하는 셈이라고 한다. 국민이 컴퓨터상에서 처리할 가능성을 전혀 갖지 못하므로 입증책임의 전환만이 법치국가적 요청에 부합한다고 한다.[28)]

독일의 경우 직권탐지주의를 취하기에 원래 당사자의 입증책임의 문제가 발생하지 않지만, 법원이 증거를 조사 · 검증하기 곤란한 상황이 없지 않으므로 실체적인 입증책임의 측면에선 일반원칙 즉, "授益原則"(Begünstigungsregel)이 통용된다(일반원칙설, 규범설).[29)] 일정한 사실에 바탕을 두고 행위를 한 자가 입증책임을 진다는 이 원칙은 민사소송상의 그것을 차용한 것이다. 오늘날 일반적으로 행정소송에서 이 원칙이 제한적으로 통용되며, 아울러 취소소송에서 행정청이 법적 · 사실적인 개입근거가 존재함을 입증해야 하는 것으로 본다. 한편 -우리의 경우 판례가 취하는 일반원칙설에 의하든, 많은 이가 취하는 행정법독자분배설에 의하든- 행정자동결정은 대개 침익적 성질을 갖기에, 행정자동결정에 대한 취소소송에서 당해 처분의 적법을 주장하는 피고인 행정청이 그 적법사유에 대한 입증책임을 진다.

자동화된 절차내에서 하자원인을 증명하기란 국민으로서 뿐만 아니라 행정에게도 쉽지 않다. 여기에는 개개의 특별한 부문을 제외하고서는 그간에 향상된 정보기술로 인해 행정자동결정의 하자율이 지극히 낮아졌다는 점을 고려해야 한다. 따라서 행정에 대해서든 국민에 대해서든 단순한 주장상으로 거의 행해질 필요가 없는 증거까지 기대하는 것은 지나치다. 행정자동결정의 대부분이 위법할 것이라는 생각을 갖고서 문제를 바라보아선 아니 된다. 따라서 입증책임의 전환으로 입증책임문제의 해결책을 찾기보다는, 행정자동결정에 대한 일반적인 "불신임입증"이 아닌 개개소송에서의 의도된 향상을 강구해야 할 것이다.

한편 일부에선 -데이터입력없이 순전히 기계적 부분에 한정하든 아니면 전체 행정자동결정을 위해서든- 행정자동결정의 적법성을 위한 일단(일응)추정의 법리(prima-facie-Beweis)를 적용할 것을 주장한다.[30)] 이러한 견해에 의하면 국민은 그 결정의 적법성을 컴퓨터고장의 이론적 가능성을 갖고서 다투어서는 충분하지 않고, 오히려 적법성 추정을 깨뜨리기 위해서 결함에 대한 구체적인 입증을 해야 한다. 생각건대 이러한 견해는 받아들여져서는 아니 된다. 이러한 견해는 외관상의 증거가 원인관계의 물음에 대해서만 적용될 수 있을 뿐, 적법성이나 위법성의 물음에 대해선 적용될 수 없

28) Wittmann은 입증곤란함이 컴퓨터의 용량에 비례한다고 지적하였다. Ders., Der EDV-Prozeß aus der Sicht des Gerichtssachverständigen, CR 1988, S.82(83).

29 Vgl. Hufen, VwProzR, 1994, §37 Rn.16ff.

30) Bull, a.a.O., S.170.

다는 점을 간과하였다.[31] 물론 행정자동결정의 위법성이 일단 확실하면, 자동화된 절차부분에 그것의 원인이 있다는 점은 거의 배제할 수 없다.

4. 손해보전책임상의 위험책임법리의 도입

(1) 문제의 제기

오늘날의 컴퓨터시설은 손해발생의 빈도수보다는 그것의 정도를 통해서 위협을 가하고 있다. 수백만의 위법한 행정제품이나 하자있는 지식표시가 법익침해의 사태를 초래할 경우에, 컴퓨터의 고장에서 기인한 손해가 얼마나 이례적으로 심대할지를 가늠하기란 어렵다. 오늘날 점점 첨단화되는 컴퓨터시스템은 컴퓨터바이러스를 이용하여 그것을 파괴하는 광기어린 해커에 매순간 노출되어 있고, 컴퓨터바이러스는 면역프로그램을 무색하게끔 날로 확대재생산되고 있다. 이러한 현실에서 여기서 주로 논의하는 고장 교통신호등의 문제는 그야말로 滄海一粟에 불과하다. 컴퓨터의 운영과 작동은 현실화되면 예측할 수 없는 현저한 손해를 발생시킨다는 점에서, 관리하기 힘든 危險源이 되어 버렸다.

일찍이 Zeidler는 자동장치가 수행하는 전체적인 결정과정을, 행정법의 체계에 완전히 적합하게 되는 事象(行政作用: Verwaltungshandlung)과 순전히 기술적이고 제품화된 事象(行政製品: Verwaltungsfabrikat)으로 나누었다. 그는 행정자동결정이란 전통적인 의미의 행정행위로 볼 수 없으며, 행정제품인 행정자동결정에 대해서는 그것이 기술적으로 타당한지 여부만을 판단내릴 수 있을 뿐, 적법성이나 위법성을 논할 수 없다고 보았다. 그리하여 행정자동결정에 하자가 있는 경우에는 행정상의 損害補塡制度의 전통적인 범주에 해당하지 않기 때문에, 危險責任法理를 통해서만 도그마틱상으로 만족스러운 해결을 도모할 수 있다고 한다.[32]

행정법상의 문헌에 제시된 책임법상의 문제점을 찬찬히 살펴보면 이러한 Zeidler의 견해 역시 부인하기 어려운 그 나름의 의의가 있음을 알 수 있다. 가능한 모든 것이 프로그램화되었다 하더라도 컴퓨터를 운영하다 보면 예상하지 못한 장애가 발생할 수 있다. 이러한 경우 그 행정자동결정의 행정청에로의 귀속가능성 자체 및 그와 같은 고장을 가능한 책임근거로 인정하는 것 자체에 대해선 아무런 의문이 없다. 하지만 현행 공법상의 손해보전체제가 기본적으로 사람에 의한 하자행위(Fehlverhalten) 내지 행위

---

31) Kopp, VwGO, §108 Rn.18; Eyermann/Fröhler/Kormann, VwGO, §86 Rn.10.

32) 사실 Zeidler가 주장한 행정제품이론이란, 논제에서도 나타나 있듯이 위험책임법리를 통하여 효과적인 권리구제를 도모하기 위함이다.

불법(Verhaltensunrecht)에 바탕을 두고 만들어져 있기에, 이상과 같이 야기된 손해에 대해 효과적인 권리구제가 가능할지 여전히 미지수이다. 앞에서 보았듯이, 이들 하자가 일단 추정의 법리를 동원해서 입증될 수 있다곤 하지만 여기에는 적잖이 문제가 많다.

오늘날 프로그램화 등의 활동으로 말미암아 복잡성과 탈개인화가 더욱 점증하고 있다. 그런데 직무배상책임체계에선 유책성요소(고의 · 과실)가 여전히 요구되고 있다. 그리하여 행정자동결정에 의한 손해발생의 경우가 현행 공법상의 손해보전체계에 만족스럽게 포섭될 수 있을지 여부가 중요하다. 수용유사침해(개입)보상법리상으로 위법한 고권행위와 개인의 재산적 가치있는 법적 지위간에는 직접적인 인과관계가 있어야 하는데, 독일의 경우 행정자동결정에 의한 손해발생의 경우 이러한 요청이 충족되는지 여부가 다투어 진다.

아래에선 기술상의 고장으로 인한 손해발생을 주로 염두에 두면서 독일에서의 논의를 살펴보고자 한다.

(2) 직무상 손해배상책임에 따른 해결

행정자동결정의 법적 성질을 행정행위로 파악하는 한, 그것의 하자로 인한 손해배상문제는 직무상 불법행위(국가배상법 제2조)를 중심으로 논해야 한다.[33] 과실책임의 원칙은 인간의 행위방식에 바탕을 두고서 유책(schuldhaft)과 무책(schuldlos)을 나누어 전개한다. 오늘날 컴퓨터시스템이 독자활동성, 통제불가능성 및 복잡성을 지녀서 하자를 적시에 발견할 가능성은 현저히 낮다. 이러한 측면에서 과실책임의 원칙에 바탕을 둔 이론구성에는 오늘날의 미디어의 현실이 완전히 沒却될 우려가 있다. 그리하여 컴퓨터에 이상이 있거나 인간의 하자행위가 입증될 수 없는 고장이 발생한 경우에, 책임법상의 가능한 착안점을 현행의 배상책임체계안에서 찾고자 하면, 부득불 과실책임의 원칙이 요구되지 않는다든지 혹은 최소한 의제하여 충족되었다든지 하는 식의 이론구성을 취할 수밖에 없다.

직무상 손해배상책임은 직무행위의 객관적 위법성만으론 성립하지 않고, 법령위반에 고의 · 과실이 있어야 성립한다.[34] 비록 국가배상청구권에 관한 헌법 제29조 제1항에서는 명시적으로 나타나 있지 않지만,[35] 현행의 국가배상법 제2조 제1항은 과실책

33) 컴퓨터와 같은 자동처리시설이 잘못 설치되거나 관리되어서 차량과 사람이 잘 볼 수 없다거나 전복되었다거나 하여 손해가 발생한 경우에 한해서 국가배상법 제5조가 적용된다 할 것이고, 컴퓨터 자체의 잘못이든 프로그램의 잘못이든 하자있는 행정자동결정은 국가배상법 제2조에서 파악해야 한다. 한편 생각건대 전래적으로 무과실책임주의에서 바라 본 국가배상법 제5조상의 배상책임을 과연 동법 제2조와 별개로 규율할 필요가 있는지 궁금하다.

34) 독일의 경우에도 마찬가지로 직무의무를 유책하게 위반하여야만 배상책임이 성립한다.

임주의를 분명히 하고 있으며, 이 점은 국가배상의 연혁상으로도 확인된다. 따라서 구체적으로 확인가능한 공무원의 비난가능한 고의·과실이 배상책임요건의 본질적 징표인 점은 결코 부인할 수 없다. 그러므로 유책성요청을 포기하거나 기교로써 제거한다는 것은 직무상 손해배상책임의 요건을 도그마틱적으로 받아들일 수 없도록 왜곡한 것이라 말할 수 있다.[36]

나아가 비록 행위기준을 정립하거나 책임추정에로의 도피를 통해서 시도되는 과실의 객관화 경향에 동조하더라도, '인간에 의한 관련' 일체를 도외시할 순 없다.[37] 비슷한 이유에서 조직과실의 법리에 의거해서 유책공무원의 구체적 성명표기를 포기하더라도 역시 마찬가지로 소용이 없다. 순전히 기술상의 고장인 경우 개념정의상으론 인간적 요소와의 관련성이 배제된다. 따라서 이상에서 본 모든 이론적 시도가 비록 탈개인화경향을 지녔지만, 이들을 하자있는 행정자동결정에 적용하는 것은 타당하지 않다. 그 이유는 이들 시도가 여하튼 유책한 과실행위가 존재한다는 점에 바탕을 두고 있기 때문이다.[38]

(3) 수용유사침해(개입)법리에 의한 해결

독일에서 다수 학자와 최고법원의 지지를 얻고 있는 수용유사침해의 법리가 행정자동결정과 관련해서 제기되는 책임법상의 여러 문제를 해결함에 있어 앞서의 손해배상청구권보다 더 적합할 수 있다.[39] 왜냐하면 동 법리는 본시 일찍이 일반법원이 공용침해(제약)에 따른 손실보상과 직무상 손해배상간에 현존하는 손해보전체계상의 간극

---

35) 여기서의 불법행위를 위법성과 과실이 포함된 것으로 이해하면 동조는 국가배상법상의 제2조에 국한해서 바라보아야 하지만, 위법성만을 담고 있는 것으로 이해하면 국가배상법상의 제5조까지도 포섭될 수 있다. 배상책임자를 둘러싸고는 헌법과 국가배상법의 相違가 다투어 지는 데 대해서, 의외로 이상과 같은 문제점에 관해선 그다지 언급이 없다. 생각건대 헌법에 국가배상청구권을 명문화한 취지를 새롭게 하자면(가령 위험책임법리의 도입), 그것을 국가배상법 제2조 제1항과 동일시 대하려는 태도는 지양하는 것이 좋을 듯하다.

36) 追論: 그러나 헌법상의 자기책임적 구조를 견지하기 위해선, 국가배상법상의 대위책임적 구조 및 그것의 과실책임주의를 자기책임적 구조에 맞춰 수정하여야 한다. 이런 입장전환에 관한 상세는 본서 151면 이하 참조.

37) Schönig, Rechtliche Auswirkungen der Technisierung der Verwaltung auf das System der öffentlichen Ersatzleistungen, 1973, S.169.

38) 한편 G. Jaenicke는 1961년 독일 국법학자대회에서, 행정자동결정으로 인한 손해발생의 경우엔 직무상 손해배상책임에 관한 새로운 별개의 성립요건을 도입해야만 만족스러운 해결을 찾을 수 있다고 강변하였다. 국가의 직접적이고 객관적인 보증인적 책임에 바탕을 둔 그의 주장에 의하면, 기존의 보증인적 책임을 컴퓨터와 같은 시설을 하자없이 운용함에 대한 보증인적 책임을 통해서 보충하고, 아울러 그러한 시설의 영향을 피할 수 없으며 그 시설의 하자없는 운용을 신뢰한 사람을 위해서 무과실책임을 성립시켜야 한다고 한다(Ders., Gefährdungshaftung im öffentlichen Recht?, VVDStRL 21(1963), S.175f. 그러나 Jaenicke의 주장을 독일의 현행 배상책임 체계에 받아들이는데에는 곤란한 점이 있다. 그 이유는, 여기서 확대가 문제되어야지 붕괴가 문제되어서는 안되는 한, 배상책임을 의미에 맞춰 확대하기 위해선 적어도 (배상책임의) 징표와 연혁적 대강을 유지하는 것이 선행되어야 하기 때문이다. 그리하여 Jaenicke의 주장의 취지는 이미 벌써 수용유사적 침해나 위험책임의 법리에 담겨져 있다고 평가가 내려졌다. Vgl. Schönig, a.a.O., S.171; Bull, a.a.O., S.305.

39) Schönig, a.a.O., S.224.

을 메우기 위해 발전시킨 것이고, 따라서 개인의 재산적 가치있는 법적 지위(이익)를 공공복리를 이유로 위법 · 무책하게 고권적으로 침해(개입)할 경우에 발생한 손해가 동 법리에 의해서 포착되기 때문이다.[40] 과거 독일에선 관련 보상청구권의 근거를 수용유사침해법리에 대신해서 그네들의 희생보상의 원칙에 의거하여 정립하려는 시도가 있었지만,[41] 일반적으로 받아들여지지 않았다. 그 까닭은 희생보상제도란 본시 비재산적 법익(예컨대 생명, 생활, 건강, 자유, 명예)에 대해 개입(제약)함으로 인한 손해만을 보전할 수 있는 데 대해서,[42] 컴퓨터의 고장으로 인해 입은 손해를 입은 자는 원칙적으로 물적 손해(Sachschäden)만을 주장할 수 있기 때문이다.

한편 수용유사침해의 성립요건과 관련해서, 독일 최고법원이 '그 침해가 의욕되고 목표로 되어야' 하기보다는 '고권적 활동이 재산권에 직접적으로 영향을 미쳤으면' 족하다고 봄으로써,[43] 처음 보아선 수용유사침해에 따른 보상청구권이 쉽게 성립할 것처럼 여겨진다. 그러나 직접성에 관한 이러한 요청에도 불구하고, 컴퓨터의 고장으로 인한 손해를 전보하기 위해 수용유사침해법리를 도입하는 것은 그렇게 쉽지 않다. 왜냐하면 아래에서 보듯이 교통신호등판결(Ampel-Urteil)에서 독일 최고법원이 그 직접성을 엄격히 해석하였기 때문이다. 사실 독일의 최고법원은 직접성의 요청을 통해서 포괄적인 위험책임요건으로 전락함을 피하고자 노력하였다.[44]

교차로상의 교통신호기가 기술적 결함으로 말미암아 반대방향에 대해서 동시적인 우선통행을 지시하여 사고가 발생하였는데, 여기서 문제의 교통신호기는 규정에 맞춰 감독을 받았을 뿐만 아니라 가동에 들어갈 때에도 충분한 심사를 받았다. 이 교통신호등사건에서 독일 최고법원은 고권적 조치의 직접적 영향 및 그로 인한 補償附 재산권 개입을 부인하였다. 그 논거로 피고가 신호등을 만들면서 보이는 신호등만을 전적으로 배려한 경우, 피고가 공용침해법적 의미의 '직접적인' 손해를 유발하였다기보다는, 그 밖의 사정이 더해져야 비로소 원고에게 손해를 끼칠 수 있는 위험상황(Gefahrenlage)을 조성하였을 뿐이라고 지적하였다.[45] 독일 최고법원은 1971년 1월 5

40) Ossenbühl, Staatshaftungsrecht, 4.Aufl. 1991, S.173ff.

41) 대표적으로 Fiedler, Rechenautomaten in Recht und Verwaltung, JZ 1966, S.689(695).

42) Ossenbühl, StHR, S.109.

43) BGHZ 37,44(47)=NJW 1962,1439; BGH NJW 1964,104. 개입(Eingriff)과 훼손(제한, Beeinträchtigung)간에 아무런 그밖의 사정이 개재해선 아니 된다는 인식에 바탕을 둔 직접성 요청은 그 당시에도 많은 비판을 받았을 뿐더러, 오늘날에는 변모하여 적용되고 있다. 즉, 최근의 판례에서 독일 최고법원은 개입이 구체적인 고권적 활동에 비춰 전형적일 뿐만 아니라 고권적 조치의 본질에서 비롯한 손해를 일으켰다면, 그 직접성이 존재한다는 점을 강조하였다. Vgl. Ossenbühl, a.a.O., S.208ff.; Maurer, Allg. VerwR, 10.Aufl.1995, §26Rn.93; BGHZ 92, 41f.; 102, 358.

44) Vgl. Schack, Gefährdungshaftung auf dem Gebiet des deutschen öffentlichen Rechts, DÖV 1961, S. 728ff.; Ossenbühl, Enteignungsgleicher Eingriff und Gefährdungshaftung im deutschen öffentlichen Rechts, JuS 1971, S.575(577).

일자 결정(수도관파열사건)[46]에서도 이상과 같은 언급을 별다른 논증이나 설명을 덧붙이지 않고 되풀이 하였다.

그런데 신호등판결에는 수긍하기 어려운 점이 있다. 수용유사침해가 성립하기 위해선 고권적 조치와 원고의 재산권침해간에 인과관계가 있어야 하는데, 독일 최고법원은 이 인과관계문제에서 '교차로에 신호등을 설치하는 것'을 목표로 삼았지, 신호등시설에 의해서 발해진 '경찰처분'을 목표로 삼지 않았다.[47] 법익침해(손해) 즉, 사고의 발생이 컴퓨터시스템의 기술적 고장에 의해 야기되고 아울러 하자있는 개별적 행정행위의 형식으로 구체화되었다고 하면, 행정청의 컴퓨터설치, 프로그램화 및 그로 인한 위험상황을 공용침해법적 의미상의 고권적 조치로 이해해야 한다. 그리고 다른 연결고리를 통해서 불이익한 효과를 발하지 않고, 손해를 직접적으로 발생시키는 행정자동결정은 개별·구체적이든 일반적이든 오히려 공용침해법상의 위법한 고권적 침해(개입)행위이자 손해원인에 해당한다. 직무상 손해배상책임의 요건에서와는 달리 여기선 인간에 의한 하자행위가 없다는 점은 중요하지 않다. 왜냐하면 공용침해법적 의미상의 고권적 조치의 위법성을 위해서는, 재산권에 대한 그 침해(개입)가 전혀 (합헌법적인) 법적 근거를 갖지 못한다는 사실로 충분하기 때문이다. 따라서 독일 최고법원이 판례상으로(BGHZ 32,208) 맨 처음 명시적으로 확인하는 것과 마찬가지로, 이러한 위법성은 특별희생을 가리키고 손실보상의 근거가 된다 하겠다. 그것은 침해(개입)가 위법함으로써 다른 사람에게는 기대되지 않는 특별한 희생이 관련자에게 과해지기 때문이다.[48] 그러나 독일 최고법원이 침해의 직접성 요청을 엄격히 견지할 뿐만 아니라 그 요청의 충족이 명백히 시인되는 신호등사건 등에서도 그것을 애써 외면하려는 태도를 취하고 있음에 비추어, 하자있는 행정자동결정의 문제가 수용유사침해의 법리를 통해서 해결되리라고 기대하는 것은 성급하다.[49] 이러한 사정은 우리의 경우 동 법리의 유용성과 존재이유는 등한시한 채 현행법질서에서의 수용가능성 자체에 지나치게 몰입하여 논한 나머지, 동 법리의 전향적 수용이 이루어지지 않고 있기에 더욱 그러하다.[50]

일찍이 Jürgen Schöning은 자신의 박사학위청구논문(1973년간)에서, 비록 교통신호

45) BGHZ 54, 332=NJW 1971, 32.

46) BGHZ 55,229=NJW1971, 607.

47) Vgl. Landwehrmann, Anmerkung zu BGH NJW 1971, 32, NJW 1971, S.840.

48) Lazaratos, Rechtliche Auswirkungen der Verwaltungsautomation auf das Verwaltungsverfahren,1989, S.390.

49) 追論: 그러나 "교통신호등 고장-Ⅱ"(Urtei v.18.12.1986, NJW 1987, 1945)에선 개입의 직접성을 인정하여 공용개입(수용)유사적 개입을 인정하였다. 한편 이 판결에 대해선, W. Schmidt, Die Aufopferung vermögenswerter Rechte, NJW 1999, S.2847(2848)는, 개입조치가 여전히 적법하다는 점에서 도그마틱적으로 잘못되었다고 비판을 하였다.

등의 개개의 燈火信號가 일반처분으로서 행정행위에 해당할지라도, 신호기고장의 경우에는 통상 하자있는 개별 · 구체적 결정으로 인한 손해발생의 경우와는 다르게 다루어야 할 특수성이 있다고 주장하였다.[51] 그는 이러한 사건유형에서 사실행위로 인한 손해(손실)발생의 문제점과 매우 유사함이 있음을 발견하였다. 아울러 그는 자신의 주장을 뒷받침하기 위해서, 최고법원이 신호등사건과 수도관파열사건에서 수용유사침해의 성립요건, 특히 직접성의 존재를 부인한 판시상의 유사성이 있음을 지적하였다. 사실 고장난 교통신호기의 푸른신호가 손해발생(사고)에 한층 구체적으로 근접하여 직접적인 원인으로 간주될 가능성이 있음에도 불구하고, 그는 그 신호표시가 처음에는 구체적인 위험상황을 만들지만 손해유발의 직접적인 원인은 되지 못한다고 하면서, 그 밖의 사정이 덧붙여져야만 비로소 손해발생의 간접적인 원인으로 간주될 수 있다고 지적하였다. 하지만 직접성요청을 엄격히 요구한 최고법원의 고찰방법을 지지한 Schöning은, 무엇이 푸른신호형식을 취한 위법한 일반처분과 손해유발간에 개재하여 직접성 요청의 충족을 방해하는지에 대해서 언급하지 않았다. 반대방향에서의 자동차의 출현을 제2차원인(종된 원인, Nebenursache)이 아니라, 고권적 조치밖에 놓여 있는 별개의 결과나 중간에 끼어 든 조건으로 파악함으로써 인과관계를 왜곡해서 이해한 점이, Schöning의 주장에는 있다. 결론적으로 오늘날 독일의 최고법원이 직접성 징표에 대해 완화의 입장을 취하고 있기에, 그의 주장은 시대에도 맞지 않는다.

(4) 위험책임법리의 도입을 통한 해결

독일의 경우 특별히 위험책임을 규정한 몇몇 법규가 인간에 의한 활동의 필요, 주관적 귀속가능성성, 귀책요소를 명문상으로 포기함에 착안해서, 많은 이들이 행정자동결정과 관련해서 위험책임법리에 관심을 가졌다.[52] 원칙적으로 위법성이 없다는 것이 위험책임의 성립요건상의 징표로서 강조되고 있기에, 위험책임의 성립요건으로서 손해가 발생하기 위해선, 추상적인 위험상황을 구체화하고 손해를 발생시키는 특별한 고권적 조치(사실행위를 포함하여)가 적법한지 아니면 위법한지 여부는 중요하지 않다.[53]

---

50) 이를 둘러싼 논의는 류지태, 수용유사침해이론의 비판적 검토, 행정상 손실보상의 주요문제(박윤흔교수 화갑기념논문집), 1997; 홍준형, 수용유사침해보상의 법리와 그 수용가능성, 고시연구 1997.1. 참조. 追論: 이에 관한 독일 현재의 논의상황과 적극적인 도입모색에 관해선 본서 177면 이하 참조.

51) Ders., a.a.O., S.227ff.

52) Vgl. Zeidler, a.a.O., S.6 ; Wagner, Die Abgenzung von Enteignung und enteignugsgleichem Eingriff, NJW 1967, S.233(2335); Popper, Rechtsproblem der automatisierten Verwaltung, DVBl 1977, S.509, 513; Ossenbühl, a.a.O.(1971), S.579. 최근의 공법상 위험책임에 관한 문헌으로 서보국, 공법상의 위험책임, 고려대대학원 석사학위논문, 1997. 12. 참조.

국가배상에서 통상 요구되는 유책성과 위법성의 징표가 없어지면, 위험책임요건은 "위험상황"(Gefahrenlage)이라는 특색을 지닌다. 이러한 위험상황은 구체적인 행위가 아닌 일반적인 리스크상황의 성립을 목표로 삼기 때문에 추상적인 것으로 표현할 수 있다.[54] 리스크조성과 개개사건에서의 법익침해를 가치평가적으로 연결시키는 것이 인과관계의 문제인데, 여기선 이들 전형적인 리스크의 발생에만 좌우될 뿐, "법익침해를 야기하는데 리스크성립이 개연성있게 적합하다는 것"에 좌우되진 않는다. 그래서 리스크조성과 개개사건에서의 법익침해를 연결함에 있어, 리스크연계(관련)가 '상당성을 대체하는 이질적인 것' 으로서 상당성(Adäquanz)에 갈음하게 된다.

그런데 과연 행정청이 사용하는 컴퓨터시설이 특별한 위험상황을 조성하는가? "위험"이란 개념은 매우 불명확하며, 공백이 많을 뿐더러 왜곡되기 쉬울 수 있다. 아울러 위험한 것과 위험하지 않은 것을 구별하고 그것의 징표를 포착하려 시도하는 것은 극히 어려울 수 있다. 어려운 한계문제에 봉착하여 그 문제를 용어상 · 도그마틱상으로 처리하기 위한 기준을 전개하는 것이 법학자의 임무이다. 전적으로 손해발생의 빈도수만으로 컴퓨터의 기술적 고장에 관한 "무위험성"(Ungefährlichkeit)을 추론하는 것은 너무 지나치게 단순화한 태도이다. 생각건대 컴퓨터의 운영과 결부된 위험상황을 컴퓨터의 엄밀성과 확실성이라는 말로써 위험책임의 영역에서 재빨리 배제하는 것은 어리석다 하겠다.[55]

한편 이상의 논거에서 위험상황과 결부된 별도의 책임요건을 근본적으로 도입하는 것에 찬성할 경우에는, 먼저 제한 없이 일반적인 컴퓨터위험책임이 오늘날의 상황아래에서 실제적으로나 이론적으로 정당할지 여부를 숙고해야 했다.[56] 본래 위험책임이란 손해감소란 주된 목적뿐만 아니라, 손해분산이란 부수적 동기에 의해서 특징이 지워져 있다. 따라서 전부배상책임의 원칙에 바탕을 둔 무한정적인 컴퓨터위험책임을 (사보험시장에서와 같은 보호를 제공할 수 없는) 공행정에 대해 특별히 인정한다면, 극히 이례적인 부담이 초래된다. 이러한 부담은 결코 조직상의 방지책에 의해서도 제거될 수 없으며,배상책임자가 행정청이어서 진다는 점에서 중대한 불공평성의 문제가 제기된다. 결국 독일의 1981년 국가책임법처럼 컴퓨터의 고장과 관련해선 위험책임법리에 바탕을 두고서 별개의 책임요건을 규정하는 것이 바람직하다.[57] 비록 지금은 전염병

53) 하지만 공법상 위험책임의 이러한 특별한 측면이 문헌에선 전반적으로 미미하게 지적되고 있다. 그 이유는 기술적 고장에 기인하여 잘못을 저지른 고권적 조치의 위법성을 입증하기가 불확실하다는 점과, 공법상의 위험책임의 특질에 관한 명확한 개념을 전개하기가 어렵다는 점에 기인한다.

54) Deutsch, Gefährdungshaftung: Tatbestand und Schutzbereich, JuS 1981, S.317(322); Ossenbühl, StHR, S.309.

55) Lazaratos, a.a.O., S.403.

56) Vgl. Will, Quelle erhöhter Gefahr, 1980, S.322.

예방법 제54조의2, 원자력배상법 제3조와 자동차손해배상법 제3조 등을 제외하고선 위험책임을 인정하는 규정이 많지 않지만, 만약 앞으로 입법자가 자동차, 궤도기차, 케이블카, 심지어 말과 개까지 증대된 危險源으로 간주하고서 그들에 대해 위험책임을 성문화하면서, 행정의 일상을 지배하는 복잡한 컴퓨터에 대해선 그보다 덜한 위험단계에 있다고 인식한다면, 입법자에게 법이념의 최고원칙의 하나인 평등취급의 원칙을 전혀 준수치 않았다고 비난이 가해질 수 있을 것이다.

5. 기타

독일 문헌상으로 행정법원의 특별화가 제안되고 있다. Brinckmann은 이러한 맥락에서 중요한 컴퓨터프로그램은 오늘날 여러 주에서 여러 갈래로 발해지고 있으며, 이러한 사실이 통제(심사)에 아무런 영향을 미치지 않을 수 없다고 지적한다.[58] 먼저 법원조직내에서 그러한 종류의 특별화를 생각할 수 있는데, 참고로 독일의 경우 이러한 특별화가 최초로 1986년에 München 지방법원에서 시도되었다. 하지만 Ullmann은 전자적 데이터처리가 오늘날 당연히 일상에 속하고 모든 법관에게 빈번할 수밖에 없음을 지적하면서 법원의 특별화에 반대하였다.[59] 법원이 전자적 데이터처리에로의 시대적 이행에 부응하고, 법관의 실체적 사실의 접근과 전문가와의 향상된 대화를 확고히 하기 위해서 법원(조직)의 특별화의 주장은 일단 설득력을 갖는다. 하지만 그러한 특별화의 불가피성이 시인되더라도 비용 · 편익분석에 비추어 소요비용을 넘어서까지 그것의 특별화를 역설함은 피해야 한다. 생각건대 법관이 개개사건에서 적법성의 측면에서 심사할 경우, 전자적 데이터처리에 관한 특별한 지식이 그다지 요구되지 않는다. 그리고 필요하면 관련 전문가를 광범하게 활용할 수 있다. 컴퓨터프로그램에 관한 사법심사가 부인되고 있는 상황도 고려해야 한다.

끝으로 독일 문헌상으로 새로운 형식의 통제(심사)가 제안되고 있다. 즉, 행정의 특별한 수탁인이 심사를 행한다든지,[60] 옴부즈만을 도입하여 독립된 공적 기관이 형식상의 자유로운 절차에 의거해서 프로그램 및 개별 결정에 관한 심사를 행한다든지[61] 하는 것이다. 하지만 그 심사주체가 행정과의 긴밀한 협력을 통해서만 얻어질 수 있는

---

57) 동지: 김남진, 앞의 책, 429면; 류지태, 앞의 책, 410면; 서보국, 앞의 논문, 109면. 한편 유추를 통한 현행 실정법내에서의 컴퓨터위험책임을 인정할 것인지 여부가 다투어 지는데, 독일 법원은 위험책임원칙을 법관을 통해 유추적용하는 것은 허용된 법형성이 아니라 허용되지 않는 입법으로 보려고 하였다. 여기선 '예정하지 않은 흠결' 혹은 '의도한 불완전성' 이 존재하는지에 초점이 맞춰진다.

58) Brinckmann, a.a.O., S.29.

59) Ders., Spezialzuständigkeiten für EDV-Streitigkeiten, CR 1988, S.68.

60) Brinckmann, Verwaltungsautomation, 1974, S.74. 여기선 절차심사를 위한 수탁인과 데이터보호를 위한 수탁인을 엄격히 구분해야 한다. Vgl. Degrandi, a.a.O., S.169.

중요한 전문지식을 과연 마음대로 사용할 수 있을까 하는 우려가 든다. 적어도 관련 국민의 시각에서 보면 그들 기관의 객관성을 받아들이기가 쉽지 않다. 따라서 이러한 시도는 사법심사를 결코 대체할 순 없고, 단지 행정심판절차의 대안으로 참고할 만하다.[62]

Ⅳ. 맺으면서

앞에서 보았듯이, 행정자동결정이 지닌 여러 구조적인 특수성으로 말미암아 하자가 있을 경우에 사법심사가 쉽지 않다. 이 점에서 일종의 사전적 통제에 해당하는 절차적 통제에서 절차적 요청의 완화를 당연시 바라보는 것은 지양해야 한다. 사실 사법심사는 통상 결과에만 미치고 그 결과를 얻는 데까지의 절차에 대해선 미치지 않고, 항상 주관적 권리의 성립에 좌우되기에, 행정에 의한 통제 특히 행정심판절차에 의한 그것이 사법심사에 비해 더 낫다고 평가할지 모르나, 권리구제체계상으로 양자는 合一的으로 파악해야 한다. 따라서 당사자간에 의사소통의 확대는 아무리 강조해도 지나치지 않다.

비록 현행 권리구제체계상 하자있는 행정자동결정과 관련해서 효과적인 권리구제가 이루어지지 못하여 그에 대한 해결책을 강구한다 하더라도, 기본적으로 현행의 체계내에서의 허용성 여부의 문제를 도외시해선 아니 된다. 그 점에서 예방적 프로그램 통제소송이 입법정책적으로 필요성은 시인되나, 적용에선 받아들이기가 어렵다. 마찬가지로 위험책임법리의 경우에도 그러하다. 독일에서 1981년에 국가책임법이 무효화되었다고 하여, 그들이 컴퓨터의 고장에 관해 국가책임이 성립하지 않는 것으로 보았다고 말할 수 없다. 하자있는 행정자동결정에 대한 효과적인 권리구제를 확보하기 위해선, -직접성요청을 넓게 이해함을 전제로-독일의 수용유사침해보상의 법리를 적용하는 것도 하나의 방책이 될 수 있으나,[63] 위험책임법리에 바탕을 두고서 컴퓨터의 고장(기계상의 것이든 사람에 의한 것이든)을 위한 별개의 책임요건을 받아들이는 것이 입법론적으론 바람직하다. 여기서 이러한 책임요건은 행정자동결정의 위법성이나 컴퓨터의 운영에 따른 위험상황과 관련될 수 있는데, 다만 법효과의 측면에서 책임제한조항을 담고 있어야 한다.

행정행위를 자동화하였다고 해서 그에 대한 제소의 가능성이 현격히 낮아지면, 과

61) Degrandi, a.a.O., S.169.

62) Polomski, Der automatisierte Verwaltungsakt, 1992, S.253.

63) 그밖에 현존의 상태가 취소가능한 한에 있어서 결과제거청구권의 적용을 주장할 수 있으며, 나아가 그러한 것들을 넘어서 현존한 위험책임요건으로부터의 유추의 가능성도 긍정될 수 있다. Vgl. Lazaratos, a.a.O., S.407ff.

연 자동화로부터 얻는 바가 무엇인지 새삼 곱씹어진다. 자동화와 정보화의 참뜻은 궁극적으로 인간성의 회복과 신장에 있음을 상기할 때, 정보화를 단지 최신 미디어의 확대보급으로 이해하는 듯한 경향은 지양되어야 한다. 따라서 행정정보화 · 자동화와 관련한 행정법적 문제들(예컨대, 뉴미디어를 통한 행정행위의 통지 · 하자 · 청문실시 등)을 다룸에 있어, 組織法 · 作用法 · 節次法 · 責任法상의 기존의 패러다임이 별 의문 없이 혹은 수정해서 통용될 수 있는지, 아니면 새로운 파라다임이 창안되어야 하는지 심도있게 논의하여야 한다.

현실과의 직접적 만남의 증대없이 진정한 사이버 혁명이 달성될 수 없듯이, 민주화 · 시민사회의 형성없이 정보화에 앞서갈 수 없다.

* 법학연구(충북대 법학연구소) 제10권, 1999.12., 559면 이하 소수.

제 8 장

國家賠償法上의 過失責任主義의 理解轉換을 위한 小考

Ⅰ. 처 음 에

판례는 행정소송상의 위법성판단과 국가배상청구상의 (직무행위의) 위법성판단은 별개라는 입장을 견지하고 있다.[1] 일찍이 대법원 1984.7.24. 선고 84다카597 판결에서 비롯된[2] 이런 입장은 현재 異論의 제기가 무의미할 정도로 확고한 행정법의 도그

---

1) 대법원 2007.5.10. 선고 2005다31828판결: 어떠한 행정처분이 후에 항고소송에서 취소되었다고 할지라도 그 기판력에 의하여 당해 행정처분이 곧바로 공무원의 고의 또는 과실로 인한 것으로서 불법행위를 구성한다고 단정할 수는 없는 것이고, 그 행정처분의 담당공무원이 보통 일반의 공무원을 표준으로 하여 볼 때 객관적 주의의무를 결하여 그 행정처분이 객관적 정당성을 상실하였다고 인정될 정도에 이른 경우에 국가배상법 제2조 소정의 국가배상책임의 요건을 충족하였다고 봄이 상당할 것이며, 이 때에 객관적 정당성을 상실하였는지 여부는 피침해이익의 종류 및 성질, 침해행위가 되는 행정처분의 태양 및 그 원인, 행정처분의 발동에 대한 피해자측의 관여의 유무, 정도 및 손해의 정도 등 제반 사정을 종합하여 손해의 전보책임을 국가 또는 지방자치단체에 부담시켜야 할 실질적인 이유가 있는지 여부에 의하여 판단하여야 한다. 같은 입장으로 대법원 2000.5.12. 선고 99다70600판결; 2003.11.27. 선고 2001다33789, 33796, 33802, 33819판결; 2004.6.11. 선고 2002다31018판결; 1999.9.17. 선고 96다53413판결; 1997.7.11. 선고 97다7608판결; 1997.5.28. 선고 95다15735판결; 1996.11.15. 선고 96다30540판결; 1995.10.13. 선고 95다32747판결; 1994.11.8. 선고 94다26141판결 등 참조

2) 여기서 대법원은「의료법 제25조 제1항, 제51조 제2항 제1호등 규정의 취지를 모아 보면 의료법 위반에 관계되는 행위에 대한 행정처분의 종류의 선택여하는 관계행정청의 편의재량 행위에 속한다 할 것이므로 피고가 이 사건에 관하여 무면허 의료행위를 한 위법이 있다하여 그 행정처분의 선택의 기준을 정한훈령에 따라 한 4개월의 업

마틱이 되어 버려 별반 그 자체 의문이 제기되지 않는다. 그러나 비록 국가배상사건의 차원에서 직무행위의 위법성을 논증하기 위함이지만, 이미 행정소송을 통해 위법성이 확인된 처분을 민사법원이 다시 심사하는 것이 과연 문제가 없는지 세심한 검토가 필요하다. 일종의 다른 의미의 선결문제인 셈인 이 문제는, 취소소송의 취소판결의 기판력이 後訴인 국가배상청구소송에 미치는지의 물음과 취소소송의 위법성과 국가배상책임성립요건상의 위법이 동일한지의 물음에 관한 것인데, 궁극적으로 국가배상법상의 위법개념의 문제로 귀착된다(후술). 이런 논의의 바탕이자 한계가 되는 것이, 과실책임주의와 이를 바탕으로 한 배상책임구조이다. 사실 국가배상책임제도에서 대위책임적 책임구조를 전제하면,[3] 일단 가해 공무원의 주관적 책임요소의 충족을 출발점으로 삼는 것은 지극히 자연스러운 일이다. 그리고 성실한 평균적 공무원을 잣대로 삼는 이상, 궁극적으로 객관적 주의의무의 차원에서 위법성을 전적으로 객관적 정당성의 문제로 접근하는 것 역시 당연한 귀결이다.

그런데 행정소송을 통해서 원고가 바라는 행정행위의 위법성이 확인되었음에도 불구하고, 비록 담당 재판부는 다르지만 같은 사법부에서 원고의 바램이 국가배상의 차원에서 실현되지 않는다는 것이 과연 법감정상 받아들여질 수 있을지 심히 의아스럽다. 물론 법감정이 실정법을 넘을 순 없기에, 초점은 현행 관련 법제 전체의 문제점에 모아진다. 왜냐하면 주관적 책임요소의 존재는 국가배상책임의 기본구조와 필연적으로 연계되기 때문이다. 독일에선 행정사건은 행정법원이, 민사사건은 일반법원이 관

무정지처분이 그 취소소송에서 재량권 남용을 이유로 취소되었고 또한 그 정상을 고려할 때 재량권을 일탈한 경우라고 판단된다 하더라도 그와 같은 사실만으로는 관계공무원에게 직무집행상 과실이 있는 경우라고 볼 수는 없다」고 판시하였다. 이런 접근은 궁극적으로 대법원 1973.10.10. 선고 72다2583판결에 닿는다. 여기서 대법원은「일반적으로 공무원이 직무집행에 있어서 관계법규를 알지 못했다던가, 필요한 지식을 갖추지 못했다는 것은 도저히 변명거리가 될 수 없으리니, 그와 같은 일이 원인을 이룬 결과에 대하여는 공무원의 직무상의 의무위반으로서의 고의 또는 과실이 국가배상법상 문제 안 될 수는 없겠지만, 법령에 대한 해석이 복잡 미묘하여 워낙 어렵고, 이에 대한 학설, 판례조차 귀일되지 못하여 의의가 없을 수 없는 경우에, 공무원이 그 나름대로 신중을 다하여 합리적인 근거를 찾아 그 중 어느 한 설을 취하여 내린 해석이 대법원이 가린 바 된 그것과 같지 않아 결과적으로 잘못된 해석에 돌아가고, 그에 따른 처리가 역시 결과적으로 위법하게 되어, 그 법령의 부당집행이란 결과를 빚었다고 하더라도, 그와 같은 처리방법 이상의 것을 성실한 평균적 공무원에게 기대하기란 어려운 일이고, 이런 경우 결과 책임을 지우는 법적근거가 있음이 아닌 오늘이므로 다른 특별한 사정이 없으면 그 한 설을 취한 처리가 공무원의 과실에 의한다고 일컬을 수 없다 할 것이다.」고 판시하였다. 그런데 대법원 2000.5.12. 선고 99다70600판결 이래 판례의 서술방식에 변화가 있었다. 즉, 이제는 다음과 같은 판시가 전형이 되었다:「그 행정처분의 담당공무원이 보통 일반의 공무원을 표준으로 하여 볼 때 객관적 주의의무를 결하여 그 행정처분이 객관적 정당성을 상실하였다고 인정될 정도에 이른 경우에 국가배상법 제2조 소정의 국가배상책임의 요건을 충족하였다고 봄이 상당할 것이며, 이때에 객관적 정당성을 상실하였는지 여부는 피침해이익의 종류 및 성질, 침해행위가 되는 행정처분의 태양 및 그 원인, 행정처분의 발동에 대한 피해자측의 관여의 유무, 정도 및 손해의 정도 등 제반 사정을 종합하여 손해의 전보책임을 국가 또는 지방자치단체에게 부담시켜야 할 실질적인 이유가 있는지 여부에 의하여 판단하여야 한다」

3) 비록 가해 공무원에 대한 선택적 청구권의 인정에 즈음한 판례의 입장(대법원 1996.2.15. 선고 95다38677판결)이 다른 의미의 자기책임설격인 절충설을 표방하긴 해도(후술), 주관적 책임요소를 출발점으로 하고 있기에 사정은 동일하다.

할하지만, 우리는 일원적 법원체제를 취한다. 더군다나 최근 행정소송법개정의 움직임에서, 당사자소송의 활성화를 도모하기 위하여 지금껏 민사사건으로 다루어 온 국가배상청구사건이나 손실보상청구사건을 당사자소송의 대상으로 삼으려 한다. 이런 개정이 실현된 후엔, 동일한 행정소송의 테두리 안에서 한쪽에선 원고의 바램이 수긍되고, 다른 한쪽에선 이미 한쪽에서 수긍되었던 원고의 바램이 결과적으로 좌초되어 버리는 요령부득의 상황이 일어날 수도 있다.

물론 이상의 지적에 대해선, (전자의 문제제기에 대해선) 강한 법학적 설득력이 담보되지 않는다거나, (후자의 문제제기에 대해선) 현재가 아닌 앞으로의 일일뿐이라고 치부할 수도 있다. 하지만 과연 이런 판례의 태도가, 효과적인 권리구제를 담보로 한 법치국가원리, 제1차적 권리보호의 우위, 헌법상의 국가배상책임구조에 비추어 과연 바람직한지 이제는 곱씹어 볼 때가 되었다. 행정소송법개정의 움직임에 더해, 최근 대법원은 하천구역 편입토지에 대한 손실보상청구권을 공권으로 보아 행정소송절차가 적용된다고 판시하였다.[4] 이 같은 민사사건의 공법(행정)사건화의 경향은, 사적 자치에 터 잡은 私法論理的 관점에서 벗어나 공공복리지향성과 같은 공법적 특징의 반영을 가능케 한다는 점에서 바람직하다. 그럼에도 불구하고, –비록 이론적 발원지이긴 하지만– 民事不法行爲論이 국가배상책임제도에 대해 이런 흐름을 무색할 정도로 지대한 영향을 끼치고 있다.

요컨대 이제까지 國家賠償法制를 나름의 공법적 시각이 아닌 民事不法行爲論의 연장에서 바라보지 않았는지 성찰이 필요하다. 따라서 이하에선 우선 法治國家原理에 의거하여 國家賠償責任制度의 意義와 權利保護(救濟)體系上의 位相을 살펴본 다음, 헌법 및 국가배상법상의 국가배상책임의 성질을 논하고, 이를 바탕으로 이상의 판례의 입장의 문제점에 천착하여 과연 현행 법제상의 주관적 책임요소를 어떻게 이해하여야 할 것인지, 그리고 그것을 어떻게 적용하여야 할 것인지, 나아가 현행 국가배상법의 흠결을 어떻게 메울지에 관하여 살펴보고자 한다.

Ⅱ. 國家賠償責任制度의 意義와 權利保護(救濟)體系上의 位相[5]

1. 법치국가원리와 (재판청구권을 통한) 권리보호보장의 필수불가결한 요소로서의 의의

재산권보장이 터 잡은 손실보상제도와 더불어 국가배상책임제도의 법체계적 의의

4) 대법원 2006.5.18. 선고 2004다6207판결.

5) 이하의 내용은 다음 문헌을 참조하였다. Bonk, in: Sachs, GG Kommentar, 3.Aufl.,2003, §34 Rn.3.

를 분명히 해야 한다. 문헌에서 국가배상제도의 기능으로 피해자구제기능, 손해분산기능, 제재기능과 위법행위억제기능이 운위되지만, 그것의 법체계상의 의의에 관해선 별반 논의가 없다. 헌법문헌에서도 청구권적 기본권의 차원에서 접근이 강구될 뿐, 그것이 전체 공법질서 및 법치국가원리와의 관계에서 어떤 위상을 갖는지 깊이 있는 논의가 부족하다.

법치국가원리는 국가에 대해, 그의 위법한 행위의 결과를 가능한 광범하게 제거할 것과 위법하게 행사된 공권력으로 인해 손해를 입은 국민에게 효과적인 상당한 손해보전을 행할 것을 명한다.[6] 따라서 국가배상책임제도는 법치국가원리와 (재판청구권을 통한) 권리보호보장을 보충하고 구체화하기에, 이들의 필수불가결한 요소에 해당한다.[7] 그리하여 국가책임의 제도적 보장인 헌법 제29조 제1항은 입법자가 넘을 수 없는 책임요건과 책임의 최소한의 보장을 담고 있다.[8]

한편 국가배상법에 대한 헌법 제29조 제1항의 의의를 새롭게 인식할 필요가 있다. 헌법적 맥락에서 동조항을 바라보아야 하고, 그 기조가 국가배상법의 해석·적용에 투영되어야 한다. 우리와는 달리 처음부터 민법상의 공무원개인책임(민법 제839조)에서 출발한 독일의 경우를 보면, 우리 헌법 제29조 제1항에 상응한 그들 기본법 제34조는 –민법 제839조상으로 성립한 *有責性依存的*인 공무원책임을 국가에게 이전시키는– 책임이전규범으로서의 역사적 측면과 기능을 넘어선지 오래이다. 그리하여 독립된 헌법적 책임규범을 의미한다는 점에서, 헌법적 측면에서 기본법 제34조는 민법 제839조의 부속물에 불과한 것이 아니라, 반대로 –국가책임을 지우고 전적으로 민법 제839조에 의해서 구체화되고 메워지는– 지배적 규정으로 기능한다. –우리의 경우도 그렇지만– 기본법 제34조를 개별법차원에서 더 상세히 형성하는 것이 입법자의 소임이다. 그런 구체화·형성화기능을 수행하는 독일 민법 제839조는 1900년에 시행된 이래 기조에 변함이 없다. 이런 법상황이 당연히 현재의 법치국가원리적 요청에 더 이상 부합하지 않는다.[9] 따라서 비록 –국가의 자기책임을 기조로 한– 그들 1981년 국가책임법이 연방헌법재판소에 의해 입법권한의 결여를 이유로 위헌판시를 받았음에도 불구하고, 국가책임에 관한 연방의 통일적 규율의 필요성은 여전히 지적되고 있다. 하지

---

6) Vgl. BVerfGE 94, 100(103); BGHZ 11, 197(218); 22, 383(388).

7) Vgl. Bonk, in: Sachs, GG Kommentar, §34 Rn.5. 법치주의의 형식적 측면과 실질적 측면에 관해선, 김중권, 행정법기본연구 I, 2008, 8면 이하 참조.

8) Vgl. BVerfGE 61, 149(198); BVerfG(K) NVwZ 1998, 271(272).

9) 독일의 경우 전통적인 국가책임법제(국가배상과 손실보상의 제도)가 기본권의 포괄적인 개입방어효 및 개입행위에 대한 포괄적인 권리보호와 마찰을 빚고 있다. 그리하여 국가책임법상으로 현격한 변화가 초래되었으며, 그 결과 독일 국가책임법이 독일 공법의 가장 복잡한 영역이 되어 버렸다고 한다. Grzeszick, Staatshaftungsrecht, in: Erichsen/Ehlers(Hrsg.), Allg. VerwR, 13.Aufl., 2006, §47 Rn.1.

만 아직 구체적 실천에 옮겨지진 않았다.[10] 이에 Maurer는 입법자가 자신의 형성임무를 따르지 않을 경우엔, 판례가 국가책임법을 헌법적 규준을 고려하면서 계속 발전시켜나갈 임무를 진다고 강조한다.[11]

요컨대 우리의 경우 그 출발점이 헌법이었다는 점에서 독일과는 역사적 전통이 다르기에, 논의의 진행방향은 당연히 정반대이어야 한다. 즉, 현행 국가배상법제는 부단히 헌법상의 국가배상책임책임의 本旨에 합치하여야 한다. 종래 국가배상법제를 지배한 민사불법행위론적 틀에서 벗어날 단초가 여기에 있다.

2. 제2차적 권리보호의 수단으로서의 위상

한편 전체 권리보호체계에서의 국가배상책임제도의 위상이 문제된다. 위법한 국가활동에 대한 권리보호의 형식은 제1차적인 것(Primärrechtsschutz)과 제2차적인 것(Sekundärrechtsschutz)으로 나뉜다. 전자가 공권력의 위법한 행위의 적법성을 심사하고 그에 따라 그 위법한 국가행위의 폐지와 제거를 목표로 하는 적법성통제의 메카니즘을 나타내는 반면, 후자는 국가활동으로 인해 빚어진 (손실을 포함한 넓은 의미로) 손해에 대한 보상과 배상을 목표로 한다. 즉, 존속보호 및 적법성회복을 목표로 하는 전자와는 구별되게, 후자는 −비록 국가활동의 적법성통제와 적법성의 관철에 이바지하긴 하지만− 위법한 국가적 조치의 파기(Kassation)가 아닌 재정적 補塡(배상 · 보상)을 그 목적으로 한다.[12]

國家不法에 대한 대응수단인 권리보호(권리구제)를 시행하기 위한 주관적 법적 요건에 해당하는 것이, 기본권 및 국가와 국민간의 관계의 주관화이다. 헌법상의 諸 기본권은 우선적으로 개개인의 자유영역에 관한 임박한 국가적 개입에 대해 방어청구권이나 부작위청구권을 성립시킨다. 그러나 諸 기본권은 여기에 국한하지 않는다. 기본권의 포괄적인 보호효과에 맞춰서, 그런 개입이 이미 발생하였을 때도 ⅰ) 반대행위에

10) 특히 통독이후엔 그 필요성이 더욱 강조된다. 왜냐하면 구 동독지역에선 직접적 국가책임을 규정한 구 동독 국가책임법이 부분적으로 수정된 州法으로 계속 통용되었기 때문이다. 이런 책임구조에 관한 주법상의 차이와 국가책임의 시대낙후적, 비통일적, 부조화적 규율로 인해, 독일은 1994.10.27. 개헌을 통해 연방참의원의 동의하에 국가책임에 관한 연방법적 규율을 가능케 하는 기본법 제74조 제1항, 제2항을 마련하였다. 이에 1982년에 문제가 된 권한법적 다툼은 일단락되었고, 입법자의 선택만이 남아 있다.

11) Maurer, Allg. VerwR, 17.Aufl., 2008, §25 Rn.9.

12) 독일의 경우에 취소소송이나 부작위소송 이외에, 원래상태의 복구를 지향하는 결과제거청구소송, 상태조성을 위한 사회법적 형성청구소송과 적법상태형성을 지향하는 부당이득반환청구권의 주장, 조절(보전)의무부 내용결정(ausgleichspflichtige Inhaltsbestimmung)으로부터의 청구권에 관한 소송이 제1차적 권리보호에 들어간다. 반면 제2차적 권리보호에는 국가배상청구, 공용개입(공용침해, 공용수용)상의 보상청구, 공용개입유사적(수용유사적) · 공용개입적(수용적) 개입상의 보상청구, 희생보상청구가 들어간다. 행정법적 채권관계상의 손해배상청구권의 사법적 추구 역시 제2차적 권리보호에 포함된다.

의해(가령 위법한 행정행위의 폐지를 통한) 권리침해를 수정하기 위한 제거청구권으로서, ii) 위법한 개입의 사실적 결과를 제거하고 종전상태를 회복하기 위한 결과제거청구권으로서, iii) 개입으로 인한 손실의 재정적 전보를 위한 손해배상청구권이나 손실보상청구권으로서 기본권이 적용되게 된다. 이런 청구권들은 단계적 관계에 놓인다. 즉, 이들 청구권들은 원칙적으로 선행의 청구권이 적용되지 않을 때만 비로소 활동을 시작하게 된다.[13]

요컨대 위법한 행위로부터 비롯된 손해는, 행정소송(특히 취소소송)을 통해선 전혀 메워질 수 없거나 단지 -결과제거의무의 방식처럼- 국소적으로만 메워질 수 있다. 이런 법체계상의 흠결을 헌법 제29조의 국가배상책임제도가 메운다. 다시 말해, 제2차적 권리보호로서의 국가배상책임제도는 제1차적 권리보호를 필수적으로 보충한다(후술).

Ⅲ. 第1次的 權利保護의 優位와 관련한 問題點

1. 第1次的 權利保護의 優位에 관한 독일에서의 논의

제2차적 권리보호에 대한 제1차적 권리보호의 우위는 일찌이 공용개입유사적(수용유사적)개입을[14] 축소시킨 독일 연방헌법재판소의 1981.7.15.자 소위 자갈채취에 관한 결정에서 비롯되었다.[15] 법치국가원리는 법률적합성을 요구하고, 이로써 국가활동의 적법성을 요구한다. 법위반을 제거할 의무는 법치국가원리에 부합한다. 따라서 제1차적 권리보호의 우위에 따라, 위법한 활동을 내버려두고 손해보전(손해배상, 손실보상)을 통해 補塡하기보다는 그 위법한 활동을 제거하는 것이 법치국가원리적 명령으로 여겨

13) Maurer, Allg. VerwR, §25 Rn.9.; 졸고, 公用介入類似的(收用類似的), 公用介入的(收用的) 介入의 適用領域에 관한 小考, 토지공법연구 제43집 제2호, 2009.2., 15면(追論: 본서 189면 이하).

14) 통상 우리 문헌에선 收用類似的, 收用的 侵害란 용어를 사용하는데, 독일의 "Enteignung"개념은 우리의 수용보다는 넓을 뿐더러, 위법, 적법이 전제되지 않은 그 이전의 개입(제한)상황을 의미한다. 그리고 침해는 위법성을 전제한 개념이어서 부적절하다. 이런 이유에서 필자는 종래의 수용유사적 침해와 수용적 침해를 각기 공용개입유사적 개입(위법한 공용개입, 준공용개입)과 공용개입적 개입(부수적 공용개입, 결과적 공용개입)으로 바꾸어 사용하고자 하였다. 학문에서 첫단추를 잘 끼우기 위해선, 부단히 용어와 개념을 실질에 맞게 切磨하여야 한다. 이에 대한 상론은 졸고, 公用介入類似的(收用類似的), 公用介入的(收用的) 介入의 適用領域에 관한 小考, 3면(追論: 본서 177면) 주1).

15) 여기서 독일연방헌법재판소는 公用介入法的 측면에서 다음과 같이 판시하였다: 행정적 공용개입(공용침해, 광의의 수용)은 기본법 제14조 제3항 제2문에 의해서 그것이 법률에 의거할 수 있고, 이 법률이 동시에 손실보상의 종류와 범위를 규율한 경우에만 허용된다. 보상규율이 없으면, 공용개입의 법률은 위헌이고, 이에 의거한 공용개입적인 조치는 위법이다. 관련자는 이 경우 법률상의 보상규율이 없기 때문에 공용개입의 손실보상을 요구할 수 없다. 대신 행정법원에 공용개입적 행위의 폐지에 관해 소송을 제기하여야 한다. 그가 이 공용개입적 행위에 대해 불가쟁력이 발생하도록 하면, 손실보상소송은 거부된다. 쟁송취소와 손실보상 간에 선택권은 존재하지 않는다. 이에 기본법 제14조 제3항 제4문에 따라서 일반법원은 법률상 규정된 손실보상이 제공되었는지 여부에 관한 재판에 국한된다. 동법원은 법률상의 근거가 없는 공용개입상의 손실보상을 판시할 수 없다.

진다.[16] 그 결과 시민(국민)으로선 권리구제방도에서 행정법원에 의한 방어와 민사법원에 의한 재정적 補塡간에 선택가능성이 사라지게 된다. 아울러 제1차적 권리보호의 우위는 "受忍하라 그리고 청산(보상)을 청구하라"(dulde und liquidiere)를 허용하지 않고, 그 대신 "청산을 청구하기 전에, 방어하라 "(wehre dich,bevor du liquidiere)가 통용된다.

제1차적 권리보호의 우위를 인정하면, 행정법원에게 우선적 심사권한이 인정됨으로써, 공법활동의 적법성판단에서 민사법원보다 행정법원이 우위에 선다. 더욱이 우위의 의미를 전면에 내세우면 권리구제방도상의 선택가능성이 부인되기에, 국민이 취소소송제기를 해태하는 경우에는, 이 점이 손해배상 · 손실보상청구권의 주장까지도 봉쇄할 수 있다. 그리하여 독일의 경우 제1차적 권리보호의 우위를 어느 정도로 견지하여야 할지, 특히 본래의 문제영역-공용개입유사적, 공용개입적 개입-을 넘어 국가배상 · 보상에까지 확대될 수 있는지 의견이 분분하다.[17] 특히 제 1 차적 권리보호의 우위에 따라 행정행위의 존속력에 고양된 의의가 인정됨으로써, 종래 민사소송에서의 선결문제가 긍정된다 하더라도, 새로운 국면이 전개되기 때문이다. 여기선 손해배상청구권을 주장하고자 하는 원고로선 어떤 방어적 수단을 행사할 수 있는지, 그가 이를 사용하지 않은 경우에 그것이 어떻게 旣成力(구성요건적 효력)으로 다루어져야 할지 물음이 던져질 수 있다.[18] 가해 공무원의 배상책임성립의 보충성을 표방한 그들 민법 제839조 제3항이 제1차적 권리보호의 (상대적) 우위를 나타내지만, 불가쟁력이 발생한 행정행위가 직무의무위반의 성립요건을 어느 정도로 배제하는지는 다투어지고 있다. 독일 연방대법원(BGH)은 통설에 의거하여 不可爭力의 발생으로 손해배상청구권이 배제되진 않으며, 피해자가 행정행위에 대한 권리구제의 제기를 비난가능하게 즉, 유책하게 지연할 경우에만 전적으로 그들 민법 제839조 제3항에 의해 손해배상청구권이 배제된다고 판시하였다.[19] 이에 대해 반대의 입장에선 법적 안정성에 바탕을 둔 존속력(불가쟁력)을 전혀 고려하지 않았다고 비판하였다.[20]

---

16) 그런데 제1차적 권리보호의 우위를 유럽최고법원(EuGH)도 피해자의 손해제한의무의 사상에서 받아들였다. 즉, 동 법원은 공동체법적 국가책임청구권과 관련해서, "국내 법원은 배상가능한 손해를 정함에 있어서 피해자가 손해발생의 저지와 손해범위의 축소를 위하여 상당한 형식으로 노력하였는지 여부와 피해자가 특히 적시에 자신이 행사가능한 권리보호수단을 사용하였는지 여부를 심사할 수 있다"고 분명히 판시하였다(EuGH, Slg.1996, Ⅰ-1029, Rn.84).

17) 이 점에 관해선, 졸고, 公用介入類似的(收用類似的), 公用介入的(收用的) 介入의 適用領域에 관한 小考, 25면 이하(追論: 본서 179면) 참조.

18) Schmidt-Aßmann, in: Schoch/Schmidt-Aßmann/Pietzner(Hrsg.), VwGO Kommentar, 2008, Einl. Rn.232.

19) BGHZ 113, 17=NJW 1991, 1168.

20) Vgl. Jeromin, Die Bestandskraft von Verwaltungsakten im Amtshaftungsprozeß, NVwZ 1991, 543ff.

2. 第1次的 權利保護의 優位에 따른 問題點

독일에선 이미 지난 2001년의 국법학자대회의 주제가 되었던 공법에서의 제1차적, 제2차적 권리보호의 문제가[21] 국내에선 아직 충분히 소개되지 못하였다. 다만 '법관의 재판'에 대한 국가배상책임의 인정과 관련해서, 판례는 재판에 대하여 따로 불복절차 또는 시정절차가 마련되어 있는 경우에 그 같은 구제절차가 국가배상의 구제에 대해서 원칙적으로 우선함을 판시하였다.[22] 司法上의 不法을 넘어서 제1차적 권리보호의 우위가 판례상으로 견지될지를 판단하기란 어렵지만,[23] 제1차적, 제2차적 권리보호의 나눔 및 전자의 우위는 앞서 본대로 기본권의 방어적 성격에서 당연한 것이다.[24]

요컨대 이미 다툼의 대상(행정처분)의 위법성이 행정소송에서 확인된 이상, 그 위법의 결과는 국가배상제도에서 굴절없이 그대로 실현되어야 한다.[25] 만약 현행 국가배상법의 구조에 기인하여 상반된 법적 평가가 내려진다면, 동법은 헌법 제29조 제1항의 본지는 물론 국가배상책임제도의 근거인 법치국가원리에도 역행할 수 있다. 이런 새로운 접근에 따라 국가배상법상의 위법성의 의미도 다시금 가다듬어야 한다. 즉, 취

---

21) Erbguth/Höfling/Streinz/Epiney, Primär- und Sekundärrechtsschutz im öffentlichen Recht, VVDStRL 61(2002), 221ff.

22) 대법원 2003. 7. 11. 선고 99다24218 판결: 재판에 대하여 따로 불복절차 또는 시정절차가 마련되어 있는 경우에는 재판의 결과로 불이익 내지 손해를 입었다고 여기는 사람은 그 절차에 따라 자신의 권리 내지 이익을 회복하도록 함이 법이 예정하는 바이므로, 불복에 의한 시정을 구할 수 없었던 것 자체가 법관이나 다른 공무원의 귀책사유로 인한 것이라거나 그와 같은 시정을 구할 수 없었던 부득이한 사정이 있었다는 등의 특별한 사정이 없는 한, 스스로 그와 같은 시정을 구하지 아니한 결과 권리 내지 이익을 회복하지 못한 사람은 원칙적으로 국가배상에 의한 권리구제를 받을 수 없다고 봄이 상당하다고 하겠으나, 재판에 대하여 불복절차 내지 시정절차 자체가 없는 경우에는 부당한 재판으로 인하여 불이익 내지 손해를 입은 사람은 국가배상 이외의 방법으로는 자신의 권리 내지 이익을 회복할 방법이 없으므로, 이와 같은 경우에는 배상책임의 요건이 충족되는 한 국가배상책임을 인정하지 않을 수 없다. 한편 정하중 교수는 이 판례를 두고서, 대법원이 재판작용에 있어서 법관의 고의와 중과실이 인정되는 경우에만 국가배상책임을 인정한 것으로 본다. 동인, 행정법총론, 2005, 532면;

23) 동지 : 김철용, 행정법 I, 2009, 466면.

24) 그리고 독일의 경우에는 궁극적으로 제1차적 권리보호를 통해 헌법재판권(위헌법률심사권)을 담보하기 위함이며, 동시에 전자가 행정법원의 소관이고, 후자가 일반(민사)법원의 소관이라는 재판(권리구제)방도의 분할이라는 점도 고려되어야 한다. 한편 독일 대부분의 문헌은 1차적 권리보호의 우위가 기본권적 고려에서 비롯된다고 본다. 異論: Scherzberg, Die Subsidiarität des enteignungsgleicher Eingriff, DVBl. 1991, S.84(89f.); Axer, Primär- und Sekundärrechtsschutz im öffentlichen Recht, DVBI. 2001,,S.1322(1328f.). 특히 Axer는 優位의 相對化를 적극 주장한다.

25) 독일의 경우에도 동일한 접근이 강구된다. 즉, 행정조치의 적법성이나 위법성을 실질적 확정력있게 확인한 행정법원의 판결, 즉, 인용 · 기각판결의 기판력에 민사법원은 구속된다(BGHZ 9, 129, 132 = NJW 1953, 862, 863; BGHZ 9, 329, 332 = NJW 1952, 1103; BGHZ 10, 220, 225 = NJW 1953, 1667, 1668; BGHZ 15, 17, 19 = NJW 1954, 1807; BGHZ 20, 379, 380, 381 = NJW 1956, 1358; BGH LM MRVO (BrZ) 165 § 50 Nr. 1 = DVBl. 1962, 753; LM Nr. 34 (B) = NJW 1979, 2097, 2098; NVwZ 1984, 333 = VersR 1984, 142; s. auch BGH LM Nr. 21 (Fd) = VersR 1981, 256 und BGHZ 93, 87, 90 f. = NJW 1985, 2817 (verwaltungsgerichtliche Feststellungsklage); BGHZ 113, 17, 20 = NJW 1991, 1168; BGHZ 118, 263, 268 = NJW 1992, 2691). 그러나 이런 구속력은 판결의 이유에까진 확대되지 않으며, 아울러 판결에 대해서만 인정되지, -그들 행정법원법 제80조 제7항 제1문에 의해 실질적 확정력(기판력)이 인정되지 않는- 결정에 대해서는 인정되지 않는다. 이런 상황에 관해선 vgl. Ossenbühl, Staatshaftungsrecht, 5.Aufl. 1998, S.122; Papier, in: Münchener Kommentar zum BGB, 5. Aufl. 2009, §839 Rn.382ff.

소소송에서의 평가와 동일하여야 하며, 최소소송판결의 기판력은 당연히 국가배상청구소송에 미쳐야 한다. 그런데 여기서 문제가 되는 것은 궁극적으로 행정처분의 객관적 정당성에 의거하여 위법성을 판단하는 판례의 태도(이른바 상대적 위법성설)를 어떻게 극복하느냐이다. 한편 우리의 경우 단순히 '법령위반'을 규정하고 있기에 국가를 상대로 한 공무원의 직무의무를 출발점으로 삼은 독일과는 입법상황이 다르다. 여기에, 종전과 다른 접근을 강구할 수 있는 착안점이 있다.[26] 새삼 과거 독일의 국가책임법개혁의 목표의 하나가 권리보호의 집중이었음을 상기할 필요가 있다.

Ⅳ. 國家賠償責任의 性質과 관련한 問題點

1. 논의의 출발점-대법원 1996.2.15. 선고 95다38677판결의 問題點

국가배상책임의 성질 여하에 따라, 가해 공무원의 고의와 과실과 같은 주관적 책임요소의 평가가 갈린다. 국가배상책임이 대위책임적 성질이라면 그 주관적 책임요소는 국가의 책임인수를 위한 출발점이 되지만, 자기책임적 성질이라면 구태여 그것이 요구되지 않거니와 규정할 필요도 없으며, 혹시 명시적으로 규정되어 있다 하더라도 그 의미는 -일종의 무과실책임을 성립시킬 정도로- 축소되어야 한다.

우리의 경우 국가배상의 성질을 두고서 의견이 분분하다. 종전의 입장(대법원 1994.4.12. 선고 93다11807판결)을 바꿔, 판례는 공무원의 비난가능성의 정도(고의, 중과실, 경과실)에 따라 상이한 법효과를 전개하였다.[27] 즉, 고의와 중과실의 경우엔 전적으로 가해공무원 개인 자신이 책임을 져야 하되, 외관주의에 따라 국민을 두텁게 보호하기 위하여 국가가 중첩적으로 책임을 지는 것으로 하는 반면, 경과실의 경우엔 직무수행상의 통상적으로 예기할 수 있는 흠이기에 국가 자신이 전적으로 책임을 진다는 것이다. 보통 절충설(또는 신자기책임설)이라 불리는 입장에서[28] 주장하였던 것을 판례

26) 한편 문헌상의 기왕의 논의를 일별하면, 취소소송의 취소판결의 기판력이 後訴인 국가배상청구소송에 미치는지의 물음과 관련해선 기판력부정설, 일부기판력긍정설, 전부기판력긍정설이 운위되며, 취소소송의 위법성과 국가배상책임성립요건상의 위법이 동일한지의 물음과 관련해선 동일위법성설과 상대적 위법성설이 운위되고, 국가배상법상의 위법개념의 문제와 관련해선 결과불법설, 행위위법설, 상대적위법성설이 운위된다. 이런 논의현황에 관해선 특히 이홍훈, 행정소송과 민사소송, 한국공법이론의 새로운 전개(김도창 박사 팔순기념논문집), 2005, 484면 이하 ; 서정범, 국가배상에 있어서의 위법성과 과실의 일원화, 행정판례연구 제7집,2002, 146면 이하; 김남진, 취소소송의 기판력과 국가배상소송의 관계, 고시연구, 2000.12., 190면 이하; 박균성, 국가배상소송에 대한 취소소송판결의 기판력, 고시계 1995.7., 98면 이하; 김철용, 취소소송판결의 기판력과 국가배상소송, 고시계 1985.7., 147면 이하 참조. 지면관계상 다른 곳에서 배상책임구조에 연계하여 관련 물음을 상론하겠다.

27) 대법원 1996.2.15. 선고 95다38677판결.

28) 김동희, 행정법 Ⅰ, 2009, 534면 이하; 박균성, 행정법론(상), 2009, 648면 이하. 그런데 기관행위적 관점에서 접근한 절충설의 입장은 종래의 중간설(대표적으로 이상규, 신행정법론(상), 1993,612-613면)과는 다른 구석이 있다. 전자가 -경과실의 경우의- 국가자기책임과 -중과실, 고의의 경우의- 공무원개인책임을 원칙으로 하되,

가 취한 셈이다. 기본적으로 현행법상의 구상조항(국가배상법 제2조 제2항)을 기저에 둔 판례 입장은, 궁극적으로 가해공무원에 대한 직접적인 배상청구의 가능성의 문제로 귀착된다. 다시 말해, 가해공무원에게 고의나 중과실이 있다고 인정될 경우, 그의 공무원적 지위 및 행위의 직무행위성을 원칙적으로 하등에 고려하거나 인정하지 않겠다는 것이 동 판례의 다수견해의 기저에 있다.

동 판례의 이런 접근은 이미 많은 문헌에서 더 이상의 논의가 불필요할 정도로 다각도로 조명되었다.[29] 입법정책의 문제가 아니라, 배상책임의 본질의 문제가 논의핵심이다.[30] 즉, 배상책임의 성질은 공무원 자신의 책임이나 구상에 관한 법상황에 의거하여 가늠할 수 없는 제도의 본질에 해당하기에, 이 문제는 전체의 체계와 그 역사적 연원에 의거하여 판단하여야 한다.[31] 國家無責任에 따른 공무원개인책임형은 사상적으론 "왕은 악을 행하지 않는다"는 봉건사상에, 이론적으론 –공무원은 적법한 활동의 위임(수권)만을 받았기에 위법한 활동은 더 이상 국가에게 귀속되어선 아니 되고 공무원 개인에게 귀속되어야 하고, 이 (가해)공무원은 다른 私人과 마찬가지로 일반적인 불법행위책임규정에 의해서 책임을 져야 한다는– 소위 委任理論(Mandatstheorie)에[32] 바탕을 두었다.

국가배상시스템은 이런 체제가 극복되는 과정이자 결과이다. 비록 국가의 자기책임까진 가진 않더라도 국가의 책임인수를 바탕으로 한 대위책임에 이르렀다면, 가해공무원의 개인적 책임 문제는 이미 돌이킬 수 없는 단계에 진입한 것이다.[33] 즉, 대위

국가자기책임에 의한 대체가능성을 결합시킨 반면, 후자는 –경과실의 경우의– 국가자기책임과 –중과실, 고의의 경우의– 국가대위책임을 결합시킨다. 양자의 기본적 차이는 가해공무원에 대한 선택적 청구권의 인정여부에 있다. 후자에선 이것이 전면 부정되는 반면, 전자에선 중과실, 고의의 경우엔 당연히 인정된다. 한편 류지태/박종수 교수는 국가의 자기책임설을 취하면서도, 공무원개인에 대한 선택적 청구권이 경과실의 경우에도 인정되어야 한다고 주장한다. 동인, 행정법신론, 2009, 474면.

29) 한편 문헌상으로 대위책임과 자기책임에 관한 기본인식에서 다소간 차이가 있거니와, 아울러 가해공무원에 대한 직접적 청구권(즉, 선택적 청구권)의 인정과 국가의 구상권행사의 양태가 함께 어우러져 논의가 진행되고 있어서 관련 논의상황이 매우 혼란스럽다. 이유인 즉, 위험책임의 법리의 관점에서 접근하며 동시에 가해공무원에 대한 직접적인 배상청구를 일반적으로 긍정하는 일본에서의 자기책임설이 무비판적으로 국내 문헌에 그대로 반영되고 있으며, 또한 대법원 1996.2.15. 선고 95다38677판결에 의해 주관적 책임요소의 구분에 따른 책임모형이 제시되었기 때문이다. 관련 주제에 관한 논의에 앞서 기왕의 학설에 관한 체계적인 정리가 요구된다. 이런 사정에 관해선 특히 홍정선, 행정법원론(상), 2009, 671면 이하 참조.

30) 김남진/김연태, 행정법 I, 2009, 533면: 동지: 석종현/송동수, 일반행정법(상), 2009, 656면; 장태주, 행정법개론, 2009, 625면.

31) 국가배상책임의 모델은 공무원개인책임형(Beamtenhaftung), –공무원은 책임을 지지 않는– 국가자기책임형(Staatshaftung)과 책임결합형으로 대별되는데, 또한 책임결합형은 책임중첩(병존)형과 –공무원은 책임귀속의 주체이긴 하나 그의 개인적 책임이 국가에게 이전되는– 대위책임형(Amthaftung)으로 나뉜다.

32) 이 위임이론은 18세기에 풍미하였고 로마법적 특징을 지녔다("si excesit, ptivatus est"). 이미 그 당시에도 "정말 터무니없다"고 표현되곤 하였다. Zoepfl, Grundsätze des allgemeinen und des consitutionell-monarchischen StaatsR, 1. Aufl.(1841), S.252; ebda., 3.Aufl.(1846), S.370f. m.Fn.6(K. Windthorst, Staatshaftungsrecht, JuS 1995, S.791에서 재인용).

33) 물론 대위책임설을 취하면서도 공무원개인의 배상책임을 긍정하는 문헌(김철수, 학설 판례 헌법학(상),

책임의 인정은 책임인수를 통한 배상책임자를 바꾼 것이어서 그 자체가 가해공무원에 대한 직접적인 책임추궁의 가능성을 배제한 것이다. 나아가 배상책임을 자기책임으로 보는 것은, 피해자를 상대로 한 배상책임자로 처음부터 국가만을 상정한 것이다.[34] 따라서 개인적 주관적 책임요소를 탈색시킨 자기책임설의 입장을 취하면서도, 선택적 청구권을 인정한 동 판례의 다수견해의 기조를 수긍한다는 것은 어울리지 않는다. 배상책임의 성질은 일원적으로 보아야 한다. 입법상황에 따른 차별적 접근은 극히 예외적인 상황-특별히 명문의 규정을 두는 한-에서나마 정당화될 순 있지만, 이 또한 체계상의 의문이 뒤따른다. 배상책임의 성질은 求償에 관한 입법상황에 좌우될 수 없는 본질의 문제이다. 더군다나 동 판례의 다수견해는 공무원의 고의나 중과실의 직무행위의 경우 그 본질이 기관행위로서의 품격을 상실하여 국가에게 귀속시킬 수 없어 전적으로 공무원 개인의 불법행위책임이 성립하되, 다만 외관주의에 따라 국가책임이 중첩적으로 성립될 수도 있다고 하였는데, 이런 접근은 공무원관계를 私法的 위임계약으로 이해한 과거의 위임이론을 연상케 한다. 그런데 여기서 중대한 의문은 과연 자기책임설을 연결하여 절충적 입장을 논할 수 있는지 여부이다. 왜냐하면 자기책임설은 기본적으로 가해공무원의 고의나 과실을 문제삼지 않기 때문이다.

국가배상제도와 결부된 법치국가원리의 의의에 비추어, 국가가 고권적 불법에 대한 책임전체를 원칙적으로 부인하는 것 또는 그것을 공무원의 개인적, 민사적 책임의 경우에만 맡기는 것이 저지된다. 왜냐하면 공무집행상 공무원의 위법한 활동은 기관자체의 직접적 활동이며, 책임상으로도 국가 자신의 잘못된 행위로서 국가에게 귀속되어야 하기 때문이다. 이런 점에서 국가는 배상책임주체일 뿐만 아니라, 직접적인 귀속주체이기도 하다. 종전에 국가의 불법행위상의 무능력의 테제에서 비롯된, 국가자기책임에 대한 疑懼心은 이제 전혀 근거가 없다 하겠다.

요컨대 동 판례의 다수견해는 국가배상법제를 以前 시대로, 과장하면 위임이론이 주효하였던 國家無責任의 시대로 되돌렸다 하겠다.[35] 더군다나 해당 사건이 군인 · 군무원에 관한 특례를 규정한 과거 유신헌법의 잔영이 顯現된 사건인 점에서 또 다른 문제인식을 불러 일으킨다.

2008, 1332면)도 있지만, 배상책임의 성질은 본질의 물음이어서 그 원형에서 바라보아야 한다.

34) 이런 의미에서 대위책임설을 취하는 일본의 통설과 판례(最判1955(昭和30) · 4 · 19民集 九卷五号五三四頁)는 공무원개인책임을 인정할 필요가 없다고 본다. 한편 프랑스의 경우 국가책임과 공무원 개인책임이 병존하는데, 여기서의 국가책임을 자기책임설의 차원에서 이해하는 것은 문제가 있다. 왜냐하면 국가의 자기책임설은 기본적으로 공무원의 개인책임을 상정하지 않는다. 구상책임은 물론 별개이다.

35) 국가배상제도의 기능 가운데 제재기능 · 위법행위억제기능에 의거하여 동 판례의 다수견해를 지지할 수도 있지만, 이는 접근의 선후가 뒤바뀐 것이다. 연혁적 고찰을 한 즉, 국가배상제도의 주된 기능은 피해자의 관점에서 국가를 상대로 한 데서 찾아야지, 가해공무원을 상대로 한 데서 찾아선 곤란하다. 국가배상제도의 제재기능 · 위법행위억제기능은 국가배상제도의 후속적 또는 부수적 기능의 차원에서 접근해야 한다.

2. 현행 國家賠償法上의 賠償責任의 性質

국가배상책임의 성질에 관해 문헌의 대세가 종전과는 달리 자기책임설인 양 지적되곤 하는데,[36] 이처럼 국가의 자기책임으로 본다면, -또한 절충설에 의해 자기책임을 성립시키는 공무원의 경과실이 인정될 경우에도- 주관적 요소와 관련한 전개상황은 완전히 다르다. 그러나 현행 국가배상법이 명문으로 공무원의 고의와 과실을 규정하고 있는 점에서, 본래 공무원 개인의 주관적 요소를 전제로 하지 않는 자기책임설로선 매우 취약한 근거를 갖는다. 우리의 실정법(헌법 제29조 제1항과 국가배상법 제2조)은 명시적으로("공무원에 대신하여") 대위책임을 천명한 것을 바탕으로 한 독일의 법상황과는 분명히 다르다. 비록 이 점이 대위책임설에 대한 비판논거로 작동함과 동시에 자기책임설이나 중간설(및 절충설)의 착안점이 되긴 하나, 그럼에도 불구하고 국가배상법의 명문규정에 터 잡은 反對論據(공무원의 고의 · 과실을 국가배상책임의 성립요건으로 명시적으로 규정한 점)를 제압하기란 어렵다. 책임인수를 본질로 하는 대위책임적 구조가 아니라면, 구태여 공무원의 주관적 책임요소를 배상책임의 성립요건으로 설정할 필요가 없다.[37] 만약 자기책임설에 선다면, 공무원의 주관적 책임요소에 관한 나름의 논의가 절대적으로 요구된다. 그럼에도 불구하고, 자기책임설을 표방한 문헌들이 대위책임적 구조에서의 핵심 구동축인 주관적 책임요소를 -비록 과실의 객관화 차원에서 극복하려고 여러 가지를 모색하긴 해도- 인정하고, 그것을 전제로 하여 논의를 전개한 것은 문제이다. 자기책임설에 철저하지 못한 점은 공무원 개인의 배상책임 문제에서도 그대로 표출되었다. 요컨대 현행 국가배상법상의 배상책임시스템은 분명 대위책임적 구조이다.

3. 현행 憲法上의 賠償責任의 性質

그런데 헌법학의 문헌에선 헌법상의 국가배상책임시스템이 자기책임이라는 입장이 多數이다.[38] 국가배상에서 헌법이 자기책임적 기조를 지향할 경우, 하위법인 국가배상법의 대위책임적 구조는 조화되지 않는다. 이런 괴리는 자칫 국가배상법에 대해

---

36) 김철용, 행정법 I, 497면.

37) 동지: 홍정선, 앞의 책, 673면; 홍준형, 행정구제법, 2001, 97면.

38) 권영성, 헌법학원론, 2009, 619면; 허영, 한국헌법론, 2009, 579면; 성낙인, 헌법학, 2009, 769면; 전광석, 한국헌법론, 2009, 422면; 이준일, 헌법학강의, 2008, 835. 다만 김철수 교수님은 현행법상으론 대위책임으로 보아야 하되, 입법정책적으론 자기책임으로 나아가야 한다고 지적한다. 동인, 헌법학신론, 2008, 828면. 한편 가해공무원에 대한 선택적 청구권의 인정여부와 관련해서, 자기책임설의 입장에선 당연히 부인하는 입장을 취하는데, 대위책임설을 취하는 김철수 교수님은 국민권리구제의 효율성을 위한 정책적 문제로 보아 긍정한다. 동인, 앞의 책, 829면. 한편 장영수 교수는 사용자책임으로서의 국가의 자기책임성을 인정하면서, 선택적 청구를 원칙적으로 인정한다. 동인, 헌법학, 2009, 908면.

위헌시비를 야기할 수 있다. 여기서 헌법상의 배상책임시스템이 국가배상법상의 그것과 동일한지 검토가 필요하다. 우선 헌법과 국가배상법은 서술에서 중요한 차이점을 보인다. 헌법은 공무원의 직무상 불법행위로 손해를 받은 국민이 국가 또는 지방자치단체에 배상을 청구할 수 있다고 규정한 반면, 국가배상법은 공무원이 직무집행에서 고의 또는 과실로 법령에 위반하여 타인에게 손해를 가한 때에는 국가 또는 지방자치단체가 손해를 배상하여야 한다고 규정한다. 이런 서술상의 차이가 제도의 본질의 차원에서 어떤 의미를 지닐지 詳論이 필요하다. 여기선 입법정책적 차원이 아닌 현행법의 해석의 차원에서 접근하기 위하여, 우리 법제의 원형인 일본과 독일의 헌법과 국가배상법의 상황을 비교하여 검토하고자 한다.

(1) 일본의 경우

일본의 헌법(1947.5.3. 시행) 제17조와 국가배상법(1947.10.27. 시행) 제1조는, -국가배상법이 배상책임자를 국가와 지방자치단체가 아닌 국가와 공공단체로 한 것을 제외하고선- 우리와 동일하다. 즉, 헌법차원에선 고의와 과실을 언급하지 않고 불법행위만을 들고, 국가배상법차원에선 고의와 과실을 명시적으로 든다. 일본의 경우 동법 제정이전엔 王政에 터 잡은 國家無責任의 기조에서 공무원 개인에게 민사적으로 책임을 추궁할 수 있었다. 우리의 현행 법제는 일본의 것을 그대로 차용한 것이다. 우리 법제에 직접적인 영향을 끼친 즉, 동일하게 규정하고 있는 일본의 경우에도 자기책임적 접근을 강구하는 견해가 있지만,[39] 통설과 판례는 국가배상법에 의거하여 대위책임적 기조에서 접근한다.[40] 塩野 宏 교수 역시 입법제안에서부터 독일식 모델인 대위책임형을 채용하였음이 분명하며, 또한 비록 '공무원을 대신하여'란 문헌은 없지만 공무원의 개인적 주관적 요소가 청구권성립의 요건인 점을 자기책임설로선 설명하기 어렵다고 지적한다.[41] 천황제가 존치하는 일본의 경우 국가배상책임에 관한 논의는 태생적 한계를 전제하고서 진행되었으며, 그 전개양상 역시 근본을 애써 비껴가는 매우 기교적인 모습을 띄곤 한다. 가령 자기책임설의 입장을 취하면서도 공무원개인책임을 일반적으로 긍정하는 것이 좋은 예이다.[42] 따라서 현행 국가배상법에 관한 논의에서 그들의 논의를 수용할 때 세심한 주의를 하지 않으면 자칫 논의자체를 난맥에 처하게 만들 수 있다.

---

39) 今村成和, 國家補償法, 94頁.

40) 이 점은 자기책임설이 압도하는 우리의 헌법문헌과 결정적으로 대비된다. 참고: 吉田善明, 日本國憲法論, 2003, 467頁 이하.

41) 塩野 宏, 行政法 Ⅱ, 2005, 270頁.

42) 일본의 논의상황은 芝池義一, 行政救濟法講義, 2006, 228頁 이하 참조.

(2) 독일의 경우[43]

독일 현행법은 고권적 영역을 위해선 대위책임(직무책임)을, 사법적 영역을 위해선 중첩적 책임을 규정하고 있는데,[44] 전자는 연혁적으로만 설명될 수 있다. 19세기에 공무원의 위법 유책한 행위를 위한 국가의 책임은 일치되지 않고 미완성으로 규율되었다. 이른바 특별권력관계로서 공무원관계 자체의 법적 성질이 문제되었기 때문이었다. 그래서 당시 판례와 문헌은 대립되었는데, 압도적 견해가 소위 위임이론에 의거해서 공무원의 일신적(개인적) 책임을 인정하였다. 이런 태도는 당시 입법에 반영되었다.[45] 특히 1900년에 시행된 독일 민법(BGB)은 이런 견해에 찬동하여 '직무의무위반에서의 책임'의 표제로 한 특별규정으로 (민법 제823조이하의) "불법행위"편에 편재시켰다.[46] 그러나 민법 제839조 규정은 임시방편에 불과하였다.[47] 이미 그 당시 공무원의 비행에 대한 -피해자를 상대로 한- 국가책임의 요구가 광범하게 인정되었다. 그렇지만 제국의회의 입법자(Reichsgesetzgeber)로선 포괄적인 주행정의 영역을 포함한 국가책임과 관련한 권한을 갖지 못하였다. 그래서 민법도입을 위한 법률 제77조가 주입법자로 하여금 참조를 지시하고, 이에 따라 대부분의 주들이 알맞은 규정-가령 남독일에선 민법도입법률을, 프로이센에선 1900년의 州책임법을,[48] 나아가 帝國은 그의 공무원을 위하여 (부분적으로 오늘날 연방공무원에도 통용되는) 제국공무원법(RBHG)을 통해서-을 발하였다. 그 결과 민법 제839조의 요건이 존재하면 공무원 개인의 책임이 국가에게 이전되도록 규율되었다.[49] 이렇게 대위책임의 구상이 관철된 다음, 바이마르 헌법 제131조가 전국의 모든 공무원을 위한 책임인수를 구속적으로 확정하였다. 현행 기본법 제34조의 경우, 비록 "대신하여"란 문언은 없지만 공무원개인책임을 수정하는 취지에서 국가와 공공단체가 원칙적으로 배상책임자가 됨을 적시함으로써, 바이마르 헌법 제131조를 그대로 전승하였다.[50]

43) 상론: 이일세, 행정법논단, 2007, 123면 이하 참조.

44) 왜냐하면 민법 제839조는 법형식에 대해 중립적이어서 사법적 활동에 대해서도 적용된다.

45) 참조: §§89-91 Ⅱ10 Preuß. ALR.

46) 동법 제839조 제1항:「공무원이 자기에게 과해진 제3자에 대한 (자기의) 직무의무를 고의나 과실로 위반할 경우, 그는(공무원 스스로) 제3자에게 그로 인한 손해를 배상하여야 한다. 공무원에게 과실만이 있는 경우에는 피해자가 다른 방법으로 배상을 받을 수 없는 때에 한하여 공무원에 대하여 배상을 청구할 수 있다.」동조는 공법적 활동과 사법적 활동의 구별 없이 공무원의 개인적 책임을 규정한다.

47) 그럼에도 불구하고 1900년 이래로 거의 변함이 없이 유지되고 있다.

48) 제1조 제1항: 공무원이 자기에게 위임된 공권력의 행사에 있어서 고의 또는 과실로 제3자에 대하여 지는 직무의무를 위반한 때에는 민법 제839조에 규정된 공무원책임을 국가가 대위한다.

49) 민법과 개별주법의 차원에서 접근한 이런 방식은 지금까지도 이어져, 국가자기책임설을 성문화한 1981년 국가책임법(StHG)이 연방헌법재판소에 의해 연방입법권의 결여를 이유로 위헌으로 판시되었다(BVerfGE 61, 149ff.).

50) 제34조(직무위반에서의 책임): 어떤 이가 그에게 맡겨진 공무를 수행함에 있어서 제3자를 상대로 하여 그에게 과해진 직무의무를 위반하면, 책임은 그가 근무한 국가나 공공단체가 원칙적으로 진다. 고의나 중과실의 경우에는 구상이 유보된다. 손해배상과 구상에 관한 청구권을 위해선 보통의 재판방도가 배제되어선 아니 된다.

한편 민법 제839조와 기본법 제34조가 완전히 합치하진 않지만 상호 관련성을 갖는데,[51] 이론적으론 양자의 관계가 문제될 수 있다. 法史的으로 논증을 하면, 민법 제839조는 손해배상청구권을 성립시키는 규범이고, 기본법 제34조는 동 청구권을 이전시키는 규범으로 접근한다.[52] 반면 법도그마틱적으로 논증을 하면, 후자는 고유한 청구권규범을 나타내며, 단지 전자를 통해서 필요한 구체화를 얻는 셈이 된다.[53] 비록 독일의 통설이 기본법 제34조를 민법 제839조에 연계시켜 바라보지만, 기본법 제34조의 현재의 법상황이 국가의 직접책임(자기책임)의 도입을 배척하진 않는다.[54] 즉, 동조 제1문은 -"원칙적"이란 語義에서 도출되듯이- 간접적 국가책임(대위책임)을 흠결없는 원칙으로 공고화하기보다는 -공법적 책임인수의 요건과 범위를 수정하는- 개별법상의 규율을 위한 여지를 두었다.[55] 다시 말해, 동조 제1문이 유책성요청을 담고 있지 않은 것의 의미가 "원칙적으로" 중립적이어서, 개별법의 (주)입법자로선 (가해공무원의) 無責的 국가책임제를 그대로 또는 일정한 요건하에 규율하는 데 아무런 지장을 받지 않는다.[56]

(3) 管見

국가배상법의 구체적 법상황이 어떤 시스템의 본질을 파악하는 데 중요한 착안점이긴 해도, 그것이 헌법상의 본질을 전적으로 좌우할 순 없다. 따라서 우선은 헌법상의 규정을 중심으로 접근을 하여야 한다. 이상에서 보듯이, 독일의 경우 민법이 -현재에도- 분명 국가무책임에 따른 공무원개인책임을 표방하였음에도 불구하고, 동위의 다른 법률(일종의 특별법으로서)이 대위책임적 구조를 성립시켰고, 그런 수정이 헌법차원으로 이어졌다. 반면 일본의 경우 王政의 傳統 속에 戰前까지 견지하여 온 國家無責任을 헌법을 통해서 먼저, 그 다음 개별법인 국가배상법을 통해서 극복하였다. 우리 역시 일본과 마찬가지의 과정으로 밟았다. 즉, 1948.7.17.에 시행된 -지금의 제29조

---

51) 민법 제839조는 행정활동의 고권적 영역은 물론 사법적 영역에도 통용되나, 사법적 영역에선 좁은 의미의 즉, 공무원법상의 의미의 공무원에 국한된다. 반면 기본법 제34조는 고권적 영역에서만 통용되지만, 모든 직무담당자를 대상으로 한다. 요컨대 기본법 제34조 제1항은 민법 제839조와 중첩되지, 그것을 단절시키지 않는다. 그리하여 민법 제839조가 실효되기 보다는 그것의 성립요건해석이 헌법합치적으로 확대된다.

52) 이는 독일의 통설적 이해이다 : BVerfGE 61, 149(198); Papier, in: Maunz/Dürig, GG Kommentar, 2005, §34 Rn.11.

53) Jarass/Pieroth, GG Kommentar, 8.Aufl.,2006, §34 Rn.1; Bonk, in: Sachs, GG Kommentar, §34 Rn.53.

54) BVerfGE 61, 149(198ff.); Bonk, in: Sachs, GG Kommentar, §34 Rn.3. 그런데 독일 연방헌법재판소는 다른 판례에선 "기본법 제34조가 의무위반시 인적, 유책성의존적, 간접적 국가책임의 현존만을 보장한다"고 판시하였다(BVerfG(K) NVwZ 1998, 271).

55) 다만 고권적 불법을 위한 국가의 원칙적인 우선의무만은 문제되지 않아야 한다.

56) Papier, in: Maunz/Dürig, GG Kommentar, §34 Rn.194, 196. 그리하여 유책적 국가책임법제의 도입이 헌법상으로 의문스럽진 않다는 점 또는 헌법상의 국가배상책임의 보장이 개별법상의 유책적 징표의 도입을 배제하는 것은 아니라는 점을 강조한다. 아울러 국가책임의 직접성과 무책성간의 필연적인 연계나 대위책임과 유책성간의 필연적인 연계가 법정책적 관점에서 존재하지 않는다고 한다.

와 기본적으로 동일한- 건국헌법 제27조가 마련된[57] 다음, 국가배상법이 1951. 9. 8. 제정되고, 1951. 9. 8.에 시행되었다. 국가배상법이 마련되기 전에는 민법의 불법행위론이 주효하였다.

국가배상법제의 형성에서 독일과 다른 일본 및 우리나라의 역사적 경험은 중요한 착안점을 제공하다. 독일의 경우 비록 과거 바이마르 헌법과는 달리 "대신하여"란 문언은 없지만, 통설은 기본법 제34조의 구조를 공무원개인책임적 구조인 민법(BGB)에 대위책임적 구조인 연방공무원법(舊 제국공무원법)을 결합시켜 바라본다. 따라서 비록 그 자체로 대위책임을 표방하지 않았다 하더라도, 역사적, 체계적 해석상 대위책임으로 접근한다.[58] 그렇지만 우리나 일본의 경우에는 연혁적 관점에서 보자면, 헌법상의 배상책임구조를 대위책임으로 전개할 필연적 이유가 없다. 그것을 구체적으로 형성한 국가배상법이 대위책임형을 표방한 것이었다. 더군다나 우리는 국가무책임설의 모태인 王政을 기반으로 한 일본과는 다른 역사적 상황에서 출발하였다.

요컨대 헌법상의 배상책임의 성질을 독일과는 달리 국가배상법상의 그것과 분리시켜 검토할 수 있다. 따라서 헌법 제29조 제1항상의 불법행위를 고의나 과실이 전제된 위법행위를 의미하는 것으로 주장할 수도 있지만, 이는 명문에 반한다.[59] 독일의 경우에도 기본법차원에서 -설령 원칙적이자 중립적 의미를 갖긴 하나- 국가책임의 무책성을 그대로 받아들여지고 있다. 따라서 헌법 제29조 제1항상의 불법행위에는 분명 주관적 요소가 제외되었다고 하겠다. 또한 헌법 제29조 제1항에 근거를 둔 -주관적 책임요소를 배제한- 자기책임으로서의 국가배상책임의 제도적 보장은 개별법상의 배상책임제를 제한하거나 새로이 형성하는 데 있어서, 독일보다 더 중요한 의의를 갖는다. 왜냐하면 독일의 경우 기본법 제34조 제1항이 국가불법을 "원칙적으로" 국가와 연관을 지음으로써, 개별입법차원에서의 나름의 여지를 명문으로 인정하고 있기 때문이다.

독일의 경우 헌법차원에서 입법형성의 여지를 명문으로("원칙적으로") 인정하였기에, 공무원의 유책성을 바탕으로 한 대위책임적 구조가 헌법에 합치하는지 여부에 대한 이의제기는[60] 법정책적 차원의 문제일 수밖에 없고, 현행법해석의 차원에선 그다

57) 제27조 제2문: 공무원의 직무상 불법행위로 인하여 손해를 받은 자는 국가 또는 공공단체에 대하여 배상을 청구할 수 있다. 단, 공무원 자신의 민사상이나 형사상의 책임이 면제되는 것은 아니다.

58) 그렇지만 전술한 바대로 독일의 경우에도 기본법 제34조 그 자체로선 자기책임을 부정하는 것은 아니라는 점을 유의하여야 한다.

59) 일본에선 공무원의 고의와 과실을 전제로 하지 않는 그들 국가배상법 제2조(영조물의 설치관리하자와 배상책임)를 견줘, 헌법상의 배상책임의 성격에 관해 자기책임설을 논증하기도 한다(芝池, 行政救濟法講義, 194頁).

60) Wolff/Bachof, Verwaltungsrecht I, §64 Ⅰ b 6; Lerche, JuS 1961, S.237(242); Bartlsperger, NJW 1968, S.1697(1699ff.).

지 문제가 되지 않을 수 있다.[61] 그러나 우리의 경우엔 전술한 바와 같이 헌법은 無責的 국가배상책임을 분명히 표방하기에, 국가배상법 제2조에 의거하여 가해 공무원의 개인적 책임을 전제로 하여 국가책임의 성립을 부정한다든지, 국가가 아닌 공무원 개인에게 책임을 묻는다든지 하는 것은 그 자체로 違憲을 면치 못한다.[62]

V. 憲法合致的 國家賠償法制의 구축방안

이상에서 논증한 대로 헌법상의 국가배상책임구조가 국가자기책임형인 이상, 국가배상법에서의 대위책임적 구조는 어떤 식으로든 수정되어야 한다. 또한 배상책임에서 판례가 취한 절충설에 대응하기 위해서도, 국가배상법상의 주관적 책임요소의 의미를 새롭게 가다듬어야 한다. 입법을 통한 해결책이 급선무이고 종국적인 방안이지만, 국가배상법의 헌법합치적 해석 · 적용의 차원에서 법률개정 이전에 또한 그와 병행해서 개선의 방안을 모색하고자 한다.

1. 國家賠償法上의 主觀的 責任要素에 관한 새로운 理解

헌법상의 자기책임을 관철하는 데 결정적인 장애물이 국가배상법 제2조 제1항상의 명시적인 주관적 책임요소의 존재이다. 그것의 비중을 낮추려는 시도(후술)와는 별개로 또는 선행하여 그것의 의미를 새롭게 정립할 필요가 있다. 대부분의 문헌이 소개하는 今村成和가 제시한 고전전인 접근–국가 등에 책임을 귀속시키기 위한 공무운영상의 객관적인 흠의 존재로서의 고의 · 과실–만으로선 그것의 語義的 의미를 불식시킬 수 없다. 그것의 재정립만이 그것의 비중저하 및 입법적 개선책을 결정적으로 가져다 줄 수 있다. –대법원 1996.2.15. 선고 95다38677판결의 다수의견과는 달리– 헌법 제29조 제2문은 국가의 배상책임(자기책임이든 대위책임이든)에 따른 구상을 전제로 한 것이다. 이 점은 건국헌법상의 규정 및 독일 기본법의 규정을 통해서도 확인할 수 있다.[63]

국가 등이 피해자를 상대로 전적으로 배상책임자가 될 수 있고, 가해 공무원은 배

61) 그리하여 주나 연방차원에서의 개별법의 개혁에 초점이 주어진다.

62) 독일에서도 Bonk는, 국가배상청구권을 개개의 공무원의 개인적 유책성에 인적으로 연계시키는 것은 고권적 불법을 위한 책임을 조직(기관)행위와 법치국가원리로부터 도출하는 데 대한 위반이라고 강조하였다. Bonk, in: Sachs, GG Kommentar, §34 Rn.83.

63) 그럼에도 대법원 1996.2.15. 선고 95다38677판결에서 이것이 선택적 청구권의 인정의 계기가 된 점은 이해하기 어렵다. 여기서 "이 경우"란 국가책임을 전제로 한 것이지, 병존을 의미하진 않는다. 대위책임의 기본이해조차도 의아스러울 따름이다.

상책임에서 물러나 있다고 하면,[64] -비록 대위책임의 경우엔 가해 공무원에 대한 구상이 당연하다 하더라도, 또한 자기책임의 경우에도 구상권행사가 반드시 배제되는 것은 아니라 하더라도- 자칫 가해 공무원의 국가 등을 상대로 한 (공무원으로서의) 책임까지 면제될 수 있다. 가해 공무원의 책임인수 형태인 대위책임의 경우는 물론 자기책임의 경우에도 이런 상황을 피할 수 없다. 따라서 헌법 제29조 제2문은 가해 공무원의 국가에 대한 책임이 국가의 직접적 자기책임의 도입과는 별개라는 점을 분명히 하면서, 동시에 개별법을 통한 후자의 구체화를 위한 근거를 규정한 것이다(이른바 求償留保). 독일의 경우, 민법 제839조가 공무원개인책임구조를 취하고 그에 따라 책임인수가 이루어지기에, 그들 기본법 제34조 제2문에서 특별히 고의나 중과실에 따른 구상가능성을 헌법상으로 규정하였다. 동조 제2문이 마련되기 전엔 공무원에 대한 구상제한은 개별법적으로 그러나 "전역"에 걸쳐 통용되는 (1937.1.26.의) 독일공무원법(DBG) 제23조 제2항과 제4항에 담겨져 있었다.[65] 사실 기본법 제34조를 성안하면서 처음에는 독일공무원법 제23조의 구상제한에 대해 헌법차원의 위상을 부여하지 않으려 하였다. 만약 그렇게 되었다면 州로선 주공무원법의 법률적 형성에서 연방독일공무원법 제23조 제2항과 비교하여 더 엄격한 책임규준을 자유로이 성문화할 수 있었겠지만,[66] 공무원단체의 압력에 의해 지금과 같이 헌법상의 국가책임규정에 구상제한을 규정하였다. 헌법차원의 구상제한의 목표는 우선 각주에 대해서 公職法의 일정한 형성을 미리 정하여 놓는 것이어서,[67] 이 제2문은 결코 구상청구권의 직접적 근거가 될 수 없다. 즉, 개별(특별)법규정이 求償을 수권하였거나 심지어 의무를 지웠는지 여부를 심사하여 그에 따라 구상권이 행사되어야 한다.[68]

헌법에서 고의와 중과실의 경우에 한정하여 求償可能性을 유보한 독일과는 달리 우리 헌법은 그 요건에 대해 별 다른 언급을 하지 않았기에, 입법자로선 어떤 경우에 구상권이 행사될 수 있을지 더 광범한 입법형성의 자유를 가진다. 그리하여 국가배상

64) 여기서 헌법 제29조 제1항 제1문상의 국가배상청구제도는 우선적으로 피해자를 상대로 법치국가적 보호-기본권훼손의 경우엔 기본권적 보호-를 이행하며, 그와 함께 2차적으로 가해 공무원의 직접적 면책을 통해서 활력상실의 리스크로부터 업무담당자를 보호한다. 특히 후자는 직업공무원제와 연관하여 생각해야 한다.

65) 바이마르 헌법은 -우리 현행 헌법의 상황과 비슷하게- 단지 "공무원에 대한 구상이 유보되어 있다"고 규정하였을 따름이다.

66) 실제로 바이에른 주헌법(제97조)과 헤센 주헌법(제136조)은 이런 가능성을 이미 명시적으로 열었다.

67) U. Stelkens, Amtshaftung und Regress bei Schädigungen durch Verwaltungshelfer, JZ 2004, S.656(661).

68) 독일의 경우 공무원에겐 연방공무원법(BBG) 제78조 제1항과 주공무원법의 해당 규정(vgl. §46 BRRG)이 적용되는데, 이들 규정은 고의나 중과실 의무위반의 경우 공무원에게 내부적 손해배상(변상책임)의무를 지운다. 즉, 국가는 원칙적으로 손해배상청구권을 주장할 의무를 갖되, 공무원법상의 배려원칙을 고려하여, 경감시킬 수 있거나(가령 분할지불이나 지불유예), 예외적으로(가령 고액의 구상청구권의 실현으로 공무원의 생계가 수인할 수 없을 정도로 훼손된다면), 동청구권의 실현을 전부나 일부를 포기할 수 있다. 이에 관해선 vgl. GrG, BGHZ 124, 14, 23ff.; BVerwGE 108, 1, 17f.

법 제2조 제2항에선 그것이 고의와 중과실의 두 가지 상황으로 구체화되었는데, 입법정책적 차원에서 제외된 경과실의 경우까지도 상황에 따라선 포함시킬 수 있다. 국가의 자기책임설의 입장을 취하면, 가해 공무원의 주관적 책임요소는 국가책임을 성립시키는 데 그 의미가 있지 않다. 오히려 구상권발동의 요건의 차원에서 접근을 강구할 수 있다. 즉, 국가배상법 제2조 제1항상의 고의와 과실은, 제2항상의 구상권행사요건의 상관관계에서 그 의미를 찾아야 한다.[69]

2. 主觀的 責任要素의 比重低下에 관한 모색

(1) 독일의 경우

대위책임에 철저한 독일의 경우에도 대부분의 문헌들이 과실책임주의를 수정하는 과실의 객관화, 조직과실과 과실의 추정 등을 강구하고 있다.[70] 이런 시도가 판례상으로도 실제적으로 주효하게 됨으로써, 그들 판례가 그들 민법 제839조상의 有責性要請을 객관화하고 탈개인화하였다고 평해진다.[71] 그런데 가장 빈번한 예가 의문스러운 법상황에서의 잘못된 결정(Fehlentscheidungen)의 문제이다. −행정청에게 더 나은 법지식을 기대할 수 없을 정도로 법상황이 완전히 불명확하거나 동일한 사건에서 여러 前審이 상이하게 판결을 내렸던 상황이 아니라면− 미흡한 법지식은 원칙적으로 중요한 의무위반이 된다. 그리고 필요한 주의에 관해 엄격한 요청을 설정함으로써, 공무원의 유책성의 결여를 이유로 국가배상청구가 실현되지 않는 경우란 행정실무에서 극히 드물게 되었다. 한편 그들 판례는 합의제법원(Kollegialgericht)에 의해 직무활동의 적법성이 시인되었을 때는, 원칙적으로 有責性을 부인한다(일종 선결구속의 원칙).[72] 그리하여 합의제법원으로 구성된 심급에서 직무활동을 적법하게 여긴 경우에는, 동 원칙에 따라 그 상위 심급에서의 국가배상청구의 전망은 낮아진다. 그러나 최근 점차 동 원칙은 일종의 지침정도로 받아들여져서,[73] 그들 판례는 복잡한 임시방편적 해결책을 전개하였지만, 그 裏面에는 동 원칙을 본래의 목적으로 되돌리려는 노력이 도사리고 있

---

69) 물론 이 같은 모색은 −법률개정을 통해서 그것의 존재가 없어지기 전이라도− 주관적 책임요소를 탈색시키기 위함이다.

70) 대표적으로 vgl. Papier, in: Münchener Kommentar zum BGB, §839 Rn.282f.

71) v. Danwitz, in: v. Mangoldt/Klein/Starck(Hrsg.), GG Kommentar Ⅱ, 2000, Art.34 Rn.95.

72) BGHZ NJW 1957, 1835, 1836; BGHZ 27, 338, 343; BGH NJW 2002, 1793, 1794. 그런데 BGHZ 117, 240, 250; 143, 362, 372에 의하면 법원이 긴급절차에서만 결정을 내렸을 때는 유책성배제가 원칙적으로 통용되지 않는다. 한편 법원에 의한 사후적 불찬성(거부)만으론 유책성비난을 성립시킬 수 없다(BGHZ 139, 200, 203; 143, 362, 371).

73) BGHZ NVwZ 1987, 258(259f.); NJW 1989, 96(99); NVwZ 1990, 499(500). Papier는 이런 격하를 의문스럽게 평하였지만(in: Maunz/Dürig, GG, Art.34 Rn.218), 반면 Windthorst는 그것의 포기에 찬동하는 입장이다(Windthorst, in: Detterbeck/Windthorst/Sproll, Staatshaftungrecht, 2000, §9 Rn.188).

다. 즉, 동 원칙의 목적을[74] 엄격히 준수하면 그것의 내재적 제한이 지당하다.[75] 그리하여 본질적으로 -동 원칙에 의한- 책임제한의 원칙은 합의제법원이 위법한 직무행위를 확인한 경우엔 광범하게 폐지되었으며, 아울러 그때그때의 상급법원의 독립된 타당성고려에 의해 대체되었다고 한다.

요컨대 이상에서 보듯이, 독일의 경우 판례와 문헌은 과실책임주의의 한계를 극복하기 위해 다방면으로 나름의 시도를 하였다. 그리하여 가해 공무원의 과실책임은 이미 객관적 책임에 근접하였다고 한다.[76] 더불어 그들 현행법상으로 대위책임적 국가배상이외에, 유책성요청을 인정하지 않은 다수의 공법적 책임제도(결과제거청구권, 공용개입유사적(수용유사적)·공용개입적(수용적)개입에 따른 보상, 희생유사적 개입에 따른 보상)가 존재하기에, 현행 국가배상법상의 유책성 요청의 실제적 의의를 과대평가하여선 아니 된다고 한다.[77]

(2) 우리의 경우

우리의 경우에도 (선택적 청구권의 인정과는 별도로) 판례와 문헌은 가해 공무원의 주관적 책임요소의 비중을 나름대로 저하시켜 왔다. 동일한 업무의 평균적 공무원을 대상으로 한다든지,[78] 조직과실의 차원에서 가해 공무원의 특정을 요구하지 않는다든지[79] 하는 식이 바로 그것이다. 그리고 외국의 논의를 참조하여, 과실책임주의의 한계를 극복하기 위한 방안으로 과실의 객관화, 공역무과실, 과실의 추정 등이 활발히 논의되고 있다. 그런데 이런 움직임과는 별개로, 우리의 판례는 전체적으로 과실책임주의를 더욱 강조하는 경향을 나타내거니와, 때때로 이해하기 힘든 過失觀을 드러낸다.[80] 글

---

74) 동 원칙의 목적은, 구술심리에서의 소송자료의 평가이후 그리고 자세한 조언이후에 합의제법원으로부터 기대할 수 있는 법지식보다 더 나은 법지식을 -일상업무에서 합의제적 표결을 할 수 없는 채 결정을 내려야 할- 일선 공무원에게 요구할 수 없다는 것이다.

75) 이에 따라 복수의 법전문가로 구성되지 않은 합의제법원이 재판을 한 경우, 가령 행정법원법 제123조에 따라 약식절차에서 재판이 행해진 경우에 동 원칙은 적용될 수 없다. 또한 합의제법원이 타당하지 않은 사안을 근거로 삼았거나 이런 사안을 충분히 평가하지 않은 경우, 불충분한 사실확인에 따라 공무원이 처한 사안과 다른 사안을 근거로 삼은 경우, 재판을 위한 현안적 법적 물음을 간과한 경우, 재판이 절차하자를 갖는 경우 등에는 동 원칙이 적용되지 않는다. 아울러 합의제법원이 그릇된 당초의 고찰방법에서 벗어날 수 없는 경우, 합의제법원이 -비록 단순한 법적용의 사건이 재판될 수 있어야 함에도 불구하고- 책임있는 직무담당자의 결정을 재량결정으로 여긴 경우, 합의제법원의 법적 견해가 명백히 타당하지 않은 경우엔, 직무담당자로서도, 합의제법원에 의한 증명을 원용할 수 없다. Ossenbühl, Staatshaftungsrecht, S.75.

76) Grzeszick, in: Erichsen/Ehlers(Hrsg.), Allg. VerwR, §43 Rn.28. 그리하여 이런 흐름 속에서 1981년 그들 국가책임법(StHG)에서 유책성요청을 포기한 것은 그리 문제가 되지 않았다.

77) Papier, Staatshaftung, in: Isensee/Kirchhof(Hrsg.), HStR Ⅵ, 2001, §157 Rn.43.

78) 대법원 1987.9.22.선고 87다카1164판결 등.

79) 광주지방법원 1988.1.7. 선고 87가합909판결; 서울지방법원 1988.9.21. 선고 88가합2327판결 등.

80) 가령 소속 부대장이 육군 참모총장 명의로 발령된 무효인 병인사관리규정이 상위 법령에 위배되어 무효임을 알았다고 하더라도 소속 부대장으로서는 육군 참모총장이 발령한 병인사관리규정의 적용을 거부할 수는 없는 것이므로, 소속 부대장이 이를 적용한 행위가 과실로 법령을 위반한 행위에 해당한다고 할 수 없다고 판시하였다(1995.7.14. 선고 93다16819판결). 또한 리딩판례인 대법원 1984.7.24. 선고 84다카597판결에서, 행정청 내부에

감으로 삼은 일련의 판례는 그런 경향의 원인이자 결과이기도 하다. 국가배상제도의 헌법상 의의와 그것의 2차적 권리보호적 성격을 감안한 즉, 대상판결 등에서 동일한 업무의 평균적 공무원을 대상으로 한 객관적 주의의무의 요구치를 의도적으로 그러나 헌법합치적으로 상향시키려는 모색이 강구되어야 한다. 이상에서 본 독일의 판례의 경향이 좋은 예가 된다.

VI. 主觀的 責任要素가 전제되지 않은 補塡手段의 인정 문제

1. 국가배상책임제도의 흠결을 보완하는 補塡手段으로서의 公用介入類似的(收用類似的), 公用介入的(收用的) 介入 및 그에 따른 보상

국가배상책임제도는 행위의 위법성을 전제로 한 補塡手段인 반면, 손실보상제도는 적법한 공권력행사로 인한 재산권훼손에 대한 補塡手段이다. 국가배상책임제도에서 이 글의 입장(국가의 자기책임설)과 다르게 대위책임적 구상을 전제로 하면, 違法有責의 직무행위가 그 대상이다. 그리하여 국가배상책임제도와 손실보상제도, 양자에 의해 커버되지 않는 회색상황이 존재한다.[81] 그리하여 기왕의 국가책임법상의 흠결을 메우기 위해 고안된 것이, 公用介入類似的(收用類似的), 公用介入的(收用的) 介入 및 그에 따른 보상의 인정이다. 즉, 公用介入類似的 介入이란 재산권으로서 보호되는 법적 지위를 고권적 조치를 통해 직접적, 위법하게 훼손(Beeinträchtigungen)하는 것을 의미하고, 公用介入的 介入이란 적법한 행정작용의 이형적 · 비의욕적인 부수적 결과로써 타인의 재산권에 가해진 훼손을 의미한다. 특히 公用介入類似的 介入의 상황은 전자와 관련해서 위법한 점에선 공통되나 집행공무원의 개인적 책임요소가 결여된 점에선 다르다. 그리고 후자와 관련해선 손실보상청구권을 성립시키는 통상의 공용개입(공용침해, 광의의 수용)과 다를 바 없으되, 단지 손실보상규정의 결여의 차원에서 위법한 점에선 다르다.

한편 독일의 경우 재산권으로서 보호되는 법적 지위를 위법하게 훼손하는 고권적 조치로서의 公用介入類似的(收用類似的) 介入의 형식과 관련해선,[82] 부작위에 의한

일응의 기준을 정해 둔 경우 그 기준에 따른 행정처분을 하였다면 이에 관여한 공무원에게 그 직무상의 과실이 있다고 할 수 없다고 판시하였다.

81) 다만 여기서 유의할 점은, 국가의 자기책임설을 취하더라도 公用介入類似的(收用類似的), 公用介入的(收用的) 介入의 適用領域은 인정될 수 있다.

82) 독일 판례상의 예로, 규정에 맞지 않게 계획 · 시행된 도로건설작업으로 인한 영업의 손상(BGHZ 57, 359, 362), 공도로상의 굴착작업으로 인한 건물의 흔들림(BGHZ 72, 289), 도로에서 일탈한 연방방위군장갑차로 인한 여관의 손괴(BGH NJW 1964, 104), 홍수방지시설의 설치로 인한 水害(BGHZ 117, 240, 252ff.), 지방자치단체의 정수설비로 인한 악취오염(BGHZ 91, 20), 건축법과 토지법에 따라 그 자체 허용된 건축의 사실상의 방해(BGH

그것도 인정된다. 즉, 독일 최고법원은 "단순한 부작위"의 경우엔 公用介入類似的(收用類似的) 介入의 성립을 부인하나, 부작위가 "예외적으로 관련인의 권리영역을 개입하는 행위로서 성격지워질 수 있는" 경우에는 긍정한다(소위 加重的 不作爲).[83] 이에 따르면 건축허가신청의 거부는 "가중적 부작위"로서 재산권개입에 해당하나, 결코 그런 신청의 불결정은 "단순한 부작위"로서 재산권개입에 해당하지 않는다.[84] 다시 말해, 건축자유를 전제로 하여, 건축허가의 거부란 형식적으론 수익적 행정행위의 거부이나, 실질적으론 자유와 재산권에 관한 진정한 개입을 의미한다는 것이다. 하지만 부작위에 의한 公用介入類似的(收用類似的) 개입의 양태를, 단순한 부작위와 가중적 부작위를 구분하여 후자로 한정하는 것은 매우 협소하다는 점에서 강한 비판을 받는다. 사실 건축신청의 지연결정으로 인해, 재산권자는 자신의 토지를 건축에 이용할 가능성과 같은 것을 빼앗긴다. 그리하여 판례의 가중적 부작위설은 많은 비판을 받고 있으며, 그에 대한 반대견해로, 전통적인 법적 행위의무가 성립하면 부작위에 의한 개입은 항상 인정되어야 한다고 주장된다.[85]

한편 공용개입개념의 확대경향의 소산이자 "경계이론"에 터 잡은, 독일의 공용개입유사적 · 공용개입적 개입의 법제도는, "분리이론"을 표방한 그들 연방헌법재판소의 판례-1981.7.14.자 소위 의무납본제에 관한 결정,[86] 1981.7.15.자 소위 자갈채취에 관한 결정,[87] 특히 보전의무부 내용결정을 정립하여 재산권의 내용 · 한계결정을 嚮導한 1999.3.2.자 소위 史蹟保護에 관한 결정[88]-에 의해, 전기를 맞이하였다. 국가책임법의 시스템에서 공용개입유사적 · 공용개입적 개입의 적용영역이 최근의 독일 연방헌법재판소판례에 의해서 과거보다 축소되었음에도 불구하고, 오늘날 직접적으론 연방대법원(BGH)에 의해, 간접적으론 연방헌법재판소에 의해 여전히 존속하고 있다.

NVwZ 1992, 119), 인근토지를 위한 건축허가에 의한 토지재산권의 제한(BGHZ 86, 356, 358), 연방건설법전 제36조에 따른 게마인데의 동의거부로 인한 건축계획안의 지연(BGHZ 65, 182, 188f.; 118, 253, 255), 토지매매법에 따른 인가거부로 인한 토지매각의 방해나 지연(BGHZ 136, 182ff.).

83) Vgl. BGHZ 56, 40, 42f.; 102, 350, 364f.; 118, 253, 261; 125, 27, 39.

84) BGH DVBl. 1971, 464.

85) 대표적으로 Ossenbühl, Staatshaftungsrecht, S.255ff. 이에 대해서 Maurer는 판례의 입장을 비판하면서도 이에 완전히 찬동하지 않는다. Ders., Allg. VerwR, §27 Rn.92.

86) BVerfGE 58, 137ff. 독일 연방헌법재판소가 이 판례로써 새로운 법제도를 창설하려고 하였는지 여부에 대해 의문을 표하는 문헌도 있지만(Vgl. Papier, in: Maunz/Dürig, GG Kommentar, Rn.338 zu Art.14; Maurer, Allg. VerwR, §27 Rn.32f.). 다수 문헌은 그에 찬동하여 이로부터 "보전의무부 내용결정"을 새로운 법제도로서 전개하였다. 이에 동조함과 아울러 보전의 요건까지 명확히 하고 제한한 것이 1999년의 史蹟保護에 관한 결정이다.

87) BVerfGE 58, 300ff.

88) BVerGE 100, 226ff. 이 史蹟保護決定은 무엇보다도 보전의무부 내용결정(ausgleichspflichtige Inhaltsbestimmung)의 존재를 연방헌법재판소판례의 차원에서 확인하여 기본권적으로 필요한 보전이 개입의 적법성을 위한 조건이 되게 함으로써, 재산권법제에 새로운 전기를 제공하였다. 이에 관한 문헌으로 vgl. Külpmann, Der Schutz des Eigentumsbestandes durch Art.14 I GG-BVerfGE 100, 226, JuS 2000, 646ff.; Papier, Die Weiterentwicklung der Rechtsprechung zur Eigentumsgarantie des Art.14 GG, DVBl. 2000, 1398ff.

다시 말해, 도그마틱적 후유증이 아직 완전히 가시진 않았지만, –독일의 공법학자라면 주제에 관해 의례 나름의 견해를 표할 정도로 너무나 많은 문헌이 관련 주제를 다루어서– 독일에서의 현하의 논의는 어느 정도 정리되어 지금은 적용영역차원의 물음이 현안이 되고 있다.[89]

2. 公用介入類似的(收用類似的), 公用介入的(收用的) 介入 및 그에 따른 보상을 인정하기 위한 착안점

우리의 경우 일찍이 4반세기 전에 김남진 교수님의 글을 통해 공용개입유사적 · 공용개입적 개입에 관한 독일논의가 소개되었고,[90] 다수의 관련 문헌도 출현하였다.[91] 그런데 개발제한구역과 장기미집행도시계획시설에 관해서, 헌법재판소가 1998년[92]과 1999년[93]에 내린 헌법불합치결정을 계기로, 독일연방헌법재판소가 취한 이른바 "분리이론"의 도입이 화두가 되었다.[94] 독일에서 판례법적으로 전개되었기에 공용개입유사적 · 공용개입적 개입의 양 법제도가 국내법적 차원에선 가뜩이나 설자리가 없는 지경인데, 여기에 –그것의 성립가능성을 이전보다 더 제약하는– 독일에서의 흐름이 가세하였다. 그리하여 관련 논의가 여전히 실무적으로 착근하지 못하고 있거니와, 효과적인 학문적 자산이 되지도 못하고 있다.

공용개입유사적 · 공용개입적 개입의 법적 근거와 관련해서, 독일의 통설과 판례는 자갈채취결정이래로 (법관법으로서의) 희생보상적 사고(Aufopferungsgedanken)를 바

89) 이런 사정에 관해선 졸고, 公用介入類似的(收用類似的), 公用介入的(收用的) 介入의 適用領域에 관한 小考, 17면(追論: 본서 192면) 이하 참조.

90) 동인, 재산권의 공용침해와 손실보상, 고시연구, 1982.11., 39면 이하; 수용유사 · 수용적 침해와 보상, 월간고시 1984.4. 그 이후에 석종현 교수님의 글이 이어졌다(동인, 수용유사의 침해와 수용적 침해, 고시연구 1984.1., 67면 이하).

91) 신보성, 수용유사 · 수용적 침해와 보상, 월간고시, 1988.3.; 조태제, 수용유사적 침해와 수용적 침해, 부동산법학의 제문제(1992.6), 743면 이하; 정하중, 수용유사적 그리고 수용적 침해제도, 고시연구 1994.3., 88면 이하; 윤진수, 공무원에 의한 강제증여와 수용유사적 침해이론의 적용 여부, 법조 제457호(1994.10.), 158면 이하; 류지태, 수용유사침해이론의 수용가능성 검토: 독일연방헌법재판소 제1부 판결(BVerfG, Beschluss vom 15. 7. 1981; BVerfGE 58,300ff) 등, 판례연구(고려대학교 법학연구소) 제8집(1996.9.), 61면 이하; 홍준형, 수용유사침해보상의 법리와 그 수용가능성, 고시연구 1997.1, 124면 이하; 박평준, 수용유사적 침해법리의 수용문제, 고시연구 2000.4., 25면 이하; 송희성, 수용유사적 침해와 수용적 침해, 사법행정 2000.11., 11면 이하.

92) 헌재결 1998.12.24, 89헌마214, 90헌바16, 97헌바78(병합).

93) 헌재결 1999.10.21, 97헌바26.

94) 분명 우리 헌법재판소는 이들 결정을 비롯한 후속적 결정을 통해서 분리이론적 접근을 강구하였고 상당수 문헌들이 그것의 도입을 찬동하지만, 그에 못지않은 상당수 문헌 역시 독일과는 거리가 있는 –특히 (보상부) 공용수용 · 사용 · 제한을 규정한– 법문구조상의 차이를 들어, 그것의 도입에 반대하곤 한다. 이를 둘러싼 국내의 논의 현황과 문헌은 정혜영, 헌법재판소의 판례를 통해 본 재산권보장의 문제점, 인권과 정의 제357호(2006.5.), 주 7)를 참조하면 손쉽게 개관할 수 있다. 상대적으로 헌법학자에 비하면 행정법학자의 관심도가 낮은 편이지만, 특히 적극적 입장(정남철, 재산권의 사회적 구속과 수용의 구별에 관한 독일과 한국의 비교법적 고찰: 이른바 조정적(조절적) 보상의무 있는 내용규정의 도입가능성, 공법연구 제32집 제3호(2004.2.), 363면 이하)과 소극적 입장(정하중, 헌법상의 재산권보장체계에 있어서 경계이론과 분리이론, 서강법학연구 제5권(2003.5.), 57면 이하)이 대비된다.

탕으로 관습법적 근거를 내세우지만, 그 같은 법전통이 없는 우리로선 원천적으로 그런 입장을 취할 수 없으며, 헌법규정(제23조 제1항 등)에 입각한 해석론을 통해 해결의 실마리를 찾을 수밖에 없다.[95] 독일에서 통설에 반대하여 獨逸 基本法 제14조 제1항(및 제3조 제1항)에서 법적 근거를 구하는 立場(소수설)에서, 우리를 위한 연결고리를 찾을 수 있다. 이 입장에선, 관습법이 법의 고차적 생존상태가 결코 아닌 점에서, 취약한 위상을 갖는 관습법을 공용개입유사적 · 공용개입적 개입의 법적 근거로 삼는 데 대해서 문제를 제기한다. 아울러 양 법제도를 기본권적 재산권보호의 도그마틱으로부터 그렇게 완전히 분리 · 고찰하는 통설적 접근의 利點이 과연 어디에 있는지 강한 疑懼心을 표명한다. 또한 독일연방헌법재판소의 기왕의 입장에 따른 기본법 제14조의 의미 역시 이들 양 법제도와 배치되진 않는다고 본다. 그리하여 이 입장에선, 관습법을 원용할 필요도 없이, 기본권적 보장언명을 통해서도 양 법제도를 자리매김할 수 있다고 본다.[96] 요컨대 우리의 경우에도 이젠 법치국가원리에 더 한층 충실하기 위하여, 도입의 의지와 설득력있는 논증만이 관건이 될 뿐이다.

Ⅶ. 맺으면서 – 國家賠償法制에 대한 民事不法行爲論的의 接近으로부터의 脫皮

앞서의 문제제기에서 지적하였듯이, 국민에 대한 국가배상법적 보호는, 도그마틱은 물론 보호수준과 관련해서도 문제가 많다. 법해석은 어느 경우에서나 결코 법률가의 의견에만 좌우되진 않기에, 적합하게 공평하게 사고하는 시민들의, 건전한 상식을 가지고 있는 시민들의 견해와 기대감도 고려하지 않으면 아니 된다.[97] 국가배상법상의 위법성과 행정소송법상의 위법성이 다르다는 점을 과연 국민 일반이 수긍할 수 있을지 확신이 들지 않는다. 더군다나 입법의 배경 등 충분한 法制史的 고려 없이 평면적으로 개별법을 적용한 결과, 헌법차원의 의미를 근간으로 하는 전체 공법질서의 훼손까지도 빚어지곤 한다.

한편 Grzeszick는, 독일 국가책임법의 기능부전이 기본권으로부터 청구권을 재구

95) 김남진/김연태, 행정법 Ⅰ, 584면.

96) Maurer, Allg. VerwR, §27 Rn.87; Götz, Anmerkung zu BGH, Urteil vom 26. 1. 1984(BGHZ 90, 17ff.=DVBI. 1984, 391ff.–Sandabbau), DVBl. 1984, S.395(396); Ehlers, Eigentumsschutz, Sozialbindung und Enteignung bei der Nutzung von Boden und Umwelt, VVDStRL 51(1992), S.211(243); Arnauld, Enteignender und enteignungsgleicher Eingriff heute, VerwArch 2002, S.394(395ff.). 한편 Grzeszick는 "BGH의 견해에 의하면, 공용개입유사적 개입으로부터의 청구권은 기본법 제14조 제1항의 재산권보장의 일반적 방어권적 本旨와 부담공평원칙과의 결합에 바탕을 둔다"고 기술함으로써, 양 입장을 중화시킨 듯한 주장을 편다. Ders., in: Erichsen/Ehlers(Hrsg.), Allg. VerwR, §44 Rn.66, 86.

97) Mayer/Kopp, Allg. VerwR, 5.Aufl., 1985, S.116.

성함으로써 극복될 수 있다고 주장한다. 여기서 국가책임상의 諸 청구권을 기본권으로부터 재구성한다는 것은, 기본권을 도그마틱상 출발점으로 받아들이는 것이다. 그리하여 기본권이 그 효력에서 일정한 기본권침해로부터의 보호에 국한하지 않고, 우선 사적 자유의 불가침성에 관한 -원칙적으로- 포괄적 보호를 매개한다는 점에 의거하여, 국가책임법의 전통적인 私法近似的 이해로부터 轉換을 도모한다. 그리하여 그는 독일 국가책임법이 국가의 직접적 무과실적 책임의 방향으로 전개되도록, 舊 동독의 국가책임법을 모델로 주장한다.[98] 그런데 우리의 경우 독일과는 결정적으로 다르게 처음부터 국가배상청구권이 헌법상으로 청구권적 기본권으로 자리를 잡은 이상, 그것은 권리침해에 대한 반작용적 기제로서 처음부터 효과적으로 전개될 수 있다. 즉, 국가배상법적 청구권에 의한 시민의 보호가 기본권에 귀착되는 한, 그리고 앞에서 보았듯이, 국가배상법제의 경우 독일은 물론, 일본과도 다른 역사적 배경에서 출범한 점에서, 본래의 것으로 돌아가야 한다는 의미에서의 새로운 접근은 당연하거니와 불가결하다.[99]

독일의 경우 판례와 문헌은 이미 객관적 책임에 근접하였다고 할 정도로 과실책임주의의 한계를 극복한지 오래인 반면, 우리의 경우 이제껏 헌법상의 국가배상책임의 本旨가 도외시된 채 스테레오타입적 기존틀이 墨守되어 왔다. 독일에 비하면 대위책임적 구조를 부정하고 본연의 자기책임적 구조를 마련하기가 더 쉬울 수 있었음에도 불구하고, 오히려 그들보다 더 엄격한 과실책임주의가 지배하고 있다. 무릇 문명의 흐름에서 보면, 종교를 포함한 어떤 제도나 사조와 관련해서 그 발원지(중심)보다 변방에서 그 원형을 더 고수하려는 근본주의적 경향이 나타나곤 하는데, 현행의 국가배상책임제도 역시 그 예가 될 수 있다.[100] 국가배상책임제도가 공법제도로서의 제 모습을 찾고자 할 때, 나아가 -손실보상청구를 포함한- 전체 국가책임법이 公用介入類似的·公用介入的 介入 등의 제도화를 통해 시대와 호흡하고자 할 때, 결정적인 난관은 국가배상법에 배여 있는 民事不法行爲的 要素이다. 이제 國家賠償法制에 대한 民事不

98) Grzeszick 역시 구동독지역에서 수정되어 통용되는 舊 동독 국가책임법이 실무상의 경험을 얻을 수 있으며, 또한 현대적 요청에 부합한 통일된 국가책임법에 도달할 수 있는 기회를 제공한다고 지적한다. Ders., in: Erichsen/Ehlers(Hrsg.), Allg. VerwR, §47 Rn.1ff. ; Maurer, Allg. VerwR, §29 Rn.47.

99) 민법 제839조에 대한 독일 기본법 제34조의 위상과 관련해서 그들의 소수설의 입장이 자연스럽게 통용될 수 있으며, 또한 우리 헌법 제29조의 성격을 두고서 공법문헌상의 통설적 입장이 공히 직접효력규정설과 청구권설을 취하였음에도 불구하고, 그런 기조가 개별법인 국가배상법에 전혀 투영되지 않은 점이 의아스럽다.

100) 한편 Papier, in: Maunz/Dürig, GG Kommentar, §34 Rn.197는 다음의 두 가지 점을 들어 그들 현행법상의 유책성요청의 실제적 의의를 과대평가해선 아니 된다고 강조한다. 먼저 현행법상 대위책임에 의한 국가책임이외에 유책성요청을 전제하지 않은 다수의 공법적 책임제도가 있다는 점이다(가령 결과제거청구권, 公用介入類似的·公用介入的 介入에 대한 보상청구권). 그리고 1972년의 경험적 연구에 의하면 국가배상청구권의 사법적 관철에서 유책성이 결코 중심적인 장애로 판명되지 않았다. 배상청구를 받아들이지 않은 이유의 4/5 이상이 국가배상의 객관적인 요건에 있다고 한다.

法行爲論的 영향에서 벗어나기 위한 첫 걸음으로, 그것의 過失責任主義的 要素를 -입법적 개선이전이라도- 제거하거나 탈색시켜야 한다.

* 법조 제635호, 2009.8., 45면 이하 소수.

제 9 장

公用介入類似的(收用類似的), 公用介入的(收用的) 介入의 適用領域에 관한 小考

Ⅰ. 처 음 에[1)]

공용개입유사적, 공용개입적 개입은 과거 광의의 수용(공용개입) 개념과 이른바 "境界理論"(Schwellentheorie) 또는 變換理論(Umschlagtheorie)에 터 잡아 독일 (일반)대법원(BGH)이 전개한 것이다. 독일의 일반적 문헌에 따르면,[2)] 공용개입적 개입의 경우

---

1) 논의의 전제로서 기왕에 통용되는 용어의 문제를 검토하고자 한다. 독일에서 기본법 제14조 제3항의 (보상부) "Enteignung"개념은 재산권으로서 보호되는 재산적 가치가 있는 법적 지위의 전부 또는 부분적 박탈(Entzug)을 뜻한다. 그리하여 우리의 그 收用에 해당하는 법형상이 그 개념의 근간이 되고, 이용제한이나 처분제한의 경우에는 그것들이 법적으로 강화되고 독립된 지위와 관련이 없는 한, "Enteignung" 개념의 표지인 부분적 박탈에 들어가지 않고, 내용 · 한계결정의 구체화에 해당한다고 한다(Maurer, Allg. VerwR, 16.Aufl., 2006, §27 Rn.46ff.) 반면 우리는 (보상부) "Enteignung"개념에 해당하는 것이 (보상부) 공용수용사용 · 제한이다. 여기서 독일의 "Enteignung" 개념을 무엇으로 옮겨야 할지, 그리고 (보상부) 공용수용 · 사용 · 제한을 전체로 무엇으로 불러야 할지, 나아가 종래 통념화된 수용유사적 침해와 수용적 침해를 그대로 사용하여야 할지 고민이 시작된다. 여기선 새로운 造語로 인해 생경함이 상당하여 망설여지지만, 조심스럽게 "공용개입" 또는 "공용제약"이란 용어를 사용하고자 한다. 한편 통상 "Eingriff"를 "침해"로 옮기는데, 침해는 위법성을 전제한 개념이어서 논증에서 종종 난맥에 봉착한다. 왜냐하면 "Eingriff"는 위법, 적법이 전제되지 않은 그 이전의 개입(제한)상황을 의미하기 때문이다. 또한 문제의 사안이 재산권박탈이란 본래의 공용개입보다는 오히려 이용제한에 해당한다는 점에서, 종래의 수용유사적 침해와 수용적 침해를 각기 공용개입유사적 개입(위법한 공용개입, 준공용개입)과 공용개입적 개입(부수적 공용개입, 결과적 공용개입)으로 바꾸어 사용하고자 한다. 아울러 문헌에서 통례적으로 사용하는 침해행정, 침해유보 등도 하루바삐

엔 재산권의 적법한 제한(Beeinträchtigungen)이 문제되어, 特別犧牲(Sonderopfer)을 겪은 개인이 국가에 대해 손실보상을 요구한다.[3] 이에 반해 공용개입유사적 개입은 위법한 고권적 활동의 재산권제한효과와 관련이 있으며, 여기선 개인이 자신의 권리영역에 대한 위법한 국가적 개입을 대저 受忍할 필요가 없기 때문에, (처음과는 달리) 특별희생의 존재가 포기되었다.[4]

하지만 오늘날 독일에선 종래 대법원(BGH)이 전개하여 왔던 공용개입(수용) 개념의 확대경향은, 자갈채취와 의무납본에 관한 독일 연방헌법재판소의 결정으로[5] 인해 더 이상 추구될 수가 없다. 종래의 "경계이론"을 대신한 소위 "分離理論"(Trennungstheorie)의 등장은, 기왕의 재산권보장 · 제한의 법제를 새로이 구축하게 하는 결정적인 動因이다. 그것의 귀착점은 공용개입개념의 확대경향의 소산인 공용개입유사적 개입과 공용개입적 개입의 법제도가 변화된 상황에서 과연 존치할 수 있는지 여부에 관한 논의이다. 요컨대 독일에선 그들 기본법(이하에선 기본법으로 통칭한다) 제14조가 예정한 재산권적 개입유형에 보전(조정)의무부 내용결정과, 공용개입유사적, 공용개입적 개입을 어떻게 체계적으로 설정할 것인지에 초점이 모아진다.

우리의 경우에도 개발제한구역과 장기미집행도시계획시설에 관해서, 헌법재판소가 1998년[6]과 1999년[7]에 내린 헌법불합치결정을 계기로, 독일 연방헌법재판소가 취한 이른바 "분리이론"의 도입이 화두가 되었다. 분명 우리 헌법재판소는 이들 결정을

시정되어야 한다. 또한 損失補償의 경우는 독일어 "Entschädigung"을 옮긴 것인데, 여기서 "Ausgleich"의 번역이 문제된다. 통상 '조절적(조정적) 보상'이란 용어가 사용되는데, 자칫 손실보상과의 구별이 무색해질 우려가 있다. 따라서 調整(調節)이나 補塡으로 옮기고자 한다. 왜냐하면 "Ausgleich"의 동사형인 "ausgleichen"는 "고르게 하다, 차이를 없애다, 완화(해소)하다, 메우다, 보충하다"를 의미하기 때문이다. 다만 보전의 경우 통상 손해배상과 손실보상을 함께 아울러서 "손해보전"이란 용어를 사용하기에 자칫 오해를 빚을 수도 있는데, 이런 오해를 불식시키기 위해선, 양자를 "손해보전"보다는 오히려 광의의 국가책임의 범주로 설정하는 것이 바람직스럽게 여겨진다. "Kompensation" 역시 통상 補償으로 옮기는데 오히려 상쇄와 조정의 의미를 담은 "補整"이 더 적합한 것 같다. 종래 문헌에서 이들 용어를 "보상"으로 통칭한 나머지 논의전개에서 바른 이해가 저해되곤 하였다. 용어가 개념의 내포를 발현한다는 점에서, 바른 용어사용은 바른 개념형성의 출발점이다. 학문에서 첫 단추를 잘 끼우기 위해선, 부단히 용어와 개념을 실질에 맞게 切磨하여야 한다. 이상에서 시도한 새로운 용어사용에 관한 江湖諸賢의 叱正을 기대한다.

2) 이에 관한 전반적 이해로 vgl. Ossenbühl, Staatshaftungsrecht, 5.Aufl. 1998, S.213ff., 269ff.; ders., Staatshaftungsrecht, in: 50 Jahre Bundesgerichtshof. Festgabe aus der Wissenschaft, Band Ⅲ: Zivilprozess, Insolvenz, Öffentliches Recht, Karsten Schmidt(Hrsg.), 2000, S.887(904f.); Sproll, in: Detterbeck/Windthorst/Sproll, Staatshaftungsrecht, 2000, §16 Ⅰ(Rn.1-60); Durner, Grundfälle zum Staatshaftungsrecht, JuS 2005, S.900(911ff.)

3) BGH, Urteil v.5.7.1965, NJW 1965, 1907ff-Buschkrugbrücke-; Urteil v.20.12.1971, BGHZ 57, 359ff.-프랑크푸르트 지하철; Urteil v.20.3.1975, BGHZ 64, 220ff-교통경보.

4) BGH, Urteil v.25.4.1960, BGHZ 32, 208ff.-판매금지-

5) 독일 연방헌법재판소 제1원의 1981.7.14.결정(BVerfGE 58, 137ff.: 의무납본제); 1981.7.15.결정(BVerfGE 58, 300ff.:자갈채취).

6) 헌재 1998.12.24, 89헌마214, 90헌바16, 97헌바78(병합)결정.

7) 헌재 1999.10.21, 97헌바26결정.

비롯한 후속적 결정을 통해서 분리이론적 접근을 강구하였다. 이를 계기로 분리이론적 접근의 도입가능성 여부가 격렬히 논쟁되었다. 상당수 문헌들이 그것의 도입을 찬동하지만, 그에 못지않은 상당수 문헌 역시 독일과는 거리가 있는 –특히 (보상부) 공용수용 · 사용 · 제한을 규정한– 법문구조상의 차이를 들어, 그것의 도입에 반대하곤 한다.[8)]

새로운 전기가 된 독일 연방헌법재판소결정이 있은 후 4반세기나 지났음에도 불구하고, 그것의 도그마틱적 후유증은 아직 완전히 가시지 않아, 관련 여러 물음에서 여전히 의견이 분분하다.[9)] 하지만 오늘날 정보제공작용에 관한 논의현황이 독일에서 흡사 법학적 終末氷堆石의 수준이 되어 버린 것처럼,[10)] 공용개입유사적, 공용개입적 개입에 관한 독일에서의 현하의 논의 역시 어느 정도 안정기에 접어든 것도 사실이다. 이하에선 우리의 재산권보장 · 제한의 법제를 분리이론의 채용여부를 바탕으로 하여 새로이 구축하기 위한 전제로서,[11)] 재산권에 대한 이들 개입의 존속에 관한 독일에서의 현하의 논의를 살펴보고자 한다.[12)]

---

8) 이를 둘러싼 국내의 논의현황과 문헌은 정혜영, 헌법재판소의 판례를 통해 본 재산권보장의 문제점, 인권과 정의 제357호(2006.5.), 주7)를 참조하면 손쉽게 개관할 수 있다. 상대적으로 헌법학자에 비하면 행정법학자의 관심도가 낮은 편이지만, 특히 적극적 입장(정남철, 재산권의 사회적 구속과 수용의 구별에 관한 독일과 한국의 비교법적 고찰: 이른바 조정적(조절적) 보상의무 있는 내용규정의 도입가능성, 공법연구 제32집 제3호(2004.2.), 363면 이하)과 소극적 입장(정하중, 헌법상의 재산권보장체계에 있어서 경계이론과 분리이론, 서강법학연구 제5권(2003.5.), 57면 이하)이 대비된다.

9) 당대의 중심화두이어서 독일의 공법학자라면 주제에 관해 의례 나름의 견해를 표할 정도로 너무나 많은 문헌이 관련 주제를 다루고 있는 점도 그 원인이 될 법하다. 독일 연방헌법재판소의 기조에 대해서 매우 비판적인 특기할 만한 문헌도 있다. Wilhelm, Zum Enteignungsbegriff des Bundesverfassugsgerichts, JZ 2000, 905ff.

10) 김중권, 행정법기본연구Ⅰ, 2008, 469면 이하 참조.

11) 우리의 경우 일찍이 김남진 교수님의 글(재산권의 공용침해와 손실보상, 고시연구, 1982.11., 39면 이하; 수용유사 · 수용적 침해와 보상, 월간고시 1984.4)과 석종현 교수님의 글(수용유사의 침해와 수용적 침해, 고시연구 1984.1., 67면 이하)을 통해 공용개입유사적, 공용개입적 개입에 관한 독일논의가 소개되었다. 그런데 그것이 소개된 지 어언 4반세기도 지났고 다수의 문헌(신보성, 수용유사 · 수용적 침해와 보상, 월간고시, 1988.3.; 조태제, 수용유사적 침해와 수용적 침해, 부동산법학의 제문제(1992.6), 743면 이하; 정하중, 수용유사적 그리고 수용적 침해제도, 고시연구 1994.3., 88면 이하; 윤진수, 공무원에 의한 강제증여와 수용유사적 침해이론의 적용 여부, 법조 제457호(1994.10.), 158면 이하; 류지태, 수용유사침해이론의 수용가능성 검토: 독일 연방헌법재판소 제1부 판결(BVerfG, Beschluss vom 15. 7. 1981; BVerfGE 58,300ff)등, 판례연구(고려대학교 법학연구소) 제8집(1996.9.) 61면 이하; 홍준형, 수용유사침해보상의 법리와 그 수용가능성, 고시연구 1997.1, 124면 이하; 박평준, 수용유사적 침해법리의 수용문제, 고시연구 2000.4., 25면 이하; 송희성, 수용유사적 침해와 수용적 침해, 사법행정 2000.11., 11면 이하)이 있음에도 불구하고, 여전히 실무적으로 착근하여 실효적인 학문적 자산이 되지 못하였다. 생각건대 특히 공용개입유사적, 공용개입적 개입의 법적 근거의 물음(후술)은 우리로서 매우 중요하다. 왜냐하면 독일의 통설이 취하는 관습법적 근거를, 희생보상적 사고의 법전통이 없는 우리로선 원천적으로 취할 수 없기 때문이다. 따라서 이 물음이 해소되지 않은 채 우리와 독일의 법제의 異同에 의거하여 도입여부를 논하는 것은 虛妄할 따름이다.

12) 따라서 분리이론을 비롯하여 공용개입유사적, 공용개입적 개입에 관한 일반론은 생략하기로 한다. 여기선 이들 제도에 대한 전향적 논의에 초점을 집중하기 위하여, 특히 Andreas v. Arnauld, Enteignender und enteignungsgleicher Eingriff heute, VerwArch 2002, 394ff.을 바탕으로 하였음을 밝힌다.

II. 자갈채취결정 以前의 獨逸 大法院(BGH)의 判例 狀況[13)]

종전의 독일 대법원(BGH)의 판례는 공용개입개념을 더욱더 넓게 확대시켰다. 광의의 의미상의 공용개입은 재산권으로 보호받는 법적 지위의 일체의 제한을 의미하였다. 그리하여 여기서의 제한은 기본법 제14조 제1항 제2문에 의한 재산권의 사회적 구속(내용 · 한계의 결정)을 넘어서고 그래서 관련자에게는 特別犧牲(Sonderopfer)을 의미하였다. 사회적 구속과 공용개입은 서로 틈새 없이 연계된 개념적 짝에 해당하였다. 더 이상 무보상부 사회적 구속에 속하지 않는 것은 곧바로 보상부 공용개입인 셈이었고, 그 반대 역시 당연히 받아들여졌다. 여기서 특별희생이론 내지 실질적 기준이론은, 그때그때의 전환이 일어나는 境界라인을 정하는 기능을 가졌다.

광의의 공용개입개념은 다음의 세 가지 경우 상황을 포섭하였다. 첫째로 협의의 의미상의 공용개입으로서 재산권에 대한 적법한 개입, 둘째로 공용개입유사적 개입으로서 재산권의 위법한 제한, 셋째로 공용개입적 개입으로서 적법한 행정활동의 공용개입적 효과를 발생시킨 부수적 결과.[14)] 그리하여 그 개입이 위법하였으면, 그 위법성을 이유로 "특별희생"이 시인되어야 하였고, 이런 방향에서 더 이상의 심사가 불필요하였다. 다른 한편으로 특별희생이 실체적 측면에서 확인되었던 경우에는 개입의 적법성 내지 위법성의 물음은 별반 중요하지 않았다. 왜냐하면 적법성이 확인되면 적법한 공용개입의 형식으로, 반면 위법성이 확인되면 위법한 공용개입유사적 개입의 형식으로 결국 손실보상이 될 수밖에 없었기 때문이었다. BGH는 재산권에 발생한 제한과 손실보상의 필요성의 차원에서 전적으로 고찰하였기 때문에, 개입적 행위의 쟁송취소의 물음은 여전히 생기지 않았다. 그 결과 시민으로선 다음과 같이 선택권을 가졌다. 즉, 자신의 재산권에 대한 (위법한) 개입을 행정법원에 취소소송을 제기하거나, 아니면 그 개입을 수긍하되 일반법원에 손실보상을 주장할 수 있었다.

---

13) 독일의 경우 재산권적 제한을 위한 보상의 문제를 두고서, 그들 독일 연방헌법재판소(BVerfG)와 독일 대법원(BGH)은 구별된 위상과 고찰방법을 출발점으로 삼음에 따라 나름의 구별된 판단과 결론에 도달하였다. 즉, 전자는 그의 규범통제권(관할)에 따라 재산권에 대한 개입의 허용성과 그것의 기초가 된 법률의 위헌성을 심사하여야 한다. 반면 후자는 재산권에 대해 발생한 개입이 보상되어야 할지 여부와 그 보상의 정도에 관해서, 흡사 사후적으로(ex post) 재판을 행해야 한다. 이에 더해서 이들 양 법원은 구별된 전통적 노선 즉, 한편으론 헌법상의 재산권보장을, 다른 한편으론 희생보상의 사상을 견지한다. 공용개입의 분야에서 이들 법원간의 관점, 접근 등 대립은 동시에 어떻게 상이한 문제제기가 어떻게 구별된 해결책에 도달할 수 있는가를 알게 하는 학습대상이기도 하다. 이런 대립상은 오늘날에도 완전히 해소되지 않았지만, 여러 상이한 관점에서 메워지고 완화되었다. 여기선 양 법원의 판례의 전개양상을 탐문하여야 할 뿐만 아니라, 그 경위와 과정도 함께 고려하여야 비로소 복잡한 대상과 사안이 바르게 개관되고 파악될 수 있다. 이하는 Maurer, Allg. VerwR, §27 Rn.12ff.를 요약한 것이다.

14) Vgl. BGHZ 99, 24, 27.

Ⅲ. 獨逸 聯邦憲法裁判所의 判例 態度

독일 연방헌법재판소(이하 '연방헌법재판소' 라 함)는 비교적 늦게 헌법상의 재산권보장과 공용개입을 다루었다.[15] BGH 및 동 법원을 따른 문헌과 결별한 연방헌법재판소의 구상은, 1981.7.14.자 소위 의무납본제에 관한 결정[16]과 1981.7.15.자 소위 자갈채취에 관한 결정을[17] 시발점으로 하여, -특히 보전의무부 내용결정을 정립하여 재산권의 내용·한계결정을 嚮導한- 1999.3.2.자 소위 史蹟保護에 관한 결정을[18] 통해서 다

15) 그렇지만 출범당시부터 가령 동시조항에 관해서(BVerfGE 4, 219), 공용개입개념에 관해서(BVerfGE 24, 367) 나름 인식이 존재하였다. 그러나 이들에 대해서, 문헌과 판례는 원칙적인 의의의 차원에서 고려하지 않았거니와 그다지 충분하지 않게 고려하였다고 한다.

16) BVerfGE 58, 137ff. 사안의 내용은 다음과 같다. 헤센주출판법 제9조와 그 시행령에 의하면, 출판자는 인쇄물 한부를 무상으로 주의 중앙도서관에 납본할 의무를 진다. 의무납본제를 통해서 보장되는 점은 모든 출판물이 한 곳에서 수합되고 열람될 수 있다는 것이다. 한 출판자가 납본의무제에 대해서 행정법원에 소송을 제기하였다. 그는 막대한 비용을 들여 적은 부수의 귀중본을 제작하였는데, 납본의무로 인해 특별한 방법으로 피해를 입었다고 주장하였다. 행정법원이 제청한 사안에서 연방헌법재판소는 다음과 같이 판시하였다: "납본의무제는 결코 공용개입(공용개입)이 아니며, 내용결정으로 평가될 수 있으되, 원칙적으로 기본법 제14조 제1항과 합치한다. 하지만 막대한 비용을 들여 적은 부수로 제작되었던 인쇄물을 무상으로 납본할 의무는 비례적이지 않으며 평등에 반하는 부담에 해당하고, 이에 더 이상 기본법 제14조 제1항에 의해 커버되지 않는다. 의무납본규율이 납본의무를 '예외없이 무상으로' 규정하는 한, 그 의무납본규율은 위헌이다." 그리하여 이 의무납본제결정은 무보상부 내용결정과 손실보상(의무)부 공용개입간의 엄격한 이분도식을 완화하고 상대화하였다. 연방헌법재판소가 이 판례로써 새로운 법제도를 창설하려고 하였는지 여부에 대해 의문을 표하는 문헌도 있지만(Vgl. Papier, in: Maunz/Dürig, Grundgesetz Kommentar(Stand:39. Lieferung, Juli 2001), Rn.338 zu Art.14; Maurer, Allg. VerwR, §27 Rn.32f.). 다수 문헌은 그에 찬동하여 이로부터 "보전의무부 내용결정"을 새로운 법제도로서 전개하였다. 이에 동조함과 아울러 보전의 요건까지 명확히 하고 제한한 것이 1999년의 史蹟保護에 관한 결정이다.

17) BVerfGE 58, 300ff. 사안의 내용은 다음과 같다. 원고는 자신의 토지에서 자갈채취를 영업으로 하는데, 그 채취를 계속하기 위해 필요한 하천법상의 허가가 거부되었다. 이유인 즉, 해당 토지가 상수도급수시설의 보호영역에 위치하고, 지하수가 오염될 우려가 있다는 것이었다. 원고는 이에 행정심판을 제기하였으나 효과가 없었다. 그는 행정소송을 도모하지 않았다. 대신 BGH의 종전의 판례결정에 의거하여 공용개입적 개입을 이유로 한 손실보상을 요구하였다. BGH는 사안을 기본법 제100조 제1항에 따라 연방헌법재판소에 위헌법률심사제청을 하였다. 왜냐하면 BGH는 -1976년에 새로 시행된 하천관리법(WHG) 제1조a 제3항에 의해- 지하수이용을 재산권보장으로부터 무보상으로 배제시키는 것을 위헌이라 여겼기 때문이다(BGH NJW 1978, 2290). 이에 연방헌법재판소는 이런 제청의 허용성의 심사를, BGH의 공용개입판례를 강하게 비판하고 부인하는 계기로 삼았다. 여기서 연방헌법재판소는 公用介入法的 측면에서 다음과 같이 판시하였다: 행정적 공용개입은 기본법 제14조 제3항 2문에 의해서 그것이 법률에 의거할 수 있고, 이 법률이 동시에 손실보상의 종류와 범위를 규율한 경우에만 허용된다. 보상규율이 없으면, 공용개입의 법률은 위헌이고, 이에 의거한 공용개입적인 조치는 위법이다. 관련자는 이 경우 법률상의 보상규율이 없기 때문에 공용개입의 손실보상을 요구할 수 없다. 대신 행정법원에 공용개입적 행위의 폐지에 관해 소송을 제기하여야 한다. 그가 이 공용개입적 행위에 대해 불가쟁력이 발생하도록 하면, 손실보상소송은 거부된다. 쟁송취소와 손실보상 간에 선택권은 존재하지 않는다. 이에 기본법 제14조 제3항 제4문에 따라서 일반법원은 법률상 규정된 손실보상이 제공되었는지 여부에 관한 재판에 국한된다. 동법원은 법률상의 근거가 없는 공용개입상의 손실보상을 판시할 수 없다.

18) BVerGE 100, 226ff. 사안의 내용은 다음과 같다. 원고가 19세기 말엽의 고급저택(Villa)을 소유하였다. 그 건물은 2차대전이 종전되기 전에는 주택으로, 그 이후엔 영업상으로 사용되었다. 1981년 이래로 그 건물은 쓸 수가 없어서 비어 있었다. 그 건물을 팔려고 시도하였지만 허사였다. 건물철거에 대한 원고의 신청에 대해서, 史蹟保護廳은 1983년 해당 대지를 정식으로 보호구역에 편입시켰다. 이런 보호설정에 대해 소를 제기하였지만 효과를 얻지 못하였다. 史蹟保護廳은 라인란트팔쯔의 州법률인 史蹟保護育成法(RhPfDSchPflG) 제13조 제1항에 의거한 건물철거허가의 발급 역시 특별결정으로써 거부하였다. 이에 원고는 1심 지방행정법원에 철거허가의 발급에 관한 의무이

음과 같이 정립되었다.[19)]

i) 연방헌법재판소는 BGH보다 더 한층 좁은 공용개입개념을 주장한다. BGH의 견해에 의하면 재산권의 일체의 직접적인 제한이 사회적 구속을 넘어서 공용개입을 의미하는 반면에, 독일 연방헌법재판소는 재산적 가치있는 법적 지위의 박탈(Entzug)을 결정적인 기준으로 강조한다. 이에 따라 일정한 공적 과제를 수행하기 위하여 의욕된 고권적 법적 행위에 의해서 기본법 제14조 제1항 제1문상의 재산적 가치 있는 법적 지위를 완전히 또는 부분적으로 박탈하는 것(만)이, 공용개입에 해당한다. 그리하여 결정적인 규준이 되는 것은 개입의 형식과 목적지향이지, 강도나 성질이 아니다. 연방헌법재판소의 이런 협의의, 형식적인(formal) 공용개입 개념으로 인해, 일정한 조치가 공용개입적 성격을 갖는지 또는 갖지 않는지 여부는 개입발생이후에 비로소 확인하는 것이 아니라, 처음부터 확인할 수 있다.[20)]

ii) 기본법 제14조 제3항상의 공용개입과 동조 제1항 제2문상의 재산권의 내용·한계의 결정(Inhalts- und Schrankbestimmung des Eigentums)은 개념상으로 엄격히 구분한다. 재산권은 법제도로서 법률적 형성을 필요로 한다. 따라서 입법자가 일반적 추상적 규율에 의해서 대체적으로 상세하게 무엇이 헌법상으로 보호받는 재산권에 속하는지를 결정하여야 한다. 하지만 이 때 입법자는 자유롭지 않다. 한편으론 기본법 제14조 제1항에서의 사유재산권의 원칙적인 인정과, 다른 한편으론 동조 제2항의 사

행소송을 제기하였다. 항소법원인 OVG Koblenz는 동 규정으로 인해 재산권자의 私益 고려가 저지된다고 보았다. 즉, 동법원은 "그렇게 조성된 부담이 해당 조치가 공용개입일 정도로 중대하다", "손실보상의 충분한 규율이 결여되어 해당 조치는 위헌이다", "동법 제31조 제1항 제2문의 包括救濟的(salvatorisch) 보상조항은 기본법 제14조 제3항 제2문의 요청을 충족하지 못한다"고 판시하였다. 이에 동법원은 연방헌법재판소에 사적보호육성법 제13조 제1항 제2문에 관한 위헌법률심사를 제청하였다. 독일 연방헌법재판소에 의하면, 재산권의 법률적 내용·한계결정이 재산권자에게 과도하게 부담을 지우면 반드시 조치를 통해서 저지하거나 보전하여야 하되, 그런 補整的 조치가 없을 땐 해당 법률규정은 위헌이 되어 버린다. 여기서 재정적 보전은 최후의 수단이며, -면제규정이나 경과규정과 같은- 재산권의 현존상태에 이바지하는 다른 보정적 조치가 우선이다. 재정적 보전은 반드시 입법자에 의해 규율되어야 하고, 법관법적 손실보상제도로부터의 손실보상은 배제된다. 包括救濟的 보상조항의 경우, 입법자가 존속보호의 우선적 확정과 충분한 절차보장 등과 같은 요청을 충족하면 문제없이 허용된다. 이 史蹟保護決定은 무엇보다도 보전의무부 내용결정(ausgleichspflichtige Inhaltsbestimmung)의 존재를 연방헌법재판소판례의 차원에서 확인하여 기본권적으로 필요한 보전이 개입의 적법성을 위한 조건이 되게 함으로써, 재산권법제에 새로운 전기를 제공하였다. 이에 관한 문헌으로 vgl. Külpmann, Der Schutz des Eigentumsbestandes durch Art.14 I GG-BVerfGE 100, 226, JuS 2000, 646ff.; Papier, Die Weiterentwicklung der Rechtsprechung zur Eigentumsgarantie des Art.14 GG, DVBl. 2000, 1398ff.

19) 이하는 Maurer, Allg. VerwR, §27 Rn.27ff.를 요약, 첨언한 것인데, 지면 관계상 재산권의 내용·한계결정에 관한 상론은 다른 지면에서 할 예정이다.

20) 이런 공용개입개념에 관해선 이미 연방헌법재판소가 그 이전에도 모색한 바가 있었는데(BVerfGE 24, 367, 394; 42, 263, 299; 52, 1, 27), 자갈채취결정으로 확고하게 굳어졌다(BVerfGE 66, 248, 257; 70, 191, 199f.; 72, 66, 76; 74, 264, 280; 79, 174, 191; 83, 201, 211;100, 226, 239f.) 그리하여 이제는 연방행정법원은 물론 BGH 역시 이를 따른다(BVerwGE 77, 295, 297f.; 81, 329, 340; 84, 361, 366; 87, 241, 243; 94, 279, 283; BGHZ 99, 24, 28f.; 120, 38, 42).

회적 구속 및 비례원칙, 신뢰보호원칙, 평등원칙, 재산권의 본질적 내용(기본법 제19조 제2항)을 고려하여야 한다. 객관적 법의 차원에서 일반적 추상적 규율에 의해서 행해진 내용결정이 우선적(제1차적)이고, 이에 의해서 비로소 구체적이고 주관적인 재산권적 권리가 성립하게 된다.

여기서 입법자로선, 재산권적 효과(결과)를 숙고하고, 또한 價値低下를 사적 효용과 사회적 구속간의 비례적인 균형(조절, 보전: Ausgleich)을 조성하는 범위에서 고려해야 한다. 재산권의 내용 · 한계결정이 비례원칙에 반하여 과도하게 재산권자에게 부담을 지우면,[21] 그 내용 · 한계결정은 보전조치의 마련을 조건으로 하여 합헌이다(즉, 보전의무부 내용결정: ausgleichspflichtige Inhaltsbestimmung). 재정적인 보전급부에 앞서 다른 보전조치(경과규정, 대체수단의 제공)가 앞선다. 비례원칙에 부합한 보전규율의 부재는 당해 법률을 위헌으로 만든다. 그런데 재산권영역에서 보전의무부 내용결정과 -공용개입유사적, 공용개입적 개입으로부터의- 희생보상 사이에는, 대상의 동등성이 확인되어야 하기에, 양자에선 -결코 공용개입에 해당하지 않는- 재산권현존상태(Eigentumsbestand)의 제한에서의 재산권적 가치의 유지가 관건이 된다. 연방헌법재판소는 법률적 내용결정의 경우 비례성의 조성(형성)은 우선적으론 현재상태를 유지하는 규율을 통해서, 그 다음에는 가치배상(Wertersatzleistung)을 통해서 실현되어야 할 것이라고 강조하였다.[22] 따라서 양자간에 일종의 유사점이 분명히 존재한다.

iii) 내용결정적 법률상의 규정은, 비록 그것이 헌법적 한계를 일탈한다 하더라도, 그 법적 성격에 비추어 기본법 제14조 제1항 제2문상의 규율인 점에 변함이 없다. 그런 법규정은 공용개입의 규범으로 轉化되지 않고, 위헌이며 무효이다. 그리고 그런 법규정에 의거한 조치는 결코 손실보상(의무)부 공용개입에 해당하는 것이 아니라, 위헌이며 무효인 법률에 바탕을 두어서 그 자체 위법한 행위에 해당한다. 이런 행위는 우선적 보호(제1차적 보호, Primärrechtschutz)의 방법으로 쟁송취소와 폐지될 수 있다. 그리하여 -사회적 구속을 넘어서 존재하는 재산권에 대한 모든 개입은 공용개입으로 평가되어야 한다는- 종래 BGH의 주장은 그 근거를 상실하였다.[23]

---

21) 그런데 예전에 공용개입인정에서 요구된 강도가 오늘날엔 과잉금지의 심사의 범주에서 중요한 역할을 하기에, 폐기된 BGH의 광의의 공용개입개념이 소생하는 셈이 된다고 할 법하다.

22) Vgl. BVerGE 100, 226(245f.).

23) 이처럼 위헌적인 내용결정은 -합헌적인 내용결정과 (적법한)공용개입과 나란히- 제3의 범주를 형성한다. 그 결과 Maurer, Allg. VerwR, §27 Rn.29. 는, 독일의 재산권적 개입을 다음처럼 네 가지 경우로 나눈다: i) (합헌인) 내용결정적 법률에 근거한 재산권적 개입-그 개입은 적법하고 손실보상 없이 받아들여져야 한다- ii) 위헌인 내용결정적 법률에 근거한 재산권적 개입-그 개입은 위법이되, 관련인은 공용개입상의 손실보상을 구할 수 없고, 우선 방어적 대응(개입행위에 대한 취소소송)을 하여야 한다. 다른 규정이나 원칙에 따른 손실보상은 보충적으로 고려된다- iii) 기본법 제14조 제3항의 요청에 부합하는 법률에 근거한 재산권적 개입-공용개입- iv) 위헌인 공용개입적 법률에 근거한 재산권적 개입-그 개입은 마찬가지로 위법이고 쟁송가능하며, 공용개입상의 손실보상은 배

ⅳ) 기본법 제100조 제1항에 의해 연방헌법재판소가 위헌법률에 관하여 배타적으로 배척권한을 갖는다는 점이 역시 중요하다. 일반법원으로선, (형식적이고 입헌주의이후의) 법률이 기본법 제14조 제1항 제2문의 위반이나 동조 제3항의 위반, 특히 동항의 동시조항(부대조항, Junktimklausel)의 위반으로 위헌이고 무효라 여길 경우, 기본법 제14조 제3항에 직접 의거하여 손실보상을 제공하여선 아니 되고, 대신 종국재판을 위해 연방헌법재판소에 기본법 제100조 제1항에 따른 합헌성물음을 제청하여야 한다. 즉, 연방헌법재판소의 규범배제독점으로 인해, "보전(조절)의 물음"이 입법자의 관할로 들어오는 한에 있어서, 민사법원으로선, 손실보상을 선언할 권한으로부터 배제되어 버린다.

ⅴ) 관련자는 종전과 같은, 위법한 개입의 쟁송취소와 손실보상의 요구간에 선택권을 갖지 않는다. 즉, 그 재산권적 개입이 위법하면, 관련자는 취소소송을 제기하여야 하고, 이 경우에 손실보상청구권은 성립하지 않는다. 결국 보충적 권리보호(제2차적 권리보호)에 대해 우선적(제1차적) 권리보호의 우위가 통용된다.

그런데 자갈채취결정 자체는 몇 가지 원칙적인 주제(내용결정과 공용개입간의 엄격한 분리, 형식적 공용개입개념, 소위 선택권의 배제)만을 언급하였지, 그 이상을 언급하지 않았다.[24] 더군다나 BGH와 문헌상의 종전의 개념과의 결연한 구분을 애써 하지 않았다. 즉, 공용개입유사적 개입은 물론 공용개입적 개입에 대해서 아무런 입장을 표명하지 않았다.[25] 도리어 연방헌법재판소는 -비록 傍論이지만- "공용개입유사적 개입으로부터의 청구권"을 언급함으로써, 이를 간접적으로 인정하는 듯하다.[26] 심지어 공용개입적 개입으로부터의 청구권과[27] 공용개입유사적 개입으로부터의 청구권의[28] 거부가 다투어진 헌법소원사건에서, 연방헌법재판소는 양 법제도의 합헌성을 원칙적으로 문제 삼지 않았다. 이런 연방헌법재판소의 태도에 비추어, 공용개입유사적, 공용개입적 개입의 법제도가 가능할 수 있을 뿐만 아니라, 보전(조절)의무부 내용결정의 법형상 역시 이들과 원칙적으로 배치되지 않는다고 여겨진다.

제된다. 비록 기본법 제14조 제3항 제2문의 차단효로 인해 극히 좁은 범위긴 해도 다른 법규정이나 원칙에 따른 손실보상이 고려된다. 여기서 ⅱ)와 ⅳ)는 본래 공용개입유사적 개입의 상황이지만, 1차적 권리구제의 우위의 견지에서 그 전개양상은 종전의 공용개입유사적 개입의 경우와는 사뭇 다르다. 또한 여기선 공용개입적 개입과 같은 재산권개입의 양태는 일단 제외하고 있다.

24) 그리하여 전체적으로 종전의 공용개입판례와의 놀라운 유사점이 나타난다고 지적된다. v. Arnauld, a.a.O., S.394(405).

25) 이런 지적으로 Nüßgens/Boujong, Eigentum, Sozialbindung, Enteignung, 1987, Rn.429, 451; Ossenbühl, Staatshaftungsrecht, S.223f.

26) Vgl. BVerfGE 61, 149, 203; BVerfG-K NJW 1992, 36, 37.

27) BVerfG, Beschluss v.26.5.1998, NJW 1998, 3264f.-산림훼손.

28) BVerfG, Beschluss v.2.12.1999, NJW 2000, 1402-엘베교외에서의 빌라.

Ⅳ. 狀況變化에 대한 文獻과 獨逸 大法院의 對應에 관한 槪觀[29)]

연방헌법재판소의 자갈채취결정이 출현하였을 때, 지배적인 견해는 이젠 공용개입이 심대하게 제한될 뿐만 아니라, 공용개입유사적, 공용개입적 개입 역시 더 이상 견지될 수 없는 즉, 낡아빠진 것이 되어 버렸다고 보았다.[30)] 하지만 곧바로 좀더 차분하게 고찰하여, 이들과 관련한 기왕의 체제에 확실한 변화가 필요하지만, 이들 법제도를 완전히 폐기할 필요까진 없다는 인식이 관철되었다.[31)] 요컨대 자갈채취결정 등의 등장 초기의 지배적인 입장은 대개 그 논거가 빈약할 뿐만 아니라, 잠정적인 성격을 지니는데 불과하였다. 이 점은 그 논지가 초기이후에도 계속 이어지지 않고 있다는 사실에서도 확인된다. 사실 초기문헌상으로 추정과 추측을 위한 여지가 매우 많았기에, 문헌상으로 매우 상이한 견해가 주장되고, 매우 상이한 예측이 행해졌던 것이, 그다지 놀라운 일은 아니다.

BGH는 연방헌법재판소의 협의의 공용개입개념을 받아들였지만, 동시에 공용개입유사적, 공용개입적 개입을 존속시켰다.[32)] 역설적으로 협의의 공용개입개념 자체가 이런 (재산권적 개입으로부터의) 청구권적 근거를 위한 자유여지를 제공하는 셈이다. 이유인 즉, 협의의 공용개입개념은 의도적인 법적 행위에 국한하기 때문에, -개념정의상으론 비의도적 사실행위만을 포섭하는- 공용개입적 개입과의 충돌가능성은 전체적으로 배제되며, -의도적 법적 행위만이 해당하진 않는- 공용개입유사적 개입과의 충돌가능성 역시 적어도 부분적으로 배제된다. 다만 BGH는 공용개입유사적, 공용개입적 개입으로 인한 손실보상청구권을, 더 이상 기본법 제14조가 아니라, -법관법으로 형성된- 프로이센일반주법총칙 제74조와 제75조상 “일반적인 희생보상의 사고”에 자리매김하였다. 한편 BGH가 쟁송취소와 보상청구간의 선택권을 폐지하긴 하였지만, 그렇다고 하여 공용개입유사적 개입으로 인한 손실보상청구권이 일반적으로 소멸되진 않았고, 재산권적 개입행위에 대한 행정소송상의 권리구제가 가능하고 기대가능한

29) 공용개입유사적, 공용개입적 개입의 존속여부의 물음은 뒤에서 상론한다.

30) Scholz, Identitätsprobleme der verfassungsrechtlichen Eigentumsgarantie, NVwZ 1982, 347ff.; Dolde, Die Entwicklung des öffentlichen Baurechts 1981, NJW 1982, 1796ff.; Schröder, Wiederbelebungsversuche des enteignungsgleichen Eingriffs, NJW 1984, 1864ff.

31) 특히 Ossenbühl, Abschied vom enteignungsgleichen Eingriff?, NJW 1983, 1ff.; Papier, Zum Schicksal des enteignungsgleichen Eingriffs, NVwZ 1983, 258ff.; Hendler, Zur bundesverfassungsgerichtlichen Konzeption der grundgesetzlichen Eigentumsgarantie, DVBI. 1983, 873ff.; J. Ipsen, Enteignung, enteignungsgleiche Eingriff und Staatshaftung, DVBl. 1983, 1029ff.

32) 공용개입유사적 개입에 대해선 BGHZ 90, 17, 29ff.-모래채굴; 공용개입적 개입에 대해선 BGHZ 91, 20, 27f.-폐수처리장에 의한 임미치온.

경우에만 후위에 선다. 나아가 BGH는 우선적(1차적) 권리보호의 우위를 민법 제254조상의 공동책임의 관점을 통해서 실현시키고 있다.

요컨대 자갈채취결정 등에서 비롯된 후속물음은, i) 법적 지위에 관한 부분적인 박탈로서의 공용개입이 이용제한까지도 포함하는지 여부와 그 정도, ii) 소위 입법적 공용개입 개념이 무엇을 의미하는지, iii) 선택권의 배제가 얼마나 엄격히 다루어져야 하는지, iv) 보전의무부 내용결정을 위하여 어떤 요건이 존재하는지, v) 소위 包括救濟的(salvatorisch) 보상규정은 과연 어떻게 되는지와 관련한 것이다.

V. 公用介入類似的, 公用介入的 介入 認定의 法的 根據[33]

1. 慣習法的 接近의 立場(通說的 立場)

연방헌법재판소의 자갈채취결정이 정립한 엄격한 공용개입 개념은, 공용개입유사적, 공용개입적 개입의 법적 근거로서 기본법 제14조 제3항을 단지 유추적으로 원용하는 것을 확고하게 저지하였다. 그렇지만 이상과 같이 1984년 BGH가 일반주법지침상의 제74조와 제75조상으로 구체화된 (법관법으로서의) 희생보상적 사고(Aufopferungsgedanken)에서 접근을 한 이래로,[34] 오늘날 독일의 통설은 공용개입유사적, 공용개입적 개입의 법적 근거를 관습법에 두고 있다.[35] 가령 대표적으로 Ossenbühl는[36] "그럼으로써 실증법적 규율의 엉터리(고물)가 정리되고 불필요하게 되었으며, 기본법 제14조의 도그마틱으로부터의 분리가 관철되었다"고 서술함으로써 관습법에로의 방향선회를 이를테면 王道로 여겼다. "일반적인 희생보상청구권"을 동원하는 입장이, 일반적인 희생보상청구권이 손실보상법 영역에서의 모든 손실보상청구권의 根源에 해

33) 이하에선 공용개입유사적, 공용개입적 개입의 논의를 새롭게 전개하기 위한 전초를 구축하기 위하여, 독일의 통설과 반대되는 입장을 글의 기조로 삼아 전개하고자 한다.

34) BGHZ 90, 17, 29ff.; 91, 20, 27f. 同旨: Lege, Enteignung und "Enteignung", NJW 1990, S.864(869); W.-R. Schenke, Staatshaftung und Aufopferung-Der Anwendungsbereich des Aufopferungsanspruch, NJW 1991, S.1777(1778ff.); Scherzberg, Die Subsidiarität des enteignungsgleicher Eingriff, DVBl. 1991, S.84(88f.). 그럼으로써 BGH는 손실보상의 역사적 출발점으로 회귀한 셈이다. 하지만 여기서 주목해야 할 점은, 본래 희생보상청구권은 적법한 개입만을 포착하였는데, 바이마르시대에 -비록 극히 한정적일 망정- 위법한 개입까지 확대되었다.

35) J. Ipsen, a.a.O., S.1029(1036f., 하지만 그는 주관습법의 마련에 연방법원이 관여한 점에 대해선 비판적이다); Ossenbühl, Saatshaftungsrecht, S.214, 227; Papier, in: Maunz/Dürig(Hrsg.), Grundgesetz, Kommentar (Stand:39. Lieferung, Juli 2001), Rn.722 zu Art. 14 m.w.N. in Fußn.1850; Bender, Kein Abschied vom enteignungsgleichen Eingriff, VBlBW 1984, S.225(226); Pieroth/Schlink, Staatsrecht Ⅱ, Grundrecht, 16.Aufl. 2000, Rn.948. 유의할 점은 이런 입장이 BGH의 입장과 모순되지 않는다. 왜냐하면 희생보상청구권 역시 관습법적으로 존속하기 때문이다.

36) Ossenbühl, Staatshaftungsrecht, S.225f. 하지만 그는 다른 지면에선 BGH의 판례가 원래 기본법 제14조를 목표로 하는 것에 가깝다고 지적한다(ders., Staatshaftungsrecht, in: 50 Jahre Bundesgerichtshof. Festgabe, S.887(903)).

당하는 한에 있어선, 나름대로 정당할지 모른다. 하지만 후술하는 바대로, 재산권법제의 출발점인 기본법 제14조를 絕緣시킨 점이 공박된다.

2. 獨逸 基本法 제14조 제1항(및 제3조 제1항)에서 구하는 立場[37)]

통설에 반대하는 소수설적 입장에선, 관습법이 법의 고차적 생존상태가 결코 아닌 점에서, 취약한 위상을 갖는 관습법을 법적 근거로 삼는 데 대해서 문제를 제기한다. 아울러 과연 공용개입유사적, 공용개입적 개입의 법제도를 기본권적 재산권보호의 도그마틱으로부터 그렇게 완전히 분리 · 고찰하는 통설적 접근의 利點이 어디에 있는지 강한 疑懼心을 표명한다. 또한 연방헌법재판소의 기왕의 입장에 따른 기본법 제14조의 의미 역시 이들 양 법제도와 배치되진 않는다고 본다. 그리하여 이 입장에선, 관습법을 원용할 필요도 없이, 기본권적 보장언명을 통해서도 양 법제도를 자리매김할 수 있다고 본다. 이를 뒷받침하기 위한 결정적인 조건이, 기본법 제14조 제3항상의 명시적인 공용개입의 경우를 넘어서 기본법 제14조 제1항에 의한 재산권적 가치의 보장(Schutz des Eigentumswertes)을 받아들이는 것이다.[38)]

재산권적 가치의 보장의 인정은, 구체적인 재산권의 대상과 그것들에 보충적으로 "소생하는" 내재적인 가치와 전적으로 관련을 갖는다.[39)] 그래서 이 입장은 공용개입유사적 개입의 경우에 그 도출은 오로지 재산권적 가치의 보장을 통해서 이루어질 수 있다고 본다. 논거로, 구체적인 재산권적 지위의 내재적 가치라 하더라도, 그것이 재산권적 실체나 재산권의 사용가능성에 손상(훼손)을 끼친 위법한 조치에 의해 무보상부로 박탈되어선 아니 되기 때문이라고 한다. 공용개입적 개입의 경우엔 그것이 특별희생의 존재를 목표로 하여 궁극적으로 평등대우가 문제된다. 비록 개개인이 자신의 재산권의 제한을 수인할 수밖에 없다 하더라도, -재산권적 가치가 특히 감소되는 데

---

37) Maurer, Allg. VerwR, §27 Rn.87; ders., Der enteignende Eingriff und die ausgleichspflichtige Inhaltsbestimmung des Eigentum, DVBI. 1991, S.781(784 bei Fußn.28); Götz, Anmerkung zu BGH, Urteil vom 26. 1. 1984(BGHZ 90,17ff.=DVBI. 1984, 391ff.-Sandabbau), DVBl. 1984, S.395(396); Ehlers, Eigentumsschutz, Sozialbindung und Enteignung bei der Nutzung von Boden und Umwelt, VVDStRL 51(1992), S.211(243); Arnauld, a.a.O., S.394(395ff.). 한편 B. Grzeszick는 "BGH의 견해에 의하면, 공용개입유사적 개입으로부터의 청구권은 기본법 제14조 제1항의 재산권보장의 일반적 방어권적 요체와 부담공평원칙과의 결합에 바탕을 둔다"고 기술함으로써, 양 입장을 중화시킨 듯한 주장을 편다. Ders., in: Erichsen/Ehlers(Hrsg.) Allg. VerwR, 13.Aufl., 2005, §44 Rn.66, 86.

38) 기본법 제14조 제1항에 의한 보장요체의 구성요소로서의 재산권적 가치의 보장에 관해선 vgl. Friauf, Eigentumsgarantie und Steuerrecht, DÖV 1980, S.480(488); Axer, Primär- und Sekundärrechtsschutz im öffentlichen Recht, DVBI. 2001, S.1322(1327f.). 기본법 제14조 제3항의 보장을 초과한 재산(권)가치의 보장에 관한 반대의 입장으로 Schoch, Rechtliche Konsequenzen der neuen Eigentumsdogmatik für die Entschädigungsrechtsprechung des BGH, in: FS für Karlheinz Boujong, 1996, S.655(658ff.).

39) 재산권적 가치의 보장과 구별하여야 할 것이 전체로서의 재산가치의 보호의 물음인데, 이들 물음은 대개 서로 뒤섞여 있다(Friauf, a.a.O., S.480(488)).

대한 상당한 배상(대상)이 행해지지 않는 한- 그 자신이 다른 이와 구별되게 "특별희생"을 질 수밖에 없다는 것은. 기본법 제14조 제1항상의 재산권적 가치의 보장과 결합하여 기본법 제3조 제1항과 일치하지 않을 것이라고 주장한다.

요컨대 이 입장은 공용개입유사적, 공용개입적 개입의 법제도를 기본법 제14조 제1항에 의한 보장의 요체가 표현된 것으로 보거니와, 특히 공용개입적 개입과 관련해선 우선적으로 기본법 제3조 제1항에 근거를 둔다. 이런 입장에 의하면, 관습법을 내세운데서 비롯된 후속효과인 헌법과의 遊離가 초래될 소지나 그 필연성은 애초에 존재하지 않는다. 더욱이 이들 법제도가 헌법적 근원으로부터 독립된 것이라는 지적에 대해서도 동의될 수가 없다.[40] 한편 F. Schoch 역시 기본법 제14조와의 분리가 사실상으로 실행되는 데 대해서 의문을 제기하였다.[41]

(통설과 대비하여) 이런 착안점이 갖는 도그마틱적 利點으로선, 재산권적 희생을 더 이상 기본법과 인위적으로 분리시키지 않는다는 것이다. 또한 내재적 가치가 보호되지 않는 재산권의 기본권적 보호라는 거의 설득력 없는 사고 역시 폐기된다. 더불어 기본권적 원칙과 예외의 모델에로의 편입은 법치국가원리적으로 바람직한 방법으로 공론화된 논증의무와 그리하여 국가적 이유제시의무의 적용범위를 확대시킨다고 한다.[42] 한편 이처럼 공용개입유사적, 공용개입적 개입을 기본법 제14조 제1항에 자리매김할 때, 독일의 법전통인, 헌법 · 행정법과 (민사특별법인) 국가책임법의 전통적인 分化가 견지될 수 있을지 의문이 제기될 수 있다. 하지만 비록 국가책임법의 개개의 사항이 개별법의 범주에 머물지만 그 자체는 기본법적 토대에 서 있다는 점에서, 기왕의 분화전통에는 변함이 없다.[43] 더욱이 헌법과 행정법으로선 조치의 적법성의 물음이 중요하고, 반면 국가책임법은 (조치의 위법성이나 적법성이 이미 밝혀진 다음에) 2차적 차원에 자리한 보상효과를 다룬다는 점에서, 앞으로도 헌법적 관점, 행정법적 관점 그리고 국가책임법적 관점은 구분된다 하겠다.[44]

---

40) 또한 설령 궁극적으로 국가적 손실보상의무로 귀착된다 하더라도, 이 점이 공용개입유사적, 공용개입적 개입과 기본법 제14조는 아무런 연결점이 존재하지 않는다는 것을 의미하진 않는다(v. Arnauld, a.a.O., S.394(397, 401). 이런 연결(연계)은 재산권적 가치의 보장을 통해서 매개되는데, 재산권의 현존이나 효용에 대한 개입이 법적, 사실적으로 비가역적일 때, 비로소 이 보장은 그 영향을 발휘한다.

41) ders., Die Haftungsinstitute des enteignungsgleichen und enteignenden Eingriffs im System des Staatshaftungsrechts, Jura 1989, S.529(534f.). 그런데 불법책임을 위해선 기본권적 자리매김이외에 (기본법 제1조 제3항, 제20조 제3항, 제4항으로부터의) 객관법적 토대도 참조하도록 지시하였던 Schoch 역시 공용개입유사적 개입과 관련해선, 소수설의 입장에 동조하였다. Ders., Enteignungsgleiche und enteignende Eingriff nach der Naßauskiesungs-Entscheidung, JuS 1985, S.184(185f.). 한편 Jarass, in: Jarass/Pieroth, Grundgesetz, Kommentar, 8. Aufl. 2006, Rn.56 Zu14 는, 공용개입적, 공용개입유사적 개입이 핵심에선 기본법 제14조 제1항 제2항에 의해 마련되었다고 기술한다.

42) 이유제시의무의 기본적 이해에 관해선 J. Lücke, Begrüdungszwang und Verfassung, 1987.

43) 그렇지만 이런 分化는 보전의무부 내용결정이 도입됨으로써 변화를 겪었다.

44) v. Arnauld, a.a.O., S.394(398f).

3. 少數說的 立場에 따른 後續論議

(1) 존속보호의 문제

이상과 같이 재산권적 가치보장을 출발점을 삼으면, 일견 연방헌법재판소판례가 취한 존속보호의 우위와 충돌하는 것으로 여겨진다. 하지만 기본권적 가치보장은 -개인의 재산적 가치 있는 법적 지위에도 존재하는- 재산권의 본질에도 일치할 수 있을 것이다. 존속보호(Bestandsschutz)는 항상 동시에 가치보호(Wertschutz)이기도 하다. (협의의) 존속보호가 상위의 이익을 위하여 후퇴하여야 하거나 非可逆的으로 훼손되는 곳에선, 가치보호가 전면에 나선다. 그런 식 인정은 적어도 보전(조절)의무부(ausgleichspflichtig) 내용결정(Inhaltsbestimmung)에 관한 독일 연방헌법재판소의 판례에 바탕을 둘 수 있다.[45] 왜냐하면 -비록 보충적으로 고려된다 하더라도- 가치보전(조절)의 경우, 기본법 제14조 제1항에 의한 재산권적 가치의 보장에 귀착시키지 않고선, 설령 비례성심사의 범주라 하여도, 그것을 성립시킬 수가 없기 때문이다. 보전의무부 내용결정에 관한 재판은, 여태 재산권의 내용·한계를 결정하는 것의 범주에서의 입법자의 행위만을 다루었다. 그래서 재산권의 현존에 관한 행정적 개입에 대해서도 재산권적 가치가 왜 보충적 보호를 향유하지 않아야 하는지, 분명히 아무런 근거가 없다. 국가의 법률적용기관은 법률만이 아니라, 헌법에도 구속된다. 따라서 입법자가 유의해야 할 가치보장을 (기본법 제14조 제1항 제1문상의 제도로서) 재산권의 헌법적 효력을 갖는 보장으로부터 도출하면, 이런 보장은 기본법 제1조 제3항에 따라 다른 권력도 구속한다.

요컨대 재산권적 가치의 代償(Ersatz)은 재산권적 존속보장의 후속효과에 준하지만, 이런 補整的인(kompensatorisch) 목표방향은 결코 공용개입유사적, 공용개입적 개입의 특별성을 나타내지 않고, 공법적 배상법을 위한 전형에 해당한다. 그리하여 공용개입유사적, 공용개입적 개입은, 補整을 목표로 한 2차적 차원에 분명히 귀속되어야 하며, 그것 자체가 1차적 차원을 결코 운위하지 않는다. 그런 개입으로 인한 손실보상은 흡사 재산권보호의 제3의 단계에 해당한다. 즉, 재산권에 대한 개입을 저지하여야 할 처음 단계에선 (취소소송을 매개로 실현되는) 방어청구권이, 사실적으로 탈취된 재산권객체의 반환을 목표로 하는 두 번째 단계에선 (이행소송을 매개로 실현되는) 결과제거청구권이 동원되어야 하되, 그렇지 않은 경우 즉, 이상의 수단이 동원되지 못하거나 충분히 동원되지 않은 경우에, 세 번째 단계로 공용개입유사적 개입으로부터의 손실

45) Vgl. BVerGE 100, 226(245)-史蹟保護.

보상청구권이 활동을 시작한다. 동시에 이런 단계적 진행을 통해, 2차적 권리보호에 대한 제1차적 권리보호의 우위의 원칙이 표현되고, 실현된다.

(2) 개별법적 형성의 문제

하지만 가치보장에 따른 손실보상의무의 세세한 것은 기본법의 해석의 방법으론 단지 제한적으로 검토될 수 있다. 가치보장 그 자체는 기본법 제14조 제1항 제1문으로부터 도출되고, 그리하여 헌법적 차원의 효과를 지니지만, 개개의 그것의 형성, 즉 공용개입유사적 개입에 관한 보호는 개별법의 차원에서 법관법적 형성에 의하여야 한다. 독일 연방헌법재판소의 1999.12.2. 결정 역시 공용개입유사적 개입이란 "그것의 개별형성상으로" "헌법적으로 주어지지 않은 것"으로 표현하였다. 따라서 국가에게 손실보상을 의무지우는 것 그 자체는, (공용개입유사적 개입의) 법제도의 법관법적 개별형성과 관련해서, 기본법 제14조로부터 결코 도출되지 않는다고 확인되었다.[46] 그런데 공용개입유사적 개입의 (구체적인) 개별형성이 기본법으로부터 (직접) 도출될 수 없다고 명시적으로 강조되면서 드러난 사실은, 바로 법원이 (공용개입유사적 개입을) 기본법 제14조 제1항에 원칙적으로 근거를 두는 것의 도그마틱적 물음에 대해서 애써 견해를 표명하지 않으려 하였다는 것이다.[47] 더군다나 비록 공용개입유사적 개입으로 인한 손실보상을 기본법 제14조와는 절연시켰지만, BGH는 그것의 성립요건과 법효과를 정함에 있어선 항상 동조를 목표로 삼았다.

연방헌법재판소 역시 법관법적으로 토대를 둔 공용개입유사적 개입이 법률유보의 위반으로 위헌이라 여겨질 순 없다고 확인하였다.[48] 공용개입적 개입의 경우엔 독일 연방헌법재판소는 이런 물음에 대해서 무응답으로 내버려두었다.[49] 요컨대 재산권적 가치도 포함한 -원칙적인- 기본법상의 보호언명을 감안하고, 아울러 개별법상의 규율이 광범하게 결여되어 있기에, 법원이 법형성의 적임자였다.

---

46) BVerfG, Beschluss v.2.12.1999, NJW 2000, 1402-엘베교외에서의 빌라; 비슷하게 Beschluss v.26.5.1998, NJW 1998, 3264f.-산림훼손.

47) 그런데 당해소송에서의 보고자가 바로 H.-J. Papier이었다. 그는 공용개입적, 공용개입유사적 개입을 기본법상의 기본권결정으로부터 도출하는 것을 여러 차례 옹호하였다고 한다.

48) BVerfG, Beschluss v.2.12.1999, NJW 2000, 1402-엘베교외에서의 빌라.

49) BVerfG, Beschluss v.26.5.1998, NJW 1998, 3264f.-산림훼손, 연방헌법재판소는 기본법 제14조 제1항 제2문을 고려하여 헌법상으로 원칙적으로 요구된 손실보상청구권을 형성하여야 할 법원의 의무란 의문스럽다고(fraglich) 표현하긴 했어도, 그 공용개입적 개입의 인정여부의 물음에 대해선 궁극적으로 미확정으로 내버려 두었다. Rinne/Schlick, Die Rechtsprechung des BGH zu den öffentlich-rechtlichen Ersatzleistung, NVwZ-Beilage Ⅱ.2000, S.3(6) 는, 독일 연방헌법재판소의 이런 확인으로써 공용개입적 개입의 존재가 의문에 처하진 않는다고 강조한다.

Ⅵ. 獨逸 基本法 제14조의 介入類型에 관한 槪觀[50)]

기본법 제14조가 표방하는 개입유형은 전적으로 공용개입과, 내용 · 한계의 법률적 결정의 이원적 체계이다. 그렇지만 이상과 같이 공용개입유사적, 공용개입적 개입의 법형상을 흡사 재산권보호의 세 번째 단계로 설정하여 기본법 제14조 제1항에서 그 법적 근거를 두고자 하면, 동조상의 재산권적 개입의 유형이 문제된다. 그런데 이들 개입 개념은 (기본법 제14조의 도그마틱적 분석에서 추가적으로 유의하여야 될) 개입의 특별형식은 결코 아니며, 국가책임법의 관점에서 운위된 (공용개입을 제외한) 모든 개입가능성을 범주화한 것이다. 즉, 이론적으로[51)] 모든 이런 개입은 −기본법 제14조의 새로운 도그마틱의 체제에서 공용개입유사적, 공용개입적 개입을 배제하는 입장을 취하지 않는 한− 공용개입유사적, 공용개입적 성격을 지닐 수 있으며, −판례에 의해 전개된 국가책임법적 원칙에 따라− 국가에게 재정적 손실보상의 의무를 지울 수 있다. 따라서 공용개입유사적, 공용개입적 개입의 법형상이 −공용개입과 내용한계의 법률적 결정 이외에− 기본법 제14조 제1항으로부터의 기본권에 관한 "기타의 개입"(sonstige Eingriffe)을 나타낸다는 이제까지의 지적은 틀렸다고 지적된다.[52)]

한편 내용 · 한계의 결정을 자세히 도그마틱적으로 구성하고자 하는 것과 무관하게, 재산권적 개입은 다른 기본권의 경우처럼 (직접) 법률에 의해서(durch Gesetz) 그리고 법률에 의거해서(aufgrund von Gesetzen) 행해질 수 있다. 공용개입의 경우에는, 기본법 제14조 제3항 제2문이 이 점을 분명히 하고 있다. 이에 반해 재산권의 내용 · 한계의 결정의 경우, 기본법은 전적으로 법률에 의한 그것만을 규정한다(기본법 제14조 제1항 제2문). 여기서 문제가 되는 것이 법률적 내용한계의 결정의 "적용행위"이다. 이런 재산권개입의 형식은 "기타의 개입"으로서 기본법 제14조의 개입유형에 들어가야 한다.[53)]

---

50) 이에 관한 상세는 차후에 독일 재산권보장체제 전반을 다루면서 상론할 예정이다.

51) 한편 v. Heinegg/Haltern, Keine Angst vor Art. 14 GG!, JuS 1993, 213(214) 는, 공용개입적, 공용개입유사적 개입을 단지 재산권에 대한 비(법)집행적−사실행위적− 개입과 관련지어서, "핵심개념"이라 표현한다. 비록 현재 이런 사실행위적 개입의 경우가 양 법제도−공용개입적, 공용개입유사적 개입−의 특유한 적용영역이긴 하지만, 이들 법제도를 비규율적 행정활동−사실행위−과 전적으로 결합시키면, 국가책임법시스템의 차원에서 이들의 도그마틱적 상관관계와 위상을 고찰하는 것이 곤란하다.

52) v. Arnauld, a.a.O., S.394(400).

53) 마찬가지로 정당하게 Pieroth/Schlink, a.a.O., Rn.925.

Ⅶ. 公用介入類似的, 公用介入的 介入의 適用領域

공용개입유사적, 공용개입적 개입이란 법형상을 현행 국가책임법의 체계에 바람직스럽게 편입시키기 위해선, 연방헌법재판소의 판례로 유발한 근본적인 도그마틱적 변화에 터 잡아야 한다. 그리하여 확고부동한 사실은, 이들은 재정립된 (형식적, 협의의) 공용개입 개념에 의해 더 이상 공용개입으로 평가될 수 없고, 그래서 기본법 제14조 제3항 제2문에 따른 손실보상은 행해질 수 없다. 아울러 이들을 재산권에 관한 보전의무부 내용결정이란 법형상과 완전히 동일시하는 것 역시 특히 배제된다. 왜냐하면 기본사고에서 보자면, 공용개입유사적, 공용개입적 개입은 입법자는 물론 집행부와 사법부에 의해서도 행해질 수 있는 반면, 기본법 제14조 제1항 제2문에 따라 보전의무부 내용결정이란 법형상은 전적으로 입법자의 활동을 목표로 하기 때문이다.

1. 法律에 의한 介入(Eingriffe durch Gesetz)의 경우

(1) 공용개입유사적 개입의 경우

연방헌법재판소의 판례는 입법자와 법적용기관의 권한의 분리를 강조한다. 그 결과, 국가책임법적 시스템에서 공용개입유사적, 공용개입적 개입의 위상과 기능을 정함에 있어서, 입법자에 의한 재산권개입과 –통상 법률에 근거하여 행해지는– 행정에 의한 그것을 구분하는 것이 중요하게 여겨진다. 공용개입유사적, 공용개입적 개입이 법률적 개입의 형식을 띠면,[54] 설령 (공용개입유사적, 공용개입적 개입이) 보전의무부 내용결정(ausgleichspflichtige Inhaltsbestimmung)의 도그마틱적 형상으로 轉化되지 않더라도, 그런 개입은 그 기능에서 보전의무부 내용결정과 거의 완전히 교체되었다고 하는 것이 적절할 수도 있다. 법률에 의한 개입의 경우, 그것의 재산권제한적 효과(결과)는 직접적으로 법률에 의해 발생한다. 직접적으로 재산권형성적인 이런 효과를 감안한 즉, 그런 법률 역시 항상 기본법 제14조 제1항 제2문상의 내용한계결정으로의 성격을 부여하여야 한다. 여기서 비례원칙으로 인해 보전(조절), 즉 조절의무부 내용결정이 헌법상으로 요구됨에도 불구하고, 그런 보전규율의 부재가 당해 법률을 위헌으로 만든다. 이로써 실은 –위법인 국가적 행위가 재산권을 제한하는– 공용개입유사적 개

54) 유의할 점으로, 그런 법률은 헌법재판에 의해서 내용한계의 결정으로서의 성격만을 지닐 수 있고, 입법적 공용개입의 성격을 결코 지닐 순 없다. 이유는 후자는 –비록 위헌이라 하더라도– 전적으로 기본법 제14조 제3항의 규준에 의거하여 가늠되어야 하기 때문이다.

입의 상황이 존재하게 된다. 그렇지만 -존속보호를 견지하여- 손실보상의 물음이 1차적 차원으로 옮겨졌기 때문에, "입법적 불법"의 경우엔 공용개입유사적 개입을 위한 여지가 결코 존재하지 않는다.[55] 결국 여기선 공용개입유사적 개입의 상황이 위헌법률차원으로 원칙적으로 이행한다.[56]

이런 점은 이하의 고찰로부터도 생겨난다. 의무납본제와 라인란트팔쯔 주의 史蹟保護法에 관한 재판은 보전의무부 내용결정을 嚮導하였다.[57] 여기서 연방헌법재판소는 입법자의 임무책임을 중심에 두었다. 재산권의 내용과 한계는 기본법 제14조 제1항 제2문에 따라 입법자가 정하기에, 법률유보의 의미에서의 1차적 책임이 그 입법자에게 맡겨진다. 입법자로선 재산권의 내용과 한계를 정하는 범위에서 사적 효용과 사회적 구속 간의 균형을 조성함에 있어서 광범한 여지를 갖는다. 즉, 입법자에겐 비례성준수의 방도가 단순히 주어진 차원을 넘어 활짝 열려져 있어서, 이런 방도 가운데 그 어떤 것을 선택하고자 하는지는 전적으로 그의 몫이다. 연방헌법재판소는 일관되게 양 재판에서 해당 법률을 무효로 판시하기보다는, 주입법자에게 재처리하도록 "환송"시켰다. 연방헌법재판소에 의해 재정적 보전에 관한 결정 역시 입법자의 책임에 놓여 있다. 따라서 입법적 불법에 대해 민사법원이 공용개입유사적 개입의 관점에서 손실보상을 인정하면, 이는 -연방헌법재판소가 강조한- 이런 임무할당을 무시하는 것과 다를 바 없을 것이다.[58]

그런데 연방헌법재판소의 관련 판례들은, 재산권의 내용과 한계를 정한 법률이 과도한 재산권구속과는 다른 이유를[59] 들어 위헌을 판시하진 않았다. 비례성을 통해서 정립되고 그리하여 재산권보장의 실질적 척도(규준)와 관련이 있는, 보전(조절)의무의 원칙이 이런 상황에선 맞지 않는다. 특히 입법자가 무권한인 경우엔, 앞서 독일 연방헌법재판소의 착안점인, 임무책임에 연계된 유보논거 역시 공허할 수밖에 없을 것이다. 하지만 여기선, 위헌법률의 경우에 공용개입유사적 개입으로부터의 청구권을 배제하기 위하여, BGH가 동원한 다른 관점을 목표로 삼을 수 있다. 그것은 豫算特權(Haushaltsprärogative)에 기한 議會의 歲出責任(Ausgabenverantwortung)이다. 법률은 그것의 일반적, 추상적 성격으로 인해 통상 대규모의 수범자를 그 범주로 한다. 법

55) BGH, Urteil v.12.3. 1987, BGHZ 100, 136(145f.)-소정원임대차; Urteil v.10.12. 1987, BGHZ 102, 350(362f.)-산림고사. 다른 견해로 W.-R. Schenke, Entschädigungsansprüche bei legislativem Unrecht unter dem Aspekt des enteignungsgleichen Eingriffs, NJW 1988, S. 857ff.

56) 한편 '위헌'이란 용어 대신에 '불법'(Unrecht)이란 넓은 개념이 -비록 유보가 있긴 해도- 일반적으로 사용되는 데 대해서, v. Arnauld는 문제점을 지적한다. 이유인 즉, 그것이 "자연법에 위배된" 법률을 상기하며, 또한 "불법"과 "단순히" 위헌인 법률 간에는 질적 차이점이 존재하기 때문이다. Ders., a.a.O., S.394(404) Fn.46.

57) BVerfGE 58, 147f., 152-의무납본제-; BVerGE 100, 226(245)-史蹟保護 건-

58) Scherzberg, a.a.O. S.84(86f.).

59) 가령 연방입법자가 史蹟保護法을 이미 발했는데, 주입법자가 그 연방국가적 권한을 유의하지 않은 경우처럼.

률이 위헌으로 입증되는 한에 있어서, 만약 공용개입유사적 개입으로부터의 청구권을 인정한다고 하면, 이는 막대한 규모의 잠재적 손실보상청구자를 초래할 것이며, 그 결과 민사법원으로선 그것의 재정적 손실보상을 재판하지 않으면 아니 될 처지에 봉착할 것이다. 만약 이렇다면, 의회의 예산특권은 공허하게 될 것이다. 따라서 당연히 의회입법자의 임무고권이 아니라 歲出高權(Ausgabenhoheit)에 의거한 새로운 유보의 착안점이 통용된다. 그렇지만 이런 유보논거는 본질성이론에 따라, 예산의 중대한 부담이 우려되는 경우에 주효하다. 따라서 의회의 豫算特權의 空虛化를 미연에 방지하기 위해서, 엄격한 규준을 적용하여야 할 것이되, 예산상 부담이 관련자가 소수이어서 미미하게 여겨지는 경우에만. 예외적으로 법원에 의한 손실보상이 허용될 것이다. 요컨대 오늘날에는 재산권에 관한 법률적 개입의 경우엔, 이처럼 극히 좁은 범주에서만 공용개입유사적 개입이 그 의의를 갖는다.[60]

(2) 공용개입적 개입의 경우

법률이 합헌이고, 특히 보전이 헌법상으로 요구되지 않고, 법률이 그런 것을 개별법상의 청구권으로도 규정하지 않았을 때, 가치배상(Wertersatz)은 오로지 공용개입적 개입의 제 원칙에 의해서만 고려될 법하다. 하지만 민사법원이 그에 따른 손실보상청구권을 인정하는 것은, -앞서 본대로 독일 연방헌법재판소가 견지하는- 재산권의 내용 · 한계의 결정에서의 손실보상물음에 관해 입법자가 1차적 책임을 진다는 것과는 모순될 것이다. 입법자가 헌법합치적 방법으로 재정적 보전 없이 재산권의 내용을 정하였을 경우엔, 입법자가 규정하지도 않고 헌법상으로 요구되지도 않는 보전을 (관습법적 바탕의) 희생보상적 사고를 동원하여 창설하는 것이 법원의 임무는 아니다.[61] 대저 공용개입적 개입에서의 관건은 기본법 제3조 제1항에 의거한 특별희생의 존부여부이다. 여기서의 헌법적 심사의 결과 역시 재산권의 과잉제한은 입법자로 하여금 일정한 관련자群에 대해 재정적 보전(조절)을 하도록 의무를 지울 수 있다. 공용개입적 개입에서 요체인 “특별”희생의 범주에서 핵심적인 기본법 제3조 제1항의 척도 역시 독일 연방헌법재판소에 의해 이미 -내용한계의 결정에서 통용되는- 비례성심사에서 동원된다. 연방헌법재판소에 의해 보전의무부 내용결정의 존재가 인정된 다음에는, 종래 공용개입적 개입으로 인정된 상황이 보전의무부 내용결정의 범주에 속하게 되거니와, 또한 종래 공용개입적 개입을 인정하기 위해 동원된 논거-이런 식의 재산권제한

60) v. Arnauld, a.a.O., S.394(406). 한편 Ossenbühl, Staatshaftungsrecht,, 236f. 는 EG-지침의 전환이 지연된 데 따른 국가책임의 경우도 공용개입유사적 개입의 범주에서 다루었다.

61) -독일에서 주창된- 특히 “유형화의 희생”을 위한 형평적 보상(Billigkeitsentschädigung)도 독일 연방헌법재판소가 견지하는 입장, 즉, 손실보상여부와 방법에 관한 결정을 입법자에게 유보하는 사고와는 맞지 않는다.

이 사전에 예측할 수 없어서 규율이 불가능하였다는 논거-는 오늘날 여기선 더 이상 타당하지 않다. 요컨대 법률적 개입의 경우엔 공용개입적 개입 그 자체가 존재할 여지가 없다.[62)]

2. 법률에 의거한 개입(Eingriffe aufgrund von Gesetzen)의 경우

- 의도적 효과이든 단순한 부수효과이든- 재산권에 대한 개입이 법률에 의거하여 행해진 경우, 공용개입유사적, 공용개입적 개입이 구분되어 논의된다.

(1) 공용개입유사적 개입의 경우

공용개입유사적 개입의 운명은, 우선 "1차적 권리보호의 우위"(Vorrang des Primärrechtsschutzes)와 밀접하게 연계가 된다.[63)] 공용개입유사적 개입은 위법한 국가적 조치를 그 대상으로 하는 즉, 이 경우 관련자로선 해당 위법한 조치 그 자체에 대해 권리보호를 강구하여야 한다. 즉, 그는 위법한 행위 그 자체에 대해 방어를 하여야 하고, "受忍하라 그리고 청산(보상)을 청구하라"(dulde und liquidiere)는 원칙을 따라선 아니 된다. 다시 말해, 당한 재산상의 손실에 대한 補整보다는 拒否的(negatorisch) 권리보호의 우위가 통용된다-"방어하라 그리고 청산을 청구하라"(wehre dich und liquidiere).

그런데 관련자가 1차적 권리보호의 차원에서 위법한 제한행위 그 자체에 대해 아무런 권리보호조치를 강구하지 않았을 때도, 공용개입유사적 개입이 통용될 것인지 문제된다. 여기엔 두 가지의 흐름이 있다. 우선 압도적 多數이자 BGH는, 독일민법 제254조(피해자의 共同責任)의 법사고가 원용되어 이런 점이 (공용개입유사적 개입에 따른) 손실보상에 감안되어 평가될 것이라고 본다.[64)] 반면 다른 한편으로 1차적 권리보호의 차원에서 기대가능한 조처가 강구되지 않았을 땐 공용개입유사적 개입으로부터의 청구권을 원용하는 것을 전체적으로 거절하는 입장도 있다.[65)] 일견 보면, 후자의 입장이 더 일관적인 것 같다. 하지만 이런 착안점 역시 개별 경우(사건)의 특수성을 1차적 권

62) Maurer, Allg. VerwR, §27 Rn.108; Grzeszick, in: Erichsen/Ehlers(Hrsg.) Allg. VerwR, §44 Rn.92ff.; v. Arnauld, a.a.O., S.394(407).

63) 다수 문헌에 갈음하여 Maurer, Allg. VerwR, §27 Rn.46ff.; Ossenbühl, Staatshaftungsrecht,, S.260ff. 한편 대부분 1차적 권리보호의 우위가 기본권적 고려에서 비롯된다고 본다. 異論: Scherzberg, a.a.O., S.84(89f.); Axer, a.a.O., S.1322(1328f.).

64) BGH, Urteil v.26.1.1984, BGHZ 90, 17(29ff.)-모래채굴-; 91, 20(24); 92, 34(50); 110, 12(14ff.); 140, 285(297). 同旨: Ossenbühl, Staatshaftungsrecht, S.261, 266f.; ders., Abschied vom enteignungsgleichen Eingriff?, S.1(4); Nüßgens/Boujong, a.a.O.,, Rn.438.

65) 이 입장에선 대부분 민법 제839조 제3항(피해자가 권리구제수단의 행사를 통해서 손해를 방지하는 것을 고의 또는 과실로 해태한 때에는, 배상의무가 발생하지 않는다)의 유추적용을 찬성한다: Lege, a.a.O., S.864(871); Papier, in: Isensee/Kirchhof, HStR Ⅵ(1989), §157 Rn.63.

리보호의 "기대가능성"의 징표를 통해서 고려하는 것에 의존하기에, 외관상 분명한 경계획정은 사실상 상대화되어 버린다. 그런데 아무런 어려움이 없이 기대되는 권리보호를 관련자가 취하지 않았을 경우엔, 민법 제254조가 유추 적용되더라도 공용개입유사적 개입으로부터의 청구권을 전체적으로 배제하는 것이 가능할 법하다. 그리하여 BGH처럼 개별경우의 상황을 "정교한 조종"을 가능케 하는 민법 제254조를 통해서 대처하는 전자의 입장이 합목적이라고 주장된다.[66]

한편 관련자에게 우위적으로 요구된 권리보호가 방어(취소소송)나 (궁극적으로) 결과제거(결과제거청구)를 목표로 하는지 여부는, 아무런 차이가 있을 수 없다. 왜냐하면 가령 공도로의 재건축(Rüchbau)으로 인해 (대지경계를 넘는) 증축(Überbauung)이 불허된 경우에, 위법한 국가활동의 결과의 제거를 통해 자신의 재산권을 방어할 가능성이 개인에게 열려져 있는 한, 그로선 처음부터도 이런 가능성을 참고하여야 하기 때문이다.[67] 이 점은 재산권적 가치의 보장에 대한, -결과제거청구권이 원상복귀를 목표로 하는- 재산권존속의 보호의 우위에서 비롯된다. 그렇지만 그 같은 상황에서 종종 위법한 조치의 결과만의 제거가 재산권제한 전 범위를 커버하진 못한다. 왜냐하면 결과제거는 위법행위 그 자체를 無化(消效)시킬 순 없기 때문이다. 이런 한계상황에서 공용개입유사적 개입이 보충적인 고유의 기능을 발휘한다.[68] 다만 非可逆的 훼손으로 인해, 권리보호가 결코 결과제거가 아니라, "수인하라 그리고 청산을 청구하라"만을 오로지 목표로 삼을 수 있는 경우엔, 공용개입유사적 개입의 법형상은 보충적 의의를 넘어선다고 하겠다.[69]

---

66) v. Arnauld, a.a.O., S.394(408). 한편 Maurer는 민법 제254조는 손해안분에 바탕을 둔다는 점, 우선적으로 국가에게 책임이 있다는 점 그리고 관련자의 제소가능성의 존재만으로 국가가 위법한 자신의 행위의 결과를 면할 순 없다는 점에서, 손실보상청구권의 전면적인 소멸의 가능성에 대해서 異議를 제기한다. Ders., Allg. VerwR, §27 Rn.99.

67) Schoch, Folgenbeseitigung und Widergutmachung im Öffentlichen Recht, VerwArch. 79(1988), S.1(62ff.).

68) 여기선 무엇보다도 소위 지연손해가 문제된다. Vgl. Axer, a.a.O., S.1325. 한편 공용개입유사적 개입의 법제도를 동원하기보다는, 결과제거청구권을 금전보전청구권(Anspruch auf Geldausgleich)으로 변용하려는 경향도 있다. Vgl. Schoch, Effektuierung des Sekundärrechtsschutzes, DV 34(2001), S.261(271).

69) Schmitt-Kammler, Enteignungsentschädigung und staatliche Unrechtshaftung, in: FS für Ernst Wolf, 1985, S.595(610); Nüßgens/Boujong, a.a.O., Rn.433; Ehlers, a.a.O., S.245. BGH가 일찍이 "교통신호등 고장-Ⅰ"(BGHZ 54, 332 (338) = NJW 1971, 32)에선 개입의 직접성을 부인하였는데(이에 관해선 졸고, 행정자동결정에 대한 사법심사, 법학연구(충북대 법학연구소) 제10권, 1999.12.,, 574면 이하(追論 : 본서 131면 이하) 참조), "교통신호등 고장-Ⅱ"(Urtei v.18.12.1986, NJW 1987, 1945)에선 개입의 직접성을 인정하여 공용개입유사적 개입을 인정하였다. 한편 이 판결에 대해선, W. Schmidt, Die Aufopferung vermögenswerter Rechte, NJW 1999 S.2847(2848) 는, 개입조치가 여전히 적법하다는 점에서 도그마틱적으로 잘못되었다고 비판을 하였다. Vgl, Ossenbühl, Enteignungsgleicher Eingriff im Wandel, JuS 1988, 193ff.

(2) 공용개입적 개입의 경우

(가) 적용영역

법률에 의거한 개입의 경우 -부수적인 재산권제한을 빚는- 공용개입적 개입의 상황과 관련해선, 재차 구분하여 접근하여야 한다. 즉, -부수적인- 재산권적 제한이 입법자의 관점에서 (행정활동의) 예상가능한 결과인지 아니면 예상불가능한 결과인지 여부에 따라 나누어야 한다.[70] 왜냐하면 법률적용에서 예상가능한 재산권제한적 효과를 위하여 보상이 행해져야 할지 여부의 물음 역시 오로지 입법자가 답해야 하기 때문이다. 입법자의 특권이 豫想可能性(Vorhersehbarkeit)의 기준을 통해, 확실히 법률에 의거한 개입의 상황으로 연장된다. 즉, 법률집행에서의 무보상적 재산권제한이 과도한 사회적 구속으로 여겨지는 경우에도, 보전(조절)을 입법자가 규정하여야 하지, 법원이 하여선 아니 된다. 만약 법률집행에서 부수적인 재산권적 제한의 발생이 예상가능함에도 불구하고 입법자가 그에 상응한 보전책을 마련하지 않았을 땐, -앞서 본 대로- 보전물음(Ausgleichsfrage)은 1차적 차원으로 移行되고, 그리하여 공용개입유사적 개입의 상황이 존재한다.[71] 이런 상황에선 우선 1차적 권리보호가 강구되어야 한다. 그리하여 입법자에게 "하자"가 있기 때문에, 궁극적으로 위헌법률심사의 차원에서 독일 연방헌법재판소에서 다투어진다.

하지만 입법자가 전혀 예상할 수 없는, 특히 이형적인 제한의 경우엔,[72] 해당 법률이 보전의무의 불준수를 이유로 위헌이지 않을 뿐 더러, 또한 보전에 반하는 입법자의 결정 역시 공용개입적 개입에 따른 보상의 인정을 저지하지도 않는다. 이때 결여된 예상가능성은 한편으론 해당사건의 非典型性(異型性, Atypik)에서 비롯될 수 있는데, 이런 非典型性은 입법자에 의한 (재산권의) 내용 · 한계의 결정에서도 고려되지 않았음에 틀림없다(일종의 갑작스런 事故狀況, Unfallkonstellationen).

그런데 결여된 예상가능성은 다른 한편으론 행정이 특별한 재산권관련성이 결여되어 내용 · 한계 결정적 법률의 성격을 지니지 않는 법률에 근거하여 활동하는 경우에서도 도출될 수 있다. 이에 해당하는 것이 바로 고전적인 소위 사실행위로 인한 공용개입적 개입의 사건이다.[73] 사실행위는 의당 법집행위가 아니지만, 행정은 대개 법률

---

70) 기본적인 것으로 Ossenbühl, Abschied vom enteignungsgleichen Eingriff?, S.1(3).

71) 유의할 것으로, 이런 점은 재산권의 내용 · 한계를 결정하는 성격을 갖는 법률의 집행의 경우에만 통용될 수 있다. 그런데 이런 성격은 해당 법률이 재산권의 내용 · 한계를 결정하는 법률로서 의도되었는지 여부에 상관없이 정해진다.

72) BGH, Urteil v.26.1.1984, BGHZ 90, 17(29ff.)-모래채굴-; Urteil v.29.3.1984, BGHZ 91, 20(27f.)-폐수처리장-; 마찬가지로 Detterbeck, Salvatorische Entschädigungsklauseln vor dem Hintergrund der Eigentumsdogmatik des Bundesverfassungsgerichts, DÖV 1994, S.273(279).

73) Vgl. Lege, Enteignung und "Enteignung", S.864(868ff.); ders., Wohin mit den Schwellenthorien?, JZ

에 의거하여 활동한다. 그런데 실은 그 법률은 재산권을 규율하는 규범으로서의 성질을 갖지 않는다. 그리하여 이 경우에 발생한 재산권제한은 단지 부수결과(Nebenfolgen)에 불과하다. 그런데 사실행위에 의한 공용개입적 개입의 상황에서 반드시 상기하여야 할 점은, 전술한 바대로 법률제정시에 입법자가 예상할 수 없었던 부수결과만이 공용개입적 개입에 따른 보상을 야기할 수 있다. 이처럼 예상가능성의 不在를 전제로 하기에, 공용개입적 개입의 적용영역은 현저하게 축소된다. 요컨대 비전형적이고 예상불가하여 규율할 수 없는 우연의 결과가 공용개입적 개입의 가늠자가 된다.[74]

(나) 공용개입적 개입의 인정에 대한 의문의 비판적 검토

그런데 공용개입적 개입의 인정, 즉, 그에 따라 법관법적으로 형성된 손실보상청구권의 존속에 대해선, 대체적으로 다음의 두 가지 방향에서 의문이 제기된다. 하나는, 재산권에 대한 적법한 개입에서의 손실보상의무의 가능성은 일반적으로 다투어지며, 공용개입적 개입의 상황은 국가적 불법책임에 귀속된다는 것이다. 다른 하나는, 법률적 근거 없이 민사법원에 의한 손실보상의 인정은 권한위반으로 여겨진다는 것이다.

1) 국가적 불법책임에서의 의문과 관련하여

결과불법설을 따르면, 공용개입적 개입은 전체적으로 즉, 부수결과가 입법자에 의해 예상될 수 없는 경우에도, 공용개입유사적 개입의 운명과 일치한다. 왜냐하면 이런 모든 상황은 불법책임의 경우를 의미하고, 입법자에 의한 예상가능성의 물음은 권리침해가 어떤 분야에서 비롯되었는지를 단지 확인할 수 있을 뿐이기 때문이라 한다. 이런 입장을 따르면, "그 자체"로 적법한 국가적 활동의 부수효과는, 보상지불을 위하여 요구되는 경계에 도달하는 한에 있어서, 그것의 재산권제한적 효과로 인해 위법하게 될 것이고, 그 결과 여기서도 1차적 권리보호의 우위가 통용될 수밖에 없을 것이다.[75]

이처럼 "그 자체로서" 적법한 행위의 현재상태 · 가치를 저하시키는 효과를 적법성의 문제로 접근하는 것이 전적으로 논리적인 것 같지만, 재산권의 사회적 구속성을 규정한 기본법 제14조 제2항을 끌어들여 논의하면, 반드시 이상과 같이 접근할 필요는 없다. 기본법 제14조 제2항 및 이런 사회적 구속을 구체화한 법률상의 결정은 재산권자에게 공동체이익을 위하여 다양한 受忍義務를 과한다.[76] 가령 공기업에 의한 (규정대로의) 대기오염상태나 오랫동안 지연된 도로공사에서, 그 과도함이 재산권의 제한을

1994, S.431(435f.).

74) Grzeszick, in: Erichsen/Ehlers(Hrsg.) Allg. VerwR, §44 Rn.99.

75) Schoch, Die Haftungsinstitute des enteignungsgleichen und enteignenden Eingriffs im System des Staatshaftungsrechts, S.529(536); Ehlers, a.a.O., S.211(246); Axer, a.a.O., S.1322(1326f.).

76) 재산권제한적 행위가 (충분한) 법률적 근거에 바탕을 둘 수 있는 한, 재산권의 이런 공동체구속은 개별 법률

위법하게 만들지 않는 한, 공익을 위하여 자기의 재산권의 제한을 受容하도록 그 재산권자에게 기대된다. 여기서 손실보상의무는 특히 관련 재산권자가 (적법한) 재산권제한을 수인하여야 한다는 점, 특히 그가 특별희생을 제공하여야 한다는 점에서 도출된다. 이런 점에서 1차적 권리보호에 의한 존속보호는 실현될 수가 없다. 그리하여 여기선 재산권자의 1차적 권리보호의 선택가능성 없이, "수인하라 그리고 청산을 청구하라"는 테제가 통용된다.[77]

특별희생의 한계를 정하는 데 있어서, 핵심적으로 중요한 것은 바로 "그렇게 관련되지 않은" 재산권자와의 비교이다. 따라서 기본법 제3조 제1항은 공용개입적 개입의 범주에서의 손실보상의 물음을 위하여 결정적인 역할을 한다. 이를 통해서 다음의 두 가지 점이 분명해진다: i) 기본법 제14조 제1항과 제2항에 의거하여 밝혀져야 할 수인의무와 손실보상의무에서의 境界가 구분되어 정해져야 하는 점과 그 이유, ii) 적법한 조치가 그럼에도 불구하고 왜 보상의무를 발생시킬 수 있는지. 그런데 이처럼 착안점을 기본법 제3조 제1항에 두는 데 대해선, 재정적 보상이 지불되지 않은 재산권제한적 조치는 기본법 제3조 제1항과 관련해서 위법하고, 마찬가지로 행정법원에서 다투어야 한다고 反論이 제기될 수 있을 법하다. 그렇지만 기본법 제14조 제1항 제1문을 대신하여 기본법 제3조 제1항이 가늠자로 원용됨으로써, 다음의 점이 분명하게 된다. 즉, 재산권의 현재 상태의 제한은 더 이상 법적 다툼의 대상이 아니다(이는 기본법 제14조 제2항에 의해 공공복리를 위하여 받아들여져야 한다). 또한 (동일한 이유에서) 수인되어야 할 재산권적 가치의 低下 역시 법적 다툼의 대상은 아니되, -특별희생의 한계를 초과하는 한- 관련 재산권자의 경제적 잠재력의 상대적인(!) 저하가 그 법적 다툼의 대상이 된다. 하지만 이런 價値低下는 해당 조치 그 자체의 적법성과는 관련이 없고, 오직 결과의 적법성과 관련이 있다. 그리하여 이런 "2차적 법적 다툼"을 위해선, 행정법원법 제40조 제2항 제1문이 동원되어 일반법원이 관장한다.[78]

에 의해 매개된다. 그러나 이런 간접적 효과를 넘어서도 기본법 제14조 제2항은 재산권자의 권리를 선험적으로(a priori) 제한한다.

77) v. Arnauld, a.a.O., S,394(413); Ossenbühl, Abschied vom enteignungsgleichen Eingriff?, S.1(3). 결국 이런 입장에 의하면, 논리적으로 재산권에 대한 행정의 개입은 다음과 같이 세 가지로 분류할 수 있다. 먼저 적법한 그리고 무보상으로 받아들여져야 할 재산권제한이 있다. 이는 기본법 제14조 제2항에 따른 재산권의 일반적인 사회적 의무성을 나타낸 셈이다. 두 번째로, 개입이 재산권제한과 관련하여 적법한 것임에는 변함이 없으며, 그리하여 추구된 공적 목적(가령 도로건설)과 관련해서 수인되어야 하지만, "특별희생의 한계"가 초과되는 한-즉, 관련 재산권에 대한 영향미침이, 관련이 없는 재산권자를 고려하여 그 관련 재산권자에게 재정적으로 보상할 것을 명할 정도에 다다른 한-, 손실보상의무가 발생한다. 세 번째 단계로, 기본법 제14조 제2항을 고려한 즉, 그 자체로 과도하게 여겨진, 그래서 위법한 재산권제한이 마지막으로 존재한다.

78) BGH NJW 1993, 1799; v. Arnauld, a.a.O., S.394(414); Papier, Zum Schicksal des enteignungsglei-chen Eingriffs, S.258(260): 그러나 이에 대해선, 공용개입적 개입의 법적 근거를 희생보상사고가 아닌 기본법 제14조 제

2) 법률유보에 따른 의문과 관련하여

연방헌법재판소의 최근 판례가 내세운 입법자의 역할 강화가 일반화되면서, 공용개입적 개입을 위한 보상청구권을 법률적 근거 없이 인정하는 것은 법률유보에 반한다고 문헌상 주장된다.79) 그런데 이미 전술한 바대로, 법률적용상의 결과를 예상할 수 있는 경우엔 입법자가 그 손실보상 내지 재정적 보전의 물음에 대해 규율하여야 한다. 그리하여 문제되는 상황은 법률적용의 결과가 예상불가능한 경우 즉, 비전형적 결과의 물음으로 축소된다. 실제로 예상할 수 없는 것을 입법자에게 규율하도록 요구할 수 없다는 것은 주지의 사실이다. 법률적용의 가능한 부수결과의 다수와 천차만별을 고려한 즉, 매우 면밀한 입법자로서도 전체 상황을 위한 규율을 발하기란 거의 불가능하다. 그리하여 포괄적인 의회유보를 긍정하는 입장으로선, 법률적 규율의 명확성을 고려하여, 대략적인 절차와 궁극적으론 -불공평성을 피하기 위한- 包括救濟的(salvatorisch) 보상조항에까지도 긍정적인 태도를 취하는 것은 일면 논리적으로 일관된다. 비록 包括救濟的(salvatorisch) 補償條項에 대해 독일 연방헌법재판소가 史蹟保護결정에서 "Ja, aber"의 입장을 취하긴 하였지만, 그 자체는 -손실보상의무의 발생여부를 확인하는 것이 문제될 때, 법원에 대해서 광범한 여지를 부여할 수밖에 없는- 우발적 규율로서의 측면을 갖는다. 따라서 그것이 과연 마치 도그마틱적 救護者로서 기능할 수 있는지 여부는 의문스런 구석이 있다. 그리하여 기본권적 가치보장을 고려하더라도, 잔존한 책임법적 흠결을 -공용개입적 개입의 수단을 통해- 법관법적으로 메우는 것은 허용된다고 주장된다.80)

공용개입적 개입을 이처럼 인정한다고 하면, 의회와 법원간의 임무분배를 고려하여, 다음에 관해 종전보다 더 세밀한 심사가 요구되어야 한다. 즉, 발생한 손해발생적 결과가 입법자의 관점에서 보아 예상가능하였는지, 그리하여 包括救濟的(salvatorisch) 補償條項과 무관하게 규율가능하였는지 여부에 관한 것이다. 만약 이런 점이 시인된다면, 오로지 남은 결정사항은 -재산권의 내용 · 한계의 결정의 차원에서- 입법자가 보전의무를 결정하였어야 하는지 여부와 그리하여 법률이 위헌성심사에 처해져야 하는지 여부에 관해 판단하는 것이다. 요컨대 이런 논증을 취하면, 법률제정 당시부터 규율가능성이 부인되어야 할 경우엔, -요건이 충족하면- 의당 공용개

1항에서 찾는 이상, 일반적인 희생보상청구권을 참고로 하는 것은 유용하지 않고, 행정구제의 방도를 강구하여야 한다는 反論도 제기된다: Maurer, Der enteignende Eingriff und die ausgleichspflichtige Inhaltsbestimmung des Eigentum, S.781(785f.).

79) Maurer, Der enteignende Eingriff und die ausgleichspflichtige Inhaltsbestimmung des Eigentum, S.781(784f.); Ehlers, a.a.O., S.211(247).

80) v. Arnauld, a.a.O., S.394(415).

입적 개입의 원칙이 적용된다 하겠다.

그런데 행정이 법률적 근거 없이 또는 충분하지 않은 법률적 근거에 바탕을 두고서 활동하는 한, 그 위법성은 법률적 근거의 부재 내지 불충분성 또는 행위 그 자체로부터 생겨날 수 있다. 이런 경우 설령 그 행위가 사실행위라 하더라도 의당 1차적 권리보호의 우위가 통용된다. 다만 이 경우 사실행위로 인한 非可逆的 손해발생이 종종 문제될 수도 있는데, 여기선 –결과제거청구권의 한계에서 논의되는– 일종의 결과손실보상청구권을 성립시키는 공용개입유사적 개입이 계속 주효하다.[81] 물론 예상불가능하고 충분히 명확하게 규율할 수 없는 부수결과가 문제가 되는 한에 있어서, –법률유보가 당연히 통용되지 않고 그에 따라– 공용개입적 개입이 인정될 여지가 생긴다. 그런데 단순고권적 활동의 범주에선 법률적 근거가 절대적으로 필요하진 않다고 할 것 같으면, 또는 법률유보의 예외가 보호의무도그마틱을 통해 성립할 수 있다고 하면, 해당 조치가 적법하더라도 의당 공용개입적 개입의 원칙이 덧붙여 이용될 수 있다. 왜냐하면 이런 경우엔 입법자의 결정의 불가피성에 대해 주의환기를 할 수가 없기 때문이다.

Ⅷ. 맺으면서

현행의 국가책임법제는 태생적 한계를 지닌다. 특히 민사법상의 불법행위책임구조에 근간을 두어 대위책임적 기조를 탈피하지 못한다. 국가책임법의 역사가 國家無責任을 떨치기 위함임에도 불구하고, 때론 시대에 역행하곤 한다. 좋은 예가 공무원에 대한 직접적인 손해배상청구를 가능케 하여 국가책임의 의의를 半減시킨 것이며, 나아가 위법한 행정행위에 대한 취소판결의 의의가 국가배상청구에선 공무원의 無責性을 이유로 顚覆되기도 한다. 사정이 이럴진대, –특히, 違法 · 無責인 공무원의 직무행위에서 대표적으로 표출되는– 국가책임법제의 흠결을 메우기 위한 노력의 소산인 공용개입유사적, 공용개입적 개입을 법제도로서 착근시키기란 거의 불가능에 가깝다. 문헌에서 매우 강조되고 있는 결과제거청구권의 법리 또한 그것의 현실화가 기대난망이다.[82] 이들 법제도의 유용성과 존재이유에 대해선 별다른 의문이 제기되지 않는 것

---

81) Maurer, Allg. VerwR, §30 Rn.17.

82) 결과제거청구권은 원상회복을, 그리하여 현존상태와 이용가능성을 목표로 하지, 재산권의 가치를 목표로 하지 않는다. 결과제거청구권은 위법상태의 방어(저지)를 지향하는 취소소송과 더불어 1차적 권리보호의 수단이면서, 동시에 위법상태의 제거를 통한 원상회복을 지향함으로써 취소소송의 후속적(이단계적)–경우에 따라선 병행적– 권리보호의 수단이다. 이런 결과제거청구권을 –비록 국가배상과 손실보상을 병행하여 행사할 여지가 있긴 해도– 이들을 포함하여 (광의의) 국가책임법에 귀속시키는 것은, 체계상 당연히 의문스럽다. 그런데 우리의 경우 결과제거청구권의 실무적 구현은 문헌상의 논의현황과는 전혀 동떨어져 있다. 그저 口頭禪일 따름이다. 그것의 기능이 현재의 권리보호체제의 흠결을 보완하는 것이라는 점은 충분히 소개되어 있지만, 전체 권리보호체제에서의 그것의 위상에 관해선 논의가 殆無하다. 독일 권리보호의 기본틀인 1차적, 2차적 권리보호의 체제에 관한 논의는 물

과 비교하면, 이들을 우리네 학문적, 제도적 資産으로 만드는 데 소홀히 함이 두드러진다. 효과적인 권리구제의 방도가 보장되지 않아 권리보호에서 결정적인 공백이 常存하는 한, 법치국가원리는 공허할 수밖에 없다.

分離理論의 등장과 더불어 공용개입유사적, 공용개입적 개입의 법제도가 일견 終焉을 고할 것으로 예상되기도 하였지만, 그것이 변화된 상황(존속보호, 1차적 권리보호의 우위, 입법자의 강화된 임무와 책임 등)에서도 여전히 존속하거니와 오히려 과거보다 더 높은 체계정합성을 지니게 된 점에 주목하여야 한다. 비교법적 고찰에서 시종 법제의 토대상의 異同을 간과한 채 사대주의적, 특히 慕獨主義的 자세로 접근하여선 아니 되거니와, 동시에 우리 법제의 원형을 도외시한 채 고립분산적 자세를 취하여서도 곤란하다. 외국의 법제를 단지 배우는 자세를 넘어서 그것으로부터 배우는 자세를 견지하여, 그것의 정확한 내용을 파악하고 이를 우리에 접목시켜 우리의 구조식을 정립한다는 것은 至難한 일이다.[83] 그러나 앞서 지적한 대로 이들 제도의 근거지인 독일에서의 논의상황이 그동안 동요가 줄어들고 다소간 안정기에 들어갔다는 점에서, 이제 이들 법리에 대한 전향적이면서도 설득력이 담보된 성찰이 가능하게 되었다(後發의 利點).

* 토지공법연구 제43집 제2호, 2009.2., 1면 이하 소수.

론, 그에 관한 인식도 찾기가 어렵다. 하루바삐 1차적 권리보호메카니즘인 행정소송을 손해보전(국가배상, 손실보상)에 후위에 두는 식의 慣性的 理解에서 탈피하여야 한다.

83) 여기서 새삼 崔仁勳의「원시인이 되기 위한 문명한 의식」에서의 지적: "외국문화는 어떤 것이든지 받아들여도 좋다. 다만 原物形으로 받아들일 것이 아니라, 그것을 요소로 분해해서 구조식을 알아내고, 다음에는 소재는 국산자재든 수입자재든 간에 완제품을 국내생산을 하여 저렴한 가격으로(즉 정신적 낭비-외국숭배 · 물신숭배를 줄이고) 지식시장에 내놓는 일이 바른 태도일 것이다"이 많은 것을 시사한다.

제 2 편 個別行政法-行政組織 · 地方自治 · 警察行政法論

제 1 장

朝鮮朝 公務員(官吏)任用制에 관한 行政法的(公務員法的) 考察

Ⅰ. 처 음 에

2002년 한국학술진흥재단의 지원에 따른 "조선조 법제도 분석을 통한 21세기 한국적 법문화에 관한 연구"를 수행하기 위하여 2003년에 조선조의 공무원법제에 관한 연구를 수행하였다. 그 연구에선 당시의 제도를 그대로 소개하기 위하여, 지금의 편제나 주지하는 방식보다는 글감인 「典律通補」상의 그것에 쫓아서 서술하는데 그쳤다.[1] 이제는 조선조의 법제상의 내용들 가운데 무엇이 현재 행정법학의 어떤 영역에서 접목가능한지 여부를 검토하는 데 초점이 모아져야 한다. 즉, 그것에 관류하는 중심사상을 지금에도 통용되게 만드는 데 있다. 이런 시도의 바탕은, 현행의 공무원법제와 조선조의 관련 법제를 세심하게 비교한 다음에 양자간에 공유하는 틀을 발견하는 것이다. 그런데 비교를 통해 공통분모를 발견하지 못한다면 그 비교는 단순 병렬적 차원에 그쳐서, 양자간의 접점이 없는 차이만을 노정할 뿐이다. 어떤 제도들이 그들 간에 성찰적 照應이 이루어질 수 있는 기본토대를 지니는지 여부가 관건이다. 중심사상을 기저로 한 기본토대의 존재가 일종의 '잃어버린 연결고리'인 셈이다. 따라서 2차년도의 연구

1) 이에 관해선 졸고, 조선조의 행정법제 특히 공무원법제에 관한 소고, 토지공법연구 제19집, 한국토지공법학회, 2003.9, 556면 이하 참조.

수행에서의 첫 단추는 이 '잃어버린 연결고리'를 찾는 것이다. 그런데 유의해야 할 점은 이 같은 모색에서 통시적 관점이 요구되는데, 여기에는 현재로부터의 관점뿐만 아니라, 그 당시로부터의 관점 역시 고려해야 한다는 점이다. 물론 후자와 관련해선 그 당시의 제도를 어떻게 해석하는지가 문제된다.

Ⅱ. 현재의 공무원법제와 조선조의 공무원법제간에 공유하는 기본틀이 존재하는가?

현재의 공무원제도는 민주적 · 직업적 공무원제를 근간으로 하고 있다. 그리하여 우리나라 공무원제도의 기본원칙과 관련해서, 민주적 공무원제의 측면에선 국민에 대한 봉사, 국민에 대한 책임, 공무담임의 기회균등이, 직업공무원제의 측면에선 신분보장, 정치적 중립성, 성적주의가 제시된다.[2] 분명 이런 내용의 상당부분은 후술하는 조선조의 공무원(관리)법제[3]에서 충분히 확인될 수 있긴 하나, 현재의 공무원법제와 조선조의 공무원법제 양자간의 기본 틀의 공유 여부를 검토하지 않고서는 양자간의 교차점의 의미는 국소적, 단편적, 비체계적 차원에 머물 수밖에 없다. 따라서 양자간의 기본틀의 공유 여부를 판단하는 첫 단추로서 민주적 법치국가원리의 존재 가능성과 조선조 관료제의 성격에 관한 물음을 검토하고자 한다. 그런데 여기서 유의해야 할 점은, 어느 일방의 것을 다른 일방에 가감없이 그 자체를 代入시키는 것은 지양되어야 한다는 것이다. 무릇 시공(時空)이 다르게 존재하는 것들을 일정 시점과 공간에서의 관점으로 봄은, 이미 그 자체에 상호 조응하지 못함을 원천적으로 배태한 것이다. 세심한 고려를 하지 않은 채, 보편성을 일반화하려는 시도는 지양되어야 한다.

1. 조선조의 공무원법제와 민주적 법치국가원리

행정법을 비롯한 모든 공법질서의 기본 패러다임은 민주적 법치국가원리이다. 법

2) 김남진/김연태, 행정법Ⅱ, 법문사, 2004, 196면 이하. 김중양 박사 등은 국가공무원법의 일반원칙으로, 민주적 공무원제도, 직업공무원제도, 실적주의제도를 들면서, 특히 처음과 관련해선 국민전체에 대한 봉사자, 국민에 대한 책임, 공무원 임용의 민주성 및 공무담임의 기회균등 보장 및 공무원에 관한 기본적 사항의 법률주의를 제시한다. 김중양/김명식, 공무원법, 박영사, 2000, 23면 이하.

3) 공무원은 행정조직의 구성원(공무의 담임자)이라는 지위 외에 국민 또는 사회의 구성원으로서의 지위, 근로자의 한 사람으로서의 지위까지 누리고 있다. 헌법 제7조 제1항은 「공무원은 국민전체에 대한 봉사자이며, 국민에 대하여 책임을 진다」고 규정하고 있다. 여기서의 공무원은 국가 또는 공공단체의 공무를 담당하는 일체의 자(이른바 광의의 공무원)를 의미하지만, 통상 각종 공무원법에서 규율하는 공무원은 국가 또는 지방자치단체와 공법상의 근무관계에 있는 모든 자(이른바 협의의 공무원)를 의미한다. 조선조의 관리를 오늘날의 공무원개념에 바로 換置하는 것은 자칫 존재의 지평이 다름을 간과할 수 있다. 따라서 여기선 양자간의 정당한 차이점을 전제하면서 사용한다는 점을 밝혀 두는데, 나아가 전자에서 후자에 近似한 측면을 애써 발견하고 강조하기 위한 뜻도 있다.

치국가원리의 목적은, 권력남용을 막고 개개인의 자유가 보장되도록 공권력을 법적으로 구속하는 것이다. 그리고 민주주의원리는 생활영역의 모든 질서가 국민에 의해 선출된 입법기관의 의사결정에 기인할 수 있게 한다. 핵심적인 여러 원칙(권력분립원리에서 기인한 행정의 법률구속의 원칙, 법률유보의 원칙, 사법심사의 원칙, 행위형식론의 원칙)을 담고 있는 고전적 행정법(보통 다섯가지 징표가 기본요소이다: 권력분립, 법원의 독립성, 행정의 법률적합성, 행정조치에 대한 사법구제, 국가책임법의 여러 원칙)은 법치국가원리의 구체화로서 생겨났다. 법치국가원리는 다른 한편으로는 그것이 합리성과 심사에 관한 근거로서 질서를 보장한다는 식으로 객관적 측면을 지닌다.[4] 그러나 행정법의 이념이 계몽주의시대에 만들어졌듯이,[5] 법규정에 의거한 행위는 이미 그 이념에서 목적 그 자체로서 여겨지지 않는다. 법규정에 의거한 행위는 대신에 국가권력의 제한이어서 간접적으로 자유보장적으로 영향을 미치는 행정법의 기능에서 추구된다.[6]

법치국가원리는 순전히 헌법상의 원리로서는, Kunig가 동원리를 분석하면서 입증하려한 것처럼,[7] 사실상 공허할지 모른다. 그러나 법치국가원리는 행정법상의 근원에서 보아선 여전히 살아있다.[8] 법률유보원칙, 적법성원칙, 신뢰 · 존속보호원칙, 사법구제와 같은 공리상으로는 물론 명료한 행위형식과 관련해서도, 법치국가원리의 여러 요소를 합성한 것이 체계로서의 행정법이다. 그런데 법치국가원리의 내용은 재산권보장을 참조할 수 있듯이, 헌법과 행정법의 상관관계에서만 정해질 수 있다.

고려조에 권신들이 사당을 결성하여 국가의 법령 · 의식을 무시하고 방자하게 弄權함으로써 백정이 문란하여 종내 왕조가 붕괴되는 과정을 목도한 李太祖가 건국에 當하여 즉위의 敎에 法治의 선언을 하였고, 그에 따라 법전의 편찬이 본격화되어 그 양과 질에서 전조인 고려조에 비견할 수 없을 정도였다. 즉, 비록 서구적 의미의 법치국가사상과는 그 출발점이 다르지만, 조선조에는 수많은 법전이 편찬되었다.[9] 일단 형

---

4) Bleckmann은 법치국가원리가 공법을 구성하는 객관적 측면을 지님을 강조한다. Ders., Vom subjektiven zum objektiven Rechtsstaatsprinzip, JöR Bd. 36(1987), S.lff.

5) 법치국가원리의 역사에 대해서 vgl. Schmidt-Aßmann, Der Rechtsstaat, in: Isensee/Kirchhof(Hrsg.), Handbuch des Staatsrechts, Bd. I, 1987, §24 Rn.10ff.; Forsthoff, Rechtsstaat im Wandel, 2.Aufl. 1976.

6) Di Fabio, Risikoentscheidungen im Rechtsstaat,, 1994, §2 A.

7) Kunig, Das Rechtsstaatsprinzip, 1986, S.455: "법치국가원리의 내용과 규범적 본질은 점점 우리에게 녹아내렸다, 해서 이러한 점은 대부분의 헌법해석자의 사고에 존재한다."

8) Vgl. Schmidt-Aβmann, Der Rechtsstaat, in: HStR, Bd. Ⅰ, 1987, §24 Rn.2. 追論: 이에 관한 상세는 행정법 기본연구 Ⅰ, 6면 이하 참조.

9) 즉, 정도전이 周禮를 모방하여 찬진(撰進)한「朝鮮經國典」(1394,태조3년)을 시발로,「經濟六典」(1397, 태조6년), 「續六典」(1407, 태종7년), 조선왕조 500년을 지배해 온 기본법전인「經國大典」(1469, 예종 원년),「大典續錄」(1492, 성종 23년), 「大典後續錄」(1543, 중종 38년), 「受教輯錄」(1698, 숙종 24년),「典錄通告」(1706, 숙종 32년),「新補受教輯錄」(1743, 영조 19년),「續大典」(1744, 영조 20년),「大典通編」(1785, 정조 9년),「典律通補」(1787, 정조 11년),「大典會通」(1865, 고종 2년), 조선시대의 마지막 전통법전인「六典條例」(1867, 고종 4년) 등이 撰修되어 내려왔다. 특히 이러한 여러 법전 가운데 「典律通補」(1787, 정조 11년)는 각 서의 관계조문을 한 곳으로 종합하고, 法義의

식적 차원에서 보자면, 조선조 역시 '법치국가원리(법치주의)'를 손색없이 구현하였다 할 수 있다. 이 점에서 조선조를 지배한 예주법종(禮主法從)과 덕치주의(德治主義)를 법치주의의 폄하(貶下)로 연결시키는 것은 시정되어야 한다.[10] 오히려 전자는 법치주의의 방향추이자 내재적 한계로서의 의미를 내포하고 있다고 볼 수 있다. 다시 말해, 무릇 조선조의 법치주의를 실질적으로 자리매김하는 근거가 된다는 점에서, 조심스럽게 표현하자면 조선조의 법치주의는 오늘날 보편적인 실질적 법치국가원리에 상응한다고 봄직하다.

그런데 "법(률)에 의한 지배"가 법치국가원리의 전부가 되지 않기 위해선 그곳에 민주주의 원리가 더해져야 한다. 사실 민주주의 원리와 법치국가원리, 양자는 국민대표자의 의회활동에서 함께 작용하는데, 그러한 활동에서 규율의 인적 · 물적 · 권력분립적 · 법치국가적 정당성이 기대된다. 따라서 권력분립적 토대가 기본전제이다. 권력의 집중이 두드러진 조선조의 국가체제에서 지금과 같은 권력분립적 토대를 요구한다면, 그 답은 명백히 부정적이다. 하지만 자유와 권리를 보장하기 위한 전제이자 수단으로서의 권력분립제도의 본질[11]을 염두에 두면 사정은 다르다. 나아가 권력분립제도의 구현이 오로지 지금과 같이 입법, 행정, 사법의 3축에서만 이루어져야 하는지도 의문스럽다. 기실 권력분립의 원리는 서구의 근대입헌주의사상의 산물인데, 그 전제란 국가작용을 기능적 관점에서 입법작용, 집행(행정)작용 및 사법작용으로 구분한 것이다.[12] 그러나 조선조의 국가작용은 집중이 특징이기에 지금의 권력분립 원리가 구현될 조건이 전혀 구비되지 않았다 하겠다. 반면 임금의 나라인지가 의문스러울 정도로 임금의 권한행사에 견제가 가능하고, 임금에게는 고양된 책임의식을 요구하며, 국가기관 상호간에 광범한 견제가 가해진 점은 권력분립의 참뜻이 -그 당시의 관점에서 보자면- 구현되었다고 봄직하다.[13] 국가로서의 조선의 존재이유는 다름 아닌 그것의 지향점인

전후모순과 중복을 시정하고, 적용한계와 출처 및 법원을 알기 쉽도록 하였다. 조선조의 법의 정비에 관해선 특히 박병호, 근세의 법과 법사상, 1996, 75면 이하; 정긍식, 조선시대의 권력분립과 법치주의, 법학(서울대 법학연구소) 제43권 제4호, 2001.12, 42면 이하 참조.

10) 정긍식 교수는 법치주의와 덕치주의를 배척관계로 보는 통념에 대한 의문점을 출발점으로 삼아, 조선조에 법치주의가 어떻게 구현되었는지를 논구하였다. 동인, 위의 글, 28면 이하 참조. 이 글에서 많은 시사점을 발견하였음을 밝혀둔다.

11) 홍성방, 헌법학, 현암사, 2003, 147면.

12) 장영수 교수는 현대적 헌법원리로서의 권력분립은 자연법적 · 초실정적 도그마가 아니라 하나의 역사적 원리로서 이해되어야 한다고 하면서, 이젠 종래의 관념으로 벗어나 현대의 민주국가의 현실에 부합되는 권력분립체계를 생각하여야 한다고 강조한다. 그리하여 권력분립이란 「국민의 관점에서-한편으로는 권력을 남용을 방지하기 위하여, 그러나 다른 한편으로는 국민을 위해 존재하는 국가권력의 능률성을 고려하면서- ① 국가권력을 창설 내지 구성하고, ② 그 권한범위를 확정 · 한정하고, ③ 국가권력 상호간의(상호협력 및 상호통제의) 관계를 규율하는 것이며, 이를 통하여 국가권력의 적정성과 통일성을 동시에 확보하기 위한 것으로 이해되어야 한다」고 기술하고 있다. 동인, 헌법총론, 홍문사, 2004, 286면.

13) 이 점에서 손문호 교수가 조선과 같은 유교국가는 절대군주국가 아니라, 개명군주국가 내지 입헌군주국가에

"爲民"임을 되새겨볼 필요가 있다.

2. 조선조 관료제의 성격

조선조의 관료제의 성격을 둘러싸고 활발한 논의가 진행되고 있다. 전통적인 입장, 중앙집권적 양반관료제론과 가산관료제론에 대한 논의가 그것이다. 전자와 관련해선 신분설정을 두고서 양천제설을 주장하는 입장[14] 내지 음관을 고양시키는 입장[15] 등에서 비판되고 있고, 후자와 관련해선 조선 관료제의 근대성을 모색하려는 입장에서 비판되고 있다. 조선조의 공무원법제에 관한 논의에서 후자의 문제는 매우 중요하다. 사고의 기본방향성은 물론 그 관점마저 필연적으로 직접적 영향을 받는다. 역사학에서는 조선조 관료체제의 성격에 관해 대체로 조선조를 가산국가로 보아 베버의 이른바 '가산관료제론'을 수용하고 있다. 주요 논거로 천하의 토지가 모두 왕토 아닌 것이 없다는 왕토사상과 공·사 구별의 모호함을 제시한다.[16]

행정학에서도 조선조가 '가산국가'의 성격을 지녔으며 가산적 관료제가 조선조 관료제도와 매우 유사한 것으로 일반적으로 받아들이고 있다. 박동서 교수는「첫째, 가산적 관료제가 존재하는 家産國家(Patrimonialstaat)란 국가가 왕의 세습재산으로 간주되며, 따라서 공법과 사법의 구별 또는 통치권과 소유권의 구별이 없는 국가를 의미하므로 우리 조선시대와 유사한 것으로 생각된다. 이러한 국가의 관료제의 주요 특징을 들면(주7) ① 관료의 행동을 좌우하는 것은 법령이 아니라 전통이 되며 또한 부하는 상관에 전인격적인 헌신을 하는 것이 요청되므로 왕의 자의에 따르게 된다는 것, ② 권한의 배분이 기능적 분업에 의하는 것이 아니라 왕의 자의에 의하므로 이것이 지속되면 지권은 사권화되고 세습화되면서 왕의 권한은 약화되는데, 이러한 예를 우리는 조선시대의 신임세도정치에서 볼 수 있다. ③ 상하관간의 관계가 직무상의 것에 그치지 않고 신분상의 상하관계도 내포되어 부하에 대한 전인격지배가 가능하다는 것, ④ 관료에게 필요한 지식은 전문적인 것이 아니라 일반 교양적인 것을 요청하며 우리의 경우 조선의 과거시험이 이에 해당된다. ⑤ 전통에 없는 문제에 당면했을 때에 근대적 관료제는 법령에 따라 처리함으로써 형식적 합리성을 지니는 결점은 있으나 예측이 가능한 데 반하여, 가산적 관료제는 이러한 법령의 구속없이 결정자의 자의에 따라 결정함으로써 실질적 합리성을 지니는 수도 있기는 하나 예측이 어렵다고 하는 것이다.」

가깝다고 지적한 점은 의미심장하다. 동인, 고려말 신흥사대부들의 정치사상연구-유교적 국가주의를 중심으로-, 서울대 대학원 정치학박사학위논문, 1990, 29면.

14) 대표적으로 한영우, 조선초기의 상급서리 '成衆官', 동아문화 제10집, 1971.

15) 임민혁, 조선시대 양반관료제사회론의 재검토, 동서사학 제9집, 2003.3. 67면 이하.

16) 한우근, 중앙집권체제의 특성, 한국사 10, 국사편찬위원회, 1977, 199면.

라고 주장한다.[17)]

종래 통설화된 가산관료제론은 1980년대 후반부터 강력한 비판에 직면하고 있다.[18)] 군주를 정점으로 하는 관료제 국가를 유교국가로 보는 손문호 교수는 '유교국가'(儒教國家)를 전제군주국가로 보는 것은 무엇보다도 유교적 관료제에 대한 오해의 소산이라고 전제하고선, "헤겔, 마르크스, 베버는 유교국가에서 관료제가 중요한 의미를 지닌다는 것은 알았지만, 외관상 막강한 군주의 권력에 초점을 둠으로써 관료제를 군주에게 예속된 것으로 규정하고 말았다. 즉, 헤겔은 군주의 수족으로, 마르크스는 착취의 장치로, 그리고 베버는 군주의 가산적 국가를 관리하는 부속물로 보았다. 그러나 유교국가의 실제에서 관료제는 국가권력의 합리적 효율적 행사를 위한 제도였다. 군주권력을 강화하기 위한 제도가 아니라, 국가권력과 군주권력을 분리시키기 위한 제도였던 것이다. 관료들은 독자적인 신분이었고, 군주는 관료신분과 구조적 대립관계에 있었다."고 주장한다.[19)]

그리고 박병련 교수는 종전 베버의 분석틀에 따른 가산관료제론에는, 유교라는 이념적 요소의 영향을 배제함으로써 유교적 요인에 대한 정당한 평가가 결여되었다는 치명적이고도 본질적인 약점이 존재한다고 지적한다. 아울러 가산관료제론은 자칫 조선사회정체론의 타당성을 뒷받침하는 결과를 초래한다고 지적한다. 그리하여 그는 조선조 관료제를 일종의 유도가설인 "유교관료제"로 보고서, 민본주의적 지향점을 갖는 유교이념이 관료와 구조, 정책결정과정에서 구체적으로 어떻게 관련되고 있는지를 규명한다. 그리하여 이 유교관료제의 성격과 특성은 이념차원에서 보자면 '이념관료제'의 범주안에 있으되, 그 내용인 정치행정적 지향성의 측면에선 '군본'이나 '관본'의 收奪官僚制가 아니라, '민본적'인 '敎化官僚制'를 기본틀로 한다고 주장한다.[20)]

한편 이병량 박사는 인사제도의 영역에서 조선관료제의 운영과 기능방식이 보여준 특성－관료의 충원과 평가, 승급 그리고 그들에 대한 경제적 보상에 있어서 조선초의 관료제가 지니고 있었던 전문성의 강조, 충원에 있어서의 개방성, 연한과 업적에 의한 평가, 정구적인 보상의 지급－에 착안하여 조선초의 관료제가 막스 베버가 합리적 지배의 유형으로 제시한 근대적 관료제의 성격을 지니고 있었던 것으로 이해할 수 있다

17) 동인, 한국행정론, 법문사, 2001, 313면. 동지: 김규정, 행정학원론, 법문사, 2000, 321면 이하.

18) 본문에서 거론 한 문헌 말고도 南智大는 조선조의 역사적 사실에 대한 구체적 인식을 토대로 간략한 비판과 함께 가산관료제론 수용의 효용성에 대해 의문을 제기하고 있고, 이옥선도 가산관료제의 이념형과 조선조의 역사적 현실이 잘 부합하지 않는다는 측면에서 일단 의의를 제기한다. 남지대, 조선후기 정치제도사 연구현황, 한국중세사회 해체기의 제문제(상), 근대사연구회편, 1987, 68-70면. 이옥선, 조선조 사회기의 권력구조에 관한 연구, 이화여자대학교 대학원 박사학위논문, 1990. 168-170면.

19) 동인, 고려말 신흥사대부들의 정치사상연구－유교적 국가주의를 중심으로－, 서울대 대학원 정치학박사학위논문, 1990, 26면.

20) 동인, 조선조 유교관료제의 성격에 관한 연구, 서울대 대학원 행정학박사학위논문, 1991.

고 한다. 나아가 베버가 주장하는 근대적 관료제는 자본주의의 발달을 전제로 하는데, 자본주의라는 경제적 전제없이 그에 근사하는 관료제가 성립하였다는 점에서 조선조 관료제가 그 한계에서 지닐 수 있는 가장 발전된 합리적 지배의 한 형식이라고 호평한다.[21)]

3. 소결

공무원제도로부터 지배자의 私僕이 아닌 국민에 대한 봉사자로서의 공무원제도가 탄생된 것은 서구 시민혁명의 성과로서의 근대국가의 탄생과 그 궤를 같이 한다. 서구적 근대적 공무원제도의 특징으로 ① 공무원이 개인의 고용원이 아니라 국가 등 행정주체의 기관인 점, ② 공무원의 사생활과 공생활이 명확히 구분되는 점, ③ 공무원직이 세습되지 않는 점 등이 제시된다. 한편 시민혁명의 전후에 국가의 발전형태가 곧바로 공화정으로 가지 않고, 절대군주국가에서 입헌군주국가에로의 변천을 거쳤다.

그런데 그 근대적 공무원제 역시 애초에는 법치주의가 배제되는 차원에서 비롯되었다. 바로 지금까지도 행정법의 영역에서 자리를 차지하고 있는 이른바 "특별권력관계이론"이다. (전통적인) 특별권력관계에는 일반권력관계와 구별되는 다음과 같은 특색을 지닌다고 주장되었다.[22)] ⅰ) 특별권력관계에는 '행정의 법률적합성의 원칙', 그 중에서도 특히 법률유보(Vorbehalt des Gesetzes)의 원칙이 적용되지 않는다. ⅱ) 특별권력관계를 유지하는 데 필요한 범위 내에서는 그 구성원인 공무원이나 학생들의 기본권을 법률의 수권없이 제한할 수 있다. ⅲ) 특별권력관계에서 발해지는 일반 · 추상적 규율(명령)은 법규(Rechtssatz)의 성질을 가지지 않는다고 하여 보통 행정규칙(Verwaltungsvorschriften)이라고 부르고, 개별적 명령(하명)은 행정행위와 구분하기 위하여 지시(Anweisung) 등으로 불렸다. ⅳ) 특별권력관계에는 법치주의가 타당하지 않으며, 특별권력관계에서 발한 명령 등의 법적 성질이 부인된 당연한 결과로서, 특별권력관계 내의 사항은 원칙으로 사법심사의 대상이 되지 않는다고 하였다. 이런 내용의 전통적 특별권력관계이론은 특히 제2차 대전후 비판의 십자포화(Kreuzfeuer der Kritik)를 받게 되었다.[23)] 즉, 전통적 특별권력관계이론은 19세기 후반 독일의 입헌군주정을 시대적 배경으로 하여 생성된 것이므로 오늘날의 민주국가에서는 그 타당의

---

21) 동인, 조선초 관료제의 근대성에 관한 연구, 정부학연구 제8권 제1호, 2002, 239면 이하.

22) 특별권력관계이론의 창시자로 볼 수 있는 Otto Mayer는 특별권력관계의 하나로서 '영조물의이용관계'를 들면서, 「영조물이용관계의 질서는 법치국가의 특징을 단호히 배격한다. 그것은 법규(Rechtssatz)와 행정행위를 회피한다」라고 기술하였다. Ders., Deutsches Verwaltugsrecht, Bd. Ⅱ, 1924, S.284.

23) 이에 대한 상세는 김남진, 행정법의 기본문제, 법문사, 1994, 121면 이하; 정하중, 민주적 법치국가에서의 특별권력관계, 고시계 1994. 9. 참조.

기반을 상실하였다는 점과, 오늘날에는 '국가 대 공무원', '영조물주체(학교 등) 대 학생'과의 관계도 인격주체 상호간의 관계임을 부인할 수 없게 되었다는 점이 주된 요지이다. 당연한 결과이지만, 법치주의를 배격한 셈인 전통적 특별권력관계이론은 오늘날 그 자체로선 더 이상 용인되지 않고, 수정된 형태로 유지되고 있다. 공무원의 근무관계가 특별권력관계(혹은 특별행정법관계)의 대표적 예에 해당한다는 사실은, 현재의 공무원법제를 조선조의 그것에 투영함에 있어서 적어도 양자를 전혀 불상용한 것으로 보는 것은 피할 수 있는 단초가 된다. 이 점에서 손문호 교수가 "유교국가로서의 조선이 절대군주국가가 아니라, 개명군주국가 내지 입헌군주국가에 가깝다"고 지적한 점[24]은 많은 함의(含意)를 갖는다.

Ⅲ. 조선조 공무원(관리) 임용제[25]에 관한 행정법적 고찰의 구체적 내용[26]

1. 조선조 관직체계에 관한 개관

조선조에서 관직은 文班(東班)과 武班(西班), 朝官[27]과 土官[28], 유품직(流品職)[29]과 유외잡직(流外雜職) 등으로 구별되었고, 이들은 각각 관계(官階)를 기준으로 편제되어 정직(正職)[30]과 체아직(遞兒職)[31], 녹관(祿官)[32]과 무녹관(無祿官)[33]으로 구분되어 실제

24) 동인, 앞의 글, 29면.

25) 여기서의 임용은 지금의 용례에 좇아서 임용은 보다 넓은 의미, 즉 신규임용 · 승진임용 · 전직 · 전보 · 겸임 · 파견 · 강임 · 휴직 · 직위해제 · 정직 · 복직 · 면직 · 행임 및 파면을 포괄하는 의미로 사용한다.

26) 이 글의 조선조 법제의 근거 역시 조선조 대표적 종합법률인 전율통보(典律通補)로 삼는다. 그리하여 조선조의 법전이 지닌 특성 즉, 개개의 조문화의 결여를 감안하여 법제처가 1971년에 출간한 해설서상의 해당 부분을 정리한 것임을 밝혀둔다. 한편 지면관계상 조선조의 관료제 전반까지 논의를 전개하지 못하였다. 조선조 관리의 근무상황, 근무평정 등은 오늘날의 제도에도 충분히 수용할 만하다. 이를 포함한 전반적인 논의는 졸고(발표문), 제18회 JURIS FORUM, 충북대 법학연구소, 2004.5.14. 참조.

27) 토관과는 대비되는 것으로, 조정에 출사하는 관원을 말한다. 조신이라고도 한다.

28) 토관직이란 평안도와 함경도의 부(府), 목(牧), 도호부(都護府)에 따로 둔 벼슬인데, 그 道의 사람만을 시킨다. 이는 통치자가 일부 지방의 토호를 자기의 편으로 끌어 들여 통치를 강화할 목적으로 설치한 벼슬자리이다. 이 제도는 고려조부터 실시되어 온 것인데, 조선조에 와서 그 범위가 점차 늘어났다.

29) 본디 유품(流品)이란 상류사회에 지위를 차지한 사람 또는 학문과 도덕이 있는 사람을 이르는 말인데, 한 마디로 관리의 품계를 의미한다. 다시 말해, 고려조나 조선조 때의 정1품에서 종9품까지 18품계를 통틀어 이른다. 이 품계에 안에 들어가는 것을 정류(正流) 또는 유내(流內)라 하고, 이에 들어가지 못한 것을 잡류(雜流), 또는 유외(流外)라 한다.

30) 이는 문관과 무관의 실직(實職)이 있는 관직을 말하는데, 통상 잡직(雜職)에 상대하여 일컫는다.

31) 이는 원록체아직(原祿遞兒職)과 군함체아직(軍銜遞兒職)을 합하여 일컫는 것인데, 현직을 떠난 문관과 무관을 예우하여 계속 녹봉을 지급하기 위한 조치로서 만든 벼슬자리이다. 이 제도는 재정의 뒷받침이 고려되어야 하기에, 오위(五衛)의 軍制를 폐지하고 그 군직에 책정되어 있는 재원을 轉用하여 그 일부는 실무없는 각급 문무관을 해당 품계의 군직에 부하여 일정한 녹봉을 받도록 하거나(원록체아직), 다른 일부는 각 관청에 定員은 적고 사무는 많은 경우에 이를 정리하기 위하여 임시로 增員된 사람을 각급 군직에 부하여 그 녹봉을 받으면서 소속관청의 사무를 정리하게 한다(군함체아직). 전자가 유보수명예직이라면, 후자는 유보수임시직이라 하겠다.

32) 이는 무녹관과는 달리 녹봉을 받는 관리를 의미한다.

운영되었다. 조관은 정1품에서 종9품까지, 토관은 정5품에서 종9품까지, 잡직은 정5품에서 종9품까지 두어졌고, 아울러 문반 관직은 정1품에서 종9품까지, 무반 관직은 정3품에서 종9품까지, 체아직은 정3픔에서 종9품까지, 무녹관은 주로 참상(參上)[34]에 두어졌다. 특이한 점은 관계체계에서 문반의 관계가 정1품에서 종9품까지인 반면에, 무반의 관계는 정3품에서 종9품까지여서 무반에는 2품이상의 관계가 없었다. 그리하여 2품이상의 관계로 승품하자면 반드시 문반의 관계를 받아야 한다. 그리하여 문반과 무반 사이의 관계상의 차등은 대체로 2품의 차이가 났으며, 관직의 운영면에서도 문반은 正職 위주인 반면에 무반은 遞兒職 위주였다.

이런 관직체계에 따른 차대(差待)에 관해서, 남지대 교수는 이런 차대는 사회계층을 편제하기 위한 것이며, 그 내용은 신분계층에 따른 差待라고 지적하였다. 남지대 교수는 신분계층에 대한 차대가 관계의 차등으로 구조화됨으로써, 차대가 정당한 것으로 받아들여졌고, 또한 遞兒職 · 影職과 아전 · 토관 · 잡직 등이 여러 신분계층을 포섭 · 편제하는 기능을 수행할 수 있었다고 지적하였다.[35]

2. 임용[36]상의 연령

(1) 조선조의 법제

陵 · 殿의 참봉(參奉)과 부도사(副都事) · 교부(敎傅) · 敎官 · 洗馬 · 생원 · 진사는 나이가 30세 이상인 자를 임명하는데, 다만 文廟[37]의 동종사(東從祀)[38] 또는 서종사(西從祀)[39]에 배향(配享)하는 先賢 · 功臣 · 儒賢과 전쟁에서 원통하게 사망한 청백리의 적장손은 예외로 한다. 또한 임시 監役官에 임명할 학생은 나이가 40세 이상인 자를, 돈령부의 참봉 · 수봉관(守奉官)에 임명할 학생은 나이가 30세 이상인 자를 임명한다. 그리고 중국에 왕래하는 공문서에 사용하는 이문학(吏文學)[40]과 기상을 관측하는 천문학의

---

33) 이는 조선조 때 녹봉이 없던 벼슬자리인데 통상 일반 관직이외의 특별관직이다.

34) 이는 문관과 무관 당하관인 정3품에서 6품에 이르기까지의 관원에게 붙이는 호칭인데, 참내(參內)라고도 한다. 이에 반해 문무 7품 이하의 관원에게는 참하(參下) 또는 참외(參外)란 호칭을 붙였다.

35) 이에 관해선 동인, 조선초기 중앙정치제도연구, 서울대학교 대학원 문학박사학위논문, 1993.8, 188면 이하 참조.

36) 임명이란 특정인에게 공무원으로서의 신분을 부여하며, 공법상의 근무관계를 설정하는 행위를 말한다. 이런 의미의 임명은 실정법상으로 '임용'으로 표시되기도 하나(국가공무원법 제26조 등), 임용은 임명을 포함한 넓은 개념이다. 그리하여 공무원임용령 제2조 1호는 「"임용"이라 함은 신규채용 · 승진임용 · 전직 · 전보 · 겸임 · 파견 · 강임 · 휴직 · 직위해제 · 정직 · 복직 · 면직 · 해임 및 파면을 말한다」고 규정하고 있다.

37) 공자를 모신 사당.

38) 문묘의 동편의 위치한 사당으로서 동국의 유현을 모신다.

39) 문묘의 서편에 위치한 사당으로서 동국의 유현을 모신다.

40) 당시 중국과 교신하는 문서에 쓰는 특수한 문체로 자문 · 서계 · 관문 · 감 · 보장 · 제사 등에 쓴 문학.

教授는 생원 · 진사 · 幼學[41]을 막론하고 나이가 30세 이상인 자를, 노창(爐唱)[42]하는 引儀는 그 나이가 20세 이상인 자를 임명한다. 나아가 나이가 20세 미만인 자에게는 동반의 관직을 제수하지 못하되, 모든 과거에 합격한 자는 예외로 한다. 나이가 65세 이상인 자는 지방관직에 서임(敍任)하지 못한다. 당상관은 67세로 제한하고 당하관에게는 3년을 가산하며 다른 관직도 이와 같이 한다. 나이가 70세에 달한 자는 찰방으로 임명하지 못한다. 수령으로서 연만한 사람은 다른 고을의 수령으로 전임(轉任)하도록 주의(注擬)[43]하지 못한다.

(2) 검토점

공무원임용에서의 연령물음에서 조선조의 법제와 지금의 법제는 전혀 다른 방향에서 접근하고 있다. 조선조와 오늘의 법제에서 엿볼 수 있는 뚜렷한 차이점은 바로 전자에선 기본적으로 下限을 바탕으로 한 반면, 후자에선 기본적으로 下限보다는 上限에 초점을 맞추고 있다는 점이다. 유교적 성리학을 국가철학의 근본으로 하는 조선조가 長幼有序를 바탕으로 하여 국가관료제도를 구축하였음을 잘 보여준다. 조선조 때 동반의 제수의 하한연령을 20세로 삼은 것은 오늘날의 성년하한의 예와 비슷한데, 과거에 합격한 자에겐 장유유서의 기본틀마저 배제시킬 수 있게 한 점은 조선조가 비록 한정적이지만 신분제적 능력본위사회였음을 느끼게 한다. 한편 중앙관직에선 보이지 않은 연령상한이 지방관직에선 규정된 점이 특이한데, 아마도 지방관직이 한직이기에 그 임명이 남용되는 것을 막기 위함일 수도 있다. 한편 경국대전은 집안식구를 데리고 가지 않는 자에게는 연령상한규정이 적용되지 않는다고 규정하였다. 그리고 경국대전은 당사자의 연령뿐만 아니라, 그의 부모의 나이까지 지방관직의 임명에서 고려하도록 하였다. 즉, 부모의 나이가 70세이상에 달한 경우에는 중앙에서 3백리 떨어진 고을의 수령으로는 임명하지 못하게 하였다.

3. 임용상의 결격사유

(1) 조선조의 법제

의금부에서 심문을 받고 있는 사람(義推人)은 판결을 내리지 않은 상태에서는 관직의 임용을 奏薦하지 못한다. 장리(贓吏)[44]의 아들과 손자는 의정부, 6조, 한성 · 사헌 · 개성부, 사간원, 경연, 시강원, 춘추관 지제교, 종부시, 관찰사, 도사, 수령의 직에 임

41) 사대부의 자손으로서 벼슬하지 아니한 유생.
42) 의식에 있어서 그 절차를 통례원의 인의가 소리높이 창하는 것.
43) 관원을 임명할 경우에는 문관은 이조에서, 무관은 병조에서 3인의 후보자를 추천하여 상주하는 것.
44) 장죄(贓罪)를 범한 관리를 말한다. 장죄란 관리가 부정하게 뇌물을 받거나 직권으로 재물을 탐한 죄를 말한다.

명하지 못한다. 아울러 행실이 온당하지 아니한 여자 및 재가한 여자의 소생은 동·서반의 일체의 직에 임용하지 못하며, 그 증손에 이르러서는 전술한 각사(各司) 외에 임용을 허용한다. 관리로서 형벌을 함부로 적용하였을 때에는 장형 100대, 도형 3년에 처하며 致死하게 한 자는 영구히 임용하지 아니 한다.

(2) 검토점

국가공무원법 제33조 등 오늘날의 임용결격사유와 비교한 즉, 임용상의 연좌제적, 신분제적 운용이 여기서도 그대로 통용됨을 알 수 있다. 그리고 조선조의 관리는 행정권과 더불어 형벌권을 함께 보유하는데, 후자의 남용에 대한 강력한 제재를 두고 있음은 매우 이채롭다. 오늘날에도 사정기관 및 사법기관의 권한남용이 문제되기에 이 같은 제도는 참조할 만하다.

그런데 경국대전 등에 의하면, 업적평정에서 하등의 평정을 받거나 사적인 범죄(私罪)로 파직된 경우에는 2년을 경과해야 채용한다. 다만 특별히 고려될 임금의 친척이나 공신으로서 하등의 평정을 받은 사람은 1년만 지나면 채용할 수 있으되, 당상관의 경우 이런 예외규정을 적용하지 않는다. 한편 현행 국가공무원법 제33조 제1항에 의하면, 懲戒에 의하여 罷免의 處分을 받은 때로부터 5年을 경과한 者와 懲戒에 의하여 解任의 處分을 받은 때로부터 3年을 經過한 者는 채용될 수 있다.

한편 이상에서 본 임용결격사유는 그 자체 절대적 성격을 지닌다. 나아가 조선조의 법은 일종의 상대적 결격사유에 해당한다고 봄직 한 것까지 규정하고 있다. 즉, 일찍이 관찰사·절도사를 지낸 사람은 그 도내의 수령으로는 임명할 수 없다는 것이다. 동일관청의 상하관에 있어서, 일정한 친족관계에 있는 자로서는, 서로 맞서기(상대하기)를 피하게끔 한 상피(相避)제도 역시 임용의 상대적 결격사유로 봄직 하다. 조선조에선 동일한 관청뿐만 아니라, 직무상 상관되는 관계에서도 상피제도가 통용되었으며, 나아가 소송관계에 있어서도, 법관과 소송당사자간의 상피관계가 엄격히 규율되었다.

4. 임용에서의 連坐(緣坐)

(1) 조선조의 법제

왕비의 부친에게는 敦寧府 領事를 제수하는데, 만약 관직이 낮거나 혹은 관직에 취임한 일이 없으면 먼저 돈령부의 都正을 제수한 후에 돈녕부 영사를 제수한다. 그리고 대원군의 奉祀人[45]은 3대를 지낸 후에 돈령부의 도정을 제수하며, 세자빈의 부친에게

45) 제사를 받드는 사람. 보통 민가에서는 비속 4대손까지 그 조선의 제사를 모시는 사람을 말함.

는 6품관을, 세손빈의 부친에게는 7품을, 대군 · 왕자부인의 부친에게는 9품을 제수한다. 대군의 사위와 공주의 아들에게는 (돈녕부의) 7품을, 공주 · 왕자군의 사위와 옹주의 아들에게는 종8품을 제수한다. 다만 대군 · 왕자의 양첩의 사위는 가각 1등을 강하하고 천첩의 사위는 또 1등을 강하한다.

한편 본인을 대신하여 그의 아들 · 사위 · 동생 · 조카들(代加者) 중에 품계를 올려줄 경우에는 정5품 通德郎까지로 한정한다. 그리고 국가의 경사로 인하여 국왕이 물품을 하사하여 백관에게 품계를 올리라는 재가가 내렸을 때, 이미 최고 품계에 달하여 그 이상 올릴 수 없는 사람에게는 그의 아들 · 사위 · 동생 · 조카들 중에 이를 대신하여 품계를 올린다. 그런데 내의원 · 전의감 · 혜민서 등 三醫司에 소속된 3품관의 자손은 음관의 계승이 허용되지 아니한다.

(2) 검토점

조선조 공무원임용상의 특징은 그 임용의 효과가 대상자 한 사람에 국한하는 것이 아니라, 그 가문이나 일족에까지 미친다는 점이다. 蔭敍制度가 그 결정판이나, 다른 측면에서 보면 형벌상의 연좌제를 낳는 출발점이 되기도 한다. 특히 품계에 오를 사람에 대신하여 그의 아들 · 사위 · 동생 · 조카들 중에 품계를 올려주는 대가제(代加制) 역시 임명상의 연좌제를 구현한다고 하겠다. 당하관의 신규임용에서 치러지는 서경(署經)에서 당사자이외에 내외 4조와 처 4조까지 신원조사를 행하는 것은 임용상의 연좌와도 상관관계가 있다.

5. 중앙관직상의 일반적인 임용절차－광범한 추천절차－

(1) 고급관료의 경우

의금부의 판사(判事), 6조의 판서, 한성부 판윤, 승정원의 승지, 사헌부 · 사간원 · 홍문관 · 세자시강원 · 강서원 · 본조의 참판 · 참의는 구두(口頭) 전령에 의하여 임명하지 못하며, 각도의 監司도 이와 같다. 그리고 이 · 병 · 호조의 판서, 훈련도감 · 금위영 · 어영청 등 3군문의 대장, 수어사 · 총융사, 유수, 평안 · 함경감사, 통제사, 평안병사, 북병사, 강주 · 의주부윤, 수원 · 동래부사, 제주목사는 묘당의 추천에 의하여 임명한다. 大將의 職任인 將任과 地方官은 사전에 재가를 얻은 후에 이 · 병조에서 단일후보자를 추천하여 임명한다.

議政大臣의 후보자를 선정할 때에 現任 大臣이 없을 경우에는 原任(前任) 大臣이 왕에게 알현하고(入侍하고), 전단(前單)에 수점(受點)[46]하는 것과 가복(加卜)[47]하는 것에는 현임 대신의 출근을 기다려야 한다. 대제학의 후보자를 선정함에 있어서는 전임 대제학, 의정대신, 의정부 좌 · 우참찬, 6조의 장관, 한성부 판윤이 회합하여 여러 추천자의 성명 가운데 적당한 사람을 골라 권점(圈點)을 찍는다. 구체적으로 전임 대제학-전임자가 없으면 도당이- 이 그 성명을 기입하여 추천하면, 의정대신이하 선정할 권한을 갖는 이상의 관원들이 적당한 사람의 성명에 권점을 찍어 품계의 서열을 막론하고 그 점수의 다소에 따라 정한다.

대간(臺諫)[48] · 承旨, 이 · 병조의 판서와 수령 중에서 3인 이상의 결원이 있거나 서 · 북 양도감사(兩界監司)의 추천에는 왕의 재가를 얻은 후에 (여쭈어) 의논해 결정(稟定)한다. 의정대신의 후보자 추천과 대제학의 권점(圈點)[49], 규장각의 관원을 새로 임명할 때에도 의논해 결정(稟定)한다. 본조(이조)의 당상관은 장관이 임명하지 못한다. 참의(參議)의 단독적인 국정수행(獨政)은 오로지 긴급한 임무에 한한다.

경연(經筵)의 추천을 받은 다음에 이조참판에 주의(注擬)하고, 성균관의 추천을 받은 다음에 이조참의에 주의하는데, 묘당(廟堂)[50]에서 추천한 사람은 예외로 한다.

한편 사헌부 · 사간원 · 홍문관 · 세자시강원 · 성균관의 장을 지방관으로 轉任시키려 할 경우에는 임금께 그 사유를 품주하여 의견을 청한다. 그리고 참찬(參贊)을 형 · 공조의 판서, 한성부 판윤에 임명하도록 추천할 경우에는 그 사유를 품주하여 의견을 청한다.

(2) 중견관료의 경우

홍문관 당하관의 후보자는 본조(이조)의 낭관(郎官)[51]이 전과 같이 이를 추천하게 하되, 당상관과 낭관이 그 가부를 相議하는데, 만약 이러한 공무를 집행하는 낭관이 없을 때에는 장관은 다른 당상관과 더불어 상의하여 청환(淸宦)의 후보자를 결정한다.[52] 세자시강원의 관직에는 비록 사헌부 · 사간원의 관직을 역임한 바 있다 할지라도, 다시 청환(淸宦)의 후보자로 추천절차를 거쳐야 한다. 또 세자시강원의 7품직인 자의(諮議)로서 6품에 승급한 후, 사헌부 · 사간원의 관원으로 추천을 받은 사람도 다시 이조의 注擬節次를 거쳐야 한다. 특히 사헌부의 관원 즉, 남대(南臺)는 한사람의 이조 당상

46) 전단의 수점이란 전일에 결정한 추천서에 왕이 결재하는 점을 받는다는 말이다.

47) 가복이란 의정을 천거할 때 임금의 마음에 맞는 사람이 없어 한 두 사람을 더 천거하던 일이다..

48) 사헌부 · 사간원 관직의 총칭.

49) ㅇ표를 말한다. 홍문관 예문관의 관직을 청환이라 하며, 이러한 청환을 임명함에 있어서는 먼저 문과에 급제한 자들 중에서 적합한 후보자를 선정하고 그 선정된 후보자의 성명에 전임자 3인 이상이 모여서 ㅇ표를 찍는다. 이러한 점수를 많이 얻는 사람을 후보자로 선정하고 만일 이 권점에 착오가 발견될 경우에는 의정대신과 제학이 모여서 다시 권점을 행하며 차점 이상을 왕이 불러서 간단한 시험을 치루며 이를 소시라 하고 이에 합격한 자를 청환에 임명한다. 이 권점제도는 다른 중요관직에도 적용된다.

50) 대신이 국사를 논의하는 곳 또는 비변사를 말함.

51) 낭관이란 각 관아의 堂下官을 총칭하는 것이다.

52) 이는 銓郎法을 부활하여 관리임명에 관하여 임금에게 상주하여 청원하는 즉, 주청(奏請)을 허용하는 것이다.

관의 의견으로서는 경솔하게 주천하지 못한다. 세자시강원의 자의는 특별 추천에 의하여 임용하되 적합한 사람이 없으면 묘당에 문의하여 임명하는데, 유학(幼學)을 자의로 임명할 경우에는 이에 구애되지 아니한다. 대군과 왕자의 스승인 사부(師傅)는 추천하는 사람이 있어야 임명하되, 유학을 사부로 임용할 경우에는 이에 구애되지 아니한다. 원자 · 원손의 보양관(輔養官)은 대신에게 문의하여 왕의 재가를 받아 주천한다.

(3) 무신의 경우

武臣으로서 재질, 도량과 기량(局量), 그리고 원대한 포부가 있는 자를 선택하여, 당상관 이상이면 판서 · 참판 · 판윤 · 좌윤 · 우윤 · 승지에 주천(奏薦)하고, 당하관 3품인 통훈(通訓)이하이면 시정(寺正)[53]에 임명하는데, 장관이 아니면 이런 임명 절차를 이행하지 못한다. 무신을 종1품인 의금부 판사(判事)로 임용할 경우에는 병조판서를 지낸 후라야 주천한다.

(4) 검토점

조선조에서 동반과 서반을 불문하고 3품 이상의 관원('擧主'라 한다)은 3년마다 봄 정월(春孟月)에 3품으로부터 무직까지의 관원 후보자 3인을 추천할 수 있었다. 지방관리후보의 경우에도 마찬가지이다. 이런 천거제도로 말미암아 음관은 물론 무릇 천하의 인재에게 출사의 길이 열려져 있다. 천거에 따른 연대책임적 추궁장치를 마련해 놓았기에 무자격자의 무분별한 천거가 제어될 수 있었다. 나아가 피천(披薦)적격자에 대한 천거를 해태함에 대한 책임까지 물을 수 있게 한 것은 특이하다.

과거 1963년부터 1973년까지 적용하던 3배수 추천방법(가령 행정자치부의 전신인 총무처장관이 3배수 이내의 후보자를 추천하면 임용제청권자가 그 중에서 임용예정자 1인을 결정하는 방식)이 정실인사의 폐단으로 중앙인사관장기관의 장이 결원 수만큼 추천하는 제도로 전환됨에 따라, 우수인력을 최대한 많이 임용하도록 하기 위한 보완조치로서, 합격자의 채용후보자명부 유효기간을 5년 연장하였다.[54] 즉, 국가공무원법 제38조에 따라 채용시험에 합격한 자는 시험실시기관의 장에 의해서 대통령령이나 국회규칙 등이 정하는 바에 따라 채용후보자명부에 등재되는데, 그 채용후보자명부의 유효기간은 가령 5급공무원공개경쟁채용시험에 합격한 자의 경우에 5년으로 하되 기타 시험의 경우엔 2년의 범위내에서 대통령령 등으로 정해진다(동조 제1항, 제2항).

그런데 지방관을 그 고을 사람들이 직접 보증천거할 수 있음을 허용한 것은 본시 경국대전에선 보이지 않는 것인데, 續大典 등 후대에 규정된 것이다. 지방에 대한 중

53) 봉상시 · 예빈시 · 사복시 등의 수직인 정을 말함.
54) 김중양/김명식, 앞의 책, 198면.

앙의 구심력이 전대보다 약화된 배경에서 도입했다고 여겨지는 이 보증천거제도는, 오늘날의 관점에서 보자면 주민자치의 발현으로 봄직하다. 부적절한 천거 및 불천거에 대한 제재와 더불어 천거청탁자에 대한 처벌까지 규정함으로써 이런 보증천거제를 악용하려는 시도는 방지하고자 하였음은 주목을 끈다.

6. 특별임용절차

(1) 조선조의 법제

음관(蔭官)[55]을 각조의 좌이관(佐貳官)[56], 좌 · 우윤(左右尹), 시정에 임용할 경우에는 청환을 추천하는 절차에 의하여 주천한다. 다만 음관으로서 참판 · 좌윤 · 훈신 및 특별 추천자 외에는 시정을 지낸 자 아니면 주천하지 못하고, 돈령부의 도정(都正)도 이와 같이 한다. 음관은 수령을 역임한 바 없으면 4품에 승급하지 못하는데, 나이가 많은 사람에게는 이에 구애되지 아니한다. 그리고 음관은 품계를 올려서 복직하지 못한다. 음관(蔭官)으로서 6품 참상관으로 승급한 후에는 사송(詞訟)[57]을 담당하는 관직에 전임시켜야 한다. 그리고 음관으로서 6품에 승급한 후, 경학(經學)[58]에 대한 고시를 한번 치루어야 비로소 수령에 추천하는데, 다만 그 사송을 담당하는 직의 재직일수가 만6개월에 달하여야 한다. 蔭官을 6품으로 승급할 때에 그 재임기한을 계산함에 있어서 日數計算에 관한 규정을 적용한다. 서면을 올려 휴가를 받았거나 의금부에서 심문을 받고 있는 이외의 날은 모두 근무일로 계산하여 준다.

(2) 검토점

조선시대 과거제 이외의 임용제도를 통한 출사로는 문음취재, 종친음(宗親蔭), 공음(公蔭), 대가(代加), 특수시위군 입속, 천거 등이 있었다. 천거를 제외하고는 모두 음서(제)와 관련이 있다.[59]. 경국대전에 의하면, 공신 및 2품 이상의 아들 · 손자 · 사위 · 아우 · 조카(원조공신이면 아들과 손자)와 실직에 있는 3품관리의 아들 · 손자와 일찍이 이조 · 병조 · 도총부 · 사헌부 · 사간원 · 홍문관 · 부장 · 선전관을 지낸 사람의 아들(蔭子弟)로서 나이 20살 이상이면 시험쳐서 등용하였다. 이것이 문음취재(門蔭取才)이다. 과

---

55) 특정한 관원의 자손이 과거에 급제하지 아니하고 그 부조의 공덕에 의하여 특별히 임용된 관원. 이를 또 음사 · 음낭이라고도 한다.

56) 6조의 참의 · 참판의 통칭.

57) 민사소송을 말한 것. 이 시대에는 민 · 형사가 법률상 구분된 것은 아니나 범죄관계, 즉 형사사건은 형옥이라 하고, 권리관계 즉 민사사건은 사송이라 한다.

58) 중국 고대의 최고 학문인 시전 · 서전 · 주역 등 3경을 말함.

59) 통상 음서를 문음과 공음으로 한정하나, 임민혁 박사는 문무 과거 이외의 모든 관료선발방법을 과거제와 대

거시험보다 낮은 급의 임용선발시험인 취재는 경서 중의 하나, 사서에서 하나를 자원에 따라 강론하여 선발하였는데, 16세기 이후론 이조에서 담당하던 취재시험은 자연히 없어져 버림으로써 천거(추천)에 의한 임용방식만이 존재하였다.

과거 고려시대에는 5품 이상의 관직만 지내면 그 자손들을 문음으로 진출시킬 수 있었다. 이와 병행하여 대가제(代加制)가 시행되었다. 그러나 조선조에는 2품 이상의 고관을 지낸 자 또는 언론삼사(사헌부, 사간원, 홍문관)에 재직했거나, 선전관 · 부장 등의 무관 청요직 등을 거친 경우로 축소한 점에서 고려조의 귀족제보다는 다소 완화된 관료제를 취하였다. 비록 조선중기부터 공신의 대량배출과 문벌의 성립으로 인하여 음관이 문신을 압도할 정도로 많이 배출되었지만, 문신(과거출신자)에 비하면 크게 우대를 받지 못하였을 뿐만 아니라, 실제 주요 요직이 문신에만 허용되었기에 능력발휘에서도 불리하였다. 대체로 정3품 당상관 이상을 승진시켜주지 않았다. 그리하여 문음출신들은 비록 초입사 이후 승진에 있어서(청요직을 제외하고선) 별다른 제한 없이 고위관료로 진출할 수 있음에도 불구하고, 애써 과거를 응시하고자 하였다.[60] 다른 한편으론 조선의 과거합격자의 평균나이가 대개 35-40세 정도였기에 문음제도는 양반자제들을 위한 빠른 승진의 길이기도 하였다. 요컨데 조선조는 기본적으로 신분과 가문을 바탕으로 하지만, 그것을 뒷받침하는 능력의 증명(과거)이 요구되었다. 반면 국가공무원법 제28조 제2항에 따른 특별임용절차는 통상 시험과목의 일부 면제를 내용으로 하는 특별채용시험에 해당한다.

7. 신규임용자의 견습절차

(1) 조선조의 법제

새로 과거에 급제한 자를 분관(分館)[61]함에 있어서는 정7품인 승문원의 상(위)박사(上博士) 이하의 관원이 모여서 권점을 찍고, 그 차점이상자(次點以上者)를 취하여 승문원에 예속시키고, 권점을 시행한 기록(圈記)를 본조에 이송하면 판서이하의 관원이 회의하여 성균관과 교서관에도 예속시켜, 3관(승문원 · 성균관 · 교서관)에 분속하여 권지(權知)[62]로 한다. 승문원의 도제조와 제조를 3인으로 하여 관직에 적합한 인재를 선택

비되는 음서제로 포착하고자 한다. 동인, 조선시대 양반관료제사회론의 재검토, 동서사학 제9집, 2003.3, 94면이하 참조.

60) 임민혁 박사는 자료(김창현, 조선초기문과급제자연구, 일조각, 2001, 27-28면)에 의거하여 태조-성종대에 필요한 인원이 8029명인데, 문과합격자는 1,799명밖에 안되어 동반실직 점유율이 22.4% 정도이어서 적어도 70% 이상은 음관이 차지하였다고 추단한다. 동인, 앞의 글, 102면.

61) 조선조 때 새로 문과에 급제한 사람을 승문원, 성균관, 교서관의 삼관에 배치시켜 권지라는 이름으로 실무를 익히게 하는 일.

62) 관직명 앞에 이를 붙여서 그 직무를 임시로 맡아 수행함을 뜻하는 말. 문과에 급제하여도 곧 관직을 주지 않

하되, 근무 성적이 좋지 못한 자는 강등하여 임명하고, 이러한 조치에 억울한 사람은 그 사정을 들어 진정하면 적절하게 조처한다. 일정한 임기에 구애되지 아니하고 계속 근무하여야 할 관직은 그 관사의 提調와 해당 당상관이 회합하여 이를 마련하고 본조에 이첩하면 본조에서는 이를 글로 상주 즉, 계문(啓聞)하고 관계 公簿를 비치한다. 한편 권지(權知)라는 명칭으로 실무를 수습하기 전에는, 세자시강원(世子侍講院)의 7품직인 설서(設書)에 상주하여 추천 즉, 주천(奏薦)하지 못한다.

(2) 검토점

조선조의 법은 새로 급제한 사람을 관직에 임명하기 전에 성균관 · 교서관 · 승문원에 배치하고 권지라는 명칭을 부쳐 사무를 견습하게 하는 제도를 두었다. 음관의 경우에도 초직제수(초임임용)에서 문과합격자와 동등한 대우를 받아서 권무직과 권지직을 받았다. 권지과정을 거치지 아니한 자는 원칙적으로 정식의 관직부여를 거쳐 직을 수행하지 못한다. 견습기관의 선정에 있어서 우수자를 기본적으로 승문원에 배속하면서 그 나머지를 성균관 등에 배속하였다.[63] 승문원이 조선조 때 外交에 관계되는 문서를 맡아보는 관청이기에 조선조 관료의 시발을 외교분야에서 할 수 있게 한 점이 특이하다. 사실 일류반벌은 승문원, 그 다음이 성균관, 그리고 중인 · 서자 및 시골의 무력한 사람들은 교서관의 건지로 배치되는 것이 통례였다고 한다.

권지(의 지위)는 확정된 정식의 관직을 받기 위한 사전적 절차로서 임시적 성격을 갖는다. 그런데 권지의 지위를 지금의 시보의 지위에 바로 대입하기에는 주저된다. 왜냐하면 국가공무원법 제29조상의 시보임용에 따른 시보공무원은 정규공무원과는 분명히 대비되기 때문이다.[64] 즉, 정규공무원의 선발과정의 일환으로서 시보임용이 행해지기 때문에, 일종의 임시(예비)공무원으로서의 시보는 비록 신분상 불리한 처분에 대해 소청심사를 청구할 수 있긴 하나, 정규공무원에 대한 신분보장규정이 그대로 적용되지 않는다.[65] 동조 제3항은 이를 분명히 확인하고 있다. 반면 권지는 그 지위가 임시적이긴 하나, 이는 보직차원에서 그렇다는 것이지 그 관리로서의 신분이 그런 것은 아니다. 즉, 그는 품계를 부여받은 정식의 관리이긴 하되, 정식의 벼슬자리(관직, 보직)로 나아가기 전의 수습에 머문 것이라 하겠다. 그런데 국가공무원법 제29조가 예정하고 있는 시보임용을 비교해 본 즉, 승문원 등과 같은 특정 부서에서 관료로서 출발

고 성균관 · 교서관 · 승원원에 분속하여 권지라는 이름으로 사무를 수습하게 한다.

63) 시대에 따라선 예문관까지 포함하여 4관을 분관에 넣는다.

64) 한편 일본의 경우 시보제도를 두지 않고 6개월간의 조건부 임용제도를 운영하면서, 동 기간중에는 신분보장 및 불이익심사청구권도 인정하지 않는다. 일본국 국가공무원법 제59조, 제81조 참조.

65) 김중양/김명식, 앞의 책, 204면이하 참조.

하기 위한 견습을 갖는 점이 특이하다. 한편 근무성적이 불량한 자에게 일정한 불이익한 조치를 취할 수 있는 제도적 장치를 마련 한 점은 국가공무원법 제29조 제3항에 비견할 수 있다.

한편 처음 과거에 급제하거나 새로이 관직에 나아간 자를 신래(新來)라고 한다. 이들은 분관의 선배들에 의한 일종의 통과의례절차(免新禮)를 밟지 않으면 아니 되었다고 하는데, 가끔 신입생이나 신입사원에 대한 혹독한 신고식이 뉴스거리가 되곤 하는데, 조선조의 그것도 이에 못지않았다고 한다.[66] 그리고 과거에서 같은 해 같은 과에 합격한 동기생들은 동방급제(同榜及第)라 하여 유대를 돈독히 하였는데, 장유유서의 기본질서아래에서도 나이를 불문하고 동기생들은 친구가 되었다고 한다.

8. 당하관의 신규임용에 관한 인준(認准)절차-署經

(1) 조선조의 법제

사헌부의 감찰, 각도의 도사, 각지방의 수령을 처음 임명할 경우에는 비록, 4품이상이라 할지라도 모두 서경하여야 한다. 내외4조 · 처4조 및 당자에 대한 전과유무를 조사한다. 일찍이 시종관 및 당상관을 지낸 사람은 제외한다. 5품이하의 대관 및 종부시의 관원도 또한 서경을 한다.

臺官(사헌부 · 사간원 관원의 통칭)을 서경함에 있어서는 양사에서 3인씩 출석하여야 하고 3인의 출석을 얻지 못하면 비록 2인씩 출석하더라도 이를 품주하여 거행하되 양사에서 일제히 회합되어야 이에 서경을 하며, 감찰 · 도사 · 수령을 서경함에 있어서는 양사에서 2인씩 출석하면 거행하되, 비록 양사에서 일제히 회합되지 못하였다 할지라도 어느 1사에서 인원이 갖추어졌으면 먼저 거행한다. 구체적으로 정6품인 감찰의 경우 먼저 사헌부에서 심사하여 아무 결함이 없음을 인정하고 동청(登廳)하여 집무하기로 허락된 후에 양사에서 이를 서경하는데, 만약 감찰을 임명할 때에 이미 서경을 거쳤으면 도사 · 수령의 직에 처음으로 임명된다 하더라도 서경을 요하지 아니하지만, 반대로 수령을 임명할 때에 비록 이미 서경을 거쳤다 할지라도 감찰에 처음으로 임명할 경우에는 다시 서경을 거쳐야 한다.

3차례나 서경을 요구하여도 통과되지 못하면 해임한다. 그런데 임명사령서(告身, 職牒)가 공무상의 사고 이외의 원인으로서 50일이 경과되도록 署經을 거쳐 나오지 아니한 경우에는 임금에게 품주하여 아뢴다.

---

66) 이에 관해선 박홍갑, 앞의 책, 164면 이하 참조.

(2) 검토점

당하관을 처음 임명함에 있어서 왕의 명령이 있으면 이조에서 당자의 성명과 내외 4조 및 처4조를 기록하고 사헌부 · 사간원(이를 양사라 함)에 대하여 그 가부에 관한 의견을 묻는다. 양사에서는 임용후보자의 4조와 본인의 하자(흔, 痕)[67]유무를 조사하고 하자가 없음이 판명되면 양사의 관원이 공동 서명하여 동의함을 표시한다. 이를 서경(署經)이라 한다. 고려조에는 1품부터 9품까지의 모든 관리들을 대간에서 서경하였으나, 조선조에선 -태종-세종대에 한 차례씩 1품-9품의 모든 관원을 서경하도록 바뀐 때가 있었으나- 대부분 5품이하의 관리에 대해서만 서경하였다. 이조에서는 이러한 동의를 얻어야 비로소 사령서를 발급한다. 이 署經은 당하관의 처음 임명시 행해지는 일종의 신원조사절차에 해당한다. 그런데 서경은 신원조사절차의 의미에 더해서 아니 그것보다도 임명동의를 통한 일종의 권력견제기능을 수행한다. 왜냐하면 그것을 담당하는 기관인 양사(사헌부와 사간원)가 제도적으로 권력견제권한을 행사하는 기관이기 때문이다. 다시 말해, 서경은 관리의 주된 임용기관인 이조의 임명권행사에 대한 필요적 사전절차인 동시에 이조 및 정승의 권력행사견제의 출발점이기도 하다. 요컨대 서경제도는 인사에서 왕권을 강화하는 촉매제이다. 왜냐하면 이를 통해서 당상관의 인사를 왕이 장악함과 아울러 인사권이 왕에게로 집중되었기 때문이다.

서경은 양사간에 충분한 협의를 통한 의사결정으로 행해지는 점이 특이하다. 나아가 사헌부의 정6품 감찰의 경우에도 양사의 서경을 필요로 하되, '만약 감찰을 임명할 때에 이미 서경을 거쳤으면 도사 · 수령의 직에 처음으로 임명된다 하더라도 서경을 요하지 아니하지만, 반대로 수령을 임명할 때에 비록 이미 서경을 거쳤다 할지라도 감찰에 처음으로 임명할 경우에는 다시 서경을 거쳐야 한다' 는 점에서 다른 직에 비하면 서경의 의미가 가중적이다. 한편 서경을 거친 뒤에 임명사령서(고신, 직첩)가 교부되기에, 서경을 관리임명의 성립요건인지 아니면 그것의 사후승인인지가 논란이 될 수 있다. 관리임명권이 이조를 통한 왕에게 있다는 점을 감안한다면 서경의 의의는 후자에 있다. 세 차례의 서경요구가 무위로 돌아가면 해임하도록 규정하고 있는 점이 이를 확인한다. 다만 지금의 임용장에 해당하는 사령서의 교부를 임명의 요식행위이자 유효요건으로 본다면,[68] 서경의 의의는 최종 임명의 성립요건에 해당할 수 있다.

국가공무원법 第19條 제1항에 의해서 國家各機關의 長은 그 所屬公務員의 人事記錄을 作成 · 維持 · 保管하여야 한다. 그리고 '공무원인사기록및인사사무처리규칙' (일

67) 이는 허물을 의미하는데, 가계상의 결함 즉, 문벌과 혈통상의 그것을 일컫는다.

68) 행정법의 통설은 임명은 요식행위가 아니므로 임용장의 교부는 유효요건이 아니라고 본다. 이에 관해선 김남진/김연태, 앞의 책, 203면.

부개정 1993.11.15 총리령 제439호) 제6조 제1항에 의하면, 임용권자는 소속공무원에 대한 제4조 및 제5조에 의한 인사기록을 작성 · 유지 · 보관(보존을 포함한다)하여야 한다. 조선조 때도 지금의 인사기록과 비슷한 政案(정안)을 두었는데, 이는 현직 관원과 전직 관원의 성명, 경력 등을 상세히 기록한 대장으로서 문관은 이조에, 무관은 병조에 비치하였다. 이 정안은 관리들의 가계, 이력, 자질, 업적 등에 대하여 개인별로 우열함을 적어 놓은 문건으로서, 문무관리들에 대한 도목정사(都目政事)를 진행할 때 참고로 이용된다.

9. 임용상의 품계부여-科階

(1) 과거급제자에 대한 품계

문관과거(문과)의 갑과(甲科)[69]에 급제한 제1인(1등)에게는 종6품을, 그 나머지는 정7품을 주고, 을과(乙科)는 정8품을, 병과(丙科)는 정9품을 준다. 한편 원래 품계를 가지고 있던 자가 급제한 경우, 갑과 제1인으로 급제한 사람에게는 4계급을, 그 나머지는 3계급을 올리되, 당하관의 최고품계에 있던 사람(階窮)[70]은 당상관에 승진하며, 을과에 급제한 사람에게는 2계급을, 병과에 급제한 사람에게는 1계급을 올리되, 당하관의 최고 품계에 있던 사람은 준직에, 준직에 있던 사람은 당상관에 승진한다. 한편 원래 품계를 가진 사람으로서 갑과에 급제한 제1인에게 올려주는 품계와, 원래 품계없이 갑과에 급제한 제1인에게 당연히 주어야 하는 품계(종6품)가 서로 같거나(相等) 이에 미치지 않는(不及) 경우에는 당연히 주어야 하는 품계에 한 계급을 더 올려준다.[71] 그리고 나이가 50세에 달한 사람은 분관(分館)한 후에 6품으로 승급하고, 아울러 功臣의 嫡長, 五衛의 당하정 3품인 상호군(上護軍)으로서 과거에 급제하였다면, 참외(參外)는 6품으로 승급하고, 참상(參上)은 한 품계를 올린다. 또한 과거에 급제하기 전부터 이미 五衛의 사과(司果)의 체아록(遞兒祿)[72]을 받은 자는 6품으로 승급하고, 과거에 급제하여 10년을 경과한 자는 연석(筵席)[73]에서 품주하여 6품으로 승급한다.

한편 무과합격자는 문과의 규례대로 벼슬을 시키되 별시위 및 훈령원 권지로 나누

---

69) 과거에 급제한 사람을 갑 · 을 · 병 3과로 구분하여 갑과3인, 을과7인, 병과23인 합33인을 정원으로 하고, 갑과의 제1인은 장원(壯元), 제2인은 방안(榜眼), 제3인은 탐화랑(探花郎)이라고 한다.

70) 당하 정3품 通訓大夫를 일컫는다.

71) 품계가 상등하다는 것은 가령 제1인자의 원품계가 종8품인 승사랑(承仕郎)인 경우이고, 품계가 불급이란 것은 원품계가 정9품인 종사랑(從仕郎)인 경우를 의미한다.

72) 사과의 체아록=사과는 5위의 한 직명이며, 원래 5위에는 직명만 있고 사무가 없기 때문에 이 직위에 임명된 자는 6개월간 녹봉을 받게 한 후에 교대하고 이를 체아록이라고 한다. 다만, 사과직에 있어도 녹봉을 받지 못하는 사람도 있다.

73) 임금과 신하가 모여 諮問奏答하던 자리를 말한다.

어 임명한다. 그리고 역과에서 1등으로 합격한 사람은 종7품을 주고, 2등은 종8품, 3등은 종9품을 준다. 음양과(陰陽科) · 의과 (醫科) · 율과(律科)에서 1등으로 합격한 사람은 모두 종8품을, 2등은 정9품, 3품은 종9품을 준다.

(2) 신분에 따른 최고 품계

양첩(良妾)과 천첩(賤妾)의 자손은 그 품계를 한정하여 敍用한다. 문관이면 교서관에 예속하고 무관이면 부장 · 수령의 후보자로 할 수 있음은 전례에 따라 개정되지 아니하였으나 능 · 전 · 묘 · 사 · 종부시 · 오상사의 낭관과 감찰, 의금부. 오부의 도사, 도총부의 훈련부정에는 문관참상으로 허용되지 아니하고 호 · 형 · 공 3조에만 허용되며, 당해관사의 판관이하에는 비록 무관 또는 음관이라도 관계없고, 문관참상의 직강과 무관참상의 중추부의 배속 및 우후의 임용에도 또한 허용되나 오위장에는 문관 · 무관 · 음관 모두 구애되지 아니하며, 문 · 무 당하관은 부사에 한하고 당상관은 목사에까지 허용하며, 생원 · 진사 음관출신은 군수에까지 한하되 치적이 있으면 부사에까지 허용하고 생원 · 진사 및 통례원의 인의 출신이 아닌 사람은 현령에 한하되 치적이 있으면 군수에까지 허용한다. 학식과 행장이 탁월하고 재질과 정치 능력이 현저한 자는 특례로 발탁하여 임용하되 묘당과 이조에서 품주하여 재가를 받아야 하며 병조에서도 이와 같이 한다.

(3) 노인특별품계승진절차– 노직(老職)

종반(宗班)[74]으로서, 부수(副守) 이상은 나이가 80세에, 봉군한 사람의 부친은 나이가 70세에 달하면, 정3품 통정대부 이상의 품계를 올려준다. 종친부에서는 매년 연초에 해당자를 조사하여 이조에 통보하고, 법으로 당연히 정3품 통정대부이상의 품계를 올려주어야 할 자는, 비록 입춘이후에 그 연령에 해당된다 할지라도 이는 생년의 나이를 따라 한다.

조관(朝官)[75]은 나이가 80세에, 일반백성인 사서인(士庶人)은 나이가 90세에 달하면, 정3품 이상의 품계를 올려준다. 따라서 서울의 5부(五部) 및 각 읍(邑)은 한성판윤과 관찰사에 보고하여 새해가 되기 전에 글로 아뢰고(啓聞), 연초에 이들 老職에게 품계를 올려 주도록 품신한다. 그리고 선비나 무인의 집안 즉, 士族의 부녀는 나이가 90

---

74) 임금의 본성친족을 말한다.

75) 사부(士夫)는 일명(一命)1)이상인 자, 중인과 서얼인 중서(中庶)는 동반과 서반의 정직을 역임한 자, 내시인 중관(中官)은 관직에 나아가 녹봉을 받는 자를 말한다. 여기서 一命에서의 명은 관등을 표시한 것이다. 중국 주나라 제도에 1명에서 9명까지의 등급을 정하고 있었음으로 이를 인용하여 처음 관직에 출사함을 一命이라 한다.

세에 달하면 봉작(封爵)한다. 아울러 그 남편과 어머니는 그 아내로 인하여 증직(贈職)[76]할 수 있다. 이 또한 한성부와 각 도에서 새해가 되기 전에 이를 계문한다. 상천(常賤)에게 주는 노직으로서는 종1품 숭정대부는 허락하여 주지 아니한다. 그리고 나이가 80세 이상이면 양인 · 천인을 막론하고 한 품계를 제수하며, 원래 품계를 갖고 있는 자에게는 한 계급을 올려 준다.

(4) 검토점

조선조의 품계(관계)와 관직은 오늘날의 무엇에 해당하는가? 오늘날 '임명'과 '보직'은 구별된다. 전자가 특정인에게 공무원으로서의 신분을 부여하며, 공법상의 근무관계를 설정하는 행위라면, 후자는 공무원의 신분을 취득한 자에게 일정한 직위를 부여하는 행위이다. 임명에 당연히 보직이 수반되지는 않는다. 일반직공무원의 계급구분을 보자면, 계급은 1급 내지 9급으로 구분되어 있으되, 그 직명은 행정직의 경우 1급을 관리관, 2급을 이사관, 3급을 부이사관, 4급을 서기관, 5급을 행정사무관, 6급을 행정주사, 7급을 행정주사보, 8급을 행정서기, 9급을 행정서기보로 규정하고 있다(공무원임용령 제3조 제1항 별표1). 조선조에선 직함(職銜)을 부여함에 있어선 품계(品階)[77]를 먼저 하고 그 다음에 관사(官司)를 그 다음에 職名을 쓰되, 종친 · 충훈 · 의빈부의 당하관은 관사를 칭하지 못하고, 영사와 같은 류는 관사의 위에 領字를 둔다. 또한 품계는 높고 직위가 낮으면 行職이라 하고 품계는 낮고 직위가 높으면 守職이라 칭한다.[78] 여기선 품계의 본질 및 그것과 관직과의 관계를 살펴볼 필요가 있다. 조선왕조의 개창과 더불어 지배층의 규모가 확대되었지만, 관직의 수는 그 만큼 늘지 않았다고 한다. 그리하여 제한된 수의 實職으로는 지배층 전체를 포괄할 수 없는 실정이어서 새로운 사회편제의 기준을 확립하기 위한 노력으로, 관계를 관직에서 분리 독립시켜 이를 관서, 관직, 관원을 편제하는 기준으로 삼았다.[79] 가령 당상관 여부의 기준이 官職

76) 현직고관의 부 · 조부 · 증조부에게, 또는 효자 · 충신 · 학행이 있는 사람의 죽은 후에 관직과 품계를 추증하는 것임.

77) 이 시대는 문무백관을 동 · 서양반으로 나누고 그 등급을 정1품에서 종9품까지 18계급으로 구분하여 이를 관품 또는 품계라고 하며 이러한 품계에 승진함을 승품 또는 가자라고 한다. 이러한 18개 등급 중에 당상 · 당하로 대별하고, 또 당하관 중에서 참상과 참하로 구분한다. 정3품 통정대부이상은 당상관, 같은 정3품 통훈대부이하는 당하관이라 하며, 그중 6품이상은 참상, 7품이하는 참하라고 한다.

78) 관품 · 관사 · 관직과 성명의 순서로서 관원의 지위를 표시하는 것이다. 그 예로서 영의정인 경우에는 "대광보국 숭록대부(관품) 의정부(관사) 영의정(관직) 수모(성명)라고" 칭하는 것이며 영자를 관사위에 둔다는 것은 경연 또는 춘추관의 영사를 "경연영사" 또는 "춘추관영사"라고 하는 것이 아니고 영자를 관사위에 두어 "영경연사" 또는 "영춘관사"라고 한다. 그리고 행직 또는 수직인 경우의 직함에는, 각 관사의 장관은 일정한 품계를 갖인 자로서 임명함을 원칙으로 하고 있는 바, 적임자가 없을 경우에는 품계가 상등하지 아니한 자를 임명하고 이를 행직 또는 수직이라 한다. 그 예로서 종1품 숭정대부인 자가 관제상 정2품관인 이조판서에 임명된다면 이는 "숭정대부 행이조판서"라고 하며, 이와 반대로 종2품 가선대부인 자가 정2품 홍문관 대제학에 임명된다면 이는 "가선대부 수 홍문관대제학"이라고 한다.

79) 이런 사정에 관해선 남지대, 앞의 글, 145면 이하 참조.

에서 官階로 바뀌었다. 물론 實職의 비중이 그로 인해 낮아진 것은 결코 아니다. 그리고 行守法의 시행은 관원의 관계와 관직의 관계가 같아야 한다는 통념의 반증하는 것인 동시에 양자의 구분을 전제로 하는 것이다. 이런 사정을 고려한 즉, 조선조의 관계(품계)는 관리로서의 신분과 관련이 있는 반면에 관직은 담당업무를 처리하기 위한 직위와 관련이 있다고 봄직하다. 다시 말해, 전자의 부여를 오늘날의 공무원의 '임명(임용)' 에, 후자의 부여를 '補職에 비견할 수 있다.

한편 과거급제자에게 품계를 수여함에 있어서 나타난 뚜렷한 사실은 문과에 비하면 잡과출신에 대해선 매우 품계가 낮았다는 점이다. 이들 과거는 양반이외의 신분까지도 응시할 수 있기에 당연한 제도적 마련이다. 조선조 때 통상의 승급절차는 일정한 재직기간의 경과, 일정한 추천절차 및 '6품강' 과 같은 일정한 시험절차를 거친다. 그런데 과거급제자에게 여러 단계의 승진을 부여한다는 점에서 과거제도는 그저 관료의 신규임명의 차원에서만 머문 것이 아니라, 특별승진임명의 통로로서도 기능한다. 즉, 관리로서 이미 재직하고 있는 자는 과거를 통해 부단히 자기를 Up-grade시킬 수가 있다. '6품강' 을 제외하고선 지금과 같은 승진시험을 따로 규정하지 않은 조선조 땐, 과거제도가 일종의 승진시험의 역할을 하였다고 하겠다. 대가제의 시행으로 이미 품계가 상당한 지경에 이른 음관으로선 어떻게 하든 홍패(紅牌)[80]를 획득함으로써 기왕의 품계에서 월등하게 승급할 수 있었다. 과거제의 이런 비약승진시험적 성격으로 말미암아 당연히 그것의 역기능, 마치 지금의 사법시험 열풍처럼 관리들의 과거몰입이 지적될 수 있다. 하지만 반대로 이것이 조선조 전반을 '숭문주의'(崇文主義)의 지배하에 둔 결정적인 계기가 된다 하겠다. 아울러 관료제에 따른 위계질서를 고수하기 위하여 먼저 관직에 들어선 선진자(先進者)를 만나면 반드시 뜻을 굽혀 예를 갖추고 그의 지시를 따르도록 하였다고 한다.

限品敍用이란 일정한 품계까지 제한하여 그 이상의 품계로는 더 이상 승급시키지 않는 제도이다. 이 한품제도는 과거 신라때의 골품제에서 보듯이 삼국시대부터 시작하여 고려조를 거쳐 조선조까지 이어 내려와 경국대전 역시 이를 제도화하였다. 그런데 경국대전상의 한품서용은 한품제도 일반에 대한 것이 아니라 관료계층내부의 庶子에 국한된 것이다. 그리하여 이 한품규정은 관료계층의 서자를 억압하기 위한 것이 아니라, 반대로 그들에게 벼슬길을 열어주기 위한 것이라고 한다.[81] 이 점은 고려조와는 달리 모계가 천인인 경우에 비록 품계의 상한은 있을지라도 출사의 길이 원천 봉쇄되진 않았기 때문이다. 한편 경국대전에 2품이상이 관직을 갖인 사람의 첩자손은 사역

80) 문과의 會試에 급제한 사람에게 내어 주는 붉은 종이에 쓴 敎旨인데, 다음 아닌 문과합격증이다.
81) 윤국일, 신판 경국대전, 신서원, 1998, 132면 주111) 참조.

원, 관상감 · 전의감, 내수사, 혜민 · 도화서의 주학 · 율학에만 허용하여 그 재질에 따라 서용하도록 되었으나, 대전통편(大典通編)에 따라서 이들도 과거를 거쳐 벼슬할 수 있는 길이 열리게 됨으로부터는 사역원 이하의 관서에만 서용하든 법이 폐지되었으되, 오직 관상감에는 아직도 사족의 서자손을 서용하고 있었다. 다만 예외적으로 한품서용을 배제할 수 있는 가능성도 열어 두고 있으되, 묘당과 이조에서의 품주를 거치도록 함으로써 협의적 의사결정과정을 여전히 견지한다. 한편 기본성격은 다르지만 오늘날의 기능직 공무원의 경우 5급이 최고계급인 것도 이런 관점에서 파악할 수 있다.

조선왕조는 유교윤리상 연장자를 경대하는 의례를 존중하고, 또 이를 장려하는 견지에서 제도적으로 일정한 연령에 도달하면, 신분의 여하를 막론하고, 제한된 관등의 품계를 제수하고, 이를 노인직 또는 노직이라 한다. 고려조에 없던 노인직제도가 조선조에 경국대전에 법조문의 형식으로 제도화된 데는 조선조의 정치체제의 근간인 유교에서 비롯된 바 크다 할 것이다. 한편에선 이른바 '어진' 정사를 표방하면서 백성들에게 통치에 대한 환상을 조성하기 위함이라는 지적도 있다.[82] 최근 논란이 되는 효도특별법의 출발점으로서 노인직의 존재를 삼을 만하다.

10. 참상관이상의 승진과 강임절차

(1) 조선조의 법제

6품 이상은 그 승급에 있어서 품계를 초월한 후에는 다른 관직에 통용(임명)하지 아니하고, 7품이하 참외(參外)-參下-는 그 승급에 있어서 6품까지를 한하여 통용한다. 만약 수령의 준직(準職)[83]에 임명할 자가 5 · 6품에 있을 경우에는 먼저 4품을 제수한 후에 준직을 제수한다. 臺官을 다른 관서의 차석에, 蔭官을 바로 군수에, 파격임명하지 못한다. 무신인 兵使의 경우도 마찬가지이다. 삼사아장(三司亞長)[84]인 사헌부의 집의(執義), 사간원의 사간(司諫), 홍문관의 전한(典翰)은 그 최고품계(종3품)에 도달한 경우에는 왕명을 받아 準職에 주천(奏薦)한다. 그리고 품계상으로 堂下 정3품인 봉상시(奉常寺) · 종부시(宗簿寺)의 長인 正과 승문원(承文院)의 판교(判校), 통례원(通禮院)의 좌통례(左通禮)는 재임기간 30개월이 만료되면 당상관으로 승급한다. 그런데 당하관으로서 최고 품계에 도달하였으나 준직에 임명되지 아니한 자는 당상관에 승진을 불허하지만, 묘당에서 추천한 사람은 예외로 한다. 그리고 승급하라는 명령을 받은 자가 준

82) 윤국일, 앞의 책, 141면 주129) 참조.
83) 정3품 당하관직을 말함. 혹은 이 품계에 상당한 관직을 준직이라 함.
84) 사헌부 · 사간원 · 홍문관의 차관을 말한다.

직에 있지 아니하고 최고품계에 달하지 아니하면 이를 품주하여 비지(批旨)[85]를 받아서 시행한다.

치적이 훌륭하고 빈민과 재민 구호에 특수한 업적이 있는 名官으로써 당연히 종2품인 가선(嘉善)에 승급되어야 할 사람도 묘당에서 논의한 후에 임금에게 그 결과를 보고한다(覆啓). 종2품인 가선대부(嘉善大夫) 이상의 관원은 그 품계를 변경하여 초월하지 못한다. 그리고 정2품 이상의 관직인 의정부의 참찬(參贊), 6조의 판서, 한성부의 판윤 등과 같은 정경(正卿)을 역임한 사람이 아니면 정1품 보국대부로 품계를 높이는 것(가자, 加資)을 허용하지 않는다. 반면 정1품의 관직을 가진 사람에게는 종2품인 관직에 강등하여 임명하도록 奏薦하지 못한다. 아울러 대사헌인 경우에는 종1품의 작위를 가진 사람 역시 강등하여 임명하도록 주천하지 못한다. 이미 4품의 관직을 역임한 사람에게는 이조와 병조의 낭관에 임명하도록 주천하지 못한다. 그리고 이·호·예·병·형·공조의 6조, 사헌·사간의 양사(兩司)와 의정부에서 우위(右位)의 직에 있었던 사람에게는 보다 下位의 직을 제수할 수 없는데, 다만 다른 官司의 관원의 경우는 그렇지 아니한다. (정1품에 해당하는) 보국숭록대부의 작위를 가진 관원은 大臣과 아문(衙門-관청)을 같이하지 아니한다.

정2품인 의금부의 知事를 한 품계 승급하면 종1품인 判事가 되는데, 이는 사전에 재가를 받아야 한다. 도승지로서 정2품인 자헌대부의 품계에 승급하면 겸직 도승지가 됨으로 이는 사전에 재가를 받는다.

(2) 검토점

조선조의 관리의 승진절차에서 두드러진 특징은 위계질서를 존중하였다는 점이다. 6품이상의 참상관과 7품이하의 참하관을, 당상관과 그 이하인 당하관을 엄격히 구분하여 논하였다. 따라서 6품이상의 참상관의 경우 중간관리로서 그 직의 전문성을 유지하기 위해서 다른 부서에서의 승급자가 바로 올 수 없게 함과 동시에, 후술하듯이 참상관에로의 승진은 특별한 절차를 거치도록 하였다. 그리고 몇 품을 바로 뛰어 넘는 식의 파격승진이란 원천적으로 배제되지만, 차상의 품계를 거치는 식의 (파격)승진은 허용된다. 원래 경국대전에 의하면 7품 이하는 2 계급을 초월하지 못하였지만, 전율통보시행 당시에는 受敎 등에 의하여 적용하지 아니하였다. 다만 6품 이상은 3계급을 초월하여 수직하지 못하였다.

그리고 정식의 품계에는 없지만 준직(準職)제도를 두어서 최고의 당하관인 정3품의 당하관이외에도 3품의 당하관을 두었다. 이 준직제도는 소수의 특권적 관료계층의 관

85) 신하의 상주에 대하여 왕이 화답한 뜻.

직독점을 보장하기 위한 당상관과 당하관의 차등을 엄격히 설정하고, 당상관인 정3품의 관직을 한정한 데 따른 소산이다. 심지어 정3품의 품계에서도 위로 통정대부, 아래로 통훈대부의 두 품계가 있어서 전자부터 당상관을, 후자까지 당하관으로 보하였으며, 당상관과 당하관 양자간에는 현저한 위계상 엄청난 차이를 두었다. 가령 전자의 경우엔 망건에 옥관자를 붙이고 '영감'이란 존칭을 받지만, 후자의 경우엔 까막관자를 붙이고 '나으리'라고 밖에 불릴 수 없다고 한다. 준직은 양자간의 일종의 중간점에 해당한다. 속대전에선 준직을 거치지 않고선 당상관으로 승급될 수 없다고 하였지만 경국대전은 이미 정3품의 당하관에 보하는 봉상시의 최고 수장인 正 등의 경우에는 준직없이도 당상관으로 승급하는 것을 허용하였다. 그리고 당상관의 경우에도 함부로 품계를 변경 승급시키지 못하도록 하였다. 한편 조선조의 유교관료제는 위계질서가 강조되기에 몇 단계를 초월하여 승급한다는 것은 애초에 기대될 수 없는데, 다만 10년에 한번 씩 당하관 이하의 문신과 무신들을 대상으로 승진시험에 해당하는 중시(重試)를 실시한다. 이 시험에 합격한 자는 당상 정3품의 품계로 올려 주었다.

한편 조선조의 공무원관계에서 주목할 사항은 고위관직을 가진 자로 하여금 하위의 관직을 맡게 하는 강임(降任)이란 원칙적으로 허용되지 않았다는 점이다. 그런데 조선조 관리의 승진에서 주목을 끄는 것은 품계승진과 동시에 다른 관직에 임명할 수 없게 만든 점이다. 반면 현행 공무원법은 1급으로의 승진임용의 경우엔 2급 공무원의 직군 · 직렬에 무관하게 적격자를 임용 · 임용제청할 수 있는 반면에 2급과 3급으로의 승진임용의 경우엔 동일 직군 내의 바로 하급 공무원 중에서 임용 · 임용제청할 수 있다. 그리고 이 밖의 승진임용의 경우엔 동일 직렬의 바로 하급공무원 중에서 임용한다.

11. 참상관으로의 승진절차

(1) 조선조의 법제

6품의 고강에는 4書와 3經중에 각각 스스로 원하는 1書를 선택하고 이를 보고 읽게 하여 두 책을 모두 통독하지 못하면 파면하고, 한 책을 통독하지 못하면 그 다음의 도목정사때에 다시 강독하게 한다. 수령의 고강(考講)에는 4書 및 스스로 원하는 1經과 대명률 · 대전통편을 읽게 하여 셋 책을 통독하지 못하면 파면하는데, 1책을 통독하지 못하고 두 차례나 강독에 응하지 아니한 사람, 2책을 통독하지 못하고 한 차례 강독에 응하지 아니한 사람, 세 차례나 병으로 강독에 응하지 아니한 사람 역시 마찬가지로 파면한다. 그러나 처음 임관할 때에 명령을 받은 사람에게 차차 승급하여 서임하라는 명령이 있으면, 수석 直長은 비록 6품관에 시행하는 고강을 거치지 아니하였다 할지라도 특별 교지에 따라 6품으로 승급하는 예에 의하여 본 규정을 적용받지 아니한다.

음관을 마땅히 6품으로 승급시켜야 하고, 수령에 임명하고자 하는 사람에게는 모두 서경[86]의 강독을 考査한 후에 비로소 재직일수를 계산한다. 그런데 생원 · 진사 및 경학에 능통하고 덕행이 있기 때문에 추천을 받은 사람(특별추천에 의하여 관공직에 종사한 사람은 예외로 한다)으로서 바로 6품에 승급한 경우에는 모두 6품의 고강(考講)을 면제한다.

(2) 검토점

"6품의 고강(考講)"이란 서경의 강독을 고사하는 것이다. 이는 참하관이 참상관으로 승진할 경우에는 치룰 시험이다. 수령에 임명할 경우에도 6품강과 마찬가지인 "수령강"을 치러야 한다. 조선조 때 매년 6월과 12월 두 차례 관원의 성적을 고사하여 근무평정을 하는데(포폄, 褒貶), 이와 병행해서 참하관이 참상관으로 승진함에 있어선 특별한 시험절차인 6품강을 두고 있다. 이 같은 6품강은 관리승진에서 일종의 중간 고비점에 해당한다고 하겠는데, 지금 공무원법제에서 6급인 행정주사에서 일종의 관리직인 5급 사무관으로의 승진절차를 여기에 대입시킬 만하다. 종전 국가공무원법은 5급 공무원으로의 승진에 대해서 승진임용의 일반기준과 원칙을 충족함과 더불어 반드시 昇進試驗을 거치도록 하였는데, 5급승진에서의 이런 승진시험강제는 '6품강'에 비견될 수 있다.[87] 반면 6급 내지 8급으로의 승진임용에선 일부가 승진시험을 적용하고 대부분 심사승진을 택하고 있다. 1급부터 3급까지의 승진임용이 심사승진으로 행해지는 점을 감안한다면, 관리직의 출발인 5급 사무관에로의 승진마저 심사승진의 길을 열어준 것이 과연 바람직스러운지 검토가 필요하다. 오히려 조선조의 6품강의 체제를 본받는 것이 요망된다. 승진방법상의 차이점이 직책상의 구분을 위한 착안점이 된다.

12. 면직 · 전임(절차)의 완성절차이자 직무상의 책임소멸절차로서의 해유(解由)

(1) 조선조의 법제

관직을 제수한 자에게는 해유(解由)[88]를 고찰하여야 하되, 제주목사는 이것의 적용

86) 서는 대학 · 중용 · 맹자 · 논어의 4서이며, 경은 시전 · 서전 · 주역의 3경인 바 이를 合稱한 것임.

87) 그러나 승진시험의 준비에 따른 공무원의 심리적 부담, 업무효율의 저하, 대민서비스의 소홀 등의 부정적 측면으로 인하여 1994.12.22. 국가공무원법을 개정하여 필요시에 승진심사위원회의 심사에 의한 승진임용의 길을 열어 두었다. 반면 외무공무원의 경우 1997.7.21 개정된 외무공무원임용령 제15조 제2항은 5급으로의 승진임용을 심사승진의 방법으로만 행할 수 있게 규정하였으나, 2001.6.30. 전문개정을 통해 관련규정을 삭제함으로써 이제는 일반 국가공무원법의 관련 규정이 적용될 수 있게 되었다. 외무공무원법 제30조 참조.

88) 물품출납에 관한 책임의 면제를 뜻하는 것. 각 지방관은 금전 · 물품의 수납과 지출을 행함으로 이에 대한 장부를 신임관에게 인계하고 호조에 보고하면, 호조는 이를 조사하여 결점이 없으면 이조에 통지하고 그 책임을

을 받지 않는다. 해유첩(解由牒)이 출급되지 아니한 사람에 대해선 實職의 임명을 주천하지 못하는데, 겸직인 경우에는 무방하다. 그러나 찰방(察訪)[89]을 겸임할 경우에는 그렇지 아니한다. 그리고 수령이 다른 고을에 轉任되고 그 전임 고을로부터 해유첩이 제출되지 아니한 때에는 또 다른 고을로 전임하지 못한다. 해유첩의 유무를 불구하고 임명하는 경우는 임금으로부터의 특교(特敎, 特旨)를 막론하고 해당 관직에 계청(啓請)[90]한 외에는 奏薦하지 못한다. 품계를 초월하여 지방관으로는 임명하지 못하되, 종5품인 도사(都事) 및 급료를 지급하는 변방의 관직의 경우에는 예외로 한다.

(2) 검토점

'해유'란 국가공무를 집행하는 관원으로서 그 재임기간 중 모든 책임 사유를 임기 만료일에 일정한 검열을 거쳐 해제시켜주는 것을 의미한다. 관원이 교체될 때에, 전관(前官)은 소관서류 및 문서와 장부(文簿)를 후관(後官)에게 인계하고, 문관은 이조의, 무관은 병조의 입회하에 그 임기 중 물품의 출납, 보관상황, 현 재고량 등을 일일이 검열하여 완전하게 결함이 없는 다음에, 이 · 병조에서 책임해제의 증명서인 해유장(解由狀)을 호조에 이송하면 호조에서 이를 원본에서 베껴(등사하여) 본인에게 교부함을 순서로 하였다. 이 해유장을 받지 못하면 다른 관직에 전보될 수 없거니와, 만약 특명으로 전보되어 공무를 수행중이라 할지라도 전직의 해유장이 교부될 때까지 녹봉을 받지 못한다. 물품을 대조함에 있어서 원장의 현 재고를 별도로 초록하고, 창고의 현품과 하나씩 대조하여 다름이 없는 것은 X표로 지워버린다. 처음부터 끝까지 다 지워버리면 완전무결한 표시가 되는 것이며, 이를 효주(爻周)라 하고, 말소의 의미를 지닌 이 효주를 필하여야 해유장이 교부된다. 그리하여 중앙에 상납하여야 할 미 · 포를 일정한 수량대로 상납하지 아니하였거나, 軍丁을 정수대로 충원하지 못한 경우, 그 부족분이 많으면 해유에 지장을 받고, 적으면 감봉조치를 한다.

조선조의 관리의 임명에서 '고신'(직첩)의 의의는 단순한 사령장으로서의 의미에 그치는 것이 아니라, 그 임명의 성립요건에 해당한다. '해유장'의 의의 역시 동일하다. 전임절차의 완결이자 전임명령의 성립요건으로 보아야 한다. 이 점은 해유장이 교부되지 않는 한, 대상자는 여전히 신분상의 불완전한 지위에 놓여 있기 때문이다. 조선조에서 관리임명 그 자체는 지금과 비교할 수 없을 정도로 결정적인 의미를 지녔다. 해유절차의 존재는 역설적으로 이런 점을 웅변한다. 조선조의 해유절차에 비하면, 오늘날의 '공무원근무사항규칙'에 따른 업무인수인계절차는 매우 단출하여 제도적 보완

해제시킨다. 이러한 책임해제의 증명서를 해유첩 또는 해유장이라고 한다.

89) 지방관의 하나로서 각도의 역참을 관장한다.

90) 임금에게 아뢰어 청함.

이 요구된다.

Ⅳ. 맺으면서

지금으로부터 몇 백년 아니 몇 십년 전에 과연 한반도에 지금의 우리와 비슷한 사람이 살고 있었을까? 전제국가나 절대군주국가, 전근대와 근대 등과 같은 異質的인 西歐史的 類型으로 인해 우리는 우리의 조상과는 전혀 다른 세계에서 살고 있다고 여긴다. 조선처럼 하나의 왕조가 근500년을 지탱해 온 예는 세계사적으로 매우 드물다. 한 왕조가 그런 장기간 존속하였음에도 불구하고 조선조의 많은 제도들은 그저 기억의 저편에 머물 뿐이다. 조선조에 세계에서 유례가 없을 정도로 법전의 편찬이 빈번하였음에도 불구하고 그간 이들에 대해 (오늘날의) 법학적 조명을 비추지 않았음은 분명 문제이다. 그들을 단지 마치 편년사를 기술하듯이 나열한 데 그친 것을 탓하기에 앞서, 이제까지 그럴 수밖에 없었던 소이(所以)가 무엇인지 곱씹어 보아야 한다.

더 이상 조선조의 법제도가 역사상으로 멸망한 한 왕조의 잔흔(殘痕)으로 소개되어선 아니 된다. 다시 말해, 조선조의 것과 오늘의 것을 단순 병렬적으로 나열하는 데서 벗어나야 한다. 이들이 상호간에 조응되기 위해선, 이들이 공유하는 공통의 기본 틀이 존재하는지 여부를 검토하는 것이 우선적으로 강구되어야 한다. 이런 선행작업을 하지 않은 채 조선조의 법제와 지금의 법제를 비교한다는 것은, 마치 상호간의 존재확인에 그치는 것에 다름 아니다. 우리 조상들은 이런 것을 만들었다는 -물론 비록 사문화된 것 일망정- 지적은 남지만, 이는 너무 공허하다. 시간의 흐름을 거슬러 보면, 조선조의 법제도가 분명 당시 세계사적으로 매우 선진적이었다. 비록 지금과 같은 개개의 조문화는 결여되어 있지만, 이제는 조선조의 법제도를 오늘날의 법제도의 기본 틀에서 고찰할 수 있을 뿐더러 그렇게 나아가야 한다. 서구에서 부르주아인 시민과 왕 간에 맺어진 타협의 소산인 (민주적) 법치국가원리는 오늘날 국가체제는 물론 우리의 일상까지 지배하고 있다. 민주적 법치국가원리는 그 자체 목적으로서의 의의도 갖지만, 동시에 자유와 권리를 보장하기 위한 도구이자 수단으로서의 의의도 갖는다. 권력분립주의 역시 그러하다. 조선조의 관료제를 종래의 가산적 성격으로부터 벗어나서 자리매김하여야 한다. 이런 선행작업을 통해서, 조선조의 법제도와 지금의 그것 간에는 -비록 시공간적 다름에 따른 다소간의 수정가능성과 수정필요성은 유보되지만- 분명 민주적 법치국가원리와 근대적 관료제의 본질이 공유될 수 있음을 확인할 수 있었으며, 조선조의 공무원법제에 관한 행정법적 고찰에서 실지로 양자간의 교차점과 공통점을 찾고자 하였다. 가령 조선조의 관리에 대한 엄격한 근무평정(褒貶)과 解由節次는 오늘날에도 적극적으로 도입할 만하다. 서구 열강에 의해 마지못해 나라의 문을 연 이래로 우리는 앞만 보고 (서구사적 의미에서의) 근대성(화)을 추구하여 왔다. 과연 근대란 무엇인가? 조선조의 법제도에 스며있는, 오늘날에도 능히 통용될 수 있는 함의(含意)를 논구하는 전제는 바로 서구사적 의미에서의 근대성에서 벗어나는 것이다. 이제 조선조의 법제도를 오늘에 되살리는 첫 단추를 끼운 셈이다. 조선조의 수교(受敎)나 법전의 규정은 대부분이 국가행정기구와 그 운용에 관한 행정법이며, 여러 관청과 관리에 대한 직무상의 준칙이었다는 지적[91]은 조선조의 법제도에 관한 행정법적 고찰이 가일층 요구됨을 웅변한다. 따라서 다음의 연구에선 여기서의 성과를 바탕으로 가령 상피(相避)제도 등에 대해 행정법적 조명을 비추고자 한다.

* 법제연구 제27집, 2004.12., 173면 이하 소수.

91) 박병호, 韓國法制史攷, 법문사, 1974, 407면.

제 2 장

公務員의 轉出 · 轉入과 관련한 法的 問題點에 관한 小考

−對象判決: 大法院 2001.12.11. 선고 99두1823判決

Ⅰ. 事件의 概要

원고는 1975.8.1. 경기도 포천군수로부터 지방공무원으로 임용을 받아 포천군에 근무하다가 1989.1.1. 미금시 지방공무원으로 전보된 다음 1995.1.1. 행정구역 통폐합에 따라 남양주시 소속 공무원으로 되어 1993.5.2.까지 남양주시 환경사업소 관리계장(지방행정 6급)으로 근무하였다. 피고 양평군수는 1997.4.22. 지방공무원법(이하 법이라고 한다) 제29조의3 규정에 따라 원고를 양평군 지방공무원으로 전입하기 위하여 피고 남양주시장에 대하여 원고의 전입에 대한 동의 여부를 통지하여 줄 것을 요구하였고, 피고 남양주시장은 같은 해. 5.1. 이에 동의한 다음 같은 해. 5.3. 원고에 대하여 양평군 지방공무원으로의 전출을 명하였다(이하 이 사건 전출명령이라고 한다).

이에 따라 피고 양평군수는 1997.5.2. 원고에 대하여 양평군 지방공무원으로의 전입과 함께 양평군 청운면 근무를 명하였다. 그러나 원고는 이 사건 전출이 원고의 동의 없이 이루어진 것으로서 위법하다고 주장하면서 피고 양평군수의 임용장 수여나 청운면에서의 근무를 거부하면서 위 청운면에 출근하지 않았다. 이에 대하여 피고 양평군수는 원고가 지방공무원법 제47조(복무선서), 제49조(복종의 의무), 제50조(직장이탈금지)를 위반하였다 하여 경기도인사위원회에 징계를 요구하였고, 경기도인사위원회는 1997.7.3. 원고에 대하여 정직3월의 징계를 의결하였다. 이에 대하여 원고가 소청한 결과 경기도 지방공무원소청심사위원회는 1997.9.19. 정직3월을 감봉3월로 변경하기로 의결하고 같은 해. 10.2. 통지하였다(이하 그와 같이 감봉3월로 감경된 징계처분을 이 사건 징계처분이라고 한다).

Ⅱ. 當事者의 主張

피고들은 이 사건 전출명령과 징계처분이 위 처분사유와 관계 법령에 따른 것으로서 적법하다고 주장한다. 반면 원고는 주위적으로, 이 사건 전출명령의 근거가 된 지방공무원법 제29조의3은 당해 공무원의 동의 없이 지방자치단체의 장의 단독의사에 따라 지방공무원을 다른 지방자치단체로 전출할 수 있게 함으로써 헌법 제7조 제2항(공무원의 신분보장), 제11조(행복추구권), 제14조(거주이전의 자유), 제15조(직업선택의 자유)에 위배되는 위헌 · 무효의 법률조항이라고 할 것이므로 그에 터 잡은 이 사건 전출명령은 무효이고, 또한 이 사건 전출명령이 유효함을 전제로 하는 이 사건 징계처분도 무효라고 주장하고, 예비적으로 가사 지방공무원법 제29조의3이 위헌이 아니라고 하더라도 첫째 지방공무원법 제29조의3의 연혁과 지방공무원법의 입법취지에 비추어 볼 때 위 규정에 의한 지방공무원의 전입은 적어도 당해 공무원의 동의를 전제로 한다고 할 것인데, 이 사건 전출명령은 원고의 동의 없이 이루어졌으므로 위법하고, 둘째 이 사건 전출명령은 법 제30조의2, 지방공무원임용령 제27조의4, 경기도지방공무원인사교류규칙 등에서 정한 절차를 밟지 않은 채 이루어 졌으므로 위법하며, 셋째 '지방공무원인사기록 및 인사사무처리규칙' 제15조 [별지 제24호]에 의하면 전입대상공무원에 대한 전입 · 전출동의서에는 대상공무원의 소속, 직급, 재직기간, 성명, 생년월일, 주소 등 인적사항과 전출 · 전입이유를 기재하도록 되어 있으나 피고 양평군수의 1997.4.22. 자 전입 · 전출동의요구서에는 대상자인 원고의 소속, 직급, 성명, 전출입기관, 동의여부, 비고란만 기재하였을 뿐 나머지 필요적 기재사항을 누락하였으므로 이 사건 전출처분은 관련규정을 위반한 절차상 하자가 있어 위법하므로 취소되어야 하고, 따라서 그와 같이 위법한 이 사건 전출명령을 전제로 하는 이 사건 징계처분도 위법하므로 모두 취소되어야 하며, 넷째 가사 그렇지 않다 하더라도 이 사건 징계처분은 징계권을 남용하거나 재량의 범위를 일탈한 위법이 있다고 주장한다.

Ⅲ. 原審判決의 要旨

원심(서울고법 1998.12.17. 선고 97구48939판결)은 이하의 논거로써, 이 사건 전출명령과 징계처분은 모두 적법하므로 그 무효의 확인이나 취소를 구하는 원고의 이 사건 주위적 청구 및 예비적 청구는 모두 이유 없다고 하여 이를 기각하였다.

1. 주위적 청구에 대한 판단

헌법 제7조 제2항이 직업공무원제도가 정치적 중립성과 신분보장을 중추적 요소로 하는 민주적이고 법치주의적인 공직제도임을 천명하고 그 구체적 내용을 법률로 정하도록 위임하고 있으므로, 이와 같은 헌법의 위임 및 기속적 방향제시에 따라 지방공무원법이 지방공무원의 종류 및 신분보장에 관하여 구체적 내용을 정하거나 변경하는 것은 직업공무원제도의 본질적 내용을 침해하거나 비례의 원칙(과잉금지의 원칙) 또는 신뢰보호의 원칙에 위반되지 아니하는 한 입법재량의 범위 내에 있는 것으로서 이를 위헌 · 무효의 규정이라고 할 수는 없는 것이다(대법원 1997.3.14. 선고 95누17625 판결 등 참조).

그런데, 법 제29조의3을 둔 취지는 법규정의 내용이나 지방공무원법 및 지방자치제도의 취지에 비추어 볼 때 지방자치단체 사이의 인적교류를 통하여 지방자치단체간 인력의 균형있는 배치와 지방행정의 균형있는 발전을 꾀하고, 지방공무원을 능력과 자질에 따라 적재적소에 배치하여 행정업무의 전문성을 확보하여 지방행정의 발전을 꾀하며, 지방공무원의 수요에 맞추어 적정하게 배치하여 행정능률을 높이고, 공무원 사회의 정체성을 해소하여 행정조직에 활력을 불어넣기 위한 것으로 보여 진다. 그리고 그러한 취지의 제도는 지방자치제도가 확립되어 가고 있는 현실에 비추어 필요한 것으로 보여 지고, 그러한 제도의 취지를 제대로 살리기 위하여는 공무원 개인에게는 불편한 상황이 생기는 것도 예상할 수 있으나 당해 공무원의 의사에 구속되지 않을 필요성도 가지고 있는 것이다. 그러므로 법 제29조의 3이 당해 지방공무원의 동의를 전제로 하지 않았다 하여 위와 같은 제도의 취지나 필요성에 비추어 헌법상 보장된 직업공무원제도의 본질을 침해하였다거나 비례의 원칙(과잉금지의 원칙) 또는 신뢰보호의 원칙을 위반하였다고 보여 지지는 않고, 나아가 헌법상 보장된 직업선택의 자유, 행복추구권, 거주이전의 자유를 침해하였다고 할 수도 없다. 따라서 법 제29조의3을 위헌의 법률조항이라고 할 수 없고, 위헌임을 전제로 하는 원고의 주위적 청구는 그 이유 없다(다만 위와 같은 법 제29조의3의 입법취지에 반하여 인적교류의 정당한 필요성이 없이 당해 공무원에게 불이익을 주어 헌법상 보장된 직업공무원제도의 본질을 해하거나 공무원의 신분 보장을 해칠 목적으로 이루어지는 전입 · 전출은 위법하게 될 것이고, 당해 공무원은 이를 이유로 그 구제를 구할 수 있을 것이다).

2. 예비적 청구에 대한 판단

(1) 첫째 주장에 대한 판단

지방공무원법 제29조의3의 규정의 법문상 지방자치단체의 장이 다른 지방자치단체 소속 공무원을 전입함에 있어 당해 공무원의 동의를 얻을 것을 전제로 하지 않고 있으므로 이 사건 전출명령 당시 원고가 동의한 바 없다 하더라도 이 사건 전출명령을 위법하다고 할 수는 없고, 또한 이를 전제로 하는 이 사건 징계처분을 위법하다고 할 수 없다. 그러므로 원고의 첫째 주장은 그 이유 없다.

(2) 둘째 주장에 대한 판단

지방공무원법 제30조의2의 규정과 그 시행을 위한 지방공무원임용령 제27조의4 및 경기도지방공무원인사교류규칙의 각 규정은 그 문언상 내무부장관 · 교육부장관(법 제30조의2 제1항) 또는 시 · 도지사(법 제30조의2 제2항)가 당해 지방자치단체 또는 관할 지방자치단체 상호간의 인사교류를 권고하거나 시행하는 경우에 적용되는 조항으로 이 사건과 같은 시 · 군 상호간의 인사교류에까지 적용된다고 볼 수 없다. 그러므로 원고의 둘째 주장도 그 이유 없다.

(3) 셋째 주장에 대한 판단

을 제1호증의 기재에 의하면, 피고 양평군수는 1997.4.22. 원고에 대한 전입 · 전출의 동의를 요구하면서 원고의 소속, 직급, 성명, 전 · 출입기관, 동의여부, 비고란만 기재하였을 뿐 원고의 재직기간, 생년월일, 현주소 등을 기재하지 아니한 사실을 인정할 수 있다. 그러나 그와 같은 동의요구서를 통하여 동의를 구하는 당해 공무원이 특정되는 이상 재직기간, 생년월일 등 사항을 기재하지 않았다고 하여 이 사건 전출명령이 위법하다고 할 수는 없다. 그러므로 원고의 셋째 주장도 그 이유 없다.

(4) 넷째 주장에 대한 판단

을 제5호증, 을 제10호증의 1, 2 및 을 제8, 9호증의 각 기재에 변론의 전취지를 종합하면, 피고 양평군수는 위 1의 다 항과 같이 1997.5.2. 원고에 대하여 양평군 지방공무원으로의 전입과 함께 양평군 청운면에서의 근무를 명하고, 임용장 수여식에 참석할 것을 통지한 사실, 그러나 피고는 이 사건 전출 · 전입명령이 법령에 위배되어 무효라고 주장하면서 임용장 수여식의 참석을 거부하는 한편 청운면으로의 출근도 하지 않고, 같은 해. 5.12. 피고 양평군수에게 그러한 내용을 서신으로 통보한 사실, 이에 대하여 피고 양평군수는 인사행정계장 윤기용을 통하여 임용장을 수여받고 출근하라는 통지를 하였으나 원고는 이를 거부한 사실, 다시 피고 양평군수는 같은 해. 5.15. 감사계장 박흥옥을 원고의 자택으로 보내어 상황을 조사하는 한편 출근을 요구하였으나 원고는 이를 계속 거부한 사실, 이에 따라 피고 양평군수는 같은 해. 5.16. 원고가 법 제47조, 제49조, 제50조에 규정된 직무상의 의무를 위반하였다는 사유로 경기도인사위원회에 징계를 요구한 사실을 인정할 수 있고, 반증이 없다. 그리고 그와 같은 이 사건 징계처분의 사유와 경위에 비추어 볼 때 원고에 대하여 감봉3월의 징계를 한 것이 징계권을 남용하거나 재량의 범위를 일탈한 위법이 있다고 볼 수없다. 그러므로 원고의 넷째 주장도 그 이유 없다.

Ⅳ. 對象判決의 要旨

지방공무원법 제29조의3은 지방자치단체의 장은 다른 지방자치단체의 장의 동의를 얻어 그 소속공무원을 전입할 수 있다고 규정하고 있는 바, 위 규정에 의하여 동의를 한 지방자치단체의 장이 소속 공무원을 전출하는 것은 임명권자를 달리하는 지방자치단체로의 이동인 점에 비추어 반드시 당해 공무원 본인의 동의를 전제로 하는 것이고, 위 법규정도 본인의 동의를 배제하는 취지의 규정은 아니어서 위헌·무효의 규정은 아니므로, 원심의 이유설시는 적절하지 아니하나 위 법규정이 위헌·무효임을 전제로 한 원고의 주위적 청구를 배척한 결론은 정당하고, 거기에 법리오해 등 상고이유의 주장과 같은 위법이 없다.

그러나 위와 같이 법 제29조의3 규정에 의한 전입은 반드시 당해 공무원의 동의를 전제로 하는 것인데도 남양주시장의 이 사건 전출명령에는 원고의 동의가 없었음을 그 피고가 자인하고 있으므로, 이 사건 전출명령은 더 볼 것도 없이 위법하여 취소되어야 할 것이고, 이를 주장하는 원고의 상고이유 주장은 이유 있다. 그리고 위와 같이 이 사건 전출명령이 위법한 것으로서 취소되어야 할 것인 이상 이를 이유로 들어 출근을 거부하는 원고에게 이 사건 전출명령이 적법함을 전제로 하여 내려진 이 사건 징계처분은 비록 이 사건 전출명령이 공정력에 의하여 취소되기 전까지는 유효한 것으로 취급되어야 한다고 하더라도 징계양정에 있어서는 결과적으로 재량권을 일탈한 위법이 있다고 할 것이고 이를 다투는 원고의 상고이유의 주장 또한 이유 있다.

Ⅴ. 問題의 提起

원심이 원고의 주의적 청구와 예비적 청구 모두를 기각시킨 데 대해서 대법원은 후자의 경우에는 원고의 주장을 수용하였다. 그런데 관련 논의가 과연 현행의 공무원법제를 바탕으로 하여 전개되었는지 의문스럽다. 왜냐하면 현행의 지방공무원법 등이 지방공무원법 제29조의3을 제외하곤선 공무원의 전입 · 전출제도에 관해 명시적으로 언급하지 않고 있기 때문이다. 따라서 먼저 제기되는 의문점은 지방공무원법 자체의 문제점이다. 해당 공무원의 동의의 존재를 예정하고 있지 않는 지방공무원 제29조의3이 헌법합치적인지 여부가 문제된다. 동조의 위헌성이 확인되면 이미 시발점 자체가 의문스럽기에 후속적 물음은 어렵지 않게 답해진다. 그러나 동조의 위헌성이 부인되면, 전입과 전출에서 당사자의 동의가 어떤 의의를 가지는지가 논란이 된다. 즉, 동의를 매개로 한 전출명령과 전입명령의 과정속에서 그것이 전출명령에 대해서 의미로운지 아니면 전입명령에 대해서 의미로운지가 다투어진다. 그리하여 동의부재시에 그 전출명령 및 전입명령의 효력이 문제되는데, 여기선 하자의 승계의 물음도 제기된다. 그런데 이 같은 행정법차원의 물음에 대한 답은 현행의 공무원법제를 바탕으로 하여 강구되어야 한다. 요컨대 전입과 전출에 따른 문제는 정책적으론 각 공행정주체간의 인사교류 및 인력의 효과적 활용의 차원에서 접근하지만, 공법적으론 각 공행정주체의 인사고권의 충돌 및 공무원의 신분보장의 차원에서 접근하여야 한다. 문제에 공법적으로 접근하기 위한 출발점이 전출결정과 전입결정의 본질에 관한 검토이다.

한편 통상적으로 '전출명령' 과 '전입명령' 이란 용어를 사용한다. 이런 용어는 공무원의 귀속관계의 변경을 내용으로 하는 전입 · 전출의 본질을 바르게 이해하는데 지장을 초래할 뿐만 아니라, 행정법관계 및 공무원신분관계를 명령과 복종의 관계에서 바라보는 과거 行政法觀의 殘痕이다. 이 같은 비민주적인 용어가 하루바삐 사라져야 한다. 전출과 전입의 개념정의에 관해선 후술한다.

Ⅵ. 地方公務員法 제29조의3의 違憲性 與否에 관한 論議

이 물음에 대해선 헌법재판소의 결정－헌법재판소 2002.11.28. 98헌바101, 99헌바8(병합) 전원재판부－과 대상판결을 중심으로 살펴보고자 한다.

1. 청구인들의 주장 요지

이 사건 법률조항은 선거에 의하여 취임한 지방자치단체의 장 사이의 의사 일치만으로 지방공무원을 본인의 동의 없이 전출·전입할 수 있도록 하여, 정당한 이유 없이는 해임될 수 없다는 직업공무원 제도의 본질적 내용을 침해하였고, 대법원이 그 판례(1962.11.15. 62누165, 집10④, 행55)로 쌍방적 행정행위라고 밝힌 공무원 임용행위의 성질에 비추어 허용될 수 없는, 본인의 동의 없는 전출면직 및 전입임용의 근거가 되는 규정인 만큼 입법의 한계를 벗어난 것이며, 지방공무원법 제30조의2 소정의 인사교류가 그 필요성이 있을 때 한하되 그것도 협의회의 심의를 거치도록 규정된 것과 비교할 때 민주적인 인사행정에 반하여 우회적인 징계 내지 자의에 의한 보복인사의 여지를 낳아, 결국 헌법이 정한 공무원의 신분보장의 원칙은 물론 그 직업선택의 자유, 신체의 자유, 거주·이전의 자유, 행복추구권 등을 침해한다.

2. 행정자치부장관의 의견

이 사건 법률조항에 의한 지방공무원의 전입은 지방자치단체 간의 필요인력의 재배치 내지 신속한 결원보충을 통한 개인의 능력 및 조직의 발전을 이루기 위한 것인바, 그 전입을 정당한 이유가 없는 해고라고 볼 수 없고, 또한 그로 인하여 본래의 공무원신분에 변동이 생기는 것도 아니므로 헌법상 공무원의 신분보장의 원칙에 위반되지 아니하고, 단지 본인의 동의를 요하지 않는다 하여 지방공무원의 직업선택의 자유, 신체의 자유, 행복추구권 등을 과도하게 제한한다거나 평등의 원칙에 위반된다고 할 수 없다.

3. 헌법재판소의 태도

헌법재판소의 재판관 다수는 다음과 같이 합헌으로 본다: 「지방공무원법 제29조의3은 "지방자치단체의 장은 다른 지방자치단체의 장의 동의를 얻어 그 소속 공무원을 전입할 수 있다"라고만 규정하고 있어, 이러한 전입에 있어 지방공무원 본인의 동의가 필요한지에 관하여 다툼의 여지없이 명백한 것은 아니나, 위 법률조항을, 해당 지방공무원의 동의없이도 지방자치단체의 장 사이의 동의만으로 지방공무원에 대한 전출 및 전입명령이 가능하다고 풀이하는 것은 헌법적으로 용인되지 아니하며, 헌법 제7조에 규정된 공무원의 신분보장 및 헌법 제15조에서 보장하는 직업선택의 자유의 의미와 효력에 비추어 볼 때 위 법률조항은 해당 지방공무원의 동의가 있을 것을 당연한 전제로 하여 그 공무원이 소속된 지방자치단체의 장의 동의를 얻어서만 그 공무원을 전입할 수 있음을 규정하고 있는 것으로 해석하는 것이 타당하고, 이렇게 본다면 인사교류를 통한 행정의 능률성이라는 입법목적도 적절히 달성할 수 있을 뿐만 아니라 지방공무원의 신분보장이라는 헌법적 요청도 충족할 수 있게 된다. 따라서 위 법률조항은 헌법에 위반되지 아니 한다」.

반면 김효종 재판관 등은 한정위헌의 의견을 제시한다: 「법률의 위헌선언권을 유일하게 갖고 있는 헌법재판소로서는 어떤 법률조항에 대하여 위헌적인 법적용 영역과 그에 상응하는 해석가능성이 존재할 경우 그러한 위헌적인 부분을 종국적으로 배제하는 결정을 선고함으로써 그 결정에 따른 기속력을 법원을 비롯한 모든 국가기관 및 지방자치단체에게 미치도록 하는 것을 원칙으로 삼아야 하고, 그 기속력의 수범자중의 하나인 법원이 그 법률조항에 대하여 헌법재판소와 동일한 합헌적인 해석을 하고 있다고 하여 그 법률조항에 여전히 존재하고 있는 위헌적인 부분을 제거하지 않은 채 방치할 수는 없으므로, 위 지방공무원법 조항에 존재하는 위헌적 부분을 결정주문에 명시적으로 밝혀 '지방공무원법 제29조의3은 지방공무원 본인의 동의를 요하지 않는다고 해석하는 한 헌법에 위반된다' 는 내용의 한정위헌결정을 선고하여야 한다」.

그리고 김영일 재판관은 헌법불합치 의견을 제시한다: 「위 지방공무원법 조항의 문언이나 입법목적을 아무리 넓게 파악한다고 하더라도 전입대상이 되는 공무원 본인의 동의라는 요건이 내재되어 있다거나 전제되어 있는 것으로 해석하거나 적용할 수는 없는 것이고, 또한 그와 같은 해석을 도출할 만한 어떤 다른 관련규정도 찾아볼 수 없으므로 위 법률조항에 대하여는 위헌선언을 하여야 할 것이나, 지방자치단체 공무원 인사관리의 혼란 등 위헌선언으로 야기될 혼란을 방지하기 위하여, 위 조항이 헌법에 합치되도록 개정될 때까지 잠정적으로 적용할 것을 명하는 헌법불합치결정을 함이 타당하다」

4. 대법원의 태도

지방공무원법 제29조의3은 지방자치단체의 장은 다른 지방자치단체의 장의 동의를 얻어 그 소속공무원을 전입할 수 있다고 규정하고 있는바, 위 규정에 의하여 동의를 한 지방자치단체의 장이 소속 공무원을 전출하는 것은 임명권자를 달리하는 지방자치단체로의 이동인 점에 비추어 반드시 당해 공무원 본인의 동의를 전제로 하는 것이고, 위 법규정도 본인의 동의를 배제하는 취지의 규정은 아니어서 위헌 · 무효의 규정은 아니다.

5. 소 결

지방공무원법 제29조의3의 합헌성여부에 대한 판단이 갈리지만, 다수 견해이건 소수 견해이건, 헌법재판소의 결정의 함의는 명시적으로 공무원 본인의 동의를 요구하지 않더라도 그것이 동의의 불필요성을 의미하지도 않거니와 그런 해석을 정당화하지도 않는다는 것이다. 헌법재판소의 결정이 대상판결에 나타난 대법원의 태도를 근거로 제시하고 있는 점이 이채롭다. 공무원 본인의 동의의 필요성을 각인시킨 점에서 이런 태도에 찬동할 수 있을 법하나, 과연 동조항의 위헌성여부를 판단함에 있어서 본인의 동의의 존재가능성여부가 연계되어야 하는지 의문스럽다. 이는 동조항의 기본 성격을 어떻게 가늠하는지 여부와 관련이 있다. 다시 말해, 동 조항이 전입결정(명령)과 직접적으로 관련하는지, 아니면 전출결정(명령)과 전입결정(명령)에 다함께 관련하는지 여부에 대한 물음이다. 전자의 경우라면 본인의 동의는 일반적인 임명에서의 동의 차원에서 접근이 가능하기에, 그것 자체가 문제되지 않는다-그러나 전입명령의 전제인 전출명령과 관련해서 본인의 동의 문제는 별개이다(후술)-. 그러나 후자의 경우라면 사정이 다르다. 본인의 동의가 존재하여야 하는지, 그리고 언제 존재하여야 하는지, 다시 말해 전출명령시에 요구되는가 아니면 전입명령시에 요구되는가 여부가 쟁점이 된다.

헌법재판소의 다수의견은 "이 사건 법률조항은, 지방자치단체의 장은 소속 지방공무원의 전출·전입에 서로 동의하였더라도 해당 지방공무원 본인의 동의를 얻어야만 그를 전출·전입할 수 있다는 것으로 해석하는 것이 타당하다"고 함으로써, 기본적으로 후자의 입장에서 접근을 한다. 다만 언제 그 동의가 존재하여야 하는지에 대해선 전혀 언급하지 않았다. 그런데 이 물음에 대한 답은 바로 지방공무원법 제29조의3 그 자체에서 구해야 한다. 동 조항은 명백히 오로지 전입결정과 관련이 있으며, 따라서 당사자 본인은 동 조항과 관련해선 전입결정(명령권)자만을 상대로 하여야 한다. 이 같은 판단은 '전입결정'의 본질에 의거해서 지지될 수 있다(후술). 아래에서 보겠지만, '전입결정'을 특별임용의 일종으로 본다면, 본인의 동의의 존재가능성과는 무관하게 동조항 그 자체 위헌의 문제는 생기지 않는다. 물론 본인의 동의부존재가 그 전입결정(내지 전출결정)의 위법성을 가져다 줄 수 있는데, 이는 동조항의 위헌성 물음과는 별개이다. 결국 동조항의 위헌성 시비를 벗어나면, 이 문제는 행정법차원의 것이 되어 전출과 전입의 과정에 대해서 현행 공무원법제에 의거하여 법적 고찰이 행해진다.

요컨대 동조항의 문제점을 인식함에 있어 본인의 동의의 존재만을 결부시킬 경우, 행정자치부장관의 의견: 「이 사건 법률조항에 의한 지방공무원의 전입은 지방자치단체 간의 필요인력의 재배치 내지 신속한 결원보충을 통한 개인의 능력 및 조직의 발전을 이루기 위한 것인바, 그 전입을 정당한 이유가 없는 해고라고 볼 수 없고, 또한 그로 인하여 본래의 공무원신분에 변동이 생기는 것도 아니므로 헌법상 공무원의 신분보장의 원칙에 위반되지 아니하고, 단지 본인의 동의를 요하지 않는다 하여 지방공무원의 직업선택의 자유, 신체의 자유, 행복추구권 등을 과도하게 제한한다거나 평등의 원칙에 위반된다고 할 수 없다」처럼, 자칫 동조항 내지 전입결정의 의의가 확대될 우려가 있다.

Ⅶ. 轉出決定과 轉入決定의 法的 性質

1. 轉出決定과 轉入決定의 意義

전출 및 그에 따른 전입에 관해 국가공무원법 등이 명시적으로 정의하고 있지 않지만, 국가공무원법 제28조의2(轉入): 「국회 · 법원 · 헌법재판소 · 선거관리위원회 및 행정부간에 타 소속 공무원을 전입하고자 할 때에는 시험을 거쳐 임용하여야 한다」와 지방공무원법 제29조의 3이 시사점을 제시한다. 그런데 지방공무원법 제29조의3과 관련해선 유의할 점이 있다. 동조항의 제정(1981.4.20.) 당시는 지방자치제가 제대로 시행되기 전으로 지방자치단체장의 인사권의 행사는 위임받은 국가기관의 권한을 행사한데 지나지 않는다. 따라서 당시를 기준으로 하자면, 동조항의 '전입'은 당사자로선 일종의 '전임'이나 보직변경으로서의 '전보'나 '근무지의 변경'에 불과하다.[1] 바로 여기에 공행정주체의 인사고권을 고려하고서, '전입'의 의의를 적극적으로 개진할 필요가 있다.

요컨대 (본래의, 좁은 의미에서의) 전출 · 전입이란 각 공행정주체간에 그 소속 공무원에 대해 그의 종전의 지위와 신분에 근본적인 변화는 주지 않으면서 그의 신분상의 귀속관계만을 변경시키는 것을 내용으로 한다. 해서 "전출"이란 '공행정주체가 그 소속 공무원에 대해 －그의 종전의 지위와 신분상의 변화는 주지 않으면서－ 다른 공행정주체와의 새로운 신분상의 귀속관계를 설정하도록 이제까지의 신분상의 귀속관계를 해소하는 것'으로, "전입"이란 '공행정주체가 전출에 대응하여 전출대상자에 대해 －그

1) 헌법재판소의 동결정에서 헌법불합치의견을 개진한 김영일 재판관은 동조항의 전입의 의미가 제정당시와 현재간에는 차이가 있음을 올바르게 지적하였다. 즉, 제정 당시는 지방자치제도에 대한 기본법인 지방자치법이 제정되기 전으로 지방자치단체장의 인사권의 행사는 국가기관의 권한을 위임받은 범위 내에서만 행사되었고, 따라서, 이 사건 법률조항에서의 '전입'은 실질적으로 전국 일원이 하나의 근무지이므로 근무지를 바꾼다는 의미의 '전임' 이상의 효과나 대상 공무원의 입장에서 '근무지의 변경' 이상의 의미를 가진다고 볼 수는 없지만, 지방자치제도가 본격적으로 실시 된 후에 전입 · 전출대상 공무원의 입장에서는 이 사건 법률조항이 정하는 전입 또는 전출의 의미가 실질적으로 전에 속한 지방자치단체와의 공무원관계의 해소와 새로운 지방자치단체에서의 임용으로 변경되었다고 지적하였다. 이 같은 지적이 이 글의 중요한 착안점이 되었음을 밝혀둔다.

의 종전의 지위와 신분상의 변화는 주지 않으면서- 새로운 신분상의 귀속관계를 설정하는 것'을 의미한다. 그런데 전출과 전입은 비단 공행정주체간에서만 이루어지는 것은 아니고, 공행정주체와 정부투자기관간에도 종종 행해지고 있다. 오히려 후자가 조직의 개편, 구조조정 등의 이유에서 더 빈번할 뿐 더러, 본래의 전출·전입과는 달리 종전의 지위와 신분상의 근본적인 변화가 당연히 수반된다는 점에서 많은 문제점을 노정하고 있다. 그런데 아래에서 보듯이, 후자의 문제점과 본질은 본래의 전출과 전입의 본질을 이해하는 데 도움을 준다.

2. 轉入決定의 本質 및 그 法的 性質

국가공무원법 제28조의2(전입)는 「국회·법원·헌법재판소·선거관리위원회 및 행정부간에 타 소속 공무원을 轉入하고자 할 때에는 시험을 거쳐 임용하여야 한다. 이 경우 임용자격요건 또는 승진소요최저년수·시험과목이 동일할 때에는 국회규칙·대법원규칙·헌법재판소규칙·중앙선거관리위원회규칙 또는 대통령령이 정하는 바에 따라 그 시험의 일부 또는 전부를 면제할 수 있다」고 규정하고 있고, 구 지방공무원법(1978.12.6 법률제3152호) 제29조의3(전입)은 「국회 또는 법원 소속 공무원을 轉入하고자 할 때에는 시험을 거쳐 임용하여야 한다. 이 경우 임용자격요건 또는 승진소요 최저년수, 시험과목이 동일할 때에는 대통령령이 정하는 바에 따라 그 시험의 일부 또는 전부를 면제할 수 있다」(본조신설 1978.12.6., 삭제 1981.4.20)고 규정하였다. 이런 입법상황에 비추어 보건대, 지방공무원법 제29조의 3은 기본적으로 전입방식에 의한 특별임용을 규정한 데 지나지 않는다. 공무원의 임용은 원칙적으로 공개경쟁시험에 의거하되, 특별한 경우엔 특별임용시험에 의할 수 있다(지방공무원법 제27조 참조). 지방공무원법 제27조 제6항: 「지방자치단체의 장이 제2항 제7호의 규정에 의하여 국가기관 또는 다른 지방자치단체에 근무하는 국가공무원을 당해 지방자치단체의 공무원으로 특별임용하고자 할 때에는 제29조의3의 규정에 준하여 동의를 얻어야 한다」은 '전입'이 특별임용의 일종임을 분명히 한다. 계약직 공무원을 제외한 일반 공무원의 임용을 '당사자의 동의에 의한 쌍방적 행정행위'로 본다.[2] 따라서 전입을 특별임용형태로 본다면, 당연히 당사자의 동의의 존재 여부가 문제된다. 여기선 특별임용으로서의 전입에서의 동의 문제를 전출단계와 무관하게 독립적으로 바라보느냐 아니면 그것과 연계지

2) 다수 문헌과 함께 판례(서울고등법원 1987.12.7. 선고 87누633판결) 역시 '쌍방적 행정행위'란 용어를 사용하는데, 그것은 상대방의 신청 등을 행정행위와 동격 취급할 우려가 있으며, 행정행위의 개념적 징표인 '일방성'을 몰각시켜 대표적 쌍방적 행위인 공법계약과의 구별을 저해할 우려가 있다. 동지: 김남진/김연태, 행정법Ⅰ, 2004, 213면.

어서 바라보느냐 여부가 다투어 질 수 있다(후술).

3. 轉出決定의 本質 및 그 法的 性質

헌법재판소의 다수견해와 대법원이 지방공무원법 제29조의3이 당사자 본인의 동의를 명시적으로 요구하지 않음에도 불구하고 그곳에 당연히 그의 동의에 관한 요구가 담겨져 있는 것으로 볼 정도로, 전출과 전입은 해당 공무원에 대해 그의 신분관계에서 매우 중대한 영향을 준다.[3] 그런데 국가공무원법과 지방공무원법은 '전입'과는 달리 '전출'에 관해선 전혀 언급을 하지 않고, 다만 '공무원인사기록 및 인사사무처리규칙'(총리령)과 '지방공무원인사기록 및 인사사무처리규칙'(내무부령)이 전입과 전출의 과정 및 그에 따른 업무처리 등을 규율할 뿐이다.[4] 따라서 자연 전출과 관련하여 법률유보의 원칙이 문제된다. 이미 과거의 전통적인 특별권력관계이론은 그 본연의 모습을 유지할 수 없음은 주지의 사실이다. 신분관계에서 그 귀속관계의 해소는 비록 앞으로

---

3) 헌법재판소 다수 견해: 「지방공무원의 경우, 그 사용자인 지방자치단체에 소속되어 있는 한 그 직무의 내용과 장소를 다소 달리한다고 하여 이를 두고 그 직장선택의 자유를 침해하는 것으로는 볼 수 없을 것이다. 하지만 국가공무원과는 달리 지방공무원은 특정 지방자치단체와의 쌍방적 행위를 통하여 임용되므로 특별한 사정이 없는 한 임용된 당해 지방자치단체에 소속된 공무원으로서 그 관할구역 내에서 근무하는 것을 근무관계의 본질로 한다. 그러므로 지방공무원을 그 소속 지방자치단체로부터 분리하여 다른 지방자치단체 소속으로 옮긴다는 것은 그 지방공무원의 공무원으로서의 지위에 근본적 변동을 초래하게 된다. 각 지방자치단체는 지역적 특성, 인구, 재정자립도 등 여러 가지 면에서 대단히 큰 편차를 보이므로, 지방자치단체마다 직무의 내용, 보직관리 기준, 근무여건 등이 크게 달라질 수 있다. 소속 지방자치단체가 옮겨지면 근무지, 이에 따라 삶의 기초가 되는 주거지 또한 변경되는 것이 통상적일 것이다. 따라서 지방공무원의 의사에 반하여 그 직장(소속 지방자치단체)의 변경을 강제한다는 것은 이를 정당화할 만한 정도의 공익적 요청 없이는 그 지방공무원의 직장선택의 자유를 침해하는 것이 되므로 헌법적으로 허용되지 아니 한다」. 그러나 이 같은 지적은 국가공무원의 경우에도 당연히 통용될 수 있다.

4) 참조: '공무원인사기록 및 인사사무처리규칙'(총리령)

제8조 (인사기록카아드의 정리 및 변경) ① 공무원이 신규채용 · 승진 · 전직 · 전보 · 강임 · 면직 · 징계 · 휴직 · 직위해제 · 복직 · 국내외훈련 · 국외출장 · 겸임 · 파견 · 승급 · 전출 · 전입되었거나 포상을 받은 때에는 인사담당관은 지체없이 이를 당해 공무원의 인사기록 카아드에 기록하여야 한다. 이 경우에 법 제28조제4항 · 법 제37조제2항 및 임용령 제29조제3항의 규정에 의한 전직 · 전보 또는 승진제한사유가 있는 공무원에 대하여는 그 사유를 인사기록카아드의 임면사항란에 주소로 기록하여야 한다.〈개정 1974.9.16, 1981.7.20, 1983.11.14〉

② 각급기관의 인사담당관은 인사기록의 착오기재사항이나 누락사항 또는 신상변동사항을 확인 · 정정할 수 있도록 소속공무원으로 하여금 매 짝수연도의 2월 1일부터 3월 31일까지의 사이에 인사기록카드를 열람하게 하여야 한다. 이 경우 열람의 방법 · 절차 및 정정신청 등에 관하여는 기록보관기관의 장이 정한다.〈신설 1993.11.15〉

③ 제1항 및 제2항이외의 사유로 인하여 공무원의 인사기록카아드를 정정 · 변경 또는 추가 기재하여야 할 정당한 사유가 있을 때에는 이를 증명하는 증빙서류를 갖추어 기록보관 기관의 장에게 인사기록 변경신청서(별지 제4호서식)를 제출하여야 한다.〈개정 1977.3.4, 1993.11.15〉

제15조 (전출 · 전입요구〈개정 1974.9.16〉) 임용권자 · 임용제청권자 또는 소속기관의 공무원의 전보권을 가진 자가 다른 기관의 소속공무원을 임용, 제청 또는 전입시키고자 할 때는 공무원 전입 · 전출요구서(별지 제24호서식)에 의하여 당해 기관의 장의 동의를 얻어서 하여야 한다. 소속공무원을 다른 기관에 전출시키고자 할 때에도 같다. 다만, 법 제32조의 2의 규정에 의한 인사교류계획에 따라 전입 또는 전출하는 경우에는 그러하지 아니한다.

'지방공무원인사기록 및 인사사무처리규칙'(내무부령)

제14조 (전출 · 전입등의 요구) 임용권자가 다른 지방자치단체 소속공무원의 전입을 요구할 때에는 별지 제15호서식의 공무원 전입 · 전출동의요구서에 의하며, 전입 · 전출동의요구서를 받은 지방자치단체의 장이 그 동의 여부를 통보할 때에는 별지 제16호서식의 공무원 전출 · 전입동의서에 의한다.

도 신분관계의 기본에 변함이 없다 손치더라도 그 자체만으로 직업의 자유와 같은 기본권과 밀접한 관련성을 가진다. 따라서 구태여 의회유보의 원칙을 거론하지 않더라도 전출결정에는 법률적 근거가 요구되며, 법률적 근거 없이 내려진 전출결정은 당사자 본인의 동의의 필요에 관한 물음이전에 법률적 근거의 부재로 위법하게 된다. 엄격히 보자면, 그 위법사유가 중대하고 명백하다고 인정되기에 전출결정은 무효가 되어버린다. 무효인 전출결정은 후속절차인 전입결정까지도 당연히 무효화시킨다.

법률유보의 원칙과 관련해서 이상과 같은 논의는 바로 전입 내지 동규정의 有名無實化를 초래한다. 물론 전입의 근거규정을 그 전제인 전출에 끌어들임으로써 문제점을 피해갈 수 있다고 주장될 법하나, 이 같은 주장은 마치 과거 하명처분 그 자체로부터 그것을 집행하기 위한 법적 근거를 도출한 牽强附會와 다르지 않다. 여기서 전입을 특별임용의 형태로 자리매김한 점을 상기하여야 한다. 전입의 전제인 전출에 대해선 당연히 당사자의 기존 근무관계의 소멸로 접근하여야 한다. 요컨대 전출은 '면직처분' 의 일종이다. 그런데 징계면직이나 직권면직과 같은 일방적 면직이 아니라, 依願免職의 차원에서 바라보아야 한다. 전출결정을 의원면직처분의 일종으로 보면, 그것의 법률적 근거를 둘러싼 물음은 물론 당사자 본인의 동의의 유무를 둘러싼 물음까지 손쉽게 해소될 수 있다.

한편 전출을 의원면직처분의 차원에서 바라 볼 때 유의해야 할 점은, 통상 의원면직처분은 공무원관계의 종국적 소멸을 의미한다는 점이다. 그런데 전출과 전입에선 전입이후에도 종전의 신분과 지위가 기본적으로 변함없이 계속된다는 점이 특이하다. 따라서 전출에는 이 같은 신분관계의 계속가능성이 예정되지 않으면 아니 된다. 요컨대 전출과 전입의 과정을 살펴보면, 공행정주체간의 전입과 전출에 관한 동의에 당사자의 동의가 더해지는데, 여기서 당사자는 우선 자신의 종전 신분과 지위가 새로운 공행정주체에 대해서도 여전히 계속되리라는 점을 -명시적이든 묵시적이든- 약속받고서 의사결정을 한다. 이런 정황에 비추어, 전출은 (전입결정자의) "특별임용"이 예정된 (전출결정자의) 의원면직처분에 해당한다 하겠다.[5] 그리고 당사자 본인의 동의는 자연 의원면직처분에서의 "依願"에서 포착이 되는데, 이런 인식은 특별임용의 형태로서의 전입에 관한 논의에도 영향을 끼친다. 동의를 필요로 하는 임용과 관련지어서 당사자의 동의 존재 여부에 관한 물음을 해소시킬 수 있다. 즉, 전출결정상의 당사자의 동의, 다시 말해 '의원' 은 전입을 임용의 형태로 자리매김함에 따라 요구되는 임용대상자(당사자)의 (특별임용으로서의 전입결정에 대한) 동의까지도 담고 있다 하겠다.

5) 追論: 종전에 "특별임용을 하겠다는 확약이 부가된 의원면직처분"으로 보았는데 수정한다.

Ⅷ. 轉出·轉入過程에서 해당 地方自治團體의 長의 同意의 法的 問題點

1. 지방자치제시행에 따른 의미상의 변화

지방자치법 제29조의3상의 (전출결정자로서의) 지방자치단체의 장의 동의의 의의는 전출과 전입 전체의 과정속에서 파악되어야 할 뿐만 아니라, 지방자치의 전권한성·자기책임성에 따른 자주인사권의 차원에서도 강구되어야 한다. 동 조항이 지방자치제가 본격적으로 실시되기 전에 제정된 것이기에, 무엇보다도 체계적 해석이 강구되어야 함은 당연하다.

헌법재판소의 결정에서 김영일 재판관이 지적한 바와 같이, 동조항의 제정(1981.4.20) 당시에는 그 '전입'은 실질적으로 전국 일원이 하나의 근무지이므로 근무지를 바꾼다는 의미의 '전임' 이상의 효과나 대상 공무원의 입장에서 '근무지의 변경' 이상의 의미를 가지지 않는다. 따라서 여기서의 대상 공무원 소속의 지방자치단체장의 동의는 국가로부터 위임받은 권한의 관할권의 변경에 대한 동의였다. 따라서 그 동의는 공행정주체간에 이루어지는 것이 아니라, 하나의 공행정주체에 속한 여러 기관들 간에 이루어진 내부적 행위에 불과하다. 내부적 의미만을 지닐 뿐인 상황에서 그 동의에 대한 법적 비중치가 그다지 크지 않음은 당연하지만, 전출결정자와 전입결정자에게 고유한 인사권이 부여되면 사정이 다르다. 지방자치제의 본격적인 시행이후에 전권한성과 자기책임성에 의거하여 지방자치단체에게 자주인사권을 부여하였기에, 헌법재판소의 김영일 재판관의 의견에서 지적된 것처럼, 동조항상의 동의는 다른 지방자치단체의 자치권의 한 내용으로서 인사권을 보장한다는 의미를 갖는다. 따라서 여기서의 동의에 대해서 법적 비중치가 고조됨은 당연하다.

2. 本質 및 그 法的 性質

그런데 동의의 법적 의의가 그것의 중요성을 증대시키는 데 그친다면 여전히 그것의 성격이 내부적 의미에서 벗어날 순 없다. 통상적인 언어생활에서 '동의'는 함께 형성해 나간다는 의미에서의 적극적 성격보다는 의사결정에 소극적으로 참여하는 의미를 지닌다. 과거 제정당시를 기준으로 삼아 '전임' 등에 해당하는 '전입'의 경우에는 그 동의는 순전히 내부적 차원에서만 의미로우며 당연히 소극적 의미를 지니기에, 해석의 문제가 생기지 않는다. 그러나 지방자치단체의 자주인사권이 인정되는 지금에선 동의의 의의를 세심히 논구하여야 한다. 그저 전입결정을 내리기 위한 절차적 의미로만 동의를 바라보는 것은 그것의 소극적 의미만을 천착한 셈이어서 타당하지 않다. 오히려 지방자치단체의 자주인사권을 염두에 두면 그것의 의미를 적극적으로 모색하여야 한다. 아울러 그것의 존재가 과연 지방자치단체의 장 사이에서만 의미로운지도 검토되어야 한다.

동의의 적극적 의미를 부여하자면, 우선 전출결정자(지방자치단체)의 동의를 전입결정자(지방자치단체)가 전출결정자의 인사고권에 저촉됨이 없이 그의 인사고권을 행할 수 있게 만드는 전제로 파악하여야 한다. 그런데 이런 전제의 형성인 전출결정자의 동의는 두 가지의 의미를 갖는다. 전입결정자에 대해선 자신의 인사고권의 소멸을, 해당 공무원에 대해선 (그의) 자신에로의 귀속관계의 소멸을 의미한다. 문제의 사안이 공무원신분관계인 점에서 후자의 의미가 더 결정적일 뿐 더러, 전자의 의미는 후자의 의미에 隨伴되거나 내포되어 있다 하겠다. 동의의 적극적 의미는 이처럼 동의의 본질적인 지향성을 공무원 본인에게로 조준함으로써 얻어질 수 있다. 요컨대 "특별임용예정적" 의원면직처분으로서의 "전출결정(명령)"을 여기서의 동의에 대입할 수 있다. 이같이 동의의 의미를 적극적으로 모색한다면, '공무원인사기록 및 인사사무처리규칙' 이 행정주체간의 동의를 단순히 내부적 차원에서만 바라보는 데 변화를 줄 수 있다. 나아가 관련 법령의 정비에도 도움을 줄 수 있다.

Ⅸ. 對象判決의 問題點에 관한 檢討

대법원은 지방공무원법 제29조의3 규정에 의한 전입이 반드시 당해 공무원의 동의를 전제로 하는 것임을 분명히 하고서, 그 동의의 결여를 이유로 남양주시장의 전출결정의 위법성을 긍정하였다. 대법원이 전출결정을 하명처분으로 파악하고서 논의를 전개하였는지 궁금하다. 전출결정을 그처럼 본다면 당해 공무원의 동의의 결여가 단순위법사유인지 아니면 무효사유인지 여부는 일단 다투어질 만하다. 전입결정에 대비시켜서, 전출결정이란 "공행정주체가 그 소속 공무원에 대해 –그의 종전의 지위와 신분상의 변화는 주지 않으면서– 다른 공행정주체와의 새로운 신분상의 귀속관계를 설정하도록 이제까지의 신분상의 귀속관계를 해소하는 것"이다. 직권면직사유에 해당하지 않음에도 기왕의 신분관계에 변화가 초래된다는 점에서 전출결정은 면직처분의 일종이다. 앞에서 본 것처럼, 원고는 –아쉽게도 대상판결 이후지만– 지방자치법 제29조의3의 위헌법률심판에서 주장한 요지에서 전출과 전입을 각기 '전출면직' 과 '전입임용' 으로 바르게 파악하였다. 공무원신분관계의 창설인 임용에서 동의나 신청의 결여가 그 임용을 무효로 만들 듯이, 전출결정에서도 당해 공무원의 동의의 결여는 마찬가지의 효과를 가져다 준다.[6] 전출결정의 본질을 앞에서처럼 '의원면직'으로 보면 당해 공무원의 동의의 의미를 새삼 논의할 필요가 없다. 이미 그 자체에서 당해 공무원의 동의를 전제하고 있기 때문이다. 또한 동의의 결여를 단순 위법사유로 본다는 것은, 대법원이 당해 공무원의 동의의 요구가 명시적으로 드러나지 않음에도 불구하고 애써 그것을 인정하고자 하는 태도와는 약간 배치되는 감이 든다.

전출결정의 무효성은 후속 조치의 효력을 가늠하는 데 결정적 역할을 한다. 왜냐하면 단순 위법인 전출결정(명령)은 공정력이 인정되기에, 후속조치인 전입결정은 물론 나아가 전입결정에 불응에 따른 징계처분까지도 여전히 유효성을 견지할 수 있기 때문이다. 즉, 대법원은 이런 전제에서 징계양정상의 재량권남용을 이유로 징계처분의 위법성을 인정하였다. 그러나 이상에서 본 것처럼, 해당 공무원의 동의의 결여는 전출결정을 무효로 이끌기 때문에 당연히 공정력이 부인되어 그것을 바탕으로 행해진 후속처분 역시 무효가 된다. 여전히 전출결정자에로의 귀속관계에 변함이 없음에도 이른바 전입결정자가 해당 공무원을 징계한다는 것은 무권한의 행위로 무효를 면치 못한다.[7] 원고가 지방자치법 제29조의3의 위헌성 시비와는 별개로 동의가 결여된 전출결정 및 그에 따른 징계처분에 대해서 단순 위법만을 주장하여 취소를 구하였는지 아쉽다. 또한 대법원이 징계처분의 위법성을 그것이 무효인 전출결정에 터 잡아 행해진 점에서 구하지 않은 점 역시 이해하기 힘들다.

X. 맺으면서

이상에서 대상판결의 문제점을 살펴보았다. 앞에서 제시한 것처럼, '전입결정'은 특별임용의 일종으로 본다면, 본인의 동의의 존재가능성과는 무관하게 동 조항 그 자체의 위헌성은 문제되지 않는다. 지방공무원법 제29조의3 자체의 위헌성 여부가 부인됨으로써 헌법적 물음이 가신 뒤에는, 행정법적 물음이 남는다. 여기서는 동 조항 및 전출 · 전입제도를 전체 공무원법제속에서 어떻게 조화롭게 구축하는지가 관건이다. 특별임용으로서의 '전입결정'은 두 가지 측면 즉, 공무원신분관계에 따른 해당 공무

6) 이 점에서 사인의 공법행위의 하자와 그 행정행위의 효력을 둘러싼 논의에서 어떤 입장을 취하더라도 동일하다. 이에 관해선 김남진/김연태, 앞의 책, 132면 이하 참조.

7) 대법원 1996.6.28. 선고 96누4374판결: 행정기관의 권한에는 사무의 성질 및 내용에 따르는 제약이 있고, 지역적 · 대인적으로 한계가 있으므로 이러한 권한의 범위를 넘어서는 권한유월의 행위는 무권한 행위로서 원칙적으로 무효이고, 선행행위가 부존재하거나 무효인 경우에는 그 하자는 당연히 후행행위에 승계되어 후행행위도 무효로 된다.

원 본인의 동의의 차원에서, 해당 지방자치단체의 인사고권의 차원에서 법적 물음을 던진다. 그런데 이 같은 물음은 '전출결정'과 관련한 것으로 再歸된다. '전출결정'의 본질을 규명하는 것이 선결과제이다. 현행의 공무원법제에 비추어 조화로운 해결방책은 바로 '전출결정'을 "특별임용이 예정된 依願免職處分"으로 자리매김하는 것이다. 이런 도그마틱적 결과물은 당연히 매우 생소하게 여겨질 것이다. 하지만 그런 결과에 도달하기까지 행해진 관련 법문제의 고찰은, 오히려 관련 법규정을 정비하는 데 이바지할 것으로 기대한다. 인사교류나 인적 자원의 효율적 배분과 활용은 부단히 변화하는 공공부문의 상황에 비추어 당연한 명제이나, 공법질서와 공무원 개인의 법적 지위의 훼손됨이 없이 행해져야 할 것이다. 지방자치법 제29조의3의 위헌성시비를 통해서 확인할 수 있듯이, 과거 '민주주의'나 '법치주의'가 그저 머릿속에 맴도는 데 불과한 시절에 만들어진 많은 법령에 대해서 하루바삐 새로운 법의 조명이 비춰져야 한다. 그리고 제도의 민주적 법치주의화는 시간의 흐름과는 무관하게 치열한 논구를 통해서 이루어진다.

* 저스티스 제79호, 2004.6., 200면 이하 소수.
* 참고문헌: 졸고, 公務員法制의 革新手段으로서의 轉出 · 轉入制度의 마련에 관한 小考-고시연구, 2004.9. 52면 이하.
* 追論: 대법원 2008.9.25. 선고 2008두5759 판결은 같은 맥락에서 "지방공무원법 제30조의2 제2항에 정한 인사교류에 따라 지방자치단체의 장이 소속 공무원을 전출하는 것은 임명권자를 달리하는 지방자치단체로의 이동인 점에 비추어 반드시 당해 공무원 본인의 동의를 전제로 하는 것이고, 따라서 위 법 규정의 위임에 따른 지방공무원 임용령 제27조의5 제1항도 본인의 동의를 배제하는 취지의 규정은 아니라고 해석하여야 한다"고 판시하였다.

제 3 장

不問警告措置의 法的 性質과 관련한 問題點에 관한 小考

−對象判決: 大法院 2002.7.26. 선고 2001두3532判決−

Ⅰ. 對象判決의 要旨

[1] 항고소송의 대상이 되는 행정처분이라 함은 원칙적으로 행정청의 공법상 행위로서 특정 사항에 대하여 법규에 의한 권리의 설정 또는 의무의 부담을 명하거나 기타 법률상 효과를 발생하게 하는 등으로 일반 국민의 권리 의무에 직접 영향을 미치는 행위를 가리키는 것이지만, 어떠한 처분의 근거나 법적인 효과가 행정규칙에 규정되어 있다고 하더라도, 그 처분이 행정규칙의 내부적 구속력에 의하여 상대방에게 권리의 설정 또는 의무의 부담을 명하거나 기타 법적인 효과를 발생하게 하는 등으로 그 상대방의 권리 의무에 직접 영향을 미치는 행위라면, 이 경우에도 항고소송의 대상이 되는 행정처분에 해당한다.

[2] 행정규칙에 의한 '불문경고조치'가 비록 법률상의 징계처분은 아니지만 위 처분을 받지 아니하였다면 차후 다른 징계처분이나 경고를 받게 될 경우 징계감경사유로 사용될 수 있었던 표창공적의 사용가능성을 소멸시키는 효과와 1년 동안 인사기록카드에 등재됨으로써 그 동안은 장관표창이나 도지사표창 대상자에서 제외시키는 효

과 등이 있다는 이유로 항고소송의 대상이 되는 행정처분에 해당한다.

Ⅱ. 事件의 內容

함양군인사위원회가 1999.10.7. 경상남도 지방공무원으로서 1995.2.23.부터 함양군 도시환경과 소속 주택담당 주사로 근무하던 원고에 대하여 징계를 심의한 결과, 원고가 1999.3.19. 함양읍 교산리 833-1에 있는 한국천령아파트에 대한 사용승인을 하면서 이 아파트가 1동의 건물로 되어 있기 때문에 동별(棟別) 사용승인이 부적합함에도 불구하고 사용승인을 하였고, 이로 인하여 민원을 야기함은 물론 건축승인조건인 도로의 기부채납이 지연되거나 이행되지 않을 우려가 생기게 함으로써 지방공무원법 제48조에 정한 성실의무를 위반하였다는 징계사유를 들어, 함양군지방공무원징계양정에관한규칙(1998. 4. 1. 규칙 제750호, 이하 '함양군규칙'이라 한다.) 제2조 제1항 및 [별표 1] '징계양정기준'에 의하여 위와 같은 비위사실에 대하여는 견책으로 징계를 하여야 할 것이지만, 함양군규칙 제4조 제1항 제2호 및 [별표 3] '징계양정감경기준'에 따라 원고에게 표창을 받은 공적이 있음을 이유로 그 징계를 감경하여 불문으로 하되, 다만 원고에게 경고할 것을 권고하는 의결을 하였고, 이에 따라 피고(함양군수)가 1999. 10. 12. 원고를 '불문경고'에 처하는 이 사건 처분을 한 사실을 인정한 다음, 이 사건 처분의 취소를 구하였다.

Ⅲ. 原審判決의 要旨

원심(부산고법 2001.3.30. 선고 2000누3634판결)은, 원고의 청구에 대하여 아래와 같은 이유로 이 사건 처분은 항고소송의 대상이 되는 행정처분에 해당한다고 할 수 없다고 판단하여 이 사건 소를 각하한 제1심판결을 유지하였다.

「즉, 이 사건 처분은 지방공무원법상의 징계에 해당하지 아니하고, 지방공무원징계및소청규정(1998.2.20. 대통령령 제15647호, 이하 '소청규정'이라 한다.) 제8조 제1항 및 제17조의 각 위임규정에 따라 함양군 지방공무원의 징계양정기준과 가중 · 감경사유 등에 관한 구체적 사항을 정한 함양군규칙에서 견책의 징계를 감경할 경우 불문(경고)으로 한다는 취지는, 불문경고조치를 또 하나의 감경된 징계처분으로 본다는 것이 아니라 징계의 종류 중 가장 가벼운 견책을 감경할 때에는 이를 불문에 붙여 아무런 징계처분을 하지 않고 그 대신 경고를 한다는 뜻으로 보아야 할 것이다. 그러므로 단지 앞으로 유사한 잘못을 되풀이하지 않도록 업무에 더욱 충실할 것을 권고하거나 지도하는 행위에 불과하고, 그로 인하여 설사 원고의 승진이나 호봉승급 등에 어떠한 영향이 미친다고 하더라도, 이는 원고가 불문경고를 받았다는 사실 그 자체보다는 그 원인이 된 비위사실이 승진이나 호봉승급 등 인사평정상의 참작사유로 고려되는 데서 기인하는 것이다. 따라서 이러한 인사상의 불이익은 이 사건 처분으로부터 직접적으로 발생하는 법률상 효과가 아니라 사실상 또는 간접적인 효과에 불과하다고 봄이 상당하며, 달리 이 사건 처분으로 인한 법률상의 효과로서 원고의 신분에 직접적으로 불이익을 끼치는 사유가 있다고 인정할 만한 자료가 없다. 이는 이 사건 처분시에 징계처분사유설명서(갑 제1호증의2)를 교부하였고, 그 설명서의 참고란에 불복시에 소청을 제기할 수 있다는 기재가 있다거나, 전치절차에 관한 지방공무원법 제20조의2의 규정이 있다 하여 달리 볼 것은 아니다.」

Ⅳ. 上告理由의 要旨[1)]

피고는 원고가 비위사실이 없음에도 불구하고 원고에 대하여 일단 견책으로 의결한 다음 원고의 표창경력을 감안하여 표창감경함으로써 결국 '불문경고'의 처분을 내렸는바, 지방공무원법 제20조의2에서 "제67조의 규정에 의한 처분 기타 본인의 의사에 반한 불리한 처분에 관한 행정소송은 심사위원회의 심사결정을 받아야 한다."고 규정하고 있음에서도 드러나는 바와 같이, 원고가 이 사건 쟁송으로 다툴 수 있는가 여부에 관한 판단은 원고가 받은 처분이 '현실적으로 불이익한 내용의 것인지'가 중요할 뿐 과연 그 처분이 징계인가함이 관건이라고 할 수는 없다.

원심의 해석에 따를 경우, 견책에 해당하는 징계가 거론된 공무원의 경우 원고와 같이 이전에 성실하게 근무하여 표창경력이 없어 곧바로 견책처분을 받은 공무원 가운데 전자는 오히려 원고와 같이 항고소송으로 다투어 구제받을 수조차 없어 비위공무원으로 남게 되는 불이익을 감수하여야 하고, 후자는 구체적인 부당함을 다투어 항고소송을 제기하여 동 처분을 배제함으로써 원상회복을 할 수 있다고 한다면 형평의 원칙에 비추어 불합리하다.

이 사건 처분에 대하여 이 사건 소 외에 다른 적절한 법률적 구제수단이 없고, 현재까지 그 불이익 상태가 치유되지 않고 남아 있는 점에 비추어 이 사건 처분은 항고소송의 대상인 행정처분으로 보아야 한다.

원고는 이 사건 처분으로 인하여 인사상 불이익 및 포상기회의 박탈을 당하고 있으

1) 이는 김의환, 행정규칙에 의한 징계처분이 항고소송의 대상이 되는 행정처분인지 여부, 대법원판례해설 2002년 하반기(통권 제43호), 239면 이하에서 인용함.

므로 이 사건 처분으로 인하여 법률상 지위에 직접적인 변동을 가져오지 않는다고 할 수는 없다.

Ⅴ. 對象判決의 理由

항고소송의 대상이 되는 행정처분이라 함은 원칙적으로 행정청의 공법상 행위로서 특정 사항에 대하여 법규에 의한 권리의 설정 또는 의무의 부담을 명하거나 기타 법률상 효과를 발생하게 하는 등으로 일반 국민의 권리 의무에 직접 영향을 미치는 행위를 가리키는 것이지만, 어떠한 처분의 근거나 법적인 효과가 행정규칙에 규정되어 있다고 하더라도, 그 처분이 행정규칙의 내부적 구속력에 의하여 상대방에게 권리의 설정 또는 의무의 부담을 명하거나 기타 법적인 효과를 발생하게 하는 등으로 그 상대방의 권리 의무에 직접 영향을 미치는 행위라면, 이 경우에도 항고소송의 대상이 되는 행정처분에 해당한다고 보아야 할 것이다(대법원 1993.12.10. 선고 93누12619 판결, 1984.2.14. 선고 82누370 판결등 참조).

이 사건의 경우, 우선 함양군규칙 제4조 제1항에 의하면, 징계의결이 요구된 자가 정부표창 규정에 의하여 국무총리 이상의 표창을 받은 공적(비위행위 당시 6급 이하 공무원 등이 도지사 이상의 표창을 받은 공적 포함) 등이 있는 경우에는 징계양정 감경기준에 따라 징계를 감경할 수 있으나, 다만 당해 공무원이 징계처분이나 경고를 받은 사실이 있는 경우에는 그 징계처분이나 경고처분 전의 공적은 감경대상 공적에서 제외하도록 규정하고 있고, 다음으로 소청규정 제17조의 위임에 의한 경상남도지방공무원징계양정에관한규칙(1999.7.22. 규칙 제2471호) 제9조는 이 규칙 시행에 관하여 필요한 사항은 도지사가 정하도록 규정하는데, 이에 따른 경상남도지방공무원징계양정등에관한규칙시행지침(1988.2.16. 예규 제125호로 개정된 것) 제8조 제1항은, 징계처분권자가 인사위원회로부터 규칙 제6조 제2항의 규정에 의하여 경고할 것을 경고('권고'의 오기로 보인다.)받았을 때는 징계의결서 사본을 첨부 소속기관장 명의로 서면경고조치하고 공무원인사기록카드 '비고'란에 그 사실을 기재하도록 규정하고 있으며, 한편 지방공무원인사기록및인사사무처리규칙(1994.2.3. 내무부령 제608호) 제7조 제1항은, 임용권자는 징계처분을 받은 공무원이 징계처분을 받은 날부터 정직의 경우 7년, 감봉의 경우 5년, 견책의 경우 3년이 경과한 때 등에는 당해 공무원의 인사기록카드에 등재된 징계처분의 기록을 말소하도록 규정하고, 같은 조 제4항은 징계처분 및 직위해제처분의 말소방법 · 절차 등에 관하여 필요한 사항은 내무부장관이 정하도록 규정하는데, 이에 근거한 지방공무원징계등기록말소제도시행지침에 의하면, 불문(경고)에 관한 기록도 말소

대상으로 규정하면서, 징계위원회의 불문(경고)의결 통고를 받은 기관장이 당해 공무원에게 경고처분을 한 날부터 1년이 경과한 때 말소하도록 규정하며, 나아가 정부포상 및 장관 · 도지사표창지침(기록 제454면 이하)에 의하면, 재직 중 불문경고를 포함한 징계처분을 받은 자로서 징계기록이 말소되지 않은 자 등은 장관표창이나 도지사표창 대상자의 선정에서 제외하도록 규정하고 있다.

이들 규칙이나 예규 및 지침 등은 법규명령이 아니라 행정조직 내부에서 행정의 사무처리기준으로 제정된 일반적 · 추상적 규범인 행정규칙이어서, 일반 국민이나 법원에 대한 대외적인 구속력은 없지만 행정조직 내부에서는 구속력 있는 규범으로 적용되고 있는바, 이들 규칙이나 예규 및 지침 등에 의하면, 이 사건 처분이 비록 법률상의 징계처분은 아니라 하더라도, 이 사건 처분에는 적어도 이 사건 처분을 받지 아니하였다면 차후 다른 징계처분이나 경고를 받게 될 경우 징계감경사유로 사용될 수 있었던 표창공적의 사용가능성을 소멸시키는 효과와 1년 동안 인사기록카드에 등재됨으로써 그 동안은 장관표창이나 도지사표창 대상자에서 제외시키는 효과 등이 있음을 알 수 있다.

그렇다면 이 사건 처분은 그 근거와 법적 효과가 위와 같은 행정규칙에 규정되어 있다 하더라도, 행정규칙의 내부적 구속력에 의하여 상대방에게 권리의 설정 또는 의무의 부담을 명하거나 기타 법적 효과를 발생하게 하는 등으로 원고의 권리의무에 직접 영향을 미치는 행위로서 항고소송의 대상이 되는 행정처분에 해당하는 것으로 보아야 할 것이다.

그럼에도 불구하고, 원심이 그 판시와 같은 이유만으로 이 사건 처분이 행정처분에 해당하지 아니한다고 판단한 것은 항고소송의 대상인 행정처분에 관한 법리를 오해한 것이라고 하지 않을 수 없다.

그러나 나아가 이 사건 처분에서 피고가 징계사유로 삼은 원고의 비위사실을 기록에 의하여 살펴보면, 원고가 원심 판시 아파트에 대하여 주택건설촉진법 제33조의2 제1항 단서에 따른 동별 사용검사를 받도록 하여 준 것 자체를 부적법하다고는 할 수 없으나, 사업주가 당초 사업의 승인조건인 도로의 기부채납을 이행하지 아니한 상태에서 사용검사와 동일한 법적 효력이 있는 동별 사용검사를 받게 되면 기부채납을 제때에 이행하지 아니할 가능성이 커지는 만큼, 담당 실무자인 원고로서는 사업주가 실제로 도로에 대한 소유권을 취득하여 기부채납을 이행하는 것이 가능한지 여부에 대하여 까지 면밀히 검토하여 결재권자에게 보고하여야 할 것임에도, 이를 소홀히 한 채 사업주에 대한 공증각서 징구로 충분한 것처럼 보고하여 동별 사용검사를 하여 주도록 결재를 받은 결과 당초 사업의 승인조건인 도로의 기부채납이 지연되게 하는 한편,

사업주의 채권자 일부가 동별 사용검사로 인하여 자신들의 채권을 변제받지 못하게 되었다는 내용의 민원을 제기하게 한 사실을 인정할 수 있으므로, 원고에게는 지방공무원법 제48조에서 정한 성실의무를 위반한 징계사유가 없지 아니하다.

다만, 원고가 동별 사용검사를 받도록 한 경위 및 그 전후의 사정 등 기록에 나타난 사정들에 의하면, 그 비위의 정도는 가볍고 경과실이 있는 정도에 지나지 아니하므로, 함양군규칙에 의하여 견책을 선택한 다음 포상공적을 참작하여 불문경고로 감경한 함양군인사위원회의 의결에 따라 피고가 이 사건 처분을 한 것은 정당한 것으로 보이고, 거기에 어떠한 위법이 있다고는 할 수 없다.

따라서 원심이 이 사건 처분이 행정처분에 해당하지 않는다고 보아 소를 각하한 제1심판결을 유지한 것은 잘못이지만, 이 사건 청구가 이유 없는 이상, 원고만이 상고한 이 사건에서 원심판결을 파기하여 청구를 기각하는 것은 원고에게 불이익한 결과가 되므로, 원심판결을 유지할 수밖에 없다.

그러므로 상고를 기각하고, 상고비용은 패소자의 부담으로 하기로 관여 법관의 일치된 의견으로 판결한다.

Ⅵ. 問題의 提起

동 판결에 대해 김의환 판사는 판결요지를 인용하면서 국민의 실효적인 권리구제의 지평을 넓힌 의미있는 판결이라고 평가한다.[2] 그리고 동 판결은 일부 문헌에서 행정규칙의 처분성을 인정하기 위한 착안점의 역할을 한다. 가령 장태주 교수는 「(나) 예외적인 경우 행정규칙 자체에 의한 국민의 권익침해가 인정되고, 국민이 행정규칙 자체를 직접 다투지 않고는 구제받을 수 없는 특별한 사정이 있는 경우에는 당해 행정규칙을 행정쟁송법상의 '처분'으로 보아 행정쟁송을 제기할 수 있다」고 기술하면서,[3] 동 판결을 설시하고 있다.

먼저 어떤 조치가 행정처분의 성질을 갖는지 여부를 판단함에 있어서 조치의 근거규정의 법적 성격이 결부되는지가 논의의 핵심이다. 그리고 '불문경고조치'의 근거규정이 과연 행정규칙에 해당하는지도 검토되어야 한다. 이른바 행정규칙에 의한 불문경고조치에 대해 처분성을 인정할 때 그것의 실질은 징계처분의 일종인데, 과연 법정의 징계처분과의 상관관계가 어떻게 되는가? 나아가 그 같은 부담적 처분의 근거규정을 행정규칙으로 본다면 법률유보의 원칙이 문제된다.

2) 동인, 앞의 글, 254면.
3) 동인, 행정법개론, 2004, 336면 이하.

Ⅶ. 현재의 處分槪念에 관한 논의(一元說과 二元說)의 검토

1. 이원설에 대한 비판

행정소송법은 "처분"을 "행정청이 행하는 구체적 사실에 관한 법집행으로서의 공권력의 행사 또는 그 거부와 이에 준하는 행정작용"이라 정의하고 있다(동법 제2조 제1항 제1호). 이를 기와로 학문적 의미의 행정행위개념과 쟁송법상의 처분개념이 일치하는지 여부가 논란이 되고 있다.[4] 이원설(쟁송법상의 처분개념설)은 행정구제의 확대를 기하기 위해서 본래의 행정행위가 아닌 것도 처분으로서 포함시켜야 하며, 행정쟁송법상의 처분개념은 쟁송법상의 개념설을 제도화한 것으로 본다. 이원설을 취하면 자연히 형식적 행정행위개념(공권력의 행사라는 실체는 갖고 있지 않으나 실질적으로 사인의 권익을 일방적으로 규율하는 행정작용)[5]의 인정으로 나아간다.[6]

이 같은 이원설에 대해선 두 가지 측면에서 문제점을 가할 수 있다. 즉, 현재의 입법태도가 과연 이원설을 뒷받침하고 있는가? 또한 이원설이 행정작용법론적으로 정당할 수 있는가? 첫 번째 물음은 현재의 실정법과 판례의 태도를 갖고서 판단을 내려야 한다. 현재의 행정소송법이 제정되기 전에 대법원은 「항고소송의 대상이 되는 행정처분이라 함은 행정청의 공법상의 행위로서 특정사항에 대하여 법규에 의한 권리의 설정 또는 의무부담을 명하며 기타 법률상의 효과를 발생케 하는 등 국민의 구체적인 권리의무에 직접적 변동을 초래하는 행위를 말하는 것이고 행정권 내부에서의 행위나 알선, 권유, 사실상의 통지 등과 같이 상대방 기타 관계자들의 법률상 지위에 직접적인 법률적 변동을 일으키지 아니하는 행위는 항고소송의 대상이 아니다」라고 판시하였는데,[7] 이 같은 태도는 대상판결에서 보듯이 여전하다. 따라서 현재의 처분개념정의만으로 강학상의 처분개념과의 상이함을 논증하는 것은 무리가 있다. 이 점은 현재의 처분개념에 "그밖에 이에 준하는 행정작용"이라는 준처분적 요소가 존재함에도 불구하고 마찬가지이다.

오늘날 양극적인 행정법관계이외에 다극적 규율목표와 법효과를 지닌 행정법관계

---

4) 논의의 현황은 특히 김남진/김연태, 행정법 Ⅰ, 2004, 180면 참조.

5) 김철용, 행정법 Ⅰ, 2004, 584면.

6) 주의할 점은 우리나라나 일본국에서의 형식적 행정행위에 대한 이해와 독일에서의 그것과는 전혀 다르다. 그들의 경우엔 행정행위의 판단잣대를 형식으로 삼을 것인지 아니면 그 실질로 삼을 것인지가 논란이 된다. 전자의 입장에 설 때 그에 따른 행정행위개념이 형식적 행정행위(der formelle Verwaltungsakt)이다. 이에 관한 논의는 졸고, 조치적 명령 내지 개별사건규율적 명령에 대한 권리보호에 관한 소고, 법조 2002.11, 90면 이하(追論: 행정법기본연구 Ⅰ, 434면 이하) 참조.

7) 대법원 1980.10.14. 선고 78누379판결.

가 눈에 띄게 출현함으로써, 행정행위의 능력이 한계에 도달하였다고 종종 지적되고 있다. 주로 경직성, 윤곽상실, 절차적 성격의 결여가 비판되지만, 이 비판은 개개의 문제에 관한 것이지 행정행위의 일반적 존재의 정당성과는 직접 관련이 없다. 가령 최근 비공식적 국가 내지 협력적 국가에 관해 널리 논의되었지만 행정행위의 의의가 현격히 저하되진 않았다. 오히려 행정행위 자체는 잠정적 행정행위, 사전배려적 행정행위 등을 수용함으로써, 주목할만한 개혁(에로의)개방성과 탄력성에 의거하여 작용형식하의 진정한 생존의 명수로 발전하였다.[8] 이런 점에서, 현행의 처분개념정의 가운데 '준처분적 부분' (그밖에 이에 준하는 행정작용)은, 체계정합성을 깨뜨리지 않으면서도 항고소송의 대상의 확대를 도모할 수 있게 하는 지렛대이다. 오히려 입법자의 叡智의 소산으로 봄직하다. 법원의 이 같은 태도가 변함없이 투영되는 행정소송법상의 처분개념정의가 행정절차법상으로 그대로 정착된 것은 일원설을 재귀적으로 확인함과 동시에, "쟁송법상의 처분개념"의 존재를 통해 처분성확대를 시도함에 대한 결정적인 바리케이드이다.

2. 판례상의 수정경향?

한편 법원은 「행정소송법 제1조의 행정청의 처분이라 함은 행정청의 공법상의 행위로서 특정사항에 대하여 법규에 의한 권리설정 또는 의무의 부담을 명하며 기타 법률상의 효과를 발생하게 하는 등 국민의 권리의무에 직접관계가 있는 행위를 말한다고 할 것이므로, 어떤 행정청의 행위가 행정소송의 대상이 되는 행정처분에 해당하는가는 그 행위의 성질, 효과외에 행정소송 제도의 목적 또는 사법권에 의한 국민의 권리보호의 기능도 충분히 고려하여 합목적적으로 판단되어야 할 것이다」,[9] 「행정청의 어떤 행위를 행정처분으로 볼 것이냐의 문제는 추상적 일반적으로 결정할 수 없고, 구체적인 경우 행정처분은 행정청이 공권력의 주체로서 행하는 구체적 사실에 관한 법집행으로서 국민의 권리의무에 직접 영향을 미치는 행위라는 점을 고려하고 행정처분이 그 주체, 내용, 절차, 형식에 있어서 어느 정도 성립 내지 효력요건을 충족하느냐에 따라 개별적으로 결정하여야 하며, 행정청의 어떤 행위가 법적 근거도 없이 객관적으로 국민에게 불이익을 주는 행정처분과 같은 외형을 갖추고 있고, 그 행위의 상대방이

---

8) Vgl. Schoch, in: Hoffmann-Riem/Schmidt-Aßmann(Hrsg.), Innovation und Flexibilität des Verwaltungshandelens, 1994, S.199(231ff). 생각건대절차적 권리를 보장하고 행정결정의 투명성을 구축하여 효과적인 권리구제의 체계가 보완됨으로써, 행정행위는 21세기의 시민사회와 리스크사회에서도 여전히 행정의 현대적 수단으로서 기능할 것이다. Vgl. Ladeuer, Die Zukunft des Verwaltungsakts, VerwArch. 86(1995), S.511ff.; Schmidt-Aßmann, Das allgemeine Verwaltungsrecht als Ordnungsidee, 1998, 6.Kap. Rn.46.

9) 대법원 1984.2.14. 선고 82누370판결,

이를 행정처분으로 인식할 정도라면 그로 인하여 파생되는 국민의 불이익 내지 불안감을 제거시켜 주기 위한 구제수단이 필요한 점에 비추어 볼 때 행정청의 행위로 인하여 그 상대방이 입는 불이익 내지 불안이 있는지 여부도 그 당시에 있어서의 법치행정의 정도와 국민의 권리의식 수준 등은 물론 행위에 관련한 당해 행정청의 태도 등도 고려하여 판단하여야 한다」[10]고 판시하였다.

이들 판례를 갖고서, 김의환 판사는 판례가 원칙적으로 실체법적 개념설에 입각하면서도 예외적으로 (강학상의)행정행위가 아닌 공권력 행사에도 항고소송의 대상이 될 수 있는 여지를 남겨 두고 있다고 본다.[11] 또한 문헌상으로 이들 판례에 대해서 비슷한 평가가 내려지기도 한다.[12] 그러나 판례의 경향을 원칙과 예외의 관계로 보는 것은 곤란하다. 93누12619판결은 96누433판결을 비롯한 대상판결과 그 기본방향이 다르지 않다. 오히려 처분개념의 포섭에서 고려할 사항을 적시할 따름이고, 처분유무를 판정함에 있어서의 해석기준을 확인한 데 불과하다. 다시 말해, 행정행위의 *存否*의 판단에 있어서, 행정청의 본래의 의욕한 바가 아니라 객관적 의미내용에 좌우되어야 하며, 기본적으로 수령자(수범자)의 차원에서 바라보아야 하며, 불명료에 따른 불이익은 행정이 지고, '의심스러우면 수령자에게 유리하게' 라는 당연한 기조를 확인한 것일 뿐이다.[13]

3. 소 결

이상에서 보았듯이, 이원설은 현재의 입법상황과 판례의 태도에 부합하지 않는다. 일원설을 그저 이론적 차원에서, 입법정책적 차원에서 전개된 것으로 보는 것은 전혀 사리에 맞지 않다. 오히려 이원설은 입법취지와 법원의 태도를 왜곡할 우려가 있다. 법원이 사실행위나 규범통제에 관한 자신의 정당한 주도권을 올바르게 행사하지 않은 결과, 이들에 대해선 마치 헌법소원이 효과적인 권리보호수단인 양 제도화되어 버렸다. 그러나 행정작용에 관한 사법심사에 법원이 취하는 태도가 미흡하다는 점을 체계이탈적인 이론의 도입을 위한 착안점으로 삼는 것은 곤란하다. 언필칭 국민의 권리구제의 확대를 도모하기 위해선, 항고소송과 당사자소송의 이원화된 현재의 권리보호체제를 일반 소송법에 비견되게 정비하여야 한다. 물론 이 같은 체제정비가 이루어지기

---

10) 대법원 1993.12.10. 선고 93누12619판결.

11) 동인, 앞의 글, 246면.

12) 박윤흔, 최신행정법강의(상), 2004, 947면; 김철용, 앞의 책, 585면; 김동희, 행정법 Ⅰ, 2003, 664면 이하; 박균성, 행정법원론(상), 2004, 763면.

13) Vgl. F-J Peine, Allg. VerwR, 5.Aufl., 2000, Rn.129; Kopp/Ramsauer, VwVfG Komm. 7.Aufl., 2000, §35 Rn.15ff.; Stelkens/Bonk/Sachs, VwVfG Komm., 5.Aufl., 1998, §35 Rn.43ff.

전에도 당사자소송을 포괄소송으로 인식하여 널리 활용하는 것이 요망된다. 가령 이른바 '권력적 사실행위'와 관련하여 독일에서 과거와는 달리 다수의 입장이 그것을 더 이상 취소소송의 대상으로 삼지 않고, 일반이행소송의 대상으로 삼는다.

요컨대 처분의 개념정의를 둘러 싼 치열한 논의의 배경에는, 처분의 존재를 바로 권리보호의 존부를 좌지우지케 하는 지렛대로 여기는 인식이 자리하고 있다. 구분된 행정작용에 대한 나름의 권리보호수단을 강구하기 보다는 처분개념을 "블랙홀"로 만들었다. 이런 시도의 기저에 자리 잡은 항고소송중심적 사고에서 떨쳐 일어나, 행정작용법론의 존재이유에 부합하는 행정법체계의 구성으로 나아가야 한다. 따라서 법외적 시도는 하루바삐 버리고, 현재의 (본래적) 처분의 개념 징표에 관한 깊은 논의를 전제하면서 이에 관한 진지한 논의를 통해서 항고소송의 대상의 확대를 도모하는 正道의 길로 나가야 한다.[14] 차제에 —가령 내부행위와 구별되도록 "법효과가 대외적으로 직접적으로 발생할 것"이 담겨지는 식으로— 처분의 개념적 징표를 좀더 정연하게 다듬을 필요가 있다.

Ⅷ. '不問警告措置'의 處分性 與否

1. 근거규정과 처분성의 인정과의 상관관계

그런데 관련조치의 근거가 된 "지방공무원징계및소청규정(1998.2.20. 대통령령 제15647호)"과 "함양군지방공무원징계양정에관한규칙(1998.4.1 함양군규칙 제750호) 등 관련 규정을 전적으로 행정규칙으로 보는 것의 문제점(후술)과는 차치하고서, 해당 조치의 법효과의 발생에 반드시 근거법규정의 법규성이 전제되는지 여부는 곰곰이 따져보아야 한다.

한편 행정소송법을 비롯한 관련법상의 처분개념에 표현된 "법집행으로서"와 관련하여, 여기서의 "법"이란 "법률의 법규창조력"에 바탕을 둔 "법규(범)"을 의미하고 따라서 행정행위의 법효과발생의 준거점이 된다고 한다. 예컨대 개별토지가격결정의 처

14) 이 점에서 "일반처분"의 존재를 상기하여야 한다. 행정행위와 법규범간에 명확한 구분이 어려운 경우에, 권리구제의 용이함과 더불어 법질서의 유지를 달성하기 위한 해결책이 바로 일반처분이다. 본시 독일에서 일반처분은 수범자의 범위의 불특정성(즉, 수범자관련한 일반처분)과 결부되었는데, 입법을 통해서 사물관련한 것과, 일반공중에 의한 사물의 이용을 위한 것까지 확대되었다(독일 행정절차법 제35조 제2문). 법원이 일반처분의 존재를 인정하여 활용하면, 이는 처분성의 확대에 엄청나게 기여할 것이다. 이제까지 일반처분의 존재가 현재의 처분개념정의에서 세심히 논구되지 않은 채 단지 소개된 데 그쳤기에 법원이 그에 관한 깊은 관심을 갖지 않았는지 모르나, 현재의 처분개념정의상의 징표인 '구체적 사실에 관한 법집행으로서'를 통해서나 '준처분적 부분'을 통해서 그것을 정당하게 자리매김할 수 있다. 이에 관해선 졸고, 조치적 명령 내지 개별사건규율적 명령에 대한 권리보호에 관한 소고, 124면 이하(追論: 행정법기본연구 Ⅰ, 434면 이하) 참조. 일반처분에 대한 상세는 정하중, 법규명령과 행정행위의 한계설정, 저스티스, 1997.6, 35면 이하 참조.

분성을 논증하기 위하여 법원은 그것의 근거규정인 국무총리훈령으로서의 '개별토지가격합동조사지침'을 '지가공시및토지등의평가에관한법률' 제10조의 시행을 위한 집행명령으로서 법률보충적 구실을 하는 법규적 성질을 가지는 것으로 보았다.[15)]

그런데 어떤 행위의 법적 성질을 행정행위로 여기느냐의 물음에서, 행정행위를 발하기 위한 법적 근거(수권), 다시 말해 행정청이 규율을 위하여 행정행위라는 법형식을 사용하는 것이 허용되기 위한 법적 근거가 존재하는지 여부는 전혀 관계가 없다.[16)] 행정행위를 비롯한 어떤 행정작용이 법률상의 근거를 필요로 하는지 여부는 법률유보의 물음이다. 요구되는 법적 근거의 부재는 행정행위를 위법하게 만들어 취소원인이 될 뿐이지, 그것의 법적 성질을 가늠하진 않는다. 물론 행정행위가 수권되어 있고 그 행위 자체와 사정상 달리 아무 것도 발생하지 않는 경우엔 어떤 행위가 그 범주에서 행해졌다면 그것은 행정행위로 간주되어야 한다. 요컨대 법률상의 근거의 유무에 상관없이 어떤 행위가 행정행위의 개개의 개념적 징표를 충족하고 있는지가 요체이다. 즉, 직접적인 근거규정 뿐만 아니라 관련 규정에 의해서 권리의 설정 또는 의무를 명하거나 기타 법률상의 효과를 발생시키는지 여부가 관건이다. 그리고 현행의 처분개념상의 "법집행으로서"의 의미와 관련해선, 그 본질을 그것의 앞에 위치한 '구체적 사실에 관한' 것에 연계시켜 전적으로 행정행위(처분)를 법규범과 대비시키는데 그쳐야 한다.

대상판결은 어떤 조치를 근거지우거나 그것의 법적 효과(?)를 담은 규정이 행정규칙일 경우에, 그 조치가 행정규칙의 내부적 구속력에 의하여 그 상대방에게 권리와 의무에 직접 영향을 미친다면 그 조치는 행정처분에 해당한다고 본다. 어떤 조치가 법효과를 발생하는지 여부를 판단함에 있어서 그 조치의 직접적인 근거규정이 당연히 고려되어야 하지만, 그것의 법적 성질이 해당 조치의 법효과발생을 좌우하는 것은 아니다. 해당 조치가 권리나 의무나 법적 지위에 관한 직접적이고 구속적인 규율을 지향하는지 여부가 관건인데, 이런 법효과의 발생 여부는 그 조치의 직접적인 근거규정을 비롯한 관련 규정 나아가 전체 공법질서속에서 판단이 내려질 사항이다. 해당 조치의 근거규정의 법적 성질을 바로 법효과의 발생 여부에 결부시키는 것은 마치 행정행위의 효력과 구속력의 차이점을 무시하는 것과 흡사하다. 즉, 법적 근거의 요부나 그것의 성질은 해당 조치의 적법성과 위법성을 판단함에 있어서 주효할 뿐이고, 그 조치의 법효과의 발생에 영향을 미치긴 하나 직접적 관련성은 없다 하겠다. 원심판결이 처분성을 부인함에 있어서, －분명히 드러나진 않았지만－ 조치의 근거규정의 법적 성격을 염두에 두었으리라 짐작한다. 반면 대상판결이 근거규정이 행정규칙임에 불구하고(?),

---

15) 대법원 1994.2.8. 선고 93누111판결.

16) Kopp/Ramsauer, VwVfG §35 Rn..9; BVerwG NVwZ 1985, 264; NJW 1990, 2482; DVBl. 1987, 850.

법효과발생의 가능성 즉, 행정처분의 존재가능성을 열어 준 점에선 호평할 만하다. 그러나 대상판결이 "행정규칙의 내부적 구속력에 의하여"란 표현을 사용함으로써, 행정처분의 개념적 징표인 법효과의 발생이 해당 근거규정(행정규칙 ?)에서 직접 비롯된다고 보는 듯한 태도는, 기본적으로 원심판결과 기조를 같이 함을 보여줄 뿐 더러 오해의 소지가 있다. 물론 이른바 법규명령형식의 행정규칙에 관한 바른 이해가 성립하였더라면, 이런 문제의 소지를 차단할 수 있을 것이다(후술).

2. 처분성 여부에 관한 판단

(1) 처분의 개념적 징표에 관한 개관

우리 행정소송법은 "처분"을 "행정청이 행하는 구체적 사실에 관한 법집행으로서의 공권력의 행사 또는 그 거부와 이에 준하는 행정작용"이라 정의하고 있다(동법 제2조 제1항 제1호). 이에 따라 행정행위의 개념적 징표로서 김남진/김연태 교수는 행정청, 구체적 사실, 규율(법적 행위), 대외적, 공권력의 발동으로 행하는 일방적 공법행위를,[17] 김철용 교수는 행정청의 행위, 구체적 법집행행위, 사인의 권리 · 의무에 직접관계되는 행위, 공권력행사행위를,[18] 류지태 교수는 행정기관에 의한 법적 행위, 공법적 행위, 법적 규율행위, 개별적인 경우에 관한 법적 규율, 권리주체에 대하여 직접적인 외부적 효력을 갖는 규율을,[19] 정하중 교수는 행정청의 행위, 구체적 사실에 대한 법집행행위(개별적 구체적 규율), 외부에 대한 직접적인 법적 효과, 행정청의 공법상의 단독행위(일방적인 공권력행사)를,[20] 홍정선 교수는 행정청, 구체적 사실, 법집행, 공권력 행사를,[21] 박균성 교수는 행정청의 행정작용, 구체적 사실에 관한 법집행으로서의 행정작용, 공권력 행사와 그 거부를[22] 적시한다. 반면 독일의 행정절차법(연방) 제35조는 「행정행위(Verwaltungsakt)는 행정청이 공법의 영역에서 개별적 경우를 규율하기 위하여 발하고 외부에 대하여 직접적 효과를 발생시키는 모든 처분(Verfügung), 결정(Entscheidung) 또는 기타의 고권적 조치(hoheitliche Maßnahme)를 말한다. 일반처분(Allgemeinverfügung)이란, 일반적 징표에 의하여 특정되거나 특정될 수 있는 인적 범위를 대상으로 한 행정행위 및 물건의 공법상의 성질 또는 공중에 의한 그 이용에 관계되는 행정행위를 말한다」고 정의내리며, 문헌에서 규율, 고권성, 개별사건규율,

17) 동인, 앞의 책, 181면 이하.
18) 동인, 행정법Ⅰ, 2004, 586면 이하.
19) 동인, 행정법신론, 2003, 114면 이하.
20) 동인, 행정법총론, 2002, 170면 이하.
21) 동인, 행정법원론(상), 2004, 737면 이하.
22) 동인, 앞의 글, 763면 이하.

행정청, 대외적인 직접적인 법효과를 제시하거나,[23] 고권적 조치, 행정청의, 공법의 영역에서, 규율하기 위한, 개별사건의, 대외적으로 직접적인 법효과를 거론한다.[24]

행정처분의 의의에 관한 우리 판례(82누370판결 등)를 살펴본 즉, 판례는 "공권력행사"를 "(행정청의) 공법상 행위로서 (특정 사항에 대하여) 법규에 의한 권리의 설정 또는 의무의 부담을 명하거나 기타 법률상 효과를 발생하게 하는 등으로 일반 국민의 권리 의무에 직접 영향을 미치는 것"으로 보는 것 같다. 요컨대 독일과 우리네 처분개념상의 뚜렷한 차이점을 감안하여 보자면, 독일에서의 '규율', '고권성', '대외적인 직접적인 법효과' -고권적 조치, 공법의 영역에서, 규율하기 위한, 대외적으로 직접적인 법효과-에 해당하는 개념적 징표들이 우리의 경우엔 단 하나의 개념적 징표인 '공권력행사'로 집약된다고 하겠다.

(2) 판단 기준

소송대상인 '불문경고조치'와 관련해선 그것이 공무원관계에서 문제된다는 점에서 '대외적으로 직접적인 법효과'가 발생하는지 여부가 관건이다. 원심은 당해 조치의 처분성부인의 논거로 다음과 같이 적시한다. 즉, 「즉, 이 사건 처분은 지방공무원법상의 징계에 해당하지 아니하고, 지방공무원징계및소청규정(1998.2.20. 대통령령 제15647호, 이하 '소청규정'이라 한다.) 제8조 제1항 및 제17조의 각 위임규정에 따라 함양군 지방공무원의 징계양정기준과 가중 · 감경사유 등에 관한 구체적 사항을 정한 함양군규칙에서 견책의 징계를 감경할 경우 불문(경고)으로 한다는 취지는, 불문경고조치를 또 하나의 감경된 징계처분으로 본다는 것이 아니라 징계의 종류 중 가장 가벼운 견책을 감경할 때에는 이를 불문에 붙여 아무런 징계처분을 하지 않고 그 대신 경고를 한다는 뜻으로 보아야 할 것이다. 그러므로 단지 앞으로 유사한 잘못을 되풀이하지 않도록 업무에 더욱 충실할 것을 권고하거나 지도하는 행위에 불과하고, 그로 인하여 설사 원고의 승진이나 호봉승급 등에 어떠한 영향이 미친다고 하더라도, 이는 원고가 불문경고를 받았다는 사실 그 자체보다는 그 원인이 된 비위사실이 승진이나 호봉승급 등 인사평정상의 참작사유로 고려되는 데서 기인하는 것이다. 따라서 이러한 인사상의 불이익은 이 사건 처분으로부터 직접적으로 발생하는 법률상 효과가 아니라 사실상 또는 간접적인 효과에 불과하다고 봄이 상당하며, 달리 이 사건 처분으로 인한 법률상의 효과로서 원고의 신분에 직접적으로 불이익을 끼치는 사유가 있다고 인정할 만한 자료가 없다. 이는 이 사건 처분시에 징계처분사유 설명서(갑 제1호증의2)를 교부하였고, 그

23) Maurer, Allg. VerwR, 14.Aufl., 2002, §9 Rn.6ff.
24) Jörn Ipsen, Allg. VerwR, 2.Aufl., 2001, Rn.319ff.

설명서의 참고란에 불복시에 소청을 제기할 수 있다는 기재가 있다거나, 전치절차에 관한지방공무원법 제20조의2의 규정이 있다 하여 달리 볼 것은 아니다」.

그런데 '불문경고조치' 의 경우를 보자면 상고심이 판시한 바와 같이, 불문(경고)에 관한 기록은 징계위원회의 불문(경고)의결 통고를 받은 기관장이 당해 공무원에게 경고처분을 한 날부터 1년이 경과한 때 말소하도록 되어 있으며, -정부포상및장관·도지사표창지침(기록 제454면 이하)에 의하면- 재직 중 불문경고를 포함한 징계처분을 받은 자로서 징계기록이 말소되지 않은 자 등은 장관표창이나 도지사표창 대상자의 선정에서 제외하도록 되어 있고, 적어도 이 사건 처분을 받지 아니하였다면 차후 다른 징계처분이나 경고를 받게 될 경우에 징계감경사유로 사용될 수 있었던 표창공적의 사용가능성이 소멸된다. 따라서 '불문경고조치' 에 일정한 (신분상의) 법효과가 결부된다는 점은 충분히 확인할 수 있다.[25)]

그런데 '불문경고조치' 에 일정한 신분상의 법효과가 결부된다고 하여 법적 물음이 모두 해소된 것은 아니다. 법원이 "일반 국민의 권리 의무에 직접 영향을 미치는 행위"를 행정처분로 정의하였듯이, 그 법효과가 대외성을 띄어야 한다. 즉, 행정내부영역을 넘어서 시민이나 기타 국외적인 법주체의 의무와 권리를 성립시키는 규율만이 행정행위이다. 행정청은 소속 공무원에 대해 그들의 직무관련한 태도와 활동과 관련해서 지시를 발할 권능을 갖는데, 이 지시가 복종의무로 말미암아 법적 성격, 즉 규율적 성격을 지님은 명백하지만, 그 법효과가 단지 행정내부적 영역에 머문다. 즉, 이들은 결코 "외부효과"를 갖지 않기에 행정행위가 아니다. 그러나 그 지시나 "명령"이 공무원을 직무담당자(직무적 측면에서 조직의 分枝)로서 가 아니라, 독립된 권리주체 즉, 국민으로서의 인신적 관계로서 관련시킬 때에는 행정행위에 해당한다. 전자의 경우엔 공무원이 흡사 내부에 있고, 후자의 경우엔 흡사 행정영역의 바깥에 있는 셈이다. 이상에서 본 것처럼, '불문경고조치' 에 결부된 법효과는 공무집행상의 의미가 아니라, 해당 공무원의 신분상의 의미를 지닌다. 따라서 발생된 법효과의 대외성 즉, 국민직접관련성이 인정된다.

소송대상인 '불문경고조치' 가 공무원의 근무관계에서 결코 가벼운 신분상의 조치가 아님에도 불구하고, 대상판결이 관련 문제를 특별한 행정법관계(이른바 특별권력관

25) 반면 공무원인사기록상에 기재됨이 없이 단지 경고에 그치는 경우에는 당연히 법효과의 발생이 부인된다. 동지: 대법원 1991.11.12. 선고 91누2700판결: 공무원이 소속 장관으로부터 받은 "직상급자와 다투고 폭언하는 행위 등에 대하여 엄중 경고하니 차후 이러한 사례가 없도록 각별히 유념하기 바람"이라는 내용의 서면에 의한 경고가 공무원의 신분에 영향을 미치는 국가공무원법상의 징계의 종류에 해당하지 아니하고, 근무충실에 관한 권고행위 내지 지도행위로서 그 때문에 공무원으로서의 신분에 불이익을 초래하는 법률상의 효과가 발생하는 것도 아니므로, 경고가 국가공무원법상의 징계처분이나 행정소송의 대상이 되는 행정처분이라고 할 수 없어 그 취소를 구할 법률상의 이익이 없다.

계)이론의 차원에서 바라보지 않았음은 의아스럽다. 혹시나 법원이 해당 행정규칙(?)을 일부에서 주장하는 특별명령으로 파악하여 법률의 수권을 전혀 상정하지 않았는지 궁금하다.[26)]

Ⅸ. '不問警告措置'의 根據規定의 法的 性質

1. "법규명령형식의 행정규칙"의 문제점

대상판결이 소송대상인 '불문경고조치'를 행정규칙에 의한 행정처분으로 보고서 출발한 가장 뚜렷한 원인은 바로 "법규명령형식의 행정규칙"의 존재이다. 즉, 관련조치의 근거가 된 "지방공무원징계및소청규정(1998.2.20. 대통령령 제15647호)"과 "함양군지방공무원징계양정에 관한 규칙(1998.4.1 함양군규칙 제750호) 등 관련 규정을 전적으로 행정규칙으로 보았다. 무릇 어떤 행정활동의 외적 형식과 그것의 내용적 실질이 일치하면 그 대상활동의 법적 분류 다시 말해 법적 성질이 문제가 되지 않지만, 양자간에 괴리가 있으면 사정이 다르다. 가늠자가 형식인가 아니면 실질(내용)인가 여부 에 좌우된다. 법원은 기본적으로 실질위주적 사고를 한다. '두밀분교폐지에 관한 조례사건"에서 보듯이, 입법자가 조례형식을 규정한 사실을 전혀 고려치 않고, 오로지 내용에 천착하여 개별사건규율적(조치적) 명령(조례)에 대해 행정처분성을 인정함으로써 급기야는 이른바 처분적 조례(명령)이라는 법규범[27)]과 행정처분간의 중간영역을 제도화시키기에 이르렀다.

이 같은 실질위주적 사고는 행정규범(행정입법)과 관련해서도 그대로 통용된다. 즉, 비록 법규명령의 형식을 취하더라도 그 내용이 행정규칙적 사항이면 행정규칙으로서의 성질을 부여하고, 반면 그 형식이 행정규칙일지언정 그 내용이 법령보충적이라면 법규명령으로서의 성질을 부여한다. 이를 둘러 싼 행정법학계의 논의는 매우 치열하다. 기본적으로 형식을 위주로 할 것인가 아니면 실질을 위주로 할 것인가에 연계하여 견해가 제시된다. 실질위주적 사고를 바탕으로 하는 판례의 입장 때문에 사실상 '법규명령형식의 행정규칙', '행정규칙형식의 법규명령'이라는 틀이 법제도화되어 버렸다. 과연 그 같은 이종의 행정규범 특히, '행정규칙형식의 법규명령'이 의회입법을 원칙으로 한 법치국가원리적 규범체계에 부합하는지 의문스럽다. 그리고 이런 행정규범의

---

26) 특별명령에 대해선, 독일과 마찬가지로 우리의 경우에도 다수는 그 같은 내용의 규정은 법률의 수권에 터 잡아 법규명령의 형식으로 발해야 한다고 본다.

27) 현재 법, 법규, 법규범 등의 용어를 둘러싸고 논의가 분분한데, 여기선 법치국가원리에 기인한 "법률의 법규창조력"에 비추어 법규범(법규)을 "법률뿐만 아니라 법률의 수권에 기하여 제정된 일반적 추상적 규율의 총체"로 정의하고자 한다.

존재인정은 사실상 "법령등의 공포에 관한 법률"등을 통해 구현된 법규범과 행정규칙의 상이함을 해소시켜 버린다. 이 같은 결과는 법치국가원리에 정면으로 반한다.

종전의 입장에 변화를 주어 법원은 행정규칙적 사항을 대통령령의 형식으로 발한 경우에는 부령의 형식의 경우와는 구별하여 법규명령에 해당한다고 판시하였다.[28] 대통령과 부령이라는 존재형식상의 다름이 법적 성질상의 다름을 설득력있게 논증할 순 없다. 오히려 부령으로 정한 경우를 여전히 행정규칙으로 보기 위한 논거의 빈약함이 노정된다. 이른바 법규명령형식의 행정규칙이 대개 제재적 처분기준에 해당한다는 점에서 그것의 실질이 과연 전적으로 행정조직내부적 차원에서 머무는지도 의문스럽다. 그런데 동 판결의 「부령인 시행규칙이나 지방자치단체의 규칙과 같이 통상적으로 행정조직 내부에 있어서의 행정명령에 지나지 않는 것이…」라는 표현은 법규명령을 비롯한 행정규범(행정입법)에 관한 이해에서 법원이 문헌과는 전혀 다름을 여실히 보여준다.[29] 따라서 비록 동 판결이 종전의 비판에 변화가능성의 빗장을 열었다고 긍정할 만하지만, 문헌상의 관련 논의가 보여주듯이 도리어 혼란을 가중시킨다. 헌법은 총리령과 부령을 대통령령과 다를 바 없이 명문으로 인정하고 그에 따라 "법령등의 공포에 관한 법률"은 이들을 동일하게 취급한다. 헌법 등이 규정하고 있는 행정규범양태를 법원이 그 내용을 들어 부정할 순 없다. 행정규칙으로 정하여도 충분한 사항을 법규명령의 형식을 취함에 대해선, '형식의 남용' 차원에서 그것의 사실적, 이론적 정당성을 공박할 순 있지만, 그것의 법적 성질을 전도시켜선 아니 된다. 만약 내용을 문제삼아 입법자의 선택형식을 부인한다면 이는 법관의 법(률)구속의 원칙에 위배될 것이다.

2. "행정규칙형식의 법규명령(법률보충적 행정규칙)"의 문제점

한편 이상과 같은 관점은 이른바 "법률보충적 행정규칙"의 법규명령성 인정에도 그대로 투영되어야 한다.[30] 여기선 무엇보다도 그런 행정규범의 존재를 가져다 준 처음의 판례-대법원 1987.9.29. 86누484판결-의 문제점을 거슬러 올라가서 검토해야 한다. 우선 문제가 된 '재산제세사무처리규정'의 제정에 관한 직접적인 수권이 소득세법과 동시행령에 존재치 않고, 그저 '국세청장이 지역에 따라 정하는 일정규모 이상의

---

28) 대법원 1997.12.26. 선고 97누15418판결. 이 판례와 관련해선 많은 문헌이 등장하였다. 특히 김남진, 위임명령은 법규명령이다, 법률신문 1998.4.6.자 16면; 처분기준으로서의 대통령 · 부령 등, 고시계 1998.6, 164면 이하 참조.

29) 이에 착안하여 김용섭 변호사는 법규명령형식의 행정규칙을 제3의 유형으로서 "행정명령"이라 칭하면서 그것의 법규성 여부는 개별 구체적 상황에 따라 탄력적으로 정하는 것이 바람직하다고 주장한다. 동인, 법규명령형식의 제재적 처분기준, 판례월보 제340호, 34면 이하 참조.

30) 김남진/김연태, 앞의 책, 170면.

거래 기타 부동산투기의 억제를 위하여 필요하다고 인정되어 국세청장이 지정하는 거래에 있어서 양도 또는 취득당시의 실지거래가액을 확인할 수 있는 경우'(동법시행령(1982.12.31. 대통령령 제10977호로 개정된 것) 제170조 제4항 제2호)라고 언급될 뿐이다. 국세청장에게 대상 거래의 지정권을 부여하였기에, 국세청장은 관련 사항을 개별적 구체적으로 지정할 뿐만 아니라 전국적 통일을 기하기 위해 일반적 추상적으로 지정할 수도 있다. 후자의 모습이 바로 훈령으로서의 '재산제세사무처리규정'이다.

왜 이 규정을 처음부터 시행규칙이라는 법정의 행정규범으로 제정하지 않았는지 궁금하다. 통상 위임명령의 한계로서 운위되는 "포괄적 위임의 금지"에 대해선 전혀 고려치 않고 오히려 그것의 원천적 적용배제를 내포하는 소득세법 및 동법시행령과 훈령의 결합관계를 인정한 것은 의문스럽다. 그런 논의전개의 착안점을 그저 일반적인 또는 관련 법령이 전제하는 권한이나 권능에서 찾는 것은 곤란하다. 따라서 법원이 이 물음을 법규명령에 관한 일반적 이해를 도외시하고 마치 법률유보에 대응하는 행정유보가 존재하는 식으로 논리를 전개한 점은 아쉬울 따름이다. 어떻게 행정규칙이 상위법령을 보충한다는 것인가? 그런 보충의 방식의 인정이 바로 의회유보의 참뜻에는 반하지 않는가? 그리고 법률보충적 행정규칙의 존재가 어떻게 법률하위적 법규범(대통령령, 총리령, 부령)에 의해서 정당화될 수 있는가? 독일에서 논란이 되는 이른바 "규범구체화행정규칙"이 그 존재근거가 해당 법률에 있음을 유의해야 한다.[31]

3. 소 결

행정규범에 관한 일반적 이해와는 동떨어진 결과물이 나온 배경을 찬찬히 검토해 볼 필요가 있다. 법원은 재판규범성을 비롯한 대외적 구속력을 오로지 법규명령이냐 아니면 행정규칙이냐 하는 이원적 방식으로 검토하고 있다. 행정규칙 특히 재량준칙이 지닌 간접적인 대외적 효력을 인정하기보다는 대상 규범의 법적 성질을 가늠짓는 것으로 대신한다. 그리고 법률의 법규창조력에 따른 수권의 중요성이 간과되고 있다. 법규범의 형식(대통령령, 총리령, 부령)은 그것의 대외적 구속력을 성립시킬 순 있지만 필연적이진 않다. 왜냐하면 상위법령의 수권이 있어야 그 상위법령의 대외적 구속력이 수임규범에 이전되어 인정된다. 따라서 법률의 수권없이 대통령령으로 제정된 '사무관리규정'은 그 내용이 그저 내부적 사항에 그칠 뿐만 아니라, 전혀 수권이 없기에 재판규범성을 인정하여선 아니 된다. 법원은 과거 '사무관리규정'의 전신인 '정부공

31) 追論: 이상의 내용과 관련하여 필자는 한국행정판례연구회 · 법제처가 공동주관한 관학협동 Workshop (2006.12.8-9.)에서의 발표를 계기로 법률보충적 행정규칙을 또 다른 법규형식의 일종으로 보는 식으로 견해를 바꾸었음을 밝힌다. 행정법기본연구 I, 409면 이하 참조.

문서규정' 제36조 제2항을 근거로 행정청에 대한 국민의 공문서복사열람복사청구권을 인정하였다.[32] 이는 법률의 법규창조력을 몰각시켰다는 점과 아울러 법규명령형식의 행정규칙에 나타난 자신의 입장과도 배치된다는 점을 지적할 수 있다.

요컨대 어떤 규범이 법규범으로서 재판규범성이 된다는 것은 그것의 형식이 그저 기존의 법규범형식을 취해서가 아니라, 그것의 존재근거가 법률을 비롯한 상위법령의 수권에 있기 때문이다. 법규명령과 행정규칙간의 내용과 형식간의 괴리상황속에서 법원이 취한 종전의 태도가 내포한 문제점이 집약된 것이 바로 대상판결처럼 "행정규칙에 의한 행정처분"의 존재이다. 만약 이상에서 제시된 문제점이 판례상에서 해소되었다면 사안은 전혀 다른 각도에서 출발하였을 것이다.

X. '不問警告措置'와 法律留保의 原則

관련 규정에 비추어 법효과의 발생이 인정되는 '불문경고조치'는 부담적(침익적) 행정행위에 해당한다, 따라서 관건은 이 같은 조치가 과연 법률유보의 원칙에 위배되지 않으며 아울러 법률우위의 원칙에도 위배되지 않는가 여부이다. 전자의 물음에 대한 답을 하기 위해선 먼저 '불문경고조치'의 성질에 관한 규명이 앞서야 한다. 왜냐하면 과연 그 같은 조치가 기존의 법정의 징계처분의 일종으로 볼 수 있느냐 아니면 전혀 별개의 불이익한 신분상의 조치이냐에 따라서 논의의 전개방향이 다르기 때문이다. 전자의 경우라면 법률유보의 원칙은 문제되지 않지만, 후자의 경우라면 당연히 법률유보의 원칙이 문제된다. 국가공무원법을 비롯한 지방공무원법 제70조는 징계의 종류로 파면, 해임, 정직, 감봉, 견책만을 규정하고, '불문경고조치'에 대해선 언급을 하지 않고 있다. '불문경고조치'에 관한 명문상의 규정결여를 곧바로 그것의 법적 근거의 부재로 연결시켜선 아니 된다. 여기선 그 '불문경고조치'의 본질을 곰곰이 새겨보아야 한다. 그것이 견책에 해당하는 비위를 감경하여 내려지는 점이 시사점이다. 따라서 그것은 "견책의 일종" 또는 "견책의 한 방법"으로 보아야 한다. 이 점에서 대상판결의 표제를 "견책처분취소"로 명기한 것은 정당하다. 다시 말해, '불문경고조치'와 관련해서 특별한 행정법관계에 따른 법률유보의 원칙의 문제는 전혀 없다 하겠다.

만약 '불문경고조치'를 말해 법정의 징계처분과는 별도의 불이익한 처분의 범주에 넣는다면,[33] 당연히 법률유보의 원칙이 문제된다. 그러나 대상판결에서 법원은 법효

---

32) 대법원 1989.10.24. 선고 88누9312판결.

33) 김의환 판사는 '불문경고조치'가 법상의 징계처분에 해당하지 않고 '본인의 의사에 반한 불이익한 처분'으로 본다. 동인, 앞의 글, 248면 이하 참조.

과의 발생근거점으로서 ”행정규칙“의 존재를 정당화시킨 나머지 법률유보적 물음에 대한 고민을 전혀 하지 않았다. 그러고선 바로 법률우위적 물음에 접근하였다. 이런 논증은 결코 허용되지 아니 한다. 그런데 이처럼 법률유보의 물음을 간과할 수밖에 없는 사정이 존재한다. 법률유보의 물음은 바로 근거규정의 법적 성질에 연계됨으로써, 법규명령형식의 행정규칙의 존재에 관한 의문에 봉착하기 때문이다.

XI. 맺으면서

對象判決에 의하면, 행정규칙에 의한 '불문경고조치' 가 비록 법률상의 징계처분은 아니지만 위 처분을 받지 아니하였다면 차후 다른 징계처분이나 경고를 받게 될 경우 징계감경사유로 사용될 수 있었던 표창공적의 사용가능성을 소멸시키는 효과와 1년 동안 인사기록카드에 등재됨으로써 그 동안은 장관표창이나 도지사표창 대상자에서 제외시키는 효과 등이 있다는 이유로 항고소송의 대상이 되는 행정처분에 해당한다. 원심판결과는 달리 대상판결이 -그 논증의 정당성의 물음은 별개로 하고서- '불문경고조치' 의 처분성을 인정한 점은 우선 호평할 만하다. 대법원은 종전에 어떤 조치가 행정처분의 성질을 갖는지 여부를 판단함에 있어서 조치의 근거규정의 법적 성격을 암묵적으로 결부시킨다. 원심이 이 같은 암묵적 전제를 감안하였다고 한다면, 반면 대상판결은 이로부터 벗어났다고 하겠다. 그렇지만 '불문경고조치' 의 근거규정을 -이른바 법규명령형식의 행정규칙으로서- 행정규칙으로밖에 보지 않는 판례의 현재의 태도로 인하여, 대상판결이 이 같은 입장을 취할 수밖에 없다고 하겠다. 그런데 대상판결의 입장을 따르면, 법규명령과 행정규칙은 법적 가치와 비중에서 전혀 다를 바 없이 동등하다는 결론에 도달한다. 이런 사정은, 행정규칙에 의한 불문경고조치에 대해 처분성을 인정하면서도 법률유보의 원칙에 관해선 전혀 관심을 기울이지 않은 점을 통해서 확인된다. 만약 법원이 법적 근거의 요부나 그것의 성질은 해당 조치의 적법성과 위법성을 판단함에 있어서 주효할 뿐이고, 그 조치의 법효과의 발생에 영향을 미치긴 하나 직접적 관련성은 없다는 점을 인식함과 아울러, 법규명령형식의 행정규칙이란 존재를 용인하지 않았다면, 바른 논증의 방향을 취했을 것이다.

요컨대 대상판결의 태도는, 형식과 실질의 괴리에서 지나치게 실질위주적으로 판단하여 온 종전의 墨守的 태도를 배경으로 하면서, 법령의 수권의 의의를 간과한 데서 비롯된 당연한 결과이다. 지나치게 표현하자면, 대상판결은 그간 판례상에 내재된 문제점이 집약되어 나타났다고 하겠다. 그리고 처분개념정의를 둘러싼 논의에서 주장되는 이른바 二元說(쟁송법적 처분개념설)로 말미암아 자칫 문제의 본질에 관한 이해가 그

르치게 될 우려가 있음이 여기서도 확인된다.

* 인권과 정의 제336호, 2004.8., 125면 이하 소수.

* 追論: 한편 이후에 나온 대법원 2005.2.17. 선고 2003두14765판결의 논증방식은 그동안 취해온 것과는 다소 그러나 근본적으로 다르다. 즉, 이상의 지적을 반영하여, 처분성여부를 판단함에 있어서 근거규정의 법적 성질에서 출발하였던 태도에서 벗어나, 관련 (법)규정에 의거하여 법효과발생 여부 및 처분성 여부를 논증한 다음에, 그것의 근거규정의 법규성을 요구하는 법률유보의 물음으로 이행하였다. 그런데 기존의 논증상의 난맥을 일소한 동판결의 意義는 여기에 그치지 않는다. 대법원 2006.6.22. 선고 2003두1684 전원합의체판결을 통해서, 제재적 행정처분과 관련한 기왕의 리딩판결인 대법원 1995.10.17, 94누14148전원합의체판결의 도식(부령인 제재처분기준⇒행정규칙⇒사실상 불이익의 인정)이 폐기되었다.[34] 이런 획기적인 논증방식의 진화로, 불원간 법규명령형식의 행정규칙의 문제에 관한 기왕의 판례기조 역시 바뀔 수밖에 없을 것이다.

34) 상세 졸고, 失效한 行政處分에 대한 權利救濟에 관한 小考, 법률신문 제3507호, 2006.11.20.(본서 92면 이하); 根據規定의 性質과 處分性여부의 相關關係에 관한 小考, 법률신문 제3375호, 2005.7.4. 참조.

제 **4** 장

地方分權政策의 公法的 課題

-'政策으로서의 地方分權'에서 '法制度로서의 地方分權'으로-

Ⅰ. 처음에-國家再構造化의 始發點으로서의 地方分權-

1961년 5 · 16군사쿠데타로 중단된 지방자치제가 1987년 6월 항쟁의 결실로 소생하였다. 그리하여 1988년에 4월에 지방자치법의 전문개정(제7차 개정)이 행해졌으며, 1991년에 30년만에 지방의회가 구성되었고, 1995년 지방자치단체의 장이 선출되어 지금에 이르렀다. 지방자치제의 부활이후 역대 정부는 늘 상 지방자치의 활성화를 재정적 차원과 권한(관할)적 차원에서 강구하였다. 지방세법 등 세제상의 빈번한 개편과 1999.1.29.에 제정된 '중앙행정권한의 지방이양촉진에 관한 법률'이 이를 여실히 보여준다. 그런데 '국민참여'를 기치로 내건 盧武鉉 정부는 지방 및 지방자치의 문제에 대해, 역대 정부와 다르지 않으면서도 그러나 결코 같지 않은 태도를 취한다. 盧武鉉 정부는 상생과 혁신의 국가재도약을 비전으로, 국가혁신과 국토개조를 이를 위한 목표로 삼으면서, 양대 전략으로써 지방화전략과 세계화전략을 추진한다. 지방화전략은 행정중심복합도시건설, 국가균형발전과 지방분권을 내용으로 하고, 세계화전략은 수도권재정비, 동북아경제중심과 기술혁신클러스터를 내용으로 한다. 상호간에 교호작용이 존재하는 이들 양 전략은 혁신주도형 발전 패러다임을 골간으로 한다.[1)]

'혁신', '국민참여', '국가균형', '지방분권' …. 과거엔 한때의 정치적 슬로건으로 치부되곤 하던 이들 용어가 일면 냉소적 반응을 자아내기도 하지만, 계속적인 이슈화로 일회성의 선거공약 차원을 넘어서 어느덧 국가개조의 강력한 동력원으로 자리를 잡았다. 그리하여 지방화전략의 일환인 지방분권정책 역시 지방자치법 등 기왕의 공법질서에 지대한 영향을 미친다. 공법질서는 지방분권정책을 제도화하기 위한 토대로서의 기능도 하지만, 경우에 따라선 현재의 시도에 대한 한계로서의 의미도 갖는다. 요컨대 지방분권정책이 행정학적 과제이자 물음이라면, 그것의 제도화는 공법학의 과제이자 물음이다.[2)]

따라서 이하에선 지방분권정책을 실현하기 위하여 공법질서가 어떻게 마련되어야 하는지에 초점을 두고서, 대강일 망정 그 틀을 모색하고자 한다.

Ⅱ. 盧武鉉 정부의 지방분권 정책에 관한 개요[3)]

1. 盧武鉉 정부 지방분권의 비전과 추진 내용

(1) 비전

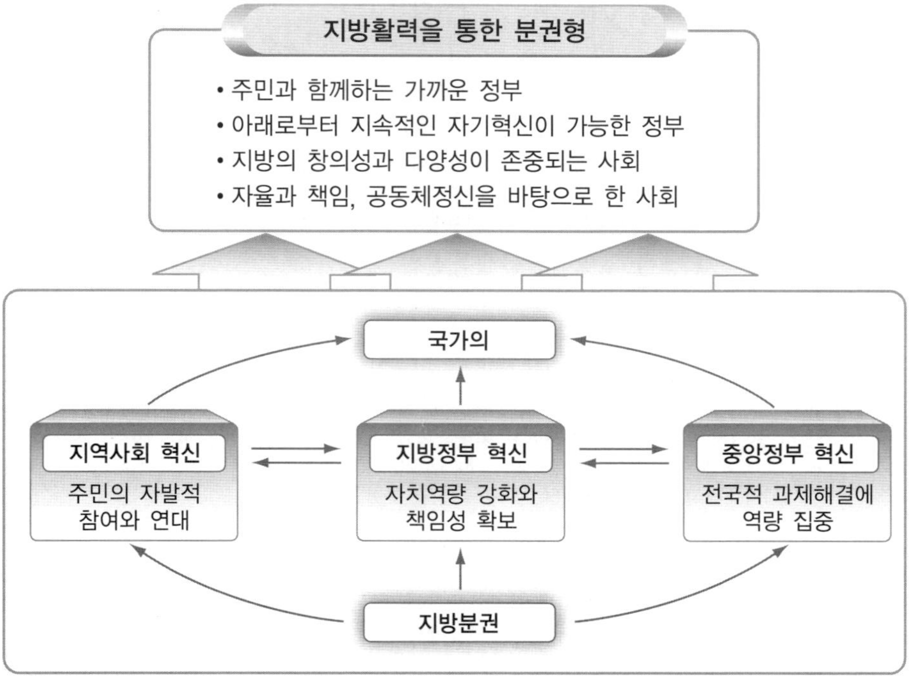

1) 우선 지방화전략에서, '행정수도특별법'에 관한 헌법재판소의 위헌결정이후에 여야간에 합의를 거쳐 2005.3.18.에 '행정중심복합도시건설특별법'이 공포되었고, 2005.4.7.에 '행정중심복합도시 건설 추진계획'을 마

(2) 지방분권 3대 추진원칙

i) 보충성 원칙: 주민생활과 밀접한 권한은 주민에 가까운 정부로 배분하고, 지방자치단체가 수행할 수 없는 기능은 중앙정부가 처리한다. ii) 선분권 · 후보완 원칙: 지방정부와 시민사회의 자율역량에 대한 신뢰를 바탕으로 분권을 추진한다. iii) 포괄성 원칙: 중 · 대단위 사무를 중심으로 포괄적으로 이양한다.

(3) 지방분권 추진 과제

'지방분권 5개년 종합실행계획' 은 지방분권을 추진하기 위하여, i) 중앙-지방정부간 권한 재배분, ii) 획기적 재정분권의 추진, iii) 지방정부의 자치행정역량 강화, iv) 지방의정 활성화 및 선거제도 개선, v) 지방정부의 책임성 강화, vi) 시민사회 활성화, vii) 협력적 정부간 관계 정립을 과제로 삼는다.

2. 과제별 세부적인 추진계획

'지방분권 5개년 종합실행계획' 은 이상의 7개의 중과제를 구체적으로 추진하기 위하여 과제별 하부 과제를 아래와 같이 설정하였는데, 여기에는 가령 주민투표제와 같이 이미 성안되어 시행되고 있는 것도 포함한다.

(1) 중앙-지방정부간 권한 재배분

i) 사무구분체계 개선, ii) 중앙행정권한의 지방이양, iii) 대도시특례제도 강화, iv) 제주특별자치도 추진, v) 교육자치제도 개선, vi) 자치경찰제도 도입, vii) 특별지방행정기관 기능조정, viii) 지방분권화 지표개발 및 분권수준 측정제도 도입, ix) 자치단체 관할구역 합리적 조정, x) 지방분권특별법 제정

련하였으며, 6월까지 이전 대상기관, 이전 시기 및 방법, 소요예산 추정치 등 주요 행정기관의 이전계획을 확정지을 예정이다. 그리고 국가균형발전과 관련해선, 2004.1.16.에 국가균형발전특별법이 공포되어 시행중이고, 2004.8.에 '제1차 국가균형발전5개년계획' 이 수립되었으며, 아울러 혁신도시구상이 실행에 옮겨지고, 공공기관의 지방이전계획이 본격적으로 확정될 예정이다. 지방분권과 관련해선, 2004.1.20.에 '지방분권특별법' 이, 2004.1.29.에 '주민투표법' 이 공포되어 시행중이고, 2005.1.27.에 '주민소송제도' (지방자치법 제13조의5 내지 제13조의7)가 도입되어 2006.1.1.부터 시행된다.

2) 참고문헌: 조성규, 참여정부의 행정분권법제에 대한 평가, 한국지방자치법학학회 제9회 학술대회 발표문, 2005.5.; 이병훈, 지방분권의 이념과 현실—중앙과 지방의 권한과 기능 및 책임의 배분을 중심으로, 공법연구제33집 제1호, 2004. 11.; 최우용, 지방분권특별법 및 국가균형발전특별법에 대한 비판적 검토, 법과 정책연구 제4권 제1호, 2004.6.; 신봉기, 지방분권특별법의 제정방향, 지방자치법연구 제3권 제2호, 2003.12.; 김해룡, 국가균형발전특별법안에 관한 소고, 지방자치법연구 제3권 제2호, 2003.12.; 조성규, 지방분권특별법안의 검토, 지방자치법연구 제3권 제2호, 2003.12.; 김남욱, 국가균형발전특별법(안)의 검토, 지방자치법연구 제3권 제2호, 2003.12.; 성낙인, 지방분권과 지역균형발전의 법적 과제, 지방자치법연구 제3권 제1호, 2003.6.; 백종인, 지방분권강화를 위한 법적 과제, 지방자치법연구 제3권 제1호, 2003.6.

3) 이하의 내용은 정부혁신지방분권위원회의 홈페이지(http://www.innovation.go.kr/warp/app/home/kr_home)상의 자료실에 실린 '지방분권 5개년 종합실행계획(수정본)' 에서 발췌한 것이다.

(2) 획기적 재정분권의 추진

ⅰ) 지방교부세 법정율 단계적 상향조정, ⅱ) 지방교부세제도 개선, ⅲ) 국세와 지방세의 합리적 조정, ⅳ) 지방세의 신세원 확대, ⅴ) 재산세와 종합토지세 과표 현실화, ⅵ) 지방세 비과세 · 감면 축소, ⅶ) 국고보조금 정비, ⅷ) 지방예산편성지침 폐지 및 보완, ⅸ) 지방채 발행승인제도 개선, ⅹ) 지방양여금제도 개선, ⅹⅰ) 지방재정 평가기능 강화, ⅹⅱ) 자치단체 복식부기회계제도 도입, ⅹⅲ) 자치단체 예산지출 합리성 확보, ⅹⅳ) 재정운영 투명성 · 건전성 강화

(3) 지방정부의 자치행정역량 강화

ⅰ) 자치입법권 확대, ⅱ) 자치조직권 강화, ⅲ) 분권형 도시계획체계 구축, ⅳ) 자치단체 자체혁신체제 구축, ⅴ) 지방공무원 교육훈련 혁신, ⅵ) 지방공무원 인사제도 개선, ⅶ) 지방자치단체 인사공정성 제고, ⅷ) 중앙-지방간 인사교류 활성화

(4) 지방의정 활성화 및 선거제도 개선

ⅰ) 지방의정활동 기반 강화, ⅱ) 지방선거제도 개선

(5) 지방정부의 책임성 강화

ⅰ) 자치단체에 대한 감사체계 개선, ⅱ) 주민감사청구제도 활성화, ⅲ) 주민소송제도 도입, ⅳ) 주민소환제도 도입, ⅴ) 자치단체에 대한 평가제도 개선

(6) 시민사회 활성화

ⅰ) 조례 제 · 개폐청구제 개선, ⅱ) 주민자치제도 개선, ⅲ) 자원봉사활동 장려 · 지원, ⅳ) 지역내 전문가의 정책과정 참여확대, ⅴ) 주민투표제도 도입

(7) 협력적 정부간 관계 정립

ⅰ) 중앙-지방정부간 협력체제 강화, ⅱ) 지방정부간 협력체제 강화, ⅲ) 중앙-지방, 지방간 분쟁조정기능 강화

Ⅲ. '地方分權特別法'의 意義 -'地方自治法制'상의 패러다임교체의 始發點-

"상시혁신체제 구축해 대한민국의 경쟁력을 끌어 올린다"는 슬로건에 노무현 정부의 기본방향이 담겨져 있다. 지금 진행 중인 지방분권의 정책 역시 목표점은 혁신체제의 구축이다. 따라서 지방분권은 고립분산적 차원에서 강구되는 것이 아니라, 국가균

형발전과 깊은 상관관계에 선다. 지방이 독자적, 자생적, 분립적으로 자기의 나름의 생존을 추구하기 위한 전제요건으로서, 지방분권과 국가균형발전이 추구되고 있다. 이런 점은 '지방분권특별법' 이, 「국가 및 지방자치단체의 지방분권에 관한 책무를 명확히 하고 지방분권의 기본원칙 · 추진과제 · 추진체계 등을 규정함으로써 지방을 발전시키고 국가경쟁력을 높이는 것」을 목적으로 하는 데(동법 제1조)에서 확인된다.

'지방분권특별법' 제3조는 '지방분권의 기본이념' 과 관련해서, 「지방분권은 주민의 자발적 참여를 통하여 지방자치단체가 그 지역에 관한 정책을 자율적으로 결정하고 자기의 책임하에 집행하도록 하며, 국가와 지방자치단체간 또는 지방자치단체 상호간의 역할을 합리적으로 분담하도록 함으로써 국정의 통일성을 확보하고 지방의 창의성 및 다양성이 존중되는 내실 있는 지방자치를 실현함을 그 기본이념으로 한다」고 규정한다. 따라서 지방분권의 기본이념은 국정의 통일성의 확보와 더불어 내실있는 지방자치의 실현이다. 무릇 自治(Selbstverwaltung)의 정당성은 －그것이 지역주민이건, 공공조합회원이건, 대학구성원이건－ 바로 그때그때의 관련자의 의사형성과정과 결정과정을 통해서 이루어진다는 점에서, 자치는 관련인 참여의 형식이다. 해서 Schmidt-Aßmann은, 국법적 원칙으로서의 자치는 분권적 행정구조에 관한 것일 뿐만 아니라, 관련인이 제도화된 공동체에 의해 실질적으로 행정을 수행하는 것이기도 하다고 지적하면서, 자치를 "관련인행정"(Betroffenenverwaltung)라 명명하였다.[4] 독일연방헌법재판소가 지방자치를, "고유한 사무(업무)를 위한 참가자의 활성화"로 특징을 지웠듯이,[5] Mayer/Kopp 역시 자치를 위해선 무엇보다도 관련인의 의사형성에의 참여가 특징이라고 기술하였다.[6] 자치에는 관련인의 협력이 내재되어 있다는 K. Stern의 지적[7]은 일종의 결정판이다. 따라서 지방분권의 이념을 실현하기 위해서, 주민의 자발적 참여, 지방자치단체의 자율적 결정과 자기책임적 집행이 제시되는 것은 당연하다. 당연히 국가는 지방분권정책을 추진함에 있어서도 지방자치단체의 자율성을 존중하여야 하며, 주민의 참여를 최대한 보장하여야 한다(동법 제7조). 자치에서 새삼스러울 수 없는 '분권', '자율', '참여' 가 반복적으로 강조되는 含意는 바로 지방자치법제의 발본적 혁신의 요구에 다름 아니다.[8]

---

4) ders., Zum staatsrechtlichen Prinzip der Selbstverwaltung, in: Gedächtnisschrift für W. Martens, 1987, S.249(252, 253).

5) BVerfGE 11, 266(275).

6) ders., Allg. VerwR, 1985, S.522.

7) ders., Das Staatsrecht der Bundesrepublik Deutschland Ⅰ, 1984, S.821.

8) 나아가 참여와 협력은 행정법의 기반에도 심대한 영향을 미친다. 이에 관한 상세는 박정훈, 행정법의 체계와 방법론(행정법연구 1), 2005, 243면 이하 참조. 여기서 박정훈 교수는 독일에서의 관련 논의가 그들의 기왕의 행정법의 기능부전을 메우기 위하여 전개되었기에, 그 논의를 그대로 우리네에 대입하는 것은 이제 그 틀을 잡아가는

盧武鉉 정부가 추구하는 지방분권정책이 이전 정부에서의 그것과 질적으로 다르다는 점은, 기왕의 '중앙행정권한의지방이양촉진에관한법률' 과 '지방분권특별법' 을 비교함으로써 확인된다. 그 명칭이 시사하듯, 전자가 국가(중앙)에서 지방에로의 권한의 移行(移讓)을 목표로 삼는 반면에, 후자는 우선 국가와 지방을 동일한 평면에 두고서 양자간에 합리적 권한배분을 도모한다. 그리하여 '지방분권특별법' 은 '지방분권' 을 「국가 및 지방자치단체의 권한과 책임을 합리적으로 배분함으로써 국가 및 지방자치단체의 기능이 서로 조화를 이루도록 하는 것」으로 정의를 내린다(동법 제2조). 이 같은 기본출발점의 차이는 목적을 달성하기 위한 태도와 관련해서도 확인된다. 즉, '중앙행정권한의지방이양촉진에관한법률' 의 경우에는 이양받은 지방자치단체가 그 사무를 원활히 처리할 수 있도록 '행정적, 재정적 지원의 병행' 이 마련되어 있는(동법 제5조) 반면에, '지방분권특별법' 은 "지방자치와 관련되는 법령을 제정하거나 개정하는 경우에는 지방분권의 기본이념에 적합하도록 하여야 한다"고 규정함으로써(동법 제4조), 지방분권의 기본이념의 제도화를 강제하고 있다. 다시 말해, 지방분권의 기본이념이 지방자치와 관련되는 법령의 최고 목표가 된다.

요컨대 현 정부의 지방분권 정책의 集積이자 出發點인 '지방분권특별법' 은 단순히 중앙의 권한을 지방에 이양한다는 즉, 국가사무의 자치사무화의 차원을 넘는다. 그리고 권한 즉, 관할의 분할이라는 단순한 조직법적 차원도 넘는다. 앞에서 본 그림에서 볼 수 있듯이, 국가의 재구조화를 목표로 한 공법질서의 변혁을 위한 근거점이 바로 '지방분권특별법' 이다. 이미 기왕의 지방자치법제상의 패러다임(기본틀)은 자치의 물음에 효과적으로 대응하기에는 너무나 많은 문제점을 드러내고 있다. 이른바 '위임조례' 의 존재가 이를 웅변한다. 토마스 사뮤엘 쿤(Thomas Samuel Kuhn)이 1962년 '과학혁명의 구조' 에서 주장한 바를 빌려 말하자면, 당연히 기왕의 정상과학은 유지할 수가 없게 되었으며, 따라서 패러다임교체를 전제로 한 과학혁명이 도래하였다. 이 점에서, −비록 한시적이긴 해도− '지방분권특별법' 은 지방자치법제상의 패러다임의 교체를 가져다 준 과학혁명의 基底이다. 다시 말해, 동법은 지방자치법제 정비의 출발점이자, 종착점이다.

민주주의와 법치주의를 근본적으로 위태롭게 할 우려가 있음을 지적한다. 그리하여 선결문제로 의회의 (입법)기능과 사법심사가 강화되어야 하는데, 이에 참여에 대해선 적극적인 수용이 강구되어야 하는 반면에, 협력에 대해선 신중한 태도가 요청된다고 주장한다.

Ⅳ. 地方分權을 위한 現行 地方自治法의 '地方自治基本法'으로의 개편 필요성

'지방분권특별법'을 바탕으로 한 종합실행계획안에 따른 세부과제는 그 내용만큼이나 광범하다. 그런데 '지방분권특별법'이 목표로 한 내용은 공법질서의 전면적인 변화를 야기한다는 점에서, 개개의 내용을 어떻게 수용할 것인지의 물음에 앞서, 먼저 현행의 지방자치법의 틀이 과연 이에 대응할 수 있는지가 문제된다.[9)]

현행의 지방자치법은 "地方自治團體의 종류와 그 組織 및 운영에 관한 사항을 정하고, 國家와 地方自治團體와의 基本的 관계를 정함으로써 地方自治行政의 民主性과 能率性을 도모하며 地方의 균형적 발전과 大韓民國의 民主的 발전을 기함"을 동법의 目的으로 규정한다(제1조). 이는 과거의 틀(중앙⇒지방)을 상정한 것이어서 '지방분권특별법'에 따른 제로베이스에서의 착안점과는 어울리지 않는다. 이젠 국가와 지방이 수평적으로 위치한 가운데서 양자의 소임이 합리적으로 배분되는 시스템에 부합하는 지방자치법이 요구된다. 따라서 지방분권에 터 잡아 나름의 분담을 통해서 국가와 지방자치단체가 각기 조화롭게 기능을 발휘하기 위한 지향점을 분명히 하기 위하여, 우선 지방자치법의 목적조항의 정비가 필요하다.

2005.1.27.의 개정을 통해 특히 주민소송 등과 관련한 규정이 신설되어 현행 지방자치법은 전체 10장 173개조 및 부칙으로 구성되었다. 그 중에 제5장 지방의회편이 제1절 내지 제12절에 걸쳐 총 58개 조문이다. 지방의회와 관련한 이 같은 편제상의 과도함은 헌법상의 제3장 '국회' 편(제40조 내지 제65조, 총 26개 조문)을 비교한 즉, 완연하게

---

9) 여기서 약간의 정리가 필요한 점이 있다. 자치(Selbstverwaltung)와 간접적인 국가행정(mittelbare Staatsverwaltung)간에 관계이다. 일찍이 Forsthoff는 자치개념을 "원래 국가적 과제를 공법의 단체, 영조물, 재단에 의해서 수행하는 것"으로 정의내린 다른 다음, 이 자치개념으로써 간접적인 국가행정의 개념 역시 동시에 확인되어 진다고 하였다(ders., Lehrbuch des Verwaltungsrechts, 1973, S.478). 그의 주장인 즉, 양자는 개념상의 합동에 놓인다. 이런 주장에 대해서 독일 문헌상으로 비판이 상당하다(Vgl. Franz-Ludwig Knemeyer, Das verfassungsrechtliche Verhältnis der Kommunen zueinander und zum Staat, DVBl. 1984, S.23(28f.)). 그 논거로 (가령 상공회의소나 변호사회처럼 그 분야의 이익을 대변하는) 자치주체(자치단체)가 경우에 따라선 국가에 맞서서 이익을 대변하기도 한다는 점과, 자치주체(자치단체)가 수행한 일정한 업무(사무)를 국가가 자기감독으로 즉, 계급적 관료적 행정청시스템을 이용하여 처리하는 것이 헌법에 의해서 거부된다는 점이 제시된다. 그리하여 간접적인 국가행정 개념이 일반적으로 포기되어야 한다거나 지방자치와 관련해선 포기되어야 한다고 주장되고 있는데, 하지만 그것의 철폐에까진 이르지 않는다. 다만 동 개념이 순전히 형식상의 체계화범주에서 일관되게 가지치기를 하여야 한다는 점에선 의견이 일치하고 있다. 요컨대 유의해야 할 점은, 첫째로 간접적인 국가행정 개념이 권리능력있는 단체 등에 의해 수행된 임무가 원래 국가적 성질을 갖는다는 것을 의미하진 않는다는 점이고, 둘째로 동개념에서 포착된 고권주체 모두가 결코 자치체로서 성격을 지닐 순 없다는 점이다. 이에 관해선 vgl. R. Hendler, Das Prinzip Selbstverwaltung, in: HStR Ⅳ, 1999, §106 Rn.41ff. 한편 우리의 기왕의 공공단체개념이 지방자치단체와 여타 공공단체(공법인)을 동격으로 취급하는 점에 대해선 부적당함이 지적된다(김남진/김연태, 행정법 Ⅱ, 2005, 58면).

확인된다. 헌법상의 '국회' 편의 여러 규정 및 국회법상의 여러 규정을 참작하여 그에 준하여 정비되어야 한다. 그리하여 지방의회와 관련한 중요한 사항은 지방자치법에서 규율하고, 그렇지 않은 사항은 가칭 '지방자치단체의 기관에 관한 법률' 이나 '지방의회법' 과 같은 별도의 법률에서 규율하는 것이 바람직하다.

지방자치법상의 편제상의 문제점은 동법 제13조의2(주민투표)(현행 제14조)와 새로이 도입된 제13조의5(주민소송)(현행 제17조)를 비교해서도 제기될 수 있다. 후자가 총 3개 조문에 총 22개의 항으로 비교적 자세하게 규율한 반면에, 전자의 경우에는 단 2개의 항으로 그저 개별법(주민투표법)의 제정근거만을 규율할 뿐이다. 주민투표법이란 국민투표법을 본보기로 삼아 주민투표를 실시하는데 필요한 정도 즉, 수단적, 절차적, 기술적 수준에 그쳐야지 그 이상을 규율한다면, 이는 주민투표법의 성격에 부합하지 않을 뿐더러, 주민투표법의 준거법인 지방자치법에도 영향을 미친다. 하루바삐 지방자치법과 주민투표법과의 관계를 오로지 일반법과 특별법간의 관계로 투시하고 설정하는 데서 벗어나야 한다. 따라서 지방자치를 보장하기 위한 기본법격인 지방자치법에서 주민투표의 대상, 발의자, 발의요건 등 관련한 특히 실체적으로 중요한 사항을 규정하는 것이 正道이다.[10)]

독일의 경우에 우리의 지방자치법에 해당하는 독일의 Gemeindeordnung이 그들 주법률(Landesrecht)이고, 독일 주들의 입법, 행정, 사법 등의 (국가)활동은 그들 주 헌법에서 규정되고 있기에, 지방분권의 법제도적 문제점은 그리 심각하지 않다. 주차원의 헌법과 법률 및 (헌법)재판소 등이 존재하는 독일이나 미국과는 달리 우리네 지방자치는 국가활동 가운데 행정적 차원에만 국한되기에, 지방자치법은 일정한 범위를 넘을 수 없는 숙명적 한계를 배태하고 있다. 독일의 주 헌법과 주 법률에 상응하는 제도를 만들 수 없는 현행 공법질서 속에서 강구될 수 있는 방안은, 지방자치단체의 自主權(高權, Hoheit)이 공법체계의 한계치까지 최대한 구현되는 지방자치법을 통해서 지방자치를 극대화하는 것이다. 요컨대 지방자치법이 지방자치가 극대화되는 '지방자치기본법' 으로 되도록 발본적인 혁신이 요구된다.

V. '지방분권특별법' 상의 추진과제를 위한 공법적 대응

앞에서 본 정부혁신지방분권위원회의 '지방분권 5개년 종합실행계획(수정본)' 은

10) 현행 주민투표제의 문제점에 관해선 졸고, 住民投票法案의 問題點에 관한 小考, 공법연구 제32집 제3호, 2004.2, 87면 이하(追論: 본서 318면 이하); 함인선, 주민투표법의 제정의의, 문제점과 바람직한 운영방안, 저스티스 제80호, 2004.8., 5면 이하 참조.

'지방분권특별법' 이 규정한(제9조로부터 제16조까지) '지방분권의 추진과제' 를 구체화한 것이다. 동법이 규정한 지방분권의 추진과제는, '권한 및 사무의 이양'(제9조), '특별지방행정기관의 정비 등'(제10조), '지방재정의 확충 및 건전성 강화'(제11조), '자치행정역량의 강화'(제12조), '지방의회의 활성화와 지방선거제도의 개선'(제13조), '주민참여의 확대'(제14조), '자치행정의 책임성 강화'(제15조), '국가와 지방자치단체의 협력체제 정립'(제16조)이다. 여기서 제시한 내용들 가운데 가령 주민투표제, 주민소송제나 자치경찰제처럼 상당수는 이미 성안되어 시행중이거나 (시범실시를 포함하여)시행을 앞두고 있다. 그리고 주민소환제처럼 이미 제반 논의가 충분히 이루어져 그 구체적인 제도의 마련만이 남은 것도 많이 있다. 지방자치의 성패는 자치권의 보장에 달려있다. 즉, 지방자치단체의 고권(자주권)-자주(자치)입법권, 자주조직권, 자주인사권, 자주경영 · 관리권, 자주재정권-이 어느 정도로 인정되는지가 관건이다. 따라서 이하에선 지방분권의 기본틀을 마련하기 위한 첫단추인, '권한 및 사무의 이양'(제9조), '자치행정역량의 강화'(제12조)과 관련한 법적 문제점을 살펴보고자 한다.

1. '사무배분' 과 관련한 '지방분권특별법' 상의 내용[11)]

사무배분과 관련해서도, '중앙행정권한의지방이양촉진에관한법률' 과 '지방분권특별법' 은 대비된다. '중앙행정권한의지방이양촉진에관한법률' 의 경우, -비록 동법 제4조 제1항으로 국가사무가 아닌 사무는 가능한 지방자치단체에게 배분하도록 되어 있지만- 지방자치법 제9조 제2항상의 자치사무를 기본 틀로 상정하고, 이양받는 지방자치단체의 여건과 능력에 관한 (국가의) 판단을 선행시키기에, 그 자체에 이미 이양의 정도와 범위가 한정적일 수밖에 없다.

반면 '지방분권특별법' 제6조의 경우 우선 '상호중복의 배제' 를 출발점으로 삼는다: 국가는 지방자치단체가 행정을 종합적 · 자율적으로 수행할 수 있도록 국가와 지방자치단체 간 또는 지방자치단체 상호간의 사무를 주민의 편익증진, 집행의 효과 등을 고려하여 서로 중복되지 아니하도록 배분하여야 한다(동조 제1항). 그리고 「국가는 제1항의 규정에 의하여 사무를 배분하는 경우 지역주민생활과 밀접한 관련이 있는 사무는 원칙적으로 시 · 군 및 자치구의 사무로, 시 · 군 및 자치구가 처리하기 어려운 사무는 특별시와 광역시 및 도의 사무로, 특별시와 광역시 및 도가 처리하기 어려운 사무는 국가의 사무로 각각 배분하여야 한다」(동조 제2항). 사무배분에 있어서 일종의

11) '사무배분' 의 물음은 자치보장과 직결된 내용적 물음으로서 후술할 '사무구분' 의 물음의 출발점이 되기에 그 자체가 심도있게 논의되어야 하지만, 이 글은 후자에 초점을 맞추기 위해서 '지방분권특별법' 상의 내용을 간략히 서술하는 데 그쳤다.

"보충성의 원칙"을 표방한 셈인 이 제2항은 종래의 익숙한 전형(중앙⇒지방)과는 분명한 선을 그었다.[12] 나아가 동항이 예정한 정반대의 모습(지방⇒국가)은 수직적 차원이 아니라, 수평적 차원에 이루어진다. 따라서 국가와 지방자치단체간의 사무(관할)의 분배를 가늠하는 동항의 의의는 지방자치(법) 차원에 머물지 않는다. 요컨대 동항은 관할과 관련하여 전체 공법질서를 재편하는 근거가 된다. 국가와 지방자치단체의 권한(관할)의 귀속이 제로베이스에서 행해져야 한다.

그런데 이러한 사무배분의 원칙에 따라 배분된 (또는 배분될) 사무가 그것의 처리주체에게 제대로 귀속되어야 비로소 사무배분의 원칙의 목적한 바가 달성된다. 이 목적이 과연 실현될 것인지는 의문스럽다. 왜냐하면 사무귀속의 물음은 공임무의 수행과 관련한 개별법령상의 입법방식의 물음이기 때문이다. 이 점에서 '중앙행정권한의지방이양촉진에관한법률'과 관련한 김철용 교수님의 지적: "이 법률도 사무의 성질과 유형, 그에 따른 자치입법권의 행사범위 등에 관하여 아무런 규정이 없고, 지방자치법과 지방자치단체에 사무를 부여하는 개별 법령의 입법방식에 새로운 진전을 제시하지 못하고 있다"[13]은 '지방분권특별법'에도 그대로 통용된다. 사무귀속의 입법방식의 물음에 관해선 후술한다.

그리고 동조 제3항은 "포괄적 배분의 원칙"을 규정한다: 국가가 지방자치단체에 사무를 배분하거나 지방자치단체가 사무를 다른 지방자치단체에 재배분하는 때에는 사무를 배분 또는 재배분받는 지방자치단체가 그 사무를 자기의 책임하에 종합적으로 처리할 수 있도록 관련 사무를 포괄적으로 배분하여야 한다.

盧武鉉 정부에서는 '참여정부'라는 자기 성격규정에 부합하게 국가임무의 수행에 민간의 참여가 활발하다. 종래 국가나 지방자치단체와 같은 공권력주체가 전속적으로 수행하던 임무에 민간의 참여가 보장됨으로써, 국가독점적 "공임무"가 이른바 協治[14]에 의거하여 수행된다. 동조 제4항은 이런 協治를 반영한다: 국가 및 지방자치단체는 제1항 내지 제3항의 규정에 의하여 사무를 배분하는 때에는 민간부문의 자율성을 존중하여 국가 또는 지방자치단체의 관여를 최소화하여야 하며, 민간의 행정참여기회를

---

12) 물론 현행 지방자치법 역시 지방자치단체의 사무 배분과 처리에서 '상호 경합배제'와 '기초자치단체의 우선'을 규정하고 있다(동법 제10조 제3항).

13) 동인, 행정법 Ⅱ, 2005, 83면.

14) 국가 중심의 일방적인 'government'(통치)와 다수의 행위자들이 참여하는 'governance'(협치, 공치)를 대비시킨다. 오늘날 후자를 국가와 사회의 모델로 상정하려는 것이 유행이다. 본래 협치(協治)라는 용어는 일본의 21세기위원회가 governance라는 용어를 번역한 것이다. 따라서 협치라는 번역이 그 어의에 부합하는지는 논란이 제기될 수 있다. 참고문헌: 정태호, 헌법국가에서의 시민의 책임, 인권과 정의 제316호, 2002.12., 49면 이하; 선정원, 자치단체와 지역시민단체(NPO)의 협력관계형성을 위한 제도적 과제, 지방자치법연구 제3권 제2호, 2003.12., 325면 이하; 김규하, 신공공관리론의 수용에 따른 행정법의 변화, 현대공법이론의 제문제(석종현 박사 화갑기념논문집), 2003, 368면 이하 참조.

확대하여야 한다.

2. '권한 및 사무의 이양'과 관련한 공법적 대응

(1) 지방자치단체의 사무 및 그 구분에 관한 일반적 논의[15)]

일반적으로 현행 법제하에서 지방자치단체의 사무는 자치사무, 단체위임사무, 기관위임사무로 나뉘며,[16)] 그에 따라 경비부담관계 등에서 법적 취급을 달리 한다. 다만 단체위임사무에 관한 법적 취급은 -문헌상으로 다소간에 차이가 있긴 하나- 어떤 경우엔 자치사무와 동일하게, 어떤 경우엔 기관위임사무와 동일하게 취급되곤 한다. 경비부담관계에서, 단체위임사무와 기관위임사무는 동일하게 위임자가 비용을 부담하는 것이 원칙이다. 감독관계에서, 자치사무와 단체위임사무의 경우엔 공히 교정감독 및 합법성감독에 그치는 것을 원칙으로 하는 데 대해서, 기관위임사무의 경우엔 예방적 감독 및 합목적성 감독까지도 행할 수 있다(일반적 경향).[17)] 지방의회의 관여에서, 자치사무 및 단체위임사무의 경우엔 지방의회의 관여-의결 · 감사 및 조사 등의 방법으로-가 인정되고 있는 데 대해서, 기관위임사무의 경우엔 원칙적으로 지방의회가 관여할 수 없되, 국회와 시 · 도의회가 직접 감사하기로 한 사무 이외의 것에 대해선 당해 지방의회가 감사 또는 조사를 행할 수 있다(지방자치법 제36조 제3항: 현행 제41조 제3항).[18)] 배상책임의 귀속에서, 자치사무의 경우엔 해당 지방자치단체가 그 손해를 배상하여야 하는 대 대해서, 단체위임사무와 기관위임사무의 경우엔 궁극적으로 위임자(국가 또는 타지방자치단체)가 배상책임을 지는 것이 원칙이다(국가배상법 제2조, 제5조, 제6조 참조).[19)]

---

15) 최근의 문헌으로 조성규, 國家와 地方自治團體間의 事務配分, 공법연구 제32집 제4호, 2004.3.; 배영길, 사무배분에 관한 지방자법의 개정방향: 비교법적 고찰을 중심으로, 공법연구제29집 제1호, 2000.11.

16) 한편 개념상 자치사무를 제외하고선 법률상의 개념이 아니어서, 그것의 -특히 기관위임사무에서- 정의의 적합성 자체가 문제될 수 있는데, 일단 여기선 통례에 좇아서 사용하기로 하되, 이들 개념정의의 새로운 정립이 문제해결의 첫걸음임을 강조하고 싶다.

17) 그러나 이런 일반적 경향에 대해선, 지방자치법이 "자치사무"만을 합법성 감독의 대상으로 규정하고 있기에 단체위임사무를 기관위임사무와 동일하게 취급하여야 한다는 반론이 제기된다. 김남진/김연태, 앞의 책, 103면 주)8.

18) 다만, 자치사무, 위임사무 등의 구분이 명확하지 않을 뿐 아니라 지방의회와 집행부(지방자치단체의 장 포함)간에 알력이 생김으로 인하여 지방의회가 의결을 거친 조례안이 재판을 통해 무효로 인정되는 사례가 많이 발생하고 있다.

19) 한편 최근에 자치사무와 관련하여 지방자치단체에게 그 소속 직원의 불법행위를 이유로 한 도로교통법상의 양벌조항이 적용되는 경우가 발생하였다. 부산고법 2004.4.22. 선고 2003노4401판결은 원심인 부산지법 2003.12.5. 선고 2003고단8004판결과는 달리 동법상의 양벌규정에 따른 처벌이 지방자치단체에 대해 가능하다고 판시하였다. 이는 타당하지 않다. 왜냐하면 양벌규정에 따른 처벌이 벌금과 과료와 같은 형벌인 이상, 이를 공행정주체이기도 한 지방자치단체에게 과한다는 것은 허용되지 않는다. 만약 처벌을 행정질서벌인 과태료 등을 규정한 경우에는 사정이 다르다. 독일의 경우에도 게마인데가 범죄능력은 부인되나, 질서위반법에 따른 과태료

기존의 이 같은 3분체계가 현재의 지방자치단체가 수행하는 모든 사무를 다 포함하지 못한다는 범주적 한계가 지적되곤 한다. 그러나 이런 범주적 차원의 문제보다는 그런 3분체계 자체에 대한 근본적인 회의가 강하다. 가령 단체위임사무와 관련해선, 김남진/김연태 교수님은「지방자치법 제9조 1항에서는 '지방자치단체의 사무'를 예시하면서도 자치사무와 위임사무(법령에 의하여 지방자치단체에 속하는 사무)를 구별하지 않고 있으며, 또한 동법 제15조는 자치사무와 단체위임사무(그 사무)에 관하여 지방자치단체가 조례를 제정할 수 있다고 함으로써 자치사무와 단체위임사무의 구별을 상대화하고 있음을 발견할 수 있다. 뿐만 아니라 그 단체위임사무는 현재 시 · 군의 도세징수사무(지방세법 제63조) 정도에 불과하여 과연 '단체위임사무'라는 카테고리를 인정할 실익이 있는지 의심이 갈 정도이다」고 지적하고 있으며,[20] 서원우 교수님 역시 자치사무와 단체사무의 구별의 실익은 지방자치법이 이들을 구분하는 데 따른 것일 뿐인 점을 강조하면서 양자구별의 무용론 내지 단체위임사무의 자치사무로의 전환이 필요하다고 주장하였다.[21] 박윤흔 교수님 역시 자치사무와 위임사무의 실정법상의 법적 취급이 다르긴 해도, 구별이 애매하고 동일한 방법으로 처리된다는 점에서 입법론적으론 구별을 폐지하여야 할 것이라고 주장한다.[22]

그리고 기관위임사무와 관련해선, -과연 지금 운위되는 기관위임의 정체가 무엇인지 근본적인 물음은 뒤로 한 채(후술)- 특히 국가적 기관위임사무의 경우에는 그것을 처리하는 "지방자치단체의 장"이 그 사무의 집행관계에선 일단 국가기관이 됨으로써,[23] 지방자치에 반하는 "상급행정기관과 하급행정기관의 관계가 성립한다는 점이 대부분의 문헌에서 공박되고 있다.[24]

(2) '지방분권 5개년 종합실행계획(수정본)' 상의 내용

'지방분권특별법' 제9조에 의해서,「① 국가는 제6조의 규정에 의한 사무배분의 원

(Geldbuße)는 과해질 수 있다고 한다. Vgl. Gern, Kommunalrecht, 7.Aufl. 1998,, Rn.84. 追論: 상고심인 대법원 2005. 11. 10. 선고 2004도2657 판결에서 2003노4401판결의 입장이 그대로 수긍되었다.

20) 김남진/김연태, 앞의 책, 100면.

21) 동인, 기관위임사무의 법적 제문제, 월간고시, 1993.8., 163면 이하 참조.

22) 동인, 최신행정법강의(하), 2004, 118면.

23) 이런 점은 기관위임사무의 존재이유가 행정의 경제성, 지방사정의 精通性, 위임자(국가 등)와 피위임자간의 유대의 강화에서 찾을 수 있기 때문이다. 상세: 김남진, 기관위임사무의 법적 고찰, 자치행정, 1992.3., 54면 이하 참조.

24) 이런 일반적 경향과는 달리, 최봉석 교수는 기관위임사무의 유용성(행정의 경제성과 효율성, 행정의 탄력성과 지역친화성, 국가행정과 지방행정의 연계성, 지역적 협력의 담보)을 감안한 즉, 철저한 업무분석을 통한 실효적인 위임이 이루어질 것과, 당해 사무시행에 필요한 여건이 충족될 것을 전제로 기관위임사무제도가 행정의 효율성 담보를 위한 중요한 기재가 될 수 있음을 이유로, 동제도 폐기에 대한 재고를 강변한다. 동인, 기관위임사무의 정체성과 그 폐지론에 관한 재고, 지방자치법연구제3권 제2호, 2003.12, 195면 이하 참조. 한편 최봉석 교수는 지금의 기관위임사무제도의 본질이 독일의 기관차용(사용대차)(Organleihe)에 해당함을 정당하게 지적하고 있다.

칙에 따라 그 권한 및 사무를 적극적으로 지방자치단체에 이양하여야 하며, 기관위임사무를 정비하는 등 사무구분체계를 조정하여야 한다. ② 국가는 권한 및 사무를 지방자치단체에 포괄적 · 일괄적으로 이양하기 위하여 필요한 법적 조치를 마련하여야 한다」. 이는 사무배분상의 "보충성의 원칙"에 의거하여 국가(중앙정부)와 지방(지방정부) 간의 권한을 재배분할 것을 명하는데, 특히 기관위임사무에 관해선 특단의 조처가 있어야 함을 분명히 한다. 따라서 지방자치단체의 사무의 구분에 관한 근거규정인 현행 지방자치법 제9조와 제93조(현행 제102조) 등은 물론 사무구분 그 자체 역시 전면적인 수정이 요구된다. 요컨대 '지방분권특별법' 제9조는 행정법문헌상의 일반적인 논의를 수용한 셈이다.

이런 맥락에서, '지방분권 5개년 종합실행계획(수정본)'은, 단체위임사무의 경우에는 다른 사무와의 구분이 모호하고 독립적인 사무유형으로서의 존재의의마저 의문스럽다는 점을, 기관위임사무의 경우에는 기관위임사무의 처리에 있어 자치단체장이 중앙행정기관장의 일선기관의 지위를 가져서 중앙행정기관장이 전적으로 통제 · 감독을 한다는 점을 들어, 단체위임사무의 폐지와 기관위임사무의 정비를 개선방안으로 제시한다. 그리하여 후자와 관련해선, 종래의 기관위임사무 가운데 자치단체가 자기책임하에 수행할 사무는 자치사무로, 국가가 직접 처리해야 할 사무는 국가사무로 전환할 것을 제시한다. 그리고 '지방분권 5개년 종합실행계획(수정본)'은 외국의 사례로 일본국과 프랑스를 들면서, 특히 전자에서의 기관위임사무제도의 폐지와 법정수탁사무의 신설을 적시한다.

(3) '지방분권 5개년 종합실행계획(수정본)' 상의 내용의 평가와 문제점

먼저 '지방분권 5개년 종합실행계획(수정본)'이 적시한 일본국의 제도적 변화에 관한 검토가 필요하다. 일본국의 구 지방자치법상으론 -실무상으로도 강학상으로도- 지방자치단체가 행하는 사무가 공공사무(고유사무), 단체위임사무, 행정사무 그리고 기관위임사무의 4가지로 구분되었지만, 2000.4.에 개정된 현행 지방자치법은 기관위임사무를 폐지하면서 사무종류를 자치사무와 법정수탁사무로 이분한다. 나아가 법정수탁사무를 국가사무를 도도부현, 시정촌 및 특별구가 처리하는 경우(1호 법정수탁사무)와 도도부현의 사무를 시정촌 및 특별구가 처리하는 경우(2호 법정수탁사무)로 나눈다(동법 제2조 제8항, 제9항).[25] 기관위임사무의 폐지와 법정수탁사무의 신설을 핵심으로 한 이 같은 변화가 기왕의 사무의 성격에 근본적인 변화를 가져다 주었다고 평할

25) 이에 관한 상세는 문상덕, 일본의 지방자치사무 一類型으로서의 법정수탁사무제도에 관한 고찰, 지방자치법연구제3권 제2호, 2003.12, 205면 이하 참조.

수도 있지만, 여기에는 법정수탁사무의 법적 취급이 어떠한지가 관건이 된다. 이 점에서, 최우용 교수의 지적: 「자치사무는 지방자치단체의 판단과 책임에 있어서 처리하는 것이 기본으로 되어 있으나, 법정수탁사무는 본래 그 실시가 국가의 의무에 속하고 국민의 편리성과 사무의 효율성 등의 관점에서 지방자치단체에 법으로 수탁되는 것인 만큼 기관위임사무의 체계를 이어받고 있는 점이 많다고 할 것이다」은[26] 의미롭다. 요컨대 일본국에서의 법정수탁사무란 일종의 단체위임사무라 하겠다.

기관위임사무의 폐지보다는 정비를 도모하는 우리 '지방분권 5개년 종합실행계획(수정본)' 에 의하면, −기관위임사무의 자치사무화로− 기관위임사무의 범주만이 축소될 뿐이고, 기왕의 비판거리인 기관위임사무의 반자치적 성격은 가시지 않는다. 왜냐하면 국가가 직접 처리해야 할 사무가 국가사무로 전환된다 하더라도, 현행 지방자치법 제93조(국가사무의 위임)(현행 제102조): 「시 · 도와 시 · 군 및 자치구에서 시행하는 국가사무는 법령에 다른 규정이 없는 한 시 · 도지사와 시장 · 군수 및 자치구의 구청장에게 위임하여 행한다」와 제94조(사무의 관리 및 집행권)(현행 제103조): 「지방자치단체의 장은 당해 지방자치단체의 사무와 법령에 의하여 그 지방자치단체의 장에게 위임된 사무를 관리하고 집행한다」가 엄존한 이상, 더욱이 개별법에서 국가사무의 국가전속적 처리를 규정하지 않는 한, 지금의 문제상황은 여전할 것이기 때문이다.

(4) 기관위임사무제도의 본질에 관한 논의

이상에서 보았듯이, '지방분권 5개년 종합실행계획(수정본)' 상의 내용에 따른다 하더라도 기관위임사무의 형태는 實在하기에 기왕의 문제점은 가시지 않는다. 그런데 '권한의 위임' 이 아니라, '권한의 이관' 에 해당하는 국가사무의 자치사무화는 권한배분의 문제이어서 입법차원의 물음인 반면에, 기관위임사무의 경우에는 입법차원의 물음과 함께 법도그마틱차원의 물음이 부각된다. 통상적으로 위임에는 대등 행정청 또는 다른 행정청에 대한 위임(권한의 위탁이라 함)은 물론, 지방자치단체 또는 지방자치단체의 장에 대한 위임(단체위임, 기관위임)도 포함하며, 나아가 행정기관의 사무중 일부를 지방자치단체가 아닌 법인 · 단체 또는 그 기관이나 개인에게 맡겨 그의 명의와 책임하에 행사하도록 하는 것(민간위탁)까지도 포함한다('행정권한의위임및위탁에관한규정' 참조). 본래 권한의 위임이라 함은 행정청이 법령에 근거하여 자기의 의사로써 하급행정청이나 보조기관에게 권한의 일부를 맡겨 그 수임기관으로 하여금 그 위임받은 권한을 자기의 이름과 책임하에 행사하도록 하는 것을 말한다. 따라서 위임기관은 위임사항을 처리할 수 있는 권한을 상실한 동시에, 수임기관의 권한행사의 효과가 그 수

26) 동인, 현대행정과 지방자치법, 2002, 108면.

임기관 자체에 귀속하고, 쟁송상의 피고도 수임기관이 된다. 반면 지방자치단체의 장과 결부된 기관위임사무의 경우에는 그 장이 일단 국가기관이 되긴 하나, 그 수임받은 권한행사의 모습은 통상의 권한의 위임의 경우와는 전혀 다르다. 만약 기관위임사무의 경우에, 통상의 권한의 위임과 마찬가지로 일부 권한의 소재 변동-법효과의 귀속과 쟁송상의 당사자지위와 관련하여-이 수반된다면, 우리나라의 행정관청제, 즉 행정에 관한 대외적인 권한행사를 행정관청 또는 행정청(행정기관의 장)의 이름으로 행하도록 하고 있는 제도는 유지되기가 곤란하다.

본래 일본에서 전래한 기관위임사무제도는 관치행정제도의 유물이거니와,[27] 그 자체로서도 통상의 권한의 위임과는 분명 거리가 있다. 기관위임사무의 경우 단지 그 사무의 집행만을 위임한 것이지 권한을 위임한 것은 아님을 유의해야 한다. 그리고 위임자와 수임자간에 '상급행정기관과 하급행정기관의 관계'가 형성된다. 이런 점에서, (우리식으로 이해되는)기관위임사무제도는 권한의 이전을 동반하지 않는 독일에서의 기관차용(사용대차)에 비견되며,[28] 아울러 결과적으로 마치 "내부위임"과 같은 법형상에 해당한다. 새삼 현행 기관위임을 다룸에 있어서, 기왕의 행정청의 권한의 위임의 법리에 관한 논의가 바탕이 되어야 함에도 불구하고, 그렇지 않은 채 기관 '위임'의 명칭에 함몰되어 관련 논의를 전개한 결과, 지금과 같은 난맥상을 초래하였다고 여겨진다.[29]

(5) 현행 기관위임사무제도의 위헌성 문제

이미 기관위임사무적 권한의 위임 형태에 대해선, 법리상 문제점이 지적된다. 즉, 개별법에 의해 부여된 행정청의 권한이 授任機關이나 受任機關의 의사와는 무관하게 일괄적으로 위임되고 있기에, 국가사무의 자치사무화, 수임기관의 의사에 의한 권한의 위임 등 정도를 밟아 권한의 위임이 행해질 것이 요망되고 있다.[30] 그런데 지방자치제가 시행된 이후 공임무의 수행에 있어서, 지방자치단체는 -비록 파생적일 망정- 국가와 더불어 공행정주체로서의 지위를 갖는다. 따라서 지방자치법 제92조(현행 제101조)에 의해서, 당해 지방자치단체를 대표하고 그 사무를 통할하는 지방자치단체의 장을 국가의 하급기관으로, 그것도 행정보조인적 위상을 부여할 경우에는, 지방자치제의 본질에 반할 뿐더러, 공행정주체로서의 지방자치단체의 위상과도 어울리지 않는다. 따라서 일종의 기관차용에 해당하는 지금의 기관위임사무제도가 일상적인, 정상

27) 成田頼明, 地方自治の法理と改革, 1988, 147면.

28) 이 점에서 기왕의 논의에서 현행 기관위임사무의 본질이 소홀히 다루어져 '사무의 시행주체나 법적 근거'에 의거하여 그것을 바라본 점에 대한 최봉석 교수의 비판은 설득력이 있다. 동인, 앞의 글, 180-187면.

29) 이 점에서 최봉석 교수의 글(행정권한의 위임과 기관위임의 법리, 공법연구제29집 제1호, 2000.11., 359면 이하)은 매우 의미롭다.

30) 김남진/김연태, 앞의 책, 24면, 28면.

적인, 통상적인 제도로 통용되는 지금의 법상황에서, 제도적 보장으로서의 지방자치제란 그 본지가 무색하게 된다. 물론 현행 기관위임사무제도에 관한 이런 판단이 기관차용으로서의 기관위임제도의 전면적인 불허용성을 의미하진 않는다.

통상 기관위임사무의 근거규정으로 지방자치법 제93조(현행 제102조), 제94조(현행 제103조), 그리고 제95조(현행 제104조) 제1항이 거론되는데, 여기선 전자 2개 조문을 종전의 지방자치법에 견주어 논의하고자 한다.[31)]

* 지방자치법〔제정 1949.7.4 법률 제32호〕

제102조 지방의 국가행정사무는 법령에 다른 규정이 없는 한 그 지방자치단체의 장에게 위임하여 행한다.

제107조 지방자치단체의 장이 국가의 기관으로서 처리하는 행정사무에 관하여는 도와 서울특별시에서는 주관장관, 시에서는 제1차로 도지사 제2차로 주관장관, 읍, 면에서는 제1차로 군수 제2차로 도지사 제3차로 주관장관의 지휘감독을 받는다.

* 지방자치법〔일부개정 1973.1.15 법률 제2437호〕

제102조 도, 서울특별시와 시, 읍, 면에 시행하는 국가행정사무는 법령에 다른 규정이 없는 한 도지사, 서울특별시장과 시, 읍, 면장에게 위임하여 행한다. [전문개정 1960.11.1]

제107조 도지사, 서울특별시장과 시, 읍, 면장이 국가의 기관으로서 처리하는 행정사무에 관하여는 도, 서울특별시에서는 주무부장관, 시에서는 제1차로 도지사, 제2차로 주무부장관, 읍, 면에서는 제1차로 군수, 제2차로 도지사, 제3차로 주무부장관의 지휘감독을 받는다. [전문개정 1960.11.1]

* 현행 지방자치법〔전문개정 1988.4.6 법률 제4004호〕

제93조(국가사무의 위임) 시 · 도와 시 · 군 및 자치구에서 시행하는 국가사무는 법령에 다른 규정이 없는 한 시 · 도지사와 시장 · 군수 및 자치구의 구청장에게 위임하여 행한다.

제94조(사무의 관리 및 집행권) 지방자치단체의 장은 당해 지방자치단체의 사무와 법령에 의하여 그 지방자치단체의 장에게 위임된 사무를 관리하고 집행한다.

지방자치법의 제정 당시, 지방자치제가 부활되기 직전, 부활이후의 것을 통해서, 지금의 제93조는 지방자치제가 단지 구실에 지나지 않았던 과거시절의 잔흔임을 확인할 수 있다. 1987년 6월 항쟁의 결실인 헌법개정에 의해 지방자치의 실시를 봉쇄하였던 1980년 헌법 이른바 제5공화국헌법 부칙 제10조가 제거되어 1991년에 30년만에 지방의회가 구성되었으며, 마침내 1995년에는 지방자치단체의 장의 선거가 실시되었

31) 엄밀히 보자면 지방자치법 제95조 제1항은 행정청의 권한의 위임에 관한 근거규정은 되지만, 기관위임사무와는 관계가 없다고 보아야 한다.

다. 지방의회가 구성되었다 하더라도 관선 자치단체단체의 장이 여전한 경우와는 달리, 민선 지방자치단체의 장을 가능케 한 1994.3.16.의 개정(법률 제4741호) 이후에는 기관위임사무의 근거규정이 문제가 된다.

민선 지방자치단체의 장의 통할대표권은 주민으로부터의 민주적 정당성을 매개로 한다는 점에서, 그 기본성격이 종전의 관선 당시와는 완전히 다르다. 따라서 민선 지방자치단체의 장으로 하여금 그가 수행하는 업무의 대부분에서 국가기관으로서의 지위를 겸하게 하는 것은, 주민으로부터 그에게 부여된 민주적 정당성에 전혀 부합하지 않는다. 지방자치단체의 장이 "국가기관적 지위"도 겸할 수 있음을 명문으로 인정한 과거의 지방자치법 제107조와 같은 조문이 현행법에는 존재하지 않는 점을 고려해야 한다. 지방자치단체(또는 장)가 수행하는 사무 가운데 자치사무는 불과 24%에 지나지 않고, 국가적 기관위임사무가 73%에 달하여 효과적인 國政 및 地政의 수행이 곤란하다는 것은, 지금과 같은 국가적 기관위임사무의 존재 그 자체의 반자치제적 성격을 여실히 보여준다.[32] 헌법상의 지방자치의 본질과 관련한 헌법재판소의 2001.6.28. 2000헌마735결정[33]과 1998.4.30. 96헌바62결정[34] 또한 지금과 같은 국가적 기관위임사무제도의 위헌성을 판단하는 데 도움이 될 수 있다. 나아가 그것이 반자치적인 관헌국가행정과 행정관청제의 부적절한 결합이 빚은 결과물이자, 또 다른 일본제국주의의 殘痕인 셈이어서, 지금과 같은 국가적 기관위임사무제도의 폐지는 지방분권의 시발점으로서의 의미 이상을 갖는다.

지금과 같은 기관위임사무제도의 위헌성은 바로 그것의 근거규정(법 제93조 · 제94조)(현행 제102조 · 제103조)의 위헌성을 확인한다. 그런데 이들 규정이 과연 위헌시비거리인 기관위임사무제도의 근거규정에 해당하는지 곱씹어 볼 필요가 있다. 지방자치단체의 영역에서 시행되는 국가사무의 집행이 그 단체의 대표기관이자 집행기관에게 맡겨지는 것은 행정관청제하에선 당연한 귀결이다. 지방자치법 제93조(현행 제102조)를 두고서, 행정관청제로 인해 수정된 단체위임의 또 다른 방식을 규정한 것으로, 또는 개별법률에 의거한 단체위임에 따른 지방자치법차원에서의 후속적 과정을 규정한 것으로 접근하는 것이 강구될 수 있다. 독립된 공행정주체성을 전제로 하지 않은 채, 수

---

32) 한편 독일의 경우에도 게마인데의 사무 가운데 (주로부터의) 위임사무가 대다수를 점하는 사실은 우리의 기관위임사무의 현황에 비견될 수 있다.

33) 「헌법 제117조 및 제118조가 보장하고 있는 본질적인 내용은 자치단체의 보장, 자치기능의 보장 및 자치사무의 보장이다」.

34) 「이 헌법적 보장은 한마디로 국민주권의 기본원리에서 출발하여 주권의 지역적 주체로서의 주민에 의한 자기통치의 실현으로 요약할 수 있고, 이러한 지방자치의 본질적 내용인 핵심영역은 어떠한 경우라도 입법 기타 중앙정부의 침해로부터 보호되어야 한다는 것을 의미한다. 다시 말하면 중앙정부의 권력과 지방자치단체간의 권력의 수직적 분배는 서로 조화가 요청되고 그 조화과정에서 지방자치의 핵심영역은 침해되어서는 안되는 것이므로, 이와 같은 권력분립적 · 지방분권적인 기능을 통하여 지역주민의 기본권 보장에도 이바지하는 것이다」.

임자가 그저 '기관'이라는 점만으로 기관위임사무의 존재를 근거지운 요령부득의 상황은, 이런 논증을 취하면 어렵지 않게 타개할 수 있다(후술 참조).

(6) 중앙행정권한의 지방이양의 원천적 한계성

'중앙행정권한의지방이양촉진에관한법률'에 따른 권한의 지방에로의 移讓은 다름 아닌 국가사무의 자치사무화이다.[35] '중앙행정권한의지방이양촉진에관한법률'이 1999.1.29.에 제정된 이래로 지방이양추진위원회가 발족하여 4,880개 이양대상사무를 발굴한 다음, 20개 부처 소관 1,090개 사무의 이양이 확정되었지만, 이양확정 사무 중 606개 사무('04. 6월 현재)가 법령개정 등이 완료되지 않고 있다. 재정과 인력의 병행된 이양 실적은 5개 사무에 184억원, 102명에 불과하다. 여기에는 중앙부처의 적극적인 협조가 부족하다는 점과 함께, 단순집행적 단위사무 위주의 이양이 자치단체 사무처리의 종합성·효율성을 저해한다는 점이 지적된다. '지방분권특별법' 제9조 제2항에 의해서, 국가는 권한 및 사무를 지방자치단체에 포괄적·일괄적으로 이양하기 위하여 필요한 법적 조치를 마련하여야 한다. 이에 따라서 현행 '중앙행정권한의지방이양촉진에관한법률'을 대체하는, 일본국의 1999년 '지방분권일괄법'(지방분권추진을도모하기위한관계법등의정비등에관한법률)[36]과 같은 가칭 '지방일괄이양법'(중앙행정권한의일괄적지방이양을위한관계법의정비등에관한법률)의 제정이 2004.6.10. 입법예고되어 추진되었다. 여기선 중·대단위 기능 중심의 포괄적인 지방이양을 통해서, 이양 시너지효과의 극대화, 자치단체의 종합행정의 주체성 강화, 행정권한 이양에 따른 인력·재원의 이관 등 연계 강화 및 지방의 인력·재정 확충을 위한 자치조직권 및 재정분권의 확대가 강구된다.[37] 하지만 현재는 그 같은 일괄적 처리방식은 더 이상 진전되지 못한 채, 개별법에 의한 처리방식으로 선회한 듯싶다.

지방자치단체가 수행하는 전체 사무 가운데 겨우 24%에 달하는 자치사무의 비중이 전폭적으로 증대되어야 한다는 명제에 異論은 거의 없다. 자치사무가 이처럼 비중이 낮은 이유로 흔히들 중앙정부의 이기심, 비협조, 통제욕구 등을 든다. 많은 이들이 이에 충분히 공감한다. 이런 통념화된 이유와 더불어 법제도적 이유가 탐색될 필요가 있다. 법제도적 장애가 제거되지 않는 한, 자치사무의 확대란 곤란하기 때문이다. 지방

---

35) "중앙행정권한의 지방이양"이라 함은 정부조직법 제2조 제2항의 규정에 의한 중앙행정기관(이하 "中央行政機關"이라 한다)이 법령에 규정된 자기의 권한을 지방자치단체에 이양함으로써 중앙행정기관의 권한에 속하는 사무를 지방자치단체의 사무로 하고 지방자치단체로 하여금 자기의 권한과 책임아래 그 사무를 처리하도록 하는 것을 말한다('중앙행정권한의지방이양촉진에관한법률' 제2조 제1호).

36) 일본국에서의 그것에 관해선, 소순창, 지방일괄이양법(가칭)의 제정방향, 한국법제연구원 현안분석 2003-11, 2003.9. 참조.

37) 이는 '지방분권 5개년 종합실행계획(수정본)'에서 발췌한 것이다.

자치법 제11조상의 국가사무의 범위가 매우 광범하여서 자치사무가 성립할 여지는 매우 적다. 동법 제9조 제2항이 자치단체의 사무를 예시함으로써, 그것의 확대개방성이 인정되긴 하지만, 이 또한 현실적으로 그다지 주효하지 못하였다. 자치사무의 확대를 저해하는 결정적인 요인은, 바로 그것이 "주민의 편의 및 복리증진"이란 사항적 한계를 원초적으로 안고 있는 점이다. 헌법이 「지방자치단체는 주민의 복리에 관한 사무를 처리하고 …」라고 규정한 이상(제117조 제1항), 현행 지방자치법 제9조 제2항 및 제11조 자체에 대한 猜疑는 곤란하다. '지방분권특별법' 이 사무배분의 원칙에서 '지역주민 생활과 밀접한 관련이 있는 사무' 를 자치사무의 기본으로 삼는다 하더라도(동법 제6조 제2항), 사정은 마찬가지이다. 사실 자치사무의 이 같이 낮은 비중이 전권한성의 원칙을 그저 레토릭에 불과하게 만든다.

요컨대 자치사무의 확대란 정책적 강령의 수준을 넘어서 강구될 순 없다. 따라서 '지방분권특별법' 제9조 제2항에 의거하여 국가의 권한 및 사무가 지방자치단체에 포괄적 · 일괄적으로 이양된다 하더라도, 그 대상사무는 지역적 이해관계성을 바탕으로 한, '주민의 복리증진' 에 관한 사무이어야 한다. 아무리 지방분권이란 고차적 목적을 내세운다 하더라도 이런 사항적 한계를 무시한 법제도는 헌법규정에 위배된다. 사정이 이렇다면, 가칭 '지방일괄이양법' 의 제정의 효과는 기왕의 '중앙행정권한의지방이양촉진에관한법률' 의 경우와 다르지 않을 것이다. 오히려 지금의 분권논의가 제로베이스에 바탕을 둔다는 점에서, 자칫 '중앙행정권한의지방이양촉진에관한법률' 에 의한 경우보다 가시적 성과는 미미하면서 법체계상의 심각한 난맥상을 초래할 우려도 있다.

(7) 기관위임사무를 대체하는 단체위임사무의 의의

지방자치법상의 규정으로 자치단체장의 반자치적 지위가 성립하는 이 같은 모순은 분명 시정되어야 한다. '지방분권특별법' 제9조 제1항에 따라 기관위임사무를 정비하는 등 사무구분체계의 조정이 요구되는데, 여기서 기관위임사무의 정비란 단지 기관위임사무의 자치사무화나 전속적인 국가사무화에 치중하면서, 기관위임사무적 사무처리형태는 잔존케 하는 수준에 그쳐선 아니 된다. 이는 앞에서 본 것처럼 기왕의 위헌성 내지 반자치성의 시비를 불식시키지 못할 뿐더러, '지방분권특별법' 에도 위배된다. 지금의 기관위임사무적 사무처리형태의 폐지가 바로 사무구분체계의 조정의 목적이자 출발점이다. 그런데 국가사무가 존재하는 한, 그리고 국가사무 전부를 (국가의)특별행정기관이 담당하지 않는 한, 국가로선 자신의 사무를 처리함에 있어서 지방자치단체(내지 그 기관)의 도움을 얻지 않을 수가 없다. 그리하여 지금의 기관위임사무의 폐지에 따른 후속적 물음을, 단지 기관위임사무의 자치사무화나 전속적인 국가사무화를 통해서 해결하고자 하는 시도는 그 자체가 공허할 수 있다.[38)]

요컨대 이상과 같은 심각한 난맥상을 극복하고 지방분권의 이념을 실현하기 위한 방책은, 지금의 기관위임사무를 대체하는 '단체위임사무'의 재정립에서 구할 수 있다.[39)] 즉, 본래 국가사무인 것을 수임을 통해 자신의 것이 됨으로써, 지방자치단체는 마치 일종의 공관사무를 집행한다는 차원에서 국가 전체 공행정의 수행에 동참하게 된다-일종의 共管事務(Kondominium)的 接近-. 김동희 교수님 역시 「실질적 지방자치의 보장의 관점에서는 현재 법령상 기관위임사무로 되어 있는 사항들을 대폭 단체위임사무로 전환시키는 작업이 이루어져야 한다고 본다」고 주장한다.[40)] 다른 독립된 공행정주체에 속한 기관(지방자치단체의 장)을 그의 의사와 무관하게, 나아가 소속 공행정주체의 존재를 유명무실하게 만드는 식으로 국가기관으로 편입시키는 것은, 권한위임의 正道가 아니다.

그렇지만 단체위임사무는 지방자치단체(또는 장)가 수행하는 사무 가운데 3%에 불과하여서 문헌상으로도 별반 조명을 받지 못한 채 연명하다가 드디어 사라질 운명에 처해있다. -일단 단체위임사무에 관한 빈약한 논의에서 연유하였다 손 치더라도-, '지방분권 5개년 종합실행계획(수정본)'에 따른 단체위임사무의 폐지안은 권한의 위임의 법리, 사무분장의 원리 및 전체 공법질서 등에 배치된다. 기관위임사무적 사무처리형태는 온존하면서 正道인 단체위임사무는 폐지되는, 그리하여 (국가의)특별행정기관이 양산되는 최악의 결과가, 즉 개선방안이 정반대의 것으로 전락할 수 있다. 이는 결코 杞憂가 아니다.

그런데 단체위임의 효과와 관련해선 유의할 점이 있다. 통상적인 권한의 위임의 경우, 위임사항을 수임기관의 이름으로 처리하고, 수임기관의 권한행사의 효과가 수임기관 자체에 귀속하고, 쟁송상의 피고도 수임기관이 된다. 이런 일반론은 동일한 행정주체안에서 행해진 위임의 경우에 한하여 통용되고, 다른 독립된 행정주체간에 행해진 위임의 경우에는 주효하지 않다. 왜냐하면 -이관이 아닌 위임에 머무는 한에 있어서- 단체위임사무의 경우엔 임무(과제)의 본질과 임무의 수행이 서로 유리되는 결과, 위임여부가 그 위임해당사항의 본질에는 아무런 변화를 가져다 주지 않기 때문이다.[41)]

---

38) 사정이 이렇기에 '지방분권 5개년 종합실행계획(수정본)'에서 기관위임사무의 폐지로 나아갈 수가 없으리라 짐작한다.

39) 다만 기관차용으로서의 기관위임사무제도는 부분적으로 부수적으로 활용될 수 있다.

40) 동인, 행정법 Ⅱ, 2005, 70면. 동지: 박균성, 행정법론(하), 2005, 113면.

41) 가령 바이에른 주 게마인데법(GO) 제8조 제2항은 위임사무가 위임자(국가나 다른 공법단체)의 이름으로 처리됨을 담고 있다.

즉, 임무의 본질이 국가적인 데 변함이 없어서,[42] 독립된 다른 공행정주체에로의 위임이란 집행에 관한 권한만을 위임한 것이다. 그러기에 국가의 지시권(Weisungsrecht)이 무한적으로 존재한다. 그런데 여기서 임무의 본질이 여전히 국가적이라고 하여, 단체위임사무의 수행과 관련한 쟁송에서 피고가 국가행정청이 되는 것은 결코 아니다. 임무의 구분은 피고를 정하는 데 결코 아무런 영향을 미치지 아니 한다.[43]

한편 독일의 경우 종래의 자치사무와 (단체)위임사무의 이원화가 지닌 구분상의 어려움 때문에, 이에 갈음한 임무(사무)일원화(Aufgabenmonismus)가 주창되어 성문화되어 있기도 한다.[44] 소위 1949년에 성안된 'Weinheimer 초안'에 의거하여 주창된 일원화론은 자치사무와 위임사무의 구분을 버리고, 우선 공임무란 통일된 개념을 출발점으로 삼는다. 그리하여 -법률이 달리 규정하지 않는 한- 게마인데는 그의 영역에서 공임무 모두를 전적으로 자기의 책임하에 수행한다. 그리고 여기에는 자유(임의)임무, 법률에 의하여 이행이 정하여진 의무임무와, 지시에 따라 이행하도록 게마인데에게 과하여진 의무임무(지시임무, Weisungsaufgaben)로 나뉜다. 임의임무와 의무임무가 기왕의 자치임무상의 구분(임의임무와 의무임무)과 합치하는 점에 관해선 다툼이 없지만, 지시임무의 성격은 다투어지고 있다. 문헌상의 입장은 크게 보아 3가지로 나뉜다. 즉, 자치사무로 보는 입장,[45] 위임사무로 보는 입장,[46] 그리고 -어떤 경우엔 자치사무로, 어떤 경우엔 위임사무로 구분지움을 전제로 한- "중간형식(혼합형식)"으로 보는 입장[47]으로 나뉜다. 종래의 이원론이 사무란 질료에 초점을 두고서 구분한 것이라면, 일원론에 의한 지시임무는 국가의 영향끼침을 목표로 삼는다. 전권한성과 자기책임성을 중핵으로 하는 자치보장과 지시임무는 不相容이기에, 일단 지시임무을 일반적으로 자치임무에 귀속시키는 것은 곤란하다. 그리하여 지시사무가 자치사무나 위임사무처럼 다루어질지는 전적으로 입법상황에 좌우된다. 왜냐하면 입법자가 위임임무를 자치사무처럼 즉, 자치권의 가능성과 수단으로써 수행될 수 있게 규정하거나 지시권을 제한하여 규정할 수 있기 때문이다. 일원론이 게마인데의 여지를 확대시켰을 뿐만 아니라, 더해서 (여지의)한계가 입법자에 의해서 분명하게 정해진다는 利點(국가적 지시가 입법자가 규율한 경우에 한하여 허용된다는 점과 -법률이 달리 규정하지 않는 한- 게마인데

---

42) BVerwGE 19, 121, 123. 다른 견해 vgl. Bay VGH Bay VBl 2002, 336.

43) Becker/Heckmann/Kempen/Manssen, Öffentliches Recht in Bayern, 2.Aufl., 2001, S.156.

44) §2 I GO BW; §2 GO NW; §4 GO Hess; §2 I GO Sachs; §3 I GO Bbg; §2 I GO Schl-H.

45) Jesch, DÖV 1960, 739, 741; Erichsen, Kommunalrecht des Landes Nordrhein-Westfalen, 2. Aufl. 1997, S.69f.; Ehlers, DVBl. 2001, 1602f.; Vietmeier, DVBl. 1992, 413ff.

46) Gern, a.a.O., Rn.110.

47) Schmidt-Aßmann, Kommunalrecht, in: Schmidt-Aßmann(Hrsg.), Bes. VerwR, 12. Aufl.,2003, Rn.39. 한편 OVG Münster는 종전엔 "중간물"로 받아 들였지만(OVGE 13, 356, 359), NRW주 헌법재판소가 자치임무로 판시한(VerfGH NRW DVBl. 1985, 685) 후에 이를 따른다(OVG Münster NVwZ-RP 1995, 502).

가 그 구역에서의 모든 공임무를 수행할 수 있다는 점)도 지니지만, 궁극적으론 지방자치법을 넘어선 개별법률의 입법상황에 관한 자세한 분석에 귀결된다.[48] Maurer의 지적처럼,[49] 독일에서의 'Weinheimer 구상'이 종래의 사무구분체계를 전복하는 근원적인 수준은 아니지만, 그들 게마인데에게 유리하게 엄밀함과 變位를 가져다 준 것은 사실이다. 지방분권이 지향하는 地方의 分立을 실현함에 있어서, 지금의 기관위임사무의 폐지에 따른 단체위임사무의 재인식이 첫걸음으로 강구된다 하더라도, 이는 국가사무와 자치사무의 엄별을 전제로 하면서 위임을 매개로 바라볼 수밖에 없는 정태적 접근을 벗어나기 힘들다. 이 점에서 독일에서의 지시임무를 둘러싼 논의는 지방자치단체에 대한 국가의 관여를 포함한 전반적인 동태적 접근을 가능케 하는 착안점이 된다.

(8) 사무구분체계의 조정에 따른 사무귀속의 방식 물음

중앙행정권한의 지방이양이란 자치사무확대의 기도와 더불어 지방자치단체의 사무구분체계의 조정이 강구되기에, 지방자치단체의 사무구분체계를 기왕의 3원구조가 아닌 2원구조(자치사무와 단체위임사무)로 전환함에 따른 후속적 물음은 간단치 않다. 사실 사무배분의 원칙이란 일종의 강령적 성격에 머물기에, 관건은 이 원칙에 의거하여 배분된 사무를 개별법령에서 어떤 입법방식으로 귀속시킬 것이냐이다. 즉, 배분된 사무의 귀속방식의 물음이다. 국가사무의 자치사무화가 주창되곤 하였지만, 정작 사무의 귀속방식에 대해선 별반 깊이 있는 논의가 진행되지 못하였다. 이 점에서, 김철용 교수님이 지적한, 사무배분에 관한 현행 법제의 문제점: 「ⅰ) 실제 개별법률에서 지방자치단체의 사무를 명시한 경우란 드물고, 특별시장 등을 사무처리주체로 규정한 경우엔 일견 지방자치단체의 사무인듯 하지만, 특별시장 등이 국가의 하부행정기관의 지위를 겸하기에 그것 역시 단정할 수 없다, ⅱ) 본격적인 지방자치제의 시행이전의 입법상황이, 국가와 지방자치단체간의 사무배분에 특별한 주의를 기울이지 않아서, 특정사무가 국가사무인지 지방자치단체의 사무인지 불분명한 경우가 많았다, ⅲ) 위임조례의 증가가 특정사무의 성격을 판별하는 데 혼란을 주고 있다」은[50] 시사적이다. 요컨대 사무배분의 원칙이 행정학적 과제이자 물음이라면, 사무귀속의 방식은 행정법학의 과제이자 물음이다.[51]

개별법령이 "(시·도지사, 시장·군수 등과 같은) 지방자치단체의 장이 행한다"고 규

48) 여기선 Schmidt-Aßmann이 제시한 주먹구구식의 규칙(Faustregeln)이 주효할 수 있다.

49) ders., Allg. VerwR, 15.Aufl., 2004, §23 Rn.16.

50) 동인, 앞의 책, 82면.

51) 기왕의 사무구분체계가 수정됨에 맞춰서, 개별법령상의 업무처리방식은 물론 기관위임사무를 전제로 형성된 지방자치법상의 제 규정까지 정비되어야 할 것인데, 그 구체적인 정비의 방안은 추후 다른 지면에서 논의하고, 여기선 '권한규정'의 물음에 한정하고자 한다.

정한 경우에 그에 따른 사무가 자치사무인지, 기관위임인지 여부가 문제된다. 본래적 자치사무와 관련해서도 자치단체의 대표자로서 '장'이 행한다는 의미를 가질 수 있기에 그것 모두를 기관위임사무로 포섭하기란 곤란하다. 그리하여 이 물음에 대해서, 판례는 우선 법령의 규정형식과 취지에 착안한 입법자의 의사에 초점을 맞추어야 하되, 이와 더불어 사무의 성질이나 경비부담과 최종적인 책임귀속의 주체 등도 고려하여야 한다고 판시하였다.[52] 대부분의 문헌들 역시 동일한 입장을 취한다. 지방자치법 제9조 제2항에 따른 지방자치단체의 사무는 예시적 의미를 지녀서 한편으론 그것의 확대가능성이 있긴 하지만, 특히 동항 단서에 의해서 다른 한편으론 축소될 수도 있다. 따라서 개별법규정이 결정적인 잣대가 되는데, 문제는 해당 사무의 종류가 무엇인지 분명히 표명하는 경우란 거의 殆無하다는 점이다. 결국 개별법 관련조항의 해석과 행정현실을 고려하여 사무구분을 할 수밖에 없다는 요령부득에 처할 것이다.

지금의 기관위임사무를 존치시키든 아니면 그것을 폐지하고 단체위임사무로 대체하든 곤혹스럽기는 마찬가지이다. 전자의 경우엔 자치사무와 기관위임사무의 구분이 문제되는 반면, 후자의 경우엔 지방자치단체의 기관인 그 장이 수행하는 사무가 단체위임사무에 해당할 수 있는지가 문제된다. 후자의 물음은 "지방자치단체의 장이 행한다"는 권한규정이 다반사인 법현실속에서 과연 2원적 사무구분체계(자치사무와 단체위임사무)가 제대로 기능할 수 있는지 여부에 직결된다. 일단 지방자치법 제10조(현행 제11조)상의 국가사무에 해당하는지 여부는 차치 하더라도,가령 지방자치단체의 장의 권한행사를 중앙행정기관과 병렬적으로 기술하거나 중앙행정기관이 지방자치단체의 장의 권한행사와 관련하여 일정한 사항을 정할 수 있는 경우엔 해당사무를 자치사무로 보긴 어렵다. 그런데 기관위임사무의 존재로 말미암아, '지방자치단체의 장이 행한다"는 권한규정을 그 장이 속한 공행정주체인 지방자치단체와 遊離시켜 전적으로 지방자치단체의 집행기관의 차원에서 접근한다.

그러나 이런 논증은 행정기관의 법적 성격과는 어울리지 않는다. 행정기관(행정청)의 권한행사는 그 자신을 위한 것이 아니라, 행정주체를 위한 것이어서, 그 법적 효과는 그 자신이 아니라 행정주체에 귀속한다. 따라서 행정주체(국가나 지방자치단체)와 행정기관(국가를 위한 행정관청이나 지방자치단체를 위한 행정청)간의 관계가 몰각된 채, 이상과 같이 권한규정에 접근하는 것은 타당하지 않다. 더군다나 지방자치단체가 -비록 파생적인 성격을 지닌다 하더라도- 국가에 견주는 독립된 행정주체적 지위를 갖는 점에서, 흡사 국가행정의 지방출장소격으로 지방자치단체를 보는 기왕의 접근은 행정주

52) 대법원 2003.4.22. 선고 2002두10483판결; 2001.11.27. 선고 2001추57판결.

체에 관한 이해에 저촉될 뿐 아니라, 위헌성시빗거리인 국가적 기관위임사무를 온존케 한다. 반면 "지방자치단체의 장이 행한다"는 권한규정을 해당 지방자치단체와 牽聯시켜 바라보면, 이 또한 당연히 단체위임사무의 근거규정이 된다. "지방자치단체"에게 위임하면 단체위임이고, "지방자치단체의 장"에게 위임하면 기관위임이라는 스트레오타입적 설정에서 벗어나야 한다. 그래야만, 기관위임사무의 근거규정으로서, 지방자치를 무색하게 만든 지방자치법 제93조(현행 제102조)의 위헌성 역시 불식시킬 수 있다.

(9) 사무구분체계의 조정에 따른 후속적 물음

위임사무와 관련하여 위임이 행해지는 법형식이 중요하다. 현행 지방자치법은 법률 및 법률하위적 명령까지도 포괄한 의미로 "법령에 의하여"란 표현을 하고 있다(동법 제9조 제1항). 권한의 위임으로 말미암아 위임자(기관)의 권한의 행사는 그 위임의 범위안에서 –감독차원에서의 권한 행사와는 별도로– 허용되지 아니 한다. 위임이란 법정의 행정청의 권한의 일부를 다른 기관에게 옮겨서 일부권한의 소재(주체)를 변동시키는 것이다. 권한의 소재의 변동에 관한 입법자의 확고한 의사가 존재하여야 하기에, 당연히 법률적 근거가 요구된다. 그런데 현행 행정청의 권한의 위임의 법적 근거에 관해선, 정부조직법 제6조가 일반적 근거규정으로, 이에 더해서 '행정권한의위임및위탁에관한규정'(대통령령 18645호)도 근거규정으로 인정된다. 판례는 개별법률에서 위임근거규정이 없더라도, 이들 규정을 위임근거로 삼는 데 문제가 없다고 하지만(이른바 개별근거불요설),[53] 이에 대해 문헌상으론 분분하다.

권한의 소재상의 변동이 중대한 사안이긴 하나, 그것이 동일한 행정주체내에서 동일한 관할(소관)안에서 이루어지면 일단 조직법상의 관할존중의 원칙에 저촉되지 않는다. 그러나 그것이 다른 행정주체나, 동일한 행정주체내이긴 하나 관할이 다른 행정기관 사이에서 행해진다면 사정이 다르다.[54] 권한귀속의 수정에 관한 입법자의 의사가 그 (개별적인) 근거법률에서 확인되어야 한다. 물론 동일한 행정주체내에서 행해지는 권한의 위임이란 행정내부사항인 점을 근거로 하여, 반드시 개별법률이 필요하진 않다는 주장은 나름의 설득력을 갖는다. 그러나 적어도 독립된 다른 행정주체(또는 그것

---

53) 대법원 1990.6.26. 선고 88누12158판결 등.

54) 여기서 '행정권한의위임및위탁에관한규정'이 개별법률상의 권한분장까지도 무시할 수 있음을 용인한 대법원 1993.3.9. 선고 92누5294 판결:「행정권한의위임및위탁에관한규정은 정부조직법 제5조 제1항등의 법령에 기하여 제정된 것이므로 사회단체등록에관한법률이 본부등록청의 권한과 지부등록청의 권한을 구분하여 규정하고 있고 전국을 활동영역으로 하는 단체는 본부등록청에 등록하는 것이 보다 바람직하다는 사유만으로는 본부등록청의 권한을 지부등록청에게 위임한 행정권한의위임및위탁에관한규정 제33조 제10항 제23호가, 헌법 제75조나 사회단체등록에관한법률 제3조, 제4조, 제10조 또는 정부조직법 제5조 제1항등에 위반되는 당연무효의 규정이라고 볼 수 없다」은 문제가 있다.

의 기관)나 私人에게 위임(위탁)하는 경우에는 그 같은 주장은 전혀 설득력을 갖지 못한다. 이런 사정은 '행정권한의위임및위탁에관한규정' 을 법률형식으로 변모시키더라도 마찬가지이다. 더욱이 개별법에 의해 부여된 행정청의 권한이 授任機關이나 受任機關의 의사와는 무관하게 일괄적으로 위임되고 있는 점에서 법리적 문제점이 증폭된다.[55] 이 점에서 단체위임사무의 근거규정인 지방자치법 제9조상의 "법령에 의하여"란 부분은 "법률에 의하여"로 바꾸어야 한다. 나아가 굳이 지방분권의 차원이 아니더라도, 조직법적 차원에서 우선 '행정권한의위임및위탁에관한규정' 을 대체하는 법률이 성안되어야 한다.

3. '관할구역의 조정' 과 관련한 공법적 대응

(1) '지방분권 5개년 종합실행계획(수정본)' 상의 내용

행정구역 개편문제가 2005.4. 중순에 정치개혁 주요과제로 급부상하였다.[56] 여야 모두 개편 필요성과 기본 골격에 큰 차이가 없는 상황이다. 즉, 현행 시.도-시.군.구-읍.면.동' 3단계 지방행정체제를 광역시-기초행정구역' 의 2단계로 간소화하고, 현재 16개 시.도와 235개 시.군.구를 통폐합해 인구 100만-200만명 정도의 광역자치단체 30-60개로 재편할 필요가 있다는 것이다. 그리하여 열린우리당 원혜영, 한나라당 맹형규 정책위의장과 오영교 행정자치부장관, 윤성식 정부혁신위원장 등은 2005.4.28. 여 · 야 · 정 정책협의회를 갖고 2010년까지 현행 3단계인 행정구역을 2단계로 개편하자는 데 공감대를 마련했다. 행정구역 개편의 당위성-"일제시대부터 100년 가까이 유지돼온 현 지방행정 체제의 비효율성"에 대해선 모든 사람이 공감하지만, 그것의 구체적 실천방안을 두고선 각기 의견이 분분하다. 당연하다. 선거구제도와 연계될 수밖에 없는 행정구역 개편론이 지닌 '정치적 함의' 는 정치적 구도는 물론 사회 전반에 혁명적인 변화를 가져다 줄 것이기 때문이다.

민선 지방자치단체의 장이 출범한 후에 총 35개소(시 · 도간 4, 시 · 군 · 구간 31)의 경계조정이 있었으나, 연평균 4개소 정도에 불과하며, 2000년 이후는 3건 정도로 감소추세에 있다. 지역개발(택지 · 도로 등), 유수변경 등으로 인해 경계조정이 필요한 지역이 상존함에도 불구하고, 자치단체의 지역이기주의, 선거영향 등으로 적극적인 조정의지가 미흡하고, 상급기관의 직권 조정 역시 지역주민의 반발과 지방자치정신의 위

---

55) 동지: 김남진/김연태, 앞의 책 24면.

56) 이와 관련하여 4.21.의 정부여당의 당정협의에서 자치경찰제를 상당기간 유보키로 결정하였다. 따라서 4.1.의 올해 행자부 업무보고에서 확인된, 자치경찰제 도입의 로드맵-"올 상반기에 자치경찰법의 제정, 금년 말 시범실시, 내년 12월 전면 실시"-은 그 실현이 불투명하게 되었다.

배소지로 여의치 않다. 이에 대한 개선방향으로, 우선불합리한 관할구역의 현황을 일제히 조사하여 정비하는 방안을 추진하는데, 여기선 자치단체간 합의를 원칙으로 하되, 합의가 안될 경우에는 상급기관 중재, 지방자치법에 의한 권고, 주민투표 등 다각적 방안이 강구된다. 그리고 시 · 도간 경계조정은 행정자치부, 시 · 군 · 구간은 시 · 도, 일반구 및 읍 · 면 · 동간은 시 · 군 · 구가 책임하에 추진하도록 강구된다.[57] 그리고 '지방분권특별법' 제10조 제4항에 의해, 국가는 지방자치단체가 지역개발의 정도, 지리적 여건 등을 고려하여 필요한 경우 그 주민의 의사에 따라 관할구역을 조정할 수 있도록 보다 합리적인 제도를 마련하여야 한다.

(2) 현행 지방자치법 제4조의 (절차적, 실체적) 문제점 및 개선방안

규모의 적정화 등 행정구역 개편론을 둘러 싼 정책적 물음과는 별도로, 현행 지방자치법상의 관련 법규정이 과연 이런 움직임을 뒷받침할 수 있는지 논의가 필요하다.[58] 왜냐하면 현행 법제도상의 문제점이 온존하여선, 행정구역 개편론 자체가 口頭禪으로 머물 뿐만 아니라, 국민적 합의에 의한 그것의 성사이전이라도, 소기의 움직임도 주효할 수 없기 때문이다. 그런데 지방자치단체의 관할 구역의 조정과 관련해선, 지방자치단체의 자율성이 존중되고, 주민의 참여가 최대한 보장되어야 하는 '자율과 참여의 원칙' (지방분권특별법 제9조)이, 통용된다. 따라서 주민의사에 의한 결정, 지방자치단체의 자율성 존중, 주민의 참여 (최대한)보장이 관련 논의의 바탕이 된다.

행정담당자(행정주체)와 행정조직에 관한 설치, 변경, 폐지를 하는 권능을 의미하는 조직권(Organisationsgewalt)에 의거한 조직행위는 결코 통일된 법적 성질을 갖지 않는다. 그것은 행하는 형식과 그에 결부된 법효과발생에 따라서 행정행위, 법률하위적 규범, 또는 -특정 구체적인 행정청의 설치 · 폐지 · 이전처럼- 전적으로 (비규율적인) 행정내부사항일 수 있다.[59] 지방자치법 제4조는 지방자치단체의 명칭 · 구역의 변경 및 그것의 폐치 · 분합은 법률로써, 시 · 군 및 자치구의 관할구역 경계변경은 대통령령으로써 정하도록 변함없이 규정한(동조 제1항) 반면에, 자치구가 아닌 구 등의 경우에는 종전과는 달리 규정하고 있다(동조 제3항). 즉, 종전에는 그것의 명칭변경과 폐치 · 분합은 행정자치부장관의 승인을 얻어 당해 지방자치단체의 조례로써 정하도록 하되, 구역변경만은 특별시장 등의 승인을 얻어 당해 지방자치단체의 조례로 정하도록 규정하였다. 그러나 2005.3.24.에 공포된 개정법률(법률 제7410호, 공포 후 3월 경과

57) 이는 '지방분권 5개년 종합실행계획(수정본)'에서 발췌한 것이다.

58) 이에 관한 상세는 류지태, 행정법신론, 2005, 711면 이하 참조.

59) 조직행위의 법적 성질에 관한 일반적 논의로 vgl. Martens NVwZ1982, S.481ff.; Rasch, Bemerkungen zur Rechtsnatur organisatorischer Maßnahmen, DVBl.1983, S.617ff.

하여 시행)에 의하면, 자치구가 아닌 구 등의 폐치 · 분합은 종전과 같이 행정자치부장관의 승인을 얻어 당해 지방자치단체의 조례로써 정하도록 하며, 그것의 명칭변경과 구역변경은 당해 지방자치단체의 조례로써 정하고, 그 결과를 특별시장 등에게 보고하도록 하였다.

지역단체인 지방자치단체로선 그의 관할지역은 자기 존재의 필수적 요소이다. 그러기에 독일의 각주 지방자치법(GO)이 게마인데가 자신의 존속과 자신의 구역(Gebiet)의 유지(보전)에 관한 권리를 갖는다고 명시적으로 규정하고 있다.[60] 당연히 구역변경이란 자치를 제약하는 것이다.[61] 우리의 경우 지방차지체가 시행된 이후에도 지방자치단체의 구역(영토)고권에 관해 특별한 관심이 경주되지 않았다. 지방자치단체가 여전히 지방에 소재한 중앙조직 정도로 여겨지는 심정적 원인과는 별개로, 지방자치단체의 영토고권을 저촉하는 작용이 전적으로 국가사무의 일환으로서 법률과 대통령령에 의해서 행해진다는 점이 문제의 시발이다. 물론 독일의 경우에도 가령 바이에른 주의 경우에, 게마인데를 두고서 구역변경(폐치 · 분합을 포함한)은 형식적 법률에 의해서, 관할경계변경은 법규명령에 의해서 행해지지만,[62] 이는 주의 법률이고 법규명령이기에 우리와는 법상황이 전혀 다르다. 물론 관계 地方自治團體의 議會의 의견을 듣도록 규정한 지방자치법 제4조 제2항에 의해서, 地域意思가 -주민대표기관을 통해서- 중앙정부(국가)의 의사결정에 일정 부분 반영될 수 있긴 하나, 지방자치단체의 영토고권의 측면에서 보자면 그것이 '의견의 청취'에 머물기 때문에 미흡하기 짝이 없다. 더욱이 그것이 지방자치단체의 '기관'인 지방의회의 의견을 구한다는 점에서, 지방자치단체의 장의 통할대표권(법 제92조: 현행 제101조)을 무색하게 만든다. 또한 주민투표방식에 의한 대체적 의견청취가 허용되기에, 경우에 따라선 중앙정부의 선택으로 인해 地域意思의 수렴에서의 난맥상이 초래될 수도 있다. 지방자치단체 차원의 법률이나 법규명령이 존재하기 힘든 우리의 경우, 앞서의 세 가지 점-주민의사에 의한 결정, 지방자치단체의 자율성 존중, 주민의 참여 (최대한)보장-이 기왕의 법형식(법률과 대통령령)에 여하히 반영될 것인지가 관건이다. 요건데 법현실과 자치권의 조화점이 모색되어야 한다. 그 착안점이 일종의 共管事務(Kondominium)的 接近이다.[63] 따라서 지방자치단체로부터 의견청취가 요구됨과 동시에, -이미 전체 주민의사가 다른 방식에 의해서 충분히 분명하게 확인되지 않는 한- 반드시 주민투표를 거치되, 여타 다른 국가정책의 경우와는 달리 주민투표결과의 구속효가 인정되는 방안을 제안하고자

60) Vgl. Bay GO Art. 10 Abs. 2.

61) Vgl. BVerfGE 50, 50;50, 195(202); 86, 90(107).

62) Vgl. Bay GO Art. 12 Abs. 1.

63) 공관사무에 관해선 김남진, 자치사무 · 공관사무의 구별과 승인유보, 고시연구, 1996.10, 135면 이하 참조.

한다.

한편 自治區가 아닌 區의 구역변경 등을 규율한 동조 제3항의 경우에는 동조 제1항과는 다르게 접근하여야 한다. 이는 지방자치단체내의 문제로서, 국가와 지방자치단체간에 共管될 성격이 아니다. 따라서 2005.3.24.의 개정법률(법률제7410호)에 의해 自治區가 아닌 區의 명칭변경이 제외된 점은 호평되어지나, 여전히 그것의 폐치 · 분합에 있어서 행정자치부장관의 '승인'을 규정한 동항의 본문은 자치권에 대한 중대한 제약이다. 특히 공관사무에서의 사전승인제(승인유보제)가 적법성감독은 물론 합목적성감독까지도 포함하기에, 더욱 그러하다. 따라서 지방자치단체간의 수직적 분권을 기하기 위해 종전의 사전승인제를 버리고 사후보고제를 택한 동항 단서와 동일하게 본문이 정비되어야 한다.[64)]

현행 구역변경에 관한 법규정의 결정적인 문제점은 이상과 같은 절차적 차원에서가 아니라, 그것의 실체적 요건이 전혀 규정되고 있지 않은 점이다. 독일의 각주 지방자치법처럼, 공공복리 및 관계 지방자치단체의 합의가 존재하여야 하도록, 또는 공공복리의 긴급한 필요시엔 관계 지방자치단체의 의사에 구애받지 않을 수 있도록 규율하는 것이 요망된다.[65)] 지방자치단체의 영토고권을 저촉하는 작용이 중앙정부에 완전백지식으로 맡겨진 지금의 법상황은, 헌법이 보장하는 지방자치제를 본질적으로 훼손한다. 이 또한 지방자치단체를 독립된 공행정주체로 여기지 않는 소산이다.

(3) 관련한 쟁송법적 물음–특히 국가를 상대로 한 자치권의 보장

한편 이들 법규범(법률이나 법규명령)에 의거한 구역변경에 대한 권리보호가 문제된다.[66)] 특히 措置的 命令 내지 個別事件規律的 命令(이른바 처분적 명령)[67)]의 경우에 그것의 권리구제방도를 둘러싸고 문제가 될 수 있는데, '두밀분교통폐합조례'에 관한 논의가 그러하다. 판례(대법원 1996.9.20. 선고 95누7994 · 95누8003판결)는 조례의 법형

---

64) 이는 자치사무에 대해선 국가(기타 다른 감독기관 등 포함)에 의한 사전승인제가 원칙으로 허용되지 않음에 따른 것이다. 지방자치단체가 '자치사무'만을 수행하는 사업소를 설치하는 경우에는 사전승인없이 조례로 설치할 수 있는 반면에, '그 밖의 사무'를 수행하는 사업소를 설치하고자 하는 경우에는 사전에 행정자치부장관의 승인을 얻도록 규정하고 있는 지방자치법 제105조 및 동법시행령 제40조가 좋은 예이다. 追論: 그러나 현행법에선 사전승인제가 폐지되어 있다. 지방자치법 제114조 및 동법시행령 제77조 참조.

65) Vgl. Bay GO Art. 11 Abs. 2.

66) Vgl. Becker/Heckmann/Kempen/Manssen, a.a.O., S.95f.

67) 대부분의 문헌이 독일 문헌상의 'Maßnahmegesetze'를 이제까지 의례적으로 처분(적) 법률로 옮겼고, 그 연장에서 독일의 'Maßnahmesatzungen'에 해당하는 조례를 '처분적 조례'라고 부른다. 법학에서 개념과 용어가 지닌 무시할 수 없는 定義力를 고려 할 때, 이들에 관한 현재의 명칭은 적절하지 않다. 독일 행정절차법 제35조상의 '행정행위'의 정의에서 나타나듯이, 처분, 조치 그리고 결정은 상위개념인 '행정행위'의 하위개념이어서, 처분이든 조치이든 별반 다르지 않다고도 볼 수 있겠지만, 우리의 경우 강학상의 행정행위를 실무상으론 행정처분으로 통칭하여 부르기에 처분이란 개념은 조치에 비해 곧바로 행정행위성을 연상케 한다. 日人學者(山田 晟)의 "ドイツ法律用語辭典"(1984)에서도 'Maßnahmegesetz'을 措置法으로 바르게 옮겨 놓고 있다(p.251). 따라서 오해소지가 다분한 '처분적 법률', '처분적 명령', '처분적 조례'의 명칭은 삼가하여야 한다.

식을 무시하고 그것의 실질에 전적으로 의거하여 그것의 처분성을 인정하였고, 대부분의 문헌 역시 같은 입장을 취한다. 그러나 이는 입법자의 의사에 반할 뿐만 아니라, 법규범과 처분을 嚴別하는 행정소송체계에도 배치된다. 어떤 행정결정과 관련하여 입법자가 어떤 법형식을 정한 이상, 이는 입법자가 택한 법형식을 통해서 그 행정결정에 대한 司法的 권리보호의 방법을 정한 셈이다.[68] 요컨대 법규명령에 속하는 대통령령이나 조례에 대한 권리구제는 일반 항고소송이 아닌 규범통제에서 강구되어야 한다.[69]

그런데 법규범에 의거한 구역변경과 관련해선, 그것의 권리구제의 길(방도)의 물음보다 더 심각한 것이 해당 지방자치단체가 권리구제를 도모할 수 있는가의 물음인데, 이는 바로 지방자치단체의 주관적 법적 지위의 물음이다.[70] 법인의, 나아가 공법인의 기본권주체성 물음은 치열한 논쟁이 행해지는 대표적인 논제이다.[71] 헌법학계에선 다수입장은 논거상의 차이가 있지만 일단 긍정설을 취한다. 가령 기본권은 공권력에 대한 개별시민의 관계에서 존재하기에, 지방자치단체 등 공법인은 공법상의 직무로서 일정한 '관할' 내지 '권한'을 가질 뿐이고 원칙적으로 기본권을 누릴 수 없지만, '국가가 일정한 기본권의 실현에 이바지하도록 하기 위해 이를 설치하는 경우'나 '공법상의 법인이 기본권에 의하여 보호되는 생활영역에 속해 있으며, 시민의 개인적 기본권을 실현하는 데 기여하고 있을 뿐만 아니라, 국가로부터 독립된 또는 어쨌든 국가와는 구별되는 실체를 가지고 있는 경우'에는 예외적으로 기본권주체성이 인정된다고 한다.[72] 헌법재판소 역시 공법인의 기본권주체성을 원칙적으로 부정하되,[73] 서울대학교에 대해 공권력행사의 주체이자 동시에 학문의 자유의 주체가 됨을 인정하였다.[74] 그

---

68) 95누7994 · 95누8003판결의 문제점에 관해선, 졸고, "措置的 命令 내지 個別事件規律的 命令에 대한 權利保護에 관한 小考", 법조, 2002.11, 90면 이하(追論: 행정법기본연구 Ⅰ, 434면 이하) 참조. 독일의 지배적 입장 역시 이런 법형식적 기준이 권리구제의 길을 정한다고 주장한다.

69) 졸고, 명령(법률하위적 범규범)에 대한 사법적 통제에 관한 小考, 고시연구, 2004.6, 159면 이하 참조. 김남진 교수님 역시 법규명령이나 조례가 "처분"의 성질을 갖는다 하더라도, "규범통제"라는 正道를 통해 문제를 해결해야 함을 역설한다. 동인, 행정상 확인소송의 가능성과 활용범위, 고시연구, 2005.5, 22면 주15).

70) 이 물음은 지방분권의 제도화의 첫 단추이다. 여기선 간단히 살펴봄으로 대신하되, 상세는 특히 조성규, 지방자치단체의 행정소송상 원고적격, 행정법연구 제7호, 2001.9, 101면 이하 참조.

71) 관련 문헌 가운데 대표로 계희열, 공법인의 기본권주체성, 공법이론의 현대적 전개(구병삭 교수 정년기념논문집), 1991, 1면 이하.

72) 권영성, 헌법학원론, 2002, 308면; 홍성방, 헌법학, 2003, 281-283면.

73) 헌재 1994.12.29. 93헌마120결정:「헌법재판소법제68조 제1항에서 "……기본권을 침해받은 자는 헌법소원의 심판을 청구할 수 있다"고 규정한 것은 기본권의 주체라야만 헌법소원을 청구할 수 있고, 기본권의 주체가 아닌 자는 헌법소원을 청구할 수 없다는 것을 의미한다 할 것인데, 기본권의 보장에 관한 각 헌법규정의 해석상 국민(또는 국민과 유사한 지위에 있는 외국인과 사법인만이 기본권의 주체라 할 것이고, 국가나 국가기관 또는 국가조직의 일부나 공법인은 기본권의 '수범자(受範者)(Adressat)'이지 기본권의 주체로서 그 '소지자(Träger)'가 아니고 오히려 국민의 기본권을 보호 내지 실현해야 할 '책임'과 '의무'를 지니고 있는 지위에 있을 뿐이므로, 국가기관인 국회의 일부조직인 국회의 노동위원회는 기본권의 주체가 될 수 없고 따라서 헌법소원을 제기할 수 있는 적격이 없다」.

런데 다수 행정법 문헌[75]은 지방자치단체의 기본권주체성을 부정하는 반면에, 일부는 긍정한다.[76] 헌법재판소는 지방자치단체의 의결기관인 서울특별시의회와 관련하여 기왕의 부정의 입장을 견지하였다.[77] 그리고 헌법재판소는 지방자치단체의 폐치 · 분합과 관련한 '경기도남양주시등33개도농복합형태(都農複合形態)의시설치(市設置)등에관한법률(法律) 제4조'에 대해 대상지역 주민이 헌법소원을 제기할 수 있음을 인정하였다.[78]

그런데 지방자치단체의 기본권주체성과 관련하여 거론되는 헌법재판소의 결정이 이 물음에 대한 분명한 부정적 입장을 표명하는 것으로 보기에는 석연찮은 몇 가지 구석이 있다. '지방자치단체의행정기구와정원기준등에관한규정 제14조 제1항 등 위헌확인'을 대상으로 한 헌재 1998.3.26. 96헌마345결정에서, 청구인이 지방자치단체의 의결기관인 서울특별시의회이다. 과연 이를 지방자치단체 자체의 주관적 법적 지위성(기본권주체성)여부에 대한 물음에 대입시킬 수 있는지 의문스럽다. 그리고 지방자치단체의 폐치 · 분합과 관련하여 대상지역 주민의 법률헌법소원의 제기를 인정한 헌재 1994.12.29. 94헌마201 결정의 경우, 현행 지방자치제가 단체자치의 보장을 골간으로 하면서 주민자치가 가미되어 있다는 점에서 접근하면 그 결정의 나름의 정당성 및 문제점이 드러난다. 따라서 당해 사건에서 만약 폐치 예정 지방자치단체가 그 법률에 대한 헌법소원을 제기할 경우에, 이와 별개로 그 지역주민이 과연 헌법소원을 제기할 수 있을지 의문스럽다.

지방자치단체의 기본권주체성 인정 여부와 지방자치단체의 주관적 법적 지위의 물음은 분리시켜 고찰하여야 한다.[79] 가령 독일의 경우에 기본법 제28조 제2항에 따른

---

74) 헌재 1992.10.1. 92헌마68 · 76결정: 「헌법 제31조 제4항이 규정하고 있는 교육의 자주성, 대학의 자율성 보장은 대학에 대한 공권력 등 외부세력의 간섭을 배제하고 대학인 자신이 대학을 자주적으로 운영할 수 있도록 함으로써 대학인으로 하여금 연구와 교육을 자유롭게 하여 진리탐구와 지도적 인격의 도야라는 대학의 기능을 충분히 발휘할 수 있도록 하기 위한 것으로서 이는 학문의 자유의 확실한 보장수단이자 대학에 부여된 헌법상의 기본권이다.」

75) 류지태, 앞의 책, 707면; 홍정선, 행정법원론(하), 2005, 76면;

76) 장태주, 행정법개론, 2005, 916면; 이기우, 지방자치법, 1991, 44면. 한편 박균성 교수는 국가 등의 공권력 행사에 의해 지방자치단체의 자치권이 침해된 경우에는 당해 공권력 행사를 다투는 항고소송을 제기할 원고적격을 갖는다고 주장한다. 동인, 행정법론(하), 2005, 53면.

77) 헌재 1998.3.26. 96헌마345결정: 「기본권의 보장에 관한 각 헌법규정의 해석상 국민(또는 국민과 유사한 지위에 있는 외국인과 사법인)만이 기본권의 주체라 할 것이고, 국가나 국가기관 또는 국가조직의 일부나 공법인은 기본권의 '수범자(受範者)'이지 기본권의 주체로서 그 '소지자'가 아니고 오히려 국민의 기본권을 보호 내지 실현해야 할 책임과 의무를 지니고 있는 지위에 있을 뿐이므로, 공법인인 지방자치단체의 의결기관인 청구인 의회는 기본권의 주체가 될 수 없고 따라서 헌법소원을 제기할 수 있는 적격이 없다.」

78) 헌재 1994.12.29. 94헌마201결정: 지방자치단체의 폐치 · 분합에 관한 것은 지방자치단체의 자치행정권 중 지역고권의 보장문제이나, 대상지역 주민들은 그로 인하여 인간다운 생활공간에서 살 권리, 평등권, 정당한 청문권, 거주이전의 자유, 선거권, 공무담임권, 인간다운 생활을 할 권리, 사회보장 · 사회복지수급권 및 환경권 등을 침해받게 될 수도 있다는 점에서 기본권과도 관련이 있어 헌법소원의 대상이 될 수 있다.

자치보장에 주관적 법적 지위의 보장이 포함되어 있지만, 결코 동조항이 게마인데에게 기본권을 부여하는 것은 아니라고 본다(통설).[80] 결국 지방자치단체의 주관적 법적 지위의 물음은 지방자치단체의 자치권에 관한 이해에 모아진다. 주관적 권리이자 통치권의 성격도 겸비한 자치권을, 곧바로 행정소송상의 원고적격여부의 가늠자인 '개인적 주관적 권리'(법률상 이익)에 견주는 것이 사실 용이하지 않다. 그런데 지방자치의 법적 성격은 헌법상의 제도적 보장이며, 헌법 제117조 및 제118조가 보장하고 있는 본질적인 내용은 자치단체의 보장, 자치기능의 보장 및 자치사무의 보장이다.[81] 제도적 보장과 관련된 보장은 기본권의 개별적 보호작용과 遊離되지 아니 한다.[82] 제도적 보장으로서의 지방자치제가 권력분립적 · 지방분권적인 기능을 통하여 지역주민의 기본권 보장에도 이바지한다고 판시한 헌법재판소의 결정을[83] 통해서도, 제도적 보장과 개인의 자유보호의 이런 상관관계가 확인된다. 따라서 자치권이 보장된 지방자치단체로선, 국가를 상대로 한 그의 주관적 법적 지위가 입법을 통한 쟁송가능성이 허용되기 전이라도 어렵지 않게 인정될 수 있다. 한편으로 이런 점은 관련 법제도를 마련하는 데 있어서 이론적 근거가 되기도 한다. 왜냐하면 만약 제도적 보장을 순전히 객관적 의미로만 이해한다면, 헌법상 명시되지 않은 이상, 개별법률을 통해서 지방자치단체에게 권리구제방법을 창설하는 것 역시 정당화되기 어려울 것이기 때문이다.

요컨대 국가를 상대로 자신의 주관적 법적 지위를 주장할 수 없는 自治權이 과연 자치권이라 할 수 있겠는가? 그저 주민을 상대로만 자치권이 주효하다면, 자치권의 '전권한성의 원칙'이나 '자기책임성의 원칙'은 그저 口頭禪에 불과할 따름이다. 독일의 경우 기본법 제28조 제2항 1문이 "지방자치단체에게는 그 지역공동체(지역사회)의 모든 사무를 법률의 범위내에서 자기책임하에 규율할 권리가 보장되어야 한다"라고 규정함으로써, 그들 자치보장에는 세 가지의 다른 보장-권리주체의 보장(Rechtssubjektsgarantie), 법적인 제도의 보장(Rechtsinstitutionsgarantie), 주관적인

79) 여기서의 주관적 법적 지위(subjektive Rechtsstellung)는 그 본질에서 기본권유사한 권리에 비견될 수 있을 뿐이다. 이는 그것이 전적으로 개인적 관련성을 지니지 않기 때문이다.

80) Vgl. Becker/Heckmann/Kempen/Manssen, a.a.O., S.88f; Tettinger, in: v. Mangoldt/Klein/Starck, GG, 2001, Art.28 Rn.127; 반대입장: Schmidt-Aßmann, Die Garantie der kommunalen Selbstverwaltung, in: Festschrift 50 Jahre Bundesverfassungsgericht, 2001, Band 2, S.803(807f.).

81) 헌재 2001.6.28. 2000헌마735결정. 그리고 헌법에 의한 지방자치의 제도적 보장의 의의에 관해선, 류지태, 지방자치의 제도적 보장론 소고, 고시연구 1993.10-11; 홍정선, 지방자치법학, 2000, 29면 이하; 조성규, 지방자치제의 헌법적 보장의 의미, 공법연구 제30집 제2호, 2001.12. ; 김명연, 地方自治行政의 制度的 保障의 意義와 內容, 공법연구 제32집 제5호, 2004.6,; 김해룡, 地方自治權의 內容과 그 保障을 위한 法的 課題, 공법연구 제33집 제1호, 2004. 11.; 김대환, 독일의 지방자치행정보장—내용과 제한 그리고 그 한계: 특히 과잉금지의 적용여부, 공법연구제33집 제1호, 2004. 11.; 오동석, 지방자치의 제도적 보장론 비판, 공법연구 제29집 제1호, 2000. 11.

82) 홍성방, 앞의 책, 269면.

83) 헌재 1998.4.30. 96헌바62결정.

법적 지위의 보장(Subjektive Rechtsstellungsgarantie)-이 포함된다고 한다.[84] 이에 비하면, 현행 헌법 제117조의 내용은 빈약하기 짝이 없어서 특히 주관적인 법적 지위가 보장되는지 여부가 다투어진다. 그런데 중요한 착안점이 되는 것이 바로 동조의 조문제목 "자치권"이다. 지역사무를 자기책임껏 규율한다는 것은, 다름 아닌 자치에 관한 주관적 권리가 인정된다는 것이다. 법적인 제도의 보장이 보장의 객관법적 측면이라면, 주관적인 법적 지위의 보장은 보장의 주관법적 측면이다. 그리하여 전자는 일정한 임무의 존속을 의미하고, 후자는 자치권을 제한하는 국가적 행위에 대한 권리구제의 보장을 의미한다.

지방분권의 지향점은 지방의 국가로부터의 分立이다. 따라서 헌법상 보장되고 있는 이 자치권의 존재에 의거하여, 주관적인 법적 지위 보장을 공고히 하기 위하여, 가령 區域(地域)高權, 行政高權(자주조직권, 자주인사권, 자주경영권을 포함한 의미로), 財政高權을 지방자치법에 명문화함으로써 지방자치단체가 명실공히 국가에 비견되는 공행정주체임을 분명히 하여야 한다. 이와 함께 현행 행정소송법의 차원에서도 자치권으로부터 비롯된 자치단체의 주관적 법적 지위(권리)가 개인의 주관적 권리와 동일하게 다루어져서, 국가적 개입에 대한 권리보호가 아무런 어려움없이 강구될 수 있어야 한다.[85] 또한 보충적으로 -기본법 제28조의 자치권을 침해하는 (연방이나 주의) 법률에 대해 지방자치단체가 헌법소원(Kommunalverfassungsbeschwerde)을 제기할 수 있도록 규정한 독일 기본법 제93조 제1항 4b호와 헌법재판소법 제91조처럼-[86] 법률에 의한 구역변경과 같은 법률에 의한 자치권침해에 대해선 법률헌법소원을 특별한 권리구제의 방법으로 헌법재판소법에 명문화하는 것 역시 요망된다. 다만 법률하위적 법규범과 관련해선 헌법소원이 아닌 행정소송에서 해결책이 강구되어야 한다(전술).

---

84) Schmidt-Aßmann, Kommunalrecht, Rn.8ff.

85) 여기서 문제되는 것이 바로 지방자치법 제157조(현행 제169조) 제2항의 '취소 · 정지에 대한 불복소송' 이다. 지방자치단체의 장이 자치사무에 관한 국가 등의 감독권발동을 대상으로 하여 대법원에 소를 제기하는 것이다. 여기서의 소송을 통상 특수한 형태의 항고소송으로 본다. 김남진/김연태, 앞의 책, 184면; 홍정선, 앞의 책, 218면; 홍준형, 지방자치법상 직무이행명령제도, 고시계, 1996.5, 82면. 박정훈, 지방자치단체의 자치권을 보장하기 위한 행정소송, 지방자치법연구 제1권 제2호, 2001.12., 18면. 한편 동조상의 소송과 관련하여 류지태 교수와 박정훈 교수는 입법론적으로 공히 폐지를 주장하되, 그 귀결점은 정반대이다. 류지태 교수는 권한쟁의심판의 영역으로, 박정훈 교수는 일반적인 행정소송의 영역으로 나아갈 것을 주장한다. 류지태, 앞의 책, 755-756면.

86) 독일에서의 관련 논의에 관해서 특히 석종현, 독일에 있어서의 지방자치단체의 헌법소원, 권한쟁의심판제도에 관한 연구, 헌법재판연구 제3권 1991, 331면 이하; 김해룡, 지방자치권의 내용에 관한 법령제정의 한계에 관한 연구, 토지공법연구 제11집, 2001.2., 163면 이하; 김기진, 지방자치단체의 헌법소원, 공법연구 제29집 제3호, 2001.5, 393면 이하 참조.

4. '자치입법권 확대' 와 관련한 공법적 대응

(1) '지방분권 5개년 종합실행계획(수정본)' 의 내용

'지방분권특별법' 제12조 제1항에 따라, 국가는 지방자치단체의 자치입법권을 강화하기 위하여 조례제정범위가 확대되도록 하는 등 필요한 조치를 하여야 한다. 자치행정역량을 강화하기 위한 첫 단추가 자치입법권의 강화이다. 그리하여 현행 지방자치법 제15조(현행 제22조)를 두고서 논의가 분분하다. 그 일환으로 지방4단체 협의체와 지방자치학회 등에선, ⅰ) "법령의 범위안에서"를 "법령에 위반되지 아니하는 범위내"로 바꿀 것(지방자치법 제15조 본문), ⅱ) 권리제한 · 의무부과 · 벌칙규정시에 법률위임을 삭제할 것(동법 제15조 단서), ⅲ) 조례위반 행위에 대한 형벌 부과를 허용할 것(동법 제20조)을 내용으로 한, 법개정을 요구하고 있다. 이에 '지방분권 5개년 종합실행계획(수정본)' 은 일단 동 조문을 중심으로 한 법리논쟁 및 위헌시비를 감안한 즉, 국민적 합의를 바탕으로 신중한 접근이 필요하다고 지적하면서, 헌법과의 조화 속에서 지방자치법의 합리적 개정방안이 강구되어야 함을 역설한다. 그리고 사무처리는 자치단체가 하면서도, 개별법령에서 처리기준 등을 대통령령과 부령 위주로 위임함에 따라 자율성이 저해되기 때문에, 법률에서 직접 조례로의 위임 등 조례제정 범위를 실질적으로 확대할 수 있는 방안을 병행 추진하고자 한다.

(2) 자치입법권과 위임조례의 문제-그것의 자리매김

지방자치법 제15조(현행 제22조)의 조례제정권은 입법(규범제정)을 통해 자치권을 실현하고자 함이다. 그런데「地方自治團體는 法令의 범위안에서 그 事務에 관하여 條例를 制定할 수 있다」는 동조 1문과 관련해선, 특히 위임조례와 추가조례 · 초과조례의 문제가 제기되고,「다만, 住民의 權利制限 또는 義務賦課에 관한 사항이나 罰則을 정할 때에는 法律의 委任이 있어야 한다」는 동조 단서와 관련해선, 법률유보의 원칙의 문제가 제기된다.

개별 구체적인 위임에 터 잡은 통상의 법규명령과는 달리, 자치법(규)인 조례는 일반적 포괄적 위임(지방자치법 제15조: 현행 제22조)만으로 충분하다. 따라서 조례의 규율대상은 지방자치단체의 사무(자치사무와 법령에 의하여 그 지방자치단체에 속하는 단체위임사무)에 한하고, 지방자치단체의 사무가 아닌 기관위임사무는 당연히 배제된다. 따라서 기관위임사무를 대상으로 한 이른바 '위임조례' 가 문제된다. 판례는 이 문제를 원칙과 예외의 관계에서 접근하여, "기관위임사무가 원칙적으론 자치조례의 제정범위에 속하지 않지만, 기관위임사무에 있어서도 그에 관한 개별법령에서 일정한 사항을 조례로 정하도록 위임하고 있는 경우에는 위임받은 사항에 관하여 개별법령의 취지에 부합하는 범위 내에서 이른바 위임조례를 정할 수 있다"고 판시하였다.[87] 즉, 자치조례의 경우엔 위임조례와 같이 국가법에 적용되는 일반적인 위임입법의 한계가 적용될 여지가 없고,[88] 위임조례의 경우엔 그 내용은 개별 법령이 위임하고 있는 사항에 관한 것으로서 개별 법령의 취지에 부합하는 것이라야만 하고, 그 범위를 벗어난 경우에는 위임조례로서의 효력도 인정할 수 없다고 한다.[89]

그런데 이처럼 조례제정대상을 위임사무까지 아우를 경우에는, 지방자치법 제15조(현행 제22조)상의 '그 사무'를 자치사무와 단체위임사무만을 의미하는 것으로 보는 것과, 그로 인해 위임조례의 허용성 및 적법성은 일반적인 행정법규범(행정입법)제정의 수권(위임)의 법리에 의거할 수밖에 없다는 것은 再考되어야 한다. 왜냐하면 그렇다면 기관위임사무와 관련하여 조례제정을 위임한 많은 위임조례근거규정이 포괄위임이 되어 버려 무효가 될 수밖에 없기 때문이다. 이런 입법상황에서 동조의 '그 사무'를 자치사무와 단체위임사무에 국한하는 것은 위임조례에 대한 법적 고찰의 포기를 빚을 수 있다. 따라서 동조의 '그 사무'를 기관위임사무까지 포함시켜 위임조례 역시 동조상의 법령우위의 원칙의 지배를 받도록 하는 것이 바람직하진 않지만, 어쩔 수 없다.[90] 물론 지금의 기관위임사무제도의 위헌성에서 비롯된 그 자체의 근원적인 문제점은 변함이 없다(후술).

조례란 본래 자치조례이어서, 위임조례란 자치조례와 대비시키기 위해 고안된 명칭이고, 그 규율대상 역시 자치조례와 전혀 다르다. 사정이 이럴진데 위임조례란 명칭은 일단 일반적, 개괄적 위임에 터 잡은 조례의 본질을 훼손할 수 있다. 이런 명칭상의 문제점과 별개로 과연 위임조례가 공법상의 법규범체계에서 허용될 수 있는지 검토되어야 한다. 이를 위해선, 우선 위임조례의 법적 성격(본질)이 규명되어야 한다. 그것은 조례란 외피를 갖지만, 자치권의 내용인 자주입법권에 의거하여 생성된 것이 아니라,

---

87) 대법원 2000.5.30. 선고 99추85판결 등.

88) 대법원 2000.11.24. 선고 2000추29판결.

89) 대법원 1999.9.17. 선고 99추30판결.

90) 판례가 위임조례를 일반 행정법규범(행정입법)상의 위임한계와 관련하여 접근하기보다는, 자치조례와 마찬가지로 포괄위임의 전제하에 법령우위의 문제만을 그저 거론할 뿐인 사정을, 염두에 두어야 한다. 대법원 1997. 4. 25. 선고 96추251판결:「도시교통정비촉진법 제19조의10 제3항에서 교통수요관리에 관하여 법에 정한 사항을 제외하고는 조례로 정하도록 규정하고 있고, 차고지확보제도는 차고지를 확보하지 아니한 자동차 · 건설기계의 보유자로 하여금 그 자동차 · 건설기계를 운행할 수 없도록 하는 것으로서 결과적으로 자동차 등의 통행량을 감소시키는 교통수요관리(그 중 주차수요관리) 방안의 하나에 해당하므로, 같은 법 제19조의10 제3항의 규정은 비록 포괄적이고 일반적인 것이기는 하지만 차고지확보제도를 규정한 조례안의 법률적 위임근거가 된다. …하위법령인 조례로서 위 법령이 정한 자동차 등록기준보다 더 높은 수준의 기준(차고지 확보)을 부가하고 있는 이 사건 조례안 제4조, 제5조는 자동차관리법령에 위반된다. …하위법령인 조례로서 차고지확보의 대상을 위 법령이 정한 것보다 확대하고(자가용자동차 중 승차정원 16인 미만의 승합자동차와 적재정량 2.5t 미만의 화물자동차에까지) 또한 확보해야 할 차고지의 면적 등을 조례안시행규칙이 정하는 바에 따라 위 법령이 정한 기준보다 확대 또는 감축할 수 있도록 하는 이 사건 조례안 제4조는 자동차운수사업법령에 위반된다.… 」

법규범체계에서 상위법령을 시행하기 위하여 상위법령으로부터 자신의 존재가 비롯된 하위적 법규범에 해당한다.[91]

요컨대 위임조례의 규율대상이 기관위임사무인 점에서, 지방자치단체의 기관(장)에게 사무처리가 위임된 사무를 그 지방자치단체의 다른 기관이자 주민대표기관인 지방의회가 조례의 형식으로 규율한다는 것은 타당하지 않다. 가뜩이나 위헌성시비로부터 자유롭지 않은 지금의 기관위임사무에 대해서, 그 처리와 집행은 지방자치단체의 장에게, 그것과 관련한 일정한 사항의 일반적 추상적 규율을 지방의회에게 맡긴다는 것은, 해당 지방자치단체 전체를 국가기관으로 삼는 것과 다르지 않다. 조례제정권이란 자치의 본질적 요소라고 정당하게 표현한 독일 연방헌법재판소의 결정[92]을 상기할 때, 사실상 위임조례는 지방자치제의 제도적 보장의 의미를 훼손시킨다. 자치사무와 자치조례에 비해 기관위임사무와 위임조례가 압도적으로 많은 현실에서, 지방자치제의 제도적 보장으로서의 의미가 공허함이 확인된다. 더욱이 위임조례의 경우에는 언필칭 '조례'라 하여 위임입법의 한계와 관련한 통제마저 주효하지 않고 있다. 그런데 위임조례에 관한 規範統制의 不全과는 다른 차원에서, 국가가 조례위임사항을 효과적으로 관철하기 위하여 이른바 표준조례(과거의 조례준칙)를 발한다. 포괄적 위임에 따른 난맥을 줄이기 위한 궁여지책에 해당하는 이런 표준조례는, 각 부처에 의해 임의로 제정되어서 적지 않은 내용적 문제점은 물론, 위임입법의 법리상의 문제점을 배태하고 있다. 이 같은 문제 상황은 위임조례의 인정에 기인하여 마치 고양이가 털실에 얽힌 형국처럼 이러지도 저러지도 못하는 형국에 다름 아니다.[93]

이런 위헌스러운 위임조례제도를 대체시킬 수 있는 방법이 있다. 바로 법령에 의한 개별 · 구체적 위임에 터 잡아 지방자치단체의 장이 제정할 수 있는 규칙이다(지방자치법 제16조: 현행 제23조). 물론 가장 손쉬운 방법은 앞에서 주창하였듯이, 지금의 기관위임사무 자체를 폐지하고 그것을 단체위임사무로 바꾸는 것이다. 물론 이렇게 바꾸면, 지금과 같은 자치조례위배적 위임조례는 존재하진 않지만, 자치사무에서와는 달리 위임의 근거법령의 범위안에서 제정되어질 "다른 의미의" 위임조례가 출현할 수 있다. 이런 관점에서 보자면, '지방분권 5개년 종합실행계획(수정본)'이 제시한 방안－법률에서 직접 조례로의 위임 방안－은, 기관위임사무제도가 온존한 이상, 조례제정의 범위

91) 동지: 조정찬, 위임조례위주의 조례입법 극복방안, 지방자치법연구 제4권 제2호, 2004.12, 39면.

92) BVerfGE 12, 319(325).

93) 한편 기존의 자치법규들을 통일된 원칙과 기준에 의해 정비하고 새로운 자치법규들의 질을 높이기 위하여 이런 작용을 지도할 기본조례로서 '자치법규기본조례'가 필요하다고 한다. 이에 관해선 선정원, 자치법규기본조례와 자치입법권의 보장, 지방자치법연구제4권 제2호, 2004.12, 59면 이하 참조. 여기에는 그것의 법형식적 물음과 더불어 그것의 적용영역적 물음이 제기될 수 있다. '자치법규기본조례'를 표준조례로 換置하기는 어렵다.

를 실질적으로 확대한다는 것은 피상적인 예측이고, 지방자치단체는 물론 지방의회를 지금보다 더 확실하게 국가의 하급행정기관으로 속박시킬 수 있다.

(3) 자치입법권과 법령우위의 원칙의 문제

비록 조례제정권이 자치를 위해서 수단적 관계에 서긴 하나, 그것은 자치주체가 자신의 업무를 자기책임껏 수행함에 있어서 매우 중요한 활동수단이자 형성수단이 된다.[94] 지방자치법 제15조(현행 제22조) 본문은 법치국가원리의 당연한 법령우위의 원칙을 표명하는 것이지만, 일반적 위임에 터 잡은 조례의 본질을 감안하여 동 원칙을 다시금 분명히 하고 있다. 동조상의 법령우위의 원칙의 의의는 특히 자치사무와 관련한 조례에 대해서 부각된다. 물론 위임사무의 경우, 그것이 이미 법령의 위임에 의거하여 존재하기에 수권법령에 위배되어선 아니 된다고 함은 贅言일 수 있다. 우리의 경우 조례제정대상이 자치사무만이 아니라, 위임사무까지도 포함하는 점에서 일단 동 원칙의 존재가 수긍된다. 여기서의 "법령의 범위 안에서"를 둘러싸고, 이를 "법령에 위반되지 아니하는 범위내에서"로 바꿀 것이 주장된다. 판례는 이것의 의미가 "법령에 위반되지 아니하는 범위에서"라고 계속적으로 확인하고 있다.[95] 조례제정대상이 자치사무에 한한다면, 변경주장은 나름의 설득력이 있지만, 조례제정대상을 위임사무까지 아우르는 경우에는 현재대로 오히려 존치하는 것이 바람직하다.[96]

오히려 법령우위의 원칙과 관련하여 문제가 되는 것은 이른바 추가조례나 초과조례의 문제이다. 여기선 일본에서의 예를 좇아서 "法律先占論"을 두고서 관련 논의가 행해진다. 그리하여 대체로 (예시적 사항과 관련한) 추가조례의 경우에는 法律先占論에 의하든 修正法律先占論이나 法律趣旨解釋論에 의하든 적법한 것으로, 반면 초과조례의 경우에는 修正法律先占論에 의하면 적법한 것으로 받아들여 지고 있다. 여기서의 추가조례나 초과조례의 개념이 분분할 수 있지만, 일단 추가조례는 조례의 규율 · 목적취지는 법률과 동일하지만, 조례의 규율대상이 법률보다 더 넓은 경우로, 초과조례는 조례의 규율 · 목적취지 · 규율대상은 법률과 동일하지만, 법령상의 일정한 기준을 초과하여 규제를 가하는 경우로 설정한다.[97]

---

94) 자치적 법규범제정(입법) 전반에 관해선, 박영도, 자치입법의 이론과 실제, 한국법제연구원 연구보고 98-2, 1998, 참조. 그렇지만 자치법규의 존재이유에 비하면, 그것의 실질이나 기능이 국법집행을 위한 단순한 시행세칙적 차원에, 지방자치단체의 내부사항을 위한 내부규율적 차원에 머무는 괴리가, 문제의 根源이다. 자치법규에 대한 이런 진단에 관해선, 문상덕, 자치입법의 위상 및 기능 재고, 행정법연구 제5호, 1999.11, 75면 주 8) 참조.

95) 대표로 대법원 2004.7.22. 2003추51판결.

96) 이 점에서 독일의 경우에 법률상으로 일정한 경우에만 위임사무규율적 조례가 허용되게끔 규정하고 있음은 좋은 입법례가 된다. Vgl. Bay GO Art. 23 S.2.

97) 이에 관해선 특히 김남진, 조례제정권의 범위, 고시연구1997.9, 17면 이하; 서원우, 조례제정권의 범위와 한계, 고시연구1993.3., 181면 이하; 최우용, 앞의 책, 37면 이하; 문상덕, 앞의 글, 71면 이하; 조정찬, 자치입법권,

대법원 1997.4.25. 선고 96추244판결[98]과 2000.11.24. 선고 2000추29판결[99]을 두고서 판례가 일본국에서의 수정법률선점론적 입장이라고 평해진다. 특히 전자는 일본국 판례(德島公安條例事件)와 거의 유사하다. 여기서 법원은 법령에서 정하지 아니한 사항을 규정한 추가조례와 초과조례의 적법성을 논증하기 위하여, 이미 존재하는 법령 규정의 취지에 초점을 맞추었다. 즉, 그 취지가 각 지방자치단체의 신축성이 유보된, 최소한 기준을 설정한 것으로 해석될 수 있는지 여부가 관건이었다. 판례의 이 같은 논증은 倒置的이다. 자치사무의 경우 자치의 전권한성으로 말미암아 법령이 정하지 않은 사항을 조례로 정하는 것은, -그것이 법령이 정한 사항을 무색하게 만드는 등 실질적으로 법령에 반한다면 모르되- 그 자체론 일단 문제가 되지 않는다. 오히려 여기선 지방자치법 제15조(현행 제22조)의 단서상의 법률유보의 원칙이 문제될 수 있다.[100] 다행스럽게도 2000추29판결은 공유재산의 관리가 지방자치단체의 자치사무에 해당하는 것임을 뒤에 논증하면서 문제에 접근하였다.[101]

자치입법권과 법령우위의 원칙의 문제는, 궁극적으로 자치권과 자치사무에 대한 입법상황의 문제이다. 우선 자치권 및 자치사무와 관련하여 법령이 어느 정도로 개입할 수 있으며, 어떻게 개입하여야 하는지가 검토되어야 한다. 전자의 물음과 관련해선 자치권의 본질에 따른 논의가 주효하여야 한다. 후자의 물음과 관련해선, 지방자치법 제9조 제2항이 예시하는 자치사무에 해당하는 업무를 규율하는 법률이 출발점이다.

특히 조례제정권과 법률우위와의 관계, 공법연구 제29집 제1호, 2000.11, 375면 이하 참조.

98) 「지방자치단체는 법령에 위반되지 아니하는 범위 내에서 그 사무에 관하여 조례를 제정할 수 있는 것이고, 조례가 규율하는 특정사항에 관하여 그것을 규율하는 국가의 법령이 이미 존재하는 경우에도 조례가 법령과 별도의 목적에 기하여 규율함을 의도하는 것으로서 그 적용에 의하여 법령의 규정이 의도하는 목적과 효과를 전혀 저해하는 바가 없는 때, 또는 양자가 동일한 목적에서 출발한 것이라고 할지라도 국가의 법령이 반드시 그 규정에 의하여 전국에 걸쳐 일률적으로 동일한 내용을 규율하려는 취지가 아니고 각 지방자치단체가 그 지방의 실정에 맞게 별도로 규율하는 것을 용인하는 취지라고 해석되는 때에는 그 조례가 국가의 법령에 위반되는 것은 아니다」

99) 「지방자치법 제15조에서 말하는 '법령의 범위 안'이라는 의미는 '법령에 위반되지 아니하는 범위 안'이라는 의미로 풀이되는 것으로서, 특정 사항에 관하여 국가 법령이 이미 존재할 경우에도 그 규정의 취지가 반드시 전국에 걸쳐 일률적인 규율을 하려는 것이 아니라 각 지방자치단체가 그 지방의 실정에 맞게 별도로 규율하는 것을 용인하고 있다고 해석될 때에는 조례가 국가 법령에서 정하지 아니하는 사항을 규정하고 있다고 하더라도 이를 들어 법령에 위반되는 것이라고 할 수가 없다」

100) 이 점에서 문상덕 교수 역시 대법원 1997.4.25. 선고 96추244판결에 대해 지방자치법 제15조(현행 제22조) 단서상의 법률유보의 원칙의 적용과 관련하여 문제제기하는 것은 의미롭다. 동인, 앞의 글, 96면.

101) 반면 대법원 2003.5.27. 선고 2002두7135판결은 바른 논증의 방법을 보여 준다: 「공유재산의 사용허가에 관한 사용요율을 정하는 것은 지방자치단체의 자치사무인 공유재산의 관리에 속하므로, 서울특별시공유재산관리조례(1991.3.29. 조례 제2745호로 개정된 것) 제23조가 제1항 내지 제6항에서 사용허가의 대상이 되는 공유재산의 특성을 감안하여 그 사용료율을 공유재산의 종류별로 규정하면서 따로 제7항에서 "시장이 특히 필요하다고 인정하는 재산에 대하여는 제1항 내지 제6항의 규정에 불구하고 연간 대부요율 또는 사용요율을 당해 재산평정가격의 1,000분의 50 이상으로 할 수 있다."고 규정하고 있는 것은, 지방자치법 제15조가 정하는 '법령의 범위 안'에서 공유재산의 적절한 관리를 위하여 공유재산의 관리청인 지방자치단체의 장이 그 지방의 실정 및 공유재산의 특성을 감안하여 필요한 경우에 별도로 공유재산의 사용요율을 정하도록 한 것이고 지방재정법이나 지방재정법시행령 등의 관련 규정도 이를 용인하고 있다고 할 것이며, 위 조례 제7항이 지방자치법 제15조가 정하는 '법령의 범위 안'이라는 자치조례의 사항적 한계 내의 규정이어서 무효라고 할 수 없다」

해당사항에 관한 지방자치단체의 형성여지가 발휘될 수 있도록 해당 법률 그 자체에서 입법적 장치가 마련되어야 한다. 대법원 2000.11.24. 선고 2000추29판결이 당해 규정의 취지를 탐문하는 식으로 논증한 것은 요령부득이 한 상황에서 어쩔 수 없는 것이다. 이 같은 도치적 논증은 근거법률에서 애초에 신축성을 부여하면 간단히 해소된다. 가령 법률이 자치사무와 관련한 허가기준을 규정하되, 조례를 통해서 각 지방자치단체의 나름의 사정이 일정 부분 반영될 수 있게 만드는 것이다.[102] 여기서 유의해야 할 점이 있다. 법률이 아닌 법률하위적 법규범을 통한 수권의 문제이다. 지방자치단체의 독립된 행정주체성을 인정할 때, 대통령령이나 총리령이 아닌 부령으로 수권하는 것은 지양되어야 한다.

본시 법령우위의 원칙과 자치권과 관련해선, 자치권의 본질에 관한 물음에 해당한다. 그런데 법령위반 여부가 다투어진 사건을 보자면, 주민의 권익과 관련있는 것이 일부 있긴 하나,[103] 상당수가 주민의 권익과는 직접적으로 관련이 없는 것–단체장과 지방의회간의 신종의 통제수단의 도입[104]이나 조직내부적 관심사[105]–이 대상이었다. 이들 건을 자치권의 발현인 자주조직권이나 자주행정권에서 바라 볼 수도 있지만, 지방자치단체의 존립목적–주민의 복리 증진–을 상기할 때 주저된다. 따라서 주민의 복리증진과 직접적이고 밀접한 사항의 경우에는 법령우위의 원칙이 소극적으로 적용되어야 하나, 그렇지 않은 경우에는 동 원칙이 적극적으로 모색되어야 할 것이다.

(4) 자치입법권과 법령유보의 원칙의 문제

지방자치법 제15조(현행 제22조) 단서가 "다만, 住民의 權利制限 또는 義務賦課에 관한 사항이나 罰則을 정할 때에는 法律의 委任이 있어야 한다"고 규정하여, 법률유보의 원칙을 명문화한 것을 두고서 違憲, 合憲 의견이 분분하다. 입법정책적으로 삭제하는 것이 바람직하다고도 주장된다.[106] 반면 판례는 합헌의 입장을 견지하고 있다. 즉,

---

102) 최근 여러 지방자치단체가 지방세인 재산세의 세율을 경쟁적으로 인하하는 사건이 보여주듯이, 탄력성의 정도가 관건이다. 이 물음은 일의적으로 판단내릴 수 없다. 세율조정의 여지를 없애거나 대폭 줄이는 식의 국가적 해결시도에 대해서, 반자치적이라는 비판이 비등하다. 이 같은 시도가 지방자치와 지방분권에 어울리지 않음은 贅言이다. 그러나 이런 비판의 설득력은 제한적이다. 왜냐하면 그 같은 사태의 저변에는 지방자치단체간의 심각한, 원천적인, 解消難望인 빈부격차가 존재하기 때문이다. 지방자치와 지방분권이 국가와 지방자치단체간의 관계만을 상정하여선 곤란하다. 국가적 전국적 안목이 결여된 채 이들을 논하여선 자칫 다른 차원의 地方集權이 초래될 수 있다.

103) 가령 대법원 2004.7.22. 선고 2003추51판결; 2001.11.27. 선고 2001추57판결.

104) 가령 대법원 1997.3.28. 선고 99추60판결; 2000.11.10. 선고 2000추36판결; 2001.2.23. 선고 2000추67판결; 2004.7.22. 선고 2003추44판결; 1997.4.11. 선고 96추138판결 등.

105) 가령 대법원 1997.4.11. 선고 96추138판결; 1996.10.25. 선고 96추107판결; 1996.12.10. 선고 96추121판결 등.

106) 이런 사정에 관해선 특히 류지태, 지방자치법주해(한국지방자치법학회편), 2004, 133면 이하 참조. 한편 조성규 교수는 이 물음을 단서조항의 위헌성시비에서 벗어나 법률유보의 요청과 지방자치의 보장간의 조화의 관점에

헌법재판소 1995.4.20. 92헌마264, 279결정과 대법원 1995.5.12. 선고 94추28판결이[107] 그것이다.

조례를 자치법규로 부르는 참뜻은 통상의 법규명령에 통용되는 규준이 여기에는 그대로 통용되지 않는다는 데 있다. 조례제정을 수권한 지방자치법 제15조(현행 제22조)의 意義는 자치권으로부터 유래한 지방자치단체의 법제정력을 입증하고, 그 효력영역을 한정한다는 데 있다. 다른 한편 조례제정은 법치국가적 원리에 입각한 의회유보와 법률유보의 요청으로부터 완전히 자유로울 수가 없거니와, 자치 그 자체로서도 이들 요청의 제외를 충분하게 정당화시키지 못할 것이다. 독일의 경우 조례제정에 있어서 법률유보가 법률우위와 동일하게 통용되는지 여부는 소위 "전문의결정"과 "본질성이론"의 영향하에서 논의되고 있다.[108] 독일 연방헌법재판소가 "專門醫決定"(Facharzt-Beschluß)에서 명확히 하였듯이,[109] 기본권을 개입하거나 기본권행사를 "본질적으로" 특징지우는 조례를 위해선, 입법자가 (조례제정권의 내용과 범위를 추론할 수 있게 하는) 특별한 수권요건을 사용하지 않으면 아니 된다. 이 점이 바로 지방자치법 제15조(현행 제22조)의 단서의 존재이유이다. 여기선 무엇이 "본질적인 것"으로 간주되어야 할지를 정함에 있어서, 과연 자치와 (자치단체의) 특별한 민주적 정당성이 얼마나 중요한 역할을 하는지가 논구되어야 한다.

한편 법률유보의 원칙이 적용되어 법률위임에 의거하여 침익적 조례가 제정될 때, 그 위임의 정도가 문제된다. 본래 조례의 경우에는 헌법 제75조에 의거한 행정법규범(행정입법)상의 위임의 법리가 통용되지 않듯이, 당연히 여기서도 그러하다.[110] 나아가

서 타당하게 접근을 한다. 그러나 필자의 입장과는 달리 입법론적으로 동 단서조항의 삭제가 주장된다. 동인, 법치행정의 원리와 조례제정권의 관계, 공법연구 제33집 제3호, 2005. 5., 389면 이하 참조.

107) 「지방자치법 제15조는 원칙적으로 헌법 제117조 제1항의 규정과 같이 지방자치단체의 자치입법권을 보장하면서, 그 단서에서 국민의 권리제한 · 의무부과에 관한 사항을 규정하는 조례의 중대성에 비추어 입법정책적 고려에서 법률의 위임을 요구한다고 규정하고 있는 바, 이는 기본권 제한에 대하여 법률유보원칙을 선언한 헌법 제37조 제2항의 취지에 부합하므로 조례제정에 있어서 위와 같은 경우에 법률의 위임근거를 요구하는 것이 위헌성이 있다고 할 수 없다」

108) Vgl. Schröder, §16 Kommunalverfassungsrecht, in: Achtberg/Püttner/ Würtenbergen, Besonderes Verwaltungsrecht Ⅱ, 2000, Rn.100ff.; Bethge, Parlamentsvorbehalt und Rechtssatzvorbehalt für die Kommunalverwaltung, NVwZ 1983, 577ff.; Bleckmann, Inhalt und Umfang des Gesetzgebungsvorbehalts bei Gemeindesatzungen, DVBl. 1987, 1086ff.

109) 「입법자는 자신의 입법권능을 완전히 포기해선 아니 되고 민간단체가 발한 규범의 내용에 대한 자신의 영향력을 전반적으로 넘겨주어서도 아니 된다는 원칙은, 그 자체 허용된 자율보장의 범주에서도 여전하다. 이것은 법치국가원리와 민주주의원리에서 도출된다. 전자는 권력남용을 막고 개인의 자유권을 보호하도록 공권력을 법적 구속시킬 것을 요구하고, 후자는 생활영역의 모든 질서(규율)가 객관적인 법규정에 의해서 국민이 임명한 입법기관의 의사결정에 귀착할 수 있어야 함을 요구한다」: BVerfGE 33, 125(158): 동지; BVerfGE 64, 208(214f.). 이와 관련해선, 대강의 내용마저 제시함이 없이 소속 지방변호사회나 대한변호사협회의 회칙위반을 징계사유의 하나로 규정한 우리의 변호사법 제91조 제2항이 문제될 수 있다.

110) 동지: 김남진/김연태, 앞의 책, 114면; 홍정선, 앞의 책, 126면; 헌재1995.4.20. 92헌마264, 279결정:「조례의 제정권자인 지방의회는 선거를 통해서 그 지역적인 민주적 정당성을 지니고 있는 주민의 대표기관이고 헌법이 지방자치단체에 포괄적인 자치권을 보장하고 있는 취지로 볼 때, 조례에 대한 법률의 위임은 법규명령에 대한 법

자치단체의 자기책임적이고 지역여건에 맞춰진 법제정력을 고려한 즉, 조례조항의 상세화에 관해 지나치게 높은 요구를 설정하는 것은 물론, 수권법률 그 자체에서 조례대상을 상세히 규율하는 것도 아니 된다. 다시 말해, 그런 것을 통해서 지방자치를 동여매거나 捕縛해선 아니 된다.

한편 지방자치법 제15조(현행 제22조) 단서의 존재와 동조 본문간의 관계가 논의될 필요가 있다. 조례제정권의 한계를 '법령의 범위안에서'로 성문화한, 헌법 제117조와 지방자치법 제15조(현행 제22조)의 본문 그 자체는 법률우위의 원칙의 적용을 표방한 것이다. 이는 조례가 본시 자치사무를 대상으로 한 자치조례여서 법률우위의 원칙만이 의미롭기 때문이다. 국민이기도 한 주민의 권리를 제한하거나 의무를 부과하는 경우에는 일반적인 법률의 유보(헌법 제37조 제2항)가 통용되어야 함은 당연하다. 따라서 구태여 지방자치법 제15조(현행 제22조) 단서가 필요하지 않다. 연혁적으로 보면, 지방자치법의 제정 당시(1949.7.4 법률 제32호)에는「지방자치단체는 법령의 범위내에서 그 사무에 관하여 조례를 제정할 수 있다」고만 규정되어 있었다(제7조). 그 뒤에 1956.2.13.의 개정(법률 제385호)에서 지금과 비슷하게, 「지방자치단체는 법령의 범위내에서 그 사무에 관하여 조례를 제정할 수 있다. 단, 주민의 권리, 의무에 관한 사항이나 벌칙을 규정할 때에는 법률의 위임이 있어야 한다」고 규정되었고(제7조), 1988.4.6. 전문개정(법률 제4004호) 이후엔 현재의 모습 그대로이다. 법제처의 법령연혁 자료를 살펴본 즉, 1956년의 개정이유에는 동조 단서의 추가에 관해 특별한 언급이 없다.

법률의 유보의 원칙에 입각하여 보면, 지방자치법 제15조(현행 제22조) 단서는 贅言에 해당한다. 이 점은 독일의 경우에 조례제정을 비롯한 자치사무의 처리에서 법률우위의 원칙("법률의 범위안에서"로)만을 관련짓지, 법률의 유보에 관해선 별반 언급하고 있지 않는 사실에서도 확인될 수 있다.[111] 한편 여기서의 침익적 조례제정을 수권하는 것이 법률만인지, 아니면 대통령령과 같은 법규명령도 가능한지가 문제된다. 통칭하여 법률유보는 법령유보를 의미하기에 법규명령에 의한 위임도 가능할 법하다. 그러나 보통의 위임입법의 법리가 통용되지 않는 (침익적)조례의 근거규정을, 법률이 아닌 그 법률로부터 위임받은 하위법규범에 구한다는 것은 적절하지 않다. 동조 단서가 헌법상 보장된 자치권의 일환인 자치입법권을 제약하는 측면을 지님을 고려한 즉, 법률

률의 위임과 같이 반드시 구체적으로 범위를 정하여 할 필요가 없으며 포괄적인 것으로 족하다」. 다만 이런 위임입법상의 명확성의 원칙이 무색해질 수 있는 문제점은 지적된다. Vgl. Ossenbühl, Satzung, in: HStR Bd. Ⅲ, 2.Aufl., 1996, §66 Rn.31. 한편 대법원 1997.4.25. 선고 96추251판결이 '(구)도시교통정비촉진법' 제19조의10 제3항에서 교통수요관리에 관하여 법에 정한 사항을 제외하고는 조례로 정하도록 규정하고 있다고 하여, 동 조항을 포괄적 일반적 위임의 형태로 취급한 것은, 조례대상이 적시되어 있는 관련 법규정에 비추어 의문스럽다.

에 의한 위임만을 허용하여야 한다.[112] 이 점에서, 모법(담배사업법)이 아닌 재무부령인 담배사업법시행규칙 제11조에서 위임근거를 구한 헌재 1995.4.20. 92헌마264, 279결정은 문제가 있다. 반면 대법원 1997.4.25. 선고 96추251판결의 사건에선, 조례근거규정이 바로 '(구)도시교통정비촉진법' 제19조의10 제3항이다.

사실 국가사무나 위임사무는 그 존재가 법률에서 출발하기에, 이미 근거법률 자체에서 일종의 법령유보적 기능뿐만 아니라, 법령우위적 기능이 발휘된다.[113] 따라서 엄밀히 보아서, 동조 단서의 존재이유는 그 대상이 자치사무인 경우에 한하여 긍정되지만, 이 또한 확인적 효과만을 갖는다고 보아야 한다. 이런 점에서, 지방4단체 협의체와 지방자치학회 등이 언필칭 자치권의 확대를 위하여 주장하는 동조 단서의 삭제가 결코 법률로부터 자유로운 조례제정권을 가져다주진 않는다. 그럼에도 불구하고, 가뜩이나 법치국가원리 및 조례제정권의 본질을 간과한 그 같은 견해가 지방분권의 旗幟하에 왕왕 주창되곤 한다. 사정이 이렇기에, 오히려 이런 무리한 주장을 정당하게 봉쇄하는 데 동조의 단서의 존재이유가 있다고 하겠다.

5. '자치조직권 확대'와 관련한 공법적 대응

(1) '지방분권 5개년 종합실행계획(수정본)' 상의 내용

지방분권특별법 제12조 제2항에 의하면, 국가는 지방자치단체의 조직 및 정원에 관하여는 필요한 최소한의 기준만을 정함으로써 지방자치단체의 조직운영과 인력관리의 자율성을 최대한 보장하여야 한다. 그리고 '지방분권 5개년 종합실행계획(수정본)'에 따르면, 관련 현황 및 문제점으로 ⅰ)표준정원제 시행('03.5)으로 자치조직권이 대폭 확대되었으나, 지역별 행정수요에 부응한 탄력적·자율적 정원운용권이 제약되고 있는 점(5급 이상(서울은 4급)은 표준정원 이내라도 행자부장관의 승인이 있어야 하고, 표준정원 초과 정원의 책정은 행정자치부장관의 승인을 요한다), ⅱ)지방자치단체에서 기구설치시 기구정원규정(대통령령)에 따른 인구규모별 기구 정수를 준수해야함에 따라 경직된 조직운영이 발생하고 있는 점이 제시된다. 그리하여 개선방향으로, 지방조직관리의 기본틀을 총액인건비제로 완전 전환할 것, 선분권 후보완 원칙에 의거하여 행정자치부장관의 기구·정원승인권을 연차적으로 지방에 이양할 것, 행정조직의 팽창속성 등을 감

---

111) Vgl. GG Art.28 Abs.2; Bay BV Art.11 Abs.2, Abs.3; Bay GO Art. 23.

112) 反論: 김남철, 지방자치단체의 조례제정권과 법률유보, 헌법판례연구 제2권, 2000, 513-514면.

113) 따라서 이른바 기관위임사무를 상대로 한 위임조례의 경우에는 지방자치법 제15조(현행 제22조) 단서에 의거한 모색은 체계모순적이다. 조례에 의한 차고지확보제도가 법률의 위임이 있어야 하는지 여부를 지방자치법 제15조 단서에서 모색한 대법원 1997.4.25. 선고 96추251판결은 이 점에서 문제가 있다.

안하여 이양 단계별로 상응하는 조직운영의 자율관리시스템을 구축할 것이 모색된다.

(2) 관련 법제의 정비방안

자치보장은 조직고권(자주조직권, Organisationshoheit) 역시 포함한다.[114] 그리하여 지방자치단체는 법령이 정한 범위내에서 -자치입법 또는 의결 기타 형식으로써- 자기의 조직을 자주적으로 정할 수 있어야 한다. 자주조직권이란 지자체에게 그의 고유한 내부적 행정조직의 일을 그의 나름의 재량으로 꾸미는 권능을 부여한다. 다시 말해, 고유한 결정기관 · 집행기관의, 자치체내부적인 세부조직의, 공공시설과 공기업의, 그리고 사무절차의 구조와 상호작용을 규율하는 권능이다. 자주조직권이 자치사무처리를 위한 자기책임성의 보장에서 비롯되었지만,[115] 지시업무의 이행에도 확장된다. 다만 여기서 전통적으로 자치단체가 광범한 개진여지를 가지긴 하여도, 자치단체의 기관의 형성이나 권한 등에 관해선 자주조직권의 범주에서 제외된다. 즉, 이 같은 기본골격적 사항은 입법자가 규율할 몫이다(헌법 제118조 제2항 참조).[116] 국가의 직접적인 개입으로부터의 보호를 제공하는 자주조직권은 자치의 핵심영역에 속하기에, 그것의 완전한 박탈은 허용되지 않는다. 독일 연방헌법재판소의 견해에 의하면,[117] 지방자치의 핵심영역의 보장에 의해서, 자치체의 독립된 조직적 형성력을 결과적으로 질식시킬 규율은 금지된다.

현행법상으로 자주조직권이 주효할 수 있는 경우는 행정기구(법 제102조: 현행 제112조), 직속기관(법 제104조: 현행 제113조), 사업소(법 제105조: 현행 제113조), 출장소(법 제106조: 현행 제113조), 합의제행정기관(법 제107조: 현행 제116조)에 관해서 이다. 그런데 자주조직권과 마찰을 일으키는 것이 공관사무와 관련한 '승인유보제' 이다. 2005.4.27. 지방자치법시행령개정(대통령령 제18802호) 전에는 매우 광범한 승인유보제가 도입되었다. 가령 지방자치단체가 '자치사무' 만을 수행하는 사업소를 설치하는 경우에는 사전승인없이 조례로 설치할 수 있는데 대하여, '그 밖의 사무' 를 수행하는 사업소를 설치하고자 하는 경우에는 사전에 행정자치부장관의 승인을 받도록 규정하고 있다(지방자치법 제105조 및 동법시행령 제40조: 현행 제114조). 이밖에도 직속기관, 출장

114) 지방자치단체의 조직고권과 관련해선, 정준현, 지방자치단체의 조직 및 인사에 관한 자치권의 개선방향, 지방자치법연구 제4권 제2호, 2004.12,, 235면 이하; 김명룡, 지방자치단체의 조직고권과 지방산림청의 정비방향, 지방자치법연구 제4권 제2호, 2004.12,, 249면 이하; 오준근, 지방자치단체의 조직고권 및 계획고권과 지방국토관리청의 정비방향, 지방자치법연구 제4권 제2호, 2004.12,, 277면 이하; 함태성, 지방자치단체의 조직고권과 유역환경청 및 지방환경청의 정비방향, 지방자치법연구 제4권 제2호, 2004.12,, 319면 이하; 조태제, 지방자치단체의 조직고권, 토지공법연구 제11집, 2001.2., 145면 이하 참조.

115) BVerfG NVwZ 1992, 365(366).

116) Vgl. Gern, a.a.O., Rn.91.

117) BVerfG DVBl. 1995, 290.

소와 합의제행정기관을 설치하는 경우는 물론, 자문기관에 상근위원이나 사무직원을 두는 경우에도 미리 행정자치부장관의 승인을 얻어야 한다(동법시행령 제39조의3, 제39조의4, 제41조, 제42조 참조). 그러나 2005.4.27. 지방자치법시행령개정(대통령령 제18802호)을 통해서 '사업소의 설치' 이외에는 승인유보제가 폐지되었다.[118] 총액인건비제가 올 하반기부터 시범 실시를 거쳐 오는 2007년 전면 도입이 추진되고 있다. 총액인건비제는 예산당국의 경우, 인건비 예산 총액만 관리하고 각 부처의 장(관)이 인건비 총액 한도내에서 직급에 따른 인력 규모의 조정과 기구 설치에 대한 재량권을 갖고 그 운영결과에 대한 책임을 지도록 하는 제도이다.[119] 당연히 승인유보제가 폐지되고, 총액인건비의 큰 틀에서 자주조직권이 보장되어야 한다. 따라서 이번의 개정은, 총액인건비제의 실시에 따른 당연한 수순인 동시에 일종의 연습의 기회를 준 셈이다.[120] 한편 2005.3.24. 지방자치법개정을 통해서 자주조직권이 한층 실현되게 되었다. 즉, 지방자치단체의 사무소의 소재지를 변경 · 설정하는 것이 행정자치부장관 등의 협의를 거치지 않고 바로 해당 지방자치단체의 조례로 정해지며(법 제6조 제1항), '행정기구'의 설치가 대통령령이 정하는 기준에 따라 전적으로 당해 지방자치단체의 조례로 정해진다(법 제102조 제1항). 그리고 '지방자치단체의행정기구와정원기준등에관한규정'의 개정(2004.12.18. 대통령령 제18603호)을 통해서, 가령 지방자치단체의 한시기구설치에 요구된 행정자치부장관 등의 승인(종전의 령 제6조 제6항)이 폐지되었다.

한편 대법원은, 대통령령으로 지방의회 사무직원의 정원 등에 관하여 규정하는 것이 지방의회에 의한 지방자치단체의 정원조정에 관한 조례제정권의 자율성을 침해하거나 지방의회제도의 본질에 반하여 헌법에 위배된다고 할 수 없다고 판시하였다.[121] 이와 관련해선, 행정입법(대통령령인 '지방자치단체의행정기구와정원기준등에관한규정')에 의한 조직고권제한을 정당화한 데 대해서 의문이 제기된다.[122] 비슷한 문제점이 지방자치법 제101조(현행 제110조)에서 특별시 등의 부시장 등의 정수를 대통령령(동법시행령 제39조)에 맡긴 데서도 제기될 수 있다. 따라서 지방자치법시행령 제39조 및 '지방자치단체의행정기구와정원기준등에관한규정'의 중요 내용은 대강일 망정 지방자치법

118) 追論: 그러나 현행법에선 사업소설치상의 사전승인제가 폐지되어 있다. 지방자치법 제114조 및 동법시행령 제77조 참조.

119) '지방자치단체의행정기구와정원기준등에관한규정'의 개정(2005.2.11., 대통령령 제18701호)을 통해서, 지방자치단체의 조직운영의 자율성 및 자치역량을 강화하기 위하여 총액인건비제를 시범실시 할 수 있는 근거를 마련하여, 시 · 도가 5급이하 지방공무원의 정원을 책정하는 경우 등에 행정자치부장관의 승인을 얻지 아니하고 자율적으로 책정할 수 있도록 하였다(동령 제20조 제2항 1호 참조 등).

120) 이미 법개정으로 지나간 일이긴 하지만, 지방자치단체의 자주조직권을 침해하는 이 같은 '승인유보제'가 모법이 아닌 법률하위적 법규범(시행령)에서 규율하는 것이 타당한지 의문스럽다.

121) 대법원 1997.9.9. 선고 96추169판결.

122) 정준현 , 앞의 글, 244면 주)33.

에 직접적으로 규정하는 것이 바람직하다.

6. '자치인사권'과 관련한 공법적 대응

(1) '지방분권 5개년 종합실행계획(수정본)' 상의 내용

지방분권특별법 제12조 제3항에 의하면, 국가 및 지방자치단체는 지방공무원의 전문성을 높이고 역량을 강화하기 위하여 국가와 지방자치단체간 또는 지방자치단체 상호간의 공무원인사교류를 활성화하고 교육훈련제도를 개선하는 등 필요한 조치를 하여야 한다. 그러나 자주조직권과 마찬가지로 자기책임성보장에서 비롯한 자치인사권이 자치의 핵심영역임에도 불구하고, '지방분권 5개년 종합실행계획(수정본)' 상으로 그것의 확대와 관련하여 직접적인 방안은 제시되지 않고, 그저 ⅰ) 지방공무원 인사제도 개선, ⅱ) 지방자치단체 인사공정성 제고, ⅲ) 중앙-지방간 인사교류 활성화 등이 제시되고 있다. 그리하여 중앙-지방간 인사교류 활성화와 관련해선, 현황과 문제점으로, ⅰ) 하위직의 고충처리 중심으로 추진되었으며 상위직 대상의 정책적 교류는 저조한 점, ⅱ) 민선단체장 및 직장협의회의 출범으로 인사교류에 소극적인 경향이 심화된 점(최근 5년간 실적(연평균): 행정자치부↔시 · 도 52명, 타 중앙부처↔지방 77명), ⅲ) 인사교류에 대한 법적 구속력이 미비하고, 승진 · 보직상 불이익이 있으며, 자녀양육이나 경제적 문제 등 환경적 요인이 미성숙한 점으로 지적된다. 이에 개선방향으로, ⅰ) 중앙-지방간 인적교류의 제도적 기반이 조성될 것(자치단체와의 교류대상을 전 중앙부처로 확대 시행하고, 신분보장, 인사상 인센티브 등 인사교류 활성화 유인방안을 강구할 것), ⅱ) 인적교류 활성화를 위한 체계적 인력관리 방안이 마련될 것(인사교류 D/B 구축, 인력풀(Pool) 관리체제 구축 등)이 제시된다.

(2) 관련 법제의 정비방안

이상의 내용을 조직법적으로 제도화하는 것이 관건이며, 총액인건비제의 실시에 따른 조직법적 물음이 제기된다. 특히 중앙과 지방간의 인사교류와 관련해선 우선 전직과 전출과 관련한 법제의 정비가 시급하다.

전입과 전출과 관련하여 그간에 시빗거리인 해당 공무원의 동의필요성의 문제에 대응하여, 2004.6.11.에 제정된 '공무원인사기록및인사사무처리규정'이 제19조를 마련한 것은 일단 호평할 만하다. 그러나 그 대상이 국가공무원의 지방공무원에로의 전출인 경우에 국한하여, 여전히 공행정주체간의 관계만을 예정하지 국회나 법원 등의 관계는 여전히 공백상태에 두고 있음은 문제이다. 나아가 동규정이 지방공무원법제에 대해서 아직 입법적 반향을 가져다 주지 못하고 있는 점도 이해하기 어렵다. 그리고 그것의 표제－'국가공무원의 지방공무원으로의 임용'－는 자칫 지방자치단체의 인사고권을 무시하는 표현으로 비춰진다. 공무원법제의 양축인 국가공무원법과 지방공무원법이 서로간에 조화와 체계성이 미비하다는 점은, 지방공무원법 제29조의3과 제29조 제6항과는 대조적으로, 국가공무원의 경우 임명권자 등 다른 기관의 장의 동의의 요구가 대통령령인 '공무원인사기록및인사사무처리규정'(제17조)에서 규율되고 있는 점이다. 국가공무원법이 모든 공무원근무관계에 관한 기본법에 해당한다는 점, 권력분립주의에 의해서 국회나 법원 등의 인사고권은 존중되어야 한다는 점에서 지방공무원법처럼 이는 법률적으로 규율되어야 한다.

요컨대 전입과 전직을 그저 특별채용형태의 임용방식으로 접근하여선 극히 미시적 효과만이 있을 뿐이다. 새로운 행정의 수요에 부응하는 장치를 마련하는 하나의 방도로서, 전입이 아니라, －전직임용의 선행과정으로서의 전출은 물론 강임까지도 포함하여－전출(결정)에 초점을 맞추어 당사자의 신청이나 직무상의 필요에 따라 전출될 수 있게 규정하는 것이 요망된다. 후자의 전출요건과 관련해선 당사자의 동의까지 요구되는지 여부가 문제될 수 있는데, 참고로 독일의 경우 1997년의 공직법개혁법률(Dienstrechtsreformgesetz)[123)]의 제정이후 바뀐 그들의 공무원법의 기본법(Beamtenrechtsrahmengesetz) 제18조에 의해서, 종전의 지위에서 받은 수당을 새로운 직위에 받지 못하게 되었다는 이유만으로는 (전직결정을 포함한 넓은 의미에서의) 전출(Versetzung)에 당사자의 동의가 필요치 않게 되었다. 나아가 직무상의 이유만으로도 동의없이 공무원을 －최종기본급은 같은－ 다른 경력의 직위에로 전출시킬 수 있게 되었다.

오늘날 인사교류의 확대와 개방은 물론 인적 자원의 효율적 배분과 활용은 당연한 명제이다. 이미 사적 부문에선 조직의 역동성을 유지하기 위한 구조조정이 항시적이다. 반면 공공 부문에선 국가재원을 소비한다는 점에서 조직의 역동성이 더욱더 요구됨에도 불구하고 구조조정은 금기시되고 있다. 공무원법제의 개선은 그것의 본질상 공법질서와 공무원 개인의 법적 지위의 훼손됨이 없이 행해져야 하나, 이것이 세계적 경향과 국민들의 요구인 공공부문 구조조정을 외면하는 빌미가 되어선 아니 된다. 그런데 이런 정서적 분위기에 못지않게, 인적 자원의 효율적 배분을 가능케 하는 제도적 장치가 충분히 마련되어 있지 못한 점이 문제이다. 공공부문에 대한 일반 국민의 猜疑를 감안하면, 공권력의 정당성과 공신력을 담보하기 위해서라도 公務員法制의 現代化

123) Philip Kunig는 동법을 통해 중간단계의 현대화(Modernisierung)가 공직법에 이루어졌다고 평하였다. 공직법의 현대화의 방향을 제시하는 것이 업적주의의 강화, 인력투입결정의 용이함, 노동시간의 탄력성의 강조, 공기관의 공고한 배려부담의 경감, 부패의 퇴치라고 한다. Ders., Das Recht des öffentlichen Dienstes, in: Schmidt-Aßmann(Hrsg.), Bes. VerwR, Rn.26a.

와 革新은 시급한 現下의 課題이다.[124]

VI. 맺으면서

2002.12.19.의 옐로바람 이래로 우리네 국가의 좌표는 근본적인 변화를 겪고 있다. 사실 민주공화국의 건국이래로 다소의 부침은 있었지만 우리사회의 지반의 대강은 불변하여 내려왔다고 할 수 있다. 그렇지만 지금 코페르니쿠스적 대전환이 진행되고 있다. 이제 變化와 改革은 한시적인 것이 아니라, 恒久的인 것이 되었다. 공법학 역시 경험하지 못한 개혁의 요구로부터 자유롭지 않다. 지방분권 역시 또 하나의 패러다임교체를 내용으로 한 개혁의 요구이다. 선거공약의 차원에서 의례적으로 운위되곤 하였던 것이 아니다. 지방분권특별법이 제정되어 시행중인 이상, 논의의 방향은 지방분권의 목적을 공법질서와의 조화속에서 법적 문제점 없이 어떻게 실현할 수 있는지 이다. 다시 말해, 정치학적, 행정학적 차원의 지방분권을, 제도적 차원에서 구현되게 만드는 것이 공법학의 과제이다. 그러나 여기에선 현재의 공법질서가 관련 물음에 대응하여 과연 제대로 기능을 다하는지 성찰이 필요하다. 지방분권은 국가(중앙)와 지방간에 기왕에 설정되어 온 관계를 근본적으로 변화시킨다. 이제까지의 지방자치가 지방분권을 전제로 하지 않은 似而非 지방자치였다면, 이제야 비로소 본연의 지방자치가 출범하게 되었다. 당연히 공법적 접근은 기왕의 틀에서 벗어나 가히 제로베이스에서 이루어져야 한다. 따라서 기왕의 법상황의 문제점에 관한 섬세한 법리적 논구가 더욱더 우선적으로 요구된다. 자칫 법제도적 관점을 뒤로 물린 채 정책적 관점만을 追隨하여서는 기왕의 난맥상이 증폭될 우려가 있다. 지방분권을 自治의 (무한적인) 극대화로 도식화하는 것은 곤란하다. 自治가 恣治로 換置되어선 아니 된다. 지방분권 역시 법치국가원리나 공법질서로부터 자유로운 테제가 아니다. 地方自治, 이제 시작이다!

* 공법연구 제33집 제5호, 2005.6., 379면 이하 소수.
* 참고문헌: 졸저, 지방자치법상 단체위임사무제도의 재인식에 관한 소고, 고시연구 2005.9., 14면 이하; 都市計劃條例의 規律(規定)의 範圍의 問題點에 관한 小考, 법제 576호(2005.12)., 23면 이하; 지방자치법상의 사무구분과 조례제정의 문제점, 자치행정 2006.3., 13면 이하.

---

124) 참조: 졸고, 공무원의 전출 · 전입과 관련한 법적 문제점에 관한 소고, 저스티스제79호, 2004.6, 200면 이하(追論: 본서 235면 이하); "公務員法制의 革新手段으로서의 轉出 · 轉入制度의 마련에 관한 小考", 「고시연구」 2004.9, 52면 이하.

제 5 장

住民投票法案의 問題點에 관한 小考

–지방자치의 Up-grade인가 공법질서의 混亂誘發源인가?

Ⅰ. 처 음 에[1)]

2003.8.11.에 입법예고된 주민투표법안이 2003.10.15.에 국무회의에서 수정 의결되었다. 머지 않아 주민투표제가 시행된다. 정치결정에 대한 주민 · 국민을 비롯한 시민의 직접적 참여는 시대정신이기도 하지만, 다른 한편으론 정치혐오증과 국가에 대한 권태를 없애기 위한 수단이다. 과거 문민정부나 국민의 정부를 표방한 '김영삼정부' 와 '김대중정부' 에선 주민투표제의 도입이 외면된 채 내버려져 있었는데, '참여정부' 를 표방한 '노무현정부' 가 그 도입에 적극적으로 나섰다는 점은, 주민투표제의 도입여부와 관련하여 다양한 관점이 얽혀 있음을 은연중에 보여준다. 지난 정부시절이 –의도하든 의도하지 아니 하든 결과적으로– 일정한 지역은 제치면서 반면 일정한 지역에선 독점적 지배력을 발휘하던 지역할거적, 지역독점적 시대이기에, 직접민주제의 발현인 주민투표제의 도입이 與黨이든 野黨이든 시늉에 그쳤음은 당연하다. 반면 종전과 전혀 다른 정치환경에서 출범한 '노무현정부' 는 기층의 바램을 매개하는 주민투표제의 도입을 '참여정부' 를 구현하는 주요한 수단으로 강구하여 제시하였다.

1994년에 지방자치법 제13조의2를 통해 주민투표제의 단초가 마련된 후 지금까지 이에 관해 행정법학과 행정학 등에서 깊이 있게 논의가 되어 왔으며,[2)] 그 동안의 이런

---

1) 追論: 발표당시(2004.2.)와 지금의 입법상황과의 차이를 감안하여야 하되, 몇 부분 수정을 제외하고선 주민투표법안이 그대로 시행되었다.

논의가 주민투표제의 시행을 가져다 준 원동력이라 하겠다. "참여"와 "직접민주제"[3]는 단어 그 자체만으로도 논증의 정당성을 담보하곤 한다. '방사성폐기물관리시설 부지선정'[4]을 둘러싼 '부안문제'의 해결에서 주민투표의 실시가 관건인 양 여겨진 것이 그 예이다. 그리하여 우리의 현실을 보자면, 대의제가 근간임에도 불구하고 오히려 대의제를 무색케 할 정도로, 직접적인 의사결정방식이 국민적 호응을 받으며, 최고선인 양 다루어지고 있다. 시행될 주민투표제가 과연 대의민주제의 보완이라는 순기능과 그것의 몰각이라는 역기능 가운데 어느 쪽을 더 많이 초래할지는 당연히 예단할 수 없다. 한편 이제 주민투표법안이 성안된 이상, 논의의 방향을 주민투표제의 기능이나 당위성에 맞추어선 곤란하다.[5] 그것이 현행의 공법질서속에서 어떻게 법적 문제점없이 정착될 수 있는지가 관건이다. 당연히 이에 대한 섬세한 법리적 논구가 우선적으로 요구된다. 이하에선 이런 인식을 바탕으로 하여 주민투표법안의 문제점을 살펴보고자 한다.

Ⅱ. 地方自治法 제13조의2(현행 제14조)의 法的 問題點

주민투표제의 근거규정인 지방자치법 제13조의2(현행 제14조)가 1994.3.16.에 도입된 후에는 주민투표법의 제정만이 요술피리인 양 관심의 대상이 되었다. 지방자치법

---

2) 그 가운데 특히 김명연, 주민직접참여의 활성화를 위한 법제정비방향, 한국법제연구원 연구보고, 1999.12; 김영삼, 주민참정제도에 관한 고찰-주민투표와 주민소환을 중심으로, 기본권 · 국가 · 헌법, 허경교수 화갑기념논문집, 1999; 김희곤, 지방자치법상 주민투표제도의 의의 및 과제, 공법연구 제27집 제1호, 1998.12; 류호상, 지방행정에 있어 주민참여활성화를 위한 주민투표제도의 도입방안 연구, 한국행정학보, 한국행정학회, 2001년 하계학술대회 발표논문집; 박영도, 주민투표법의 입법방향, 한국법제연구원 현안분석(96-2), 1996.11; 손혁재, 주민투표법의 바람직한 제정방향, 법과 사회, 1996년 상반기; 신봉기, 한국과 일본의 지방자치법상의 주민투표제도에 관한 연구-주민투표에 있어서의 권리구제를 중심으로-, 공법연구 제28집 제4호 제2권, 2000.6; 안성호, 시민투표의 이론적 기초와 쟁점, 자치행정 제153호, 2000. 12; 양석진, 정보사회와 직접민주주의, 법학연구 제10집, 한국법학회, 2002.12; 이기우, 주민투표제도의 입법방향. 공법연구 제27집 제1호, 1998.12; 이상팔, 주민투표제도의 필요성과 문제점 분석, 한국행정학회, 1998년 춘계학술대회발표문; 이용우, 분권시대에 부합하는 주민소환제 도입방안, 지방자치 통권 제177호, 현대사회연구소, 2003.6; 최봉석, 주민참여의 고양과 지방의회의 활성화", 한림법학Forum 제11권, 2002; 동인, 지방자치 행정결정절차에 대한 주민참여, 공법연구의 최근동향, 한국공법학회발표문, 2001.2 참조.

3) 여기서의 "직접민주주의(민주제)"란 국민의 직접적인 지배권한으로 이해하고자 한다. 다만 이를 광의로 파악하여 사안 자체의 물음(Sachfragen)에 대한 국민의 표결뿐만 아니라, 국민의 직접적인 인적 결정 가령 국민선출까지도 포함시키기도 한다. 그리하여 v. Arnim은 게마인데에서의 직접민주제의 형식으로 주민결정, 시장의 직접선출, 누적 · 연기식의 투표제를 들고 있다. Ders., Möglichkeiten unmittelbarer Demokratie auf Gemeindeebene, DÖV 1990, S.85(85ff.).

4) 이것의 법적 문제점에 관해선 졸고, 방사성폐기물관리시설 부지선정의 법적 문제점에 관한 소고, 법률신문 제3194호, 2003.8.14, 14면.

5) 한편 비록 늦었다 하지만, 이제라도 직접민주제적 요소의 도입을 표방하는 주민투표제가 대의제적 근간을 내용으로 하는 전체 공법질서속에서 과연 조화로울 수 있을 지에 관해 심도있는 논의가 진행될 필요가 있다. 지방자치의 보장이 결코 대의제적 근간을 넘어설 순 없다.

에서 그 제도의 도입이 예정된 이후 근 10년 가까이 흘러 비로소 주민투표법이 성안되었다는 점에 사로잡혀, 지방자치법 제13조의2가 내포한 법적 문제점을 간과해선 곤란하다. 관선 자치단체장의 시대가 가고 민선 자치단체장의 시대가 1995.6.27 이른바 4대 지방선거를 통해 출범한 점을 감안하면, 주민투표제의 근거규정인 지방자치법 제13조의2가 민선 자치단체장의 시대가 열리기 전(1994.3.16)에 도입된 데는 나름대로의 함의가 있을 수 있다. 주민투표제의 형성을 전적으로 법률에 맡김으로써 그간 10년에 가까운 세월동안 소모적인 공방의 구실을 제공한 점보다는, 조례제정을 통한 주민투표제의 시행이 원천적으로 봉쇄된 사실에 더욱더 주목해야 한다. 그 증좌가 바로 동조 제2항이다. 다시 말해, 동항은 동조 제1항에서 표명된 주민투표제의 도입을 법제도로서 정착하기보다는 오히려 그저 정치적 차원에서 머물게 만들었다.[6)]

행정법차원에서 지방의 주도로 국가의 틀을 바꾼 소중하고 획기적인 예가 있다. 바로 행정(정보)공개제도이다. 청주시의회가 1991.12.26.에 공포한 「청주시행정정보공개조례」를 계기로 촉발된 다툼에서, 대법원은 「지방자치단체는 그 내용이 주민의 권리의 제한 또는 의무의 부과에 관한 사항이거나 벌칙에 관한 사항이 아닌 한 법률의 위임이 없더라도 조례를 제정할 수 있다 할 것인데 청주시의회에서 의결한 청주시행정정보공개조례안은 행정에 대한 주민의 알 권리의 실현을 그 근본내용으로 하면서도 이로 인한 개인의 권익침해 가능성을 배제하고 있으므로 이를 들어 주민의 권리를 제한하거나 의무를 부과하는 조례라고는 단정할 수 없고 따라서 그 제정에 있어서 반드시 법률의 개별적 위임이 따로 필요한 것은 아니다」, 「행정정보공개조례안이 국가위임사무가 아닌 자치사무 등에 관한 정보만을 공개대상으로 하고 있다고 풀이되는 이상 반드시 전국적으로 통일된 기준에 따르게 할 것이 아니라 지방자치단체가 각 지역의 특성을 고려하여 자기고유사무와 관련된 행정정보의 공개사무에 관하여 독자적으로 규율할 수 있다」고 판시하였다.[7)] 이를 계기로 "공공기관의정보공개에관한법률"이 1996.12.31. 제정 · 공포되었다. 이런 저간의 사정을 고려할 때, 만약 현행의 지방자치법 제13조의2 제2항 아니 동조 자체가 없었다면 분명 이른바 "주민투표조례"가 벌써 출현했을 것이라고 여겨진다. 이 점에서, 지방자치법 제13조의2는 주민투표제의 도입의 근거로서 기능하기보다는, 오히려 그것의 도입을 가능한 저지하고 반감시키는 일종의 연막제나 물타기수단과 같은 역할을 하였다고 하겠다. 따라서 국민참여시대에 부응하는 주민투표제의 올바른 도입은 그저 주민투표법의 제정만으로 이루어지진 않

6) 종전에 지방자치법이 주민투표제의 도입가능성을 명문으로 제시한 이후에 이를 구체화하는 입법화 방안과 관련하여 여러 견해가 주장되었다. 이런 논의의 현황에 관해선 신봉기, 앞의 글, 403면 이하 참조.

7) 대법원 1992.6.23. 선고 92추17판결. 이 판례의 상세 및 평석에 관하여는 김남진, 행정법의 기본문제, 1994, 1142면 이하 참조.

고, 지방자치를 보장하기 위한 기본법인 지방자치법의, 다시 말해 동법 제13조의2의 정비가 선행적으로 또는 동시적으로 이루어져야 한다. 이런 문제인식은 뒤에서 보듯이, 주민투표법안의 규율범위의 문제점에 관한 논의에서 출발점이 된다.

그런데 지방자치법 제13조의2의 도입이후 근 10년을 주민투표법의 제정을 둘러싼 공방으로 보내기보다는 차선일망정 해결책이 도모될 필요가 있었다. 이런 논의에서 출발점은 주민투표법을 예정하고 있는 지방자치법 제13조의2 제2항의 존재이다. 즉, 동항이 과연 어떤 식의 주민투표라도 봉쇄하는 것인지? 주민투표를 과연 늘 법률레퍼렌뎀처럼 주민표결에 의한 종국적이거나 공동적인 구속력있는 결정으로 同値시켜야 하는가? 주민투표나 주민표결은 주민의 투표행위에 의한 의사결정의 양상을 전반적으로 아우르는 개념일 뿐, 여기에 투표결과의 구속력있는 확정력이 반드시 수반되진 않는다. 다시 말해, 투표결과에 법적 구속력을 부여하지 않는다면, 법률유보의 원칙과의 마찰은 처음부터 전혀 생기지 않는다.[8] 이런 주민투표의 모습은 바로 자문적 주민질의이며, 이것은 이제까지 비공식적으로 빈번히 시행되고 있다. 요컨대 (비구속적인) 자문적 질의(konsultative Befragung)에 해당하는 이 같은 국민(주민)투표는 법률의 제정을 기다리지 않고도 시행될 수 있으며, 지방자치차원에선 굳이 조례에 의하더라도 전혀 문제가 되지 않는다. 정부가 자신의 정책을 국민(주민)의 의사에 맞추겠다는데 무엇이 문제인가? 물론 투표결과가 정치적 결정에 대해 사실적으로 영향을 미치는 것은 사실이나 그것은 법적으로 논외이다. 우리 헌법재판소와 대법원은 지방자치법 제13조의2상의 주민투표를 기본적으로 임의적 청문절차의 일종으로 보고 있다. 이런 법상황속에서 불완전한 주민투표일 망정 이를 조례를 통해 제도화하려는 길을 모색하지 않은 채, 별로 관심없는 정치권에 대해 주민투표법의 제정만을 기다리면서 지난 10여년이 흘렀다고 하겠다. 또한 외국의 법제도를 우리의 법상황에 그대로 투영한 나머지 더 이상의 진보가 이루어지지 않은 점도 있다. 입법정책적으로 보자면, 만약 조례에 의해 자문적 주민질의가 일찍부터 제도화되었다면, 그동안에 주민의 각성에 의거하여 좀더 나은 제도적 개선이 이루어져, 가령 주민투표법의 제정이나 공동결정적 주민투표제, 기타 지방자치를 신장하는 많은 제도가 이미 실시되었으리라 추단한다.[9] 국민(주민)질

8) Christian Pestalozza, Volksbefragung-das demokratische Minimum, NJW 1981, S.733(735). 동지: 최봉석, 주민참여의 고양과 지방의회의 활성화, 45면. 한편 Pestalozza는 국민표결 전반을 Referendum으로 파악하여 자문적 국민질의(Volksbefragung)도 자문적 레퍼렌덤이나 불완전한 레퍼렌덤으로 표현한다. 그러나 Ingwer Ebsen은 자문적일 망정 국민표결(Volksabstimmung)은 국가적 활동이고 다른 국가기관에 고강도의 사실적 구속성을 미치는 점을 근거로, 국민이 표결권한을 가질 것인지 여부의 결정은 의회의 본질적 결정사항이라면서 반드시 법률유보가 관철되어야 함을 강조한다. Ders., Abstimmungen des Bundesvolkes als Verfassungsproblem, AöR 110, 1985, S.2(20ff.).

9) 한편 주민투표제를 어떻게 형성할 것인지와 관련해선 입장이 다르지만, 김희곤 교수는 주민투표조례를 통해 주민투표법의 제정을 유도할 것을 주장하였다. 동인, 앞의 글, 484면,

의 특히 자문적 국민질의(자문적 레퍼렌덤)가 "민주제의 최소한"이라는 Pestalozza의 주장에, 새삼 "민주정치의 훈련장으로서의 지방자치"의 의의가 되새겨진다.

Ⅲ. 住民投票法制上의 住民投票의 性格

1. 지방자치법 제13조의2(현행 제14조)상의 주민투표제의 성격[10)]

(1) 헌법재판소와 대법원의 기존의 태도

주민투표법안상의 주민투표제는 주민이 주민투표를 통해 지방자치에 참여하는 것인데, 이런 참여방식이 일반적으로 언급되는 직접민주제의 직접적인 구현형태인지 아니면 직접민주제적 요소의 반영에 불과한지 검토되어야 한다. 전자로 보기 위해선 주민의 참여가 공기관을 갈음하여 또는 병행하여 최종결정적 내지 공동결정적 징표를 띄어야 하고, 반면 후자로 보기 위해선 주민의 참여가 최종결정에 대한 협력에 그쳐야 한다. 우선 지방자치법 제13조의2가 어떠한 주민투표를 상정하고 있는지 검토되어야 한다.

이 물음에 대해 일부 문헌에선 전자의 관점에서 접근하지만, 헌법재판소는 여기서의 주민투표절차를 임의적인 청문절차로 봄으로써 기본적으로 후자의 입장에 섬을 분명히 한다:「지방자치단체의 폐치(廢置) · 분합(分合)에 관련한 지방자치법 제4조 제2항 및 제13조의2 제1항 소정절차는 이른바 청문(聽聞)절차로서 자치단체와 그 주민은 그 자신의 이해관계와 관련하여 의견을 표명할 기회를 주어야 한다는 것이다. 그러나 그러한 의견개진의 기회부여는 지방자치단체간 통합의 본질적 내용에 관한 사항과 그 근거에 관하여 이해관계인에게 고지하고 그에 관한 의견의 진술기회를 부여하는 것으로 족하고 그 진술된 의견은 국회에 입법자료를 제공하여 주는 기능은 하되, 입법자가 그 의견에 반드시 구속되는 것은 아니다. 또한 지방자치단체의 폐치 · 분합을 규정한

---

10) 한편 주민투표제의 성격 등 관련 물음에 관한 논의를 함에 있어서 (주민이나 국민)"투표"의 정의를 한번 살펴보고자 한다. 투표의 사전적 의미는「선거 또는 採決할 때 각 사람의 의사를 투표 용지에 표시하여 투표함에 넣은 일」이고, '채결' 이란 의장이 의안의 채택여부를 의원들에게 물어 결정함을 의미한다(엣센스 국어사전 1996, 2503면, 2698면). 통상 법에선 투표를 선거에 대비시켜 사용하고 있지만, 선거 또한 표를 던져서 특정인을 선출하는 방식이기에 그 자체로 투표와 대비시키는 것은 약간의 무리가 따른다. 아마도 독일 용어인 "Abstimmung"을 日人들이 "투표"로 번역하여 오늘에 이르렀다고 짐작되는데, 이즈음에 과연 이것이 본질에 부합하는지 곱씹어 볼 필요가 있다. "Abstimmung"에 투표란 용어에 해당하는 'Stimmabgabe' 적 측면이 있긴 하나, 그런 과정적 측면보다는 이 투표를 통해서 어떤 것에 관한 결정을 내리게 한다는 데 더 비중이 주어진다. 그리고 국민 · 주민투표란 용어는 국민 · 주민표결에 비하면 법적 의미가 덜 배어 있다. 이 점에서 "Abstimmung"을 -비록 선거 또한 표로 정해지는 것이라는 정당한 반문에도 불구하고- '표결' 로 옮기는 것이 더 낫다고 생각한다. 요컨대 법률상으로도 무취한 국민 · 주민투표가 아닌 국민 · 주민표결이란 용어가 사용되었으면 한다. 다만 주민투표가 주민표결을 포함한 주민의 투표양상 전반을 아우를 수 있기에, 그런 의미에서의 주민투표나 주민투표법제란 용어는 무방하게 여겨진다.

법률의 제정과정에서 주민투표를 실시하지 아니하였다 하여 적법절차(適法節次)원칙을 위반하였다고 할 수 없다」,[11] 「지방자치법(地方自治法) 제4조 제2항은 지방자치단체(地方自治團體)를 폐치(廢置)·분합(分合)할 때 관계 지방자치단체(地方自治團體)의 의회(議會)의 의견을 들어야 한다고 규정하고 있고 국회는 위 법률을 제정함에 있어서 중원군의회(議會)의 의견을 들었으므로 위 규정에 의한 절차(節次)는 준수된 것이고 그 결과는 국회가 입법할 때 판단의 자료로 기능하는 데 불과하며, 주민투표(住民投票) 실시에 관한 지방자치법(地方自治法) 제13조의2는 규정문언상 임의규정으로 되어 있고 아직 주민투표법(住民投票法)이 제정되지도 아니하였으며 주민투표절차(住民投票節次)는 청문절차(廳聞節次)의 일환이고 그 결과에 구속적 효력이 없으므로, 이 사건 법률의 제정과정에서 주민투표(住民投票)를 실시하지 아니하였다 하여 적법절차원칙(適法節次原則)을 위반하였다고 할 수 없다」.[12]

(2) 기존 태도의 변화가능성 여부

여기서의 주민투표를 적법절차차원에서 바라보는 헌법재판소의 태도(이상의 결정상의 반대의견의 경우에도 마찬가지듯이다)가 장차 주민투표법이 발효된 후에도 그대로 유지될 수 있는가? -주민투표법안상의 주민투표제의 성격에 관한 논의(후술)와는 별도로- 만약 주민투표법안상의 주민투표제가 공동결정적 요소를 담고 있다면, 기왕의 헌법재판소의 태도가 바뀔 것인가(또는 바뀌어야 하는가)?

그런데 주민투표법안상의 주민투표의 성격이 공동결정적이라 여겨진다 하더라도 헌법재판소의 기왕의 입장에 변화가 오지 않을 것이며, -우리 헌법상의 대의제에 관한 기본인식을 고수한다면- 변화가 와선 안 된다. 왜냐하면 이미 헌법재판소는 「헌법 제117조 및 제118조가 보장하고 있는 본질적인 내용은 자치단체의 보장, 자치기능의 보장 및 자치사무의 보장으로 어디까지나 지방자치단체의 자치권으로 헌법은 지역 주민들이 자신들이 선출한 자치단체의 장과 지방의회를 통하여 자치사무를 처리할 수 있는 대의제 또는 대표제 지방자치를 보장하고 있을 뿐이지 주민투표에 대하여는 어떠한 규정도 두고 있지 않다. 따라서 우리의 지방자치법이 비록 주민에게 주민투표권(제13조의2)과 조례의 제정 및 개폐청구권(제13조의3) 및 감사청구권(제13조의4)을 부여함으로써 주민이 지방자치사무에 직접 참여할 수 있는 길을 열어 놓고 있다 하더라도 이러한 제도는 어디까지나 입법자의 결단에 의하여 채택된 것일 뿐, 헌법이 이러한 제도의 도입을 보장하고 있는 것은 아니다. 그러므로 지방자치법 제13조의2가 주민투표

11) 헌재1995.3.23. 94헌마175결정: 경기도남양주市등33개都農複合형태의市설치등에관한법률第8條違憲確認.
12) 헌재1994.12.29. 94헌마201결정: 경기도남양주시등33개都農複合形態의市設置등에관한法律第4條違憲確認.

의 법률적 근거를 마련하면서, 주민투표에 관련된 구체적 절차와 사항에 관하여는 따로 법률로 정하도록 하였다고 하더라도 주민투표에 관련된 구체적인 절차와 사항에 대하여 입법하여야 할 헌법상 의무가 국회에게 발생하였다고 할 수는 없다」[13]라고 판시함으로써, 주민투표제를 대의제나 대표제와 동일한 차원에서 논하는 것에 대해서 부정적인 태도를 취하기 때문이다.

또한 대법원 역시 「지방자치법상의 의회대표제하에서 의회의원과 주민은 엄연히 다른 지위를 지니는 것으로서 의원과는 달리 정치적, 법적으로 아무런 책임을 지지 아니하는 주민이 본회의 또는 위원회의 안건 심의중 안건에 관하여 발언한다는 것은 선거제도를 통한 대표제원리에 정면으로 위반되는 것으로서 허용될 수 없고, 다만 간접민주제를 보완하기 위하여 의회대표제의 본질을 해하지 않고 의회의 기능수행을 저해하지 아니하는 범위 내에서 주민이 의회의 기능수행에 참여하는 것 - 예컨대 공청회에서 발언하거나 본회의, 위원회에서 참고인, 증인, 청원인의 자격으로 발언하는 것-은 허용된다」[14]라고 판시하였기에, 공동결정적 주민투표제에 대해선 헌법재판소와 비슷한 입장을 취하리라 여겨진다.

결국 현재의 사법기관의 기본태도에 비추어 보자면, 주민투표법안상의 주민투표에 독일에서의 주민투표제인 "주민발의(요구)"(Bürgerbegehren)와 "주민결정(표결)"(Bürgerentscheid)에 관한 논의를 그대로 대입하는 것은 문제를 유발할 가능성이 있으며, 특히 그런 취지의 주민투표법(안)은 자칫 헌법재판소에 의해 위헌의 소용돌이에 빠질 우려도 있다. 그러면 우리 현행의 공법질서에서 독일식의 주민투표제가 전혀 허용될 수 없는가? 이 물음은 현재의 사법기관의 기본태도에 대한 것인데 뒤에서 살펴보고자 한다.

2. 주민투표법안상의 주민투표의 성격

(1) 주민표결(투표)권인가? 주민투표참여권인가?

이 물음에 출발점은 우선 동법안상의 관련 규정에서 찾아야 한다:

「제9조(주민투표의 실시요건) ①지방자치단체의 장은 주민 또는 지방의회의 청구에 의하거나 직권에 의하여 주민투표를 실시할 수 있다.

제24조(주민투표결과의 확정) ⑤지방자치단체의 장 및 지방의회는 주민투표 결과 확정된 내용대로 행정 · 재정상의 필요한 조치를 하여야 한다.

13) 헌재 전원재판부 2001.6.28. 2000헌마735결정.

14) 대법원 1993.2.26. 선고 92추109판결: 완주군의회회의규칙중개정규칙재의결취소등.

⑥지방자치단체의 장 및 지방의회는 주민투표 결과 확정된 사항에 대하여 2년 이내에는 이를 변경하거나 새로운 결정을 할 수 없다. 다만, 제1항 단서의 규정에 의하여 찬성과 반대 양자를 모두 수용하지 아니하거나, 양자택일의 대상이 되는 사항 모두를 선택하지 아니하기로 확정된 때에는 그러하지 아니하다.」

먼저 지방자치법 제13조의2(현행 제14조)가 동법 제13조상의 주민의 권리처럼 주민의 직접적인 권리로서의 "주민표결(투표)권"(Bürgerabstimmungsrecht)을 규정하였는지 여부가 검토되어야 한다. 왜냐하면 이것이 긍정되어야 주민투표의 공동결정적 징표의 존재가 확인되고, 나아가 -입법자에게도- 주민투표 결과의 구속력까지 당연히 요구될 수 있기 때문이다. 그런데 이것의 부정을 주민투표의 공동결정적 징표의 물음에 대한 부정으로 보는 것은 당연하나, 주민투표 결과의 구속력의 물음에 대한 부정까지 연계시켜선 안 된다. 즉, 주민의 직접적인 권리로서의 "주민투표권"이 부정된다 하더라도, 입법자는 그의 입법형성의 여지에서 주민투표 결과에 구속력을 부여할 수 있다 하겠다. 지방자치법 제13조의2(현행 제14조) 제1항은 지방자치단체의 장이 일정한 사항에 대하여 "주민투표를 붙일 수 있다"고 규정하고 있기에, 주민의 주민투표(표결)권은 지방자치단체의 장의 주민투표부의권 행사에서 비롯되며 그 부의권 행사 역시 지방자치단체의 장의 재량행위이다. 따라서 현재의 법상황에서 주민의 주민투표권을 주민의 직접적 권리로서의 '공공시설이용권', '균등하게 행정의 혜택을 받을 권리', '선거에 참여할 권리'. '조례의 제정 · 개폐청구권' 에 비견한 것으로 보는 것은 지양되어야 한다. 그러기에 오히려 지방자치단체의 장의 부의권을 전제로 한 '주민투표참여권' 이 그 본질에 부합하지 않을까 조심스럽게 판단된다.[15] 요컨대 독일의 대부분 주의 게마인데법(GO)을 보자면. 가령 바이에른주의 게마인데법(GO) 제18조a 제1항이, 「게마인데주민은 게마인데의 고유한 활동영역의 사무에 대해서 주민결정(표결)-Bürgerentscheid-을 요구할 수 있다(주민발의(요구))-Bürgerbegehren-」고 규정하고 있는 점은 우리 지방자치법상의 주민투표의 성격을 가늠하는데 결정적인 시사점을 던진다. 한편 주민투표법안 제9조 제1항이 주민의 청구에 기하여 주민투표가 부의될 수 있음을 규정하고 있지만, 이것을 갖고서 주민의 직접적인 권리로서의 "주민표결(투표)권"이 인정된다고 보는 것은 무리이다. 왜냐하면 주민투표법은 그것을 규정하고 있는 지방자치법을 넘어설 수 없기 때문이다.

주민투표에 대해 공동결정적 징표를 부여하기 위해선, 주민투표결과에 대해서 지

---

15) 이런 논의는 헌법상의 국민투표(표결)권에 관한 논의에서도 주효할 수 있다. 요컨대 이런 입장에 서면, 헌법개정안에 대한 국민투표의 경우(헌법 제130조 제2항, 제3항)와 국가안위에 관한 중요정책에 대한 국민투표의 경우(헌법 제72조)를 그것의 성질, 결과의 구속력 등에서 달리 다루어야 한다.

방자치단체의 기관의 결정(권한행사)에 갈음한 또는 그에 병행한 법효과가 직접적으로 부여되어야 한다. 독일 대부분 주의 게마인데법을 보자면, 가령 바이에른주의 게마인데법(GO) 제18조a 제13항은 주민표결(결정)-Bürgerentscheid-은 게마인데의회의 의결의 효력을 가짐을 규정함으로써, 그들의 주민투표가 게마인데의회와 공동으로 자치사무를 결정하는 것임을 분명히 하고 있다. 그런데 주민투표법안 제24조 제5항(지방자치단체의 장 및 지방의회는 주민투표 결과 확정된 내용대로 행정 · 재정상의 필요한 조치를 하여야 한다)과 제6항(지방자치단체의 장 및 지방의회는 주민투표 결과 확정된 사항에 대하여 2년 이내에는 이를 변경하거나 새로운 결정을 할 수 없다.…)에 따라서, 확정된 주민투표결과가 구속력을 갖는다는 점을 들어 지방자치법과 주민투표법안상의 주민투표가 독일의 주민투표제에 비견된다고, 다시 말해 공동결정적 성격을 가진다고 주장할 법하다.

그러나 관련조항을 자세히 살펴보면, 독일에서의 법상황과 우리의 그것에는 간과해선 안될 결정적인 차이점이 있는데, 바로 독일에서의 주민표결(결정)-Bürgerentscheid-은 그 자체로서 지방의회의 의결로서 종국적인 효과를 발생시키지만, 우리의 경우에는 투표결과가 지방자치단체의 장과 지방의회의 의사결정을 후속적으로 구속하긴 하나, 그들의 의사결정과 환치되지 않는다. 요컨대 주민투표결과의 (최종결정에 대한) 구속력만으로는 본래의 주민투표제가 지닌 공동결정적 징표를 그대로 끌어낼 순 없다. 물론 사실상으론 이런 징표를 다소간 드러냄이 인정될 수밖에 없는데, 이런 결과는 후술하듯이 과연 현행 공법질서속에서 공동결정적 성격을 지향하는 본래의 주민투표제가 허용될 수 있는가에 관해서 시사점을 제시한다.

(2) 지방자치법과 주민투표법안상의 주민투표제의 본질

그렇다면 과연 우리의 지방자치법과 주민투표법안상의 주민투표제의 본질은 무엇인가? 결론적으로 일찍이 이상에서 본 헌법재판소 결정이 제시한 바와 같이, 그것의 본질은 바로 청문절차, 또한 동일한 의미로 독일에서의 주민질의(Bürgerbefragung)나 주민청문(Bürgeranhörung)이라 하겠다. 이런 형태의 주민참여는 구체적인 지방정책적 문제제기에 대한 주민의사를 조사하는 것을 목표로 삼기에, 직접적 민주주의와 대의적 민주주의간의 교차점인 셈이다. 독일 게마인데법상으로 주민질의가 명시적 규율되기도 하나,[16] 명문의 근거없이도 가능하고 심지어 강제되지 않는다. 그것은 원천적으로 지방자치단체의 전권한성과 자기책임성 및 조직고권에서 정당화될 수 있다. 그리고 주민질의에 대해선 법적인 구속력(구속효)이 인정되지 않지만, 사실상 당해 기관

16) Vgl. § 22d Satz 1 Niedersächsisches Gemeindeordnug; § 9 Abs.8 Gemeindeordnug für das Land Brandenburg.

에 대해 강한 결정압력이 가해진다. 그리하여 Alfons Gern은 피선기관의 결정의 자유를 포함하는 대의제 민주주의의 원칙을 고려하여 이 같은 제도의 도입이 자제되어야 한다고 주장한다.[17]

그런데 주민투표의 본질을 주민질의로 본다면, 그것의 결과에 구속력을 부여함이 문제될 수 있다. 독일에서의 주민질의가 자문적 주민질의(konsultative Bürgerbefragung)를 의미하듯이, 주민질의 그 자체에 반드시 결과의 구속력을 부여하도록 요구되지 않는다. 반면 입법자가 입법형성의 자유안에서 결과의 구속력을 부여하는 것도 문제되지 않는다. 입법자가 주민투표결과가 다름 아닌 주민의사의 집약임을 감안하여, 주민투표결과의 구속력을 인정함으로써 법치국가원리의 내용인 법적 안정성과 신뢰보호를 도모할 수 있다. 즉, 주민투표의 결과에 대해 구속력을 부여함은 오로지 입법자의 판단사항이되, 그것의 본질이 주민질의인 이상, 그 결과의 구속력의 부여를 입법자에게 요구할 순 없다. 요컨대 주민투표법상의 주민투표결과의 구속력인정이 –일단– 현재의 주민투표의 질의적(청문적) 본질에 배치된다고 볼 수 없을 뿐 더러, 현재의 주민투표의 본질을 공동결정적 성격으로 변화시키는 것도 아니다. 즉, 주민투표법안상의 주민투표제는 기왕의 헌법재판소 태도와 배치되지 않는다 하겠다. 결론적으로 조심스럽게 표현하자면, 주민투표법안상의 주민투표제는 일단 자문적 · 구속적 주민질의에 해당한다.[18] 문제는 주민투표결과의 구속력의 내용이다(후술).[19]

3. 현행 공법질서상 공동결정적 주민투표가 허용되지 않는가?

(1) 헌법재판소와 법원의 예상 입장

비록 주민투표법안이 –그 내용에 논란은 있을 수 있지만– 투표결과의 구속력을 인정함으로써 주민투표제가 보통의 청문절차와는 분명한 차이를 지녀 본래의 주민투표

17) ders., Kommunalrecht, 7. Aufl., 1998, Rn.325.

18) 여기서 '조심스럽게"란 표현에는 필자의 절충적 입장을 피력한 것이다. 과연 이런 일견 모순적인 성격의 부여가 과연 정당한지 여부는 세심한 숙고가 필요하다.

19) 그런데 이상의 논의를 헌법상의 국민투표에 끌어들일 때 유의하여야 할 점은, 우리 헌법이 국민투표의 경우에 대해 달리 규정하고 있다는 것이다. 즉, 헌법개정안에 대한 국민투표의 경우(헌법 제130조 제2항, 제3항)는 헌법개정을 확정짓는다는 점에서 공동결정적 성격을 가지나, 국가안위에 관한 중요정책에 대한 국민투표의 경우(헌법 제72조)에는 그 국민투표결과의 구속력에 대해 전혀 언급한 바가 없고 국민이 권리행사로서 국민투표를 요구할 수도 없기에 이는 국민의 국정협력을 구하기 위한 자문적 국민질의에 다름 아니다. 만약 헌법 제72조와 관련하여 국민투표법이 주민투표법안에서처럼 투표결과의 구속력을 규정한다면 그것의 성격이 달라질 수 있는가? "不可하다" 왜냐하면 헌법보다 하위인 법률에서 헌법의 내용을 변경하는 것은 허용되지 않을 뿐더러 현행 헌법 제72조는 지방자치법 제13조의2(현행 제14조) 와는 달리 국민투표와 관련한 사항을 따로 법률로 정함을 예정하고 있지 않기 때문이다. 따라서 국민투표법은 행정규범(행정입법)인 집행명령과 마찬가지로 국민투표의 시행에 필요한 구체적인 절차 · 형식 등을 규정할 수 있을 뿐, 만약 국민투표의 대상이나 투표결과 등과 같이 내용과 관련한 사항을 담는다면 이는 위헌에 해당한다.

제가 지향하는 공동결정적 요소를 다소간 담고 있다 하더라도, 이는 주민투표의 본연의 모습과는 거리가 있다. 왜냐하면 이런 식의 제도는 행정절차법 차원에서도 충분히 운용될 수 있기 때문이다. 현행 지방자치법상의 주민투표제를 현재의 자문적 주민질의수준을 넘어서 진정한 의미 주민결정으로 법제화하는 경우, 관련규정의 제 · 개정이 과제인데, 이 물음은 행정법이나 지방자치법차원을 넘어서 헌법을 포함한 전체 공법적 주제이다. 왜냐하면 민주주의, 대의제, 지방자치의 보장 등이 복합적으로 교차하며 관련되기 때문이다. 따라서 과연 본래의 주민투표제 다시 말해 독일에서 행해지는 공동결정적인 주민투표제(주민발의와 주민표결)가 우리의 공법질서에서 허용되지 않는지 여부에 초점이 맞추어야 한다.

전술한 바와 같은 헌법재판소와 법원의 기존태도에 변함이 없는 한, 그들의 입장을 예상하기란 어렵지 않다. 분명 "허용되지 않는다"고 할 것이다. 대법원 1993.2.26.선고 92추109판결에서 대법원은, 지방자치법상의 의회대표제하에서 의원과는 달리 정치적, 법적으로 아무런 책임을 지지 아니하는 주민이 본회의 또는 위원회의 안건심의 중 안건에 관하여 발언한다는 것은 선거제도를 통한 대표제원리에 "정면으로" 위반되는 것으로서 허용될 수 없고, 공청회에서 발언하거나 본회의, 위원회에서 참고인, 증인, 청원인의 자격으로 발언하는 것 정도만을 간접민주제를 보완하기 위하여 의회대표제의 본질을 해하지 않고 의회의 기능수행을 저해하지 아니하는 범위 내에서 주민이 의회의 기능수행에 참여하는 것으로 보았다. 따라서 공동결정적 주민투표의 인정은 전혀 기대하기 어렵다. 그리고 헌법재판소는 특히 과거 주민투표법제정의 부작위의 위헌을 다툰 2001.6.28, 2000헌마735결정에서, 지방자치사무에 관한 주민의 직접참여를 위한 제도의 도입을 헌법이 명문으로 보장하지 않더라도 입법자의 결단에 의해서 채택할 수 있음을 긍정한 다음, 지방자치법상의 주민투표권(제13조의2: 현행 제14조)과 조례의 제정 · 개폐청구권(제13조의3: 현행 제15조) 및 감사청구권(제13조의4: 현행 제16조)을 그 예로 들지만, 헌법 제117조와 제118조에 의해 보장하는 것이 대의제 또는 대표제 지방자치인 점과 헌법상의 주민투표에 관한 명문의 근거규정부재를 이유로 국회가 주민투표법제정의 헌법상의 의무를 지지 않음을 판시하였다. 동결정의 밑줄친 부분을 갖고서, 주민투표의 도입은 전적으로 입법사항이기에 공동결정적 주민투표제의 도입도 입법자의 형성의 자유에 해당한다고 주장할 법하다. 그러나 헌법재판소가 헌법 제117조 등에서 보장되는 본질적인 내용이 "어디까지나" 대의제 또는 대표제 지방자치를 보장하는 것일 뿐이고, 헌법이 주민투표에 관해 어떠한 규정도 두고 있지 않다고 강조한 점과 아울러 주민투표절차를 청문절차의 일환이라 보는 점에 비추어, 이미 헌법재판소는 대의제에 대비되는 주민투표제를 처음부터 상정하고 있지 않다고 여겨진다. 따라서 공동결정적 주민투표제의 도입은 당연히 헌법에 배치된다는 입장을 취할 것이다.

(2) 허용성 물음에 관한 논의의 착안점

과연 이런 사정에서 직접민주제를 표방하는 본래의 주민투표제가 그 기능에서 대의제를 보완하는 기능을 갖는다고 하는 일반적인 문헌상의 주장이 주효할 수 있는가? 일본국 헌법(제95조)이 하나의 지방공공단체만을 위한 특별법의 제정에 있어서 주민투표를 요구함으로써 주민투표에 관한 명문의 헌법적 근거를 마련한 것과는 달리, 우리의 경우 지방자치와 관련한 헌법 제117조와 제118조에서 주민투표에 대해 어떠한 단서도 찾을 수 없을 뿐더러 -헌법재판소 결정에 의하면- 여기선 지역 주민들이 자신들이 선출한 자치단체의 장과 지방의회를 통하여 자치사무를 처리할 수 있는 대의제 또는 대표제 지방자치를 보장하고 있을 뿐이라고 보기에, 본래의 주민투표가 도입되기란 거의 불가능에 가깝다. 비록 지방자치단체의 장과 지방의회간의 상호위상에 균형을 도모하고 민주주의를 신장하기 위하여 주민참여가 지방자치에서 불가결한 요소임이 강조되고, (본래의) 주민투표제가 직접민주제의 중핵으로서 그 도입의 필요성이 강력히 개진된다 하더라도, 그것의 제도화는 기존의 법질서와 또는 그 내부에서 충돌이 없어야 가능하다.

이 물음은 궁극적으로 본래의 주민투표제가 대의제원칙하에 수용될 수 있는지 여부와 어떻게 수용될 수 있는지 여부에 모아진다. 관건은 이미 대법원의 판시한 공식-간접민주제를 보완하기 위하여 (의회)대표제의 본질을 해하지 않고 대의기관(의회)의 기능수행을 저해하지 아니하는 범위 내에서 주민이 대의기관(의회)의 기능수행에 참여하는 것[20]-이다. 헌법상의 지방자치보장 그 자체로부터 본래의 주민투표제의 도입이 보장되는 것은 아니라 하더라도, 주민투표제의 형성이 전적으로 입법자에게 맡겨져 있는 이상, 입법자의 입법형성에 헌법상의 지방자치보장이 영향을 미치는 점은 당연하고 또한 요구된다. 헌법 제117조 및 제118조가 보장하고 있는 본질적인 내용이 자치단체의 보장, 자치기능의 보장 및 자치사무의 보장으로 본다면, 이들 규정의 이런 법적 의의는 현행 헌법, 입법자, (지방자치단체의 장과 지방의회를 포함한) 행정 그리고 사법을 구속한다.[21] 따라서 특히 헌법 제118조가 지방의회에 관해 특별히 규정하고 있다 하더라도, 이를 갖고서 지방자치단체의 자치권이 오로지 (의회)대의제에 의해서만 실현된다고 보는 것은 문제가 있다. 대의제와 결부시켜 직접민주제적 제도를 바라봄에

20) 대법원 1993.2.26.선고 92추109판결.

21) Vgl. E. Schmidt-Aßmann, in: Besonderes Verwaltungsrecht, 11.Aufl. 1999, 1.Aschnitt Rn.9.

있어서, 일단 전권한성과 자기책임성을 근간으로 하는 지방자치의 보장을 출발점으로 삼아야 한다.[22] 그런데 지방자치단체의 법정 기관 특히 대의기관이 본연의 기능을 제대로 수행하는 것도 자치권에 속하기에, 다른 한편으론 주민투표 등을 통한 (주민의) 직접참여가능성을 모색함에 있어서 입법자가 자치권이 공허해질 정도로 대의기관의 권능을 줄이는 것은 허용되지 않는다. 즉, 주민투표제는 공동결정적 주민투표제가 그 최대한이다.

(3) 독일에서의 논의현황

여기서 독일에서의 주차원에서의 직접민주제에 관한 논의는 시사점을 제시한다. 과거 Weimar 헌법이 취한 과도한 직접민주제적 제도로 인한 폐해와 히틀러시대 때의 암울한 기억으로 인해 현행 독일 기본법은 제29조에서 연방내의 경계변경과 관련하여 국민결정(Volksentscheid)을, 제118조에서 바덴뷔르템베르크 주의 통합과 관련하여 국민질의(Volksbefragung)를 규정할 뿐이다. 직접민주제의 확대에 대해, 일반적으로 그들 기본법 제28조 제1항 제1문 등에 표현된 대의민주제의 우위를 들어 부정적이나, 다른 한편에선 "국가권력이란 선거(Wahlen)와 표결(Abstimmung)에서 국민에 의해서 … 행사된다"고 규정한 그들 기본법 제20조 제2항 제2문을 우선적으로 거론하면서 적극적으로 옹호한다. 나아가 후자의 입장을 취하는 쪽에서도 그 구체적 내용에선 매우 분분한데, 일부는 법률에 의거한 모든 종류의 Plebiszite가 허용된다고 보며, 일부는 법률에 의거하든 연방정부의 의결에 의거하든 자문적 질의가 허용된다고 보며, 일부는 "특별히 중요한 물음"에서만의 Referendum을 허용한다고 본다.[23]

그런데 지방자치차원에선 사정이 다르다. 직접민주제의 도입에 대해 강력한 반대

---

22) 헌법에 의한 지방자치의 제도적 보장의 의의에 관해서는 특히 류지태, 지방자치의 제도적 보장론 소고, 고시연구 1993.10.-11.; 조성규, 지방자치제의 헌법적 보장의 의미, 공법연구 제30집 제2호, 2001.12. 참조.

23) 이런 사정에 관해선 P. Krause, in: Isensee/Kirchhof(Hrsg.), HdbSR Ⅱ, 2.Aufl. 1998.§39 Rn.1f. 한편 "Referendum"과 "Plebiszit"의 구분이 문제되나, Karl Hernekamp는 전자를 헌법에 의해서 직접적으로 규정된 국민의 권한으로, 후자를 국가적 기관에 의해 매개된 지배권한으로 구분지었다(ders., Formen und Verfahren direkter Demokratie, 1979, S.25, 31ff.: A. Weber, Direkte Demkratie im Landesverfassungsrecht, DÖV 1985, S.178 Fn.6에서 재인용). 그러나 "직접민주주의"(direkte Demokratie)의 의미로 "국민투표(표결)적 민주주의"(plebiszitäre Demokratie) 개념도 사용되기에 양자의 구별이 쉽지 않다. 아울러 "Referendum"(국민투표)과 "Volksentscheid"(국민결정)와의 용어상의 구분도 행해질 수 없으며, 오히려 이들은 "Volksabstimmung"(국민표결)을 위한 동의어로 사용되곤 한다. 이런 사정에 관해선 vgl. A. Weber, Direkte Demkratie im Landesverfassungsrecht, DÖV 1985, S.178f. 한편 한태연 교수님은 137면에 달하는 방대한 글(레퍼렌덤과 쁠레비시트, 동아법학 제5호, 1987, 1면 이하)에서 독일, 영국 그리고 미국에선 양자의 구별은 문제의 대상이 되지 않고 共用되나, 다만 영국과 미국에선 레퍼렌덤으로 통칭하고 있으며, 스페인에선 쁠레비시트라는 용어만이 사용되는 데 대해서, 프랑스에선 일찍부터 의식적으로 양자가 구별되어 사용되어 왔다고 한다. 가령 Duguit 등처럼 양자를 엄격히 구별하는 입장에 의하면, 레퍼렌덤은 법률 등의 제도에 대한 국민표결이라는 의미에서 직접민주제에의 하나의 수단을 의미하고, 쁠레비시트는 사람에 대한 그 주권위임의 국민투표라는 의미에서 대의제의 경향을 의미한다고 한다. 양자의 구별에 관해선 한태연 교수님의 글로 갈음하고 여기선 약하기로 한다.

자인 P. Kruse조차도 각주가 그들 주의 헌법을 형성함에 있어서 원칙적으로 자유롭다는 점을 시발로, 지방자치보장규정인 그들 기본법 제28조 제2항으로부터 州民(국민)투표적 결정형식으로 주의회의 본질적 임무를 박탈할 순 없지만, 이것이 주의 장의 州民(국민)선출이나, 州民(국민)요구 · 州民(국민)결정에 의한 경합적 입법까지 금지하는 것은 아님을 지적하였다. 그리고 주는 그들 헌법형성에서 구속되는 원칙(기본법상의 공화적, 민주적 사회적 법치국가의 제원칙)으로부터 순수한 대의민주제를 위한 어떠한 원칙적인 결단을 끌어낼 수 없으며, 연방차원에는 존재치 않는 州民(국민)투표적 요소의 배제도 마찬가지로 끌어낼 수 없다고 강조하였다. 그리하여 P. Kruse는 각주가 그들의 고유한 권한을 수행하는 한에 있어서 주헌법에 州民(국민)투표적 요소를 채용하고 강화하는 것이 기본법에 의해 제한되지 않는다고 한다. 그 결과 의회해산이나 일정한 입법을 목표로 한 州民(국민)발의 · 州民(국민)결정은 전혀 문제가 되지 않는다고 한다.[24)] 다만 P. Kruse는 헌법차원에서는 물론 지방자치차원에서도 자문적 國民 · 州民질의가 國民 · 州民주권의 원리와 법치국가원리와 일치하지 않기에 금지된다고 강조한다. 자문적 國民 · 州民질의에 대한 그의 적대감은 이를 인공양식의 잡종산물이나 기형아로 표현하면서, 개헌에 의해서도 도입되어선 아니 된다고 한 데서 여실하다.

한편 1995년 독일 Bayern주는 '지방적 주민결정의 도입을 위한 법률'을 발함으로써 그 당시의 Plebiszit경향에 동승하였는데, 典範격인 Baden-Württemberg주를 비롯한 다른 주와는 사뭇 다른 규정(가령 주민요구불허용대상이 적음, 비용조달제안의 결여, 주민요구의 조기정지효, 매우 낮은 주민요구정족수와 가결정족수의 완전한 결여, 3년이란 장기간의 구속효)을 둠으로써 과도하다고 여겨질 정도로 직접민주제에 접근하였다,[25)] 그런데 Bayern주 헌법재판소는 이들 규정 가운데 차단효, 구속효와 가결정족수와 관련해선 위헌이라고 판시하였다.[26)] 이 판결에 대해 Franz-Ludwig Knemeyer가 평석에 가까운 글을 썼으며,[27)] 특히 이를 기화로 W. Schmittt Glaeser는 지방적 차원에서의 주민표결의 한계를 논구하였다. 그는 우선 대의민주제적 체계안에서 직접민주제적 요소가 어느 (질적으로나 양적으로나) 정도로 가능한지에 관한 고찰에 문제의 초점을 맞추어야 한다고 강조하면서, 주헌법을 대의제를 바탕으로 하여 구성하였다고 하여 주민표결적

---

24) P. Kruse, a.a.O., Rn.17ff. 동지: Wilfried Erbguth, Verstärkung der Elemente unmittelbarer Bürgerbeteiligung auf kommunaler Eben, DÖV 1995, S.793(796f.); Rudolf Streinz, Bürgerbegehren und Bürgerentscheid, DV 16(1983) S.293(299ff.).

25) 반면 Stefan Muckel은 Bayern주에 비견하면서 Nordrhein-Westfalen주의 해당입법이 직접민주제의 강력한 수단이 되지 못함을 비판하였다. Ders., Bürgerbegehren und Bürgerentscheid-wirksame Instrumente unmittelbarer Demokratie in den Gemeinden?, NVwZ 1997, S.223ff.

26) BayVerfGH v.29.8.1997, BayVBl. 1997, S.622ff.

27) ders., Direkte Demokratie und funktionsfähige kommunale Selbstverwaltung, DVBl. 1998, S.113ff.

요소의 삽입이 배제되는 것은 아님을 분명히 한 다음, 그 삽입을 제한하는 원칙을 전개하였다. 즉, 대의기관이 우월성을 견지하여야 하며(우월성의 원칙, Dominanz-prinzip), 입법자는 대의제적 체계의 기본구조가 유지되고 손상당하지 않도록 주민투표적 규율(plebiszitäre Regelungen)을 주헌법에 맞추어 넣어야 한다(적응명령, Einpassungsgebot)고 주장하였다. 전자와 관련해선, -소극적 의미에선- 주민발의와 주민결정이 결코 지방적 대의기관에 대한 반대권력에 해당하지 않고, 기껏해야 민주적 지도권력의 병립이 일어날 뿐이라고 보며, 아울러 -적극적 의미에선- 본질적인 문제는 피선된 대의기관에 의해서 결정되어야 한다고 주장한다. 후자와 관련해선, 입법자가 대의민주제의 기본구조를 유의하고 보호할 의무를 진다는 점에서 특히 주민투표규정의 절차적 측면과 결부시켜 주민발의의 차단효(Sperrwirkung), 서명정족수, 가결정족수의 문제를 다루었다.[28] '국민지배라는 신화'의 목차가 보여주듯이, W. Schmittt Glaeser는 기본적으로 직접민주제적 요소의 도입에 그다지 호의적이진 않지만,[29] 그가 기술한 내용은 기존의 대의제와의 조화로운 접목을 위한 유익한 착안점을 제시한다.

(4) 管見

우리 헌법은 제72조에서 자문적 국민질의의 형태인 국민투표를 규정하고 있기에, 그와 관련한 독일에서의 논의를 그대로 채용하긴 어려우나, 주차원에서 직접민주제적 요소가 -처음에는 의문이 제기되었으나 이젠 완전히 정착되었다고 말할 수 있을 정도로- 대거 도입된 점은 우리에게 시사하는 바가 크다. 독일에선 직접민주제적 요소라 일컫는 지방자치단체장의 주민직접선출이 우리의 경우 처음부터 시행되어 온 점도 고려에 넣어야 한다. 국민투표에 관한 헌법 제72조의 본질이 자문적 국민질의에 해당하기 때문에, 본래의 주민투표의 도입에 그다지 기여하지 못할 수 있지만, 오히려 그것의 존재가 본래의 주민투표의 도입을 위한 전기가 될 수 있다(靑出於藍).

생각건대 이런 입장에서 보자면, 대의제와 본래의 주민투표제를 상호 대립적 관계가 아니라, 전자를 원칙으로 하되 상호 보완적 관계로 설정하여야 하기에,[30] 어떤 경우에도 대의기관이 집행기능 · 시행기능적 기관으로 전락해선 아니 된다. 문제의 관건

28) Ders., Grenzen des Plebiszits auf kommunaler Ebene, DÖV 1998, S.824ff. 한편 Rudolf Streinz 역시 (국민의 모든 직접적인 실체결정을 의미하는 것으로서의) Plebiszit의 조건이자 한계로서 대의제적 체계의 기능적 유용성이 유지될 것, 다수결의 원칙이 유지될 것, 주법률의 필수성, 게마인데사무에의 한정, 정치적 형성결정에의 한정, 위법한 목표가 없을 것을 적시하였다. Ders., a.a.O., S.293(301ff.).

29) 반대로 호의적인 문헌으론 vgl. Gerd Hager, Rechtspraktische und rechtspolitische Notizen zu Bürgerbegehren und Bürgerentscheid, VerwArch 1993, S.97ff.

30) Thomas v. Danwitz, Bürgerbegehren in der kommunalen Willensbildung, DVBl. 1996, S.134(135); v. Arnim, a.a.O., S.85(92).

은 본래의 주민투표제 자체의 허용성 여부가 아니라, 앞서의 대법원의 공식에 맞춰서 그것을 어떻게 형성할 것인지 여부이다. 본래의 주민투표제의 요체가 공동결정적 요소인 점에서, 주민표결과 기왕의 결정권한을 가진 기관(지방자치단체의 장이나 지방의회)의 권한행사간에는 물론, 기관 상호간에도 서로 균형과 조화가 이루어져야 한다.[31] 독일에서의 주민결정(Bürgerentscheid)이 게마인데의회의 의결과 동일한 효력을 갖기에, 주민요구(Bürgerbegehren)의 허용성에 관한 결정권이 그 게마인데의회에 부여되고, 자치단체장은 그 결정을 단지 집행하는 데 지나지 않는데, 이는 관련 당사자간에 권한행사를 어떻게 조화롭게 정렬하여야 할지 잘 보여준다. 그런데 이런 논의의 첫 출발점으로서, 우선적으로 과연 주민투표결정이 누구의 권한행사를 대신(또는 함께) 하는 것인지에 관해 검토하여야 한다. 이 물음에 관한 논의는 후일의 과제로 둔다.

Ⅳ. 住民投票法案의 개개의 주요 問題點

1. 주민투표법안의 규율범위에 관한 문제점

국무회의에서 의결된 주민투표법안은 "주민투표의 대상·발의자·발의요건·기타 투표절차 등에 관하여는 따로 法律로 정한다"는 지방자치법 제13조의2 제2항에 의거하여, 제1장 총칙, 제2장 주민투표의 대상 및 절차, 제3장 주민투표에 관한 운동, 제4장 주민투표의 효력 등, 제5장 벌칙으로 편성되어 있다. 주민투표와 관련한 사항을 매우 상세히 담고 있는데, 과연 이런 입법태도가 바람직한지 검토되어야 한다. 그런데 국민투표법을 보자면, 그것은 제1장 총칙, 제2장 투표권, 제3장 국민투표에 관한 구역, 제4장 투표인명부, 제5장 국민투표안의 게시 등, 제6장 국민투표에 관한 운동, 제7장 국민투표일과 투표, 제8장 개표, 제9장 확정, 제10장 소송, 제11장 재투표, 제12장 투표의 연기, 제13장 벌칙으로 편성되어 있다. 국민투표법도 주민투표법안에 못지 않게 관련 사항을 자세히 규율하고 있으나, 동법의 본질이 국민투표를 실시하기 위한 수단적, 절차적, 기술적 성격에 있음을 어렵지 않게 확인할 수 있다. 물론 헌법개정안에

---

31) 독일 바이에른 주헌법재판소가 대의민주제와 직접민주제와의 관계와 관련해서, "입법자는 자치(행정)권을 유의하면서 (주헌법을 항상 특징지우는) 대의민주제적 요소와 (이제 지방적 차원에서 도입된) 직접민주제적 요소를 게마인데가 여전히 활동가능성을 보유하도록 확고히 하는 식으로 결합하여야 한다"고 판시하였다(BayVerfGH, 1997, S.626). 이는 피선된 대의기관의 권능을 자치권이 공허하게 될 정도로 삭감해선 아니 된다는 것이다. 한편 W. Schmittt Glaeser는 동재판소의 이런 기술만으론 주민결정절차 및 그것의 자치행정에 대한 관계에 관한 법적 성질이 불분명하다고 하면서, 여기서 문제되는 것은 자치행정의 국가행정에 대한 외부관계에 관한 것이 아니라, 자치체의 내부조직에 관한 것 즉, 지방적 조직간의 임무분배나 권한분배라고 지적하였다. 그리하여 그는 주민표결적 요소를 삽입할 때 입법자는 행정조직의 이런 최적의 능률성을 분명하게 강구하고 보장하여야 한다고 강조하였다. Ders., a.a.O., S.824(827f.).

대한 국민표결을 규정한 헌법 제130조에서 투표권자 및 투표관련한 정족수를 규정하고 있기에 그렇다고 치부할 수도 있겠지만, 오히려 국민투표법의 본질을 시사한다고 여겨진다. 따라서 주민투표법은 국민투표법을 본보기로 삼아 주민투표를 실시하는데 필요한 정도 즉, 수단적, 절차적, 기술적 수준에 그쳐야지 그 이상을 규율한다면, 이는 주민투표법의 성격에 부합하지 않을뿐더러, 주민투표법의 준거법인 지방자치법에도 영향을 미친다. 요컨대 지방자치를 보장하기 위한 기본법격인 지방자치법에서 주민투표의 대상, 발의자, 발의요건 등 관련한 특히 실체적으로 중요한 사항을 규정하는 것이 正道이다.

주민투표법안이 그 본질에 걸맞지 않게 규정한 것은 "국가정책에 관한 주민투표"를 규율한 동법안 제8조에서 극명하게 드러난다. 비록 투표결과의 구속력을 인정하지 않음으로 여타의 주민투표와는 다름이 분명하나, 주민투표의 그런 식의 활용에는 분명 문제점이 없지 않다-이에 관해선 후술하고자 한다-. 따라서 이 같은 내용을 지방자치법이 아니라 주민투표법에서 규정하는 것은 제도의 본질에 맞지 않다. 또한 동법안은 제5조에서 주민투표권을 19세이상인 주민과 20세이상인 외국인에게 부여하는 내용을 담고 있는데, 이 같은 입법태도가 현행 '공직선거및선거부정방지법'과 부합하는지 여부-이에 관해선 후술하고자 한다-와는 별도로, 과연 주민투표법이 이를 규율할 수 있는지 의문스럽다. 만약 지방자치법에 관련 조항을 두지 않은 채 주민투표제를 도입한다면 지금과 같은 방식의 제도화가 용인될 수 있을지 모르지만, 이 또한 입법론적으로는 문제가 있다. 하루바삐 지방자치법과 주민투표법과의 관계를 오로지 일반법과 특별법간의 관계로 투시하고 설정하는데서 벗어나야 한다. 따라서 주민투표법이 그 본질에 걸맞게 만들어지기 위해선, 지금 법안에서 담고 있는 내용 가운데, 주민투표의 절차, 주민투표에 관한 운동에 관한 것 이외에는 지방자치법에 바로 규정하는 것이 正道이다.

2. 주민투표권자에 관한 문제점

* 국민투표법: 제7조 (투표권) 20세 이상의 국민은 투표권이 있다.

* 주민투표법입법예고안: 제4조(투표권자) 주민투표일 현재 20세이상의 국민인 주민(공직선거및선거부정방지법 제18조의 규정에 의한 선거권이 없는 자를 제외한다. 이하 "20세이상의 주민"이라 한다)으로서 투표인명부 작성기준일 현재 당해 지방자치단체의 관할구역내에 주민등록이 되어 있는 자는 투표권이 있다.

* 주민투표법안: 제5조(주민투표권) ①19세 이상의 주민으로서 제6조제1항의 규정에 의한 투

표인명부작성기준일 현재 그 지방자치단체의 관할구역에 주민등록이 되어 있는 자(공직선거및선거부정방지법 제18조의 규정에 의하여 선거권이 없는 자를 제외한다)는 주민투표권이 있다.

② 20세 이상의 외국인으로서 출입국관리법령의 규정에 의하여 대한민국에 계속 거주할 수 있는 자격(체류자격변경허가 또는 체류기간연장허가를 통하여 계속 거주할 수 있는 경우를 포함한다)을 갖춘 자로서 지방자치단체의 조례가 정하는 자는 주민투표권이 있다.

③ 주민투표권자의 연령은 투표일 현재를 기준으로 산정한다.

(1) 일반적인 투표 · 선거연령과의 상이함의 문제

먼저 제기될 수 있는 사항은 과연 주민투표권자의 요건 자체를 주민투표법에 담는 것이 바람직한지 여부이다. 이 점은 앞에서처럼 부정적으로 보기로 한다. 국민투표법은 이미 헌법상 규정된 바를 확인하였을 뿐 이를 창설적으로 규정한 것이 아님을 유의하여야 한다. 주민투표법안 제5조가 국민투표법과 주민투표법입법예고안과 대비하여 보여주는 명백한 차이점은, 그것의 표제가 "주민"투표권이듯이, 애써 "국민"이 아닌 "주민"을 출발점으로 삼았다는 것이다. 그리하여 외국인에게 주민투표권을 부여하는 길을 열었다. 여기선 외국인에게 주민투표권을 부여함이 과연 현행 공법질서속에서 정당화될 수 있는지 여부는 뒤에서 검토하기로 하고, 우선 투표권자의 연령 물음과 주민투표권과 주민투표청구권과의 관계 물음에 관해 살펴보기로 한다. 주민투표법안은 투표연령을 입법예고안과 '공직선거및선거부정방지법' 이 취하는 (투표 · 선거)연령 20세와는 달리 19세로 하였다. 선거연령, 투표연령의 저하에 관한 일반적인 당위성에 관한 논의와는 별도로, 과연 이러한 입법태도가 전체 선거관련한 법체계와 조화를 이루는지 의문스럽다. 물론 국민투표나 일반공직선거와 비교된 주민투표의 특성(가령 지역적 특수성, 사항적 특수성, 활성적 지방자치의 구현 등)을 갖고서 그것의 상이함을 정당화하고자 시도할 수 있지만, 그런 시도는 먼저 지방자치법이 조례의 제정 · 개폐청구(지방자치법 제13조의3)와 주민의 감사청구(동법 제13조의 4)에서 "20세이상의 주민"으로 규정한 점을 차별적으로 정당화시킬 수 있는 설득력있는 논거를 제시하여야 마땅하다. 주민투표권이나 주민투표청구권은 있는데, 조례의 제정청구권이나 감사청구권은 없다? 주민투표법을 마치 선발대로 삼아 투표연령이나 선거연령의 하향화 물음을 공론화하는 계기로 삼을 수도 있지만, 어떤 사항을 연령를 기준으로 하여 획정할 땐 관련 법제도의 조화가 우선적으로 고려되어야 한다. 선거연령이나 투표연령 문제는 해당 분야의 특수성에 못지 않게 관련 법제도의 전체적인 조화가 더 한층 중요하다. 조화의 문제는 동법안이 외국인의 경우에는 "20세"를 요구하는 데서도 극명하게 표출된다. 따라서 국민투표법을 비롯한 모든 관련 법률에서 투표연령이나 선거연령을 통일적으로 하향화하려는 노력을 뒤로 한 채, 주민투표의 경우만을 특화시켜 투표연령을 낮추는 것은 바람직하지 않다.[32)]

(2) 외국인에게 주민투표권을 부여하는 문제

이 문제도 동일한 차원에서 재고되어야 한다. 설사 「헌법상의 정당화주체인 전체국민이 국민대표기관에게 인적 정당성을 부여함에 따라 이들이 정립한 법령에 내용적 · 사항적 정당성이 귀속되므로 국가영역에서 내용적 · 사항적 정당성은 국가대표기관이 정립한 법령으로 나타난다고 볼 수 있다. 그런데 지방대표기관에 의해 수행되는 권력은 이러한 법령의 범위 내에서 수행될 수 있으므로 외국인의 의사가 지방대표기관의 선거에 혼합되더라도 전체 국민에 의한 국가적 정당성이 침해되지 않는다」는 지적[33)] 처럼 외국인에게 지방선거권을 부여하는 입법이 국민주권주의와 민주주의에 위반되지 않는 것으로 본다 하더라도, 이런 논의가 성숙되어 '공직선거및선거부정방지법' 에 그런 취지가 반영된 다음에야 비로소 주민투표법에 도입하는 것이 正道이다. 그런데 주민투표권과 관련하여 이상에서 지적된 문제점은, 주민투표를 오로지 주민질의의 차원에서 바라보면서 나아가 그 차원에 머물게 하려는 기본태도에서 연유하였을 가능성도 있다는 점을 지적하고 싶다.

3. 주민투표대상에 관한 문제점

* 주민투표입법예고안: 제8조(투표대상 및 그 제한) ①주민투표에 부칠 수 있는 대상은 다음 각호의 사항으로 한다.

1. 당해 지방자치단체가 주민전체의 이용에 제공하기 위하여 설치하는 공공시설에 관한 사항
2. 지방자치법 제4조제2항의 규정에 의한 자치구가 아닌 구와 읍 · 면 · 동의 명칭과 구역의 변경 또는 폐치 · 분합에 관한 사항
3. 지방자치법 제6조의 규정에 의한 사무소의 소재지 변경에 관한 사항
4. 그 밖에 주민에게 과도한 부담을 주거나 중대한 영향을 미치는 지방자치단체의 주요 결정사항으로서 당해 지방자치단체의 조례로 정하는 사항

② 다음 각호의 사항에 대해서는 이를 주민투표에 부칠 수 없다.

---

32) 追論: 이런 문제제기로 주민투표법제정 당시에 내외국인 구분없이 20세로 통일이 되었다가 2009.2.12.개정에서 다시 19세로 하향되었다.

33) 공진성, 민주주의와 외국인의 지방선거권, 법학연구제9집, 2002.6, 40면. 한편 이 물음은 특히 재일한국인 · 조선인, 나아가 재중조선족의 경우와 연관지어서 그들의 참정권 및 국적과 관련해서 현하의 화두가 되고 있다. 참조문헌: 서보건, 일본에서의 외국인의 참정권에 대한 논의, 공법연구 제30집 제5호, 2002.6, 171면 이하.

1. 법령에 위반되거나 재판중인 사항

2. 국가 또는 다른 지방자치단체의 권한 또는 사무에 속하는 사항

3. 지방자치단체의 예산 · 결산 기타 재무에 관한 사항과 지방세 · 사용료 · 수수료 · 분담금 등 각종 공과금의 부과 또는 감면에 관한 사항

4. 행정기구의 설치 · 변경, 공무원의 인사 · 정원 · 보수 기타 신분에 관한 사항

5. 동일한 사안(당해 사안과 취지가 동일한 경우를 포함한다)에 대하여 제23조제1항의 규정에 의한 주민투표결과가 확정된 후 3년이 경과하지 아니한 사항

* 주민투표법안: 제7조(주민투표의 대상) ① 주민에게 과도한 부담을 주거나 중대한 영향을 미치는 지방자치단체의 주요결정사항으로서 그 지방자치단체의 조례로 정하는 사항은 주민투표에 부칠 수 있다.

② 제1항의 규정에 불구하고 다음 각호의 사항은 이를 주민투표에 부칠 수 없다.

1. 법령에 위반되거나 재판중인 사항

2. 국가 또는 다른 지방자치단체의 권한 또는 사무에 속하는 사항

3. 지방자치단체의 예산 · 회계 · 계약 및 재산관리에 관한 사항과 지방세 · 사용료 · 수수료 · 분담금 등 각종 공과금의 부과 또는 감면에 관한 사항

4. 행정기구의 설치 · 변경에 관한 사항과 공무원의 인사 · 정원 등 신분과 보수에 관한 사항

5. 다른 법률에 의하여 주민대표가 직접 의사결정주체로서 참여할 수 있는 공공시설의 설치에 관한 사항. 다만, 제9조제5항의 규정에 의하여 지방의회가 주민투표의 실시를 청구하는 경우에는 그러하지 아니하다.

6. 동일한 사항(그 사항과 취지가 동일한 경우를 포함한다)에 대하여 주민투표가 실시된 후 2년이 경과되지 아니한 사항

여러 번 지적한 것과 같이, 이상의 내용은 주민투표법이 아닌 지방자치법에 규정되어야 함을 다시 한번 강조한다. 주민투표의 대상의 세세한 내용은 각국의 입법례를 바탕으로 하여 이미 관련 논의에서 전개되었기에,[34)] 그에 갈음하기로 하되, 독일의 경우를 보자면 각주마다 다양한데 특히 Bayern주의 경우 다른 주와 비교하여 두드러진다. 즉, Bayern주 게마인데법 제18조a 제2항과 제3항은 허용대상(Positivkatalog)과 관련해선 자치사무에 관한 개괄적 허용을 담으면서, 불허용의 대상(Negativkatalog)과 관련해선 법률에 의해서 제1시장에게 과해진 사무, 게마인데행정의 내부적 조직, 게마인

34) 여러 문헌 가운데 특히 박영도, 주민투표법의 입법방향, 1996.11., 한국법제연구원, 63면 이하 참조.

데의회의원 · 시장 · 게마인데종사원의 법관계, 예산조례만을 언급하고 있다. 다른 주와 비교하여 지방공과금이나 건축기본계획을 비롯한 계획절차에서 주민의 결정의 영향력을 완전히 배제하지 않음으로써 주민자치를 한층 강조하였다.[35] 비록 독일 지방자치차원에서 직접민주제의 형식이 정상상태(Normalität)이긴 하나, Bayern주의 입법상태에 대해선 오히려 Plebiszit의 전무후무하게 과도한 형성이라 여겨져 그 주차원을 넘어서 주목을 야기하였다.

여기선 주민투표법안과 관련하여 입법기술적 측면에서만 언급하고자 한다. 입법예고안이 기본적으로 주민투표의 대상을 적극적으로 기술함으로써 다소간 열거주의적 뉘앙스를 풍겼다면, 주민투표법안은 근거법규인 지방자치법 제13조의2 제1항의 취지가 충분히 발휘되도록 조례를 통한 형성을 전제로 한 개괄주의적 토대를 구축하였다. 주민투표법안이 지방자치의 전권한성에 부응한다는 점은 贅言이나, 동조의 제1항과 제2항의 상관관계가 명쾌하지 않다. 제2항의 "제1항의 규정에도 불구하고"란 표현은, 제2항상의 주민투표대상제외사항을 담은 조례에 대한 법적 평가를 유보시킨 채 단순히 부의가능성만을 봉쇄한 셈이다. 요컨대 제1항에서 대상제외사항을 제외하고서 조례로 정한다는 식으로 하여 대상제외사항을 담은 조례의 불허용성을 애초부터 분명히 함으로써 법문상의 체계정합성을 유지하는 것이 바람직하다. 극히 미미한 물음이지만, 분명 지방자치법 제13조의2 제1항은 주민투표대상에서 "… 지방자치단체의 주요결정사항 등으로서"라고 규정하였지만, 입법예고안은 물론 주민투표법안도 단지 "주요결정사항"이라고 확정하였는데 여기에 과연 어떤 함의가 있는지 궁금하다. 요컨대 주민투표의 대상의 물음은 궁극적으로 주민투표의 성격, 지방자치의 보장, 지역주의에 매몰된 지방자치의 현주소 등을 고려하여 답해져야 한다.

4. 국가정책 등을 위한 주민투표 특례에 관한 문제점

* 주민투표입법예고안: 제9조(국가정책 등을 위한 주민투표 특례) ① 중앙행정기관의 장은 지방자치단체의 폐치 · 분합, 국가 주요시설 설치 등 국가사무에 대한 주민의견을 수렴하기 위하여 필요하다고 인정하는 때에는 미리 행정자치부장관의 의견을 들어 주민투표의 실시구역을 정하여 관계 지방자치단체의 장에게 주민투표에 부칠 것을 요구할 수 있다.

② 제1항의 규정에 의하여 주민투표에 부칠 것을 요구받은 지방자치단체의 장은 당해 지방의회의 의견을 들어 90일 이내에 주민투표를 실시하여야 한다.

---

35) 한편 Ulich Becker는 결정이 복잡한 형량을 요건으로 하는 경우엔, 비록 명시되어 있지 않다 하더라도 주민결정의 법적 성질에 비추어 주민요구가 허용되지 않는다고 하면서 계획법을 들고 있다. Ders., in: ders./Heckmann/Kempen/Manssen, Öffentliches Recht in Bayern, 2.Aufl., 2001, 2. Teil Rn.314.

③ 제2항의 규정에 의한 주민투표 실시절차 등에 관하여는 제23조의 규정을 제외하고는 이 법 및 이 법의 위임에 의한 조례의 규정에 의한다.

* 주민투표법안: 제8조(국가정책에 관한 주민투표) ① 중앙행정기관의 장은 지방자치단체의 폐치(廢置) · 분합(分合), 주요시설의 설치 등 국가정책의 수립에 관하여 주민의 의견을 듣기 위하여 필요하다고 인정하는 때에는 주민투표의 실시구역을 정하여 관계 지방자치단체의 장에게 주민투표의 실시를 요구할 수 있다. 이 경우 중앙행정기관의 장은 미리 행정자치부장관과 협의하여야 한다.

② 지방자치단체의 장은 제1항의 규정에 의하여 주민투표의 실시를 요구받은 때에는 지체없이 이를 공표하여야 하며, 공표일부터 30일 이내에 그 지방의회의 의견을 들어야 한다.

③ 제2항의 규정에 의하여 지방의회의 의견을 들은 지방자치단체의 장은 주민투표의 발의 여부를 결정하여야 하며, 그 결과를 관계 중앙행정기관의 장에게 통지하여야 한다.

④ 제1항의 규정에 의한 주민투표에 관하여는 제7조, 제16조, 제24조제1항 · 제5항 · 제6항, 제25조 및 제26조의 규정을 적용하지 아니한다.

(1) 기본적인 의문점

앞에서 여러 번 지적한 바와 같이, 국가정책에 관한 주민투표 사항은 지방자치법에 바로 규정하는 것이 바람직하다. 동조상의 주민투표의 경우, 투표결과의 구속성을 규정한 동법안 제24조의 주요규정이 적용되지 않음을 분명히 하였기에, 그것의 성격은 당연히 국가정책의 시행에 즈음하여 행하는 자문적 주민질의에 해당한다. 여기서의 주민투표의 본질이 자문적 주민질의에 불과하다면, 제기될 수 있는 물음은 과연 그런 제도를 비용이 많이 드는 주민투표법차원에서 도입할 필요성이 있을까 여부이다. 그것의 자문적 성격에 더하여, 국가가 주민투표실시의 필요성에 대해 전속적으로 판단을 내린다는 점, 국가가 주민투표의 실시구역을 일방적으로 정한다는 점, 국가의 주민투표부의(실시)요구는 물론 지방자치단체의 주민투표발의(부의) 역시 재량에 해당하는 점은 이러한 의문을 부채질한다. 그런데 국가기간시설의 대부분을 국가가 관장하나, 그것들이 소재 지역주민에게 막대한 영향을 미치는 현실을 감안할 때, 국가사무라는 이유만으로 주민투표의 사실상 무의미를 도모하는 것은, 현실호도적이라는 비난과 더불어 주민 역시 국민으로서의 지위를 갖는다는 점을 간과하였다고 지적할 법하다. 그러나 통상의 주민투표에서처럼 여기서의 주민투표 역시 결과의 구속성을 도모하는 것은 이론적 정당성에 의해 지지되지 못함은 사실이다. 그렇지만 우리네 지방자치를 독일이나 미국처럼 연방제를 매개로 한 자족적인 지방자치와 비교할 수 없기 때문에 이상에서 지적된 문제점을 되새겨 볼 필요가 있다.

한편 독일에서 주와 게마인데가 연방정책의 물음을 위한 주민표결을 집행하는 것은 금지된다.[36] 마찬가지로 우리의 경우에도 지방자치단체가 스스로 국가정책을 주민투표에 부치는 것은 허용될 수 없지만, 주민투표법안이 국가정책과 관련한 국가의 전속적인 주민투표실시요구를 규정하면서 주민이나 지방자치단체가 이에 대해서 요청할 수 있는 길을 전혀 마련하지 않은 것은 문제이다. 국가차원에선 시급히 요구되는 '국책사업' 일 망정 해당 지역 주민으로선 예상치 않은 재앙일 따름이기 때문이다. 물론 주민이나 지방자치단체의 바램의 수용가능성을 규정한다 하더라도, 지방자치단체의 요청에 따라 국가가 반드시 주민투표를 요구하게끔 만드는 것은 곤란하다.

(2) 주민투표부의(실시)의 의무화 문제

국가의 주민투표부의(실시)요구에 대한 지방자치단체의 장의 처리와 관련하여, 입법예고안(동조 제2항)은 당해 지방의회의 의견을 듣되 반드시 주민투표를 "실시"하도록 규정하고 있는 반면에, 주민투표법안(동조 제2항, 제3항)은 지방의회의 의견을 듣되 주민투표의 "발의 여부"를 결정하도록 규정하고 있다. 양자의 규정상의 차이점에 비추어, 전자의 경우 바로 주민투표실시의 단계로 나아가나, 후자의 경우엔 재량행위인 지방자치단체의 발의결정을 거쳐야 비로소 주민투표실시의 단계로 나아갈 수 있다. 그런데 후자의 경우에서 국가의 주민투표부의(실시)"요구"는 語義에 반하게 단순한 요청에 지나지 않고, 지방자치단체의 장이 행하는 발의결정은 그 자체가 직권으로 주민투표를 실시하는 것이어서 당연히 주민투표법안 제9조 제5항에서 예정된 요건을 충족하여야 한다. 즉, 국가가 요구한 주민투표부의(실시)건의 경우에도, 그 지방의회 재적의원 과반수의 출석과 출석의원 과반수의 동의를 얻어야 한다.[37] 지방자치단체의 장의 발의여부결정전에 지방의회의 의견개진이 이루어진 점을 감안하면, 이같은 진행과정은 대단히 비경제적이고 불합리하다. 따라서 지방자치단체의 장이 주민투표의 "발의" 여부를 결정한다고 규정한 주민투표법안은 반드시 고쳐져야 한다. 그런데 여기서의 "발의"를 "부의(실시)"로 바꾼다 하더라도 문제점이 완전히 해소되진 않는다. 지방자치단체의 장의 재량적인 부의결정권은 주민의 이해와 직결된 국가정책과 관련하여

36) BVerfGE 8, 104(118f.).

37) 한편 이와 관련하여 주민투표법안 제13조 제1항 1호, 3호를 통해서 국가정책과 관련하여 지방자치단체의 장이 발의결정을 한 경우와 지방자치단체의 장이 직권으로 주민투표를 실시하기로 한 경우를 구분하였기에 동법안 제9조 제6항이 적용될 수 없다고 반문할 수 있는데, 주민투표실시의 경우란 주민의 청구, 지방의회의 청구 그리고 직권에 의한 경우만을 규정한 이상, 국가정책과 관련한 국가의 요구에 따른 발의결정은 직권에 의한 주민투표실시 경우로밖에 파악할 수 없다. 이런 혼란함의 원인은 바로 주민투표법안이 주민투표의 발의와 실시(부의)를 명확히 구분하지 않은 채 규정한 점에 있다. 이에 관해선 후술하고자 한다.

주민을 배제할 수 있는 가능성을 부여한다. 우리네 정치상황은 與小野大가 빈번하고, 지역구도에 따른 이른바 일당독주식의 지역정치가 공고하며, 정치인의 당적변경이 일상화되어 있다. 요컨대 이런 정치상황에선, 입법예고안처럼 "부의(실시)"를 의무지우는 방식이 바람직하다.

(3) 지방자치단체의 廢置·分合과 관련한 주민투표의 문제

한편 주민투표법안이 규정하고 있는 지방자치단체의 廢置·分合과 관련한 주민투표실시요구에 있어서도 검토할 점이 있다.[38] 먼저 지방자치단체의 명칭이나 구역의 변경의 경우엔 주민투표실시를 요구할 수 없는가? 주민투표법안이 지방자치단체의 廢置·分合과 주요시설의 설치 등을 국가정책의 일환으로 규정하고 있기에 아무런 문제가 없다고 여길 법하나, 그렇지 않다. 지방자치법 제4조 제2항은, 지방자치단체를 폐치·분합하거나 그 명칭 또는 구역을 變更할 때에는 관계 지방자치단체의 의회("지방의회")의 의견을 들어야 하되, 다만, 제13조의2의 규정에 의하여 주민투표를 실시한 경우에는 그러하지 아니한다고 규정하고 있으며, 동법 제13조의2 제1항은 지방자치단체의 폐치·분합만을 주민투표실시사유로 들고 있다. 따라서 이런 관련규정에 비추어 지방자치단체의 폐치·분합이나 그 명칭·구역의 변경의 경우에는 공히 관계 지방의회의 의견을 들어야 하지만, 특히 지방자치단체의 폐치·분합의 경우에는 주민투표실시로 지방의회의견의 청취를 갈음할 수 있다. 다시 말해, 지방자치단체의 명칭·구역의 변경에는 주민투표를 실시할 수 없을 뿐더러, 지방의회의견의 청취를 주민투표로 대신할 수도 없다.[39] 생각건대 지방자치단체의 폐치·분합이나 그 명칭·구역의 변경이 공히 주민에게 중대한 영향을 미치기 때문에, 양자를 구분하여 규율하는 것은 올바르지 않으며, 그런 구분짓는 모습을 띈 것도 마찬가지이다. 따라서 주민투표법안 제8조 제1항은 물론 지방자치법 제13조의2 제1항도 지방자치단체의 명칭·구역의 변경

---

38) 그런데 지방자치단체의 폐지 등의 구역변경과 관련하여, 바이에른게마인데법(GO) 제11조와 제12조가 보여주듯이, 지방의회의 의견청취와 같은 절차요건뿐만 아니라, 실체적 요건(예; 주민의 편의 및 복리증진)을 규정하는 것이 요망된다. 앞으로 지방자치단체의 광역화 경향을 대비하기 위해서도 그렇다. 일찍이 독일 헌법재판소가, 오로지 공공복리의 이유에서 그리고 관련 지역단체의 청문이 이루어져야 비로소 구역변경이 행해질 수 있다는 존속보호가 지방자치의 핵심영역이라고 판시하였다(BVerfG DVBl. 1992, 960). 지방자치법에서 시급히 관련 규정을 정비해야 할 필요성이 있다. 이에 관해선 vgl. Alfons Gern, a.a.O., S.119ff.

39) 여기서 지방자치단체의 폐치·분합과-좁은 의미에서의-그 (명칭·)구역의 변경과의 차이점이 모색되어야 한다. 이에 관해선 김남진, 행정법Ⅱ. 2003, 81면 참조: 「지방자치단체의-넓은 의미에서의-구역의 변경에는 폐치·분합 및 경계변경-좁은 의미에서의 구역변경-이 있다. 이 중에서 '폐치·분합'은 지방자치단체의 신설·폐지를 초래하는 것으로서, ①합체(신설합병), ②편입(인수합병), ③분립(자치단체의 일부 지역의 자치단체로서의 독립), ④분할(하나의 자치단체의 둘 이상의 자치단체로의 나눔) 등으로 구분된다. 이들은 엄격한 의미에서는 구역의 변경에 그치지 아니하고 새로운 인격의 발생 또는 소멸을 가져오는 것이므로 인격의 변경으로 볼 수 있다. 이에 대해 '경계변경'은 지방자치단체의 존폐에는 관계없이 다만 경계에 변경을 가져오는 점에서 전자와는 다른 의미를 가진다」.

까지 포함시켜 규정하는 것이 바람직하다.

현재의 지방자치법 제4조 제2항과 주민투표법안 제8조에 의하면, 지방자치단체의 廢置 · 分合과 관련하여 주민의 의견을 수렴하는 제도적 수단은 관계지방자치단체의 의회(지방의회)의 의견청취와 주민투표실시 두 가지이다. 여기서 국가는 양자간에 선택재량을 행사할 수 있는데, 과연 이런 입법태도가 타당한지 아니면 전자의 수단이든 후자의 수단이든 일원화시키는 것이 타당한지 검토가 필요하다. 먼저 지방자치단체의 廢置 · 分合의 법적 성질을 살펴보아야 하는데, 이는 조직행위로서의 성질을 가지며, 행정담당자(행정주체)와 행정조직에 관한 설치, 변경, 폐지를 하는 권능을 의미하는 조직권(Organisationsgewalt)에 의거하여 행해진다.[40] 조직행위는 그것이 행해지는 형식과 그에 결부된 법효과발생에 따라서 행정행위, 법률하위적 규범, 또는 -특정 구체적인 행정청의 설치 · 폐지 · 이전처럼- 전적으로 행정내부사항일 수 있다. 행정작용형식의 가늠잣대에서 형식설을 취하는 이상, 형식부여적인 법률적 규정이 없을 경우에 비로소 법형식이 개별사건에서 탐구되어야 한다.[41] 우선 심사되어야 할 점은, 바로 조직행위가 순전히 행정내부적으로만 효력을 발생시키는지 아니면 "대외적으로도" 효력을 발생시키는지 여부이다. 외부효가 승인되면, 구체적 개별적 규율(그러면 행정행위이다)이나 일반적 추상적 규율(그러면 법규명령이다)이 존재하는지 여부가 탐구되어야 한다.[42] 조직행위를 분류함에 있어서 특별한 문제점은 그것이 1차적으로 행정조직을 목표로 삼는 점에 있다. 따라서 조직행위가 시민에 대해 일종의 반사적으로 그의 권리와 관련될 뿐만 아니라, -적어도- "시민"을 위하여 가령 행정조직의 영역을 넘어서 법효과설정적으로 효력을 발생시킬 규율도 담고 있어야만, 그 시민과의 관계에서 "외부효"를 지닌 규율의 성격이 시인될 수 있는데,[43] 이 또한 조직행위가 개별사건적 규율에 해당하여야 비로소 가능하다. 따라서 지방자치단체의 폐치 · 분합과 관련하여, 그것이 법률에 의해서 행해진다는 점과 지방자치의 제도적 보장에는 지방자치단체의 주관적인 법적 지위의 보장이 포함된다는 점에 비추어, 관계 지방자치단체가 당사자

40) 동지: 류지태, 행정법신론, 2003, 648면. 조직행위의 법적 성질에 관한 일반적 논의로 vgl. Martens, NVwZ 1982, S.481ff.; Rasch, Bemerkungen zur Rechtsnatur organisatorischer Maßnahmen, DVBl. 1983, S.617ff.

41) 이에 관한 상세는 졸고, 措置的 命令 내지 個別事件規律的 命令에 대한 權利保護에 관한 小考, 법조 통권 제554호, 2002.11, 90면 이하(追論: 행정법기본연구 Ⅰ, 434면 이하) 참조.

42) 한편 조직행위의 법적 성격에 관한 논란에서 독일 문헌상으론 일부는 가령 법규범형식이 아닌 Gemeinde의 구역변경조치와 관련해서 Gemeinde에 대해선 행정행위이고, 시민에 대해선 법규범이라는 식으로, "이중성격의 법적 행위"(Rechtsakt mit Doppelnatur)라고 주장하고, 종종 조직행위를 "특별한 고권적 행위"(Hoheitsakt sui generis)라고 표현하면서 다룬다. 이에 대해 다수는 전자의 주장이 실제적으로나 법논리적으로나 관철되기가 불가능하다고 인식하고, 후자의 주장은 실상 기존의 법형식의 틀로 再歸할 수밖에 없다고 평한다. 이런 사정에 관해선 vgl. Wolff/Bachof/Stober, a.a.O., §45 Rn. 73f.; O. Bachof, Satzungsgenehmigung und Satzungsoktroi: Verwaltungsakte mit Doppelnatur?, in: FS für W. Weber z.70. Geburtstag, 1974, S.515ff.

43) Vgl. Maurer, Allg. VerwR, 2002, §21 Rn.67.

이고, 그 주민은 일단 간접적으로 영향을 받는다고 하겠다.[44] 따라서 자문적 주민질의적 성격인 주민투표의 실시만으로 절차적 요청을 충족시킬 순 없고, 오히려 지방자치단체의 의사가 제도적으로 반영되어야 한다. 즉, 현행 지방자치법 제4조 제2항의 지방의회의 의견청취가 의무적으로 이루어져야 한다. 결론적으로 지방자치단체의 폐치 · 분합의 경우에 지방자치법과 주민투표법안이 예정하는 지방의회의견의 청취와 주민투표실시가 선택적으로가 아니라 함께 요구되는 것이 바람직하고, 이에 따라 여타 국가정책의 경우와는 구별되게 관련 규정도 정비되어야 한다. 가령 국가로 하여금 주민투표실시를 반드시 요구하게끔 하며, 주민투표법안상 제8조 제2항과 제3항이 적용되지 않게 함으로써, 주민투표의 실시가 의무적으로 행해지도록 만드는 것이 바람직하다.

한편 현행 독일 기본법이 제29조에서 연방내의 경계변경과 관련하여 국민결정(Volksentscheid)에 의한 입증을 필요로 하는 연방법률에 의거할 것을 요구하는데- 즉, (법률안에 대한) 법률레퍼렌덤(Gesetzesreferendum)- 착안하여, 우리네 지방자치단체의 폐치 · 분합의 경우에 주민투표결과에 구속된 법률에 의해서 행해지도록 규정하는 것이 강구될 법하다. 지방자치단체의 폐치 · 분합이 형식적 의미의 법률에 기하여 이루어지는 이상, 이 물음은 단순한 국가사무 차원이 아니라 대의민주제의 근간 차원에서 접근하여야 한다. 그런데 독일의 법상황을 보자면, 연방차원의 경계변경과 관련해선 국민주권의 직접적 종국적 구현인 국민결정(Volksentscheid)에 의한 법률레퍼렌덤이 허용되고(기본법 제29조), 또한 연방과는 달리 주차원에선 일정한 입법을 목표로 한 州民(국민)결정(Volksentscheid)에 의한 법률레퍼렌덤이 허용됨(가령 바이에른 주헌법 제74조)에도 불구하고, 주차원에서 게마인데의 경계변경과 관련해선 그것이 (주의) 법률이나 법규명령에 의해서 이루어지되, 단순히 게마인데와 주민으로부터의 청문만이 요구될 뿐이다. 주권의 직접적 종국적 구현방식인 헌법레퍼렌덤이나 법률레퍼렌덤이 헌법상으로 예정되어 있지 않더라도, 지방자치의 보장에 따른 전권한성의 원리에 비추어 지방자치 수준에서 특히 기본법인 지방자치법에 독일 주헌법(가령 바이에른 주헌법 제74조)처럼 법률레퍼렌덤을 규정하는 것이 허용되고 바람직하다고 주장될 법하다. 그러나 독일에서의 레퍼렌덤의 대상인 법률은 주의 것이지 연방의 것이 아니기

44) 참고로 독일의 경우에 정식으로 법률이나 법규명령의 발함에 의해서 행해지지 않는 한, Gemeinde의 설치 · 폐지 · (Kreis로부터의)독립화는 관련 Gemeinde와 그것이 속한 Landkreis에 대해선 행정행위인 반면 시민에 대해서는 그렇지 않다(VGH München Bay. VBl. 1965, 59.) 그리고 Gemeinde의 구역변경과 존속변경은, 법규범에 의해서 일어나지 않는 한, 관련 Gemeinde에 대해서는 행정행위이나, 관련 Gemeinde의 주민에 대해서는 그렇지 않다(BVerwGE 18, 154; OVG Koblenz NVwZ 1983, 304) Gemeinde를 위한 作名과 改名 역시 마찬가지이다(VGH München DVBl. 1981, 223).

에 그들의 법상황을 우리에 대입하는 데는 무리가 따른다.

요컨대 주권의 직접적 최종적 구현방식인 (헌법레퍼렌덤이나) 법률레퍼렌덤이 헌법상으로 예정되지 않는 한, 지방자치의 보장을 위하여 지방자치에 직접민주제의 요소를 도입한다 하더라도, 주민표결을 최종적 입법절차로 만드는 것 즉, 법률레퍼렌덤적으로 형성하는 것은 대의민주제의 본질에 저촉된다는 이유에서 허용되지 않는다. 따라서 지방자치단체의 폐치 · 분합과 관할구역의 변경을 가져오는 법률과 대통령령을 독일 기본법 제29조처럼 "주민투표에 의한 입증을 필요로 하는 법률이나 대통령령으로 정한다"는 식으로 규정하는 것은 허용되지 않는다.

그러나 법률이나 대통령령이 아니라 조례에 의해 정해지는 '자치구가 아닌 구' 등의 폐치 · 분합 등(지방자치법 제4조 제3항)과 관련해선, "주민투표에 의한 입증을 필요로 하는 조례로 정한다"는 식으로 "지방자치법에" 규정하더라도 문제되지 않는다. 비록 헌법상 법률레퍼렌덤이 규정되어 있지 않다 하더라도 그 사실이, 지방자치단체가 지방자치보장을 위해 전권한성의 원칙과 자기책임성의 원칙의 구현하고자 -지방자치단체의 주관적인 법적 지위의 보장을 훼손함이 없이- 주민자치를 신장하려는 길을 막지 못한다. 그리고 이미 지방자치법 제13조의3이 주민의 '조례의 제정 · 개폐 청구"를 규정하고 있으며, 여기서 그 청구대상에서 제외되는 것은 행정기구의 설치 · 변경에 관한 사항이어서 지방자치단체의 폐치 등과 관련한 사항은 직접적으로 해당하지 않는다. 따라서 여기서의 관건은 그런 식으로 주민투표를 통한 직접민주제의 도입 자체의 허용성이 아니라, 그런 요청과 대의민주제의 원칙간의 충돌상황에서 어떻게 조화를 달성할 것인가 이다.

그런데 이런 -단체자치에 대한- 주민자치의 확대방안의 법적 정당성의 물음과는 별도로 과연 지방자치단체의 폐치 등과 관련한 사항을 주민투표와 같은 주민의사결정에 전적으로 의존케 하는 것이 정책적으로 바람직한지 곱씹어 보아야 한다. 주민자치를 바탕으로 한 住民自決이라는 의제 뒤에는 住民利己가 자리잡고 있다는 점, 행정개혁프로그램이 많은 경우 기득권층의 의도적인 흠집내기로 인해 전체 주민에게 왜곡되게 전달된다는 점, 그리고 현재의 지방자치가 토호적 행태를 전혀 벗어나지 못하고 있다는 점에 비추어, 그런 식의 주민투표를 통한 주민자치의 확대방안은 얻음에 못지 않게 잃음이 크다고 생각한다.

5. 주민투표의 실시 및 그 요건 등에 관한 문제점

* 주민투표입법예고안: 제10조(투표청구 및 발의) ① 20세 이상의 주민은 그 총수의 5분의 1의 범위 안에서 당해 지방자치단체의 조례로 정하는 수 이상의 연서로써, 지방의회는 재적의원 3분의 2이상의 찬성으로 당해 지방자치단체의 장에게 주민투표에 부칠 것을 청구할 수 있다.

② 지방자치단체의 장이 주민투표안을 발의하고자 하는 경우에는 지방의회 재적의원 과반수의 동의를 얻어야 한다.

③ 지방자치단체의 장은 제1항 또는 제2항의 규정에 의한 청구 또는 동의가 있는 때에는 이를 주민투표관리위원회에 심사를 요청하여야 하며, 주민에 의한 주민투표 청구의 경우에는 제11조의 규정에 의한 서명확인 결과 제1항의 요건을 갖춘 경우에 한한다.

④ 주민투표관리위원회는 제3항의 규정에 의한 심사요청을 받은 날부터 14일이내에 제1항 및 제2항의 규정에 의한 요건과 제8조의 규정에 의한 주민투표 대상여부를 심사하여 그 결과를 지방자치단체의 장에게 통지하여야 한다.

⑤ 지방자치단체의 장은 제4항의 규정에 의한 통지를 받은 때에는 이를 공표하고, 60일이내에 주민투표를 실시하여야 한다. 다만, 지방자치단체의 장 또는 지방의회가 청구의 목적을 수용하는 결정을 한 경우에는 그러하지 아니하다.

제11조(주민에 의한 주민투표 청구절차 등) ① 주민투표를 청구하고자 하는 자는 그 대표자를 통하여 서면으로 하여야 한다.

② 제1항의 규정에 의한 청구가 있는 때에는 지방자치단체의 장은 즉시 그 내용을 공표하여야 하며, 청구를 접수한 날부터 7일간 청구인명부 또는 그 사본을 공개된 장소에 비치하여 열람할 수 있도록 하여야 한다.

③ 지방자치단체의 장은 다음 각호의 1에 해당되어 무효의 서명으로 처리한 경우에는 이를 즉시 청구인대표자에게 통지하여야 한다.

1. 이 법 및 이 법의 위임에 의한 조례의 규정에 위반되는 서명
2. 누구의 서명인지 확인하기 어려운 서명

④ 청구인명부의 서명에 대하여 이의가 있는 자는 제2항의 기간이내에 당해 지방자치단체의 장에게 이의를 신청할 수 있다. 이의신청 절차에 관하여는 지방자치법 제13조의3제5항 및 제6항의 규정에 의한다.

⑤ 지방자치단체의 장은 제2항의 규정에 의한 이의신청과 관련하여 필요하다고 인정하는 때에는 관계인의 의견진술, 출석 및 증언을 요구할 수 있다. 이 경우 지방자치법 제36조제5항 및 제6항의 규정은 관계인의 출석 및 증언에 이를 준용한다.

⑥ 청구인대표자 증명, 서명수집절차, 청구인명부 작성 및 제출방법 등 주민청구 절차에 관하여 이 법에 규정한 사항을 제외하고는 지방자치단체의 조례로 정한다.

제12조(서명수집 활동) ① 공직선거및선거부정방지법의 규정에 의하여 실시되는 선거일전 60일부터 선거일까지는 서명을 수집할 수 없다.

② 국가공무원법 및 지방공무원법에 의한 공무원은 청구인대표자로 되거나 서명수집을 기획 · 주도 또는 수집활동을 할 수 없다.

③ 청구인대표자 및 청구인 대표자로부터 서명수집을 위임받은 20세이상의 주민 이외에는 서명을 수집할 수 없다.

④ 제1항 내지 제3항 및 다른 법령에 특별한 규정이 있는 경우를 제외하고 서명수집활동의 자유에 관한 어떠한 제한도 허용되지 아니한다.

* 주민투표법안: 제9조(주민투표의 실시요건) ① 지방자치단체의 장은 주민 또는 지방의회의 청구에 의하거나 직권에 의하여 주민투표를 실시할 수 있다.

② 다음 각호의 1에 해당하는 자(이하 "주민투표청구권자"라 한다)는 주민투표청구권자 총수의 20분의 1 이상 5분의 1 이하의 범위 안에서 지방자치단체의 조례로 정하는 수 이상의 서명으로 그 지방자치단체의 장에게 주민투표의 실시를 청구할 수 있다.

1. 그 지방자치단체의 관할구역 안에 주민등록이 되어 있는 19세 이상의 주민(공직선거및선거부정방지법 제18조의 규정에 의하여 선거권이 없는 자를 제외한다)

2. 제5조제2항의 규정에 의하여 그 지방자치단체의 조례가 정하는 외국인

③ 주민투표청구권자 총수는 전년도 12월 31일 현재의 주민등록표 및 외국인등록표에 의하여 산정한다.

④ 지방자치단체의 장은 매년 1월 10일까지 제3항의 규정에 의하여 산정한 주민투표청구권자 총수를 공표하여야 한다.

⑤ 지방의회는 재적의원 과반수의 출석과 출석의원 3분의 2 이상의 찬성으로 그 지방자치단체의 장에게 주민투표의 실시를 청구할 수 있다.

⑥ 지방자치단체의 장은 직권에 의하여 주민투표를 실시하고자 하는 때에는 그 지방의회 재적의원 과반수의 출석과 출석의원 과반수의 동의를 얻어야 한다.

제10조(청구인대표자의 선정과 서명의 요청) ① 주민이 제9조제2항의 규정에 의하여 주민투표청구를 하고자 하는 때에는 청구인대표자를 선정하여야 하며, 선정된 청구인대표자는 인적사항과 주민투표청구의 취지 및 이유 등을 기재하여 그 지방자치단체의 장에게 대표자증명서의 교부를 신청하여야 한다.

② 제1항의 규정에 의한 대표자증명서의 교부신청을 받은 지방자치단체의 장은 청구인대표자가 주민투표청구권자인지 여부를 확인한 후 대표자증명서를 교부하고 그 사실을 공표하여야 한다.

③ 청구인대표자와 서면에 의하여 청구인대표자로부터 서명요청권을 위임받은 자는 그 지방자치단체의 조례가 정하는 서명요청기간 동안 주민에게 청구인서명부에 서명할 것을 요청할 수 있다. 이 경우 제11조제1항의 규정에 의하여 서명이 제한되는 기간은 서명요청기간에 산입하지 아니한다.

④ 청구인서명부에 서명을 한 자가 그 서명을 철회하고자 하는 때에는 그 청구인서명부가 지방자치단체의 장에게 제출되기 전에 이를 철회하여야 한다. 이 경우 청구인대표자는 즉시 청구인서명부에서 그 서명을 삭제하여야 한다.

제11조(서명요청활동의 제한) ① 지방자치단체의 관할구역의 전부 또는 일부에 대하여 공직선거및선거부정방지법의 규정에 의한 선거가 실시되는 때에는 그 선거의 선거일 전 60일부터 선거일까지 그 선거구에서는 서명을 요청할 수 없다.

② 공무원(그 지방의회의 의원을 제외한다)은 청구인대표자가 될 수 없으며, 서명요청활동을 하거나 서명요청활동을 기획 · 주도하는 등 서명요청활동에 관여할 수 없다.

③ 청구인대표자 및 그로부터 서명요청권을 위임받은 자가 아닌 자는 서명을 요청할 수 없다.

제13조(주민투표의 발의) ① 지방자치단체의 장은 다음 각호의 1에 해당하는 경우에는 지체없이 그 요지를 공표하고 관할 선거관리위원회에 통지하여야 한다.

1. 제8조제3항의 규정에 의하여 관계 중앙행정기관의 장에게 주민투표를 발의하겠다고 통지한 경우

2. 제9조제2항 또는 제5항의 규정에 의한 주민투표청구가 적법하다고 인정되는 경우

3. 제9조제6항의 규정에 의한 동의를 얻은 경우

② 지방자치단체의 장은 주민투표를 발의하고자 하는 때에는 제1항의 규정에 의한 공표일부터 7일 이내(제3항의 규정에 의하여 주민투표의 발의가 금지되는 기간은 이를 산입하지 아니한다)에 투표일과 주민투표안을 공고하여야 한다. 다만, 지방자치단체의 장 또는 지방의회가 주민투표청구의 목적을 수용하는 결정을 한 때에는 주민투표를 발의하지 아니한다.

③ 지방자치단체의 관할구역의 전부 또는 일부에 대하여 공직선거및선거부정방지법의 규정에 의한 선거가 실시되는 때에는 그 선거의 선거일 전 60일부터 선거일까지의 기간 동안에는 주민투표를 발의할 수 없다.

(1) 주민투표법안상의 개선사항

주민투표의 실시와 관련하여 입법예고안과 주민투표법안은 이상에서 보듯이 현저하게 다른데, 그 결정적인 원인은 입법예고안에 규정된 주민투표관리위원회가 법안에선 삭제된 데 있다. 입법예고안은 주민투표 실시여부를 주민투표관리위원회가 심사 ·

결정하도록 하면서 지방자치단체의 장은 그 결정에 따라 주민투표를 실시하거나 불실시하도록 규정하였다(동안 제10조 제4항, 제27조 제1항). 즉, 입법예고안에 의하면, 주민투표실시과정은 주민이나 지방의회에 의한 투표청구와 지방자치단체의 장의 발의를 시발로 하여, 주민투표관리위원회의 실시여부에 관한 심사 · 결정을 거쳐, 이 결정에 따른 지방자치단체의 장의 실시 · 불실시로 진행된다. 반면 주민투표법안은 주민투표관리위원회를 두지 않고, 기존의 선거관리위원회가 주민투표사무를 관리하도록 규정하고(동법안 제3조 참조), 지방자치단체의 장이 주민투표를 발의하고 실시(결정)하도록 규정하고 있다(동법안 제9조, 제13조). 입법예고안상의 주민투표관리위원회의 구성과 관련하여, 지방자치단체의 장이 임명권과 위촉권을 통해서 직접적으로 영향을 미칠 수 있는 위원이 9인 정수 가운데 4인이기에 그 위원회의 공정성은 자연스럽게 문제된다. 따라서 주민투표법안이 주민투표의 실시에서 지방자치단체의 장의 책임성을 제고하기 위해 주민투표관리위원회를 두지 않음은 바람직하다. 그리고 주민투표법안이 주민의 주민투표청구에서 청구자의 최소한을 둔다든지, 지방의회와 관련하여 의사정족수와 의결정족수를 분명히 한다든지 하는 것도 바람직하다.

(2) 주민투표의 "발의"와 "주민투표청구"와 관련한 법률용어상 문제

이런 여러 가지 개선점에도 불구하고, 주민투표법안에는 치명적인 오류와 문제점이 노정되고 있다. 법률은 하나의 제도로서 개개 규정의 조화와 용어의 바른 사용이 기본이다. 이 점에서 주민투표법안 제9조와 제13조는 시급히 再考되어야 한다.

먼저 제13조의 '주민투표의 발의' –여기서의 '발의'를 發意로 보아 의견을 냄으로 이해하든 아니면 發議로 보아 회의할 때 어떠한 의안을 냄으로 이해하든 차이가 없지만 일단 일반적인 용례에 따라 후자의 취지로 보기로 한다–를 보면, 여기서의 발의는 지방자치단체의 장이 주민투표를 실시하고자 결정을 내린 것(나아가 이런 결정을 내리고 그 사실을 대외적으로 알리는 것까지 포함하여)을 의미한다. 따라서 통상 '발의'란 의사결정의 전 단계에서 이루어진다는 점, 주민투표법안에선 입법예고안과는 달리 지방자치단체의 장이 주민투표의 실시여부를 전속적으로 결정한다는 점에 비추어, 주민투표법안상의 "발의"는 그 자체가 주민투표의 附議決定이자 주민투표의 실시결정에 해당한다. 이 점은 주민투표법안이 "주민투표안"의 발의가 아니라 "주민투표"의 발의라 표현한 데서도 확인된다. 주민에 의한 최종적인 주민표결을 상정하고서 이런 용어를 사용했으리라 선의로 해석할 수도 있지만, 통상 "발의"란 의안이나 대상을 확정된 내용으로 가다듬기 전인 제안 차원에서 사용된다는 점에서, 이런 용어를 확정된 내용에 대한 가부의 물음만이 예정된 단계에서 사용하면 당연히 오해와 혼란이 초래된다. 그리고

문제점은 그저 표현상의 오해의 정도에 머물지 않고, 특히 직권에 의한 주민투표실시나 국가의 요구에 의한 주민투표실시에서 주민투표법안 제9조와의 조화로운 해석을 불가능하게 만든다.

그런데 이런 오해가 어디에서 연유하였는지 살펴본 즉, 그것은 다름 아닌 지방자치법 제13조의2(현행 제14조) 제1항과 제2항의 해석에서 비롯되었다. 동조에 비추어 지방자치단체의 장만이 주민투표의 발의자인지 여부가 관건이다. 이기우 교수[45]는 동조가 주민투표의 발의자로 지방자치단체의 장만을 규정하고 있다고 보았던 데 대해서, 신봉기 교수는 "地方自治團體의 長은 … 주요 결정사항 등에 대하여 住民投票에 붙일 수 있다"는 동조 제1항은 절차적 의미를 가지는 데 불과하다는 점과 동조 제2항이 "주민투표의 … 發議者 …등에 관하여는 따로 法律로 정한다"로 규정하고 있는 점을 들어 부정적인 입장을 취하였다.[46] 지방자치단체의 장만이 발의자가 될 수 있다면 동조 제2항의 관련부분은 贅言에 지나지 않는다. 동항에서 법률을 통한 구체적 형성의 가능성을 열어 놓은 것은, 기본적으로 입법자가 동조 제1항을 통해서 주민투표의 부의권이 지방자치단체의 장에게 있음을 확인한 데서 출발한다. 국민투표와 관련한 헌법 제72조에 대해 헌법문헌이 대통령의 '국민투표부의권'을 규정하고 있다고 기술하고 있음을 상기할 때, 지방자치법 제13조의2 제1항은 당연히 지방자치단체의 장의 주민투표부의권을 규정한 것이지 결코 주민투표발의권을 규정한 것이 아니다. 따라서 동조의 자명한 법문에 비추어, 주민투표부의권은 처음부터 지방자치단체의 장에게 부여되어 있는 것이고, 주민투표발의권만이 입법자의 판단에 따라 주민, 지방의회, 그리고 지방자치단체의 장에게 부여될 수 있을 뿐이다. 이런 점에서 보면, 주민투표법안 제13조에서 "발의"는 법률용어의 誤用의 極致라 평하더라도 전혀 지나치지 않다.

「지방자치단체의 장이 "주민투표안"을 발의하고자 하는 경우에는 지방의회 재적의원 과반수의 동의를 얻어야 한다」(입법예고안 제10조 제2항)과 「주민투표의 청구 및 발의는 특정한 사안에 대한 찬반 또는 양자택일의 형식으로 이루어져야 한다」(동안 제13조)에서 알 수 있듯이, 입법예고안은 지방자치단체의 장이 직권으로 주민투표로 나아갈 때 그 같은 의사를 지방의회의 동의를 얻어 주민투표관리위원회에 심사를 요청하는 것을 '발의'로 포섭하고 있다. 따라서 주민투표법안 역시 주민투표의 진행과정을 통상의 법률용어사용에 부합하게 조성하여 이를 쉽게 파악하게끔 하기 위하여, 주민투표의 附議(실시결정)의 의미로 "주민투표의 발의"란 용어를 사용하지 말고, 그 의미를 "주민투표안"에 관한 것으로 한정하여 지방자치단체의 장이 직권 실시를 위하여 지

45) 동인, 앞의 글, 495면.
46) 동인, 앞의 글, 401면.

방의회에 동의를 구하는 단계에서 사용하는 것이 바람직하다. 나아가 입법예고안 제10조(투표청구 및 발의)가 취한 것처럼, 주민투표법안 제9조와 제13조를 함께 어울러 규율하는 것이 바람직하다. 여기선 주민투표법안 제13조가 지방자치단체의 장의 주민투표부의권(실시권)을 기속행위로 타당하게 구성한 것이 잘 반영되어야 한다.

그리고 주민투표법안은 물론 입법예고안에서 주민이나 지방의회에 의한 "주민투표청구"란 용어를 사용하는데, 통상 "청구"란 "청구권"적 의미를 갖기에 이와 관련해선 의문이 제기될 법하다. 독일에서 사용하는 "Bürgerbegehren"을 옮긴 것으로 추론되는데, "begehren"의 사전적 의미가 "요구 · 열망 · 간청 · 소원하다"인 점과 "Bürgerbegehren"의 실질이 "Bürgerinitiative"(주민발안)인 점을 고려한 즉, 이를 "주민발의", "주민발안", "주민요구"로 옮기는 것이 어의에 부합한다.[47] 결론적으로 주민투표법안 제9조와 제13조의 용어사용의 혼란을 없애기 위해, "부의"와 "발의"의 의미에 맞춰 정비가 반드시 이루어져야 한다.

한편 주민투표법안(제5조 제3항)은 주민투표권자의 연령과 관련해선 '투표일 현재'를 기준으로 삼는다고 분명히 하면서, 주민투표청구권자의 연령과 관련해선 동법안 제9조 제2항 1호 등에서 어떠한 기준을 설정해 놓고 있지 않다. 반면 입법예고안 제5조는 '주민투표청구하기 위한 서명일 현재'라고 분명히 규정하였다. 아울러 외국인에게 주민투표권을 부여한 주민투표법안(제5조)이 내국인의 주민등록 여부와 관련해선 '주민투표인명부작성기준 현재'와 같은 기준시점을 두면서, 외국인의 경우에는 이에 관해 전혀 언급하지 않고 있음도 문제이다.

(3) 지방자치단체의 장이 행한 발의(즉, 부의결정나 실시결정)여부의 법적 성질

한편 권리구제를 위하여 이 물음에 관한 논구가 필요하다. 독일에선 주민요구에 대한 게마인데의회의 허용결정을 둘러싸고 그것의 법적 성질이 행정행위인지 여부가 다투어진다. 관건은 그것이 외부효 다시 말해 법효과를 발생하는지 여부이다. 찬성의 입장(이를테면 행정행위설)에선 그 허용결정의 규율내용이란 주민요구에 대한 구속적 확인으로서 여기엔 주민결정이 거행되는 법효과가 발생한다고 논거를 제시한다. 반면 반대의 입장(이를테면 행정행위반대설)에선 주민결정이 게마인데결의와 동일한 효력을 갖는다고 규정한 점을 근거로 양자가 경합관계에 놓이기에 주민요구의 허용성결정의 외부효를 부인하고서 여기선 권한쟁의절차가 통용되어야 한다고 주장한다.[48] 우리의

47) 이런 사정은 지방자치법 제13조의3 등에서 도입된 '조례의 제정 · 개폐청구' 등에서도 고려되어야 한다.

48) 이런 사정은 vgl. Marcus Jaroschek, Der praktische Fall-Öffentlichesrecht: Eine Ortsumgehung mit Hindernissen, JuS 2001, S.53(54f.); Utz Schliesky, Aktuelle Rechtsprobleme bei Bürgerbegehren und Bürgerentscheid, DVBl. 1998, S.169(173). 전자는 권한쟁의절차의 입장이고, 후자는 행정행위설의 입장이다.

경우엔 독일과는 달리 주민투표결과에 대해서 (다른 기관의 결정과 동일하게든 아니든) 직접적으로 효력을 부여하고 있지 않기에, 독일에서의 행정행위반대설 마냥 바로 취소소송의 대상이 되지 않는다고 주장될 법하다.

하지만 이 물음은 현재의 행정절차법 등에서의 처분정의에 따라서 답이 내려져야 한다. 주민투표가 기본적으로 청문절차의 일환으로 행해지기에, 주민투표부의결정이 준비행위이자 내부행위에 지나지 않는다고 말할 수도 있지만, 그 주민투표결과에 구속성이 부여된다는 점을 고려하면 그렇게 볼 순 없다. 비록 주민의 진정한 권리로서의 주민투표권은 인정되지 않지만, 부의결정이후에는 주민투표가 시행되고 이에 관해서 주민투표참여권을 발생시킨다는 점에서 전혀 법효과를 발생시키지 않는다고 보기도 힘들다. 따라서 지방자치단체의 장의 주민투표부의결정은 행정행위로서의 성질을 갖는다고 보아야 한다. 이로써 주민투표부의결정을 둘러싼 다툼은 항고소송을 통해서 다루어지는데, 그것의 성질이 재량행위인 까닭에 주민투표청구자는 하자가 없는 부의결정에 관한 청구권만을 갖지 결코 부의결정(허용)의 발급에 관한 권리를 갖진 못한다.[49]

입법예고안과 주민투표법안은 주민투표의 실시와 관련하여 그것이 위법하게 치러지는 경우에 대한 대응을 전혀 규정하고 있지 않다. 주민투표가 원칙적으로 지방자치단체의 자치사무를 대상으로 한다는 점에서 국가의 개입여지를 두지 않은 것은 정당하다. 일반주민이 주민투표를 통한 직접민주제의 구현에 흥미와 관심을 갖는 경향을 염두에 두고서, 특정목적의 주민이든, 지방자치단체의 장이든, 지방의회이든 자신들의 사리와 정략을 裏面的으로 달성하고자 기도할 수 있다. 지역주의를 고착하고 확대재생산하여 자신의 小利를 탐하려는 지금의 '지역당정치'의 상황에서 주민투표는 악용될 소지가 恒存하고 있다. 이런 정치상황속에서 위법한 주민투표실시에 관한 국가적 개입의 가능성을 전혀 상정하지 않음은 자칫 국가와 지방자치단체간에 아무런 소득이 없는 소모적 정쟁을 낳을 수 있다. 하지만 주민투표부의결정을 행정행위로 봄으로써, 지방자치법 제157조의 '처분 · 명령의 시정'을 통해서 효과적으로 대응할 수 있다.

(4) 주민투표청구의 서명정족수의 문제

한편 주민투표법안은 주민투표청구의 서명정족수와 관련하여, 주민투표청구권자 총수의 20분의 1이상 5분의 1이하의 범위 안에서 지방자치단체의 "조례"로 정하도록 규정하고 있는데, 이는 지방자치의 보장을 위한 전권한성의 원칙의 구현으로 볼 직하

49) Vgl. Bauer/Böhle/Masson/Samper, Bay. Kommunalgesetze, 1998, Art.18a GO Rn.25.

다. 그러나 주민투표가 지닌 직접민주제적 요소를 고려한다면, 비록 상한과 하한의 한계를 두었음에도 불구하고 그 서명정족수를 조례에 의하여 전적으로 정해지게 하는 것은 문제가 있다. 같은 규모의 지방자치단체간에도 조례의 정함에 따라 주민투표청구(요구)의 문턱이 다르다면, 당연히 평등의 원칙과 결부되어 주민의 권리행사가 문제된다. 따라서 주민투표청구의 서명정족수는 조례를 비롯한 법률하위규범에 의해선 정해선 아니 되고, 반드시 의회가 제정한 형식적 의미의 법률에 의해서만 정해져야 한다. 즉, 이와 관련해선 본질사항유보설의 입장에서 의회유보에 전적으로 맡겨져야 한다. 그리고 주민투표청구의 서명정족수에서 전국적 통일성을 기하기 위해선 그것을 확정하는 것이 바람직하다. 즉, 인구의 증감을 고려할 때 서명정족수를 단일하게 확정하는 식의 방법은 곤란하고, 오히려 독일에서처럼 주민이나 주민투표권자수의 규모에 따라 일정 정수를 정하거나 주민투표권자수의 백분율에 의해 정하는 것이 바람직하다.

참고로 Baden-Württemberg주의 경우 적어도 "시민"(주민투표권자)의 10%의 서명을 받아야 하되, "주민" 5만 미만의 게마인데는 시민 2500인의, 주민 5만이상 10만미만인 게마인데는 시민 5000인의, 주민 10만이상 20만미만인 게마인데는 시민 10000인의, 주민 20만이상인 게마인데는 시민 20000인의 서명이 필요하다고 규정하고 있다(B-W GO §21 Ⅲ). 반면 Bayern주의 경우 처음부터 철저히 백분율에 따라 정수를 정하여, "주민" 1만미만인 게마인데는 적어도 "게마인데시민"(주민투표권자)의 10%의 서명이, 주민 2만미만인 게마인데는 적어도 게마인데시민의 9%의 서명이, 주민 3만미만인 게마인데는 적어도 8%의 서명이, 주민 5만미만인 게마인데는 적어도 게마인데시민의 7%의 서명이, 주민 10만미만인 게마인데는 적어도 게마인데시민의 6%의 서명이, 주민 50만미만인 게마인데는 적어도 게마인데시민의 5%의 서명이, 주민 50만보다 많은 게마인데는 게마인데시민의 3%의 서명이 요구되도록 규정하고 있다(Bay. GO §18a Ⅵ). 그리하여 가령 인구(주민)가 33000이고 총유권자가 25000인 게마인데의 경우에, 주민발의가 허용되려면 최소한 유권자 1750인(25000인의 7%)의 서명이 있어야 한다. 다른 주들에 비교하여 Bayern주의 경우 주민투표대상, 가결정족수, 재원확보제안 등에서와 마찬가지로 주민발의의 서명정족수에서도 주민결정으로 나아갈 때의 장애물이 매우 낮다.

(5) 주민투표청구(발의)에서의 서명수집활동의 문제

입법예고안과 주민투표법안은 주민투표청구(발의)에서의 서명수집과 관련하여, 전자가 서명수집활동과 관련한 사항이외에는 그 수집절차의 구체적 내용을 기본적으로 조례에 맡긴(동안 제11조 제6항) 반면에, 후자는 비교적 관련내용을 구체적으로 담고 있는데, 특히 서명수집과정을 분명히 하였다. 즉, 청구인대표자와 그로부터 서명요청권을 위임받은 자가 조례에서 정한 '서명요청기간' 안에 주민의 서명을 요청할 수 있도록 하였다(주민투표법안 제10조 제3항). 입법예고안 제12조 제3항("청구인대표자 및 청구인 대표자로부터 서명수집을 위임받은 20세이상의 주민 이외에는 서명을 수집할 수 없다")과 동조 제4항("제1항 내지 제3항 및 다른 법령에 특별한 규정이 있는 경우를 제외하고 서명수집활동의 자유에 관한 어떠한 제한도 허용되지 아니한다")과 비교해서, 주민투표법안이 '서명요청기간'을 설정한 것에 중요한 의미를 부여할 수 있다.

주민투표가 순전히 자문적 주민질의에 머문다면, 그것의 발의(청구)를 성립시키는데 필요한 서명에 대해서 어떠한 제한을 가하는 것은 적합하지 않을뿐더러 불필요하다. 그러나 그 주민투표의 결과가 구속성을 가진다면 사정이 다르다. 지방자치단체와 지방의회가 아무튼 결과에 구속될 수밖에 없는 사정에서, 그 첫 단추인 주민투표발의(청구)와 관련하여 아무런 제약이 없다면 기존의 대의기관의 권한행사가 늘 주민투표의 실시가능성하에 놓이게 될 것이다. 비록 주민투표법안상의 주민투표가 공동결정적 수준에 이르지 않았다 하더라도 그 주민투표결과의 구속성을 감안하면, 기존 대의기관의 정당성을 유지하기 위하여 주민투표발의(청구)단계에서의 제약은 반드시 있어야 한다. 이 점에서 주민투표법안이 '서명요청기간'을 둔 것은 다행스러우나, 이것만으론 불충분하다. 가령 처음부터 주민투표발의(청구)의 서명정족수를 요구하기보다는, 청구인대표자의 선정이후에 그에게 '서명요청기간' 안에 서명정족수를 충족시키도록 요구함으로써 "地政의 安定"이 도모될 수 있다. 한편 입법예고안이 '서명수집활동의 자유에 특별한 규정이 있는 경우를 제외하고는 어떠한 제한도 허용되지 아니한다'고 분명히 한 반면 주민투표법안은 이를 명시하지 않았지만, 입법예고안에서와 동일한 것으로 추론된다. 왜냐하면 동법안 제11조가 그 명칭처럼 '서명요청활동의 제한사유'를 열거하고 있으며, 동법안 제20조 제2항이 투표운동을 '누구든지' 자유롭게 할 수 있다고 규정하고 있기 때문이다. 투표운동의 단계에서의 자유를 그대로 서명수집활동의 단계로 접목시키는 것은 문제가 있다. 주민투표의 가결정족수가 국민투표에 비하면 매우 낮은 점과, 기존의 대의기관의 정당성을 유지하여 "地政의 安定"이 도모되어야 한다는 점을 감안하면, 서명수집과 관련해선 가령 일정한 공공장소에 국한하는 식으로 공간적인 제약을 두는 것도 고려해 볼만하다.[50]

---

50) 한편 독일에서 1995년에 바이에른州에서의 주민발의와 주민결정의 도입과 관련하여, W. Schmitt Glaeser는 서명수집집회가 시간상으론 무기한적으로 장소상으론 도처에서 가령 도로, 대문, 축구장, 수영장, 지하철역, 상점에서 열릴 수 있게 됨으로써, 자유로운 표결이 보장될 수 없을 뿐더러 조작이 가능하고 그럴 개연성도 있다고 지적하였다. Ders., a.a.O., S.824(824).

6. 주민투표의 효력에 관한 문제점

* 주민투표입법예고안: 제23조(주민투표결과의 확정) ① 주민투표는 투표권자 3분의 1이상의 투표와 유효투표수 과반수의 득표로 확정된다. 이 경우 전체 투표수가 3분의 1이상이 되지 아니하거나 찬성 · 반대 또는 양자의 유효득표수가 동수인 경우에는 찬성 · 반대 또는 양자의 어느 일방을 선택하지 아니하기로 확정한 것으로 본다.

② 주민투표관리위원회는 개표가 끝난 즉시 그 결과를 공표하고 이를 당해 지방자치단체의 장에게 통지하여야 한다. 다만, 투표수가 3분의 1이상이 되지 아니한 때에는 개표하지 아니한다.

③ 지방자치단체의 장은 주민투표의 결과를 통지받은 때에는 즉시 이를 공표함과 동시에 지방의회에 보고하여야 한다.

④ 지방자치단체는 주민투표결과가 확정된 내용대로 행정 · 재정상의 필요한 조치를 시행하여야 한다.

⑤ 지방자치단체는 주민투표결과 확정된 사항에 대하여 3년이내에는 이를 변경하거나 새로운 결정을 할 수 없다. 다만, 찬성 · 반대 또는 양자의 어느 일방을 선택하지 아니하기로 확정한 경우에는 그러하지 아니하다.

* 주민투표법안: 제24조(주민투표결과의 확정) ① 주민투표에 부쳐진 사항은 주민투표권자 총수의 3분의 1 이상의 투표와 유효투표수 과반수의 득표로 확정된다. 다만, 다음 각호의 1에 해당하는 경우에는 찬성과 반대 양자를 모두 수용하지 아니하거나, 양자택일의 대상이 되는 사항 모두를 선택하지 아니하기로 확정된 것으로 본다.

1. 전체 투표수가 주민투표권자 총수의 3분의 1에 미달되는 경우
2. 주민투표에 부쳐진 사항에 관한 유효득표수가 동수인 경우

② 전체 투표수가 주민투표권자 총수의 3분의 1에 미달되는 때에는 개표를 하지 아니한다.

③ 관할 선거관리위원회는 개표가 끝난 때에는 지체없이 그 결과를 공표한 후 지방자치단체의 장에게 통지하여야 한다. 제2항의 규정에 의하여 개표를 하지 아니한 때에도 또한 같다.

④ 지방자치단체의 장은 제3항의 규정에 의하여 주민투표 결과를 통지받은 때에는 지체없이 이를 지방의회에 보고하여야 하며, 제8조의 규정에 의한 국가정책에 관한 주민투표인 때에는 관계 중앙행정기관의 장에게 주민투표 결과를 통지하여야 한다.

⑤ 지방자치단체의 장 및 지방의회는 주민투표 결과 확정된 내용대로 행정 · 재정상의 필요한 조치를 하여야 한다.

⑥ 지방자치단체의 장 및 지방의회는 주민투표 결과 확정된 사항에 대하여 2년 이내에는 이를 변경하거나 새로운 결정을 할 수 없다. 다만, 제1항 단서의 규정에 의하여 찬성과 반대 양자

를 모두 수용하지 아니하거나, 양자택일의 대상이 되는 사항 모두를 선택하지 아니하기로 확정된 때에는 그러하지 아니하다.

(1) 주민투표가결정족수의 문제

주민투표법안에 의하면, 주민투표에 부쳐진 사항은 주민투표권자 총수의 3분의 1 이상의 투표와 유효투표수 과반수의 득표로 확정된다. 결국 찬성표가 최소한 전체 유권자의 16.7%(엄밀히 말하면 16.6666%)에 달하면 충분하다. 여기서 과연 이 정도의 찬성으로 그 투표결과를 전체 주민의 의사가 표현된 것으로 간주할 수 있는가? 헌법개정안에 대한 국민투표의 경우에도 국회의원선거권자 과반수의 투표와 투표자 과반수의 찬성을 요하여 최소한 전체 유권자의 25%가 요구되는 것(헌법 제130조 제2항, 제3항)에 비하면, 주민투표에서의 16.7%는 민주적 정당성을 담보하기엔 미흡하다. 여기선 다수결의 원칙이 단지 형식적으로만 기능할 뿐이어서, 다수의 지배는 이론이 되어 버리고 소수의 지배가 현실이 되어 버린다. 그런 소수자결정은 민주적 정당성을 결코 획득·요구할 수 없을 뿐더러, 자칫 "소수자의 제국주의"(Imperialismus der Minderheiten)를 가능케 하여 '행동하는 소수'가 주민의 대의기관을 무력화시킬 수 있다. 독재와 자유가 어울리지 않듯이, 소수의 강제(Minderheitenoktroi)와 민주주의는 어울리지 않는다. 따라서 이런 가결정족수의 완화규정은 주민에게 이로운 규정이라기보다는 오히려 정말로 소수에게만 이로운 규정에 지나지 않는다. 헌법과 민주주의가 소수자의 보호를 표방한다 하더라도 이들에게 정권(Regime)을 맡기는 것이 아닌 이상, 소수에게만 이로운 규정은 완전히 대의제원칙으로부터 벗어난 것이다.[51] 요컨대 민주주의를 위한 다수결원칙의 정당화기능을 고려할 때, 국가는 참여가능성을 높이기 위한 갖가지 수단(가령 주민투표법안 제4조인 정보제공 등)을 강구하여야 하는데, 무엇보다도 다수결원칙이 단순한 형식적 차원으로 전락되어선 안되며, 극소수의 결정이 다수결원칙을 핑계삼아 전체 결정으로 화해선 아니 된다. 오히려 주민투표의 경우엔 전체 국가차원에 비하면 대상과 관련해서 對民近接度가 월등하다. 그런데 Bayern주 헌법재판소가 민주적 정당성과 주민결정의 구속효를 결부시켰듯이, 가결정족수의 문제는 주민투표결과의 구속효와 결부된다. 즉, 가결정족수의 정도가 높으면 높을수록, 구속효의 인정기간도 늘어날 수밖에 없다.[52] 요컨대 가결정족수를 법안보다 높여야 민주적 정당성이 확보될 수 있다. 다만 유권자의 25%의 찬성이 민주적 정당성을 확보하기 위한 최소한이

51) W. Schmitt Glaeser, a.a.O., S.824(829f.).

52) 가결정족수의 정도와 구속효기간을 비례시켜 가령 가결정족수가 30%이면 3년의 구속효기간을, 가결정족수가 25%이면 2년의 구속효기간을, 가결정족수가 25%이하면 1년의 구속효기간을 설정하는 것이 바람직하다. 독일 각주법상의 법상황과 결부된 이 물음에 관해선 vgl. Knemeyer, a.a.O., S.113(115).

기에, 그것보다 하회한 가결정족수가 허용될 수 있는지는 좀더 논의가 필요하다. 참고로 Knemeyer는 가결정족수(결정정족수)와 관련하여 규모에 따른 주민참여를 바탕으로 하여, 제도가 대도시에서 처음부터 공전되지 않도록 하기 위해서 주민 10만이상의 대도시에선 20%로 州都에선 15%로 하는 것은 받아들일 만하다고 하였다.

독일의 경우 주민투표의 가결정족수와 관련해서, 본래 Baden-Württemberg주에서 전후 처음 시행되었을 때(1956년)는 투표정족수로 유권자의 50%이었으나 1975년 개정에서 가결정족수로 유권자의 30%로 바꾸었으며, 현재 대부분의 주에서도 단순 다수결의 방식을 취하되 최소한 찬성표가 유권자수의 25% 또는 30%에 달할 것을 요구하고 있다. 그런데 가결정족수와 관련하여 종전에 Bayern주의 게마인데법은 독일의 대부분의 주와는 완전히 구별되게 가결정족수의 최소한을 규정하지 않았다. 이에 대해 Bayern주 헌법재판소가 1997.8.29.에 동의(가결)정족수의 포기와 결부시키면서 자치체로 하여금 주민의사를 유의해야 할 의무를 지우는 것(구속효)은, 게마인데의 전권한성의 원칙을 규정한 그들 주헌법 제11조 제2항과 일치하지 않는다고 판시하였다.[53] 그에 따라 1999년에 게마인데법 제18a 등이 개정되었다. 그런데 특이한 점은, 개정된 동조 제12항에 의하면 최소한의 동의(가결)정족수를 주민발의상의 서명에서와 마찬가지로 백분율로 정하고 있을 뿐더러 그 백분율이 자치단체의 규모에 따라 漸降한다는 점이다. 즉, 주민 5만미만인 게마인데는 최소한 유권자의 20%가, 주민 10만미만인 게마인데는 최소한 유권자의 15%가, 주민 10만을 넘는 게마인데는 최소한 유권자의 10%가 동의(찬성)하여야 하도록 되어 있다.

(2) 주민투표결과의 구속력의 제한 문제

앞에서 주민투표법안상의 주민투표제란 일단 본질적으로 자문적 주민질의로되, 주민투표법안의 제24조 제5항, 제6항에 의하여 투표결과의 구속성이 더해져, 결국 자문적 · 구속적 주민질의에 해당한다. 문제는 주민투표결과의 구속력의 내용인데, 동조 제6항이 "지방자치단체의 장 및 지방의회는 주민투표 결과 확정된 사항에 대하여 2년 이내에는 이를 변경하거나 새로운 결정을 할 수 없다"고, 분명히 투표결과의 구속효(Bindungswirkung)를 규정하여 증대된 구속력을 부여하고 있다. 그런데 이런 '주민투표 결과 확정된 사항' 은 그 자체가 독립된 법적 효과를 직접적으로 발생시키는 것은 아니고, 지방자치단체의 장이나 지방의회가 취할 후속조치의 근거점이 될 뿐이다. 물론 그저 단순한 출발점 정도에 머무는 것이 아니라, 주민투표권자가 (후속조치를 통해) 투표결과를 유지하고 주의해야 할 것을 요구할 수 있는 권리가 도출될 수 있다. 어떻

53) BayVerfGH BayVBl. 1997, 622.

게 이런 권리가 구현될지는 전적으로 그 후속조치와 결부된 권리보호의 체계–즉, 행정행위인가, 법규범인가, 사실행위인가?–에 좌우된다.[54]

주민투표의 결과에 대해서 누가 과연 책임을 지는가의 물음은 법적으로 중요한 물음인데, 당연히 그 투표에 관련된 주민은 전혀 책임을 지지 않고, 지방자치단체가 전적으로 책임을 진다. 이런 점은 주민투표결과를 따랐다 하더라도 마찬가지이다. 따라서 여기서의 투표결과의 구속효를 절대적 의미에서 바라보면 곤란하고, 주민투표결과의 구속효에는 제한이 따라야 한다. 즉, 주민투표의 바탕이 되는 사실상태와 법상태가 본질적으로 변하였다면, 그 투표결과의 구속효를 고수할 수 없다(참조: 독일 Bayern주 게마인데법 제18조a 제13항). 그리하여 주민투표법안이 이를 규정하고 있지 않더라도, 행정행위의 철회나 행정행위의 재심사에서의 논의가 그대로 도입될 수 있긴 하나, 독일 Bayern주 게마인데법 제18조a 제13항처럼 분명히 규정함이 요망된다.

7. 주민투표소송에 관한 문제점

* 주민투표입법예고안: 제24조(주민투표소송) ① 주민투표의 효력에 관하여 이의가 있는 투표권자는 투표권자 50분의 1이상의 연서로 주민투표일부터 20일이내에 주민투표관리위원회 위원장을 피고로 하여 고등법원에 소를 제기할 수 있다.

② 주민투표소송은 다른 소송에 우선하여 180일이내에 재판하여야 한다.

③ 주민투표소송의 절차에 관하여는 공직선거및선거부정방지법 제227조의 규정을 준용한다.

제25조(투표무효 판결) 고등법원은 주민투표소송에 있어 주민투표에 관한 규정에 위반된 사실이 있는 때라도 주민투표의 결과에 영향을 미쳤다고 인정하는 때에 한하여 주민투표의 전부 또는 일부의 무효를 판결한다.

* 주민투표법안: 제25조(주민투표소송 등) ① 주민투표의 효력에 관하여 이의가 있는 주민투표권자는 주민투표권자 총수의 100분의 1 이상의 서명으로 제24조제3항의 규정에 의하여 주민투표 결과가 공표된 날부터 14일 이내에 관할 선거관리위원회 위원장을 피소청인으로 하여 시·군 및 자치구에 있어서는 특별시·광역시·도 선거관리위원회에, 특별시·광역시 및 도에 있어서는 중앙선거관리위원회에 소청할 수 있다.

---

54) 이 점에서 행정작용형식의 체계는 더 없이 중요하며, 행정작용 전반을 하나의 범주로 설정하는 것은 행정법 체계의 돌이킬 수 없는 난맥을 가져다 줄 것이다. 이에 관해선 졸고, 행정소송제도의 개편방향에 관한 소고, 공법연구 제31집 제3호, 2003.3, 648면 이하; 행정의 작용형식의 체계에 관한 소고, 공법연구 제30집 제4호, 2002.6, 298면(追論: 행정법기본연구 I, 187면) 이하 참조.

② 제1항의 소청에 대한 결정에 관하여 불복이 있는 소청인은 관할 선거관리위원회 위원장을 피고로 하여 그 결정서를 받은 날(결정서를 받지 못한 때에는 결정기간이 종료된 날을 말한다)부터 10일 이내에 특별시 · 광역시 및 도에 있어서는 대법원에, 시 · 군 및 자치구에 있어서는 관할 고등법원에 소를 제기할 수 있다.

③ 주민투표에 관한 소청 및 소송의 절차에 관하여는 이 법에 규정된 사항을 제외하고는 공직선거및선거부정방지법 제219조 내지 제229조의 규정중 지방자치단체의 장 및 의원에 관한 규정을 준용한다.

먼저 제기할 수 있는 의문점은 주민투표법안상의 주민투표제의 성격에 비추어 과연 이 같은 주민투표소송과 같은 이의제기방식이 적합한지 여부이다. 만약 주민투표법안상의 주민투표제가 공동결정적 성격을 갖는다 하더라도, 국민투표나 일반공직선거와 관련한 쟁송의 방법이나 여러 규정들이 주민투표의 경우에 별 어려움없이 적용될 수 있을지 의문스러운데, 하물며 자문적 · 구속적 주민질의에 해당하는 주민투표법안의 경우에는 벌써 출발점이 전혀 다르다. 이런 주민투표제의 성격에 부합하는 권리보호의 길은 그 투표결과에 따른 후속조치를 대상으로 삼아야지 그 전제인 주민투표자체를 삼는 것은 지양하여야 한다. 왜냐하면 자칫 여기서의 주민투표가 종국적 결정으로서의 성격을 갖는다고 오해를 가져다 줄 수 있기 때문이다. 그런데 그 주민투표가 설령 공동결정적 성격을 갖는다 하더라도, 국민투표나 일반 공직선거에서의 논의를 그대로 접목시키는 것은 재고되어야 한다. 왜냐하면 주민투표의 경우엔 그 투표결과에 따른 집행이 관심사인 반면에, (특히 헌법개정안에서의) 국민투표나 일반 공직선거의 경우에는 그 투표나 선거의 결과 그 자체가 관심사이기 때문이다. 이 점에서 독일에서 가령 바덴-뷔르템베르크주의 지방선거법(KWahlG) 제41조 제3항이 선거취소의 방법으로 주민(시민)결정의 취소를 구하는 것을 명시적으로 배제하고 있음은 참고할 만하다.[55)]

V. 맺으면서

오늘날 국가의 기본방향성이 국민의 참여를 보장하고 신장하는 데 있으며, 사회단체가 국정운영의 감시자를 넘어서 당당한 한 주체로서 활동하기에, 직접민주제의 열

55) 한편 독일에선 주민결정의 집행과 관련하여 지방선거법(Kommunalwahlgesetz)의 준용이나 적용지시에 대해 아무런 언급이 없을 때 어떤 방법으로 그 흠결을 메울 것이지 논란이 되는데, 이는 차후에 검토하기로 한다. 이에 관해선 특히 vgl. Hans Georg Fischer, Rechtsschutz der Bürger bei Einwohneranträgen sowie Bürgerbegehren und Bürgerentscheid, DÖV 1996, S.181(187f.).

망은 자연스럽게 수용되고 있지만, 여기에는 우리의 의회주의, 정당국가체제, 구체적으로 말하자면 정당, 정치인, 그리고 정치 전반에 대한 근본적인 불쾌감이 기저에 있다. 다시 말해, 여기에는 "선출된 대표자의 결정에 대한 국민의 근본적인 불신", "불일치와 소외문제", "기성정치의 무감각현상"이 아우러져 있다. 대의민주제에서 대의(대표)성이 내용적으로 공허하게 되면, 필연적으로 직접민주제의 형식과 그것의 상향평가가 주목을 끈다. 그러나 우리는 어떤 사회현상을 재단함에 있어서 過度함을 늘 경계하여야 한다. 의회주의에 대한 비판은 결코 이즈음에 불거진 새로운 현상은 아니고, 의회주의의 출범과 동시에 가해졌으며, 결코 없어지지도 않는다. 요컨대 의회를 비롯한 대의기관을 정치적 조직의 시대에 맞지 않는 장치로 여기는 것은 늘상 팽배하는 확신이라 하겠다. 벌써 1900년에 Eduard Hartmann이 "모든 사람이 의회에 진저리치지만, 어느 누구도 그 이상의 것을 제안할 수 없다"고 지적하였듯이,[56] 대의제의 한계를 인정하는 데서 출발하여야 대의제란 근본체제가 전복되지 않은 채 그것의 결함을 메워나갈 수 있다. 국민이나 주민에 의해서 직접적으로 발한 결정이 더 높은 권위를 갖는다는 확신을 절대적으로 앞세우면, 대의제는 설자리가 없어진다.

대의제의 출발점은 유권자의 투표를 통해 발현된 신뢰임에도 불구하고, 그간 우리의 현실은 신뢰가 오로지 선거일이나 투표일 하루에만 존속한다고 말하더라도 과언이 아니다. 유권자 역시 투표한지 얼마 지나지도 않아서 자신이 신임을 한 대의기관에 대한 불신을 공공연하게 표출한다. 이에 덧붙여 NGO가 New Government Organisation이 되다시피 한 상황에서 직접민주제의 요소의 도입이 자칫 대의기관의 무책임성과 정략적 발상을 촉발하여 국정이나 지정을 아노미에 빠뜨릴 우려는 없는지, 그리고 책임이 동반되지 않는 권력으로 화하여 몇몇에 의해서 조정되는 국민(주민)독재(Volksdiktatur)로 전락할 위험은 없는지 곱씹어 보아야 한다. 주민투표제가 지향하는 국민의 참여의 극대화가 공적 결정의 민주적 정당성을 제고한다는 상식적 인식만으로 그에 수반된 여러 법문제 특히 기왕의 대의기관과의 조화를 소홀히 하면 그것을 현행의 공법질서에 제대로 정착시킬 수 없으며, 나아가 명분적 당위성만으로 앞세우고 현실의 여건을 도외시하면 그것은 도리어 혼란을 초래하여 그 명분적 당위성마저 무색하게 만들 것이다.[57] 현하의 문제가 되는 국책사업의 수행과 관련하여, 왕왕 대의제의 대척점으로서 '주권재민'을 논거의 출발점으로 삼아 오로지 '참여'나 '주민

56) Zur Zeitgeschichte, Neue Tagesfragen, 1900, S.213: W. Schmitt Glaeser, a.a.O., S.824(825f.)에서 재인용.

57) 즉, 직접민주제적 요소를 갖고서 대의민주제를 보완하는 것 그 자체도 위험이 전혀 없진 않다. 테크노크라시적 대중국가시대에서 다루어야 할 물음이 지닌 전문성, 다층성(이질성), 복잡성은 국민(주민)에게 과중한 부담을 가하고, 자연 유권자는 분위기에 편승할 것이다. Vgl. Krause, a.a.O., Rn.25ff.

(국민)의 직접결정' 을 강변하는데, 이런 분위기속에선 자칫 사이비 직접민주제의 소산인 민중선동(Demagogie)이 국가결정의 민주적 정당성을 담보하려는 노력을 무위로 만들 우려가 있다. 즉, 자칫 풀뿌리민주주의(Basisdemokratie)를 갖고서 대의민주제를 무력화시킬 우려가 있다. 오히려 정책적 차원에서 보면, 직접민주제적 요소를 섣부르게 도입하는 것보다는, "정치개혁"을 통해 제대로 된 대의제를 하기 위한 기반을 새롭게 구축하여 제대로 된 대의기관을 제대로 선거하도록 만드는 것이 바람직하다고 생각한다.[58] 요컨대 직접민주제적 요소의 도입 자체의 당위성보다도 그것이 제대로 구현될 수 있는 여건의 조성이 문제의 관건이다.

아무튼 주민투표법제가 하나의 법제도로서 발아하기 시작하였다. 이상에서 살펴보았듯이, 비록 그것이 자문적 · 구속적 주민질의에 해당한다 하더라도, 과연 국민이나 주민의 참여의 활성화와 이를 통한 민주적 정당성의 확충이란 꽃을 피울지 의문스럽다. 오히려 이제까지 목도하지 못한 새로운 문제가 우리 앞에 등장할 우려가 있다. 세상일이 그렇듯, 새로운 법제도란 처음부터 면밀히 숙고하여 가능한 문제점을 적게 하면서 출범하여야 한다. 아무리 시행의 바램과 기대가 화급하다 하더라도, 결코 국법질서의 근간을 몰각시켜선 아니 된다. 따라서 이상에서 본 적지 않은 결정적인 문제점을 배태하고 있는 주민투표법안은 재고되어야 한다. "좋은 법률이 좋은 법학을 만드는데, 그 좋은 법률은 좋은 입법자를 필요로 한다."

*공법연구 제32집 제3호, 2004.2., 87면 이하 소수.

58) 이 점에서 벌써 Ernst Fraenkel이 1958년에 대의제적 요소와 직접민주제적 요소가 전적으로 보완될 수 있으되, 이들의 균형이 정당이 국민의 바램과 견해를 어떻게 반영하느냐에 달려 있다고 갈파하였다. Ders., Die repräsentative und plebiszitäre Komponente im demokratischen Verfassungsstaat, Recht und Staat, Heft 219/220, 1958, S.57:A. Weber, a.a.O., S.178(184f.)에서 재인용.

59) 비록 시기적으로 문제제기가 늦은 감이 있지만, 이상에서 지적된 많은 의문점이 상당 부분 해소되지 않은 채 2004.1.29.에 법률 제7124호로 주민투표법이 제정 · 공포되었다. 성안과정에서 적극적으로 문제제기하지 못한 데 대한 면구스러움만 가득하다.

제 6 장

危險槪念과 市販後統制

Ⅰ. 들어가며[1]

현존 의약품시장에 관한 통제는 국가의 危險防止(Gefahrenabwehr)의 일부이다.[2] (독일) 醫藥品法(Arzneimittelrecht)은 1976년의 전면개정이래로 독립되고, 법적으로 까다로운 특별대상이다.[3] 그리하여 의약품법의 독립화를 감안한 즉, 위험방지의 도그마틱, 특히 그것의 핵심적인 위험개념이 중대한 역할을 할런지 여부의 물음이 제기될 수 있다. 의약품법의 市販後節次(Nachmarktverfahren)를 직접 바라보아서는 이 물음에 대한 답이 주어질 수가 없다. 왜냐하면 오늘날 일반적인 위험개념은 30년 전에 그러했을 윤곽을 더 이상 제시하지 않기 때문이다. 따라서 먼저 일반적인 위험개념의 발전에 관하여 몇 마디 언급하고 싶다.

---

1) 이 글은 Reinhard Damm/Dieter Hart(Hrsg.), Rechtliche Regulierung von Gesundheitsrisken, 1993, S.109ff. 에 실린 연방헌법재판소 재판관인 Udo Di Fabio 독일 본(Bonn)대학교 법과대학 교수(Professor Dr.iur. Dr.sc.pol. Udo Di Fabio) 의 논문(Gefahrbegriff und Nachmarktkontrolle)을 옮긴 것이다. 본문상의 법률이나 법원은 독일의 것이어서 특별한 부가어를 덧붙이지 않았음을 밝혀 둔다. 유의할 점은 이 글은 동 교수의 교수자격논문인 Risikoentscheidungen im Rechtsstaat, Bonner Habilitationsschrift(1992)가 출간되기 전에 게재되었다. 追論: 여기서의 논의는 본서 487면 이하에 연계되어 있다.

2) Günter Lewandowski, Das Arzneimittelrecht im System des Rechts der Gefahrenabwehr, PharmaR 1983, 162ff.

3) 문헌 가운데: Hart/Hilken/Woggan, Das Recht des Arzneimittelmarktes, 1988; Thilo Räpple, Das Verbot bedenklicher Arzneimittel, 1991; Karl-Heinz Hohm, Arzneimittelsicherheit und Nachmarktkontrolle, 1990; Martin Ramsauer, Die staatliche Ordnung der Arzneimittelversorgung, 1988: Di Fabio, Risikoentscheidungen im Rechtsstaat, 1992.

Ⅱ. 法的 危險概念의 意義와 發展

공법상으로 광범하게 分岐한 위험방지임무의 전반은, -비록 이질적이고 특별법적인 규율이 있다손 치더라도- 比較, 保全 및 豫備된 原則을 위한 자신의 토대를 일반 질서법 · 경찰법에 두고 있다. 國家的 安全保障法(Recht staatlicher Sicherheitsgewährung)의 이런 일반적 부분에서, 危險概念은 상이한 안전임무란 격동의 바다에서 도그마틱상 닻의 역할을 한다. 전통적으로 보아 프로이센 일반 주법의 시대이래로, 危險概念은 개입권능을 가진 국가와 개인적 권리영역에서 보호받는 시민, 이들 양자간에 경계를 긋는 것이었다.[4] 危險概念은 법률상의 개입성립요건이자, 공법적 의무귀속과 책임귀속을 위한 정당한 근거이다.

전통적으로 위험성립요건에 의한 개입범위는 특별한 것이다. 위험이 시인되면, 원칙적으로 국가에겐 모든 것이 가능하다. 즉, 국가로서는 가령 비례원칙이나 평등원칙과 같은 방식상의 원칙만을 유의하여야 한다. 위험개념을 정의내린 概括條項(Generalklausel)은 원래 프로이센 일반주법(ALR) 제10조 제2항 제17호에서 주어졌고, 오늘날엔 각 주의 모든 경찰법과 질서법에 담겨져 있다. 이런 배경에서, 概括條項을 실행가능하게 구체화하고 형성하는 것이 문제되었고, (지금도) 문제되고 있다. 개괄조항에 의하면, 소관 행정청은 공공의 안전이나 질서에 대한 위험을, 이를 위해 꼭 필요한 조치로써 방지할 수 있다.

판례는 프로이센 상급행정법원(PrOVG)의 시절이래로 구체화임무를 행하여 몇 가지 성과를 가져다 주었다.[5] 이런 판례전개의 중요한 업적 가운데 하나가 개연성규준의 신축화이다. 위험방지법의 일반적 원칙에 의하면, 보호법익에 대한 훼손(손상)발생(Schadenseintritt)이 개연성이 있는(wahrscheinlich) 경우에만 위험이 시인되어야 한다.

위험개념의 일반적 도그마틱에선, 개연성 개념은 이미 壓倒的인 可能性으로부터 평가의존적인 리스크査定으로 발전하였다. 우려되는 훼손(손상)이 크면 클수록, 요구되는 개연성의 정도는 더욱더 낮아진다. 이렇게 확립된 원칙이 바로, 우려되는 훼손규모와 훼손발생의 개연성 요구 간의 逆比例의 原則(Grundsatz der gegenläufigen Proportionalität)이다. 더욱더 새로운 기술적, 자연과학적, 유전공학적 리스크를 법적으로 조종하는 것이 관건이었던 경우에. 동 원칙은 위험개념을 탄력적으로 유지하였

4) 위험개념의 기능에 관해선: Di Fabio, Entscheidungsprobleme der Risikoverwaltung, NuR 1991, 353ff.
5) PrOVG, PrVBl. 16, 125(126). Vgl. auch PrOVG, PrVBl. 6, 380; PrOVG, PrVBl. 23, 744(745).

다. 수가 증대한 특별위험방지법(률)은 기본적으로 항상 위험개념을 끌어댈 수 있었고, 끌어댈 수밖에 없었다. 다시 말해, 법률은 가능한 훼손이 법적 평가안에서 얼마나 높게 가늠되어야 할지를 단지 인식하게만 할 수밖에 없었다. 가령 원자력법은 특히 동법 제7조를 통해서, 훼손(손상)잠재성이 이례적으로 높게 사정되어서 개연성의 水位가 완전히 하향 이전하게 된다는 점을 나타낸다.[6] 훼손정도가 무한히 즉, 사회적 맥락에서 自己消盡에로까지 이른 경우에는, 개연성이 변하여 理論的 可能性으로 된다. 理論的 可能性은 통계학적 · 수학적으로 리스크수치의 형식으로 표현된다.

안전성판단은 자연과학의 당시의 최신의 지식수준에 의거함이 없이는 불가능하다. 이런 안전성판단이 문제되는 도처에서, 위험개념의 추가적인 개방이 발생한다. 위험개념은 이미 탄력적인 개연성요구를 추가적으로 변화시킨다. 고전적인 위험개념에선, 훼손의 발생개연성은 생활경험에 비추어 판단이 내려지는데, 이 생활경험은 전문가에 의한 탐문을 통해서 흡사 과학적 · 기술적 문제제기로 확장하게 되었다. 오래 전부터 현대의 법률은 "기술의 수준"(Stand der Technik)이나 "과학의 수준"(Stand der Wissenschaft)과 같은 표현을 통해서, 과학에서 성취된 리스크지식의 전반에 관한 합사실적 조사가 생활경험을 대신한다는 점을 나타낸다.[7] 이런 리스크지식은 –흡사 생활경험에 의해서 지지되는 양– 행정청과 법원에 의해 더 이상 개개사건에서 탐문되지는 않고, 도리어 체계상으로 받아들여 진다.

그렇지만 이런 배경에서 위험개념의 경과를 일차원적 발전으로 서술할 수 있을 것이다. 자가생산된 자신의 리스크를 점차 의식하게 된 사회로선, 옛적의 또는 새로운 리스크잠재력을 더욱더 높이 평가하며, 개연성징표에 의해 특징지워진 개입수위를 그에 맞춰서 저하시킨다. 이런 저하는 양적, 인식론적 측면에서 일어난다. 가령 전반적으로 보아, 化工品法(률)(Chemikaliengesetz)의 전면개정은 蓋然性 要求를 순전히 저하시킨 것이었다.

그러나 말하자면 단지 일차원적으로 그렇게 서술하는 것은, 현대 리스크행정(Risikoverwaltung)의 본질적 문제점을 간과한다. 개연성 요구의 저하가 국가에 대해 의미하는 바는, 바로 강제력을 행사하는 행정이 통과하는 문을 매우 조기에 연다는 것

6) 원자력법에 관한 판례에서의 "점층 · 점강공식"(Je–desto–Formel)의 적용에 관해선 :Degenhart, Kernenergierecht, S. 25f.; ders., Aktuelle Tendenzen in der neueren Rechtsprechung zum Atomrecht, ET 1989, S.750(754ff.). 동일한 의미로 "역비례성"(gegenläufige Proportionalität) 대신에 "역상대성"(gegenläufige Relativität)이라 칭하기도 한다. Frauke Hansen–Dix, Die Gefahr im Polizeirecht, S. 49 sowie S.134ff.

7) 기술의 수준은 현실화된, 시험된 실제적 적용이다. 과학(학문)의 수준은 순전히 이론적인 모델형성을 특징으로 할 수 있다. 기술적 "실행가능성"을 통한 제한은 여기선 더 이상 통용될 수 없다. Vgl. BVerfGE 49, 89(136). "기술의 일반적으로 인정된 법칙(규칙)", "기술의 수준", "과학과 기술의 수준" 및 "과학의 수준"은, 제한효과와 관련하여 위계질서와 유사한 관계에 있다. 기본적으로: Peter Marburger, Die Regeln der Technik im Recht, 1979, S.121ff. Vgl. Regeling, Der Stand der Technik bei der Genehmigung umweltgefährdender Anlagen, 1985.

이다. 원자력법에서 이상적 타입으로 다루어진 개연성규준이 본질적으로 의미하는 바는, 매우 낮은 발생개연성을 갖는 이론적 가능성으로써 국가로 하여금 경비가 많이 드는 안전예방을 요구한다거나 설비가동을 금지할 수 있게끔 수권하는 데 있다. 원자력의 특별한 효용을 특별히 확신하지 않는 모든 이들은, 원자력에서 어떤 비난받아 마땅한 점을 찾아내기보다는, 도리어 다음과 같이 말할 것이다: 의심스러우면 안전에 유리하게(In dubio pro securitate).

의약품법과의 대비를 분명히 하기 위해서, 원자력법의 예를 택하였다. 원자력법에선 가능한 훼손(손상)의 규모를 원용하면서 개입수위(Eingriffsschwelle)가 급격히 하향이전하였다. 적어도 원자력법 제1조에 함께 담겨진 육성목적을 부차적 역할로 옮길 경우, 역비례의 원칙이 통용되면, 이 점은 자명한 이치이다. 의약품법 역시 개연성요구를 저하시키고 과학화하려는 분명한 경향을 따랐다. 이 점에 있어서, 시판후범주에서의 리스크결정은 현대의 다른 안전법(률)에 의거한 리스크결정과 구분되지 않는다.

그러나 의약품법은 분명코 일차원적 차원의 법적 위험판단을 허용하지 않는다. 원자력발전소의 효용은 흡사 배경에서 단지 매개적으로, 개개인에게 직접 감지될 순 없게만 역할을 하며, 아울러 그것이 여전히 의문시되는 반면에, 의약품의 효능은 적어도 원칙적으론 論外이다. 따라서 의약품에 관한 국가적 판단의 특별성은 바로 효능－리스크의 형량(Nutzen－Risiko－Abwägung)에 있다.[8] 개입요건이 긍정된 이후엔, 효능－리스크의 형량은 그 어떤 곳에도 비례원칙을 통해 수정되지 않고, 국가의 개입권 내지 개입의무에 관해서 원칙적으로 결정을 내린다. 형량에 의해서 조종된 행정결정은 더 이상 위험도그마틱의 개념적 상태만으론 포착할 수 없다. 위험개념은 결코 형량을 허용하지 않는다. 반면 전통적인 개념의미론에 의하면 리스크에 형량이 내재하고 있다. 이런 점에서, 인식론적으로 매우 불명료하고, 행정에게 형량과 형성이 맡겨져 있는 위험방지결정을 위하여, 리스크개념이 이용될 수 있다.

의약품법상 요구되는 효능－리스크간의 형량으로 말미암아, 그 자체로선 전통적인, 일차원적으로 만들어진 위험도그마틱과는 絶緣하게 되나, 그것과 친척관계는 없어지지 않는다. 위험방지법에서 훼손발생을 위한 개연성요구가 더 하향으로 저하되면 될수록, 개입수권의 성립요건적 측면에서 규제를 위한 강제는 일반적으로 더욱더 분명해 진다; 그런데 이런 점이 결코 의약품법에서만 통용되는 것은 아니다. 유전공학법(GenTG) 제16조에 의한 분리결정이나 식물보호법상의 승인(허용)결정 역시 마찬가지로 효능－리스크의 분석으로서 형성되어 있다.[9] 개입의 수위가 저하되고, －마찬가지

8) Peter S. Schönhöfer, Wie kann zwischen Nutzen und Risiko bei Arzneimitteln abgewogen werden?, PharmaR 1982, 125ff.

로 중요하게- 더욱더 많은 사회분야가 국가의 리스크통제에 복종하게 되는 것과 같을 정도로, 성립요건을 제한하는 修正의 필요성이 증가한다. 전적으로 이런 사정으로 말미암아, 행정법학자로서는 의약품법을 고찰하는 것이 매우 흥미롭다. 더욱이 현대 리스크행정의 그밖의 현상이 즉, 과학적 언명의 불확실성, 리스크인지의 선정결정에의 의존성이 의약품법에서 탐구될 수 있으며, 또한 이들이 인지될 것이다.

자연과학적 데이터조사와 법학적 평가에 의한 역할분배에서, 어떠한 법학적인 牧歌的 상태(Idylle)는 존재하지 않는다. 많은 사례에서 과학은 결코 분명한 언명을 제공하지 않는다. 리스크를 국가 쪽에서 평가하고자 하는 자가 금방 맞닥치는 문제가 바로, 과학이 지식흠결을 제시한다는 점이나 결과가 다투어지고 있다는 점이다. 법학자에게 과학자가 과학적 관찰 역시 사전전제, 평가 및 보여질 것의 선택에 의존한다고 설명할 때, 그 사정은 더욱더 곤란하게 된다.

이런 상황에는 다음의 두 가지 결과가 연계된다. 첫 번째 결과는, 불확실한 데이터 상황에도 불구하고 결정을 내려야 하는 국가의 결정(상의)강제와 연관된다. 인식론적으로 보건대, 국가는 嫌疑(의심, 염려)에 의거하여 활동한다. 일반 위험방지법은 이를 위해 危險嫌疑(Gefahrenverdacht)란 도그마적 형상을 도입하여 특징을 지우고자 하였는데, 이제까지 적당히 성과를 보았다. 한편으론 혐의결정의 특징은 법률가에게 결핍된 規範的 操縱(normative Steuerung)인데, 이는 경찰법적 개괄조항의 일반성을 능가한다. 입법자와 법해석자는 법률적 과소규정함을, 정형화된 결정절차 및 다원화된 전문가위원회에의 사실적 拘束을 통해서 補塡하려고 한다. 이런 점은 의약품법에서 잘 관찰될 수 있다. 그러나 혐의에 의거하여 활동하는 자는, 개입명목이란 법치국가원리적 문제점뿐만 아니라, 리스크결정의 暫定性 역시 각별히 의식하지 않으면 아니 된다. 의약품법은 혐의영역에서의 활동을 허용하는 개입명목과 개입의무를, 특히 시판후범주에서 의식적으로 대거 만들었다.

9) Hirsch/Schmidt-Didczuhn, GenTG, § 16 Rn.19f., 이에 의하면 형량조항과 정당화가능성조항과 관련한 규정은 유전공학법 제1조상의 목표충돌에 관한 균형을 목적으로 한다. 유전공학법에서의 목표충돌에 관해선 vgl. Vitzthum/Geddert-Steinacker, Der Zweck im Gentechnikrecht, 1990, S.26ff., 47ff.; Hart, Rechtspolitik und Gentechnologie, KJ 1988, 99ff; Damm/Hart, KritV 1989, 183ff. 그렇지만 Kloepfer/Delbrück와 Lukes는 규정이 생명과 건강을 위한 국가의 보호의무와 어느 정도로 합치하는지의 물음을 제기한다. Kloepfer/Delbrück, DÖV 1990, S.897(904); Lukes, DVBl. 1990, S.273(277). 원자력법의 성립국면에서 동반된 공개 토의에서, 동법의 비판자들은 특히 분리계획안에 규정된 리스크-효능의 분석에 불쾌하여, 이와 관련하여 헌법소송을 하겠다고 위협하였다. Frankfurter Rundschau Nr. 65 vom 17, März 1990, S.11. 비판에 관해선 참조: Bock, Schutz gegen die Risiken und Gefahren der Gentechnik?, 1990, S.65.

Ⅲ. 國家的 醫藥品統制의 일부로서의 市販後統制

市販後統制(시판후심사)는 국가적 지속감시로서 예방적 승인(허용)절차에 연계되어 있다. 의약품의 시판승인(허용)으로써 국가감시가 끝나는 것이 아니라, 새로운 국면 소위 市販後統制(Nachmarktkontrolle)에 들어선다.[10] 의약품에 관한 신빙성있는 리스크 분석은 대체적으로 다수의 복용건수에 좌우되기 때문에, 국가의 의약품감시의 중점은 시판후통제에 있다.[11] 시판후감시의 중요함은 적어도 새로운 약제에 존재하는 정보결핍에서 비롯되는데, 이 정보결핍이 국가통제의 중점을 시간적으로 시판후로 이전시킨다.

임상시험의 Ⅰ~Ⅲ 상에선 비교적 낮은 시험참여자의 수에 의거하여 의약품에 대해 판단을 내린다. 드물거나 복합적 인관관계에서 생길 뿐인 예기치 않은 부작용에 관해 만족스런 언명을 하기에는, 이런 식의 판단내림은 원칙적으로 부적합하다.[12] 따라서 행정청의 승인(허용)결정은 實體的(內容的) 暫定性(sachliche Vorläufigkeit)의 성격을 수반한다. 무엇보다도 의약품에게 치료효과가 결여된다거나 예기치 않은 정당화될 수 없는 부작용의 근거있는 혐의가 존재한다는 사실이 명백해질 경우에는, 승인결정의 修正이 負擔의 事後附加로부터 승인취소에 이르기까지 언제든지 가능하다(동법 제30조 제1항, 제28조 제1항, 제25조 제2항 4호, 5호). 이런 점에서 입법자는 승인결정의 실체적

10) 약간 생소한 이 개념(원래는 승인후통제나 시장감시에 해당한다)은 영어개념인 "시판후감시"(post marketing surveillance)의 개작으로부터 설명된다. 영어상으론 시장이전의 통제(pre-market-controll)와 시장이후의 통제(post-market-controll)간에도 구분된다: Vgl. Dieter Hart/Norbert Reich, Integration und Recht des Arzneimittelmarktes in der EG, 1990, Rn.56.

11) 중요성에서 보자면, 시판후통제는 예방적 승인결정과 똑같이 중요하다. Kloesel/Cyran/Feiden/Pabel, Arzneimittelrecht Kommentar, §62 Anm.1. 시판후통제는 또한 임상시험의 지속적인 계속으로도 여겨질 수 있다. "본래의 실무상의 테스트는 제품시판과 함께 시작한다. 근년에 몇몇 의약품의 경우 실무상 투약이후의 경험이, 임상시험뒤에 예상될 것과는 놀라울 정도로 완전히 달랐다." Georges Fülgraff, Der kontrollierte klinische Versuch -Eine kritische Würdigung, PZ 1985, S.3309(3311).

12) 적용사례의 1%에 나타나는 부작용을 95%이상의 신뢰도로 조사하기 위해선, 300명의 환자를 감시해야 한다. 대부분의 부작용은 주로 사례의 1% 미만에서 발생하기 때문에, 95% 이상의 신뢰도를 얻기 위해선 아마도 약 40.000건의 치료사례를 반드시 관찰하지 않으면 아니 된다. Ellen Weber, Beobachtung und Bewertung von unerwünschten Arzneimittelwirkungen in der Bundesrepublik Deutschland, in: 25 Jahre Arzneimittelgesetz, Symposium des Bundesverbandes der Pharmazeutischen Industrie, 1986, S. 56(58); Fülgraff/Palm, Pharmakotherapie, 4.Auf., 1982, S.5. Vgl. Edzard Hartmann, Kontrollierte klinische Versuche, in: Prinzipien und Aussagekraft epidemiologischer Studien zur Beurteilung der Arzneimittelsicherheit, Symposium Berlin 1977, S.17(19); Klaus Heilmann, Arzneimittelsicherheit – Risiko verstehen lernen, in: 25 jahre Arzneimittelgesetz, Symposium des Bundesverbandes der Pharmazeutischen Industrie, 1986, S.45(50). 시판후통제는 놀라운 부작용을 아는 것과 관련해서 뿐만 아니라, 단순한 효능추정을 확인하기 위해서도 중요하다. 효능상에 관한 지식을 강화하는 것은 중요하다. 이유인 즉, 그것은 투약의 치료적인 목표정확성때문이기도 하거니와, 효능이 충분히 확실히 확립된 경우에만, 예기치 않은 부작용이 효능-리스크의 분석에서 합리적으로 판단내려질 수 있기 때문이기도 하다. Hart/Hilken/Merkel/Woggan, Das Recht des Arzneimittelmarktes, S.105f.

잠정성을 고려하고 있는 셈이다.

최근 실제적으로 가장 중요한 두 가지 사례에서, 행정청은 심지어 의약품법 제30조 제1항에 의거하여, 그 승인결정을 폐지하거나 적어도 정지시킬 의무를 지게 되었다. 무엇보다도 시판(시장)감시의 임무는, 지속적으로 변하는 복용지식과 의약품발전의 흐름에서 효능-리스크의 분석을 주어진 動因에서 새로이 행하고, 새로운 평가를 수행하는 것이다.[13] 이런 점에서 연방보건청(BGA)의 시판후통제는, 리스크를 축소하고 危險源의 성립을 차단하는 것을 목표로 하는 지속적 감시(약모니터링: drug monitoring)로 여겨진다.[14] 연방보건청(BGA)의 용어는 이를 위해 "리스크방지"(Risikoabwehr)란 개념을 사용한다.[15]

우선 시판후통제는 조직화된 정보절차를 전제로 한다. 궁극적으로 혐의를 근거지우는 리스크요인에 관한 조사가 관건이다. 의약품법 제62조에 의해서, 소관 연방행정청은 사람과 동물의 건강이 직·간접적으로 위태롭게 되는 것을 방지하기 위하여, 의약품복용시에 생겨난 리스크를 핵심적으로 포착하고 평가하여야 한다. 리스크를 위한 예로서 법률은 부작용[16], 다른 물질과의 교호(상호)작용(Wechselwirkung), 禁忌(Gegenanzeigen), 위조를 강조한다. 소관 장관이 발한 의약품감시를 위한 단계계획은 내성형성, 남용, 오용, 습관성, 의존성, 품질결함, 코팅이나 용기의 결함, 겉표시나 포장첨부의 불충분과 같은 그 밖의 리스크를 언급한다.[17] 단계계획에서 언급된 리스크 역시 열거적으로 언급되고 있지 않다.[18] 즉, 리스크요소-리스크로서 혹은 리스크관점으로서 수행될 상황-들이 언급되는 한, 행정청내부의 규준형성이 문제가 된다. 핵심적 포착은 실제적으로 정보망에 연계되어 있는데, 이 정보망은 국제적 주체(특히 WHO)로부터, 주의 감시행정청을 거쳐, 의사들의 의약품위원회와 제약회사의 연합단체에까지 이른다.[19] 법률은 정보획득과 정보평가시스템의 자세한 형성을 행정부에게 맡겼다. 행정부는 이런 규율공간을 행정규칙(단계계획), 고시(Bekanntmachungen),[20]

---

13) Kloesel/Cyran/Feiden/Pabel, Arzneimittelrecht Kommentar, §62 Anm.5. 여기선 전체적인 시판후통제의 의미가, 일목요연한 정보수집으로 이해되는데, 이때 행정청은 "예방적 리스크방지의 의미에서, 효능-리스크의 분석을 새로이 평가하기 위한 가능한 원인들에" 전념하여야 한다.

14) 리스크축소와 위험사전예방을 구별하는 것은, 상응하는 법적 결과는 없이 그저 서술적 성격을 지닐 뿐이다. Vgl. Karl-Heinz Hohm, Arzneimittelsicherheit und Nachmarktkontrolle, 1990, S.222f.

15) 가령 BGA의 1990 활동보고서, S.325, 330.

16) 의약품법 제4조 제13항은 부작용의 개념정의를 담고 있다. 이에 의하면 규정에 맞춰 의약품을 복용했을 때 나타나는 예기치 않은 수반증세가 부작용에 해당한다.

17) 1990.5.10.자 의약품법 제63조(단계계획)에 따른 의약품리스크의 관찰·수집·평가를 위한 일반 행정규칙의 개정고시의 3호, BAnz. S.2570.

18) Kloesel/Cyran/Feiden/Pabel, Arzneimittelrecht Kommentar, §63 a Anm.10.

19) Kloesel/Cyran/Feiden/Pabel, Arzneimittelrecht Kommentar, §62 Anm.8f.

20) Vgl. 1987.10.28.자 의약품법 제29조 제1항 2문에 따른 부작용, 다른 물질과의 교호작용 그리고 의약품남용의 신고에 관한 고시, BAnz. Nr. 208 vom 5. Nov.1987, S.14750.

국제적 · 국내적 협정으로써 메운다.

원래의 리스크정보의 주된 부분은 치료의사의 자발적인 사례신고(자발적 신고)를 통해서 생긴다. 제약회사의 신고 역시 무엇보다도 이런 원천에 의거한다.[21] 약사와 환자의 신고는 비교적 낮은 역할을 한다. 장차 강력하게 시행될 체계적 조사(집중적 모니터링)에게서 기대되는 바가 바로, 의사의 자발적 신고에 일방적으로 의존함을 완화하는 것이다.[22] 의약품의 사람에 대한 임상시험의 처치사례에서와 비슷하게, 입법자는 여기서도 독립적이고 포괄적인 국가적 절차의 체계화를 광범하게 그만두었다. 입법자는 그 대신 사람에 대한 임상시험과 비슷하게 독일 의사회의 자치위원회(Selbstverwaltungsgremien)에게 결정적인 역할을 부여하였다.[23] 치료의사에 의한 리스크포착과 전달은 직업법을 통해서 규율되며, 연방의사회와 연방보건청간에는 협정으로 체계화되어 있는 협력이 존재한다.[24] 독일의사를 위한 모범직업법(Musterberufsordnung) 제24조 제7항에 따라서, 의사는 자신의 처방활동에서 알게 된 예기치 않은 부작용을 독일 의사회의 의약품위원회에 알려야 한다.[25] 동위원회는 그 다음에 의약품리스크를 연방보건청에 신고하지만, 그 스스로도 나름의 정보제공과 경고를 통해서 활동을 한다.[26]

의약품에 의한 치료에서 관찰된 리스크에 관한 신고는 다수 사례에서 치료의사와 연방보건청간의 직접적인 교환에선 일어나지 않는다. 의사에 의한 신고의 다수는 제약회사에 대해 향하고, 비로소 제약회사가 자신의 쪽에서 연방보건청에 대한 정보전달의 의무를 진다(의약품법 제29조, 제63조의a).[27] 치료의사에 의한 복용관찰과 정보전달은 필경 우연히 일어난다. 그렇지만 이 경우 신고건수가 대다수가 되면 추계통계학적으로 증명된 언명의 신빙성은 자연 증가한다.[28] 통상적으로 결코 의사가 모든 의약

21) 독일 의사회의 의약품위원회의 중요한 정보 역시 치료의사의 실무에서 비롯된다. 의사의 대부분의 신고는 위원회에 대해 이루어지는데, 그 이유는 이들 신고를 통해서 정보전달이란 직업상 의무가 이행되어 지기 때문이다. Vgl. Hart/Reich, Integration und Recht des Arzneimittelmarktes in der EG, S.107.

22) Hart/Reich, Integration und Recht des Arzneimittelmarktes in der EG, S.108. 집중적 포착을 강화하는 요구에 관해선: Hart/Hilken/Merkel/Woggan, Das Recht des Arzneimittelmarktes, S.137.

23) Hohm, Arzneimittelsicherheit und Nachmarktkontrolle, S.296f.

24) Sander, Arzneimittelrecht, Anhang Ⅱ/62에 게재된, 의약품안전성을 향상시키기 위한 협력에 관한 연방의사회와 연방보건성간의 협약. 협정의 대상은, 특히 의약품리스크를 규명하기 위해 필수적인 단계와 통일적 평가규준을 설정하는 시도를 조기에 맞추는 것의 협약이다. Vgl. auch Hart/Hilken/Merkel/Woggan, Das Recht des Arzneimittelmarktes, S. 132 f.; sowie Tätigkeitsbericht des BGA 1988, S.340.

25) 독일 의사보(DÄ) 1988, Heft 50 S.3601-3608에 게재됨.

26) 정보는 의사에게 특히 그들의 전문잡지를 통해 도달한다. Vgl. z.B.: DÄ 1991, Heft 31/32, 2658, 여기선 "독일 의사회의 의약품위원회에게 알림"이란 표제하에 Benzodiazipinen에 의한 환자의 위험을 참조하도록 지적되고 있다. 수면제의 배후문제점에 관해선: Frankfurter Rundschau Nr. 45 vom 22, Febr. 1992, S.13.

27) BGA의 1990 활동보고서, S.326.

28) 자발적 신고에 관한 체계적 포착과 평가를 목표로 하는 자발적 포착이 자발적 신고에 대비된다. Bertelsmann, Grundzüge der Abwehr von Arzneimittelrisiken, Stufenplanverfahren, S.134.

품복용을 체계적으로 관찰하고, 보고란을 작성할 수는 없을 것이다.

이런 사정은 이중의 중요성을 갖는다. 한편으론 의약품부작용에 관한 자발적 신고의 불충분이 분명해진다. 긴장된 병원운영에서 의사가 의약품리스크를 충분하게 자세히 관찰하고, 그 외에 신고양식을 채울 시간을 가질지 여부가 의문스럽다. 유해한 부작용의 혐의가 있을 경우, 의사는 신고는 하지 않은 채 의심쩍어 하면서 약제를 바꿀 것이다.[29] 다른 한편으론 專門的인 公衆(Fachöffentlichkeit)의 혐의표명이나 행정청의 혐의표명은 치료의사의 주목을 강화시키고 영향을 미칠 수 있다는 출발점으로 삼아야 한다. 연방보건청이나 의료업의 의약품위원회가 의약품이나 醫藥品群에 대한 특별한 리스크혐의를 진술하는 한, 이들은 의사의 극히 제한적으로만 사용가능한 관찰능력을 선별적으로 조정한다. 환언하면: 예기치 않은 부작용이 종종 보고가 될 때, 시판후와 관련한 혐의에 이른다. 우연히 보고가 되곤 하지만, 한편으론 높은 수치가 신빙성이 있을 수 있으며, 다른 한편으론 선별적인 주목의 조종을 통해서 왜곡이 발생할 수가 있다.

혐의가 있는 의약품을 외부주도적으로 특별히 관찰하는 데는, 복잡한 대상에 관한 모든 관찰이 지닌 특별한 조건의 지배를 받는다: 찾고자 하는 무엇 없이 그것의 현존 역시 단지 생각될 뿐이고, 상관관계가 불가피하게 떠오르는 사례에서보다는, 찾고자 하는 무엇을 볼 개연성이 높다.[30] 따라서 진정한 자발적 신고는 특별하게 요구되는 신고와는 구분되어야 한다. 이런 구분은, -특히 예기치 않은 의약품부작용의 근거있는 혐의가 인정될 경우에는- 리스크판단을 위해서 중요하다. 이뿐만 아니라 이런 영역에서 국가적 정보조정과 정보수집의 법적 한계에 대한 물음을 위해서도 이런 구분이 중요하다. 주목의 조정이 신속하게 혐의를 응축시킬 수 있기 때문에, 제약회사가 그들 쪽에서 의약품리스크에 관한 정보를 극히 느릿느릿하게 전달한다는 식의 의혹에 처한다는 점은 수긍이 간다. 이런 점만으로도, 제약회사에게 상응한 정보제공의무(Informationspflichten)를 법률상으로 과하는 데 충분한 이유가 존재한다.

의약품법 제29조는 제약회사에게 다음과 같은 두 가지의 의무를 지운다: 한편으론 승인결정의 기초가 된 자료의 모든 변경을 해당 연방행정청에게 알릴 의무와, 다른 한편으론 제약회사가 알게 된 부작용이나 -건강을 해칠 수 있는- 다른 물질과의 교호작용의 혐의사례(Verdachtfall) 모두 및 사람과 동물의 건강을 직 · 간접적으로 위태롭게

29) 이런 상황에 대한 비판에 관해선: Hart/Hilken/Merkel/Woggan, Das Recht des Arzneimittelmarktes, S. 135f.

30) 대중매체의 주목을 받는 뜻밖의 사건에 의한, 부작용신고시스템의 왜곡을 저지하기 위해서, 선도적인 의약품제조사는 학술적으로 활동하는 의약품비평가과 협동하여 財團인 "의약품안전성"을 창설하였다. 이런 상관관계에 관해선: Erwin Rahner, Stiftung Arzneimittelsicherheit, PharmaR 1992, Ⅱ/23(24).

할 수 있는 오용사례(Mißbrauchsfälle)를 신고할 의무. 또한 제약회사는 신고할 만한 혐의사례나 오용사례에 대해 과학적 평가를 부여하여야 한다(의약품법 제29조 제1항 제3문). 의약품법 제49조에 따른 自動處方義務附 의약품에 해당하지 않는 의약품, 가령 알려진 물질에 의한 의약품의 경우에는, 심각하며, 병세진행상 예측되지 않으며, 의약품표기에는 포함되지 않은 부작용이나 다른 물질과의 교호작용의 혐의사례에 국한하여 정보제공의무가 성립한다(의약품법 제29조 제1항 제5문).[31]

이것 말고도 의약품법은 가령 임상시험의 의사의 의무목록과 비견될 수 있게(의약품법 제40조, 제41조), 제약회사의 公表義務(Offenbarungspflichten)를 일반적으로 규율하여야 한다. 의약품법 제29조의 정보제공의무는 소관 국가 행정청에 대해서만 성립하지, 결코 의사, 약사 그리고 소비자에 대해선 성립하지 않는다.[32]

신고의무에서 입법자가 택한 구분은, 법익을 위태롭게 하는 것의 정도(중대한 부작용이나 교호작용)는 물론, 불확실성의 정도와 복용자의 不知도 고려한 것이다. 중대하기도 하고 놀랍기도 하지만, 효능-리스크의 분석에서 행해지지 않은 부작용이나 교호작용은 입법자의 의사에 의하면 특별한 "리스크신호(Risikosignale)"이다.[33] 제약회사는 형벌부가적으로(strafbewehrt) 이를 전달할 의무를 진다.[34] 이 때 일반 위험방지법에 대한 시판후감시의 특수성이 분명해진다. 행정청은 스스로 조사하지 않고, 특히 경제적 관심자로 하여금 독립되게 리스크를 조사하도록 강제한다. 1988년에 도입된 단계계획수탁자 역시 이런 목적에 이바지 한다.

의약품법 제63조의a에 의한 단계계획수탁자는 제2차 의약품법개정과 함께 1988년 이래로 도입된 것이다. 이 단계계획수탁자는 소관 연방 상급행정청에게 제약회사가 정보를 전달하는 범주에서 특별한 역할을 한다.[35] 단계계획수탁자는 제약회사의 영역에서 알려진 의약품리스크를 포착함에 있어서 조직상의 연결점이다.[36] 다시 말해, 이

31) 신고의무적 사건발생의 범위는 물론, 정보가치있는 신고에 대한 요구 역시, 신질서법률을 위한 제2차와 제4차 개정을 통해서 확장되었다. 제2차 개정으로써, 모든 건강유해적인 부작용과 이제까지 알려지지 않은 모든 부작용이 신고의무부가 된다는 사실이 명확하게 될 것이다. Vgl. 명확화의 이유에 관해선: Erfahrungsbericht der Bundesregierung vom 12. Febr. 1982, BT-Drs. 9/1355 S. 20; sowie Sander, Arzneimittelrecht, § 29 Anm.3.

32) 이에 관한 비판적인 것으로: Werner Hahn, Offenbarungspflichten im Umweltschutzrecht, 1984, S. 8.

33) 입법자는 이런 "리스크신호"를 선택함으로써 국제위원회(WHO, Council for International Organization of Medical Science)와 의견일치를 보고 있다. 국제위원회 역시 심각하거나 예기치 않은 부작용이나 교호작용만을 결정과 관련한 리스크요소로 간주하고, 그래서 이들에 대해 자발적 포착의 범위에서 신호기능을 부연한다. Bertelsmann, Grundzüge der Abwehr von Arzneimittelrisiken, Stufenplanverfahren, S.136f.

34) 의약품법 제97조 제1항 제7호는 동법 제29조에 따른 신고의무위반을 질서위반(Ordnungswidrigkeit)으로 다룬다.

35) 단계계획수탁자 개념은 명쾌한 구분성을 완전히는 띄지 못한다. 단계계획수탁자는 행정청내부적으로 규율된 단계계획절차에 참여하는 것이 아니라, 단계계획절차의 앞마당(前域)에서 정보의 수용 · 전달을 위한 일종의 감지장치에 지나지 않으며, 아울러 절차에서 발하여졌던 결정을 관철하기 위한 대화상대자(접촉대상자)에 지나지 않는다.

는 제약회사와 국가의 감시행정청간의 이음쇠(연결)장소이다. 의약품법 제63조의a 제1항에 의하면, 단계계획수탁자는 의약품리스크에 관한 알게 된 신고를 수집하고, 평가하며, 필요한 조치를 정렬하는 의무를 진다.[37] 그의 개인적 책임은 의약품법 제97조 제1항 제7호와 결합하여 동법 제63조의a 제1항 제3문에 의해서 강조된다. 의약품법상의 단계계획수탁자의 독자성을 보호 · 보장하기 위한 법률상의 규율이 없다고, 산발적으로 비판되고 있다.[38]

전반적으로 제약회사를 정보획득과정에 중요하게 연계시킴에 있어, 국가의 후원하에 있는 협력모델이 분명해진다. 단계계획수탁자와 같은 수단은 원칙적으로 리스크신호를 수행하기 위한 半國家的(halbstaatlich) 感知裝置(센서)이다. 여기서 시판후절차는 재차 고전적 위험방지와 구분된다. 고전적 위험방지는 종종 우연히 혹은 이미 분명한 위험징표의 경우에 반응을 한다. 원칙적으로 그리고 아무리 비판받는 흠결이 있더라도, 시판후감시는 리스크결정을 위해 중요한 전체적인 과정을 포괄적으로 법적으로 관철하는 것을 의미한다. 허나 그 다음의 단계에선 이런 리스크가 소관 행정청에 의해 어떻게 처리되는지가 결정적이다.

Ⅳ. 段階計劃節次上의 리스크 決定

1. 市販後決定의 組織

먼저 의약품법상의 혐의결정을 조직상으로 씌우기 위한 단어. 소관 연방장관의 행정규칙으로서 규정된 단계계획절차(Stufenplanverfahren)는[39] 시판후범주에 대해 통용되고, 특히 현존하는 혐의사례의 경우에 행정청의 대처를 명한다.[40] 단계계획은 행정규칙이다. 이는 법률상으로 의약품법 제63조에 의해 요구되고, 연방참의원의 동의에 구속된다.[41] 의약품법 제63조는 행정규칙의 내용서술을 담고 있다. 이 내용서술은

---

36) Kloesel/Cyran/Feiden/Pabel, Arzneimittelrecht Kommentar, §63 a Anm.1.

37) 필수불가결한 조치들은 제약회사에 의해서 독립적으로도 필수적이라 여겨질 수 있을 뿐만 아니라, 행정청의 특히 단계계획절차에서 내려진 결정일 수도 있다. 전반에 관해선: Hohm, Arzneimittelsicherheit und Nachmarktkontrolle, S.276ff.

38) Hohm, Arzneimittelsicherheit und Nachmarktkontrolle, S. 287. 단계계획수탁자의 지위는 지원명령, 불이익금지, 방해금지를 통해서 향상될 수 있다. 그러나 당시의 수탁자가 기업상의 이방인으로서 여겨지고 필요한 협력이 고갈된 곳에선, 이런 법률상의 강화수단이 한계에 달하였을 수 있다. 이런 점에서 수탁자지위의 법률상 강화는 반생산적으로 효력을 발휘할 수 있다.

39) 1990.5.10.자 의약품법 제63조(단계계획)에 따른 의약품리스크의 주의 · 수집 · 평가에 관한 일반행정규칙, BAnz. S.2570.

40) 혐의사례에 관한 계획적인 행정적 처리이전 리스크의 주의 · 수집 · 평가에 관한 일반 행정규칙은 단계계획의 제1호에서 제4호까지 극히 일반적으로만 파악되고 있다.

41) 무엇보다도 연방참의원의 동의는 필수적이라 여겨지는데, 그 이유는 단계계획이 연방과 주의 관계에서 間主

위험단계에 따른 절차의 조직화를 바탕으로 한다.[42] 위험단계의 개념은 오늘날의 관점에서 보자면 법적으로 잘못된 것이다. 특히 첫 번째 단계에선 기껏해야 위험혐의와 같은 것이 존재한다. 따라서 유전공학법 제7조에서와 비슷하게, 리스크의 단계(Risikostufung)라 말하는 것이 더 나을 것이다.

위험단계와의 법률적 관련은 제품안전법과 위험방지법에선 이례적이다.[43] 그 사이에 유전공학법(GenTG)만이 매 단계에 귀속되는 상응한 조치 내지 안전성규정으로써 리스크정도를 단계지우는 것을 핵심적 부분에서 도입하였다. 어느 정도의 위험단계가 단계계획에서 규정되는지, 그리고 개개의 경우에 있어서 조치가 어떻게 단계에 귀속되어야 하는지, 의약품법은 그냥 내버려 두고 있다. 의약품법 제63조는 행정청에게 실체법을 형성할 수권을 결코 부여하지 않는다. 하지만 법률은 단계계획상으로 조직상의 규율만이 아니라, 매 위험단계와 연계될 조치의 확정 역시 발해진다는 점을 출발점으로 삼는다. 그런데 매 위험단계와 연계될 조치는 의약품법의 다른 부분에서의 권능규범에 의해서 허용된다. 원래 존재하는 세 가지의 위험단계가 1976년 의약품법하에서 발하여진 단계계획상으론 단지 두 가지의 단계로써 대체되었다.[44]

소관 연방상급행정청에 전달된 신고나 기타의 정보(가령 언론보고서나 문헌보고서)가 의약품리스크에 관한 가능성(Möglichkeit)을 가리킬 경우, 행정청은 관련 제약회사와 더불어 정보교환에 들어가며, 그리고 이어서 의약품리스크포착에 관여한 모든 행정청과 國外 部處와도 더불어 정보교환에 들어간다(단계계획의 6.1호). 정보교환의 이런 국면은 위험단계 I 로 표시된다.[45]. 형법상의 수사절차에서의 체포혐의 상황과 비슷하

觀的 구속효를 발생시키기 때문이다. 주의 감시행정청이 단계계획절차의 의무적인 참가자인 반면에, 사인의 참여는 임의적으로 행해진다. 행정규칙의 유형안에서 단계계획을 자세히 규정함에 관해선: Hohm, Arzneimittelsicherheit und Nachmarktkontrolle, S.229ff.

42) 그리하여 입법자는 여지껏 존재한 행정실무를 자신의 의사에 관련시켰다. 이미 1970년에 그 당시의 자문단인 연방보건성장관의 "의약품안전성"에 의해서 완성된, 조치와 조직방도간의 정렬을 위한 단계계획은 의약품부작용에 관한 혐의가 존재할 경우에 비슷한 규율을 포함하였다. Kloesel/Cyran/Feiden/Pabel, Arzneimittelrecht Kommentar, §63 Anm.1.

43) Hohm은 "종전의 법률용어상으로, 특히 일반위험방지법상으로 새로운 것"이라 언급한다. Hohm, Arzneimittelsicherheit und Nachmarktkontrolle, S.240.

44) Kloesel/Cyran/Feiden/Pabel, Arzneimittelrecht Kommentar, §63 Anm.3.

45) 통상적으로 위험방지의 일반적 원칙에 의하든 의약품법의 내적 체계성에 의하든 위험단계 I 에서 전제하고 있는 인식수준(단순한 가능성)이 법적 의미의 위험에는 해당하진 않는다는 사실이, 이 개념으로 인해 오판되어선 아니 된다. 개연성의 결여에서 제안된 위험혐의의 개념 역시 전통적 의미상으론 완전히 충분하진 않다. 왜냐하면 관찰된 영향미침이 사실상으로 의약품복용에서 생겼다고 확인된다고 하더라도-이것이 위험단계 I 에서 확인될 필요는 없다-, 관련 환자의 범위에 관한 통계학적 개관이 없을 시는 새로운 효능-리스크의 분석이란 결코 불가능할 것이기 때문이다. 그런데 위험단계 I 의 상황을 "리스크혐의"로 법적으로 표현하는 것 역시 별로 도움이 되지 않을 것인데, 그 이유는 혐의로써 리스크가 이미 주어지기 때문이다. 리스크 개념은 또한 가능성에만 결부되지, 훼손발생의 개연성에는 결부되지 않는다. 의약품법은 시판후통제를 위하여 중요한 위치에서, 위험이라고도 하지 않고, 리스크혐의라고도 하지 않는다. 오히려 (주된 리스크요소라는 의미에서) 정당화될 수 없는 부작용의 혐의라고 말한다. 의약품법에선 -다른 리스크행정분야에서와 마찬가지로- 리스크결정에 관한 특수한 개념성을 통해서 위험

게,[46] 위험단계 I 은 우선 행정청이 사례를 다루고 자신의 정보베이스를 확장한다는 것을 의미한다. 단순한 훼손(손상)가능성의 조건하에선 규범적 의미의 훼손임박이 성립하지 않기 때문에, 여기선 특히 기본법 제12조와 제14조로부터 비롯된 제약회사의 권리를 가능한 광범하게 유의하여야 한다. 이는 특히 개시된 정보과정에 사업자를 조기에 참여시키는 것과, 혐의의 공표를 조사에 필요한 정도로 제한하는 것을 의미한다.[47] 그런데 행정청에 의한 감시절차에 참여할 조기 가능성 말고도, 제약회사로선 위험단계 I 에서의 세세한 정보제공의무도 진다. 이 경우 혐의사례에 비추어, 약제의 시장현황의 보고, 임상시험의 4상에서의 처치의 결과, 부작용이나 새로운 리스크평가에 관한 기록자료 내지 조치제안이 요구될 수 있다.[48]

단계절차안에서 위험단계 Ⅱ에로 移行한다 함은, 정보조사에서 리스크축소를 위한 구체적 조치에 관한 결정으로 바뀜을 의미한다. 위험단계 I 에서의 조사결과로서든 혹은 단계계획절차밖의 정보를 통해서든 건강상의 리스크에 관한 근거있는 혐의가 생겨날 때, 행정청은 위험단계 Ⅱ에 들어간다(단계계획 6.2호).[49]

위험단계 Ⅱ는, 소관 연방상급행정청이 特別會議(Sondersitzung)를 소집하는 것을 의미한다(단계계획 제6.2호와 제7호). 특별회의는[50] 연방과 주의 소관 행정청의 대표자와, 혐의에 처한 의약품의 관련 제조자의 대표자와, 전문가에 의한 專門的 公衆(Fachöffentlichkeit)의 대표자간에 행해지는 口述辯論이다.[51]

특별회의제도의 의미는, 결정절차가 사안관련적으로(sachbezogen) 多元化된다는 것이다. (그런데) 특별회의제도의 경우엔, 사회관련한(sozialbezogen) 多元化와는 구분되게, 정당성을 낳기 위하여 혹은 결정의 실체적 합리성의 불충분을 메우기 위하여,

---

도그마틱이 보충 · 확장된다.

46) 국가기관에 의한 조사절차의 사고가 결코 체계적 비교를 허용하지 않는다. 그러나 실은 위험단계 I 에선 소관 행정청은 –국가기관과 비슷하게– 당초혐의를 강화시키는 그 밖의 요소를 추구할 수 있을 뿐만 아니라, 약제에게 유리하게 감경적 요소 역시 고려하여야 한다는 점이 정당하게 상기되었다. Hohm, Arzneimittelsicherheit und Nachmarktkontrolle, S.242.

47) 위험단계 I 은 前置된 위험방지와 대립된 제조자권리간의 타협으로 이해될 수 있다. 한편으론 혐의수위가 의약품안전성의 이유에서 하향 이전되고–聯想方法的 관련으로 충분하다–(이에 관해선 후술), 허나 다른 한편으론 그 때문에 관련 이익과 권리의 특별한 고려가 요구된다. Kloesel/Cyran/Feiden/Pabel, Arzneimittelrecht Kommentar, §63 Anm.4.

48) Vgl. 연방보건청에 의한 정보요구와 관련한 체크리스트: Bertelsmann, Grundzüge der Abwehr von Arzneimittelrisiken, Stufenplanverfahren, S.139.

49) 따라서 위험단계 I 에서의 활동은 위험단계 I 의 사전통과를 요건으로 하지 않으며, 더 높은 위험단계에 직접 들어갈 수 있다. Hohm, Arzneimittelsicherheit und Nachmarktkontrolle, S. 245. 그렇지만 위험단계 Ⅱ에서의 직접적 활동의 경우에도 위험단계 I 에서와 마찬가지로 리스크조사를 위한 정보가 제조자에 의해서 제출된다. Bertelsmann, Grundzüge der Abwehr von Arzneimittelrisiken, Stufenplanverfahren, S.140.

50) "특별회의"란 표현은 단계계획 제5.1호에 따른, (현하의 혐의건이 없고선) 일년에 적어도 두 차례 개최되는 정례회의에 비하면 두드러져 보인다.

51) BGA–Pressedienst 18/199 v. 18. Juni 1988., Nr.1. 특히 자신의 의약품위원회를 가진 제약산업협회와 보건업협회의 의약품위원회가 專門的 公衆에 속한다(단계계획의 제7.1.2호, 제7.1.4호).

가능한 많거나 가능한 중요한 사회단체를 결정과정에 참여시키는 데 좌우되지 않는다.[52] 단계계획절차에서 강구된 넓은 참여는 포괄적으로 정보를 조사하는 데, 그리고 상이한 평가가능성에 관해 행정청이 지식을 획득하는 데 이바지 한다. 특별회의는 法院의 判決節次를 본 딴 것인데,[53] 이는 동시에 정형화된 聽聞節次를 의미한다.[54] 복잡하고 과학적인 행정결정의 범주에서의 청문절차가 문제되기 때문에, 관련 제약회사는 자유롭게 자신이 택한 전문가와 함께 회의에 나타나거나(단계계획 7.1.5호) 언급된 전문가를 위촉한다. 단계계획절차나 위험단계 Ⅱ에 들어간 한에 있어서, 제약회사는 자신의 포괄적인 참여가능성을 통해서 가중된 청문(의 기회)을 갖는다.[55]

단계계획절차의 전체 조직은, 과학의존적이며 형량에 의해 조종된 리스크결정의 특수성을 목표로 삼는다. 행정절차의 조직은 전통적인 위험법상의 판단내림과의 구분을 분명하게 한다. 전자에선 행정절차가 전문적으로 다원화되고 개방되는 반면에, 후자에선 관련자의 청문에 만족하고, 행정청이 독자적으로 조사하고 홀로 결정을 내린다. 단계계획절차의 종결에서, 연방보건청은 국가적 시판후통제의 전반적인 권능의 총체로부터 자신의 결정을 선택할 수 있다. 그렇지만 승인결정의 정지나 폐지에 해당하는 한에 있어선, 의약품법 제30조의 개입요건이 충족되어야 한다. 언급한 바와 같이, 효능에 관한 의문 그리고 특히 예기치 않은 정당화될 수 없는 부작용의 혐의가 중심을 이룬다.

2. 醫藥品法의 市販後統制의 介入水位

일반적인 위험도그마틱의 범주에선, "嫌疑", "근거있는 嫌疑", "嫌疑狀況"과 같은 개념은 전술한 바와 같이 *危險嫌疑*(Gefahrenverdacht)의 표제에 포섭된다.[56] 일반적

52) 수락추구에 의거하여 해석된 참여절차에 관한 일반적인 비판으로: Rudolf Steinberg, Kritik von Verhandlungslösung, insbesondere von mittlerunterstützten Entscheidungen, in: Hoffmann/Riem/Schmidt-Aßmann(Hrsg.), Konfliktbewältigung durch Verhandlungen, Informelle und mittlergestützte Verhandlungen in Verwaltungsverfahren, Bd. Ⅰ, 1990, S.295ff.

53) 특별회의는 소관 연방상급행정청의 대표자를 의장으로 하여 개최되며, 연방보건청에 의한 사실진술로 개시된다. 그 다음에 관련 제약회사의 견해표명, 위촉된 전문가의 견해표명-승인위원회나 평가위원회의 대표자에 의해서도-이 이어지는데, 마지막으로 사실설명을 위한 다른 기회가 있고 난 뒤에, 의장이 요약하고 결정기일을 알린다(단계계획의 제7.3호). Vgl. auch Bertelsmann, Grundzüge der Abwehr von Arzneimittelrisiken, Stufenplanverfahren, S.140.

54) Hart/Hilken/Merkel/Woggan, Das Recht des Arzneimittelmarktes, S.118.

55) 단계계획절차의 규율은 이와 관련하여 다른 리스크행정분야를 위한 典範的 機能을 가질 수도 있다. Vgl. Di Fabio, Verwaltungsentscheidung durch externen Sachverstand, VerwArch. 1990, S.193(215).

56) Rüdiger Breuer, Umweltschutz und Gefahrenabwehr bei Anscheins- und Verdachtslagen, in: Gedächtnisschrift für Wolfgang Martens, 1987, S.317ff. Breuer, DVBl. 1978, S.829(836); Papier, DVBl. 1979, 162; Thilo Brandner, Gefahrenerkennbarkeit und polizeiliche Verhaltensverantwortlichkeit, 1990; Jürgen F. Schwachheim, Unternehmenshaftung für Altlasten. Die polizeiliche Verantwortlichkeit der Industrie unter besonderer Berücksichtigung des Verfassungsrechts, 1991; Hansen-Dix, Die Gefahr im Polizeirecht, S.213f.;

인 경찰법과 질서법에선, 위험혐의란, 행정청이 가해인과관계의 진행의 예측과 관련하여 불확실성을 인식하고 있으며, 그 때문에 훼손(손상)발생에 관한 개연성판단이 곤란하게 된 상황으로서 기술되고 있다.[57] 外觀的 危險(Anscheinsgefahr)의 경우엔, 비록 객관적으로 보면 아무런 위험상황이 존재하지 않음에도 불구하고, 행정청이 개연성예측의 법적 타당성에 관한 의문을 주관적으로 (그리고 비난 받을 만하지 않게)[58] 품지 않는다. 위험혐의는 이 같은 외관적 위험과는 구별된다.

의약품법이 특별한 면으로는 위험관련한 리스크조종(Risikosteuerung)의 분야이기 때문에, "혐의"란 성립요건적 징표를 핵심적인 禁止·承認·介入의 要件에서 발견하는 것이 전혀 놀라운 일은 아니다.

시판후영역에서 의약품에 관해 판단할 경우에, 최초의 혐의는 치료의사와의 제휴에 의해서 벌써 성립하는데, 이 치료의사는 투약과 환자의 건강상의 반응 간에 상관관계를 추정하거나 적어도 가능하다고 여긴다.[59] 통상적으로 존재하는 약제복용상의 복잡성을 감안한 즉, 인과관계란 매우 드물게 분명히 인식될 수 있기 때문에, 혐의요인

Thomas Darnstädt, Gefahrenabwehr und Gefahrenvorsorge, S.121f.; Dietrich Murswiek, Zur Bedeutung der grundrechtlichen Schutzpflichten für den Umweltschutz, WiVerw 1986, S.179(189). 판례상으론: VGH Bad.-Württ., DÖV 1985, 687f.; OVG Koblenz, NVwZ 1987, S.240(241). 위험탐구적 개입에서의 受忍義務에 관해선: VGH Bad.-Württ., NVwZ-RR 1989, 400(401); VGH Bad.-Württ., DÖV 1990, 394f.; VGH Bad.-Württ., ESVGH 32, 161(193). 殘廢物被害(Altlasten)와 위험탐구적 조치에서의 법문제점에 관해선: Rüdiger Breuer, Altlasten als Bewährungsprobe der polizeilichen Gefahrenabwehr und des Umweltschutzes, JuS 1986, 359ff.; ders., Rechtsprobleme der Altlasten, NVwZ 1987, 751ff.; ders., Umweltschutz und Gefahrenabwehr bei Anschein- und Verdachtslagen, in: Gedächtnisschrift für W. Martens, 1987, S.317ff.; Wasserrechtliche Gefährdungshaftung und Aufwendungen der Gefahrerforschung, NVwZ 1988, 992ff.; Hans-Jürgen Papier DVBl. 1985. S.1ff.; Michael Kloepfer, Die Verantwortlichkeit für Altlasten im öffentlichen Recht, NuR 1987, S.1ff.; Karl-Heinz Führen, Altlasten: Rechtsfragen sogen. Gefahrerforschungsmaßnahmen, VR 1990, 37ff.; Peter Kichartz, Ermittlungsmaßnahmen zur Gefahrerforschung und einstweilige polizeiliche Anordnung, 1984; Alexander Schink, Amtsermittlung und Gefahrerforschung, DVBl. 1989, 1182; Lothar Knopp, Die Duldung behördlicher Untersuchungsmaßnahmen und die Kostentragung bei Verdacht von Kontamination im Boden und/oder Grundwasser, BB 1988, 923ff.; Di Fabio, Vorläufiger Verwaltungsakt bei ungewissem Sachverhalt, DÖV 1991, 629ff.

57) Drews/Wacke/Vogel/Martens, Gefahrenabwehr, S.226. 위험혐의의 예로서 의약품부작용에 관한 판단이 분명히 인용된다.

58) 주관적인 평가가 아무런 훼손개연성을 제시하지 않는 객관적 사정으로부터 비난가능하게끔(vorwerfbar) 벗어날 때(가령 살려 달라고 외치는 소리의 농담적 성격이 모든 이에게 분명하였던 경우에), 假裝(誤想)危險(Scheingefahr, Putativegefahr)이라 일컫는다. Drews/Wacke/Vogel/Martens, Gefahrenabwehr, S.225.

59) 의사의 치료경험에서 비롯된, 실제적으로 가장 중요한 이런 혐의신호이외에, 의도된 의약품연구 또는 새로운 과학적 효력모델로부터도 혐의요인이 생겨날 수 있다. 최후에 언급된 이론적 지식이 새로운 효력상관관계 내지 부작용상관관계를 납득할 만하게 만드는 한, 이런 것들 역시 새로운 혐의를 근거지울 수 있다. 따라서 새로운 경험적 지식(관찰)이 존재하는 경우에만 혐의가 근거있다고 말하는 것은 정확하지 않다. 이런 점에서, 혐의를 근거지우기 위하여 "완전히 무관하진 않는 수의 지식"이 일괄적으로 요구될 경우란 오해이다: Birgit Wolz, Der Begriff der "bedenklichen" Arzneimittel und das Verbot ihres Inverkehrbringens in den §§ 95 I Nr.1 iVm 5 AMG, Diss. iur., Kiel 1986, S.117. 몇 가지 심오한 새로운 약리학적 효력모델 역시 근거있는 혐의를 성립시킬 수 있다. 과학적 추론을 통해서 근거있는 혐의에 도달할 가능성에 관해선: OVG Berlin vom 10. April 1989-5 S 107.88-(Zelltherapeutikum), Pharm. Ind. 1989, 641(643)=ESzA, § 30 AMG Nr.10.

을 응축시킴에 있어선, (의약품의 주지의 복용과 비교해서도) 관찰의 빈도수뿐만 아니라, 주지된 빈도수의 중요한 변화까지도 특별한 역할을 한다.[60] 의약품법이 단지 근거있는 혐의만을 언급하고 있기 때문에, 정당화될 수 없는 부작용의 모든 가능성이 승인폐지를 초래할 필요는 없다는 데서 출발하여야 한다.[61] "근거있는"(begründet)이란 형용사는 嫌疑動因의 사실상의 존재는 물론, 혐의의 합리적 공감가능한 근거제시의 필요성도 가리킨다. 이런 근거제시는 해당 과학의 분야에서 적어도 정당화(주장)가능하다고(vertretbar) 여겨진다. 혐의는 반드시 과학적으로 실증되어 있어야 한다.[62]

이제까지 판례의 정의는 지속적인 개념정확화를 위한 일반적인 지향점만을 제시한다. Berlin 상급행정법원(OVG)의 판례에 의하면, "규정에 따른 복용에도 불구하고, 복용의약품과 이에 발생한 유해효능[63] 간의 가능한 인과적 상관관계를 위하여 '중요하게 받아들여질 인식' 즉, 타당한 근거점이 존재하는 경우에", 혐의가 근거있는 것이다.[64] 혐의가 일정한 효과의 발생의 희소성으로 인해 어떤 통제된 일련의 시험에서도 확인되거나 논박될 수 없는 사례들이 생각될 수 있다.[65]

Berlin 상급행정법원은 자신의 1987.11.26.자 판결에서, 유해부작용의 혐의에 대한 명확성요청을 다음과 같은 개별사례적 기준에 의존하게끔 만들었다:

1. 그에 관한 실제적 경험이 거의 없는 약제의 판단이 문제가 되는 한, 이론상으로 인정되는 유해상관관계가, -마치 실제 복용경험을 지닌 의약품의 경우에 사정이 이럴

---

60) Bertelsmann, Grundzüge der Abwehr von Arzneimittelrisiken, Stufenplanverfahren, S.133f.

61) 정당화될 수 없는 부작용에 관한 근거있는 혐의가 존재할 때, 소관 연방상급행정청은 승인을 폐지하거나 적어도 정지시켜야 할 의무를 진다. 이를 감안한 즉, 이런 것은 실제적으로도 거의 실현가능성이 없다.

62) 1976년 의약품법의 정부입법이유서, BT-Drs. 7/3060 S. 45. Vgl. auch Hohm, Arzneimittelsicherheit und Nachmarktkontrolle, S.248.

63) 부작용(Nebenwirkung) 개념은 약제의 치료상의 효능요구에 의해서 파악되지 않는, 모든 의약품유발적 반작용을 포함한다. 그러나 건강훼손을 유발할 수 있는 효능만이 유해적 부작용으로 간주된다. Franke Hansen-Dix, Zum Begriff "schädliche Wirkungen" im Arzneimittelrecht, PhramaR 1989, S.8(9).

64) OVG Berlin vom 10. April 1989-5 S 107.88-(Zelltherapeutikum), Pharm. Ind. 1989, 641(642). Vgl. auch OVG Berlin vom 22. Jan. 1988-5 S 102.87-, Pharm. Ind. 1988, 320ff. "규정에 맞는 복용"이란 표현은 다툼이 있다. 보호확대를 위해, 규정위반한 오용까지도 규정에 맞는 복용으로 보자고 제안된다. Annekarin Bertelsmann, Grundzüge der Abwehr von Arzneimittelrisiken, Stufenplanverfahren, in: Schneiders(Hrsg.), Zulassung und Nachzulassung von Arzneimitteln, 1987, S.133. 이는 현행법에 배치되어 정당화될 수 없는 해석에 해당할지 모른다. 의약품남용은 負擔(가령 포장첨부상의 경고지적처럼)이나 처방의무의 하명처분을 통해서 저지될 수 있다. 이런 조치는 규정에 맞는 복용시에 (발생한) 정당화될 수 없는 부작용의 근거있는 혐의에 구속되지 아니한다. 치료효능이 존재하는 한, 승인취소와 판매금지는 정당화될 수 없다. 결과에서 마찬가지로, OVG Berlin vom 16. Mai 1990-5 S 104/89-(Arteparon), ESzA § 30 AMG Nr. 8 b, S. 15; Wolz, Der Begriff der "bedenklichen" Arzneimittel und das Verbot ihres Inverkehrbringens in den §§ 95 I Nr. 1 iVm 5 AMG, Diss. iur., Kiel 1986, S.63f. 구별되게: Kloesel/Cyran/Feiden/Pabel, Arzneimittelrecht Kommentar, § 5 Amn. 8. 규정위반복용을 포함시키는 것은 결함이 있거나 誤導하는 정보의 경우에 예외적으로 가능한데, 이를 위해선: Hans-Jürgen Papier, Der bestimmungsgemäße Gebrauch- Die Verantwortung des pharmazeutischen Unternehmers, 1980, S.13.

65) 이런 점에서 LG Frankfurt vom 15. Febr. 1977, NJW 1977, 1108 결정의 바탕이 된 사건이 실례이다.

것처럼- 혐의를 근거지우는 데 오히려 적합하다.[66)]

2. 이론상으로 근거있는 혐의에 처한, 시장에 장기간 존재한 의약품의 경우에는, 감시행정청은 이런 이론상의 혐의를 실제적으로 구체화할 수 있어야 한다.

3. 임상시험된 과거 표본의 경우에는, 비록 실제에서 관찰된 현상이 이론적으로 설명될 수 없을지라도, 부작용의 경험이 혐의를 근거지울 수 있다.

4. 끝으로 법원은 혐의강도를 측정하기 위해, 훼손개연성과 닥칠 훼손규모간의 逆比例의 原則(Grundsatz des umgekehrten Proportionalität, "Je-desto-Formel")을 유의할 것을 요구한다.[67)]

이로써 분명해진 사실은, Berlin 상급행정법원은 혐의진단의 요인들 간에 補塡的關係가 성립한다는 점을 출발점으로 삼는다는 것이다. 설령 개연성예측을 위하여 과학적으로 수긍가능한 근거 즉, 원인과 효과의 관계가 어떻게 진행되는지를 위한 이론적 설명이 결코 존재하지 않는다 하더라도, 훼손의 경험이 존재하면, 리스크요소로서 고려되는 일정한 관찰결과가 개입을 정당화시키는 혐의를 인정하는 데 충분하다. 정반대로 훼손을 위한 실제적 근거점이 결코 존재하진 않지만, 실은 훼손유발(가해)에 관한 과학적 이론적 언명이 가능할 경우에는, 복용의 경험이 없더라도 혐의가 시인될 수 있다.[68)]

의약품법의 혐의규범은, 일정한 리스크의 이론상 혹은 실제상의 입증을 넘어서 다음의 사실을 요구한다. 즉, 관찰되며, 일정한 의약품으로부터 인과적으로 비롯된 것으로 여겨지는 부작용은, 효능-리스크의 분석에서 정당화될 수도 없다는 것이다.[69)] 따라서 법률상의 혐의성립요건은 (다음과 같이) 두 가지 부분으로 구성된다. 한편으론, 일정한 관찰되거나 이론상으로 생각할 수 있는 예기치 않은 부작용이 일정한 의약품에 귀속될 수 있는지 여부의 물음에 해당한다. 이런 첫 번째 부분은 인과관계판단이나 개연성판단 내지는 부작용査定[70)]으로 표현될 수 있으며, 또한 그것은 도그마적으로 -요

66) 그럼으로써 훼손경험이 만들어지기 전까지 조용히 참고 기다릴 수가 없는 원자력법과 동일시된다.

67) OVG Berlin vom 26. Nov. 1987-5 S 75/87-(Buscopan compositum), ESzA § 30 AMG Nr. 7=PharmaR 1988, 57 ff. Vgl. Franke Hansen-Dix, Zum Begriff "schädliche Wirkungen" im Arzneimittelrecht, PharmaR 1989, 8ff.

68) 이에 관해선 참조, Räpple, Das Verbot bedenklicher Arzneimittel, S.91f.

69) 조사혐의(단계계획 6.2호)에 있어선 그런 평가가 절차의 첫 번째 (중요한) 부분이고, 그러기에 그것은 위험단계Ⅱ의 진입을 위한 요건으로서 요구될 수 없다. 통상적으론 단계계획절차에선 개별적 측면(개개의 부작용에 관한 토의)이 관건이다. 이 개별적 측면은 그것의 의의가 밝혀지고 평가가 내려져야 비로소 포괄적인 효능-리스크의 분석에 새로이 산입될 수 있다. Hohm, Arzneimittelsicherheit und Nachmarktkontrolle, S.248.

70) 리스크사정 개념은 (사실상의 성질이거나 이론적인 성질인) 일어난 일에 관한 정성적 의의부여나 정량적 의의부여의 우위를 표현한 것이다. 원자력법을 위해선: Hellmut Wagner, Nutzen und Grenzen wissenschaftlich-technischer Risikoanalysen aus rechtlicher Sicht, BB 1980, 1809. 의약품법상의 부작용사정의 바탕이 되는 것은, 바로 신고된 일어난 일이 규정에 맞는 의약품복용에 어느 정도로 귀속될 수 있는지, 이런 인과관계로 인하여 어떠한 건강상 훼손이 가능하지, 어느 정도로 빈도수가 산정되어야 하는지에 관한 물음이다.

구된 개연성정도의 예외는 있으되- 위험법적 蓋然性豫測(Wahrscheinlichkeitsprognose)에 합치된다. 협의결정의 두 번째 부분은 인관관계판단을 기반으로 하면서, 다음의 사실 여부에 관한 평가적 형량에 존재한다. 새로운 지식을 고려한 즉, 의약품의 효능-리스크의 분석의 결과가 법률상 요구되는 부작용의 정당화가능성의 의미에서 긍정적으로 나타나는지 여부이다. 그렇지만 효능-리스크의 분석은 평가기초로서, 부작용리스크의 인과관계지향적 査定만이 아니라, 의약품의 효능, 치료동등물질에 의한 대체가능성, 리스크축소의 활동가능성에 관한 査定도 필요로 한다.[71]

두 가지 차원에서 형성된, 시판후영역에서의 리스크판단으로부터 어떠한 문제점이 초래될 수 있는지는, 의약품 Arteparon에 관한 Berlin 행정법원(VG)과 Berlin 상급행정법원의 판결이 제시하였다.[72] 연방보건청은 1988년에 의약품법 제30조에 따른 승인정지를 명하였는데, 이유인 즉, 현저한 수의 예기치 않은 부작용 특히 마비반응을 증명하는 신고가 있다는 것이다. Arteparon 약제는 동물조직에서 추출된 물질 MPPSE Ⅰ(용어사용에선 세포치료약이나 조직치료약으로 표기된다)으로 이루어진다.[73] 특히 만성관절증(Arthrosen)에 투약되는 Arteparon는[74] 1965년이래로 시판중이었고, 우선 의제적으로 승인된 것으로 간주되었다.[75] -류마티즘학의 독립된 전문가들로 구성된- 평가위원회 B2의 물질 MPPSE Ⅰ에 관한 연구보고논문이 1987년에 연방관보에 공표되었다. 적정치 않은 주사친화성과 드문 -하지만 개개사례에서 과잉처치의 경우에는 치명적이게 진행될 수 있는- 과민반응으로 말미암아 특히 리스크가 성립한다고, 연구보고논문은 결론을 내렸다.

Berlin 행정법원은 긴급절차에서(행정법원법 제80조 제5항) 행정심판의 정지효를 명하였는데,[76] 그 이유는 동법원이 정지결정의 적법성에 대해 중대한 의문을 품었기 때문이다. 의약품법 제30조 제1항에 따른 승인정지명령을 위한 수권근거의 요건이 충족되지 않았다고 여겼다. 이유인 즉, 정당화될 수 없는 부작용의 근거있는 혐의가 연방보건청에 의해서 충분히 설명되지 않았다는 것이다. Berlin 행정법원은 이런 견해를

71) 의약품법상의 협의결정의 자세한 분석에서 리스크사정과 효능-리스크의 형량을 개념상으로 구분하는 것을 고수하는 문제점에 관해선 후술에서 참조.

72) OVG Berlin vom 16. Mai 1990-5 S 104/89-(Arteparon), ESzA § 30 AMG Nr. 8 b, 전문가표결이 행정법원에 의해서 간과되었다고 본 의학계로부터 강력한 비판이 표명되었다. 이에 관해선 참조, Justin Westhoff, in: Süddt. Zeitung vom 17 Juni 1992, Nr. 138, Beilage "Umwelt, Wissenschaft, Technik", S.IV.

73) 물질의 자세한 표시와 기술은 1987.2.17.자 MPSSE Ⅰ 평가연구보고논문(BAnz Nr.39 vom 26.2.1987)에 있으며, Schwerdtfeger, Pluralistische Arzneimittelbeurteilung, S. 102 ff.에서도 게재되어 있다.

74) 요구된 적용영역은 평가연구보고논문으로부터 비롯된다.

75) Art.3 §7 Abs. 1 des Neuordnungsgesetz.

76) 정당화될 수 없는, 유해한 부작용의 근거있는 혐의의 경우에는, 의약품법 제30조 제1항의 범위에서의 처분은 동법 제30조 제3항 제2문에 의거하여 즉시 집행가능하다.

근거지우기 위하여, 개개의 부작용신고를 논의하여, 협의근거와 관련해서 이들이 논거가 분명치 않다고 여긴다. 비록 (동 법원 그 자신으로선) 연방보건청에게 "그밖에 발생하는 모든 의약품중간사례가 신고되진" 않을 것이라는 느낌을 갖는다고 인정함에 불구하고, 동법원은 1188명의 환자에게서 52건의 부작용사례(두통, 어지러움, 호흡곤란, 흉부압박감 등)를 보고한 전문가의 특별회의에서의 견해 역시 불충분하게 기록된 것으로 여긴다.[77] Berlin 행정법원은 연방보건청에 대해 더 나은 확고한 부작용기록을 요구하면서, 그 이외에는 의약품의 효능에 관한 의문에 좌우되진 않는다는 견해를 주장한다.[78]

이에 반해서 Berlin 상급행정법원은 자신의 항소심에서 결과적으론 원심을 확인하였지만, 근거있는 혐의의 의미에서의 부작용리스크가 충분히 기록되었다고 여긴다. 하지만 Berlin 상급행정법원은 효능-리스크의 분석에 대해선 異議를 제기한다. 무엇보다도 동법원은, 약제의 치료효과에 대한 의문이 부정당하게도 행정청의 효능-리스크의 분석의 근거로 되었다는 사실에서 출발한다.[79] -자세한 근거제시 없이- 시대착오적이라고 표현된 평가위원회의 투표와는 반대로, Berlin 상급행정법원은 효능의 제시된 증명을 출발점으로 삼는다. 학교의학적인, 우연히 선택되고 통제받는, 임상적인 이중눈가림시험(Doppelblindversuch)의 규준은 연방보건청에 의해 요구되는데, 이 규준은 매우 높다고 여겨진다. 특히 요구된 복용범주에서 효과확인, 무엇보다도 주관적일 뿐인 정신상태의 향상과의 구분이 각별히 곤란하기 때문에, 제약회사에 의해 제출된 감정서, 보고서, 견해표명이 효능을 위한 충분한 전거를 제공한다고 판시하였다.[80]

나름의 효능-리스크의 분석을 행함이 없이, Berlin 상급행정법원은 연방보건청의 이런 분석을 하자있다고 여긴다. 이유인 즉, 효능이 부정당하게 부인되었을 뿐만 아니라, 처치대안의 리스크에 대해서 탐문되지 않았다는 것이다.[81] 이로써 법원은 불완전한 정당화가능성형량(Vertretbarkeitsabwägung)을 근거로 삼았다. 왜냐하면 치료효과는 동등하지만 리스크가 적은 다른 의약품에 의한 약제의 대체가능성에 관한 언명이나 복용제한에 의한 리스크축소의 물음은, 정당화가능성형량의 포기불가능한 부분이

77) VG Berlin vom 17. Nov. 1989-14 A 482. 88-(Arteperon), ESzA § 30 AMG Nr. 8 a, S. 11.= PharmR 1990, 23ff.

78) Ebda. S.11f.

79) OVG Berlin vom 16. Mai. 1990 – 5 S 124/89-(Arteperon), ESzA § 30 AMG Nr. 8 b, S.19ff.

80) OVG Berlin vom 16. Mai. 1990 – 5 S 124/89-(Arteperon), ESzA § 30 AMG Nr. 8 b, S.21.

81) OVG Berlin vom 16. Mai. 1990 – 5 S 124/89-(Arteperon), ESzA § 30 AMG Nr. 8 b, S.22. 그렇지만 비교의약품을 위하여 치료효능이 확고히 존재하는 한, 연방보건청이 약제효능의 결여를 가정하였다면, 아무런 동인이 없었을 것이다.

기 때문이다.[82]

V. 리스크槪念과 判斷餘地

용어상 문제가 되는 이런 판결을 통해서, 법원들은 자신들이 의약품법상의 시판후결정을 위험방지의 개입으로 파악하고 그에 따라서 심사한다는 사실도 암시하였다. -위험방지의 도그마틱에 맞게- 법원들은 행정청결정의 완전한 사법심사가능성은 물론, 형량에도 불구하고 일차원적인 위험개념성 역시 출발점으로 삼는다. 그렇지만 리스크결정의 양차원적 성격을 바르게 이해할 경우에는, 모든 법원으로선 법원에 의해서 강제된 부작위를 통해서 어떠한 리스크가 받아들여지는지의 물음에 대해 답을 하지 않으면 아니 된다. 중대 질환에 대해 효능이 큰 약제와 관련한 승인폐지의 司法的確認은 인간의 삶을 희생시킬 수 있다. 매우 드물게 위험스럽지만 그 효능상으론 다툼이 있는 의약품을 위한 停止下命(Ruhensanordnung)을 司法的으로 폐지하는 경우에도 마찬가지이다. 법원에 의해서 종종 행해지는 의심스러우면 안전에 유리하게(In dubio pro securitate) 식의 고찰은, 의약품법의 시판후결정이 지닌 이 같은 兩次元性을 감안한 즉, 그 근거를 상실한다.

특히 효능-리스크의 분석의 至難한 형량물음이 관건이 되는 경우에, 입법자는 전문가를 행정절차와 단계계획절차에 참여시키며, 의학지식을 참조하도록 하였다. 전문가를 참여시키는 것은 리스크결정을 위해 전형적인 것이다, 이 같은 방법으로써 과연 입법자가 행정청의 판단여지를 의도하지 않았는지 여부의 물음은 훨씬 더 원칙적으로 논의되어야 한다. 종종 判斷餘地(Beurteilungspielraum)나 規範具體化規則에 관한 행정법적 논쟁이, 마치 이런 도그마적 형상의 贊同者는 행정으로 하여금 사법적 통제를 면하도록 의도하며 그리하여 行政恣意의 면이 싹트게 만들고자 한다는 식으로 진행된다.[83] 그러나 판단여지를 지닌 결정에 관한 통제는 재량결정에 관한 그것과 일치한다. 그리고 실무를 인정하는 모든 이는, 특히 재량결정이 행정청에게 기속(구속적)결정보다 더 많은 수고와 근거제시를 부여한다는 사실을 알고 있다. 의약품법의 혐의결정을

82) 대체가능성의 물음은 효능-리스크의 형량의 핵심적 요인이다. 가장 심각한 부작용을 지닌 약제조차도, 그것이 생명을 구하는 치료결과를 얻을 수 있는 경우에는 긍정적으로 평가될 수 있다. VG Berlin vom 15. Jan. 1979-VG 14 A 4/79-(Clofibrat), ESzA § 30 AMG Nr. 1 S.3 f.; vgl. VG Berlin vom 7. Sept. 1981-VG 14 A 155.81-(Aristolochia), ESzA § 30 AMG Nr. 2 S. 3. 그러나 치료와 등가한 것이 아무런 문제없이 활용될 수 있다는 식의 일률적인 주장은 충분하지 않고(긴급절차에서 VG Berlin vom 7.Sept. 1981-VG 14 A 155.81-(Aristolochia), ESzA § 30 AMG Nr.2, S.3), 오히려 의약품대체물의 알려진 부작용이 혐의약제의 알려진 부작용 및 새로이 우려되는 부작용과 함께 형량되지 않으면 아니 된다.

83) 이에 관한 상세는: Di Fabio, Verwaltungsvorschriften als ausgeübte Beurteilungsermächtigung, DVBl. 1992, 1338ff.

판단수권을 지닌 그것으로 본다는 것은, 본질적으로 다음의 사실을 의미한다. 즉, 법원은 더 이상 스스로 효능-리스크의 분석을 행할 수 없을 것이며, 아마도 평가위원회의 리스크평가 역시 더 이상 성급하게 밀어낼 수 없긴 하되, 실은 법원으로선 행정청의 공감가능한 리스크구상을 요구할 수밖에 없을 것이다. 왜냐하면 결정근거제시의 신빙성 및 법률적 수권의 한계의 준수는 아무튼 법원에 의해 심사되어야 하기 때문이다.

마찬가지로 의약품법의 리스크결정에 관한 實體的 暫定性의 법적 결과에 대한 물음 역시 더 심화된 고찰을 필요로 한다. 이 경우 행정청이 승인정지를 명한 때에는, 행정청의 고양된 사안석명의무가 고려될 수 있다. 이에 관한 유사한 문제점이 위험조사(Gefahrerforschung)의 잠정적 조치를 위한 일반 위험방지법에서 생겨난다.[84] 행정청의 정보행위에 관한 허용성과 개입성격에 대한 물음 역시 점차 위험방지법에서 논의되고 있다. 이 점에서 의약품법으로선, 평가보고논문에 의해서, 의약품신속통신이나 단계계획절차상의 경고를 통해서, 제공할 실물 학습자료가 -이 글에서 들 수 없을 정도로- 많다.[85]

전체적으로 보건대, 분명히 인식할 수 있는 사실은, 의약품법의 시판후통제가 한편으론 현대 위험방지의 개념적 상태에 연계되어 있다는 점에는 변함이 없으며, 다른 한편으론 특별한 유형의 리스크결정에 해당한다는 것이다. 이런 결정타입을 행정법적으로 심도있게 체계적으로 관철시키는 것은 아직 나오지 않았다.

* 중앙법학 제6집 제4호, 2004.12., 409면 이하 소수.
* 참고문헌: 졸고, 의약품법의 제 결정에서의 판단여지에 관한 소고(역), 강구철교수 화갑기념논문집, 2007.3., 499면 이하; 공법상의 리스크 조종(역), 중앙법학 6권 3호, 2004.10., 457면 이하.

---

84) Di Fabio, Vorläufiger Verwaltungsakt bei ungewissem Sachverhalt, DÖV 1991, 629ff.

85) 이런 점에서 Di Fabio, Risikoentscheidungen im Rechtsstaat, 1992, §15 참조.

제 3 편 個別行政法-公物·經濟行政·建築行政·科學技術行政·文化行政法論

제 1 장

公物의 成立 · 廢止의 問題點에 관한 小考

Ⅰ. 관련 주요판례

* 대법원 2007.6.1. 선고 2005도7523판결

국유 하천부지는 자연의 상태 그대로 공공용에 제공될 수 있는 실체를 갖추고 있는 이른바 자연공물로서 별도의 공용개시행위가 없더라도 행정재산이 되고 그 후 본래의 용도에 공여되지 않는 상태에 놓여 있더라도 국유재산법령에 의한 용도폐지를 하지 않은 이상 당연히 잡종재산으로 된다고는 할 수 없으며, 농로나 구거와 같은 이른바 인공적 공공용 재산은 법령에 의하여 지정되거나 행정처분으로 공공용으로 사용하기로 결정한 경우, 또는 행정재산으로 실제 사용하는 경우의 어느 하나에 해당하면 행정재산이 된다.

* 대법원 1999.5.25. 선고 98다62046판결

구 조선하천령(1927.1.22. 제령 제2호, 폐지) 제11조 및 같은영 시행규칙(1927.5.7. 조선총독부령 제46호) 제21조, 구 하천법(1961.12.30. 법률 제892호) 제2조, 제12조, 제13조 및 현행 하천법(1971.1.19. 법률 제2292호로 전면 개정된 것) 제2조 제1항 제2호 등 관련 규정의 취지에 비추어 볼 때, 하천이 통상 자연적 상태에 의하여 공물로서의 성질을 가진다고 하더라도, 그 종적 구간과 횡적 구역에 관하여 행정행위나 법규에 의한 공용지정이 이루어져야 비로소 국가가 공공성의 목적과 기능을 수행하기 위하여 필요한 행정재산이 된다고 할 것이고, 이것은 이러한 법 규정들이 준용되는 준용하천의 경우

에도 마찬가지이다.

* 대법원 1993.6.22. 선고 92다29030판결

직선도로인 위 신도로가 뚫려 주민들이 그곳으로 통행하게 되고 종전에 도로였던 이 사건 계쟁토지부분 위에 위 갑이 변소를 지어 이를 점유하게 된 경위가 만일 원고의 주장과 같이 국가와 위 1341의 1 대지 소유자이던 위 갑 사이의 교환약정에 기인한 것이라면 이 사건 계쟁토지부분은 묵시적으로 공용폐지되었다고 봄이 상당하여 시효취득의 대상이 될 수 있다 할 것이고, 비록 그 교환약정에 따른 등기절차가 이행되지 아니하여 공부상 위 신도로 부분의 소유권이 피고에게 넘어가지 아니하였으며 이 사건 계쟁토지부분의 소유권이 피고에게 남아 있어 제주시가 이 사건 계쟁토지부분을 국유의 행정재산으로 보고 원고의 이에 대한 시효취득기간 만료 후에 판시와 같이 이 사건 계쟁토지부분의 일부에 관하여 위 을에게 도로점용허가를 하여 그로부터 점용료를 징수하였다 하더라도 사정이 달라지지 아니한다 할 것이다.

Ⅱ. 問題의 提起

일찍이 대법원 1969.6.24. 선고 68다2165 제1부 판결이, 하천부지와 관련해서 그것의 명시적인 용도폐지가 없는 한 잡종재산이 될 수 없다고 처음으로 판시한 이래, 판례의 기조가 바뀌지 않았음에도 불구하고,[1] 수시로 동지의 판례가 등장하는 까닭이 무엇일까? 하천구역 특히 유수를 전제로 한 하천부지(舊 하천법 제2조 제1항 제1호 가목)의 공물로서의 성립과 관련하여 이상의 판례는 다소간의 그러나 매우 중요한 편차를 노정한다. 그리하여 행정법문헌상으로, 대법원 1999.5.25. 선고 98다62046 판결 등을 들어 자연공물에 대해서도 법률에 의한 공용지정이 인정되고 있다는 주장이[2] 있는 반면, 대법원 2007.6.1. 선고 2005도7523 판결 등을 들어, 판례가 자연공물에 대해선 공용지정이 불필요하다는 입장을 취한다고 지적되기도 한다.[3] 이런 양 주장은 상호 배척되는 것이어서 이에 대한 정리가 없는 한, 관련 논의는 그저 분분할 뿐, 구체적 문제해결의 착안점을 제시하지 못한다. 그리하여 하천부지의 성립을 둘러싼 이런 논의현황에서, 그것의 공용폐지여부가 거듭 문제가 된다. 한편 통상 공물의 성립행위 즉, 공용지정(과거의 공용개시) 및 공용폐지에는 명시적인 양태만이 아니라, 묵시적인 양태도 허용되는 양 기술하고 있다. 취득시효를 저지 또는 허용할 수 있는 후자에 관한 바른

1) 참조: 대법원의 1993.4.13. 선고 92누18528판결과 1997.8.22. 선고 96다10737판결 등.

2) 대표적으로 김남진/김연태, 행정법Ⅱ, 2008, 357면.

3) 김철용, 행정법Ⅱ, 2008, 350면.

이해가 모색되지 않은 상황에선, 처음부터 바른 접근을 기대할 수 없다. 이하에선 비록 한정된 지면이나마, 대상판례의 문제점을 통해 공물성립 · 폐지에 관해 나름의 체계를 도모하고자 한다.

Ⅲ. 法律的 公用指定의 問題

1. 公用指定의 意義

어떤 사물에 대해서 공물로서의 특별한 법적 지위를 부여하여 사적 거래의 가능성을 차단하기 위해선, 반드시 법적 행위를 필요로 한다. 그것이 바로 公用指定이다. 즉, 그것에 의해, 해당 시설의 제공목적이 확정되고, (특히 공공용물의 경우엔) 公衆에 의한 이용이 규율된다. 공용지정의 법형식과 관련해선, 크게 두 가지 입장 즉, 행정행위적 공용지정에 한정하여 접근하는 입장과 행정행위 이외에 법률, 법규명령 및 관습법에 의한 공용지정도 인정하는 입장이 맞선다. 양자의 입장은 자연공물에서 극명하게 표출된다. 전통적인 전자의 입장에선 자연적 상태 그 자체로 당연히 공물의 성질을 취득하는 것으로 보는 반면, 후자의 입장에선 행정주체의 의사적 행위인 법적 행위의 존재를 관철하고자 한다.

한편 일찍이 대법원 1979.7.10. 선고 79다812판결은 신 · 구 하천법에 있어서 하천구역의 결정방법이 다름을 분명히 판시하였다. 최근에도 대법원 2007.9.20. 선고 2006다6461판결은,「1961.12.30. 법률 제892호로 제정되어 1962.1.1.부터 시행된 구 하천법(1971.1.19. 법률 제2292호로 전문 개정되기 전의 것)하에서는, 준용하천의 하천구역은 그 명칭과 구간이 지정, 공고되더라도 이로써 하천의 종적인 구역인 하천의 구간만이 결정될 뿐이고, 하천의 횡적인 구역인 하천구역은 별도로 구 하천법 제12조에 따라 관리청이 이를 결정 · 고시함으로써 비로소 정하여지고, 1971.1.19. 법률 제2292호로 전문 개정되어 1971.7.19.부터 시행된 구 하천법(1999.2.8. 법률 제5893호로 전문 개정되기 전의 것) 및 1999.2.8. 법률 제5893호로 전문 개정되어 1999.8.9.부터 시행된 하천법하에서는 위 각 법이 하천구간 내의 토지 중에서 일정한 구역을 하천구역으로 규정하고 있어 이에 해당하는 구역은 당연히 하천구역이 된다」고 판시하였다. 대법원 1999.5.25. 선고 98다62046판결 역시 이런 맥락에서 비롯되었다.

즉, 1971.1.19. 이전엔 명시적으로 관리청의 하천구역결정을 요구하였지만, 그 이후엔 하천부지는 관리청지정토지구역의 경우를 제외하고선 해당부지가 법률상의 하천부지요건을 충족하면 그것으로써 공물이 되어 버린다. 이런 법현상을 두고서 법적 행위를 개재시켜 바라볼 것인지 여부는 여러 가지 측면에서 고찰되어야 한다. 공용지정을 행정행위형식의 그것만으로 국한하여 이해하는 입장에선, 하천부지의 공물적 지위가 별다른 공용지정 없이도 성립할 수 있다고 보는 것이 자명하다. 그러나 공물 특히 공공용물의 보통사용이 사권행사제한의 효과를 야기한다는 점을 고려할 때, 법적 행위로서의 공용지정의 요구를 관철하지 않는 것은 그로부터 비롯된 법효과를 도외시하는 것과 다를 바 없다. 바탕행위를 법적 행위로 설정하지 않은 채, 그것의 법효과를 설득력있게 논증하기란 기대할 수 없다. 따라서 독일에서의 통설 역시, 사물이 고권적 법적 행위를 통해 특별한 공법적 이용질서하에 놓이게 되어야만, 그것이 법적 의미상의 공물에 해당한다고 본다.[4)]

2. 法律的 公用指定의 근거

법률에 의한 公用指定을 인정할 때, 과연 무엇으로 즉, 어떤 법률규정으로 그것을 포착할 것인지가 문제된다. 법률적 공용지정을 인정하는 입장에선, 하천구역과 관련하여 구 하천법(2008.3.21. 법률 제8974호로 개정되기 전의 것: 이하 동일) 제2조 제1항 제2호 가·나·다목의 성립요건을 그것에 견준다. 그런데 동 조항은 하천구역의 성립요건은 되지만, 하천구역에 대해 공물로서 특별한 공법적 지위를 부여하는 근거로 삼기에는 미흡하다. 참고로 독일에서 법률적 공용지정으로 드는 실정법상의 예를 보면, 聯邦水路에서의 항행자유를 규정한 연방수로법(WaStrG) 제5조와 비행기에 의한 공간의 자유이용을 규정한 항공법(LuftVG) 제1조를 든다. 우리의 하천법에선 법률적 公用指定을 근거지울 수 있는 명시적 규정을 찾을 수 없기에, 하천법 전체를 두고서 모색하여야 한다. 하천을 국유로 규정한 구 하천법 제3조를 결정적인 근거로 볼 수 있다. 왜냐하면 동조항은 프랑스나 독일 일부 주에서 채용한 –사소유권에 의거한 처분이나 거래를 배제하는– 공소유권제를 표방하기 때문이다.[5)] 그런데 엄밀히 말해, 구 하천법 제2조 제1항 제2호와 제3조에 의거한 하천구역의 편입은 일종의 재산권의 내용결정이나 입법적 수용처럼 그 자체가 재산권개입(재산권제약, 재산권침해)을 의미한다. 따라서 공용지정이 소유권자에 대한 개입행위(Eingriffsakt)는 결코 아닌 점에서,[6)] 反論이 제기될 법하다. 그런데 '하천의 점용허가'에 관한 구 하천법 제33조의 반대해석을 통해서 하천의 보통사용적 출발점을 쉽게 도출할 수 있다. 따라서 이런 맥락을 감안하여 구 하천법 제2조 제1항 제2호, 제3조, 제33조를 법률적 공용지정의 근거로 삼아야 한다. 이처럼 법률적 公用指定을 근거지우려는 입장에 서면, 구 하천법 제2조 제1항 제2

---

4) Vgl. Papier, in : Erichsen/Ehlers(Hrsg.), Allg. VerwR, 13.Aufl. 2005, §39 Rn.1.

5) 이에 관해선 김남진/김연태, 앞의 책, 366면.

6) Forsthoff, VerwR Ⅰ, 1973, 384; Papier, a.a.O., §39 Rn.10.

호에 해당하는지 여부가 공물인정의 관건이 되기에, 법률개정을 통한 공용폐지가능성이 펼쳐지지 않는 한, 하천부지의 雜種財產化는 원천적으로 문제가 되지 않는다. 자연공물에선 公用指定 자체가 불필요하다는 주장이, 오히려 분쟁을 촉발시킨 측면이 있다.

요컨대 대법원 2007.6.1. 선고 2005도7523판결은 사실행위적 뉘앙스를 풍기는 공용개시행위란 용어를 사용한 점, 하천부지에 대해 公用指定의 당연한 不在를 연계시킨 점에, 문제가 있다. 하지만 비록 인공공물의 경우라 하지만, 법령에 의한 公用指定을 인정한 점은 주목을 끈다. 한편 하천법의 2008.3.21. 개정(법률 제8974호)으로 1971.1.19 이전과 같은 하천구역결정제(동법 제10조)가 도입되었기에, 현행 법상황은 이상의 판례가 근거한 법상황과는 매우 다르다. 즉, 이젠 하천구역(하천부지)은 행정행위적 公用指定의 대상이 되고, 전적으로 인공시설인 하천시설만이 법률적 公用指定의 대상이 된다.

Ⅳ. 默示的 公用指定의 問題

통상 –도로의 공용지정의 경우처럼– 법령상 公用指定이 명시적인 것에 한하지 않는 한, 묵시적 공용지정을 명시적 공용지정과 더불어 병렬적으로 기술하고 있다.[7] 공용물의 경우에 공공용물과 달리 공용지정이 필요한지 여부를 두고서 의견이 분분하다. 공물로서의 여러 가지 법적 특수성(취득시효진행의 저지 등)을 단순한 사실적 소여만으로 성립시킬 순 없기에, 공물적 지위를 설정하는 법적 행위의 필요성이 공용물의 경우에도 관철되어야 한다.[8] 그런데 공용물의 경우 원칙적으로 一般公衆을 대상으로 하지 않아서, –법령상으로 명시적인 행위가 요구되지 않는 한– 공용지정을 하지 않은 채 곧바로 실제적 사용에 제공된 경우가 많아서 전형적인 공용지정이 통상 행해지지 않는다. 따라서 여기선 公用指定이 일련의 행위(사물의 조달 · 제조 · 재고조사 · 사용)를 통해서 표시된 것으로 간주된다고 하겠다.[9]

默示的 公用指定은 법적 행위의 존재를 유지시키는 효과적인 법제도이다. 전술한 바와 같이, 그것의 유용성은 공용물의 경우에 확인된다. 默示的 公用廢止를 인정한 판례가 보여주듯이,[10] 묵시적 공용폐지나마 상정하지 않으면, 취득시효의 진행을 둘

7) 반면 류지태 교수는 오늘날 공용지정형식의 엄격성을 유지하기 위하여 그것을 부정한다. 동인, 행정법의 이해, 2006, 410면.
8) 동지: 홍정선, 행정법원론(하), 2008, 485면.
9) Papier, a.a.O., §39 Rn.12.
10) 대법원 1999.7.23. 선고 99다15924판결; 1990.11.27. 선고 90다5948판결 등.

러싼 논쟁에서 설득력있는 논증을 하기가 어렵다. 왜냐하면 公用廢止는 公用指定의 반대행위(actus contrarius)로서 공용지정의 형식으로만 가능하기에, 묵시적 공용폐지는 묵시적 공용지정을 전제로 하여 성립할 수 있기 때문이다(물론 默示的 公用指定의 경우엔 明示的 公用廢止가 당연히 통용될 수 있다). 이 점에서 명시적 공용지정이 통용되는 도로에 대해서 묵시적 공용폐지를 전제로 논증을 한 대법원 1993.6.22. 선고 92다29030판결은 문제가 있다. 오히려 私人이 국가와 체결한 교환약정을 공용폐지를 갈음하는 행정(공법)계약으로 인식하면, 무리한 默示的 公用廢止를 거론할 필요가 없다. 또한 보통사용을 전제로 한 공공용물에서 실제 사용에 견줘 공물의 성립가능성을 논증한 대법원 2007.6.1. 선고 2005도7523 판결은 의문스럽다. 오히려 行政慣習法 차원의 접근이 강구할 만하다.

한편 默示的 公用指定(나아가 公用廢止)의 이해가 문제된다. 묵시적 공용지정은 행정적(행정행위적) 公用指定의 문제이어서, 이는 곧 묵시적 또는 추정적(stillschweigend oder konkludent) 행정행위의 문제이다. 이것과 단순한 침묵을 구별하는 결정적인 잣대는, 해당 사물이 일정한 공적 목적에 이바지하도록 하는 행정청의 의사가 대외적으로 인식할 수 있어서 객관적으로 입증할 수 있는지 여부이다. 이를 위해선 장기간의 관례로도 충분하며,[11] 분명한 표시가 없을 땐, 법원은 증빙으로부터 그런 표시의사를 도출하여야 한다.

* 법률신문, 제3677호, 2008.8.28. 소수.

11) OVG Bremen NJW 1990, 931. 동지: 홍정선, 앞의 책, 485면.

제 2 장

私法的으로 形成된 地方公企業과 관련한 行政會社法論에 관한 論議

Ⅰ. 私企業을 통한 公任務의 遂行의 問題

자치단체를 비롯한 공행정주체는 자신에게 과해진 행정임무를 대체적으로 스스로 또는 간접적 국가조직의 일환으로서 공법상의 단체, 영조물, 재단 및 공무수탁사인을 통해 이행한다. 이밖에 공기관은 임무처리를 위해 사법적 조직형식을 사용할 수 있다. 사법인을 설립하거나 지분이나 사원권을 취득하여 사권주체(사법인)에 출자하는 식이다. 이른바 제3섹트가 유행일 정도로, 私法人(회사)의 설립과 출자가 오늘날 행정실무상 두드러진 경향이다.[1)]

1) 독일에선 특히 생존사전배려, 에너지공급, 폐기물제거, 수도공급, 여객교통, 문화운동시설, 건강사회영역, 재건축과 경제촉진의 분야가 관련이 있다. 그리하여 그곳에선 20세기 중반이래로 지자체경영의 민간화가 진행되어, 공공시설과 공기업은 다양하게 사법상의 회사법의 조직형식으로 경영되어, 실제로 1986년 문헌(D. Ehlers, Die Entscheidung der Kommunen für eine öffentlich-rechtliche oder privat-rechtliche Organisation ihrer Einrichtung, und Unternehmen, DÖV 1986, S.897(899).)에 의하면 전체적으로 지자체가 관장하는 기업 가운데 약 40%가 會社法의 法形式, 특히 주식회사(AG)와 유한회사(GmbH)로 운영되었다고 한다. 근자의 문헌(H. Altmeppen, Die Einflußrecht der Gemeindeorgane in einer kommunalen GmbH, NJW 2003, S.2561.)에 의하면, 사법형식으로 수행된 지자체경영의 몫이 50년 동안에 5%에서 50%이상으로 증가하였다고 한다. 그리하여 조직형식으로의 지자체 유한회사가 최근 50년 동안 고유한 법인격을 갖지 못한 공법조직형식인 監督經營과 自己經營을 정당하게 교체하였다고 한다.

공행정의 (사)경제와 관련한 활동은 전통적 구분에 따르면 조달행정, 공적 영리경제활동과 (생존배려의 범주에서) 급부행정으로 나뉜다.[2)] 행정의 수요를 위해 필요한 조달행위와 공공발주(공공계약, öffentliche Auftragsvergabe)는 영리경제활동과 마찬가지로, 행정임무의 직접적인 이행에 이바지하기에 그런 활동에도 公益은 존재한다. 하지만 공익의 존재에도 불구하고 그것은 (공권적, 공법적) 公行政의 행사로 여기지지 않는다.[3)] 그런데 고유한 법인격을 갖지 못한 공법조직형식인 監督經營(Regiebetrieb)과 自己經營(Eigenbetrieb)[4)]과는 달리, 지자체가 (100% 출자하여 설립한) 私法的 自己會社(Eigengesellschaft)나 (출자분이 그에 미치지 않는) 혼합기업에 의해 공임무가 이행될 경우엔 특별한 상황이 빚어진다. 사법적으로 수행된 임무의 수행에 대해 궁극적인 지자체의 책임은 여전하지만, 설립(창설)된 조직형식은 법적 독립성을 가지며, 조직형식과 작용수단이 공법적으로 전개되지 않는다. 그리하여 다음과 같은 원론적인 물음이 제기된다. 私的 資本會社란 法形式, 특히 주식회사와 유한회사가, (민주적 정당성, 법치국가원리, 기본권보호의 유지와 지자법상의 기능질서에 대한) 특별한 공법적 요청을 보장하는데 적합한지 여부와 어느 정도로 적합한지가 문제될 수 있다.

그런데 (지방자치법이나 지방공기업법 등의) 공법체제와 사적 회사법은, 상이한 전제를 출발점으로 삼으며, 본질적으로 상이한 목표를 그 특징으로 한다. 급부행정은 생존배려를 내용으로 한 공임무를 목표로 삼아 일정한 목표규준의 실현이 문제되는 반면에, 회사법에선 일정한 목표규준의 실현이 아닌, 사적이고 집단에 유익한 이익에 관한 자주적 조정과 전환을 위한 실현방법이 문제된다. 당연히 행정에 대해선 공공복리목표의 실현이 명해지지만, 회사법은 (공임무의 이행의 관점에선 기껏 부수적으로 중요할 수 있는) 특별한 이익과 私自主的으로 발해진 결정의 적당한 관철을 보장한다. 요컨대 급부행정의 공임무를 수행하기 위해 私會社法을 동원할 경우 즉, 회사법의 조직형식으로 공임무를 이행할 경우엔, 양법체제의 牽聯의 문제가 논의되어야 한다. 이에 독일에

2) 이는 E. Forsthoff, Verwaltungsrecht, 10.Aufl., 1973, S.501에서 연유한다.

3) 참고로 독일의 경우 우리의 공공계약 및 입찰참가제한에 해당하는 공공발주 및 발주제한을 비롯한 전체 과정을, 유럽공동체법에 따라 관련 법규정에 공법적 요소가 가미되었음에도 불구하고, 지배적으론 여전히 사법적 견지에서 바라본다.

4) 독일에서의 監督經營(Regiebetrieb)은 법적으로 비독립된 공법의 영조물이고, 最古의 자치조직형식이다. 예산법적, 회계기술적, 조직적, 인적 측면에서 감독경영은 일반회계의 비독립적 구성부분이다. 경영의 관리(지도)기능은 일반 공행정기관에 구속되고, 그 의사형성은 공행정주체에 의해 행해진다. 따라서 감독경영은 일반적인 자치행정의 하위부분으로 여겨진다. 自己經營(Eigenbetrieb)도 마찬가지로 고유한 법인격을 갖지 않는다. 하지만 이는 감독경영보다 더 강력하게 독립적이고, 재정적으론 특별회계로 처리된다. 그의 회계보고(결산)에 대해선 지방예산법에 관한 규정이 통용되지 않는다. 그럼에도 불구하고 여기서도 결정적인 취약점은 법인격의 결여이다. 그래서 자기경영과 관련해서도, 그것이 속한 공행정주체(자치단체)가 직접적으로 권리, 의무, 책임을 갖는다. Vgl. Knemeyer/Kempen, in:Achterberg/Püttner/Würtenberger, Bes. VerwR, Bd.ll, 2.Aufl., 2000, §17 Rn.62, 69, 70; Schmidt-Aßmann/Röhl, in: Schmidt-Aßmann(Hrsg.), Bes. VerwR, 13.Aufl., 2005, 1.Kap. Rn.124, 126.

선 현존 법적 가용수단에 관한 양법제의 조화를 목표로 한, "行政會社法論"(Lehre vom Verwaltungsgesellschaftsrecht)에 관한 논의가 활발히 개진되고 있다.[5)]

우리의 경우 공행정의 사법적 활동에 관한 논의가 태부족하고, 공기업에 관해서도 사정은 비슷하다.[6)] 더군다나 공기업에 관한 논의가 공법적 조직형식의 경우를 기조로 하고, 그 밖의 조직형식의 경우엔 공법적 논의가 활발치 않다.[7)] 사법적으로 형성된(조직화된) 공기업에 의한 공임무수행에 관한 논의가 주된 이슈인 독일과는 현저히 다르다. 그네들의 논의를 우리에 단순 대입하기 어려운 所以가 바로 이점이다. 또한 독일 회사법은 우리나 일본은 물론 미국과도 구별되는 구조적 특수성을 지닌다. 감사가 이사의 임면권을 갖기에, 회사경영에서 이사(이사회)의 독립성과 책임성이 제도적으로 강조되고 있는 것(독일 주식법 제96조 제1항)이 대표적인 예이다. 행정회사법이 논의되는 토대가 다르기에, 논의의 결과를 그대로 수용하는 것은 당연히 허용되지 않는다. 그럼에도 불구하고 행정회사법이 공방되는 학문적 논의상황에서, 행정법의 영역은 물론 지방자치법 나아가 공기업법 및 헌법에 이르기까지 공행정의 사법적 활동과 관련한 의미로운 시사점을 발견할 수 있다. 따라서 이하에선 관련 문제에 관한 公論化를 도모하는 데 초점을 맞춰 논의를 전개하고자 한다.[8)]

Ⅱ. 私法的으로 조직화된 (公)行政에 관한 理解

1. 행정주체성 여부 문제

사법적으로 조직화된 행정은 다양한 학문적 차원을 갖는다. 이를 경제학적, 정치학

---

5) 행정회사법의 기본이념은 이미 1950년대에 Hans Peter Ipsen에 의해 표현된(ders., JZ 1955, S.593(598) 다음에, 처음으로 Thomas Kraft 가 1980년대 초에 이 사고를 독립된 도그마적 구상으로 발전시켰고(ders., Das Verwaltungsgesellschaftsrecht, 1982, S.231ff.), 90년대 중반에 특히 Thomas von Danwitz 가 새롭게 논의를 전개하였다(ders., Vom Verwaltungsprivat- zum Verwaltungsgesellschaftsrecht -Zu Begründung und Reichweite öffentlich-rechtlicher Ingerenzen in der mittelbaren Kommunalverwaltung-, AöR 120(1995), S.595ff.).

6) 최근 문헌으로: 김남진, 행정의 사법적 활동과 공법에의 기속, 고시연구, 2000.10; 정하중, 私法行政의 기본권구속, 고시연구, 2000.4-5; 김재호, 지방자치단체의 공기업 설치 및 운영에 관한 입법론 소고, 지방자치법연구 제1권 제1호, 2001.9.; 이원우, 정부투자기관의 부정당업자에 대한 입찰가격 제한조치의 법적 성질: 공기업의 행정주체성을 중심으로, 한국공법이론의 새로운 전개, 2005.6; 강재규, 지방공기업의 효율적 운영을 위한 법제개선방안, 지방자치법연구 제2권 제1호, 2002.6.; 길준규, 제3섹터 지방공기업에 대한 법리적 고찰, 토지공법연구 24집, 2004.12; 백승주, 지방자치단체 공기업조직형태 및 협력방식 개선에 관한 고찰- 유럽공동체 영향하의 독일공기업 제도와의 비교를 중심으로-, 광운비교법학(광운대 비교법연구소) 제5호, 2004.12.

7) 이런 문제를 부각시킨 문헌으로, 김성수, 개별행정법, 2004, 148면 이하; 김성수, 민관협력과 지방공기업, 지방자치법연구 제2권 제1호, 2002.6. 참조.

8) 여기서의 논의는 특히 v. Danwitz의 논문과 Brenner, Gesellschaftsrechtliche Ingerenzmöglichkeit von Kommunen auf privatrechtlich ausgestaltete kommunale Unternehmen, AöR 127(2002), S.222ff.; Th. Mann, Kritik am Konzept des Verwaltungsgesellschaftrechts, DV 35(2002), 463ff. 를 바탕으로 한다. v. Danwitz가 대표적인 행정회사법론의 주창자이고, 나머지 양인은 다수입장처럼 그 반대에 선다.

적, 사회학적, 재정학적, 행정학적, 법학적 측면에서 문제를 삼을 수 있다. 이런 회사와 출자의 헌법적, 행정법적 허용성이 문제되고, 공법적 구속과 형식적 민간화의 한계가 아직 규명되지 않고 있음에도 불구하고, 이런 조직타입에 관한 행정법적 조명은 빈약하다. 그저 행정학이나 정책학의 영역이 되어 버린 느낌이다.[9)]

사법인의 행정주체성 여부의 물음은 궁극적으로 행정사법에 따른 공법적 구속의 적용여부에 귀결된다. 그럼에도 불구하고 종래 행정법학이 이런 법형상을 외면한 데는 이유가 있다. 한편으론 공행정의 조직상의 근거를 다루는데 관심이 형성되지 않았을 뿐 더러,[10)] 다른 한편으론 사법적으로 조직화된 행정을 행정주체적 성격에서 바라봄에 대한 의구심이 가시지 않고 있다.[11)] 이런 사법적 조직을 행정주체에 귀속하여야 하는지의 물음은 궁극적으로 개념정의의 물음이어서, 행정주체개념의 廣狹에 따른 개념형성의 문제이다.[12)] 이처럼 사법인적 공기업을 사법적 조직화된 행정으로 포착하더라도, 이것이 그것에 결코 공법적 위상을 부여한 것은 아니다.[13)] 종래 행정=공법(공권력)이라는 도식에서 벗어나야 한다. 그러나 개념형성에서의 요건(요청)을 너무 높게 설정하는 것은 피해야 한다. 왜냐하면 -공행정을 공권력행사에 국한하는 식으로- 높이 요건설정하면, 공행정과 그 조직의 다수를 포착, 체계화할 수 없으며, 행정법적 관점에서 특별한 구속, 책임, (있을 법한) 형식남용을 논의할 수조차 없기 때문이다.[14)]

---

9) 독일에서 그 같은 행정법적 전통과 발전은 소위 戰時會社와 前後會社에서 비롯되었다고 한다. 과거 독일의 경우 이런 시스템은 법도그마틱상으로 주지하는 독립된 공법제도로 인정받지 못하였다고 한다. 1980년 초엽만 하더라도 일찍이 R. Stober가 지적하였듯이, 이런 법형상을 (당시) 일반행정법 교과서는 무시하거나, 주변부적 수준에서 다루었다고 한다. 또한 단행논문상으로도 대부분 포괄적인 관점("공기업", "행정임무의 사인에 의한 이행")이나 국가 등의 경제활동이란 좁은 측면에서 접근함으로써, 이런 조직형식의 공법적 특수성이 고려되지 않았다고 한다. 그리하여 이런 정리되지 않은 상황에서 이들 법형상이 용어상으로 통일되지 못하고, "인공위성"(Trabanten), "행정회사"(Verwaltungsgesellschaft), "공적 자본회사"(öffentliche Kapitalgesellschaft) "자회사"(Tochtergesellschaft)(앵글로색슨의 행정학에서 비롯한) "Quagos"(quasi-governmental organisation) 내지 "Quangos"(quasi- non governmental organisation) 등으로 운위된 것이 놀라운 것은 아니라고 지적하였다. Ders., Die privatrechtlich organisierte öffentliche Verwaltung, NJW 1984, S.1f.

10) 우리의 경우 행정조직법에 관한 관심이 그다지 높지 않다. 하지만 민간화와 공사협력관계와 같은 유행테마로 인해, 행정조직법 자체가 행정법개혁의 출발점인 동시에 목표점이 되었다. 이런 맥락에서 독일에선 행정법개혁의 시리즈로 Schmidt-Aßmann/Hoffmann-Riem(Hrsg.), Verwaltungsorganisatiosrecht als Steuerungsressource, 1997이 출간되었다. 그리고 -서문에서 지적하듯이- 대표적 행정법교재인 Erichsen/Ehlers 등의 일반행정법(Allg.VerwR) 제13판(2006)이 종전에 말미에 위치한 행정조직법을 제2장으로 옮긴 사실에서, 그동안 진행된 인식과 중요성의 변화를 실감할 수 있다.

11) 이런 의문제기를 Forsthoff 역시 하였다. Ders., a.a.O., S.511.

12) Vgl. H. Maurer, Allg. VerwR, 16.Aufl. 2006, §21 Rn.15ff. 한편 우리의 경우 정부투자기관의 입찰참가제한행위의 법적 성질이 다투어진다. 정부가 50%이상의 지분을 갖는 정부투자기관의 경우 사법인이 아니고, 공법인이지만, 이를 갖고서 그것의 입찰참가제한행위를 행정처분으로 보는 것은 성급하다. 사안이 해당 기관의 설립목적인 공적 임무의 이행과는 무관하기에 공법적 조명을 가할 수 없다. 이 점에서 종래의 논의가 행정청이나 행정주체의 차원에서 전개된 것은 바람직하지 않다. 참조: 졸고, 정부투자기관의 입찰참가제한행위의 법적 성질에 관한 소고, 법률신문 제3486호, 2006.8.31.(追論: 행정법기본연구Ⅰ, 42면 이하 참조). 다만 그곳에서 사법인적 성격에서 논의를 전개한 것은 수정하고자 한다.

13) 공법적 작용형식을 사용할 권능이 결여되기에, 이런 기관은 사법적으로만 활동할 수 있다. Ehlers, in: Erichsen/Ehlers, §3 Rn.50. 즉, 조직형식과 작용형식의 구분에 따른 작용형식선택의 자유를 누리지 못한다.

국가임무를 수행하는 이런 사인(사법인)은, 공무관계에 서지 않으면서, 국가의 간부인 셈이다. 그것을 적절하게 "사법형식의 행정부서"로도 표현할 수 있다.[15] 국가에로의 귀속(행정주체성)을 위한 요건은, 이들 사법인의 "기업대상"이 동시에 공행정적(국가적) 임무수행의 대상이기도 하여야 한다는 점이다. 공법적 행정주체에 의한 설립과 출자라는 공식적(형식적, formal) 기준만으로도 -최종책임을 지는 임무주체로서의 국가에 귀속시킬 수 있다는 의미에서- 행정의 징표를 시인하는 데 충분하다.[16] 국가에 완전히 귀속하는 사조직단위를 참여시킨 경우(소위 자기회사)는 기능적으로 공행정의 특별한 발현형식일 뿐이어서[17] 문제가 되지 않는다. 독일의 다수 견해에 의하면, 국가가 다수지분을 갖는 경우(소위 혼합기업)[18] 및 해당 조직단위가 다른 공식적 이유에서 특히 중대한 재원조달에 의거하여 국가에 귀속되어야 하는 경우에도 그러하다. 그러나 Ehlers는 공무위탁에 의해서만 사인이나 혼합기업이 국가권력의 주체가 된다고 본다.[19] 마찬가지로 Schmidt-Aßmann은 혼합기업은 기본법 제19조 제3항상의 기본권자이고, 그 자체로선 정당성원칙의 지배를 받지 않으며, 국가적 정당성책임으로부터의 국가쪽에서의 의무는 오히려 오로지 회사법의 수단으로써 이행되어야 한다고 강변한다.[20] 이에 대해서, Burgi는 그런 부인견해가 혼합기업에 대해 (독일 기본법 제19조 제3항에 따른) 기본권주체지위를 부여하고자 하는 관심사에 부합하긴 하지만, 기본권주체성의 물음과 행정조직에의 귀속의 물음은 구분해야 한다고 반박한다.[21]

2. 사법적 조직화의 동기(장 · 단점)[22]

사법적 조직화의 동기는 행정학적, 행정경제적 고려에서 연유한다. 그리하여 다음과 같은 목표를 추구한다: 행정의 분화, (고유한 책임영역을 형성하기 위하여 또는 실체적 성질에서) 특별한 분리가능한 행정임무의 이전, (탄력적, 투명한, 효과적인 비관료적 행정활동을 가능케 하기 위한) 공법적 조직법의 융통성 없는 속박으로부터 자유, 행정책임의 한정, 공법의 요식성 · 권한규정 · 예산법에 따른 구속의 탈피, 행정진행의 간결화, 효

14) Stober, a.a.O., S.449(450).

15) Ossenbühl, Mitbestimmung in Eigengesellschaften der öffentlichen Hand, ZGR 1996, 504ff.; Burgi, Funktionale Privatisierung und Verwaltungshilfe, 1999, S. 68f.

16) BGHZ 52, 325(328)=NJW 1969, 2195.

17) BVerfGE 45, 63(80); BGHZ 91, 84(97).

18) BVerfG NJW 1990, 1783; Badura, DÖV 1990, S.353ff.; Burgi, Funktionale Privatisierung, S.77f.; Gross, Das Kollegialprinzip in der Verwaltungsorganisation, 1999, 39f.

19) ders., in: Erichsen/Ehlers, Allg. VerwR,, §1 Rn. 4, §3 Rn.87.

20) ders., Das allgemeine Verwaltungsrecht als Ordnungsidee, 2. Aufl., 2004, S.275; Verwaltungslegitimation als Rechtsbegriff, AöR 116(1991), S.329ff.

21) ders., in: Erichsen/Ehlers, Allg. VerwR,, §6 Rn.11 Fn.38.

22) 이하의 내용은 전반적으로 특히 vgl. Stober, a.a.O., S.449(452).

과적이고 간소화된 인력조달과 인력교환, 시장경제원칙의 적용, 효과적인 재원조달과 자본조달, 행정비용과 조세의 절감, 정파적 행정영향의 축소, 시민과의 거리감 해소, 사적 전문가와 사적 주도권의 효과적 활용하는 것 등.

그러나 이상과 같은 장점에 못지않은 간과해선 아니 될, 다음과 같은 단점도 있다: 더 나은 행정서비스의 제공이 보장되지 않으며, 행정구조가 복잡하게 되었다. 공임무수행에 사인을 개재시킴이 母主體(공행정주체)의 민주적 통제를 축소하고, 시민과의 거리감을 유발하며, 행정의 통일성을 위태롭게 할 수 있다. 그리고 모주체가 빠듯한 예산상황으로 소요 재원을 마련할 수 없을 땐, 그같은 임무수행방식 자체가 자본조달상의 브레이크가 될 수 있다. 끝으로 사법적인 임무수행조직이 모주체나 감사원의 압력으로 공법적 조직구조에 접근하면, 원래 의도한 설립과 출자상의 효과가 소멸할 수도 있다.

Ⅲ. 行政組織法의 改革과 관련한 전개상황

행정조직의 역사적 전개는, (재차 국가적 상태의 전개의 일부가 되는) 행정임무의 전개와 불가분적으로 연계되어 있다. 행정현대화(Verwaltungsmodernisierung)의 기치하에 행정주체에서의 행정조직은 지속적인 개혁과정에 놓여 있다. 언필칭 "날씬한 국가"(Schlanker Staat)의 모토에 연계되고, "능력이 강화된, 비용이 적게 드는, 투명한 행정"이 그 지향점이다. 공임무를 수행하기 위한 사법조직형식의 이용은, 행정현대화와 부분적으로 동일한 근거를 바탕으로 하는 民間化(Privatisierung, 私的化, 民營化)의 문제이다.[23] 그리고 공임무주체의 구분된 행위영역에서의 "신공공관리"(New Public Management)나 "비용절감 행정"(Lean Administration)과 같은 개혁전략의 과정에서, "公私協力(關係)"(Public Private Partnership, PPP)이 유행어처럼 사용된다.[24] 사법적 조직화된 공기업의 문제는 이런 경향의 하위경우로서 새로운 상황에 놓여 있다.

1. 民間化의 문제

민간화는 私人(私個人과 私法人)을 국가임무이행의 상관관계에 연관시키는 것이다. 여기서 관련 영역은 국가적 활동과 사적 활동사이의 회색지대에 놓이고, 공임무이행

23) 참고문헌: 이원우, 공기업 민영화와 공공성확보를 위한 제도개혁의 과제, 公法硏究 第31輯 第1號, 2002.11; 김민호, 공공서비스의 민간위탁과 공기업의 민영화, 土地公法硏究 제25집, 2005.2. 追論: 최승원, 공기업 민영화의 법적 기초, 행정법연구 제21호(2008.8), 189면 이하 참조.

24) Tettinger, Die rechtliche Ausgestaltung von Public Private Partnership, DÖV 1996, S.764ff.

상의 分業(Arbeitsteilung)이 일어난다.[25] 이를 통해서 국가작용상의 합리성과 사회활동상의 합리성의 새로운 혼합관계가 성립한다. 법학적 처리가 특히 일반행정법의 도그마틱을 위한 중요한 임무이다. 민간화의 전체영역은 부분적으로 "책임분배"개념으로써 표현된다. 이를 민간화의 종류에 결부시켜 표현하자면, 국가와 사회간에 (조직민간화의 경우의) 국가의 "이행책임"에서 (임무민간화의 경우의) 단순한 "보증책임"에 이르기까지의 변위가 생겨난다.[26] 오늘날 경향은 민간화를 "사회적 합리성의 추가구입"으로 수용하는 식이고,[27] 반면 종전에 광범하게 퍼진, "사법에로의 도피"에 대한 우려는 감소한 듯하다. 그러나 일각에선 비판이 여전하다. 대표적으로 Peine는 민간화요청을 중단시켜야 한다고, Ronellenfitsch는 국가적 상태가 위태롭게 되는 것을 막아야 한다고 주장한다.[28] "민간화"에 관한 논의의 중심이동은 많은 것을 시사한다. 독일에선 1990년대 초엽엔 "날씬한 국가"와 같은 마법의 용어처럼, 정책적 동기가 될 만큼 민간화의 만족감(Privatisierungseuphorie)이 관찰되었지만, 오늘날에는 많이 누그러졌다. 이제 민간화는 유행주제가 아니라, 정상상태의 일부가 되었기에, 민간화의 한계와 가능성의 문제에 대해서, 그 타입에 맞춰 개별사례와 관련한 차별적 접근을 하여야 한다.[29]

행정조직법을 위해선, 국가임무의 수행에서의 임무주체나 조직과 관련한 조직민간화(Organstionsprivatisierung)가 문제된다.[30] 조직민간화는 사인에 의한 국가임무수행이 존재하는 양상을 포착한다. 관련 임무에 대한 국가적 책임은 여전하지만, 행정주체(Verwaltungsträger)로서 – 국가적 지배를 받는– 사법인(사개인)이 중간에 끼어 든다. 따라서 간접적 국가행정의 일부로서 사법형식으로 조직화된 독립된 행정단위에 해당한다. 이때 독립화의 정도는 공법적으로 조직화된 행정단위보다 더 크다. 왜냐하면 사법형식은 특히 인적, 예산, 조세와 관련하여 더 큰 형성여지를 누리기 때문이다. 그럼에도 불구하고 국가가 사적자치를 향유할 수 있는 형식교체가 문제된다. 조직민간화의 결과는, (당해 조직의) 활동의 차원에서 私法形式이 강제적이라는 점이다. 다만

25) 이것과 탈규제화는 구별되어야 한다. 자유화(Liberalisierung)와 동일한 의미인 탈규제화(Deregulation)는, 법을 더 간단하며 개관가능하고 효과적이게 만들기 위하여, 실체법적 차원에서의 규율을 회피하고 축소하는 것을 목표로 한다. Vgl. Burgi, Kommunales Privatisierungsfolgenrecht: Vergabe, Regulierung und Finanzierung, NVwZ 2001, S.601(602).

26) Burgi, in: Erichsen/Ehlers(Hrsg.), Allg. VerwR, §9 Rn.9ff.

27) Burgi, Funktionale Privatisierung, 381.

28) Peine, Grenzen der Privatisierung-verwaltungsrechtliche Aspekte, DÖV 1997, S.353(363); Ronellenfitsch, DÖV 1999, S.705(711).

29) Vgl. Mayen, Privatisierung öffentlicher Aufgaben: Rechtliche Grenzen und Möglichkeiten, DÖV 2001, 110ff. 追論: 민간화의 한계인 국가유보에 관해선 본서 431면 이하 참조.

30) 행정재산의 매각과 같은 재산민간화(Vermögensprivatisierung)는 조직법적 관련성이 없다.

이로부터의 예외가 公務委託(Beleihung)이다. 여기선 국가가 사인이나 사법인으로 하여금 (본래 자기에게 유보된) 공법적 수단을 동원하는 것을 가능케 한다.[31)]

2. 公私協力(關係)의 문제

"公私協力(關係)"은 영어 "joint venture"처럼 제휴관계를 상징화하고 발전성을 암시하며, 동시에 반대로 법적 비구속의 마력을 풍긴다. 이에 헌법적, 행정법적 지침을 고려하기에 앞서, 용어상의 사전해명이 반드시 필요하다. 먼저 "協力(關係)"(Partnership) 개념은 법적 측면에서 최광의의 제휴(Kooperation, 협력, 공동작업)를 위한 용어이고, 민간화의 전체영역으로부터의 단편을 나타내는 "공사협력(관계)" 개념은 고권주체와 (행정임무의 수행에 가담한) 사경제주체의 協力(Zusammenwirken)의 갖가지 형식을 나타낸다. 한마디로 공임무를 수행함에 있어서의 다양한 종류의 행정과 사인간의 제휴로 요약된다. 절차적 정당성은 물론 실체적 정당성까지도 제고시키려는 국민참여행정의 경향으로 公私의 協力 자체가 새삼스럽진 않지만, 민간화와 결부되어 새로운 차원이 전개된다.

PPP의 적용분야는 국가임무의 모든 차원이 해당하는데, 대개 고찰의 핵심영역은 현대적 요청을 충족시키는 인프라(공적 서비스)의 제공의 영역이다. 이처럼 해당 범주가 광범히 하기에, "공사협력"뒤엔 완전히 상이한 제휴모델이 존재한다. 종래 비공식 행정작용(informelles Verwaltungshandeln)으로 운위되는 협상, 타협(합의) 등도 PPP의 일종으로 접근할 수 있거니와,[32)] 그 제휴형식은 계약체결,[33)] 공동회사(혼합기업, 유한회사, 주식회사)의 설립에까지 이른다. 법체계상으로 이들은 실체적 민간화(임무민간화)와 조직민간화(형식적 민간화)를 양축으로 한 기본틀의 초기형식과 중간형식에 위치한다.[34)] 따라서 많은 PPP의 분야에서 공기관은 동업자나 주주로서 사인이외로 출자를 한다.[35)] PPP분야를 지배하는 제휴사고는 혼합기업에서 이상적으로 실현될 수 있다.

31) 공무수탁자는 순수한 사인은 물론 민간화의 결과물인 사적 조직단위도 될 수 있다.

32) Bonk, Fortentwicklung des öffentlich-rechtlichen Vertrags unter besonderer Berücksichtigung der Public Privat Partnership, DVBl. 2004, S.141(143). 특기할 점은, 연방정부와 에너지산업계간의 타협(합의)(Verständigung)의 허용성에 관한 독일 연방헌법재판소의 2002.2.19.자 판결(Vgl. NVwZ 2002, 585)이래로, 소위 비공식적 정부·행정작용의 형상은 원칙적으로 승인된 것으로 여겨진다.

33) 여기서 문제되는 것이, 공법계약이 최고로 표상되는 이른바 "협력적 행정작용"(kooperativer Verwaltungshandeln)의 존재이다. 그러나 여기선 공임무이행상의 당사자적(partnerschaftlich) 협력, 진정한 제휴를 언급한 것이 아니다. Becker에 의하면, 진정한 행정제휴(공사협력)는 공동의 네트워크를 형성하고, 프로젝트를 공동으로 시행하는 상황과 외주계약의 상황에 한정한다고 한다. Ders., Rechtsrahmen für Public Private Partnership-Regelungsbedarf für neue Kooperationsformen zwischen Verwaltung und Private?, ZRP, S.303(305).

34) Tettinger, a.a.O., S.764f.

35) 독일의 경우 공기관이 이미 오래전부터 공법적 임무를 공사협력관계로 전환하는 데 초점을 맞추었다. 이런

그 결과 유한회사나 주식회사의 법형식으로 경영되는 혼합기업에선, 지방자치법과 회사법간의 충돌이 빚어진다. 그리하여 회사법우위나 소위 행정회사법에 관한 논의에 새로운 활기가 가득하다.36)

독일 연방정부는 "현대국가-현대행정" 이란 정부프로그램안에 행정과 사인간의 파트너적 공동작업의 주제를 포섭하였다. 그 프로그램의 하나로서, 2005.6.30.에 "공사협력관계의 전환촉진과 법률적 대강조건(한정조건)의 향상을 위한 법률"(PPP-Beschleunigungsgesetz, PPP촉진법)이 제정되었다. 그러나 이것으로써 법적 충돌의 문제를 해소하지 못하였다. 대체적으로 동법은 완성된 PPP-成文化에 해당하는 것이 아니라, 관련 법률을 개정 · 보충하는 조항을 담고 있을 뿐이다. 아울러 "행정법적 제휴관계"에 관한 규율을 공법계약을 바탕으로 행정절차법상으로 채용하는 것도 논의되고 있다.37)

Ⅳ. 行政私法論에 따른 公法的 拘束에 관한 理解

1. 形式選擇의 自由와 行政私法의 成立

전통적으로 독일의 판례와 문헌을 지배하는 '形式選擇의 自由'(Formenwahlfreiheit)는 중층적(이중적) 성격-조직형식의 선택, 이용관계형성의 선택-을 갖는다. 즉, 공적 급부행정의 주체로서의 지자체는 급부주체의 조직형식을 형성할 수 있을 뿐만 아니라, 급부수령자와의 법적 관계를 일정한 범위에서 자신의 "자유로운 선택"에 따라 공법적이나 사법적으로 형성할 수 있다.38) 이런 형식선택의 자유가 급부행정의 공임무를 이행하기 위한 회사법의 도입에 관한 문제점을 위한 출발점이다. 조직형식이 사법적이면, 급부제공의 법(률)관계 역시 자명하게 사법관계이다. 여기선 조직형식의 선택이 다름 아닌 작용형식의 물음까지 결정을 내린 셈이다.39)

급부행정의 공법적 법체제와 사법적 법체제간에 결정을 내릴 수 있는 행정의 권능을 의미하는 형식선택의 자유에 대해선, 문헌상으로 표현은(형식이 아닌 법체제의 선택이다)40) 물론 그 내용적으로도 비판이 증대되며, 사실 그것이 일관적으로 주장되기도

경향은 심화되어 2010년까지 지자체의 투자규모가 전체 크기에서 약 6650억 유로에 달할 것이라고 한다.

36) K. Kiethe , Gesellschaftsrechtliche Spannungslagen bei Public Private Partnership, NZG 2006, S.45.

37) Vgl. M. Reicherzer, Die gesetzliche Verankerung von Public-Private-Partnerschip, DÖV 2005, S.603ff.; Bonk, a.a.O., S.141ff.; Häfner, Aspekte einer Normierung von Public Private Partnerships, LKV 2005, S.340ff.

38) BVerwG NJW 1986, 2387; BGH DVBl. 1984, 1118f.

39) Schmidt-Aßmann/Röhl, in: Schmidt-Aßmann(Hrsg.), Bes. VerwR,, 1.Kap. Rn.113.

40) Schmidt-Aßmann, Die Lehre von den Rechtsformen des Verwaltungshandelns, DVBl. 1989, 533, 535 m Fn.14.

드물다.[41] 가령 형식선택자유를 바탕으로 이른바 二段階論(Zweistufen-Lehre)이 주장되었다. 이는 과거 독일에서 50년대 초에 '이브닝드레스의 에바'란 제명의 영화제작지원(채무보증)거부사건의 감정의견에서 H.P. Ipsen이 주장한 것이다. 이는 권리구제 확대를 위해 사법관계에 어떤 식으로든 공법적 통제를 개재시키기 위한 고심의 소산이었다. 한편으론 법치국가적 구속을, 다른 한편으론 형성된 사법관계의 유지를 견인한다는 점에서 二段階理論은 이상적 해결방안인 양 여겨져 급속히 공감대를 형성하였다. 하지만, 얼마 지나지 않아 의제적인 이원적 구성에 따른, 법리상의 태생적 취약점(구분곤란함 등)이 지적되면서, 그것은 급속히 지지기반을 상실하여 지금엔 공법적 일원적 구성이 지배적으로 선호되고 있다. 공법계약에 관한 인식이 고조되었고, 더불어 行政私法理論의 등장으로 사법적 행위방식에 굳이 공법적 성립행위(행정행위)를 삽입시킬 필요가 없다고 여기기 때문이다.

또한 형식선택자유의 인정으로 인해, 불길한 징후인 셈인 "국가와 자치단체의 私法에로의 逃避"[42]의 위험이, 공법적 구속을 사법형식의 지방공기업에게 轉移시킬 필연성을 성립시켰다. 이것이 이른바 "行政私法"으로 變性하였다.[43] 행정사법에 따른 광범한 공법적 구속 및 이로부터의 공법에 의한 사법의 중첩을 감안한 즉,[44] 공법적 행정활동과 사법적 그것간의 존속하는 차이점을 없애려는 경향도 있었지만,[45] 다수는 여전히 공사법 이원화를 견지하고 있다.

2. 공법적 규범중첩의 문제

행정사법의 법실제적 측면을 통해 분명해지는 사실은, 행정의 법형식선택이란 결코 단순한 아카데믹한 흥미가 아니라, 효과적인 권리관철의 물음과 직접 관련이 있다는 것이다. 행정법과 행정소송법의 내용은 사법에 비해 시민에게 유리한 법적 상황을 조성한다. 따라서 사법형식의 선택은 매우 권리보호축소적인 결과를 초래할 수 있다. 그렇지만 행정사법은 지속적 딜레마에 처한다. 전통적인 지배적 입장에 따르면, 시민

---

41) Ehlers, in: Erichsen/Ehlers, Allg. VerwR, §3 Rn.35, 39ff. 특히 Danwitz, a.a.O., S.595(611) Fn.20 의 문헌 참조. 그러나 넓은 공감대를 얻은 대안은 아직 조성되지 않았다.

42) F. Fleiner, Institutionen des deutschen Verwaltungsrechts, 8. Aufl., 1928, S.326.

43) Wolff/Bachof, Verwaltungsrecht I, 9. Aufl., 1974, §23 ll 3.b), S.108.

44) 참고로 독일 BGH는 행정사법의 특수한 임무와 의의를 다음과 같이 요약하였다: "공임무의 이행에서 행정 그 자체에 대해선 사법적 법형식만이 주어지지, 결코 사적 자치의 자유여지와 가능성은 주어지지 않는다. 행정이 사법형식으로 공행정의 임무를 수행하면, 사법규범은 공법의 규정에 의해 보충, 중첩, 수정된다. 이에 다음과 같은 일치성이 존재하는데, 행정이 행정사법의 영역에서 기본권만을 유의해야 할 뿐만 아니라, 광범한 구속을 받는다. 비록 행정법의 모든 원칙의 구속은 받지 않더라도, 사법형식으로 행하는 행정은 아무튼 공적 재정관리의 기본 원리를 유의하지 않으면 아니 된다는 점을 출발점으로 삼아야 한다. '사법에로의 도피'가 결코 '불법적 재정관리를 전개하기 위한 수단'이 되어선 아니 된다." BGHZ 91, 84(96f.); 65, 284(287); 53, 325(328).

45) Vgl. J. Salzwedel, Erichsen/Martens(Hrsg.), Allg. VerwR, 9.Aufl., 1992, §44 Rn.5.

의 법적 지위를 위해 특별한 의의를 지닌 행정절차법과 행정소송법이 전혀 공법적 구속의 근거로 기능하지 못한다. 즉, 사법적 행정활동에 대한 공법적 구속은[46] 모든 법치국가원리차원이 아닌 실체법적 차원(특히 평등원칙)에 국한된다. 이런 입장을 견지하면, 실제로 행정사법은 고권주체에게 승인된 선택자유에 대응한 완전한 가치있는 보전책이 결코 될 수 없다.[47] 반면 급부수령자에게 유리하게 행정법적 구속이 불가피하게 널리 확장되면 될수록, 사법형식은 내용없는 외피에 더욱더 흡사하게 된다. 그러나 이런 상반된 측면이 있다 하더라도, 행정의 사법적 활동에 대한 공법적 구속의 불가피성 자체에 대해선 의문의 여지가 없다. 오히려 행정의 무한적 선택자유의 주장에 대한 광범한 근거제시가 강제된다.[48]

요컨대 行政私法論에 따라 사법활동에서 공행정은 사적자치를 누리지 못한다. 사법규범에 관한 공법(행정법)적 보충 · 중첩 · 수정은, 공행정의 당시의 행정임무, 법치국가적 의무구속과 특수한 정당성필요에 의해, 성립하고 동시에 제한된다고 하겠다.[49]

V. (私法的으로 조직화된) 지방공기업의 公共福利拘束의 問題

사법적 조직형식의 선택과 관련해선, 공법적 책임 · 통제의 상관관계를 유지하는 것이 핵심적으로 중요하다. 공법에 의해 임명되고 정당성을 부여받은 책임 · 결정주체가 사적 조직형식으로 그 지위가 면해져선 아니 되고, 공법적 책임 · 통제의 상관관계가 소멸되어선 아니 된다. 오히려 임무이행에 대한 충분한 정도의 영향미침(개입)이, 결정주체인 지자체에게 남아있어야 한다.

1. 公行政의 介入義務의 도출근거

高權的 介入義務(Ingerenzpflichten)의 존재는 행정활동의 공법적 성질에 토대를 둔다. 일정한 공공복리적 목표에 도달하기 위한 법률상의 의무가 그 바탕이다. 이런 공공복리실현의무는 원칙적으로 처분에 맡겨져 있지 않으며, 아울러 그것은 대립된

46) Vgl. Erichsen/Ebber, Die Grundrechtsbindung des privatrechtlich handelnden Staates, Jura, 1999, S.373ff.

47) Zuleeg, Verw Arch 73(1982), S.384(397).

48) 그렇지만 분명한 아우트라인의 규준이 없다는 점에서 행정사법에 대한 비판이 가시지 않는다. Vgl. Röhl, Verwaltung und Privatrecht-Verwaltungsprivatrecht?, VerwArch Bd.86(1995), S.531ff.; Unruh, Kritik des privatrechtlichen Verwaltungshandelns. Ein Problemaufriß, DÖV 1997, S.653ff.

49) Vgl. Ossenbühl, Öffentliches Recht und Privatrecht in der Leistungsverwaltung, DVBl. 1974, S.541(543). 追論: 私法形式의 행정(私法的 행정)의 공법적 · 사법적 구속에 관해선 행정법기본연구 Ⅰ, 33면 이하 참조.

행정목적의 해결과 구체적 이행방법의 결정에서 행정의 형성적 기능을 우선적으로 확정한다. 공행정의 이런 특수한 의무적 지위로부터 공행정의 독립된 단위(기관)에 대한 영향력행사권(Einwirkungsrechte)이 도출되며, 이것의 행사는 원칙적으로 행정의 처분에 맡겨질 순 없다. 결국 고권적 개입의 성립은 이런 공행정의 특수한 의무적 지위와 연계된다고 하겠다. 결정, 정당성, 책임과 권한은 분해될 수 없는 내적 상관관계에 있다. 이하에선 이런 기조에서 고권적 개입을 성립시키는 착안점을 살펴본다.[50]

(1) 공임무의 존재

-선택된 법형식에 관계없이- 행정의 활동은 결정적으로 그가 설정한 임무에 의해 지배를 받는다. 공기관의 영향력행사의무는 공임무를 의무에 합당하게 수행할 책임의 결과이기도 하다.[51] 고권적 개입의 성립을 공임무이행의무로부터 직접적으로 도출하는 것은 명백하다.[52] 따라서 공임무를 -지자체가 100% 출자한- 자기회사(사법인)의 목적으로서 회사정관에 확정하는 것은 자명하게 여겨진다. 왜냐하면 지자체가 공임무의 이행에 대해서 보증인적 지위(Garantenstellung)를 갖기 때문이다. 그러나 이로부터 동시에, (2차적인 회사목적이나 기업경영·이윤지향·이윤사용의 일반원칙과의 충돌을 위해서도) 공적목적 구속의 우위에 관한 규율을 발할 필연성도 비롯된다. 그런데 이런 공적 목적 자체가 고권적 개입에 대한 일반적 제한을 인식케 한다. 그래서 공적 목적 및 그것의 효과적 이행과 무관한 활동의 경우엔, 그것에 대한 사실적 영향력행사에 관한 정관규정이나 형식이, 개입의무로부터 요구되지 않는다.

(2) 행정활동의 법치국가적 구속

고권적 개입을 위한 두 번째 성립요소로서, 행정활동의 법치국가적 구속도 특별히 중요하다. 이런 관점은 특히 급부행정의 私法的 主體와 급부수령자간의 법적 지위간의 법관계를 행정사법과 맞춰서 파악한다. 고권적 개입의 범위를 정하기 위한 근거와 규준이 바로 법치국가적 보호책인데, 급부행정의 공법적 조직에선 행정이 이것의 지배를 받는다. 따라서 행정사법에서 비롯된 일반적인 구속을 넘어서, 지자체 자기회사에 대한 급부수령자의 제공청구권은 직접적으로 미리 확정되어 있는 셈이다.[53] 이로

50) 이하의 내용은 Danwitz, a.a.O., S.595(604ff.)를 참고하였다.

51) W. Spannowsky, Die Verantwortung der öffentlichen Hand für die Erfüllung öffentlicher Aufgaben und die Reichweite ihrer Einwirkungspflicht auf Beteiligungsunternehmen, DVBl. 1992, S.1072(1074).

52) 참고:"-중요한 연방적 이익에서 연방의 자본참가나 자본보유로 행해지듯이- 상법의 회사를 행정임무를 위해 공법적으로 사용(동원)함은, 공공질서의 필수적이고 완전히 불가피한 이유에서 다음의 점을 요구한다. 즉, 국가로선 단순한 자본참가로 민사법적으로 그에게 성립한 개입·협력권능을 보충하고 증대하여 소정의 충분한 공법적 감독권능을 보유하여야 한다고. 이것으로 (사법적 기업형식으로 집행될) 공임무가 행정상으로 보장된다." H.P. Ipsen, Kollision und Kombination von Prüfungsvorschriften des Haushalts-und des Aktienrechts, JZ 1955, S.593(598).

말미암아 지자체로선 자기회사의 "보증주체"로서의 지위에서 다음과 같은 의무를 진다고 한다. 즉, 사법적 조직인 자기회사의 長에 대해서 권리자의 이용 · 급부청구권을 관철하는 것, 그리고 경우에 따라선 심지어 회사법적 구조를 영향력행사가 효과적으로 가능하도록 바꾸는 것이 그것이다. 통상 이것은 사법적으로 조직화된 공기업에 대한 지자체의 지시권(Weisungsrecht)의 형식으로 일어난다고 한다.[54)]

(3) 민주적 정당성의 요청

세 번째로 의회민주주의의 헌법원칙이 고권적 개입의 성립과 범위를 위해 결정적으로 중요하다. 민주적 정당성의 요청으로 인해, 국민으로부터 국가임무를 부여받은 기관으로부터 담당자까지 중단없는 정당성의 연쇄(사슬)(Legitimationskette)가 요구된다.[55)] 이를 위해선, 통상 활동기관의 정당성이 국가권력의 주체로서의 국민에게로 귀착될 수 있으면 충분하다.[56)] 요구되는 민주적 정당성의 정도를 위한 본질적 내용과 불가결한 요건이, 바로 실제로 효과적인 의회적 통제와 책임의 보장이다. 정당성과 통제의 이런 직접적인 상관관계에서, 하나의 시스템에 두 가지 요소가 통합된다는 점이 도출된다. 즉, 소관 기관의 임무이행에 관한 효과적인 통제가 보장되어 있는 곳에서만, 선택된 조직형식은 물론 국가권력행사의 특수한 방식도 민주적으로 정당화될 수 있다. 민주적 정당성의 요청은 국가활동의 전 영역에 대해서만이 아니라, 모든 종류의 국가권력행사에도 통용된다. 당연히 국가의 전반적인 사법적, (소위) 국고적 활동 역시 민주적 정당성의 지배를 받는다. 조직형식이나 활동의 법형식을 사법적으로 선택하였다 하여, 국가적 사무나 국가적 활동의 영역으로부터 원천적으로 제외되는 결과가 빚어지진 않는다. 사적 자본회사(주식회사나 유한회사)로 생존배려의 임무를 이행하기 위해선, 민주적 정당성과 통제의 불가피성이 결과적으로 의회민주주의란 헌법원칙의 필수요청에 해당한다. 이는 헌법상으로 그 소임을 부여받은 지자체에 의한 고권적 개입의무의 방법으로 행사된다.[57)] 이로부터 인적-제도적 측면에서, (지자체기관에서 자기회사의 기관에까지 이어져야 하는) 중단없는 정당성연쇄의 필연성이 비롯된다. 그리하여 지자체단체는 공임무를 수행하는 自己會社의 책임자의 선택과 임명에서 일정한 영향을 미쳐야 하고, 그런 상황을 위해서 소위 지시권과 면직권이 고려된다고 한다.[58)]

---

53) 참조 Ossenbühl, DVBl. 1973, S.289(293f.); Spannowsky, a.a.O., S.1072(1074f.).

54) v. Danwitz, a.a.O., S.595(606).

55) BVerfGE 83, 60(72f.); BVerfGE 77, 1(40); 47, 253(273).

56) BVerfGE 77, 1(40); 47, 253(273).

57) Schmidt-Aßmann, Verwaltungslegitimation als Rechtsbegriff, AöR 116(1991), S.329(346, 386).

58) v. Danwitz, a.a.O., S.595(608).

2. 介入義務의 意義

그런데 이상의 고권적 개입의무에는 확실한 규준이 결핍된 점이 자주 판명되곤 한다. 그 결과 문헌상으로 그것의 의의를 상대화하거나, (지자체의) 영향력행사의무의 사고로부터 개개의 권능이나 의무를 직접 도출하는 것을 금하기도 한다. 이는 행정회사법에 대한 소극적인 입장으로 귀결된다.[59] 개입의무가 구체적인 조직방식에 관한 아무런 언명을 담지 못하고, 민주적 지도 · 통제권의 헌법상 필요한 범위와 관련한 일정한 목표규준만을 담고 있는 사실은 맞다. 그래서 개입의무의 구체적 요소는 선험적으로 언급될 순 없고, 소정의 임무이행를 위해 구체적으로 주어진 조직형식과 작용형식에 바탕을 두고서 전개될 수 있다. 이 같은 법적 논증적 형상으로부터 개별사례를 구속하는 명령(강령)이 도출될 수 있다는 점은 주지의 사실이고, 독일 헌법실무에 의해서도 입증된다고 한다.[60] 특히 행정사법의 경우를 보자면, 그것은 행정의 법구속에서 직접 도출되며, -개별사례에 적용할 수 있도록- 공법에 따른 구체적 의무를 과할 수 있는 일반적 확정을 필요로 하지 않는다. 그런 식으로 논증하지 않는다면, 민주적 정당성과 같은 기본적인 헌법원칙의 경우 실제적 효과성과 관련성이 박탈될 우려가 있다. (私的)會社法을 수정하는 行政會社法을 긍정하는 입장에선, 이처럼 개입의무의 존부에 관한 의문을 가능한 불식시키려 한다. 결국 개입의무 자체가 대체적으로 일반적인 규범화가능성으로부터 벗어나 있기 때문에, 그것이 실제적 의의를 가지기 위해선, 궁극적으로 판례에 의한 사례별 구체화에 의존한다고 한다.[61]

VI. 行政會社法論의 법도그마적 구상근거

전적으로 생존(사전)배려의 공임무에 이바지하고, 공행정주체의 수하에 있지만 사법인형태인 공기업(자기회사)은 공행정이 행사되는 특별한 발현형식에 불과하다.[62] 행정회사법론은 공법적 구속과 회사법적 가용수단간의 부분적 불일치를 도그마적 해결착안점(공법적 구속을 통한 회사법의 수정)으로 제거하는 것을 목표로 한다. 따라서 회사법에 따른 기업형식과 특별한 헌법적 정당성 · 통제요청의 보장과의 양립성에 대한 물음이 제기된다. 이를 위해선 회사법과 행정법이 어떤 관계에 있는지, 즉 어느 정도로

---

59) Schmidt-Aßmann/Ulmer, Die Berichterstattung von Aufsichtsratsmitgliedern einer Gebietskörperschaft nach § 394 AktG, BB 1988, Beilage 13, S.13; Mann, a.a.O., S.463(485); Osterloh, VVDStRL 54(1995), S.204(233f.).

60) Vgl. VerfGH NW, OVGE 39, 292ff; BremStGH NJW 1974, S.2223(2230f.).

61) v. Danwitz, a.a.O., S.595(608f.).

62) BVerfGE 45, 63(80).

양 규범체제의 적용범위가 중첩되고 구분이 행해져야 하는지를 결정하는 것이 필요하다.

1. 會社法優位에 대한 異議

공법과 사법간의 관계 즉, 會社法과 行政法과의 關係에 관한 근본적인 물음이 행정회사법의 구상의 출발점이 된다. 이는 공법 특히 독일 지방경제법의 내용이 사법형식의 공기업에 대해서, 회사법적 규준과 맞지 않는 요구(파견된 감사에 대한 지시구속의 요구)를 설정할 때 제기된다. 일찍이 독일 BGH는 1962년에, 지자체가 지분 73%를 보유하는 주식회사에 대해 파견한 감사와 관련해서, 파견된 감사는 선임된 다른 감사와 동일한 의무를 가지며, 지자체이익보다 회사이익을 우위에 두어야 하고, 지자체의 지시에 구속됨이 없이 회사이익을 수행하여야 한다고 판시하였다.[63] 그리고 1977년의 VEBA-판결에선, 지방자치단체라 하더라도 자본회사에 출자하면, 회사법의 원칙 즉, 콘체른법에 의해 다루어진다고, 즉, 이 경우 공기관이 완전히 주식법의 지배를 받는다고 판시하였다.[64] 판례의 이런 입장에 터 잡아, 각주의 지방자치법이 이것과 다르게 규정한다면, 상위인 회사법(연방법)에 위배된다는 회사법우위의 입장이, 독일 회사법문헌 및 공법문헌의 지배적 견해가 되었다.[65] 이는 行政會社法의 否認으로 귀결된다. 會社法優位論은 우선 형식적(formal) 논거를 출발점으로 한다. 즉, 연방법우위를 규정한 독일 기본법 제31조의 충돌해결원칙(연방법우위)에 의거하여, "게마인데로선 회사에 출자하면, 그 회사에 통용되는 사법에 복종하고, 사법 그대로 받아들여야 한다"고 회사법 우위를 논증한다.

그러나 이에 대해선, 행정회사법론의 입장에서 실체적 관점에서 독일 기본법 제31조의 비적용성을 결정적인 반대논거로 주장한다. 우선 동조는 동일한 사안을 연방법과 주법이 배치된 방법으로 상이하게 규율한 경우만을 포착하는데,[66] 회사법과 자치법상으론 적어도 부분적으로 동일한 규율대상이 받아들여질 수 있는지 매우 의문스럽

63) BGHZ 36, 296(304ff.)=NJW 1962, 846.

64) BGHZ 69, 334(340f.)=NJW 1978, 104.

65) Strobel, Weisungsfreiheit oder Weisungsgebundenheit kommunaler Vertreter in Eigen-und Beteiligungsgesellschaften?, DVBl. 2005, S.77(80); Kiethe, Die Auslegung von Privatisierungsverträgen, NZG, 2004, S.993(997); Eifert, Die rechtliche Sicherung öffentlicher Interessen in Public Private Partnerships, VerwArch 93(2002), S.561(578); Püttner, Die öffentlichen Unternehmen, 2. Aufl., 1985, S.234f.; Spannowsky, a.a.O., S.1072(1074); Schmidt-Aßmann/Ulmer,, a.a.O., S.15; Schwintowsky, Gesellschatsrechtliche Bindung für entsandte Aufsichtsratsmitglieder in öffentlichen Unternehmen, NJW 1995, S.1316(1318); K. Schmidt, Gesellschaft, 4. Aufl., 2002, §1 Ⅱ 1a.

66) BVerfGE 36, 342(362F.); J. Pietzcker, Zuständigkeitsordnung und Kollisionsrecht im Bundesstaat, HStR Bd. Ⅳ, 1990, §99 Rn.32f.

게 여겨진다고 한다. 이유로 (私的) 會社法의 대상은 -자치법과는- 완전히 다른 규율상관관계 및 상이한 전통에 있다는 점을 주장한다.[67]

동규정은 연방차원과 주차원에서의 상치한 규정이 조우한 경우에만 해결책을 제시할 수 있어서, 회사법이 지방경제법과 주예산법상의 요청과 충돌한 경우라면 동규정상의 충돌원칙이 주효할 수 있지만, 가령 연방공기업에 통용되는 연방예산법으로부터 회사법과의, 즉 상호 연방법차원에서의 평가불일치가 발생한 경우엔 사정이 다르다. 평가불일치가 회사법과 자치법의 충돌에서 단지 표면적(vordergründig)으로만 존재함에도 불구하고, 기본법 제31조의 성급한 적용으로 말미암아 이런 점이 감춰졌다고 한다. 이유인 즉, 공기업성립에 불가결한 공적 목적의 추구, 이와 관련한 공기관(행정청)의 개입의무, 정당성의 요청은 이미 헌법에서 비롯되었기에, 이들에 관한 자치법상의 확정은 이미 헌법에 터잡은 규준을 개별법적으로 새삼 확인한 것이라고 한다.[68] 즉, 표면적으론 회사법과 자치법간의 충돌이나, 자세히 고찰한 즉, 헌법적 요청과 회사법간의 갈등의 파생으로 여겨지며, 그리하여 동조의 충돌해결원칙은 이런 평가불일치를 제거하는 데 아무런 소용이 없다고 한다.

2. 會社法의 憲法合致的 解釋

v. Danwitz는, 독일 기본법 제20조 제2항과 제3항상의 원칙(행정의 법구속원칙)이 고권적 개입의 규범적 근거인 동시에 위계를 정하는 것으로 본다. 그리하여 현존 규범상의 불일치의 해소를 회사법의 규범에 관한 헌법합치적 해석의 하위경우로 여긴다.[69] 그리고 국가적 개입의무를 인정하면서도, 회사법을 불가침적 법질서로 구상하고 헌법적 구속을 면케 하는 것은 본질에 위배된다고 지적된다.[70] 독일 주식법의 비완결성을 기초로 한, 이런 시도에 배치된 논거가 동법의 완결성이다. 출자자의 정보, 통제와 영향력행사에 관한 독일 주식법의 규정은 1965년 주식법개혁이래로 (공법적 특별규정에 의거한 보충적 해석을 더 이상 불허하는) 완결적 규율로 보는 견해가 있다.[71]

이에 대해서 v. Danwitz는 반대논거로 "주식법은 표제상으로 제5편 제1장(제394조와 제395조)에서 "지역단체참여시의 특별한 규정"만을 담고 있지,[72] 결코 하나의 법인

67) v. Danwitz, a.a.O., S.595(616).

68) v. Danwitz, a.a.O., S.595(616f.); Ossenbühl, ZGR, S.504(512f.).

69) v. Danwitz, a.a.O., S.595(616f.). 이미 Stober가 헌법합치적 해석을 매개로 한, 충돌상황의 해결을 지적하였다. Ders., a.a.O., S.449(455).

70) Kraft, a.a.O., S.253.

71) Vgl. Fischer, AG 1982, S.85(90f.); Schmidt-Aßmann/Ulmer, a.a.O., S.15; Püttner, Die öffentlichen Unternehmen, S.234f.

72) 이들 규정들은 (자치단체의 동기에 의거하여 선정되거나 주식법 제101조 제2항에 의해 파견된) 감사에 대해

체에서의 회사의 설립과 경영에 관한 특별규정을 담고 있지 않다."고 지적한다. 아울러 동규정들의 연혁상으로 보건대, 그것은 단지 영리경제적 목표설정을 지닌 공기관의 소수출자와 관련해선 명백히 완결시스템이지만, 다수출자인 경우와 특히 공기관의 (사법인인) 자기회사의 경우와 관련해선 사정이 다르다. 그리하여 동규정들의 (전체로서의) 완결적 성격을 확인할 수 없다고 하면서, "회사법우위의 주장은 영리경제적 목표설정을 지닌 공적 소수출자를 위하여 전개되었지, 결코 (전적으로나 다수출자로 공행정주체의 수하에 놓인) 회사에 의한 급부임무의 수행에는 맞지 않다"고 주장한다.[73]

1965년 주식법개혁으로 독일 회사법에 규정된 공기관의 소수출자와 완전히 공기관의 수중에 놓인 자기회사는, 공적 자본출자의 유형에선 일종의 對蹠者(Antipoden)에 해당한다. v. Danwitz는 독일주식법개혁의 입법자가 공적 소수출자에 대해선 명백히 규율한 점을 기화로, 자신의 행정회사법론을 자기회사에 초점을 맞추었다.[74] 이에 다양한 공적 다수출자(혼합기업)의 경우가 심각한 논쟁을 배태한 회색지대에 해당한다.[75]

3. 行政私法의 下位境遇

행정회사법을 주장하는 쪽에선, 일반적 받아들여진 행정사법의 구조가 헌법적 요청과 회사법의 기능상의 맞물림을 위한 구조적 전범으로 여긴다. 왜냐하면 위계의 측면에서 논증한 회사법우위론은, 규범적으로 동일한 차원에 논증하는 행정사법의 구조와 현저하게 대립되기 때문이다. 행정사법의 경우, 사법과 공법간의 관계에 우위의 원칙이 아닌, 규범중첩의 원칙이 통용된다. 즉, 공법과 사법이 융합되어 하나의 수정된 사법, 고권주체를 위한 特別私法(Sonderprivatrecht)을 형성한다. 여기선 사법적 활동에 대해서도 영향을 미치는 공법적 구속을 발생시키는 규범이, 규범위계의 어떤 차원에 놓여있는지는 중요하지 않다. 이런 행정사법의 구조는 자명하게도 사적 작용법은 물론, 사적 조직법에 대해서도 통용된다. 그리하여 회사법은 행정사법에 의한 필연적 중첩에서 배제되지 않는다.[76] 행정회사법은 "행정사법의 특별한 영역"으로 파악되며,[77] 이를 통해서 행정사법이 단지 회사법영역에서 "구체화되는"[78] 셈이다. 요컨대

일반적인 묵비의무(Pflichten zur Verschwiegenheit)를 면제시킨다.

73) v. Danwitz, a.a.O., S.595(617ff.).

74) ders., a.a.O., S.595(613ff., 619f.): Ossenbühl, ZGR 1996, S.504(505f., 512ff.).

75) 그래서 행정회사법비판적인 Mann은, 혼합형식이 특징인 행정현실에 비추어 자기회사에 초점을 맞추는 것은 문제가 있다고 지적한다. 공기관의 자기회사에서의 충돌잠재성은 오히려 낮다는 점에서, 혼합기업을 제외한 제안이 실제 문제의 경우를 비켜간다고 공박한다. Ders.,. a.a.O., S.462(484f.).

76) v. Danwitz, a.a.O., S.595(617); Kraft, a.a.O., S.253.

77) Ossenbühl, ZGR 1996, S.504(514).

78) Kraft, a.a.O., S.253.

행정회사법은 행정사법의 하위경우로 이해된다.

특히 v. Danwitz는 행정회사법이 행정사법의 특별한 표현으로 여겨진다는 주장을 뒷받침하기 위하여, 다음과 같은 BGH의 판시를 원용하였다: "비록 행정이 스스로나 자기경영에 의해 사법형식으로 활동하는 것이 아니라, 행정의 지배를 받는, 사법적으로 정관을 갖춘 법주체의 형태로 시민과 마주하더라도, 오히려 전형적인 공법적 구속이 적용가능하다."[79] 그는 이런 판례로써 공법의 특수한 필요성(요청)에 의한 會社法의 일반적 수정이 가능하다는 점을 출발점으로 삼아야 한다고 강변한다.[80]

4. 規範重疊에 따른 實際的 調和의 原則

회사법의 공법적 중첩의 범위와 정도와 관련해서, 행정회사법론은 오히려 한정적인 입장을 취한다. 여기서 공법적 수정이란 사법적 조직형식을 완전히 바꾸고 해체하는 것이 아니며, 단지 부분적 적응에 이바지한다. 즉, 헌법적 바탕의 공법적 구속에 의한 회사법의 수정은, 대립된 규범규준을 가능한 상당하게 구현하면서 실현되어야 한다.[81]

여기서 v. Danwitz는 규범불일치해소를 위한 기본사고의 바탕을 법질서의 통일성의 원칙에 두고서, 동 원칙이란 모든 관련한 법익의 "실제적 조화"의 방법으로 실현된다고 한다. 그리하여 행정사법의 하위경우로서의 행정회사법에 수반된 규범중첩과 관련해서, 다음과 같이 규율총체간의 "실제적 조화"의 조성을 목표로 한 착안점을 제시한다: "관련있는 규율총체가 가능한 저촉되지 않는 점과 개개의 법제도로부터의 시스템적 네트워크가, 상반된 규범규준의 "상당한" 실현으로 허용될 만큼 널리 온존하는 점이 견지되어야, 모든 관련한 법익의 "실제적 조화"의 방법이 실현된다. 그에 따라서 회사법상의 수단으론 공법적 구속의 실현 그 자체가 가능하지 않은 경우에 비로소 특수한 공법적 구속을 통한 회사법의 수정이 고려된다. 이제껏 회사법의 형식유형에 대해선 원칙적으로 적용우위가 부여되지 않는다. 그렇지 않으면 지자체(주체)로선 공적 목적의 실현에 더 적합한 조직형식을 적용할 수밖에 없다. 이에 반해서 공법적 추가적 요청을 위해 회사법적 원칙(규율)을 단지 보충하는 간단한 상황과 관련해선, 회사법시스템이 전적으로 하나의 완성(완결)된 통일체로서 만족하게 기능할 수 있어서 보충이 불허되는지 여부만이 문제가 제기된다."[82]

---

79) BGHZ 91, 84(97).

80) v. Danwitz, a.a.O., S.595(621).

81) Kraft, a.a.O., S.255, S.258; Ossenbühl, a.a.O., S.504(514).

82) v. Danwitz, a.a.O., S.595(620f.).

Ⅶ. 行政會社法의 內容

행정회사법이 등장하였다고 하여 회사법의 형성원칙이 일반적으로 붕괴되는 것은 아니다. 개별사례에서 공법적 구속의 관철이 회사법의 수단으로써 실현될 수 없는 경우에만, 그것의 적용이 고려된다. 이에 따라 행정회사법은 행정사법과는 달리, (공기관이 일반적으로 행사가능한) "수정된" 회사법으로서의 기본상태를 나타내지 않는다. 단지 회사법이 공법적 구속을 관철하는 데 충분치 않은 경우에 비로소, 즉, 회사법의 헌법·행정법합치적 해석과 적용이 한계에 봉착한 다음에 비로소, 회사법이 그 범위에서 공법적 중첩으로 인해 보충되거나 수정(부분 폐지)되는 셈이다. 유의해야 할 점으로, 이런 중첩은 실체적으로 공적 목적설정(가령 포괄적인 공공복리구속에 따른 기업의 공급임무)의 실현과 긴밀히 관련한다. 회사내부적 관심사를 관철하기 위한 지시권이나 일반적인 공익(가령 일반적인 노동법적, 조세법적, 환경법적, 건축법적 관심사)을 위한 영향력행사는 인정될 수 없다. 여기선 공임무에서 비롯된 (공행정주체의) 특수한 개입의무의 행사와는 아무런 상관관계가 없기 때문이다.

개입의무에서 도출되는 (회사법을 보충하고 이를 "행정회사법"으로 수정하는) 행정의 구체적인 급부·통제권능의 종류와 범위에 대한 실제적 물음이 제기된다. 이것이 다름 아닌 행정회사법의 개개의 요소이며, 감사의 정보(제공)의무, 감사의 항시적 면직, 지자체의 지시권, 감사에 의한 의결구속 등이 운위된다.[83] 감사가 이사의 임면권을 갖고, 총회에서 감사가 선임되며, 회사경영에서 이사(이사회)의 독립성과 책임성이 제도적으로 강조되는 등 독일 회사법은 우리나 일본은 물론 미국과도 구별되는 구조적 특수성을 지닌다. 이런 점을 고려한 즉, 여기선 다른 것보다 양 법질서의 충돌이 도드라진, 이사회나 감사에 대한 지시권(Weisungsrecht)에 국한하여 살펴보고자 한다.

지시를 통한 개입의무의 실현과 관련해선, 두 가지 구분된 해결모델이 관찰된다. 하나는 이사회에 대한 개별지시이고, 다른 하나는 주식회사나 (의무적 감사부)유한회사의 감사에 대한 개별지시이다. 독일 주식법 제96조 제1항에 의해, 주식회사의 이사회는 자기 고유의 책임하에 회사를 이끌어야 한다. 회사경영에서 책임에 상응한 강한 독립성이 인정된다. 주식회사의 이사회에 대한 개별지시는, 도리어 회사내에선 궁극적으로 이사회가 지시대상인 관련조치의 실현에 책임을 진다는 점을 바탕으로 한다. 회사법적 내부조직을 아끼면서 공법적 개입요구를 고려하기 위해서, 이사회에 대한 유

---

83) v. Danwitz, a.a.O., S.595(622ff).

일한 영향력행사로 충분하다고 한다.[84] 이사회에 대한 지시권능의 허용성을 다음과 같은 고려로써 정당화시킨다. 즉, 회사의 이익분야가 아니라, 사법인으로써 이행될 회사의 기능(공임무)이 문제되기 때문에, 헌법적 개입의무의 실현에 회사법적 수단의 원용은 전혀 필요하지 않다고 한다.[85]

한편 감사에 대한 지시와 관련해선 사정이 다르다. 독일 주식법 제111조 제5항(종전 제108조 제3항)에 따른 감사에 대한 일신전속적인 임무수행의 원칙은 특히 주식회사와 (강제적 감사가 부여된) 유한회사에 통용된다. 그리하여 감사의 이런 법적 지위 때문에, 공법에 따른 지시권능은 배제된다고 한다.[86] 물론 임의적 감사를 지닌 유한회사의 경우, 감사에 대한 출자자의 지시는 특별한 정관규율에 의해 허용된다. 이런 불허용에 대해서, v. Danwitz는 회사법의 수정없는 통용을 인정하는 바탕 전제가 공적 自己會社의 경우엔 맞지 않다고 반론을 전개한다. 회사법의 무수정통용에 관한 BGH의 논거가, 외부주주의 지위악화금지(Verbot der Schlechterstellung)와 감사의 기업이익에로의 의무화인데,[87] 이런 논거는 착안점상으로 자기회사에 대해선 전혀 주효할 수 없다고 주장하였다. 이유인 즉, 100% 지자체가 출자한 자기회사의 경우엔 외부 사주주는 물론, 자주적인 기업이익이 존재하지 않기 때문이라고 한다.[88] 그리고 파견된 감사에 대한 지시는 헌법적으로 요구된 개입의무의 핵심에 해당하지 않는다는 주장[89]과 관련해서도, v. Danwitz는 "지시권은 이전부터 행정적 지도수단에 속하고, 그래서 하위영역상 실체적 정당성을 조성하기 위한 정식 수단으로서 특별한 정당화가 필요하지 않다. 오히려 개별지시권능의 직접적 헌법가치성이 아주 분명히 강조되어야 한다."고 반박을 한다. 아울러 그는 유효성의 측면에서, 지시가 회사법에 의해 허용된, 파견감사의 면직보다는 낮은 강도의 개입적 영향을 발휘하는 점에서, 그것이 행정의 조종을 위해 더 적합하다고 강조하였다. 독일 주식법 제103조 제2항 제1문이 파견감사의 항시적 면직가능성을 규정한 이상, 이로부터 '대는 소를 포함한다' (a maiore ad minus)는 논거에서 이미 지시의 적격성은 도출된다고 주장하였다.[90]

84) Kraft, a.a.O., S.257f.
85) Kraft, a.a.O., S.254.
86) BGHZ 36, 296(306f.); Fischer, AG 1982, S.85(90f.); Ehrlers, Verwaltung in Privatrechtsform, 1984, S.136f.
87) BGHZ 69, 334(341).
88) ders., a.a.O., S.595(626).
89) Schmidt-Aßmann/Ulmer, a.a.O., S.1(15).
90) ders., a.a.O., S.595(627).

Ⅷ. 行政會社法論에 대한 批判

행정회사법론의 도그마적 관철은 기본적으로 독일 기본법 제31조상의 규범충돌해결원칙을 여하히 비껴갈 수 있는지 여부에 좌우된다. 따라서 행정회사법론에 대한 비판은 그 같은 논증의 바탕을 허무는 데 초점을 맞춘다. 이하에선 관련 문헌상의 비판은 간략히 살펴보고자 한다.[91]

공기관의 독립된 경제단위는 경제적 사고를 바탕으로 하지 않고선 시장에서 활동할 수 없다. 국가의 영향력행사의무를 계층적 행정에 통용되는 규준으로부터 전개하고자 하는 견해는 이 점을 간과하였다. 기본적으로 혼합기업은 기본법 제19조 제3항상의 기본권자이고, 그 자체로선 정당성원칙의 지배를 받지 않는다. 행정은 그의 확정된 공익을 관철하는 것을 용이하게 하는 특권을 누리지 않는다, 행정이익의 우위는 회사형태에선 결코 만들어지지 않는다. 회사를 위해선 회사이익이 중요하지 특별한 이익이 중요하지 않다.

그리고 고권적 개입의무와 관련해선, 그것이 헌법적 근거를 갖는다 하더라도 그에 따른 영향력행사수단의 정확한 범위와 강도(정도)가 도출될 수 없어서, 혼합기업에 대해선 이들의 적용이 곤란하다. 회사법을 수정하여 회사법규범의 전환을 도출하는 데 필수적인 헌법적인 개입규준의 구체적 규범내용이 결여되어 있다.

행정사법은 외부효과, 즉 행정과 시민간의 외부법관계와 관련이 있는데, 행정회사법에 대해선 이런 외부관련성이 없고, 관점을 내부로 한다. 이런 차이점을 감안한 즉, 행정사법의 구조가 "자명하게" 사적 조직법에도 통용된다는 전제는 입증되지 않는다. 따라서 행정회사법론이 도그마적 근거를 행정사법론에 의거함은 유용하지 않다. 그리고 요구된 개입의무가 이사회나 감사에 대한 지시권의 부여를 통해서 실현될 수 있는지는, 당시의 헌법해석관에 맡겨져 있다. 따라서 행정사법에선 사법적으로 활동하는 행정의 평등원칙에로의 구속이 그래도 명백한 반면, 행정회사법에선 중첩적 효과를 위해 예정한 법효과가 명확하지 않다.

현행 독일 회사법하에서 공기관이 갖는 통제수단과 영향력행사수단이 헌법상 요구된 개입의무를 이행할 수 있을 정도로 즉, 영향력을 확고히 할 수 있을 정도로 충분하면, 구태여 회사법규정을 수정할 여지가 없다. 연방법인 회사법의 수단과의 충돌문제

---

91) 특히 vgl. Schmidt-Aßmann, Das allgemeine Verwaltungsrecht als Ordnungsidee, S.269, 275; Mann, a.a.O., S.462(473ff.); Brenner, a.a.O., S.222(234ff.); Kiethe, Gesellschaftsrechtliche Spannungslagen, S.45(48f.).

가 해소가능하면, 특별한 행정회사법의 도입의 불가피성은 존재하지 않는다. 특히 회사정관을 공적 목적에 맞춰 상세하게 형성하는 것이, 이런 충돌상황을 해결하는 데 효과적인 방편인 동시에, 혼합기업에 대한 공기관(행정청)의 영향을 결정적으로 공고히 할 수 있다.

회사법이 적용되지 않으면, 공기관의 사적 활동에서 私株主로선 회사이익과 자신의 고유한 이익이 무관한 기업목표로 인해 희생될 수 있는 위험에 처한다. 공기관은 그의 영향을 받는 회사에서, 일반적으로나 개별적으로 정관에 의한 허용정도를 넘어서 회사를 희생시키면서 (공임무와 관련한) 그의 특별한 이익을 수행하는 것이 허용되어선 아니 된다. 오히려 공기관으로선, 회사법우위에서, 회사법상 마련된 선택수단에 의한 영향력행사에 국한하여야 한다. 따라서 회사법의 우위는 고수되어야 한다. 이사회에 대한 지시권을 찬동할 경우엔 사법의 강행규정이 무력하게 될 우려가 있다.

Ⅸ. 맺으면서-行政會社法論의 地方公企業法에의 代入-

이 글은 우리 지방공기업법은 물론 행정주체에 관한 새로운 논의의 단초를 찾기 위한 시도이다. 우리네 공기업법제는 기본적으로 공법적 조직형식을 바탕으로 한다. 독일의 自己經營(Eigenbetrieb)에 비견되는 지방직영기업의 경우, 별도의 법인격을 갖지 않으면서도 나름의 경영이나 조직상 독립성을 누리며, 독립채산을 바탕으로 특별회계가 적용된다(지방공기업법 제13조, 제14조 등). 50%의 외부출자가 가능한 지방공사와 지방자치단체의 100% 출연으로 성립한 지방공단의 경우 독립된 법인격을 누리며, 공법인으로서 공행정주체에 속한다.[92] 지방공사의 경우 50%까지의 외부(민간)출자가 가능한 점에서 공사협력관계가 성립할 수 있긴 하나, 기본적으로 공법조직임을 유의해야 한다. 우리 지방공기업법은 지방자치단체가 전부 또는 50%이상을 출자하여 독립된 사법인을 설립하는 것을 규정하고 있지 않고, 다만 자본금 또는 재산의 50%미만을 출자·출연하여 민간과 함께 출자·출연법인을 설립·운영할 수 있다(동법 제77조의3 제1항). 공사협력관계를 분명히 드러낸 이런 출자·출연법인의 법적 성격이 문제된다. 현행법제는 지방자치단체의 출자·출연법인에 대한 지도를 규정할 뿐더러, 지방공사의 규정(정관규정, 사업연도, 대행사업의 비용부담, 공무원의 파견·겸임, 권한의 위탁)을 준용케 한다(동법 제77조의4, 제77조의7). 기업경영상의 인사·재정관리상의 자율성이란 측면에서 폐지가 정당히 주장되는데,[93] 관건은 해당법인의 법적 성격이다. 公私가 함께 출자

92) 여기서 유의해야 할 점은, 공법적 조직형식이 공법적 이용관계를 강제하진 않는다는 것이다(이중적 형식선택의 자유).

한 혼합기업의 기본권주체성 및 기본권구속에 대한 물음에서 해결책을 찾을 수 있다. Burgi는 "(다수출자에 따른) "행정지배적"(verwaltungsbeherrschte) 기업과 (소위 저지가능소수파(Sperrminorität)의 현존함에 따른) "행정통제적"(verwaltungskontrollierte) 기업은 구분된다. 국가가 소수출자한, 私人支配的 조직체의 경우에, 기업대상은 더 이상 국가임무의 수행이 아니고, 그래서 그 기업은 행정조직에 귀속될 수 없다"고 주장한다.[94]

요컨대 이들 규정은 해당 출자법인이 사법인임에도 불구하고 여전히 행정주체로서의 공기업적 틀을 -일부이지만- 주입시켜 회사법을 수정하는 셈이다. 따라서 이들 규정은 독일과는 달리 우리의 경우에 행정회사법론이 강하게 어필할 수 있는 결정적인 단초가 될 수 있다. 그렇지만 공기관의 소수출자인 경우에도 사법인을 공적 범주에 두는 것은 사적 자치를 과도하게 훼손하여 위헌성시비를 낳을 수 있다. 아울러 궁극적으로 이 물음은 지방공기업대상사업의 民間化 즉, 임무의 民間化(실체적 民間化)의 차원에서 접근하여야 한다.

* 지방자치법연구 제7권 제2호, 2007.6., 59면 이하 소수.

93) 김성수, 앞의 글, 60면 이하 참조.

94) ders., in: Erichsen/Ehlers, Allg VerwR, §9 Rn.14.

제 3 장

地方公企業의 育成과 競爭力强化를 위한 法制支援方案: 先決問題로서, 地自體의 經營活動의 公法的 問題點

Ⅰ. 地方公企業과 관련한 최근 주요 보도내용

아래의 최근의 주요 보도가 보여주듯이, 지방공기업과 관련해선 부정적인 보도가 대부분이다.

“국제통화기금(IMF) 구제금융 사태 이후 처음으로 지방공기업에 대해 강제퇴출 명령이 내려졌다. 행정자치부는 1일 행자부 산하 ‘지방공기업경영진단위원회’의 분석 결과, 방만한 경영으로 매년 재무상태가 악화하고 있는 ‘정남진장흥유통공사’에 대해 청산명령을 내리기로 했다. 정남진장흥유통공사는 2003년 당기 순손실이 6천400만원이었으나 매년 손실액이 늘어나 2006년에는 3억4천만원으로 크게 증가했다. 아울러 행자부는 오산시시설관리공단, 광명시하수도, 거제시상수도 등 3개 기관에 대해서는 조직개편과 인력조정, 종합계획수립, 재무회계 관리 전문성 확보 등의 개선명령을 내렸다.”[1)]

“지역개발 및 지역경제 활성화를 위해 기초 자치단체 단위에서도 소규모 공기업을

1) 연합뉴스 2007-04-01.

설립하는 사례가 늘어나고 있다. 그러나 정부가 '부실 지방공기업 퇴출'에 적극 나서고 있는데다 광역 단위의 지방공기업과 업무가 중복되는 경우도 많아 후유증도 예상되고 있다. 27일 관련 지방자치단체에 따르면 경북 경산시는 지역 내 한 택지조성사업에서 경북개발공사가 470억원의 순이익을 내자 이에 자극받아 연말 발족을 목표로 지역 내 택지개발을 담당할 '경산도시개발공사' 설립을 적극 추진 중이다. 시는 도시개발공사가 설립되면 임당지구 등 택지개발사업과 산업단지 조성은 물론 민간에 위탁중인 하수처리장 및 마을하수처리장·분뇨처리장·주차장 등의 관리·운영도 맡긴다는 구상이다. 대구 지하철 2호선 경산 연장 확정 등에 따라 개발수요가 늘어나고 있는 만큼 설립 초기부터 흑자경영이 가능할 것으로 시는 판단하고 있다. 각종 개발사업을 위한 공기업 설립은 개발수요가 많은 수도권에서 특히 잦다. 경기도 김포시는 올해 택지개발과 도시철도 등의 사업을 추진할 자체 도시개발공사를 설립했다. 현재 경기도 내에는 경기지방공사와는 별도로 기초 지자체 단위의 하남도시개발공사·광주지방공사·용인지방공사 등이 설립·운영되고 있다. 경북 문경시도 지역 주요 관광지 시설물을 운영할 문경관광진흥공단 설립 절차를 마무리짓고 오는 30일 개소식과 함께 본격 운영에 들어간다. 자본금 1억원, 인원 20여명의 소규모로 설립된 문경관광진흥공단은 앞으로 청소년수련관과 자연휴양림, 관광사격장, 철로자전거, 국민체육센터, 기능성 온천장 등의 관리를 주로 담당하게 된다."[2]

"전라남도가 출자한 전남무역이 중계무역 수출대금 150억원을 받지 못해 심각한 경영난을 맞았는데, 특히 당초 기대했던 수출보험금 규모도 손실액에 턱없이 못미치는 12억원에 그쳐 전라남도가 행정자치부 산하 한국자치경영평가원에 경영진단을 의뢰하는 등 사실상 청산 수순밟기에 들어갔다."[3]

"103개 지방공사 및 공단의 최고경영자(CEO)의 경력을 처음으로 분석한 결과 공무원 출신이 64.1%를 차지했으며, 민선 지자체장의 참모나 지방의회 의원 등 지역 정치인 출신이 7.8%, 한국토지공사나 KOTRA 등 국가공기업 출신이 5.8%였고, 전문경영인 등 순수 민간 출신은 19.4%에 불과했다. 대구의 경우 4개 공기업의 사장 및 전무이사 8명 중 7명이 대구시 전직 간부 공무원 출신이며, 지난해 5·31지방선거 이후 정치권 출신 공기업 CEO가 2.2%에서 13%로 늘어났다."[4]

2) 서울경제신문 2007-04-27.
3) 뉴시스 2007-05-03.
4) 동아일보 2007-05-06.

Ⅱ. 問題의 提起-야누스적 존재로서의 地方公企業의 位相

行政現代化(Verwaltungsmodernisierung)의 기치하에 행정에서 民間化(Privatisierung, 私事化, 私的化, 民營化)와,[5] -공임무주체의 구분된 행위영역에서의 "신공공관리"(New Public Management)나 "비용절감 행정"(Lean Administration)과 같은 개혁전략의 과정에서- "公私協力(關係)"(Public Private Partnership, PPP)이 유행모드이다.[6] 지자체의 公經營(Kommunalwirtschaft)이 붐을 이루며, 그리하여 지자체는 최근에 자신의 경영활동을 전래된 업무분야와 다른 업무분야로 확장하였으며,[7] 일부에선 사적 경쟁자와 직접적인 경쟁에 들어간다. 이를 넘어서 전래의 지자체의 생존배려의 많은 분야가 그 사이에 민간화되었다; 여기서도 종종 사인과의 경쟁이 성립한다. "지방자치단체는 지방공기업을 설치 · 설립 또는 경영함에 있어서 민간경제를 위축시키거나 공정하고 자유로운 경제질서를 저해하거나 환경을 훼손시키지 아니하도록 노력하여야 한다."는 지방공기업법 제3조 제2항이 2002.3.25.에 신설되었다. 그럼에도 불구하고 지방공기업의 존재이유를 오로지 수익성에만 두고자 하는 경향이 날로 강해지기에, 자유경쟁을 모토로 한 사경제부문 역시 과거와는 다른 환경에 놓인다. 이런 변화된 입법상황과 사실상황에 즈음하여, 소위 행정회사법론이 보여주듯이,[8] 실로 공기업제는 행정법일반이론의 變革(Umbruch)의 場에 해당할 법하다.[9]

지방공기업은 "지방자치단체가 지역주민의 복리증진을 목적으로 경영하는 기업"인데(지방공기업법 제1조), 언필칭 여기에는, 조화되기 어려운 두 가지 명제 즉, 주민의 복리증진이라는 본연의 사무에서 비롯된 공공성과 기업이라는 존재형식에서 지향하는 수익성이 동시에 내포되고 있다. 그리하여 앞에서 본 기사는 어떤 식으로든 지방공기업의 이중성에서 비롯된 결과물인 셈이다. 지방공기업의 발전방향이나 경영혁신과 관련한 행정학적, 경영학적 논의의 주된 내용은, 가능한 후자를 극대화하기 위한 모색에 다름 아니다.[10] 여기선 전자와 후자의 조화가 간과될 우려가 있다. 이런 조화의 물음

---

5) 참고문헌: 이원우, 공기업 민영화와 공공성확보를 위한 제도개혁의 과제, 公法研究 第31輯 第1號, 2002.11; 김민호, 공공서비스의 민간위탁과 공기업의 민영화, 土地公法研究 제25집, 2005.2.

6) Tettinger, Die rechtliche Ausgestaltung von Public Private Partnership, DÖV 1996, S.764ff.

7) 이 점은 독일의 경우에도 마찬가지로 지적된다. Vgl. Schink, Wirtschaftliche Betätigung kommunaler Unternehmen, NVwZ 2002, S.129.

8) 이에 관해선 졸고, 私法的으로 形成된 地方公企業과 관련한 行政會社法論에 관한 論議, 지방자치법연구 제7권 제2호, 2007.6., 59면 이하(追論: 본서 391면 이하) 참조.

9) 이런 문제를 부각시킨 문헌으로 김성수, 개별행정법, 2004, 148면 이하; 민관협력과 지방공기업, 지방자치법연구 제2권 제1호, 2002.6. 참조.

10) 최근의 문헌으로 특히 원구환, 지방공기업 경영혁신의 과제와 방향, 地方財政. 2006 제5호(통권 제142호),

은 기본적으로 규범차원에서 논의가 전개되어야 하며, 궁극적으로 사적 경제활동과 지자체의 경영(경제)활동의 병존으로부터 비롯된, 다음과 같은 법적 물음으로 귀착된다. i) 언제 지자체가 경영활동을 할 수 있는지? 이를 위해서 특히 이윤획득의 의도로도 충분한지? ii) 지자체가 어느 곳에서 경영활동을 할 수 있는지? 즉, 그 경영활동이 지역고권의 지배를 받아 해당 지역내에서만 가능한지?, 아니면 이를 넘어 외국에로의 확장도 가능한지? iii) 私的 경쟁자는 공기관의 활동으로부터 보호를 받는지? 私的 競爭法은 언제 주효한지? 그리고 사인은 어떤 재판방식으로 권리보호를 받을 수 있는지? 여기서 관련 공법적 논의의 기초로서 지자체의 공경영활동의 한계를 비롯한 여러 문제점을 다시금 곱씹어 볼 필요가 있다.[11] 공기업법제의 법적 위상에 비하면, 그것에 관한 우리네 논의는 그다지 활발하지 않기에,[12] 이하에선 독일에서의 논의를 중심으로 전개하고자 한다.[13]

Ⅲ. 독일에서 地自體의 經營(經濟)活動의 모습

지자체의 경영(경제)활동-공경영-은 최근에 항상 새로운 업무영역을 전개하였다. 지자체의 경영적 활동성은 오늘날 종류는 물론 범위에 비추어 자치행정에 관한 전통적 사고를 넘는다. 지자체와 지방공기업이 오늘날 활동하는 업무분야는 종종 전통적인 생존배려라는, 지자체의 경영(경제)활동의 본래의 분야와는 극히 관련이 없곤 한다. 독일 판례상으로 문제된 것이 지자체의 성인학교(시민대학)(Volkshochschule)의 과외수업,[14] 독립된 지자체정원조성업체에 의한 개인 정원의 관리,[15] 정원사나[16] 사우나의

2006. 10, 13면-24면; 곽채기, 지방공기업의 발전방향과 과제, 地方財政. 2006 제5호(통권 제142호), 2006. 10., 40면-59면.

11) 이에 관해선 이미 이덕연 교수의 선구적 연구(지방자치단체의 영리활동의 한계, 고시계 1996.5.)가 있음을 밝혀둔다.

12) 최근 문헌으로: 김남진, 행정의 사법적 활동과 공법에의 기속, 고시연구, 2000.10; 정하중, 私法行政의 기본권구속, 고시연구 2000.4-5; 김재호, 지방자치단체의 공기업 설치 및 운영에 관한 입법론 소고, 지방자치법연구 제1권 제1호, 2001.9.; 이원우, 정부투자기관의 부정당업자에 대한 입찰가격 제한조치의 법적 성질 : 공기업의 행정주체성을 중심으로, 韓國公法理論의 새로운 展開, 2005.6; 강재규, 지방공기업의 효율적 운영을 위한 법제개선 방안, 지방자치법연구 제2권 제1호, 2002.6; 길준규, 제3섹터 지방공기업에 대한 법리적 고찰, 土地公法硏究 24輯, 2004.12; 백승주, 地方自治團體 公企業組織形態 및 協力方式 改善에 관한 考察 - 유럽 共同體 影響 下의 獨逸 公企業制度와의 比較를 중심으로 -, 光云比較法學(광운대학교 비교법연구소) 제5호, 2004.12. 追論: 홍정선, 신지방자치법, 2009, 574면 이하.

13) 여기서 자치보장과 게마인데경영법(우리의 지방공기업법)으로부터의 한계는 물론, 경쟁법으로부터의 한계도 다룬다. 다만 유의할 점이 있다. 독일에서의 지자체의 공경영을 우리는 공기업의 개념으로 포착하기에, 약간의 논증의 난맥상이 빚어지곤 한다. 우리의 지방공기업법에 해당하는 일본의 법률명이 '지방공영법' 인 점을 상기할 필요가 있다. 즉, 공행정과 공경영을 구분하여 이해하여야 한다.

14) OLG Düsseldorf, NVwZ-RR 1998, 406.

15) OLG Hamm, NJW 1998, 3504.

16) LG Offenburg NVwZ 2000, 717.

[17] 운영, 메세회사에 의한 전기설비의 설치,[18] 게마인데의 필요치를 넘어선 수용능력으로써 고물차의 재활용,[19] 사적 제공자와 경쟁하여 게마인데구역을 넘은 쓰레기처리의 제안[20]이다. 이는 빙산의 일각에 불과하다. 나아가 호적사무소의 -웃돈으로- 결혼식, 시구내식당에 의한 파티서비스(서빙), 시영기업에 의한 손톱스튜디오의 운영·수선작업·건물유지·중개인활동·이사서비스, 멀티유틸리티(다효용)의 원칙에 따른 (설비의 설치와 점검을 포함한) 에너지공급기업에 의한 포괄적인 공급, 수도공급기업에 의한 병입광천수와 미네럴워터의 제조, 전화통신서비스의 제공, 구동독이나 외국의 私방송국이나 시영기업에 출자하는 것(가령 인도에서의 소프트웨어의 제조)까지도 오늘날 독일 지자체의 경영활동의 발현형식이다.[21] 이밖에 특히 거대 지자체기업으로선 그의 업무분야를 초지역적으로 공간 확대하기 위한 갈망이 더욱더 강하게 분출되곤 한다.

Ⅳ. 正當性의 根據로서의 自治權保障과 地自體企業의 經營活動의 限界[22]

1. 자치권보장과 지자체적 경영활동의 상관관계

(1) 생존배려와 지자체의 경영활동의 정당성?

종종 운위되듯이, 지자체에 의한 생존배려(Daseinvorsorge)는 지방자치를 위하여 전적으로 기본틀을 결정하는 역할을 한다. 오래전부터 생존배려의 본질이 지자체적 경영과 지자체의 공공시설에 의해서 결정됨으로써, 이들 양자는 지자체 자치의 기능적 핵심에 속한다. 그리하여 지자체의 경영(영리경제적)활동은 자치권보장의 불가침적인 본질적 내용에 속한다고 한다.[23]

---

17) OVG Münster NVwZ 1986, 1045.

18) OVG München NVwZ 2000, 835f.

19) OLG Düsseldorf NVwZ 2000, 111.

20) OLG Düsseldorf NVwZ 2000, 714.

21) Vgl. Ehlers, Rechtsprobleme der Kommunalwirtschaft, DVBl. 1998, S.497ff.

22) -자치체의 경영활동에 대해 처음 한계를 설정하였던- 1936년의 독일 자치법(DGO) 제67조는 그런 흐름에 대한 입법자의 일종의 대응(반작용)이었다. 이에 따라 게마인데는 다음의 경우에만 경영업체(경영기업)를 설치하거나 본질적으로 확장할 수 있었다: ⅰ) 공적 목적이 사업(기업)을 정당화하고(공적 목적), ⅱ) 기업이 상당한 범위에서 게마인데의 급부능력에 맞고(능력적합성), ⅲ) 공적 목적이 다른 이에 의해선 더 좋게 또는 경제적으로 이행될 수 없다(보충성). 게마인데의 경영활동에 관한 3원적 한계인 셈인 이런 규율은 오늘날까지도 -약간의 사소한 상위점이 있긴 하지만- 독일 모든 주의 자치법상으로 통용되고 있다. 우리의 경우 지방공기업법 제3조 제2항에서 보충성의 요청을 손쉽게 확인할 수 있다(동지: 김남진/김연태, 행정법Ⅱ, 2007, 418). 나머지 요청은 관련 규정에서 도출할 수 있다-가령 공적 목적의 요청은 지방자치법 제8조 제1항과 지방공기업 제1조 및 제3조 제2항상의 주민복리증진의 요구에서, 능력적합성은 지방자치법 제8조 제2항상의 '조직 및 운영의 합리화'의 요구에서-.

23) Scholz, Neue Entwicklungen im Gemeindenwirtschaftsrecht-Strukturfragen und Verfassungskritik, DÖV 1976, S.441(442).

생존배려가 지자체의 공기업과 공공시설의 형식으로 행하는 지자체활동의 본질적인 분야에 해당한다는 점에선 이론의 여지가 없다. 하지만 이런 분야에서의 지자체의 임무이행이 내포하는 역사적 · 현재적 차원을 도외시하고, (모호하고, 현저한 변천을 겪은) 생존배려 개념 그 자체로부터 지자체의 경영활동의 정당성을 도출할 순 없다. 생존배려개념은 정책적인 지도개념, 사회학적 차원에 해당하지, (가령 지자체의 경영활동의 허용성에 관한 구체적인 법적 요구가 생겨날 수 있는) 法槪念에 해당하진 않는다. 따라서 지자체기업의 일정한 경영활동이 생존배려에 속하는지 여부는, (그것의 허용성의 물음에서) 법적으로는 아무런 상관이 없다.[24] 오히려 모든 형식의 생존배려는 국가활동으로서 명시적인 법적 정당성을 필요로 하며, 우리 지방자치법 제9조와 지방공기업법 제3조 등과 마찬가지로 –과거 바이마르 시대의 독일자치법(DGO) 제67조를 본 딴– 독일 각주의 자치법의 관련 규정(율)이 그런 법적 권한, 권능규범에 해당한다. 우리 헌법 제107조 제1항과 독일기본법 제28조 제2항의 자치권보장은 이들 규율을 위한 헌법적 정당성을 제공한다.[25]

(2) 자치권보장과 지자체의 경영활동

독일 연방헌법재판소판결에 의해, 독일 기본법 제28조 제2항 제1문의 자치권보장은 대상적으로 결정되거나 확고한 징표에서 결정가능한 임무목록을 결코 보장하진 않지만, 실은 (법률에 의해 공행정의 다른 주체에게 이전되지 않은) 모든 자치사무를 특별한 권한행사의 명의 없이도 취할 권능을 보장한다(소위 전권한성의 원칙).[26] 이에 따라 지자체의 임무발견권이 전적으로 자치권보장의 핵심영역에 속하지, 결코 개개의 사물적 임무(Sachaufgaben)가 그러하진 않다.[27] 따라서 지자체의 경영활동 역시 그 자체가 핵심영역적 보호에 들어가진 않고, 경영(경제)활동을 하고 이를 통해 임무를 처리할 가능성만이 핵심영역적 보호에 속한다.[28] 그렇지만 독일 연방헌법재판소의 판결에 의하면, 자치권의 보장은 핵심영역내에서만 통용되는 것은 아니다. 즉, 그들 기본법 제28조 제2항의 규범적 의도는, 원칙적으로 모든 자치사무(업무)를 포괄하는 임무영역을 지자체(게마인데)에 대해 확고히 하는 데 있다. 요컨대 자치사무가 문제되는 한, 지자

---

24) Hilden, Die positive Konkretisierung der öffentlichen Zweckbindung kommunaler Wirtschaftsunternehmen, 1984, S.126, 128; Hill, In welchen Grenzen ist kommunalwirtschafhtliche Betätigung Daseinsvorsorge?, BB 1997, S.425(427).

25) 한편 "게마인데에 대해선 지역공동체의 모든 사무를 법률의 범위안에서 자기책임껏 규율할 권리가 보장된다"는 독일의 입법상황과, "지방자치단체는 주민의 복리에 관한 사무를 처리하고, 재산을 관리하며, 법령의 범위안에서 자치에 관한 규정을 제정할 수 있다"는 우리의 입법상황은 동일하게 파악될 수 있음을 먼저 지적하고자 한다.

26) BVerfGE 79, 127(146)=NVwZ 1989, 347.

27) 핵심영역의 낮은 의의에 관해선 vgl. Nierhaus, in: Sachs, GG, 2.Aufl.(2000), Art.28 Rn.50f.

28) Schink, Wirtschaftliche Betätigung kommunaler Unternehmen, NVwZ 2002, S.129(133).

체로선 그런 사무를 공권력주체의 임무로서 수행할 수 있으되, 어떤 사무가 그에 해당하는지의 물음에선, 나름의 평가특권을 갖는다.

그런데 그들 기본법 제28조 제2항 제1문의 권능규범은, 지자체가 어떤 형식으로 공임무를 수행할 수 있는지에 관해선 아무런 언급을 하지 않는다. 동조문은 지자체에 대해서, 임무의 전권한성과 더불어, 일정한 임무에 동원하는 수단을 지자체 스스로 정할 수 있는 권능도 보장한다.[29] 즉, 지자체 스스로 -법률의 테두리안에서- 공적 목적을 처리하는 종류와 방법을 선택할 수 있으며, 동조문은 지자체의 경영활동을 위한 정당성의 근거가 된다. 이에 따라 지자체로선 자치사무를 경영활동의 형식으로도 행할 수 있다.[30] 요컨대 (지자체의) 경영활동은 공임무이행의 일정한 형식이고, 따라서 그것은 수행형식으로서 헌법상의 자치권의 보장을 통해 보호를 받는다.[31]

(3) 자치권보장과 사경제활동

지자체의 경영활동의 정당성의 근거로서 기능하는 자치권의 보장(우리 헌법 제117조 제1항, 독일 기본법 제28조 제2항)은, 사경제활동과의 관계에 관해선 아무런 언급을 담고 있지 않다. 여기서의 자치가 단체자치를 지향한다면, 동조항은 일면 국가조직법적 기능을 지닌다. 즉, 그것은 국가와의 관계에서 지자체의 권한을 확고히 하는데, 특히 자치사무의 國家事務化와 같은 任務格上으로부터 지자체의 권한을 보호한다. 요컨대 동조가 지자체에 대해서, 임무수행의 종류와 방법을 자유로이 선택결정내릴 수 있음을 보장하긴 하나, 국가조직법적 원칙으로서 국가와 사회의 관계에서의 업무분배를 위한 규준을 담고 있진 않다.[32] 이런 점은 다음의 두 가지 방향으로 통용된다. 우선 자치권의 보장이 지자체를 사경제활동으로부터 보호하진 않으며, 반대로 사경제주체가 지자체의 경영활동을 방지하기 위하여 자치권의 보장을 원용할 수도 없다. 그런 식의 한계설정은, 특히 개별법은 물론, 기본권(여기선 특히 직업선택의 자유)으로부터도 도출할 수 있다.

2. 자치권보장으로부터의 경영활동의 한계

그렇지만 자치권 보장규정(우리 헌법 제117조 제1항, 독일 기본법 제28조 제2항)은 단순

29) BVerfGE 79, 127(147f.)=NVwZ 1989, 347.

30) 가령 Bbg GO 제100조 제2항은, "게마인데는 지역사회의 임무를 처리하기 위하여 경영(경제적)활동을 할 수 있다"고 명시적으로 규정하고 있다. NW GO 제107조 제1항도 비슷하다.

31) Schink, a.a.O., S.129(133).

32) RhPf VerfGH NVwZ 2000, 81; Ruffert, Kommunalwirtschaft und Landes-Wirtschaftsverfassung, NVwZ 2000, S.763(764); Badura, Wirtschaftliche Betätigung der Gemeinde zur Erledigung von Angelegenheiten der örtlichen Gemeinschaft im Rahmen der Gesetze, DÖV 1998, S.818(823).

한 권능규범만을 의미하진 않는다. 그것은 활동한계로서도 영향을 발휘한다.[33] 이에 따라 동시에 자치사무이기도 한 경영활동의 본질적 목표가 시장참여를 통해서 실현될 때에만, 지자체로선 시장참여를 할 수 있다. 따라서 지자체의 모든 경영활동은, 정당화를 위하여 (지자체의 사물관할에도 속하는) 일정한 公的 目的을 필요로 한다. 여기서 관건은, 자치권 보장규정이, 전적으로 이윤획득을 목적으로 하거나 지역외를 대상으로 하는, 지자체의 경영활동을 허용하는지 여부이다.

(1) 지자체의 경영활동의 정당성으로서의 단순한 이윤획득목적

Otting에 의하면, 지자체의 재정고권의 일부로서의 순전히 영리경제적인 활동(rein erwerbswirtschaftliche Tätigkeit)으로 말미암아, 다른 수입이 충분치 않을 때는 전적으로 수입획득을 목표로 한 경영활동을 하는 것이 허용된다고 한다. 주장의 출발점으로, 그는 지자체의 만성적인 재정위기를 내세웠다. 그는 "지자체의 실제 수입이 지출을 더 이상 충당하지 못한다고 해서, 바로 재원조달의 저하라고 말할 순 없고, 모든 수입가능성의 활용에도 불구하고 그런 충당이 불가능할 것 같은 경우에 비로소 그렇게 말할 수 있다. 지자체의 소득증대의 여지는 재산관리와 영리경제적 활동으로부터의 수입에로 확장된다. 의무임무에 대해서 재원을 조달을 함에 있어, 세수의 몫이 불충분할 땐, 기타의 비고권적인 수입을 개발할 가능성이 자치권의 보장에 포함되어야 한다. 입법자로선 지자체에 대해 충분히 재원을 공여할 수 없을 땐, 지자체가 현존한 잠재적 수입(원)을 최대한 활용하는 것을 지방공경영법(지방공기업법)을 통해서 불허하여선 아니 된다. 그리고 게마인데예산을 위해 수입획득을 통해서 공공복리임무를 간접적으로 증진하는 것은, 허용될 뿐만 아니라, 심지어 헌법적으로 요구된다"라고 한다.[34]

그러나 독일의 통설은 Otting의 이런 견해를 배척한다.[35] Schink의 주장을 요약하면 다음과 같다: 지자체에 의해 추구될 공적 목적이 이득획득을 통해서도 간접적으로 촉진된다는 점은 타당하긴 하나, 이런 사정만으론 관련규율상의 공적 목적에 해당하지 않는다. 전적으로 수입획득을 위한 지자체의 경영활동의 허용성이 지자체의 財政高權(Finanzhoheit)으로부터 도출되진 않는다. 내용적으로 지자체의 재정고권은 재정수단을 법률의 범위안에서 자기책임껏 사용할 수 있는 법에 해당하며, 그리고 법률적

---

33) Schink, a.a.O., S.129(134); Grawert, Zuständigkeitsgrenzen der Kommunalwirtschaft, in: Grupp/Ronellenfitsch(Hrsg.), Festschrift für W. Blümel zum 70. Geburtstag, 1999, S.119(125).

34) Otting, Neues Steuerungsmodell und rechtliche Betätigungsspielräume der Kommunen, 1997, S.168ff.; ders., Gemeinderat Wirtschaftsbetätigung, DVBl. 1997, S.1258(1262).

35) Badura, a.a.O., S.818(823); Ruffert, Grundlagen und Maßstäbe einer wirkungsvollen Aufsicht über die kommunale wirtschaftliche Betätigung, VerwArch 2001, S.41f.; Schmidt-Aßmann/Röhl, in: Schmidt-Aßmann(Hrsg.), Bes. VerwR, 13. Aufl., 2005, 1. Kap. Rn.119.

으로 규정된 예산제도의 테두리에서 자기책임껏 수입관리할 권능인 收入高權(Einnahmehoheit)에 해당한다. 따라서 (전적으로 이득획득의 목적에서 영리경제적으로 활동하고자 하는) 게마인데의 일반법은 재정자율로부터 도출될 수가 없다.[36] Ehlers 역시 "단순한 영리추구가 포함될 것 같으면, 공적 목적에 지자체경영을 고정시키는 것은 기능을 상실할 수밖에 없다"고 정당하게 지적하였다.[37] 나아가 중요한 것은, 지자체의 경영활동은 오로지 기여기능만을 가질 수 있으며, 지자체에 부여된 임무의 이행방식에 불과하다는 것이다. (지자체에 의한) 기업적 시장참여는 결코 내용적 목표(사물적 목표) 즉, 지자체의 임무명의에 해당하지 않는다고 한다. 그 결과, 특별한 공적 목적으로서의 사물임무와 이런 공적 목적의 이행방식으로서의 경영활동 간에 불가결하게 상관관계가 존재함에 따라, 오로지 "머니메이킹"(돈벌이)만으론 지자체의 경영활동을 위한 아무런 정당성근거가 제공되지 않는다고 한다.[38]

그렇지만 독일의 일반적인 견해에 의하면, 이런 제한을 통해서도 이윤추구자세가 배제되진 않는다.[39] 지자체의 경영활동의 특징은, -지자체가 시장에서 사적 경쟁자처럼 활동할 수 있듯이- 그것이 이윤획득을 지향할 수 있다는 점이다. 이때 경계를 가늠하기란 어렵다. 가령 시장에서 이윤을 획득하기 위하여 자유로운 능력이 이용되면 충분한지? 아니면 이윤추구자세가 공적 목적을 목표로 한, 지자체의 영리경제활동의 결과일 수 있는지? 지자체기업의 활동의 확장을 감안한 즉, 실무상의 이런 물음은 매우 중요하다, 왜냐하면 원칙적으로 생존배려의 공적 목적을 지향하는 기업을 다른 기업목적에로 확장하는 것이 중요하기 때문이다. 이윤추구자세는 유형화할 수 있다.[40] 관련한 상세한 논의는 차후에 하기로 하되, 여기선 개략적으로 서술하고자 한다. 즉, 공적 목적을 위해 정당화된 경영활동에서 이득이 획득되는 경우는 문제가 되지 않는다. 그리고 주변적 이용(Randnutzungen)에 해당하는 것은 구분되어야 한다. 일반적으로 확인될 수 있는 점은, 한편으론 중대함, 지속, 강도와, 다른 한편으론 공적 목적 간에 합리적 비례관계가 존재한다는 것이다: 이용이 지자체의 경영활동의 주체를 위해 중

36) Schink, a.a.O., S.129(134).

37) Ehlers, a.a.O., S.497(499).

38) 현행의 보충성조항이 마련되기 전에, 이덕연 교수는 기본권제한의 도그마틱을 바탕으로 지자체의 영리활동이 허용되지 않는다고 강조하였다. 동인, 앞의 글, 126면.

39) Ehlers, a.a.a.O., S.497(500f.).

40) 가령 i) 기업의 공적 목적의 전적인 추구에서의 이윤추구자세, ii) 비경제적인 주된 활동의 도움을 받은 영리경제(시지하식당이나 지자체의 병원에서의 매점), iii) 유휴능력의 이용을 통한 부수활동 또는 비경제적 활동을 목표로 한 시설의 완전가동하기 위한 부수활동(광고판의 임대, (지자체가 개발한) 소프터웨어의 구입, 다른 목적을 위해 제공된 시설을 위한 완전가동을 위한 영리경제활동), iv) 공공복리임무를 위해 소용된 현존 인적, 물적 설비를 이용함에 있어서 이득지향적 부수적 활동, v) 추가로 순전히 이윤지향적 임무를 수행하기 위한 목표로, 설비나 인력을 확장하는 것(예로 건축이나 공급기업에 관한 멀티유틸리티 전략). Vgl. Henneke, Das Recht der Kommunalwirtschaft in Gegenwart und Zukunft, NdsVBl. 1999, S.1(3f.).

요하면 중요할수록, 그것이 장기간 집약적으로 운영되면 될 수록, 공적 목적에는 더욱더 근접할 수밖에 없다. 정반대로, 이용이 덜 중요하면 중요할수록(가령 공적 목적의 추구에서의 완성), 지속과 지출이 미미하면 미미할수록, 공적 목적과의 관련성은 더욱더 낮아진다.[41)]

(2) 越境的인 경영활동과 외국에서의 경영활동

노르트라인-베스트팔렌(NW)의 주입법자는 1999년에 지자체의 경영활동을 고권영역(구역)외에서도 허용하였다. NW 지방자치법 제107조 제3항에 의하면, "게마인데영역외에서의 경영활동은, 제1항의 요건이 존재하고, 관련 지자체의 지역단체의 정당한 이익이 유지되는 경우에만 허용된다. 전기와 가스의 공급의 경우엔, 에너지관리법의 규정에 따라 경쟁의 제한을 허용하는 이익만이 정당한 것으로 여겨진다."[42)] 그리고 동조 제4항에 의하면, 외국시장에서 환경보호설비(폐기물처리, 폐수처리), 메세와 전시기관의 설치(설립)를 통한 경영활동이나 비경영적 활동의 개시는 감독청의 인가(승인)에 의존한다.[43)] 가령 Leverkusen市를 대주주로 한 'Leverkusen 정보처리유한회사(GmbH)' 가 소프트웨어는 물론 위생물품을 판매하기 위해 남인도에 자회사를 설립하는 것과 같은 예가 독일에선 다반사이다. 일찍이 Ehlers는 이런 실무상의 "양속의 거칠어짐"(Verwilderung der Sitten)이 독일통일에서 비롯되었다고 평하였는데,[44)] 이런 실무가 이들 규정을 통해 법률적 형식으로 새로이 정립되는 셈이다.

독일에선 이에 대해 심각한 헌법적 문제점이 제기되는 등 공방이 치열하다. 압도적 견해에 의하면, 역외에서의 지자체의 경영활동은 헌법상으로 (원칙적으로) 허용되지 않는다고 여겨지지만,[45)] 최근 Wieland와 Hellermann은[46)] 다음과 같이 이의를 제기하였다: ⅰ) 지자체의 경영활동 역시 권한을 전제로 하기에 기본법 제28조 제2항에 그 정당성을 둔다는 통설의 출발점은 타당하지 않다. ⅱ) 국가의 행정활동이 구역배제의 원칙을 전제로 한 반면에, 경영활동은 경쟁을 목표로 한다. ⅲ) 기본법 제28조 제2항이

41) Schink, a.a.O., S.129(135f.); Ruffert, Grundlagen und Maßstäbe einer wirkungsvollen Aufsicht über die kommunale wirtschaftliche Betätigung, VerwArch 2001, S.26(42f.).

42) 반면 튜링엔 주의 자치법(KO)은, "게마인데구역에 한정하지 않는 게마인데의 기업은 인가(승인)을 필요로 한다"고 규정할 뿐이다(동법 제71조 제4항).

43) 바이에른 주에서도 비슷한 규정이 발해졌다(Vgl. Bay GO 제87조 제2항). 이를 글감으로 삼아 전개한 것으로 vgl. Scharpf, Rechtsprobleme der Gebietsuberschreitung – Kommunale Unternehmen extra muros?, NVwZ 2005, S.148ff.

44) ders., a.a.O., S.497(500).

45) Ehlers, a.a.O., S.497(503f.); Held, Die Zukunft der Kommunalwirtschafht im Wettbewerb mit der privaten Wirtschaft, NWVBl. 2000, S.202; Meyer, Nichtwirtschaftliche Betätigung der Kommunen: Spiel ohne Grenzen?, LKV 2000, S.321(323f.).

46) Wieland, in: Henneke(Hrsg.), Optimale Aufgabenerfüllung im Kreisgebiet?, 1999, S.193ff.; Wieland/hellermann, Der Schutz des Selbstverwaltungsrechts der Kommunen gegenüber Einschränkungen

지자체에 대해서 경영활동을 열어주었을 때, 행정의 영역을 떠나 경영의 영역으로 들어갈 것이다. iv) 이를 위해선 -고권적 활동에서와는 달리- 권한이 전제되지 않을 것이다. 그러나 이런 소수의 주장에 대해서, 독일의 통설은, 공행정이 경영활동을 하더라도, 여전히 행정에 머문다는 점을 지적한다. 이에 따르면, 권한적 관점에서 보자면, 지자체의 경영활동은 상호간의 경쟁이 아니라, 서로 구분된(경계지워진) 권한영역이다. 그리하여 경영활동을 포함한 지자체의 행정작용은 지역적으로 축소되어 있어야 한다. 그리하여 越境的인 경영활동은 원칙적으로 지자체간의 공동업무의 형식으로만, 가령 공동협력, 지자체조합(Zweckverbände)이나 공법적 협약에 의해서만 시행될 수 있으며, 여기서도 제휴의 지역관련성은 본질적으로도 여전히 견지된다.

요컨대 월경적인 경영활동의 경우, 월경(?)함으로써 관련하게 된 지자체의 헌법적 법적 지위가 훼손된다는 이유에서, 의문에 봉착한다고 하겠다. 헌법상의 자치권의 보장은. 자치권을, 국가의 개입에 대한 수평적 측면에서만이 아니라, 다른 지자체의 越權으로부터의 수평적 측면에서도 보호한다.[47] 그리하여 자치권보장의 지자체간의 이런 보호효과는 경영과 관련한 활동에 대해서도 통용되기에,[48] 지자체의 경영활동은 해당 지자체구역외에선 원칙적으로 허용되지 않는다.

그렇지만 이런 분야에서도 형성여지를 지닌 입법자로선, 동적인 지방자치에 맞춰 헌법상의 규준의 범위안에서 법률적 규율을 통해 자치의 내용과 한계를 형성할 가능성을 갖는다. 즉, 입법자로선 -모든 고권주체는 자신의 관할영역에 국한된다는- 국가조직적 원칙을 수정하는 데 있어서 뿐만 아니라 지자체에게 그의 고권영역을 넘는 조합적 권한을 부여하는 데 있어서도, 원칙적으로 방해받지 아니 한다. 즉, 심지어 외국에서까지도 지자체의 경영활동을 허용하는 것은 원칙적으로 가능하다. 다만 입법자의 그런 권한과 관련해선, -상술한 대로- 다른 인접 지자체의 자치권의 제한가능성을 감안한 즉, 활동의 여지가 제한되어 있음을 유의하여야 한다. 즉, 따라서 구역경계의 踰越은 항상 예외적 성격의 차원에서 접근하여야 한다.[49]

---

ihrer wirschaftlichen Betätigung im nationalen und europ. Recht, 1995, S.32ff.

47) BVerwGE 84, 209(214f.)=NVwZ 1990, 464; Pielow, Gemeindewirtschaft im Gegenwind?, NWVBl. 1999, S.372f.

48) Kühling, Verfassungs- und kommunalrechtliche Probleme grezüberschreitender Wirtschaftsbetätigung der Gemeiden, NJW 2001, S.177(179).

49) 독일 각주의 해당 규정의 문제점에 관한 상론은 vgl. Schink, a.a.O., S.129(137f.); Scharpf, Rechtsprobleme der Gebietsuberschreitung - Kommunale Unternehmen extra muros?, NVwZ 2005, S.148ff.

V. 私的 競爭者와의 關係-競爭者保護의 問題

경제적으로 경쟁인 상황에서, 공기업의 활동과 관련하여 매우 중요한 것이 私的 경쟁자와의 관계이다. 이 관계는 한편으론 지방자치법에서의 보충성조항을 통해서 조종되며, 다른 한편으론 競爭法(Wettbewerbsrecht)에 대해 더 특별한 의의를 부여한다.

1. 보충성조항의 의의

2002.3.25.에 신설된 지방공기업법 제3조 제2항은 "지방자치단체는 지방공기업을 설치·설립 또는 경영함에 있어서 민간경제를 위축시키거나 공정하고 자유로운 경제질서를 저해하거나 환경을 훼손시키지 아니하도록 노력하여야 한다."고 규정하고 있다. 이를 독일 각주의 자치법상의 보충성조항과[50] 바로 同値하는 데는 약간의 의구심이 들 수 있지만, 시장경제질서를 근간으로 하는 이상 약간의 우회적 논증이 필요하긴 해도 보충성원칙을 마련하였다고 하겠다. 국가와 사회의 관계에서 사회에 유익하게 작용하는 일반적인 보충성원칙은 헌법 그 자체로부터 도출되지 않기 때문에,[51] 보충성조항의 존재를 부인하면, 용이하지 않은 기본권(직업의 자유)적 논증에 전적으로 의거할 수밖에 없다는 점을 유의해야 한다.

이런 보충성원칙에 따른 정당성요청은 사경제를 쓸데없는 경쟁으로부터 보호하는 것을 목표로 한다. 그러나 독일에서 보충성조항에서 비롯된, 지자체에 의한 경영에 관한 제한은 그렇게 널리 미치진 않는다. 대부분의 주법상의 규율에 의하면, 사적 경영(경제)활동이 더 경제적으로 활동하는지 여부에 우선적으로 좌우되진 않는다. 오히려 결정적인 것은, 사적 경영(경제)활동이 공적 목적을 지자체만큼이나 더 좋게 이행할 수 있는지 여부이다. 경제성의 물음이 언급되는 한, 이런 물음에 대한 게마인데의 예측결정을 위해서 신뢰성있는 기준이 수립될 수 있는지 여부가 의문스럽다. 그러나 더 중요한 것은, 이런 점에서도 지자체에 대해 評價特權(Einschätzungsprärogative)이 인정된다는 것이다.[52] 이런 평가특권은 적법성감독의 방법으로만 심사될 수 있기에, 완전히 정당화될 수 없는 행정작용만이 저지될 수 있을 뿐이다.[53] 한편 독일 몇몇 주법의 규

---

50) 독일 각주의 지방자치법은 보충성원칙을 다음의 두 가지 유형으로 규정하고 있다: (공적 목적이 다른 기업에 의해서) "더 좋게 또는 더 경제적으로" 이행될 수 없다는 식이나(가령 §101 I Nr.3 SchlH GO) "동일하게 좋게 또는 경제적으로" 이행될 수 없다는 식(가령 §89 I Nr.3 Bay GO)으로.

51) Faber, Aktuelle Entwicklungen des Drittschutzes gegen die kommunale wirtschaftliche Betätigung, DVBl. 2003, S.761(763).

52) Ehlers, a.a.O., S.497(502); Hill, a.a.O., S.429.

율에선 보충성원칙에 대해 시장조사가 병행되고 있다. 가령 노르트라인-베스트팔렌 자치법(NW GO) 제107조 제5항에 의하면, 기업을 설립하거나 그것에 출자하는 것을 결정내리기에 앞서, 의도된 경제적 개입의 기회·리스크 및 수공업·중산경제를 위한 영향미침에 관한 시장분석에 바탕을 둔 조언을 보고하는 것 등이 게마인데에 대해 요구된다. 비슷하게 브란덴부르크에선, 기업설립전에 사기업의 제안을 구할 것과 비교산정을 행할 것을 요구한다.[54] 그런 규율의 의미는 절차에 의한 시장참여자의 보호에 있으며, 궁극적으로 보충성원칙을 더 효과적으로 통용되게 한다. 그렇지만 이런 시장분석은 직접으로 절차법적 의의만을 지니고, 해당 지자체로 하여금 분석결과를 받아들이도록 강제하진 않는다.[55] 이런 배경에서 시장분석 역시 극히 한정적 효과를 갖긴 하지만, 그것으로 인해 전체적으로 책임있고 공감가능한 결정이 발해질 수도 있다.

2. 보충성조항의 제3자보호성여부

독일의 판례는 보충성조항이 아무런 제3자보호적 효과를 가지지 않는다고 본다.[56] 이유인 즉, 이들 규정은 지자체의 오버한 경영활동으로부터 그 지자체의 보호를 목적으로 하지, 제3자의 보호를 목적으로 하진 않는다고 한다. 다시 말해, 이들 규정은 사적 경쟁의 보호에 이바지하지 않고, 그래서 그들에게 유리하게 보호규범의 기능을 가지지 않는다고 한다. 사적 경쟁자로선, 주관적 권리의 침해의 결여로 말미암아 지자체의 경영활동의 "여부"에 대해 행정법원에 효과적으로 제소할 수 없다. 결국 사적 경쟁자와의 경쟁에서 지자체의 경영활동을 제한함에 있어서, 전체적으로 이상의 조사규정에도 불구하고 보충성조항의 효과의 취약성에는 아무런 변화가 없다.

그러나 지자체의 경영활동의 기본권관련성과, 사적 경쟁을 보호하기 위한 목표에서 비롯된 보충성조항의 새로운 규율을 고려한 즉, 이들 판례의 입장은 독일에서 대부분의 문헌에서 강한 비판을 받고 있다. 그리하여 "기본법 제12 제1항은 경쟁으로부터 보호하는 것이 아니고, 또한 공기관의 경쟁으로부터 보호하는 것도 아니어서, 공기관의 경영활동에 대한 사적 경쟁자의 주관적 방어권이 동조로부터 도출될 수 없다"는 연방행정법원의 리딩판결이,[57] 그 논거에서 오늘날에도 여전히 유용할 수 있는지 여부가 우선 도마에 오른다. 왜냐하면 그 사이에 독일 기본법 제12조 제1항이 사실적 개입

53) Ruffert, a.a.O.(Fn.41), S.26(46).

54) 브란덴부르크 자치법(GO) 제100조, 제101조 제4항.

55) Ehlers, Das neue Kommunalwirtschafhtsrecht in Nordrhein-Westfalen, NWVBl. 2000, S.1(2).

56) BVerwGE 39, 329(336); BVerwG NJW 1995, 2938; OVG NRW NVwZ 1986, 1045; Bay VGH BayVBl. 1976, 628(629f.); VGH Bad-Württ. DÖV 1995, 120; Ehlers, a.a.O.(Fn.21), S.497(503).

57) BVerwGE 39, 329(336f.).

으로부터의 보호도 제공한다고 인정되었기 때문이다.[58] 그런 간접적인 기본권제한은 직업행사의 규율과 동일한 효과를 가지지 때문에, 지자체기업의 독점지위나 私人의 수인불가능한 제한과 같은 극단적인 경우에나 그것이 불허될 순 없다고 한다. 그리고 경쟁에서의 사적 참여의 제한이란 오히려 기본법 제12조의 범위에서의 모든 제한처럼 반드시 공공복리의 합리적 고려를 통해서 정당화되어야 한다고 한다.[59] 이런 논의에 의거하여 Schink는 기본권합치적 해석으로 보충성조항은 그런 제한에 대해서도 주관적 권리보호를 제공한다고 주장한다.[60] 나아가 독일 지자체경영법(지방공기업법)의 경영활동에 관한 허용성 규정 자체가 제3자보호성을 지니지 않고, 지자체를 비경제적인 활동으로부터 유지하는 것만을 목표로 한다는 주장에 대해서도 비판이 가해진다. 지금의 허용성 규정의 원형인 기왕의 독일 자치법(DGO) 제67조의 입법이유서에선, 게마인데의 경영수행의 공적 목적에 의해 정당화되지 않고 그래서 사경제와 허용되지 않는 경쟁으로 여겨지는 업을 철폐하도록 영향을 미칠 것이라고 적시하였기 때문이다.[61]

한편 라인란트-팔쯔 주헌법재판소는 개정된 라인란트-팔쯔(RhPf) 자치법(GO) 제85조 제1항 3호의 성립연혁으로부터, 이들이 본문과 법률목적에 비추어 행정법원법 제42조 제2항상의 제3자보호규범에 해당한다는 점을 도출하고, 그리하여 행정법원의 판례상의 변화의 막을 올렸다.[62] 이런 판례를 따르면, 노르트라인-베스트팔렌에서도 자치법(GO)의 제3자보호효가 의심스럽지 않을 것으로 추정된다. 보충성조항(제107조 제1항 제1문 제3호)과 (수공업과 중기업에 대한 영향미침을) 고려할 의무를 지움(동조 제5항)을 지닌, 개정 NW GO 제107조의 경우 -Pielow가 정당하게 강조하듯이-[63] "완전히 분명하게 제3자와 관련한 傾倒"를 나타낸다. 독일 연방행정법원의 판례에 의하면, 법규범이 제3자보호규범의 전형적인 발현모습에 일치할 땐 그것은 항상 제3자보호적이다. 즉, 법규범이 본문에 비추어 명시적으로 사익에도 이바지하도록 정해져 있으면 바로 제3자보호적인 것에 해당한다. 하지만 그럼에도 불구하고 규범이 필시 오로지 공익에만 이바지하게 될 경우에는, 전체적인 규범상관관계에 비추어, 달리 통용될 수 있다.[64] 이런 판례의 기조를 들어, Schink는 노르트라인-베스트팔렌 자치법(NW GO)

58) Vgl. Tettinger, in: Sachs, GG, 2.Aufl.(2000), Art.12 Rn.9f.

59) Henneke, Gewinnerzielung und Arbeitsplatzsicherung als Legitimation kommunalwirtschafhtlicher Betätigung, NdsVBl. 1998, S.273(277); Tettinger, Rechtsschutz gegen kommunale Wettbewerbsteilnahme, NJW 1998, S.3473(3474).

60) Schink, a.a.O., S.129(138).

61) 이 점을 Grawert는 정당하게 환기시켰다. Ders., in: Festschrift für Blümel, 1999, S.119(136),

62) RhPfVerfGH, NVwZ 2000, 804(804).

63) Ders., Gemeindewirtschaft im Gegenwind?, NWVBl. 1999, S.379(380).

제107조와 다른 주법의 해당 규율이 주관적 법적 효과를 갖는 점이 의심스러울 순 없다고 강변한다.[65] 이런 사정에서 오늘날 독일의 대부분 문헌은 보충성조항이 제3자보호적이라는 데 찬동한다.[66]

3. 경쟁법과의 관계

그런데 독일의 경우 상술하였듯이 자치법상의 보충성조항을 통한 보호의 정도가 전반적으로 낮은 관계로, 지방공기업과 사기업(사경제) 간의 논의의 장이 지방경제법(지방공기업법)의 차원에서 일반적인 경제법의 차원으로 이전하였다. 여기선 특히 불공정경쟁방지법(UWG)과 카르텔법(GWB)이 해당한다. 분쟁사례 대부분은 신규개시가 아니라, 지자체경영의 방식(양식)과 관련이 있다. 즉, UWG 제1조의 개괄조항으로써 대처될 수 있는 공적 권위의 남용, 공적 지식의 활용, 공적 재원의 목적위배적 투입이 문제되었다. 설령 공기관의 (단순한) 고권적 조치에 대해서 소구가 행해진다 하더라도, 그런 경쟁상의 분쟁은 민사법원의 관할이었다.[67] 그런데 몇몇 독일 일반고등법원 판결은 이를 넘어서 심지어 자치법적 한계 자체의 위반을 UWG 제1조상의 '양속위반'(sittenwidrig)으로 보았다.[68] 독일에선 이런 판례의 태도와 관련해서 치열한 공방이 오간다. 즉, 관련민사법원의 관할과 관련해선, 지자체기업의 개시여부의 결정이 공법적 성격을 지님을 들어 강력히 비판되며, 또한 경쟁법과의 본질적 차이점을 들어 자치법상의 보충성규정을 시장접근규율에 관한 제재를 위하여 동원하는 것에 대해서도 강력한 의문이 제기된다.[69]

그런데 독일 연방대법원(BGH)의 2002.4.25.의 판결은 민사법원에 의한 일종의 긴급피난(Nothilfe)적 접근의 토대를 허물어 버렸다.[70] 즉, 동법원은 -공적 목적의 결여 시 게마인데로 하여금 시장에서 경쟁자로서 출현하는 것을 거부한- 바이에른 자치법

---

64) BVerwG DVBl. 1999, 101(102).

65) Ders., a.a.O., S.129(138).

66) 관련 문헌은 Schmidt-Aßmann/Röhl, in: Schmidt-Aßmann(Hrsg.), Bes. VerwR, a.a.O., Rn.121 Fn.502.

67) BGHZ 66, 229; 67, 81; 121, 126; 반대 견해로 Ehlers, in: Schoch/Schmidt-Aßmann/Pietzner, VwGO, 2003, §40 Rn.286; Brohm, Wirtschaftsbetätigung der öffentlichen Hand und Wettbewerb, NJW 1994, S. 281(288).

68) OLG Düsseldorf NJW-RR 1997, 1470; OLG Hamm DVBl. 1998, 792.

69) 특히 Schink, a.a.O., S.129(138ff.); Schmidt-Aßmann/Röhl, in: Schmidt-Aßmann(Hrsg.), Bes. VerwR, a.a.O., Rn.121; Ehlers, a.a.O.(Fn.21), S.497(502f.); Tomerius, Wirschaftliche Betätigung der Kommunen zwischen Gemeinschafts- und Wettbewerbsrecht, LKV 2000, S.41(46). 그러나 기본적으로 기왕의 판례의 입장을 따르는 문헌이 더 많은 것 같다. 논의의 현황에 관해선 vgl. Diefenbach, §1 UWG als Schranke wirtschaftlicher Betätigung der Kommunen, WiVerw 2003, S.99(111ff.).

70) BGHZ 150, 343=NJW 2002, 2645ff. 그 뒤에도 동지의 판례가 내려졌다. BGHZ 156, 379(390); NJW 2003, 586.

(Bay GO) 제87조의 위반이 동시에 경쟁법 제1조에 따른 양속위반에 해당하진 않는다고 하여, 전기업체가 시영회사(유한회사)를 상대로 경쟁법 제1조에 의거하여 제기한 금지소송(Unterlassungsklage)을 기각하였다. 이 판례에 대해서 일부에선 비판을 하기도 하지만,[71] 결과적으로 그로 인해 행정법원에 의한 경쟁자보호가 새롭게 강화되었다. 왜냐하면 BGH가 기왕의 입장을 버림으로써, 일종의 권리보호상의 흠결이 발생하였기 때문이다. 그리하여 OVG Münster가 게마인데의 경영활동의 허용성과 관련한 노르트라인-베스트팔렌 자치법(NW GO) 제107조 제1항 제1호가 제3자보호적 성격을 갖는다고 처음으로 판시한[72] 이래로, 동지의 판례가 지속적으로 출현한다.[73] 독일에선, (국가에 의한) 경제상의 경쟁으로 인한 개입에 대해, 독일 기본법 제12조와 제14조가 이제까지 일반적인 기본권도그마틱의 수준에 더 이상 부합하지 않을 정도로 불충분하고 미미하게 전개되었다고 지적되었다. 이제 이상과 같은 판례상의 변화로 논의가 새롭게 전개될 단초가 마련되었다.[74]

VI. 맺으면서

그간 공기업의 존재이유에 대한 긍정보다는 경영상의 문제점이 강하게 노정되어 그것에 초점을 맞추다보니, 공기업에 관한 공법적 문제가 전면에 부각되지 않았다. 지난 4월에 정부가 제시한 '지방공기업 경영혁신방안' 의 내용이 잘 보여주듯이, 논의의 주된 방향이 수익성과 효율성의 제고에 모아진다. 2006년 1월 1일 현재 전국 250개(2006년 7월 1일 제주특별자치도의 설치로 제주도의 시와 군이 폐지됨에 따라 현재는 246개) 지방자치단체 중에서 일반회계 자체수입으로 인건비를 해결하지 못하는 단체가 42개 단체로 전체의 16.8%, 지방세수입으로 인건비를 해결하지 못하는 단체가 151개 단체로 전체의 60.4%에 이르고 있는 실정이어서, 효과적인 대민서비스제공수단의 일환으로 지방공기업의 확대는 사실 불가피한 면이 있다. 그렇지만 공공성과 수익성의 최적화를 도모하기란 현실에서 지난한 과제이다. 더욱이 공기업의 존재가 시장에서의 경쟁을 왜곡할 수도 있다는 점에서 관련 논의를 수익성의 제고에만 두면, 이상에서 논한 법적 물음에 봉착하게 된다. 두 마리의 토끼를 모두 잡으려고 무리하기보다는 한 마리는 적당히 내버려 두면서 나머지 한 마리는 확실히 챙기는 지혜가 필요하다. 여기선

71) 특히 Diefenbach, a.a.O., S.99(109ff.).

72) OVG Münster NVwZ 2003, 1520.

73) VGH Manheim NVwZ-RR 2006, 714.

74) OVG Münster의 판결에 관한 비판적 지지의 입장에서 그에 관한 상론으로 vgl. Faßbender, Rechtsschutz privater Konkurrenten gegen kommunale Wirtschaftsbetätigung, DÖV 2005, S.89ff.

힘이 닿지 않는 한 마리(수익성)의 존재를 긍정하면서 그에 대한 다소간 미니멈적 접근의 자세가 필요하다. 요컨대 공기업은 우선 공공성이 그 존재이유이다. 따라서 그것의 경영혁신 또한 공공성의 확보를 지향하여야 한다.

* 지방자치법연구 제7권 제3호, 2007.9., 27면 이하 소수.

제 4 장

民間化와 國家留保

Ⅰ. 처 음 에[1)]

公任務의 民間化(私的化, 私事化, 民營化, Privatisierung)는 공법의 지배적 주제이다. 형식과 국면이 다채롭다. 그것들은 행정법과 행정법의 整序力을 시험한다. 이 때 명백한 사실은, 용어상의 다툼문제에서 그 원인이 종종 불명료한 기본개념이나 상이한 사전이해에 있다는 점이다. 민간화논의의 轉機的 기본개념의 하나가 "公任務"이고, 國家任務 개념에 대한 그것의 불분명한 관계이다. 시스템의 기본과 관련이 있는 행정의 모든 개조에서처럼, (민간화논의에서도) 헌법상으로도 질문이 던져 진다: 국가가 공임무를 민간의 힘 또는 自家規制의 조종수단으로써 수행할 때, 무엇을 국가가 民間化할 수 있으며, 무엇이 국가에게 유보되어 있으며, 어떠한 법체제의 지배를 받으며, 어떠한 法形式에 구속이 되는가?

---

1) 이 글은 연방헌법재판소 재판관인 Udo Di Fabio 독일 본(Bonn)대학교 법과대학교수(Professor Dr.iur. Dr.sc.pol. Udo Di Fabio)의 논문(Privatisierung und Staatsvorbehalt-Zum dogmatischen Schlüsselbegriff der öffentlichen Aufgabe, JZ 1999, S.585-592)을 옮긴 것이다. 행정현대화와 부분적으로 동일한 근거를 바탕으로 하는 民間化(Privatisierung, 私事化, 私的化, 民營化)는 私人(私個人과 私法人)을 국가임무이행의 상관관계에 연관시킨다. 그 결과 관련 영역이 국가적 활동과 사적 활동사이의 회색지대에 놓이면서, 공임무의 이행에서 分業(Arbeitsteilung)이 행해진다. 여기서 국가작용상의 합리성과 사회활동상의 합리성의 새로운 혼합관계를 법학적으로 어떻게 처리하여야 할지가 일반행정법 도그마틱의 現下 임무이다. 그러나 2006년 한해 대한민국 전체를 달군 사행성 성인용오락게임 "바다이야기 사건"에 관한 공법적 논의의 현황(졸고, 행정법기본연구 Ⅰ, 2008, 28면 이하 참고)이 보여주듯이, 민간화를 두고서 날선 공방이 진행됨에도 불구하고 관련 논의는 생각만큼이나 활발하지 않다. 이에 여기선 민간화 문제를 공론화하기 위한 시발로서 접근하고자 한다, 본문상의 법률이나 법원은 독일의 것이어서 특별한 附加語를 덧붙이지 않았음을 밝혀 둔다.

Ⅱ. 公任務의 理解에 의거한 民間化의 樣態

1. 槪念的 不分明

공임무의 민간화에 관한 주장은 정치적으로 효과적으로 유포되고, 실제로 시작되었다. 하지만 법학적으론 충분하게 정리되지 못하였다.[2] "민간화"란 법개념은 항상 모호하다. 그리고 분명한 정의가 법학적 논구에서 이론의 여지가 없는 기준으로 관철되지 않는다. 그러나 법적 물음이 규정에 적합하게 논구되어야 할 경우에는, 한계를 정하는 정의가 반드시 요구된다. 왜냐하면 개념상의 불분명은 필시 논증상의 명료성을 불투명하게 만들기 때문이다.

2. 脫國家化로서의 民間化: 일반적인 民間化 槪念과 財産民間化

일반적으로 민간화는 탈국가화(Entstaatlichung)와 동일한 것을 의미한다.[3]: 공적특별법에서 사법에로의 변천, 국가적 고권력(공권력, Hoheitsgewalt)에서 사회의 자유에로의 이전. 따라서 용어는 국가와 사회의 구분을 토대로 한다.[4] 이 점에서 먼저 민간화는, 국가가 관리하는 영역을 사법의 방식(궤도)으로 조직화된 자유로운 사회에 돌려주는 것을 의미한다.[5] 법적으로 널리 문제가 되지 않는 민간화형식이 소위 財産民間化(Vermögensprivatsierung)이다. 여기선 처음부터 공임무와의 직접적인 관련성이 없다. 즉, 국가가 국유재산상으로 토지와 재정의 관리(공)기업의 지분을 매각한다. 공기관의 재산부분의 매각으로서의 재산민간화는 실질적(실체적) 의미상의 민간화이다. 이런 일은 일반적으로 동의된다고 알려 진다; 연회용 은제식기가 팔렸다는 식의 때때로 듣는 비난은 예산상의 구멍을 메우기 위해 그 수익금을 사용하는 것과 관련이 있다. 재산민간화의 경우 공임무의 현존에는 변함이 없기에, 법적 구속은 미미하다. 매각과정에서만 법규정이 준수되어야 한다. 여기선 기본권구속 특히 법 제3조 제1항이 통용된다.

---

2) 때때로 정치에 대해서도 가해지는 비난은, 정치가 공임무의 광범한 민간화의 利點은 과대평가하고, 그것의 리스크는 과소평가한다는 것이다: 가령 Lübbe-Wolff/Steenken, ZUR 1993, S.263.

3) Görgmaier, DÖV 1977, S.356ff.

4) Böckenförde, in: Festgabe für Wolfgang Hefermehl, 1972, S.11ff.; Grimm, in: Studien zur europäischen Rechtsgeschichte, Festschrift Helmut Coing, 1972, S.224(239f.); Isensee, in: ders./Kirchhof (Hrsg.), HdbStR, Bd. Ⅲ, 1988, § 57 Rn.12; Di Fabio, VVDStRL 56(1997), S.235(268ff.).

5) 객관적인 어법으론: "현저한 경계불명료에도 불구하고, 일반적으로 민간화란 종전에 공기관이 수행한 업무를 사적(민간) 분야로 이전시키는 것을 의미한다." Bauer, VVDStRL54(1995), S.243(250); 다음도 보라 Ronellenfitsch, NVwZ 1998, S.1021(1023); 비슷하게 Knemeyer, WiVerw.1978, S.65ff.

3. 任務民間化: 무엇이 公任務인가?

(1) 生存配慮와의 결별

공임무가 더 이상 그 자체로서 수행되지 않고, 자유로운 사회(민간)에게 다시 맡겨지더라도, 고유한 의미에서의 민간화라고 말할 수 있다.6) 가령 유치원의 운영이 공임무인지 여부는 원칙적으로 입법자의 자유로운 결정에 해당한다. Forsthoff 이래로 운위된 生存配慮(Daseinsvorsorge)라는 無涯的 개념으로써,7) 국가는 경제에 깊이 나아갔으며, 오늘날에는 부분적으로 다시 출발점으로 되돌아간다. 입법가선 새로이 다음에 관해 결정을 내린다: 전기공급이 생존배려의 공임무인지 아니면 (훼손을 당할 위험에 처한 중요한 공익으로 인해 비교적 강력한 경제감독의 지배를 받는) 사경제적 활동인지 여부, 혹은 폐기물관리가 공적 생존배려에 의해서 원인자책임으로 전환되는지 여부와 그 정도.8) 이런 고유한 또는 진정한 "민간화"는, 행정대상으로서의 공임무에 관한 고권적 포기와, 이런 대상을 사법적으로 조직화된 단체에 원칙적으로 맡기는(넘기는) 것을 나타낸다. 하지만 공임무가 임무부여법률에서 명시적으로 또는 해석을 통해 밝힐 수 있듯이 언급되고 있는 한, 이로써 주제의 국가영역에로 귀속은 예고된다.9) 그렇지만 해석이 항상 간단하진 않다. 그래서 순환관리폐기물법(Krw-/AbfG) 제15조 제2항과 제4항상의 "의무"의 언급이 의무가 지워진 사권주체와의 확실한 대등질서(Gleichordnung)를 시사한다 하더라도, 순환관리폐기물법(Krw-/AbfG) 제15조에 따른 공법적인 쓰레기제거주체의 (순환관리폐기물법에 의해 명해진) 쓰레기제거의무는 公任務, 즉 行政任務일 수도 있을 것이다.

(2) 公任務 개념을 다룸에 있어서 도그마틱적 곤경

그리하여 공임무 개념이 도그마틱적 고찰의 핵심으로 옮겨간다. 공임무 개념이 그 의의에서 불분명하면, 任務民間化(Aufgabenprivatisierung)가 언제 행해지는지 역시 자세히 말할 수 없다. 국가와 사회의 구조적 틀에서 국가임무를 운위하는 것은 충분히

---

6) Ronellenfitsch, NVwZ 1998, S.1021(1023).

7) 개념설(Begriffslehre)에 관해선 : Löwer, Energieversorgung zwischen Staat, Gemeinde und Wirtschaft, 1989, S.109ff.

8) Breuer, in: Staat, Selbstverwaltung und Private in der Wasser- und Entsorgungswirtschaft, Veröffentlichungen des Instituts für das Recht der Wasser- und Versorgungswirtschaft an der Universität Bonn, Heft 24, 1997, S.3ff.

9) 그래서 (독일) 연방헌법재판소는 "공임무"와 "고권적 임무" 개념을 정당하게 동의어로 사용한다, BVerfGE 68, S.193(206f.); BVerfGE17, 371(376f.)=JZ 1965, S.132(133) m. Anm. Wengler 에서도 비슷하게 "공임무"와 "국가임무"가 동의어로 사용된다. 비슷하게 BVerfGE 30, 292(311)는 공임무와 비교하여 국가적 임무의 "좁은 의미"를 무엇이 형성하는지를 미확정으로 내버려 두었다. 공법적 임무결정의 중요함에 관해선; Wolff/Bachof/Stober, Verwaltungsrecht Ⅰ, 1994, §23 Rn.29.

구별되지만, 공임무의 경우에는 그것이 오로지 국가에 의해서만 수행될 수 있는지 아니면 －협의의 위탁(Beleihung)이 아니고서－ 사인에 의해서도 수행될 수 있는지 여부를 그렇게 자세히 알지 못한다. 국가임무의 경우, 사인이 그것을 행정법적 의미의 국가감독 없이 독립적으로 수행할 수 있다는 점은 배제된다. 공임무의 경우엔 이런 점이 다투어진다. Hans Peter의 제안에 의하면, 개념형성으로서의 공임무가 국가와 사회간의 가교를 행한다고 한다. 이유인 즉 －여기선 국가, 저기선 사회라는 식의－ 완고한 틀과는 관계가 없기 때문이라 한다.[10] 따라서 행정관료제의 우월성에 관한 복지국가적 믿음의 시대에선, 자유주의적 신념에서 공적으로 중요한 모든 일이 국가 스스로에 의해 수행될 필요는 없다는 점에 의거해서 반대논점이 정해져야 된다. －Peter의 제안에 따르면－ 公衆이 그것의 이행에 결정적인 이익을 갖는 임무가, 국가는 물론 사회(민간)의 행위주체에 의해서도 이행될 수 있는 공임무이어야 한다.[11] 자명한 사실은, 공중의 주체가 누구인지, 누구의 이익이 어떻게 정해져야 할지 여전히 불분명하기 때문에, 이런 해명이 법학적으론 만족스럽게 적용가능하지 않다는 것이다. 현대 헌법국가에선 미디어가 공중을 위하여 말을 하는 반면. 헌법에 의해 사명이 주어진 기관(조직)은 공익을 구속적으로 정의한다. 많은 점을 보면, 일종의 국가임무설을 시대를 넘어 구출해 내려는 시도가 공임무 개념을 이용하여 새롭게 되는 것 같다. 왜냐하면 공임무는 이미 법이전에 여하튼 성문법 이전에 확정되어 있고, 그 다음에 입법자에 의해 국가임무로서 국가영역에 들어가거나 사회적 힘(민간의 힘)과 공동적으로 수행되거나 혹은 이들에게 전반적으로 맡겨지기 때문이다.[12] 국가 자신이 담당하지 않는 공임무의 사물(실체)영역에 자신의 행위로써 들어 간 기본권주체로서는, 이런 설명으로 강력하게 의무를 질 수 있으며, 또한 기본권적으로 부여된 자신의 자유를 완전하게 만끽할 수 있다.[13]

－개념적 구성상으로 잠복해 있는 그런 위험상황 말고도－ 한계를 긋는 것이 아니라, 시스템단면을 넘는 식으로 망라하는 법개념을 왜 도입하였는지 라는 특유의 물음은 여전히 미확정이다: 공임무와 사회(민간)의 자유. 그 사이에 엄청 증대한 중간형식에 대해서 종전의 육감이 그토록 깊은 영향을 미치지만,[14] 도그마틱상으로 구분된 (더 복잡한 실제를 지적하는) 개념과 작별을 하고, 법에서 완화된 절충개념을 허용하는 식의 처방은, 오늘날의 관점에선 아주 쓸모없는 것 같다. 그런데 이 처방은 다른 어떤 장소

10) Hans Peters, in: Festschrift für Nipperdey, Bd. Ⅱ, 1965, S.877ff.

11) Peters(Fn.10), S.877(878).

12) 이에 따라 국가는 현존한 공임무만을 국가적 임무로 만들었다. Peters(Fn.10), S.877(880).

13) Di Fabio, VVDStRL 56(1997), S.235(258f.).

14) Badura는 특히 사적, 공적 참여의 착종을 특징지우기 위하여 개념을 중요시하였다. Badura, in; Festschrift Schlochauer, 1981, S.3(9).

에서도 항상 재차 권해지곤 한다. 그리하여 법학적 합리성을 위해선 대개 아무 것도 얻는 바가 없다.[15] 국가와 사회의 구별이, 그리고 권력독점권을 지닌 공권력의 특별구속이 헌법상으로 규정되어 있는 한,[16] 국가영역에서의 임무와 자유로운 사회적 활동간의 분명한 경계설정 또한 불가결하다. 직접적으로 법개념은, 先在하는 것을 기술하는 데 이바지하지 않고, 그 先在하는 것이 적법한지 위법한지 여부를 규범적으로 결정하는 데 이바지한다. 그러나 공임무와 국가임무의 개념의 불분명한 이원성은 이런 필요성에 어울리지 않는다. 그 이유는 구별되는 한계설정의 능력이 없기 때문이다. "공임무"를 국가임무에 대한 진정한 대칭개념(Gegenbegriff)으로서 받아들일 경우, 그 "공임무" 개념은 끝내 정확하게 결정할 수 없는 방법으로 私的 性質과 국가 사이에서 오락가락한다.[17]

특히 공임무와 국가임무가 만족스럽지 않는 방법으로 구분되며, 이에 더해서 양 문제의 차원이 서로 뒤섞여 있기 때문에, 개념형성은 통일적이지 않다. 법적용의 과정에서 행정법적으로 결정해야 할 점은, 바로 (헌법을 포함한) 법률이 언제 사물(실체)대상을 국가에게 맡기는지 그리고 맡기지 않는지 하는 것이다. 행정법이 그 자신의 특별한 구속으로써 대저 적용되는지 여부는 이런 인식에 의존한다. 헌법상으로 중요한 것은, 입법자가 언제 국가에게서 임무를 빼앗는지, 그리고 입법자가 언제 사권주체에게 이런 임무를 그(사권주체)의 의사에 반해서라도 과할 수 있는지 하는 것이다. 여기선 객관법적으로 유보임무와 공적 이용의 (기본권적으로 그어진) 한계를 인식하는 것이 중요하다. 이때에도 국가임무와 공임무의 -그릇되게 갖다 댄- 二元性은, 양 차원간의 경계를 가시적으로 만들기보다는 오히려 그 경계를 가린다.[18]

---

15) 이익대립을 가리는 법개념의 위험에 관해선 Di Fabio, NVwZ 1998, S.329(337); 법이론적으로 이런 위험에 관해선 Lepsius, Die gegensatzaufhebende Begriffsbildung, 1994.

16) Badura, Staatsrecht, Systematische Erläuterung des Grundgesetzes für die Bundesrepublik Deutschland, 2. Aufl. 1996, S.4.

17) Hans Peters에 의존한 정의-공임무는 비국가적 임무이다. 그것은 특별한 공공복리관련성을 특징으로 하며, 입법자가 흡사 끌어 안을 수 있는데, 그런 다음 공임무가 국가임무로 된다- 역시 설득할 수 없다. 하지만 Löwer(Fn.7), S.171f. 대저 무엇이 특별한 공공복리관련이어야 할지 그리고 누가 이를 정의내릴 수 있는지는 여전히 불분명하다. 어떤 사적 활동이 법효과를 지닌 공임무수행이라 일컫는지를, 기본법의 헌법질서에서 누가 결정을 내릴 수 있는가? 민주적 입법자만이 해당할 수 있다. 즉, 그는 공임무를 위한 결정권을 가진다. 정당화근거의 범위를 조사하면, 제시된 공익과 공공복리관련성이 법학적으로 평가가 내려진다. 하지만 그것은 입법자의 결정이전에는 흡사 자연법적으로 존재하지는 않는다.

18) 체념적인 공감으로써 오늘날에는 다음과 같이 요약된다: "국가임무란, 국가가 당시의 통용되는 헌법질서에 따라 허용된 방법으로 스스로 요구하는 그런 임무이다. 반면 공임무란, 그 이행이 공익을 위함이지만 국가에 의한 것과 동일한 방법으로 사인에 의해서도 수행될 수 있는 그런 임무를 의미한다. -일반적으로 이런 용어는 엄격히 지켜지지 않는다. "공임무"와 "국가적 임무" 개념이 대개 동의어로 사용된다. Ossenbühl, Staatshaftungsrecht, 5. Aufl. 1998, S.24 Fn.70.

(3) "國家任務"－특별경우이긴 하나 "공임무"의 대칭개념은 아닌 것으로서－

이 경우에 동의어적 사용이 구별보다는 더 적당하다. 개념상의 소홀이 아니라, 바로 개념상의 엄밀을 기하려는 수고스러움에, 국가와 시민의 관계에서 양 개념을 동의어적으로 사용하게 된다.[19] 국가임무(기본법 제30조)가 바로 공임무이다. 따라서 개념상의 구별이 다음과 같은 의문을 결코 불러일으킬 순 없다. 즉, 공임무는 권력독점에 의해 요구된 관할로서 국가영역에 들어갈 것이어서, 필시 상응한 법률적 하명의 결과로 돌릴 수 있고, 법적 신념의 결과로 돌릴 필요는 없다는 의문이 그것이다.

자치사무가 국가임무로 표현될 필요 없이, 그저 공임무로 언급될 수 있도록 하기 위해선, "국가임무"를 직접적인 국가행정에 의한 공임무수행의 특별경우로 여기는 것이 의미로울 수도 있다. 국가임무라고 칭하는 것 역시 공임무와 비교해서,[20] －詳考하면－ 불필요한 개념적 상태에 불과할 수도 있거나 또는 －일정한 공임무가 헌법에 따라 국가적 의무임무로서 확정되어 있다는 점을 알리기 위해서－[21] 공임무의 특별경우로서 나름의 정당성을 이용할 수도 있다; 이 점에서 국가임무란, 그 수행이 헌법 자체적으로 규정되어 있는 공임무일 것이다.[22]

그렇지만 국가와 사회(민간) 사이에 용어상의 가교를 설치하려고 한, 柔和的 시도는 끝내 수포로 돌아갔다.[23] 공임무와 국가임무간의 구분은 고권(공권력, Hoheitsgewalt)의 합성형식과 순수형식간의 분리를 목표로 한다. (하지만) 이런 구분이 적합하다고 입증되지 않았으며, 그리고 그것은 국가의 성장에 대한 －공히 의문스러운 생존배려개념 때문에－ 사회에서의 극히 미미한 저항을 표방한 시대에 생긴 것이다. 오늘날 공임무와의 극단의 차이를 뚜렷하게 하는 것이, 시민의무(내지 시민책무)나 행정의무(내지 행정책무)이다. 이들은 국가가 공익을 수행하기 위하여 과한 것이다.[24] 사권주체 역시 －

19) 양 개념의 동의어적 사용이 결코 언어적, 도그마틱적 무관심은 아니다. 왜냐하면 그것은 불가피성에서 기인하고, 언제든지 국가와 사회간의 분명한 구분을 행할 수 있기 때문이다. 자세한 구분은 후자의 경우에만 여전히 가능하기 때문에, 국가와 사회에 관한 헌법상 본질적인 한계는 견지된다. 가령 다음을 보라 Ossenbühl, VVDStRL 29(1971); Ehlers, in: Erichsen (Hrsg.), Allgemeines Verwaltungsrecht, 11. Aufl. 1998, S.1(35); Di Fabio, VVDStRL 56(1997), S.235(252ff.); 다음도 보라 Bull, Die Staatsaufgaben nach dem Grundgesetz, 1977, S.43ff.

20) Lange, JZ 1981, S.698(699).

21) 국가임무의 개념이 국가의 의무임무의 의미에서 사용되면, 이는 헌법의 규준에서 답하기 어려운 물음－민간화할 수 없는 공임무(국가임무)의 핵심이 존재하는지 여부－에 주목하게 한다. 하지만 (물음에 긍정하더라도) 공임무의 실제적인 대립개념이 국가임무의 개념은 아닐 것이다. Burgi, Funktionale Privatisierung und Verwaltungshilfe, Typuskript, §3 I.1, S.50f. 그러나 동 연구에선 국가임무의 개념이 의무개념으로 이해되진 않았으며, 그리하여 그것은 여기서 주장되는 공임무 개념과 종내 일치한다.

22) Häberle, AöR 111(1986), S.595(604); Wallerath, Die Verwaltung 1992, S.157(159); Isensee, in: ders./Kirchhof(Hrsg.), HdbStR Ⅲ, §57 Rn.136, 더욱더 그는 공임무를 국가가 이행하는지(국가임무) 아니면 사권주체가 이행하는지(공임무) 여부를 목표로 삼는다. 하지만 후자의 경우엔 궁극적으로 분명한 구분이 여전히 지당하다.

23) 일반적으로 받아들여진 架橋槪念이 공공복리의 개념이다. Häberle, Rechtstheorie 14(1983), S.257ff.; Isensee, in: ders./Kirchhof(Hrsg.), HdbStR Ⅲ, §57 Rn.134; Link, VVDStRL 48(1990), S.7(19ff.).

공적 활동과 결부되어 공적 특별법의 일부가 되지 않으면서- 공익을 위하여 활동할 수 있다. 사인은 공익을 위하여 임무를 수행할 수 있다. 가령, 사기업은 석유비축을 할 수 있으며,[25] 높은 공급혜택을 통해 재생에너지를 육성할 수 있으며, 건물소유자는 (빙판에 모래 등을 뿌려야 할) 살포의무의 이행을 통해 公路를 통행가능하게 만들 수 있다. 이런 식의 고권적 의무지움은 통상 정당화를 필요로 하는 기본권적 개입이다. 그러나 그것은 사권주체를 통상 공행정의 형식범주에 편입시키지 않으며, 따라서 국가에 편입시키지도 않는다. 법적 의무가 공익을 위하여 사권주체에 대해 과해질 뿐이다.

그렇지만 입법자가 특별한 위임관계(Auftragsverhältnisse), 국가기관과의 특별한 연계, 또는 공무위탁요건을 조성할 때, 입법자는 개별경우에 의무부과로써 공행정영역에로의 편입 역시 행할 수 있다. 이것은 당시의 법률규정화 · 해석의 물음이고, 개념의 차원에서 또는 전통의 지적을 통해선 사전에 확정될 수가 없다. 뿐만 아니라, 가령 여태 국가나 사인에 의해 공법의 형식으로 수행된 공임무가 장래엔 "공익상의 서비스"(Dienstleistung in öffentlichem Interesse)로 분류되고, 그것이 사권주체에 의해서 그리고 -예컨대 해당 법률적 형성에서 원칙적으로 사경제(국고)적(私法的)으로서 활동하는 식품감시에서의 화학시험분석국의 경우처럼- 서비스제공에 특화된 행정청에 의해서 제공됨으로써, 입법자는 역으로 그런 임무를 원칙적으로 자유로이 민간화할 수도 있다.

이런 의미의 완전한 민간화 또는 임무민간화는, -소위 생존배려의 일부로서든, 국가적 안전보장의 일부로서든- 이전의 공임무를 사회(민간)의 영역에 돌려주는 것을 의미한다. 그래서 상술한 의미에서 사물(실체)대상의 脫國家化를 의미한다.[26] 10년을 넘어 정치적으로 요구되고 있는 脫規制化(Deregulierung)와, 유럽적으로 실현된 (경제에서의) 민족국가의 후퇴는, 이런 진정한 민간화를 통해서만 성취될 수 있다. 이 경우에 존속하는 공익은, 신중하게 조종하는 경제감독과, 경쟁을 위한 대강요건의 설정을 통해서 견지된다.[27] 가장 광범위하고 고유한 이런 민간화형식은, -공임무 개념의 중심적 위치로 인해- "임무민간화"의 개념을 최고로 그 특징으로 한다.[28]

---

24) 유사한 것으로: von Heimburg, Verwaltungsaufgaben und Private, 1982, S.61ff.: 공익을 위하여 공경제적 의무를 에너지관리상으로 부과하는 것에 관해선 Jens-Peter Schneider, Liberalisierung der Stromwirtschaft durch regulative Marktorganisation, 1999, S.418f.

25) 그렇지만 여기서 연방헌법재판소는 "국가임무"를 오해하여 언급하였다. 하지만 연방헌법재판소는 석유비축의무를 기본권적으로 정당화를 필요로 하는 동원으로 분류함으로써, 다음의 점을 또한 분명히 하였다. 즉, 소위 그 자체로 국가임무에 해당하기 때문에, 당 재판소로선 특별한 공익의 강조가 중요하다는 것이다. BVerfGE 30, 292(311).

26) Lerche, in: Maunz/Dürig, Grundgesetz Komm., Art. 87f Rn.33.

27) Rudolf, in: Erichsen(Hrsg.), Allgemeines Verwaltungsrecht, 11.Aufl. 1998, S.771(774).

28) 종종 동일한 의미로 사용되는 "실체적 민간화"란 개념이 통용되긴 하지만, 한층 적절하지 않다. 참조.

4. 오로지 形式的인 民間化(組織民間化)

그러나 분명한 양자택일(Entweder-Order) 말고도, -귀속을 필요로 하는- 합성형식이 출현한다. 소위 形式的 民間化의 경우, 그것이 조직·절차의 유형과는 관련이 있지만, 실체결정은 여전히 공법의 요청의 지배를 받기에, 형식적인 데 그치는 민간화이다. 공법은 형식적 물음을 관할, 방식 그리고 절차와 관계된 물음으로 이해한다. "형식적"이란 어의는 공적 임무이행의 "방법"(Wie)을 주제로 삼는다. "실질적으로" 행해진 모든 것은, 임무로서 그리고 책임귀속에서 국가에게 여전히 속한다. 형식적 민간화 또는 조직민간화의 경우, 행정주체로선 공임무를 떨쳐버리는 것이 아니라, 그것을 수행하기 위하여 -통상 주식회사나 유한회사와 같은 自己會社(Eigengesellschaft)를 만드는 식으로- 사법의 조직형식과 법형식을 이용하는 셈이다.[29]

이에 의하면 형식적 민간화 혹은 조직민간화의 개념은 行政私法的 성립요건을 포함한다. 임무가 여전히 국가에 남겨져 있기에, 결코 진정한 민간화에 해당하진 않는다.[30] 국가가 공임무를 사법형식으로 이행할 경우, 이에 맞춰 "행정사법"이 말해진다. 이때 공임무로서의 사물(실체)영역의 성질이 국가에로의 실질적 귀속을 위하여 여전히 중요하다. 이밖에도 (사법형식과 중첩되는) 공적 특별법의 통용 역시 그러하다.[31]

바로 이런 의미에서 Hans Julius Wolff가 行政私法의 개념을 창안하였다.[32] 이 개념이 가리키는 것은, 그것은 국가와 사회라는 헌법상 결정적인 경계설정의 범주에서[33] 국가영역에서 행해지며, 이에 맞춰 귀속된다는 점이다. 사권주체가 공임무수행을 위하여 동원되거나 종사하게 되면, 그 사권주체는 공임무를 공무수탁사인, 수임자, 전문가나 행정보조인과 같은 공법의 형식유형으로 수행한다. 행정법상의 이런 제도들은 사권주체에게 공법적 조직세계에서의 역할을 부여한다. 즉, 이들 제도는 이들 사권주체를 전혀 공법적 조직세계에 편입시키지 않으면서도, (그로 하여금) 국가영역을 맡게

Schoch, DVBl. 1994, S.962(962); Schuppert, Privatisierung und Regulierung – Vorüberlegungen zu einer Theorie der Regulierung im kooperativen Verwaltungsstaat, Diskussionspapier Nr. 8 des Europäischen Zentrums für Staatswissenschaften und Staatspraxis, 1996, S.4. Scholz/Aulehner가 실체적 민간화와 임무민간화를 구분하긴 하나 실은 민간화정도에 관한 단계없는 유동의 방향으로 섞는 한, 이것은 공임무의 개념이란 분명하게 국가영역에 편입되지 않는다는 점에서 기인하는 것 같다. Scholz/Aulehner, ArchPF 1993, S.221(238).

29) Vgl. Schuppert(Fn. 28), S.4.

30) 그래서 Isensee는 조직민간화와 관련해서 레테르속임수라고 말하였다. VVDStRL 54(1995), S.303. 다음 문헌도 보라 Ehlers, Verwaltung in Privatrechtsform, 1984, S.212ff.; Brohm Strukturen der Wirtschaftsverwaltung, 1969, S.181ff.; Ossenbühl, VVDStRL 29(1971), S.137(145).

31) BGHZ 65, 284(287); 79, 111(115); 91, 84(96ff.)=JZ 1984, 951(952); Ossenbühl, JuS 1979, S.681(686).

32) Wolff/Bachof(Fn. 9), §23 Ⅱ.

33) Böckenförde, in: Festgabe für Wolfgang Hefermehl, 1972, S.11ff.; Grimm, in : Studien zur europäischen Rechtsgeschichte, Festschrift Helmut Coing, 1972, S.224(239f.); Isensee, in : ders./Kirchhof(Hrsg.), HdbStR Ⅲ, 1988, §57 Rn.12; Di Fabio, VVDStRL 56(1997), S.235(268ff.).

한다. 매우 다양한 형식부여가 문제되고, (그래서) 누구에게 이와 관련한 조직권이[34] 인정되는지의 물음이 문제될 경우에, 또한 직무배상책임의 2차적 물음이 논의될 경우에, 이런 식으로 맡기는 것은 특히 중요하다. 국가는 공임무를 이행하는 私人을 위하여 -책임법상으로도- 책임을 진다.[35]

5. 機能的 民間化

완전한 임무민간화와 오로지 형식적인 민간화 사이에 (존재하는) 일정한 유형을 나타내기 위하여, 기능적 민간화가 운위된다. 자세히 고찰을 한 즉, 분명해지는 점은, 그런 종류의 점진적 분류란 개념적 選鑛(Begriffsklauberei)이 아닌 필수적인 미세구별에 해당한다는 것이다. -이를 Lerke Osterloh가 제안한 것처럼-[36] 기능적 민간화를 실제로 다음과 같은 상황을 위하여 미리 설정해 놓을 수 있다. 즉, 국가가 사법형식으로 활동하긴 하나, 실은 창설된 사권주체가 배타적인 행위자에 해당하는 점엔 변함이 없고, 자세한 법적 형성에서 결코 경쟁적 구조를 허용하지 않는 상황이, 그것이다. 이 경우에 그 분야는 여전히 행정법적으로 정해져 있다.

그러나 다음과 같은 식의 형식도 존재한다. 즉, (여기선) 국가가 -가령 중압감이 드는 공적 직무법을 면하기 위하여- 사법형식의 외형과 가능수단을 항목별로 이용할 뿐만 아니라, 행정임무의 이행에서 시장경제적인 경쟁을 하고자 한다.[37] 이런 의미에서, 재산대상이나 생산 · 분배 · 서비스에 관한 처분권의 진정한 私人(echte Private)에게로의 移轉이 일어나는 경우를 몇몇은 실질적 민간화(materielle Privatsierung)라 부른다. 여기서 진정한 사인은 공기관으로부터 더 이상(적어도 전적으로) 지배를 받지 않으며, 또한 재산권자로서의 활동영역과 관련해서 공적 특별법의 지배를 받지도 않는다.[38] 허나 이런 의미로 사용된, 실질적 민간화 개념은 다시금 오해에 처한다. 왜냐하면 다

34) 조직권의 개념에 관해선 Böckenförde, Die Organisationsgewalt im Bereich der Regierung, 1964, S.21ff.

35) BGHZ 49, 108= JZ 1968, 298 m. Anm. Rupp; BGH DÖV 1993, 671; OLG Köln NJW 1989, 2065; 다음도 보라 Ossenbühl, Staatshaftungsrecht,5. Aufl. 1998, S.14f.; Kreissl, NVwZ 1994, 349ff. 완연한 구분은 이밖에도 직무자의 개념(형법 제11조 제1항 제2호)에 연계된 형법적 특별구성요건(형법 제331조 이하)을 위하여 중요하다. 가령 장기간 (사법적으로) 위임받은 자유업적 건설기사와 관련한 BGH NJW 1998, 2373을 보라. (1992년에 삽입된) 기본법 제87조 d 제1항의 제2문이 항공교통행정과 관련해서 공법적 또는 사법적 조직형식을 선택할 결정을 연방입법자에게 인정할 경우, 동규정 역시 이런 의미에서 자세히 규정하고 있는 셈이다. 그리하여 -가능한 선언적으로만- 항공교통행정의 전영역을 위하여 형식적 민간화가 헌법에 의해서 허용되는 셈이다.

36) Osterloh, VVDStRL 54(1995), S.204(210).

37) 이 점에서 단순한 형식적 민간화는 결코 경쟁지향적 행위마저도 보장하지 않는다고 지적된다. Heuer, DÖV 1995, S.85(86).

38) 개념형성이 통일적이지도 않고, 중첩이 없지도 않다. 이런 구별의 다양한 면에 관해선 Wahl, DVBI. 1993, S.517(518f.); Olaf Schmidt, Das DSL-Bank-Modell. Privatisierung eines öffentlichen Unternchmens bei fortbestehenden öffentlichen Interessen, 1992, S.24f.; Wolff/Bachof/Stober, Verwaltungsrecht Ⅱ, 5. Aufl. 1987, §104 a Rn.6; Jestaedt, Demokratieprinzip und Kondominialverwaltung, 1993, S.446; Lange, JZ 1981,

른 이들은 임무민간화를 실질적 민간화로 이해하기 때문이다. 따라서 이런 경우군을 위하여 기능적(funktional od. funktionell) 민간화 개념이 널리 확고한 위치를 차지하였다.[39] 이 개념이 알맞다. 이유는 경쟁을 도입한 그런 식의 모델의 범주에서 시장의 기능논리가 공적 임무이행의 영역으로 들어가기 때문이다.

우편제도와 통신제도의 예가 증명하듯이, 기능적 민간화는 -공임무 그 자체는 여전히 견지되나, 추후 예상된 (진정한 기업지향에 의한) 임무민간화가 준비되는- 과도국면도 포함한다.[40] 하지만 비록 기능적 민간화의 경우 조직법적 불명료성이 지속된다고 인정할 수밖에 없을지라도, 기능적 민간화는 공적 임무이행의 예삿일(茶飯事)로서도 가능하다. 왜냐하면 공임무이행에 대한 私的 제3자의 실질적 · 독립적 참여, 즉 경쟁의 도입은 아주 신랄하게 다음의 물음을 던지기 때문이다. 즉, 국가부처를 위한 지배가능성이 불확실할 때, 공적 특별법은 어떻게 대처하여야 할 것인지에 관한 것이다. 기능적 민간화에서 공행정의 영향발휘 · 지배의 가능성이 왜 중요하게 부각되는지에 관한 이유가, 바로 이것이다.[41] 법적 허용성과 형성상의 요청이 상세하게 구비되어 있다손 치더라도, -行政私法의 의미에서의- 오로지 형식적인 민간화와, -사물(실체)대상을 국가의 임무내용으로부터 사회적(민간적) 자기책임에로 복귀시킨다는 의미에서의- 완전한 임무민간화 사이에 존재하는 개념이 분명히 필요하다.

임무민간화가 없는 기능적 민간화의 허용성은, 당시의 개별법적 형성과 헌법상으로 당시에 허용된 것에 따른다. 기본법의 舊 제87조에 근거하여 고려된, 독일 연방우체국(Deutsche Bundespost)의 기능적 민간화는 헌법적 의문을 야기한다. -1992년 이전에 있었던 항공교통관제의 형식적 민간화에 관한 논의에서와 전체적으로 비슷하게- "연방특유의 행정"의 개념이 (형식적 민간화가 아닌 경우에) 기능적 민간화, 다시 말해 경쟁구조의 허용을 금지하는지 여부에 관한 물음이 던져졌다. 그런데 기본법 舊 제87조 이하에 의해 파악된 대상의 임무민간화는 그 당시에 헌법상으로 허용된 것의 나름의 한계로서 여겨졌다. 이런 점에서 기능적 민간화는 임무민간화의 구상적인 사전단계 · 중간단계이었기 때문에, 진정한 기업자적 독립성의 도입과 공적 임무수행을 위한 경쟁자의 허용은, 연방의 고유행정을 사법형식으로 실질적으로 空洞化시킬 법한

S.698ff.

39) Schoch, DVBI. 1994, S.962(963); Bauer, VVDStRL 54(1995), S.243(252); Renate Röhl, Privatisierung öffentlicher Aufgaben, 1982, S.13; Schuppert(Fn.28), S.5.

40) 우편제도와 통신의 영역을 위하여 이런 것이 지적된다: Scholz/Aulehner, ArchivPF 1993, S.221(232); vgl. Hoffmann-Riem, in; ders./Schneider(Hrsg.), Verfahrensprivatisierung im Umweltrecht, 1996, S.9(13), 는 그렇게 "실질적으로" 이해된 절차민간화가 임무민간화에 근사할 수 있다는 점을 근거로 삼는다.

41) von Danwitz, AöR 120(1995), S.595ff.; Hans Christian Röhl, VerwArch. 1995, S.531ff.; Di Fabio, VVDStRL 56(1997), S.235(270f.).

과정을 의미하였다.[42] 반면에 기본법의 新 제87조 이하는 -고권적 생존배려의 공임무를 고수하면서- 종전에 논의된, 기능적 민간화의 중간국면을 건너 뛰었으며, 그리고 이전의 독일연방우체국의 서비스영역에서 임무민간화를 규정하였다.[43]

6. 소위 節次民間化

그렇지만 이상의 세 가지 민간화개념은 민간화논의의 전체 스펙트럼을 커버하지 못한다. 가령 행정이 공임무의 이행에서 사인을 끌어들이거나, 그의 보조를 이용하거나 일부영역을 사인에 의해 독립되게 이행되게 만들더라도, 민간화가 운위된다.[44] 그 자체로선 행정법의 익숙한 도그마틱적 형상-公務委託(Beleihung)과 行政補助(Verwaltungshilfe)-에 해당하여, 그 결과 민간화로서 유행하는 새로운 명명이 불필요할 수도 있을 것이다. 하지만 다음의 사실을 간과해선 아니 된다. 즉, 한편으론 행정실무에서 私人介在의 이런 기회가 총계와 범위에서 확연히 증대하였다. 그리하여 전적으로 그로 인해, 행정법의 익숙한 도그마틱적 형상은 어쩌면 새로운 성질을 갖게 된다.[45] 다른 한편으론 정확하게 공무위탁관계로도 행정보조로도 분류할 수 없는 중간형식이 존재하였다.[46] 이런 그룹은 종종 委任(Beauftragung)의 개념하에 포착된다. 그것의 특징은, 전체적인 임무영역이 독립된 처리를 위하여 사권주체에게 이전되는 것이다. 비독립적인, 각별히 지시구속적인 행정보조의 개념은 여기에 맞지 않는다. 이전된 임무영역에 고권적인 개별권능까지 들어가면, 공무위탁이 꼭 필요할 수 있지만, 이런 것이 임무이전의 모든 경우에 필연적으로 결부되진 않는다. 그래서 행정법적으로 추가적으로 다음의 같은 것이 제안되었다. 즉, 독립된 행정보조인의 범주를 도입하는 것 또는 공무위탁 개념을 사인이 -비록 국가의 행정부처의 감독을 받긴 하지만- 직접 지시에 구속되지 않으면서 독립적으로 공임무를 수행하거나 고권적 결정(특히 행정행위의 발동)을 결정완성(단계)까지 준비하는 경우에까지 확대하는 것이 그것이다.[47]

이런 의미의 위임은 (制度的) 法律留保의 支配를 받는다. 즉, 그것은 행정의 조직권에 속하지 않는다.[48] 통일된 행정임무가 법률에 의해서 지속적으로 사권주체에게 이

42) 기본법 舊 제87조의 통용하에 토의된 가능성에 관해선: Barbara Meyer, Die Bundespost: Wirtschaftsunternehmen oder Leistungsbehörde, 1990.

43) 이와 관련해서 원내 교섭단체인 CDU/CSU, SPD, F.D.P.가 제출한 기본법개정법률안을 위한 (제안)이유가 다음과 같이 분명하였다: "서비스의 제공은 장차 전적으로 사적 활동이다. 그것을 행정임무로서 공법적 혹은 사법적 조직형식으로 수행하는 것은 배제된다." BT-Drs. 12/6717 S.3.

44) Hoffmann-Riem, in: Hoffmann-Riem/Schneider (Hrsg.)(Fn.40), S.9ff.

45) Di Fabio, VVDStRL 56(1997), S.235(271-273).

46) 예를 들어 주차공간감시의 영역에서: AG Tiergarten NStZ-RR 1996, 277.

47) 건설기본계획에 제3자를 개재시키는 경우에 관해선: Reidt, NVwZ 1998, 592.

48) Di Fabio, Der Betrich, Beilage Nr.16/1996, S.1(8f.): 제도적 법률유보에 관한 일반론: BVerfGE 40,

전되면, 위임과 기술한 민간화형식 간의 경계가 유동적일 수 있다. 이 점에서 나름의 민간화종류로서 도그마틱적으로 구별된 의미의 절차민간화를 운위하다는 것은 그다지 가치가 없다. 왜냐하면 그러면 혼란스러운 중첩이 성립할 수 있기 때문이다.

Ⅲ. 國家留保: 任務民間化의 限界

1. 憲法上의 審査規準

민간화과정의 波濤는 단지 개념상으로만 公法을 자극하진 않는다. 민간화를 하려고 하는 입법자를 위한 또는 집행부까지도 위한 法的 限界가 어디서 진행되는지의 물음에서도 불확실성이 존재한다. 전통적으로 국가의 관할영역으로 간주된 사물(실체)영역상의 임무민간화의 경우에, 이런 물음이 매우 신랄하게 제기된다. 사기업이 설치한 (전파탐지기에 의한) 교통속도검사(Radarfalle),[49] ("베를린에서의 더 좋은 주차"라는 아름다운 이름으로, 사적 단체에 의한 질서위반범의 포착을 통한) 영업상으로 배려된 주차공간감시,[50] 사인에 의한 교도소운영,[51] 또는 독일 항공교통관제가,[52] 국가로선 얼마나 물러설 수 있는지에 관한 결정을 요구하는 자극적인 주제에 해당한다. 법의 국가이론적 바탕에 직접 손을 집어넣어선, 답이 얻어질 수가 없다. 즉, 국가를 정당화시키는 평화확보의 기본의무가[53] 기관으로서의 국가와 관련이 있다는 중요한 견해에 의해서도, (그것이) 속단해서 위험방지임무의 自家遂行義務(Pflicht zur Selbstwahrnehmung)에 해당한다고 强辯될 순 없다. 오히려 그런 기본의무가 실정법상으로 구체화되어 있는 헌법규정의 해석이 문제된다. 이때 기본권적 보장내용이나 조직법적 규정이 관건이 될 수 있다.[54] 하지만 명심해야 할 점은, 기본법과 같은 헌법으로선 반세기 전에 국가의 유보임무를 확정할 계기를 전혀 갖지 못하였다는 것이다. 도리어 逾越的인 국가권력을 적어도 자유보장과 형식약속(기대)을 통해서 저지하는 것이 (당시엔) 훨씬 중요하였다. 따라서 해당 규율내용은 오히려 빈약하게 만들어졌으며, 그리하여 견해다툼을

237(247ff.); 83, 130(152ff.); OVG Münster DÖV 1980, 528(529); Böckenförde, Die Organisationsgawalt im Bereich der Regierung, 1964, S.96f.; Ossenhühl, Verwaltungsvorschriften und Grundgesetz, 1968, S.263ff.; Burmeister, Herkunft, Inhalt und Stellung des institutionellen Gesetzesvorbehalts, 1991.

49) OLG Frankfurt a. M. NJW 1995, 2570; AG Alsfeld NJW 1995, 1503; BayObLG BayVBI. 1997, 412.

50) KG NJW 1997, 2894. 다음도 보라 Steiner, DAR 1996, 272; Radtke, NZV 1995, 428.

51) Kulas, Privatisierung hoheitlicher Verwaltung. Zur Zulässigkeit privater Strafvollzugsanstalten, 1996.

52) Trampler, Verfassungs- und unternehmensrechtliche Probleme der bundesdeutschen Flugsicherung, 1993. 이제까지 전환된 형식적 민간화는, 이런 동인에서 삽입된 기본법 제87조 d 제1항의 제2문에 근거하여 행해진다.

53) 평화유지활동과 안전보장약속은 현대국가의 본질적 조건으로서 권력독점의 핵이었다. Di Fabio, Das Recht offener Staaten, 1998, S.20.

54) 헌법규정의 다양한 양태에 관해선 Badura, in: Isensee(Hrsg.), HdbStR Ⅶ, 1992, §159.

불러 일으켰다.

2. 基本法 제33조 제4항의 規律內容

임무민간화를 위해 가장 빈번히 논해지는 한계의 하나가 기본법 제33조 제4항이다.[55] 여기선 기본법 제33조 제4항이 대저 임무민간화를 위한 빗장으로 고려되는지 여부와 그 정도를 밝히는 것이 중요하다. 이를 위해 두 가지 견해가 주장된다.

(1) 기본법 제33조 제4항은 職業公務員을 위한 순수한 制度的 保障으로 이해될 수 있다. 그렇다면 동규정은 임무민간화의 허용성에 관해 아무런 언급을 하지 않은 것이 될 것이다.[56] (그렇다면) 오로지 그것의 통용영역을 정하기 위해선, 필수적으로 고권적인 임무분야의 정의가 중요하다. 그런데 국가활동의 핵심영역에서 직업공무원제를 확고히 하는 것만이 문제될 경우엔, 그 정의는 제한적으로 행해질 수밖에 없을 것이다. (그렇다면) 이는 순수한 국가임무(genuine Staatsaufgaben)의 엄밀한 영역을 초래할 것이다-가령 유럽최고법원이 유럽연합조약(EGV) 제48조 제4항(지금은 제39조 제4항)의 해석에서 그것을 제한적으로 언급하였던 것처럼.[57] 그런 순수한 국가임무에 속하는 것이, 영토불가침성의 보호, 내부질서의 유지 및 징세를 통한 국가재정기반의 확보이다. (이들은) 권력독점의 고전적인 정당화에 부합하는 국가적 수행독점을 목표로 한다.[58]

그러나 소위 순수한 국가임무란 확실히 확정되어 있는 것이 아니라, 구체적인 법률상의 형성에 좌우된다. 그 때문에 기본법 제33조 제4항은 그 본문에 비춰 입법자가 고권적 권능을 대저 규정한 경우에만 해당될 수 있을 것이다. 이에 반해 여태 고권적으로 형성된 혹은 그렇게 평가된 영역이 고권적 구조를 박탈당하면, 기본법 제33조 제4항이 다시금 적용되지 않을 것이다. 왜냐하면 공무원에게 고권적 활동영역을 지속적으로 견지시킬 청구권이, 공무원을 위한 제도보장으로부터 도출될 수가 없기 때문이다. 제도보장은 고권적 권능이 행사되는 경우에만 주효하다. 그래서 고권적 권능이 대저 부여되어야 하는지 여부와 일정한 공공복리적 관심사가 대저 공적 임무로서 행정상의 처리에 맡겨져야 하는지 여부의 물음과 관련해선, 제도보장은 입법자를 구속하지 않는다.

---

55) 가령 다음을 보라 KG NJW 1997, 2894.

56) Bansch, Die Beleihung als verfassungsrechtliches Problem. 1973, S.68; Scholz, NJW 1997, S.14(15).

57) EuGH Slg. 1980, 3881(Kommission/Belgien); EuGH Slg. 1982, 1845(Kommission/Belgien); EuGH Slg. 1986, 2121(Lawrie-Blum/Land Baden-Württemberg).

58) LAG Hannover NVwZ 1995-RR, 584ff.; Leitges, Die Entwicklung des Hoheitsbegriffs in Art. 33 Abs. 4 des Grundgesetzes, 1998, S.40.

(2) 기본법 제33조 제4항에 관한 이런 제한적 이해에 반대하는 논거로, 擴大論을 들 수 있다. 이 견해에 의하면, 동규정은 직업공무원제의 강조된 원칙(제도보장)의 空洞化로부터의 보호이외에 다음의 점을 보장한다고 한다. 즉, 특별히 중요한 업무는 "(소정의) 자격이 있으면서 또한 국가에 대해 특별한 의존관계를 갖는 직원"에 의해서만 수행된다는 것이다.[59] 그리하여 고권적 권능 개념이 소위 생존배려로 확장되고, 시민에 대한 개입권능의 행사에서 분리될 경우엔,[60] 거의 모든 임무민간화를 위한 빗장으로서 기본법 제33조 제4항이 고려될 수 있을 것이다. 그러나 그런 이해는 너무 광범위하여, 기본법 제33조 제4항의 규율본지를 터무니없게 과장한다, 이에 반해, 고권적 권능 개념의 고유한 중요내용을 목표로 삼고, 개입행정을 -사실상으로 전속이진 않지만 실은 우선적으로- 고려하는 것이 올바르다. 그리하여 사법, 경찰, 국방, 관세, 行刑, 징세와 같은 고권적인 핵심영역을 운위하는 것은, 최소한의 공통점으로서 확고한 지반을 얻었다.[61]

그렇지만 기본법 제33조 제4항의 관점하에선, 일정한 임무영역의 공간적-실체결부된 이해가 결코 중요한 것이 아니라, 기능적 고찰방법에서 고권적 권능이 어디에서 필연적으로(가령 법률의 의사에 따라 혹은 사물의 본성에서 반드시) 행사되는지가 중요하다. 그래서 -예컨대 민간경호원에 의한 건물보안이란 경찰영역이나, 공항회사의 자가안전확보의무에 의한 항공교통영역에서처럼- 상술한 국가의 핵심영역이라 하더라도, 고권적 권능의 특징적인 행사가 없으며, 사물적으로 가분적인 부분영역에 해당할 경우에는, 임무민간화가 가능하다.[62] 달리 말하면: 국가적인 임무아젠다 안에서 "위험방지"로서 표현되는 사물적 활동영역조차도 빠짐없이 개입행정에서 발현되진 않는다. 왜냐하면 많은 것이 (행사된 고권적 권능을 지니지 않는) 서비스나 자기성과이기도 하며, 그리고 입법자가 -여기선 고권적 권능을, 저기선 권력독점을 동원하지 않은 채 자가안전확보를 규정하는 식으로- 알맞은 임무분할을 할 수 있기 때문이다.[63]

---

59) Maunz, in: Maunz/Dürig (Hrsg.)(Fn.26), Art.33 Rn.32; 다음도 보라 Stern, Das Staatsrecht der Bundesrepublik Deutschland, Bd. I, 2. Aufl. 1984, S.349.

60) Maunz, in: Maunz/Dürig (Hrsg.)(Fn.26), Art.33 Rn.33; Peine, Die Verwaltung 17(1984), S.415(419).

61) Schuppert, AK-GG, 1989, Art.33 Rn.36; ders., VerwArch. 71(1980), S.309ff.; Schoch, NVwZ 1994, S.962(963); Bauer, VVDStRL 54(1995), S.242(255); Krölls, GewArch. 1995, S.129(135); 다음도 보라 Scholz NJW 1997, S.14(16). 그는 가령 사법과 관련해서 재판의 절대적인 국가유보를 출발점으로 삼는다.

62) 이 점에서 항공교통법(LuftVG) 제19조 b와 제20조 a 및 1985.5.17. 자 항공안전령(BGBl. 1985 I S.788)을 보라. 상세: Ossenbühl, Eigensicherung und hoheitliche Gefahrenabwehr, 1981. 다음도 보라 제9차 항공교통법 개정 행정부이유서(BT-Drs. 8/3431 S.10); BVerwG ZLW 1986, 67; NVwZ 1989, 864. 일반적인 논의 : Bracher, Gefahrenabwehr durch Private, 1987; Mahlberg, Gefahrenabwehr durch gewerbliche Sicherheitsunternehmen, 1988; Schiller/Drettmann, DVBl. 1977, S.956ff.; Hoffmann-Riem, ZRP 1977, S.277ff.; Peter Schneider, Die Abwehr äußerer Gefahren im Luftverkehr, 1993.

63) 최근 연방헌법재판소 제1원 제1부는 항공안전수수료의 합헌성과 관련해서 입법자가 행한 그런 임무영역의 분할이 별문제가 되지 않는다고 보았다. BVerfG, 11.8. 1998-1 BvR 1270/94; 다음도 비슷하게 보라

3. 公權力行使를 위한 國家留保의 具體化로서의 基本法 제33조 제4항

기본법 제33조 제4항은 오늘날 직업공무원제에 유리하게 留保領域(Vorbehaltsbereich)으로 여겨질 뿐만 아니라, 고유한 임무수행의 책임으로부터 국가가 광범하게 물러서는 것에 맞서는 자유보장적 구조규준(Strukturvorgaben)으로도 여겨진다. 이 점에서 기본법 제33조 제4항의 의의는 변화하였다. 공행정내에서 사무직 직원, 육체근로자, 공무수탁사인과 비교하여 공무원을 위한 유보를 규정하고 있는 규정이, 우선 항상 문제된다. 직업공무원제는 결코 그 자체를 위하여 보호되는 것이 아니라, 국가의 기능조건으로서 보호되고 있다. 마찬가지로 국가는 그 자체를 위하여 존재하는 것이 아니라, 국민(시민)을 위하여 존재한다.[64] 약간 장중한 느낌을 주는 표현인, "국민을 위하여"는 상이한 실체적(사물적) 차원을 갖는다. 따라서 (한편으론) 법률문제화가 어려운 일반적인 실체적(사물적) 차원에선, 국민에 의해 동의된 공공복리해석에 국가가 책임을 지게 된다. 다른 한편으론 무엇이 공공복리실현으로 간주되어야 할지 그리고 그 방법에 관한 민주적 결정에 대해선, 국민의 기본권이 한계를 긋는다. 끝으로 국가의 국민지향은 자유제한의 경우에 자유에 유리하도록 형식강제(Formgebot)를 의미한다. 헌법의 심오한 의미에 따라, 공권력행사는 민주적으로 통제받는 국가의 要式性(Förmlichkeit), 법치국가원리 그리고 기본권에 구속된다. 공권력이 국민과의 관계에서 변함없이 여전히 견지되지만, 실은 (직업공무원제에 본질적인 구체화를 두는) 국가행정의 법적 요식성이 포기되는 경우엔, 어떤 종류의 민간화든 의문을 제기한다,

이때 필요한 것이 바로, (법학적으론 거의 성과가 없으며 헌법적으론 설득력이 없는) 國家任務說(Staatsaufgabenlehre)의 전래적인 현존적 사고(Bestandsdenken)에서 벗어나는 것이다. 국가의 확고한, 즉, 확실히 확정된 활동영역은 결코 존재하지 않는다. 즉, 대상에서 고정된 임무유보란 결코 존재하지 않는다. 헌법상으론 단지 다음과 같은 두 가지의 不動의 기능적 규준만이 존재한다: i) 첫 번째로 국가는 안전, 자유보장 그리고 질서보장과 같은 근본적인 목적을 이행하여야 한다. 국가의 권력독점의 현존은 달리 정당화될 수가 없다.[65] 그러나 이는 기본권의 이념과 보장내용 및 국가구조원칙의 약속에서도 비롯된다. 자유보장의무에는, 국민의 소극적인 자유의 부여와 고려만이

Bracher(Fn.62), S.21.

64) 이 점을 헌법초안은 명시적으로 동 초안 제1조에서 먼저 말하고자 하였지만, 기본법은 동법 제1조 제1항에 이런 본문이 아니라 그것에 표현된 정신을 담았다. Stern, Das Staatsrecht der Bundesrepublik Deutschland, Bd. Ⅲ/1, S.17.

65) 이런 기본적인 상관관계를 지적하는 것으로: Isensee, Das Grundrecht auf Sicherheit, 1983, 다음도 보라 Di Fabio (Fn.53), S.19ff.; Gusy, DÖV 1996, S.573(575f.).

아니라, (민주적 의사형성의 과정에서 나타나는) 집단적 목표를 달성할 원칙적인 가능수단의 전개도 들어간다.[66] ii) 두 번째로 국가는 형식 · 절차에 전적으로 구속되어 권력독점을 행사하는데, 이 때 실체적인 기본권적 한계의 지배를 받는다.

입법자가 무엇을 공임무로서, 무엇을 그렇지 않은 것으로 상세하게 정의하는지는, 헌법적으론 미미하게 정해져 있을 뿐이다. 하지만 입법자가 일정한 사물(실체)영역에서의 국가적 권력독점을 계획대로 끌어들이면, 즉 입법자가 국민에 대한 권능행사를 규정하면, 국가적 상태의 법형식에로의 원칙적인 구속이 존재한다. "그래서 '필수적 국가임무' 에 대한 탐구는 다음의 인식이상을 가져다 줄 수 없다. 즉, 구속적인 결정의 산출과 관철은, 가령 궁극적으로 국가적 권력독점은, 국가에 명확하게 귀속될 수 있는 임무를 나타낸다."[67]

사회 · 시장과의 관계에서 공임무의 존속을 새로이 정하는 것을, 헌법은 저지하지 않는다. 그러나 헌법은 통상적으론 국가의 형식유형에 따라 공권력을 체계적으로 행사하도록 강제한다. 헌법적 이유에서, 국가는 자신의 권력독점의 행사를 숨기거나 전체 사물(실체)영역을 위하여 통제하기 어려운 방법으로 사권주체에 맡겨선 아니 된다. 그 헌법적 이유란, 한편으론 기본법 제33조 제4항에 구체화되어 있으며, 다른 한편으론 -이들 규정의 직접적 규율취지를 넘어서- 기본권보장, 민주주의원리 그리고 법치국가원리로부터 기인한다. 오히려 공권력은 헌법규준에 따라 반드시 형식과 절차에 맞춰서 행사되어야 한다. 그리고 통상적으로 이것이 바로 개입상황을 위하여 국가적 상태의 조건이 되며, 또한 다수의 경우에선 소위 계층적 국가행정의 조건이 된다.[68]

국민의 권리와 의무가 일방적으로 확정되고, 비상시엔 권력독점이 행사되면서 권리 · 의무의 고려가 일방적으로 관철되면, 이런 의미에서의 공권력의 행사는 항상 존재한다. 대략적으로 유형화하면, 개입행정, 즉 질서행정이 운위된다.[69] 기본법 제33조 제4항의 고권적 권능이 다르지 않다. 그것의 행사는 공무원유보의 지배만이 아니라, 원칙적인 국가유보와 -적어도 임무민간화가 문제되는 한에 있어선- 원칙적인 民間化禁止(Privatisierungsverbot)의 지배도 받는다.[70] 국가유보는 기본법 제33조 제4항에 예정되어 있고, 동규정에서만 구체화되어 반영되고 있다. 그것은 민주주의원리, 법치국가원리 그리고 기본권에 근거를 둔다. 고권적 권능의 행사는 국가적 권력독점의 행

66) 자유의 다양한 차원에 관해선: Di Fabio (Fn.53), S.84ff.

67) Hermes, Staatliche Infrastrukturverantwortung, 1998, S.152.

68) Horst Dreier, Hierarchische Verwaltung im demokratischen Staat, 1991, S.303f.

69) Wolff/Bachof/Stober(Fn.9), §3 Rn.5; 개입행정과 급부행정의 용어상의 구별에 관한 비판으로: Ehlers, in: Erichsen(Hrsg.), Allgemeines Verwaltungsrecht, 11. Aufl. 1998, S.25.

70) von Hagemeister, Die Privatisierung öffentlicher Aufgaben, 1992, S.114; 다른 견해로 Kulas(Fn.51), S.80ff. 그러나 그는 사인에 관한 지속적인 합법성감독을 언급한다. 그래서 결코 임무민간화를 말하진 않는다.

사를 의미하는데, 통상 기본권적 자유의 제한이나 형성을 의미한다. 공법적 사고에서 당연히 중요한 이것은, 민주적 통제, 법치국가원리적 형식형성 그리고 기본권에 의거한 사법심사가능성을 요구한다.[71] 그리하여 헌법적으로 요구된, 원칙으로서의 국가유보의 인정을 회피할 도리가 없다. 國家留保는 헌법질서의 본질적인 요건을 절대적으로 확고히 한다.

고전적인 개입행정에서의 기본권과 관련한 권능의 행사를 위해서도, 행정법은 국가유보의 예외를 인정한다. 고권적 권능의 행사를 목적으로 한 公務委託(Beleihung), 行政補助(Verwaltungshilfe)와 私人의 이용(동원)은, -특별한 법치국가원리적 구속을 받으며, 공권력통제를 목표로 한 행정법체제 안에서 행해지는- 예외인 셈이다.[72] 이때 순환개념인 保證(保障)責任(Gewährleistungsverantwortung)을, ⅰ) 私人은 경제적 관점하에서 활동하고, 전문적으로 아무 것도 모르는[73] 행정청으로선 별다른 의문이 없음을 그저 알릴 뿐이라는 식으로, 또는 ⅱ) 행정청의 의사의 無審査的 引受가 일어난다는 식으로, 이해하여선 아니 된다. 개입유형적 활동영역에서 행정은 사건진행에 관한 사실적 지배를 견지하여야 한다.[74] 행정절차에 대한 사인참여의 그런 형식에 비해 (복잡한 활동영역의) 광범한 임무민간화는 국가유보로 인해 다음의 점을 요건으로 한다. 즉, ⅰ) 자기책임에 맡겨진 그때그때의 사물(실체)영역이 고권적 권능으로부터 원칙적으로 벗어나고 고권적 활동의 포기가 사물(실체)적으로 대저 가능하다는 것, 또는 ⅱ) 그렇지 않으면 불가피한 공무위탁을 정당화하기 위한 중요한 이유가 존재한다는 것이 그것이다.

Ⅳ. 要約

전술을 통해서 시사된 바는, 국가와 사회의 관계에서의 임무의 새로운 분할에 대해 헌법은 극히 미미한 반대를 할 뿐이라는 점이다. 특히 이제껏 생존배려란 집합개념하에서 시행되었던 사물(실체)영역에서의 임무민간화는 널리 별 문제가 없다. 이에 반해서 완전한 임무민간화와 비교해서 중간단계인 셈인 형식적 또는 기능적 민간화와 광범위한 절차민간화는, 더 비판적으로 판단되어야 한다. 끝으로 형사소추, 행형이나 일

---

71) Steiner, Öffentliche Verwaltung durch Private, 1975, S.261ff.; Däubler, Privatisierung als Rechtsproblem, 1980, S.76ff.; Di Fabio, VVDStRL 56(1997), S.235(263).

72) von Heimburg(Fn.24), S.86, 113; Büllesbach/Rieß, NVwZ 1995, S.444(445).

73) 이는 속도감시측정기에 관한 기술적 통제의 경우에도 역시 그렇다. 여기서 법원은, 출석한 보조경찰관이 직무담당자로서 사기업이 이용한 측정기를 “전혀 생각지 못하였다”는 사실을 개별적 경우에 확인하여야 한다. OLG Frankfurt a. M. NJW 1995, 2570(2571).

74) KG NJW 1997, 2894(2896).

반적인 위험방지의 핵심영역에서처럼, 사물(실체)영역이 국가적 권력독점의 행사에 의해서 직·간접적으로 지속적으로 정해지는 경우에는, 국가유보가 주효하다. 그것의 통용영역에선 민주적·사법적으로 통제된 공권력이 책임껏 활동하여야 하고, 여기선 私權主體가 공무위탁, 위임과 행정보조라는 (행정현실의 새로운 발현형식에 의미롭게 들어맞는) 주지의 형식으로 동원될 수 있다.

* 지방자치법연구 제8권 제3호(통권 제19호), 2008.9.20., 295면 이하 소수.

* 참고문헌: 김남진, 경찰임무의 탈국가화、민간화와 법적 문제, 고시연구 제33권 제9호(390호)(2006.09), 15면 이하; 이종영, 공공업무 민영화의 법적 한계, 법학논문집(중앙대 법학연구소), 제24집 제1호(2000.02) 291면 이하.

제 5 장

違法建築物에 대한 隣人保護의 問題點에 관한 小考

-對象判決 : 大法院 1993.4.23. 선고 92누17099判決-

Ⅰ. 問題의 提起

우리 대법원은 20세기를 마감하는 즈음에 1999.12.7.의 판결(97누17568)에서, 「구 건축법(1999.2.8. 법률 제5895호로 개정되기 전의 것) 및 기타 관계 법령에 국민이 행정청에 대하여 제3자에 대한 건축허가의 취소나 준공검사의 취소 또는 제3자 소유의 건축물에 대한 철거 등의 조치를 요구할 수 있다는 취지의 규정이 없고, 같은 법 제69조 제1항 및 제70조 제1항은 각 조항 소정의 사유가 있는 경우에 시장 · 군수 · 구청장에게 건축허가 등을 취소하거나 건축물의 철거 등 필요한 조치를 명할 수 있는 권한 내지 권능을 부여한 것에 불과할 뿐, 시장 · 군수 · 구청장에게 그러한 의무가 있음을 규정한 것은 아니므로 위 조항들도 그 근거 규정이 될 수 없으며, 그 밖에 조리상 이러한 권리가 인정된다고 볼 수도 없다」라고 판시하였다.

'행정개입청구권(인인의 보호청구권)' 이 건축법상으로 나아가 전 행정영역에서도 존재할 수 있는가 하는 근원적인 의문을 야기함으로써, 우리 행정법의 현재를 뒷걸음을 지게 한 동 판례의 몰역사성과 부당함은 多言을 要하지 않는다. 하지만 동지의 판례가 과거에도 엄존한 사실[1]에, 면구스러움을 느낀다. 이미 행정개입청구권에 관한 논의를

1) 대법원 1996.1.23. 선고 95누1378판결; 1993.4.23. 선고 92누17099판결.

바탕으로 동 판례의 문제점을 살펴보았지만,[2] 이곳에선 문제의 근원이 된 대법원 1993.4.23. 선고 92누17099판결의 문제점을 인인보호의 측면에서 검토하고자 한다. 화남의 귤나무가 화북에서 탱자나무가 되어버려선 곤란하다.

Ⅱ. 事案의 要旨

소외인이 원고 소유의 서울 성북구 안암동1가 87의 1 대지에 인접한 같은 번지의 8 지상에 1989.7.21. 피고로부터 단독주택(지하1층, 지상2층, 연면적 239.26m²)에 대한 건축허가를 얻은 후 1990.5.21. 이를 다가구용 단독주택(5가구, 지하1층, 지상2층, 연면적 233.13m²)으로 설계변경하는 허가를 받아 1990.8.28. 준공허가를 받았다. 이에 원고는, "피고는(서울특별시 성북구청장) 소외인의 건축허가신청 당시 설계도상 3세대가 독립한 구조를 갖는 다세대주택용 설계이었음에도 건축허가를 하였고, 실제로는 5세대용 주택을 건축하는데도 건축법에서 정한 시정조치를 하지 아니하여 불법완공케 하였다. 피고는 5세대용 주택이 완공되고 입주까지 끝난 후에 5가구용 다가구단독주택으로 사후 설계변경허가를 하여준 후 위법사항이 모두 시정된 것으로 하고 원고에 대한 고지없이 준공검사를 내주었다. 피고는 신축주택의 지하층 과다표출, 이격거리 미확보, 차면시설 부실, 옥탑 증축 등 위법시공을 묵인하여 준공검사를 내주었다. 이로써 인접한 원고에게 사생활의 침해는 물론 원고주택의 자산가치와 매도여건을 심하게 악화시켰다."라고 주장하면서 위 1990.8.28.자 준공처분의 취소를 구함과 아울러 피고가 위 주택이 불법완공되도록 방치한 부작위는 위법하며 위 주택의 모든 불법건축부분은 시정되어야 할 것임의 확인을 구하였다.

Ⅲ. 對象判決의 要旨

원심인 서울고법(1992.10.8. 선고 92구13150판결)은 다음의 이유로 원고적격이 없다고 하여 각하판결을 내렸다. 즉, 첫째, 원고가 그 취소대상으로 삼고 있는 건물의 준공처분은 건축허가를 받아 건축한 건물이 허가사항대로 이행하여 건축행정의 목적에 적합한가의 여부를 확인하고 준공검사필증을 교부하여 줌으로써 허가받은 자로 하여금 건축물을 사용수익할 수 있게 하는 법률효과를 발생시키는 것이라 할 것이고, 그 취소사유는 그 규제법규의 제정취지와 목적 및 이로 인한 당사자들의 이해관계를 구체적

2) 졸고, "건축법상의 진압적 개입수단을 통한 인인보호에 관한 소고", 공법연구 제29집 제3호, 2001.5., 347면 이하(追論: 행정법기본연구 I. 69면 이하) 참조.

으로 관련시켜 건축행정 목적실현을 위하여 부득이하다고 인정되는 경우가 아니면 이를 함부로 취소할 수 없다는 점과 건축관련 법규는 준공처분과 관련하여 인접대지 소유자의 권리에 대하여 특별한 규정을 두지 아니하고 있는 점, 설사 이미 완공된 이 사건 주택의 준공처분이 취소된다고 하더라도 그로 인하여 건축주는 건물을 적법하게 사용할 수 없게 되고 건축물에 대하여는 준공 이전의 상태로 돌아가게 되는 것에 그칠 것인 점 등을 고려하면, 이 사건 주택에 대한 준공처분의 취소에 대하여 원고에게 그가 주장하는 피해에 대하여 이를 효과적으로 회복할 수 있는 어떠한 법률상 직접적이고 구체적인 이익이 있다고 볼 수 없다. 둘째, 위법시공되었다고 주장하는 지하층 과다표출, 이격거리 미확보, 차면시설 부실, 옥탑 증축 등의 점은 피고가 건축법상의 위반건축물에 대한 시정명령에 관한 규정에 따라 필요한 조치를 할 수 있는 대상이기는 하나 인접대지 소유자인 원고가 피고에게 직접 그 개개의 행위에 대한 시정조치를 요구할 수 있는 법규상 또는 조리상 인정되는 신청권이 있고 그에 따라 피고에게 그 신청에 대하여 일정한 처분을 하여야 할 법률상 의무가 있다고 할 수 없다. 셋째, 불법건축부분에 대한 시정의무가 있다는 확인청구는 행정소송법상 인정되지 아니하는 행정청에 대한 작위의무를 전제로 하는 것이어서 항고소송의 대상이 되지 않는다.

대법원(대법원 1993.4.23. 선고 92누17099판결) 역시 원심의 위와 같은 판단을 아무런 異議없이 그대로 받아들였으며, 아울러 원심에서 원고적격이 없다는 이유로 각하된 사건에서 본안의 당부에 관하여 다투는 것은 원고에게 원고적격이 있음을 전제로 한 것이어서 적법한 상고이유가 될 수 없다고 판시하였다.

Ⅳ. 論議의 着眼點

개개의 사항을 검토하기에 앞서 우리가 가다듬어야 할 점은 우선 건축법이 전형적인 위험방지법인 "건축경찰법"(Baupolizeirecht)이라는 점이다. 그리고 건축법 제69조 등의 개입의 수권규범이 법률상으로 맡겨진 감시업무의 도구로서 기능하는 점을 염두에 두어야 한다. 위법한 건축물에 대한 인인의 공법적 대응에는 처음부터 법원을 상대로 하는 방법과 우선은 행정청을 상대로 하는 방법 두 가지가 있다. 전자의 경우는 인인의 (허가)방지청구권(Abwehranspruch)과 관련이 있는데, 이는 취소쟁송을 통해서 허가의 취소를 목표로 삼는다. 반면에 인인의 보호청구권(Schutzanspruch)이 문제되는 후자의 경우에는, 인인법위반의 상태를 제거하기 위해서 인인이 행정청에 대해 질서법상의 개입형태를 띈 적극적 행위를 요구하는 상황이다. 여기서 규준이 되는 것은, 隣人法을 위반한(다시 말해, 隣人權을 침해한) 상태를 적극적으로 제거하도록 행정청에게 일러주려는 자신의 목적을 위해서, 인인이 행정청의 진압적 개입권능을 동원할 수 있는지 여부와 그것의 정도이다.[3]

그런데 건축법상의 개입수단이 인인보호를 위하여 원용될 수 없는 지금의 상황에선(후술), 우리 건축법상의 인인보호는 취소소송을 통한 (허가)방지청구권에만 전적으로 의거해야 한다. 만약 이 또한 당해 사건처럼 여의치 않으면 인인보호는 전적으로 민사적 구제방법을 통해서 강구될 수밖에 없다.[4] 비록 독일의 판례 · 다수 경향처럼 공법적 · 사법적 인인구제가 양립한다 하더라도,[5] 후자가 전자에 비하면 여러 가지 점(예: 소송가액 등)에서 인인에게 불리할 뿐더러, 자칫 감시 · 감독이라는 행정임무가 미필적으로 방기될 우려가 있음을 고려해야 한다. 나아가 자칫하면 '제3자효 행정행위'에 관한 여러 논의가 공허해질 우려가 있다.

V. 判決의 개개의 問題點 檢討

대법원과 서울고법이 각하판결과 상고기각의 이유로 제시한 이상의 세 가지 점 가운데, 첫 번째 논거는 취소쟁송을 통한 방지청구권과 관련이 있는 반면에, 뒤의 두 논거는 의무이행쟁송을 통한 보호청구권과 관련이 있다.

1. 준공처분의 사실상 불가쟁성 문제

대법원은 인접 주민에게 건축법상의 '위법한' 건축물에 대한 준공처분(사용검사처분)의 취소를 구할 법률상의 이익이 없다면서, 그 이유로 i) 준공처분은 건축행정 목적 실현을 위하여 부득이 하다고 인정되는 경우가 아니면 함부로 취소할 수 없다는 점, ii) 건축관련 법규는 준공처분과 관련하여 인접대지 소유자의 권리에 대하여 특별한 규정을 두고 있지 아니한 점, iii) 준공처분이 취소되더라도, 건축주가 건물을 적법하게 사용할 수 없게 되고 건축물에 대하여는 준공 이전의 상태로 돌아가는데 그칠 것이라는 점을 들었다.[6]

---

3) Seidel, Öffentlich-rechtlicher und privatrechtlicher Nachbarschutz, 2000, Rn.247.

4) 대법원이 유사 판례(1996.11.29. 선고 96누9768판결)에서, "…당해 건축물을 건축하는 과정에서 인접주택소유자가 자신의 주택에 대하여 손해를 입었다 하더라도 그러한 손해는 금전적인 배상으로 회복될 수 있고…"라고 판시한 데서 엿볼 수 있듯이, 우리의 경우 아직 사법적 인인보호의 관념이 지배한다. 사실 이러한 상황인식이 허가방지청구권과 보호청구권을 두 축으로 하는 공법적 인인보호가 아직 착근하지 못한 遠因이다.

5) 앞서의 독일 띠톱판결은 그 이전과는 달리 공법적 인인보호의 우위를 가져다 주었다. 그러나 공법적 인인보호의 승리행진은 독일 BGH의 '테니스장결정' (BGH NJW 1983, 751f.)으로 그치고, 오늘날은 공 · 사법적 인인보호의 양립(복선화론)이 다수설 · 판례의 입장이다.

6) 우리는 이러한 법원의 논증이 많은 판례에서 보편화되어 있다는 점을 유의해야 한다. 대법원1996.11.29. 선고 96누9768판결; 1994.1.14. 선고 93누20481판결; 1993.11.9. 선고 93누13988판결 등.

i) 이런 관점에서 첫 번째 논거를 보자면, 사실판단의 다름은 유보되나, 규제법규의 제정취지와 목적 및 이로 인해 당사자의 이해관계를 구체적으로 관련시킨 결과가 취소의 원칙적인 곤란함이다. 이해하기 어렵다. 건축행정의 목적실현을 위하여 부득이하다고 인정되는 경우에 비로소 취소할 수 있는 것이 아니라, 법익형량하여 위반건축물의 건축주 등의 이익이 우월하다고 인정되는 경우에 비로소 취소를 간과할 수 있다고 보아야 한다. 행정행위의 '취소'에 관한 법리가 사실상 배제되어 버린 셈인 이 논거에 대한 결정적인 반대논거로서 '事情判決'의 존재를 들 수 있다. 하지만 대법원이 이 사건에서 원심의 각하판결을 아무런 의문없이, 다시 말해 사정판결제도로서 구현된 행정소송법상의 公益條項을 전혀 거론하지 않음은 무척 아쉽다.

한편 대법원은 "위법한 처분을 취소한다 하더라도 원상회복이 불가능한 경우에는 그 취소를 구할 이익이 없다"는 논거에서, 건축허가처분에 기하여 이미 건축공사를 완료하였다면 건축허가처분이 건축법령상의 소정의 이격거리제한에 위반하여 위법하다 하더라도, 원고가 건축허가처분의 취소를 구할 이익이 없다고 판시하였다.[7] 이처럼 건축공사의 완료후에는 인인이 건축허가에 대해 권리구제를 도모하기 곤란한데, 여기에 더해 준공처분의 취소까지 부득이 해야 비로소 시인된다면, 과연 인인은 어떤 방도를 취해야 할 것인가? 이상의 첫 번째 논거의 부당함이 여기서도 증명된다. 그런데 건축공사완료가 위법한 건축허가에 대한 권리구제를 저지하는 식의 논증에 아무런 문제는 없는가? 사정판결제도를 形骸化시키는 셈인 이러한 논거의 부당함과 별도로, 이는 자칫 건축허가와 철거명령의 상관관계를 올바르게 정립하는 것을 저해할 수 있다. 우리 건축법상의 여러 개입수단은 명문으론 등위관계에 있다. 따라서 우리의 경우 허가취소와 철거명령이 단순히 선택적 관계에 놓여 있다. 판례 역시 건축물의 철거를 구하는데 있어서 건축허가처분의 취소가 필요한 것은 아니라 하였다.[8] 그런데 독일의 경우 철거와 사용금지를 목표로 하는 행정처분의 적법성은, 건축허가의 폐지의 유보하에 있다.[9] 요컨대 선행조치를 뒤집는 내용의 조치를 내림에 있어서, 선행조치의 정당성을 당연히 없애야 하기에, 독일의 논의가 그대로 통용되어야 하고, 나아가 건축허가의 의미 · 기능이 다시금 정립되어야 한다.

ii) 두 번째 논거로 건축관련 법규(법령)가 준공처분과 관련하여 인접대지 소유자의 권리에 대하여 특별한 규정을 두고 있지 아니한 점을 제시하는데, 이 논거는 앞서의

---

7) 대법원 1996.11.29. 선고 96누9768판결. 그런데 대법원은 이러한 논거에 입각하여, 뒤의 V.1.iii)에서 보듯이 사용검사처분(준공처분)의 취소의 무의미성을 확인하였다. 동지판례: 대법원 1992.4.24, 91누11131판결. 이 문제는 뒤의 VI.2.에서 살펴보겠다.

8) 대법원 1994.1.14. 선고 93누20481판결.

9) OVG Saalouis NVwZ 1985, 430.

판례를 비롯한 관련 판례가 공히 들고 있다. 여기서 우리가 생각해야 할 점은 과연 우리 실정법상으로 그러한 규정을 담은 법령이 있을까 하는 점이다. 인인에 대한 행정청이나 심지어 건축주의 정보제공을 통해서 인인의 사전절차참여가 보장되고 있는 독일의 대부분의 주 건축법상으로도 인인보호가 명시적으로 부여되지 않는다. 비록 시간적 차이는 있지만, 최근에 '러브호텔'이 (법문제가 아니라!) 격렬한 사회문제가 되어 그 증후군에 따른 건축법의 개정에도 그런 식의 시도가 없었음은 이 두 번째 논거가 의아스러움을 여실히 웅변한다. 그런데 두 번째 논거와 관련지어 검토해야 할 것이 있다. 다름 아닌 준공처분으로 인해 원고가 법률상 이익의 침해를 입었는지 또는 입을지 여부, 즉 준공처분의 취소를 구할 법률상의 이익이 있는지 여부이다. 행정행위의 상대방은 그에 대한 행정소송에서 통상 원고적격이 인정된다는 "수범자이론"(Adressatentheorie)이 제3자효 행정행위의 그 제3자와, 행정청의 거부처분이나 부작위의 그 상대방에게는 통용되지 않기에, 이들의 원고적격여부가 문제의 관건이다. 요컨대 인인이 취소소송을 통한 허가방지청구권을 효과적으로 주장하기 위해선, 보호규범이론의 기준에 따라서 개별적으로 위반된 법규정이, 그 청구권을 제기하는 인인에게 유리하게끔 제3자 보호적 효과를 발휘하는가가 관건이다.[10)]

iii) 준공처분(사용승인처분)이 취소되더라도, 건축주가 건물을 적법하게 사용할 수 없게 되고 건축물에 대하여는 준공 이전의 상태로 돌아가는 데 그칠 것이라는 세 번째 논거 역시 유사 판례에서 늘 등장하는 일종의 공식(Formmel)이다. 예컨대 대법원은 앞서의 1996.11.29.의 판결(96누9768)에서 "사용검사처분(준공처분)의 취소를 받는다 하더라도, 그로 인하여 건축주는 위 건물을 적법하게 사용할 수 없게 되어 사용검사 이전의 상태로 돌아가게 되는 것에 그칠 뿐이고, 위반건물에 대한 시정명령을 할 것인지 여부, 그 시기 및 명령의 내용 등은 행정청의 합리적 판단에 의하여 결정되는 것"을 원고적격부정의 한 이유로 적시하였다. 건축법 제18조상의 사용승인처분(준공처분)이 무엇보다도 신고대상건축물에 대한 유효한 제어장치인데, 이러한 논증에 의해서 그것이 유명무실화될 우려가 있다. 그밖에도 여기에는 법원의 심리범위를 넘어섰다는 결정적인 의문점이 있다. 비록 원고가 추구하는 궁극의 목적이 행정청의 철거명령에 의해서 실현될지라도, 이는 추후의 문제이다. 그리고 준공처분에 대한 취소소송에서 원고적격여부를, 후속의 조치의 成否를, 그것도 그 조치의 재량적 성격을 가미하여 판단함에 적잖이 혼란스럽다. 그리고 이처럼 법률문제에 대한 법원의 심리범위를 일탈하

10) 엄밀히 보아 건축법상의 인인보호를 논함에 있어선, 공법적 인인보호의 주관적 성격을 인인의 기본권과 보호규범론에 의거한 개별법상의 인인보호 차원에서 먼저 살펴보아야 한다. 이에 관해선 후술할 2. 개입수권규범에 관한 오해 문제에서 함께 검토한다.

면, 결국 준공처분에 대한 행정소송이 무의미해질 우려가 있다. 한편 이러한 논증을 원고적격이 아닌 '권리보호의 필요'(협의의 소의 이익)에 끌어들이더라도 동일하게 여겨진다. 가령 원고가 그의 청구목적을 더 용이한 방법으로 달성할 수 있는 때에는 권리보호의 필요가 부인되나, 민사적 구제보다는 공법적 구제가 인인보호에 더 유효함을 간과해선 아니 된다.

2. 개입수권규범에 관한 오해 문제

대법원은 우선 건축법상의 위반건축물에 대한 시정명령에 관한 규정에 따라 필요한 조치를 할 수 있는 대상임을 시인한 다음, 그렇지만 원고가 피고에게 직접 그 개개의 행위에 대한 시정조치를 요구할 수 있는 법규상 또는 조리상 인정되는 신청권이 없으며, 그에 따라 피고에게 그 신청에 대하여 일정한 처분을 하여야 할 법률상 의무도 없음을 분명히 하였다. 아울러 대법원은 1996.1.23.자 판결(95누1378)에서, "도시계획법, 건축법, 도로법 등 관계법령상 주민에게 도로상 장애물의 철거를 신청할 수 있는 권리를 인정한 근거 법규가 없을 뿐 아니라, 조리상 이를 인정할 수도 없다"고 동일하게 판시하였다. 앞서의 두 번째 논거에 대한 의문에서처럼, 이러한 법현실호도적 논거가 부당함은 多言을 요하지 않는다. 논의의 착안점은 바로 건축법 제69조 등과 같은 현행 개입수권규범을 바르게 규명하는 것이다. 자세히 말하자면, 隣人法을 위반한(다시 말해 隣人權을 침해한) 상태를 적극적으로 제거하도록 행정청에게 일러주려는 자신의 목적을 위해서, 인인이 개입수권규범을 매개로 하여 행정청의 진압적 개입권능을 동원할 수 있는지 여부와 그것의 정도에 초점을 맞추어야 한다.

i) 인인의 보호청구권을 효과적으로 주장하기 위해선, 보호규범이론의 기준에 따라서 수권규범 그 자체가 직접적으로 혹은 개별적으로 위반된 법규정이, 그 청구권을 제기하는 인인에게 유리하게끔 제3자 보호적 효과를 발휘하는가가 관건이다. 앞서의 수권근거는 우선 행정청을 위한 행위가능성(행위의 가능한 수단)만을 의미하고, 포괄적으로 건축물의 공법합치성 즉, 단지 객관적인 법만을 목표로 삼는다. 따라서 우리 건축법 제69조상의 개입수단 그 자체에는 결코 일반적 · 포괄적 인인보호가 부여될 수 없다. 즉, 개입의 수권규범의 존재만으로 행정청에 대한 청구권이 인인에게 자동적으로 부여되지는 않는다. 하지만 이 개입수단(수권)은 인인보호규범에 배치되는 상태까지도 포섭하기에, 인인의 보호청구권은 이러한 개입수단(수권)을 통해서 간접적인 방법으로 생겨난다 하겠다.[11]

---

11) VGH Mannheim BauR 1997, 626; OVG Lüneburg NVwZ-RP 1997, 13(14). 생각건대 이 점은 개입수권규범과 인인의 보호청구권(행정개입청구권)의 상관관계를 바르게 설정하기 위하여 결정적으로 중요하다. 우리는 행

(허가)방지청구권에서와 마찬가지로 보호청구권의 경우에도 행정소송법 제12조와 제36조(독일 행정법원법 제42조 제2항, 제113조 제5항)에 따른 행정쟁송법상의 권리구제의 주관적 · 권리적 형상을 유의해야 한다. 수권규범과 그것에 규정된 개입수단의 존재이외에도, 그에 상응하는 인인의 주관적 공권이 요구된다. 따라서 인인보호적 법규정이나 법적 보호이익의 관철과 관련이 있는 경우에만, 개입수권을 바탕으로 하여 인인의 보호청구권이 성립할 수 있다.[12] 즉, 당해 규정이 일반공중과 구분되는 개개의 관련인의 이익에 기여해야 하고, 권리구제를 도모하려는 인인 또한 보호받는 인적 범주에 포함되어야 한다.[13] 앞서 말했듯이, 우리는 물론 독일의 경우에도 건축법상의 인인보호의 범주에 관한 명시적 언급은 극히 드물다. 통상 개개의 규정의 문언과 의미 · 목적을 해석하는 방법으로서, 주관적 인인보호가 그것에서 도출되는지 여부와 그 정도를 결정한다. 참고로 독일의 대부분 문헌은 Finkelnburg/Ortloff의 서술을 좇아서, 일반적 인인보호규범[14]-이것의 위반은 곧바로 (허가)방지청구권 · 보호청구권을 성립시킨다-과 부분적 인인보호규범[15]-이 경우에는 인인법익의 침해 정도가 수인할 수 없거나 · 현저할 것이 요구된다-으로 대체적으로 나눈다.[16]

개입수권규범에 관한 이상의 논의에서 보건대, 우리 대법원의 견해에 따르면, 인인보호란 마치 개입수권규범의 반사적 이익에 불과한 셈이 된다.[17] 비록 독일에서의 논의가 우리에도 전적으로 그대로 통용되긴 어려운 구석이 있다 하더라도, 그들처럼 인인보호 문제를 당연히 개입수권규범과 인인보호규범에 의거해서 검토해야 한다. 이런 입장에서 보자면, 대상 건축물의 위법사유인 지하층 과다표출, 이격거리 미확보, 차면시설 불실과 관련한 법규에 대해서 인인보호적 성격을 부여하는 데 큰 어려움이 없다.

정법학에서 개인적 공권을 논의함에 있어서, 서양의 법문화에 있어서 ius, droit, Recht가 권리이자 법규범으로서의 이중적 의미를 지닌다는 점과, 공법관계에선 사법관계와는 달리 권리와 의무가 대응하지 않음이 원칙이라는 점을 항상 염두에 두어야 한다.

12) Schlotterbeck, Nachbarschutz im anlagenbezogenen Immissionsschutzrecht, NJW 1991, S.2669(2676).

13) 여기서 문제되는 것이 인인개념과 관련해서 임차인을 비롯한 채권적 권리자까지 건축법상의 제3자보호규범의 보호범주에 들어가는지 여부이다. 독일의 압도적 다수와 판례는 건축법규정의 토지관련성을 강조하면서 이를 일반적으로 부정하나, 일부는 주택가치의 상실보다는 건강상의 위험과 같이 오염관련한 보호목적을 지닌 규정의 경우에는 긍정하여야 한다고 주장한다. Vgl. Schmidt-Preuß, Nachbarschutz des "Mieter-Eigentümers"?, NJW 1995, S.27.

14) 일반적으로 택간공한규정이 이에 해당한다.

15) 특히 오염(근린폐해)관련한 보호목적을 지닌 건축법상의 요청이 이에 해당한다.

16) 이는 인인보호규범의 위반과 재량영으로의 축소의 상관관계에 관한 논의에 그대로 통용된다.

17) 독일의 경우에도 1950년대 말까지 프로이센시대의 논거에 전적으로 의거하여 행정개입청구권이 부인되다가, 띠톱판결(Bandsäge-Urteil)이 그것과 그것의 바탕이 된 재량축소법리에 관하여 새로운 지평을 열었다(BVerwGE 11, 95). 동 판례를 Erichsen은 "획기적인 리딩결정"이라 평하였고(VVDStRL 35(1977), 171,210 Fn.236), Bachof는 평석에서 "거의 센세이셔널한 것"으로 평하면서 아울러 선척적 결함에 해당하는 동 판례의 도그마적 취약점을 지적하였다(DVBl. 1961, 128, 129). 하지만 유의해야 할 점은, 동 사건에서 행정개입청구권을 원고에게 인정하진 않았다는 점이다.

그러나 이러한 위반사유만으로 인인에게 주관적 청구권적 지위를 바로 인정하면, 공권력의 집행부전(Vollzugsdefizit)이 초래될 우려가 있다. 여기서 우리는 독일의 대부분 문헌처럼 일반적 인인보호규범과 부분적 인인보호규범으로 나눔을 척도로 삼는다면, 설득력있는 해결책을 도출할 수 있다.

ii) 그런데 인인에게 주관적 청구권적 지위를 인정한다고 해서, 수권규범상 재량을 부여하는 것이 방해받지 않는다. 비록 무하자재량결정에 관한 일반적 청구권은 존재하지 않더라도,[18] 재량규정이 적어도 개개의 관련인의 이익에도 기여하게 정하여진 경우에는 그 규정이 제3자보호를 매개할 수 있다.[19] 그리고 동조항의 재량규범성이 행정개입청구권(인인의 보호청구권)부인의 논거가 될 수 없음은, 동 청구권이 애초에 무하자재량행사청구권을 출발점으로 삼아 재량영으로의 축소를 매개로 성립하게 되는 점이 증명한다.[20] 따라서 대법원의 관련 판례가 개입수권규범의 재량규범적 성질에 사로잡혀 인인의 보호청구권의 원칙적 부인으로 귀결된 점은 하루바삐 시정되어야 한다. 그런데 건축법상의 당해 수권규범이 재량을 부여하는 한, 여기서 인인보호는 우선 무하자재량행사에 관한 청구권에 국한됨을 유의해야 한다. 결국 개입에 관한 진정한 법적 청구권은, 재량이 개별사례에서 인인에게 유리하게끔 '영으로 축소된 경우'에만 예외적으로 고려된다.

VI. 問題의 根源

대법원을 비롯한 모든 법원이 유사한 사안에서 일종의 공식이 되어버린 이러한 입장을 취하는 배경을 논구할 필요가 있다. 이는 관련 판례가 항상 앞세우는 여러 전제적 서술을 통해서 확인할 수 있는데. 첫째로 행정법상의 3극적 관계에 대해 대법원이 소극적 태도를 취한 점, 둘째로 취소를 구할 법률상 이익의 存否의 판단에 취소를 통한 원상회복가능성을 결부시킨 점을, 셋째로 거부처분취소소송이나 부작위위법확인소송에 있어서의 대상인 거부처분이나 부작위를 그 소송에서의 원고적격에 바로 연계시킨 점을 꼽을 수 있다. 이들 문제 그 하나하나가 우리 행정법학으로선 많은 숙고를 요구할 정도로 중요한 것이기에, 여기선 간략하게 기술함에 그친다.

---

18) BVerwGE 39, 235ff.; 45, 197(198f.); 51, 264(267).

19) BVerwGE 39, 235(237); 51, 264(267); OVG Münster NJW 1987, 2695; VG Freiburg DVBl. 1986, 1168f.

20) 인인의 보호청구권(행정개입청구권)의 결정적인 성립요건으로서의 '재량영으로의 축소'에 관한 전반적인 내용은 졸고, 행정재량의 축소에 관한 고찰, 현대공법학의 재조명(김남진교수 정년기념논문집), 법학논집 특별호(고려대학교 법학연구소), 1997, 57면 이하(追論: 행정법기본연구 I. 212면 이하) 참조.

1. 행정법상의 3극적 관계에 대한 대법원의 소극적 입장

과거 대법원이 '연탄공장사건'[21]에서 관련 법규(!)의 인인보호적 성격을 면밀히 검토하여 인인의 권리구제에 새로운 전기를 가져다 준 데 비하면, 대상 판례를 비롯한 많은 유사 사건에서 대법원이 근거규범의 인인보호성을 치밀하게 논증하지 않음은 무척 아쉽다. 그런데 여기서 대상 판례의 원심판결[22]처럼 '건축법'이 건축물의 대지 등을 규정함으로써 공익뿐만 아니라 사익보호도 목적으로 한다는 식의 논리전개는 문제가 있다. 근거법령의 입법목적이나 기조가 해당 근거법규의 성격을 규명함에 있어 충분히 반영되어야 하지만, 근거법령(건축법) 그 자체에 인인보호성을 부여하는 식의 논리전개는 재고가 필요하다. '연탄공장사건'의 원심판결[23]이 건축법 등의 '건축제한규정'으로부터는 사익보호성이 도출되지 않는다고 본 데 대한 반대논거로, 우리 대법원은 관련 규정의 취지를 감안하여 도시계획법과 건축법이 추구하는 "공익의 증진"과, 동시에 주거민의 주거안녕·생활환경과 같은 사익보호의 목적이 그 관련 규정으로부터 도출된다고 분명히 판시하였다. 보호규범(론)에 관한 중대한 오해를 자아낼 우려가 있는 이 같은 논리전개의 비약이 과연 어디에서 연유하였는지를 탐문해야 한다.

그리고 대법원은 종전에 당초의 공사중지명령이 적법한 것으로 확정되었음에도 불구하고, 공사중지명령의 잠정성에 의거하여 공사중지명령해제요구권이 그 공사중지명령에 담겨져 있는 것으로 나아가 조리상으로도 인정된다고 판시하였다.[24] 양극관계와 삼극관계라는 차이점을 감안하더라도 법원의 태도가 상충됨은 피할 수 없다.

2. 취소를 통한 원상회복가능성에 따른 법률상 이익의 存否의 판단

앞에서 보았듯이, 대법원은 1996.11.29.의 판결(96누9768)에서 "위법한 처분을 취소한다 하더라도 원상회복이 불가능한 경우에는 그 취소를 구할 이익이 없다"는 논거에서, 건축허가처분에 기하여 이미 건축공사를 완료하였다면 건축허가처분이 건축법령상의 소정의 이격거리제한에 위반하여 위법하다 하더라도, 원고가 건축허가처분의 취소를 구할 이익이 없다고 판시하였다.[25] 아울러 "사용검사처분(준공처분)의 취소를

---

21) 대법원 1975.5.13. 선고 73누96·97판결.
22) 서울고등법원 1992.10.8. 선고 92구13150판결.
23) 서울고법법원 1973.3.13. 선고 72구558-573판결.
24) 대법원 1997.12.26. 선고 96누17745판결. 동판례의 법리적 취약점은, '공사정지'가 아닌 "공사중지명령"에 대해서 기본적으로 잠정성을 부여함을 바탕으로 논의를 전개한 데서 비롯하였다. 그리고 그보다 더 큰 문제점은 이미 당초의 공사중지명령에 불가쟁력이 발생한 점을 간과한 데 있다. 즉, 공사중지명령의 잠정성에 따른 공사중지명령해제요구권의 인정이 출발점이 되어선 아니 되고, '不可爭的 行政行爲의 재심사'의 측면에서 바라보아야 한다. 追論: 행정법기본연구 Ⅰ, 100면 이하 참조.
25) 대법원 1996.11.29. 선고 96누9768판결; 1992.4.24. 선고 91누11131판결.

받는다 하더라도, 그로 인하여 건축주는 위 건물을 적법하게 사용할 수 없게 되어 사용검사 이전의 상태로 돌아가게 되는 것에 그칠 뿐이고, 위반건물에 대한 시정명령을 할 것인지 여부, 그 시기 및 명령의 내용 등은 행정청의 합리적 판단에 의하여 결정되는 것이므로 건물이 이격거리를 유지하지 못하고 있고, 건축과정에서 인접주택 소유자에게 피해를 입혔다 하더라도 인접주택의 소유자로서는 위 건물에 대한 사용검사처분의 취소를 구할 법률상 이익이 있다고 볼 수 없다"고 판시하였다.

대법원은 이러한 기본입장을 이미 오래전부터 견지하였다.[26] 대법원은 이 입장의 착안점을 "위법한 행정처분의 취소를 구하는 소는 위법한 처분에 의하여 발생한 위법상태를 배제하여 원상으로 회복시키고, 그 처분으로 침해되거나 방해받은 권리와 이익을 보호 · 구제하고자 하는 소송"이라는 데서 구하였다. 濫訴의 저지라는 '訴의 利益'의 본연의 존재이유를 감안하면, 법률상 이익의 存否를 판단할 때 係爭處分의 취소를 통한 원상회복가능성을 고려하는 것은 당연할 수 있다. 즉, 원고의 청구취지가 실제적인 효용이나 실익은 없고 오로지 이론적인 의미만을 갖는다면, '소의 이익' 엄밀하게는 '권리보호의 필요'가 부인된다. 그러나 여기서 우리가 유의해야 할 점은, 이러한 논거가 자칫 기성사실의 존재에 사로잡혀 위법한 상태의 사실상 추인이 될 수 있다는 점이다. 취소소송에서 원상회복이란 위법상태의 배제에서 기인한 것이지, 그것이 특히 그것의 가능성이 위법상태의 배제여부를 가늠할 순 없다. 위법상태의 배제란 취소소송의 본연의 기능이자 목적이 대법원의 오로지 "Sein적 사고"에 의해서 形骸化되어 버렸음은, 그것의 연원이 된 처음의 판례와 그 이후의 것을 비교하면 자명하다. 전자(대법원 1976.1.27. 선고 75누230판결; 1967.10.23. 선고 67누115판결; 1965.5.31. 선고 65누25판결)에 있어서 '권리보호의 이익'이 부인된 것은 행정상의 즉시강제나 행정대집행이 사실행위로서 그 실행이 완료되었기 때문이라 하였다. 반면에 여기서 문제로 삼은 것(대법원 1994.1.14. 선고 93누20481판결; 1993.11.9. 선고 93누13989판결; 1992.4.24. 선고 91누11131판결; 1987.9.8. 선고 86누375판결; 1987.5.12. 선고 87누98판결)은 인인이 위법한 허가처분 또는 준공처분을 다툰 사건이다. '원상회복가능성'이라는 의미를 처음으로 명시적으로 표현한 대법원 1987.2.24. 선고 86누676판결 역시 이미 도시계획사업의 일환으로 보상이 지급되고 철거되어 버린 공장에 대해서 원고가 등록을 신청한 사건이다. 행정개입청구권에 의거한 철거명령발동을 통한 권리구제에 비하면, 허가처분이나 준공처분에 대한 취소소송은 위법사유만으로 충분하기에 인인

26) 대법원 1994.1.14. 선고 93누20481판결; 1993.11.9. 선고 93누13988판결; 1992.4.24. 선고 91누11131판결; 1987.9.8. 선고 86누375판결; 1987.5.12. 선고 87누98판결; 1987.2.24. 선고 86누676판결; 1976.1.27. 선고 75누230판결; 1967.10.23. 선고 67누115판결; 1965.5.31. 선고 65누25판결.

으로선 용이하게 자신의 이익보호를 도모할 수 있음에도, 이처럼 본안심리에 들어가기조차 거부당함으로써 인인보호가 원천적으로 봉쇄된 셈이다. 왜냐하면 최후의 수단인 철거명령을 통한 권리구제는 애당초 무망하기 때문이다. 우리는 여기서 과거 '양극관계'에서 구축된 법리가 '삼극관계'에서 수정·발전되지는 못할 망정 오히려 법치국가원리가 '삼극관계'에서 전혀 구현되지 않음을 확인할 수 있다. 이제 행정법에서 '삼극관계'가 더 이상 특별한 의미를 부여하기 곤란한 일상의 형상임을 하루바삐 자각해야 한다.

3. 소송대상의 논의에 연계된 원고적격여부의 판단

행정개입청구권에 의거하여 철거명령과 같은 개입조치의 발동을 통한 권리구제가 문헌상으론 가능할 법한데, 여지껏 '삼극관계'에서 시인되지 못한 이유가 우선은 그 개입수권규범에 관한 이해부족에 있다(전술). 이 점이 실체법적 이유라면, 쟁송법적 이유는 다름아닌 거부처분취소소송이나 부작위위법확인소송에 있어서의 대상인 거부처분이나 부작위를 그 소송에서의 원고적격여부에 바로 연계시킨 점이다. 즉, 대법원은 시종「국민의 신청에 대한 행정청의 거부행위가 항고소송의 대상이 되는 행정처분에 해당하기 위하여는 국민이 행정청에 대하여 그 신청에 따른 행정행위를 하여 줄 것을 요구할 수 있는 법규상 또는 조리상의 권리가 있어야 하고(대법원 1984.10.23. 선고 84누227판결, 1998.10.13. 선고 97누13764판결 등 참조), 또한 부작위위법확인의 소에 있어 당사자가 행정청에 대하여 어떠한 행정행위를 하여 줄 것을 요구할 수 있는 법규상 또는 조리상 권리를 갖고 있지 아니한 경우에는 원고적격이 없거나 항고소송의 대상인 위법한 부작위가 있다고 볼 수 없어 그 부작위위법확인의 소는 부적법하다(대법원 1993.4.23. 선고 92누17099판결, 1995.9.15. 선고 95누7345판결 등 참조)」라고 판시한다.[27] 우리 판례는 거부처분취소소송과 부작위위법확인소송에서 기본적으로 원고적격과 소송대상을 결부시키는 전제에서 전자에 대한 엄격한 요구를 시발로 한다. 따라서 원고적격여부에 다소 완화된 입장을 보인 예(대법원 1996.6.11. 선고 95누12460판결)도 있긴 하나, 원고적격을 권리침해의 '가능성'으로 바라보는 식으로 기본시각의 변화가 없인, 행정개입청구권이 구현되기란 근원적으로 불가능하다. 행정소송에서 원고적격의 문제는 끝없는 논의의 대상이기에, 이곳에선 본격적인 거론에 앞서 문제의 제기로 대신하고자 한다. 과연 우리 입법에서 행위상대방도 아닌 인인과 같은 제3자에게 일정한 행정행위를 하여 줄 것을 요구할 수 있는 권리를 부여한 예가 있는가? 물론 조리

27) 대법원 1999.12.7. 선고 97누17568판결 등.

상의 권리라는 개방적 개념을 사용하긴 하나 그것이 제3자와 관련해서 인정된 예가 없는 점에서 큰 의미를 둘 순 없다.[28] 먼저 원고적격과 소송의 대상을 바로 결부시키는 법원의 입장이 과연 어디에서 연유하였는지 곰곰이 살펴볼 필요가 있다. 아마도 행정소송법 제2조 제1항 제2호의 "不作爲" 개념정의상의 '일정한 처분을 하여야 할 법률상 의무가 있음'에서 그 단초를 찾을 수 있다고 여겨진다. 여기서의 '일정한 처분'이 특정한 것이어야 하면 그에 관한 '법률상의 의무'가 의미롭지만, 만약 그 어떤 것이면 족할 경우에는 그에 관한 '법률상의 의무'의 존재는 큰 의미가 없다. 왜냐하면 '민원사무처리에관한법률' 제6조 제1항에 의해서 행정기관은 민원사무를 법령이 정하는 바에 따라 다른 업무에 우선하여 처리를 하여야 하기 때문이다. '일정한 처분'에 관해서 후자의 입장에 설 때 비로소, 부작위위법확인소송에서 법원의 심리가 그 부작위의 위법성 여부를 확인하는 데 그칠 뿐이라는 점과, 그 위법확인판결의 취지에는 신청대상처분만을 포함하지는 않는다는 점이 일관되게 받아들여진다. 우리 법원이 원고적격과 소송의 대상을 결부시킨 것은, 행정소송법상의 '부작위' 개념정의를 바탕으로 하여 소송의 대상을 '신청권'에서 바라보기에 당연한 귀결이다.[29] 적절치 못한 행정소송법상의 '부작위' 개념정의가 궁극적으로 행정개입청구권의 일반적 부인이라는 결과를 초래하였다. 이 또한 종전의 양극적 논리로 삼극관계를 재단한 좋은 예의 하나이다.

Ⅶ. 맺으면서

행정법에서 패러다임은 무엇인가? 중요한 것은 패러다임의 의미인데, 일단 어떤 제도나 이론상으로 공동체구성원이 공유하는 틀로 정의내릴 수 있는데, 그렇다면 행정법의 대표적 패러다임은 바로 법치국가원리이다. 따라서 법치국가원리를 구체화하는 데 행정법의 존재이유가 있다. 이러한 입장에서 대상 판례를 비롯한 관련 판례를 보면, 그곳에 우리 행정법학의 발전을 저해하는 결정적인 장애물이 있음을 발견하기란

---

28) 물론 앞에서 보았듯이, 대법원이 공사중지명령해제요구권이 공사중지명령의 상대방에게 공사중지명령의 잠정성에 의거하여 그 자체에서 나아가 조리상으로도 인정된다고 판시하였지만(대법원 1997.12.26. 선고 96누17745 판결). 이 판례의 법리적 취약점과는 별도로 그것이 '양극관계'에서 임을 유의해야 한다.

29) 追論 : 처분성인정(대상적격)의 물음에 원고적격의 물음을 혼입시키는 것이 문제의 시발이고, 비판이 비등함에도 불구하고, 판례는 기조를 변함없이 유지하면서 신청권의 인정범위를 확대하고 있다. 비판의 주요 근거는 실정법상의 처분 개념정의에서 거부처분의 인정과 관련해서 신청권에 관한 요구가 없다는 것이다. 요컨대 거부처분 여부를 판단함에 있어서 원고적격차원의 물음인 신청권의 존부를 연계시킨 것은, 분명 현행 행정소송법체제("84년체제")에선 명문에 반하며, 원고적격의 물음과 대상적격의 물음을 독립적으로 접근하는 것이 체계적이다. 하지만 소송요건의 차원에서 합일적으로 접근하는 것이, 다른 문제점(소송요건에 대한 가능성 견지에서의 접근의 결여)보다 권리구제가능성의 측면에서 치명적이라고 할 순 없다. 왜냐하면 원고적격의 물음을 따로 논하지 않기 때문이다. 기왕의 논의를 한 차원 높여 새롭게 다듬을 필요가 있다.

결코 어렵지 않다. 최근 우리 행정법학은 종전에 경험치 못한 도전에 직면하고 있다. "민원"! 근자에 민원은 공권력의 부재와 부정을 가져다 주어 자칫 행정법을 '프로크루스테스의 침대'로 만들 우려가 있다. 이럴 때일수록 조정자로서의 행정의 임무가 새삼 중요하다. 지금처럼 행정의 임무 방기를 사법에서 제어하지 않으면 과연 사법이 자신의 책임을 다한다고 말할 수 있을지 확신이 서지 않는다. 사법의 적극적인 역할을 소망스럽게 제고시키기 위해서 행정소송법상으로 독일처럼 의무이행소송이 완비되어야 함은 당연하다. 하지만 대상 판례 등에서 간취할 수 있는, 원고적격에 관한 엄격한 아니 묵수적인 태도가 그 이전이라도 바뀌어야 한다. 따라서 소의 제기단계에서부터 원고적격의 유무에 대한 '입증'을 요구하는 듯한 태도는 하루바삐 권리침해의 "가능성"에 초점을 맞추어야 한다.[30] 그리고 기성사실의 원상회복가능성이라는 현상고착적 척도에서 벗어나, 관련 문제를 전체 공공복리차원에서 되새겨 보아야 한다. 사정판결제도가 왜 있는가? 결론적으로 일찍이 Ossenbühl이 행정법의 主觀的 權利化(Subjektivierung des Verwaltungsrechts)의 경향을 행정법체계상의 코페르니쿠스적 전환이라 표현한 점[31]을 상기해야 한다.

* 인권과 정의 제299호, 2001.7., 112면 이하 소수.

30) 김남진, 행정법 I, 2001, 756면.

31) Der., Die Weiterentwicklung der Verwaltungswissenschaft, in: Jeserisch/Pohl/v. Unruh(Hrsg.), Deutsche Verwaltungsgeschichte, Bd. V, 1987, S.1143(1146).

제 6 장

리스크決定과 法治國家的 行政法

Ⅰ. 豫防國家에서의 法治國家的 行政法[1]

핵심적인 여러 원칙(권력분립원리에서 기인한 행정의 법률구속의 원칙, 법률유보의 원칙, 사법심사의 원칙, 행위형식론의 원칙)을 담고 있는 고전적 행정법[2]은 법치국가원리의 구체화로서 생겨났다. 법치국가원리는 다른 한편으로는 그것이 합리성과 심사에 관한 근거로서 질서를 보장한다는 식으로 객관적 측면을 지닌다.[3] 그러나 행정법의 이념이 계몽주의시대에 만들어졌듯이,[4] 법규정에 의거한 행위는 이미 그 이념에서 목적 그 자체로서 여겨지지 않는다. 법규정에 의거한 행위는 대신에 국가권력의 제한이어서 간접적으로 자유보장적으로 영향을 미치는 행정법의 기능에서 추구된다.[5]

---

1) 이 글은 독일 본대학교 법과대학 교수이자 독일 연방헌법재판소 재판관인 Udo Di Fabio 교수의 교수자격청구논문인 "Risikoentscheidungen im Rechtsstaat -Zum Wandel der Dogmatik im öffentlichen Recht, insbesondere am Beispiel der Arzneimittelüberwachung"(1994)의 결론인 제5장을 옮긴 것이다. Di Fabio 교수의 이 논문은 그에 관한 논의의 시발이 아니라, 그 당시까지 축적된 논의를 의약품감시행정에 접목시켜서 관련 문제를 통일적으로 체계화한 것이다. 지금까지도 독일 공법학의 유행테마인 리스크의 법문제를 제대로 이해하고 소개하기 위한 시도의 일환으로서, 이 글을 준비하였다. 본문상의 법률이나 법원은 독일의 것이어서 특별한 부가어를 덧붙이지 않았음을 밝혀 둔다.

2) 보통 다섯 가지 징표가 기본요소이다: 권력분립, 법원의 독립성, 행정의 법률적합성, 행정조치에 대한 사법구제, 국가책임법의 여러 원칙. 공리적 성질을 지닌 행정법상 여러 원리의 핵심요소에 관해선, vgl. Ernst Rudolf Huber, Rechtsstaat und Sozialstaat in der modernen Industriegesellschaft, in: Forsthoff(Hrsg.), Rechtsstaatlichkeit und Sozialstaatlichkeit, 1968, S.589. 追論: 법치국가원리의 의의와 그 구체화에 관해선 행정법기본연구 Ⅰ, 5면 이하 참조.

3) Bleckmann은 법치국가원리가 공법을 구성하는 객관적 측면을 지님을 강조한다. Ders., Vom subjektiven zum objektiven Rechtsstaatsprinzip, JöR Bd. 36(1987), S.1ff.

4) 법치국가원리의 역사에 대해서 vgl. Schmidt-Aßmann, Der Rechtsstaat, in: Isensee/Kirchhof(Hrsg.),

자유를 위협하는 국가를 대비시키는 것이, 오늘날에는 흡사 목가적 인상을 준다. 이러한 대비는 단순한 양극관계에서 성립한 19세기적 구성이다. 아직 그런 것이 극복되진 않았다.[6] 이미 현대 사회국가의 발전으로, 개인적 자유에 간접적으로 영향을 미치는 보증인으로서의 법치국가원리는 정치적인 근대화개념에서 (세찬 것으로 여겨지는) 복리국가적 국가목적의 실현을 제한·유도하기 위한 방어적 지위에 서게 되었다.[7] 안전이란 국가목적의 변천, 즉 전통적인 위험방지로부터 과학·기술의 발전에 대해 엄격히 규정하면서 개입하는 리스크배려·리스크형성으로 바뀐 것과 더불어, 법치국가원리지향적 행정법의 고수와 관련한 의문점은 증폭·확대되었다. 예전엔 근대적인 것이었지만 이제는 고전적인 것이 되어버린 법치국가원리의 양극성이 문제된다.

Schmidt-Aßmann은 법치국가개념이 계몽주의시대이전에는 자유보장보다는 오히려 평화보장과 관련이 있었음을 상기시켰다. "법치국가는 평화를 요구·보장함으로써 안전을 보장하여야 한다."[8] 따라서 법치국가 역시 안전이란 국가목적과 기능적 관계에 있다. 법치국가의 운명은 실제로 이중적 측면에서 안전보장이란 국가목적과 연계되어 있다. 법치국가원리에 부합하고, 효과적이며, 그리고 예상가능한 행위는 그 자체로서 안전의 실체적 보장이다. 이러한 업무의 중요성은 사회의 고도 복잡성속에서 증대한다. 국가가 정한 안전상 요구를 효과적으로 전환가능케 하고, 이를 법규정에 의거하여 유도하며, 법익조화를 달성하는 것과 같은 어려운 임무를, 법치국가는 필연적으로 갖는다. 그 배후에는, 사회의 결정을 특별한 논증적 합리성에 따르게 하고 정연한 논증교환을 가능케 하는 법의 임무도 존재한다.[9] 국가가 안전임무를 여태 존재하지 않는 범위에로까지 확대할 경우, 실체적인 안전임무와 법규정에 의거한 제한임무간에 간극이 나타날 수 있다.

국가는 한층 복잡해지는 과학·기술발전을 조종하였고 조종하여야 한다. 이때 국가의 법적 수단은, 전반적으로 보아 증기기관에 관한 기술적 통제가 국가임무로 되었

Handbuch des Staatsrechts, Bd. I, 1987 §24 Rn.10ff.; Forsthoff, Rechtsstaat im Wandel, 2.Aufl. 1976.

5) Di Fabio, Risikoentscheidungen im Rechtssaat,, 1994, §2 A.

6) 그래서 법치국가이념에 관한 19세기의 논의가, 오늘날에 다시금 부각된 국가의 안전보장과 같은 다른 요소를 전혀 담고 있지 않았다는 사실이 부정되지 않는다고 한다. Schmidt-Aβmann, a.a.O., §24 Rn.13.

급부국가의 수단방법 뿐만 아니라, 법치국가원리의 기능적 보완부문인 개인의 자유와 관련한 발전의 경과에 대해서도 마찬가지의 근심이 있다. "드러나진 않지만 결코 덜 시급한 것은 아닌 위험이, 사회적 복지국가·배려국가로 전개될 성향을 지닌 법치국가에 대해서 생겨난다. 이 사회적 복지국가·배려국가는 모든 이에게 똑같은 생활상의 안정성을 주고자 시도함으로써, 자유 및 생활의 가능성을 과감하게 없애버릴 우려가 있다." Huber, a.a.O., S.572.

7) Schmidt-Aßmann, a.a.O., §24 Rn.11.

8) 가령 Habermas가 주장하는 것처럼 법은 그 자체로서는 논증을 통해 얻어진 정당성에 맡겨지지 않으면 아니된다는 반대의 생각이, 이것과 일치할 수 있다. Habermas, Faktizität und Geltung, 1992. 법의 정당성을 목표로 삼은 법외적 논의에 대한 비판으로 vgl. Luhmann, Das Recht der Gesellschaft, 1993, S.515ff.

9) Denninger, Der Präventionsstaat, KJ 1988, S.1.

던 때와 동일하다. 오늘날 안전이란 국가목적은, 원래의 방어적(수세적) 위험방지가 공세적 형성임무로 될 정도로, 예방적인 것으로 이해된다. Denniger가 표현한 "예방국가"[10]는 슬로건개념으로서 단지 안락한 배려만을 연상시키진 않는 함축(언외의 의미)을 지닌다. 사회발전에 대해 전권한성을 지닌 중상주의적 국가관에로의 회귀는 이미 분명히 드러났다. 그래서 시민적 · 자유주의적 법치국가의 "규범틀"이 "구조적으로 과중하다"고 여겨진다.[11] 국가가 사회의 리스크를 고도의 규준으로 완화하고, 그 리스크의 성립을 저지하며, 리스크의 결과를 제한하는 것을 목표로 삼을 경우에, 이러한 과중한 요구의 경향은 특히 분명해 진다.

사회적 측면에서 과연 리스크개념이 무엇을 의미하는지에 관해 학리상으로 살펴보면,[12] 리스크를 조종하는 국가는 이러한 임무로써, 국가의 법적 행위수단에 도로 직접적으로 영향을 미치는 복잡성 문제를 야기하였다는 점이 이미 드러났다. 복리국가적 정책에 의해서 리스크형성적 정책은 법체계의 "구조적 변화경향"에 대해 영향을 미친다.[13] 예방적 국가행위가 억제적 국가행위보다 더 많이 법적 통제를 면하게 된 사정이 변화의 결정적 이유이다.[14] 하지만 "법적 안정성의 붕괴"[15]에 머무를 순 없다. 오히려 문제는, 행정법의 법치국가적 자리매김을 폐기함이 없이, 행정법이 그 자신의 도그마틱을 어떻게 특별한 소재상의 변화에 상응시킬 수 있는가 이다.

Ⅱ. 行政法의 여러 制度上의 變化

1. (변화의) 유발이유와 도그마틱의 변화

(1) 변화논의의 수준

도처에서 공법의 전통적 도그마틱에 관한 불편함이 지적되고 있다. 과학 · 기술발전의 요청의 측면에서의 행정법의 대처 문제,[16] 일반행정법의 개혁의 불가피성,[17] 행정법적 수단의 결함,[18] 새로운 기술발전에 대처할 법질서의 필연성[19]이 운위되고 있

10) Denniger, a.a.O., S.1(2).

11) Di Fabio, a.a.O., §3B.

12) Vgl. Luhmann, a.a.O., S.561.

13) Grimm, Verfassungsrechtliche Anmerkungen zum Thema Prävention, KritV 1986, S.38(39).

14) Denniger, a.a.O., S.1(3f.).

15) 이는 1989년 독일 국법학자대회의 두 번째 토의주제이다. VVDStRL Bd. 48(1990); Degenhart, NJW1989, S.2435ff.; Ronellenfitsch, DVBl. 1989, S.851ff.;

16) Pitschas, DÖV1989, S.785ff.; Streinz, BayVBl.1989, S.550ff.

17) 4Hoffmann-Riem, Reform des allgemeinen Verwaltungsrechts als Aufgabe-Ansätze am Beispiel des Umweltschutzes, AöR 115(1990), S.400ff.; ders./Schmidt-Aßmann/Schuppert(Hrsg.), Reform des Allgemeinen Verwaltungsrechts, 1993.

다. 논의는 환경법 · 기술안전법 · 제조물법에서 행해지는데, 여러 문제점이 부분적으로 중첩된다. 본 연구는 핵심적이라 여겨지는 교차영역을 리스크결정 개념으로써 부각시켰다. 이러한 시도는, -공통점에 따라 특별행정법의 이질적 영역을 살펴볼 수 있으며, 포괄적인 구조가 명료해질 수 있는- 문제영역을 리스크결정 개념을 통해서 전개하기 위함이다.

원인과 더불어 무엇이 변해야 하는지를 찾아보면, 모호하지만 중요한 점에선 일치하는 답이 주어진다. 원칙적인 측면에서, 객관적으로 나타난 사실은 안전보장적 개입행정의 행위유형이 억제적인 것에서 예방적인 것으로 변하였다는 점이다.[20] 복잡성 증가, 불확실성속에서의 결정강제, (이들과 부분적으로 합치하는) 법률의 조종력 저하가 행정법에서의 변화유발의 이유이다.[21]

동적 적용 · 준용(지시)의 형식으로 법률이 역동화를 행정에 맡기는 것이 중요하고 효과적이라고 여겨진다.[22] 결정을 학술적 전문가에게 옮기는 것 역시 문제점과 변화요소로서 주목을 끈다.[23] 행정법이 개혁되지 않으면, 효과적인 환경보호는 물론, 논란이 되는 행정결정에 있어서 대폭적인 수긍도 달성될 수 없다는 이유를 들어, 행정법개혁의 필요성을 강조하는 논거는 한층 법정책적 경향을 띠고 있다.[24]

Breuer는 환경법을 위해서, 리스크행정의 새로운 윤곽(모습)을 여러 발전경향에서 포착하려고 시도하였다. 그는 다음의 변화를 변화움직임으로 보았다: i) 법익보호가 인간중심적 보호에서 자원경제적 · 생태학적 보호로 바뀌었다. ii) 환경보호가 부분적인 데서 매체포괄적인(통합적인) 것으로 확대되었다. iii) 위험방지에서 리스크배려로 이행하였다. iv (발생한) 오염을 초기에 제한하는 데서 오염배출(Emission)을 미연에 제한하는 것으로 이행하였다. v) 정적 요청에서 동적 요청으로 발전하였다. vi) 일반

---

18) 환경논쟁상의 이러한 질책에 관해선, Breuer, Verwaltungsrechtliche Prinzipien und Instrumente des Umweltschutzes, 1989, S.1.

19) Lukes, Reaktionen der Rechtsordnung auf neue technische Entwicklung, ET1986, S.155ff.

20) 가령, Salzwedel, Rechtsgebote der Umweltvorsorge, in: Nicklisch(Hrsg.), Prävention im Umweltrecht, 1988, S.13ff.; Murswiek, VDStRL48(1990), S.207(211); Breuer, a.a.O., S.15;Rehbinder, in: FS Sendler, 1991, S.269ff.; Lukes,a.a.O., S.155ff. 예방으로 옮기는 것과 계획적 형성간의 상관관계에 관해선, Schreiber, Lufteinhaltepläne. Instrumente einer präventiven Umweltpolitik?, in:Simonis(Hrsg.), Präventive Umweltpolitik, 1988, S.187ff.

21) Murswiek, a.a.O., S.207(211ff.); Hoffmann-Riem, a.a.O., S.400(441f.).

22) Breuer, Gerichtliche Kontrolle der Technik, NVwZ 1988, S.104(109f.); Degenhart, NJW1989, S.2435; Berg, JZ 1985, S.403ff.; Jörn Ipsen, VVDStRL 48(1990), S.177(188f.); Streinz, BayVBl.1989, S.550ff. 追論: 동적 적용 · 준용에 관해선 행정법기본연구 I, 163면 이하 참조.

23) Lukes, a.a.O., 155(158); Hoffmann-Riem, a.a.O., S.400(435f.); Wolf, Leviathan 1987, S.357(365f.).

24) Hoffmann-Riem, a.a.O., S.400(403f.). 수긍이란 관심사 뒤에는 행정정당성에 대한 심기불편이 감춰져 있다. 이런 심기불편은 리스크행정의 새로운 형성권한과 현저한 상관관계가 있다. 이에 관해선, Schmidt-Aßmann, Verwaltungslegitimation als Rechtsbegriff, AöR 116(1991), S.329(338).

적으로 인정받은 기술법칙(Regel der Technik)이란 규준에서 기술의 수준 혹은 학문 · 기술의 수준이란 강화된 요청으로 바뀌었다. vii) 개별화된 비례성심사에서 일반화된 비례성심사로 변하였다. viii) 법개념적으로 엄격하게 확고히 하는 데서 행정에 구체화를 맡기는 경향이다. ix) 전적으로 확정된 행위원칙에서 다소 유연한 행위원칙으로 바뀌었다. x) 단순히 염려없음에 대한 심사(통제)에서 환경법익에 관한 공적 관리로 확대되었다.[25]

이러한 변화는, 그것이 환경법 · 오염방지법에 특유한 것이 아닌 한, 의약품감시법상의 중요사항을 다룬 본 연구에서도 마찬가지로 존재하거나 입증된다. 리스크행정의 구조는 환경법에 국한하지 않는다. 고전적 경찰법의 "리스크사회의 법"에로의 변화로 평가한 Reiner Wolf가 법발전에 관해 서술한 것은 환경법의 영역을 넘은 것이다. 먼저 그는 정적인 법과 동적인 기술발전간의 불일치를 언급하였다[26]; 그러나 그의 고찰의 핵심은 위험방지가 "리스크균형화"로 원칙적으로 변하였다는 사실이다. -위험, 인과관계, 그리고 장애유발자의- 전통적인 책임귀속의 3요소(Zurechnungs-Trias)가 발전되어 가는 "리스크법"에 상응한 형성을 부여하기엔 부적절하다고 Wolf는 지적하였다.[27] Wolf는 위험과 비위험, 적법과 위법이란 이분법적 확정을 통한 입법적 개념구속을, 법률적 형성 · 구체화를 행정에 맡기는 것이 대신한다고 보았다. 그런데 이러한 맡김은 개념상으로 충분히 조종되지 않을 뿐 더러, 시간적으로도 확고하지 않다. 행정법적 결과로 Wolf는 다음의 점을 들었다: 사법통제(심사)밀도의 변화, 규범제정과정을 새로이 조직화할 불가피성, 시한부로 법적 안정성을 보장하는 것, 행정법관계의 탈개별화.[28]

(2) 변화과정이 위험방지에서 리스크형성에로의 확대에 기인함

(가) 대체적인 경향: 위험방지의 앞당김(前置)

본 연구의 성과는 환경법과 기술안전법에서 논의된 이질적 판정이 옳음을, 대상으로 다룬 법영역의 견지에서 그리고 리스크개념의 선정된 문제관점에서 증명한다. 그런데 분명한 원인과 결과귀속에 도달하기가 이제는 가능하다. 공법의 도그마틱에서 더욱 강하게 인식되는 변화과정의 결정적 이유는, 원칙적으로 구체적이고, 개별화가능하며, 개념상으로 확정가능한 위험방지로부터 사회형성적인 리스크배려로 이행된 점에 있다. 이처럼 개입수위의 현저한 저하와 인식규준의 여러 측면에서의 강화로 이

25) Breuer, a.a.O., S.18ff.
26) Wolf, a.a.O., S.357.
27) Wolf, a.a.O., S.357(385).
28) Wolf, a.a.O., S.357(368f.).

행된 점은 개별법상으로 분명해진다. 우선 "위험방지의 앞당김(前置)"이 핵심표제이다. 미지의 위험을 예방적으로 리스크로 예측하고 축소하기 위해서, 법률은 행정으로 하여금 인간적 지식의 한계영역에서 그리고 경험이 부족한 분야에서 대처하도록 한다. 이러한 종류의 리스크 성립요건은 본 논문에서 다룬 리스크행정의 모든 소재에서 즉, 원자력법, 오염방지법, 화공품법, 식물보호법, 유전공학법, 의약품법에서 존재한다. 여기선 일반화될 수 있는 경향이 문제된다. 유전공학법과 같은 새로이 만들어진 법소재상의 우려 · 리스크 성립요건의 증대에서 뿐만 아니라, 화공품법(ChemG)개정이 보여주듯이,[29] (위험방지의) 앞당김을 목표로 삼아 현행 법률을 특별히 강화한 데서도, 이러한 점은 분명하다.

(나) 인과관계에서 가능성관계에로의 이행

앞당김(前置)은 우선 위험방지의 성립요건의 성격에 영향을 미친다. 상황과 경험법칙에 의하여 제한되는 위험의 성립요건이 현저히 불분명한 혐의염려 · 배려의 성립요건으로 되어버린다. 이는 위험방지도그마틱에 있어서 외견상의 단순한 수정에 불과하다. 위험예측의 핵심부분, 즉 일정한 법익에서의 손해발생이 개연성이 있는지(wahrscheinlich) 여부의 확인은 실제로 포기된다. 전통적인 인과관계요구에 의하면, 원인과 그로 인한 손해간에 경험에 비추어서 상관관계가 있어야 한다. 그런데 이러한 인과관계요구를 가능성관계가 대체한다.[30] 가능성의 맥락에서 개연성예측의 요소들은 전혀 다른 모습을 띨 수 있고, 서로 다른 관계를 취할 수 있다. 예측의 이론화는 처음에는 원자력법에서 행해졌다.[31] 그 후 리스크행정의 다른 영역에서 통상적인 것이 되었다. 이런 예측의 이론화를 통해서, 원인 · 효과의 상관관계가 이론적인 · 구성적인 모델로 대체되었다. 그래서 이런 구체적 상황은 물론 경험법칙도 포기되었다. 여기서 이론적인 설명 · 진행모델은 경험적 지식과 보완관계에 놓인다. 그런데 이 경험적 지식이란 인정받을 순 있지만, 늘 틀림없이 명백하진 않다. 특히 의약품법에선, 원인과 손해발생간의 명백한 상관관계가 분명치 않다 하더라도 행정청의 개입권이 시인될 수 있다는 사실이 분명해졌다. 손해발생가능성의 납득가능성과는 무관하게, 약의 처방으로 건강손상의 누적이 발생하는 사실로 충분하다.

(다) 보호법익의 확대와, 손해상관관계에서 타당성(정당화가능성)상관관계에로의 이행

위험판단의 전통적인 인과관계 모델의 해소에서 반영된 위험방지의 앞당김은, 위

29) Di Fabio, a.a.O., §6 C. Ⅱ.

30) 역자 주: 여기서 유의해야 할 점은 독일어상으로 개연성은 수치상으로 발생의 정도가 75%이상은 되어야 하는데 대해서 가능성(Möglichkeit)은 그 정도가 50%정도에 불과하다는 점이다. 본서 495면 주27) 참조.

31) Di Fabio, a.a.O., §4A.

험방지의 보호법익을 규정하는 데도 영향을 미친다. 대체로 위험방지임무에 의해서 포착되는 법익이, 공공안녕(안전)의 개념과 특별법에서 언급되고 있다. 보호법익의 내용은 개괄조항에선 전통적으로 광범하게 파악된다. 특히 개인적 법익을 넘어서 국가와 일반공중의 법익(예: 공공보건)이 "공공의 안녕" 개념에 포함될 경우, 성립요건상의 명료성에 관한 문제점이 생겨난다. 이러한 문제점은 해당 경험이나 특별규정(예: 전염병법)에 의해서 완화될 수 있다. 하지만 예컨대 자연계에 대한 타당치 못한 영향을 목표로 삼는 식물보호법이 규정하듯이(§15 Abs. 1 Nr. 3lit b PflschG), 적용 · 준용(지시)(Bezugnahmen)은 전혀 제한할 수 없는 새로운 법익(예: 자연계)이 도입된다는 식의 의미로 보호법익을 확대시키진 않는다. 손해발생의 상관관계가 가능성수준을 넘어서 확대되어 버림으로써, 더 이상 손해(Schäden)가 문제되지 않고, 입법자가 개념적으로 규정하지 못하는 영향미침(Auswirkung)이 관건이 되어 버렸다.[32] 법률은 오히려 행정청에게 영향미침의 타당성에 관해 판정하도록 맡겼고, 이때 유일한 규준인 과학지식의 수준을 행정청에게 넘겨주었다.

(라) 행정과 편입된 전문가를 위한 협력적 형성임무로서의 리스크결정

위험방지를 리스크에 관한 조기식별 · 완화 · 대처에로 앞당김으로 인해, 국가의 결정주체는 학술적 전문가에 인식론적으로 의존하게 된다. 입법자는 리스크행정을 가로질러서 특히 행정청의 결정을 과학적 또는 기술적 지식의 수준에 결부시킬 경우에, 이러한 의존성을 고려에 넣었다. 헌법상의 권한질서는 원칙적으로 결정을 전문가위원회에 완전히 맡겨버리는 것(즉, 행정결정의 완전한 外注化)을 허용하지 않는다. 하지만 행정청이 전문가표결에 사실상 원칙적으로 구속되는 식의 형상은 실제로 다방면에서 행해지고 있다. 이러한 형상으로 인해 전문가가 행정청에 대해서 단순히 조언을 할 뿐이라는 사고는 더 이상 적절치 않다. 이러한 사실상 구속의 결과(효과)에 대한 의문과, 외부전문가를 결정과정에 편입시키는 것에 대한 의문이 행정법의 대상이 된다. 원자력법, 화공약품법, 유전공학법, 의약품법을 보면 매우 분명해지듯이, 국가의 리스크결정의 현실은 한층 더 외부적 학술적 전문가와 국가의 특별행정청간의 조직적인 협력의 모습을 띠고 있다.[33] 이는, 학문적으로만 접근가능한 리스크사정 · 평가의 한계영역에로 위험방지를 앞당긴 데 따른 필연적 결과이다. 이와 동시에 새로이 실제적 결정권을 지닌 전문가위원회, 외부구속적인 결정권한을 지닌 행정청, 사기업이나 그 밖의 관련자간에 새로이 성립한 법률관계에 대해 깊이 있는 연구가 행해져야 한다.

---

32) Di Fabio, a.a.O., §6 D. Ⅱ.

33) 특히 Di Fabio, a.a.O., §4A. Ⅲ.3.c);§6C. Ⅵ.;§8A. Ⅲ.bis Ⅵ 참조. 그리고 Breuer, Umweltschutzrecht, in: von Münch/Schmidt-Aßmann(Hrsg.), Besonderes Verwaltungsrecht, 1992, S.447f. 참조.

(마) 리스크축소를 법적으로 과하는 것의 역동화

법률적으로 과학(학문)수준에 적용 · 준용시키는(관련시키는) 것은 본질적으로 정적인 것으로 여겨질 순 없다. 과학에 적용 · 준용시키는 것은 원칙적으로 즉, 기능적인 측면에서 법률상의 성립요건징표를 대신하기 때문에,[34] 규범과 개별결정의 존속을 확고히 하는데 영향을 미친다. 실험규범,[35] 수정가능한 한계치,[36] 그리고 잠정적 결정[37]에 대한 필요가 생겨난다. 리스크결정의 역동화와 학문의존성은 상관관계가 있다. 여기에 바로 규범규체화 규칙, 잠정적 행정행위, 비공식적 권고, 그리고 정보제공행위에 대한 실제적인 수요의 원천이 있다.

(바) 리스크결정의 비교의존성

국가의 개입수위가 있을 법한 손해의 범주로 훨씬 더 저하되면 될수록, 학문적 판단에의 의존성 뿐만 아니라, (리스크개념에 내재한) 비교에의 특별한 의존성이 더욱더 분명해진다. 결과적으로 위험(방지)을 앞당긴다는 것은, 아무리 평가해도 부족한 판단상황의 복잡성이 증가한 점을 의미한다. 원인과 손해발생의 메카니즘이 덜 분명하게 증명될 수밖에 없으면, 더욱더 많은 리스크상황이 고려된다. 이미 경찰법에선 어떠한 위험에 대처하는지 여부에 관한 중요한 결정은 재량의, 즉 편의주의의 기본요소에 속한다. 리스크결정에 있어서 이러한 결정의 자유는 개입수권의 요건에까지 이른다. 유전공학법률의 전체구상은 리스크비교에 바탕을 둔다; 화공품법 · 식물보호법 · 의약품법상의 결정은 합리적으로 실현가능한 방법에 의해서 비교형량으로서만 가능하다.[38] 특히 모든 화공품, 모든 유전공학상의 조직변이, 그리고 모든 유효한 의약품은 아무튼 이론적으로 가능한 리스크를 유발하기 때문에, 비교의존성이 존재한다. 단 하나의 리스크모습을 전적으로 선별적으로 고찰할 경우에는, 결과적으로 국가가 어떤 제품에 조치를 취하는 셈이 되고, 그리고 대체제품 자체나 (대체불가능한 경우에는) 해당제품의 결여로 더 크거나 적어도 비슷한 리스크가 초래된다. 과연 사법심사가 비교의 모습을 띠지 않는 개개의 항목별 개별적 심사를 행하여도 무방한지 여부는, 이러한 배경에 비추어 의문스럽게 된다. 이미 오늘날 환경법 · 리스크행정법상의 합리적인 행위는 아직은 초보단계에 있는 Öko비교와 제품분석에 좌우된다.[39]

---

34) 경험, 확고한 정형, 개관가능한 인과관계가 특징인 개연성예측에 갈음하여 복잡한 판단이 행해진다. 이러한 판단은 리스크지식 · 의식상에서 그때그때의 학문적 진전된 바에 좌우된다.

35) 학문적 경험과정이 아직껏 진행중에 있음에도 불구하고 규율해야만 하는 이러한 곤경은 유전공학법의 가결에 있어서 특히 명약관화하였다. 이에 관해선 Di Fabio, a.a.O., §6 B. 참조.

36) 한계치의 문제에 관해선 Di Fabio, a.a.O., §6 C.Ⅵ 참조.

37) Di Fabio, a.a.O., §11C; §12 B.; §12C. 참조. 追論: 졸고, 의약품법의 제 결정에서의 판단여지에 관한 소고(역), 강구철교수 화갑기념논문집, 2007.3., 499면 이하 참조.

38) 이에 관해선 Di Fabio, a.a.O., §10 C.Ⅱ 참조.

39) 독일연방의회의 전문연구위원회(Enguete-Kommission)의 중간보고서 "인간과 환경의 보호-산업사회에서

그러나 위험방지의 앞당김에 내포된 복잡성증가의 결과인 리스크결정의 비교의존성은, 행정법이 반응하지 않으면 안 될 새로운 곤란함을 자초한다. 비교는 선별적 리스크결정상의 恣意를 완화할 것이다. 하지만 어떠한 관점에서 무엇을 비교할지의 선택 즉, 비교의 整序가 확고히 되어 있지 않고, 대신 다시금 학문구속적인 행정결정에 맡겨져 있다. 따라서 리스크결정은 비교가능한 리스크구상(Risikokonzept)을 필요로 한다. 이러한 리스크구상은, 그것의 예견적 성질과 형성의존성에 비추어, 국가적 계획에 흡사하고, 이들처럼 계획수립자의 형성권한을 전제로 한다.

(사) 리스크결정에 있어서 형량

위험방지를 리스크형성에로 앞당김과 함께 개입요건이 불분명하게 된다. 이러한 것의 결과는 효능·리스크의 비교분석, 즉, 손해가능성과 기대효능간의 형량에 의해서 완화되어야 한다. 유전공학상의 조직적출(Freisetzung)의 판정, 식물보호법상의 타당성형량과 특히 의약품법상의 리스크결정, 이 모두는 효능·리스크의 비교 분석에 의존하는데, 이러한 비교분석은 리스크비교처럼 심사하기가 어렵다.[40] 여기에서도 문제되는 것은, 법률가에게 맡겨진 두 가지 법익간의 형량이 아니라, 주지와 미지간의 형량 다시 말해, 더 많은 리스크와 더 많은 잠재효능간의 형량이다. 이 경우 재차 무엇을 어떻게 비교·형량하는지의 선택으로 인하여, 단순한 법률집행이나 경찰법의 비례성형량(고려)보다는 오히려 형성적인 계획결정이 연상된다.[41]

(3) 개입행정의 모델상의 변화

(가) 개입행정의 기본모델

법률상 요구되는 리스크결정의 변위와 결과를 요약하면, 원칙적인 자신의 기본모델을 상실할 우려가 있는 개입행정의 모습이 나타난다. 법치국가적 행정법의 대부가 되었던 개입행정의 패러다임[42]은 위험을 방지하는 국가와 자유를 요구하는 국민간의 법관계를 상정하여 이루어져 있다. 이러한 법관계에서 국민에게는 방어권으로서 주관적 권리가, 국가에게는 개입요건으로서 법률상의 표제가 귀속된다.[43] 말하자면 객관적인 권력분립원리가 이러한 인적 관계에 걸려 있는 셈이다. 왜냐하면 개인적 권리에

의 환경친화적 물질순환을 위한 평가기준과 전망", 1993, S.76ff. 참조.

40) 효능·리스크의 형량에 관해선 Di Fabio, a.a.O., §6 B. Ⅱ.3.C), D. Ⅱ.2.; §7 B.Ⅵ 참조.

41) Breuer는 환경법상의 법률구속적인 허가가 계획과 비슷한 결정으로 변모하였다고 진단하였다. Ders., Redebeitrag, in: Ossenbühl(Hrsg.), Eigentumsgarantie und Umweltschutz, 1990, S.69.

42) Di Fabio, a.a.O., §1A.

43) 이러한 헌법적 모델상의 이율배반에 관해선, Carl Schmidt, Verfassungslehre, 4.Aufl. 1965(Nachdruck der 1. Aufl. 1928), S.126.

관한 개입에 있어 의회의 기본결정이 법률유보에 의해 요구되며, 법률구속행정의 원리가 지배하고(기본법 제20조 제3항), 판례가 공권력에 의한 주관적 권리침해를 저지할 준비가 되어 있기 때문이다(기본법 제19조 제4항). 이러한 기본모델에서는, 행정권한·권능을 확정하는 것, 개입요건을 해석하는 것, 주관적 방어권의 효력범위와 보호범주를 확정하는 것, 법률위반의 효과를 예측가능케 하는 것 모두가 중요하다.

(나) 개입적 위험방지에서 형성적 위험방지로의 이행

위험방지가 국가적 리스크형성에로 이행됨은, 개입행정에서도 법률에 의해서 조종되는 국가와 국민간의 관계의 조화로운 기본체계를 들어내어 버린다. 위험을 방지하기 위해서, 오로지 개별항목별로 그리고 특별한 수권에 의거해서만 개인권리에 개입한다는 국가의 모습이란 극히 한정적으로만 들어맞는다. 개입에서 포괄적인 형성에로의 특유한 변화과정이 발생한다.

리스크행정의 일부로 다루어진 법영역이 지닌 특징은, 국가가 정도의 차이는 있지만 해당 영역(예: 원자력시설이나 유해물질배출시설의 건설과 운영, 유전공학적 연구와 생산, 화공품생산, 농약의 사용, 의약품제도)을 원칙적으로 포괄적인 통제하에 둔 점이다. 배려적 리스크축소에 관해 공명심에 찬 요구를 실현하기 위하여, 포괄적 통제가 필요하다; 하지만 그 통제는 동시에 특히 예측으로서 불가능하다. 왜냐하면 모든 행정청에게 이러한 사회영역의 복잡성과 역동성이 과중하게 지워져 있기 때문이다. 불확실한 영역에서의 예방적 위험방지란, 민간주체에게 광범한 자기책임의 영역을 부득이 하게 맡길 수밖에 없다.[44] 이러한 배경에서 배려적인 국가통제는 대체적으로 행정의 규준설정의 형식으로만 행해질 수 있다. 이 규준설정은 리스크축소의 관점 아래에서 규정된다. 이렇게 해야만 허가·승인요건이 민간주체에게 신청 훨씬 이전에 알려질 수 있게 된다; 동시에 그럼으로써 연구·개발·생산과정이 국가에 의해서 더불어 만들어지게 된다. 위험·리스크요건상의 단선적인 변화(만)를 손댈 것 같으면, 리스크결정이란 새로운 유형을 부인하는 것과 다름없을 것이다. 환경법전초안의 총칙부분에서 추구된 새로운 체계에 의하면, 위험이 존재할 때 국가는 활동할 수 있을 뿐만 아니라 활동하여야 하고, 또한 리스크·혐의(염려)상황에 관해선 재량부여적·위험구속적인 수권이 자유로운 위치를 잡는다. 이러한 체계는 비판적으로 고려되어야 한다. 리스크결정은 법적 수권에 의하여 특별법상에서 제한되어야 하고, 특별한 조직·절차의 유형을 띄

44) 사적 책임의 영역은 의약품법에서 광범하게 부여되어 있다. 즉, 독일 의약품법 제5조상의 포괄적이고 처벌이 연계된(동법 제95조-제97조) 기본의무로부터, 위험화책임을 규정한 동법 제84조까지 이른다. 이와 동시에 전형적인 사실이 바로, 의약품시판을 국가가 허용한다고 해서 처벌이 연계된 사업주의 기본의무 또는 책임요건의 이행이 전혀 영향을 받지 않는다는 점이다.

어야 한다; 만약 리스크결정이 개괄조항으로 정해져 있을 것 같으면, 행정의 적법성원칙이 엄청나게 훼손될 것이다.

(다) 협력적 리스크형성

국가의 리스크행정과 민간의 리스크축소의무의 전형적인 교차가 생길 정도로, 경제주체는 의무를 진다. 국가는 리스크에 책임을 지는 私人을, 행정청과 학술위원회간의 관계에서처럼 협력적인 행정집행이라 말할 정도로, 조직 · 절차면에서 강력하게 편입시킨다. 더욱이 행정청, 독립된 전문가, 사적 피통제자간에 국가적 리스크조종을 분리시키는 것은, 국가와 사회에 의한 행정이란 독특한 혼합형태를 낳는다.[45] 올바르게 Peter Saladin은 국가와 민간의 책임수행의 새로운 교차를 법치국가원리를 구성하는 여러 원칙에 대한 도발로 보았다.[46]

통제가 피통제자(심사객체)로 이행됨은 리스크결정의 복잡성과 불명료성에서 비롯된 직접적 결과이다. 의약품법[47]과 화공품법의 예가 보여주듯이, 행정은 나름의 심도있는 통제로 인해 과중한 부담을 지고 있다; 구조적으로 계속적으로 과중한 부담을 지는 집행부(행정집행기관)가 법률상의 보호목적의 실현을 위태롭게 한다.

리스크조사업무는 의약품법 · 식물보호법 · 화공품법 · 유전공학법에서처럼, 서류심사절차나 신고절차를 통해서 결정적으로 신청자 · 신고자에게 이행한다. 감시하는 행정은 심사규준의 확정, 개개의 조목별 사후요청과 개별심사에 한정된다. 허나 이 뿐만 아니라, 행정은 가령 물질연구보고서를 통한 의약품시장의 선별이 보여주듯이. 리스크사정 · 평가의 체계도 만들고자 한다. 부분적으로 처벌이 부가된 감시의무(예: §5, 95ff. AMG)의 확정과 업무수탁인의 임명을 통해서 사회의 자율통제가 강화된다. 이 경우 원칙적으로 사안조사의무의 (사인에게로의)전환을 근거로 삼아야 하는 한에 있어서는, 행정절차법 제24조의 기본원칙(직권조사원칙)으로부터 벗어나게 된다.

(라) 개입명의와 사적 자유권간의 위상전환

이러한 발전 · 전개가 개입사고의 근본원칙에 아무런 영향을 미치지 않을 순 없다. 더 이상 국가는 자신의 개입을 위한 법적 요건의 충족을 설명 · 입증할 필요가 없다; 개개의 리스크 영역에서 민간주체에 대해 그 자신의 행위의 무해성을 입증하도록 요구된다. 이러한 위상전환의 결과의 하나가 행정절차상의 입증책임의 문제이다. 리스

45) Schmidt-Aßmann, Verwaltungslegitimation als Rechtsbegriff, AöR 116 (1991), S.329(338).

46) Saladin, Verantwortung als Staatsprinzip, 1984, S.161ff.

47) 독일 의약품법에선 행정청의 과중부담에 대해, 특히 동법 제4차 개정을 통해 제조자가 승인신청에 첨부하는 전문가위원회의 판정을 행정청의 기본결정근거로 격상시킴으로써 대처하였다. 알려진 의약품인 경우 행정청은 제약회사가 제시한 감정서를 따르거나, 연방보건성이 다시금 결정근거로 삼아야 하는 반대전문가의 판정을 구해야 한다. Kloesol/Cyran/Feiden/Pabel, Arzneimittelrecht Kommentar, 1990, §25 Anm.70 d.

크행정의 법률관계에선 오늘날 입증책임에 관한 간단한 귀속원칙이 더 이상 설정될 수 없다. 여지껏 국가가 개입요건의 충족을 입증할 수밖에 없는 경우조차에서도 그러하다.[48] 점차 형태를 띠어 가는 협력적 행정절차란, 협력의무를 지는 사인의 관점에서 보자면 협력 개념에 적합해야 할 친근한 의미와는 관계가 없다. 개입모델의 변화는 체계상으론 입증책임문제에 국한하지 않고, 오히려 특히 국가의 허가·승인의 미약한 존속력에 반영된다. 이러한 허가·승인은 개입수위의 저하 때문에 국가감시의 발동에 대하여 전혀 대항할 수가 없다.

(마) 주관적 권리보호의 기능상실

리스크행정의 복합적 법률관계가 판례의 도움에 힘입어 공익과 사익간의 합리적 균형의 사고로부터 벗어남은, 개인권리보호의 패러다임으로써 추구하는 법적 규율과 행정통제의 능력을 저하시킨다. 행정이 입법목적을 억제적으로 집행하는 것이 아니라, 광범한 부분에서 형성적·표준설정적으로 활동하는 경우에는, 관련인이 법원에 대한 호소를 한층 자제하리라는 점은 명약관화하다. 그 이유는, 행정청이 가까운 장래 다른 사안에서 그 회사에 대해 비용이 많이 드는 추가적 심사서류를 요구한다거나 히트친 대상 의약품이 의약품신속정보의 대상이 되어 버릴 때에는, 개개경우에서의 사법적 결과가 제약회사에게 유명무실한 승리로 드러날 수 있기 때문이다. 뿐만 아니라, 새로운 행정유형은 전체적으로 협력에 의거하지 충돌에 의거하지 않는 점도 이유가 된다. 이에 반해서 국외자(제3자)는 의약품법상의 결정에 대한 제소권능을 (그에게) 부여하는 주관적 법적 지위를 일반적으로 갖지 못한다.[49] 이러한 배경에서 국가의약품통제의 중요한 부분은 실제적으로도 단지 사법결정의 박피로 씌워져 있다. 기본권에 기인한 개별적 보호청구권으로써 리스크축소를 위한 예방조치에 관한 주관적 청구권을 인정하려는 그릇된 기도는, 국가의 기본권보호의무에 대해선 일반적으로 단지 객관적인 법적 효과만이 부여된다는 사실에 봉착할 것이다. 법률유보원칙은 물론 원고적격요청까지도, 기본권보호의무를 갖고서 무시할 순 없다. 어떠한 리스크를 어느 정도 심도있게 대처할 것인지에 대해선 정책적 선정이 요구되지 사법적 선정이 요구되진 않을 정도로, 현대사회에서 리스크형성은 우연적이다. 설득력이 있는 보호의무가 유전공학의 경우엔 시인되나, 새로운 전염병요청의 경우엔 전혀 논의되지 않는다. 이러한 사실을 통해서, 대처할 리스크의 선택과 관련한 사회의 지배적 태도에 좌우된다는 점이 드러난다. 보증인적 지위에 있는 국가가 위험으로 응축되는 리스크에 대해서

48) 입증책임에 관해선 Di Fabio, a.a.O., §6D.Ⅱ.3;§8A.Ⅶ 참조. 아울러 Reinhardt, Die Umkehr der Beweislast aus verfassungsrechtlicher Sicht, NJW 1994, S.93ff.

49) BVerwG NJW 1993, 3002.

자의적 방법으로 태만히 방치하거나 명백히 부적절한 보호조치를 취하는 경우에만, 보호의무위반을 인정하여야 한다. 행정법원이 리스크축소를 위한 법률이 기본권적으로 꼭 필요하다고 여겨서 입법할 때까지 일정한 행위가 금지된다고 판시하려고 하더라도, 행정법원으로선 여하튼 기본법 제100조 제1항을 준용하여 헌법재판소에 그 점을 제시하지 않으면 안된다. 입법자로선, 자신의 법률중의 하나가 위헌으로 판시된 경우 뿐만 아니라, –HessVGH의 인슐린생산에 관한 판결에서와 같이– 그 자신이 입법을 강요받는 경우 역시 자신의 입법특권에 대한 간섭인 셈이다.

(바) 개입요건에서 형성의존적인 혐의(염려)요건에로의 변화–법률조종의 변화–

법치국가적 행정법의 진면목에 대해 국가와 국민간의 법관계의 개관불가능과 교차보다 행정의 법적 조종과 관련한 변화과정이 한층 더 심대하게 영향을 미친다. 행정의 법률구속 원칙의 와해는 위험방지란 국가목적[50]의 초실정법적 우위에서 비롯되었는데,[51] 그런 와해가 재량의 형상에 의해 포착되었지만 사실 실제적으론 결코 이루어지진 않았다. 전통적인 경찰상의 개괄조항은 본래부터 이런 행정의 법률구속 원칙의 와해였다. 그래서 위험방지의 리스크배려에로의 확장이란 법률구속 원칙의 통용 문제를 극적으로 표현한 것이다. 손해유발에 대해 어떤 식이든 학문적으로 납득가능한 근거가 있어야 혐의(염려)요건이 충족된다. 그래서 개입수위의 혐의(염려)요건에로의 저하와, 학문과 형성에의 의존성이 불확정법개념의 적용문제를 심화시킬 뿐만 아니라, 이들을 부분적으로 완전히 공허하게 만든다. 그런데 만약 학문적 지식과정에 관한 법적 적용 · 준용(지시) 예컨대 법외적 사정과 모델에 관한 동적 적용 · 준용(지시)이 중요한 리스크결정에 있어서 원칙이 아니라면. 혐의(염려)요건 역시 이전의 위험요건처럼 판례를 통해 시간이 가면서 구체화될 수 있을 것이다. 리스크판단의 역동성으로 인해, 불확실한 법적 목표준칙이나 법률가가 더 이상 밝힐 수 없는 구성요건적 징표가 성립하는데, 이는 전문가위원회의 구체화활동에 의해서만 적용가능하게 될 수 있다.[52] 개입요건을 학문적 논쟁의 장으로까지 앞당김은, 리스크결정의 중요한 불명료성을 초래한다. 이 경우 입법자와 행정은 인식론적 부족을 알게 된다.

위험요건이 가능성예측으로 변화함, 손해(발생)가 예상가능한 것에서 부분적으로 영향미침을 의미하는 이론적으로 가능한 것으로 저하됨, 학문 · 비교 · 형량의존성, 그리고 리스크결정의 역동성으로 말미암아, 적어도 전통적인 도그마틱을 지닌 법률체계

50) 위험방지란 국가목적의 특별한 역할에 관해선 Di Fabio, a.a.O., §2C와 D 참조.

51) 개괄조항에 대해선 이미 일찍부터 이의가 제기되었다. Hedemann, Die Flucht in die Generalklauseln, 1933.

52) Lange, Staatliche Steuerung durch offene Zielvorgaben im Lichte der Verfassung, VerwArch. Bd. 82(1991), S.1(13).

가 그것의 정의력의 한계에 명백히 달하지 않았는가 여부의 물음이 제기된다. 자세히 고찰해 보면, 이상과 관련한 의문점은, 리스크결정의 명확성이 원칙적으로 상실된 점에 집약된다. 비록 불확정법개념으로서 "공공의 안녕에 대한 위험"이란 개념구성에 대해 많은 해석이 가능할지라도, 인식유도적 원칙이란 의미에서 하나의 올바른 해석이 고수될 수 있다. 효능 · 리스크의 대조는 위험예측을 대신하며, 그 요건이 이례적으로 많고, 평가에 의존적이다. 이런 효능 · 리스크의 대조는 이미 그 구조상으로 다른 대안이 없는 법해석이라고 더 이상 여겨질 순 없다.[53]

2. 행정법도그마틱에 대한 결과

(1) 법률구속의 완화 및 통제(심사)규준의 변화

체계로서의 법은 사항적 한계를 갖지 않는다. 모든 사회현상, 더군다나 모든 국가활동은 적법성통제하에 있을 수 있다. 개별법적 규율이 없거나 이들이 공허한 것으로 드러날 경우, 법해석자는 스스로든 일반적인 법 · 헌법원칙을 원용해서든 규준 자체를 만든다.[54] 행정법의 여러 제도의 성립이나 이들 제도의 국가책임법의 부분(영역)은 이러한 판례적 · 학문적 법창조과정의 예이다.[55] 따라서 리스크결정에 관한 판단 역시 법 그 자체를 한계에 달하게 만들 순 없고, 오로지 여태까지의 통례적인 통제규준만을 한계에 달하게 만들 수 있다.

국가목적이 위험방지에서 형성적 리스크배려로 확대되면, 분명한 사실은 공법적 개입모델이 민감한 사항에서 발해진다는 점이다. 전통적인 법률유보의 요청에 의거해선 국가개입이 필요한 범위에서 의회에 의해 더 이상 사전에 확정될 수가 없다. 따라서 행정결정 또한 더 이상 적법성원칙의 요청에 의거해서 판례에 의해 통제될 수가 없다. 오히려 법률유보, 법률우위, 비례원칙 그리고 기본권통제로 이루어진 행정법상의 심사체계에서, 적법성의 측면까지 심사되어야 할 개입이 도대체 어디에 존재하는지가 한층 불분명해진다. 리스크조종적인 행정현실을 살펴보면, 분명히 드러난 사실은 개별조항상으로 행정행위를 통한 확고한 개입이 중요한 역할을 하지 못한다는 점이다.

---

53) 리스크를 예상가능한 효능과 손해에 비추어 인식론적으로 불확실하게 평가할 경우에는 원칙적으로 더 이상 명료성요구가 고수될 수 없다는 점은, 이미 법밖에서도 Luhmann이 진단하였다. Luhmann, Ökologische Kommunikation, 3.Aufl., 1990, S.139f.

54) 새로운 체계론에 바탕을 둔 연구는, 이러한 것을 자기복제적으로 기능하는 체계를 위한 요건으로서 이해된다. 법규준을 법학적으로 규정하는 것은 결정활동을 위한 제안으로 여겨질 수 있다; 판례를 통한 법규준의 인용이란, 필요한 법적 구속효 및 인정을 그 제안에 부여한다. Teubner, Recht als autopoietisches System, 1989, S.52f.

55) Mussgnung, Das allgemeine Verwaltungsrecht zwischen Richterrecht und Gesetzesrecht, in: FS der juristischen Fakultät Heidelberg, 1986, S.203ff.

오히려 규율기술상으로 최고로 이질적인 행정조치의 전반이, 리스크영역에서 활동하는 기업의 자유권과 관련 국민의 객관적 보호권을 제한하거나 실현하도록 도와준다는 점이 분명해진다.[56] 이러한 사실은 특히 리스크조사의 경우와 정보행위를 다루는 경우에 분명해졌다.

복잡한 행정결정의 이러한 변화유발에 대해서, 공법 도그마틱은 지속적인 두 가지 대응을 하였다. 첫 번째 대응은, 적법성 원칙에 관한 요청을 포기함이 없이, 법률적 조종과 개입중심적 권리보호를 판단여지론을 통해서 완화하는 것을 받아들이고자 한다. 두 번째 대응은, 행정절차에로의 바꿈을 강조한다. 지식의 한계영역에선 전문가위원회만이 관여하고 평가하면서 확정을 지을 수 있다는 이유에서, 행정결정이 법이성적 관점하에선 더 이상 충분히 판단내려질 수 없을 경우에는, -전문가의 선정과 독립성, 결정절차, 그리고 발한 결정의 이유제시에 관해 특별한 요청이 설정될 정도로- 축소된 실체통제(심사)의 보완책이 규정되어 있어야 한다.

(2) 판단여지와 리스크형성

불확실한 영역에서의 느슨한 개입조항을 지닌 법률이 학술적 전문가의 중요한 참여하에 결정을 발견하도록 하는 특별한 과정을 규정한 경우, 그 법률은 전통적인 해석모형에 따른 완전한 사법심사를 허용하는 실체법적 규준이 되지는 못한다. 이러한 점을 규범에 대한 엄숙주의(Normrigorismus)라고 해서 감출 순 없다. 이러한 배경에서 행정법과 판례는 행정의 변화된 법률조종에 대처해야 한다. 이 경우 판단여지론은 전개의 끝이 아니라, 전개의 시작이다. 리스크행정의 법률관계에선 이러한 도그마적 제도에 관한 평가가 뒤바뀐다는 점이 중요하다. 판단여지론을 더 이상 행정의 결정자유영역을 위한 시그날로 오해하여선 아니 된다; 재량결정의 경우에는 이미 오래 전에 그러하듯이, 이 개념은 오히려 사법통제의 다른 특질을 보증한다.

원칙적인 측면에서, 학문적 지식형성에서의 형성개방적 리스크결정이 행정에게 맡겨져 있어야 판단여지의 인정이 고려된다. 수권 · 거부요건에 있어서의 학문에 대한 적용 · 준용(지시)과, 특별한 결정절차의 법적 설정이 두드러진 특징이다. 그런데 이런 특별한 결정절차에선, 전문가의 판정이 법률상의 원칙적 구속을 발생시키거나(사실적 구속), 방법상 · 이익상의 다원화가 제도화되어 있다. 또한 행정이 법률하위적 규범(예: 행정규칙)으로써 리스크표준화를 행한다는 법률상의 예정이나 본질적인 필연성 역시, 법률적으로 의욕된 판단여지에 관한 중요한 증빙이다.

56) 이러한 점은 행정결정에 사전에 영향을 미치는 선정연구보고서의 경우에나, 국가의 정보행위의 개입수위를 정하는 문제의 경우에도 이미 분명해졌다. 이에 관해선 Di Fabio, a.a.O., §14C. Ⅲ과 §15D. Ⅲ참조.

(3) 행정청에 대한 의무부여로서의 판단여지

판단여지가 인정된다고 해서, 법관의 통제밀도가 결코 모호하게 그리고 법치국가원리에 비추어 거의 공포를 불러일으킬 정도로 줄여지진 않는다. 법적 판단수권의 확정은 오히려 행정청의 이유제시와 설명의 부담을 증대시킨다. 구속력 있는 법률해석의 법률상의 여지가, 권능으로서 행정에게 부여되기보다는, 법률구체화가 맡겨짐으로써 일종의 의무로서 행정에게 과해진다. 특히 리스크결정에 관한 원칙적인 고려를 통해서 분명히 드러난 사실은, 결정자 스스로에게 이처럼 행위를 특별히 맡기는 것이 리스크를 담고 있다는 점, 그리고 그 결정자가 도움받을 가능성이 거의 없기에 그 자신이 결정을 내리게 될 수밖에 없다는 점이다. 개개의 경우에 있어서 리스크포착·평가의 기준 그 자체를 확정하는 것이 법원의 임무는 아니지만, 법원으로선 행정에 대해 수긍가능한 리스크사정·비교의 제시를 요구할 수 있거니와 또한 요구하여야 한다. 재량결정에서와 비슷하게, 행정여지의 경우에는 이유제시의 수고가 증가한다. 사법통제의 범위와 모습에 미치는 결과에 비추어 보건대, 재량, 계획상의 형성자유 그리고 판단여지간에는 차이점이 거의 불분명하다. 구상에 맞춰 형성할 의무를 지는 경우이기도 한, 행정의 형성자유의 경우를 도그마적으로 통일화하는 것이 체계상으로 유익할 것이다.

리스크결정의 복잡성 때문에 행정이 이미 자신의 조사임무를 줄일 수밖에 없는 경우에, 법률이 그것의 형성적인 집행을 신청자, 행정청과 전문가의 세 부분에 맡겼다는 점에 맞춰서, 법원 역시 이미 내려진 결정을 법적용의 재현을 통해 심사하기란 더 이상 불가능하다. 하지만 사법통제가 개략적으로 되지 않도록, 법원으로선 발해진 행정결정과 관련해서 제기되는 이유제시, 예증 그리고 (비교를 허용하는 행정청의 구상의 맥락에서의) 수긍가능성의 측면에서의 요구를, 판단수권에 있어서 강화해야 한다.[57] 이러한 점은 특히, 법률이 비교와 학문의 강한 영향을 받는 효능·리스크의 형량을 행정에게 맡긴 경우에도 통용된다. 형량개념을 사법상의 형량경험의 대상과 너무 성급하게 동일시 여기지 않는 것이 좋다: 리스크법관계에서 형량은 너무나 구상·형성에 의존적이어서, 전체적 구상에 의거함이 없이는 그 형량이 사법상의 개개결정을 통해선 충분하게 수긍될 수가 없다. 대신에 행정은 이러한 영역에서, 형량의 중요한 요소를 명료하게 드러내고 그 이유를 수긍할 수 있게끔 적시할 의무를 진다. 그래야만 법적으로 맡겨진 행정의 형량여지를 인정하는 데 아무런 의문점이 없다.

---

57) 리스크평가요소를 명료하게 설명하는 의미에서의 이유제시의 필요성 증대는, 보완적인 법적 합리성의 중요한 기능이 된다. 국가의 이유제시의무에 관한 일반적 이해에 관해선, Lücke, Begründungszwang und Verfassung, 1987. 참조.

(4) 판단여지론의 장래

국가임무가 위험방지에서 형성적 리스크배려로 바뀐 점은, 법률에 의해서 조종된 행정이란 전통적 체계에는 부합하지 않는다. 법률구속에 관해 기능에 적합한 새로운 이해를 얻고자 하는 행정법의 노력이 필요하다. 판단여지론은, 적법성요청, 권리구제보장 그리고 기능상의 요청을 균형적으로 리스크행정의 결합시키는 데 적합한 틀로 여겨진다. 비록 판단여지론 자체가 구체적인 개별경우를 해결하는 데 직접적으로는 덜 기여할지 몰라도, 또한 판단여지론이 띨 구체적 모습과 무관하게, 그리고 법적 판단수권을 인정하기 위한 요건의 구체화와 무관하게,[58] 판단여지론의 핵심적 중요성은 아무리 높이 평가해도 부족하다. 판단여지론의 특별한 가치는, 바로 개별결정과 규범적 리스크기준설정의 합체를 나타냄과 아울러 확고히 함에 있다. 이런 점은 특히, 규범구체화규칙을 행정의 행사된 판단수권으로 여길 경우에 비로소 행해질 수 있다.[59] 그렇다면 제품심사를 규율하거나, 리스크요소를 자세히 정하거나, 일반적인 리스크평가를 수행하는 행정규칙은, 리스크구상을 위해 가능한 형식이다.

(5) 행사된 판단수권으로서의 규범구체화규칙

행정집행에서의 학문적 구체화 · 기준설정 · 평가없이는 이루어지지 않는 법률조종이란 문제가, 행정법의 法源의 분야에서 제기된다. 입법의 부담이 학문적으로 강화된 행정부에로 옮겨감은, 입법자와 행정법학으로 하여금 사고전환을 가져다 준다. 특별법과 행정실무는 오래전에 중간규범층을 만들었다. 이 중간규범층은 행정법의 독립된 행위형식으로 인정되어야 한다. 규범구체화규칙은 法源論이란 단정스러운 가문의 私生兒(Bastard)가 아니라, 판단여지란 도그마적 형상의 嫡子이다. 규범구체화규칙은 내부법상으론 규범이고, 대외적으론 규범적으로 행해진 판단권한이다. 외부효와 구속효는 판단여지론의 원칙에 따른다. 이 외부효와 구속효는 학계전문가가 명백히 잘못 결정을 내렸다거나 학문적 지식과정이 규범적 확정에서 누락되었다는 식의 심각한 의문이 존재하지 않는 한, 법원으로 하여금 존중만 하게끔 한다. 따라서 규범구체화규칙이란, 역동적인 학문에의 적용 · 준용(지시)을 담고 있는 법률에선 당연히 요구되는 행위형식이 된다. 규범구체화규칙은 꼭 필요한 실험법에 해당한다; 그것은 규범적으로 확고하나 여전히 수정에 맡겨져 있다.[60] 어떤 규범이 법치국가원리적으로 의문스럽지 않을 정도로 견고함은 헌법상의 현행규범(체계)의 定員制(numerus clausus)에서 비롯한다. 그런데 역동적인 리스크형성의 영역에선, 규범상 잠정적으로 확정된 리스크사

58) 논의수준에 관해선 Di Fabio, a.a.O., §10B 참조.
59) Di Fabio, a.a.O., §14C.Ⅲ참조.
60) 이에 관해선 Di Fabio, a.a.O., §14C. Ⅰ과 Ⅲ 참조.

정의 법적인 수정가능성과 더불어 定員制에서 비롯된 견고함의 수준을 함께 무제약적으로 실현시킬 수 있는 왕도란 존재하지 않는다.

(6) 법률유보의 이행요구의 맥락화

원칙적인 관점에서, 이제까지의 법률유보가 복합적 행정결정을 위해서 수정을 필요로 하지 않을까 여부의 물음이 중요하다. 형성적·협력적 개입영역을 위하여 입법적으로 펼쳐진 여지가 개별조항상의 국가개입을 대신할 경우에, 개별조항상의 개입상황을 위한 법적 정당화의 부담이 어차피 점점 더 불확정하게 되는 개입요건에만 더 이상 과해질 순 없다. 한편 충분히 구체적인 개입요건을 설정할 의무가 입법자에 대해서 완화될 수 밖에 없는 경우에는, 사람들은 법치국가적 법률유보와 개별법상의 행정현실간의 불일치 혹은 심지어 핵심적인 리스크행정소재의 위헌성을 받아들이려고 하지 않는다. 그러나 다른 한편으론 입법자가 법익형량의 기본윤곽을 미리 정하고,[61] 행정의 결정자유여지를 명확히 하며, 행정절차상의 결정발견의 최소요건을 법률적으로 규정하며, 그리고 전문가위원회의 충분하게 투명한 참여를 위한 조직요건을 정한 경우에만, 복잡한 행정결정에 있어서 법률유보가 충족될 수 있다. 헌법상으로 요구되는 법률유보는, 더 이상 개별적 개입수권에 의하여 충족되기보다는, 형량지침과 조직·절차규정으로 이루어진 同調된 규범체계에 의하여 충족된다. 법률유보이행의 요구를 그런 식으로 맥락화하여 충족시키는 것은, 개입행정에서 고전적 법률유보가 퇴보하고 개별적 개입이 결합적 개입영역에 포함되는 경향에 대해 당연히 요구되는 反作用이다.

특별법상의 개입맥락이 성립하는 곳에선, 비의욕적인 기본권개입을 위해, 현존한 법적 수권이 쉽게 시인될 수 있다. 의약품의 신속정보제공의 예를 통해서, 그러한 리스크조사형태가 법적으로 의욕되고, 그러한 한에 있어서 법률의 전체 상관관계가 리스크조사를 수행함에 있어서의 비의욕적 개입을 위한 충분한 수권이 된다는 사실이 명백해졌다.[62] 환경·리스크행정법상으로 (행위)수단이 점증함에 직면하여, 맥락적 사고는 법률유보를 넘어서 비례원칙을 위해서도 유망할 지도 모른다.

(7) 쟁송상의 본안판결요건의 수정

이런 상황에 직면하여, 공법 도그마틱으로선 사법구제가 본안판결요건의 체계에서

---

61) 여기에서도 입법자가 계획지도원칙과 최적화명령을 통해서 형성의 윤곽을 먼저 제시하는 계획법과의 유사점을 볼 수 있다. Vgl. Hoppe, Die Bedeutung von Optimierungsgeboten im Planungsrecht, DVBl. 1992, S.853ff.; Steinberg, Neue Entwicklungen in der Dogmatik des Planfeststellungsrechts, DVBl. 1992, S.1501ff.

62) Di Fabio, a.a.O., §15D. Ⅲ. 5. b) 참조.

어떻게 보장될 수 있는지의 물음에 대해 답해야 한다. 개입이 분명한 윤곽을 상실한 경우, 즉 리스크표준화가 구체화권능을 지닌 행정의 구속적인 행위로서의 성격을 지닌 경우, 개인적 권리와 관련한 행정의 형성영역에서 규범구체화규칙의 발함 · 폐지를 지향하는 개인적 쟁송수단이 필요하다.[63] 행정법원법 제47조는 물론 제44조a도 이러한 불가피성을 목표로 삼지 않는다. 따라서 이들 조항은 권리구제문제의 해결에 그다지 기여하지 않을 수 있다.[64]

(8) 행정절차

때때로 새로이 발견된 것처럼 영향을 미치는 행정법의 한 범주로서의 행정절차는 본 연구에서 독립된 중요성을 갖지 못하였다; 그 주제는 문헌상으로 이미 광범하게 다루어졌다.[65] 절차를 통해서 리스크결정의 복잡성문제가 해소되리라고 주장되는 한에 있어서, 몇 가지 오해가 제시되었다. 특히 실제적으로 결정을 내리는 셈인 자문위원회에 대해 요구되는 사회세력상의 다원화는, 이미 나타난 법적 통제의 상실의 측면에서 유혹적이라 여겨지나, 혹시 합리성 문제를 첨예화시킨 데 지나지 않을 수 있다. 리스크결정의 범주에서 법적으로 부여되거나 예상된 학계전문가의 역할이란, 학문적 응답을 하기 위해 당연히 필요한 전문가가 문제되는 경우에만 정당화될 수 있다. 이와 동시에, 이러한 것은 개별법상의 임무를 입법자의 의사에 좇아서 수행하기 위하여 법치국가적으로 불가결한 반작용에 해당한다. 입법자가 학술적 전문가를 넘어서 단체이익에 따라 가늠되는 위원회의 다원화를 예정할 수 있다[66]; 그러나 어떠한 헌법적 근거에서 입법자가 그렇게 할 수밖에 없을지는 분명하지 않다.[67] "이익이 최대한도로 충족 · 조화되도록 결정절차를 구성한다"[68]는 것은 유토피아이다. 그럼에도 불구하고, 유전공학법에서 볼 수 있듯이, 순수한 전문가위원회에 사회집단의 정통한 대리인(대표자)

---

63) Burmeister, Grundgesetzliche Verfahrenssstrukturierungsgebot komplexer Verwaltungsentscheidungen, UTR Bd. 5(1988), S.121(152f.).

64) 상세는 Di Fabio,a.a.O., §15D. Ⅲ. 5. b)와 d) 참조. 책의 각주에는 3으로 되어 있지만 논문의 전체 내용에 비추어 오자인 듯 싶다(역자).

65) Vgl Lerche/Schmitt Glaseser/Schmidt-Aßmann, Verfahren als staats-und verwaltungsrechtliche Kategorie, 1984: Pitschas, Verwaltungs verantwortung und Verwaltungsverfahren, 1990; Hufen, Fehler im Verwaltungsverfahren, 2. Aufl. 1991; Hill, Das fehlerhafte Verfahren und seine Folgen im Verwaltungsrecht, 1986.

66) 적어도 전문가를 이익대표자보다 우위에 두는 것이 견지되는 한, 이러한 사실은 의문스럽지 않다. 화공품법상의 '위험물질위원회' 가 이와 관련한 의구심을 자아낸 듯 싶지만, 어떠한 결정은 독일 학술회의 소관위원회의 표결을 바탕으로 내려지지 위험물질위원회가 구속적으로 그것을 내리진 않는다. 그렇다면 이러한 의구심은 정당하지 못하다. 법적인 의문점에 관해선 Finkelnburg, Kritische Anmerkung zur Gefahrstoffverordnung, UTR Bd. 3(1987), S.239(240) 참조.

67) Di Fabio, a.a.O., §9C. Ⅲ. 2. b) 참조.

68) Denninger, Verfassungsrechtliche Anforderungen an die Normsetzung im Umwelt- und Technikrecht, 1990, S.124.

중의 소수를 추가하지 않아야 할 것인지 여부는, 법정책적으로 고려할 만하다.[69]

특히 법치국가원리적 근거는, 행정결정과정을 실체적으로-통제기능이상을 수행하면서-사회적으로 다원화하여야 한다는 요청을 반대한다. 진리란 가능한 광범한 사회대변자와의 가능한 개방적인 논의에 의해서만 탐구될 수 있다는 인식론적 사고에 애착을 갖는 자[70]만은, 국가행정청으로 하여금 더 이상 제도화된 전문가가 아니라 사회적으로 다원화된 위원회와 함께 결정내리도록 하는 것이 헌법상으로 필수 불가결하다고 여길지 모른다.[71] 하지만 법적 관점에서는, 민주적인 결과통제가 다람쥐쳇바퀴 도는 것처럼 되지 않기 위해선, 사회적으로 합리적인 결정을 위한 올바른 방법에 관한 논쟁을 행하는 것보다 더 중요하는 것이, 바로 원칙적인 리스크결정을 자신이 내리고 책임자를 분명히 거명할 국가적 의무를 고수하는 것이다. 행정결정이 과도하게 "민주화"되면, 주권자는 종국적으로 그 자신이 책임을 질 수 있을 뿐, 어느 누구에게도 책임을 지울 수가 없다.

법치국가원리의 관점에서 염려되는 사항은, 전문가임명상의 불투명성, 절차의 투명성결여, 그리고 전문가표결의 법적 효력과 관련한 불명료성이다. 수긍가능한 법적 통제의 원칙은, 누가 어떤 정당성을 갖고서 어떠한 법적 근거에서 어떠한 절차로 결정을 했는지 아는 것을 전제로 한다. 그런데 이 원칙은 적어도 전문가위원회가 실제적으로 격상될 경우에는 은밀한 영역을 결코 허용하지 않는다.[72] 유전공학법과 같은 새로운 법률은 이러한 문제영역을 완화시키기 시작한다.[73] 그러나 법치국가원리적 이유에서 이미 오래 전에 성립한 리스크행정의 법률에 대해서도, "표준설정의 절차와 관련한 최소한의 요청은 물론, 바탕이 되는 보호 · 배려철학의 투명성과 관련한 최소한의 요청을 전개하는 것"이 한층 더 시급하게 된다.[74]

절차하자의 효과를 다루는 것이 행정법을 위해선 여전히 매우 중요하다. 여기서 복잡한 행정결정의 여건에 상응시킬 필요가 있는 것이 바로 행정절차법 제46조이다. 행정이 구속을 받는 경우에도, 특별한 절차의존성이 이러한 결정유형에 적합하다. 법률

69) Di Fabio, a.a.O., §6 B. Ⅱ.

70) 이런 사회모델은 특히 Habermas가 주장한 논의이론(Diskurstheorie)에서 발전 · 전개되었다. Habermas, Theorie des kommunikativen Handelns, Bd.1 · 2, 1981; Faktizität und Geltung, 1992.

71) Denninger, a.a.O., S. 32ff.; 117ff.; 148ff.

72) Denniger의 소견은 올바른 방향으로 나아가지만, 너무 엄격하고 법적인 형성자유를 너무 제한한다: "입법자와 명령제정자가 리스크요소의 복잡성 때문에 폐쇄적인 지식으로부터 자세한 내용적 기준을 설정할 수 없으면 없을수록, 그는 규범제정과정의 조직과 경과를 더욱더 세심하게 최적의 기본권고려란 관점하에 두어야 한다." Denninger, a.a.O., S.150f.

73) 원자력법과 같은 리스크행정의 다른 영역은 유전공학법과 같은 현대적 법률을 모범으로 여기기 시작하였다. Papier, Befund und Reform der untergesetzlichen Regelungen im Atomrecht, in: Lukes/Birkhofer(Hrsg.), Neuntes Deutsches Atomrechts-Symposinm, 1991, S.107(118).

74) Salzwedel, Umweltschutz, in: HStR, Bd.Ⅲ, 1988, §85 Rn.24.

상의 결정맥락(학문 · 비교의존성, 특별한 결정위원회, 특별한 토론절차)에 의해서 리스크결정에 대해 판단수권이 부여되어 있는 한, 행정절차법 제46조의 범주에서 (그것을) 재량결정과 동일시 여기는 것은 당연한 귀결이다.[75] 그러나 개별예에서 행정의 판단여지가 부인되는 경우에도, 절차하자의 불고려를 배제하는 것이 리스크결정의 특별한 불확실성과 절차의존성에 있어서 고려되어야 할 것이다. Schoch은 행정절차법 제113조 제3항으로써 행정절차법 제46조의 제한적 적용을 위한 쟁송상의 보조적 지위가 주어졌다고 올바르게 지적하였다.[76] 사안을 행정청에게 환송할 가능성은 복잡한 행정결정에 있어 종종 불가피하다. 법원은 요구되는 권리구제를 즉시에 보장하기 위하여 스스로 조사 · 결정내리지 않으면 아니 되는데, 행정청에로의 환송가능성은 법원으로 하여금 이러한 강제로부터 벗어나게 한다. 리스크결정에 관해 자세히 고찰하면, 절차위반이 아무런 효과가 없다는 점과 기본권으로 요구되는 행정절차의 격상이 어떻게 조화를 이루어야 하는지의 의구심이 전체적으로 심화된다.

(9) 행위형식

행정의 행위형식은 특별한 돌봄을 필요로 한다. 의약품법상의 리스크법률관계 서술을 통해서, 학문에 맡겨진 구성요건의 역동성으로 말미암아 행정행위와 같은 오래된 행위형식은 그 자신의 성격을 부분적으로 변화시킨다는 점이 분명히 드러났다. 본 연구의 제안은, 잠정적 행정행위를 적어도 부분적으로는 전통적 행정행위의 독립된 하위개념으로서 인정할 것을 지향한다. 잠정적 행정행위는 한편으론 결여된 존속력을 나타낸다. 뿐만 아니라, 다른 한편으로는 잠정적 행정행위는 협의(염려)영역에서 국가의 신속한 활동이 개입객체에게 수인불가능한 부담을 초래한 경우에는 소급적인 귀속까지도 허용한다. 끝으로 행정의 잠정적 행정행위란 행위형식은, 사안변경시에 사안을 관찰하고 새로운 결정을 내릴 의무까지도 과한다. 그래서 법률에서와 마찬가지로, 행정행위의 그런 식의 잠정성으로 말미암아, 학문수준이 바뀔 경우 폐지행위가 필요없이 적법성판단의 변경이 초래될 수 있다.[77]

행정계약은 비록 그것이 규율유형상으론 협력적 법률집행에 합치한다 하더라도, 아직 활짝 만개하지 못한 것 같다. 지나친 요식상의 요청과, 리스크판단의 변경시에 행정계약의 변경가능성에 관한 명료성의 결여가 행정계약의 광범한 적용을 저해한다.

---

75) '절차하자의 불고려'가 기속적(구속적) 행정결정(또는 재량영으로의 축소)의 경우에만 고려될 뿐, 재량결정과 판단여지부결정의 경우에는 결코 고려되지 않는다는 (도그마적으로 사용가능한) 견해가, 그런 한에 있어서 관철될 것 같다. 追論: 독일법과 유럽법상의 절차하자문제에 관해선 졸저, 유럽화된 독일 행정절차법에 관한 연구, 한국법제연구원, 2008, 113면 이하; 본서 19면 이하 참조.

76) Schon, Der Verfahrensgedanke im allgemeinen Verwaltungsrecht, DV 1992, S.21(46f.).

77) Di Fabio, a.a.O., §12C. Ⅳ 참조. 법률을 위해선 BVerfGE33, 171(189f.) 참조.

도그마틱이 더 관대하다면, 오히려 종전에 비공식적인 것으로 여겼던 협상을 더 큰 법적 안정성을 기약하는 행정계약에 넣을 수 있을 것이다.

국가의 정보제공행위란 새로운 행위형식은 리스크행정을 전형적으로 대변한다. 이러한 행위유형에 대해 그것의 개입요건과 법적 한계와 같은 분명한 윤곽을 부여하는 것이, 여전히 판례와 학문의 중요한 임무이다.[78] 종종 효력에 있어 제품경고는 국가의 금지(처분)에 결코 못지않다. 따라서 금지처분의 적법성요건을 -필요한 변경을 허용하되- 개입적 성격이 강한 이러한 정보제공행위에 이행(적용)시켜야 한다는 요구는 불가피한 것 같다. 연방행정법원은 이와 관련해서 최근의 신흥종파결정(Sekten-Entscheidung)으로써 바른 길을 제시하였다. 즉, 동법원은 결정적으로 국가의 훈시적 사실행위의 목적성을 지적하면서 전통적인 개입적(에 따른) 구속을 시인하였다.[79] 그러나 의약품을 규범적으로 분석하면, 정보제공행위로써 독립된 훈시적 목표가 추구되지 않더라도, 국가의 리스크조종은 본질적으로 정보획득과 정보전달에 의거한다. 종종 리스크분야가 특별한 公衆의 주목을 받기 때문에, 개별예의 전문영역내에서의 리스크조사는 이미 개입적 성격을 지닌다. 따라서 가령 의약품신속정보[80]와 같은 단순한 리스크조사에 있어서, 행정청은 늘 개입적 구속을 받을 위험에 처한다. 이러한 경우에 전통적인 개입도그마틱을 끌어들이는 것은, 법적으로 과해진 리스크조종의 과정을 방해함으로써, 가령 의약품법에선 의약품안전성이란 목적을 위태롭게 할 수 있다. 여기에서도 법률유보원칙, 비례원칙, 그리고 절차법 준수를 이행하기 위한 제 요청과 관련해서, 기능적으로 체계화된 즉, 맥락구속적인 고찰방법이 고려되어야 할 것이다. 이때 개입적 정보제공행위에 관한 판단과 관련해서, 특별한 리스크조치상의 행정청의 전체행위, 리스크조정상의 형성자유, 그리고 이와 부합하는 (그런 결정의) 절차의존성을 목표로 삼아야 한다.

Ⅲ. 行政法과 憲法

본 연구는 특별행정법상의 상황과 그것의 일반행정법에 대한 영향을 원칙적으로 헌법적 심사를 받도록 하는 것을, 의식적으로 목표로 삼지 않았다. 개별법률과 행정실무상의 전개가 우위적인 규범과 합치하는지 여부의 심사는 법학의 최우선적 책무이다. 특히 헌법적 통제(심사)는 충돌 · 우위문제에만 국한하지 않는다. 광범한 부분에선

---

78) Di Fabio, a.a.O., §15 참조.

79) BVerwG v. 27. 3. 1992-7C21.90-JZ 1993, 33ff. 상세는 Di Fabio, a.a.O., §15D. Ⅲ. 4 참조.

80) Di Fabio, a.a.O., §15C. Ⅲ.

그것은 상호의존적으로 규범이 영향을 미치는 과정이다.

헌법적 규준의 범위의 측면에서, 헌법통제란 개별법상의 전개 · 발전에 대해 일반원칙과 기본권이해를 면밀히 적응시키면서 반응하는 것과 다름 아니다. 따라서 엄격한 헌법통제에 따른 일치하지 않는 개별결정을 저지하고, 법치국가원리를 행정현실에 부합하는 식으로 연계적으로 전개하기 위한 행정법상의 체계형성이 최소한 필요하다.[81)]

특별한 행정법소재를 체계상의 문제관점에서, 그리고 일반행정법의 물음과 교호적으로 기술하는 것은, 헌법영역과 직접적으로 관련이 있다고 여겨질 수 있으며 동시에 여겨져야 한다. 법치국가원리는 순전히 헌법상의 원리로서는, Kunig가 동 원리를 분석하면서 입증하려한 것처럼,[82)] 사실상 공허할지 모른다. 그러나 법치국가원리는 행정법상의 근원에서 보아선 여전히 살아있다.[83)] 법률유보원칙, 적법성원칙, 신뢰 · 존속보호원칙, 사법구제와 같은 공리상으로는 물론 명료한 행위형식과 관련해서도, 법치국가원리의 여러 요소를 합성한 것이 체계로서의 행정법이다. 그런데 법치국가원리의 내용은 재산권보장을 참조할 수 있듯이, 헌법과 행정법의 상관관계에서만 정해질 수 있다. 이러한 점을 강조할 이유가 있다. 그것은 기본권적으로 도출된 국가의 보호의무를 원용하여 법률유보원칙과 같은 원칙을 위배하거나, 구체화규칙의 경우에서처럼 불가결한 도그마적 명료화과정을 전개가능성이 봉쇄된 즉, 순전히 헌법차원에서 탐구된 법규개념을 갖고서 저지하려는 경향을 제지하기 위함이다. 일반행정법의 체계를 예측가능하게 유지시키고, 국가목적의 전개에 부합하도록 하는 것이, 헌법의 임무이다. 이러한 헌법의 임무는 하나로 합쳐지는 유럽에 있어서도 시대낙후적이라고 되진 않을 것이다.

* 법학연구(충북대 법학연구소) 제12권, 2001.12., 97면 이하 소수.

* 참고문헌: 김남진, 위험의 방지와 리스크의 사전배려, 고시계 제53권 제3호(613호) 50면 이하; 윤혜선, 리스크 규제에 관한 공법적 연구: 식품안전법제를 중심으로, 서울대학교 대학원, 2009; 조태제, 리스크정보의 공표와 그 법적 통제, 토지공법연구 제43집 제1호(2009.2) 539면 이하; 동인, 식품법에서의 리스크행정조직, 법학논총(한양대) 제24집 제4호(2007.12) 43면 이하; 조인성, 학제적 문제로서 리스크규율

---

81) 헌법재판소는 법치국가원리를 체계로 보는 관점을 강조한다. BVerfGE 65, 283(290).

82) Kunig, Das Rechtsstaatsprinzip, 1986, S.455: "법치국가원리의 내용과 규범적 본질은 점점 우리에게 녹아내렸다, 해서 이러한 점은 대부분의 헌법해석자의 사고에 존재한다."

83) Vgl. Schmidt-Aßmann, Der Rechtsstaat, in: HStR, Bd. I, 1987, §24 Rn.2. 追論: 행정법기본연구 I, 6면 이하 참조.

(Risikoregulierung) 및 리스크의사소통(Risikokommunikation)의 흠결 및 해결방안 : 독일에서의 논의를 중심으로, 토지공법연구 제43집 제2호(2009.2), 125면 이하; 김종천, 과학기술발전에 따른 리스크 · 위험방지를 위한 국가의 안전보호의무, 외법논집 제33집 제1호(2009.02), 339면 이하; 김은주, 리스크 규제에 있어 사전예방의 원칙이 가지는 법적 의미, 행정법연구 제20호(2008.04), 67면 이하; 박효근, 예방적 환경리스크관리의 법적 방안, 환경법연구 제28권 제1호(2006.05), 657면 이하; 한귀현, 환경리스크의 통제에 관한 법리, 환경법연구 제27권 제4호(2005.12), 5면 이하; 조홍식, 리스크관리체계로서의 환경법, 법학(서울대 법학연구소) 제43권 제4호(125호)(2002.12), 27면 이하.

제 7 장

藥事法上의 新藥의 許可와 再審査에 관한 研究

Ⅰ. 처 음 에

만성골수성 백혈병을 앓는 환자와 그 가족들에게 '글리벡'은 마지막 희망으로 비춰진다. 하버드 의과대학이 개발한 '앤지오스태틴'과 '엔도스태틴'과 같은 암치료용 실험약물로 전세계가 환호하였고, 우리의 경우에도 1999년에 세계최초로 제3세대 백금착체 위암 항암제('선플라주')가 개발되어 국내 신약 제1호로 인정받곤 하였다. 그런데 2004년에 일어난 PPA성분 감기약의 전면 판매금지 파동, 불량만두 파동, 독감백신 효능 논란 등으로 약과 식품의 안전성은 국가적 화두가 되었다. 의약품에는 유효성뿐만 아니라, 그 부작용을 피할 수 없으며(藥의 상반된 二重性), 부작용 문제는 범국가적 차원에까지 이른다.[1] 그리고 폐암치료제 '이레사'의 경우에서 볼 수 있듯이, 한 때는 기적의 신약으로 대접받던 의약품들이 그다지 효과가 없는 것으로 판명되기도 하거니와,[2]

1) 보도(연합뉴스 2006.5.26.)에 의하면, 미국 질병통제예방센터 연구진은 리탈린 등 주의력결핍과잉행동장애(ADHD) 증상 치료에 사용되는 약물의 오.남용과 부작용으로 인해 응급실로 실려 가는 사람들이 해마다 3천100명 정도에 달한다고 밝혔다

2) 2006.10.13. 식품의약품안전청이 국회 보건복지위원회에 제출한 의약품 부작용 처리현황 국감자료에 따르면, 발기부전 치료제 시알리스와 관련한 부작용이 2006년 8월까지 모두 26건이 접수됐는데, 보고된 부작용의 거의

심지어 일순간 트로이목마인양 재앙이 될 수도 있다. 약의 상반된 이중적 가치와 과학지식의 현시적 한계로 인해, 이런 판단상의 사후수정(또는 역전)은 자연스러운 현상이다. 따라서 당연히 국가통제메카니즘인 당초의 (신약)제조허가의 존속과 관련한 근본적인 법적 물음이 던져진다.

수행임무에서 보자면,[3] 약사법은 예방적 · 계속적 생산품(제조물)통제란 의미에서 危險防止法에 해당한다.[4] 그렇지만 국가의 의약품감시는 危險防止로부터 발전되어온 행정유형인, "리스크행정"(Risikoverwaltung)을 대표한다.[5] 그리고 藥事法上의 新藥의 許可와 再審査는 바로 국가의 의약품감시의 중핵에 해당한다. 이하에선 전형적인 리스크결정인 신약허가와 그에 관한 재심사를 둘러싼 여러 문제점을 고찰하여 이를 바탕으로 리스크행정이란 새로운 행정유형을 정립함으로써, 현행의 약사법을 비롯한 리스크행정과 관련한 법제를 정비하는 데 이바지하고자 한다. 여기선 리스크결정을 정립하고, 신약허가를 그것으로 자리매김하는 것을 출발점으로 삼는다. 전제되어 논의되어야 할 것이 있다. 신약허가를 리스크결정으로 자리매김하기 위한 전제로서, 리스크의 개념정립의 문제를 다루고, 그 출발점으로서 안전이 강조되는 리스크사회에 따른 행정임무의 변화를 고찰한다. 또한 藥事法의 指向點이자 基底인 醫藥品의 安全性의 原則을 국가의 기본권보호의무와 관련해서 논의한다.[6]

대부분이 "효과가 없었다"는 것이다. 그리하여 그것의 효능을 둘러싸고 논란이 일고 있다.

3) 독일의 醫藥品法(Arzneimittelgesetz; AMG) 제1조는 동법의 목적이 인간과 동물에게 적법하게 의약품을 공급하기 위하여 안전을 배려하기 위함인 것을 분명히 한다. 반면 우리 약사법은 "약사에 관한 사항을 규정하고 그 적정을 기하여 국민보건향상에 기여함"을 동법의 목적을 규정하고 있기에(동법 제1조), 의약품안전성을 조성 · 유지할 임무가 직접 법률상으로 부여되어 있다고 볼 순 없다. 하지만 용어상으론 동법이 위험방지법과 명백한 관련성을 갖지 않는다 하더라도, 임무상으로 보면, 동법이 넓은 의미상의 위험방지와 관련이 있음은 동법의 보호목적의 측면에서 자명하다. 다만 약사법의 이해는 동법의 목적을 부각하는 데 좌우되는 것이 아니라, 약사법의 제 기능–i) 의약품에 의한 국민배려, ii) 신약개발의 촉진, iii) 새로운 질병에 대한 약을 이용한 대처, iv) 환자보호, v) 환자를 위한 투명성, vi) 의약품에 의한 사전배려의 비용절감성–의 상호의존성을 분명히 하는 데 좌우된다. Vgl. E. Deutsch/A. Spickhoff, Medizinrecht, 5.Aufl., 2003, Rn. 806ff.

4) Drews/Wacke/Vogel/Martens, Gefahrenabwehr, 9. Aufl. 1986, S.157; Lewandowski, Arzneimittelrecht, in: Kimminich/von Lersner/Storm (Hrsg.) Handwörterbuch des Umweltrechts, Bd. Ⅰ, 1986, S.131ff.

5) 참고문헌: 졸고, 리스크사회에서의 약사법의 위상, 의약품법규학회지 제1권 제1호, 2006.6. 15면 이하; 리스크 行政法으로서의 藥事法의 意義에 관한 小考, 중앙법학 제7집 제1호, 2005.2, 139면 이하; 리스크행정으로서의 의약품감시에 관한 소고, 법률신문 제3290호, 2004.8.16; 리스크행정의 대표인 의약품법에 관한 소고(역), 법학연구(충북대 법학연구소) 제8권, 1997.9, 215면 이하.

6) 리스크, 리스크행정, 리스크결정은 아직까진 보편적 공감대를 형성하지 못하였지만, 최근 관련 문헌이 속속 등장하고 있다: 참고문헌: 류지태, 행정법에서의 위험관, 공법연구 제32집 제3호, 2004.2., 457면 이하; 조홍식, 리스크법, 법학(서울대 법학연구소) 제43권 제4호, 2003, 27면 이하; 최관수, 리스크행정에 관한 연구, 고려대 석사학위논문, 2002; 조현준, 행정법상 리스크배려에 관한 연구, 한양대 석사학위논문, 2001. 더욱이 최근(2006.8.29.) 개최된 한 · 독 국제학술대회(주최: 한국토지공법학회/한국법제연구원/독일 Mannheim대학교 법과대학)의 주제가 "리스크사회에서의 공법적 과제"이었다. 어느 듯 이들 문제가 우리 곁에 가까이 왔다.

Ⅱ. 리스크사회에서의 行政任務의 변화에 따른 문제점

1. 리스크사회에서의 行政任務의 변화

리스크사회 개념은 일찍이 U. Beck 교수가 체르노빌에서의 原電災難을 기화로 나름의 인상을 토대로 설정한 데서 비롯하였다. 이는 사회적 모멘트로 응축된 불쾌감이나 불안감과 같은 不安因子를 다양한 형식으로 기술하는 社會의 像을 뜻한다.[7] 현대사회의 특징은 과학기술의 엄청난 발전이다. 과학기술의 발전에 힘입어, 우리의 모든 삶영역이 지속적으로 테크닉화되고 있다. 과학의 분야 및 소비자와 관련한 영역에서 등장한 신종의 기법과 여기서 만들어진 생산물은 그저 편익만을 제공하지 않고, 개인과 公衆에 대한 危險源 역시 유발한다.[8] 건강과 생명이나 환경과 같은 고가치적 법익에 대한 이런 부정적인 결과는 종종 기술적으로나 인간적인 기능부전에서 비롯되지만, 경우에 따라선 비의도적인 부차적 결과일 수 있다. 여기선 과정이나 생산에 내재된 잠재위험이 현저하게 시간이 지나 비로소 현실화되곤 한다. 또한 과거 체르노빌 原電事故의 부산물이 전 유럽을 넘어 전 세계에서 발견되었듯이, 오늘날 리스크로부터 자유로운 영역은 더 이상 존재하지 않는다. 현대문명에서 리스크는 숙명이다. 우리 모두는 이른바 리스크사회(Risikogesellschaft)에서 하루하루를 위험 · 재난에 노출된 채 살아가고 있는 셈이다.

급부국가의 강력하고 가시지 않는 간섭과 개입과는 별도로, 국가활동이 안전보장의 관점에서 새롭게 두드러지게 확장되었다.[9] 따라서 안전과 관련한 사회의 부분영역을 자유주의적 관념하에서 방임한다는 것은 오늘날의 증대된 안전성요구에 부합하지 않는다. 또한 빈번한 藥禍事故와 原電事故가 보여주듯이 우리 삶의 터전을 송두리째 앗아갈 우려도 있다. 요컨대 오늘날 안전이란 국가목적은, 원래의 방어적(수세적) 위험방지가 공세적 형성임무로 될 정도로, 예방적인 것으로 이해된다. 국가는 한층 복잡해지는 과학 · 기술발전을 조종하였고 조종하여야 한다. 그 수가 날로 증가하는 안전부

7) ders., Risikogesellschaft. Auf dem Weg in eine andere Moderne, 1986. 다음의 문헌도 참조: N. Luhmann, Soziologie des Risikos, 1991; ders., Risiko und Gefahr, in: ders., Soziologische Aufklärung Bd. 5, 1990, S.131ff.; K.-H. Ladeur, Risikowissen und Risikoentscheidung, KritV 1991, S.241ff.; ders., Das Umweltrecht der Wissensgesellschaft, 1995, S.51ff.; G. Bechmann, Risiko als Schlüsselkategorie der Gesellschaftstheorie, KritV 1991, S.212ff.

8) 특히 문제가 되는 전자파와 관련해선, 이종영, 전자파의 위험가능성에 관한 법적 문제, 공법연구 제24집 제4호, 1996.6., 347면 이하 참조.

9) 그리하여 "事前配慮國家", "豫防國家", "環境國家", "保護國家", "訓育(教育,啓導)國家"란 개념이 등장하였고, 사회학에서도 "리스크사회"(Risikogesellschaft)란 개념이 고안되었다.

문을 내버려 두는 것은 오늘날의 안전성요구에 부합하지 않는다. 그리하여 국가는 사회의 리스크를 고도의 규준으로 완화하고, 그 리스크의 성립을 저지하며, 리스크의 결과를 제한하는 것을 목표로 삼는다. 본질적으론 리스크축소가 관건이다. 사정이 이러함으로 종래의 경찰법상의 위험방지에서 벗어나 사회적 리스크(Risk)를 줄이고 예방하는 것이 행정의 새로운 임무가 되었다.[10] 따라서 행정이 그의 전체 임무영역을 리스크의 관점에서 개개의 법률로써 체계적으로 형성하는 것은 시급한 시대적 요청이다. 그런데 유전공학과 관련한 일련 사례를 견주어 보면, 혁신은 기회와 리스크를 포괄한다. 혁신과 리스크간엔 충돌관계가 존재하지만, 보완관계도 존재한다. 리스크영역에서의 법적 조종은 포괄적, 다극적 이익형량을 요구한다. 기회와 리스크간에 균형을 잡는 것과 이를 통해 육성임무와 보호임무간에 실제적 조화를 이루는 것이 행정법의 과제가 되었다.[11]

2. 리스크행정에로의 변화에 따른 문제

종래 과학기술상의 안전과 관련한 일련의 법률은 위험방지라는 전통적인 경찰법적 목표에 바탕을 두고 있다. 위험방지라는 전통적인 개념과 체계로선 이러한 오늘날의 상황에 효과적으로 대처할 수가 없다. 그리하여 도처에서 공법의 전통적 도그마틱에 관한 불편함이 지적되고 있다. 과학 · 기술발전의 요청의 측면에서의 행정법의 대처문제,[12] 일반행정법의 개혁의 불가피성,[13] 행정법적 수단의 결함,[14] 새로운 기술발전에 대처할 법질서의 필연성이 운위되고 있다. 전통적인 책임귀속의 3요소(Zurechnungs-Trias)-위험, 인과관계, 그리고 침해자(장해자, 경찰책임자, Störer)-가, 발전되어 가는 "리스크법"에 상응한 형성을 부여하기란 적절하지 않다. 사실 결정상황의 불확실성이 현대 공학기술의 도발은 아니며, 오랜 인식의 문제이다. 리스크는 그것의 귀속이 탈개

10) 한편 이런 변화에서 경찰이 날로 불확실하에 활동하고 점차 사전배려적 임무를 맡게 됨으로써, 경찰법은 물론, 그것의 바탕인 위험개념에 대해서도 심각한 영향을 미친다. 즉, 법치국가적 보호기저로서의 구체적 위험의 개념의 의의가 저하되었다. 실로 위험에 처한 경찰상 위험개념일 수도 있다. Vgl. D. Kugelmann, Der polizeiliche Gefahrenbegriff in Gefahr ?, DÖV 2003, S.781ff ,

11) W. Kahl, Risikosteuerung durch Verwaltungsrecht: Ermöglichung order Begrenzung von Innovationen ?, DVBl. 2003, S.1105ff. Vgl. Brenner/Nehrig, Das Risiko im öffentlichen Recht, DÖV 2003, S1024ff.; W. Köck, Die rechtliche Bewältigung technischer Risiken, KJ 1993, S.125ff.; A. Scherzberg, Risiko als Rechtsproblem,VerwArch. 84(1993), S.484ff.; 졸고, 공법상의 리스크조종(譯), 중앙법학 제6집 제3호, 2004.10, 457면 이하.

12) 이는 1989년 독일 국법학자대회의 두 번째 토의주제이다. VVDStRL Bd. 48(1990).

13) W. Hoffmann-Riem, Reform des allgemeinen Verwaltungsrechts als Aufgabe-Ansätze am Beispiel des Umweltschutzes, AöR 115(1990), S.400ff.;ders./Schmidt-Aßmann/Schuppert(Hrsg.), Reform des Allgemeinen Verwaltungsrechts, 1993.

14) . 환경논쟁상의 이러한 질책에 관해서, R. Breuer, Verwaltungsrechtliche Prinzipien und Instrumente des Umweltschutzes, 1989, S.1.

인화되는 순간에 비로소 법문제가 된다. 그런 상황에서 법적으로 책임을 진다는 것이 더 이상 충분하지 않게 되어 버린다. 즉, 환경오염의 경우 많은 부분에서, 개인화가능한 행위에 더 이상 귀속시킬 수 없는, 이를테면 사회적 현상으로 치부되곤 한다. 아무리 해당시설의 운영자가 주의 깊게 행동하였다 하더라도, 기술 그 자체는 위험스러울 수 있다. 효과발생의 상관관계가 개인적인 행위몫을 초과한다. 그것은 자연과학적으로 복합적이고 초경계적, 세대초월적 차원을 지닌다. 고전적 경찰법의 "리스크사회의 법"에로의 이행에 따른 행정법도그마틱상의 변화와 개입행정의 모델상의 변화와 관련해서, 리스크결정개념의 정립으로써 그것을 효과적으로 부각시킬 수 있다. 행정법은 법체계상의 標石이 결코 아니며, 계속 변화를 겪고 있다. 그리하여 행정법학으로선, 사전배려와 사전예방을 징표로 하는 리스크행정이 전통적인 일반행정법의 체계에 어떻게 상응할 수 있을지가 관건이다. 리스크행정에로의 변화는 다시금 일반행정법에서의 적응이라는 문제를 발생시킨다.[15]

Ⅲ. 리스크개념-독일에서의 논의를 중심으로-

1. 개념정립의 원천적 곤란함

리스크개념의 임무는, 극도로 상이한 문제제기를 복잡한 인과성의 문제로서 일반화하고, 초영역적 인식문제로서 구성하는 것이다. 공법상으로 "리스크"(Risiko)에 관해 말하기 위해선, 우선 용어상으로 정당함의 증명이 필요하다.[16] 리스크를 法問題로 다루는 법학문헌에서 종종 지적되는 점이 바로, 리스크개념은 위험개념과는 구분되게, 전통적인 법개념에 해당하지 않는다는 것이다.[17] 리스크개념을 다룸에서 곤란함이 빚어지고, 이에 따라 법조인 역시 리스크개념의 사용을 주저하곤 한다. 그 이유는 리스크의 배후엔 모호한 개념이 숨겨져 있기 때문이다. 이 모호한 개념은 법적으론 어떤 확고한 윤곽을 획득하지 못하지만, 법외적으론 맥락에 결부된 外生的 意味(Fremdbedeutungen)

---

15) 졸고, 리스크결정과 법치국가적 행정법, 법학연구(충북대 법학연구소) 제12권, 2001.12, 97면 이하(追論: 본서 463면 이하)참조.

16) 한편 우리의 경우 영어상의 risk와 danger에 각각 비견되는 Risiko와 Gefahr를 의미에 맞게 옮기기란 쉽지 않다. 의견이 분분하다. 일부에선 Risiko를 위험가능성, 위험성, 위험도 등으로 부르는 데 대해서, 일부에선 정반대로 Gefahr를 위해로 Risiko를 위험으로 부르고 있다(대표적으로 류지태 교수의 앞의 글). 서양에선 인식에선 물론 일상에서조차 양자의 구분이 완연하게 느껴지지만, 우리의 경우 그렇지 못하다. 더욱이 -이단계적 모델처럼 Risiko를 상위개념으로 Gefahr를 Risiko의 하위개념으로 보는 식의- 독일에서조차 개념의 파악을 둘러싼 논의가 아직 끝나지 않음을 감안할 때, 이들을 옮기는 데 석연치 않은 구석은 여전하다. 그 遠因은 다름 아닌 개연성적 징표가 '위험' 자체에서 표출되지 않는 점에 있다. 따라서 요령부득이지만 여기선 이제까지의 용례를 쫓아 "Gefahr"는 危險으로, "Risiko"는 리스크로 옮기고자 한다. IMF患亂 이후엔 리스크관리란 개념이 친숙하게 되어, 그것과 위험(danger)간엔 다소의 간격이 있음이 어느 정도 인식되고 있다고 여겨지기 때문이다.

17) 사실 합리화전략의 의미에서의 "리스크"에 관해선, 여태 보험수학자, 엔지니어, 경제학자가 언급하였다.

를 획득한다. 이런 모호한 개념의 특징은, 그것들이 법학적 체계상으론 아직 도그마틱화되지 않았다거나 혹은 근본적인 이유에서 오랜 시간이 흘러도 체계에 맞춰질 수가 없다는 점이다. 즉, 초경계적 개념-개념상의 월경자(Grenzgänger)-은 철학이나 정치학과 같은 다른 학문분야로부터 많은 핵심내용을 借用하였기에, 필경 법학적 체계에선 여전히 비전문적인 것에 머문다.

2. (독일에서의) 法學上의 리스크개념

법학에선 우선 위험개념과의 구분에서 귀속문제가 주제로 되었다. 위험은 침해자(장해자, 경찰책임자, Störer)에게 귀속될 수 있는, 법익침해의 충분한 蓋然性(Wahrscheinlichkeit)이 있을 것을 요건으로 한다. 리스크의 경우엔 이 모든 징표가 불확실하다. 법익침해가 불확실하다. 그것이 당장 내일 발생할 수도 있지만, 100년이 지나야 발생할 수 있을 뿐더러, 필경 그렇지 않을 수도 있다. 또한 어떤 법익이, 그리고 어떤 것의 법익이 위험스러운지 예상할 수 없으며, 어떤 효과상관관계가 인과관계를 조성할지도 예상할 수 없다. 따라서 리스크의 경우엔 개인화가능한 침해자 역시 곧장 확인되지 않는다. 리스크개념은 위험개념상의 복합적 성립요건 가운데에 어떤 것에 관련할지가 불분명한데, 여기선 두 가지 기본적 이해가 대립한다. 즉, 훼손(손상)개연성을 목표로 할 것인지 아니면 훼손(손상)가능성을 목표로 할 것인지 여부이다.[18]

(1) 삼단계적 모델 : 蓋然性에 따른 구분

고전적인 경찰법적 *危險* 개념은, 객관적으로 기대될 만한 사건발생이 방해받지 않고 진행되면, 상태나 행위가 충분한 개연성을 갖고서 보호법익의 훼손(손상)을 초래할(한) 상황에 초점을 맞춘다. 이에 "삼단계적 모델"(Dreistufenmodell)은 리스크를 낮은 개연성을 지닌 위험으로 설정하여, 리스크를 전통적 체계성에서의 법문제로 분류하고자 시도한다. 이는 1980년대에 원자력법을 다룸에 있어 성립하였다.[19] 따라서 구분의 기준은 蓋然性의 정도(Grad der Wahrscheinlichkeit)이다. 위험을 위해선 충분한 개연성이 요구되는 반면에, 리스크는 등급적으로 낮은 개연성과 관련이 있다. 요컨대 삼단계적 모델은 개연성정도에 따라 위험, 리스크와 잔여리스크(Restrisiko)로 나눈다. 이런 구상은 잔여리스크와 관련하여 주효하였다. 즉, 그것은 단순한 假定的 可能性으로서 蓋然性을 갖지 않으며, 그래서 법적 규율의 대상이 결코 아니다. 그러나 리스크영

---

18) Vgl. O. Lepsius, Risikosteuerung durch Verwaltungsrecht, VVDStRL 63, 2004, S.264(267ff.).

19) BVerfGE 49, 89, 137-143;53, 30, 59; R. Breuer, Gefahrenabwehr und Risikovorsorge im Atomrecht, DVBl. 1978, 829, 835f.; ders., Anlagensicherheit und Störfälle, NVwZ 1990, S.211, 214.; B. Bender, Gefahrenabwehr und Risikovorsorge als Gegenstand nukleartechnischen Sicherheits, NJW 1979, 1425.

역을 순차적으로 단계화된 개연성을 통해서 위험과 구분한 데 따른 곤란함이 제기된다. 위험과 리스크의 구분은 성립요건이 아니라 법효과와 관련해서 법적 의미를 갖는다. 리스크는 위험방지의 조치를 낳지 않고, 사전배려적인 축소화조치만을 유발한다. (삼단계적 모델에 의거하면) 蓋然性判斷(Wahrscheinlichkeitsurteil) 안에서 규범적 한계가 도출될 수 없는 채, 궁극적으로 법효과가 성립요건구체화에 관해 결정을 내린 셈이 된다. 결국 리스크란, 개연성없는 위험의 범주이되, 그것이 규범적으로 정의내려지지 않은 것인 셈이다.

(2) 이단계적 모델: 可能性에 따른 구분

범주의 관계를 회전시켜, 리스크를 上位概念을 설명함으로써,[20] 삼단계적 모델상의 결함을 메운 것이, "이단계적 모델"(Zweistufenmodell)이다. 이는 다음과 같은 새로운 구분기준을 제시한다: 훼손(손상)발생의 가능성. 이에 의하면 위험은 개연성에 국한하지만, 리스크는 훼손의 가능성과 관련이 있다.[21] 위험과 리스크가 (국가개입에 상응하여 인정여부가 나뉘는) 청구권에 따라 분리되면, 잔여리스크를 위한 새로운 구분문제가 생긴다. 이 모델에 의하면, 원칙적으로 수용가능한 잔여리스크는 더 이상 존재할 수가 없다. 왜냐하면 수용가능의 한계 그 자체가 불확실하기 때문이다. 가능성기준에 의해 비로소 리스크개념은 위험개념으로부터 해방되고 고유한 특질을 얻는다. 이런 리스크개념이 독일에선 1990년대에 성립하여, 문헌상으로 실현됨으로써,[22] 법학으로선 리스크의 법적 개념을 정립하는 데 성공한 셈이라고 한다.

3. 독일 입법상의 리스크개념

독일의 경우, 과거엔 입법상 리스크개념이 억제적으로 사용되었지만, 최근 유럽법에 의해 유발된 법률개정을 통해서 법률용어상으로도 명시적으로 도입되었다. 가령 독일 醫藥品法(AMG) 제40조 제1항은, "사람에 대한 의약품의 임상시험은 그와 연계된 피시험사람에 대한 리스크가 치료를 위한 예상되는 의의(중요성)에 비추어 가늠한 즉, 정당화가능성(타당성)이 있어야(vertretbar)만 시행될 수 있다"고 규정함으로써, 리스크개념의 사용을 분명히 하였다.[23] 또한 독일 유전공학법(GenTG) 제6조 제1항과

20) 이런 인식은 D. Murswiek의 지적-기술안전상의, 일반적인 위험방지법상의 모든 위험은 동시에 리스크이지만, 모든 리스크가 위험은 아니다-에서 극명히 표현된다. Ders., Die staatliche Verantwortung für die Risiken der Technik, 1985, S.83.

21) 개념정의의 규준으로선 특히 vgl. M. Kloepfer/E. Rebinder/E. Schmidt-Aßmann/P. Kunig, Umweltgesetzbuch-Allgemeiner Teil, 1990, §2 Abs. 6.

22) O. Lepsius, a.a.O., S.270 Fn. 16의 문헌 참조.

23) 독일 약사법(의약품법)에 관한 상세는 김은정, 독일의 의약품안전관리 및 독일약사법 고찰, 의약품법규학회

제2항에 의해서, 유전공학적 설비를 설치나 운영하는 자, 유전공학적 업무를 행하는 자, 유전공학적으로 변한 조직을 적출하는 자, 유전공학적으로 변한 조작을 함유하거나 그것으로 만들어진 제품을 운영자로서 시판하는 자는, 그로써 연계된 리스크를 사전에 포괄적으로 평가내리고, 이 평가를 과학수준에 맞춰야 한다. 이런 리스크평가에서, 관련인은 특히 공여조직과 수령조직은 물론 벡터의, 유전공학적으로 변한 조직의 고유한 성질을 고려해야 하되, 나아가 이들 조직이 사람의 건강과 환경에 대해 미친 영향까지도 고려해야 한다. 그밖에 독일 의료기기법(Medizinproduktegesetz) 제37조 제7항 3문과 4문은 리스크평가(Risikobewertung)와 리스크방지(Risikoabwehr)의 개념을 사용하며, 동법 제28조의 표제가 "리스크로부터의 보호를 위한 절차"이다.[24] 독일 원자력법 제7조 제2항 제3호가 견지하는 위험방지의 체계와는 거리가 있는 이상의 일련의 입법을 통해서도, 개연성관련성에서 가능성사고에로의 변천은 느껴질 수 있다. 특히 유전공학법은 이단계적 모델에로의 변천을 입법적으로 입증하는 셈이다.[25]

4. 우리 법제상의 개념정립

리스크개념의 불확실성은 그것의 본질적 불확실성만큼이나 심대한다. 그리하여 독일의 경우에도 리스크개념의 기본이해를 둘러싼 논쟁은 끝나지 않았다. 가령 O. Lepsius 교수는 훼손발생의 가능성은 결코 법적 규율의 대상이 될 수 없다고 본다. 그리고 리스크사전배려로써 훼손가능성을 피할 수 있으리라는 독일에서 만연한 기대는 환상적 목표를 지향할 뿐더러, 법적으로 전환불가능한 요건에 바탕을 두고 있다고 강변한다. 그리하여 그는 이단계적 모델식의 리스크이해란 폐기되어야 한다고 주장하면서, -리스크를 불확실한 개연성으로 파악하여- 불확실한 개연성을 개인적으로 귀속시키는 것만이 리스크행정법의 임무일 수 있다고 강조한다.[26]

여기선 특정 모델의 입장을 취하는 것은 다음으로 돌리고, 우선 과연 우리네 법제에서 그 같은 개념적 정렬이 가능한지에 초점을 맞추고자 한다. 독일어 "Gefahren"에

지 제1권 제1호, 2006.6., 21면 이하 참조.

24) 입법상 리스크개념의 사용 현황에 관해선 vgl. O. Lepsius, a.a.O., S.271 Fn.19.

25) 그러나 유럽법에선 다른 상황이 전개될 수 있다. 그것의 리스크개념이 가능성에로의 확대를 허용하긴 했지만, 현재는 개연성관련에로의 회귀가 그 특징이다. 가령 위험개념을 사용한 Novel Food-Verordnung 제3조 제1항이나 리스크를 훼손발생의 개연성의 징표로써 정의하는 Lebensmittel-Basisverordnung 제3조 제9호가 가능성이 아닌 개연성을 목표로 삼음으로써, 독일에서 달성된, 위험과 리스크의 용어상의 구분마저도 의아스럽게 만든다.

26) ders., a.a.O., S.264(277ff.). Di Fabio, Risikoentscheidungen im Rechtsstaat -Zum Wandel der Dogmatik im öffentlichen Recht, insbesondere am Beispiel der Arzneimittelüberwachung, 1994, S.460, 역시 비슷한 지적을 하였다: "위험요건의 가능성예측에로의 변화, 예상가능한 훼손에서 이론적 가능한 훼손에로의 저하, 리스크결정의 학문 · 비교 · 형량의존성 그리고 리스크결정의 역동성으로 인해, 법시스템이 그의 전통적인 도그마틱으로써 자신의 개념정의력의 한계에 분명히 달하지 않았는지 여부의 물음이 제기된다."

해당하는 위험개념에는 개연성의 징표가 담겨져 있다. 우리 법제는 생명과 신체에 대한 (기능장애를 포함한) '일체의 훼손'을 '위해'로, '재산에 대한 그것'은 '손해'로 구별하여 사용하고 있다. 특기할 것은 경찰관직무집행법 제5조는 '위해를 미치거나 손해를 끼칠 우려가 있는 상황'을 '위험한 상태'로 설정하여 표제를 '위험발생의 방지'로 규정하고 있다. 요컨대 우리의 경우 위해나 손해의 발생과 관련하여 사용된 '우려'의 개념에서 개연성의 징표를 찾고자 한다. 그렇지만 이런 시도를 방해하는 것이 바로 '憂慮'의 사전적 의미이다. 그것이 근심, 걱정을 하는 것을 의미하기에, 念慮와의 구분이 모호하다. 사실 처음부터 '우려'를 사용하지 않고서 위험발생을 연결시켰다면, 좋았는데, '염려'와 구별되지 않는 우려를 위험발생에 연결하여 무차별적으로 사용함으로써 곤경에 처하였다. 하지만 개연성을 근거로 하여 위험개념을 설정하였음을 감안할 때, 만약 여기서의 '우려'를 '혐의'와 동일한 의미인 '염려'와 동일시여길 것 같으면, 이는 과도한 경찰권발동의 개입을 정당화함으로써 위험방지법으로서의 경찰법의 골간을 붕괴시켜 버린다. 부득불 '우려'와 '염려'를 구분할 수밖에 없으며, 이에 따라 -비록 논란이 있긴 하나- 리스크영역을 우리 법제에서도 도출해낼 수 있다. 그것은 바로 '염려'와 관련한 부분이다(후술할 '의약품의 부작용리스크의 문제' 참조). 가령 우리 약사법은 '국민보건에 위해를 끼칠 염려가 있는 의약품 등의 제조 등'을 금지하고 있으며(동법 제56조 제11호), 아울러 제조업허가취소나 품목제조금지 등을 명할 수 있음을 규정하고 있다(동법 제69조 제1항). 이상과 같은 시도(우려≒개연성, 염려≒혐의≒리스크)를 약사법은 물론(예: 동법 제26조의4 제3항상의 '위해발생우려'), 다른 리스크법영역 전체에서 일관되게 관철하기란 극히 어렵다. 하지만, 가령 식품위생법 제4조상의 판매금지대상 위해식품의 해당성을 판단하는 데, 이런 시도가 적잖이 도움을 줄 것이며, 향후 관련 법제의 정비에도 기여할 수 있다. 우선 '염려'와 구별되지 않는 우려를 위험발생에 연결하여 규정한 입법상황을 대폭적으로 고침과 동시에 그에 상응한 구분되는 용어의 개발을 강구하여야 한다.[27)]

---

27) 한편 '의약품등안전성정보관리규정(식품의약품안전청고시 제2004-30호, 2004.4.27)' 제10조가 정보의 신뢰성 및 인과관계의 평가와 관련하여 다음과 같은 기준을 설정하였다. i) 확실함(certain): 의약품등의 투여 · 사용과의 전후관계가 타당하고 다른 의약품이나 화학물질 또는 수반하는 질환으로 설명되지 아니하며, 그 의약품등의 투여중단시 임상적으로 타당한 반응을 보이고, 필요에 따른 그 의약품등의 재투여시, 약물학적 또는 현상학적으로 결정적인 경우. ii) 상당히 확실함(probable/likely): 의약품등의 투여 · 사용과의 시간적 관계가 합당하고 다른 의약품이나 화학물질 또는 수반하는 질환에 의한 것으로 보이지 아니하며, 그 의약품등의 투여중단시 임상적으로 합당한 반응을 보이는 경우(재투여 정보 없음). iii) 가능함(possible): 의약품등의 투여 · 사용과의 시간적 관계가 합당하나 다른 의약품이나 화학물질 또는 수반하는 질환에 의한 것으로도 설명되며, 그 의약품등의 투여중단에 관한 정보가 부족하거나 불명확한 경우. iv) 가능성적음(unlikely): 의약품등의 투여 · 사용과 인과관계가 있을 것 같지 않은 일시적 사례이고, 다른 의약품이나 화학물질 또는 잠재된 질환에 의한 것으로도 타당한 설명이 가능한 경우. v) 평가 곤란(conditional/unclassified): 적정한 평가를 위해 더 많은 자료가 필요하거나 추가 자료를 검토중인 경우. vi) 평가불가(unassessible/unclassifiable): 정보가 불충분하거나 상충되어 판단할 수 없고 이를 보완하거나 확

한편 여기서 문제되는 것이 "위험혐의"(Gefahrenverdacht)와 리스크의 구분이다.[28] 위험혐의개념은 -위험개념에 맞춰- "객관적으로 예상되는 사건(사상)"의 진행을 고려하여야 할지 여부에 관한 불확실성과 관련이 있다. 이런 불확실성이 (한편으론 용태나 상태와, 다른 한편으론 손상간에) 인과관계 그 자체에 관한 경험지식상의 흠결에 바탕을 두면, "객관적으로 예상되는 사건(사상)"이 결여된다. 따라서 이런 경우 위험혐의는 다름 아닌 리스크이다. 이에 반해, (존재하면, 손상진행에 관한 현재의 그리하여 충분한 경험지식에 의거하여 "객관적으로 예상되는 사건(사상)"이 인정될 수 있는) 사실확인상의 흠결에 불확실성이 바탕을 두면, 이 경우 고유한 의미의 "위험혐의" 즉, "위험"의 혐의에 해당한다. 이단계적 모델을 견지하는 한, 후자의 "위험혐의"개념을 통해서 위험과 리스크의 본질적 차이를 고수하는 것도 강구할 수 있지만, "위험혐의"개념을 훼손개연성이 아닌 훼손가능성에서 바라보기도 한다.[29]

Ⅳ. 리스크(행정)결정의 意義와 리스크행정의 作用的 特徵

1. 리스크(행정)결정의 意義

행정당국이, 위험혐의의 영역이나 (그것을 넘어서 사회형성의 의미에서) 위험혐의의 앞영역(先在領域)에서 리스크축소의 관점에서 어떤 활동(소위 앞당겨진 위험방지)을 했을 때, 이를 행정법상의 리스크결정이라 할 수 있다. 리스크결정은 위험방지조치상의 특별한 유형이거나 최소한 위험방지조치와 매우 밀접한 관계에 있다.[30] '위험' 이나 '위험혐의' 와 같은 전래적인 개념과 구분되게 사용되는 '리스크결정' 은 새로운 법질서체계 즉, 리스크행정의 중심적 좌표이자 행정법을 위해 새로운 문제를 가리키는 방향키라 할 수 있다.[31]

전통적인 위험방지의 조치와 비교해 보건대, 리스크결정의 공통된 특징은 훼손(피해)발생의 개연성을 판단함에 있어 인식상의 불확실성의 정도가 두드러진다는 점이

인할 수 없는 경우. 여기서 '확실함' 은 (발생확률 90%이상의) 고도의 개연성이 있는 상태에, '상당히 확실함' 은 (발생확률 75%이상의) 개연성이 있는 상태에 해당하여 위험범주에 속하는 반면, (발생확률이 그에 미치지 않는) '가능함' 은 리스크범주에 속한다 하겠다.

28) 한편 G. Scheu는 리스크결정의 기준잣대로 위험혐의를 든다. Ders., In Dubio Pro Securitate, 2001, 115f.

29) 특히 vgl. Di Fabio, Gefahr, Vorsorge, Risiko: Die Gefahrenabwehr unter dem Einfluß des Vorsorgeprinzips, Jura 1996, S.566(568). 한편 독일 연방행정법원은 종전과는 달리 위험혐의를 훼손발생의 충분한 개연성의 부족으로 파악한다. BVerwG DVBl. 2002, 1562.

30) 그렇다 하더라도 위험개념과 리스크개념이 서로 호환될 수 있다고 생각해선 아니 된다. 심지어 양자가 하나의 대상에서 나란히 사용된다 하더라도, 엄연히 개념상으로 구분해야 할 것이다.

31) 여기서의 결정이란 개념에는 외부효를 지닌 행정조치(행정행위)나 행정내부영역상의 조치는 물론, 규범적 행위형식이나 개별적 행위형식, 그리고 사실행위까지 포함된다.

다.[32] 아울러 원인과 훼손결과간의 상호관련성이 완화되는 것 역시 리스크결정의 또 다른 공통된 특징이다. 그리고 여기서의 리스크결정이란, 결정내리는 자가 그 스스로 생활경험이나 승인받은 학문적인 리스크사정에 갈음해서 규칙을 만들어야 하거나 또는 확고한 규칙없이 결정을 내려야 하지만 지식이 늘어나도 이러한 딜레마가 제거되지 못할 경우에 비로소 주어진다.[33]

리스크결정에는, 결정내리는 자의 관점에서 다음과 같은 세 가지 차원의 문제점이 내포되어 있다. 우선 결정을 내리기에 앞서 리스크에 관한 정보의 획득이 조직화되고 형성되어야 한다는 점이다. 사실 결정에 관한 정보의 획득은 리스크결정의 아킬레스건이다. 두 번째로, 국가의 리스크결정은 정보가 부족하고 단순히 혐의만이 있을 뿐인 경우에도 발해져야 하고, 아울러 공감할 수 있도록 근거가 제시되어야 한다는 점이다. 세 번째로, 결정가능성과 결과효과의 다양성에 기인해서, 어떠한 리스크가 우선적으로 저지되는지 그리고 비용과 효용이 어떠한 관계에 있는지에 관해서 형량이 행해져야 한다는 점이다. 그러한 형량은 특히 비례원칙의 범주에서 행해진다. 현실적으로 이처럼 결정내리기가 곤란하기에, 부득불 학계전문가에 의존하지 않을 수가 없다. 환경, 원자력이나 의약품 등과 같은 리스크행정의 소재를 보면 이 점은 자명하다. 그리하여 나아가 한층 복잡한 분야에서 선택도 높은 질서를 만들 것이 요구된다. 즉, 대처해야 할 상위의 리스크를 선정하는 것, 리스크조사를 위한 통일적인 규준을 정립하는 것(리스크사정), 발해야 할 조치와 관련해서 공감할 수 있는 평가논리를 전개하는 것(리스크관리)이 요구된다 할 것이다.

요컨대 리스크결정의 징표는 다음과 같다: ⅰ) 개연성판단이 경험이나 확고한 통상의 지식에 의거해선 더 이상 불가능할 정도로, 위험방지의 임무가 앞당겨지고 있는 점(개연성문턱의 낮춤), ⅱ) 국가의 결정이 내부나 외부의 학술전문가의 도움아래서만 내려질 수 있는 점, ⅲ) 결정과 결정근거의 명료성이 없는 점, ⅳ) 평가 · 비교에 의거하지 않고선 국가의 조치가 나오지 않거나 평가 · 비교하는 효능과 리스크의 분석이 법률적으로 요구되고 있는 점, ⅴ) 개별적 행위(혹은 부작위)와 가능한 훼손에 관한 인과적 귀속가능성이 개입요건에 반드시 들어 있지 않는 점.[34]

---

32) 물론 인식상의 불충분은 다른 모든 예측결정의 경우에도 존재한다. 사실 인식상으로 충분하다면, 그것은 더 이상 예측결정이라기보다는 합법성에 의거한 확실한 예고라 하겠다. 그 예측이 생활경험의 법칙이나 학문 · 기술상의 논란없는 통상의 예상에 바탕을 둘 수 있는 한, 예측상의 불확실성의 정도가 두드러진다고 말할 순 없다. 그리고 위험과 전혀 관련이 없을 경우에는, 불확실한 여건에서 내려진다는 사실만으로 그 결정이 리스크결정으로 되진 않는다.

33) Vgl. K.-H. Ladeur, a.a.O.(KritV 1991), S.241ff.

34) Di Fabio, Risikoentscheidungen im Rechtsstaat, S.113f.

2. 리스크행정의 作用的 特徵

새로운 과학 지식의 전환과, 모든 사회분야의 증대된 기술화(공업화)가 오늘날 리스크사회의 기저를 이룬다. 그럼에도 불구하고, 국가는 결정을 내려야 하는데, 이 결정은 여태껏 위험방지의 중심인 주지된(알려진) 위험에 대한 개입임무를 넘어선다. 이와 결부된 리스크관리는 물론, 리스크의 조사와 평가는, 현행 행정작용의 형식의 적응을 요구하며, 소위 리스크행정이란 행정유형의 성립을 초래하였다. 이 리스크행정은 특히 외부전문가를 결합시킴으로써 리스크배려의 영역에서 고도의 복합적 결정의 처리란 요구에 직면한다.

작용의 측면에서 리스크행정의 특징은, 다음과 같은 規律의 垂直的 移轉과 水平的 移轉이다. 여기선 전통적인 위험방지와는 구분되게 행정행위가 자신의 지배적인 역할에서 뒤로 밀려나 있으며, 이 때 -구체적인 규율로부터 더 추상적인 규율에로의- 행정실무의 수직적인 변화의 움직임은 분명해 진다. 즉, 구체적 · 개별적 규율대신에 추상적 · 일반적 또는 구체적 · 일반적 규율의 형식을 취한다. 이유인 즉, 그러지 않으면 위험방지의 前置를 구체적 · 개별적으로 구속된 蓋然性判斷을 넘어 예방의 영역에로 알맞게 전환할 수 없기 때문이다. 그에 따라서 진정한 규범의 수준보다 하위이면서, 행정행위나 행정계약의 개별규율의 수준보다는 상위인 중간의 층이 존재한다. 여기에 적용되는 형식은 다음과 같다: 규범구체화 법규명령, 분야조종적 행정규칙, 리스크구상(Risikokonzepte), 유형(모델)의 확정. 醫藥品法(AMG)에서 承認決定(제조허가, Zulassungsentscheidungen)이 수익적 행정행위의 형식으로 발해지긴 하나, 실은 승인영역에선 이미 개별사건포괄적 유형화란 특별한 작용형식을 인식할 수 있다(規律의 垂直的 移轉). 한편 규율형식의 측면에서, 행정행위로부터 행정계약이나 非公式的 協約(Absprachen)에로의 수평적 변화의 움직임 역시 확인될 수 있다. 왜냐하면 규범프로그램이 조건적으로가 아니라 목적적으로 형성되어 있고, -규준적인 개입규범이 형성개방(미확정)적 판단의 성격을 갖는 경우엔- 협력을 통한 논쟁참여 및 수용공고화의 사고가 허용되기 때문이다(規律의 水平的 移轉).

V. 藥事法의 基底로서의 醫藥品의 安全性의 原則

1. 藥의 상반된 二重性(兩面性)

약은 상반된 이중적 가치를 지닌다.[35] 그것은 질병을 진단, 예방, 완화, 치유하는

35) 이에 관한 상세는 심창구, 의약품의 가치, 의약품법규학회지 제1권 제1호, 2006.6., 1면 이하 참조.

데 도움을 줌으로써 사람에 대해서 유익할 수 있다. 이런 효과와 더불어 약물치료가 확장됨으로 말미암아 평균수명의 현저한 연장, 생활질의 주목할 만한 향상, 의료비의 현저한 비용저하가 함께 발생하였다. 그러나 의약품의 복용은 사람을 위하여 유해할 수도 있다. 극단적인 경우에 의약품은 심각한, 비가역적인 건강훼손이나 심지어 환자의 죽음까지도 유발할 수 있다. 이미 1937년에 미국에선 소위 "Sulfonamid Katastrophe"로 107명이 희생되었다.[36] 그리고 1960년엔 영국과 독일에서 잘 알려진 "Contergan Katastrophe"에선, 임산부가 수면제("Contergan", 영국에선 "Distaval")를 복용한 다음에 엄청난 수의 태아기형이 발생하여 극심한 논란을 야기시켰다.[37] 일본 역시 1970년에 "Mexaform"이란 소화불량약제의 복용이 밝혀지지 않은 질병인 SMON을 발병시켜 적어도 138명의 목숨을 앗아 갔다. 10,000명이상의 일본인이 관련되어, 그들 가운데 수많은 사람들이 실명이나 심각한 신경통을 겪었다.[38] 그리고 1988년에 미국에선 "Contergan Katastrophe"의 수준의 의약품스캔들이 발생하였다. FDA의 공식보고에 의하면, 임신중에 여드름약제인 "Accutane"의 복용과 관련하여 신생아 가운데 62건의 기형아출산이 있었다. 몇몇 경우엔 심장결함이 신생아의 사망을 초래하였다. 독일의 경우 알려진 약화사건의 수를 집약하여 볼 때, 모든 병원처방지시의 4% 내지 6%가 藥禍에 귀착될 수 있다고 한다.[39] 최근에도 지난 2004년 9월말 관절염통증치료제 '바이옥스'가 관절염 치료제 시장에서 사라졌으며, 또한 '바이옥스'를 대신하리라 여겨진 다른 관절염치료제인 '쎄레브렉스' 역시 안전성에 대한 부정적 연구결과가 나왔다. 그리고 폐암치료제 '이레사'의 경우, 기적의 신약으로 평가받으면서 폐암환자들의 강력한 요청으로 임상시험전에 투약이 허용되는 등, '신드롬'을 일으킬 정도로 폭발적 반응을 일으켰다. 하지만 최근의 연구결과 이레사가 생명연장에 별 신통하지 않다고 밝혀져, FDA가 그것의 시장 회수를 포함한 여러 제재 방안을 검토하고 있다고 보도되었다.[40]

불가피성과 "당위적이지 않는 것"간의 이율배반으로 표시되는, 이런 약의 구조적

---

36) 이들은 테네시의 회사가 시판한 "Elixier-Sulfonamid"를 복용하였다. 이것은 용매로서 "디에틸렌글리콜"을 함유하고 있었다. 이것의 복용은 신장의 지속적 기능장애를 가져다주었다.

37) 약 1000명의 생존불가능한 영아가 태어났으며, 수천의 아기가 불구로 태어났다. 1972년이래로 피해자 2389명이 "Contergan-재단"으로부터 수백만 마르크에 해당하는 보상을 받았다고 한다. Vgl. BT-Drs. 10/6569, S.45.

38) R. Aschenbrenner, D?Bl. 1975, 674f.

39) Vgl. R. Stein, Schwierige Fahndung nach seltenen Arzneimittelschäden, FAZ v.24.2.1988, S.32. 물론 그 원인은 다양하다. 여기서 약품질의 결함, 복용실수, 부작용(부수효과), 다른 제제와의 상호작용이 고려되어야 한다.

40) 2004 의료계 결산, 한국일보 2004.12.28. 한편 식품의약품안전청이 2006. 정기국회 국정감사에서 제출한 자료에 따르면 2005. 이후 보고된 의약품 부작용에 대한 품목 중 발기부전 치료제인 비아그라가 150건으로 1위, 2위는 '붙이는 피임약' 이브라 패취로 78건의 부작용이 보고되었다고 한다.

양면성은 모든 합리적 약물치료의 公理(Axiom)이다. 효용측면의 과도하게 강조되면 의약품의 잠재적 리스크가 과소평가될 수 있는 반면에, 신체손상적 요소가 일방적으로 강조되면, 안전에 관한 사고가 과잉증폭될 뿐더러, 안전기준이 마치 극대화를 목표로 삼아 이행불가능에 가깝게 과잉강화될 수도 있다. 이런 약의 구조적 양면성은 약에 대한 인식차원에서만 영향을 미치는 것이 아니다. 藥事와 관련 법적 물음을 다룸에 있어서도 어려움을 겪는 이유가 되기도 한다. 약의 구조적 양면성은 관련 논의를 단선적인 차원이 아니라, 중층적인 차원에서 전개하도록 이끄는 動因이다. 이 점에서 절대적 良藥도 절대적 毒藥도 없다는 명제가 지당하다. 따라서 藥事와 관련 법적 물음에서 그 출발점은 의약품안전(성)이되, 여기에는 약의 구조적 양면성을 고려하여야 한다.[41)]

2. 安全의 槪念[42)]

인간이 사회와 국가로부터 얻고자 하는 기본적 수요는, 다름 아닌 '安全에 대한 바램' 이다. 안전개념과 결부된 내용과 표상은 대개 추상적, 적극적으로 기술되어 질 수 있는 것은 아니며, 그때그때의 중요한 동인에 의해서 정해진다. 불쾌감이나 불안함의 느낌이 사회적 모멘트로 응축될 때, 비로소 安全은 法的 意義를 갖는다. 그리고 安全槪念은 객관적 차원과 주관적 차원을 지니며, 또한 그 안에서 외적인 것(安全對象, Sicherheitsobjekt)과 내적인 것(안전상대방, Sicherheitsadressat)이 용해되어 있다. 이런 관점에선 안전에 관한 넓은 개념:"객관적으론 위험의 부존재, 주관적으론 개인이나 집단이 가능한 위험으로부터 보호받고 있다는 확신"[43)]이 도출될 수 있다.[44)] 그러나 이런 정의는 안전의 수단은 물론 안전의 목적까지도 필요한 정도로 명료하게 담고 있지 않기에, 보충이 필요하다. 즉, 안전은 항상 안전수범자가 현존한 보호조처(예방조처)를 믿고서 위험원(리스크원)을 무해하다고 여길 것을 항상 요건으로 한다. 여기선 한편으론 적합한 설비가 사실상 존재하여야 한다는 것이고, 다른 한편으론 위험상황의 그런 평가가 안전상대방에 의해서 수용가능한 것으로 여겨지는 것이다.[45)]

41) 한편 의약품리스크의 양적 증대는 리스크 그 자체의 질적 변화와 결합되어 있다. 의사나 약사가 의약품을 제조한 시기에는 우선적으로 개개의 소비자가 의약품리스크에 처해진(개별리스크) 반면, 이런 개별리스크가 산업적인 의약품완성의 진행에서 의약품소비자공동체와 전체적으로 관련있는 집단적 리스크로 확장된다. 그럼으로써 흡사 전세계화된다. 의약품리스크가 산업적인 의약품제품의 결과물이 될 정도로, 더 자세히 말하자면 "근대화리스크"(Modernisierungsrisiken)를 의미할 정도로, 의약품리스크는 그것의 社會化의 단계로까지 들어간다.

42) K.-H. Hohm, Arzneimittelsicherheit und Nachmarktkontrolle, 1990, S.52ff.

43) Brockhaus, Enzyklopädie, Bd. 17, 1973.

44) 한편 우리 국어사전은 '안전' 을 '평안하여 위험이 없음' 으로 정의하고 있다. 민중엣센스 국어사전, 제4판, 1996, 1724면.

45) 의약품안전에 대한 개인적 필요는 의약품리스크의 사회화와 상관관계에 있다. 개인주체는 모든 근대적인 위험원, 가령 약소비의 결과로서 발생할 수 있는, 가능한 예기치 않은 의약품부작용으로부터 포괄적으로 보호받는 것을 추구한다. 이 때 확실한 정도로 안전성이 필요한 범위가 어느 수준인지에 대해서, 개인적 생활상황이 영향을

이 같은 안전개념의 의미론적 분석으로부터 의약품안전범주를 내용적으로 정하기 위해, 다음과 같이 도출되어야 한다: 의약품안전은 객관적 측면과 주관적 측면을 갖는다. 그로 말미암아 의약품안전에 관한 고찰은 맨 먼저 의약품(안전대상)과 그것에 내재하는 리스크를 염두에 넣어야 한다. 이 고찰은 위험의 방지와 리스크배려를 위하여 필수적인 조치와 그것의 효과성(유효성)에 주목하여야 한다. 이 점에서 의약품안전이란, 적합한 안전수단을 이용하여 합목적적으로 안전성을 규율하는 것의 시도에 해당한다. 추가로 의약품안전의 척도에서, 심사되어야 할 것이 바로 의약품복용자가 의약품과 예방을 위한 안전수단의 기능에 관한 신뢰이다. 그밖에 의약품안전의 원칙은 평가내리는 수치(중요성)를 의미한다. 이런 점에서, 약에 관한 항구적인 효능과 리스크의 판단이 요구된다.

3. 消費者安全으로서의 醫藥品安全

약사법의 우선적(주된) 관심사는, 소비자 즉, "자신에게든 동물에게든 복용하기 위하여 의약품을 구입하는 자"를 의약품으로 인한 리스크와 훼손으로부터 포괄적으로 최적으로 보호하기 위함에 있다.[46] 헌법 제36조 제3항에 의해 모든 영역에서 소비자의 이익을 고려하는 것이 관건이 되는데, 약사법 역시 이에 동참한다. 아울러 동법 제1조에 근거를 둔 안전추구 역시 이런 "우월적 규율목표"[47]를 지향한다. 요컨대 의약품안전이란 소비자보호를 위해 포기할 수 없으므로, 그것은 우선적으로 消費者安全(Verbrauchersicherheit)으로 이해되어야 한다.

소비자안전은 다음의 세 가지 차원-유통차원, 제품차원, 행위차원-에서 모색된다.

i) 소비자안전은 먼저 유통상의 안전(Verkehrssicherheit)을 의미한다.[48] 포괄적으로 이해되어야 할 이런 임무는, 약물의 전체적인 다룸 즉, "의약품의 제조에서 거래와 광고를 포함한 판매를 거쳐 소비"까지 확장된다. 이는 우선적으로 의약품사전배려의 개개 유통단계를 규범화할 것을 요구한다. 그리하여 의약품법상의 보호조처는 -리스

미친다. 의약품분야에선 가령 객관적으로 제시된 약물치료가 효과적이면 효과적일 수록, 개인이 의약품복용에 대해 보여주는 리스크(감내)用意(Risikobereitschaft)는 더욱더 두드러진다. 그리하여 환자가 건강한 사람보다 의약품리스크에 대해 당연히 긍정적인 태도를 취한다.

46) A. Kloesel, Das neue Arzneimittelrecht, NJW 1976, S.1769ff.

47) N. Reich, Integration und Regulierung des Arzneimittelmarktes innerhalb der EG, ZHR 148(1984), S356(358).

48) 독일 의약품법은, 그것의 정식명칭-"의약품유통에 관한 법률"(Gesetz über den Verkehr mit Arzneimitteln)-은 물론 제1조를 통해서, "안전이 의약품의 유통에서 실현되어야 함"을 분명히 한다. 비록 우리 약사법이 이런 점을 명시하진 않지만, 독일에서의 논의를 대입하는 데 결정적인 곤란함은 없다. 그리고 우리의 품목제조허가에 비견하여 시판승인(결정)을 두고 있음은, 유통안전법으로서의 독일 의약품법의 성격을 잘 반영하고 있다.

크차원에서-예방적인 방향에서는 물론 -위험차원에서-방지적 방향에서도 구상되어야 한다. 약사법상의 의약품의 제조업허가와 품목제조허가 및 그것의 취급에 관한 규정이 이에 해당한다.

ii) 그리고 소비자보호는 추가로 제품상의 안전(Produktsicherheit)을 포함하는데, 이는 대상(객체)지향적 관점에서 의약품안전원칙을 "물질과 관련하여 그리고 약제와 관련하여" 형성하는 것을 일컫는다. 즉, 의약품은 품질, 유효성, 안심(염려없음, 미심쩍지 않음, 좁은 의미의 안전성)을 "특별히" 충족하여야 한다. 가령 약사법 제55조와 제56조의 판매와 제조의 금지규정은 이 같은 제품상의 안전을 확보하기 위함이다. 하지만 약사법은 이들 개념을 적극적으로 정의하지 않고, 하위법규에서 그 판단의 기준으로 제시하고 있다. 독일 의약품법에 견주어서 보자면, "질병의 치료나 완화와 같은 사전에 정해진 치료효능이 의약품으로써 실제적으로 사실상으로 달성되지 않은 때"[49]에, 유효성(효과성)은 충족되지 아니 한다. 유효성기준은 예측된 효능과의 관계에서 복용시의 효능에 관해 비교하는 언명을 규정함으로써, 동 기준은 약제의 가능한 효과의 특별한 부분(단편)에 관한 평가를 담고 있다. 의약품의 효과란 일종의 전체적인 반응에 해당한다. 이는 의약품으로 인해 사람이나 동물에게 측정할 수 있거나 느낄 수 있거나 기타 인식할 수 있는 방법으로 발생한다. 안심(염려없음, 미심쩍지 않음)은, "의약품의 규정대로 사용할 때에 나타난 유해효과(훼손효과)가 아직은 '정당화가능한(vertretbar) 정도'를 초과하지 않음"을 요건으로 한다. 醫學知識이 이를 위한 규준적인 판단기준이 된다. 결국 이런 안전성기준의 요건이 개별사건에서 이행되었는지 여부는, 당시의 약제의 과학적인 효능과 리스크의 평가의 소산이다.[50]

iii) 끝으로 의약품사전배려의 체제에 참여하는 제조자, 의사, 약사, 소비자의 행위를 관찰하면(주체지향적 고찰방법), 소비자보호에서 행위(용태)상의 안전(Verhaltenssicherheit)이 추가될 수 있다. 사실 모든 규범적인 안전법칙의 총체가 행위상의 안전으로 포착된다. 오늘날의 의약품의 대량생산시대에 약제는 대규모로 산업적으로 완성되기 때문에, 우선적으로 제약회사(판매업을 포함한)가 광범한 행위상의 의무를 진다. 그리고 의사와 약사 역시 상이한 관점에서 의약품안전의 임무를 진다. 이들을 대상으로 한 행위조종적 안전규정(약사법이외의 규정을 포함한)은, 의약품오남용에 대해 효과적으로 대처하는 것을 목표로 한다. 전체 의약품판매에서 자가투약의 비율이 높은 점을 감안하면, 약사법 제22조 제4항의 복약지도(정보제공과 조언)가 의약품안전을 위한 약사의 주된 몫이 될 것이다. 그리하여 일찍이 독일 연방약사협회(ABDA)는

49) 독일 의약품법 제25조 제2항 제3호: "의약품으로써 아무런 치료결과가 달성될 수 없는 것이 확실한 때"
50) Vgl. B. Wolz, Bedenkliche Arzneimittel als Rechtsbegriff, 1988, S.51ff.

약학교육의 중점을 의약품제조에서 약(제)에 관한 조언과 정보에 이전할 것을 요구하기도 하였다.51) 그리고 소비자의 불응하는 경향을 감안한 즉, 적합하고 상당한 의약품정보가 소비자보호의 필수적 전제조건(Conditio sine qua non)이다. 소비자가 규정위배한 복약의 결과를 올바르게 평가내릴 처지에 있기 위해선, 그가 "자신의" 약의 적용영역, 복용량, 가능한 중대한 리스크 등에 관해서, 가능한 광범한 정보를 가질 수 있어야 한다.52) '기재사항'과 관련하여 약사법 제50조부터 제54조까지에서 규정하고 있는 것이 이에 해당한다. 다만 특별한 안전민감분야 즉, 어린이에 의한 약의 오남용의 위험을 위하여, 특별한 안전성규율의 마련이 요망된다.

4. 法原則으로의 安全性의 原則

의약품안전에 대한 요구는 근대적인 "安全國家"로 하여금, 의약품복용과 연계된 (소비자의) 생명과 건강에 대한 잠재적인 리스크를 가능한 저지할 것을 의무지운다. 즉, 최적의 의약품안전의 실현이 약사법의 핵심목표이다. 비록 현행 약사법령이 개개의 조항에서(가령 동법 제26조 제6항 등)만 의약품안전성개념을 사용하긴 해도, 안전성의 중요성은 동법 제1조의 목적프로그램적 규율에 규범적으로 표현되었다. 그 결과 특히 의약품품목제조허가절차(동법 제26조), 의약품의 재평가(동법 제26조의3), 임상시험(동법 제26조의4), 의약품에 관한 감독(동법 제7장)이 의약품안전성의 실현에 이바지한다. 목적프로그램에서 정해진 목적은 "적합한 수단을 추구하기 위한 指導原理"로서 기여한다. 약사법의 제1조에서 '국민보건 향상에 기여함'을 목적으로 삼았지만, 이 목적규정의 의의는 "보건정책적 요청"은 물론, "정치적 목표"－건강과 소비자보호를 목적으로 한 사회적 산업규율－를 넘는다. 왜냐하면 기본권으로서의 보건권을 보장하고 있는 헌법 제36조 제3항이 동법의 직접적인 근거가 되기 때문이다. 약물의 개발, 제조. 수여(배부)와 관련하여 제기되는, 의약품법적 물음 총체에 대한 답은 궁극적으로 안전성원칙에 귀착되어야 한다. 요컨대 약사법 제1조의 목적규정은, 의약품안전성을 위한 법률적 테두리를 설정하는 셈이 되어, 모든 형식의 국가적 의약품규율을 위한 부동의 규범적인 규준이 된다. 다시 말해, 醫藥品의 安全性의 原則은 약사법을 貫流하는 法原則이다. 이젠 안전성원칙을 그저 표어차원에서나, 의학이나 약학과 같은 과학적 관점에서나, 사회학적 관점에서 바라보아선 곤란하다. 醫藥品의 安全性의 原則을 法原則으로 설정하면, 전체 公法秩序속에서 동 원칙을 자리매김하는 것이 다루어져야

51) Vgl. FAZ v.16.1.1988, S.45.

52) 특히 의사소통적 차원에서의 의약품리스크에 관한 논의에 대해선, vgl. D. Hart/W. Kemmnitz/C. Schnieders(Hrsg.), Arzneimittelrisiken: Kommunikation und Rechtsverfassung, 1998.

한다.[53]

한편 약사법의 제1조상의 '국민보건 향상에 기여함'으로 인해, 국가기관은 달성된 안전수준의 항구적인 향상을 행할 의무를 진다(최적화명령, Optimierungsgebot). 이런 점에서 의약품안전은 지속적인 사후향상의 지배를 받는 역동적인 범주이다. 그런데 의약품안전의 지속적인 최적화의 원칙(명령)은, 의약품유통에서의 최대한 또는 절대적인 안전을 실현할 것이 요구되지 않음을 의미한다. 최적화범주와 극대화범주간의 비대칭적 관계로부터 비롯된 동원칙(명령)은, 약의 이중성에 관한 규범적인 대답이 된다. 따라서 의약품안전은 법률상으론 전적으로 상대적인 안전성원칙으로 구상되어야 한다.[54] 나아가 우선 의약품안전의 최적화가 의약품배려시에 수인불가능한 지체를 초래해선 아니 된다. 이는 모든 실체법적, 절차법적, 조직법적 안전규율이 약소비자를 적시에 배려해야 할 요청에 부합할 것을 요구한다. 특히 이를 위해선, 새로운 약은 가능한 빨리 의사가 치료용으로 사용할 수 있게 배려되어야 한다(후술한 신속(사용)승인, Schnellzulassung).

한편 안전성원칙의 현세적인 측면과 밀접히 연관된 물음이, 의약품안전과, 의약품혁신의 충분한 확보와의 관계이다. 지나치게 높은 안전의 미연방지만을 내세우면, 자칫 "향상된"의약품의 개발과 제조가 어려워질 우려가 있다. 즉, "약으로부터의 안전"만을 내세운 나머지, "약을 통한 안전"이 봉쇄되는 모순이 빚어질 수 있다.[55] 안전조치는 의학의 가장 최근의 수준에 합치하는 치료활동에 관한 소비자의 법적 보호이익을 고려하여야 한다. 의약품혁신(Arzneimittelinnovation)이란, 자타공인대로 치료상의 진전을 가져다주는, 새로이 개발되거나 향상된 의약품의 최초의 적용과정을 일컫는다. 의약품안전이 특히 현존한 (안전한) 의약품투입의 확보를 목표로 하는 반면에, 의약품혁신은 그것의 질적 확대를 지향한다. 이런 의미에서 의약품안전은 의약품혁신에 비해 후위적인 중요치를 갖는다. 따라서 입법자든 법집행자든 의약품안전조치를 결정함에 있어선, 그 조치가 의약품법의 혁신확보적 요구에 부합하는지 여부를 심사하여야 한다. 독일 의약품법(동법 제5조)[56]은 안전성유무를 판단하는 척도로 그때그때의 과학지식의 수준(Stand der wissenschaftlichen Erkenntnisse)에 견주고 있다. 그래

53) 국가의 안전보장에 관해선 특히 vgl. P.-T. Stoll, Sicherheit als Aufgabe von Staat und Gesellschaft, 2003; M. Möstl, Die staatliche Garantie für die öffentliche Sicherheit und Ordnung, 2002.

54) 비록 현저한 부작용이 있는 경우라 할지라도, 중대한 신종 질병에 대해 投藥하는 것이, 부작용으로부터의 환자보호보다는 더 낫다. Vgl. E. Deutsch, Rechtsprobleme von AIDS(Kölner Jur.Ges. Bd.5, 1988), 29ff.

55) Vgl. K. Heilmann, Das Arzneimittel als Risiko, in: pharma dialog Nr. 82/1984, S.20.

56) 독일 의약품법 제5조(염려스러운(의문스러운, 미심쩍은) 의약품의 금지): 「(1) 염려스러운 의약품을 유통시키는 것은 금지된다. (2) 과학지식의 당시 수준에 비추어, 규정에 맞게 사용할 때, 의학지식에 따른 정당화(주장)가능한 정도를 초과하는 유해 효능을 갖는다는 근거있는 혐의가 의약품에게 존재하는 경우에, 그 의약품은 염려스러운 것이다.

서 의약품혁신에 대해 개방적인 토대가 마련되어 있는 점은 참고할 만하다.[57] 그러나 그렇다고 하여 제품혁신을 위해 안전관심사를 극소화한 것이라고 하여선 곤란하다. 의약품안전과 의약품혁신, 이 양자는 소비자의 생명과 건강을 위한 기여적 성격을 지니기 때문에, -특히 임상시험이나 신속승인(품목제조허가)과 관련하여- 오히려 의약품배려의 테두리안에서의 보수적 요인과 진보적 요인인 양 최적으로 통용되도록 만들어야 한다.[58] 실로 미래의 법학에 대한 요청은, 현대의 혁신도그마틱과 리스크도그마틱을 그들의 양면성과 상호관계를 특별히 강조하면서 발전시키는 것이다.[59]

요컨대 의약품안전성의 원칙은 國家의 基本權保護義務와 불가분의 관계에 놓인다.[60] 국가의 기본권보호의무는 본래 인간존엄성의 경우에는 독일 기본법의 명문규정(동법 제1조 제1항 제2문)으로부터 직접 성립하였는데, 그것이 낙태판결[61]이래로 생명과 신체불훼손의 법익(동법 제 2조 제2항 제 1문)으로 확대된 것이다. 그리하여 기본권에 의해서 보호되는 법익을 타인의 위법한 개입으로부터 지켜야 할 국가적 의무가 기본권에서 직접 생겨날 수 있게 되었다. 이러한 논의는 기본권을 客觀的 原理로 이해하는 데서 출발한다.[62] 현행 헌법하에서 국가의 기본권보호의무의 근거를 어떻게 자리매김하여야 하는지 논의가 분분하다. 생각건대 우리의 경우에는 무엇보다도 "모든 국민은 보건에 관하여 국가의 보호를 받는다"고 규정한 헌법 제36조 제3항이 결정적인 방향추로서 기본권보호의무를 성립케 한다. 현대사회가 리스크 사회化될수록 過少(保護)禁止(Untermaßverbot)로[63] 귀착될 국가의 기본권보호의무이론의 영향은 더할 것이다.

---

57) 우리의 경우 약사법이 아닌 '의약품재평가실시에 관한 규정(식품의약품안전청고시 제2004-76호, 2004. 9.16.)' 제1조(목적)에서 비슷한 취지를 규정하고 있다.

58) K-H. Hohm, a.a.O., S.70f.

59) W. Kahl, a.a.O., S1105(1118).

60) 의약품안전성의 원칙의 헌법적 자리매김과 구체화에 관해선 특히 vgl. K-H. Hohm, a.a.O., S.80f.

61) BVerfGE 39, 1.그 이후에는 BVerfGE 46, 160; 49, 89; 53, 30; 56, 54; 77, 170; 77, 381; 79, 174; 88, 203.

62) 참고문헌: 정태호, 기본권보호의무, 인권과 정의, 1997.8.; 동인, 기본권보호의무, 현대공법학의 재조명(김남진 교수 정년기념논문집), 법학논집 특별호(고려대학교 법학연구소), 1997; 이승우, 기본권보호의무와 공권이론, 고시연구, 1993. 9.; 동인, 국가의 기본권보호의무, 현대공법과 개인의 권익보호(양승두 교수 화갑기념논문집(Ⅰ)), 1994; 방승주, 국가의 기본권보호의무와 그 이행여부에 대한 헌법재판소의 통제(상, 하), 고시연구 2004.8-9.; 명재진, 기본권의 객관적 질서성에 관한 연구, 공법학연구 제5권 제1호, 2004.2; 표명환, 국가의 기본권보호의무와 행정법상의 개인적 공권이론, 헌법학연구 제10권 제1호, 2004.; 김상겸, 제3자의 기본권침해에 대한 보호의무로서 기본권보호의무, 고시연구 2003.6.; 송기춘, 국가의 기본권보장의무에 관한 연구, 서울대학교 박사학위논문, 1998; J. Isensee, Das Grundrecht als Abwehrrrecht u. staatliche Schutzpflicht, in : Isenssee / Kirchhof(Hrsg.), HStR Bd. V, 2000, §111; C. Calliess, Die grundrechtliche Schutzpflicht im mehrpoligen Verfassungsrechtverhältnis, JZ 2006, S.321ff.; A. Faber, Gesundheitliche Gefahren des Tabakrauchens und staatliche Schutzpflichten, DVBl. 1998, S.745ff.; M. Möstl, Probleme der verfassungsprozessualen Geltendmachung gesetzgeberischer Schutzpflichten, DÖV 1998, S.1029ff.; H.H. Klein, Die grundrechtliche Schutzpflicht, DVBl. 1994, S.489ff. ; J. Dietlein, Die Lehre von den grundrechtlichen Schutzpflichten, 1992.

63) 과소금지에 관해선 정태호, 기본권적 3극관계 그리고 과소(보호)금지원칙(Untermaßverbot)의 독자성, 고시연구 20002.5. 참조.

VI. 國家의 市販前統制로서의 新藥(醫藥品)製造許可

1. 市販前統制와 市販後統制

국가의 의약품감시는 서로 상이하게 맞물린 여러 통제영역에서 각기 모습을 달리하지만, 크게 예방적 제조허가(승인)-市販前統制(Vormarktkontrolle, pre-market-controll)-와 일정 기한경과후에 의약품을 관찰하는 재심사(재평가를 포함해서)-市販後統制(Nachmarktkontrolle, post-market-controll)-가 주된 핵심적인 내용이다.[64] 이밖에도 제조심사, 의약품검사의 규율화, 실제복용(처방의무와 약사의무)과 관련한 규정이 보완적 감시영역에 해당한다. 예방적 제조허가결정과 대개 그에 이어서 진행되는 의약품감시, 이 양자는 긴밀한 관계에 있다. 제조허가(승인)는 순전히 잠정적인 허용에 해당한다. 그 제조허가는 지속적인 재심사의 범주에서 언제든지 수정될 수 있다(후술할 제조허가의 실체적 잠정성). 제조허가의 暫定性으로 말미암아 동 허가는 결코 실제적으로 중요한 실체적인 존속보호와 신뢰보호를 발생시키지 않는다. 제조허가(승인)받은 의약품은 재심사의 범주에서 염려(혐의)상황이 인정되면, 부관이 부가될 수 있거나 허가취소나 업무정지를 통해서 판매금지될 수 있다(약사법 제69조 제1항 참조). 그러나 제약회사로선 재심사에 따른 시판후조치와 관련해서 신뢰보호든 손실보상이든 주장할 수 없다.[65]

2. 醫藥品製造許可의 리스크決定的 徵表

특별한 행정법적 소재를 리스크결정의 관점하에서 다루기 위해선, 입법자가 리스크개념을 명시적으로 사용했다는 점이 중요한 것이 아니라, 앞에서 본 리스크결정상의 징표가 주어져 있느냐가 중요하다. 이 점은 우리의 약사법에 그대로 통용된다. 의약품의 안전성 개념을 이해함에 있어, 위험(Gefahr)이 개연성있는 신체훼손의 발생으로서 응축될 때까지 기다려야 한다는 식의 태도는 바람직하지 않다. 오히려 위험문턱(경계선)보다 훨씬 이전에 리스크가 완화 · 축소되어야 한다는 입장을 취해야 한다. 약사법은 체계상으로 위험혐의와 예방의 분야에서 통용된다. 아울러 리스크가 제지되지 못하고 단지 완화될 수밖에 없거나, 혹은 어떠한 리스크가 수인될 수 있는지 결정을

---

64) 신약허가과정과 신약재심사에 관한 개략적 이해를 위해선 문병우, 신약의 허가과정과 임상시험 및 국내 KGCP 시행배경, 임상약리학회지 제4권 제1호, 1996, 78면 이하; 박병주, 우리나라 신약재심사제도, 임상약리학회지 제6권 제1호, 1998, 3면 이하 참조.

65) U. Ramsauer, Die staatliche Ordnung der Arzneimittelversorgung, 1988, S.74.

내려야 할 경우에도 약사법이 통용된다. 이러한 경우 판단내릴 상황이란 복잡해서 내외 전문가의 참여없이는 바른 판단이 불가능하다.

협의상황에서 행정청이 취할 대처방안을 명확히 하기 위해서, 독일 의약품법은 제1조의 입법목적에서 리스크징표에 상당하는 개념을 사용하였다. 안전성을 분명히 하기 위해서 동법이 규정한 세 가지 기준 즉, 품질(Qualität), 유효성(Wirksamkeit), 의혹없음(염려없음, 좁은 의미의 안전성, Unbedenklichkeit)은 기능상으로 위험개념을 대신한다. 전술한 리스크결정의 의의에서 보자면, 사실 독일 의약품법상의 이러한 징표는 실정법상으로 규정된 리스크결정의 요소에 해당한다.[66] 우리의 약사법의 경우에도 신약제조허가를 비롯한 동법상의 일련의 행위의 결정적인 규준은 바로 안전성과 유효성이기에, 독일과 사정이 다르지 않다.

약사법상의 개개 행위의 성립징표 특히 유효성과 의혹없음(안전성)을 해석함에 있어, 반드시 효능과 리스크간에 형량을 해야 한다. 종래의 경찰법상의 위험개념에선 결코 요구되지 않는 이런 형량의 요구로, 약사법상의 의약품제조허가(물론 그 밖의 여러 조치까지 포함될 수 있다)가 이상에서 본 리스크결정임이 더욱 확고해 진다. 예방적 성격의 제조허가거부나 재심사후의 조치인 제조허가철회 · 업무정지가 적법하게 이루어졌는지 여부는 일원론적인 위험평가에만 의거해서 판단할 순 없다. 약제의 효능이 개입요건을 심대하게 상대화하고, 그리하여 위험도그마틱상으로 행위성립요건의 측면에서 개연성예측만이 논의되는 경우라 하더라도, 반드시 형량이 행해져야 한다.

3. 리스크決定으로서의 醫藥品製造許可가 지닌 特質에 관한 論議[67]

(1) 의약품의 유효성확인의 문제

두 가지 중요한 리스크징표 즉, 의약품의 치료효과(유효성)와 의혹없음(안전성)이 예방적 허가절차에서 행정청의 감시대상이 된다. 오늘날 약사법이 요망하는 바는, 예방적 의도에서 의심스러운 의약품이 시판되지 않도록 함과 아울러, 이미 승인된 의약품도 지속적인 재심사를 통해서 관찰하고자 함이다. 적어도 새로운 물질인 경우에는 그 예방적 허가절차를 통해서, 그 약제가 꼭 필요한 성분을 지니고, 주장한 효능을 가지며, 타당성없는 부작용은 없다는 점이 확인되어야 한다. 하지만 실은 광범하고 확실한 경험이 아직 축적되지 않아 존재하지 않을 수 있는 시점에, 이런 확인이 내려진다.

---

66) Di Fabio, Risikoentscheidungen im Rechtsstaat, S.169.

67) 참고: 졸고, 약사법상의 의약품(특히 신약)제조허가의 특질과 입증책임에 관한 소고, 공법연구제27집 제2호, 1999.6, 493면 이하.

의약품의 유효성확인(Wirksamkeitsfeststellung)이란, 의약품이 질병의 치유·완화·예방·진단·건강증진의 의미에서 요망되는 치료효과를 실제적으로 제시하는지 여부를 증명하는 것을 말한다. 독일 의약품법 제25조 제2항 제1문 제4호에 의하면, 승인행정청은 신청자가 제시한 치료효과가 의약품에 없거나, 그때 당시의 학문지식수준에 비추어 신청자가 치료효과에 관해 불충분하게 근거를 제시한 경우에는 의약품승인을 거부할 수 있다.[68] 우리의 경우 약사법이 아닌 동법시행규칙에서 안전성과 유효성에 문제가 있는 것(각성제 등)을 허가제한(사실상 금지)대상으로 규정하고 있다(동규칙 제21조 제1항).[69] 물론 효능이 없다고 인정되는 의약품은 허가취소의 대상이 된다(동법 제69조 제1항 제4호: 현행 제76조 제1항 제4호 참조).

의약품사용은 합리성의 문제로서 대처해야 한다. 왜냐하면 치료에 대해 갖는 기대감이 믿는 자는 물론, 돌팔이의사·약사에게도 어떤 자극을 주기 때문이다. 의학·약학은 애당초부터 불합리한 유효성설정으로부터 한계를 긋고자 하였다. 그리하여 오늘날 임상시험에서 시험대상환자나 담당의사의 선입견 등으로 인한 왜곡으로 연구결과의 타당성이 낮아지는 것을 막기 위해서, 환자와 그 환자와 직접 접촉하는 모든 이(의사, 약사 등)에게 치료내용을 비밀로 하는 양측눈가림법(盲檢法, Doppel-Blind-Versuch, full double blind method)이 널리 시행되고 있다.[70] 한편 대학(주류)의학·약학에서 많이 벗어난 특별한 치료과정, 예컨대 동종(유사)요법, 자연요법 또는 대체의학적 치료법은, 필연적으로 현재 통용·시행되고 있는 유효성심사방법과 마찰을 일으킨다. 우세한 대학(주류)의학·약학과 방법적·지식적으로 경쟁하는 특별한 치료법을 보호하기 위해서, 독일 의약품법의 입법자는 유효성확인에 관한 법적·행정적 기준이 학문적 다툼과 치료방법상의 다툼에서 어느 일방의 편을 든다는 점을 막고자 하였다.[71]

---

68) 유효성의 개념 및 그것의 입증문제에 관한 상세는 vgl. Deutsch/Spickhoff, a.a.O., S.564ff.; H. Plagemann, Der Wirksamkeitsnachweis nach dem Arzneimittelgesetz von 1976, S. 32ff; U. Ramsauer, a.a.O., S. 34ff.; K. Henning, Der Nachweis der Wirksamkeit von Arzneimitteln, NJW 1978, S.1671ff.

69) 독일 의약품법과는 달리 우리 약사법은 의약품 등의 제조허가의 거부사유를 명시적으로 규정하고 있지 않지만, 여기서의 '제조허가의 제한대상'이 거부사유에 해당한다 하겠다.

70) 이 밖에도 의사와 직접 접촉하는 모든 사람에게 치료내용을 비밀로 유지하는 삼측눈가림법(full triple blind)과, 연구자료에 직접 접촉하는 모든 이에게 임상시험이 결과분석을 거쳐 완전히 종료될 때까지 비밀로 하는 전체눈가림법(total clinical trial blind)이 있다.

71) 그리하여 그들은 특별한 치료법의 경우 그 나름의 전문가위원회(평가·승인위원회)에 맡기고, 동종요법적 의약품의 경우엔 선택적으로 단순한 등록절차를 허용하는 식으로 규정함으로써(동법 제38조), 다원성요청과 안전성요청간에 절충적 해결책을 도모했다고 평가되고 있다. 그래서인지 미국과 비교해서 독일을 비롯한 유럽의 의학은 전통적인 대체요법을 융통성있게 수용·발전시켜 왔다. 우리의 경우 대한약전에 수재된 것뿐만 아니라, 질병의 진단·치료·경감·처치·예방목적으로 사용되고 있는 것까지 약사법상의 의약품에 해당하기에(동법 제2조 제4항), 일단 동종요법적 의약품도 그에 포함될 수 있을 것이나 조속히 그러한 의약품을 명문화함이 바람직하다. 대체의학에 관한 개략적 이해를 위해선 오홍근, 대체의학-개념과 발전방향, 한국대체의학회지 제1권 제1호, 1998, 6면

유효성입증에 관해 어떠한 요청을 설정할지에 대해 행정청이 내릴 결정은, 의약품법상의 많은 개개의 목표들과 긴장관계에 놓인다. 첫 번째로, 보건복지부나 식품의약품안전청은 개개의 사정에 비추어 (제조허가전의)약제의 단순한 적응주장과 관련해서 유효성요청이 어느 정도로 요구될지를 결정해야 한다. 왜냐하면 만약 그렇지 않으면, 효과적인 치료법을 배제함으로써 보건상의 위험이 발생할 수 있기 때문이다. 두 번째로, 행정청은 허가대상인 약제로부터 발생한 부작용리스크에 맞춰 유효성입증상의 요청을 설정해야 한다. 여기에선 이미 일반적으로 알려진 물질에 관한 것인지 아니면 아직 알려지지 않은 신물질에 관한 것인지 여부가 매우 중요하다.72) 세 번째로, 이상의 인식에 바탕을 두고서 동일한 효능을 가지면서 부작용이 없는 의약품이 존재하는지 여부 역시 탐문되어야 한다. 그리고 효능상으로 비교가능한 어떤 약제도 없으면, 적어도 유효할 법한 약제가 부당하게 판매금지되지 않도록, 유효성입증이 단순화되거나 저하될 수 있다. 네 번째로, 행정청은 유효성요청의 확정에 있어, 알려진 유사 · 대체치료법과 관련되어 지배적인 의학 · 약학지식의 적용이 배제되는지 여부 역시 고려해야 한다.73)

여러 상이한 관점이 충돌하기에, 유효성입증에 대해 어떠한 요청을 설정해야 할지의 문제에 직면해선 형량이 필요하다. 그럼으로써 유효성요청은 약사법상의 리스크결정의 범주에서 중요한 역할을 하며, 따라서 의혹없음(안전성)의 문제에서 논의되는 효능 · 리스크의 분석에 그것(유효성요청)을 포함시켜야 한다.74) 그러므로 의약품제조허가거부사유인 '유효성입증의 결여'를 해석함에 있어, 형량의존적 혹은 형량조종적인 태도를 취해야 한다. 여기서 형량은 그 바탕이 과학적으로 정해져 있고, 아울러 비교에 바탕을 두고 있다. 따라서 당연히 형량에는 약리학적 지식이나 적용에 관계된 지식 이외에, 비교가능한 약제에 관한 광범한 지식까지 동원된다.

한편 유효성판정을 특히 일시적(잠정적)인 관점에서 바라본다면, 신물질의 경우엔 장기간 시험할 필요가 있다. 그렇다면 적어도 아직 전혀 또는 잘 알려지지 않은 물질

이하; 황종국, 대체의학의 법적 허용문제에 대하여, 한국정신과학회 학술대회 발표논문집 제14회(2001년 춘계), 2001. 4. 15면; 조무성, 암환자의 삶의 질과 대체의학 · 요법의 행정방향, 한국행정학회 학술대회 발표논문집(2002년도 하계), 733면 이하 참조.

72) 이미 허가(신고)된 바 있는 품목과 유효성분의 종류 등이 동일한 품목의 경우엔 원칙적으로 안전성 · 유효성심사를 면제받는다('의약품등의 안전성 · 유효성심사에 관한 규정' (식품의약품안전청 고시 제2003-17호) 제3조 제1항 참조).

73) 이상의 내용은 vgl. Di Fabio, Risikoentscheidungen im Rechtsstaat, S.174.

74) 독일 의약품법은 "상당한"(angemessen)유효성으로 규정하고 있어서(동법 제24조 제1항 제3호), 유효성요청이 명백히 효능 · 리스크의 분석에 포함된다. 비록 과거 '의약품등의 안전성 · 유효성심사에 관한 규정' 제6조 제1항 6호에 따라, -수식어를 붙이지 않았지만- 임상시험성적의 평가에서 원칙적으로 유효율 66.7%(2/3)이상인 적응증 등에 대하여 유효한 것으로 인정함에 비추어 사정은 독일과 마찬가지였는데, 지금은 이를 '해당 적응증 등에 대하여 임상적 유의성이 있는 경우'로 바꾸어 해석의 논란을 낳는다.

의 경우에는, 유효성확인은 과학적 근거에 의거한 예측결정에 해당한다.[75] 통상 '장래사실에 관한 언명' 으로서의 예측은 그 자체가 포섭이 아니라, 개연성판단이기에, 유효성확인은 당연히 개연성판단에 바탕을 두고 있다. 하지만 여기선 위험도그마틱상의 개연성판단의 경우처럼 개연성의 요구정도가 변화한다. 그 요구정도는 특별한 치료법이나 학문적 견해에 관한 법률적인 우선(우위)은 물론, 해당약제의 기대되는 치료효능에도 좌우된다.

(2) 의약품의 부작용리스크(안전성)의 문제

(가) 혐의결정으로서의 부작용리스크판단

의약품의 부작용(Nebenwirkung)리스크에 관한 판정은 의약품통제의 아킬레스건에 해당한다. 규정에 맞춰 의약품을 복용한 결과 인간과 동물의 건강을 저해하는 영향이 생겼을 때, 이것이 예기치 않은 부작용이나 유해한 효과에 해당한다.[76] '의약품등안전성정보관리규정(식품의약품안전청고시 제2004-30호, 2004. 4. 27)' 에 따르면, "부작용(side effect)이라 함은 '의약품등을 정상적인 용량에 따라 투여할 경우 발생하는 모든 의도되지 않은 효과' 를 말하며, '유해사례(Adverse Event/Adverse Experience, AE)', '실마리정보(Signal)', '약물유해반응(Adverse Drug Reaction, ADR)' 등을 포함한다"(동 규정 제2조).[77] 어떤 의약품을 예방적으로 판정할 때, 예기치 않은 부작용의 출현과 빈도를 명확히 언급하기란 거의 불가능하다. 왜냐하면 동물실험의 결과가 인간에 대해서 그대로 재현되지 않는 것이 상례이고, 신약에 관한 임상시험상의 사례건수가 통계적으로 충분한 데이터베이스를 만들어 내기에는 턱없이 적기 때문이다.[78]

이러한 이유에서 우리 약사법은 '국민보건에 위해를 끼칠 염려가 있는 의약품 등의 제조 등' 을 금지하고 있으며(동법 제56조 제11호: 현행 제62조 제11호), 독일 의약품법 역시 '정당화될 수 없는(타당성없는, unvertretbar) 유해효과에 관해 근거있는(정당한) 혐의(begründeter Verdacht)가 있을 때' 를 승인거부사유의 하나로 규정하였다(동법 제25

75) 예측결정에 관해선 vgl. F. Ossenbühl, Die richterliche Kontrolle von Prognoseentscheidungen der Verwaltung, in: Festschrift für Ch.-F. Menger, 1985, S.731(732); G. Schwerdtfeger, Eigenständige Wirksamkeitsbeurteilungen durch die Transparenzkommission?, PharmInd. 1990, S.33(38); 김해룡, 행정상의 미래예측의 법리, 공법연구 제21집, 1993, 335면 이하.

76) Vgl. Kloesel/Cyran/Feiden/Pabel, Arzneimittelgesetzt Kommentar, 1990, § 5 Anm. 9.

77) 참고로 독일 의약품법 제4조 제13호는 부작용의 개념정의를 담고 있다. 이에 의하면, 규정에 맞춰 의약품을 복용했을 때 나타나는 예기치 않은 반응(수반증세)이 부작용에 해당하고, '중요한 부작용' 은 치명적이거나 생명을 위협하는, 입원치료 또는 입원치료의 연장을 필요로 하게 하는 것이다.

78) 각 단계별 임상시험의 예수가 약물의 특성에 따라 과학적으로 타당하여야 하는데, 과거엔 제3상 임상시험의 경우 원칙적으로 총 90예 이상의 임상예에 대한 자료만으로 충분한다고 명시하였지만, 지금은 피험자수가 의약품의 특성과 임상시험방법 등에 따라 합리적으로 결정되어야 한다고 규정할 뿐이다('의약품등의안전성 · 유효성심사에관한규정' 제6조 제1항 제6호 참조).

조 제2항 제5호). 아울러 동법 제5조 제1항은 제약회사와 판매자에 대해 염려되는(의심스러운, bedenklich) 의약품의 판매를 금지하였다.[79] 사실 이러한 원칙적 금지는 제조허가(승인)절차의 존재에도 불구하고 중요하다. 왜냐하면 의약품제조허가가 있다 하더라도, 제약회사는 약사법 제56조에 대한 고려(원칙적 금지)로부터 자유로워지지 않으며, 오히려 앞서 허가된 의약품조차도 언제든지 염려스럽게 여겨질 수 있기 때문이다(후술할 "의약품제조허가의 잠정성" 참조).

약사법 제56조 제11호(현행 제62조 제11호)와 제69조 제1항 제4호(현행 제76조 제1항 제4호)에서 "국민보건에 위해를 끼칠 염려가 있는 의약품"이라고 규정함은, 이 경우 국가의 위험방지를 개연성단계의 아래로 앞당겼다는 것을 여실히 증명한다. 타당성없는(정당화될 수 없는, 납득할 수 없는, unvertretbar) 부작용에 관한 근거있는 염려(혐의)가 있으면, 행정청은 제조허가를 거부할 수 있으며, 아울러 기왕에 허가되어 적법하게 시판중인 의약품에 대해서도 허가취소나 품목제조금지까지 이르는 시판후조치를 발할 수 있다.

여기서의 염려(혐의)를 인정하기 위해선, 단순한 추정에 의거하여 국민보건상의 위해(유해)가 발생했다는 막연한 염려(혐의)만으론 충분치 않다. 오히려 그 염려(혐의)가 학문적 지식이나 경험을 통해서 근거가 있어야 한다. 그런데 염려(혐의)가 근거있음을 인정하기 위해선, 있음직한 위해(유해)발생이 순전히 학문적 · 이론적 근거만 있다 하여도 충분하다.[80] 그리고 중대한 신체훼손의 혐의가 있으면, 훼손발생의 미미한 가능성만으로도 제조허가를 거부하거나 취소하는 데 충분하다.[81] 따라서 위험방지가 앞당겨져 있다 하더라도, 위험방지법에서 개연성충족여부를 판단하는 데 통용되는 逆比例의 原則(Grundsatz der gegenläufigen Proportionalität)[82]이, "(근거있는) 염려"의 존부

79) 한편 동조 제2항은 '염려스러운 의약품'에 관해 다음과 같이 규정하고 있다: 의약품을 규정에 따라 사용하였는데, 그것이 의학지식상으로 타당할 수 있는 정도를 넘어서는 유해효능을 지녔다는 근거있는(정당한) 혐의가 당시의 학문수준에 비추어 있을 때, 그 의약품은 염려스럽다. 이러한 개념정의는 우리 약사법의 관련규정(제56조 제11호(현행 제62조 제11호), 제69조 제1항 제4호(현행 제76조 제1항 제4호) 등)을 해석함에 그대로 통용될 수 있다고 여겨진다. 우리 약사법은 단순히 '염려'란 표현만을 썼지만, 전술한 리스크개념정립에서 제시하였듯이, 그것을 독일 의약품법상의 '근거있는(정당한) 혐의'로 대체할 수 있다. 그리고 의약품의 부작용을 이렇게 파악해야만 '위해를 끼칠 염려'의 존부를 바르게 판단할 수 있다. 한편 독일 의약품법 제5조 제2항과 제25조 제2항 제5호가 동일한 방식으로 해석 적용되어야 한다는 지적(W. A. Rehmann, Arzneimittelgesetzt Kommentar, 2.Aufl. 2003, § 5 Rn. 2; Räpple, Das Verbot bedenklicher Arzneimittel nach § 5 AMG, 1991, S.102,)이 있는 반면, 법치국가원리에 따라 주요한 성립요건상의 차이점도 있다는 지적도 있다(G. Scheu, a.a.O., S.893ff.)

80) 제조허가시에는 광범한 적용의 경험이 결여되어 있기에 정보부족은 당연하다. 따라서 단지 이론적으로만 확증된 고려에 의거한 염려(혐의)분석이, 제조허가여부를 결정할 때 매우 중요하다. Vgl. OVG Berlin vom 26. Nov. 1987-OVG 5 S 75.87.

81) 하지만 WHO의 시험에 따른 연구결과가 실제적으로 손상발생의 미미한 가능성에 지나지 않을지 여부는, 통계상의 사례(예컨대 Clofibrat사례에서 Clofibrat가 투여된 집단에선 77명이 사망하였고, 대조약이 투여된 집단에선 47명이 사망하였다)를 감안하면 의문스러울 수 있다.

82) 이는 피해발생의 개연성을 어느 정도로 요구할지는 피해가능성(잠재성)이 어느 만큼 되느냐에 좌우된다고

를 판단함에 있어서도 적용되어야 한다. 물론 여기선 일반적인 위험도그마틱과 비교해서 개연성예측이 상대화된다. Berlin행정법원은 Clofibrat(콜레스테롤 정도를 낮추는 데 사용된 약제)와 관련한 사건에서, "비록 어떤 의약품으로 인해 사망사례의 혐의가 있더라도, 그 의약품이 생명에 매우 중요하고 대체불가능하다면 (그것을) 시판되게 하여도 무방하다"고 판시하였다.[83]

생각건대 효능과 리스크에 대해서, 과학적·의학적 지식을 바탕으로 법적으로 공감할 수 있는 분석을 한다는 것은 지극히 어렵다. 바로 이 점이 다른 안전조치와 비교해서, 의약품법상의 결정이 지닌 두드러진 특질이다. 이런 어려움 때문에 생명을 구하기 위해선 필시 어떤 사람의 죽음을 무릅써야 한다는 지극히 곤혹스러운 모순상황이 초래될 수 있다. 요컨대 의약품의 안전성(부작용)과 관련한 약사법상의 혐의(염려)결정이 갖는 특징으로, i) 개연성단계를 학술적·이론적 가능성에로까지 낮추는 것과, ii) 효능·리스크의 분석을 상대화하도록 강제하는 것을 들 수 있다.[84]

(나) 효능과 리스크의 형량

신체훼손가능성을 수인가능성에 비춰 평가함에는 두 가지 측면 즉, 양적인 측면과 질적인 측면이 내포되어 있다. 부작용리스크의 수용 여부는 일단 부작용발생의 빈도에 좌우된다. 매우 드물게 발생하는 부작용현상은, 대량적으로 발생하는 부작용에 비해 더 용이하게 수인할 수 있다. 그리고 부작용의 중대함이 문제된다. 간단한 피부상의 염증은 중대한 조직상의 손상에 비해 한층 더 수인될 수 있다. 하지만 부작용리스크는 기본적으로 효능·리스크의 분석에 바탕을 두고서 평가되어져야 하기에, 그 부작용의 수인 여부는 당해 약제에 대해 어떠한 치료효과를 기대하느냐에 좌우된다.[85] 가령 신장기능장애는 감기약의 경우엔 타당성없는(정당화될 수 없는) 부작용으로 간주되는 반면, 생명을 위협하는 중질환을 처치하기 위한 약제의 경우라면 정반대로 여겨진다.[86] 결론적으로 높은 효능의 경우엔 높은 리스크가 용인되는 데 대해서, 낮은 효능의 경우엔 낮은 리스크조차 더 이상 받아들여져선 아니 된다.[87]

보아, 개연성의 정도와 피해의 정도간에는 逆比例關係가 있다는 것이다. 말하자면 대비적 비교의 공식(Je-desto-Formel)이다. 여기선 피해의 정도와 보호법익의 위계(우열)가 결정적으로 중요하다.

83) VG Berlin vom 15. Jan. 1979-VG 14 A 4/79-.

84) Di Fabio, Risikoentscheidungen im Rechtsstaat, S.178.

85) G. Lewandowski, Sicherheitsentscheidungen im Zulassungsverfahren und bei der Risikoabwehr-Rechts-und Verfahrensfragen, PharmaR 1980, S.132ff.

86) 이 경우 매우 드물거나 특별한 상황의 파생결과에 해당하는 부작용까지 고려에 넣되, 효능·리스크의 분석에선 지시에 맞춰 복용했는데 생긴 부작용만을 고려해야 한다. 약의 남용의 경우는 일단 논의에서 제외된다. 물론 그에 상응하는 경고표시가 덧붙여질 수 있다.

87) P. Schönhöfer, Wie kann zwischen Nutzen und Risiko bei Arzneimitteln abgewogen werden ?, PharmaR 1982, S.125.

의약품에 부작용의 수반은 피할 수 없기에, 어떤 부작용도 있어선 안된다는 것은 무리한 바램이다. 요컨대 '의학지식에 비춰 타당성있는(정당화될 수 있는) 정도'를 넘어선 부작용이 문제된다. 결국 효능(치료효과, 유효성)·리스크(예기치 않은 유해효과)의 분석은 의학·약학지식의 척도에 의거해서 행해져야 한다. 부작용을 판단함에 있어, 중대함, 빈도수, 위협성에 따른 평가이외에, 가역성, 비가역성, 자연퇴행변성경향과 치료효과에 따른 평가 역시 중요한 역할을 한다. 그리고 부작용을 임상적 징후나 실험실검사를 통해서 사전에 포착하는 것과 상황에 따라선 치명적인 위협을 지닌 증세의 발현을 피하는 것이 가능한지 여부의 관점 역시 중요하다.

약사법상의 효능·리스크의 형량은 순전히 과학적 지식에 의해서 전적으로 이루어질 순 없다. 그 까닭은 원칙적인 지식상의 불안전성과 방법상 견해의 다양성 때문이다. 실제로 법령이나 고시 역시 극히 한정된 형량지침을 제공할 수 있을 뿐이다. 나아가 의약품제조허가가 재량행위라면 그 결정은 리스크의 수용가능성에 관해 전문가들이 내린 평가에 필연적으로 구속되지 않을 수 없다. 이는 동행위를 기속행위로 보더라도 마찬가지이다.

결론적으로 리스크와 효능을 이익형량함에 있어, 일신전속적인 평가들이 공동결정요소로서 제조허가를 포함한 의약품승인과 관련한 결정에 유입된다.[88] 효능·리스크의 분석이 행해진다 함은 결정(판단)의 여지가 현저하게 있음을 나타내는데, 이런 결정(판단)여지는 사실상 법적으론 더 이상 파악될 수 없다. 따라서 법적 합리성의 이런 결여는 결정담당자(전문평가기관이나 관련 전문가 등)의 선정에 대한 신뢰 및 소정의 절차를 통해서 메워져야 한다.[89] 하지만 효능·리스크의 형량이 있음으로 말미암아, 약사법상의 리스크결정은 필연적으로 평가(판단)구속성을 지니는 것으로 여겨져서, 자칫 다소간 특정되거나 이미 판정된 일정한 리스크의 경우 기대되는 치료효과를 감안하면 받아들여질 수 있다는 식으로 소홀히 평가될 우려가 있다.

(다) 약사법상의 효능·리스크의 형량이 지닌 특수성

약사법에서의 리스크·효능의 형량은, 다음과 같은 이유에서 다른 법영역에서의

---

88) 일찍이 독일 의약품법을 지금처럼 개정할 당시에, 정부안을 마련한 위원회는 이 점을 분명히 지적하여 주관적 판단(결정)이 승인결정에 유입됨을 강조하였다. Vgl. BT-Drs. 7/5091 S. 7.

89) 불확정법개념의 해석·적용에서 결과적으로 판단여지가 존재함이 시인될 때, 그것에 관한 사법심사는 부득불 소정의 절차가 제대로 이행되었는지에 초점을 맞출 수밖에 없다. Vgl. R. Wahl, Risikobewertung der Exekutive und richterliche Kontrolldichte, NVwZ, 1991, S.409ff.; H. Schulze-Fielitz, Neue Kriterien für die verwaltungsgerichtliche Kontrolldichte bei der Anwendung unbestimmter Rechtsbegriffe, JZ 1993, S.772(776f.).; Sieckmann, Beurteilungsspielräume und richterliche Kontrollkompetenz, DVBl. 1997, S.101ff.; Pache, Tatbestandliche Abwägung und Beurteilungsspielraum, 2001; M. Ramsauer, Rechtsschutz durch nachvollziehende Kontrolle, BVerwG-Festgabe, 2003, S.699ff.

그것과는 현저히 구별된다.[90] 첫 번째로, 약제의 효능과 리스크는 동일한 법익 즉, 인간(및 동물)의 건강에 바탕을 두고 있기 때문이다. 즉, 예기치 않은 부작용으로 초래될 수 있는 위험(Gefahr)이란 건강훼손의 개연성에서 성립하고, 이에 대해 약제의 효능이란 건강훼손의 저지 · 대처 · 완화를 위한 그것의 적응에서 성립한다. 두 번째로, 치료효과가 있는 약제를 市販禁止한다는 것은 예기치 않은 부작용을 지닌 약품을 승인하는 것과 마찬가지로 위험을 발생시킬 수 있다. 일찍이 독일 의약품기관에서 리스크비교연구의 총책을 맡은 바 있는 K. Heilmann은 다음과 같이 지적하였다. 즉, 치명적인 심장질병을 치료하기 위해 투약되는 베타블로커(Betablocker)가 다른 국가에선 이미 사용중임에도 불구하고 그것의 승인을 FDA가 지연하는 바람에, 그 약을 복용했더라면 좀더 오래 살 수 있었을 약 10만 명이 목숨을 잃었다는 것이다.[91] 이런 배경에서, －후술하는 迅速(使用)承認制度에서 확인할 수 있듯이－약사법상의 리스크결정은, 문제되는 많은 경우에 "의심스러우면 안전에 유리하게(in dubio pro securitate)"라는 간단한 원칙에 의거해서 내려질 순 없다.

4. 醫藥品製造許可의 暫定性

(1) 暫定的 行政行爲의 의의

행정결정에 관한 동적화(역동화, 연동화, Dynamisierung)는 이른바 '暫定的(假) 行政行爲'를 매개로 개념상으로 상당히 다듬어지고 도그마틱상으로 제한된다.[92] 給付行政에서 발전되어 온 잠정적 행정행위는, 規律의 現時化(Temporalisierung)가 그 특징이다. 잠정적 행정행위를 인정함은, －행정행위를 폐지할 것 없이－ 당초 규율의 소급적 수정을 허용한 셈이다. 잠정적 행정행위의 규율효과는, －부관으로서의 기한(이나 조건)이 부가될 필요 없이－ 실제론 시간적으로(혹은 사항적으로) 기한이 설정되어 있다. 연방행정법원의 제3부는 1983.3.14.자 '탈지유보조금판결(Magermilchsubventions-Urteil)'에서, 잠정적 행정행위란 형상을 作用形式論에 접속시켰다.[93] 농업보조금의

90) Di Fabio, Risikoentscheidungen im Rechtsstaat, S.183.

91) Ders., Arzneimittelsicherheit – Risiko verstehen lernen, in: 25 Jahre Arzneimittelgesetz – Fortschritte der Arzneimittelsicherheit, Symposium des Bundesverbandes der Pharmazeutischen Industrie e. V., 1986, S.45(53).

92) 규범과 개별사건의 부문에 대한 동적화효과(Dynamisierungseffekt)는, 민주주의적, 법치국가원리적 측면에서 논쟁이 될 수 있다. 실질적 민주주의 원칙의 관점에선, 가령 결정을 외부 전문가에게 사실상 이전시키는 데 따른 민주주의의 不全(不在)이 운위되고 비판된다. 또한 법치국가원리적 측면에선, 법률상의 성립요건(구성요건)적 구속의 상실, 행정결정과 법원의 결정에 관한 예측과 예지의 가능성의 부족이, 우려를 자아낸다.

93) BVerwGE 67, 99ff.=DÖV 1983, 814 m. Anm. von Tiedemann=DVBl. 1983, 851 m. Anm. Henke, DVBl. 1983, 1247=NJW 1983, 2043. V. Götz, Die vorläufige Subventionsbewilligung, JuS 1983, S.924ff.; F.-J. Peine, Der vorläufige Verwaltungsakt, DÖV 1986, S.849ff.; J. Martens, Vorläufige Regelungen durch Verwaltungsakt,

승인에 앞으로의 경영심사의 유보를 덧붙였는데, 이런 유보의 부가를 동법원은 해제조건과 철회권유보로 보지 않고, 승인결정의 규율핵심에서의 修正(Modifikation)으로 보았다. 수정으로 본 즉, 궁극적으로 규율의 법효과는 금전급부의 그저 잠정적인 수급가능성에 관한 법적 근거를 의미할 뿐이라고 결론이 내려지고, 그러면 그 이후의 거부결정이나 변경된 승인결정은 당초의 행정행위의 폐지나 일부 폐지를 결코 필요로 하지 않는다. 왜냐하면 당초의 행정행위가 그것의 잠정적 규율로 인해 拘束效(Bindungswirkung)를 발생시킬 수 없기 때문이다. 그 이유로서, 피부조자의 종국적인 수급가능성은 과거에 있은 일의, 아직 심사 · 확인되지 않은 발생에 좌우되었다는 점이 적시되었다.[94] 그에 따르면, 잠정적 행정행위는 행정청이 어떤 이유에서든 사안을 완전히 심사하지 않은 채 발해지기에, 추후의 종국적 규율이 유보되며,[95] 그리하여 최종결정에 비해 구속력을 발생시키지 않는 고권적 규율에 해당한다. 독일 연방행정법원이 특별한, 잠정적인 규율효과를, 규율의 본질적 요소 그 자체로 간주하였듯이, 잠정적 행정행위에서 暫定的 規律을 正當化시키는 근거는 사안의 不確實性이다. 그것의 정당화가 문제될 때, 문헌 역시 결정적으론 특별한 불확실성의 조건을 목표로 삼았다.

(2) 리스크결정으로서의 醫藥品製造許可의 實體的 暫定性

수정(재심)에서의 자유로움(개방성), 가령 불확실성의 영역에서의 행정결정의 暫定性이 국가적 리스크결정의 특징이다. "불확실성, 복잡성, 시간적 압력이란 세 가지 요소에 직면해서, 위험방지와 위험배려에 관한 결정은 그것이 심사와 수정의 유보하에 있을 때만 떠맡겨질 수 있다. 새로운 지식과 새로운 리스크평가가 가능하고 유효하게 될 수 있다는 사실이 확고히 되어야 한다."[96] 리스크행정의 법은 期限附 法(Recht auf Zeit)이다. 비교적 無知한 분야에선 행정청이 언명한 권리부여(Berechtigunen)조차도, -통상의 행정행위가 지닌 존속력에 견주어- 확고한 것으로 여겨지지 않는다. 적용영역에서 본 즉, 잠정적 행정행위는 불확실성의 조건하에 있는 행정결정을 위한 -가령

DÖV 1987, S.992ff.; F. J. Kopp, Verwaltungsakt unter Vorbehalt sonstige vorläufige Verwaltungsakte, DVBl. 1989, S.238ff.; H.-C. Schmmelpfenning, Vorläufige Verwaltungsakte, 1989, J. Lücke, Vorläufige Staatsakte, 1991; K. Kemper, Der vorläufige Verwaltungsakt, DVBl. 1989, 981ff.; E. Kreßel, Der "Vorläufige" Verwaltungsakt, BayVBl. 1989, S.65f.; Di Fabio, Vorläufiger Verwaltungsakt bei ungewissem Sachverhalt, DÖV 1991, S.629ff. 국내문헌으론 특히, 김남진, 행정법의 기본문제, 1994, 299면 이하; 류지태, 행정법의 이해, 2006, 127면 이하; 최봉석, 잠정적 행정행위(가행정행위)의 요건과 한계, 고시연구, 2006.4., 22면 이하; 졸고, 리스크행정에서 행정행위에 의한 개별사건규율에 관한 소고(譯), 지방자치법연구 제6권 제1호, 2006.6., 549면 이하 참조.

94) BVerwGE 67, 99(102).

95) (행정행위를 넘어 모든 국가행위를 포괄하는 의미에서의) 일시적(가명령적) 결정이란, 추후적인, 확정적인 결정의 留保下에 행해지는 행위로 정의된다. J. Lücke, a.a.O., S.2.

96) W. Hoffmann-Riem, Reform des allgemeinen Verwaltungsrechts als Aufgabe-Ansätze am Beispiel des Umweltschutzes, S.400(445).

특히 리스크결정과 협의결정에 있어서– 일반적으로 적용가능한 作用形式일 수 있다. 따라서 리스크결정으로서의 예방적 醫藥品製造許可(승인결정)의 특질과 미약한 존속력을 감안한 즉, 그것은 실체적으로 잠정적 효력만을 지닌 규율에 해당할 수밖에 없다. 즉, 그것의 존속력은 의약품시판을 잠정적으로 허용하는 것으로 축소되며, 이는 현저히 상대화된 신뢰보호를 낳는다.97) 권리나 의무가 행정행위에 의해서 잠정적으로만 확정된다면, 행정행위의 수범자는 행정청의 언명의 존속력과 관련해선 결코 신뢰를 만들어 낼 수가 없다. 여기서의 신뢰보호의 결여는 의약품안전성의 무조건적인 優位로써 정당화된다.98)

잠정적 행정행위의 의미가 특히 완화된 폐지가능성에 있어서 초래된, 현저히 상대화된 존속력문제는, 허가보유자의 관점에선 다음의 세 가지 측면을 지닌다. 우선 어떠한 조건하에서 행정청이 허가보유자에게 시판허용을 재차 박탈할 수 있는지가 문제된다(폐지요건). 두 번째로, 허가의 적법한 폐지나 부분폐지가 언제 손실보상의무를 발생시키는지 여부가 문제된다. 세 번째로, 허가보유자에게 불리한 다른 법적 평가에 대해서 기왕의 허가가 어느 정도로 보호를 제공하는지가 문제된다(합법화효과, Legalisierungswirkung).99) 여기선 뒤 두 가지 문제점을 살펴보고자 한다. 우선 –독일 행정절차법 제48조 제3항에 상응한– 철회나 취소로 의약품제조자가 입게 될 재산상의 손실을 보전하는 것에 대해서, 약사법은 –독일 의약품법 제30조와 마찬가지로– 전혀 언급하지 않는다. 의약품제조허가(승인)의 허용효과(Gestattungswirkung)는 허가유보부 예방적 금지를 행정법적으로 극복하는 데 국한된다. 약사법 제56조(현행 제62조)의 금지는 위반시 형벌에 처함을 예고하는 억제적 금지이므로(동법 제75조 제1항(현행 제94조 제1항)과 결합해서), 의약품제조허가의 존재 자체는 민사법적 · 형사법적으로 아무런 영향을 미치지 않는다. 즉, –독일 의약품법 제5조상의 기본의무(Grundpflicht)처럼– 약사법 제56조(현행 제62조)에 의해 국민보건에 위해를 끼쳤거나 끼칠 염려가 있

---

97) 독일의 경우 의약품법 제30조와 사후부담의 가능성이 그들 행정절차법 제48조와 제49조와 비교해서 더 용이한 폐지가능성을 규정함으로써, 의약품제조허가(승인)의 존속력을 제한한다. 존속력과 폐지가능성간의 상관관계에 관해선: Maurer, Allgemeines Verwaltungsrecht, 15. Aufl., 2004, §11 Rn.7.

98) Kloesel/Cyran/Feiden/Pabel, Arzneimittelrecht Kommentar, §30 Anm.8.

99) 허가된 행위에 대한 다른 평가를 기왕의 허가와의 관계에서 어떻게 설정하는가의 문제가, 허가의 합법화효과에 관한 것이다. 다음과 같은 물음이 제기된다: 행정법적 허가의 테두리안에서 활동한 자가 처벌가능한지 여부 또는 그럼에도 불구하고 허가된 활동이 공공의 안녕을 위한 위험이 될 수 있는지 여부가 그것이다. 그 裏面에는 경합적 법재료의 우위라는 어려운 물음이 존재한다. 형법과 행정법의 영역을 위해선: F. Ossenbühl, 강연주제: "Empfehlen sich Änderungen bezüglich der Verwaltungsakzessorietät?", Sitzungsbericht zum 57.DJT 1988, L36 S.42ff.; ders., Verwaltungsreht als Vorgabe für Zivil- und Strafrecht, DVBl. 1990, S.963ff.; G. Heine, Verwaltungsakzessorietät des Umweltstrafrechts, NJW 1990, S.2425ff.; H.-J. Papier, Zur Disharmonie zwischen verwaltungs- und strafrechtlichen Bewertungsmaßstäben im Gewässerstrafrecht, NuR 1986, S.1ff.; R. Breuer, Konflikte zwischen Verwaltung und Strafverfolgung, DÖV 1878, S.169ff.

는 의약품은 애초에 제조, 판매 등이 금지되며, 이런 의무는 약사법 제75조(현행 제94조)에 의해 제조허가에 관계없이 이행되어야 한다. 즉, 제조허가결정은 궁극적인 可罰性審査(Strafbarkeitsprüfung)와 관련하여 아무런 拘束效(合法化效果)를 갖지 않기에, 제조허가가 있더라도 동법 제56조(현행 제62조) 제11호의 위반은 면책되지 않는다. 의약품제조허가가 지닌 이와 같은 한정된 영향은 그것의 잠정적 성질과도 부합된다.[100)]

(3) 소위 醫藥品의 迅速(使用)承認(Schnellzulassung)

예방적 제조허가(시판허가)의 잠정성은, 특별한 치료가치가 있는 의약품의 신속(사용)승인의 경우에 특별한 방식으로 나타난다. 신청자의 중요한 보충자료가 아직 나오지 않아서 효능과 리스크의 분석이 기타의 법정의 요건에 따라 실시될 수 없을지라도, 市販에 관해 결정내리는 것이 迅速(使用)承認(허용)이다. 독일 의약품법은 그들 제4차 의약품법 개정을 통해서 부담의 허용성의 관점에서 "신속승인"(Schnellzulassung)의 가능성을 열어 놓았다(동법 제28조 제3항 참조).[101)] 그리하여 신속승인 그 자체를 바로 인정한 것이 아니라 은폐된 위치에서 인정될지라도, 필수적인 범위안에서의 임상시험을, 시판승인후에 신청자에 과할 수 있게 되었다. 우리의 경우에도 충분한 치료가 불가능한 중병에 대한 치료효능이 기대되는 의약품을 특별히 취급하고 있다. 즉, '의약품임상시험계획승인지침' (식품의약품안전청 고시 제2004-51호, 2004.7.19. 개정)에 의해, "품목허가전 임상시험용의약품의 치료목적 사용(Treatment Investigational New Drug)"과 "응급상황의 임상시험용의약품 사용(Emergency Use Investigational New Drug)"이 허용된다. 전자는 생명을 위협하는 중대한 질환 등을 가진 환자를 치료하기 위하여 임상시험용의약품 또는 시판허가 되지 않은 의약품을 동정적으로 사용할 수 있도록 하는 것을 말하고, 후자는 임상시험계획승인전에 응급시 임상시험용의약품을 사용할 수 있도록 하는 것을 말한다(동 지침 제5장 참조). 의약품의 효능과 부작용에 관한 완전한 심사 없이 내려진 신속승인, 역시 (불확실한 가운데 아직 불충분하게 밝혀진 사안에 대해서 내려진) 잠정적 행정결정(사용승인)이다. "신속(사용)승인제"를 통해 분명해진 점은, 의약품법의 지향점이 진전된 안전성최적화(Sicherheitsoptimierung)를 넘어서, 치유목적의 혁신을 증진하는 데 있다는 것이다. 그리하여 복용시에 빈혈증과 백혈구증가와 같은 심각한 부작용이 발생할 수 있음에도 불구하고, 그것의 "가능할 법한

100) 한편 독일의 경우 의약품법 제25조 제10항에서 이러한 점을 명시하고 있다.

101) 동법 제28조 제3항: 의약품이 높은 치료적 가치를 지닐 수 있어서 즉각적인 시판(유통)상의 공익이 존재하지만 의약품의 광범한 판단을 위해 다른 중요한 자료가 필요하다는 사실에 있어서 충분한 근거가 존재하는 경우에, 관할 연방상급행정청은 負擔으로써 다음의 점- 추가적인 분석시험, 약리학적-독성시험 또는 임상시험이 시행되고 그 결과를 보고하는 것-을 명할 수 있다.

생명연장적" 효과를 감안한 즉, (AIDS 치료약인) AZT가 신속승인을 받았다.

Ⅶ. 國家의 市販後統制로서의 新藥再審査와 醫藥品再評價

1. 市販後統制의 중요성

市販後統制는 국가적 지속감시로서 예방적 승인(허용)절차에 연계되어 있다. 의약품의 시판승인(허용)으로써 국가감시가 끝나는 것이 아니라, 새로운 국면 소위 市販後統制(Nachmarktkontrolle, post-market-controll)에 들어선다. 의약품에 관한 신빙성 있는 리스크분석은 대체적으로 다수의 복용건수에 좌우되기 때문에, 오히려 국가의 의약품감시의 중점은 시판후통제에 있다. 시판후감시의 중요함은 적어도 새로운 약제에 존재하는 정보결핍에서 비롯되는데, 이 정보결핍이 국가통제의 중점을 시간적으로 시판후로 이전시킨다. 시판후통제는 또한 임상시험의 지속적인 계속으로도 여겨질 수 있다. 본래의 실무상의 테스트는 제품시판과 함께 시작한다. 근년에 몇몇 의약품의 경우 실무상 투약이후의 경험이, 임상시험상의 예상과는 놀라울 정도로 완전히 달랐다.[102] 임상시험의 Ⅰ-Ⅲ 상에선 비교적 낮은 시험참여자의 수에 의거하여 의약품에 대해 판단을 내린다. 드물거나 복잡한 인과관계에서 생길 뿐인 예기치 않은 부작용에 관해 만족스런 언명을 하기에는, 현행 체제가 원칙적으로 부적합하다.[103] 또한 시판후통제는 놀라운 부작용을 아는 것과 관련해서 뿐만 아니라, 단순한 효능추정에 관한 확인을 하기 위해서도 중요하다. 효능상에 관한 지식을 강화하는 것은 중요하다. 이유인 즉, 그것은 투약의 치료적인 목표의 정확성 때문이기도 하거니와, 효능이 충분히 확실히 확립된 경우에만, 예기치 않은 부작용이 효능-리스크의 분석에서 합리적으로 판단내려질 수 있기 때문이기도 하다.[104]

2. 情報節次

市販後統制(시장감시)의 임무는, 지속적으로 변하는 복용지식과 의약품발전의 흐름에서 효능-리스크의 분석을 주어진 動因에서 새로이 행하고, 새로운 평가를 수행하는 것이다. 이런 점에서 시판후통제는, 리스크를 축소하고 危險源의 성립을 차단하는 것

102) 이는 임상시험의 유용성에 관한 근본적 의문을 던지곤 한다. Vgl. G. Fülgraff, Der kontrollierte klinische Versuch – Eine kritische Würdigung, PZ 1985, S.3309(3311).

103) 적용사례의 1%에 나타나는 부작용을 95%이상의 신뢰도로 조사하기 위해선, 300명의 환자를 감시해야 한다. 대부분의 부작용은 주로 사례의 1% 미만에서 발생하기 때문에, 95% 이상의 신뢰도를 얻기 위해선 아마도 약 40.000건의 치료사례를 반드시 관찰하지 않으면 아니 된다.

104) Hart/Hilken/Merkel/Woggan, Das Recht des Arzneimittelmarktes, S.105f.

을 목표로 하는 지속적 감시(약모니터링: drug monitoring, PMS)로 여겨진다. 약사법 제64조 등에 비추어, 식품의약품안전청은 사람과 동물의 건강이 직 · 간접적으로 위태롭게 되는 것을 방지하기 위하여, 의약품복용시에 생겨난 리스크를 핵심적으로 포착하고 평가하여야 한다.[105] 하지만 이를 위해선 조직화된 정보절차가 전제되는데, 궁극적으로 혐의를 근거지우는 리스크요인에 관한 조사가 관건이다. '의약품등안전성정보관리규정(식품의약품안전청고시 제2004-30호, 2004.4.27.)'은 모니터링을, 의약품등의 투여 · 사용시 나타난 유해사례 또는 약물유해반응 등을 수집하는 '임상정보 모니터링'과 국내 · 외 문헌정보 및 자료 등을 수집하는 '문헌정보 모니터링'으로 구분한 다음, 그에 따른 구분된 수집대상을 규정하고 있다(동 규정 제6조).[106] 정보의 핵심적 포착과 수집은 실제적으로 정보망에 연계되어 있다. 그리하여 의약품등의 제조업자 또는 수입자, 약사 또는 한약사, 의사 · 치과의사 또는 한의사 및 소비자는, 규정된 정보사항을 보고하여야 하거나 보고할 수 있다.[107] 이 정보망은 이들을 넘어, 국제적 주체(특히 WHO)와 외국정부로부터, 약사회나 의사회의 의약품위원회와 제약회사의 연합단체에까지 이른다.[108]

한편 리스크정보의 주된 부분은 치료의사의 자발적인 사례보고(자발적 보고)를 통해서 생기고,[109] 약사와 환자의 보고는 비교적 낮은 역할을 한다. 그런데 의사의 보고와

---

105) 참고로 2006.10.23. 식품의약품안전청 국정감사에서 안명옥 의원이, 의약품부작용의 보고와 관련해서, 미국이 연간 42만 건, 일본이 3만 건 보고되는 데 비해, 우리의 경우 연간 의약품 부작용 보고건수가 2천 건에도 미치지 못한다고 지적하였다.

106) 동 규정 제6조(모니터링의 종류 및 수집대상 정보) ② 임상정보 모니터링은 다음 각 호의 정보를 수집대상으로 한다.

1. 정상적인 투여 · 사용시 발생한 중대한 유해사례 · 약물유해반응(Serious AE, ADR) 정보로써 다음 각목의 1에 해당하는 경우.

가. 사망을 초래하거나 생명을 위협하는 경우. 나. 입원 또는 입원기간의 연장이 필요한 경우. 다. 지속적 또는 중대한 불구나 기능저하를 초래하는 경우. 라. 선천적 기형 또는 이상을 초래하는 경우. 마. 기타 중요한 의학적 사건

2. 예상하지 못한 약물유해반응

3. 이미 알려진 약물유해반응

4. 오 · 남용 또는 약물상호작용에 의한 유해사례

5. 제1호 내지 제4호 이외의 의약품등에 의하여 발생한 경미한 유해사례

6. 기타 의약품등의 안전성 관련 정보(임상검사치 영향 등)

③ 문헌정보 모니터링은 다음 각 호에 의한 정보를 수집대상으로 한다.

1. 국내 · 외의 의약학관련 간행물

2. 외국의 의약품등의 안전성 관련 조치에 관한 자료

3. 기타 안전성 · 유효성과 관련된 문헌 및 자료 등

107) 약사법 제19조(약국의 관리의무) 제4항, 약사법 시행규칙 제40조(제조업자의 준수사항) 제1항 제4호, '의약품등안전성정보관리규정' 제7조 참조.

108) 의약품등 안전성 정보의 수집 · 분석 · 평가 · 전파 등 관리체계에 관해선 '의약품등안전성정보관리규정(식품의약품안전청고시 제2004-30호, 2004.4.27.)' 제5조와 별표1 참조.

109) 독일 의사회의 의약품위원회의 중요한 정보 역시 치료의사의 실무에서 비롯된다. 의사의 대부분의 보고는 위원회에 대해 이루어지는데, 그 이유는 이들 보고를 통해서 정보전달이란 직업상 의무가 이행되기 때문이다. Vgl. Hart/Reich, Integration und Recht des Arzneimittelmarktes in der EG, S.107.

관련하여 검토할 점이 있다. 그 보고가 치료의사와 식약청간의 직접적 관계에서 행해지기보다는 제약회사에 대해 직접 행할 수 있을 뿐더러, -제조업자나 약사 등의 경우와는 달리- 이행이 요구되는 법적 의무도 아니다. 즉, 전적으로 의사의 재량사항이다. 의료법 역시 의료인의 이런 보고와 관련해서 아무런 언급을 하지 않는다. 현행 법령상 의사의 안전성정보제공은 전적으로 임의적 사항에 불과하다. 독일의 경우엔, 독일표본의사법(Musterberufsordnung) 제6조에 따라서, 의사는 자신의 치료활동에서 알게 된 예기치 않은 약효를 독일 의사회의 의약품위원회에 알려야 한다.[110] 의사의 자발적 보고에 일방적으로 의존함을 완화하고, 집중적 모니터링을 시행하기 위해서, 의사에게 보고의무를 지우는 것이 강구될 수 있다. 물론 통상 의사가 모든 의약품복용을 결코 체계적으로 관찰하고, 報告欄을 작성할 수 없을 뿐더러, 긴장된 병원운영에서 의사가 과연 그런 시간조차도 가질지 의문스럽다. 그렇지만 의약품안전과 관련한 정보제공의 중요성에 비추어, 설령 주의적 차원에 머물 수 있다 하더라도 의사의 보고의무를 의료법에 규정하는 것이 바람직하다.[111]

3. 新藥再審査와 醫藥品再評價의 內容

신약재심사제와 의약품재평가제는 의약품의 (품목)제조허가 이후에 계속하여 그것의 안전성과 유효성을 추적하는 제도장치이다. 양자 공히 1991.12.31. 약사법개정으로 도입되었다. 양제도의 기본방향성에서 차이가 있다. 전자는 신약허가당시에 알려지지 않았던 안전성과 유효성에 관한 자료를 일정 기간이 경과후에 허가사항에 의거하여 재검토하는 것이다. 반면 후자는 시판중인 기존 의약품의 안전성과 유효성을 의 · 약학을 비롯한 과학의 발전에 맞춰 새롭게 재검토하는 것이다. 즉, 신약재심사제는 한정된 例數와 정보로 인해 제조허가당시에 불충할 수밖에 없었던 신약허가의 정당성을 사후적으로나마 高揚시키는 것인 반면, 의약품재평가제는 허가 당시의 과학기술수준에 전적으로 좌우될 수밖에 없는 허가의 원천적인 잠정성에서 비롯된 것이다. 특히 후자는 의약품의 지속가능한 안전성과 유효성을 담보하기 위함이다. '의약품재평가실시에 관한 규정(식품의약품안전청고시 제2004-76호, 2004.9.16.)' 제1조(목적) 역시 의약품재평가제의 취지가 의약품에 대하여 최신의 과학 수준에서 안전성 및 유효성을 재검토 · 평가하거나 의약품동등성을 입증하기 위한 것임을 분명히 한다.[112]

---

110) Vgl. Musterberufsordnung für die deutschen Ärzte, NJW 1997, 3076.

111) 한편 독일에선, 대중매체의 주목을 받는 뜻밖의 사건에 의한, 부작용신고시스템의 왜곡을 막기 위해서, 선도적 제약회사들이 학술적인 의약품비평가과 힘을 모아 "의약품안전성"이란 이름의 財團을 설립하였다. 이런 관계에 관해서: E. Rahner, Stiftung Arzneimittelsicherheit, PharmaR 1992, Ⅱ/23(24).

신약재심사제에 따라, 재심사대상품목에 대한 재심사기간은 6년인 품목과 4년인 품목으로 나뉜다. 전자는 i) 신약, ii) 이미 허가된 의약품과 유효성분의 종류 또는 배합비율이 다른 전문의약품, iii) 이미 허가된 의약품과 유효성분은 동일하나 투여경로가 다른 전문의약품이 해당하고, 후자는 i) 이미 허가된 의약품과 유효성분 및 투여경로는 동일하나 명백하게 다른 효능·효과를 추가한 전문의약품, ii) 기타 식품의약품안전청장이 재심사를 받을 필요가 있다고 인정한 의약품이 해당한다(약사법 시행규칙 제30조: 현행 제35조). (醫藥品)再評價制의 대상은 약사법과「마약류관리에 관한 법률」의 제 규정에 의하여 (신고를 포함한)품목제조허가를 받은 의약품 전부이되, 다음과 같은 일부 품목은 제외된다: i) 약사법 제26조의2 또는 마약류관리에관한법률 제57조의 규정에 의한 재심사기간 중이거나 재심사기간 종료후 3년이 경과하지 아니한 품목, ii) 식품의약품안전청장이 고시한 의약품등 표준제조 기준에 의한 품목, iii) 재평가기간 중 취소 또는 취하된 품목, iv) 수출만을 목적으로 허가된 의약품, v) '희귀의약품지정에 관한 규정(식품의약품안전청고시)' 에 의하여 지정된 희귀의약품. 나아가 식품의약품안전청장은 다음과 같은 의약품의 경우에는 재심사를 면제할 수 있다: i) 인체에 직접 적용하지 아니하는 체외진단용 의약품과 살충제 등, ii) 희귀의약품, iii) 신규성이 없어 재심사를 실시할 필요가 없다고 식품의약품안전청장이 인정하는 것, iv) 안전성·유효성이 충분히 확보된 것으로 식품의약품안전청장이 인정하는 것, v) 조사대상자의 수가 너무 적어 재심사의 요건을 충족하기 어려운 것(동 규정 제2조 참조).

시판후영역에서 의약품에 관해 판단함에 있어서, 그 기조는 신약제조허가에서와 마찬가지로, 유효성과 안전성과 관련하여 근거있는 염려(혐의)의 존부에 모아지며, 따라서 전술한 내용이 그대로 통용된다. 다만 당초의 제조허가과정에선 유효성 문제가 그 당시 임상시험의 지식수준과 가능성에 맞춰 상대적으로 중하게 시험대에 오르는 반면, 재심사와 재평가의 경우에는 갑자기 출현하거나 누적된 부작용을 중점으로 검토해야 한다. 참고로 독일 Berlin 상급행정법원은 자신의 1987.11.26.의 판결에서, 유해부작용의 혐의에 대한 명확성요청을 다음과 같은 개별사례적 기준에 의존하게끔 만들었다: i) 그에 관한 실제적 경험이 거의 없는 약제의 판단이 문제가 되는 한, 이론상으로 인정되는 유해상관관계가, -마치 실제 복용경험을 지닌 의약품의 경우에 사정이 이럴 것처럼- 혐의를 근거지우는 데 오히려 적합하다. ii) 이론상으로 근거있는 혐의에 처한, 시장에 장기간 존재한 의약품의 경우에는, 감시행정청은 이런 이론상의 혐의를 실제적으로 구체화할 수 있어야 한다. iii) 임상시험된 과거 표본의 경우에는, 비록 실제에서

112) 현재 법제도의 문제점 등에 관해선 특히 권경희, 의약품 사후관리제도 개선방안, 의약품법규학회지 제1권 제1호, 2006.6., 73면 이하 참조.

관찰된 현상이 이론적으로 설명될 수 없을지라도, 부작용의 경험이 혐의를 근거지울 수 있다. iv) 끝으로 법원은 혐의강도를 측정하기 위해, 신체훼손의 개연성과 닥칠 훼손규모간의 逆比例의 原則(Grundsatz des umgekehrten Proportionalität, "Je-desto-Formel")을 유의하여야 한다.[113] 여기선 염려(혐의)진단의 요인들 간에 補塡的 關係가 성립한다는 점을 바탕으로 한다. 가령 개연성예측을 위하여 과학적으로 수긍가능한 근거 즉, 원인과 효과의 관계가 어떻게 진행되는지를 위한 이론적 설명이 결코 존재하지 않는다 하더라도, 신체훼손의 경험이 존재하면, 개입을 정당화시키는 혐의를 인정하는 데 충분하다. 정반대로 신체훼손을 위한 실제적 근거점이 결코 존재하진 않지만, 실은 훼손유발에 관한 과학적 이론적 언명이 가능할 경우에는, 비록 복용의 경험이 없더라도 그 염려(혐의)가 시인될 수 있다.[114]

4. 약사법상의 市販後決定의 暫定性-醫藥品製造許可의 停止處分-

식약청장은 특별한 규율의 형식으로서 제조업무의 停止를 명할 수 있다(약사법 제69조 제1항: 현행 제76조 제1항). 제조허가의 기한부정지하명은 실제론 허가취소와 동가치하거나 심지어 그것을 능가하는 중요성을 지닌다.[115] 기한부 업무정지하명으로 인해 제조허가의 규율상의 효력은 -종국적이진 않고- 당분간 상실된다. 기한설정이 중요하다. 이유인 즉, 정지하명은 일정한 시점까지 기한이 설정되어야 하기 때문이다. 기간의 경과이후에 정지의 효과는 소멸하고, -정지하명이 연장되지 않거나 제조허가가 새로운 행정행위에 의해서 명백히 폐지되는 한에 있어서- 제조허가는 다시금 유효하게 된다. 嫌疑(Verdacht)가 확인되거나 해소되자 마자, 행정청은 정지(하명)를 폐지하거나 제조허가를 철회하여야 한다. 이런 점에서, 의약품법상의 이런 作用形式은 승인결정과 다른 暫定性의 특징을 지닌다. 존속력이 승인의 경우처럼 실체적 이유에서 축소되는 것이 아니라, 작용형식 그 자체에서 구해야 될 이유에서 축소된다. 즉, 정지하명은 形式的 暫定性을 목표로 삼는다. 왜냐하면 행정청은 더 진전된 사안해명에 따른

113) OVG Berlin vom 26. Nov. 1987-5 S 75/87-(Buscopan compositum), ESzA § 30 AMG Nr. 7=PharmaR 1988, 57 ff.

114) 시판후통제상의 개입수위에 관해선 졸고, 위험개념과 시판후통제(역), 중앙법학 제6집 제4호, 2004.12, 421면 이하(追論: 본서 361면 이하) 참조.

115) 독일의 시판후조치를 정량적 분석을 한 즉, 부담부가와 "임의적인" 협약(협상)이 압도적으로 광범하게 사용되었으며 그 다음으로 현저히 차이를 두고서 승인정지하명이고, 승인폐지는 거의 나타나지 않았다. Hart/Hilken/Merkel/Woggan, Das Recht des Arzneimittelmarktes, 1988, S.126ff. 1990년의 수치 역시 정지하명과 승인철회간의 비율을 증명한다: 20개 의약품에 대해 정지하명이 내려졌고, 36건에서 기왕의 정지하명이 연장되었고, 4건에서만 승인철회가 내려졌다. BGA-활동보고서 1990, S.330. 1988년의 활동보고서와는 전혀 다른 모습이 생겨났다. 1988년의 활동보고서에 의하면, 단 두 건 만이 정지하명이 내려졌고, 118건에서 기왕의 정지하명이 연장되었고, 229건에서 승인이 철회되었으며, 약 360건에선 제약회사가 단계계획절차에서 승인을 포기하였다. 1988년의 활동보고서, S.340.

결정을 작용형식의 선택을 통해서 내려야 하기 때문이다.

Ⅷ. 맺으면서

현행 약사법은 安全法으로서의 제 구실을 다하지 못한다. 신약의 허가, 재심사와 재평가 등과 관련하여 비록 세세히 규율하진 못하더라도, 모법에서 어느 정도는 규율되어야 함에도 불구하고 주요 내용이 전적으로 행정입법에 내맡겨져 있다. 약사법의 내용적 빈약함은 법치국가원리와 국가의 기본권보호의무에 비추어 심각하다.[116] 리스크결정을 바탕으로 리스크행정법으로서 藥事法의 위상을 제고시키지 않는 한, 藥事法의 안전법적 의의는 그다지 부각되지 않으며, 입법적 정비 또한 효과적이지 못하다. 국가의 의약품감시로 대표되는 리스크행정이라는 새로운 행정유형에 대한 인식을 새롭게 갖는 것이 그 출발점이다. 그런데 그 중요성에 비하면, 藥事法은 법적 고찰의 사각지역에 위치하며, 리스크행정에 관한 논의 역시 태부족한 실정이다. 외국의 활발한 관련 논의를 우리의 현행 법제에 투영하는 데는, 최대한 세심한 주의를 기울인다 하더라도 한계가 있을 수밖에 없다. 그럼에도 불구하고, -과거 "Contergan Katastrophe"을 계기로 유럽에서 의약품법의 정비가 촉발되었듯이- 최근에 의약품은 물론 식품에서도 고양된 안전의식이 촉매제가 될 것으로 기대하면서, 리스크행정법의 구축을 위한 초석을 마련하고자 하였다. 리스크는 다름 아닌 기회를 뜻한다.

* 중앙법학 제8권 제3호, 2006.10., 31면 이하 소수.

116) 그 밖의 문제점에 관해선, 졸고, 리스크 行政法으로서의 藥事法의 意義에 관한 小考, 155면 이하 참조.

제 8 장

現行 公演法의 問題點에 관한 小考

Ⅰ. 처 음 에

文化(Kultur)란 "사회내의 전형적인 생활양식, 가치관 및 행동방식의 총체개념"이다. 그런데 문화 분야에서 국가는 정신세계와 밀접하게 연관을 맺는다. 이는 현대 산업사회의 여건하에선 피할 수가 없다. 따라서 법학적 맥락에서 접근하자면, 문화란 "국가와 특별한 관계를 가지고 있는 인간의 정신적 · 창조적 활동영역"으로 정의될 수 있다.[1] 시민의 교육은 물론, 지적, 예술적 활동의 좋은 여건을 위한 국가의 배려는, 오늘날의 급부행정과 경찰행정의 자명한 이치에 속한다. 다른 한편 염두에 두어야 할 점은, 정신적 예술적 창작은 고유한 사물내재적인 법칙성에 의거하여 행해진다는 것이다. 요컨대 문화국가(Kulturstaat)는 "자유로운 학문(학술, 앎)의 이념"을 옹호하여야 하고, 그것의 실현에 함께 협력하여야 한다. 즉, 예술과 학문 등의 자유보장의 손상을 보호적으로나 육성적으로나 방지하여야 한다.[2] 여기서 국가의 개입과 조성(육성, 장려)은, -그것이 예술분야의 본질적으로 주어진 고유한 법칙성에 배치되지 않는 한에 있어서- 일정 정도에서만 도움이 될 수 있다. 다른 행정 분야와 비교한 즉, 한층 강화된 정도의 자율 및 자유와, 국가강제력간의 간극에 대해서 어떻게 대처할 것인가 문화행

1) U. Steiner, Kulturauftrag im staatlichen Gemeinwesen, VVDStRL Heft 42(1984), S.8f.
2) Vgl. BVerfGE 35, 79(114), 321(331).

정법의 과제이다.

일제 강점기의 '조선흥행취체규칙'에서 지금의 공연법의 역사는 우리의 역사의 桎梏을 웅변한다. 흥행(공연)에 대해 마치 진압적 금지를 전제한 셈이었던 '조선흥행취체규칙' 상의 기본 틀이, 다소 변모되긴 했지만 제정 공연법(1961.12.30 법률 제902호)에 그대로 전수되었다. 사실 우리 공연법의 역사는 이런 기본 틀을 극복하기 위한 과정이었다. 이하에선 과연 公演法이 나름의 과제를 효과적으로 수행하고 있는지를 그것의 위상을 토대로 살펴보고자 한다.[3)]

Ⅱ. 公演法의 法的 性格

1. 특별행정법의, 특히 문화행정법의 부분 영역으로서의 公演法

공법적 방향성을 위한 근거는, 바로 공연법이 무엇보다도 공연과 관련한 국가의 관여를 주된 대상으로 한다는 점에 있다. 특별행정법의 부분영역으로서의 공연법의 고유한 성격은, 특별행정법의 다른 영역과는 구분되어지는 예술활동인 공연을 목표로 삼는 데서 비롯한다. 다만 공연법의 특별행정법에의 귀속(배속)이 유일한 분류가능성을 제공하진 않는다. 지식행정법, 미디어행정법, 교육행정법을 포괄하는 문화행정법은 특별행정법의 광역적 범주에 속한다. 공연법 또한 이런 문화행정법의 구성인자 가운데 하나로서 정의하면,[4)] 더 자세한 구분이 이루어진다.

2. 公演法의 憲法的 連繫

公演法은 공법적인 행정법수준의 개별 법률의 소재(질료)만에 머물진 않는다. 동법은 헌법에 의해서 고도로 透浸된다. 예술의 자유를 규정한 헌법 제22조 제1항 등이 해당 개별법규정의 구체적인 행사에 결정적으로 영향을 미친다. 헌법과 행정법의 이런 긴밀한 조응이 법적 소재(질료)의 이런 특수성은 결코 아니며, 일반적인 현상이다. 행정법은 오늘날 구체화된 헌법이다(Fritz Werner); 모든 행정법적 경우(사건)란 잠재적인 헌법적 경우(사건)이다(Otto Bachof). 이런 점은 이론적으로만 중요한 것은 아니다. 방법론상으로 공연법과 기본권간의 긴밀한 牽聯은 다음을 위하여-즉, 구체적인 법적

3) 필자는 2005.6.20.에 중앙대학교 법학연구소 문화예술법센터가 개최한 제4회 학술세미나에서 '공연예술관련 지원법제의 개선방안'의 주제하에 "韓流時代에 부응한 公演法의 革新에 관한 小考"를 발표하였다.

4) 반면 일찍이 Oppermann은 매우 좁게 파악하여 문화행정법의 구성인자로 교육행정법, 지식행정법과 예술행정법을 들고 미디어행정법의 새로운 범주는 제외시켰다. Ders., Bildung, in: v. Münch(Hrsg.), Besonderes Verwaltungsrecht, 7. Aufl. 1985, S.687(695).

용의 경우에 개별 법률에 대한 헌법적인 방사효를 계속적으로 함께 성찰하기 위하여, 그리고 필요시엔 행정과 재판을 위해 비롯된 결과를 포함하여 하위법의 합헌성의 물음을 제기하기 위하여- 필요하다. 그렇지만 다른 한편으론 이런 양자간의 긴밀함에도 불구하고, 개별법적 차원을 경시한다거나 헌법으로 곧바로 안락하게 도피한다거나 하는 것은 정당화되지 않는다.

요컨대 公演法은 여전히 기본적으론 특별행정법의 독립된 부분영역인 점에 변함이 없다. 따라서 우선 그에 속하는 개별법적 근거와 제도가, 필요시엔 일반 행정법의 (불문의) 원칙까지도 동원되어야 한다. 다시 말해, 공연법 및 기타 행정법의 적용우위가 통용된다. 물론 이런 적용우위란 당연히 항상 우위적 헌법의 유의 및 반영하에서 행해져야 한다(효력의 우위).

3. 公演法의 현재의 位相

과거 公演法은 공연예술 전반에 대한 統制法(監視法)의 대명사이었다. 그러나 이하에서 논할 公演法의 變遷에서 확인할 수 있듯이, 현행 공연법은 과거의 것과는 그 규율의 대상과 범주에서 완전히 다르다. 과거에는 영화를 포함한 모든 예술활동 전반을 규율한 반면에, 지금은 實演을 전제로 한 '公演' 만이 주된 관심사이다. 공연법의 규율대상인 공연개념은 우리 공연법의 변천이자 굴절, 바로 그 자체이다.

「"공연"이라 함은 음악 · 무용 · 연극 · 연예 · 국악 · 곡예 등 예술적 관람물을 실연에 의하여 공중에게 관람하도록 하는 행위를 말한다. 다만, 상품판매 또는 선전에 부수한 공연은 제외한다」현행법 제2조 제1호(일부개정 2005.1.27 법률 7364호)

「"공연"이라 함은 음악 · 무용 · 연극 · 연예 · 국악 · 곡예 등 예술적 관람물을 실연에 의하여 공중에게 관람하도록 하는 행위를 말한다. 다만, 상품판매 또는 선전에 부수한 공연은 제외한다」(일부개정 2002.1.26 법률 6632호)

「"공연"이라 함은 음악 · 무용 · 연극 · 연예 · 국악 · 곡예 등 예술적 관람물을 실연에 의해 공중에게 직접 관람케 하는 행위와 영화 및 비디오물을 공중을 대상으로 상영하는 행위를 말한다. 다만, 상품판매 또는 선전에 부수한 공연은 제외한다.」(일부개정 1999.2.8 법률 제5924호)

「본법에서 공연이라 함은 영화, 연극, 음악, 무용 기타 예술적 또는 오악적 관람물(운동이나 그 경기를 제외한다)을 요김을 받고 공중의 관람 또는 청문에 공하는 행위를 말한다」(일부개정 1963.3.12 법률 제1306호)

「본법에서 공연이라 함은 영화, 연극, 연예, 음악, 무용 기타 관람물을 요금을 받고 공중의 관람 또는 청문에 공하는 행위를 말한다」(제정 1961.12.30 법률 제902호)

이 같은 규율대상의 변화와 축소에 못지않은 의미로운 변화가 公演法의 규율 범주에 관한 것이다. 과거에는 "公倫"(공연윤리위원회)이 無所不爲의 권력의 化身인 양 여겨졌던 것처럼, '공연자등록', '각본심사'와 '공연신고' 등을 통해서 '공연행위' 자체에 대한 국가의 전면적인 개입이 가능하였다. 일제시대의 '조선흥행등취체규칙'을 답습한 이런 전면적 감시체제는 그동안 예술인의 끝임없는 저항과 사회민주화에 힘입어 과거의 모습은 사라졌다. 즉, 과거의 '공연자등록'과 '각본심의(심사)' 등이 삭제되었으며, 심지어 2002.1.26. 개정을 통해 '공연신고' 마저도 삭제되었기 때문이다. 그 결과 현재에는 '공연장'이 주된 공연법의 규율 범주가 되고 있다. 실로 전체 문화행정법 내지 예술행정법에서 公演法의 位相은 현저히 격하되었다. 다시 말해, 중심영역에서 변방으로 자리이동을 한 셈이다.

요컨대 公演法은 영화진흥법이나 '음반 · 비디오물및게임물에관한법률' 등이 제정됨으로써 규율대상(영역)이, 기왕의 감시제도(가령 각본심의제, 공연신고제 등)가 폐지됨으로써 규율사항(개입범주)이 대폭 축소되었다. 그런데 이런 위상 변화는 필연적으로 공연법의 존재이유 및 목적에 관한 근본적인 물음을 제기하여 그것의 재정비를 촉구한다.

Ⅲ. 現行 公演法上의 公演藝術에 대한 國家 關與의 槪觀 및 問題點

현행 공연법의 본질이자 방향성은, 우선 동법의 목적조항(제1조): 「이 법은 예술의 자유를 보장함과 아울러 건전한 공연활동의 진흥을 위하여 공연에 관한 사항을 규정함을 목적으로 한다」에서 확인된다. 예술의 자유 보장과 건전한 공연활동의 진흥이 공연법의 입법목적인 셈이다. 현행 공연법은 과거의 것과는 그 모습을 달리 한다. 과거에는 영화를 포함한 모든 예술활동 전반을 규율한 반면에, 지금은 實演을 전제로 한 '公演'만이 주된 관심사이다. 여기서 유의해야 할 점이 있다. 바로 공연법의 규율범주이다. '공연행위' 자체에 초점을 맞추었던 과거와는 달리, 현재에는 '공연장'이 주된 규율대상이다. 그러나 공연법의 관심방향이 '공연장의 설치 · 운영'으로 완전히 바뀌었다고 볼 순 없다. 왜냐하면 공연법 제5조는 여전히 '연소자유해공연물 등'에 대해선 연소자관람을 금지시키고 있으며, 아울러 제6조와 제7조는 외국인의 국내공연을 원칙적으로 금지시키고 있기 때문이다. 그런데 전자와 관련해선, 연소자유해공연물이외의 것의 경우에는 형법과 같은 다른 국내법에 의한 포착이 문제된다면, 후자와 관련해선 그 추천의 본질이 법도그마틱적으로 문제가 되거니와 이를 넘어서 오늘날 강조되는 국제간 문화교류 역시 문제된다. 그리고 비록 현행 공연법이 '공연장의 설치 · 운영'과 관련하여 비교적 많은 규정을 두고 있긴 하나, 이는 국가 등이 운영하거나 등록된 '공연장'을 대상으로 한다. 이처럼 제도화된 '공연장'이 아닌 장소에서 행해지는 공연예술의 경우에는 우선 공연법상의 규율대상이 되지 못하고, 전적으로 다른 행정법규(가령 도로법이나 국유재산법 등)에 의거한다. 따라서 공연장이외에서 공연예술이 문제된다.

Ⅳ. 現行 公演法의 개개의 公法的 問題點에 관한 檢討

1. 公演法의 '目的'

* 제정 1961.12.30 법률 제902호

제1조(목적) 본법은 제반 공연에 있어서 예술의 자유를 보장하고 건전한 국민오악을 육성하기 위하여 공연에 관한 사항을 규정함을 목적으로 한다.

* 전문개정 1999.2.8 법률 5924호

제1조(목적) 이 법은 예술의 자유를 보장함과 아울러 건전한 공연활동의 진흥을 위하여 공연에 관한 사항을 규정함을 목적으로 한다.

1999.2.8.자 법개정에서의 그것과 마찬가지로, 현행 공연법의 목적은 '예술의 자유보장'과 '건전한 공연활동의 진흥'이다. 이를 제정당시와 비교한 즉, '예술의 자유보장은 동일하고, '공연에 있어서의 국민오락의 육성'과 '공연활동의 진흥' 간에 차이가 있을 뿐이다. 그런데 그 차이가 현격하다고 볼 수는 없다. '오락'이 지닌 다소의 가벼움을 가시게 하기 위하여 이를 삭제하고 공연활동 전반에 초점을 맞춘 입법태도는 바람직하다. 문제는 여기서 항상 덧붙여지는 "건전한"이란 한정사의 존재이다. 공연에서의 健全性 要求는 다름 아닌 예술 그 자체에 대해서도 그대로 이행한다. '건전성'이란 '건실하고 완전함'이나 '건강하고 병이 없음'을 의미한다.

과거 '조선흥행등취체규칙' [제정 1944.5.8. 조선총독부령 197호]을 대체하는 법률인, 지금의 공연법은 5.16. 군사쿠데타이후 軍政下에서 제정되었다(1961.12.30.). 제정당시의 공연법이 '공연자의 등록', '종업원명부의 비치', '공연신고', '임검' 등을 규정하고 있는 점은, 동법의 목적으로 표방된 '예술의 자유 보장'은 그저 口頭禪에 불과할 따름임을 여실히 웅변한다. 즉, '공연의 건전성 요구'가 '예술의 자유보장'을 압도하였으며, 이런 법상황은 지금까지도 특히 1999.2.8. 개정전까지 그대로라 하겠다. 공연활동의 여건이 엄청나게 변하였기에, 더 이상 '공연의 건전성'은 의무지워지고 실행되어야 할 요구가 되진 못하고 단지 바램에 머물 뿐이다. 따라서 공연법의 목적조항에 존치하더라도 별반 문제가 있을까 여길 수도 있다. 그렇지 않다. 지난 시절 이른바 '건전○○'. '재건○○'가 유행하였다. 그리하여 가령 가요디스크의 맨 마지막은 항상 '건전가요'가 생뚱맞게 장식하였으며, 이른바 금지가요가 등장하곤 하였다. '건전가요'의 존재가 가요창작활동의 본연을 심각하게 저해하였다.[5] 과거 위정자의 '도덕적 엄숙주의'가 짙게 배어있는 '건전성 요구'는 예술과 공연활동에 전혀 걸맞지 않다. 공연법이 명실상부하게 '예술의 자유 보장'에 이바지하기 위해선, 어두운 과거의 殘痕인 '건전성 요구'를 하루바삐 삭제하여야 한다.

2. '公演申告制'

* 제정 1961.12.30 법률 제902호

제14조 (공연신고) ① 공연자가 공연을 하고자할 때에는 그 공연지를 관할하는 서울특별시장 또는 시장이나 군수에게 신고하여야 한다. 공연을 중지, 재개 또는 종료한 경우에도 또한 같다. ②전항의 신고에 관하여 필요한 사항은 각령으로 정한다.

* 일부개정 2001.12.31 법률 6568호

제4조 (공연신고) ① 대통령령이 정하는 공연을 하고자 하는 자는 당해 공연장을 관할하는 시장 · 군수 또는 구청장에게 신고하여야 한다. 공연을 중지 · 재개 · 단축 또는 연장하고자 하는 때에도 또한 같다. ② 제1항의 규정에 의한 공연신고에 관하여 필요한 사항은 대통령령으로 정한다.

* 공연법시행령[일부개정 2001.10.20 대통령령 17395호]

제3조 (공연신고) ① 법 제4조제1항에서 "대통령령이 정하는 공연"이라 함은 영화진흥법 제2조제1호의 규정에 의한 영화의 상영을 말한다. 다만, 영화진흥법 제21조제1항 각호의 규정에 의한 영화의 상영을 제외한다.

② 제1항의 규정에 의한 공연을 하고자 하는 자는 문화관광부령이 정하는 바에 따라 그 전일까지 당해 공연장을 관할하는 시장 · 군수 또는 구청장(자치구의 구청장을 말한다. 이하 같다)에게 공연신고서를 제출하여야 한다.

③ 제2항의 규정에 의하여 공연을 신고한 자가 공연을 중지 · 재개 · 단축 또는 연장(이하 "변경"이라 한다)하고자 하는 때에는 문화관광부령이 정하는 바에 따라 그 전일까지 당해 공연장을 관할하는 시장 · 군수 또는 구청장에게 공연변경신고서를 제출하여야 한다.

---

5) 대중예술평론가 이영미씨는 건전가요의 본질은 억지로 유포된 희망이며, 공화당시대엔 대중가요풍이(우리 마을, 팔도강산, 서울의 찬가, 월남에서 돌아온 김상사 등), 유신시대엔 군가풍(나의 조국, 새마을 노래 등)이 유행하였다고 주장한다. http://blog.empas.com/u90120/8516918.

④ 시장 · 군수 또는 구청장은 제2항 및 제3항의 규정에 의한 공연신고 또는 변경신고를 받은 때에는 이를 공연신고대장에 기재한 후 공연자에게 신고필증을 교부하여야 한다.

⑤ 공연자는 공연기간동안 제4항의 규정에 의한 신고필증을 매표소에 일반이 알아보기 쉽게 게시하여야 하며, 훼손되지 아니하도록 이를 유지 · 관리하여야 한다.[유효기간: 2000.12.31]

⑥ 공연자는 신고필증을 잃어버리거나 신고필증이 헐어 못쓰게 된 때에는 시장 · 군수 또는 구청장에게 신고필증의 재교부를 신청할 수 있다.

지난 2002.1.26.자 공연법개정(법률 제6632호)을 통해서 '공연신고제'가 폐지되었다. 과거 '조선흥행등취체규칙'[제정 1944.5.8 조선총독부령 197호]은 '흥행'(영화 · 연극 · 연예 또는 관물을 요금을 받고 공중에게 관람 또는 청취하게 하는 행위) 자체를 흥행지의 관할 경찰서장의 허가를 받게 하였다(동규칙 제19조): 흥행허가제. '조선흥행등취체규칙'을 갈음하여 제정된 공연법은 공연허가제 대신에 공연신고제를 택하였는데(동법 제14조), 그 내용은 폐지되기 전까지 거의 변함이 없다. 이미 제도가 폐지된 이상, 관련 논의가 무슨 소용이 있을까 反問할지 모르나, 제도의 존폐의 물음은 그것의 당위적 차원이기에 세심한 논의가 필요하다. 제도의 본질에 관한 충분한 성찰없이 그것을 폐지하였다면 지금이라도 匡正함이 바른 태도이다.

여기서 논의의 출발점은 여기서의 '공연신고제'의 본질(성격)을 규명하는 것이다. 많은 문헌이 설득력있는 논거를 제시함이 없이 판례상의 취급에 追隨하여 신고의 종류를 '자기완결적 신고'와 '행정요건적 신고'로 나누고 있다. 그리하여 통설 · 판례는[6] "적법한 요건을 갖춘 신고만 하면 행정청의 수리행위 등 별다른 조치를 기다릴 필요없이 또한 수리여부와 관계없이 건축행위 등 소정의 행위를 할 수 있다"는 식으로 자기완결적 신고를 이해하고, 아울러 행정청의 수리가 있어야 비로소 대상행위를 할 수 있게 하는, 이른바 '수리를 요하는 신고'의 존재를 공인한다. '공연신고제'가 과거의 '흥행허가제'를 변모시킨 것이라 하면, 그것의 본질을 '수리를 요하는 신고'로 보는 것은 지극히 자연스러운 일이다. 따라서 근자에 유행테마(Modethema)인 '규제완화', '탈규제'의 경향에서 이를 폐지하는 것 역시 당연한 귀결이다.

요컨대 '공연신고제'의 존폐의 물음은 법도그마틱적 차원에서 뿐만 아니라, 공연현실적 차원에서도 접근하여야 한다. 우선 후자에서 보자면, 현행 공연법은 국가가 '공연장의 등록제'를 통해서 다소간 공연에 대해서 간접적으로 영향을 발휘할 수 있긴 하나, 그 의미는 극히 미미하다. 더군다나 현행 공연법 제11조상의 '재해예방조치'와 제

6) 대법원 1999.12.24, 선고 98다57419판결; 1999.10.22, 선고 98두18435판결 등.

12조상의 '무대시설 안전진단 등' 을 통해선 평상시에 공연장을 관리할 수 있을 뿐이다. 따라서 현재의 입법상황에서 국가는 공연활동의 존부 자체에 대해서 전혀 알지 못한다. 1992년 3월의 'New Kids On The Block' 의 내한 공연에서 안전사고로 팬 수십명이 부상당하고 그중 한 여고생 팬이 압사하는 비극이 일어났다. 이처럼 공연장에서의 대규모 라이브 공연행사의 경우 그곳에서의 엄청난 열기 그 자체에서, 자칫 엄청난 사고가 빚어질 수도 있겠다는 생각을 자연스럽게 갖는다. 물론 어떤 공연행사가 있는지를 여러 갈래로 알 수 있긴 하나, 이는 비공식적인 행태이다. 최근 빈번한 대규모의 라이브 공연행사를 감안할 때, 危險源을 관리한다는 차원에서 공연에 관한 초보적인 정보가 필요하다.

그런데 이처럼 '공연신고제' 필요성이 현실적으로 있다 하더라도, 그것의 허용성은 별개의 물음이다. 이 물음은 현행 공법질서에 견주어 답해질 수 있는 법도그마틱의 문제이다. '공연신고제' 를 '수리를 요하는 신고' 의 범주에 넣은 것은 時代逆行的이거니와 현행 공법질서와도 맞지 않는다. 왜냐하면 '수리를 요하는 신고' 는 허가제의 변용일 따름이어서, 자칫 '공연신고제' 가 무늬만 '신고제' 일 수 있기 때문이다. '공연허가제' 는 또 다른 검열이어서 절대로 허용되지 않음을 상기할 때, '공연신고제' 는 '공연허가제' 의 一抹의 자취마저 지녀서는 아니 된다. 기왕의 문헌에서 논하는 '행정법상의 신고' 에 관한 분류에서 벗어나야 비로소 해결책을 구할 수 있다. 바로 '정보제공적 신고' (informatorische Anzeige)이다.[7]

결론적으로 '공연신고제' 의 필요성이 긍정될 경우에, 이를 '정보제공적 신고' 로 설정하면 '공연허가제' 와 관련한 法的 疑惑이 전혀 없다. 그런데 이젠 폐지된 종전의 '공연신고제' 가 과연 '공연허가제' 에 비견된 금지해제적 신고에 해당하는지 논구해 볼만하다. 만약 그렇지 않다면, 처음부터 잘못 단추를 끼운 셈이기 때문이다. 과거 '조선흥행등취체규칙' 에서와 같이 명백히 '공연허가제' 를 출발점으로 삼지 않는 이상, 여기서의 신고의 법적 성격을 논함에 있어서 실마리는, 바로 그 신고불이행에 대한 행정청의 조치수단에서 찾아야 한다. 즉, 신고불이행에 대해 결과가, 그 신고대상행위 자체까지도 금지될 수 있는지 아니면 그저 행정벌의 차원에서 머무는지 여부가 관건이 된다. 제정당시의 공연법은 동법 제17조에서 동법 위반시에 공연을 정지시킬 수 있음을 규정할 뿐만 아니라, 동법 제29조에서 동법 제7조(공연신고)에 위반한 자에 대한

---

7) 이에 관해선 졸고, 건축허가의제적 건축신고와 일반적인 건축신고의 차이점에 관한 소고, 판례월보 제368호, 2001.5, 13면 이하; 건축법상의 건축신고의 문제점에 관한 소고, 저스티스 제61호, 2001.6, 150면 이하(追論; 행정법기본연구 I, 109면 이하); 행정법상의 신고의 법도그마적 위상에 관한 소고, 고시연구 2002년 2월호, 26면 이하; 행정법상의 신고와 관련한 판례의 문제점에 관한 소고, 인권과 정의 2002년 3월호 101면 이하(追論; 행정법기본연구 I, 130면 이하); 이른바 수리를 요하는 신고의 문제점에 관한 소고, 행정판례연구Ⅷ, 2003, 63면 이하 참조.

행정형벌(6월이하의 징역 또는 50만환이하의 벌금)을 규정하였다. 그리고 1975.12.31. 개정공연법은 -공연정지에 대해선 변함이 없이(동법 제17조)- 동법 제14조(공연신고)에 위반한 자에 대한 행정질서벌(30만원 이하의 과태료)을 규정하였다. 그런데 전문개정이 이루어진 1999.2.8. 개정공연법(법률 제5924호)은 기왕의 '공연의 정지등'에 관한 종전의 제17조 자체를 삭제하고, 이를 대신하여 동법 제33조('행정처분')에서 동법률상의 규정위반에 대한 공연활동 등의 정지에 관해 규정하였는데, 여기서 공연신고(동법 제4조)위반에 대한 아무런 언급을 하지 않았다. 따라서 이에 의하면, 공연신고불이행에 대해선 오로지 500만원이하의 과태료만이 처해질 뿐이다(동법 제42조). 공연신고불이행과 관련지울 수 있는 입법상황의 이런 변화만으로 판단내리는 것은 성급하다. 왜냐하면 바로 '사전심사제' 및 옷만 갈아 입은 셈인 '사전심의제'가 온존한 이상, 공연신고의 성격규명 그 자체가 무의미해지기 때문이다. 따라서 1999.2.8. 개정공연법에서 '사전심의제'도 폐지된 점에 주목하여야 한다. 결국 '공연신고'는 1999.2.8. 개정공연법이후엔 '정보제공적 신고'로 본질이 바뀌었다고 하겠다. 새삼 행정법상의 '新苦'인 행정법상의 申告에 관한 바른 이해가 절실함을 실감하며, '정보제공적 신고'로서의 '공연신고제'의 복원을 요망한다. 물론 이 같은 주장이 大小불문하고서 일체의 공연 전반에 대한 것은 결코 아니다. 주로 문제의 대상은 대규모의 라이브 공연이다.

3. '外國人의 國內公演 推薦制'

(1) 法的 性質

제정당시에 공연법(1961.12.30 법률 제902호) 제19조가 외국인의 국내공연에 대해서 '공보부장관의 허가'를 얻도록 규정한 이래로 변함이 없다가, 1999.2.8.자 개정(법률 제5924호)에서 영상물등급위원회의 '추천'으로 바뀌었다. 공연법 제6조등의 '외국인의 국내공연 추천제'의 법적 성질이 문제되는데, 우선 여기서의 추천이 종래의 허가와는 본질적으로 차이가 있는 법형상에 해당하는지 여부는 다투어질 수 있다.

통상 推薦(Empfehlungen)이란 警告(Warnungen)나 示唆(Hinweise)과 같은 정보제공작용(Informationshandeln)의 일환으로 행해지며, 그것의 법적 성질은 사실행위에 해당한다. 독일에선 정보행위가 행정법의 유행주제(Modethema)가 되었다. 이 유행주제는 수많은 판결·논문·박사학위논문·교수자격논문의 대상이 되었으며, 그리하여 그들 국가시험에서도 등장하곤 한다. 이제 많은 주제가 법학적 終末氷堆石으로서 교과서에서 다루어지고 있을 정도로 관심은 수그러졌다. 독일의 경우 1980년대의 흥분이 가시면서 판례와 학술문헌상으로 어느 정도 안정을 찾으면서, 국가적 정보행위에 관해 법치국가적 윤곽을 설정해 놓고 있다. 우리의 경우 지난번에 '만두파동' 을 겪긴 하였지만, 여전히 교과서상으로 소홀히 취급되고 있다.[8)]

그러나 공연법상의 추천제는 이 같은 정보제공작용에 해당하지 않는다. 동법 제6조 제2항이 추천없는 외국인의 공연에 대해서 원칙적인 금지를 표방하고 있기 때문이다. 그리고 외국인의 국내공연에 관한 공연법의 연혁을 살펴봄으로써, 그것의 본질에 손쉽게 접근할 수 있는데, 여기선 법률상의 그것의 허용요건 즉, 외국공연물의 공연제한상의 변화유무가 의미심장하다. 허가제에서 추천제로의 변화에도 불구하고, 외국공연물의 공연제한과 관련해선 종전과 다를 바 없다. 제도의 변화에 부응하지 못한 입법상황을, 제도(추천제)의 본질을 논함에 있어서 바로 끌어들이는 것이 문제가 없진 않지만, 그 변화를 가늠하는데 매우 유용하기도 한다. 오히려 허가제에서 추천제로 바뀌었음에도 불구하고 제반 관련 규정은 그대로 인 점은, 그 변화의 본질이 무엇인지 분명히 드러낸다. 즉, 여기서의 推薦制란 다른 형태의 許可制일 따름이다. 한편 이처럼 외형상의 변화가 아무런 의미를 갖지 못한 또 하나의 경우로 '등록제' 를 들 수 있다.[9)]

그런데 공연법상의 추천제와 관련하여 주목해야 할 점이 바로, 외국비디오물을 수입할 경우에 반드시 영상물등급위원회로부터 수입추천을 받도록 규정하고 있는 구 음반 · 비디오물및게임물에관한법률(1999.2.8. 법률 제5925호로 제정되고, 2001.5.24. 법률 제6473호로 전면개정되기 전의 것) 제16조 제1항 등이 사전검열에 해당하는지 여부이다. 헌법재판소는「(이런) 수입추천제도는 외국비디오물의 수입 · 배포라는 의사표현행위 전에 표현물을 행정기관의 성격을 가진 영상물등급위원회에 제출토록 하여 표현행위의 허용여부를 행정기관의 결정에 좌우되게 하고, 이를 준수하지 않는 자들에 대하여 형사처벌 등의 강제조치를 규정하고 있는바, 허가를 받기 위한 표현물의 제출의무, 행정권이 주체가 된 사전심사절차, 허가를 받지 아니한 의사표현의 금지, 심사절차를 관철할 수 있는 강제수단이라는 요소를 모두 갖추고 있으므로, 우리나라 헌법이 절대적으로 금지하고 있는 사전검열에 해당한다」고 판시하였다(2005.2.3. 2004헌가8 전원재판

---

8) 교과서상으론 김남진/김연태, 행정법 Ⅰ, 2005, 347면 이하를 제외하고선 특별히 언급하지 않고 있다. 참고문헌: 김남진, 월간고시 1994.7; 김연태, 환경보전작용연구, 1999; 오준근, 성균관법학 제3호, 1990; 졸고, 공법의 작용형식으로서의 국가정보행위, Juris Forum 제2호(충북대법학연구소), 2002. 追論: 행정법기본연구Ⅰ,469면 이하 참조.

9) 그런데 등록제를 '수리를 요하는 신고제' 로 보고자 하는 입장이 있다. 그러나 등록제를 자기완결적 신고와 허가제의 중간 영역으로 설정하는 이러한 태도에 과연 문제가 없는가? 규제완화의 요구로 석유사업법 등에서 종전에 허가로 규정한 것을 '등록' 이란 용어로 대체하였으나, 규제완화의 핵심사항인 허용요건의 완화는 그다지 이루어지지 않았다. 허가제를 행정규제의 대표로 인식한 여론의 추이에 쫓아서 단지 용어만을 변경하는데 지나지 않음을 여실히 보여준다. 요컨대 '등록제' 란 본질적으로 '허가제' 와 다름이 아니다. 다시 말해, 그것은 "변태적 허가제" 일 뿐이다. '체육시설의설치 · 이용에관한법률' 이 등록체육시설업과 신고체육시설업을(동법 제10조 제1항), 석유사업법이 등록대상 석유판매업과 신고대상 석유판매업을(동법 제9조) 대비시켜 놓은 점이 이러한 사실을 웅변한다.

부결정). 이런 판단을 공연법상의 외국인의 국내공연추천제에도 원용하기에는 법영역 및 대상의 차이점이 분명히 존재한다. 그러나 미디어의 환경이 완전히 변화하였음을 감안한 즉, 공연법상의 추천제의 변화 역시 배제할 순 없다.

(2) 推薦制의 問題點

(가) 문제의 제기

추천을 또 다른 허가로 볼 경우에 다음에 제기되는 물음은 그것이 재량행위인지 아니면 기속행위인지 여부이다. 오늘날 헌법상 보장된 기본권이 인권에서 유래하여서 그것이 원칙적으로 외국인에게도 보장된다는 점에, 의견이 일치된다.[10] 그리하여 자연적 자유를 회복시키는 허가를 기속행위로 보는 일반적 논의를 그대로 도입하면, 여기서의 추천은 당연히 기속행위에 해당하여야 한다. 공연법 제7조 제1항의 공연제한사유에 해당될 경우에 "…이를 추천하지 아니할 수 있다"고 규정한 것은 일단 추천의 기속행위성을 뒷받침한다.

그렇지만 추천의 기속행위성이 추천신청자를 그다지 강력하게 보호하지 못한다. 바로 공연법 제7조 제1항이 외국공연물의 공연제한을 매우 광범하게 규정하고 있기 때문이다(1. 국가이익이나 국민감정을 해할 우려가 있는 때, 2. 공서양속을 해할 우려가 있는 때, 3. 국내의 공연질서를 문란하게 하거나 해할 우려가 있는 때, 4. 기타 대통령령으로 정하는 기준에 해당하는 때). 지금과 같은 법상황은 1995.12.29.에 개정된 공연법(법률 제5074호)에서 마련된 것이다. 개정 전의 입법상황은「(外國公演物의 公演制限) 누구든지 國民感情을 害할 우려가 있거나 公序良俗에 違背되는 外國의 公演物을 公演할 수 없다」고 규정할 따름이었고(동법 제19조의2, 본조신설 1966.4.27), 동법시행령은 외국인공연허가 거부사유로, 국가이익을 해하거나 해할 우려가 있는 때와 국내의 공연질서를 문란하게 하거나 할 우려가 있는 때를 규정하였다(동시행령 제19조 제4항). 요컨대 1995.12.29.자 개정전의 법령상의 거부사유가 새로이 망라하여 규정된 것이다.[11] 사실 외국공연물의 공연제한사유의 확대는 그 자체로선 그다지 큰 의미를 갖지 않는다. 왜냐하면 공연에서의 각본 등의 사전심사(심의)제가 시행되고 있는 경우에는, 그 사전심사(심의)제가 이미 효과적이고 강력한 필터적 기능을 수행하기 때문이다. 각본 등의 사전심사제는 본래 공연법제정(1961.12.30. 법률 제902호)의 당시엔 존재하지 않았다가

---

10) 그리하여 홍성방 교수는 어떤 기본권을 외국인이 향유할 수 있느냐 없느냐를 처음부터 획일적으로 정하는 것(허영, 한국헌법론, 2001, 234면)은 무의미하다고 평하다. 동인, 헌법학, 2003, 277면.

11) 모법인 공연법과 분명히 다른 내용의 것을 법률하위적 법규범인 동법시행령에서 규정할 수 있는지 중대한 의문이 제기된다. 허가거부사유란 기본권행사와 밀접한 관련성을 갖기에 그것이 본질적 사항에 해당한다는점에 의문이 있을 수 없다. 그럼에도 불구하고 이들이 대통령령에서 창설적으로 규정되는 것은 그 자체로 벌써 법치국가원리에 배치된다.

공연법 제1차 개정(1963.3.12. 법률제1306호)에서 출현하였다.[12] '사전심사제'는 그 후에 1995.12.29. 개정을 통해 '심사'를 '심의'로 용어만을 변화시켜 '사전심의제'로 겉치레만 바꿔 유지되어 오다가, 드디어 1999.2.8. 개정법(법률 제5924호)을 통해서 예술세계에서 사라졌다. 따라서 과거 사전 필터적 기능을 수행하던 각본사전심사(심의)가 존재하지 않는 상황에서, 외국공연물의 공연제한사유 그 자체가 예사롭지 않는 의미를 갖는다. 따라서 현행법상의 공연제한사유에 관한 세심한 논구가 필요하다.

(나) 법률유보의 원칙과의 문제

법률유보의 원칙 및 행정입법(법규범)의 법리에 비추어, 공연법 제6조 제2항 단서에서의 대통령령에 의한 추천면제[13]와 동법 제7조 제1항 공연제한사유 가운데 제4호(기타 대통령령으로 정하는 기준에 해당하는 때)[14]가 문제된다. 전자의 물음이 기왕의 추천의 무제에 대비한 체계상의 차원에서 거론되는 것이라면, 후자의 물음은 바로 법률유보의 원칙의 차원에서 제기된다. 헌법재판소의 1999.5.27. 98헌바70결정: 「오늘날 법률유보원칙은 단순히 행정작용이 법률에 근거를 두기만 하면 충분한 것이 아니라, 국가공동체와 그 구성원에게 기본적이고도 중요한 의미를 갖는 영역, 특히 국민의 기본권실현과 관련된 영역에 있어서는 국민의 대표자인 입법자가 그 본질적 사항에 대해서 스스로 결정하여야 한다는 요구까지 내포하고 있다(의회유보원칙)」을 상기할 때, 공연법 제7조 제1항 제4호에 관한 시급한 정비가 필요하다.

(3) 공연제한사유의 내용적 문제

한편 외국공연물의 공연제한사유를 이젠 내용적 차원에서 접근하는 것도 요구된다. 왜냐하면 공연예술을 포함한 문화 전반의 기조가 바뀌었기 때문이다. 과거의 문화행태에 비하면 오늘날에는 국가간에 지역간에 문화교류가 일상화되었기에, 과거처럼 영토고권적 차원에서 문화흐름을 저지할 수가 없을 뿐더러, 인터넷의 보급으로 그 자체가 徒勞이다. 따라서 현행의 법상황이 '글로벌 시대'에, '韓流의 시대'에 걸맞는지

---

12) 그런데 각본사전심사제의 도입의 시점에 주목할 필요가 있다. 왜냐하면 그 해(1963) 말에 '민정이양'이 이루어졌기 때문이다.

13) 공연법시행령 제5조 (외국인의 국내공연 추천의 예외) 법 제6조제2항 단서에서 "대통령령이 정하는 경우"라 함은 다음 각호의 1에 해당하는 경우를 말한다.

1. 국가 또는 지방자치단체가 외국인을 국내에 초청하여 공연하게 하고자 하는 경우
2. 외국의 단체 또는 개인이 종교의식·친목 또는 연구발표를 목적으로 국내에서 공연하고자 하는 경우
3. 국내의 단체 또는 개인이 종교의식·친목 또는 연구발표를 목적으로 외국인을 국내에 초청하여 공연하게 하고자 하는 경우

14) 공연법시행령 제6조 (외국공연물의 공연제한) 법 제7조제1항 제4호에서 "기타 대통령령으로 정하는 기준"이라 함은 다음 각호의 1에 해당하는 것을 말한다.

1. 범죄행위를 정당화하거나 범죄수단을 지나치게 자세히 묘사하는 것
2. 저속하거나 외설적인 언어를 사용하거나 그 동작을 묘사하는 것

여부가 시공간적 관점에서 검토되어야 한다. 공연제한사유에서 거론되는 내용의 상당 부분이 '불확정법개념'에 속한다는 점을 감안한 즉, 여기에는 법치국가원리에 따른 명확성의 원칙 역시 고려되어야 한다. 먼저 공연제한사유에 해당함을 판단함에 있어서 基調에 관한 일반적 요구가 전혀 없기에, 공연제한사유를 공연예술적 관점과는 遊離시킨 채 일반적인 여타의 허가거부사유와 다를 바 없이 취급할 우려가 있다. 이 점은, 청소년유해매체물의 심의기준'과 관련한 청소년보호법 제10조 제2항: 「제1항의 규정에 의한 기준을 구체적으로 적용함에 있어서는 현재 국내사회에서의 일반적인 통념에 따르며 그 매체물이 가지고 있는 문학적·예술적·교육적·의학적·과학적 측면과 그 매체물의 특성을 동시에 고려하여야 한다」과 비교하면 분명하다. 그런데 청소년보호법상의 청소년유해매체물의 해당성(기준): 1. 청소년에게 성적인 욕구를 자극하는 선정적인 것이거나 음란한 것, 2. 청소년에게 포악성이나 범죄의 충동을 일으킬 수 있는 것, 3. 성폭력을 포함한 각종 형태의 폭력행사와 약물의 남용을 자극하거나 미화하는 것, 4. 청소년의 건전한 인격과 시민의식의 형성을 저해하는 반사회적·비윤리적인 것, 5. 기타 청소년의 정신적·신체적 건강에 명백히 해를 끼칠 우려가 있는 것(동법 제10조 제1항) 역시 외국공연물 공연제한사유와는 분명하면서도 결정적인 차이점을 제시한다. 공연법이 취한 공식적인 기술, "…을 해할 우려가 있는 때"는 그 자체로 광범한 제한가능성을 허용하고 있다. 대부분의 법률상의 그것과 마찬가지로 일단 여기서의 '우려'는 위험발생에 관한 '개연성'(Wahrscheinlichkeit)을 뜻한다고 하겠지만, 그것의 지극한 多義性과 不明確性으로 과잉판단의 소지가 다분하다.[15] 따라서 언론·출판의 자유에서 통용되는 '명맥하고 현존하는 위험의 원칙'(clear and present danger)을 참조하여, '명백히'란 한정사를 추가함으로써 과잉판단의 소지를 줄이는 것이 요망된다.

그런데 이 같이 한정사를 추가하여도 가시지 않을 문제점이 바로, 공연제한사유인, "국가이익이나 국민감정을 해할 우려가 있는 때"이다. 이 공연제한사유는 종전의 사전심사(심의)제에서의 심의불합격결정과 관련지어서 바라볼 필요가 있다.[16] 형법, 공

---

15) 그런데 이런 점은 비단 공연법상의 문제에 그치는 것은 아니다. 수많은 규제법률에 이 같은 표현은 공식화되어 있다. 그것의 의미론적 이해와 그것을 둘러싼 법도그마틱이 相符하는지 여부에 관한 깊은 성찰이 요구된다. 똑같은 문제점이 '염려'란 용어에서도 제기된다.

16) 참조: 공연법시행령[일부개정 1997.12.31. 대통령령 제15598호] 제16조 제2항: 문화체육부장관은 제1항 제2호의 규정에 의하여 신청된 각본 등을 심의한 결과 다음 각호의 1에 해당하는 것이 있다고 인정될 때에는 이를 반려하거나 당해부분의 삭제 또는 수정을 권고할 수 있다.〈개정 1990.1.3, 1993.3.6, 1996.6.29〉

1. 헌법의 기본질서에 위배되거나 국가의 권위를 손상할 우려가 있는 것
2. 국제간의 우의를 훼손할 우려가 있는 것
3. 적성국가(대한민국과 분쟁 중에 있는 상대방을 포함한다. 이하 같다)를 유리하게 할 우려가 있는 것
4. 국민감정을 해칠 우려가 있는 것
5. 공서양속을 해하거나 사회질서를 문란하게 할 우려가 있는 것

서양속이나 공연질서와는 별도로, '국가이익' 이나 '국민감정' 을 어떤 행위의 허용여부를 가늠하는 판단척도로 삼는 입법태도가 과연 해당 법영역의 특성에 걸맞는지 검토되어야 한다. 법적 의미를 지닌 전자와 관련해선 궁극적으로 국가와 예술과의 상관관계에서 문제가 되는 반면에, 법외적 의미인 후자와 관련해선 실제적인 예술활동의 현황이 관건이다. '국가이익' 을 독립된 판단척도로 드는 법률은, 출입국관리법 제11조 제1항 제3호의 입국금지사유의 경우를 제외하고선 매우 드물다. '국가이익' 이란 그 자체는 공법질서에서의 최종적 목표점이다. 따라서 구체적인 판단이나 결정의 가늠잣대로 삼기에는, '국가이익' 은 구멍이 너무나 숭숭 난 것으로 여겨진다. 법영역의 고유함을 감안한 즉, 출입국관리법상의 그것에 대해선 다소나마 용인할 만하지만, 공연법에선 오히려 법영역의 고유함 때문에 '국가이익' 의 존재는 전혀 걸맞지 않는, 한마디로 '생뚱맞기' 짝이 없다. 분명 지나간 시절의 경험을 빗대는 식의 회고적 논증은 피해야 하겠지만, '국가이익' 의 존재는 예술에 대해 국가가 늘 감시의 망을 드리운 어두운 과거의 殘痕이라 볼 수도 있다.

'국민감정' 이란 개념은 법적 가치판단에는 전혀 어울리지 않는 情緖의 문제이다. −엄밀히 보아선 예술과 관련지어서 논란이 있을 수도 있지만− '공서양속' 으로서도 목적한 바를 법도그마의 틀에서 얻을 수 있다고 볼 때, '국민감정' 은 자칫 남용의 근거점이 될 수 있다. 즉, 예술이란 본래 전 국민이 아닌, 예술을 느끼고자 하는 일부를 대상으로 하는 데서 출발하는 것을 감안하면, '국민감정' 을 외국공연물의 공연제한사유로 삼는 것은 자칫 전체의 이름으로 소수의 향유의 기회를 박탈할 가능성을 제공할 수도 있다. 사실 '국가이익' 이나 '국민감정' 은 과거 反戰운동을 하였던 '밥 딜런', '존 바에즈' 등과 같은 외국가수가 국내에서 공연하는 것을 효과적으로 금지하는 데 주효하였다. 문화의 다양성시대에서 외국공연물은 그 자체가 예술의 교류이기에 이를 법외적 관점에서 막는 것은 곤란하다. 나아가 미디어의 혁명으로 출현된 유비쿼터스 사회에서 예술의 흐름을 물리적으로 막기란 불가능하기도 하다. 이젠 자유로이 접할 수 있는, 과거의 금지가요와 금지팝송과 관련해선 부조리의 극치가 존재한다. 그것의 존재를 통해 기성의 세대로선 지난 시절의 암울함을 상기하는 반면에, 젊은 세대는 그것의 금지에 생뚱함을 느낄 것이다. 분명 문화와 예술에도 상위와 하위의 층이 있긴 하지만,[17] 과거 '건전가요시대' 에나 걸맞을 '국가이익' 이나 '국민감정' 은 가능한 빨리 삭제되어야 한다.

---

17) 일찍이 팝 평론가 임진모씨는 "욕설이 난무하는 갱스터랩, 외설적 표현이 판치는 하드코어를 전국민적 차원에서 보면 문제투성이다. 그러나 이들 노래는 매니어들이 즐기는 하위문화로 존재한다. 성숙한 문화국가는 이들 하위문화를 포용하면서 개성과 다양성을 촉진하는 촉매로 쓴다. 이제 우리도 그런 단계에 진입한 것"이라고 팝 해금의 의의를 평가했다. 중앙일보. 1999.8.27.

4. '公演場外에서의 公演活動'

현행 공연법은 '공연장등록제' 를 취하고 있다(동법 제9조). 과거 제정 당시의 '공연장설치허가제' (동법 제7조)가 '공연장업 등록제' (1999.2.8.자 개정 공연법 제9조, 법률 제5924호)를 거쳐 2001.12.31.자 개정(법률 제6568호) 이후엔 '공연장 등록제' 로 바뀌었다. 앞에서 지적하였듯이, 행정법상의 '등록제' 는 다름 아닌 변형된 '허가제' 일 따름이다. 현행 공연법은 공연장중심의 공연활동을 대상으로 삼는다. 물론 공연법 제11조 제2항이 공연장외의 장소에서의 공연에 대해서 재해대처계획을 신고하도록 하지만, 이는 예외이다.

따라서 공연법상의 '공연' 은 예술적 관람물을 공중에게 관람하도록 하는 행위를 말하며,[18] 동법상의 공연장은 전적으로 등록된 공연장에 한하기에, '공연장외에서의 공연활동' 은 공연법의 사각지대에 놓인다. 여기선 공연의 장소가 공공의 장소인지 아니면 사적 장소인지가 관건이다. 따라서 공공의 장소 즉, 公共用物에서의 공연이 공법적 대상이 된다. 가령 도로나 공원에서의 공연에 해당하는 예술활동이 문제된다. 우리는 외국여행에서 길거리나 공원에서 기타, 바이올린이나 판토마임 등을 연주하는 이른바 거리예술가들을 종종 보곤 한다. 이런 거리예술행위(Straßenkunst) 역시 공연에 해당하지만, 그것의 규율 영역은 도로법이나 도로교통법이다. 요건데 人道상에 스피커, 앰프, 조형미술품등과 같은 일정한 보조시설을 설치하고서 예술행위를 하기 위해선, 도로의 특별사용에 따른 허가가 필요함은 의문이 없다. 그러나 기타를 치며 노래한다든지, 판토마임을 한다든지 하는 것처럼 일정한 (고정된) 보조시설이 없이 예술행위를 할 경우에 특별사용허가가 있어야 하는지가 문제된다.[19] 여기선 이러한 거리예술행위가 도로의 普通使用이나 特別使用에 해당하는지 여부 뿐만 아니라, 그것이 헌법상의 예술의 자유에 의해서 어느 정도로 보호되어야 하는지, 도로법상의 공용지정목적인 교통개념을 어떻게 이해해야 하는지가 논의의 초점이다. 사실 그것을 특별사용으로 보아야 특별사용허가상의 재량축소문제가 생겨난다.[20]

---

18) 여기서 '공연' 의 개념정의상의 변천을 살펴 볼 필요가 있다. '조산흥행등취체규칙' 은 물론 제정당시 공연법은 有償性을 공연의 개념적 징표로 규정하였지만, 1966.4.27.자 개정(법률 제1790호) 이후엔 有償性을 삭제하여 지금에 이른다. 따라서 공연법 제2조 제1호상의 공연의 개념정의상 그 공연이 무상성이라도 무방하다. 그런데 이런 有償性의 포기에는, 당사의 시대상황에 비추어, 공연 전반에 대한 포괄적인 국가개입(가령 공연신고 등)을 가능케 하기 위한 底意가 있을 수도 있다고 여겨진다.

19) 이에 관해선 이일세, 공물의 사용관계에 관한 연구, 고려대박사학위논문, 1991, 84면 이하 참조.

20) 인도에서 일반인을 향해 기타를 치며 노래하는 것과 관련하여, 독일 Mannheim고등행정법원(제1부)은 그것이 보통사용을 넘어선 것이어서 허가가 필요한 특별사용에 해당한다고 판시하였다(OVG Mannheim NJW 1987, 1839.). 독일 연방행정법원 역시 같은 입장에서 인도상의 거리음악연주를 허가가 필요한 특별사용으로 보는 것이 연방법, 특히 기본법 제5조 제3항 1문상의 예술자유보장과 일치한다고 판시하였다(BVerwG NJW 1987, 1836.). 여기서 동 법원은 예술(자유)이란 그것의 독자성과 고유한 법칙성 안에서는 법률의 유보 없이도 보장을 받지만, 그렇

거리예술행위가 도로의 特別使用에 해당하면, 도로에서 공연을 하기 위해선 일단 도로법 제40조에 따른 도로점용허가를 받아야 한다. 그런데 동 조항은 도로점용의 목적이 공작물 등을 신축이나 개축 또는 제거할 경우를 주된 것으로 한다는 점에서,[21] 그것이 도로상의 공연에 무난하게 통용되진 않으리라 여겨진다. 이 같은 사정은 공원의 경우에도 마찬가지이다.[22]

요컨대 현행 공연법상 야외에 설치하는 공연장은 등록대상이 아니기에(동법 제9조 제2항), 공연장외의 공공장소에서의 공연에 대한 법적 조명이 필요하다. 이 문제는, 가령 특별사용의 허가대상에 '공연활동'을 적시하는 식으로 해당 공물을 규율하는 개별 법영역의 차원에서 접근하는 것이 사물관할의 원칙과 권한분장의 원칙에 맞다. 그리고 아울러 공연법 차원에서도 공연장외의 공공장소에서의 공연활동에 대한 특별한 규정을 통해서 –해당 공물의 供用目的 및 타인의 권리행사에 저촉되지 않는 한– 해당 행정청으로 하여금 예술활동에 유리하게 조치를 내리도록 규정하는 것도 강구할 만하다.

5. '公演과 관련한 安全措置'

현행 공연법은 공연상의 안전과 관련하여 제11조(재해예방조치)[23]와 제12조(무대시설 안전진단 등)[24]를 두고 있다. 제11조는 공연장운영자가 재해예방을 위하여 재해대처

다고 무한적으로 주어지진 않으며, 다른 사람들의 헌법상 보호받는 지위, 즉 공공도로에 대한 장애가 없는 보통사용과 도로교통상의 안전 등을 통해서 한계가 지워진다고 지적하였다. 다만 동 법원은 말미에 특별사용허가에 관한 재량결정에선 서로 충돌하는 기본권적 지위가 그때그때의 중요성의 정도에 따라 균형이 이루어져야 하며, 그로 인해 개개사건에서 예술자유를 위해 (특별사용허가의) 재량축소마저 야기될 수 있다고 지적함으로써, 재량축소의 가능성을 제시하였다. 이에 관한 상세는 졸고, 行政裁量의 縮小에 관한 고찰, 현대공법학의 재조명(김남진 교수 정년기념논문집), 법학논집 특별호(고려대 법학연구소), 1997, 91면 이하(追論: 행정법기본연구Ⅰ,212면 이하) 참조.

21) 참조: 도로법 제40조 (도로의 점용) ① 도로의 구역안에서 공작물 · 물건 기타의 시설을 신설 · 개축 · 변경 또는 제거하거나 기타의 목적으로 도로를 점용하고자 하는 자는 관리청의 허가를 받아야 한다.

22) 참조: '도시공원 및 녹지 등에 관한 법률'[전문개정 2005.3.31 법률 7476호, 시행일 2005.10.1,] 제24조 (도시공원의 점용허가) ① 도시공원 안에서 다음 각호의 어느 하나에 해당하는 행위를 하고자 하는 자는 대통령령이 정하는 바에 의하여 당해 도시공원을 관리하는 특별시장 · 광역시장 · 시장 또는 군수의 점용허가를 받아야 한다. 다만, 산림의 간벌(간벌) 등 대통령령이 정하는 경미한 행위의 경우에는 그러하지 아니하다.

1. 공원시설 외의 시설 · 건축물 또는 공작물을 설치하는 행위
2. 토지의 형질변경
3. 죽목의 벌채 · 재식(재식)
4. 토석의 채취

23) 제11조 (재해예방조치) ① 공연장운영자는 화재 기타 재해예방을 위하여 당해 공연장 종업원의 임무 · 배치 등 재해대처계획을 정하여 관할소방서장에게 신고하여야 한다. 〈개정 2001.12.31〉

② 제1항의 규정은 공연장외의 장소에서 대통령령이 정하는 규모의 관람자가 예상되는 공연을 하고자 하는 자에 관하여 이를 준용한다. 〈개정 2001.12.31〉

③ 기타 공연장의 재해예방조치에 관하여 필요한 사항은 대통령령으로 정한다.

24) 제12조 (무대시설 안전진단 등) ① 공연장을 설치하여 운영하고자 하는 자는 공연장 설치공사의 착수전에 대통령령이 정하는 바에 따라 무대시설에 대하여 설계검토를 받아야 한다. 〈개정 2001.12.31〉

② 공연장운영자는 대통령령이 정하는 바에 따라 무대시설에 대하여 정기 · 수시 검사 또는 정밀안전진단을 실시하여야 한다. 〈개정 2001.12.31〉

계획을 정하여 신고하도록 규정할 뿐이며, 제12조는 무대시설에 대한 검사나 정밀안전진단을 공연장운영자가 행한 다음에 그 결과를 -행정청의 시설보완, 개 · 보수명령의 유보를 전제하되- 행정청에게 알리도록 규정한다. 그리고 이들 규정을 위반한 자에 대해선, 제33조에 따른 공연활동 또는 공연장운영의 정지가 명해질 수 있다. 요컨대 현행법제하에서 공연과 관련한 안전대비(대처)의 특징은 官主導가 아니라 民間主導이다. 반면 과거 1999.2.8.자 개정(법률 제5924호) 이전의 공연법에선 '공안을 현저히 해한다고 인정될 때'에 공연이 정지 또는 중지될 수 있었다(동법 제17조 제1항 제5호). 이는 제정 당시의 제17조와도 비슷하다.[25]

이처럼 현행 공연법은 민간주도적 안전대처를 기조로 삼아, 공연활동 자체로부터 빚어질 위험에 대해서 아무런 규율을 하고 있지 않다. 따라서 이런 위험에 대한 대처는 공연법의 영역에서가 아니라, 전적으로 경찰법의 영역에서 이루어 질 수밖에 없다. 여기선 경찰권발동의 근거가 먼저 규명되어야 하는데, 현행 경찰관직무집행법 제5조 제1항("극단한 혼잡 기타 위험한 사태")이 통용된다.[26] 경찰이 위험방지를 모토로 삼긴 하지만, 경찰법에 의거한 (형식적인)경찰권발동이 개별 행정 분야에서 처음부터 바로 출현하는 것은 문제가 있다. 비록 개별 행정 영역에서 위험방지가 제대로 강구되지 않을 땐, 부득이 경찰권 발동에 의거할 수밖에 없지만, 그것은 공공의 안녕과 질서를 가능한 보호하기 위한 고육지책에 따른 소산이다. 경찰권발동의 보충성은, 경찰법상의 개별수권조항과 개괄수권조항 간에서 뿐만 아니라, 경찰법영역과 개별 행정법영역(가령 건축법 등) 간에서도 통용되어야 한다. 따라서 개별 행정 영역에서 위험방지를 위한 효과적인 대처수단이 강구되는 것이 입법론적으로(de lege ferenda) 타당하다. 그리고 '공연신고제'가 실시되어야 이런 위험방지책의 마련이 의미를 갖는다. 물론 여기에는 공연활동을 위축시키지 않도록, 위험방지와 관련한 요건상, 수단상, 내용상의 세심한

---

③ 제2항의 규정에 의하여 정기검사 또는 정밀안전진단을 한 후 당해 공연장운영자는 그 결과를 시장 · 군수 또는 구청장에게 제출하고 시장 · 군수 또는 구청장으로부터 시설의 보완 또는 개 · 보수를 요구받은 경우 이에 응하여야 한다. 〈개정 2001.12.31〉

④ 무대시설의 설계검토 · 정기검사 및 안전진단기관과 그 절차 등에 관하여 필요한 사항은 대통령령으로 정한다.

25) 제17조 (공연의 정지) 다음 각호의 1에 해당하는 경우에는 관계행정관청은 그 공연을 정지시킬 수 있다.

1. 공안, 풍속, 위생상 현저한 지장이 있다고 인정될 때

2. 본법 또는 본법에 의한 명령에 위반하였을 때

26) 한편 경찰권발동의 개괄수권조항과 관련해선, 행정법문헌상으로 그것의 필요성, 허용성 및 존부를 둘러싸고 그 논의가 분분하다. 종래 논의가 '경찰관직무집행법' 제2조 제5호(공공의 안녕과 질서)를 대상으로 한 반면에, 최근의 논의는 동법 제5조(위험발생의 방지) 제1항에 관심을 둔다. 동법 제5조 제1항 자체가 개괄수권조항으로 삼기에는 아직 극복되어야 할 적지 않은 문제점이 있긴 하나, 임무규정인 동법 제2조 제5호가 갖는 원천적인 문제점에 비하면 상대적으로 덜하다고 하겠다. 후자의 경우에는 能否(ob)의 물음인 반면에 전자의 경우에는 어떻게(wie)의 물음이다. 최근 문헌: 홍준형, 경찰통합법에 관한 연구, 치안연구소보고서, 1997; 박정훈, 사권보호를 위한 경찰권 발동에 관한 연구, 치안연구소보고서, 2001; 이기춘, 경찰관직무집행법 제5조 제1항과 독일경찰질서법상 개괄적 수권조항간의 비교, JURIST, 2003, 6,7.; 이운주, 경찰법상의 개괄수권조항에 관한 연구, 서울대 박사학위논문, 2005.

숙고가 선행되어야 한다. 다시 말해, 위험방지와 예술창작의 자유 및 예술표현의 자유간에 실제적 조화가 이루어져야 한다.

V. 맺으면서

'e-○○', '유비쿼터스 ○○', '글로벌 ○○', '韓流' 등이 현하의 유행테마이다. 현행의 법상황 역시 이런 상황으로부터 자유롭지 않거니와, 부단히 이에 부응하지 않으면 아니 된다. 따라서 公演法 역시 '글로벌 시대', '韓流의 시대'에 걸맞는지 여부가 시공간적 관점에서 검토되어야 하며, 이를 바탕으로 혁신되어야 한다. 공연법이 터 잡은 종래의 존재지평이 拔本的으로 바뀌었기에 가히 '수정'보다는 '혁신'(개혁)이 요구된다. 이성적인 혁신은 제대로의 문제 인식에서 비롯된다. 이에 지난 시절 암울한 시대를 증명하는 公演法에 관한 公法的 論議가 극히 빈약하였다는 점에,[27] 광복이후 60년이 흐른 이 시점에도 일제의 잔흔이 여전하다는 점에, 그저 자괴스러울 따름이다. 분명 公演法은 이제 과거의 그것이 아니긴 하지만, 동법의 목적-예술의 자유 보장과 공연활동의 진흥-이 전체 공법질서속에서 조화롭게 실현될 수 있도록 정비되어야 한다. 여기에는 공법이론의 변화를 공연예술활동에 투영하려는 섬세한 노력이 선행되어야 한다. 다만 예술에 대한 국가의 관계는, 不可近이어야 할 뿐 더러 不可遠이어야 함을 유의하여야 한다. 전자가 개입이나 규제의 측면에서 그러하다면, 후자는 육성이나 진흥의 측면에서 그러하다. 문화가 산업이 되기 위한 선결과제는 바로 문화친화적(kulturfreundlich) 입법과 제도를 구축하는 것이다. 公演法의 혁신은 그런 시도의 출발점이 다. 지금은, 문화시대!

* 법제 제572호(2005.08), 5면 이하 소수.

---

27) 대표적인 것으로 정이담, 문화예술화동과 법률의 문제, 법과 사회 1990, 225면 이하 참조.

판례색인

[고등법원]

[지방법원]

[헌법재판소]

[서울행정법원]

사항색인

[저자약력]

부산 출생
고려대학교 법과대학 졸업
고려대학교 대학원 수료(법학박사)
독일 München 대학교 법과대학 방문연구
충북대학교 법과대학 조교수, 부교수
현재: 중앙대학교 법학전문대학원 교수

[저　　서]

주관식 행정법(공저), 경세원, 1994
세법(공저), 법문사, 1998
지방자치법주해(공저), 박영사, 2004
조선시대의 규범이론과 규범체계(공저), 한국학술정보, 2006
행정법 기본연구 I, 법문사, 2008
행정소송(I)(II)(공저), 한국사법행정학회, 2008
유럽화된 독일행정절차법에 관한 연구, 한국법제연구원, 2008

行政法基本研究 II

2009년 12월 25일 초판 인쇄
2009년 12월 30일 초판 1쇄 발행

저　자 金　重　權
발행인 裵　孝　善
발행처 도서출판 法　文　社

413-756 경기도 파주시 교하읍 문발리 526-3
등　록 1957. 12. 12 / 제2-76호(윤)
TEL 031)955-6500~6　FAX 031)955-6525
e-mail (영업): bms@bobmunsa.co.kr
(편집): edit66@bobmunsa.co.kr
홈페이지 http://www.bobmunsa.co.kr
조　판 법 문 사 전 산 실

정가 34,000원　ISBN 978-89-18-01388-6